ENUNCIADOS, SÚMULAS E ASSENTOS DO **MINISTÉRIO PÚBLICO BRASILEIRO**

CB141539

abdr
ASSOCIAÇÃO BRASILEIRA DE DIREITOS REPROGRÁFICOS
Respeite o direito autoral

ENUNCIADOS, SÚMULAS E ASSENTOS DO **MINISTÉRIO PÚBLICO BRASILEIRO**

Organização:
LUCAS CALDAS
GOMES **GAGLIANO**

2021

EDITORA
JusPODIVM
www.editorajuspodivm.com.br

EDITORA *Jus*PODIVM
www.editorajuspodivm.com.br

Rua Território Rio Branco, 87 – Pituba – CEP: 41830-530 – Salvador – Bahia
Tel: (71) 3045.9051
• Contato: https://www.editorajuspodivm.com.br/sac

Copyright: Edições *Jus*PODIVM

Conselho Editorial: Eduardo Viana Portela Neves, Dirley da Cunha Jr., Leonardo de Medeiros Garcia, Fredie Didier Jr., José Henrique Mouta, José Marcelo Vigliar, Marcos Ehrhardt Júnior, Nestor Távora, Robério Nunes Filho, Roberval Rocha Ferreira Filho, Rodolfo Pamplona Filho, Rodrigo Reis Mazzei e Rogério Sanches Cunha.

Diagramação: Luiz Fernando Romeu *(lfnando_38@hotmail.com)*

Capa: Maitê Coelho *(maitescoelho@yahoo.com.br)*

E61 Enunciados, Súmulas e Assentos do Ministério Público Brasileiro (2021) / organizador Lucas Gagliano – Salvador: Editora JusPodivm, 2021.
1280 p.

ISBN 978-65-5680-246-6.

1. Ministério Público. 2. Direito. I. Gagliano, Lucas. II. Título.

CDD 341.413

Todos os direitos desta edição reservados a Edições *Jus*PODIVM.

É terminantemente proibida a reprodução total ou parcial desta obra, por qualquer meio ou processo, sem a expressa autorização do autor e das Edições *Jus*PODIVM. A violação dos direitos autorais caracteriza crime descrito na legislação em vigor, sem prejuízo das sanções civis cabíveis.

PREFÁCIO

Instituição central na garantia de direitos fundamentais, o Ministério Público brasileiro completa 32 anos sob a égide da Constituição de 1988, um texto repleto de promessas e de ferramentas voltadas ao seu cumprimento, mas que ainda encontra resistência nos setores mais conservadores da sociedade e do próprio sistema de justiça.

Fruto de um grande pacto de saída da ditadura civil-militar, a Constituição Cidadã aposta fortemente num rol generoso de direitos (civis, políticos, sociais etc.) e também em instâncias de garantia e de controle, ocupando o Ministério Público um papel de destaque nesse novo desenho constitucional. Guardião dos direitos transindividuais e da ordem democrática, dentre outras ambiciosas tarefas, essa "nova" instituição, que ainda carrega a marca histórica de titularizar a persecução penal, recebe agora inúmeras incumbências: a defesa do meio ambiente, do patrimônio público, dos direitos das pessoas com deficiência, dos direitos educacionais e de saúde, da infância e juventude, da ordem urbanística etc. Tarefas enormes!

Mas reside justamente aqui a tensão: com uma composição ainda pouco diversa, formado por quadros majoritariamente advindos da classe média e ainda sob os influxos da tradição persecutória, fruto de um ensino jurídico pouco crítico, o *Parquet* precisa se "reinventar", conviver com o passado e com os novos ventos democráticos, aproximar-se e ouvir a sociedade, munir-se de novos conhecimentos. Como se não bastasse, precisa ser também eficiente ("resolutivo"): articular no campo das políticas públicas, resistindo ao voluntarismo; exercer o controle externo da atividade policial; combater o crime organizado e a corrupção; velar contra o racismo, o machismo, a violência contra as minorias, essas chagas históricas que perseveram, teimosamente, entre nós ("um passado que nunca passa"). Uma instituição, portanto, em permanente mutação e em constante disputa interna (uma disputa geracional, inclusive) e externa, ou seja, pela própria sociedade, de quem o Ministério Público se diz, corretamente, advogado. Um advogado que, relembrando Calamandrei, equilibra-se entre a parcialidade de quem advogada e a imparcialidade do magistrado.

Diante desse cenário de ruptura, que ainda está em curso, e dos imensos desafios que daí brotam, o papel do Conselho Nacional do Ministério Público, dos Conselhos Superiores dos Ministérios Públicos dos Estados, das Câmaras de Coordenação e Revisão do MPF e do MPT etc., é estratégico, como também estratégicos são todos os esforços de produção de consensos internos de atuação, a gerar segurança jurídica e transparência, através da incansável fabricação de enunciados, súmulas etc. Trabalho hercúleo e que põe em relevo a importância do diálogo institucional.

Nesse sentido, é enorme a contribuição da pesquisa que ora vem a público, um trabalho cuidadoso, algo artesanal, que demonstra os percursos nem sempre tranquilos de produção de um norte de atuação que seja fiel ao regime democrático e ao respeito dos direitos fundamentais. Lucas Caldas Gomes Gagliano contribui, com sua energia e rigor, para uma rica circulação de experiências e de novos saberes, para uma "conversa" entre Ministérios Públicos situados e desafiados por realidades tão diversas, nesse país de dimensões continentais. Enfim, um jovem e já maduro Promotor de Justiça que produz uma pesquisa não só útil como necessária e extremamente oportuna, e que por isso certamente contribuirá ao engrandecimento dessa "jovem" e ao mesmo tempo "velha" Instituição democrática.

Rogério Pacheco Alves

Doutor em Teoria do Estado e Direito Constitucional pela PUC-Rio

Professor Adjunto da Universidade Federal Fluminense (UFF)

Promotor de Justiça no Estado do Rio de Janeiro

SUMÁRIO

PARTE 1: DOS RAMOS DO MINISTÉRIO PÚBLICO

2ª PARTE

13. INFÂNCIA E JUVENTUDE 933

INTRODUÇÃO

São novos tempos, novas interpretações. De há muito, vem ecoando na doutrina o novo perfil do Ministério Público brasileiro. Mudamos de um MP demandista, que sempre se imaginava na necessidade de recorrer ao Poder Judiciário para obter uma resposta a determinado caso, para um MP resolutivo que, consciente dos problemas da sociedade, almeja resolvê-los com os meios de que dispõe. O poder e o papel do Ministério Público ainda não se esgotaram nas linhas tradicionais. Assistimos, a cada dia, a renovação de nossas funções, as quais são o reflexo daquilo que a sociedade deposita em nossa instituição.

O Ministério Público é, assim, uma das funções essenciais à justiça, justiça no sentido de valor, de incumbir ao Parquet a efetivação da Justiça. E, muito embora em outras constituições, estivesse localizado dentro de outros poderes, o Ministério Público é autônomo em relação a eles hoje.

Observamos, em dezembro de 2019, a recente alteração no Código de Processo Penal que – embora suspensa - deslocou o poder de dar a palavra final acerca do arquivamento do inquérito policial para a "instância de revisão ministerial", dando ao próprio titular da ação penal o poder de decidir sobre o encerramento das investigações.

Além disso, um dos reflexos desse pensamento talvez esteja na recente decisão proferida pelo STF (Pet 4891, Pet 5091, Pet 5756), oportunidade em que foi assentado que cabe ao Conselho Nacional do Ministério Público (CNMP) solucionar conflitos de atribuições entre o Ministério Público Federal e os dos Estados, entre o de um Estado e o de outro.

A decisão dá novos horizontes para interpretarmos os princípios basilares do Ministério Público.

O princípio do promotor natural ganhará novos contornos, pois a deferência pelo Poder Judiciário à decisão tomada pelo CNMP, em definir o promotor com atribuição para o caso, poderá influir e impactar o início do processo que se instaurará, já que é garantia de todos ser processado pela autoridade competente (art. 5º, inciso LIII, CF/88). Logo, processado pelo Promotor com atribuição.

Como bem pontuado pelo Min. Alexandre de Moraes em seu voto (PET 4891/DF):

"Não menos relevante, ainda, é o fato de que, em prestígio à importância do Ministério Público, como órgão essencial à função jurisdicional do Estado, o conflito de atribuição envolvendo seus agentes seja resolvido, no âmbito administrativo, dentro da própria Instituição, reservando-se ao Poder Judiciário, apenas, o controle da legalidade do ato administrativo que o dirimiu, por intermédio da via processual adequada. Preservam-se, com isso, os princípios da autonomia e da independência funcional do Ministério Público."

Com efeito, grande parte dos enunciados emanados dos Conselhos Superiores, e difundidos nesta obra, que fixam a atribuição do membro, assim como decisões sobre declínios de atribuição, serão revalorados, cabendo ao CNMP dar a palavra final sobre a atribuição do promotor ou procurador para o caso.

Ademais, com os enunciados e entendimentos divulgados nesta obra, almejamos que as interpretações oriundas dos diferentes Ministérios Públicos possam ser utilizadas para aprimorar as atuações de todos os colegas, pois, no fundo, somos uma só instituição.

Como bem lançado pelo ilustre professor José Afonso da Silva, em seu parecer sobre o limite de subsídios para membros do MP:

"Temos aqui também o singular indicativo da unidade institucional: 'O Ministério Público', esta Instituição, abrange o Ministério Público da União e os Ministérios Públicos dos Estados.

Sobre esse tema já discorri nos termos seguintes:

'O art. 128 quer dar conseqüência ao princípio da unidade do Ministério Público. Por isso, trata todos os Ministérios Públicos enumerados nos seus incisos e alíneas como se constituíssem uma instituição única, ao afirmar que 'O Ministério Público abrange[...]. Quer-se, com esse modo de dispor, significar que a instituição do Ministério Público abrange todos os Ministérios Públicos ali indicados'.

'Realmente, a pretensão da unidade nesse sentido já constava da exposição de motivos da Comissão elaboradora dos estudos e do anteprojeto da antiga Lei Orgânica do MP (Lei Complementar 40/81 e consagrado na atual: Lei 8.625, de 12.2.93), segundo a qual o Ministério Público é, em seus lineamentos básicos, uma só instituição, quer atue no plano federal, junto à justiça comum ou especial, quer no plano dos Estados, Distrito Federal e Territórios'.

A 'unidade nesse sentido', disse acima, porque não é simplesmente a unidade e a indivisibilidade da velha doutrina, unidade puramente interna e intrínseca, independente da base constitucional, que permite a realização do princípio de devolução, que dá ao chefe o poder de avocar funções de subordinados, ou a realização do princípio da substituição que possibilita um membro cumprir funções do outro.

Esta unidade também existe (CF, art. 127, §1º) e dela também tratei, em livro. Mas esta não passa hoje de reflexo da unidade mais ampla, de base constitucional, aquela pela qual a Constituição envolve todos os ramos do Ministério Público nacional num única Instituição de caráter nacional."

Assim, esperamos que a obra sirva a todos que almejam fazer parte desta instituição e aqueles que dela já fazem parte, sobretudo para difundir e aprimorar a atuação ministerial, para que no fundo transformemos nossa sociedade.

Lucas Caldas Gomes Gagliano

Setembro de 2020

PARTE 1:
DOS RAMOS DO MINISTÉRIO PÚBLICO

1 – CONSELHO NACIONAL DO MINISTÉRIO PÚBLICO – CNMP

1.1 ENUNCIADOS DO CONSELHO NACIONAL DO MINISTÉRIO PÚBLICO

Enunciado nº 01

Interpretação da Resolução nº 1/2005-CNMP, de 7 de novembro de 2005. Nepotismo.

I – É possível a nomeação de Membro aposentado do Ministério Público para cargo em comissão na Administração Ministerial, consoante o art. 37, § 10, CF, desde que o aposentado não esteja inserido na vedação por parentesco até terceiro grau com Membros da ativa do Ministério Público, constante no artigo 1º da Resolução nº 01/2005-CNMP.

II – As vedações estabelecidas pelos artigos 1º e 3º da Resolução nº 01/2005-CNMP não são aplicáveis aos parentes de Membros aposentados ou falecidos do Ministério Público.

III – As vedações estabelecidas pelo artigo 1º da Resolução nº 1/2005 do CNMP não se aplicam aos parentes de servidores efetivos ou não efetivos que atuem no Ministério Público, desde que não ocupem os cargos de direção na Administração Ministerial. (Redação dada pela Resolução nº 28, de 26 de fevereiro de 2008).

IV – São aplicáveis as vedações dos artigos 1º e 3º da Resolução nº 01/2005 – CNMP, aos servidores oriundos de outros órgãos da Administração Pública direta, ou indireta, que tenham cargo efetivo na Instituição de origem e que se encontrem no exercício de alguma atividade submetida à Administração do Ministério Público que tenham parentesco com Membros do MP.

V – As vedações previstas no artigo 2º da Resolução nº 01/2005-CNMP, quanto ao impedimento por parentesco superveniente à nomeação ou à designação, aplicam-se aos servidores efetivos do Ministério Público, apenas à nomeação ou designação para servir junto ao Membro do Ministério Público determinante da incompatibilidade, vedada nova nomeação para outro cargo em comissão ou função comissionada.

VI - A vedação do artigo 1º da Resolução nº 01/2005-CNMP, no caso de impedimento superveniente, não se aplica aos servidores sem vínculo com o Ministério Público, no exercício do cargo em comissão ou da função comissionada.

VII - As vedações da Resolução 01/2005 - CNMP são aplicáveis no âmbito de cada Ministério Público Estadual e do Ministério Público da União, e não destes entre si.

VIII - Os convênios gerais de credenciamento do PLAN-ASSISTE com pessoas físicas e jurídicas (médicos, dentistas, clínicas, hospitais etc) não estão sujeitos às restrições da Resolução 01/2005 - CNMP.

IX - As vedações constantes dos arts. 1º e 3º da Resolução nº 01/CNMP-2005 abrangem o parentesco natural e civil, na linha reta e colateral, até o terceiro grau, inclusive, e o parentesco por afinidade, na linha reta ou colateral, alcançando ainda o parente colateral de terceiro grau, do cônjuge ou companheiro dos Membros do Ministério Público.

X - A interpretação do artigo 3º não pode ser dissociada do artigo 1º, devendo ser aplicado a ambos o disposto no artigo 5º da Resolução nº 01/2005-CNMP.

XI - Configura-se reciprocidade prevista no artigo 3º da Resolução nº 01/2005-CNMP a indicação e a nomeação de qualquer das pessoas referidas no artigo 1º, realizada diretamente ou mediante triangulação entre Membro do Ministério Público e outro agente político ou autoridade de órgão da Administração Pública direta ou indireta.

Publicação: Diário da Justiça, Seção 1, edição de 13/02/2006.

Categoria: Enunciados.

Status: Vigente.

Situação: Não consta revogação expressa.

Enunciado nº 02

Dispõe sobre o conceito e a comprovação de atividade jurídica de que trata o artigo 129, § 3º, da Constituição Federal, conforme estabelece a Resolução nº 4, de 20 de fevereiro de 2006.

O Conselho Nacional do Ministério Público, ao editar a Resolução nº 4/2006, já se pronunciou abstratamente sobre o conceito e comprovação de atividade jurídica de que trata o artigo 129, § 3º, da Constituição Federal, cabendo às comissões de concurso, no âmbito de cada Ministério Público, a análise dos casos concretos.

Publicação: Diário da Justiça, Seção 1, edição de 06/07/2006.

Categoria: Enunciados.

Status: Vigente.

Situação: Não consta revogação expressa.

Enunciado nº 03

Dispõe sobre o arquivamento de Pedido de Providências por decisão monocrática, quando seu objeto não se encontrar no rol de atribuições do CNMP.

Se o objeto do pedido de providências não se encontrar, manifestamente, no rol de atribuições do CNMP, poderá o Relator determinar o seu arquivamento por despacho monocrático, passível de revisão pelo Plenário por simples petição do interessado, dos legitimados nos termos do Regimento Interno ou de algum Conselheiro.

Publicação: Diário da Justiça, Seção 1, edição de 06/03/2007.

Categoria: Enunciados.

Status: Vigente.

Situação: Não consta revogação expressa.

Enunciado nº 04

Dispõe sobre a interpretação da Resolução CNMP nº 26, de 17 de dezembro de 2007, e da Resolução CNMP nº 30, de 19 de maio de 2008.

Na comarca em que exista mais de uma zona eleitoral, poderá ser indicado e designado para exercer função eleitoral, de acordo com o art. 1º, da Resolução CNMP nº 30, o membro do Ministério Público que resida na comarca que abranja a respectiva zona eleitoral, devendo-se suspender, na forma do art. 6º da Resolução CNMP nº 30, as autorizações previstas no art. 2º da Resolução CNMP nº 26, que implicarem residência em localidade não abrangida pela comarca.

Publicação: Diário da Justiça, Seção Única, edição de 14/08/2008.

Categoria: Enunciados.

Status: Vigente.

Situação: Não consta revogação expressa.

Enunciado nº 05

Disciplina a formulação de consultas ao Conselho Nacional do Ministério Público.

As consultas dirigidas ao Conselho Nacional do Ministério Público devem: a) ter pertinência temática com as finalidades do Conselho; b) ser formuladas em tese, não sendo admitidas consultas emergentes de questões administrativas concretas, decorrentes de interesse individual ou de matérias sub judice; c) ser de interesse institucional, não sendo permitidas, também, as consultas de caráter puramente acadêmico; e d) observar os requisitos do artigo 19, inciso XXI e parágrafos do Regimento Interno.

O Secretário-Geral do Conselho Nacional do Ministério Público determinará o arquivamento de plano das consultas que não preencherem os requisitos do presente enunciado e comunicará as partes da decisão.

Publicação: Diário da Justiça, Seção Única, edição de 12/11/2008.

Categoria: Enunciados.

Status: Vigente.

Situação: Não consta revogação expressa.

Enunciado nº 06

Dispõe sobre a impossibilidade de revisão e desconstituição dos atos relativos à atividade-fim do Ministério Público.

Os atos relativos à atividade-fim do Ministério Público são insuscetíveis de revisão ou desconstituição pelo Conselho Nacional do Ministério Público. Os atos praticados em sede de inquérito civil público, procedimento preparatório ou procedimento administrativo investigatório dizem respeito à atividade finalística, não podendo ser revistos ou desconstituídos pelo Conselho Nacional do Ministério Público, pois, embora possuam natureza administrativa, não se confundem com aqueles referidos no art. 130-A, § 2°, inciso II, CF, os quais se referem à gestão administrativa e financeira da Instituição.

Publicação: Diário da Justiça, Seção Única, edição de 18/05/2009.

Categoria: Enunciados.

Status: Vigente.

Situação: Não consta revogação expressa.

Enunciado nº 07

Dispõe sobre a Revisão de Processo Disciplinar.

Cancelado por decisão colegiada nos autos da Proposição n° 1.00650/2016-10, julgada na 24ª Sessão Ordinária, realizada em 13 de dezembro de 2016.

Publicação: Diário Oficial da União, Seção 1, edição de 27/06/2011.

Categoria: Enunciados.

Status: Revogado.

Situação: Não consta revogação expressa.

Enunciado nº 08

Disciplina o instituto da repercussão geral no âmbito do Conselho Nacional do Ministério Público.

Não cabe ao Conselho Nacional do Ministério Público o exame de pretensões que ostentem natureza meramente individual, que não ultrapassem o interesse subjetivo das partes envolvidas, mostrando-se desprovidas de repercussão geral para a sociedade ou para o Ministério Público. Pressupõe-se a repercussão geral da demanda que esteja relacionada a função eminentemente institucional do Ministério Público ou que tenha natureza disciplinar dos seus membros. Aplica-se este enunciado somente aos feitos protocolizados neste Conselho após a sua publicação.

Publicação: Diário Oficial da União, Seção 1, edição de 02/05/2014.

Categoria: Enunciados.

Status: Vigente.

Situação: Não consta revogação expressa.

Enunciado nº 09

Dispõe sobre a incompetência do Conselho Nacional do Ministério Público para revisar ato de Procurador-Geral de Justiça.

Não compete ao Conselho Nacional do Ministério Público revisar ato do Procurador-Geral, no âmbito de seu dever-poder de gestão e administração de sua unidade ministerial, que não desborde os limites da legalidade, proporcionalidade e moralidade.

Publicação: Diário Eletrônico do CNMP, Caderno Processual, p. 3-4, edição de 02/05/2016.

Categoria: Enunciados.

Status: Vigente.

Situação: Não consta revogação expressa.

Enunciado nº 10

Dispõe sobre o cabimento do recurso de embargos de declaração nos procedimentos de competência do Conselho Nacional do Ministério Público.

Não são cabíveis embargos de declaração com a simples finalidade de promover a rediscussão do caso, não havendo demonstração de omissão, contradição, obscuridade ou erro material na decisão embargada.

Publicação: Diário Eletrônico do CNMP, Caderno Processual, p. 4, edição de 02/05/2016.

Categoria: Enunciados.

Status: Vigente.

Situação: Não consta revogação expressa.

Enunciado nº 11

Dispõe sobre a participação da Ordem dos Advogados do Brasil nos concursos para ingresso na carreira do Ministério Público.

Art. 1º É obrigatória a participação da Ordem dos Advogados do Brasil em todas as fases de concurso para ingresso no Ministério Público, inclusive na apreciação de eventuais recursos apreciados pela respectiva banca, sob pena de nulidade de todas as fases posteriores à comprovada ausência de participação.

Art. 2º O enunciado terá aplicação a partir de sua publicação.

Publicação: Diário Eletrônico do CNMP, Caderno Processual, p.1, edição de 01/02/2017.

Categoria: Enunciados.

Status: Vigente.

Situação: Não consta revogação expressa.

Enunciado nº 12

Dispõe sobre a competência do Conselho Nacional do Ministério Público para, no exercício de suas atribuições, afastar a incidência de lei que veicule matéria já declarada inconstitucional pelo Plenário do Supremo Tribunal Federal.

O Conselho Nacional do Ministério Público detém competência para, no exercício de suas atribuições, afastar a incidência de lei que veicule matéria já declarada inconstitucional pelo Plenário do Supremo Tribunal Federal.

Publicação: Diário Eletrônico do CNMP, Caderno Processual, p. 26, edição de 22/02/2017.

Categoria: Enunciados.

Status: Vigente.

Situação: Não consta revogação expressa.

Enunciado nº 13

Dispõe sobre a aplicação subsidiária do art. 60, da Lei n.º 8.625/1993, na hipótese de a lei orgânica local não ter previsão de suspensão, até o julgamento definitivo, do exercício funcional de membros do Ministério Público da União ou dos Estados, quando houver impugnação ao seu vitaliciamento.

A disposição constante do artigo 60 da Lei n.º 8.625/1993 é aplicável subsidiariamente aos procedimentos de impugnação de vitaliciamento de membros do Ministério Público da União ou dos Estados quando as respectivas leis orgânicas não prescreverem a suspensão do membro impugnado até o julgamento definitivo quanto à sua permanência no cargo.

Publicação: Diário Eletrônico do CNMP, Caderno Processual, p. 1-2, edição de 09/03/2017.

Categoria: Enunciados.

Status: Vigente.

Situação: Não consta revogação expressa.

Enunciado nº 14

Dispõe sobre a impossibilidade de revisão de atos praticados pelo Procurador-Geral na função de ordenador de despesas ou de gestão, por parte de qualquer outro órgão interno do respectivo Ministério Público.

Atos praticados por Procuradores-Gerais ou por seus delegatários, na função de ordenador de despesas ou de gestão, não podem ser revistos por qualquer órgão colegiado dentro da própria instituição.

Publicação: Diário Eletrônico do CNMP, Caderno Processual, p. 5-6, edição de 29/06/2017.

Categoria: Enunciados.

Status: Vigente.

Situação: Não consta revogação expressa.

Enunciado nº 15

Dispõe sobre a remoção por interesse público.

A modificação de atribuições não se confunde com a remoção por interesse público de que trata o art. 128, § 5º, I, b, da Constituição Federal.

Publicação: Diário Eletrônico do CNMP, Caderno Processual, pg. 4, edição de 01/02/2018.

Categoria: Enunciados.

Status: Vigente.

Situação: Não consta revogação expressa.

Enunciado nº 16

Dispõe sobre a indicação de que trata o artigo 1°, inciso II, da Resolução CNMP N° 30 de maio de 2008.

A indicação de que trata o artigo 1º, inciso II, da Resolução CNMP nº 30, de 19 de maio de 2008, deve recair sobre o membro do Ministério Público que mais remotamente exerceu a função eleitoral.

Publicação: Diário Eletrônico do CNMP, Caderno Processual, edição de 14/03/2018.

Categoria: Enunciados.

Status: Vigente.

Situação: Não consta revogação expressa.

1.2 SÚMULAS DO CONSELHO NACIONAL DO MINISTÉRIO PÚBLICO

Súmula nº 01

É incompatível a incorporação de gratificação decorrente do exercício de funções *pro labore faciendo*, como são as de direção ou confiança, em período posterior à instauração do regime de subsídio, inexistindo motivação para seu pagamento, por força do artigo 39, §4º, da Constituição Federal e da Resolução do CNMP nº 09/2006. Cabível, apenas, o pagamento, até o valor do teto constitucional, das vantagens incorporadas antes da entrada em vigor do regime de subsídio.

Publicação: Diário Eletrônico do CNMP, Caderno Processual, edição de 14/03/2018.

Categoria: Súmulas.

Status: Vigente.

Situação: Não consta revogação expressa.

Súmula nº 02

Não cabe ao CNMP conceder direito negado judicialmente, com formação de coisa julgada material.

Publicação: Diário Eletrônico do CNMP, Caderno Processual, edição de 14/03/2018.

Categoria: Súmulas.

Status: Vigente.

Situação: Não consta revogação expressa.

Súmula nº 03

O sigilo, nos processos administrativos, inclusive disciplinares, só é admitido em caráter excepcional, dada a regra da publicidade, consagrada nos arts. 5º, XXXIII, 37 e 93, IX e X, da Constituição da República.

Publicação: Diário Eletrônico do CNMP, Caderno Processual, edição de 14/03/2018.

Categoria: Súmulas.

Status: Vigente.

Situação: Não consta revogação expressa.

Súmula nº 04

A modificação de gabarito preliminar de concurso exige motivação, por se tratar de decisão administrativa, seja em face de recurso, seja em caso de revisão de ofício.

Publicação: Diário Eletrônico do CNMP, Caderno Processual, edição de 14/03/2018.

Categoria: Súmulas.

Status: Vigente.

Situação: Não consta revogação expressa.

Súmula nº 05

Cabe à Comissão de Concurso a apreciação dos recursos contra os resultados das provas de concurso de ingresso na carreira do MP, podendo, para a prática de atos meramente executórios, valer-se do apoio de comissões auxiliares, bem como de bancas examinadoras designadas ou contratadas.

Publicação: Diário Eletrônico do CNMP, Caderno Processual, edição de 14/03/2018.

Categoria: Súmulas.

Status: Vigente.

Situação: Não consta revogação expressa.

Súmula nº 06

A legalidade do exame psicotécnico em provas de concurso público está submetida a cinco requisitos indispensáveis: previsão legal, previsão no edital, adoção de critérios objetivos, publicidade do resultado do exame e possibilidade de sua revisão.

Publicação: Diário Eletrônico do CNMP, Caderno Processual, edição de 14/03/2018.

Categoria: Súmulas.

Status: Vigente.

Situação: Não consta revogação expressa.

Súmula nº 07

É inadmissível a contratação para organização de concurso público de entidade que promova cursos preparatórios para certames, evitando-se possível conflito de interesses.

Publicação: Diário Eletrônico do CNMP, Caderno Processual, edição de 14/03/2018.

Categoria: Súmulas.

Status: Vigente.

Situação: Não consta revogação expressa.

Súmula nº 08

Verificada a identidade de objetos e de partes entre ação previamente ajuizada, e posterior procedimento no CNMP, deve o feito ser arquivado.

Publicação: Diário Eletrônico do CNMP, Caderno Processual, edição de 16/03/2018.

Categoria: Súmulas.

Status: Vigente.

Situação: Não consta revogação expressa.

Súmula nº 09

A existência de mecanismos de transparência ativa, como o Portal Transparência, não desobriga o Ministério Público do dever de transparência passiva, devendo prestar as informações que lhe forem solicitadas diretamente pelo cidadão, indicando, quando for o caso, sua disponibilização em sítio eletrônico da instituição.

Publicação: Diário Eletrônico do CNMP, Caderno Processual, edição de 16/03/2018.

Categoria: Súmulas.

Status: Vigente.

Situação: Não consta revogação expressa.

Súmula nº 10

Não compete ao Conselho Nacional do Ministério Público substituir-se às bancas examinadoras na elaboração, na correção ou na anulação de questões de provas de concursos públicos do Ministério Público brasileiro, estando adstrito ao controle de legalidade do certame e à verificação da observância das normas editalícias, legais e constitucionais.

Publicação: Diário Eletrônico do CNMP, Caderno Administrativo, edição de 14/11/2018.

Categoria: Súmulas.

Status: Vigente.

Situação: Não consta revogação expressa.

2 – MINISTÉRIO PÚBLICO FEDERAL

2.1 ENUNCIADOS DO GABINETE DO PROCURADOR-GERAL DA REPÚBLICA

Conforme Portaria nº 732, de 16 de agosto de 2017 – publicado no DOU 18 de setembro de 2017.

O PROCURADOR-GERAL DA REPÚBLICA, no uso de suas atribuições, considerando o relevante quantitativo de expedientes que aportam na Procuradoria-Geral da República e a necessidade de uniformizar os pronunciamentos firmados, conferindo celeridade e segurança jurídica às manifestações, resolve:

Art. 1º Aprovar os enunciados do Gabinete do Procurador-Geral da República:

Enunciado n° 01

Todas as providências referentes aos fatos narrados na representação estão sendo tomadas no âmbito do Grupo de Trabalho Lava Jato e o Procurador-Geral da República está ciente das informações trazidas no presente expediente.

Enunciado n° 02

Expediente apócrifo/anônimo (Lei n° 9.784/99, art. 6°, incisos II e V), que não fornece subsídios mínimos para a instauração de investigação.

Enunciado n° 03

Expediente ininteligível e/ou sem objetividade, inviabilizando o entendimento do seu conteúdo (Lei n° 9.784/99, art. 6°, inciso IV).

Enunciado n° 04

Pretensão de interesse individual disponível/ausência de interesse social ou individual indisponível que justifique a intervenção do Ministério Público Federal (Lei complementar n° 75/93, art. 1°).

Enunciado n° 05

Solicitação refoge da alçada de atribuição do Ministério Público Federal.

Enunciado n° 06

Documentação apresentada não traz elementos de convicção suficientes: não narra os fatos com precisão nem apresenta provas ou indícios do alegado (Lei n° 9.784/99, art. 6°, inciso IV).

Enunciado n° 07

São vedados os pedidos de acesso à informação genéricos, desproporcionais ou desarrazoados (Art. 13, do Decreto n° 7.724/2012).

Enunciado n° 08

Não há solicitação de acesso à informação propriamente dita, mas sim indagação acerca de determinado fato. Dessa forma, não havendo notícia de fato específica ou de providências a serem adotadas em face do presente expediente, inclusive em observância à garantia da independência funcional e do regime constitucional de atribuições, diante da ausência de elementos de informação mínimos, arquive-se.

Enunciado n° 09

Considerando a existência de manifestação judicial/extrajudicial do Procurador-Geral da República sobre o tema contido no expediente, resta prejudicada a análise.

Enunciado nº 10

A Noticia de Fato em referência está registrada com grau de sigilo reservado e, por conseguinte, indisponível para consulta no portal transparência do Ministério Público Federal.

O legítimo interessado na obtenção de informações referentes ao procedimento, poderá dirigir-se pessoalmente à unidade do Ministério Público Federal para obtenção dos dados desejados, mediante apresentação da documentação pertinente. (art. 25, *caput*, e § 1º, da Lei nº 12.527/2011).

Enunciado nº 11

O Ministério Público Federal não é órgão com atribuição consultiva, sendo-lhe vedado a representação judicial e o exercício da consultoria jurídica (art. 127, § 1º, e 129, inciso IX, da CRFB).

Enunciado nº 12

Não há notícia de fato envolvendo autoridades com prerrogativa de função que justifique a intervenção desta Procuradoria Geral da República.

Enunciado nº 13

Proposta de emenda à constituição que ainda não foi aprovada e por isso não publicada, não estando vigente por não estar finalizado o processo legislativo para sua promulgação, não se qualifica como ato normativo sujeito a controle concentrado de constitucionalidade, pois não contém os elementos de abstração, generalidade, autonomia e impessoalidade. O Supremo Tribunal Federal somente admite controle judicial de projeto de lei, pela via do mandado de segurança, a ser impetrado por parlamentar, com vistas a assegurar a garantia do devido processo legislativo.

Enunciado nº 14

O mérito do pedido adentra a esfera de discricionariedade do Poder Executivo na edição de medidas provisórias e não há situação de flagrante inconstitucionalidade que justifique a intervenção desta Procuradoria-Geral da República.

Enunciado nº 15

O conflito de atribuições entre Ministério Público Federal e Ministério Público diverso do Federal somente será conhecido quando o declínio no órgão federal for homologado pela respectiva Câmara de Coordenação e Revisão do MPF, considerando tratar-se de ato complexo.

2.2 ENUNCIADOS DA ASSESSORIA JURÍDICA PARA CONFLITOS DE ATRIBUIÇÃO DO GABINETE DA PROCURADORA-GERAL DA REPÚBLICA – AJCA/PGR, EM MATÉRIA PROCESSUAL PENAL E TUTELA COLETIVA

Enunciado nº 01

Configura crime contra o Sistema Financeiro Nacional, previsto no art. 19 da Lei nº 7.492, de 1986, a obtenção, mediante fraude, de financiamento de veículo, com cláusula de alienação fiduciária em garantia, sendo do Ministério Público Federal a atribuição para atuar nas investigações e promover eventual ação penal.

Portaria nº 848/2019. Publicado em: 16/09/2019 | Edição: 179 | Seção: 1 | Página: 98.

Enunciado nº 02

O crime de furto mediante fraude, praticado por meio de saque ou transferência bancária, utilizando meio eletrônico e sem o consentimento do correntista, consuma-se no local da agência bancária em que é mantida a conta lesada, sendo atribuição do Ministério Público Estadual da localidade promover a ação penal.

Portaria nº 848/2019. Publicado em: 16/09/2019 | Edição: 179 | Seção: 1 | Página: 98.

Enunciado nº 03

A atribuição do órgão do Ministério Público para apurar crime de estelionato cometido mediante transferência de valores entre contas correntes é determinada pelo lugar da agência bancária da conta lesada.

Portaria nº 848/2019. Publicado em: 16/09/2019 | Edição: 179 | Seção: 1 | Página: 98.

Enunciado nº 04

A atribuição do órgão do Ministério Público responsável por apurar crime de estelionato cometido por meio de clonagem ou alteração do numerário de cheque é fixada pelo local do efetivo prejuízo à vítima, isto é, onde situado o banco sacado.

Portaria nº 848/2019. Publicado em: 16/09/2019 | Edição: 179 | Seção: 1 | Página: 98.

Enunciado nº 05

A atribuição para oficiar em procedimento investigatório que versa acerca de tentativa de estelionato, mediante apresentação de documentos falsos para obtenção de indenização do Seguro Obrigatório de Danos Pessoais Causados por Veículos Automotores de Via Terrestre – DPVAT, é do Ministério Público Estadual do local em que foi entregue o requerimento administrativo acompanhado de documentos falsos, pois trata-se do último ato de execução.

Portaria nº 848/2019. Publicado em: 16/09/2019 | Edição: 179 | Seção: 1 | Página: 98.

Enunciado nº 06

A prática delituosa conhecida como "falso sequestro" configura crime de extorsão, e a atribuição do órgão ministerial é definida de acordo com o local em que a vítima sofre o constrangimento, isto é, no local onde se encontrava no momento que praticada a violência ou grave ameaça contra si.

Portaria nº 848/2019. Publicado em: 16/09/2019 | Edição: 179 | Seção: 1 | Página: 98.

Enunciado nº 07

Crime praticado em rede mundial de computadores, consistente em publicar conteúdo ilícito na internet, que tenha estado acessível por alguém no estrangeiro, ainda que não haja evidências de que o acesso realmente ocorreu, é da atribuição do Ministério Público Federal, desde que preenchidos três requisitos cumulativos: a) que o fato esteja previsto como crime no Brasil e no estrangeiro; b) que o Brasil seja signatário de convenção ou tratado internacional por meio do qual assume o compromisso de reprimir criminalmente aquela espécie delitiva; e c) que a conduta tenha ao menos se iniciado no Brasil e o resultado tenha ocorrido, ou devesse ter ocorrido no exterior, ou reciprocamente.

Portaria nº 848/2019. Publicado em: 16/09/2019 | Edição: 179 | Seção: 1 | Página: 98.

Enunciado nº 08

O Ministério Público Federal tem atribuição para atuar nos procedimentos que versam sobre o exercício das atividades de mineração no território nacional, com possível responsabilização do Departamento Nacional de Produção Mineral – DNPM, sucedido pela Agência Nacional de Mineração, pela omissão do dever de fiscalização.

Publicado em: 16/09/2019 | Edição: 179 | Seção: 1 | Página: 98.

Enunciado nº 09

A atribuição para oficiar nos procedimentos sobre iluminação pública em rodovia federal, dentro dos limites municipais, é do Ministério Público Estadual, por tratar-se de serviço de interesse público local.

Portaria nº 848/2019. Publicado em: 16/09/2019 | Edição: 179 | Seção: 1 | Página: 98.

Enunciado nº 10

O Ministério Público Estadual tem a atribuição para atuar nas demandas que versam sobre questões privadas relacionadas ao contrato de prestação de serviços firmado entre a instituição de ensino superior e o discente, tais como inadimplemento de mensalidade e cobrança de taxas, desde que não se trate de mandado de segurança impetrado contra ato do dirigente da universidade particular.

Portaria nº 848/2019. Publicado em: 16/09/2019 | Edição: 179 | Seção: 1 | Página: 98.

Enunciado nº 11

No âmbito criminal, é da atribuição do Ministério Público Federal a investigação e a propositura de ação penal relativa a desvios e malversação de recursos do Fundo de Manutenção e Desenvolvimento do Ensino Fundamental e de Valorização do Magistério - FUNDEF e do Fundo de Manutenção e Desenvolvimento da Educação Básica e de Valorização dos Profissionais da Educação - FUNDEB, independentemente de complementação com recursos federais. No âmbito cível, a atribuição é, em regra, do Ministério Público Estadual, só se justificando a atuação do parquet federal se houver complementação de recursos por parte da União e se os fatos tiverem relação com desvios ou irregularidades na aplicação das verbas.

Portaria nº 848/2019. Publicado em: 16/09/2019 | Edição: 179 | Seção: 1 | Página: 98.

2.3 ENUNCIADOS DO CONSELHO INSTITUCIONAL DO MPF

Enunciado nº 001

Não caracteriza prescrição ou preclusão a eventual inobservância dos prazos regulamentares na tramitação de procedimentos administrativos e de inquéritos civis públicos.

Referência Normativa: Art. 2º, § 6º da Resolução CNMP nº 23 e art. 4º, § 1º da Resolução CSMPF nº 87; Referência Processual: Processos nos 08120-0.00926/95-11 e 1.00.000.004691/2008-21). - 4ª Sessão Extraordinária - 21.8.2008.

Conforme acesso em 07 de agosto de 2020 ao site: http://www.mpf.mp.br/o-mpf/conselho-institucional/documentos-e-publicacoes/enunciados

Enunciado nº 002

Nas hipóteses de declínio de atribuição para Ministério Público diverso do Federal, a questão deverá ser submetida à respectiva Câmara de Coordenação e Revisão ou à Procuradoria Federal dos Direitos do Cidadão nos autos originais em que suscitado para homologação, salvo se fundado nas hipóteses previstas na Resolução CNMP nº 174, de 4 de julho de 2017, ou se tiver por base entendimento já expresso em enunciado ou orientação do respectivo Órgão de Revisão, casos em que os autos deverão ser remetidos diretamente ao Ministério Público com a respectiva atribuição, independentemente de homologação.

Nova Redação: Precedentes: Resolução CNMP nº 174, Orientação nº 1 da 1ª CCR, Enunciado nº 35-Nova Redação da 2ª CCR, Deliberação da 3ª CCR em 30/08/2017, Orientação nº 3 da 4ª CCR, Orientação nº 6 da 5ª CCR, Deliberação da 6ª CCR em 10/2017, Orientação nº 6 da 7ª CCR. Referência processual: 1.00.000.009761/2018-17.

Aprovado na 8ª Sessão Ordinária, em 10/10/2018.

Conforme acesso em 07 de agosto de 2020 ao site: http://www.mpf.mp.br/o-mpf/conselho-institucional/documentos-e-publicacoes/enunciados

Enunciado nº 003

Não homologado o declínio de atribuições, os autos retornam ao ofício originário para prosseguimento, facultando-se ao membro, se for o caso, que, com fundamento em sua independência funcional, requeira a designação de outro membro para tanto.

Referência normativa: art. 10, § 4º, da Resolução CNMP nº 143/2016; Referência processual: PA nº 1.28.000.000684/2011-74 e PA nº 1.14.003.000253/2013-35.

Aprovado na 9ª Sessão Ordinária – 8.11.2017.

Conforme acesso em 07 de agosto de 2020 ao site: http://www.mpf.mp.br/o-mpf/conselho-institucional/documentos-e-publicacoes/enunciados

Enunciado nº 004

É atribuição da 3ª Câmara de Coordenação e Revisão (Consumidor e Ordem Econômica), e consequentemente dos Ofícios a ela vinculados, os feitos cíveis que possuem como objeto a relação de consumo entre plano de saúde e seu beneficiário. Aplicação do art. 2º, § 3º da Resolução CSMPF nº 148, de 1º de abril de 2014, publicada em 24/04/2014.

Referência Processual: 1.00.000.013496/2018-63; Precedentes: 1.22.000.000483/2010-18, 1.18.000.001004/2011-86, 1.29.000.002730/2013-02, 1.25.000.003127/2015-41.

Aprovado na 6ª Sessão Ordinária, de 8/8/2018.

Conforme acesso em 07 de agosto de 2020 ao site: http://www.mpf.mp.br/o-mpf/conselho-institucional/documentos-e-publicacoes/enunciados

Enunciado nº 005

É atribuição da 3ª Câmara de Coordenação e Revisão (Consumidor e Ordem Econômica), e consequentemente dos Ofícios a ela vinculados, os feitos cíveis que possuem como objeto a relação de consumo entre discentes e instituição de ensino superior privada, bem como possíveis irregularidades em seu funcionamento. Aplicação do art. 2º, § 3º, da Resolução CSMPF nº 148, de 1º de abril de 2014, publicada em 24/04/2014.

Referência Processual: 1.00.000.013518/2018-95; Precedentes: 1.31.000.001377/2012-04,1.14.008.000048/2014-19, 1.34.004.000385/2015-26, 1.25.005.000421/2015-51,1.15.000.000917/2015-11, 1.30.001.000922/2015-15, 1.23.000.001498/2015-62,1.30.001.001906/2015-31, 1.30.001.004274/2015-68,

1.30.001.005187/2015-28, 1.22.000.001454/2016-51, 1.00.000.012967/2017-35, 1.00.000.013018/2017-72, 1.00.000.013024/2017-20, 1.00.000.013034/2017-65, 1.00.000.013051/2017-01.

Aprovado na 6ª Sessão Ordinária, de 8/8/2018.

Conforme acesso em 07 de agosto de 2020 ao site: http://www.mpf.mp.br/o-mpf/conselho-institucional/documentos-e-publicacoes/enunciados

Enunciado nº 006

É atribuição da 5ª Câmara de Coordenação e Revisão (Combate à Corrupção), e consequentemente dos Ofícios a ela vinculados, os feitos que possuem como objeto o crime de lavagem de dinheiro cujo crime antecedente esteja previsto no art. 2º, § 5º, da Resolução CSMPF nº 148, de 1º de abril de 2014, publicada em 24/04/2014, ou a estes seja similar ou conexo.

Referência processual: 1.00.000.013520/2018-64; Precedentes: JF-RJ-INQ-2011.51.01.810478-9, JF-RJ-0511993-86.2015.4.02.5101-INQ, JR-RJ-0511991-19.2015.4.02.5101-INQ, JF-RJ-0511815-40.2015.4.02.5101-INQ, JR-RJ-0511996-41.2015.4.02.5101-INQ, JR-RJ-0511994-71.2015.4.02.5101-INQ, JR-RJ-0511750-45.2015.4.02.5101-INQ, JR-RJ-0511808-48.2015.4.02.5101-INQ, JR-RJ-0511814-55.2015.4.02.5101-INQ, JR-RJ-0511748-75.2015.4.02.5101-INQ, JR-RJ-0511805-93.2015.4.02.5101-INQ, JR-RJ-0511738-31.2015.4.02.5101-INQ, 1.14.000.001432/2016-62.

Aprovado na 6ª Sessão Ordinária, de 8/8/2018.

Conforme acesso em 07 de agosto de 2020 ao site: http://www.mpf.mp.br/o-mpf/conselho-institucional/documentos-e-publicacoes/enunciados

Enunciado nº 007

Nos casos em que a abertura do procedimento se der por representação, o representante será notificado da promoção de arquivamento e da faculdade de apresentar recurso e documentos, no prazo de 10 (dez) dias, contados da juntada da ciência. Após o transcurso desse prazo, com ou sem novas razões, os autos serão remetidos à respectiva Câmara de Coordenação e Revisão para apreciação em caso de manutenção da decisão recorrida, nos termos das Resoluções CSMPF nº 77/2004, art. 14, § 1º e nº 87/2010, art. 17, § 1º.

Referência processual: 1.00.000.018465/2018-07; Precedentes: Enunciado nº 46 da 2ª CCR, Enunciado nº 5 da 7ª CCR.

Aprovado na 8ª Sessão Ordinária, em 10/10/2018.

Conforme acesso em 07 de agosto de 2020 ao site: http://www.mpf.mp.br/o-mpf/conselho-institucional/documentos-e-publicacoes/enunciados

Enunciado nº 008

Nas hipóteses de arquivamento da notícia de fato, do procedimento investigatório criminal ou do inquérito policial, a questão deverá ser submetida à respectiva Câmara de Coordenação e Revisão ou à Procuradoria Federal dos Direitos do Cidadão nos autos originais em que suscitado para homologação, salvo se fundado nas hipóteses previstas na Resolução CNMP nº 174, de 4 de julho de 2017, ou se tiver por base entendimento já expresso em enunciado ou orientação do respectivo Órgão de Revisão, casos em que os autos deverão ser arquivados diretamente, independentemente de homologação, exceto nos casos de recurso ou quando o membro oficiante julgar necessário.

Referência processual: 1.00.000.018465/2018-07; Precedentes: Enunciado nº 27 da 1ª CCR, Enunciado nº 36 da 2ª CCR.

Aprovado na 8ª Sessão Ordinária, em 10/10/2018.

Conforme acesso em 07 de agosto de 2020 ao site: http://www.mpf.mp.br/o-mpf/conselho-institucional/documentos-e-publicacoes/enunciados

Enunciado nº 009

Não se sujeita à revisão das Câmaras de Coordenação e Revisão ou da Procuradoria Federal dos Direitos do Cidadão a remessa de autos de um órgão para outro no âmbito do próprio Ministério Público Federal, nos termos do art. 4º, VI da Resolução CSMPF n º 87/2010.

Referência processual: 1.00.000.018465/2018-07; Precedentes: Enunciado nº 25 da 2ª CCR, Enunciado nº 5 da PFDC.

Aprovado na 8ª Sessão Ordinária, em 10/10/2018.

Conforme acesso em 07 de agosto de 2020 ao site: http://www.mpf.mp.br/o-mpf/conselho-institucional/documentos-e-publicacoes/enunciados

Enunciado nº 010

Compete ao Conselho Institucional do MPF decidir os conflitos de atribuições entre órgãos institucionais vinculados a Câmaras distintas ou a uma das Câmaras e à PFDC, nos termos do art. 7º, inciso II da Resolução nº 165/CSMPF.

Referência processual: 1.00.000.018465/2018-07; Precedentes: Enunciado nº 15 da 3ª CCR.

Aprovado na 8ª Sessão Ordinária, em 10/10/2018.

Conforme acesso em 07 de agosto de 2020 ao site: http://www.mpf.mp.br/o-mpf/conselho-institucional/documentos-e-publicacoes/enunciados

Enunciado nº 011

Nas portarias de instauração de procedimentos devem constar a câmara revisora e o tema objeto de apuração conforme tabela unificada de temas/assuntos do CNMP.

Referência processual: 1.00.000.018465/2018-07; Precedente: Enunciado nº 2 da 4ª CCR.

Aprovado na 8ª Sessão Ordinária, em 10/10/2018.

Conforme acesso em 07 de agosto de 2020 ao site: http://www.mpf.mp.br/o-mpf/conselho-institucional/documentos-e-publicacoes/enunciados

Enunciado nº 012

Quando houver recurso em face da promoção de arquivamento, o membro oficiante, antes da remessa à Câmara, deverá decidir sobre a manutenção da decisão ou exercer juízo de retratação.

Referência processual: 1.00.000.018465/2018-07; Precedente: Enunciado nº 30 da 1ª CCR.

Aprovado na 8ª Sessão Ordinária, em 10/10/2018.

Conforme acesso em 07 de agosto de 2020 ao site: http://www.mpf.mp.br/o-mpf/conselho-institucional/documentos-e-publicacoes/enunciados

Enunciado nº 013

Em caso de não homologação de promoção de arquivamento, a Câmara de Coordenação e Revisão ou a Procuradoria Federal dos Direitos do Cidadão fundamentarão os motivos do retorno dos autos à origem e indicarão as diligências a serem realizadas, nos termos do art. 18, inciso I, da Resolução CSMPF nº 87/2010.

Referência processual: 1.00.000.018465/2018-07; Precedente: Enunciado nº 14 da 2ª CCR, Enunciado nº 52 da 4ª CCR.

Aprovado na 8ª Sessão Ordinária, em 10/10/2018.

Conforme acesso em 07 de agosto de 2020 ao site: http://www.mpf.mp.br/o-mpf/conselho-institucional/documentos-e-publicacoes/enunciados

Enunciado nº 014

É atribuição da 3ª Câmara de Coordenação e Revisão (Consumidor e Ordem Econômica), e dos Ofícios a ela vinculados, apreciar os feitos cíveis relativos à prestação de serviços públicos, em regime de concessão ou permissão, remunerados mediante tarifa ou preço público.

Referência processual: 1.00.000.018465/2018-07; Precedente: 1.29.000.002979/2016-52, 1.29.004.000840/2017-15.

Aprovado na 8ª Sessão Ordinária, em 10/10/2018.

Conforme acesso em 07 de agosto de 2020 ao site: http://www.mpf.mp.br/o-mpf/conselho-institucional/documentos-e-publicacoes/enunciados

Enunciado nº 015

É atribuição da 5ª Câmara de Coordenação e Revisão (Combate à Corrupção), e de seus Ofícios vinculados, apreciar os feitos que têm como objeto a não observância da regra de contratação por concurso público, o que configura, em tese, ato de improbidade administrativa, previsto nos artigos 9º e 11 da Lei nº 8.429/1992.

Referência processual: 1.00.000.018465/2018-07; Precedente: 1.18.000.001702/2012-62, 1.25.000.000106/2013-10, 1.34.001.001866/2014-06, 1.25.000.002294/2015-74.

Aprovado na 8ª Sessão Ordinária, em 10/10/2018.

Conforme acesso em 07 de agosto de 2020 ao site: http://www.mpf.mp.br/o-mpf/conselho-institucional/documentos-e-publicacoes/enunciados

Enunciado nº 016

É atribuição da 1ª Câmara de Coordenação e Revisão (Direitos Sociais e Atos Administrativos em Geral), e de seus Ofícios vinculados, apreciar os feitos que têm como objeto a apuração de irregularidades em Concurso Público, exceto quando houver indícios de fraude ou burla ao processo seletivo, com dano direto ao patrimônio público e/ou enriquecimento ilícito, a ensejar ações de improbidade administrativa, nos termos do art. 2º, § 5º, da Resolução CSMPF nº 20, de 6 de fevereiro de 1996, com a redação dada pela Resolução CSMPF nº 148/2014.

Referência processual: 1.00.000.018465/2018-07; Precedente: 1.35.000.000832/2014-69, 1.25.000.002998/2014-66, 1.25.000.003384/2014-00, 1.25.000.004144/2014-14, 1.25.000.000554/2015-77, 1.34.001.006866/2015-75.

Aprovado na 8ª Sessão Ordinária, em 10/10/2018.

Conforme acesso em 07 de agosto de 2020 ao site: http://www.mpf.mp.br/o-mpf/conselho-institucional/documentos-e-publicacoes/enunciados

Enunciado nº 017

É atribuição da 7ª Câmara de Coordenação e Revisão (Controle Externo da Atividade Policial e Sistema Prisional), e de seus Ofícios vinculados, apreciar os feitos cíveis e criminais que têm como objeto a conduta de policiais, no exercício de suas funções. Aplicação do art. 2º, § 7º da Resolução CSMPF nº 148, de 1º de abril de 2014, publicada em 24/04/2014.

Referência processual: 1.00.000.013523/2018-06; Precedentes: SR/DPF/MG--INQ-02080/2010, 1.25.000.000044/2013-38, 1.25.000.003208/2012-06, 1.21.002.000423/2015-19, 1.18.000.001832/2012-03, 1.00.000.013000/2016-90.

Aprovado na 8ª Sessão Ordinária, em 10/10/2018.

Conforme acesso em 07 de agosto de 2020 ao site: http://www.mpf.mp.br/o--mpf/conselho-institucional/documentos-e-publicacoes/enunciados

Enunciado nº 018

É atribuição da 7ª Câmara de Coordenação e Revisão (Controle Externo da Atividade Policial e Sistema Prisional), e de seus Ofícios vinculados, decidir sobre questões afetas às atividades administrativas realizadas pela Polícia Federal e pela Polícia Rodoviária Federal, sempre que estas tiverem impacto na realização de suas atividades finalísticas.

Referência processual: 1.00.000.009879/2019-18; Precedentes: 1.25.000.000044/2013-38, 1.16.000.002687/2013-25, 1.29.000.000137/2019-17.

Aprovado na 4ª Sessão Ordinária, em 08/05/2019.

Conforme acesso em 07 de agosto de 2020 ao site: http://www.mpf.mp.br/o--mpf/conselho-institucional/documentos-e-publicacoes/enunciados

Enunciado nº 019

1. A adulteração de anilhas destinadas à regularização e ao controle de pássaros da fauna silvestre em cativeiro viola a fé público, atingindo interesse e serviço federal, considerando que o IBAMA, ente público federal, é incumbido da gestão e do monitoramento das atividades de criadores amadores por meio de sistema de controle de criação de passeriformes silvestres – SISPAS, o que atrai a atribuição do Ministério Público Federal e a competência da Justiça Federal para o processo de julgamento.

2. Verificando-se esse crime de falso em concurso com delito contra a fauna, a competência será federal, ainda que os passeriformes não constem no rol de espécies ameaçadas de extinção, haja vista a conexão entre o crime ambiental e a fraude que desregula os mecanismos de controle. Incidência da súmula 122 do STJ.

Referência processual: 1.00.000.022365/2019-58; Precedentes: PRM/MAR-3410.2018.000043-4-INQ, PRM/MAR-3410.2017.000093-0-INQ, PRM/MAR-3410.2016.000177-9-INQ.

Aprovado na 7ª Sessão Ordinária, em 11/09/2019.

Conforme acesso em 07 de agosto de 2020 ao site: http://www.mpf.mp.br/o--mpf/conselho-institucional/documentos-e-publicacoes/enunciados

2.4 ENUNCIADOS DO CONSELHO SUPERIOR DO MINISTÉRIO PÚBLICO FEDERAL

Enunciado nº 01

Constitui infração disciplinar a atuação em 1º grau, de Procurador Regional da República designado exclusivamente para oficiar junto a Tribunal Regional (artigos 68 e 240, IV da Lei Complementar 73/93).

21ª Sessão Extraordinária de 21.02.1994 (Processo nº 08100-1.00001/94-18).

Enunciado nº 02

A norma do inciso XIII, do artigo 57, LC 75/93, por ser de conteúdo excepcional, prevalece sobre a do artigo 76 da mesma legislação, que é de preceito comum, desde que caracterizada situação de excepcionalidade.

27ª Sessão Extraordinária de 28.03.1994 (Processo nº 08100-1.00050/94-23).

Enunciado nº 03

É vedado ao membro do Ministério Público Federal exercer, no gozo de licença para tratar de assuntos particulares, qualquer outro cargo ou função pública, por configurar-se acumulação ilegítima.

38ª Sessão Extraordinária de 27.06.1994 (Processo nº 08100-1.00113/94-41).

Enunciado nº 04

Só deverão ser encaminhados pelo Corregedor-Geral do Ministério Público Federal, ao Conselho Superior do Ministério Público Federal, os relatórios das Sindicâncias e Correições determinadas pelo Colegiado.

45ª Sessão Extraordinária de 13.09.1994 (Processo nº 08100-1.00173/94-73).

Enunciado nº 05

Revogado.

5ª Sessão Extraordinária de 31.03.2003 (Processo nº 08100-1.00044/96-92).

Enunciado nº 06

Os Procuradores Regionais da República, promovidos, e que se encontravam em exercício em Procuradorias da República, deverão ser designados, por ato do Procurador-Geral da República, para exercerem suas funções nas Procuradorias Regionais da República das correspondentes regiões judiciárias federais.

53ª Sessão Extraordinária de 29.11.1994 (Processo nº 08100-1.00055/94-47).

Enunciado nº 07

Revogado.

Ata da 18ª Sessão Extraordinária de 17.12.1997.

(Processo nº08100-1.00108/97-54): O Conselho deliberou pela Revogação do Enunciado nº 7, para que todos os membros do Ministério Público Federal com atribuição em 1º grau habilitem-se à designação para atuar no Tribunal Regional Eleitoral nas capitais que não sejam sede da Procuradoria Regional da República.

Enunciado nº 08

Nas hipóteses de lotação provisória, não se aplica o inciso XII do artigo 57 da LC 75/93, portanto, não compete ao Conselho Superior opinar a respeito de lotação provisória em outra Unidade para frequentar cursos, mas cabe ao Procurador-Geral da República decidir sem a oitiva do colegiado.

5ª Sessão Ordinária de 2.6.2015 (Processos nº 1.00.000.000289/2015-04 e nº 1.00.001.000267/2014-45).

2.5 1ª CÂMARA DE COORDENAÇÃO E REVISÃO – DIREITOS SOCIAIS E FISCALIZAÇÃO DE ATOS ADMINISTRATIVOS EM GERAL

Enunciado nº 01

Imprescindibilidade da manifestação do Ministério Público Federal sobre o mérito da causa em Mandado de Segurança.

Ação de Mandado de Segurança. Garantia constitucional. Fiscalização dos atos praticados por autoridade pública. Interesse público. Defesa da ordem jurídica e de direitos constitucionais meta-individuais. Constituição Federal, arts. 127 e 129, II. Lei Complementar Nº 75/93, art. 5º, *caput*, e inciso VI, c/c Lei Nº 1.533/51, art. 10. Custos Legis. Imprescindibilidade da manifestação do Ministério Público Federal sobre o mérito da causa.

Referência: Ata da 120ª Sessão Extraordinária realizada em 09.10.2012, publicada no DJE, Seção 1, de 17.10.2012, fls. 520-525.

Enunciado nº 02

Ausência de atribuição do Ministério Público Federal para apurar irregularidades/ilegalidades relativas a agentes e serviços públicos estaduais, distritais e municipais.

A apuração de supostas irregularidades ou ilegalidades relativas a serviço público estadual, distrital ou municipal ou aos respectivos agentes públicos no exercício de suas funções não é da atribuição do Ministério Público Federal, exceto se houver interesse federal (art. 109, I, CF) caracterizado pelas peculiaridades da situação concreta (irregularidades diretamente relacionadas à aplicação de recursos federais, por exemplo). (Referência: Inquérito civil n. 1.33.009.000090/2014-66).

Enunciado alterado conforme deliberação do Colegiado na 4ª Sessão de Coordenação (6/8/2018).

Enunciado nº 03

Ausência de atribuição do Ministério Público Federal para apurar irregularidades/ilegalidades relativas a atividades privadas.

A apuração de supostas irregularidades ou ilegalidades praticadas por particulares no exercício de atividades privadas não é da atribuição do Ministério Público Federal, exceto se houver interesse federal (art. 109, I, CF) caracterizado pelas peculiaridades da situação concreta (irregularidades diretamente relacionadas à aplicação de recursos federais, por exemplo).

Enunciado alterado conforme deliberação do Colegiado na 4ª Sessão de Coordenação (6/8/2018).

Enunciado nº 04

Ausência de atribuição do Ministério Público Federal para apurar irregularidades/ilegalidades relativas a concursos públicos estaduais, distritais ou municipais.

A apuração de supostas irregularidades ou ilegalidades praticadas em concursos públicos ou quaisquer processos seletivos para provimento de cargos ou empregos públicos municipais, estaduais ou distritais não é da atribuição do Ministério Público Federal.

Referência: Ata da 19ª Sessão Extraordinária realizada em 16.12.2014, publicada em 03.07.2015.

Enunciado nº 05

Conflito de atribuição em excesso de peso em rodovia federal.

Tem atribuição para atuar em face de notícia de fato relativa a infração administrativa por excesso de peso em rodovia federal, no intuito de apurar se se trata de conduta recorrente que justifique responsabilização de natureza civil, o membro que primeiro tomou conhecimento de infração daquela natureza praticada pelo(a) mesmo(a) transportador (a) na sua área de atribuição territorial, sendo irrelevante a localização da sede da empresa (art. 2º, LACP e decisão do CIMPF n. 1.29.005.000224/2013-21).

Referência: Ata da 19ª Sessão Extraordinária realizada em 16.12.2014, publicada em 03.07.2015.

Enunciado nº 06

Questão judicializada.

Cabível a homologação do arquivamento quando o objeto do procedimento ou do inquérito civil, inclusive sob a perspectiva territorial, esteja sob apreciação do Poder Judiciário e, nas ações em trâmite na Justiça Federal, atue o Ministério Público Federal como (co)autor ou interveniente (Ref. IC n. 1.26.002.000109/2011-26, PP n. 1.34.010.000629/2014-19).

Referência: Ata da 19ª Sessão Extraordinária realizada em 16.12.2014, publicada em 03.07.2015.

Enunciado nº 07

Necessidade de fundamentação específica no declínio de atribuição promovido em inquérito civil instaurado pelo Ministério Público Federal.

Não é cabível a homologação de declínio de atribuição em inquérito civil instaurado pelo Ministério Público Federal quando o membro que o promove não enfrentou na fundamentação, de modo específico, as circunstâncias e motivações pertinentes à atribuição que orientaram a respectiva instauração e, se for o caso, a adoção de outras providências que a pressuponham, como a expedição de recomendação ou a tomada de compromisso de ajustamento de conduta. (Ref. 1.21.000.000935/2013-33).

Referência: Ata da 19ª Sessão Extraordinária realizada em 16.12.2014, publicada em 03.07.2015.

Enunciado nº 08

Enunciado cancelado conforme deliberação do Colegiado na 4ª Sessão de Coordenação (6/8/2018).

Enunciado nº 09

Indeferimento de instauração de inquérito civil e direito individual disponível e indeferimento de instauração.

É cabível o indeferimento de instauração de inquérito civil quando a notícia de fato versar sobre direito individual disponível e as peculiaridades da situação concreta inviabilizarem o tratamento coletivo da questão, desde que observado o prazo de 30 dias previsto no art. 5º-A, da Resolução CSMPF nº 87/2006.

Referência: Ata da 19ª Sessão Extraordinária realizada em 16.12.2014, publicada em 03.07.2015.

Enunciado nº 10

Enunciado cancelado conforme deliberação do Colegiado na 282ª Sessão de 16/02/2017.

Enunciado nº 11

Arquivamento. Matéria pacificada pelo Colegiado.

Cabível a apreciação, por decisão monocrática do (a) Coordenador (a), quando a matéria discutida nos autos for objeto de enunciado da 1ª Câmara de Coordenação e Revisão.

Referência: Ata da 278ª Sessão Ordinária realizada em 17/11/2016, publicada no Diário Eletrônico DMPF-e, de 14/12/2016.

Enunciado nº 12

Enunciado cancelado conforme deliberação do Colegiado na 4ª Sessão de Coordenação (6/8/2018).

Enunciado nº 13

Ausência de atribuição do Ministério Público Federal para apurar fatos relacionados a sociedades de economia mista.

A apuração de fatos relacionados a sociedades de economia mista não é da atribuição do Ministério Público Federal, salvo se for demonstrado interesse direto da União no caso concreto.

Referência: Ata da 278ª Sessão Ordinária realizada em 17/11/2016, publicada no Diário Eletrônico DMPF-e, de 14/12/2016.

Enunciado nº 14

Ausência de atribuição do Ministério Público Federal para apurar fatos relacionados a concurso público para provimento de cargos em sociedade de economia mista.

A apuração de fatos relacionados a concurso público para provimento de cargos em sociedade de economia mista não é, em regra, da atribuição do Ministério Público Federal.

Enunciado alterado conforme deliberação do Colegiado na 4ª Sessão de Coordenação (6/8/2018).

Enunciado nº 15

Atribuição para atuar em demanda contra órgão público federal com sede em Brasília.

O Distrito Federal não é foro universal para investigação de irregularidades atribuídas a órgão público federal com sede em Brasília, ainda que o dano seja de âmbito nacional ou regional.

Referência: Ata da 278ª Sessão Ordinária realizada em 17/11/2016, publicada no Diário Eletrônico DMPF-e, de 14/12/2016.

Enunciado nº 16

Enunciado revogado na 5ª Sessão Ordinária de Coordenação.

Enunciado nº 17

Enunciado cancelado conforme deliberação do Colegiado na 4ª Sessão de Coordenação (6/8/2018).

Enunciado nº 18

Não é de atribuição da 1ª CCR análise de matéria cuja controvérsia esteja, de alguma forma, relacionada ao processo eleitoral (art. 75 da Lei Complementar nº 75/1993 e art. 23, V, do Anexo à Portaria PGR n. 556/2014 – Regimento Interno da PGR).

Referência: Ata da 289ª Sessão Ordinária realizada em 18.5.2017 publicada em 12.7.2017.

Enunciado nº 19

Não é de atribuição da 1ª CCR análise de Procedimento de Cooperação Internacional instaurado com o objetivo de atender a pedido de cooperação ativa ou passiva, uma vez que tal procedimento está submetido a tramitação específica, nos termos dos artigos 93 a 105 da Portaria PGR/MPF n. 556, de 13 de agosto de 2014.

Referência: Ata da 289ª Sessão Ordinária realizada em 18.5.2017 publicada em 12.7.2017.

Enunciado nº 20

Não é atribuição do Ministério Público Federal atuar em questões de interesse de fundações de direito público estaduais e municipais nem de fundações de direito privado (art. 66 do Código Civil), salvo se houver interesse federal (art. 109, I, CF) caracterizado pelas peculiaridades da situação concreta (irregularidades diretamente relacionadas à aplicação de recursos federais, por exemplo).

Referência: Ata da 289ª Sessão Ordinária realizada em 18.5.2017 publicada em 12.7.2017.

Enunciado nº 21

Enunciado cancelado conforme deliberação do Colegiado na 4ª Sessão de Coordenação (6/8/2018).

Enunciado nº 22

Não é de atribuição da 1ª CCR analisar procedimento relacionado à prestação de serviços públicos, em regime de concessão ou permissão, remunerados mediante tarifa ou preço público, porque sujeitos às regras previstas na Lei nº 8.078, de 11 de setembro de 1990 (Código de Defesa do Consumidor).

Referência: Ata da 289ª Sessão Ordinária realizada em 18.5.2017 publicada em 12.7.2017.

Enunciado nº 23

Não é de atribuição da 1ª CCR analisar procedimento relacionado a serviços postais ou a bancos postais oferecidos pela Empresa Brasileira de Correios e Telégrafos (ECT) no mercado de consumo, porque sobre a relação jurídica formada entre a empresa e o usuário incidem as regras previstas na Lei nº 8.078, de 11 de setembro de 1990 (Código de Defesa do Consumidor).

Referência: Ata da 289ª Sessão Ordinária realizada em 18.5.2017 publicada em 12.7.2017.

Enunciado nº 24

A atribuição da 1ª CCR para atuar na fiscalização de atos administrativos em geral não inclui aqueles atos que estejam relacionados à temática específica de outras Câmaras ou da Procuradoria Federal dos Direitos do Cidadão.

Referência: Ata da 289ª Sessão Ordinária realizada em 18.5.2017 publicada em 12.7.2017.

Enunciado nº 25

ARQUIVAMENTO COM BASE EM ENUNCIADO DA 1ª CCR

Quando a promoção de arquivamento estiver fundada em enunciado da 1ª CCR, fica dispensada a remessa dos autos para homologação, bastando o correto preenchimento da providência e do objetivo no Sistema Único.

Referência: Ata da 51ª Sessão Extraordinária realizada em 20.6.2018 publicada em 10.7.2018.

Enunciado n° 26

Quando o declínio de atribuições estiver fundado em entendimento já expresso em enunciado da 1ª CCR, os autos deverão ser enviados diretamente ao

Ministério Público com a respectiva atribuição, ficando dispensada a remessa para homologação da 1ª CCR, bastando o correto preenchimento da providência e do objetivo no Sistema Único.

Referência: Ata da 4ª Sessão Ordinária de Coordenação, realizada em 6/8/2018.

Enunciado n° 27

Quando a promoção de arquivamento na notícia de fato ou no procedimento administrativo estiver fundada nas hipóteses previstas na Resolução CNMP nº 174, de 4 de julho de 2017, fica dispensada a remessa dos autos para homologação da 1ª CCR, salvo em caso de recurso, bastando o correto preenchimento da providência e do objetivo no Sistema Único.

Referência: Ata da 4ª Sessão Ordinária de Coordenação, realizada em 6/8/2018.

Enunciado n° 28

Quando o declínio de atribuição na notícia de fato ou no procedimento administrativo estiver fundada nas hipóteses previstas na Resolução CNMP nº 174, de 4 de julho de 2017, os autos deverão ser enviados diretamente ao Ministério Público com a respectiva atribuição, ficando dispensada a remessa para homologação da 1ª CCR, bastando o correto preenchimento da providência e do objetivo no Sistema Único.

Referência: Ata da 4ª Sessão Ordinária de Coordenação, realizada em 6/8/2018.

Enunciado n° 29

Não é atribuição do Ministério Público Federal a atuação em procedimentos cíveis que tenham por objeto a implementação do piso salarial nacional para os profissionais do magistério público, no âmbito dos Estados e Municípios, salvo se houver omissão por parte da União na complementação estabelecida no artigo 4º da Lei nº 11.738/2008.

Referência: Ata da 5ª Sessão Ordinária de Coordenação, realizada em 20/8/2018.

Enunciado nº 30

Quando o representante interpuser recurso em face da promoção de arquivamento, o membro oficiante, antes da remessa à Câmara, deverá decidir sobre a manutenção da decisão ou exercer juízo de retratação.

Referência: Ata da 6ª Sessão Ordinária de Coordenação, realizada em 3/9/2018.

Enunciado nº 31

Não é válida a desistência de ação civil pública sem prévia oitiva da Câmara de Coordenação e Revisão.

Referência: 4ª Sessão Ordinária de Coordenação, realizada em 16/3/2020.

2.6 2ª CÂMARA DE COORDENAÇÃO E REVISÃO – CRIMINAL

Enunciado nº 01

Revogado na 268ª Sessão, de 31/05/2004.

Enunciado nº 02

Revogado na 268ª Sessão, de 31/05/2004.

Enunciado nº 03

Revogado na 268ª Sessão, de 31/05/2004.

Enunciado nº 04

Não pode o Juiz do Trabalho, que não tem jurisdição penal, expedir ordem de prisão, salvo no caso de flagrante delito ocorrido em sua presença, ficando, por isso, descartada a possibilidade de o mesmo requisitar auxílio policial para dar cumprimento a decreto de prisão expedido fora da exceção acima referida.

Aprovado na 268ª Sessão, de 31/05/2004.

Enunciado nº 05

O membro do Ministério Público Federal que se manifestou pelo arquivamento do inquérito policial, sendo essa conclusão não acatada pela Câmara Criminal, fica impossibilitado de oficiar na respectiva ação penal que tenha sido iniciada por denúncia de outro membro para tanto designado.

Aprovado da 268ª Sessão, de 31/05/2004.

Enunciado nº 06

Não cabe à autoridade policial instaurar inquérito para investigar conduta delituosa de membro do Ministério Público da União. Este trabalho investigatório é instaurado, tem curso, e é concluído no âmbito do Ministério Público Federal.

Aprovado na 3ª Sessão de Coordenação, de 31/05/2010.

Enunciado nº 07

O magistrado, quando discordar da motivação apresentada pelo órgão do Ministério Público para o não oferecimento da denúncia, qualquer que seja a fundamentação, deve remeter os autos à 2ª Câmara de Coordenação e Revisão, valendo-se do disposto nos artigos 28, do Código de Processo Penal e 62, IV, da LC 75/93.

Aprovado na 3ª Sessão de Coordenação, de 31/05/2010.

Enunciado nº 08

Se o apelante optar por oferecer as razões na superior instância (CPP, art. 600, §4º), as contrarrazões a cargo do Ministério Público Federal serão oferecidas por membro da Instituição com atribuições próprias ao 2º grau (Procurador Regional da República).

Reeditado na 177ª Sessão Virtual de Coordenação, de 16/03/2020.

Precedentes 2ª CCR:

Processo: 1.00.000.022343/2019-98, 758ª Sessão de Revisão, de 16/12/2019;

Processo: 1.00.000.020900/2019-36, 755ª Sessão de Revisão, de 25/11/2019;

Processo: TRF3-ACR-0008967-81.2009.4.03.6181, Sessão nº 715, de 21/05/2018, unânime.

Processo: 1.00.000.000388/2018/21, 708ª Sessão de Revisão, de 12/03/2018;

CIMPF: Processo: 1.21.002.000185/2018-94, 6ª Sessão Ordinária, realizada em 14/08/2019.

Enunciado nº 09

A promoção de arquivamento feita pelo membro do Ministério Público Federal será submetida à 2ª Câmara de Coordenação e Revisão, que se manifestará no exercício de sua competência revisional.

Aprovado na 3ª Sessão de Coordenação, de 31/05/2010.

Enunciado nº 10

O arquivamento promovido pelo membro do Ministério Público Federal deve ser por ele comunicado ao interessado, antes da remessa dos autos à 2ª Câmara para revisão.

Restaurado com nova redação na 3ª Sessão de Coordenação, de 31/05/2010.

Enunciado nº 11

As consultas à Câmara Criminal restringir-se-ão aos casos relevantes de lei em tese.

Aprovado na 292ª Sessão, de 07/03/2005.

Enunciado nº 12

O membro do Ministério Público Federal, no exercício das suas atribuições institucionais, tem legitimidade para realizar atos investigatórios, podendo reduzir a termo depoimentos de ofendidos, testemunhas e convocar pessoas investigadas para prestar esclarecimentos, valendo-se ainda dos demais procedimentos que lhe são conferidos pela Lei Complementar nº 75/93.

Aprovado na 292ª Sessão, de 07/03/2005.

Enunciado nº 13

Revogado na 3ª Sessão de Coordenação, de 31/05/2010.

Enunciado nº 14

O membro do Ministério Público Federal deve, na requisição de abertura de investigação criminal, discriminar as diligências a serem executadas, fixando prazo compatível com o número e a complexidade das diligências. Da mesma forma, a manifestação pelo retorno de inquérito à Polícia deve ser fundamentada com a indicação das diligências faltantes a serem realizadas.

Aprovado na 271ª Sessão, de 21/06/2004.

Enunciado nº 15

Revogado na 354ª Sessão, de 10/08/2006.

Enunciado nº 16

Revogado na 284ª Sessão, de 10/11/2004.

Enunciado nº 17

Dada sua condição de custos legis na ação penal, ao membro do Ministério Público é assegurado o direito a vista dos autos em face de todos os atos processualmente relevantes, para manifestar-se por escrito. A supressão dessa intervenção viola o princípio constitucional do devido processo legal e a cláusula da imprescindibilidade do Ministério Público à função jurisdicional do Estado, legitimando o Membro a interpor a medida judicial cabível.

Aprovado na 284ª Sessão, de 10/11/2004.

Enunciado nº 18

A atribuição para o ajuizamento de mandado de segurança em matéria criminal é do membro do Ministério Público Federal com ofício no juízo do qual emanou o ato a ser atacado.

Aprovado na 3ª Sessão de Coordenação, de 31/05/2010.

Enunciado nº 19

Suspensa a pretensão punitiva dos crimes tributários, por força do parcelamento do débito, os autos de investigação correspondentes poderão ser arquivados na origem, sendo desarquivados na hipótese do § 1º do art. 83 da Lei nº 9.430/1996, acrescentado pela Lei nº 12.382/11.

Recomendação: As investigações atualmente em curso para acompanhamento dos parcelamentos de débitos tributários poderão ser arquivadas na forma da nova redação do Enunciado nº 19 da 2ª CCR.

Redação alterada na 89ª Sessão de Coordenação, de 10/11/2014.

Enunciado nº 20

Revogado na Sessão de Coordenação nº 15, 29/11/2010.

Enunciado nº 21

É admissível o arquivamento dos autos de investigação ao fundamento de excludente da tipicidade, da ilicitude e da culpabilidade. Porém, em todas as hipóteses, a excludente deve resultar cabalmente provada, ao término de regular investigação. (Referências normativas: Código Penal: arts. 20, caput, 1ª parte, e § 1º, 1ª parte; 21, caput, 2ª parte; 22, 1ª parte; 23. Código de Processo Penal: arts. 28 e 648, I. Resolução CSMPF nº 77/2004, art. 14).

Precedentes:

1.00.000.008087/2004-40; 1.22.002.000238/2003-53; 1.23.001.000085/2003-17; 1.24.000.000336/2004-17; 1.00.000.001360/2005-96; 1.22.003.000444/2004-34; 1.22.002.000211/2003-61.

Enunciado nº 22

Revogado na 464ª Sessão, de 15/04/2009.

Enunciado nº 23

É dever funcional do membro do Ministério Público Federal apresentar, fundamentadamente, contrarrazões em apelação, por força do princípio da indisponibilidade da ação penal pública." (art. 129, inc. I, da CF, c/c art. 42 do CPP).

Aprovado na Sessão 445ª, de 07/08/2008.

Enunciado nº 24

A *notitia criminis* anônima é apta a desencadear investigação penal sempre que contiver elementos concretos que apontem para a ocorrência de crime.

Aprovado na Sessão 464ª, de 15/04/2009.

Precedentes:

1.20.000.000811/2004-02; 1.20.000.000683/2004-99; 1.00.000.005000/2008-14; 1.25.000.002301/2008-17; entre outros.

Enunciado nº 25

Não se sujeita à revisão da 2ª Câmara o declínio de atribuição de um órgão para outro no âmbito do próprio Ministério Público Federal.

Aprovado na Sessão 464ª, de 15/04/2009.

Precedentes:

1.04.000.000497/2006-65; 1.04.000.000312/2007-63; 1.04.004.000256/2007-67; 1.04.004.000307/2007-51; 1.04.004.000125/2007-80; 1.04.004.000018/2008-32; entre outros.

Enunciado nº 26

A omissão de anotação na Carteira de Trabalho e Previdência Social (CTPS) não configura, por si só, o crime de falsificação de documento público (art. 297, § 4º, do CP).

Redação alterada na 176ª Sessão de Coordenação, de 10/02/2020.

Precedentes 2ª CCR:

Processo: 1.29.011.000437/2019-69, Sessão de Revisão nº 758, de 16/12/2019, unânime.

Processo: 1.25.000.003816/2019-89, Sessão de Revisão nº 758, de 16/12/2019, unânime.

Processo: 1.18.001.000661/2019-53, Sessão de Revisão nº 754, de 11/11/2019, unânime.

Processo: JF/PR/CUR-5032629-75.2019.4.04.7000, Sessão de Revisão nº 750, de 23/09/2019, unânime.

Processo: 1.11.000.000794/2019-91, Sessão de Revisão nº 747, de 12/08/2019, unânime.

Enunciado nº 27

A persecução penal relativa aos crimes previstos nos §§ 3º e 4º do art. 297 do Código Penal é de atribuição do Ministério Público Federal, por ofenderem a Previdência Social.

Aprovado na 4ª Sessão de Coordenação, de 07/06/2010.

Enunciado nº 28

Inadmissível o reconhecimento da extinção da punibilidade pela prescrição, considerando a pena em perspectiva, por ferir os primados constitucionais do devido processo legal, da ampla defesa e da presunção de inocência.

Aprovado na Sessão 464ª, de 15/04/2009. Cf. Súmula nº 438 do STJ (15/05/2010), remissão acrescentada na 1ª Sessão de Coordenação, de 17/05/2010.

Precedentes:

1.00.000.008842/2003-13; 1.00.000.008516/2005-60; 1.31.000.000630/2005-75; 1.20.000.000187/2008-69; 1.00.000.009489/2008-95; 1.00.000.006134/2008-44; 1.00.000.011159/2007-89.

Enunciado nº 29

Compete à 2ª Câmara de Coordenação e Revisão do Ministério Público Federal manifestar-se nas hipóteses em que o Juiz Eleitoral considerar improcedentes as razões invocadas pelo Promotor Eleitoral ao requerer o arquivamento de inquérito policial ou de peças de informação, derrogado o art. 357,§ 1º do Código Eleitoral pelo art. 62, inc. IV da Lei Complementar nº 75/93.

Aprovado na Sessão 468ª, de 09/06/2009.

Precedentes:

1.24.000.000344/2004-63; 1.00.000.009136/2004-61; 1.00.000.000952/2005-91; 1.00.000.004501/2005-22; 1.00.000.005184/2005-14; 1.00.000.004348/2005-33; 1.00.000.004491/2005-25; 1.00.000.004343/2005-19; 0.15.000.001943/2004-69; 1.00.000.008139/2005-69; 1.00.000.006279/2005-01; 1.00.000.004492/2005-70; 1.00.000.008210/2005-11; 1.00.000.008340/2005-46; 1.00.000.010308/2005-21; 1.00.000.004345/2005-08; 1.00.000.004411/2006-12; 1.00.000.013017/2006-75; 1.19.000.000536/2007-82; 1.25.000.002476/2006-54; 1.00.000.013139/2007-42; 1.00.000.010957/2008-74; 1.00.000.007770/2008-93; 08112.001148-95-41; 1.00.000.011506/2008-54; 1.00.000.011505/2008-18; 1.00.000.008185/2008-19; 1.00.000.011279/2008-67; 1.00.000.010476/2008-69; 1.00.000.008882/2008-61; 1.22.009.000152/2008-75; 1.19.000.000534/2007-93; 1.00.000.001275/2008-71; 1.19.000.000531/2007-50.

Enunciado nº 30

O processo e julgamento do crime de pesca proibida (art. 34, caput e parágrafo único da Lei n.º 9.605/98) competem à Justiça Federal quando o espécime for proveniente de rio federal, mar territorial, zona econômica exclusiva ou plataforma continental.

Aprovado na 1ª Sessão de Coordenação, de 17/05/2010.

Precedentes:

1.13.000.000480/2009-41; 1.13.000.000469/2009-81; 1.00.000.000221/2009-95; 1.00.000.003522/2009-54; 1.20.000.000815/2006-44; 1.34.012.000594/2008-41; entre outros.

Atual Enunciado nº 46 da 4ª CCR.

Enunciado nº 31

O crime ambiental tipificado no art. 50 da Lei n.º 9.605/98, praticado em faixa de fronteira, é de atribuição do Ministério Público Federal por afetar interesse direto da União.

Aprovado na 1ª Sessão de Coordenação, de 17/05/2010.

Atual Enunciado nº 47 da 4ª CCR.

Enunciado nº 32

Compete à 2ª Câmara homologar declínio de atribuição promovido por membro do Ministério Público Federal em favor do Ministério Público Estadual ou de outro ramo do Ministério Público da União, nos autos de peças de informação ou de procedimento investigatório criminal.

Aprovado na 1ª Sessão de Coordenação, de 17/05/2010. Cf. deliberação do Conselho Nacional do Ministério Público de 16/12/2009 nos autos do Processo CNMP nº 0.00.000.000894/2009-84.

Enunciado nº 33

Compete à 2ª Câmara homologar o declínio de atribuição promovido nos autos de inquérito policial que tramite diretamente entre a Polícia Federal e o Ministério Público Federal.

Aprovado na 1ª Sessão de Coordenação, de 17/05/2010. Cf. Resolução n.º 63 do Conselho de Justiça Federal.

Enunciado nº 34

Revogado na 138ª Sessão de Coordenação, de 25/09/2017.

Enunciado nº 35

Quando o declínio de atribuições na notícia de fato, no procedimento investigatório criminal ou no inquérito policial se fundar nas hipóteses previstas na Resolução CNMP nº 174, de 4 de julho de 2017, ou tiver por base entendimento já expresso em enunciado ou orientação da 2ª Câmara, os autos deverão ser remetidos diretamente ao Ministério Público com a respectiva atribuição, independentemente de homologação pela Câmara, registrando-se apenas no Sistema Único e cientificando-se o interessado por correio eletrônico.

Redação alterada na 149ª Sessão de Coordenação, de 23/04/2018.

Enunciado nº 36

Quando o arquivamento da notícia de fato, do procedimento investigatório criminal ou do inquérito policial for promovido com fundamento nas hipóteses previstas na Resolução CNMP nº 174, de 4 de julho de 2017, ou tiver por base entendimento já expresso em enunciado ou orientação da 2ª Câmara, os autos não deverão ser remetidos à 2ªCCR, salvo nos casos de recurso ou quando o membro oficiante julgar necessário, registrando-se apenas no Sistema Único e cientificando-se o interessado por correio eletrônico.

Redação alterada na 149ª Sessão de Coordenação, de 23/04/2018.

Enunciado nº 37

Não é atribuição do Ministério Público Federal a persecução penal de contravenções penais, ainda que ocorra, com a infração, prejuízo a bem, serviços ou interesse direto e específico da União, suas entidades autárquicas ou empresas públicas.

Aprovado na 1ª Sessão de Coordenação, de 17/05/2010. Cf. art. 109, IV, da CF e Súmula nº 38 do STJ.

Enunciado nº 38

A persecução penal da conduta ilícita de adquirir, distribuir e revender combustíveis em desacordo com as normas estabelecidas no art. 1º, da Lei nº 8.176/91, não é da atribuição do Ministério Público Federal, exceto quando houver interesse direto e específico da União, nos termos do art. 109, IV da Constituição Federal. Precedentes do STF.

Aprovado na 1ª Sessão de Coordenação, de 17/05/2010.

Enunciado nº 39

A persecução penal da conduta ilícita de transportar madeira sem a devida guia ("ATPF"), tipificada no parágrafo único, do art. 46, da Lei nº 9.605/98, não é da atribuição do Ministério Público Federal, exceto quando o produto transportado for oriundo de área pertencente ou protegida pela União.

Aprovado na 3ª Sessão de Coordenação, de 31/05/2010.

Atual Enunciado nº 48 da 4ª CCR

Enunciado nº 40

Revogado na 153ª Sessão de Coordenação, de 09/07/2018.

Enunciado nº 41

Os crimes de redução a condição análoga à de escravo são de atribuição do Ministério Público Federal.

Aprovado na 3ª Sessão de Coordenação, de 31/05/2010.

Enunciado nº 42

Não é atribuição do Ministério Público Federal a persecução penal de ato infracional cometido por menor inimputável, ainda que a infração tenha ocorrido em detrimento de bens, serviços ou interesse da União ou de suas entidades autárquicas ou empresas públicas.

Aprovado na 14ª Sessão de Coordenação, de 08/11/2010.

Enunciado nº 43

A persecução penal dos crimes contra a flora, previstos na Lei nº 9.605/98, é da atribuição do Ministério Público Federal apenas quando o ilícito ocorrer em área pertencente ou protegida pela União.

Aprovado na 21ª Sessão de Coordenação, de 11/04/2011.

Precedentes:

1.23.003.000059/2007-01; 1.00.000.014235/2010-11; 1.11.000.001349/2010-18; 1.23.002.000124/2010-03; 1.00.000.001591/2011-48; 1.00.000.002439/2011-82; entre outros.

Atual Enunciado nº 49 da 4ª CCR

Enunciado nº 44

A persecução penal do crime previsto no artigo 29 da Lei nº 9.605/98 é da atribuição do Ministério Público Federal apenas quando o espécime da fauna silvestre estiver ameaçada de extinção ou quando oriundo de área pertencente ou protegida pela União.

Aprovado na 21ª Sessão de Coordenação, de 11/04/2011.

Precedentes:

1.00.000.016072/2010-01; 1.22.011.000130/2010-81; 1.30.020.000197/2010-34; 1.33.001.000527/2010-16; 1.30.010.000007/2011-89; 1.34.008.000490/2010-11; entre outros.

Atual Enunciado nº 50 da 4ª CCR

Enunciado nº 45

A persecução penal do crime previsto no artigo 60 da Lei nº 9.605/98 é da atribuição do Ministério Público Federal apenas quando o ilícito ocorrer em área pertencente ou protegida pela União.

Aprovado na 21ª Sessão de Coordenação, de 11/04/2011.

Precedentes:

1.00.000.001352/2010-23; 1.00.000.016509/2010-07; 1.12.000.000707/2010-20; 1.33.003.000333/2010-92; 1.34.010.001254/2010-72; 1.00.000.002069/2011-83; entre outros.

Atual Enunciado nº 44 da 4ª CCR

Enunciado nº 46

Nos casos em que a abertura do procedimento investigatório criminal se der por representação, o interessado será cientificado formalmente da promoção de arquivamento e da faculdade de apresentar recurso e documentos, no prazo de 10 (dez) dias, contados da juntada da intimação. Após o transcurso desse prazo, com ou sem novas razões, os autos serão remetidos à 2ª CCR para apreciação.

Aprovado na 48ª Sessão de Coordenação, de 22/06/2012.

Enunciado nº 47

A persecução penal dos crimes sexuais contra vulnerável (capítulo II do título VI da parte especial do Código Penal), por si só, não é de atribuição do Ministério Público Federal, salvo se cometidos a bordo de navio ou aeronave, ou incidir em outra hipótese especifica de competência federal ou tiver conexão com crime federal.

Aprovado na 61ª Sessão de Coordenação, 04/03/2013.

Precedentes:

1.15.002.000102/2012-79; 1.34.004.001135/2012-61; 1.34.004.001228/2012-95; 1.34.004.001304/2012-62; 1.34.001.005188/2012-81; entre outros.

Enunciado nº 48

CRIME CONTRA O SISTEMA FINANCEIRO NACIONAL

É de atribuição do Ministério Público Federal a persecução penal do crime de obtenção fraudulenta de financiamento em instituição financeira para aquisição de automóvel, tipificado no artigo 19 da Lei nº 7.492/86.

Aprovado na 61ª Sessão de Coordenação, de 04/03/2013.

Precedentes:

1.00.000.008902/2012-81; 1.00.000.008878/2012-80; 0003211-32.2012.403.6102;

0007962-62.2012.4.03.6102; 000521372.2012.403.6102; 0004155-34.2012.403.6102; entre outros.

Enunciado nº 49

Aplica-se o princípio da insignificância penal ao descaminho e aos crimes tributários federais, quando o valor do débito devido à Fazenda Pública decorrente da conduta formalmente típica não seja superior a R$ 20.000,00, ressalvada a reiteração na mesma modalidade criminosa, ocorrida em períodos de até 5 (cinco) anos.

Aprovado na 150ª Sessão de Coordenação, de 07/05/2018.

Enunciado nº 50

O fato de a conduta ter ocorrido por meio da rede mundial de computadores não atrai, somente por este motivo, a atribuição do Ministério Público Federal para a persecução penal.

Redação alterada na 97ª Sessão de Coordenação, de 11/05/2015.

Precedentes:

1.26.000.000212/2015-10; 1.25.000.003907/2014-18; 1.15.000.001400/2014-68; VOTO Nº 1778/2015 - IPL Nº 00639/2014; 1.34.006.000131/2015-98; 1.11.000.001473/2014-07.

Enunciado nº 51

A persecução penal de crime contra a honra, cometido entre particulares, ainda que praticado por meio da internet, não é de atribuição do Ministério Público Federal.

72ª Sessão de Coordenação, de 04.11.2013.

Revogado na 97ª Sessão de Coordenação, 11/05/2015.

Restaurado na 176ª Sessão de Coordenação, de 10/02/2020.

Precedentes 2ª CCR:

Processo: 1.34.001.001085/2019-18, Sessão de Revisão nº 742, de 27/05/2019, unânime.

Processo: 1.15.000.004118/2018-66, Sessão de Revisão nº 734, de 11/02/2019, unânime.

Processo: 1.35.000.001065/2018-39, Sessão de Revisão nº 725, de 26/09/2018, unânime.

Processo: 1.18.001.000040/2018-99, Sessão de Revisão nº 708, de 12/03/2018, unânime.

Processo: 1.20.000.000818/2017-31, Sessão de Revisão nº 708, de 12/03/2019, unânime.

Enunciado nº 52

O pagamento integral do débito tributário extingue a punibilidade e autoriza o arquivamento da investigação e da ação penal pelo MPF.

Aprovado na 78ª Sessão de Coordenação, de 31/03/2014.

Precedentes: 1.35.000.000412/2008-34; 1.24.000.000380/2008-51; 1.15.001.000013/2009-37.

Enunciado nº 53

A prescrição do crime de estelionato previdenciário, em detrimento do INSS, cometido mediante saques indevidos de benefícios previdenciários após o óbito do segurado, ocorre em doze anos a contar da data do último saque, extingue a punibilidade e autoriza o arquivamento da investigação pelo MPF.

Aprovado na 78ª Sessão de Coordenação, de 31/03/2014.

Precedentes:

1.29.015.000037/2013-28; 1.29.015.000037/2013-28; 1.29.015.000006/2013-77; 1.29.004.000840/2013-91; 1.30.006.000218/2013-42.

Enunciado nº 54

A atribuição de membro do MPF para persecução penal do crime de descaminho é definida pelo local onde as mercadorias foram apreendidas, pois ali consuma-se o crime. (Excepciona-se os casos de comércio eletrônico – Incluído pela 175ª Sessão de Coordenação, de 25/11/2019).

Aprovado na 79ª Sessão de Coordenação, de 07/04/2014.

Precedentes:

1.29.004.001140/2013-14; 1.33.011.000096/2008-46; 1.34.004.000945/2011-19; 1.29.004.001129/2013-54

Precedentes que excepcionaram o comércio eletrônico na 175ª Sessão de Coordenação:

1.15.000.002262/2019-49; 1.33.001.000345/2019-75; PR/SP-3000.2019.001716-2-INQ; 1.15.000.002248/2019-45; 1.15.000.02355/2019-73.

Enunciado nº 55

Revogado na 97ª Sessão de Coordenação, 11/05/2015.

Enunciado nº 56

A persecução penal nos casos de tráfico internacional de entorpecentes por via postal é da atribuição de membro do Ministério Público Federal oficiante no local do destino da mercadoria (domicílio do investigado), no caso de ingresso do entorpecente no País, ou onde a droga é postada, no caso de entorpecente remetido com destino ao exterior.

Redação alterada na 188ª Sessão de Coordenação, de 28/09/2020.

Precedentes:

Orientação nº 41, consoante deliberado na 187ª Sessão Virtual de Coordenação, de 31/08/2020.

Processo nº 1.25.000.001752/2020-15, 779ª Sessão de Revisão, de 08/09/2020, unânime.

Processo nº 1.25.000.001816/2020-88, 781ª Sessão de Revisão, de 21/09/2020, unânime.

Processo nº JF/PR/CUR-5028367-82.2019.4.04.7000-IP, 781ª Sessão de Revisão, de 21/09/2020, unânime.

Processo nº JFRS/CAX-5006744-92.2020.4.04.7107-INQ, 781ª Sessão de Revisão, de 21/09/2020, unânime.

Enunciado nº 57

É desnecessário o envio dos autos à 2ª CCR no caso de decisão ou promoção de arquivamento fundado na existência de outro procedimento investigatório com idêntico objeto (princípio do *ne bis in idem*), o que deverá ser devidamente comprovado nos autos arquivados e remanescentes.

Redação alterada na 149ª Sessão de Coordenação, de 23/04/2018.

Enunciado nº 58

O simples ato, por si só, de não depositar os valores referentes ao FGTS na conta vinculada do empregado é conduta atípica na esfera penal.

Aprovado na 103ª Sessão de Coordenação, de 05/10/2015.

Enunciado nº 59

Não é atribuição do Ministério Público Federal a persecução penal do crime de transporte de gasolina, etanol, óleo diesel, álcool etílico e gás butano, sem licença válida outorgada pelo órgão competente (artigo 56 da Lei nº 9.605/98), salvo quando se tratar de transporte transnacional.

Aprovado na 106ª Sessão de Coordenação, de 18/12/2015.

Precedentes:

1.11.001.000227/2014-10; 1.34.015.000500/2015-33; 1 .11.000.001542/2014-74; 1.11.001.000152/2014-77; 1.11.001.000153/2014-11; 1.11.001.000182/2014-83; 1.11.001.000248/2014-35; 1.11.000.001544/2014-63; 1.23.000.001402/2015-66; 1.24.000.000573/2014-50; 1.29.023.000048/2014-90; 1.34.004.000744/2015-45; 1.11.000.000553/2015-18; 1.23.000.002937/2014-73; 1.11.000.000541/2015-93; 1.11.000.000237/2015-46; 1.11.001.000183/2014-28; 1.29.023.000056/2014-36; 1.11.000.000223/2015-22; 1.11.001.000154/2014-66; 1.11.001.000226/2014-75; 1.29.023.000045/2014-56; 1.29.023.000145/2014-82; 1.30.002.000200/2015-42.

Atual Enunciado nº 39 da 4ª CCR

Enunciado nº 60

É cabível o arquivamento de procedimento investigatório referente ao crime de moeda falsa quando a quantidade e o valor das cédulas, o modo que estavam guardadas pelo agente, o modo de introdução ou a tentativa de introdução em circulação, o comportamento do agente ou as demais circunstâncias indicarem ausência de conhecimento da falsidade ou de dolo do agente e sendo inviável ou improvável a produção de prova em sentido contrário, inclusive pelo decurso do tempo.

Aprovado na 108ª Sessão de Coordenação, de 07/03/2016.

Precedentes:

1. 33.000.002156/2015-13; 1. 33.000.000701/2015-37; 1. 33.005.000300/2015-37; 1. 15.002.000341/2015-71; 1. 25.007.000119/2015-82; 1. 15.000.002507/2015-12.

Enunciado nº 61

Para a configuração do crime de desobediência, além do descumprimento de ordem legal de funcionário público, é necessário que não haja previsão de sanção de natureza civil, processual civil e administrativa, e que o destinatário da ordem seja advertido de que o seu não cumprimento caracteriza crime. O cumprimento da ordem, ainda que tardio, também afasta a tipificação e a inexistência de prova quanto à ciência pessoal e inequívoca por quem tinha o dever de atendê-la caracteriza falta de justa causa.

Redação alterada na 179ª Sessão Virtual de Coordenação, de 27/04/2020.

Precedentes 2ª CCR:

Processo: 1.14.000.002927/2019-51, Sessão de Revisão nº 763, de 09/03/2020, unânime.

Processo: 1.14.000.000336/2020-83, Sessão de Revisão nº 763, de 09/03/2020, unânime.

Processo: 1.14.000.002288/2019-24, Sessão de Revisão nº 750, de 23/09/2019, unânime.

Enunciado nº 62

Não é da atribuição do Ministério Público Federal a persecução penal relativa aos crimes de falsidade documental praticados perante Junta Comercial, por não ofenderem diretamente bens, serviços ou interesse da União ou de suas entidades autárquicas ou empresas públicas.

Aprovado na 116ª Sessão de Coordenação, de 22/08/2016.

Precedentes:

0504844-39.2015.4.02.5101; 1.36.000.000739/2015-06; 3000.2012.000317-4; 1.26.000.000687/2016-97; 1.23.000.000762/2016-21; 1.22.005.000115/2016-15.

Enunciado nº 63

A sentença trabalhista transitada em julgado, condenatória ou homologatória de acordo, após sua liquidação, constitui definitivamente o crédito tributário.

Aprovado na 116ª Sessão de Coordenação, de 22/08/2016.

Precedentes:

0004098-15.2014.4.03.6112; 1.34.001.000171/2015-80; 1.34.025.000041/2015-79.

Enunciado nº 64

A revisão incumbida à 2ª Câmara de Coordenação e Revisão poderá ser efetuada por decisão monocrática de um de seus membros (titular ou suplente) sempre que o declínio de atribuições tiver por base entendimento já expresso em enunciado ou orientação da 2ª Câmara.

Aprovado na 117ª Sessão de Coordenação, de 05/09/2016.

Enunciado nº 65

A revisão incumbida à 2ª Câmara de Coordenação e Revisão poderá ser efetuada por decisão monocrática de um de seus membros (titular ou suplente) sempre que o arquivamento tiver por base entendimento já expresso em enunciado ou orientação da 2ª Câmara.

Aprovado na 117ª Sessão de Coordenação, de 05/09/2016.

Enunciado nº 66

É de atribuição do Ministério Público Federal a persecução penal de conduta perpetrada em desfavor de interesse de sistema próprio de previdência de servidores estaduais e municipais, isso porque as unidades gestoras dos Regimes Próprios de Previdência Social - RPPS (e de seus respectivos fundos), constituídas com personalidade jurídica, podem ser equiparadas à instituição financeira, porquanto arrecadam, administram e investem recursos no mercado financeiro, os quais são destinados à concretização do direito constitucionalmente assegurado à previdência social para os servidores públicos, e, havendo irregularidades, os gestores poderão responder por eventual prática de crimes contra o Sistema Financeiro Nacional.

Redação alterada na 176ª Sessão de Coordenação, de 10/02/2020.

Precedentes:

Processo: JF/GOI/PE-0000242-66.2015.4.05.8306, 754ª Sessão de Revisão, de 11/11/2019, unânime.

Processo: 1.14.002.000176/2019-19, Sessão de Revisão nº 750, de 23/09/2019, unânime.

Processo: 1.30.017.000313/2019-11, Sessão de Revisão nº 747, de 12/08/2019, unânime.

Processo: 1.00.000.000631/2019-91, Sessão de Revisão nº 747, de 12/08/2019, unânime.

Enunciado nº 67

É dispensável o envio à 2ª Câmara de Coordenação e Revisão, para homologação, de procedimento administrativo instaurado para acompanhar comunicação de prisão em flagrante.

Aprovado na 117ª Sessão de Coordenação, de 05/09/2016.

Enunciado nº 68

É cabível o arquivamento de procedimento investigatório em relação a crime de estelionato em detrimento do INSS cometido mediante saques indevidos de benefícios previdenciários após o óbito do segurado quando constatadas(a) a realização de saques por meio de cartão magnético, (b) a inexistência de renovação da senha, (c) a inexistência de procurador ou representante legal cadastrado na data do óbito e (d) a falta de registro visual, cumulativamente, a demonstrar o esgotamento das diligências investigatórias razoavelmente exigíveis ou a inexistência de linha investigatória potencialmente idônea.

Aprovado na 118ª Sessão de Coordenação, de 19/09/2016.

Enunciado nº 69

Quando, em análise de promoção de arquivamento, a 2ª CCR determinar a realização de diligências preliminares e imprescindíveis à sua decisão, os autos serão devolvidos ao membro que promoveu o arquivamento para cumprimento das diligências.

Aprovado na 120ª Sessão de Coordenação, de 17/10/2016.

Enunciado nº 70

Quando a 2ª CCR não homologar declínio de atribuições submetido sem análise de mérito sobre o prosseguimento dos autos, estes poderão ser devolvidos ao membro que declinou das atribuições.

Aprovado na 120ª Sessão de Coordenação, de 17/10/2016.

Enunciado nº 71

É cabível o arquivamento de investigação criminal quando, após a colheita de provas, não restarem evidenciados elementos suficientes da autoria delitiva, situação demonstrada com a reunião das seguintes condições: inexistência de suspeitos, de testemunha, de elementos técnicos formadores de convicção (fragmentos papiloscópicos, imagens, vestígios biológicos, etc) e de outras diligências capazes de modificar o panorama probatório atual.

Redação alterada na 176ª Sessão de Coordenação, de 10/02/2020.

Precedentes 2ª CCR:

Processo: 1.30.020.000340/2019-26, Sessão de Revisão nº 755, de 25/11/2019, unânime.

Processo: 00521/2014 DPF/AM, Sessão de Revisão nº 755, de 25/11/2019, unânime.

Processo: 1.14.003.000179/2019-42, Sessão de Revisão nº 750, de 23/09/2019, unânime.

Processo: DPF/ROO-00039/2019, Sessão de Revisão nº 753, de 21/10/2019, unânime.

Processo: 0800450-30.2018.4.05.8300, Sessão de Revisão nº 748, de 26/08/2019, unânime.

Enunciado nº 72

Não é atribuição do Ministério Público Federal a persecução penal dos crimes de propaganda, fabricação ou comercialização de produto sem registro, com fórmula em desacordo à constante do registro ou sem as características de identidade, qualidade e segurança estabelecidos pela ANVISA.

Aprovado na 150ª Sessão de Coordenação, de 07/05/2018.

Enunciado nº 73

O Serviço de Radiodifusão Comunitária operado em baixa potência e cobertura restrita, ou seja, com potência limitada a um máximo de 25 watts ERP e altura do sistema irradiante não superior a trinta metros, destinado ao atendimento de determinada comunidade de um bairro e/ou vila, sem a efetiva demonstração de prejuízo aos meios de telecomunicações regulares, denota a insignificância de seu potencial lesivo, o que torna a conduta penalmente atípica.

Aprovado na 176ª Sessão de Coordenação, de 10/02/2020.

Precedentes 2ª CCR:

Processo: JF/CE-0809095-62.2018.4.05.8100-PIC-MP, Sessão de Revisão nº 758, de 16/12/2019, unânime.

Processo: JF/MOC-0001929-64.2019.4.01.3807-INQ, Sessão de Revisão nº 758, de 16/12/2019, unânime.

Processo: 1.11.000.000796/2019-80, Sessão de Revisão nº 751, de 07/10/2019, unânime.

Processo: 1.24.000.000440/2019-98, Sessão de Revisão nº 739, de 29/04/2019, unânime.

Processo: 1.14.008.000166/2018-42, Sessão de Revisão nº 722, de 27/08/2018, unânime.

Enunciado nº 74

A importação de mercadorias permitidas dentro dos limites das cotas de isenção fixadas pela Receita Federal, mas, em desacordo com os critérios quantitativos e temporais preestabelecidos, consiste em infração administrativa, atípica na esfera criminal, sendo irrelevante a existência de reiterações no crime de descaminho.

Aprovado na 176ª Sessão de Coordenação, de 10/02/2020.

Precedentes 2ª CCR:

Processo: 1.15.000.002299/2019-77, Sessão de Revisão nº 750, de 23/09/2019, unânime.

Processo: JF/PR/GUAI-5001402-16.2019.4.04.7017, Sessão de Revisão nº 749, de 09/09/2019, unânime.

Processo: 1.29.009.000146/2019-10, Sessão de Revisão nº 735, de 25/02/2019, unânime.

Processo: 1.29.011.000270/2018-55, Sessão de Revisão nº 733, de 28/01/2019, unânime.

Processo: 1.29.009.000436/2018-82, Sessão de Revisão nº 727, de 22/10/2018, unânime.

Enunciado nº 75

Não configura a prática do crime de desobediência (CP, art. 330) o descumprimento de ordem judicial de penhora de parte do faturamento de sociedade empresária executada. A conduta constitui ato atentatório à dignidade da Justiça, ao qual é cominada multa de até 20% do valor atualizado do débito em execução, sem prejuízo de outras sanções de natureza processual ou material (CPC, art. 774).

Aprovado na 176ª Sessão de Coordenação, de 10/02/2020.

Precedentes 2ª CCR:

Processo: 1.25.008.000277/2019-56, Sessão de Revisão nº 758, de 16/12/2019, unânime.

Processo: JF/PR/LON-5010131-79.2019.4.04.7001, Sessão de Revisão nº 743, de 10/06/2019, unânime.

Processo: 1.22.020.000047/2019-31, Sessão de Revisão nº 738, de 08/04/2019, unânime.

Processo: JF/PR/LON-5009200-13.2018.4.04.7001, Sessão de Revisão nº 725, de 26/09/2018, unânime.

Processo: JF/PR/LON-5006030-33.2018.4.04.7001, Sessão de Revisão nº 719, de 09/07/2018, unânime.

Enunciado nº 76

O exercício de atividade remunerada por beneficiário de aposentadoria por invalidez ou auxílio-doença, não configura, por si só, a prática do crime de estelionato previdenciário (art. 171, §3ª, CP), sendo necessário para tanto a demonstração de fraude na concessão do benefício.

Aprovado na 176ª Sessão de Coordenação, de 10/02/2020.

Precedentes 2ª CCR:

Processo: 1.14.003.000282/2019-92, Sessão de Revisão nº 759, de 27/01/2020, unânime.

Processo: 1.25.008.000513/2019-34, Sessão de Revisão nº 755, de 25/11/2019, unânime.

Processo: 1.11.000.000498/2019-90, Sessão de Revisão nº 747, de 12/08/2019, unânime.

Processo: JF/PR/GUAI-5004307-65.2017.4.04.7016, Sessão de Revisão nº 746, de 08/07/2019, unânime.

Processo: JF/PR/GUAI-5000777-79.2019.4.04.7017, Sessão de Revisão nº 743, de 10/06/2019, unânime.

Enunciado nº 77

É cabível o arquivamento de procedimento investigatório em relação ao crime de estelionato em detrimento da União, cometido mediante o recebimento indevido de benefício assistencial, quando (a) não haja elementos que possam afastar a presunção de miserabilidade, ainda que a renda familiar per capita supere o limite legal ou (b) não houver comprovação de prestação de informações falsas no momento do requerimento do benefício.

Redação alterada na 179ª Sessão Virtual de Coordenação, de 27/04/2020.

Precedentes 2ª CCR:

Processo: 1.28.000.000839/2019-20, Sessão de Revisão nº 753, de 21/10/2019, unânime.

Processo: 1.15.000.001842/2019-19, Sessão de Revisão nº 747, de 12/08/2019, unânime.

Processo: 1.25.008.000765/2018-82, Sessão de Revisão nº 734, de 11/02/2019, unânime.

Processo: 1.25.008.000358/2018-75, Sessão de Revisão nº 722 de 27/08/2018, unânime.

Enunciado nº 78

Não configura o crime de falso testemunho (CP, art. 342) o depoimento contrário às demais provas constantes no processo quando não for verificada a potencialidade lesiva nas declarações prestadas pela testemunha, em razão (a) da evidente ausência de dolo do investigado, (b) da desconsideração do depoimento pelo Juízo, (c) da sentença ter como fundamentos outros elementos de prova existentes nos autos ou (d) da aplicação de multa pelo Juízo à testemunha, sendo nessa última hipótese, medida suficiente à retribuição e à prevenção da conduta praticada.

Aprovado na 176ª Sessão de Coordenação, de 10/02/2020.

Precedentes 2ª CCR:

Processo: 1.18.000.002770/2019-15, Sessão de Revisão nº 758, de 16/12/2019, unânime.

Processo: PRM/JAL-3427.2019.000079-0-INQ, Sessão de Revisão nº 758, de 16/12/2019, unânime.

Processo: SRPF-AP-00070/2018-INQ, Sessão de Revisão nº 753, de 21/10/2019, unânime.

Processo: SPF/RR-0417/2017-INQ, Sessão de Revisão nº 759, de 27/01/2020, unânime.

Processo: JF-RJ-2016.51.01.509855-7-INQ, Sessão de Revisão nº 744, de 24/06/2019, unânime.

Enunciado nº 79

Considerando os efeitos da Súmula Vinculante nº 24 do STF, em regra, o oferecimento de denúncia por crimes contra a ordem tributária (Lei 8.137/1990, art. 1º, incisos I a IV), de apropriação indébita previdenciária (CP, art. 168-A) ou de sonegação de contribuição previdenciária (CP, art. 337-A) depende do término do procedimento administrativo e da consequente constituição definitiva do crédito tributário, indispensável condição de procedibilidade.

Reeditado na 177ª Sessão Virtual de Coordenação, de 16/03/2020.

Veja também o Enunciado nº 63: A sentença trabalhista transitada em julgado, condenatória ou homologatória de acordo, após sua liquidação, constitui definitivamente o crédito tributário.

Precedentes 2ª CCR:

Processo: 1.34.006.000186/2019-21, Sessão de Revisão nº 758, de 16/12/2019, unânime.

Processo: 1.29.002.000221/2019-11, Sessão de Revisão nº 753, de 21/10/2019, unânime.

Processo: 1.22.012.000144/2019-22, Sessão de Revisão nº 747, de 12/08/2019, unânime.

Processo: 1.24.002.000049/2018-92, Sessão de Revisão nº 740, de 13/05/2019, unânime.

Processo: 1.34.021.000092/2017-01, Sessão de Revisão nº 740, de 13/05/2019, unânime.

Processo: 1.22.024.000191/2018-56, Sessão de Revisão nº 734, de 11/02/2019, unânime.

Processo: JF-PPR-0008409-54.2011.4.03.6112-INQ, Sessão de Revisão nº 725, de 26/09/2018, unânime.

Processo: 1.30.001.002476/2019-07, Sessão de Revisão nº 747, de 12/08/2019, unânime.

Processo: 1.33.000.001654/2019-72, Sessão de Revisão nº 749, de 09/09/2019, unânime.

Enunciado nº 80

A falsa declaração de endereço residencial em processo judicial ou de hipossuficiência econômica para fins de gratuidade de justiça, embora seja eticamente inapropriada e justifique a condenação por litigância de má-fé (sanção prevista no art. 81 do CPC), não configura ilícito penal, sendo, portanto, atípica, porque goza de presunção juris tantum, sujeita à comprovação posterior, realizada de ofício pelo magistrado ou mediante impugnação.

Aprovado na 176ª Sessão de Coordenação, de 10/02/2020.

Precedentes 2ª CCR:

Processo: 1.34.001.009767/2018-98, de Revisão Sessão nº 738, de 08/04/2019, unânime.

Processo: 1.29.000.003317/2018-61, de Revisão Sessão nº 730, de 26/11/2018, unânime.

Processo: JFRS/NHM-5018857-75.2015.4.04.7100, Sessão de Revisão nº 727, de 22/10/2018, unânime.

Processo: 1.29.000.002385/2018-11, Sessão de Revisão nº 721, de 13/08/2018, unânime.

Processo: 1.29.000.000669/2018-65, de Revisão Sessão nº 713, de 23/04/2018, unânime.

Enunciado nº 81

A simples constatação de que o investigado realizou doação a campanha eleitoral quando estava desempregado ou era beneficiário de programa social não demonstra materialidade suficiente da prática de conduta criminosa, sobretudo se o valor doado estiver abaixo de 10% (dez por cento) do limite de isenção do imposto de renda daquele ano ou se for doação estimável em dinheiro (cessão de bem ou serviço prestado).

Aprovado na 176ª Sessão de Coordenação, de 10/02/2020.

Precedentes 2ª CCR:

Processo: JF/PE-0810732-64.2017.4.05.8300, Sessão de Revisão nº 749, de 09/09/2019, unânime.

Processo: 1.15.000.001535/2018-57, Sessão de Revisão nº 747, de 12/08/2019, unânime.

Processo: 1.15.000.002501/2018-80, Sessão de Revisão nº 737, de 25/03/2019, unânime.

Processo: 1.15.000.000882/2018-62, Sessão de Revisão nº 733, de 28/01/2019, unânime.

Processo: 1.15.000.000885/2018-04, Sessão de Revisão nº 731, de 10/12/2018, unânime.

Processo: 1.15.000.000881/2018-18, Sessão de Revisão nº 731, de 10/12/2018, unânime.

Enunciado nº 82

A negociação irregular de imóvel adquirido de forma lícita por meio do Programa Minha Casa Minha Vida é passível de medidas no âmbito cível a serem adotadas pelo agente financiador, inclusive a retomada do imóvel, mas, na esfera penal, se restringe aos interesses de particulares, eventuais vítimas do crime de estelionato (CP, art. 171), não havendo lesão direta e específica a bens, serviços ou interesses da União ou de suas entidades que justifique a atribuição do Ministério Público Federal.

Aprovado na 176ª Sessão de Coordenação, de 10/02/2020.

Precedentes 2ª CCR:

Processo: 1.28.000.001927/2018-68, Sessão de Revisão nº 754, de 11/11/2019, unânime.

Processo: 1.19.005.000174/2017-51, Sessão de Revisão nº 753, de 21/10/2019, unânime.

Processo: 1.35.000.000292/2019-28, Sessão de Revisão nº 746, de 08/07/2019, unânime.

Processo: 1.26.005.000018/2019-18, Sessão de Revisão nº 739, de 29/04/2019, unânime.

Processo: 1.23.000.000168/2019-83, Sessão de Revisão nº 735, de 25/02/2019, unânime.

Enunciado nº 83

Não é de atribuição do Ministério Público Federal a persecução penal do crime de frustração de direito assegurado por lei trabalhista, previsto no art. 203 do Código Penal, se, após diligências, restar demonstrado apenas lesão a um restrito número de trabalhadores.

Aprovado na 176ª Sessão de Coordenação, de 10/02/2020.

Precedentes 2ª CCR:

Processo: 1.30.001.003898/2019-91, Sessão de Revisão nº 754, de 11/11/2019, unânime.

Processo: SR/DPF/MG-02042/2018-INQ, Sessão de Revisão nº 747, de 12/08/2019, unânime.

Processo: SPF/BA-01120/2018, Sessão de Revisão nº 747, de 12/08/2019, unânime.

Processo: 1.16.000.001514/2019-85, Sessão de Revisão nº 744, de 24/06/2019, unânime.

Processo: 1.16.000.001870/2018-18, Sessão de Revisão nº 721, de 13/08/2018, unânime.

Enunciado nº 84

Não é de atribuição do Ministério Público Federal a persecução penal dos crimes praticados exclusivamente contra o patrimônio de particular, ainda que praticado por meio da rede mundial de computadores.

Aprovado na 176ª Sessão de Coordenação, de 10/02/2020.

Precedentes 2ª CCR:

Processo: 1.29.011.000398/2019-08, Sessão de Revisão nº 758, de 16/12/2019, unânime.

Processo: 1.22.000.003114/2019-15, Sessão de Revisão nº 755, de 25/11/2019, unânime.

Processo: 1.30.001.004133/2019-79, Sessão de Revisão nº 755, de 25/11/2019, unânime.

Processo: 1.18.001.000626/2019-34, Sessão de Revisão nº 753, de 21/10/2019, unânime.

Processo: 1.32.000.000414/2019-98, Sessão de Revisão nº 750, de 23/09/2019, unânime.

Enunciado nº 85

Não é de atribuição do Ministério Público Federal a persecução penal do crime de injúria racial (CP, art. 140, § 3º), ainda que praticado pela rede mundial de computadores, salvo se, no caso, incidir hipótese específica de competência federal ou tiver conexão com crime federal.

Aprovado na 176ª Sessão de Coordenação, de 10/02/2020.

Precedentes 2ª CCR:

Processo: 1.34.043.000630/2019-62, Sessão de Revisão nº 755, de 25/11/2019, unânime.

Processo: 1.29.000.001336/2019-34, Sessão de Revisão nº 747, de 12/08/2019, unânime.

Processo: 1.17.000.002685/2018-11, Sessão de Revisão nº 731, de 10/12/2018, unânime.

Processo: 1.30.001.004696/2018-86, Sessão de Revisão nº 731, de 10/12/2018, unânime.

Processo: 1.15.000.002857/2018-13, Sessão de Revisão nº 725, de 26/09/2018, unânime.

Enunciado nº 86

Não é de atribuição do Ministério Público Federal a persecução penal dos crimes de posse, porte ou comércio, irregular ou ilegal, de arma de fogo, acessório ou munição, previstos na Lei nº 10.826/03, salvo se, no caso, incidir hipótese específica de competência federal ou tiver conexão com crime federal.

Aprovado na 176ª Sessão de Coordenação, de 10/02/2020.

Precedentes 2ª CCR:

Processo: DPF/RO-0235/2019-INQ, Sessão de Revisão nº 748, de 26/08/2019, unânime.

Processo: DPF/VCQ/BA-00085/2019-INQ, Sessão de Revisão nº 747, de 12/08/2019, unânime.

Processo: PRM-CGT-3439.2018.000039-4-INQ, Sessão de Revisão nº 747, de 12/08/2019, unânime.

Processo: DPF-TAB/AM-00208/2015-INQ, Sessão de Revisão nº 740, de 13/05/2019, unânime.

Processo: 1.23.005.000311/2018-14, Sessão de Revisão nº 738, de 08/04/2019, unânime.

Enunciado nº 87

Exceto quando comprovado dano ao serviço postal, não é de atribuição do Ministério Público Federal a persecução penal de crime praticado nas dependências de agência dos Correios contra pessoa jurídica de direito privado na condição de Banco Postal, tendo em vista que a instituição financeira, sociedade de economia mista, responsabiliza-se por eventuais perdas, danos, roubos, furtos ou destruição de bens cedidos pela empresa pública federal.

Aprovado na 176ª Sessão de Coordenação, de 10/02/2020.

Precedentes 2ª CCR:

Processo: 1.19.000.002280/2019-81, Sessão de Revisão nº 758, de 16/12/2019, unânime.

Processo: 1.14.002.000075/2019-48, Sessão de Revisão nº 742, de 27/05/2019, unânime.

Processo: JF-RVE-0001470-09.2016.4.01.3503, Sessão de Revisão nº 736, de 11/03/2019, unânime.

Processo: 1.13.000.000451/2019-51, Sessão de Revisão nº 735, de 25/02/2019, unânime.

Processo: JF/SINOP-0001340-39.2018.4.01.3603, Sessão de Revisão nº 721, de 13/08/2019, unânime.

Enunciado nº 88

Não é de atribuição do Ministério Público Federal a persecução penal dos crimes relativos a entorpecentes, salvo se comprovada a transnacionalidade da conduta.

Aprovado na 176ª Sessão de Coordenação, de 10/02/2020.

Precedentes 2ª CCR:

Processo: 1.29.011.000343/2019-90, Sessão de Revisão nº 750, de 23/09/2019, unânime.

Processo: 1.30.001.003108/2019-78, Sessão de Revisão nº 748, de 26/08/2019, unânime.

Processo: DPF-TAB/AM-00100/2016, Sessão de Revisão nº 747, de 12/08/2019, unânime.

Processo: 1.26.001.000009/2019-67, Sessão de Revisão nº 735, de 25/02/2019, unânime.

Processo: 1.29.011.000154/2018-36, Sessão de Revisão nº 722, de 27/08/2018, unânime.

Enunciado nº 89

É de atribuição do Ministério Público Federal a persecução penal do crime de racismo, previsto no art. 20, § 2º, da Lei nº 7.716/89, e na Convenção Internacional sobre a Eliminação de Todas as Formas de Discriminação Racial, da qual o Brasil é signatário, se a infração penal, caracterizada pelo evidente excesso no exercício da liberdade de expressão por parte do investigado, for praticada pela rede mundial de computadores.

Aprovado na 176ª Sessão de Coordenação, de 10/02/2020.

Precedentes 2ª CCR:

Processo: 1.00.000.024650/2019-11, Sessão de Revisão nº 758, de 16/12/2019, unânime.

Processo: DPF/DF-0525/2019-INQ, Sessão de Revisão nº 747, de 12/08/2019, unânime.

Processo: JF-AMR-0000415-59.2018.4.03.6134-PIMP, Sessão de Revisão nº 735, de 25/02/2019, unânime.

Processo: JF-SJC-0000461-49.2015.4.03.6103-REPCR, Sessão de Revisão nº 728, de 12/11/2018, unânime.

Enunciado nº 90

É cabível o arquivamento de investigações criminais referentes a condutas que se adéquem ao contrabando de cigarros quando a quantidade apreendida não superar 1.000 (mil) maços, seja pela diminuta reprovabilidade da conduta, seja pela necessidade de se dar efetividade à repressão ao contrabando de vulto. As eventuais reiterações serão analisadas caso a caso.

Aprovado na 177ª Sessão Virtual de Coordenação, de 16/03/2020.

Enunciado nº 91

A falsa declaração particular de atividade rural para obtenção de benefício previdenciário, embora autorize a condenação por litigância de má-fé (sanção prevista no art. 81 do CPC), não configura ilícito penal, diante da carência de potencialidade lesiva, sendo, portanto, atípica, porque o documento, por si só, é absolutamente ineficaz para induzir ou manter em erro a autarquia previdenciária ou o Judiciário.

Aprovado na 179ª Sessão Virtual de Coordenação, de 27/04/2020.

Precedentes 2ª CCR:

Processo: 1.26.001.000182/2019-65, Sessão de Revisão nº 749, de 09/09/2019, unânime.

Processo: DPF/CAX-00166/2017-INQ, Sessão de Revisão nº 739, de 29/04/2019, unânime.

Processo: DPF/MBA/PA-001482016-INQ, Sessão de Revisão nº 738, de 08/04/2019, unânime.

Processo: JF/GAR/PE-0807897-54.2018.4.05.8305, Sessão de Revisão nº 737, de 25/03/2019, unânime.

Processo: DPF/MBA/PA-00220/2015-INQ, Sessão de Revisão nº 721, de 13/08/2018, unânime.

Enunciado nº 92

É desnecessário o envio dos autos à 2ª CCR, para fins de homologação, quando a promoção de arquivamento for fundada na prescrição da pretensão punitiva pela pena máxima abstratamente cominada ao crime (art. 109 do CP) ou na extinção da punibilidade pela morte do agente (art. 107, I, do CP).

Aprovado na 179ª Sessão Virtual de Coordenação, de 27/04/2020.

Precedentes 2ª CCR:

Processo: 1.23.000.002167/2018-92, Sessão de Revisão nº 755, de 25/11/2019, unânime.

Processo: 1.14.008.000047/2014-66, Sessão de Revisão nº 740, de 13/05/2019, unânime.

Processo: 1.25.009.000065/2018-88, Sessão de Revisão nº 721, de 13/08/2018, unânime.

Enunciado nº 93

Na importação de sementes de maconha, mercadoria proibida que atrai a incidência do crime de contrabando, previsto no art. 334-A do Código Penal, a pequena quantidade, assim considerada até o limite de 25 unidades, para o plantio destinado ao consumo próprio, induz à mínima ofensividade da conduta, à ausência de periculosidade da ação e o ínfimo grau de reprovabilidade do comportamento, razões que comportam a aplicação do princípio da insignificância à hipótese.

Aprovado na 179ª Sessão Virtual de Coordenação, de 27/04/2020.

Precedentes 2ª CCR:

Processo: JF/SP-0001111-51.2018.4.03.6181, Sessão de Revisão nº 727, de 22/10/2018, unânime.

Processo: JF/SP-0015106-39.2015.4.03.6181, Sessão de Revisão nº 690, de 25/09/2017, unânime.

Processo: JF/SP-0015715-90.2013.4.03.6181, Sessão de Revisão nº 690, de 25/09/2017, unânime.

Enunciado nº 94

Na importação irregular de combustível, mercadoria proibida que atrai a incidência do crime de contrabando, previsto no art. 334-A do Código Penal, a pequena quantidade, assim considerada até o limite de 250 litros, induz à mínima ofensividade da conduta, à ausência de periculosidade da ação e o ínfimo grau de reprovabilidade do comportamento, razões que comportam a aplicação do princípio da insignificância à hipótese.

Aprovado na 179ª Sessão Virtual de Coordenação, de 27/04/2020.

Precedentes 2ª CCR:

Processo: JF/RO/GM-0001076-43.2019.4.01.4102-IPL, Sessão de Revisão nº 758, de 16/12/2019, unânime.

Processo: 1.31.000.001355/2019-11, Sessão de Revisão nº 754, de 11/11/2019, unânime.

Processo: 1.00.000.019770/2019-99, Sessão de Revisão nº 753, de 21/10/2019, unânime.

Processo: DPF-TAB/AM-00133/2015-INQ, Sessão de Revisão nº 721, de 13/08/2018, unânime.

Enunciado nº 95

É da atribuição do membro do Ministério Público Federal oficiante no local do domicílio do investigado a persecução penal dos crimes de contrabando e descaminho, quando a importação irregular ocorrer via postal, ou seja, resultante de comércio eletrônico, hipóteses diversas daquelas verificadas nos precedentes de 1994 e 1995 que motivaram a edição da Súmula nº 151 do STJ. (Para drogas e medicamentos pelo correio, ver orientação nº 41).

Alterado na 184ª Sessão Virtual de Coordenação, de 09/06/2020.

Precedentes 2ª CCR:

Processo nº 1.15.000.003018/2019-01, Sessão de Revisão nº 761, de 10/02/2020, unânime.

Processo nº 1.15.000.002317/2019-11, Sessão de Revisão nº 759, de 27/01/2020, unânime.

Processo nº 1.13.000.001372/2016-15, Sessão de Revisão nº 759, de 27/01/2020, unânime.

Processo nº 1.15.000.002410/2019-25, Sessão de Revisão nº 758, de 16/12/2019, unânime.

Enunciado nº 96

Não é de atribuição do Ministério Público Federal a persecução penal do crime de apropriação de contribuição sindical (CP, art. 168), por não ofender diretamente bens, serviços ou interesse da União ou de suas entidades autárquicas ou empresas públicas.

Aprovado na 179ª Sessão Virtual de Coordenação, de 27/04/2020.

Precedentes 2ª CCR:

Processo: 1.25.009.000023/2020-61, Sessão de Revisão nº 763, de 09/03/2020, unânime;

Processo: 1.18.000.000104/2020-86, Sessão de Revisão nº 761, de 10/02/2020, unânime;

Processo: 1.33.008.000413/2018-55, Sessão de Revisão nº 739, de 29/04/2019, unânime.

Enunciado nº 97

É de atribuição do Ministério Público Federal a persecução penal de crimes praticados contra o funcionamento de instituição privada de ensino superior ou na emissão de certificado de conclusão de curso de graduação/pós-graduação.

Aprovado na 179ª Sessão Virtual de Coordenação, de 27/04/2020.

Precedentes 2ª CCR:

Processo: SPF/BA-00497/2018-INQ, Sessão de Revisão nº 763, de 09/03/2020, unânime;

Processo: 1.20.004.000407/2019-77, Sessão de Revisão nº 761, de 10/02/2020, unânime;

Processo: DPF/CE/SB-00060/2015-INQ, Sessão de Revisão nº 759, de 27/01/2020, unânime.

Enunciado nº 98

É cabível o oferecimento de acordo de não persecução penal no curso da ação penal, isto é, antes do trânsito em julgado, desde que preenchidos os requisitos legais, devendo o integrante do MPF oficiante assegurar seja oferecida ao acusado a oportunidade de confessar formal e circunstancialmente a prática da infração penal, nos termos do art. 28-A do CPP, quando se tratar de processos que estavam em curso quando da introdução da Lei nº 13.964/2019, conforme precedentes, podendo o membro oficiante analisar se eventual sentença ou acórdão proferido nos autos configura medida mais adequada e proporcional ao deslinde dos fatos do que a celebração do ANPP. Não é cabível o acordo para processos com sentença ou acórdão após a vigência da Lei nº 13.964/2019, uma vez oferecido o ANPP e recusado pela defesa, quando haverá preclusão.

Alterado na 187ª Sessão Virtual de Coordenação, de 31/08/2020. Precedentes 2ª CCR:

Processo: JF-RJ-2015.51.01.509192-3-AP, Sessão de Revisão nº 770, de 25/05/2020, unânime.Processo: 1.29.000.001782/2020-82, Sessão de Revisão nº 770, de 25/05/2020, unânime. Processo: JF/PR/CUR-IANPP-5011021-84.2020.4.04.7000, Sessão de Revisão nº 770, de 25/05/2020, unânime. Processo: JF/PR/LON-5007299-39.2020.4.04.7001, Sessão de Revisão nº 770, de 25/05/2020, unânime. Processo: JFRS/POA-5069978-06.2019.4.04.7100-APN, Sessão de Revisão nº 769, de 11/05/2020, unânime.

2.7 ORIENTAÇÕES DA CÂMARA DE COORDENAÇÃO E REVISÃO – CRIMINAL

Orientação nº 01

Assunto: Orienta sobre o controle externo da atividade policial sobre os atos da autoridade policial que concedem ou negam fiança a suspeito de praticar crime de competência federal.

ORIENTA os membros do Ministério Público Federal que oficiam na área criminal, respeitada a independência funcional, nos termos do art. 62, I, da Lei Complementar ne 75/93, a verificarem, nos autos em que autuarem, se os seguintes critérios forma observados pela autoridade policial no ato administrativo de concessão da fiança:

a – se a autoridade competente para conceder a fiança é o Delegado responsável pela lavratura do respectivo auto (artigo 332 do CPP);

b – se a concessão, ou não, da fiança foi feita em até 24 (vinte e quatro) horas, a contar da prisão;

c – se, na concessão da fiança, o Delegado responsável;

c.1 – avaliou se havia motivos que autorizassem a prisão preventiva (artigo 324-IV c/c artigos 312 e 313 do Código de processo Penal), o que impediria a concessão da fiança;

c.2 – analisou, para fixação de sua atribuição, a existência de eventual concurso de crimes, somando-se a pena em caso de concurso material, ou aplicando-se a majorante no patamar máximo em caso de concurso formal ou continuidade delitiva (enunciado de Súmula 81 do STJ). Neste sentido, deve ser considerada a presença de qualificadoras e de causas de aumento, em seu percentual máximo, e de diminuição, em seu percentual mínimo;

d – se, na fixação do valor da fiança o Delegado responsável:

d.1 – observou o valor do salário mínimo em vigor na data da decisão concessiva da fiança, e se a fixou de acordo com a natureza e as circunstâncias da infração, a capacidade econômica do preso, sua vida pregressa, periculosidade, importância provável do custo do processo, dano causado à vítima, e se utilizou os bancos de dados disponíveis para avaliar a existência de bens em nome do imputado, podendo aumentá-la ou diminuí-la (artigo 325, § 1° do CPP), mas não dispensá-la, por que essa atribuição é exclusiva do Juiz, conforme artigo 325, § 1°, I c/c artigo 350 do CPP;

d.2 – em caso de fiança prestada mediante imóvel, pedras, objetos ou metais preciosos, determinou prévia avaliação para concessão de liberdade provisória.

d.3 – em caso de fiança prestada por meio de cheque, determinou que a liberação do preso ficasse condicionada à compensação bancária do cheque;

d.4 – autorizou o recolhimento da fiança na caixa Econômica Federal, mediante guia, em conta judicial vinculada ao respectivo processo, e se juntou o comprovante nos autos e observou as orientações contidas nos itens 134, 135 e 136 da IN 11/2001. Em finais de semana ou feriados, deve ser feito em mãos do escrivão, que deverá recolher o valor em 3 (três) dias à Caixa Econômica Federal. Caso o valor seja de grande monta, o recolhimento poderá ser feito mediante transferência eletrônica ou em depósito pela internet, de tudo certificando-se nos autos;

d.5 – explicitou as conclusões referentes à capacidade econômica do preso, para fins do artigo 325 § 1°, do CPP, alicerçando-as em elementos de prova juntados aos autos, inclusive, se for o caso, de pesquisa de informações patrimoniais contidas em bancos de dados acessados pela Polícia Federal;

e – se o escrivão policial notificou o afiançado, e se a certidão ou termo de fiança contém expressa e claramente:

e.1 – todos os deveres do afiançado:

I – pagar fiança, no valor fixado pela autoridade policial (artigo 321 c/c artigo 325 do CPP);

II – comparecer perante a autoridade policial ou em juízo sempre que intimado, ressalvada a oportuna apresentação de justificativa plausível (artigo 328, primeira parte, do CPP);

III- não mudar a residência sem prévia autorização (artigo 328, primeira parte, do CPP);

IV – não se ausentar por mais de 8 (oito) dias de sua residência, sem comunicar o lugar onde pode ser encontrado (artigo 328, parte final, do CPP);

V – contribuir para o regular andamento do inquérito e da ação penal, não praticando atos que obstruam, agindo com má-fé ou deslealdade (artigo 341, II do CPP);

VI – cumprir outra medida cautelar imposta cumulativamente com a fiança, nos caos em que forme aplicadas, posteriormente, pelo Juiz (artigo 341, III, do CPP);

VII – não praticar nova infração penal dolosa (artigo 341, V, do CPP);

e.2 – a advertência de que , em caso de descumprimento dos deveres de maneira injustificada, o afiançado:

I – poderá perder a metade do valor da fiança (artigo 343, primeira parte do CPP);

II – poderá ter decretada sua prisão preventiva ou outra medida cautelar pessoal, isolada ou cumulativamente (artigo 343, segunda parte do CPP);

III – não poderá mais prestar fiança naquele feito específico (artigo 324, I do CPP);

e.3 – a observação de que a capitulação contida no inquérito policial é provisória, podendo ser alterada pelo Ministério Público Federal no oferecimento da denúncia e, em consequência, poderá haver a necessidade de se complementar o valor da fiança;

c.4 – a informação de que, em caso de absolvição, arquivamento do inquérito policial ou de seu trancamento, os valores pagos a título de fiança serão devolvidos integralmente e devidamente atualizados, conforme artigo 337 do Código de processo Penal;

f – se os termos ou certidões de fiança forma devidamente registrados em livro próprio (artigo 329 do CPP); e,

g – em caso de concessão de fiança, mesmo quando fixada em seu mínimo legal, ou de denegação da fiança, a decisão da maturidade policial deve ser devidamente motivada, de acordo com a natureza e as circunstâncias da infração, a capacidade econômica do preso, sua vida pregressa, periculosidade, a importância provável do custo do processo e dano causado à vítima (artigos 326 e 336 do CPP).

Os Coordenadores Criminais poderão dar conhecimento desta orientação aos Superintendentes Regionais da polícia Federal em cada unidade da Federação.

Cópia desta Orientação n° 1 foi encaminhada aos Coordenadores do Grupo de Controle Externo da Atividade Policial (GCEAP) em cada Estado, para o devido conhecimento.

Brasília 18 de setembro de 2013. Acesso em 07 de agosto ao sítio eletrônico: http://www.mpf.mp.br/atuacao-tematica/ccr2/orientacoes/documentos/orientacoes-compiladas.pdf

Orientação nº 02

Assunto: Orienta sobre a destinação de prestações penais pecuniárias, estabelecidas como pena restritiva de direito pela prática dos crimes de estelionato previdenciário e de sonegação de contribuição previdenciária, a agências do INSS, para melhoria do serviço de atendimento ao segurado.

ORIENTA os membros do Ministério Público Federal que oficiam na área criminal, respeitada a independência funcional, nos termos do art. 62-I da Lei Complementar nº 75/93, a adotarem medidas para que as prestações penais pecuniárias, estabelecidas como pena restritiva de direito em decorrência de condenação pelos crimes de estelionato previdenciário (Código Penal, art. 171-§ 3º) e de sonegação de contribuição previdenciária (Código Penal, art. 337-A), sejam aplicadas na melhoria do serviço de atendimento ao segurado na própria agência da Previdência Social lesada, especialmente na eliminação de filas, na aquisição de bebedouros e de cadeiras para a área de espera e na realização de reparos na sala de atendimento.

A efetiva aplicação da prestação pecuniária destinada à agência lesada deve ser acompanhada pelo Procurador da República natural, vez que a execução das penas restritivas de direitos cabe à Justiça Federal, mediante prestação de contas a ser requerida no processo criminal.

Os Coordenadores Criminais deverão dar conhecimento desta orientação aos Procuradores da República que oficiam na área criminal em sua unidade, inclusive para manter a PFDC e a 2ª Câmara informadas das medidas adotadas.

Aprovada na 78ª Sessão de Coordenação, de 31/03/2014.

Orientação nº 03

Sem informação. Acesso em 07 de agosto de 2020 ao sítio eletrônico: http://www.mpf.mp.br/atuacao-tematica/ccr2/orientacoes.

Orientação nº 04

Assunto: Orientação sobre tratamento a notícia-crime de conduta prescrita ou sem comprovação de dolo no saque de até três benefícios previdenciários, encaminhada pelo INSS em cumprimento ao item 9.1.2 do Acórdão 2.812/2009 – TCU – Plenário.

ORIENTA os membros do Ministério Público Federal que oficiam na área criminal, respeitada a independência funcional, nos termos do art. 62-I da Lei Complementar nº 75/93:

1. a dispensar liminarmente a instauração de investigação criminal própria ou de inquérito policial e determinar, se assim o entender, o arquivamento das peças de informação que serão encaminhadas em cumprimento ao item 9.1.2 do

Acórdão 2.812/2009 - TCU - Plenário em duas situações, assim considerada a jurisprudência da 2ª CCR:

i) relativas a fatos já abrangidos pela prescrição da pretensão punitiva, cujo termo inicial é a data do último saque efetuado após o óbito do beneficiário; e

ii) quando não houver prova de dolo no saque de até três benefícios previdenciários.

Os Coordenadores Criminais deverão dar conhecimento desta Orientação aos Procuradores da República que oficiam na área criminal.

Encaminhe-se cópia ao Procurador-Geral da República, ao Corregedor-Geral do Ministério Público Federal e ao Corregedor-Geral da Polícia Federal, para conhecimento.

Aprovada na 73ª Sessão de Coordenação, de 25/11/2013.

Orientação nº 05

Assunto: Orienta sobre a tramitação simultânea de procedimentos cíveis e criminais.

ORIENTA os membros do Ministério Público Federal que atuam em ofícios mistos, respeitada a independência funcional, nos termos do art. 62, inciso I da Lei Complementar nº 75/93, a instaurar procedimento investigatório criminal - PIC quando houver indícios da prática de crime e a conduzir os dois procedimentos (civil e criminal), cada um com escopo específico e com peculiaridades distintas no que se refere às regras do devido processo legal. Ressalvam-se os casos de verificação de causa extintiva da punibilidade ou de atipicidade da conduta, que poderão ser reconhecidos nos autos do inquérito civil público, sem a necessidade de instauração de PIC, desde que haja, nestes casos, manifestação de arquivamento específica no âmbito criminal, sujeito à revisão interna pela Câmara.

Dessa forma, não sendo caso de extinção de punibilidade ou de atipicidade da conduta, somente após a autuação como procedimento investigatório criminal - PIC e a efetiva promoção de arquivamento ou de declínio de atribuições, devidamente fundamentada, é que os autos devem ser remetidos à 2ª Câmara de Coordenação e Revisão, para revisão.

Aprovada na 76ª Sessão de Coordenação, de 17/02/2014.

Orientação nº 06

Assunto: Orienta no sentido de requerer, em caso de crimes contra a fauna, que as multas pecuniárias a pena de prestação de serviço à comunidade sejam revertidas em favor de entidades relacionadas à proteção da fauna.

ORIENTA os membros do Ministério Público Federal que oficiam na área criminal, respeitada a independência funcional, a requererem, nos termos do art.

41-V da Lei nº 8.625/1993, que as prestações pecuniárias ou de serviços sejam revertidas a entidades relacionadas à proteção da fauna, preferencialmente àquelas para as quais os animais oriundos do ato ilícito foram encaminhados para tratamento e reinserção na natureza, notadamente aos Centros de Triagem e Tratamento de Animais Silvestres do Instituto Brasileiro do Meio Ambiente e dos Recursos Naturais renováveis – CETAS/IBAMA.

Destaca-se que, em caso de CETAS e/ou demais entidades que atuem na mesma finalidade, se situarem em municípios distantes de onde residir o infrator, ainda assim, é importante que estes sejam beneficiados, sobretudo quando a eles tiverem sido destinados os animais apreendidos, podendo as prestações pecuniárias, por exemplo, serem pagas em parcela única, in natura, (alimentos, produtos veterinários e outros que a entidade necessite), dentro de um prazo estipulado (o que evita, por exemplo, múltiplos deslocamentos intermunicipais), devendo o infrator verificar junto ao CETAS os bens e materiais de que necessita. Os Coordenadores Criminais deverão dar conhecimento desta orientação aos Procuradores que oficiam na área Criminal em sua unidade.

Brasília, 17 de março de 2014. Acesso em 07 de agosto ao sítio eletrônico: http://www.mpf.mp.br/atuacao-tematica/ccr2/orientacoes/documentos/orientacao%20no%2006.pdf.

Orientação nº 07

Sem informação. Acesso em 07 de agosto de 2020 ao sítio eletrônico: http://www.mpf.mp.br/atuacao-tematica/ccr2/orientacoes.

Orientação nº 08

Assunto: Crime de formação de cartel é de natureza permanente.

ORIENTAÇÃO no sentido de que considera que o crime de formação de cartel é de natureza permanente.

Os Coordenadores Criminais deverão dar conhecimento desta Orientação aos Procuradores da República que oficiam na área criminal.

Aprovada na 81ª Sessão de Coordenação, de 12/05/2014.

Orientação nº 09

Assunto: Definição da competência federal quanto ao crime de formação de cartel interestadual e internacional.

ORIENTAÇÃO no sentido de que considera que o crime de formação de cartel, quando envolve outros Estados e países, é de competência federal, atraindo a atribuição do Ministério Público Federal.

Os Coordenadores Criminais deverão dar conhecimento desta Orientação aos Procuradores da República que oficiam na área criminal.

Aprovada na 82ª Sessão de Coordenação, de 26/05/2014.

Orientação nº 10

Assunto: Modus Operandi das Fraudes com Títulos Públicos Brasileiros e Outros Créditos detectadas pela Secretaria da Receita Federal.

ORIENTA os membros do Ministério Público Federal que oficiam na área criminal, respeitada a independência funcional, a promoverem a responsabilização criminal, a qual pode ser imputada a sócios e outros responsáveis por empresas privadas e a servidores e gestores públicos, nas hipóteses de fraudes com títulos públicos praticadas e outros créditos com base nos modus operandi descritos acima*.

Os Coordenadores Criminais deverão dar conhecimento desta Orientação aos Procuradores da República que oficiam na área criminal, para que o Ministério Público Federal possa atuar de forma preventiva e repressiva no combate às fraudes envolvendo títulos públicos.

Alterada na 143ª Sessão de Coordenação, de 11/12/2017.

*Nota do autor: o modo cometidas as fraudas encontram-se nos considerandos: "CONSIDERANDO a crescente ocorrência de fraudes contra a Fazenda Nacional, com base em ações judiciais de execução de dívida pública prescritos ou falsos, bem como em supostas indenizações decorrentes de ações judiciais com sentença desfavorável aos exequentes, movidas contra a União, que visam a cobrança de valores relativos o resgate de supostos créditos oriundos de títulos da dívida pública brasileira, interna e externa, inclusive títulos emitidos no início do século passado, como também de valores relativos às supostas indenizações;

CONSIDERANDO a fraude contra a Fazenda Nacional, consistente na suspensão indevida de débitos tributários federais inseridos na Declaração de Débitos e Créditos Tributários Federais (DCTF) e na Declaração Anual do Simples Nacional (DASN), bem como na compensação indevida de contribuições previdenciárias na Guia de Recolhimento do FGTS e Informações à Previdência Social (GFIP);

CONSIDERANDO que se tornou recorrente a técnica de fraude contra a Fazenda Nacional, consistente no protocolo de requerimento na Secretaria do Tesouro Nacional (STN) e em registro de débitos tributários em valores irrisórios ou zerados da DCTF, bem como em registro da condição de "imunidade tributária", "lançamento de ofício" ou "cesta básica" para zerar o Imposto do Simples a pagar no Programa Gerador do Documento de Arrecadação do Simples Nacional - Declaratório (PGDAS-D), ou seja, na Declaração do Simples Nacional, como também de zerar as receitas de empresas optantes pelo regime do Simples Nacional na declaração correspondente;

CONSIDERANDO que se tornou também recorrente a técnica de fraude contra a Fazenda Nacional, consistente no protocolo de processos de habilitação de crédito em repartições da Receita Federal atrelados a supostas indenizações decorrentes de ações judiciais com sentença desfavorável aos exequentes para compensação de débitos tributários de terceiros;

CONSIDERANDO que somente a Secretaria do Tesouro Nacional - Ministério da Fazenda (STN/MF) - tem atribuição de emitir, controlar e resgatar títulos públicos federais, conforme dispõem a Lei nº 10.179/2001 e o Decreto nº 3.859/2001;

CONSIDERANDO que títulos da dívida pública que perderam seu valor têm sido utilizados de forma fraudulenta, para obter a compensação ou pagamento de dívidas tributárias, conforme se verifica quanto aos títulos da dívida pública externa, regulados pelo Decreto-lei nº 6.019/1942; quanto às Letras do Tesouro Nacional (LTN) emitidas na década de 70, que apresentavam prazo máximo de vencimento de 365 dias; e quanto às apólices da dívida pública interna emitidas até a segunda metade do século XX, que perderam a validade em julho de 1969, após a edição do Decreto-lei nº 263/1967 e do Decreto-lei nº 396/1968, os quais anteciparam o vencimento de todas as apólices da dívida pública federal interna emitidas antes de julho de 1969;

CONSIDERANDO que o objetivo das fraudes consiste em atribuir exigibilidade aos títulos da dívida pública externa emitidos no século passado, bem como fazer com que o resgate desses papéis se faça com incidência de correção monetária, bem como a pretensão de se reconhecer que os títulos regulados pelo Decreto-lei nº 6.019/1943 tenham o mesmo tratamento dos títulos regulados pela Lei nº 10.179/2001;

CONSIDERANDO também que, no caso das supostas indenizações decorrentes de ações judiciais com sentença desfavorável aos exequentes, não existem créditos reconhecidos pela União; (...)"

CONSIDERANDO a necessidade de qualificar os membros do Ministério Público Federal no combate a fraudes com títulos públicos prescritos ou falsos e outros créditos "podres" e a relevância dos trabalhos empreendidos pelo Grupo de Trabalho da 2ª Câmara dedicado ao tema;

Orientação nº 11

Assunto: Atuação da Defensoria Pública da União restrita às hipóteses de insuficiência de recursos econômico-financeiros do defendido.

ORIENTA os membros do Ministério Público Federal que oficiam em matéria criminal, respeitada a independência funcional, a pugnar pela atuação da Defensoria Pública da União nos estritos casos em que a Constituição Federal permite, somente concordando com tal atuação nas hipóteses em que estiver caracterizada a insuficiência de recursos econômico-financeiros do defendido, nos termos do inciso LXXIV, do artigo 5º da Carta Magna. A garantia da defesa técnica nos casos de abandono ou retirada da defesa constituída, em que o réu não for pobre, deverá ser feita por defensor dativo, a ser remunerado pelo ofendido, observado o disposto no artigo 263, do Código de Processo Penal.

Os Coordenadores Criminais deverão dar conhecimento desta orientação aos Procuradores que oficiam na área Criminal em sua unidade.

Aprovada na 82ª Sessão de Coordenação, de 26/05/2014.

Orientação nº 12

Obs: A Orientação nº 12 não consta na página oficial, conforme acesso em 25/11/20. Fonte: [http://www.mpf.mp.br/atuacao-tematica/ccr2/orientacoes].

Orientação nº 13

Assunto: Orienta sobre a atribuição do Ministério Público Federal para atuar na repressão dos crimes contra a fauna marítima com ciclo de vida misto.

ORIENTA os membros do Ministério Público Federal, respeitada a independência funcional, nos termos do art. 62, I, da Lei Complementar nº 75/93, a aplicarem, nos casos de pesca proibida que constitua crime contra o meio ambiente, o seu Enunciado nº 30, sempre que o espécime for da fauna marítima com ciclo de vida misto, a exemplo do que ocorre na Lagoa dos Patos.

Aprovada na 82ª Sessão de Coordenação, de 26/05/2014.

Orientação nº 14

Revogada na 136ª Sessão de Coordenação, de 28/8/2017.

Orientação nº 15

Assunto: Orienta sobre a necessidade de confirmação, nos crimes tributários, da qualidade de real administrador de pessoas jurídicas e de empresas individuais, sobre a quantificação do produto do crime e sobre o momento de constituição definitiva do crédito.

ORIENTA os membros do Ministério Público Federal com atuação na área criminal sob sua coordenação, respeitada a independência funcional, para que:

a) realizem, antes do ajuizamento de denúncia, oitiva das pessoas que constem formalmente como administradores das pessoas jurídicas e empresas como forma de verificar a real qualidade de administrador;

b) realizem pesquisa junto a ASSPAD para confirmar a inexistência de procurações passadas pela pessoa jurídica ou empresa a terceiros não administradores (CENSEC) e para confirmar a inexistência de terceiros como detentores de poderes de movimentação das contas bancárias da empresa alvo, como forma de afastar a possibilidade de uso de laranjas;

c) realizem pesquisa em fontes abertas (v.g Google), de forma verificar se há provas em reclamação trabalhista ou em procedimento do MPT que já possam de plano indicar quem é o real administrador da pessoa jurídica ou empresa;

d) realize pesquisa junto ao Radar (SPPEA) para constatar a evolução do quadro de empregados e, assim, identificar o possível momento de verdadeiro encerramento das atividades financeiras;

e) oficie a Procuradoria da Fazenda Nacional para que esta apresente o extrato completo da dívida decorrente do Auto de Infração que deu ensejo a Representação Fiscal para Fins Penais;

f) acaso não tenha havido impugnação do lançamento por parte do contribuinte, considere a constituição definitiva do crédito ocorrida no 31° dia após a intimação do contribuinte para impugnar, nos termos do art. 15 do Decreto 70.235/72.

Alteração aprovada na 179ª Sessão de Coordenação, de 27 de abril de 2020.

Orientação nº 16

Assunto: Adoção de método de trabalho semelhante ao desenvolvido na PRR-1ª Região, por designação da 2ª Câmara, para que o Coordenador Criminal de cada unidade do MPF solicite à ASSPA local que implante o método de trabalho desenvolvido na PRR-1ª Região para acompanhar investigações instauradas por comunicação oriunda do COAF sobre informações cadastrais e movimento de valores (art. 2º, § 6º) relativos às operações previstas no inciso I do artigo 11 da Lei 9613/98.

ORIENTA que: 1) o Coordenador Criminal de cada unidade do MPF solicite à ASSPA local que implante o método de trabalho desenvolvido na PRR-1ª Região para acompanhar investigações instauradas por comunicação oriunda do COAF sobre informações cadastrais e movimento de valores (art. 2º, § 6º) relativos às operações previstas no inciso I do artigo 11 da Lei nº 9.613/1998; 2) tais investigações e ações penais sejam priorizadas e monitoradas permanentemente; e, 3) que os relatórios dos resultados sejam anualmente apresentados à 2ª Câmara.

Aprovada na 83ª Sessão de Coordenação, de 09/06/2014.

Orientação nº 17

Assunto: Orienta sobre a necessidade de os membros do Ministério Público Federal ponderarem, na formação da *opinio delicti*, sobre a utilização dos elementos informativos obtidos em decorrência de medidas cautelares deferidas por juízo incompetente, sem a anuência do titular da ação penal com a atribuição para o caso.

ORIENTA os membros do Ministério Público Federal que oficiam na área criminal, respeitada a independência funcional, nos termos do artigo 62 – I, da Lei Complementar 75/93, a ponderarem, na formação da *opinio delicti*, sobre a utilização dos elementos informativos obtidos em decorrência de medidas cautelares deferidas por juízo incompetente, sem a anuência do titular da ação penal com a atribuição para o caso.

Desta forma, o Ministério Público Federal contribui para a eficiência da prestação jurisdicional.

Os Coordenadores Criminais poderão dar conhecimento desta orientação aos Procuradores que oficiam na área Criminal em sua unidade.

Brasília, 9 de junho de 2014. Acesso em 07 de agosto ao sítio eletrônico: http://www.mpf.mp.br/atuacao-tematica/ccr2/orientacoes/documentos/orientacoes-compiladas.pdf

Orientação nº 18

Assunto: Orienta sobre a necessidade de privilegiar a economicidade e, sobretudo a eficiência na persecução penal dos delitos objeto do Projeto Tentáculos.

ORIENTA os membros do Ministério Público Federal que oficiam na área criminal, respeitada a independência funcional, nos termos do art. 62, inciso I, da Lei Complementar nº 75/93, a observarem, sempre que possível, a regra da conexão probatória, definida pela prevenção contida no art. 71 do Código Penal, a fim de concentrar a apuração no Juízo em que deflagrada a investigação.

Os Coordenadores Criminais deverão dar conhecimento desta orientação aos Procuradores que oficiaram na área Criminal em sua unidade.

Brasília/DF, 9 de junho de 2014. Acesso em 07 de agosto ao sítio eletrônico: http://www.mpf.mp.br/atuacao-tematica/ccr2/orientacoes/documentos/orientacoes-compiladas.pdf

Orientação nº 19

Assunto: Orienta os membros do Ministério Público Federal sobre composição e reparação do dano em crimes ambientais, acolhendo conclusões tomadas no 19º Encontro Nacional da Câmara Ambiental, realizado em 2012.

ORIENTA os membros do Ministério Público Federal que oficiam na área criminal, respeitada a independência funcional, nos termos do artigo 62 – I, da Lei Complementar 75/93, a observarem:

1. A composição do dano a que se refere o art. 27 da Lei n. 9.099/95 engloba a paralisação da atividade danosa e a reparação do dano ambiental, *in natura* ou mediante indenização, e somente pode ser dispensada no caso de o interessado comprovar que não possui condições de arcar com a obrigação, caso em que poderá ser substituída a reparação/indenização por outra medida alternativa de cunho ambiental como forma de composição do dano.

2. Nos crimes ambientais, a composição do dano é requisito da transação penal, e caso não haja compromisso de ajustamento de conduta firmado, a medida reparatória/compensatória deve ser individualizada na proposta, não se confundindo com as medidas impostas como pena restritiva de direitos ou multa.

3. No caso de impossibilidade de reparação do dano, prevista o art. 89, §1º, I, da Lei n. 9.099/95, o Procurador da República deve requerer a aplicação do §2º do mesmo artigo, mediante imposição de medidas de cunho ambiental, como forma

de composição do dano, sendo inadequada a imposição da obrigação de fornecer cesta básica a entidades de caridade.

4. A inaplicabilidade do Princípio da Insignificância aos crimes ambientais.

Desta forma, o Ministério Público Federal contribui para a eficiência da prestação jurisdicional.

Os Coordenadores Criminais poderão dar conhecimento desta orientação aos Procuradores que oficiam na área Criminal em sua unidade.

Brasília, 9 de junho de 2014. Acesso em 07 de agosto ao sítio eletrônico: http://www.mpf.mp.br/atuacao-tematica/ccr2/orientacoes/documentos/orientacoes-compiladas.pdf

Orientação nº 20

Sem informação. Acesso em 07 de agosto de 2020 ao sítio eletrônico: http://www.mpf.mp.br/atuacao-tematica/ccr2/orientacoes.

Orientação nº 21

Sem informação. Acesso em 07 de agosto de 2020 ao sítio eletrônico: http://www.mpf.mp.br/atuacao-tematica/ccr2/orientacoes.

Orientação nº 22

Assunto: Orienta os membros do Ministério Público Federal sobre o declínio de atribuições em inquérito policial.

ORIENTA os membros que oficiam na área criminal a recorrerem de decisão judicial que nos autos de inquérito policial acolha requerimento de declínio de competência formulado diretamente por autoridade policial.

Os Coordenadores Criminais deverão dar conhecimento desta Orientação aos Procuradores da República que oficiam na área criminal.

Aprovada na 99ª Sessão de Coordenação, de 22 de junho de 2015.

Orientação nº 23

Assunto: Desnecessidade da constituição definitiva do crédito tributário no crime de descaminho (crime formal).

ORIENTA os membros do MPF a ratificarem o caráter formal do crime de descaminho, o qual se consuma com a simples conduta de iludir o Estado, quanto ao pagamento dos tributos devidos, quando da importação ou exportação de mercadorias, não sendo necessária a prévia constituição definitiva do crédito tributário para a persecução penal.

Os Coordenadores Criminais deverão dar conhecimento desta Orientação aos Procuradores da República que oficiam na área criminal.

Orientação aprovada na 111ª Sessão de Coordenação, de 18 de abril de 2016.

Orientação nº 24

Assunto: Orienta os membros do Ministério Público Federal como proceder nos casos de investigação dos crimes de lavagem de dinheiro e outros correlatos.

ORIENTA os membros que oficiam na área criminal, respeitada a independência funcional, a observarem os seguintes passos nas investigações envolvendo crimes de lavagem de dinheiro ou outros correlatos:

1. Identificar todos os procedimentos e inquéritos que têm por objeto possível superfaturamento de contratos em valor significativo;

2. Obter judicialmente a quebra do sigilo fiscal da empresa contratada, em relação a todo o período de vigência do contrato, até um ano após o fim do último pagamento;

3. A partir do conteúdo obtido por meio da quebra, obter, junto ao escritório de inteligência da Receita Federal da Região Fiscal, uma planilha de pagamentos feitos pela empresa contratada a fornecedores por serviços prestados. O objetivo é identificar potenciais prestadores de serviços, especialmente de consultoria, que sejam de fachada, que chamaremos de "empresas alvo";

4. Ranquear os fornecedores por volume de recursos recebidos;

5. Selecionar aqueles que mais receberam recursos - por exemplo, os 20 que mais receberam - e fazer, a partir da Secretaria de Pesquisa e Análise - SPEA ou de órgão colaborador (como ESPEI da RFB), pesquisas para responder as seguintes questões:

a) a empresa alvo tem site na internet?

b) a empresa alvo tem sede física compatível com o valor recebido (checagem via google street view ou diligência)?

c) a empresa alvo tem funcionários (pesquisas CNIS e RAIS)? Quantos e quem são eles? Pelas profissões e consultas em bases abertas, tais pessoas têm qualificação técnica para a prestação dos serviços?

d) o proprietário, com base em pesquisas abertas (veículos, residência etc.) tem qualificação para prestar os serviços e condição econômica compatível com a prestação de serviços e o volume de recursos recebidos?

6. Caso essa pesquisa indique que dada empresa é de fachada, há indicativo de que contratos feitos com a empresa alvo foram simulados com o objetivo de disfarçar a prática de delitos. É provável que essa empresa seja controlada por operador financeiro. Sugere-se que esse operador torne-se o alvo da investigação, devendo ser identificado (por exemplo, por pesquisa de procurações do titular da Pessoa

Jurídica, que pode ser laranja) e, confirmando-se que é operador, sugere-se que a investigação foque nele e se torne alvo de medidas judiciais que eventualmente se mostrarem cabíveis.

Acaso se identifique a existência de "empresas gêmeas" – que são empresas reais, que prestaram serviços, contudo, paralelamente à prestação de serviços, concordaram em ser usadas para fornecer notas fiscais frias e simular parte da prestação de serviços, dissimulando a passagem de propina ou de recursos oriundos de outros crimes federais – deve-se atentar para eventual desproporcionalidade no volume de pagamentos para identificar potencial pratica de crime.

Os Coordenadores Criminais deverão dar conhecimento desta Orientação aos Procuradores da República que oficiam na área criminal.

Orientação aprovada na 111ª Sessão de Coordenação, de 18 de abril de 2016.

Orientação nº 25

Revogada, conforme consta na página http://www.mpf.mp.br/atuacao-tematica/ccr2/orientacoes.

Acesso em 07 de agosto ao sítio eletrônico.

Orientação nº 26

Assunto: Promoção de arquivamento.

ORIENTA os membros do Ministério Público Federal com atuação na área criminal sob sua coordenação a observarem, em suas promoções de arquivamento, o seguinte critério, não se aplicando à hipótese a regra do Enunciado nº 36:

A antiguidade do fato investigado, o esgotamento das diligências investigatórias razoavelmente exigíveis ou a inexistência de linha investigatória potencialmente idônea, adequadamente sopesados no caso concreto, justificam o arquivamento da investigação, sem prejuízo do disposto no art. 18 do CPP.

Orientação aprovada na 109ª Sessão de Coordenação, de 4 de abril de 2016.

Orientação nº 27

Assunto: Orienta os membros do Ministério Público Federal a como se proceder nos casos de investigação dos crimes de estelionato na obtenção de seguro desemprego.

ORIENTA os membros que oficiam na área criminal, respeitada a independência funcional, a observarem os seguintes passos nas investigações relativas a crimes de estelionato na obtenção de seguro desemprego:

1. Identificar informação que deu origem à investigação – documentos nos quais são apontados indícios de fraude no benefício (Ex.: Notícia Crime, informação de simulação da demissão; informações de fraudes investigada anteriormente, etc.);

2. Identificar tipo de fraude. Exemplos das mais frequentes na obtenção de seguro desemprego: (a) conluio entre empregador e empregado no sentido de simular a rescisão sem que esta tenha ocorrido, de modo que o empregado continua a trabalhar sem interrupção, exercendo a mesma atividade, mas sem registro na CTPS pelo período de recebimento do SD; (b) fraude em que o trabalhador pede demissão, mas faz acordo com o empregador para simulação da rescisão por iniciativa do empregador; situação em que o empregado poderá receber o seguro-desemprego e levantar o FGTS, o que não ocorre quando ele pede demissão; (c) recebimento de seguro-desemprego pelo trabalhador que havia sido demitido, estava efetivamente desempregado, mas começou a trabalhar e pediu pra que o novo emprego não fosse registrado na CTPS durante o período de recebimento do seguro-desemprego;

3. Verificar se há informação do Ministério do Trabalho e Emprego – TEM indicando datas do recebimento do seguro desemprego. Se houver dados completos do trabalhador é possível, em alguns casos, consultar o último recebimento no site do MTE;

4. Identificar, para verificar o termo inicial da prescrição, a data do último recebimento do benefício, caso se trate de estelionato consumado, ou a data em que requerido o benefício, caso se trate de crime tentado;

5. Atentar para o local em que requerido o benefício (em que agência do MTE ou da Caixa Econômica Federal). Este local define, em regra, a competência para a ação penal;

6. Identificar os elementos existentes nos autos a indicar a fraude na obtenção do benefício (exemplo: empregado com dois vínculos trabalhistas seguidos com a mesma empresa, sendo o intervalo entre eles exatamente o período em que recebeu o seguro-desemprego; depoimentos noticiando conluio entre empregador e empregado para simular a demissão; reclamação trabalhista ajuizada pelo empregado alegando que, apesar de constarem dois vínculos diferentes na CTPS, nunca deixou de trabalhar para aquele empregador);

7. Requisitar as seguintes informações ao MTE a partir da notícia de que houve fraude na obtenção de seguro-desemprego; data e valores em que recebidas parcelas do seguro-desemprego por aquele empregado (se possível, indicar PIS ou CPF para facilitar a consulta), agência em que foi requerido o benefício e documentação apresentada pelo trabalhador quando do requerimento. Esta documentação apresentada para o saque pode ou não ter sido arquivada, a depender dos valores envolvidos, e pode não estar arquivada no MTE, mas na agência da CEF em que foi obtido o benefício.

Os Coordenadores Criminais deverão dar conhecimento desta Orientação aos Procuradores da República que oficiam na área criminal.

Brasília, 2 de maio de 2016. Acesso em 07 de agosto ao sítio eletrônico: http://www.mpf.mp.br/atuacao-tematica/ccr2/orientacoes/documentos/orientacoes-compiladas.pdf

Orientação nº 28

Assunto: Orienta os membros do Ministério Público Federal a como se proceder nos casos de investigação dos crimes de estelionato previdenciário.

ORIENTA os membros que oficiam na área criminal, respeitada a independência funcional, a observarem os seguintes passos nas investigações relativas aos crimes de obtenção fraudulenta de benefício previdenciário:

1. Identificar informação que deu origem à investigação – documentos nos quais são apontados indícios de fraude no benefício (Ex.: Notícia Crime, relatório de auditoria do INSS, relatório de verificação de vínculos, informações de fraudes anteriores já investigadas, etc.);

2. Identificar tipo de fraude: (Ex.: Inserção de vínculos falsos extemporâneos no CNIS através de GFIP, apresentação de documentos ou declarações falsas acostados ao requerimento, beneficiários 'fantasma', saque de benefício após óbito do titular, etc);

3. Identificar, para verificar a prescrição, a data do requerimento do benefício (DER), data de início do benefício (DIB) e a data do último recebimento, caso se trate de estelionato consumado;

4. Atentar para a Agência da Previdência Social na qual houve a concessão do benefício. Este local define, em regra, a competência para a ação penal;

5. Verificar se há nos autos cópia do processo administrativo de concessão do benefício. Em caso negativo, verificar se foi solicitado. Checar se há informação sobre o processo ter sido procurado e não localizado. O fato do processo físico não ter sido localizado pode ser resultado de desorganização, mas muitas vezes decorre da concessão ter sido feita de forma fraudulenta sem que sequer exista fisicamente o processo. Nos casos em que existe processo físico, sua análise, com a verificação da documentação juntada, é importante para permitir a avaliação acerca da participação do servidor, que pode apenas ter sido ludibriado por documentação falsa apresentada;

6. Analisar o dolo/autoria do delito quanto ao beneficiário a partir dos elementos existentes acerca do tipo de fraude empregada para obtenção do benefício;

7. Identificar se há indícios de participação de servidor na concessão indevida do benefício. Ver a tela das matrículas dos servidores que atuaram na concessão. Exemplos de indícios de envolvimento do servidor: tempo curtíssimo decorrido entre a habilitação e a concessão do benefício, não localização do processo físico, inconsistência entre a documentação juntada no processo e os dados inseridos no sistema pelo servidor; servidor não seguiu as cautelas necessárias previstas nas normas internas para o caso;

8. Caso se trate de saque após o óbito do titular do benefício, verificar se o saque se deu em menos de três competências, caso em que incide a Orientação nº 4 da 2ª CCR. No caso de saque pós-óbito que não se enquadre na Orientação nº 4, os

esforços devem se direcionar à apuração da autoria do delito, determinando a oitiva de familiares ou procuradores do falecido para identificar quem efetuou os saques;

9. Verificar, caso tenha ocorrido inserção de vínculos falsos no CNIS, se os elementos constantes dos autos (normalmente os relatórios produzidos pelo INSS para confirmação de vínculos) já são suficientes para atestar a falsidade. Verificar se já foi ouvido o beneficiário sobre tal vínculo. Checar se foi feito contato com a empresa indicada como empregadora ou seus sócios para confirmar ou afastar o vínculo. No caso de inserção de vínculo extemporâneo no CNIS via GFIP, deve-se buscar a oitiva do administrador da empresa que consta como empregadora e da pessoa que consta como responsável pela remessa da GFIP pela internet, potencial colaborador da fraude.

Os Coordenadores Criminais deverão dar conhecimento desta Orientação aos Procuradores da República que oficiam na área criminal.

Orientação aprovada na 113ª Sessão de Coordenação, de 6 de junho de 2016.

Orientação nº 29

Assunto: Orienta os membros do Ministério Público Federal a como se proceder nos casos de investigação de crimes praticados pela internet, notadamente, nos crimes de publicação/divulgação de pornografia infantojuvenil (Art. 241-A da Lei 8.069/90) e nos crimes de racismo (art. 20 da lei 7.716/89).

ORIENTA os membros que oficiam na área criminal, respeitada a independência funcional, a observarem os seguintes passos nas investigações relativas aos crimes praticados pela internet:

1. Identificar a informação que deu origem à investigação (Ex.: Notícia Crime, informações encaminhadas pelo próprio serviço de internet, informações decorrentes de investigações anteriores, etc.);

2. Analisar a tipicidade, buscando elementos existentes nos autos para caracterização do crime analisado (Ex.: Verificar se foram publicados ou disponibilizados arquivos contendo efetivamente pornografia infantojuvenil, no caso do delito descrito no artigo 241-A da Lei 8.069/90, ou se houve publicação de conteúdo discriminatório ou preconceituoso em razão da raça, cor, etnia, religião ou procedência nacional ou relacionada à divulgação do nazismo, no caso de crime de racismo - art. 20 da lei 7.716/89);

3. Seguir os passos abaixo listados para identificação dos dados do usuário responsável pela publicação/divulgação do conteúdo ilícito:

3.1. Quebra de sigilo para obtenção dos dados cadastrais do usuário e do IP1 através do qual se deu a conduta ilícita junto ao serviço respectivo (Facebook2, Instagram, site, aplicativo, etc)3;

3.2. A partir dos IPs obtidos, realizar pesquisa no site https://www.maxmind.com/en/geoip-demo e verificar o local de onde partiu a publicação do conteúdo ilícito, para fins de competência, e também para verificar a empresa fornecedora do sinal de internet para o usuário4;

3.3. Quebra de sigilo para que a(s) empresa(s) responsável(is) pelo fornecimento do sinal de internet informe(m) os dados cadastrais do usuário dos IPs obtidos nas datas e horários citados. 3.4 Realização de diligência in loco, quando necessário, para verificação do endereço do usuário identificado.

4. Em caso de investigação do delito descrito no art. 241-A da Lei 8.069/90, avaliar a pertinência de realização de busca e apreensão no domicílio do investigado. Caso haja suspeita de que o investigado produz o conteúdo pornográfico além de divulgá-lo, requerer fotografias do local da busca, permitindo eventual identificação do local em alguma das imagens divulgadas ou apreendidas;

5. Se realizada a busca e apreensão, analisar os laudos produzidos a partir da análise do material apreendido para verificar as evidências obtidas quanto ao crime do art. 241-A da Lei 8.069/90 e se eventualmente foram encontrados elementos no que concerne ao crime do art. 241-B da Lei 8.069/90 (armazenamento de material pornográfico infantojuvenil);

6. Analisar as informações obtidas acerca da autoria do delito (houve oitiva do responsável pelos acessos e, se for necessário, das demais pessoas que tinham acesso aos computadores buscando identificar o efetivo responsável pela veiculação do conteúdo ilícito?);

7. Antes de eventual requerimento judicial de obtenção dos dados ou de formalização de pedido de Cooperação Jurídica Internacional, solicitar aos provedores dos serviços usados para as postagens ou trocas de arquivos a preservação dos dados (elementos de prova) até que sejam ultimadas as diligências para sua obtenção. Este pedido de preservação, em regra, deve ser feito por canal específico do serviço destinado às autoridades e pode abranger não apenas as provas da postagem, como o conteúdo de uma página, site, email ou de qualquer outro meio empregado na prática criminosa, além de dados de registro referentes ao acesso realizado àquela página, por exemplo.

Os Coordenadores Criminais deverão dar conhecimento desta Orientação aos Procuradores da República que oficiam na área criminal.

1 O Internet Protocol - IP serve de elemento identificador do acesso daquele computador à rede naquele determinado momento, permitindo relacionar o usuário ao ato praticado na internet (Ex: publicação de um texto ou uma imagem, disponibilização de um vídeo, etc.) Todos os IPs informados devem conter sempre a data e o horário exato do acesso, incluindo o fuso horário respectivo (exemplo do formato: UTC, UTC3, GMT-3, GMT-0300, UTC+0200), já que o IP está ligado ao usuário naquele momento exato, e poderá ser atribuído a outros usuários em outros horários.

2 No caso do Facebook, após a decisão judicial deferindo a quebra de sigilo, deve-se cadastrar o pedido através do site https://www.facebook.com/records/, in-

dicando o e-mail funcional, sendo que a resposta será encaminhada pelo Facebook através do e-mail.

3 No caso de serviços de internet, como contas de e-mail e redes sociais, em que o usuário cria o perfil/conta e depois o acessa habitualmente, podem ser requisitados o IP da criação da conta, da data do fato criminoso, e de todos os acessos em determinado período. Deve ser requisitado também eventual telefone celular ou e-mail secundário, solicitando que seja expressamente informado se tais dados foram verificados/validados pelo serviço.

4 Consta também a seguinte: Outro site que pode ser utilizado para obtenção de tais informações: https://registro.br/cgi-bin/whois/

Orientação aprovada na 113ª Sessão de Coordenação, de 6 de junho de 2016.

Orientação nº 30

Assunto: Critérios a serem observados nas promoções de arquivamento referentes aos crimes não considerados prioritários pela 2ª CCR.

ORIENTA os membros do Ministério Público Federal com atuação na área criminal sob sua coordenação a observarem, em suas promoções de arquivamento, os seguintes critérios, não se aplicando à hipótese a regra do Enunciado nº 36: Nos crimes não considerados prioritários pela 2ª CCR, em que se comprove a não reiteração e verificado o mínimo grau de reprovabilidade da conduta, são circunstâncias que autorizam o arquivamento da investigação:

a) Delito de bagatela – a demonstração da mínima ofensividade da conduta, associada ao baixo grau de periculosidade social da ação;

b) Subsidiariedade do Direito Penal – a verificação de que a aplicação de sanção extrapenal é suficiente para a prevenção e repressão do ilícito;

c) Adequação da sanção penal – a concreta e fundamentada ausência de necessidade e utilidade de aplicação da sanção penal, conforme os fins da pena.

Orientação aprovada na 114ª Sessão de Coordenação, de 4 de julho de 2016.

Orientação nº 31

Suspensa conforme decidido na 163ª sessão de coordenação de 25 de fevereiro de 2019.

Orientação nº 32

Assunto: Orienta sobre pedidos de execução provisória da pena pelos membros do Ministério Público Federal de primeiro grau.

ORIENTA os membros do Ministério Público Federal de primeira instância com atuação na área Criminal sob sua coordenação, respeitada a independência funcional, que adotem as providências necessárias, junto às varas criminais perante as quais atuem, para que, quando da baixa dos autos físicos ao primeiro grau, em decorrência da interposição de recursos especiais/extraordinários, seja, de maneira automática, aberta vista dos autos ao MPF, para requerimento do início e do acompanhamento da execução provisória da pena, caso não tenha sido solicitado nos Tribunais Regionais Federais ou Superior Tribunal de Justiça.

Orientação aprovada na 143ª Sessão de Coordenação, de 11 de dezembro de 2017.

Orientação nº 33

Assunto: Orienta sobre a defesa da tese de que o acórdão confirmatório da condenação interrompe o prazo prescricional.

ORIENTA os membros do Ministério Público Federal com atuação na área Criminal sob sua coordenação, respeitada a independência funcional, que sustentem, em todas as instâncias, a tese de que o acórdão confirmatório da condenação de primeira instância, independentemente da manutenção, majoração ou redução da pena imposta, interrompe o curso do prazo prescricional.

Orientação aprovada na 143ª Sessão de Coordenação, de 11 de dezembro de 2017.

Orientação nº 34

Assunto: Orienta sobre a relação do Procurador da República lotado em região de fronteira com autoridades estrangeiras.

ORIENTA os membros do Ministério Público Federal com atuação na área Criminal sob sua coordenação e lotados em regiões de fronteira, respeitada a independência funcional e a Resolução n. 178, de 5 de setembro de 2017 do Conselho Superior do MPF, a estabelecerem contato com autoridades de fronteira dos países vizinhos a fim de criar uma relação de confiança e viabilizar:

1) o maior conhecimento sobre o sistema jurídico do país vizinho e uma maior inserção na realidade da fronteira, identificando os principais obstáculos para a cooperação internacional;

2) a troca de informações sobre fatos e pessoas de interesse comum entre os dois países;

3) a confirmação de dados pessoais, de endereço e outros necessários a comunicações processuais;

4) a identificação de bens no exterior de pessoas processadas no Brasil para fins de persecução patrimonial;

5) a solicitação do envio de dados relevantes de que se tem conhecimento por meio de procedimento formal de informação espontânea, atentando-se para os aspectos jurídicos necessários para a utilização da prova no Brasil;

6) o conhecimento e a divulgação da existência de bancos de dados abertos cuja consulta pode contribuir para a investigação, persecução e localização de foragidos.

Aprovada na 151ª Sessão de Coordenação, de 21 de maio de 2018.

Orientação nº 35

Assunto: Orienta sobre atuação nos casos de dúvida sobre a constitucionalidade ou não da alteração realizada pela Lei Federal nº 13.654/2018, no Código Penal.

ORIENTA os membros do Ministério Público Federal com atuação na área Criminal sob sua coordenação a requerer, enquanto houver dúvida sobre a constitucionalidade ou não da alteração legislativa, que sejam consideradas, na fixação da pena-base (art. 59 do CP), as circunstâncias do uso de arma branca.

Aprovada na 152ª Sessão de Coordenação, de 11 de junho de 2018.

Orientação nº 36

Assunto: Orienta os membros do Ministério Público Federal sobre a possibilidade de se arquivar procedimentos instaurados referentes aos benefícios fraudados -"rescaldos" – que lastrearam operações contra fraudes previdenciárias.

ORIENTA os membros do Ministério Público Federal com atuação na área criminal sob sua coordenação a realizar o arquivamento dos chamados "rescaldos" das operações previdenciárias, dispensando-se a instauração de inquérito policial ou de investigação criminal própria ou arquivando os feitos já instaurados, quando a persecução penal/investigação estiver em estágio avançado ou já houver sido ajuizada a ação penal e, após minuciosa análise, ao Procurador da República oficiante restar evidenciado que os fatos: a) não modificam o panorama probatório atual; b) não são suficientes para um aumento substancial das penas dos investigados na operação originária; c) dizem respeito às condutas dos titulares dos benefícios, salvo quando encerrarem alto grau de reprovabilidade, como a magnitude da lesão; d) nada acrescentam acerca das condutas dos servidores e intermediadores já investigados; e) não apresentam indícios da participação de outros servidores e/ou intermediadores, além dos já investigados no IPL de origem.

Nesses casos, o arquivamento deverá ser comunicado ao INSS, que permanecerá responsável pela adoção das providências administrativas cabíveis, com vistas à quantificação do dano e recuperação dos valores pagos indevidamente.

Os Coordenadores Criminais deverão dar conhecimento desta Orientação aos Procuradores da República que oficiam na área criminal.

Aprovada na 156ª Sessão de Coordenação, de 26 de setembro de 2018.

Orientação nº 37

Assunto: Orienta sobre o preenchimento do formulário relativo ao "Protocolo de Bogotá".

ORIENTA os membros do Ministério Público Federal com atuação na área criminal sob sua coordenação, especialmente àqueles lotados em Procuradorias da República cujas atribuições incluam portos, respeitada a independência funcional e a Resolução nº 178, de 5 de setembro de 2017, do Conselho Superior do MPF, para que, ao tomarem conhecimento de apreensões de substâncias entorpecentes ilícitas em contêineres, preencham o formulário padrão do Protocolo de Bogotá disponível em http://intranet.mpf.mp.br/areas-tematicas/gabinete-pgr/cooperacao-internacional/conteudos/formulario-protocolo-de-bogota-1 e procedam o envio dos documentos à Secretaria de Cooperação Internacional pgrinternacional@mpf.mp.br, que transmitirá o expediente à autoridade estrangeira responsável.

Aprovada na 156ª Sessão de Coordenação, de 26 de setembro de 2018.

Orientação nº 38

Assunto: Orienta sobre a execução das multas penais pelos membros do Ministério Público Federal.

ORIENTA os membros do Ministério Público Federal com atuação na área criminal sob sua coordenação, respeitada a independência funcional, para que: a) ao serem intimados acerca do trânsito em julgado da sentença penal condenatória, requeiram a intimação do sentenciado, para que realize o pagamento voluntário da multa fixada; b) ao realizarem audiências admonitórias para o início das execuções de penas restritivas de direitos, estabeleçam junto aos executados o prazo e o modo para o pagamento da multa penal no curso da respectiva execução penal; c) se o condenado não realizar o pagamento da multa penal no modo e no prazo estabelecidos em audiências ou até o fim do prazo para o cumprimento das penas restritivas de direitos, requeiram a remessa da certidão de trânsito em julgado à Procuradoria da Fazenda Nacional, para inscrição da multa na dívida ativa da União e execução fiscal ou promovam a sua cobrança em ação própria, perante o Juízo da execução.

Aprovada na 168ª Sessão de Coordenação, de 24 de junho de 2019.

Orientação nº 39

Assunto: Orienta sobre a aplicação da Lei nº 13.869/2019 (Lei de Abuso de Autoridade) no âmbito do Ministério Público Federal.

ORIENTAÇÃO aos membros do Ministério Público Federal com atuação na área criminal sob sua coordenação:

1. As notícias-crime por abuso de autoridade de membros do Ministério Público Federal devem observar rigorosamente o artigo 18, parágrafo único, da Lei

Complementar nº 75/93, impondo-se a qualquer autoridade policial, civil ou militar proceder à sua imediata remessa ao Procurador-Geral da República, a quem incumbe designar membro do Ministério Público Federal para prosseguir na apuração do fato, salvo hipótese de arquivamento liminar.

2. Carece de justa causa, cabendo o arquivamento liminar, a notícia-crime por abuso de autoridade que não apresente, de forma clara e delimitada, elementos concretos de informação mínimos e plausíveis, indicando que o autor do fato agiu com alguma das finalidades específicas previstas no artigo 1º, § 1º, da Lei nº 13.869/19.

3. A notícia-crime por abuso de autoridade desprovida de justa causa, imputando crimes que o comunicante sabe inexistentes, poderá caracterizar o tipo penal da denunciação caluniosa, previsto no artigo 339 do Código Penal, sem prejuízo da respectiva reparação civil.

4. O arquivamento ou a pendência de distribuição, diligências e conclusão formal em procedimento investigativo sobre fatos criminais objeto da Lei nº 13.869/2019 impede o ajuizamento de ação penal privada subsidiária da pública.

5. A prova de inércia e desídia da autoridade responsável pela investigação e pela formação da opinião sobre o fato é requisito essencial da ação penal privada subsidiária da pública, sem o qual ela deve ser rejeitada por ilegitimidade de parte e falta de pressuposto processual da ação penal*.

*AgRg no AREsp 1049105/DF, Rel. Ministro ROGERIO SCHIETTI CRUZ, SEXTA TURMA, julgado em 18/10/2018, DJe 19/11/2018; AgRg na APn 826/DF, Rel. Ministro NAPOLEÃO NUNES MAIA FILHO, CORTE ESPECIAL, julgado em 05/09/2018, DJe 19/09/2018; AgRg no REsp 1477394/DF, Rel. Ministro SEBASTIÃO REIS JÚNIOR, SEXTA TURMA, julgado em 04/02/2016, DJe 23/02/2016.

Autos de referência: PGR-00020371/2020.

Brasília, 22 de janeiro de 2020. Acesso em 07 de agosto ao sítio eletrônico: http://www.mpf.mp.br/atuacao-tematica/ccr2/orientacoes/documentos/orientacao-no-39-sobre-a-lei-de-abuso-de-autoridade

Orientação nº 40

Assunto: Orienta sobre os Acordos de Não Persecução Penal feitos de forma virtual.

ORIENTA os membros do Ministério Público Federal, respeitada a independência funcional, a observar, em relação aos acordos de não persecução penal, o que segue.

1. A negociação e a celebração de acordos de não persecução penal poderão ocorrer por meios exclusivamente virtuais (e-carta, e-mail, ligações de voz ou imagem, aplicativos de reuniões ou outras formas de interação virtual).

2. Para facilitar a negociação virtual, o membro do Ministério Público Federal poderá encaminhar a proposta de acordo acompanhada da descrição do(s) fato(s)

apurado(s), da materialidade e da autoria, sendo a respectiva confissão formal e circunstanciada por parte do investigado um requisito para a celebração do acordo.

3. A confissão poderá constar em documento escrito devidamente assinado pelo autor do(s) fato(s) e seu procurador, ainda que ocorra negociação virtual oral.

Autos de referência: PGR-00209058/2020.

Brasília, 06 de junho de 2020. Acesso em 07 de agosto ao sítio eletrônico: http://www.mpf.mp.br/atuacao-tematica/ccr2/orientacoes/documentos/orientacao-no-40-orienta_sobre_anpps_virtuais_assinada.pdf

Orientação nº 41

Assunto: Orienta pela atribuição do local do destino da mercadoria (domicílio do investigado) quando se tratar de importação irregular de substância controlada (medicamentos) e em casos de tráfico internacional de drogas, por via postal ou resultante de comércio eletrônico.

ORIENTAÇÃO aos membros do Ministério Público Federal com atuação na área criminal sob sua coordenação:

a) Considerar a atribuição do local do destino da mercadoria (domicílio do investigado) quando se tratar de importação irregular de substância controlada (medicamentos) e em casos de tráfico internacional de drogas, por via postal ou resultante de comércio eletrônico;

b) Reconhecer, em regra, o interesse da União e, consequentemente, a atribuição do Ministério Público Federal para a persecução penal, em relação à importação irregular de substância controlada (medicamentos) ou de drogas, por via postal ou resultante de comércio eletrônico, em razão da transnacionalidade da conduta, ainda que em pequena quantidade.

c) Observar a possibilidade de se proceder ao arquivamento dos procedimentos quanto aos destinatários ("consumidores"), quando reconhecida a insignificância da conduta no caso concreto, com a inclusão dos dados no Projeto Prometheus.

d) Incluir os revendedores, juntamente com fornecedores, utilizando-se a sistemática do Projeto Prometheus, para fins de enfrentamento desse tipo de criminalidade organizada, buscando a implantação de uma estratégia de inteligência para combater esse modelo de comércio ilícito de drogas e medicamentos.

Autos de referência: PGR-00331287/2020

Aprovada na 187ª de Coordenação, de 31 de agosto de 2020

Orientação nº 42

(Revista e Atualizada)

Assunto: Recebimento indevido do auxílio emergencial, criado como medida excepcional de proteção social para o período da pandemia de Covid-19.

ORIENTA os membros com atuação criminal que, ao receberem comunicações sobre fatos envolvendo concessão ou pagamento indevido de auxílio emergencial, adotem, respeitada a independência funcional, as seguintes providências:

1. Observar a possibilidade de indeferimento da instauração, nos termos do § 4º do art. 4º da Resolução nº 174/2017 do CNMP, quando o fato narrado não configurar lesão ou ameaça de lesão aos interesses ou direitos tutelados pelo Ministério Público ou for incompreensível, ou de arquivamento, quando a notícia de fato for desprovida de elementos de prova ou de informação mínimos para o início de uma apuração e o noticiante não atender à intimação para complementá-la, nos termos do art. 4º, III, da Resolução 174/2017 do CNMP;

2. Havendo indícios de ilegalidade na concessão ou no pagamento de auxílio emergencial, remeter a comunicação ou notícia de fato à CEF para que adote as providências cabíveis, mediante procedimento de contestação, quando necessário, envio de achados ao Ministério da Cidadania e, ainda, quando houver fraude bancária, envio à Base Nacional de Fraudes ao Auxílio Emergencial, sem prejuízo das providências de revisão, cancelamento, estorno ou cobrança do recebimento indevido do auxílio;

3. Nos casos indicados no item anterior, informar à Polícia Federal sobre a remessa da notícia de fato à CEF, com a finalidade de possibilitar o acompanhamento das providências acima referidas e o ingresso de informações na Base Nacional de Fraudes ao Auxílio Emergencial;

4. Quando houver indícios de recebimento indevido de auxílio emergencial por funcionário público, informar sobre a remessa da notícia de fato à CEF também ao ente público respectivo (União, Estado ou Município), instando-o a acompanhar o caso e adotar as providências cabíveis, entre elas o desconto em folha de pagamento, quando confirmado o recebimento indevido;

5. Nos casos de especial gravidade constatados no âmbito da EIFAE e enviados às unidades locais da Polícia Federal, considerar a oportunidade em atribuir prioridade à investigação e demais medidas necessárias;

6. A atuação nos casos acima não afasta outras linhas de atuação consideradas relevantes pelos membros;

7. O arquivamento de comunicações, notícias de fato ou procedimentos investigatórios criminais com base nos fundamentos indicados no item 1 ou nas providências dos itens 2 a 4 acima serão feitos na unidade, sem remessa à 2ª CCR, registrando-se apenas no Sistema Único, salvo nos casos de recurso.

Aprovada na 186ª Sessão de Coordenação, de 18 de agosto de 2020.

2.8 ORIENTAÇÕES CONJUNTAS

Orientação conjunta nº 01/2015

As 2ª, 5ª e 7ª Câmaras de Coordenação e Revisão do Ministério Público Federal, reunidas em 16 de março de 2015:

ORIENTAM os membros do Ministério Público Federal atuantes em ofícios vinculados às 2ª, 5ª e 7ª Câmaras a submeterem as promoções de arquivamento de inquéritos policiais, de procedimentos investigatórios criminais (PICs) e de notícias de fato ou peças de informação diretamente à Câmara competente, para fins de revisão.

Brasília, 16 de março de 2015. Acesso em 07 de agosto ao sítio eletrônico: http://www.mpf.mp.br/atuacao-tematica/ccr2/orientacoes/documentos/Orientacao%20Conjunta%202a%205a%20e%207a%20CCRs.pdf

Orientação conjunta nº 02/2015

As 2ª, 5ª e 7ª Câmaras de Coordenação e Revisão do Ministério Público Federal, reunidas em 16 de dezembro de 2015, estabelecem para os membros do Ministério Público Federal atuantes em ofícios vinculados àquelas Câmaras a seguinte orientação:

É facultado o arquivamento interno, devidamente fundamentado, independentemente de instauração formal de procedimento e de homologação das 2, 5ª e 7ª Câmaras de Coordenação e Revisão, dos expedientes recebidos pelas Salas de Atendimento ao Cidadão, quando do seu conteúdo não se vislumbre, sequer em tese, a ocorrência de crime ou improbidade administrativa, passível de ensejar a atuação institucional do Ministério Público, sem prejuízo de comunicação ao noticiante.

Provimento CMPF nº 1, de 5/11/2015, art. 1º, Diretriz nº 11 – a *contrario sensu*.

Brasília, 16 de dezembro de 2015. http://www.mpf.mp.br/atuacao-tematica/ccr2/orientacoes/documentos/orientacao-conjunta-no-02-2015.pdf

Orientação conjunta nº 03/2016

As 2ª, 5ª e 7ª Câmaras de Coordenação e Revisão, reunidas em 22 de fevereiro de 2016:

ORIENTAM os Membros do Ministério Público Federal no sentido de que, em caso de arquivamento de inquérito policial homologado por uma das Câmaras com competência criminal, os respectivos autos devem ser encaminhados à Justiça Federal para baixa em seus registros e arquivamento físico, devendo-se oficiar também ao Departamento da Polícia Federal, dando-lhe conhecimento do arquivamento.

Brasília 22 de fevereiro de 2016. file:///E:/00000.%20LIVRO/LIVRO/1.%20MPF/Orientacao%20Conjunta%20no%203-16%2022.02.16.pdf

Orientação conjunta nº 01/2018

ACORDOS DE COLABORAÇÃO PREMIADA

As 2ª e 5ª Câmaras de Coordenação e Revisão do Ministério Público Federal:

RESOLVEM expedir a seguinte ORIENTAÇÃO, a ser observada na elaboração e assinatura de acordos de colaboração premiada:

TÍTULO I

DAS ORIENTAÇÕES PROCEDIMENTAIS

CAPÍTULO I

DA DEFINIÇÃO E FINALIDADE

1. O acordo de colaboração premiada é negócio jurídico processual, meio de obtenção de prova, que pressupõe utilidade e interesse públicos, os quais são atendidos desde que advenha um ou mais dos resultados previstos no art. 4º da Lei 12.850/2013 e pode ser celebrado em relação aos crimes previstos no Código Penal e na legislação extravagante.

2. A exclusividade para celebração de acordo de colaboração premiada pelo Ministério Público Federal não impede o auxílio ou a cooperação da Polícia Federal.

CAPÍTULO II

DA INSTAURAÇÃO

3. O procedimento para formalização do acordo de colaboração premiada deverá ser autuado como "Procedimento Administrativo", em caráter confidencial no Sistema Único, ainda que relacionado a outro procedimento judicial ou extrajudicial, observando-se, especialmente e no que couber, o disposto no art. 4º, §§ 7º e 13, da Lei 12.850/2013.

3.1. No caso de não haver prévia investigação ou procedimento administrativo instaurado anteriormente, ou não sendo de conhecimento do investigado sua existência, as unidades do Ministério Público Federal deverão providenciar para que o advogado ou defensor do proponente a colaborador, ou o respectivo pedido escrito, sejam encaminhados ao Procurador-distribuidor ou coordenador da área, consoante as normas internas de cada unidade, para distribuição antecipada do caso, visando identificar o Procurador natural do feito, resguardando-se sempre o caráter confidencial da matéria.

3.2. A instauração e o arquivamento do procedimento administrativo referido no item 3.1, assim como a celebração de acordo de colaboração na forma desta Orientação, deverão ser comunicadas à CCR respectiva, apenas com a indicação de numeração no sistema informatizado de tramitação do MPF, para acompanhamento e registros estatísticos, e sem a informação das partes e do objeto, para garantia do devido sigilo.

4. O recebimento da proposta para formalização de acordo de colaboração demarca o início das negociações e constitui também marco de confidencialidade, configurando violação de sigilo e quebra da confiança e da boa-fé a divulgação de tais tratativas iniciais ou de documento que as formalize, até o levantamento de sigilo por decisão judicial ou nos termos do art. 7º, § 3º, da Lei 12.850/2013.

4.1. A proposta de acordo de colaboração premiada poderá ser sumariamente indeferida, com a devida justificativa, cientificando-se o interessado;

4.2. Caso não haja indeferimento sumário, as partes deverão firmar Termo de Confidencialidade para prosseguimento das tratativas;

4.3. O recebimento de proposta de colaboração para análise ou o Termo de Confidencialidade não implicam, por si sós, a suspensão de medidas específicas de litigância, ressalvado o disposto no item 17;

4.4. Os Termos de recebimento de proposta de colaboração e de confidencialidade serão elaborados pelo Membro do Ministério Público oficiante e assinados por ele, pelo colaborador e advogado, ou defensor público com poderes específicos.

CAPÍTULO III
DA INSTRUÇÃO

5. A proposta de colaboração premiada deve estar instruída com procuração do interessado com poderes específicos para iniciar o procedimento de colaboração e suas tratativas, ou firmada pessoalmente pela parte que pretende a colaboração e seu advogado ou defensor público.

5.1. O Membro deve adotar procedimentos visando assegurar a confidencialidade do acordo de colaboração premiada.

6. A proposta de colaboração é retratável por qualquer das partes até a assinatura do acordo, nos termos do art. 4º, § 10, da Lei 12.850/2013.

7. Os principais atos do procedimento e suas tratativas, incluindo a entrega de documentos e elementos de prova pelo colaborador deverão ser registrados nos autos do "Procedimento Administrativo", mediante atas minimamente descritivas, com as informações sobre data, lugar, participantes e breve sumário dos assuntos tratados, ou, se possível, ser objeto de gravação audiovisual.

8. O Membro do MPF oficiante deve empregar todos os esforços a fim de bem esclarecer ao interessado e ao seu defensor, desde o início do procedimento, suas tratativas e antes de qualquer ato de colaboração, em que consiste o instituto da colaboração premiada, o respectivo procedimento previsto em lei e nesta Orientação Normativa, os benefícios possíveis em abstrato, a necessidade de sigilo e outras informações pertinentes, em ordem a viabilizar o consentimento livre e informado.

9. As negociações devem ser preferencialmente realizadas por mais de um Membro do Ministério Público Federal. Em caso de absoluta impossibilidade, o Membro oficiante adotará outras medidas para preservação da integridade do procedimento de colaboração premiada, especialmente contra riscos ao sigilo, aos elementos probatórios amealhados, à imagem e à pessoa do colaborador, devendo, nesta hipótese, designar servidor da unidade, sob compromisso, para acompanhar diligências e reuniões.

10. Nenhuma tratativa sobre colaboração premiada deve ser realizada sem a presença do advogado constituído ou Defensor Público.

10.1. Em caso de eventual conflito de interesses, ou de colaborador hipossuficiente, o órgão do Ministério Público oficiante deverá solicitar a presença de outro advogado ou a participação de Defensor Público.

11. O acordo de colaboração premiada poderá ser precedido de instrução, quando houver necessidade de identificação ou complementação de seu objeto, dos fatos narrados, sua definição jurídica, relevância, utilidade e interesse público.

12. É possível a realização de diligências investigatórias pelo Ministério Público Federal antes da celebração do acordo de colaboração, visando corroborar as provas e informações apresentadas pelo colaborador, de modo a confirmar seu potencial antes da fixação de benefícios.

12.1. Enquanto existirem fatos dependentes de apuração para a confirmação das propostas, pode-se, por cautela, promover-se o pré-acordo de colaboração, indicado para o registro dos termos negociados.

13. Incumbe à defesa instruir a proposta de colaboração e os anexos com os fatos adequadamente descritos, com todas as suas circunstâncias, indicando as provas e os elementos de corroboração.

13.1. Cada fato típico descrito ou conjunto de fatos típicos intrinsecamente ligados deverá ser apresentado em termo próprio e apartado (anexo) a fim de manter o necessário sigilo sobre cada um deles e possibilitar sua investigação individualizada;

13.2. Os anexos devem conter, no mínimo, os seguintes elementos: a) descrição dos fatos delitivos; b) duração dos fatos e locais de ocorrência; c) identificação de todas as pessoas envolvidas; d) meios de execução do crime; e) eventual produto ou proveito do crime; f) potenciais testemunhas dos fatos e outras provas de corroboração existentes em relação a cada fato e a cada pessoa; g) estimativa dos danos causados;

13.3. Os anexos poderão consistir em termos de autodeclaração assinados pelo colaborador e seu advogado ou Defensor Público;

13.4. No momento de tomada dos depoimentos, cada anexo originará um termo de declarações;

13.5 A colheita dos depoimentos deve ser feita, sempre que possível, com gravação audiovisual e redução a termo dos depoimentos prestados pelo colaborador;

13.6. A gravação audiovisual deve ser realizada separadamente, em relação a cada termo de depoimento do colaborador, visando preservar o sigilo das demais investigações.

14. Desde o início das tratativas, o Membro do Ministério Público Federal deve se preocupar em analisar se os fatos apresentados pelo colaborador estão suficientemente corroborados por outros elementos probatórios, inclusive externos e em poder de terceiros, ou se serão passíveis de corroboração, tendo em vista as técnicas de investigação normalmente desenvolvidas, observando-se o disposto no art. 4º, § 16, da Lei 12.850/2013.

15. Se o Membro oficiante entender que os fatos não estão suficientemente descritos ou com indicação incompleta das provas de corroboração, deverá adotar atos de certificação, incluindo a realização de entrevista do proponente, podendo restituir os anexos à parte interessada para que os complemente.

CAPÍTULO IV

DOS BENEFÍCIOS E DAS CLÁUSULAS

16. A fase de discussão dos eventuais benefícios somente deverá ser iniciada após a definição sobre os fatos delitivos a serem narrados pelo colaborador e a suficiência dos anexos e dos elementos de corroboração.

17. Definidos os fatos que serão objeto do acordo de colaboração premiada, as partes podem estabelecer, consensualmente, a suspensão de medidas específicas de litigância, para evitar a propositura de medidas processuais penais cautelares e assecuratórias, bem como medidas processuais cíveis admitidas pela legislação processual civil em vigor, inclusive as previstas na Lei de Improbidade Administrativa (Lei nº 8.429/1992).

18. Ao propor os benefícios, o Membro do Ministério Público Federal deve considerar parâmetros objetivos, dentre os quais: quantidade de fatos delitivos narrados pelo colaborador; oportunidade da colaboração (ou seja, o momento em que revelou os fatos desconhecidos à investigação); a natureza e credibilidade da descrição dos fatos narrados; a culpabilidade do agente em relação ao fato; os antecedentes criminais; a disposição do agente em cooperar com a investigação e persecução de outros fatos; os interesses da vítima; o potencial probatório da colaboração e outras consequências em caso de condenação; as provas apresentadas pelo colaborador e as linhas de investigação ampliadas.

19. O Membro do Ministério Público Federal não deve se comprometer com benefícios inexequíveis e que dependam da concordância de órgãos não envolvidos na negociação.

20. O benefício de não exercício da ação penal somente deverá ser proposto em situações extraordinárias. Além dos requisitos do art. 4º, § 4º, da Lei 12.850/2013, devem ser considerados os seguintes parâmetros: a) a gravidade da ofensa e a importância do caso para se alcançar efetiva aplicação e observância das leis penais; b) o valor da potencial declaração ou das provas a serem produzidas para a investigação ou para o processo; c) a qualidade do material probatório apresentado e das declarações do colaborador; d) a culpabilidade da pessoa em relação aos outros acusados; e) a possibilidade de processar de maneira eficaz o acusado, sem a concessão do benefício de não exercício da ação penal; f) reparação integral do dano, se for o caso.

21. O acordo de colaboração premiada, em sua versão final, será firmado com a assinatura do colaborador e seu defensor.

21.1. Deve-se garantir que o colaborador tenha ciência inequívoca sobre os termos do acordo, observado, ainda, o disposto no art. 4º, §§ 14 e 15, da Lei

12.850/2013, especialmente quanto à renúncia ao direito ao silêncio e ao compromisso de dizer a verdade;

21.2. O Membro do Ministério Público Federal oficiante deve verificar pessoalmente se o colaborador compreendeu o que significa a colaboração premiada e todos os termos do acordo, zelando pelo seu consentimento informado e pela conformidade dos anexos com as informações por ele prestadas.

22. No acordo de colaboração premiada, o colaborador deve narrar todos os fatos ilícitos em relação aos quais concorreu.

22.1. É também cabível a celebração de acordo de colaboração ainda que algum dos resultados previstos no art. 4º, I, II, III, IV e V, da Lei 12.850 advenha unicamente em relação a fato(s) diverso(s) daquele(s) para o(s) qual(is) o colaborador tenha concorrido.

23. No caso de os fatos narrados envolverem a atribuição de outros Membros do Ministério Público Federal (atuações em órgãos judiciais diversos), o Membro então oficiante deverá, observada a conveniência e especificidades do caso concreto, alternativamente:

23.1. convidar o(s) Membro(s) com atribuição concorrente para participar das tratativas de formalização do acordo; ou

23.2. submeter o caso à CCR do MPF, de acordo com a temática respectiva, para os fins do art. 62, I e VI, da Lei Complementar nº 75/93; ou

23.3. firmar o acordo e submetê-lo, posteriormente à homologação, aos demais

Procuradores naturais, que poderão aceitar e aderir aos respectivos termos, caso em que receberão todas as provas produzidas, ou recusá-los, com a devolução de todas as provas e informações ao colaborador, sob a perspectiva dos princípios da confiança e da boa-fé, que devem reger as tratativas, a pactuação e o compartilhamento da prova;

23.4. encaminhar os autos ao Membro que tiver atribuição concorrente, a fim de que seja analisado o interesse na celebração do acordo de forma integral, não sendo impeditiva à celebração do acordo, no entanto, a recusa ou a falta de interesse, devidamente declaradas, ocasião em que o acordo não contemplará os fatos recusados.

24. O acordo de colaboração deve conter cláusulas que tratem, pelo menos, dos seguintes pontos:

24.1. BASE JURIDICA (Artigo 129, inciso I, da Constituição da República, nos artigos 13 a 15 da Lei n. 9.807/99, no art. 1°, § 5°, da Lei 9.613/98, no art. 26 da Convenção de Palermo, no art. 37 da Convenção de Mérida, artigos 3º, § 2º e § 3º, do Código de Processo Civil, e nos artigos 4° a 8° da Lei 12.850/2013);

24.2. QUALIFICAÇÃO DO COLABORADOR;

24.3. DEMONSTRAÇAO DO INTERESSE PUBLICO: a) oportunidade do acordo; b) efetividade e utilidade do acordo: relativa à capacidade real de contribuição do colaborador para a investigação, por meio do fornecimento de elementos concretos que possam servir de prova; c) explicitação sobre quantos e quais sao os fatos ilícitos e pessoas envolvidas que ainda não sejam de conhecimento do Ministério Público Federal; d) indicação dos meios pelos quais se fará a respectiva prova.

24.4. OBJETO DO ACORDO: a) descrição genérica dos fatos que serão revelados e por quem, visando preservar o sigilo das investigações; a descrição específica deverá ser feita nos anexos individualizados, na forma do item 13; b) deve ser demonstrada a relevância das informações e provas; não basta que os fatos e provas sejam novos; precisam ser aptos a revelar e a desmantelar a forma de cometimento dos ilícitos; c) deve haver previsão sobre como se procederá em caso de revelação de novos fatos, depois de celebrado o acordo (possível aditamento do acordo, com previsão das consequências do aditamento).

24.5. OBRIGAÇOES DO COLABORADOR (mínimas): a) relativas às informações e provas relevantes (formas, prazos, locais etc); b) compromisso de cessar as condutas ilícitas; c) compromisso, durante toda a vigência do acordo de colaboração, de colaborar de forma plena, sem qualquer reserva, com as investigações, portando-se sempre com honestidade, lealdade e boa-fé; d) falar a verdade, incondicionalmente, em todas as investigações (inclusive nos inquéritos policiais e civis, ações civis, procedimentos administrativos disciplinares e tributários), além de ações penais em que doravante venha a ser chamado a depor na condição de testemunha ou interrogado, nos termos do acordo; e) pagamento de valor relativo à antecipação de reparação de danos, ressalvada a prerrogativa de outros órgãos, instituições, entidades ou pessoas de buscarem o ressarcimento que entenderem lhes ser devido; f) pagamento de multa; g) prestar garantias do cumprimento da multa e da antecipação de reparação de danos; h) declarar que as informações prestadas são verdadeiras e precisas, sob pena de rescisão; i) declarar todos os bens que são de sua propriedade, ainda que em nome de terceiros, sob pena de conduta contrária ao dever de boa-fé e rescisão do acordo; j) obrigação de o COLABORADOR adotar conduta processual compatível com a vontade de colaborar (vedação ao *venire contra factum proprium*).

24.6. COMPROMISSOS DO MPF: a) estipular benefícios penais ao colaborador;

b) estabelecer a forma de cumprimento dos benefícios; c) defender perante terceiros a validade e eficácia de todos os termos e condições do acordo.

24.7. ADESAO E COMPARTILHAMENTO DE PROVAS (v. item 39);

24.8. COOPERAÇAO COM AUTORIDADES ESTRANGEIRAS (v. item39);

24.9. RENUNCIA AO EXERCICIO DA GARANTIA CONTRA A AUTOINCRIMINAÇAO E DO DIREITO AO SILENCIO;

24.10. PREVISÃO DE GARANTIA REAL OU FIDEJUSSÓRIA (v. item 30);

24.11. RESCISAO: HIPOTESES E CONSEQUENCIAS: inclusive com previsão de cláusula penal, correção monetária e juros;

24.12. PREVISÃO SOBRE O JUÍZO PERANTE O QUAL SERÁ REQUERIDA A HOMOLOGAÇAO;

24.13. PREVISÃO DA NECESSIDADE DE SIGILO (até decisão judicial em contrário);

24.14. DECLARAÇÃO DE ACEITAÇÃO (pelo advogado e pelo colaborador);

24.15. EFEITOS CIVIS DO ACORDO (v. item35);

25. Os acordos de colaboração deverão sempre prever cláusula de boa-fé e confiança, por meio da qual o colaborador deve declarar se procurou previamente outro órgão ou outra unidade do Ministério Público para tentativa de acordo;

26. O benefício penal previsto no acordo de colaboração premiada poderá ser definido de acordo com as seguintes técnicas:

26.1. preferencialmente, pelo estabelecimento de marcos punitivos máximos, a serem concretizados em apreciação judicial com os seguintes elementos sugeridos, segundo os indicativos legais: a) patamar máximo unificado de pena decorrente do somatório das sentenças condenatórias, o qual, ao ser atingido, levará à suspensão das demais ações e investigações em curso e seus respectivos prazos prescricionais; b) pena que será efetivamente cumprida pela parte em regimes a serem definidos no acordo; c) suspensão do cumprimento da diferença entre o máximo unificado da pena e a pena que será efetivamente cumprida, com possibilidade de retomada do cumprimento do máximo unificado da pena em caso de rescisão ou descumprimento do acordo; ou

26.2. alternativamente, estabelecimento de patamares mínimos e máximos, a serem delimitados por ocasião da sentença, para cumprimento da pena.

27. O acordo pode prever, como indicativo para a resposta penal a ser concretizada em sede judicial, além da pena unificada para o montante de fatos e a pena a ser efetivamente cumprida, eventuais penas restritivas de direito, o regime inicial de cumprimento da pena, a progressão de regimes, a suspensão condicional da pena, a suspensão condicional do processo, a suspensão do prazo prescricional e a aplicação dos institutos da remissão e detração. Em caso da previsão de regimes diferenciados, suas regras devem ser detalhadas no acordo. 27.1. O acordo de colaboração premiada pode também prever o valor da multa penal, o valor ou os bens objeto de perdimento e sua destinação, o valor mínimo da reparação do dano e sua destinação às vítimas dos delitos, quando couber.

28. Em caso de omissão na previsão dos benefícios no termo de acordo de colaboração premiada, serão observadas as disposições do Código Penal e da Lei de Execuções Penais, quanto ao regime de cumprimento da pena.

29. O acordo de colaboração premiada pressupõe que o colaborador cesse o envolvimento com qualquer conduta ilícita, sob pena de rescisão do acordo no caso de continuidade das práticas ilícitas.

30. O acordo de colaboração deve, sempre que possível, prever cláusula de garantia real ou fidejussória para o seu cumprimento, com o devido registro na matrícula, em caso de imóvel, sem prejuízo da pena de ressarcimento.

30.1. Sem prejuízo das garantias, é recomendável a previsão de cláusula penal.

31. O acordo de colaboração deve prever como efeito imediato, após sua homologação, a perda do produto ou proveito da atividade criminosa e a forma de execução dos bens dados como garantia da indenização do dano e do pagamento da multa.

32. Nos crimes perpetrados em benefício ou interesse de pessoa jurídica, o acordo de colaboração premiada poderá prever obrigações acessórias, como a interdição de direitos, adequadas ao caso concreto, a depender da situação societária ou da profissão do colaborador, vedada a imposição de restrições por prazo indeterminado e observada a proporcionalidade.

32.1. Nos casos em que o colaborador for o titular do controle societário de pessoa jurídica envolvida nos atos, é recomendável e podem ser incluídas nos acordos de colaboração, obrigações de governança corporativa e compliance, inclusive nas demais empresas por ele controladas direta ou indiretamente, emissão de relatórios periódicos de atividades, afastamento das atividades empresariais por período certo, assim como o monitoramento e auditorias externas aprovadas pelo Ministério Público Federal, às expensas do colaborador.

33. O acordo de colaboração deve prever a recorribilidade da sentença condenatória ou absolutória somente na parte que extrapolar os limites do acordo, como desdobramento do princípio do *nemo potest venire contra factum proprium.*

34. O acordo pode prever a possibilidade de o Ministério Público Federal, a seu critério, conceder melhor benefício ao colaborador, considerando-se a relevância da colaboração prestada, ainda que tal benefício não tenha sido previsto na proposta inicial (art. 4º, § 2º, da Lei 12.850/2013).

35. O acordo pode prever efeitos cíveis, no âmbito de atribuição do MPF, que devem ser homologados pela competente Câmara de Coordenação e Revisão, observado o princípio do promotor natural. Os efeitos cíveis poderão consistir, dentre outros, em: a) antecipação da reparação dos danos causados à vítima, ainda que parcial; b) compromisso de não propor ações civis públicas de reparação, da lei anticorrupção ou qualquer outra ação com pedido condenatório; c) compromisso de suspender o trâmite processual ou a execução das sentenças condenatórias obtidas em ações de improbidade administrativa, a partir do cumprimento e satisfação dos termos do acordo. d) estipulação de cumprimento voluntário de penalidades previstas na lei de improbidade administrativa ou na lei anticorrupção.

CAPÍTULO V
DO ENCERRAMENTO

36. Se o Juízo deixar de homologar o acordo de colaboração ou discordar dos benefícios concedidos, o Ministério Público Federal defenderá o acordo mediante a propositura das medidas processuais cabíveis.

37. O descumprimento do acordo e a causa da sua rescisão deverão ser levados ao juízo, observado o contraditório e preservada a validade de todas as provas

produzidas até a rescisão, mediante as seguintes alternativas: a) instauração de procedimento administrativo, quando necessário coletar novas evidências sobre as causas de rescisão, que será levado ao juízo em seguida; b) provocação direta do juízo, quando a causa de rescisão for constatada sem a necessidade de novos dados ou evidências.

38. É recomendável a inserção de cláusula com previsão de sanções ao colaborador que omitir informações pontuais, quanto a um elemento probatório ou a agentes diversos, circunstância que pode não ensejar, por si só, a rescisão do acordo, caso fornecida a devida complementação e esclarecimentos, independentemente da aplicação de penalidades pela omissão.

39. As provas decorrentes do acordo de colaboração premiada poderão ser compartilhadas com outros órgãos e autoridades públicas nacionais, para fins cíveis, fiscais e administrativos, e com autoridades públicas estrangeiras, inclusive para fins criminais, com a ressalva de que tais provas não poderão ser utilizadas contra os próprios colaboradores para produzir punições além daquelas pactuadas no acordo. Esta ressalva deve ser expressamente comunicada ao destinatário da prova, com a informação de que se trata de uma limitação intrínseca e subjetiva de validade do uso da prova, nos termos da Nota Técnica nº 01/2017, da 5ª Câmara de Coordenação e Revisão.

40. Na hipótese de não ser celebrado o acordo, ressalvadas linhas de investigação absolutamente independentes, o Ministério Público não poderá se valer das informações ou provas apresentadas pelo colaborador para qualquer outra finalidade.

41. O procedimento encerrado pela frustração das tratativas deve ser arquivado na própria unidade ministerial, cuidando-se de garantir sua confidencialidade e a restituição dos elementos de convicção e prova ao interessado, com certificação formal de tais providências e cientificação à CCR respectiva para efeitos de registros, controle e coordenação.

42. O acordo de colaboração firmado deve ser submetido à homologação judicial após colhidos os depoimentos do colaborador, sem prejuízo do disposto nos itens 12 e 15 (diligências certificatórias).

43. Eventual acordo de colaboração firmado no curso do processo deve ser imediatamente juntado aos autos, em especial antes da audiência de instrução e julgamento. A depender do momento da juntada do acordo de colaboração premiada, o Membro do Ministério Público deve considerar pedir a aplicação do procedimento previsto no art. 384 do CPP, assegurando que os demais acusados possam produzir provas, nos termos do § 4º do referido artigo.

44. Os fatos praticados em concurso de agentes, entre o colaborador e eventual detentor de foro por prerrogativa de função, devem ser encaminhados ao Procurador-Geral da República ou a Procurador Regional da República com atribuição para atuar.

44.1. O órgão ministerial com atribuição para análise do fato, cuja apuração e processamento devam observar a competência do foro por prerrogativa de função, verificará o interesse e utilidade na celebração do acordo de colaboração de forma global.

44.2. Não sendo o caso ou não havendo interesse em celebrar o acordo de colaboração de forma global, relativo a fato sujeito a apuração e processamento com observância de competência do foro por prerrogativa de função, a proposta poderá ser devolvida a outra instância para prosseguimento, em relação a fato(s) de sua alçada de atribuição.

44.3. A recusa ou a falta de interesse de uma instância na celebração de acordo de colaboração não constitui impedimento para outra instância fazê-lo, em relação a fato(s) de sua atribuição.

TÍTULO II

DAS DISPOSIÇÕES FINAIS

45. Caso o proponente ou o colaborador se encontrem presos, é recomendável que fiquem separados de outros colaboradores ou de outros corréus, devendo o Membro oficiante requerer tais providências ao Juízo competente.

46. O Membro do Ministério Público deve zelar pela preservação da integridade física do colaborador preso, podendo requerer que permaneça em local apropriado à condição de colaborador ou em ala segura.

47. Eventuais dúvidas poderão dirimidas pelas CCRs do MPF, de acordo com as temáticas respectivas.

MPF / 5ª Câmara de Coordenação e Revisão – Combate à Corrupção

Brasília, 23 de maio de 2018, http://www.mpf.mp.br/atuacao-tematica/ccr2/orientacoes/documentos/orientacao-conjunta-no-1-2018.pdf

Orientação conjunta nº 02/2018

2ª e 7ª Câmaras de Coordenação e Revisão do Ministério Público Federal

Assunto: Orienta sobre consulta e providências para transferência de condenados para cumprimento de pena em seus países.

ORIENTAM os membros do Ministério Público Federal que oficiam na área criminal, respeitada a independência funcional, sempre que estiverem preenchidos os requisitos dos arts. 103 a 105 da Lei 13.445/2017, a assegurar que o apenado estrangeiro seja consultado sobre seu interesse em ser transferido para cumprimento de pena em seu país de origem e, em caso de resposta afirmativa, a iniciar as providências necessárias à transferência junto à autoridade central, seja o Ministério da Justiça ou a Procuradoria Geral da República, consultando, em caso de dúvidas, o INFORMATIVO nº 71 , de julho de 2018, da Secretaria de Cooperação Internacional.

Brasília-DF, 13 julho de 2018. http://www.mpf.mp.br/atuacao-tematica/ccr2/orientacoes/documentos/proposta_de_orientacao_conjunta_2_2018.pdf

1 Consulta acessível no link: http://www.mpf.mp.br/atuacao-tematica/sci/noticias/informativo-sci.

Orientação conjunta nº 03/2018

Revisada e ampliada a partir da edição da Lei 13.964/2019.

2ª, 4ª e 5ª Câmaras de Coordenação e Revisão:

ORIENTAM os membros do Ministério Público Federal, respeitada a independência funcional, a observar, na realização de acordos de não persecução penal, o que segue:

1 Verificando não ser o caso de arquivamento do inquérito policial (IPL), da notícia de fato (NF) ou do procedimento investigatório criminal (PIC), o membro oficiante determinará que os autos sejam instruídos com os antecedentes criminais do investigado a fim de examinar a possibilidade de proposição de acordo de não persecução penal.

1.1 A juntada dos antecedentes criminais poderá ser reservada à iniciativa do investigado mediante intimação para que apresente os documentos indicados pelo MPF em prazo razoável.

1.2 O acordo de não persecução penal não constitui direito subjetivo do investigado, podendo ser proposto pelo membro do MPF conforme as peculiaridades do caso concreto e quando considerado necessário e suficiente para a reprovação e a prevenção da infração penal.

1.3 Em caso de proposta de acordo pelo investigado e de recusa fundamentada do membro do MPF, o investigado poderá requerer a remessa dos autos à Câmara de Coordenação e Revisão correspondente, nos termos do art. 62, IV, da LC no 75/93. O investigado será informado sobre o direito de revisão preferencialmente no mesmo ato em que se comunicar o indeferimento da proposta.

1.4 As tratativas do acordo de não persecução penal, bem como sua efetiva celebração ocorrerão preferencialmente na sede do MPF.

2. Com vistas à formulação da proposta de acordo de não persecução penal, o membro do MPF considerará os seguintes requisitos de cabimento: a) pena mínima abstrata inferior a 4 anos. Para aferição da pena mínima cominada ao delito, deverão ser levadas em consideração as causas de aumento e diminuição aplicáveis ao caso concreto; b) confissão formal e circunstanciada da infração penal, preferencialmente em termo próprio; c) não se tratar de crime cometido com violência ou grave ameaça; d) não ser cabível a transação penal dos Juizados Especiais Criminais (art. 76 da Lei 9099/1996); e) não ser o investigado reincidente ou não existirem elementos que indiquem que ele tenha conduta criminal habitual, reiterada ou profissional, salvo no caso de infrações penais pretéritas insignificantes; f) não ter sido o investigado beneficiado, nos 5 (cinco) anos anteriores ao cometimento da infração, por acordo de não persecução penal, transação penal ou suspensão condicional do processo;

g) não se tratar de crime praticado no âmbito de violência doméstica ou familiar, ou praticado contra a mulher por razões relacionadas à condição de sexo feminino; h) ser a celebração do acordo suficiente à reprovação e à prevenção do crime, tendo em vista a culpabilidade, os antecedentes, a conduta social e a personalidade do autor do fato, bem como os motivos e as circunstâncias do crime (artigo 44, inciso III, do Código Penal).

3 Preenchidos os requisitos de cabimento, o membro do MPF poderá propor ao investigado a celebração de acordo de não persecução, tomando as providências necessárias preferencialmente em Procedimento de Acompanhamento (PA) especificamente instaurado para essa finalidade. Nesse caso, caberá a suspensão do inquérito policial, da NF ou do PIC, registrando-se esse evento no Único como diligência pendente.

4 O membro oficiante determinará a notificação do investigado para comparecer na sede do MPF em dia e horário fixados, caso tenha interesse no acordo de não persecução penal, constando expressamente da notificação que o acordo pressupõe a confissão formal e circunstanciada da prática da infração penal, bem como a necessidade de o investigado se fazer acompanhar por advogado ou defensor público.

4.1 Da notificação constará que o investigado poderá informar antecipadamente seu desinteresse no acordo, por meio de mensagem a endereço de e-mail indicado na notificação ou outra forma de comunicação.

4.2 O não comparecimento injustificado na data e no horário fixados poderá ser considerado como desinteresse do investigado no acordo.

5 Para fins de racionalização do serviço, poderá ser acordada com a Defensoria Pública ocasião para negociar diversos acordos em um mesmo dia.

5.1 Não havendo atendimento da Defensoria Pública da União na localidade, o membro poderá gestionar para estabelecer parceria com a Ordem dos Advogados do Brasil, núcleos de prática jurídica de Universidades locais ou Defensorias Públicas estaduais.

5.2 Poderá, ainda, ser solicitada ao juízo a fixação de honorários ao defensor dativo que representou o investigado na audiência de celebração do acordo, o que ocorrerá na respectiva audiência judicial do artigo 28-A, §4º , do Código de Processo Penal.

5.3 Poderá ser utilizada a audiência de custódia para oferecimento da proposta do acordo de não persecução penal, uma vez que esse ato sempre deverá contar com a participação de advogado, constituído ou nomeado pelo juízo. Nesse caso, o membro do MPF tomará as cautelas de praxe, especialmente quanto aos antecedentes, e poderá requerer seja oficiado à Polícia Federal sobre o acordo e a necessidade da remessa dos autos do inquérito policial ao MPF.

6 As unidades do MPF poderão criar Centrais de Acordos de Não Persecução Penal visando à favorecer a concentração, a especialização, a otimização e a eficiência na organização de pautas para a celebração dos acordos.

7 Os acordos de não persecução penal poderão, além disso, ser tratados em conjunto com projetos de justiça restaurativa e mutirões especialmente estabelecidos para essa finalidade.

8 Admite-se o oferecimento de acordos de não persecução penal no curso da ação penal, podendo ser dispensada, nessa hipótese, a instauração de PA, caso a negociação seja realizada nos próprios autos do processo. Nessa hipótese, deverá ser requerido ao juízo o sobrestamento da ação penal.

9 Poderá ser exigido do investigado o preenchimento de formulário de avaliação socioeconômica, no qual constará que eventual informação falsa poderá caracterizar infração penal, bem como motivo para rescisão do acordo.

10 A negociação poderá ser realizada por meio de videoconferência, especialmente quando o investigado ou o defensor residir fora da sede do Ministério Público Federal.

11 Em todos os casos, cabe ao membro oficiante explicar o acordo ao acusado e a seu advogado, apresentando as respectivas cláusulas e deixando claro que o acordo pressupõe a confissão formal e circunstanciada da infração.

12 O acordo de não persecução penal será formalizado por escrito e firmado pelo membro do MPF, pelo investigado e por seu defensor, devendo a confissão ser preferencialmente registrada em meio audiovisual.

13 O acordo conterá as seguintes condições, a serem ajustadas cumulativa ou alternativamente: a) reparar o dano ou restituir a coisa à vítima, salvo impossibilidade de fazê-lo **1**; b) renunciar voluntariamente a bens e direitos indicados pelo MPF como instrumentos, produto ou proveito do crime; c) prestar serviço à comunidade ou a entidades públicas por período correspondente à pena mínima cominada ao delito, diminuída de um a dois terços, em local a ser indicado pelo juízo da execução, na forma do art. 46 do Código Penal **2**; d) pagar prestação pecuniária, a ser estipulada nos termos do art. 45 do Código Penal, a entidade pública ou de interesse social, a ser indicada pelo juízo da execução, que tenham, preferencialmente, como função proteger bens jurídicos iguais ou semelhantes aos aparentemente lesados pelo delito **3**; e) cumprir, por prazo determinado, outra condição estipulada pelo Ministério Público, desde que proporcional e compatível com a infração penal imputada **4**; f) obrigação de manter o endereço, telefone e e-mail atualizados.

14 A impossibilidade econômico-financeira de reparar o dano deverá ser demonstrada pelo interessado com base em documentos, tais como, extratos de conta corrente, conta de luz, imposto de renda ou outros documentos, sem prejuízo de consulta à ASSPA.

15 A reparação do dano não terá, necessariamente, de ser integral, quando aplicada em conjunto com outras condições.

16 Em qualquer caso, constará expressamente do instrumento cláusula contendo data limite para cumprimento do acordo, sob pena do eventual ajuizamento de denúncia.

18 Celebrado o acordo, o ato será cadastrado no Sistema Único 5, com registro, entre outros elementos, do valor do acordo, e submetido a homologação perante o juiz, que poderá realizar audiência para verificar sua voluntariedade, ouvindo o investigado na presença do seu defensor, bem como sua legalidade.

18.1 Se o juiz considerar inadequadas, insuficientes ou abusivas as condições dispostas no acordo de não persecução penal, caberá sua devolução ao MPF para reformulação das condições, com a concordância do investigado e de seu defensor.

18.2 O juiz poderá recusar a homologação da proposta que não atender aos requisitos legais ou quando não for realizada a adequação a que se refere o § 5º do artigo 28-A do Código de Processo Penal.

18.3 Recusada a homologação, o juiz devolverá os autos ao MPF para a análise da necessidade de complementação das investigações ou o oferecimento da denúncia.

18.4 Contra a decisão que deixar de homologar o acordo de não persecução penal, caberá recurso em sentido estrito, nos termos do art. 581, XXV, do Código de Processo Penal.

19 Após a homologação do acordo, o juiz devolverá os autos ao MPF para que inicie sua execução perante o juízo de execução.

19.1 O membro oficiante poderá também indicar ao juiz da execução entidade onde será cumprida a prestação de serviços ou para a qual será destinada a prestação pecuniária, especialmente nos casos de localidades onde não existam entidades cadastradas perante o juízo.

19.2 Também poderá ser solicitado ao juízo da execução a devolução dos autos para que o cumprimento das obrigações pactuadas sejam executadas e fiscalizadas no âmbito do Ministério Público Federal.

20 O membro oficiante determinará a intimação da vítima sobre a homologação do acordo de não persecução penal, bem como de seu descumprimento, preferencialmente por meio eletrônico ou telefone. Quando a vítima for entidade de direito público, a intimação será endereçada a seu órgão de representação judicial.

21 Após o cumprimento das condições acordadas, e sua certificação nos autos pelo serventuário da justiça, o membro oficiante requererá a extinção da punibilidade perante o juízo de execução.

22 O descumprimento do acordo de não persecução penal pelo investigado também poderá ser utilizado pelo Ministério Público como justificativa para o eventual não oferecimento de suspensão condicional do processo.

23 As Câmaras de Coordenação e Revisão do Ministério Público Federal poderão editar enunciados e orientações específicos a respeito do acordo de não persecução penal, conforme suas respectivas áreas de atuação.

1 No caso de dano ambiental a reparação deverá ser integral, salvo comprovada impossibilidade de fazê-lo.

2 O membro do Ministério Público Federal poderá sugerir ao outras entidades não além daquelas cadastradas no juízo da execução.

3 O membro do Ministério Público Federal poderá sugerir ao outras entidades não além daquelas cadastradas no juízo da execução.

4 No caso de contrabando, por exemplo, poderá constar cláusula que vede a viagem do investigado para o pais de onde trouxe indevidamente a mercadoria. Nos crimes econômicos poderá ser estabelecido o afastamento do acusado da diretoria ou do controle da empresa. Nos crimes praticados contra o Sistema Financeiro Nacional poderá ser estabelecida a proibição do acusado em operar no mercado financeiro por período determinado.

5 Registra-se: petição – propor acordo de não persecução penal.

http://www.mpf.mp.br/atuacao-tematica/ccr2/orientacoes/documentos/orientacao-anpp-versao-10-03-2020-ampliada-e-revisada

Orientação conjunta nº 01/2020

As 2ª, 4ª e 5ª Câmaras de Coordenação e Revisão do Ministério Público Federal:

ORIENTAM que:

1 Os recursos financeiros oriundos de prestações pecuniárias, multas, acordos de não persecução penal, acordos de colaboração premiada, termos de ajustamento de conduta, acordos de não persecução cível, acordos de leniência e acordos judiciais sejam destinados a ações de saúde e atendimento às populações mais vulneráveis, em trabalho integrado com as secretarias de saúde estaduais e municipais.

2 As providências mencionadas no item 1 sejam substituídas, se necessário, pela destinação direta de materiais e equipamentos às instituições de saúde, como forma de assegurar a agilidade e a eficácia requeridas em todas as providências de suporte ao atendimento de saúde neste momento.

3 A destinação de recursos financeiros, materiais e equipamentos às instituições de saúde, conforme previsto nos itens 1 e 2, será sempre fiscalizada pelo Ministério Público Federal. Ocorrendo em procedimento judicial próprio, o MPF terá ciência das seguintes informações: a) a entidade beneficiada; b) o montante repassado; c) a finalidade da destinação; d) o prazo para prestação de contas.

4 As destinações realizadas na forma desta orientação conjunta serão comunicadas à Coordenação Finalística do Giac-Covid-19 por correio eletrônico (ces@cnmp.mp.br) com indicação do valor transferido ou dos bens revertidos **1**.

1 Recomendação Conjunta PRESI-CN nº 1, de 20 de março de 2020

25 de março de 2020. http://www.mpf.mp.br/atuacao-tematica/ccr2/orientacoes/documentos/orientacao-conjunta-no-1-2020-2a-4a-e-5a-ccr-pdf-pdf.pdf

2.9 3ª CÂMARA DE COORDENAÇÃO E REVISÃO – CONSUMIDOR E ORDEM ECONÔMICA

Enunciado nº 01

Revogado na 5ª Sessão Ordinária de 17/06/2015.

Enunciado nº 02

Quando houver sido ajuizada Ação Civil Pública, cujo objeto tenha esgotado o Procedimento Administrativo instaurado pela Procuradoria da República nos Estados ou nos Municípios, deve ser homologado o pedido de arquivamento por perda do objeto do respectivo Procedimento Administrativo.

Sem a indicação da data de aprovação no sítio eletrônico: http://www.mpf.mp.br/atuacao-tematica/ccr3/sessoes/enunciados-1

Enunciado nº 03

Quando, pelo exame da representação ou dos documentos presentes nos autos, restar inequívoco que a matéria objeto do feito é uma hipótese de lesão ou ameaça a direito individual disponível e não homogêneo, deve ser homologado o pedido de arquivamento, com fundamento na ilegitimidade da atuação do Ministério Público no caso sob análise.

Sem a indicação da data de aprovação no sítio eletrônico: http://www.mpf.mp.br/atuacao-tematica/ccr3/sessoes/enunciados-1

Enunciado nº 04

Quando houver nos autos Recomendação e/ou Compromisso de Ajustamento de Conduta devidamente cumpridos pelas partes, deve ser homologado o arquivamento por perda do objeto.

Sem a indicação da data de aprovação no sítio eletrônico: http://www.mpf.mp.br/atuacao-tematica/ccr3/sessoes/enunciados-1

Enunciado nº 05

O regime do Código de Defesa do Consumidor não incide nos contratos de prestação de serviços de advocacia.

Sem a indicação da data de aprovação no sítio eletrônico: http://www.mpf.mp.br/atuacao-tematica/ccr3/sessoes/enunciados-1

Enunciado nº 06

Não se insere nas atribuições da 3ª CCR a homologação de Termos de Ajustamento de Conduta nem a revisão de suas minutas.

Sem a indicação da data de aprovação no sítio eletrônico: http://www.mpf.mp.br/atuacao-tematica/ccr3/sessoes/enunciados-1

Enunciado nº 07

No exercício da sua atribuição prevista no art. 62, III, da LC 75/93, poderá a Câmara, à vista de solicitação específica, prestar informações técnico-jurídicas para subsidiar a elaboração do termo de compromisso, sobretudo quando se tratar de questão complexa ou controvertida.

Sem a indicação da data de aprovação no sítio eletrônico: http://www.mpf.mp.br/atuacao-tematica/ccr3/sessoes/enunciados-1

Enunciado nº 08

O aparelho de telefone celular é produto essencial, para os fins previstos no art. 18, § 3º, da Lei nº 8.078/90 (CDC).

JUSTIFICATIVAS (resumo do pensamento do Colegiado). Voto do Relator, subprocurador-geral da República Brasilino Pereira dos Santos: O telefone celular, na qualidade de objeto da relação jurídica de consumo, deve enquadrar-se no regime previsto no § 3º do art. 18 da Lei n. 8.078/90 (CDC) pelas seguintes razões: a) os elevados níveis que o uso do aparelho atingiu na atualidade; b) interpretação sistemática do regime jurídico de proteção instituído pelo Código de Defesa do Consumidor; c) necessidade de preservação dos princípios da proteção da confiança e da boa fé objetiva.

Voto (vogal) do subprocurador-geral da República Antonio Fonseca (membro titular): a) é antiga a compreensão da jurisprudência de que o telefone é objeto útil à atividade profissional, o que reflete a sua importância e essencialidade sendo, assim, impenhorável; b) para completar o preceito legal (CDC, art. 18 § 3º), a essencialidade de um produto pode ser declarada pelo Poder Judiciário ou por autoridade administrativa com poderes discricionários específicos, à vista de base empírica razoável; c) o Departamento de Defesa do Consumidor – DPDC tem poderes para reconhecer um produto como essencial.

Voto (vogal) do procurador regional da República José Elaeres Marques Teixeira (membro titular): Acompanho as razões do Relator, com o acréscimo do voto vogal.

Aprovado na 5ª Sessão Ordinária; 29 de junho de 2011.

Enunciado nº 09

É válido o novo critério de cálculo das tarifas de energia elétrica a ser aplicado no 3º ciclo de revisão tarifária periódica das distribuidoras de energia elétrica, nos termos da Resolução nº 457, de 08/11/2011, da Agência nacional de Energia Elétrica – Aneel, por não interferir com a redução do imposto de renda concedida pela Medida Provisória nº 2.199/01-14 e implementada pelo art. 3º do Decreto nº 4.213, de 2002.

Aprovado na Deliberação/data: 1ª Sessão Extraordinária; 13/4/2012.

Enunciado nº 10

Não está sujeito à homologação da 3ª Câmara o mero reendereçamento à autoridade competente de notícia de fato, quando o procurador da República concluir pela atribuição de outro ramo do Ministério Público para atuar no caso (Res. CSMPF nº 87/2010, art. 4º, inc. VI).

Aprovado na 10ª Sessão Ordinária de 2013; 12 de dezembro de 2013.

Enunciado nº 11

Não é atribuição do Ministério Público Federal apurar notícia de fato que trate de irregularidade no ambiente de comércio eletrônico, ausentes os pressupostos do inciso I do art.109 da Constituição Federal e ressalvada eventual atuação conjunta.

Aprovado na 10ª Sessão Ordinária; 12 de dezembro de 2013.

Enunciado nº 12

Prescinde de homologação o declínio de atribuição reconhecido em procedimento preparatório ou em inquérito civil com base em enunciado expresso da 3ª Câmara, comunicando-se a esta, por ofício, a remessa dos autos diretamente ao Ministério Público com a atribuição para atuar.

Aprovado na 10ª Sessão Ordinária de; 12 de dezembro de 2013.

Enunciado nº 13

Não configura relação de consumo contrato de Financiamento Estudantil (FIES) firmado entre instituição financeira e estudante. De tal modo, refoge às atribuições desta 3ª CCR a revisão de procedimentos que envolvam a referida matéria.

Aprovado na 6ª Sessão Ordinária de 2015, realizada em 26/08/2015.

Enunciado nº 14

Não caracteriza declínio de atribuição a remessa de autos a outro órgão do Ministério Público Federal, nos termos do art. 4º, VI da Resolução nº 87/2010/CSMPF, sendo desnecessária a comunicação ao órgão revisor.

Aprovado na 6ª Sessão Ordinária de 2015, realizada em 26/08/2015.

Enunciado nº 15

A atribuição desta 3ª Câmara de Coordenação e Revisão para dirimir conflitos negativos ou positivos de atribuição cinge-se a controvérsias existentes entre ofícios do consumidor e da ordem econômica, sejam elas de uma mesma unidade ou de unidades diversas, de forma que conflitos envolvendo ofícios distintos deverão ser encaminhados diretamente ao CIMPF (Resolução CSMPF 120/2011).

Aprovado na 6ª Sessão Ordinária de 2015, realizada em 26/08/2015.

Enunciado nº 16

Constitui múnus do Ministério Público Federal atuar em processos administrativos e judiciais na repressão às infrações contra a ordem econômica e zelar pela observância por parte dos agentes econômicos dos princípios constitucionais da livre concorrência e da defesa do consumidor e dos direitos e interesses tutelados pela Lei 12.529/11.

Aprovado na 1ª Sessão Ordinária de 2016, realizada em 10/03/2016.

Enunciado nº 17

Dado que a coletividade é a titular dos bens jurídicos protegidos pela Lei 12.529/11, o Ministério Público Federal deverá oficiar como *custos legis* nos processos em que o CADE figure no polo ativo ou passivo da ação, como recorrente ou recorrido, nos quais esteja em causa matéria relativa ao direito da concorrência.

Aprovado na 1ª Sessão Ordinária de 2016, realizada em 10/03/2016.

Enunciado nº 18

Refoge às atribuições dos Procuradores da República vinculados à 3ª CCR gerir a destinação de verbas provenientes de acordos firmados ou de condenações judiciais.

Aprovado na 1ª Sessão Ordinária de 2016, realizada em 10/03/2016.

Enunciado nº 19

Refogem às atribuições da 3ª CCR as demandas relativas à exposição indevida de dados pessoais por meio da rede mundial de computadores, porquanto não se identifica relação de consumo.

Aprovado na 1ª Sessão Ordinária de 2016, realizada em 10/03/2016.

Enunciado nº 20

Nos casos de Declínio de Atribuição, a decisão deverá ser endereçada à 3ª CCR por meio dos autos originais (e não por meio de cópia de peças processuais).

Aprovado na 1ª Sessão Ordinária de 2016, realizada em 10/03/2016.

Enunciado nº 21

Revogado na 2ª Sessão Ordinária de 21/3/2017.

Enunciado nº 22

Refogem às atribuições da 3ª CCR demandas relativas à adulteração de combustíveis para revenda, porquanto a questão detém natureza criminal (a teor da Lei nº 8.176/91).

Aprovado na 2ª Sessão Ordinária de 2016, realizada em 20/04/2016.

Enunciado nº 23

Refogem às atribuições da 3ª CCR e dos ofícios a ela vinculados as demandas relativas à propaganda enganosa praticada por meio da internet. A hipótese é de violação a direito do consumidor que deve ser apurada pelo Ministério Público Estadual.

Aprovado na 4ª Sessão Ordinária de 2016, realizada em 24/05/2016.

Enunciado nº 24

Os conflitos de atribuição entre o Ministério Público Federal e o Ministério Público Estadual deverão ser solucionados pelo Procurador-Geral da República, consoante vigente entendimento do STF.

Aprovado na 5ª Sessão Ordinária de 2016, realizada em 08/06/2016.

Enunciado nº 25

Revogado na 9ª Sessão Ordinária de Revisão, realizada em 13/12/2017.

Enunciado nº 26

Refogem às atribuições da 3ª CCR as demandas relativas a mensalidades, renovação/trancamento de matrícula, lançamento de notas e taxas abusivas em geral; tais matérias encontram-se alheias ao feixe de atribuições do Parquet Federal, consoante jurisprudência do Superior Tribunal de Justiça.

Revalidado na 9ª Sessão Ordinária de Revisão da 3ª CCR, realizada em 13/12/2017.

Enunciado nº 27

Nos casos em que as circunstâncias dos autos extrajudiciais indicarem dúvida sobre o cunho individual, ou transindividual, dos interesses em discussão, cabe ofício ao órgão competente para saber o número de representações, queixas ou demandas de qualquer espécie contra a representada, no correr de um período razoável para esse fim.

Aprovado na 6ª Sessão Ordinária de 2016, realizada em 31/08/2016.

Enunciado nº 28

Os ofícios vinculados à 3ª Câmara de Coordenação e Revisão não têm atribuição para apurar irregularidade de atos administrativos relativos à incidência de imposto de importação sobre encomenda objeto de remessa postal internacional, em face das atribuições da 1ª Câmara de Coordenação e Revisão.

Aprovado na 2ª Sessão de Coordenação de 2017, realizada em 29/03/2017.

Enunciado nº 29

O Ministério Público Federal não tem atribuição para apurar descumprimento de normas relativas ao direito de greve ou ao exercício abusivo do direito de greve, porque essas são atribuições do Ministério Público do Trabalho.

Aprovado na 2ª Sessão de Coordenação de 2017, realizada em 29/03/2017.

Enunciado nº 30

A atribuição da 3ª Câmara do MPF em matéria de ensino superior é estabelecida em função da aplicabilidade do Código de Defesa do Consumidor a irregularidades praticadas por instituições de educação superior de natureza privada que integram o Sistema Federal de Ensino (art. 16, II, da Lei nº 9.394/96), se o conflito envolver registro de diploma perante o órgão público competente, inclusive credenciamento junto ao Ministério da Educação (MEC) (artigo 109, I da Constituição Federal; AgRg nos Edcl no CC 128.718/PR, 1ª Seção, DJe 16/5/18; AgInt no Resp 1697874/RS, 1ª Turma DJe 21/2/18), cabendo ao Ministério Público Estadual a apuração de irregularidades relacionadas a execução contratual tais como matrícula, cobrança abusiva de taxas administrativas, reajuste e inadimplemento de mensalidades.

Aprovado na 8ª Sessão Ordinária de 2018, realizada em 10/10/2018.

Enunciado nº 31

É abusiva a cobrança pelo transporte de bagagem de mão nos compartimentos superiores das aeronaves ("bins"), à luz do Código de Defesa do Consumidor e da Resolução no 400/2016 da Agência Nacional de Aviação Civil, sendo devida a repetição do indébito prevista no art. 42, parágrafo único, da Lei nº 8.078/1990.

Aprovado na 2ª Sessão Ordinária de 2020, realizada em 25/03/2020.

2.10 4ª CÂMARA DE COORDENAÇÃO E REVISÃO – MEIO AMBIENTE E PATRIMÔNIO CULTURAL

Enunciado nº 01

Decisões sujeitas à revisão pela 4ª CCR. Correta autuação para fins de registro e controle.

As promoções de arquivamento e outras decisões sujeitas à revisão pela 4ª Câmara de Coordenação e Revisão – Meio Ambiente e Patrimônio Cultural – devem estar contidas em regular procedimento, devendo ser previamente autuadas, mesmo como Notícia de Fato, possibilitando assim o adequado registro e controle.

Consolidação do Enunciado nº 3 – 4ª CCR, de 17 de setembro de 2013, e do Enunciado nº 12 – 4ª CCR, de 18 de outubro de 2011. Conforme portaria da 4ª CCR nº 05, de 3 de agosto de 2016, republicada em razão de incorreções na publicação do DMPFe, Caderno Extrajudicial nº 146/2016, divulgado em 3 de agosto de 2016, pág. 7.

Enunciado nº 02

Inquéritos Civis e Procedimentos Preparatórios. Portaria de Instauração. Temas/assuntos CNMP.

Nas portarias de instauração de procedimentos preparatórios e inquéritos civis, em matérias ambiental e de patrimônio cultural, devem constar a câmara revisora e o tema objeto de apuração conforme tabela unificada de temas/assuntos do CNMP.

Adequação do Enunciado nº 27 – 4ªCCR, de 11 de fevereiro de 2014. Conforme portaria da 4ª CCR nº 05, de 3 de agosto de 2016, republicada em razão de incorreções na publicação do DMPFe, Caderno Extrajudicial nº 146/2016, divulgado em 3 de agosto de 2016, pág. 7.

Enunciado nº 03

Patrimônio Cultural. Atuação do Ministério Público Federal na preservação de bens culturais. Ausência de tombamento.

A inexistência de tombamento não caracteriza a ausência de valor cultural, uma vez que o tombamento tem valor meramente declaratório quanto a este aspecto. Assim, mesmo na ausência de tombamento, deve o Ministério Público Federal atuar para a preservação do bem, inclusive, se necessário, através da propositura de ação judicial que declare o seu valor cultural.

Adequação do Enunciado nº 9 – 4ª CCR, de 3 de setembro de 2009. Conforme portaria da 4ª CCR nº 05, de 3 de agosto de 2016, republicada em razão de incorreções na publicação do DMPFe, Caderno Extrajudicial nº 146/2016, divulgado em 3 de agosto de 2016, pág. 7.

Enunciado nº 04

Patrimônio Cultural. Atribuição do Ministério Público Federal na preservação do patrimônio cultural.

A inexistência de tombamento federal, por si só, não configura fundamento para justificar o declínio de atribuições para o Ministério Público Estadual, pois o tombamento é ato apenas declaratório do valor cultural e pode ser realizado por todas as esferas de poder.

Adequação do Enunciado nº 10 – 4ª CCR, de 3 de setembro de 2009. Conforme portaria da 4ª CCR nº 05, de 3 de agosto de 2016, republicada em razão de incorreções na publicação do DMPFe, Caderno Extrajudicial nº 146/2016, divulgado em 3 de agosto de 2016, pág. 7.

Enunciado nº 05

Atribuição do Ministério Público Federal.

A atribuição é do Ministério Público Federal sempre que houver ofensa a bem ou interesse da União, independentemente do órgão responsável pelo licenciamento.

Adequação do Enunciado nº 18 – 4ª CCR, de 12 de março de 2013. Conforme portaria da 4ª CCR nº 05, de 3 de agosto de 2016, republicada em razão de incorreções na publicação do DMPFe, Caderno Extrajudicial nº 146/2016, divulgado em 3 de agosto de 2016, pág. 7.

Enunciado nº 06

Áreas de Proteção Ambiental – APA. Atribuição.

O Ministério Público Federal tem atribuição para atuar em procedimentos civis e penais referentes a fatos lesivos ao meio ambiente ocorridos em Área de Proteção Ambiental – APA instituída por meio de ato normativo federal, ante o interesse direto da União em sua proteção, salvo quando houver a transferência da gestão e fiscalização dessa unidade de conservação para outro ente federado, como no caso da APA da Bacia de São Bartolomeu, nos termos do art. 1º da Lei n. 9.262/1996.

Redação alterada na 569ª Sessão Ordinária, em 03 de junho de 2020

Precedentes: Precedentes da 4ª CCR – JF-DF-INQ-1001504-77.2019.4.01.3400; 1.16.000.003006/2019-31; Precedentes do STJ – (CC 158.747/DF, Rel. Ministro SEBASTIÃO REIS JÚNIOR, TERCEIRA SEÇÃO, julgado em 13/06/2018, DJe 19/06/2018; CC 147694/MS, Ministro REYNALDO SOARES DA FONSECA, TERCEIRA SEÇÃO, julgado em 10/08/2016, DJe 16/08/2016).

Enunciado nº 07

Atribuição do Ministério Público Federal. Mineração.

O MPF tem atribuição para atuar, na área cível, buscando a prevenção ou reparação de danos ambientais decorrentes da atividade de mineração, quando:

a) o dano, efetivo ou potencial, atingir bem do domínio federal ou sob a gestão/proteção de ente federal, tais como unidades de conservação federais e suas respectivas zonas de amortecimento, rios federais, terras indígenas, terrenos de marinha, bens tombados pelo IPHAN e seu entorno, sítios arqueológicos e pré-históricos, cavidades naturais subterrâneas;

b) o dano, efetivo ou potencial, atingir mais de uma unidade da federação ou países limítrofes;

c) o licenciamento ambiental da atividade se der perante o IBAMA; ou

d) for possível responsabilizar a União, o DNPM, o IBAMA, o ICMBio, o IPHAN ou outro ente federal pela omissão no dever de fiscalização da atividade.

Adequação do Enunciado nº 28 – 4ª CCR, de 1 de abril de 2014.

Enunciado nº 30 – 4ªCCR revogado pela Portaria nº 05 – 4ª CCR de 03 de agosto de 2016.

Enunciado nº 08

Declínio de Atribuições. Encaminhamento de Notícias de Fato, Procedimentos Preparatórios ou Inquéritos Civis à 4ª CCR para homologação da decisão de declínio de atribuições. Tratamento prioritário na tramitação.

As promoções de declínio de atribuição promovidas nas Notícias de Fato, Procedimentos Preparatórios ou Inquéritos Civis, que tratam de meio ambiente e patrimônio cultural, devem ser submetidas à homologação da 4ª Câmara de Coordenação e Revisão – Meio Ambiente e Patrimônio Cultural, nos autos originais, para exercício da função revisional e terão prioridade na análise.

Adequação do Enunciado nº 4 – 4ª CCR, de 17 de setembro de 2013. Conforme portaria da 4ª CCR nº 05, de 3 de agosto de 2016, republicada em razão de incorreções na publicação do DMPFe, Caderno Extrajudicial nº 146/2016, divulgado em 3 de agosto de 2016, pág. 7.

Enunciado nº 09

Notificação ao representante.

O representante deve ser comunicado quando houver indeferimento de instauração de inquérito civil, promoção de arquivamento, promoção de declínio de atribuição e celebração de TACs.

Adequação do Enunciado nº 14 – 4ª CCR, de 21 de novembro de 2012. Conforme portaria da 4ª CCR nº 05, de 3 de agosto de 2016, republicada em razão de incorreções na publicação do DMPFe, Caderno Extrajudicial nº 146/2016, divulgado em 3 de agosto de 2016, pág. 7.

Enunciado nº 10

Arquivamento. Recurso. Necessidade de Manifestação do Procurador Natural.

Quando o representante interpuser recurso em face da promoção de arquivamento, o Membro oficiante deverá manifestar-se acerca do seu teor, decidindo, antes da remessa à Câmara, sobre a manutenção da decisão ou exercendo juízo de retratação.

Redação alterada na 561ª Sessão Ordinária, em 12 de fevereiro de 2020.

Adequação do Enunciado nº 15 – 4ª CCR, de 21 de novembro de 2012.

Enunciado nº 11

Promoção de arquivamento fundamentada na judicialização do feito. Necessária a juntada de cópia da petição inicial.

A promoção de arquivamento fundada na judicialização do feito deve ser instruída com cópia da respectiva petição inicial, de forma a se comprovar que o objeto do procedimento foi integralmente abordado.

Adequação do Enunciado nº 17 – 4ªCCR, de 12 de março de 2013. Conforme portaria da 4ª CCR nº 05, de 3 de agosto de 2016, republicada em razão de incorreções na publicação do DMPFe, Caderno Extrajudicial nº 146/2016, divulgado em 3 de agosto de 2016, pág. 7.

Enunciado nº 12

Observância da independência entre as esferas cível e criminal na atuação em procedimentos extrajudiciais vinculados à 4ª CCR.

A existência de investigação criminal, em matérias de meio ambiente e patrimônio cultural, não obsta a continuidade dos procedimentos extrajudiciais no âmbito cível, mesmo no caso de transação penal, sendo necessário observar a independência entre as esferas, sem prejuízo de que a solução num feito possa autorizar o arquivamento do outro.

Adequação do Enunciado nº 29 – 4ª CCR, de 18 de dezembro de 2014. Conforme portaria da 4ª CCR nº 05, de 3 de agosto de 2016, republicada em razão de incorreções na publicação do DMPFe, Caderno Extrajudicial nº 146/2016, divulgado em 3 de agosto de 2016, pág. 7.

Enunciado nº 13

Arquivamento de procedimento extrajudicial específico com fundamento na existência de procedimento mais abrangente sobre o tema. Impossibilidade.

Considerando a indisponibilidade do direito ambiental, a instauração de procedimento extrajudicial com objeto mais abrangente, por si só, não justifica o arquivamento de procedimentos extrajudiciais específicos, devendo-se distinguir irregularidades pontuais de políticas públicas em matéria ambiental.

Adequação do Enunciado nº 31 – 4ª CCR, de 10 de março de 2015. Conforme portaria da 4ª CCR nº 05, de 3 de agosto de 2016, republicada em razão de incorreções na publicação do DMPFe, Caderno Extrajudicial nº 146/2016, divulgado em 3 de agosto de 2016, pág. 7.

Enunciado nº 14

Revogado pela Portaria Nº 07/2018 – 4ªCCR.

Enunciado nº 15

Revogado pela Portaria Nº 07/2018 – 4ªCCR.

Enunciado nº 16

Termo de Ajustamento de Conduta. Inviabilidade de assinatura.

Não devem ser firmados Termos de Ajustamento de Conduta que violem dispositivo legal, a exemplo dos que visam a regularizar intervenções em Área de Preservação Permanente.

Adequação do Enunciado nº 1 – 4ª CCR, de 15 de dezembro de 2005. Conforme portaria da 4ª CCR nº 05, de 3 de agosto de 2016, republicada em razão de incorreções na publicação do DMPFe, Caderno Extrajudicial nº 146/2016, divulgado em 3 de agosto de 2016, pág. 7.

Enunciado nº 17

Solicitação de manifestação da Câmara acerca da derrogação da Resolução Conama n.º 341.

A Resolução CONAMA 369/2006 revogou a Resolução CONAMA 341/2003, em relação ao uso e ocupação de dunas. As consequências desse fato atingem, inclusive, os empreendimentos com licenciamentos já concluídos à época da entrada em vigor da Resolução 369/2006. As planícies de deflação integram o campo de dunas e, como parte desse ecossistema, possuem a devida proteção jurídica.

Referências: 1) MPF – PR/CE n.º 1.15.000.002476/2005-10; 2) MPF – PR/CE n.º 0.15.000.000568/2002-78 e 3) MPF – PR/CE n.º 0.081056.000273/99-56 – CE.

Adequação do Enunciado nº 5 – 4ª CCR, de 4 de dezembro de 2008. Conforme portaria da 4ª CCR nº 05, de 3 de agosto de 2016, republicada em razão de incorreções na publicação do DMPFe, Caderno Extrajudicial nº 146/2016, divulgado em 3 de agosto de 2016, pág. 7.

Enunciado nº 18

Teses jurídicas do MPF em Ações Direta de Inconstitucionalidade. Observância.

As teses jurídicas em ações diretas de inconstitucionalidade ajuizadas pelo Ministério Público Federal, em questões relativas ao meio ambiente e ao patrimônio cultural, deverão ser observadas nas proposições a respeito dos respectivos temas.

Adequação do Enunciado nº 20 – 4ª CCR, de 12 de novembro de 2013. Conforme portaria da 4ª CCR nº 05, de 3 de agosto de 2016, republicada em razão de incorreções na publicação do DMPFe, Caderno Extrajudicial nº 146/2016, divulgado em 3 de agosto de 2016, pág. 7.

Enunciado nº 19

Controle de processos judiciais relacionados ao Meio Ambiente e Patrimônio Cultural no Ofício.

Os Ofícios do meio ambiente e patrimônio cultural deverão ter, obrigatoriamente, registro atualizado de todos os processos judiciais em trâmite.

Adequação do Enunciado nº 7 – 4ª CCR, de 9 de março de 2009. Conforme portaria da 4ª CCR nº 05, de 3 de agosto de 2016, republicada em razão de incorreções na publicação do DMPFe, Caderno Extrajudicial nº 146/2016, divulgado em 3 de agosto de 2016, pág. 7.

Enunciado nº 20

Atividade econômica de grande porte. Riscos iminentes de impacto ambiental. Atuação preventiva.

Toda e qualquer atividade econômica de grande porte, com riscos iminentes de impacto ambiental, deve ser identificada com antecedência, a fim de possibilitar uma atuação preventiva na tutela do meio ambiente e do patrimônio cultural.

Adequação do Enunciado nº 13 – 4ª CCR, de 21 de novembro de 2012. Conforme portaria da 4ª CCR nº 05, de 3 de agosto de 2016, republicada em razão de incorreções na publicação do DMPFe, Caderno Extrajudicial nº 146/2016, divulgado em 3 de agosto de 2016, pág. 7.

Enunciado nº 21

Notificação do representante.

Visando atender ao princípio da publicidade, o representante deverá ser comunicado quando houver propositura de ação judicial e envio de recomendações.

Adequação da numeração do Enunciado nº 14 – 4ª CCR., de 21 de novembro de 2012. Conforme portaria da 4ª CCR nº 05, de 3 de agosto de 2016, republicada em razão de incorreções na publicação do DMPFe, Caderno Extrajudicial nº 146/2016, divulgado em 3 de agosto de 2016, pág. 7.

Enunciado nº 22

Ações Civis Públicas. Repasse do Custo do Trabalho Técnico-Pericial.

As Ações Civis Públicas relativas a meio ambiente e a patrimônio cultural deverão contemplar, em atenção ao princípio do poluidor-pagador, o repasse ao infrator de todos os custos administrativos, inclusive do trabalho pericial.

Adequação do Enunciado nº 21 - 4ª CCR, de 12 de novembro de 2013. Conforme portaria da 4ª CCR nº 05, de 3 de agosto de 2016, republicada em razão de incorreções na publicação do DMPFe, Caderno Extrajudicial nº 146/2016, divulgado em 3 de agosto de 2016, pág. 7.

Enunciado nº 23

Termos de Ajustamento de Conduta. Valores Significativos. Audiência Púbica.

Termos de Ajustamento de Conduta que envolvam valores monetários, ambientais ou sociais significativos devem ser precedidos de audiência pública.

Precedente: Procedimento Administrativo nº 1.00.000.009776/2016-62

Adequação do Enunciado nº 22 - 4ª CCR, de 12 de novembro de 2013. Conforme portaria da 4ª CCR nº 05, de 3 de agosto de 2016, republicada em razão de incorreções na publicação do DMPFe, Caderno Extrajudicial nº 146/2016, divulgado em 3 de agosto de 2016, pág. 7.

Enunciado nº 24

Termos de Ajustamento de Conduta ou Acordos Judiciais. Valores Monetários. FDD - Fundo de Defesa de Direitos Difusos. Remessa Não Obrigatória.

Os valores oriundos de termos de ajustamento de conduta ou de acordos judiciais não estão sujeitos à remessa obrigatória ao Fundo Federal de Defesa dos Direitos Difusos (FDD), à luz do art. 13 e §§ da Lei da Ação Civil Pública (Lei Nº 7.347/85). Constitui alternativa à remessa, a execução de projetos no local do dano pelo sistema da CAIXA ECONÔMICA FEDERAL, do FUNBIO, sem prejuízo de outros.

Adequação do Enunciado nº 23 - 4ª CCR, de janeiro de 2013. Conforme portaria da 4ª CCR nº 05, de 3 de agosto de 2016, republicada em razão de incorreções na publicação do DMPFe, Caderno Extrajudicial nº 146/2016, divulgado em 3 de agosto de 2016, pág. 7.

Enunciado nº 25

Acordos.

Os acordos deverão prever a vinculação dos empreendedores à sua execução, eis que a obrigação desses é de resultado.

Adequação do Enunciado nº 24 – 4ª CCR, de 12 de novembro de 2013. Conforme portaria da 4ª CCR nº 05, de 3 de agosto de 2016, republicada em razão de incorreções na publicação do DMPFe, Caderno Extrajudicial nº 146/2016, divulgado em 3 de agosto de 2016, pág. 7.

Enunciado nº 26

Termos de Ajustamento de Conduta ou Acordos Judiciais. Contratos de Repasse. Vedação de Gestão pelo MPF.

O Ministério Público Federal não pode figurar como gestor nos contratos de repasse de valores provenientes de termos de ajustamento de conduta ou acordos judiciais, nos termos do Enunciado 24-4ª CCR.

Adequação do Enunciado nº 25 – 4ª CCR, de 16 de fevereiro de 2016. Conforme portaria da 4ª CCR nº 05, de 3 de agosto de 2016, republicada em razão de incorreções na publicação do DMPFe, Caderno Extrajudicial nº 146/2016, divulgado em 3 de agosto de 2016, pág. 7.

Enunciado nº 27

Termos de Ajustamento de Conduta ou Acordos Judiciais. Seleção de Projetos.

Na seleção de projetos a serem beneficiados por valores provenientes de termos de ajustamento de conduta ou acordos judiciais, deverão ser prestigiados aqueles que mais se relacionem com a natureza e local do dano, que deu origem aos recursos, além da qualidade técnica do projeto, sendo conveniente que se busque contrapartida dos entes proponentes.

Adequação do Enunciado nº 26 – 4ª CCR, de 12 de novembro de 2013. Conforme portaria da 4ª CCR nº 05, de 3 de agosto de 2016, republicada em razão de incorreções na publicação do DMPFe, Caderno Extrajudicial nº 146/2016, divulgado em 3 de agosto de 2016, pág. 7.

Enunciado nº 28

O membro do Ministério Público Federal, no exercício das suas atribuições institucionais, tem legitimidade para realizar atos investigatórios, podendo reduzir a termo depoimentos de ofendidos, testemunhas e convocar pessoas investigadas para prestar esclarecimentos, valendo-se ainda dos demais procedimentos que lhe são conferidos pela Lei Complementar n.º 75/93.

Recepção do Enunciado nº 12-2ª CCR. 292ª Sessão, de 07.03.2005. Conforme portaria da 4ª CCR nº 05, de 3 de agosto de 2016, republicada em razão de incorreções na publicação do DMPFe, Caderno Extrajudicial nº 146/2016, divulgado em 3 de agosto de 2016, pág. 7.

Enunciado nº 29

Dada sua condição de *custos legis* na ação penal, ao membro do Ministério Público é assegurado o direito à vista dos autos em face de todos os atos processualmente relevantes, para manifestar-se por escrito. A supressão dessa intervenção viola o princípio constitucional do devido processo legal e a cláusula da imprescindibilidade do Ministério Público à função jurisdicional do Estado, legitimando o Membro a interpor a medida judicial cabível.

Recepção do Enunciado nº 17-2ª CCR. 284ª Sessão, de 10.11.2004. Conforme portaria da 4ª CCR nº 05, de 3 de agosto de 2016, republicada em razão de incorreções na publicação do DMPFe, Caderno Extrajudicial nº 146/2016, divulgado em 3 de agosto de 2016, pág. 7.

Enunciado nº 30

O membro do Ministério Público Federal que se manifestou pelo arquivamento do inquérito policial, sendo essa conclusão não acatada pela Câmara, fica impossibilitado de oficiar na respectiva ação penal que tenha sido iniciada por denúncia de outro membro para tanto designado.

Recepção do Enunciado nº 05-2ª CCR. 268ª Sessão, de 31.05.2004. Conforme portaria da 4ª CCR nº 05, de 3 de agosto de 2016, republicada em razão de incorreções na publicação do DMPFe, Caderno Extrajudicial nº 146/2016, divulgado em 3 de agosto de 2016, pág. 7.

Enunciado nº 31

Quando houver discordância da motivação apresentada pelo órgão do Ministério Público para o não oferecimento da denúncia em crimes contra o Meio Ambiente e o Patrimônio Cultural, qualquer que seja a fundamentação, deverão os autos ser remetidos à 4ª Câmara de Coordenação e Revisão, valendo-se do disposto nos artigos 28, do Código de Processo Penal e 62, IV, da LC 75/93.

Recepção do Enunciado nº 07-2ª CCR. 3ª Sessão de Coordenação, de 31.05.2010, com alteração de redação. Conforme portaria da 4ª CCR nº 05, de 3 de agosto de 2016, republicada em razão de incorreções na publicação do DMPFe, Caderno Extrajudicial nº 146/2016, divulgado em 3 de agosto de 2016, pág. 7.

Enunciado nº 32

A promoção de arquivamento feita pelo membro do Ministério Público Federal, em processos criminais relacionados ao Meio Ambiente e Patrimônio Cultural, será submetida à 4ª Câmara de Coordenação e Revisão, que se manifestará no exercício de sua competência revisional.

Recepção do Enunciado nº 09-2ª CCR. 3ª Sessão de Coordenação, de 31.05.2010. Conforme portaria da 4ª CCR nº 05, de 3 de agosto de 2016, republicada em razão de incorreções na publicação do DMPFe, Caderno Extrajudicial nº 146/2016, divulgado em 3 de agosto de 2016, pág. 7.

Enunciado nº 33

O arquivamento promovido pelo membro do Ministério Público Federal, em Procedimentos criminais relacionados ao Meio Ambiente e Patrimônio Cultural, deve ser por ele comunicado ao interessado, antes da remessa dos autos à 4ª Câmara para revisão.

Recepção do Enunciado nº 10-2ª CCR. 3ª Sessão de Coordenação, de 31.05.2010. Conforme portaria da 4ª CCR nº 05, de 3 de agosto de 2016, republicada em razão de incorreções na publicação do DMPFe, Caderno Extrajudicial nº 146/2016, divulgado em 3 de agosto de 2016, pág. 7.

Enunciado nº 34

É admissível o arquivamento dos autos de investigação ao fundamento de excludente da tipicidade, da ilicitude e da culpabilidade. Porém, em todas as hipóteses, a excludente deve resultar cabalmente provada, ao término de regular investigação.

Referências normativas: Código Penal: arts. 20, caput, 1ª parte, e § 1º, 1ª parte; 21, caput, 2ª parte; 22, 1ª parte; 23. Código de Processo Penal: arts. 28 e 648, I. Resolução CSMPF nº 77/2004, art. 14.

Recepção do Enunciado nº 21-2ª CCR. Sessão 302ª, de 16.05.2005. Conforme portaria da 4ª CCR nº 05, de 3 de agosto de 2016, republicada em razão de incorreções na publicação do DMPFe, Caderno Extrajudicial nº 146/2016, divulgado em 3 de agosto de 2016, pág. 7.

Enunciado nº 35

Não se sujeita à revisão da 4ª Câmara o declínio de atribuição de um órgão para outro no âmbito do próprio Ministério Público Federal.

Recepção do Enunciado nº 25-2ª CCR Sessão 464ª, de 15.04.2009. Conforme portaria da 4ª CCR nº 05, de 3 de agosto de 2016, republicada em razão de incorreções na publicação do DMPFe, Caderno Extrajudicial nº 146/2016, divulgado em 3 de agosto de 2016, pág. 7.

Enunciado nº 36

Declinação de Atribuições. Entendimento Expresso em Enunciado. Dispensável a Homologação da Câmara. Consolidação dos Enunciados 34, 35 e 36 – 2ª CCR . 94ª Sessão de Coordenação, de 18.03.2015.

Quando a declinação de atribuições ou arquivamento, em procedimento extrajudicial e inquérito policial, tiverem por base entendimento já expresso em enunciado ou orientação da 4ª Câmara, os autos poderão ser remetidos diretamente ao Ministério Público com a respectiva atribuição ou diretamente arquivados, registrando-se por meio do Sistema Único. No caso de declinação de atribuições em Inquérito Policial, o Procurador oficiante deverá comunicar ao juízo e/ou à autoridade policial. Aplicação analógica do §3º, art. 6º da Resolução 107 do CSMPF, de 6.4.2010.

Redação alterada na 561ª Sessão Ordinária, em 12 de fevereiro de 2020. Conforme portaria da 4ª CCR nº 05, de 3 de agosto de 2016, republicada em razão de incorreções na publicação do DMPFe, Caderno Extrajudicial nº 146/2016, divulgado em 3 de agosto de 2016, pág. 7.

Enunciado nº 37

Nos casos em que a abertura do procedimento investigatório criminal se der por representação, o interessado será cientificado formalmente da promoção de arquivamento e da faculdade de apresentar recurso e documentos, no prazo de 10 (dez) dias, contados da juntada da intimação. Após o transcurso desse prazo, com ou sem novas razões, os autos serão remetidos à 4ª CCR para apreciação.

Recepção do Enunciado nº 46-2ª CCR. 48ª Sessão de Coordenação, de 22.06.2012. Conforme portaria da 4ª CCR nº 05, de 3 de agosto de 2016, republicada em razão de incorreções na publicação do DMPFe, Caderno Extrajudicial nº 146/2016, divulgado em 3 de agosto de 2016, pág. 7.

Enunciado nº 38

Arquivamento. Duplicidade. Dispensável a Homologação da Câmara.

É desnecessário o envio dos autos à 4ª CCR no caso de decisão ou promoção de arquivamento fundado na existência de outro procedimento investigatório com idêntico objeto (princípio do *ne bis in idem*), o que deverá ser devidamente comprovado nos autos arquivados e remanescentes.

Recepção do Enunciado nº 57-2ª CCR 101ª Sessão de Coordenação, de 31.08.2015.

Redação alterada na 561ª Sessão Ordinária, em 12 de fevereiro de 2020.

Enunciado nº 39

Não é atribuição do Ministério Público Federal a persecução penal do crime de transporte de gasolina, etanol, óleo diesel, álcool etílico e gás butano, sem licença válida outorgada pelo órgão competente (artigo 56 da Lei nº 9.605/98), salvo quando se tratar de transporte transnacional.

Recepção do Enunciado nº 59-2ª CCR.106ª Sessão de Coordenação, de 18.12.2015. Conforme portaria da 4ª CCR nº 05, de 3 de agosto de 2016, republicada em razão de incorreções na publicação do DMPFe, Caderno Extrajudicial nº 146/2016, divulgado em 3 de agosto de 2016, pág. 7.

Enunciado nº 40

A atribuição para o ajuizamento de mandado de segurança em matéria criminal é do membro do Ministério Público Federal com ofício no juízo do qual emanou o ato a ser atacado.

Recepção do Enunciado nº 18-2ª CCR. 3ª Sessão de Coordenação, de 31.05.2010. Conforme portaria da 4ª CCR nº 05, de 3 de agosto de 2016, republicada em razão de incorreções na publicação do DMPFe, Caderno Extrajudicial nº 146/2016, divulgado em 3 de agosto de 2016, pág. 7.

Enunciado nº 41

Compete à 4ª Câmara homologar declínio de atribuição promovido por membro do Ministério Público Federal em favor do Ministério Público Estadual ou de outro ramo do Ministério Público da União, nos autos de Notícia de Fato ou de procedimento investigatório criminal relacionados ao Meio Ambiente e Patrimônio Cultural (cf. deliberação realizada em 16.12.2009 pelo E. Conselho Nacional do Ministério Público nos autos do Processo CNMP nº 0.00.000.000894/2009-84).

Recepção do Enunciado nº 32-2ª CCR. 1ª Sessão de Coordenação, de 17.05.2010. Conforme portaria da 4ª CCR nº 05, de 3 de agosto de 2016, republicada em razão de incorreções na publicação do DMPFe, Caderno Extrajudicial nº 146/2016, divulgado em 3 de agosto de 2016, pág. 7.

Enunciado nº 42

Compete à 4ª Câmara homologar o declínio de atribuição promovido nos autos de inquérito policial, relacionado a Crimes contra o Meio Ambiente e Patrimônio Cultural, que tramite diretamente entre a Polícia Federal e o Ministério Público Federal.

Resolução n.º 63 do E. Conselho de Justiça Federal.

Recepção do Enunciado nº 33-2ª CCR. 1ª Sessão de Coordenação, de 17.05.2010. Conforme portaria da 4ª CCR nº 05, de 3 de agosto de 2016, republicada em razão de incorreções na publicação do DMPFe, Caderno Extrajudicial nº 146/2016, divulgado em 3 de agosto de 2016, pág. 7.

Enunciado nº 43

Não é atribuição do Ministério Público Federal a persecução penal de ato infracional cometido por menor inimputável, ainda que a infração tenha ocorrido em detrimento de bens, serviços ou interesse da União ou de suas entidades autárquicas ou empresas públicas.

Recepção do Enunciado nº 42-2ª CCR. 14ª Sessão de Coordenação, de 08.11.2010. Conforme portaria da 4ª CCR nº 05, de 3 de agosto de 2016, republicada em razão de incorreções na publicação do DMPFe, Caderno Extrajudicial nº 146/2016, divulgado em 3 de agosto de 2016, pág. 7.

Enunciado nº 44

A persecução penal do crime previsto no artigo 60 da Lei nº 9.605/98 é da atribuição do Ministério Público Federal apenas quando o ilícito ocorrer em área pertencente ou protegida pela União, a exemplo das Unidades de Conservação Federais, das APPs em Rios federais e das terras indígenas, dentre outros.

Recepção do Enunciado nº 45-2ª CCR. 21ª Sessão de Coordenação, de 11.04.2011. Conforme portaria da 4ª CCR nº 05, de 3 de agosto de 2016, republicada em razão de incorreções na publicação do DMPFe, Caderno Extrajudicial nº 146/2016, divulgado em 3 de agosto de 2016, pág. 7.

Enunciado nº 45

O fato de a conduta ter ocorrido por meio da rede mundial de computadores não atrai, somente por este motivo, a atribuição do Ministério Público Federal para a persecução penal.

Recepção do Enunciado nº 50-2ª CCR. 97ª Sessão de Coordenação, de 11.05.2015. Conforme portaria da 4ª CCR nº 05, de 3 de agosto de 2016, republicada em razão de incorreções na publicação do DMPFe, Caderno Extrajudicial nº 146/2016, divulgado em 3 de agosto de 2016, pág. 7.

Enunciado nº 46

O Ministério Público Federal é parte legítima para a persecução penal relativa ao crime de pesca proibida previsto no art. 34, caput, e parágrafo único, da Lei nº 9.605/1998, sendo competente a Justiça Federal para o processo e julgamento, quando o espécime for proveniente de rio federal, mar territorial, zona econômica exclusiva ou plataforma continental, independentemente da extensão do dano. A extensão do dano ambiental e a maior ou menor potencialidade lesiva são elementos que dizem respeito à dosimetria da pena, mas nunca à fixação da competência, cujos critérios estão balizados no ordenamento constitucional.

Redação alterada na RO nº 537, de 19 de setembro de 2018. Precedentes: DPF/DVS/MG-INQ-00086/2017 (CIMPF), 1.11.000.000231/2016-50, e 1.22.003.000503/2017-99.

Recepção do Enunciado nº 30-2ª CCR. (1ª Sessão de Coordenação, de 17.05.2010).

Enunciado nº 47

O crime ambiental tipificado no art. 50 da Lei n.º 9.605/98, praticado em faixa de fronteira, é de atribuição do Ministério Público Federal por afetar interesse direto da União.

Recepção do Enunciado nº 31-2ª CCR. 1ª Sessão de Coordenação, de 17.05.2010. Conforme portaria da 4ª CCR nº 05, de 3 de agosto de 2016, republicada em razão de incorreções na publicação do DMPFe, Caderno Extrajudicial nº 146/2016, divulgado em 3 de agosto de 2016, pág. 7.

Enunciado nº 48

A persecução penal da conduta ilícita de transportar madeira sem a devida guia, tipificada no parágrafo único, do art. 46, da Lei nº 9.605/98, não é da atribuição do Ministério Público Federal, exceto quando o produto transportado for oriundo de área pertencente ou protegida pela União.

Recepção do Enunciado nº 39 -2ª CCR. 3ª Sessão de Coordenação, de 31.05.2010. Conforme portaria da 4ª CCR nº 05, de 3 de agosto de 2016, republicada em razão de incorreções na publicação do DMPFe, Caderno Extrajudicial nº 146/2016, divulgado em 3 de agosto de 2016, pág. 7.

Enunciado nº 49

A persecução penal dos crimes contra a flora, previstos na Lei nº 9.605/98, é da atribuição do Ministério Público Federal apenas quando a espécie da flora estiver ameaçada de extinção ou quando o ilícito ocorrer em área pertencente ou protegida pela União, a exemplo das Unidades de Conservação Federais, das APPs em rios federais e das terras indígenas, dentre outros.

Adequação do Enunciado nº 49 4ªCCR publicado por meio da portaria nº 5 4ºCCR, de 03 de agosto de 2016.

Recepção do Enunciado nº 43-2ª CCR. 21ª Sessão de Coordenação, de 11.04.2011.

Enunciado nº 50

A persecução penal do crime previsto no artigo 29 da Lei nº 9.605/98 é da atribuição do Ministério Público Federal apenas quando o espécime da fauna silvestre estiver ameaçada de extinção ou quando oriundo de área pertencente ou protegida pela União, a exemplo das Unidades de Conservação Federais, das APPs em rios federais e das terras indígenas, dentre outros.

Recepção do Enunciado nº 44-2ª CCR.21ª Sessão de Coordenação, de 11.04.2011. Conforme portaria da 4ª CCR nº 05, de 3 de agosto de 2016, republicada em razão de incorreções na publicação do DMPFe, Caderno Extrajudicial nº 146/2016, divulgado em 3 de agosto de 2016, pág. 7.

Enunciado nº 51

Inadmissível o reconhecimento da extinção da punibilidade pela prescrição, considerando a pena em perspectiva, por ferir os primados constitucionais do devido processo legal, da ampla defesa e da presunção de inocência.

Recepção do Enunciado nº 28-2ª CCR. Sessão 464ª, de 15.04.2009. Súmula STJ nº 438, de 15/05/2010. Incluída na 1ª Sessão de Coordenação, de 17.05.2010

Enunciado nº 52

O membro do Ministério Público Federal deve, na requisição de abertura de investigação criminal, discriminar as diligências a serem executadas, fixando prazo compatível com o número e a complexidade. Da mesma forma, a manifestação pelo retorno de inquérito à Polícia deve ser fundamentada com a indicação das diligências faltantes a serem realizadas.

Recepção do Enunciado nº 14-2ª CCR. 271ª Sessão, de 21.06.2004). Conforme portaria da 4ª CCR nº 05, de 3 de agosto de 2016, republicada em razão de incorreções na publicação do DMPFe, Caderno Extrajudicial nº 146/2016, divulgado em 3 de agosto de 2016, pág. 7.

Enunciado nº 53

É dever funcional do membro do Ministério Público Federal apresentar, fundamentadamente, contrarrazões em apelação, por força do princípio da indisponibilidade da ação penal pública.

Recepção do Enunciado nº 23-2ª CCR. (Sessão 445ª, de 07.08.2008). Conforme portaria da 4ª CCR nº 05, de 3 de agosto de 2016, republicada em razão de incorreções na publicação do DMPFe, Caderno Extrajudicial nº 146/2016, divulgado em 3 de agosto de 2016, pág. 7.

Enunciado nº 54

A *notitia criminis* anônima é apta a desencadear investigação penal sempre que contiver elementos concretos que apontem para a ocorrência de crime.

Recepção do Enunciado nº 24 -2ª CCR. Sessão 464ª, de 15.04.2009. Conforme portaria da 4ª CCR nº 05, de 3 de agosto de 2016, republicada em razão de incorreções na publicação do DMPFe, Caderno Extrajudicial nº 146/2016, divulgado em 3 de agosto de 2016, pág. 7.

Enunciado nº 55

Feito cível. Promoção de arquivamento de procedimento cível. Necessidade de se demonstrar as ações adotadas no âmbito criminal com vistas à responsabilização do infrator.

Considerando a unificação das atribuições civil e criminal no âmbito da 4ª CCR, na temática do Meio Ambiente e Patrimônio Cultural, bem como em atenção ao Princípio da Eficiência, as promoções de arquivamento dos feitos cíveis deverão demonstrar as ações adotadas no âmbito criminal, com vistas à responsabilização do infrator pelo fato investigado, ou justificativa razoável para não o fazer.

Conforme portaria da 4ª CCR nº 05, de 3 de agosto de 2016, republicada em razão de incorreções na publicação do DMPFe, Caderno Extrajudicial nº 146/2016, divulgado em 3 de agosto de 2016, pág. 7.

Enunciado nº 56

Considerando a unificação das atribuições civil e criminal no âmbito da 4ª CCR, na temática do Meio Ambiente e Patrimônio Cultural, bem como em atenção ao Princípio da Eficiência, as promoções de arquivamento dos feitos criminais deverão demonstrar as ações adotadas no âmbito civil, com vistas à responsabilização do infrator pelo dano causado, ou justificativa razoável para não o fazer.

Conforme portaria da 4ª CCR nº 05, de 3 de agosto de 2016, republicada em razão de incorreções na publicação do DMPFe, Caderno Extrajudicial nº 146/2016, divulgado em 3 de agosto de 2016, pág. 7.

Enunciado nº 57

Tem atribuição o Ministério Público Federal para atuar em procedimentos judiciais e extrajudiciais instaurados para apurar suposta inserção de dados falsos no sistema de controle de produtos florestais via DOF (Documento de Origem Florestal), considerando tratar - se de documento público federal, cujo sistema é mantido, administrado e de responsabilidade do IBAMA.

Deliberado na 503ª Sessão Ordinária, em 21 de junho de 2017.

Precedentes:

1.18.000.002587/2016-77 (PR-RO), DPF/AM-00562/2015-INQ (PR-AM), DPF/AM-00566/2015-INQ (PR-AM), DPF/RDO/PA-00058/2013-INQ (PRM-Redenção), DPF/AM-00647/2012-INQ (PR-AM)

Enunciado nº 58

O Ministério Público Federal tem atribuição para atuar em procedimento instaurado para averiguar a prática dos crimes previstos nos artigos 296, §1º, inciso III, do Código Penal e 29, §1º, inciso III, da Lei nº 9.605/1998 (adulteração de anilhas e manutenção de pássaros em cativeiro sem licença ou autorização), pois existe interesse federal no monitoramento da atividade de criador amador no País, haja vista a manutenção, pelo Instituto Brasileiro do Meio Ambiente e dos Recursos Naturais Renováveis (Ibama), de sistema para o controle da criação de pássaros silvestres por cidadãos (Sispass), restando configurada a competência federal, nos termos do artigo 109, IV, da Constituição Federal.

Deliberado na 545ª Sessão Ordinária, em 20 de fevereiro de 2019. Precedentes:JF-OUR-0000850-94.2017.4.03.6125-INQ, 1.11.000.001287/2018-93, PRM/MAR-3410.2016.000177-9-INQ, PRM/JAL-3427.2018.000029-0-INQ e 1.11.000.001431/2018-91.

Enunciado nº 59

Degradação ambiental em assentamentos do INCRA. Atribuição do MPF.

O Ministério Público Federal tem atribuição para atuar em procedimento instaurado que visa apurar possível degradação ambiental em assentamentos do INCRA, considerando a caracterização do interesse federal no feito, em conformidade com o art. 109, I, da Constituição Federal.

Deliberado na 545ª Sessão Ordinária, em 20 de fevereiro de 2019. Precedentes: 1.22.002.000420/2015-48 e 1.23.001.001112/2016-93.

Enunciado nº 60

Desmatamento em assentamentos do INCRA. Arquivamento.

Não é cabível o arquivamento de procedimento instaurado para apurar eventual desmatamento de floresta nativa em assentamentos do INCRA sem autorização do órgão ambiental competente, quando pela dimensão da área desmatada ficar evidenciado que seu uso não é para subsistência e houver nos autos indícios de autoria e materialidade suficientes ao oferecimento de denúncia ou à propositura de ação civil pública, visando a reparação do dano ambiental provocado.

Deliberado na 545ª Sessão Ordinária, em 20 de fevereiro de 2019. Precedentes: 1.20.004.000041/2017-74, 1.23.007.000017/2017-01 e 1.20.002.000170/2015-11.

Enunciado nº 61

Sistema de Informações Georreferenciadas – SIGEO. Insuficiência das informações.

As informações extraídas do Sistema de Informações Georreferenciadas – SIGEO não são suficientes para afastar a atribuição do MPF no feito, considerando que o sistema não possui todos os dados sobre as áreas federais existentes no País. Necessário, portanto, complementá-las com elementos referentes à ocorrência ou não do ilícito em área pertencente ou protegida pela União, podendo-se diligenciar o Incra, a SPU, o Ibama ou o ICMBio.

Deliberado na 545ª Sessão Ordinária, em 20 de fevereiro de 2019. Precedentes: 1.23.005.000322/2016-24 e 1.23.000.001291/2011-64.

Enunciado nº 62

A persecução penal dos crimes decorrentes da inserção de informações ideologicamente falsas no Sistema de Comercialização e Transporte de Produtos Florestais – Sisflora, gerido e operacionalizado por órgão estadual, previstos nos artigos 46 da Lei nº 9.605/98 e 299 do Código Penal, é da atribuição do Ministério Público Federal quando verificada, na cadeia de venda das empresas, a existência de transações interestaduais ou transnacionais.

Deliberado na 545ª Sessão Ordinária, em 20 de fevereiro de 2019. Precedentes: 1.23.000.003181/2016-41, 1.23.002.000053/2017-15 e 1.23.007.000325/2017-29.

Enunciado nº 63

Indeferimento de instauração de inquérito civil e direito individual disponível.

Cabe o indeferimento de instauração de inquérito civil quando a notícia de fato versar sobre direito individual disponível e as peculiaridades da situação concreta inviabilizarem o tratamento coletivo da questão, desde que observado o prazo de 30 dias previsto no art. 5º-A da Resolução CSMPF nº 87/2006.

Redação deliberada na 561ª Sessão Ordinária, em 12 de fevereiro de 2020.

Enunciado nº 64

Estudos ambientais. Licenciamento de Empreendimentos.

Os termos de referência e os estudos ambientais elaborados com o objetivo de permitir a avaliação da viabilidade ambiental de empreendimentos devem incluir a apresentação das alternativas locacionais, tecnológicas e modais, bem como a hipótese de não implantação do empreendimento. (Resolução CONAMA nº 1, de 23 de janeiro de 1986.)

Redação deliberada na 561ª Sessão Ordinária, em 12 de fevereiro de 2020.

Enunciado nº 65

Promoção de arquivamento. Realização de diligências necessárias.

Quando, em análise de promoção de arquivamento, a 4ª CCR determinar diligências imprescindíveis à sua decisão, os autos serão devolvidos ao membro que promoveu o arquivamento para cumprimento das diligências. Em havendo recusa fundamentada (art. 18, I, Resolução 87/2010 CSMPF), estes deverão ser remetidos ao Procurador chefe da unidade, para redistribuição.

Redação deliberada na 561ª Sessão Ordinária, em 12 de fevereiro de 2020.

Enunciado nº 66

Arquivamento. Resolução CNMP nº 174/2017. Notícia de Fato. Indeferimento de instauração.

É necessária a autuação das peças de informação, antes da remessa à Câmara, sempre que houver recurso contra o indeferimento de instauração de Notícia de Fato em razão da narrativa ser incompreensível ou não configurar lesão ou ameaça de lesão aos interesses ou direitos tutelados pelo Ministério Público (Art. 4º, § 4º da Resolução CNMP nº 174/2017.)

Redação deliberada na 561ª Sessão Ordinária, em 12 de fevereiro de 2020.

2.11 5ª CÂMARA DE COORDENAÇÃO E REVISÃO – COMBATE À CORRUPÇÃO

Enunciado nº 01

DESISTÊNCIA DE AÇÃO CIVIL PÚBLICA.

A desistência de ação civil pública demanda prévia consulta à Câmara instruída com razões de fato e de direito.

Aprovado na 98ª Sessão Ordinária, realizada em 20 de fevereiro de 1997.

Enunciado nº 02

ADIANTAMENTO DE DESPESAS.

É cabível recurso contra decisão para adiantamento de custas, honorários e quaisquer outras despesas de atos processuais.

Aprovado na 113ª Sessão Ordinária, realizada em 3 de setembro de 1997.

Enunciado nº 03

NOTIFICAÇÃO AO REPRESENTANTE DA PROMOÇÃO DE ARQUIVAMENTO.

(Convertido na Orientação nº 8, conforme deliberado na 978ª Sessão, de 06/12/2017).

Enunciado nº 04

PROMOÇÃO DE ARQUIVAMENTO E REGISTRO DE OUTRAS MEDIDAS.

A promoção de arquivamento de procedimento administrativo ou inquérito civil público deve registrar a existência de medidas no âmbito penal.

Aprovado na 849ª Sessão Ordinária, realizada em 15 de dezembro de 2014.

Enunciado nº 05

AUTOS NECESSÁRIOS PARA ACOMPANHAMENTO.

Não é cabível revisão de promoção de arquivamento quando os autos do PA ou ICP respaldaram integralmente a propositura de ação civil pública. Havendo necessidade de preservação dos autos para eventual consulta ou acompanhamento da respectiva ação é cabível a homologação do arquivamento físico e os autos devolvidos à origem.

Aprovado na 224ª Sessão Ordinária, realizada em 12 de fevereiro de 2003.

Enunciado nº 06

REMESSA DE DOCUMENTOS PARA PUBLICAÇÃO/REGISTRO.

As Portarias de instauração de PA ou ICP, os Termos de Ajustamento de Condutas, as Recomendações e as Petições iniciais de ações serão encaminhadas para publicação, se for o caso, e registros.

Aprovado na 230ª Sessão Ordinária, realizada em 31 de março de 2003.

Enunciado nº 07

DIVULGAÇÃO DA LEI 9.452/97.

Revogado, conforme deliberado na 945ª Sessão, de 15/03/2017.

Enunciado nº 08

ARQUIVAMENTO. RESSARCIMENTO. ACÓRDÃO DO TCU.

Promovido o arquivamento de ICP ou PIC por ausência de infração ou por prescrição, o órgão do MPF fica dispensado de adotar medidas ressarcitórias quando o fato investigado também for objeto de acórdão condenatório do TCU.

Aprovado 872ª Sessão Ordinária, realizada em 30 de junho de 2015.

Enunciado nº 09

AÇÃO CIVIL PÚBLICA POR DANOS MORAIS.

É cabível ao Ministério Público Federal o ajuizamento de ação civil pública por danos morais causados ao patrimônio público e social, como base no art. 1º c/c o inciso V da Lei nº 7.347/85.

Aprovado 294ª Sessão Ordinária, realizada em 25 de outubro de 2004.

Enunciado nº 10

INSTAURAÇÃO DE INQUÉRITO CIVIL PÚBLICO E PROCEDIMENTO ADMINISTRATIVO.

Revogado, conforme deliberado na 945ª Sessão, de 15/03/2017.

Enunciado nº 11

IRRECORRIBILIDADE DAS DECISÕES DA CÂMARA.

Cancelado, conforme deliberado na 510ª Sessão, de 21/10/2009 e na 511ª Sessão, de 26/10/2009.

Enunciado nº 12

Vide Enunciado nº 32

DECLÍNIO DE ATRIBUIÇÕES. HOMOLOGAÇÃO PELA 5ª CCR.

Os autos de procedimento administrativo em que o membro oficiante tenha declinado de atribuições em favor do Ministério Público Estadual ou de outro ramo do Ministério Público da União deverão ser encaminhados à 5ª CCR, que apreciará, em mesa, os fundamentos da decisão, independentemente de distribuição.

Aprovado na 526ª Sessão Ordinária, realizada em 12 de fevereiro de 2010 e 527ª Sessão Ordinária, realizada em 22 de fevereiro de 2010.

Enunciado nº 13

ARQUIVAMENTO DE PROCEDIMENTOS ADMINISTRATIVOS POR AJUIZAMENTO DE AÇÃO.

Proposta ação penal e/ou ação de improbidade administrativa, é desnecessária a remessa do Procedimento Administrativo correlato à 5ª CCR, com vistas à homologação do seu arquivamento, exceto quando restar matéria ou imputação não incluída na pretensão deduzida no processo judicial. Referência: L.C. 75/93, art. 62, IV, e 6º, XX; L. 7.347/85, art. 9º.

Aprovado na 914ª Sessão Ordinária, realizada em 1 de junho de 2016.

Enunciado nº 14

CONDUTA ÍMPROBA DE BAIXO POTENCIAL/PEQUENO PREJUÍZO AO ERÁRIO.

Revogado, conforme deliberado na 945ª Sessão, de 15/03/2017.

Enunciado nº 15

OUTORGA DE CONCESSÃO DE SERVIÇO DE RADIODIFUSÃO.

A outorga de concessão dos serviços de radiodifusão de sons e imagens de fins educativos exige prévio procedimento licitatório.

Aprovado na 576ª Sessão Ordinária, realizada em 25 de novembro de 2010.

Enunciado nº 16

DECLÍNIO DE ATRIBUIÇÕES.

Em havendo transferência de recursos da União, inclusive fundo a fundo, a fiscalização Federal atrai a atribuição do Ministério Público Federal.

Aprovado na 603ª Sessão Ordinária, realizada em 2 de junho de 2011.

Enunciado nº 17

DECLÍNIO DE ATRIBUIÇÕES.

Constatada a ausência de utilização de verbas federais, na obra ou serviço, falece atribuição ao Ministério Público Federal para atuar.

Aprovado na 603ª Sessão Ordinária, realizada em 2 de junho de 2011.

Enunciado nº 18

DECLÍNIO DE ATRIBUIÇÕES.

Tratando-se de questão relacionada a interesse estritamente municipal ou estadual, não compete ao Ministério Público Federal adotar providências.

Aprovado na 603ª Sessão Ordinária, realizada em 2 de junho de 2011.

Enunciado nº 19

DECLÍNIO DE ATRIBUIÇÕES.

Revogado, conforme deliberado na 866ª Sessão, de 20/05/2015.

Enunciado nº 20

DECLÍNIO DE ATRIBUIÇÕES.

Em caso de desvio de verbas do FUNDEB, se não houve complementação pela União, a atribuição cível é do Ministério Público Estadual. Na seara criminal, considerando interesse federal reconhecido pelo STF, a atribuição será sempre do Ministério Público Federal.

Nota do autor: não há a indicação da publicação ou aprovação, apenas constando na página http://www.mpf.mp.br/atuacao-tematica/ccr5/enunciados

Enunciado nº 21

DECISÃO DE NÃO RECORRER DE SENTENÇA OU ACÓRDÃO.

Cancelado, conforme deliberado na 959ª Sessão, de 01/06/2017.

Enunciado nº 22

COMUNICAÇÃO DE REPASSES DO FNDE.

Comunicação de Repasses do FNDE – Em se tratando de mera comunicação de repasses de verbas do FNDE às Prefeituras municipais, em cumprimento à Resolução nº 53/2009, item 8.3, V, daquela autarquia, é desnecessária a remessa à 5ª Câmara de Coordenação e Revisão do correlato Procedimento Administrativo com vistas à homologação do seu arquivamento, sendo suficiente a comunicação.

Aprovado na 621ª Sessão Ordinária, realizada em 17 de outubro de 2011

Enunciado nº 23

PROMOÇÃO DE ARQUIVAMENTO POR PRESCRIÇÃO QUANDO INVESTIGADO PREFEITO MUNICIPAL OU GOVERNADOR DE ESTADO.

A promoção de arquivamento, de procedimento administrativo ou inquérito civil público, em que apurada eventual improbidade administrativa atribuída a prefeito municipal ou governador de Estado, em razão de prescrição, deve registrar a ocorrência ou não de reeleição.

Aprovado na 655ª Sessão Ordinária, realizada em 17 de setembro de 2012.

Enunciado nº 24

ATUAÇÃO MINISTERIAL NAS AÇÕES POR ATO DE IMPROBIDADE PROPOSTAS POR ENTE NÃO FEDERAL.

Nas ações por ato de improbidade administrativa propostas por entidades não federais por lesão a bens ou interesses federais, se a petição inicial atender aos pressupostos legais e não houver outro defeito processual, deve o Ministério Público Federal ingressar no polo ativo, para garantir a tramitação do feito na Justiça Federal.

Aprovado na 675ª Sessão Ordinária, realizada em 12 de novembro de 2012.

Enunciado nº 25

ATUAÇÃO MINISTERIAL NAS AÇÕES POR ATO DE IMPROBIDADE PROPOSTAS POR ENTE NÃO FEDERAL.

Nas ações por ato de improbidade administrativa propostas por entidades não federais por lesão a bens ou interesses federais, havendo inépcia ou outro defeito processual grave, compete ao Procurador oficiante: a) se sanável o defeito, ingressar no polo ativo; b) se insanável o defeito, manifestar-se como custos legis pela extinção e ajuizar nova ação ou instaurar procedimento administrativo no MPF.

Aprovado na 675ª Sessão Ordinária, realizada em 12 de novembro de 2012.

Enunciado nº 26

ATUAÇÃO MINISTERIAL NAS AÇÕES CIVIS PÚBLICAS E NAS AÇÕES POPULARES PROPOSTAS POR COLEGITIMADOS.

Nas Ações Civis Públicas propostas por colegitimados e nas Ações Populares, deve haver a intervenção do membro do Ministério Público Federal, de preferência para manifestar-se sobre o mérito da demanda.

Aprovado na 791ª Sessão Ordinária, realizada em 13 de março de 2014.

Enunciado nº 27

ARQUIVAMENTO DE INQUÉRITO CIVIL OU PROCEDIMENTO ADMINISTRATIVO. PROCEDIMENTO DE ACOMPANHAMENTO.

O arquivamento de inquérito civil ou procedimento administrativo fica subordinado à instauração de procedimento administrativo de acompanhamento, quando ainda não houver elementos para a formação da convicção do órgão do Ministério Público Federal, ante a pendência de providência administrativa externa diversa de inquérito policial (v.g. análise de prestação de contas).

Aprovado na 847ª Sessão Ordinária, realizada em 24 de novembro de 2014.

Enunciado nº 28

PROMOÇÃO DE ARQUIVAMENTO E REGISTRO DE OUTRAS MEDIDAS.

A promoção de arquivamento de procedimento investigatório criminal deve registrar a existência de medidas no âmbito civil.

Aprovado na 849ª Sessão Ordinária, realizada em 15 de dezembro de 2014.

Enunciado nº 29

SOCIEDADE DE ECONOMIA MISTA. RESPONSABILIDADE PENAL, POR IMPROBIDADE ADMINISTRATIVA E DA LEI ANTICORRUPÇÃO. PREJUÍZO AO CAPITAL DE ENTE FEDERAL. ATRIBUIÇÃO DO MPF.

O Ministério Público Federal tem atribuição para promover medidas tendentes à responsabilização penal e por improbidade administrativa e, também, as previstas na Lei 12.846, de 2013, em face de atos lesivos a sociedade de economia mista cuja acionista majoritária seja a União, sempre que evidenciado o interesse direto desta, como no caso em que o prejuízo sofrido pela sociedade empresarial repercuta ou possa repercutir no capital do ente político federal.

Aprovado na 859ª Sessão Ordinária, realizada em 25 de março de 2015.

Enunciado nº 30

INVESTIGAÇÃO DE FATOS DE DÚPLICE REPERCUSSÃO (CRIMINAL E CÍVEL).

Revogado, conforme deliberado na 961ª Sessão, de 29/06/2017.

Enunciado nº 31

DUPLICIDADE DE INVESTIGAÇÃO DA MESMA NATUREZA. PRESCINDIBILIDADE DE HOMOLOGAÇÃO DE ARQUIVAMENTO.

O arquivamento de procedimento preparatório, inquérito civil ou investigação criminal, com base na existência de outro procedimento de idêntica natureza, para a apuração dos mesmos fatos, prescinde de homologação da 5ªCCR, bastando o registro no Sistema Único para fins de cientificação.

Aprovado na 877ª Sessão Ordinária, realizada em 1º de setembro de 2015.

Enunciado nº 32

DECLÍNIO DE ATRIBUIÇÃO EM PP, ICP OU PIC COM BASE EM ENUNCIADO.

Quando o declínio de atribuições, em procedimento cível ou criminal, tiver por base entendimento já expresso em enunciado da 5ª Câmara, os autos poderão ser remetidos diretamente ao Ministério Público com a respectiva atribuição, comunicando-se à 5ª Câmara de Coordenação e Revisão por meio do Sistema Único. Aplicação analógica do §3º, art. 6º, da Resolução 107 do CSMPF, de 6.4.2010.

Aprovado na 947ª Sessão Ordinária, realizada em 23 de março de 2017.

Enunciado nº 33

PROMOÇÃO DE ARQUIVAMENTO COM BASE EM ENUNCIADO. DESNECESSIDADE DE ENCAMINHAMENTO DOS AUTOS.

Quando o arquivamento de procedimento preparatório, inquérito civil ou procedimento administrativo criminal tiver por base entendimento já expresso em enunciado da 5ª Câmara, os autos não precisam ser remetidos a esta Câmara de Coordenação e Revisão, que deverá ser comunicada por meio do Sistema Único.

Aprovado na 947ª Sessão Ordinária, realizada em 23 de março de 2017.

Enunciado nº 34

CONDUTA DE BAIXA OFENSA PATRIMONIAL E DIMINUTA LESÃO A BENS IMATERIAIS.

Convertido na Orientação nº 3, conforme deliberado na 945ª Sessão, de 15/03/2017.

Enunciado nº 35

SONEGAÇÃO E NÃO REPASSE DE CONTRIBUIÇÕES PREVIDENCIÁRIAS.

A persecução dos atos de improbidade administrativa relativos à sonegação de contribuições previdenciárias ou não repasse destas à Previdência Social, quando imputados a agente público das esferas estadual e municipal, é da atribuição do Ministério Público Estadual se efetivado o pagamento ou se existir parcelamento dos respectivos débitos.

Aprovado na 911ª Sessão Ordinária, realizada em 17 de maio de 2016.

Enunciado nº 36

CONTROLE EXTERNO DA ATIVIDADE POLICIAL.

O controle revisional das promoções de arquivamento de procedimentos administrativos investigatórios de crimes funcionais e atos de improbidade, quando imputados a agente público no exercício da atividade policial, não se insere na esfera de competência da 5ª CCR/MPF.

Aprovado na 911ª Sessão Ordinária, realizada em 17 de maio de 2016.

Enunciado nº 37

CONCURSO PÚBLICO

O controle revisional das promoções de arquivamento de procedimentos administrativos relativos à regularidade de concursos públicos, sem imputação de fato que em tese configure improbidade administrativa, não se insere na esfera de competência da 5ª CCR/MPF.

Aprovado na 911ª Sessão Ordinária, realizada em 17 de maio de 2016.

Enunciado nº 38

NEPOTISMO

O Ministério Público Federal não tem atribuição para agir em casos de nepotismo no âmbito da administração estadual ou municipal.

Aprovado na 914ª Sessão Ordinária, realizada em 1º de junho de 2016.

Enunciado nº 39

REGIME PRÓPRIO DE PREVIDÊNCIA

Revogado, conforme deliberado na 959ª Sessão, de 01/06/2017.

Enunciado nº 40

A apuração de irregularidades na gestão do serviço de transporte escolar, inclusive aquelas consistentes na inobservância de regras de trânsito, não é de atribuição do MPF, ainda que tenha havido utilização de verbas do Programa Nacional de Apoio ao Transporte do Escolar (PNATE), por preponderar, nesses casos, o interesse local.

Aprovado na 984ª Sessão Ordinária, realizada em 8 de março de 2018.

Enunciado nº 41

A prática de assédio moral por agente público federal pode configurar ato de improbidade administrativa.

Aprovado na 1004ª Sessão Ordinária, realizada em 15 de agosto de 2018.

Enunciado nº 42

O representante legal do estabelecimento credenciado no Programa Farmácia Popular do Brasil é equiparado a agente público para os efeitos da Lei Improbidade Administrativa.

Aprovado na 987ª Sessão Ordinária, realizada em 22 de março de 2018.

2.12 ENUNCIADOS CONJUNTOS

Enunciado conjunto 5ª e 6ª Câmaras de Coordenação e Revisão

A Fundação Nacional de Saúde tem a responsabilidade de, nos casos em que se constate a presença de populações indígenas, situadas em áreas regularizadas ou não, adotar medidas possíveis visando ao seu pleno atendimento, no campo da saúde e do saneamento básico, inclusive com a execução de obras de caráter permanente ou temporário.

Aprovado em 12 de agosto de 2009.

2.13 6ª CÂMARA – POPULAÇÕES INDÍGENAS E COMUNIDADES TRADICIONAIS

Enunciado nº 01 (GTSI)

Cancelado no XIV Encontro Nacional da 6ªCCR em 5/12/2014.

Enunciado nº 02 (GTSI)

Compete aos Distritos Sanitários Especiais Indígenas promover e viabilizar a formação, instalação e funcionamento dos Conselhos Locais e Distritais de Saúde Indígena, situados nas respectivas áreas de jurisdição, instâncias de controle social, responsáveis pela aprovação e fiscalização dos planos de ação dirigidos à prestação de saúde indígena, bem como a verificação:

a) da composição dos Conselhos Distritais, observando a paridade e participação das diferentes etnias;

b) da implementação e o pleno funcionamento dos Conselhos Locais;

c) da existência e observância do regimento interno no âmbito dos Conselhos Distritais;

d) da regularidade e periodicidade das reuniões dos Conselhos Locais e Distritais;

e) do pleno exercício das atribuições dos Conselhos Locais e Distritais.

Aprovado no XIV Encontro Nacional da 6ª CCR em 5/12/2014.

Enunciado nº 03 (GTSI)

Cancelado no XIV Encontro Nacional da 6ªCCR em 5/12/2014.

Enunciado nº 04 (GTSI)

Cancelado no XIV Encontro Nacional da 6ªCCR em 5/12/2014.

Enunciado nº 05 (GTSI)

Cancelado no XIV Encontro Nacional da 6ªCCR em 5/12/2014.

Enunciado nº 06 (GTSI)

É imprescindível a presença de antropólogos nos DSEI's – Distritos Sanitários Especiais Indígenas, em especial nas CASAIs.

Conforme acesso em 07 de agosto de 2020 ao site: http://www.mpf.mp.br/atuacao-tematica/ccr6/copy_of_enunciados/enunciados

Enunciado nº 07 (GTSI)

O Poder Público deve promover a proteção e assistência aos índios que vivem fora das Terras Tradicionais, dando efetividade ao direito à saúde diferenciada.

Conforme acesso em 07 de agosto de 2020 ao site: http://www.mpf.mp.br/atuacao-tematica/ccr6/copy_of_enunciados/enunciados

Enunciado nº 08 (GTSI)

Às crianças e adolescentes indígenas são garantidos todos os direitos sociais estabelecidos na Constituição, tal como o salário-maternidade, independentemente de sua idade, devendo os órgãos públicos responsáveis observar os costumes e tradições de cada comunidade, com a utilização de estudos antropológicos adequados.

Conforme acesso em 07 de agosto de 2020 ao site: http://www.mpf.mp.br/atuacao-tematica/ccr6/copy_of_enunciados/enunciados

Enunciado nº 09

Enunciado elaborado em conjunto da 5ª e 6ª CCRs:

A SESAI e os DSEIs têm a responsabilidade de, nos casos em que se constate a presença de populações indígenas, situadas em áreas regularizadas ou não, adotar todas medidas possíveis visando ao seu pleno entendimento, no campo da saúde e do saneamento básico, inclusive com a execução de obras de caráter permanente ou temporário.

Conforme acesso em 07 de agosto de 2020 ao site: http://www.mpf.mp.br/atuacao-tematica/ccr6/copy_of_enunciados/enunciados

Enunciado nº 10

Enunciado elaborado em conjunto da 5ª e 6ª CCRs:

O Ministério da Educação e as Secretarias Estaduais e Municipais têm a responsabilidade de, nos casos em que se constate a presença de populações indígenas, situadas em áreas regularizadas ou não, adotar todas as medidas possíveis visando o pleno atendimento do direito à educação, inclusive com a execução de obras de caráter permanente ou temporário, conforme a peculiaridades locais e culturais do povo indígena a ser atendido.

Aprovado no XIV Encontro Nacional da 6ª CCR em 5/12/2014.

Enunciado nº 11

É possível o pagamento de indenização aos ocupantes de terras indígenas (possuidores ou não de títulos) com base no princípio da proteção à confiança legítima. O cabimento e os limites de aplicação desse princípio serão analisados casuisticamente.

Criado no XIV Encontro Nacional da 6ªCCR em 5/12/2014.

Enunciado nº 12

A consulta livre, prévia e informada da Convenção nº 169 da OIT deve ser realizada antes de o Conselho Nacional de Políticas Energéticas decidir a construção de uma usina hidrelétrica.

Criado no XIV Encontro Nacional da 6ªCCR em 5/12/2014.

Enunciado nº 13

O diagnóstico do meio socioeconômico é parte integrante do EIA/RIMA. O EIA não pode ser submetido às audiências públicas sem o completo diagnóstico dos meios socioeconômico, físico e biótico, previsto na Resolução nº 01/1986 do CONAMA.

Criado no XIV Encontro Nacional da 6ªCCR em 5/12/2014.

Enunciado nº 14

O RIMA sempre deve ser elaborado em linguagem acessível e compreensível por toda a população a que se destina, sendo que, no caso de serem impactados povos indígenas, referido relatório deverá ser traduzido para as respectivas línguas.

Criado no XIV Encontro Nacional da 6ªCCR em 5/12/2014.

Enunciado nº 15

O estudo dos impactos de um empreendimento sobre os povos indígenas e quilombolas não depende de demarcação formal das respectivas terras.

Criado no XIV Encontro Nacional da 6ªCCR em 5/12/2014.

Enunciado nº 16

Quanto ao aproveitamento dos corpos d'água, ao se planejar, licenciar ou autorizar empreendimentos, toda a extensão da bacia hidrográfica deve ser considerada na definição da área de influência, conforme determina o artigo 1º, inciso V, da lei nº 9.433/97 e o artigo 5º, inciso III, da Resolução nº 01/86 do CONAMA.

Criado no XIV Encontro Nacional da 6ªCCR em 5/12/2014.

Enunciado nº 17

As comunidades tradicionais estão inseridas no conceito de povos tribais da Convenção nº 169 da Organização Internacional do Trabalho.

Criado no XIV Encontro Nacional da 6ªCCR em 5/12/2014.

Enunciado nº 18

Para todo e qualquer empreendimento que gere impactos sobre o meio ambiente, devem ser considerados os efeitos cumulativos e sinérgicos.

Criado no XIV Encontro Nacional da 6ªCCR em 5/12/2014.

Enunciado nº 19

O MPF, dentre outros legitimados, tem atribuição para atuar judicial e extrajudicialmente em casos envolvendo direitos de quilombolas e demais comunidades tradicionais, sendo a competência jurisdicional da justiça federal. Tal atribuição se funda no artigo 6º, inciso VII, alínea "c", e artigo 5º, inciso III, alínea "c", da Lei Complementar nº 75/93, no fato de que a tutela de tais interesses corresponde à proteção e promoção do patrimônio cultural nacional (artigos 215 e 216 da Constituição); envolve políticas públicas federais, bem como o cumprimento dos tratados internacionais de direitos humanos, notadamente da Convenção nº 169 da OIT.

Criado no XIV Encontro Nacional da 6ªCCR em 5/12/2014.

Enunciado nº 20

As comunidades remanescentes de quilombos têm direito à proteção possessória de suas terras independentemente de processo administrativo correlato, cabendo ao MPF defender esse direito.

Criado no XIV Encontro Nacional da 6ªCCR em 5/12/2014.

Enunciado nº 21

É necessário diagnosticar o atual panorama nacional da educação escolar indígena, quilombola e demais comunidades tradicionais e avaliar as responsabilidades das três esferas de governo para garantir os processos próprios de aprendizagem.

Criado no XIV Encontro Nacional da 6ªCCR em 5/12/2014.

Enunciado nº 22

Em casos de sobreposição territorial entre comunidades tradicionais e/ou unidades de conservação, é necessária a realização de estudo antropológico para contextualizar a dinâmica sociocultural.

Criado no XIV Encontro Nacional da 6ªCCR em 5/12/2014.

Enunciado nº 23

As várias formas de proteção no âmbito cultural reforçam, e não substituem, a pretensão de titulação territorial.

Criado no XIV Encontro Nacional da 6ªCCR em 5/12/2014.

Enunciado nº 24

Impõe-se a atuação do MPF pela implementação de políticas públicas destinadas às comunidades tradicionais, independentemente da regularização fundiária e de qualquer ato oficial de reconhecimento.

Criado no XIV Encontro Nacional da 6ªCCR em 5/12/2014.

Enunciado nº 25

Os direitos territoriais dos povos indígenas, quilombolas e outras comunidades tradicionais têm fundamento constitucional (art. 215, art. 216 e art. 231 da CF 1988; art. 68 ADCT/CF) e convencional (Convenção nº 169 da OIT). Em termos gerais, a presença desses povos e comunidades tradicionais tem sido fator de contribuição para a proteção do meio ambiente. Nos casos de eventual colisão, as categorias da Lei 9.985 não podem se sobrepor aos referidos direitos territoriais, havendo a necessidade de harmonização entre os direitos em jogo. Nos processos de equacionamento desses conflitos, as comunidades devem ter assegurada a participação livre, informada e igualitária. Na parte em que possibilita a remoção de comunidades tradicionais, o artigo 42 da Lei 9.985 é inconstitucional, contrariando ainda normas internacionais de hierarquia supralegal.

Criado no XIV Encontro Nacional da 6ªCCR em 5/12/2014.

Enunciado nº 26

O uso sustentável de recursos naturais por parte de povos e comunidades tradicionais é assegurado pela Constituição Federal (arts. 215 e 216) e pela Convenção nº 169 da OIT (art. 14, I), dentro e fora de seus territórios.

Criado no XIV Encontro Nacional da 6ªCCR em 5/12/2014.

Enunciado nº 27

Os direitos territoriais dos povos quilombolas e outros povos e comunidades tradicionais gozam da mesma hierarquia dos direitos dos povos indígenas, pois ambos desfrutam de estatura constitucional. Em casos de conflito, é necessário buscar a harmonização entre estes direitos, consideradas as especificidades de cada situação.

Criado no XIV Encontro Nacional da 6ªCCR em 5/12/2014.

Enunciado nº 28

Os direitos territoriais dos povos e comunidades indígenas, quilombolas e outras tradicionais gozam da mesma hierarquia constitucional que o interesse público na proteção da segurança nacional. Em casos de conflito, é necessário buscar a harmonização proporcional entre os bens jurídicos em jogo. Nos processos de equacionamento dessas colisões, as comunidades devem ter assegurada a participação livre, informada e igualitária.

Criado no XIV Encontro Nacional da 6ªCCR em 5/12/2014.

Enunciado nº 29

A consulta prevista na Convenção nº 169 da Organização Internacional do Trabalho é livre, prévia e informada, e realiza-se por meio de um procedimento dialógico e culturalmente situado. A consulta não se restringe a um único ato e deve ser atualizada toda vez que se apresente um novo aspecto que interfira de forma relevante no panorama anteriormente apresentado.

Criado no XIV Encontro Nacional da 6ªCCR em 5/12/2014.

Enunciado nº 30

Na formulação dos planos e programas de desenvolvimento nacional e regional, as comunidades têm direito a ver consideradas suas próprias prioridades.

Criado no XIV Encontro Nacional da 6ªCCR em 5/12/2014.

Enunciado nº 31

O direito à participação com o objetivo de obtenção do consentimento livre, prévio e informado implica a necessidade do reconhecimento do direito de cooperação dos povos na produção da informação (art. 7.3 da Convenção nº 169 da OIT), possibilitando às comunidades a avaliação da incidência social, espiritual, cultural e sobre o meio ambiente que as atividades propostas possam provocar.

Criado no XIV Encontro Nacional da 6ªCCR em 5/12/2014.

Enunciado nº 32

Depende de consulta, conforme previsto na Convenção nº 169 da OIT, a expedição de alvará de pesquisa e títulos de lavra minerários sobre áreas ocupadas por povos e comunidades tradicionais, independentemente de titulação, sob pena de nulidade.

Criado no XIV Encontro Nacional da 6ªCCR em 5/12/2014.

Enunciado nº 33

Os estudos ambientais elaborados com o objetivo de permitir a avaliação da viabilidade ambiental de empreendimentos devem obrigatoriamente incluir a apresentação das alternativas locacionais, tecnológicas e modais, bem como a alternativa de não implantação do empreendimento.

Criado no XIV Encontro Nacional da 6ªCCR em 5/12/2014.

Enunciado nº 34

Os bens ambientais cujo aproveitamento é autorizado no curso do licenciamento ambiental são bens de uso comum do povo. O MPF, em sua atuação, deve pugnar pela implementação dos instrumentos de gestão democrática da Política Nacional de Recursos Hídricos (Lei nº 9.433/97), garantindo a participação de povos e comunidades tradicionais, com fiscalização, por exemplo, da instalação e funcionamento dos comitês de bacia, planos de recursos hídricos, declaração de disponibilidade e ou outorga de direitos de uso de recursos hídricos.

Criado no XIV Encontro Nacional da 6ªCCR em 5/12/2014.

Enunciado nº 35

Depende de consulta, conforme previsto na Convenção nº 169 da OIT, a outorga de áreas para pesca que afetem povos e comunidades tradicionais.

Criado no XIV Encontro Nacional da 6ªCCR em 5/12/2014.

Enunciado nº 36

O regime tutelar previsto na Lei nº 6.001/73 (Estatuto do Índio) não foi recepcionado pelos art.231 e 232 da Constituição da República, de modo que os povos indígenas são partes legítimas para diretamente comparecer em juízo, nos polos ativo e passivo, nos processos judiciais que os afetem direta e indiretamente. Diante disso, é devida, pelo membro do Ministério Público Federal, a provocação para que a comunidade seja citada/intimada, especialmente em processos que visem desconstituir atos ou procedimentos de demarcação, sem prejuízo da atuação do Ministério Público Federal e da Fundação Nacional do Índio.

Aprovado pelo colegiado na 428 R.O.

Enunciado nº 37

A 6ª Câmara de Coordenação e Revisão reafirma as conclusões da Nota Técnica nº 02/2018/6ªCCR, entendendo que o Parecer Normativo 001/2017/GAB/CGU/AGU não deve ser utilizado para restringir direitos indígenas já assegurados na Constituição Federal.

Conforme acesso em 07 de agosto de 2020 ao site: http://www.mpf.mp.br/atuacao-tematica/ccr6/copy_of_enunciados/enunciados

Enunciado nº 38

A data da promulgação da Constituição Federal de 1988 não deve ser utilizada como marco temporal para restrição do pleno exercício dos direitos territoriais indígenas nela previstos.

Conforme acesso em 07 de agosto de 2020 ao site: http://www.mpf.mp.br/atuacao-tematica/ccr6/copy_of_enunciados/enunciados

Enunciado nº 39

As condicionantes fixadas no julgamento do caso Raposa Serra do Sol, PET 3.388, em especial a que trata da vedação de ampliação de terras, aplicam-se somente a este caso concreto, razão pela qual não devem ser utilizadas como fundamento para restrição dos direitos indígenas.

Conforme acesso em 07 de agosto de 2020 ao site: http://www.mpf.mp.br/atuacao-tematica/ccr6/copy_of_enunciados/enunciados

Enunciado nº 40

O MPF tem atribuição para atuar judicial e extrajudicialmente nos casos de impactos de empreendimentos sobre as comunidades indígenas e outros povos e comunidades tradicionais, por força dos arts. 129, V, da Constituição Federal e do art. 5º, III, e do art. 6º, VI, c, da Lei Complementar n. 75.

Conforme acesso em 07 de agosto de 2020 ao site: http://www.mpf.mp.br/atuacao-tematica/ccr6/copy_of_enunciados/enunciados

Enunciado nº 41

O MPF tem atribuição para atuar judicial e extrajudicialmente nos casos de terras reivindicadas por indígenas e outras comunidades tradicionais, ainda que não tenha sido concluído (ou nem mesmo aberto) processo de identificação e demarcação dessas terras.

Conforme acesso em 07 de agosto de 2020 ao site: http://www.mpf.mp.br/atuacao-tematica/ccr6/copy_of_enunciados/enunciados

Enunciado nº 42

O MPF tem atribuição para atuar judicial e extrajudicialmente nos casos de mortes, ameaças e outras violações de direitos humanos de lideranças indígenas, quilombolas e de outras comunidades tradicionais, consideradas, nessa condição, como defensoras de direitos humanos, não devendo essas violações ser tratadas em dimensão individual, mas como agressões ao seu povo.

Conforme acesso em 07 de agosto de 2020 ao site: http://www.mpf.mp.br/atuacao-tematica/ccr6/copy_of_enunciados/enunciados

Enunciado nº 43

O Ministério Público Federal tem atribuição para atuar judicial e extrajudicialmente nos casos envolvendo direitos e implementação de políticas públicas para comunidades remanescentes de quilombos e demais populações tradicionais.

Conforme acesso em 07 de agosto de 2020 ao site: http://www.mpf.mp.br/atuacao-tematica/ccr6/copy_of_enunciados/enunciados

2.14 7ª CÂMARA – CONTROLE EXTERNO DA ATIVIDADE POLICIAL E SISTEMA PRISIONAL

Enunciado nº 01

É desnecessário o envio dos autos à 7ª CCR no caso de decisão ou promoção de arquivamento fundado na existência de outro procedimento investigatório com idêntico objeto (princípio do *ne bis in idem*), bastando a certificação do arquivamento nos autos remanescentes e a comunicação à Câmara por meio do sistema Único.

P.A. nº 1.00.000.018099/2015-05.

Enunciado nº 02

O Ministério Público Federal possui atribuição para a persecução de crime de tortura ou de maus tratos contra preso à disposição da Justiça Federal, ainda que esteja recolhido em estabelecimento prisional estadual e tenha o delito sido praticado por agente estadual (art. 109, IV, CF).

Procedimento Administrativo nº 1.00.000.001727/2016-24, deliberação da 18ª Sessão Ordinária de Coordenação, em 08/03/2016. Precedentes 1.16.000.003385/2011-11, 00001318-62.2014.4.05.8500, 1.23.002.000394/2014-30, 1.16.000.003385/2011-11.

Enunciado nº 03

O Ministério Público Federal possui atribuição para apurar irregularidades na atuação de policiais estaduais, inclusive policiais militares, desde que não se trate de crime militar, quando delas resultar prejuízo direto para a persecução penal federal, conforme identificado em sede de controle difuso.

Procedimento Administrativo nº 1.34.035.000015/2017-93, deliberação da 31ª Sessão Ordinária de Coordenação, em 12/09/2017.

Enunciado nº 04

Sem prejuízo das atribuições do Ministério Público local, o Ministério Público Federal tem atribuição para atuar na tutela coletiva de direitos em questões relativas a presídio estadual quando os fatos noticiados envolverem diretamente presos à disposição da Justiça Federal ou presos indígenas.

Nova redação. Deliberado da 39ª Sessão Ordinária de Coordenação, em 06/06/2018.

Enunciado nº 05

Nos casos em que a abertura do procedimento se der por representação, o representante será notificado da promoção de arquivamento e da faculdade de apresentar recurso e documentos, no prazo de 10 (dez) dias, contados da juntada da ciência. Após o transcurso desse prazo, com ou sem novas razões, os autos serão remetidos à 7ª CCR para apreciação em caso de manutenção da decisão recorrida (Resoluções CSMPF nº 77/04, art. 14, § 1º, e nº 87/10, art. 17, § 1º).

Procedimento Administrativo nº 1.00.000.001727/2016-24, aprovação deliberada na 23ª Sessão Ordinária de Coordenação, em 13/09/2016. Precedentes: Procedimento Preparatório nº 1.30.006.000149/2015-39; Inquérito Civil nº 1.34.001.006289/2013-50; Inquérito Civil nº 1.13.000.000689/2012-19; Procedimento Administrativo nº 1.18.000.000668/2013-90; Notícia de Fato nº 1.27.000.000774/2015-26.

Enunciado nº 06

É dispensável a autuação de procedimento próprio para análise de comunicação de prisão em flagrante (artigo 10 da LC nº 75/93), assim como é desnecessária a remessa para revisão da 7ª Câmara de procedimento porventura autuado para esse fim (artigos 5º e 11 da Resolução CNMP nº 174/2017), sem prejuízo das providências necessárias em caso de constatação de ilicitudes na atuação policial.

Procedimento Administrativo nº 1.00.000.001727/2016-24, aprovação deliberada na 31ª Sessão Ordinária de Coordenação, em 13/09/2017. Precedentes: 1.32.000.000426/2017-51; 1.32.000.000518/2017-31; 1.23.002.000310/2017-19; 1.22.002.000311/2017-55.

Enunciado nº 07

O Ministério Público Federal, por meio dos ofícios vinculados à 7a. CCR, tem atribuição para apurar, na esfera criminal e da improbidade administrativa, atos ilícitos envolvendo a aplicação de recursos financeiros de origem federal (FUNPEN) destinados ao sistema prisional.

Deliberado da 39ª Sessão Ordinária de Coordenação, em 06/06/2018.

Enunciado nº 08

O Ministério Público Federal possui atribuição para a persecução penal dos crimes de tortura e maus-tratos cometidos contra civis por militares da União, no exercício da função.

Procedimento Administrativo nº 1.00.000.009623/2019-19, aprovação deliberada na 47ª Sessão Ordinária de Coordenação, em 14/05/2019.

3 – MINISTÉRIO PÚBLICO DO TRABALHO

3.1 ENUNCIADOS DA CÂMARA DE COORDENAÇÃO E REVISÃO DO MPT

Enunciado nº 01

Cancelado na 52ª Sessão Extraordinária

Realizada no dia 8/10/2015 – DOU Seção 1 – 22/10/15 – pág. 135.

Enunciado nº 02

MATÉRIA PACIFICADA NA CCR. NÃO CONHECIMENTO DA REMESSA. DECISÃO MONOCRÁTICA DO RELATOR.

Tratando-se de matéria com orientação pacificada na Câmara de Coordenação e Revisão, o Relator, por decisão monocrática e invocando o respectivo precedente, não conhecerá da remessa.

49ª Sessão Extraordinária, realizada nos dias 25/2 e 10/3/2015 – DOU Seção 1 – 26/03/15 – págs. 76/77.

Enunciado nº 03

INDEFERIMENTO DE INSTAURAÇÃO DE INQUÉRITO CIVIL E PROMOÇÃO DE ARQUIVAMENTO DE INVESTIGAÇÃO. NECESSIDADE DE FUNDAMENTAÇÃO, SOB PENA DE NULIDADE DA DECISÃO. ARTIGO 93, INCISO IX, DA CRFB/88, ARTIGO 9º DA LEI 7.347/1985 E ARTIGOS 5º, CAPUT E 10, CAPUT, AMBOS DA RESOLUÇÃO 69/CSMPT.

É nula a decisão que indefere a instauração de inquérito civil ou que promove o arquivamento de procedimento preparatório ou de inquérito civil em curso, quando desprovida da necessária fundamentação, devendo, nesse caso, retornarem os autos ao membro oficiante para que promova novo pronunciamento devidamente fundamentado.

NOVA REDAÇÃO – APROVADA NA 239ª SESSÃO ORDINÁRIA DA CCR/MPT (realizada nos dias 24 e 25/5/2016). (DOU Seção 1 – 02/06/16 – págs. 75/83.

Enunciado nº 04

EMPRESA – SOCIEDADE – ENCERRAMENTO DE ATIVIDADES OU IMPOSSIBILIDADE DE LOCALIZAÇÃO.

Nos inquéritos civis e notícias de fato, nas quais forem comprovados o encerramento de atividades de empresa, sociedade ou entidade investigada ou denunciada, ou tornar-se impossível sua localização, após a exaustão das diligências destinadas a tal fim, caberá ao Relator, por despacho, homologar a promoção de arquivamento, devolvendo o processo à origem, salvo quando houver indício de existência de filial ou for hipótese de sucessão empresarial, o que determinará a remessa dos autos à PTM/Sede onde se localizar aquela, ou mesmo a continuidade da investigação em caso de empresa sucedida, ou, por fim, em virtude da necessidade de continuação dos atos investigatórios contra sócios da unidade extinta quando for o caso de desconsideração da personalidade jurídica.

49ª Sessão Extraordinária, realizada nos dias 25/2 e 10/3/2015 - DOU Seção 1 - 26/03/15 - págs. 76/77.

Enunciado nº 05

VIOLAÇÃO DE DIREITOS INDIVIDUAIS HOMOGÊNEOS-ATUAÇÃO DO MINISTÉRIO PÚBLICO DO TRABALHO-DISCRICIONARIEDADE DO PROCURADOR OFICIANTE.

Mantém-se, por despacho, o arquivamento da Representação quando a repercussão social da lesão não for significativamente suficiente para caracterizar uma conduta com consequências que reclamem a atuação do Ministério Público do Trabalho em defesa de direitos individuais homogêneos. A atuação do Ministério Público deve ser orientada pela 'conveniência social'. Ressalvados os casos de defesa judicial dos direitos e interesses de incapazes e população indígena.

49ª Sessão Extraordinária, realizada nos dias 25/2 e 10/3/2015 - DOU Seção 1 - 26/03/15 - págs. 76/77.

Enunciado nº 06

MEIO AMBIENTE DO TRABALHO. IRREGULARIDADES EM EMPRESA DE CONSTRUÇÃO CIVIL. CESSAÇÃO DAS ATIVIDADES APENAS EM DETERMINADO CANTEIRO DE OBRA. NÃO CARACTERIZAÇÃO DE PERDA DE OBJETO.

Quando a denúncia referir-se a descumprimento de normas de saúde e segurança do trabalho em empresa de construção civil, a investigação não perde o objeto mesmo que cessadas as atividades no canteiro-de-obra indicado na representação. A notícia de fato somente deve ser arquivada quando houver prova da inexistência de outras obras na base territorial de atuação do Procurador Oficiante, o que pode ser obtido mediante declaração do CREA, da SRTE, do denunciante, de testemunhas ou qualquer outro meio idôneo de prova.

49ª Sessão Extraordinária, realizada nos dias 25/2 e 10/3/2015 - DOU Seção 1 - 26/03/15 - págs. 76/77.

Enunciado nº 07

DENÚNCIA ANÔNIMA. ATUAÇÃO MINISTERIAL. INCIDÊNCIA DO ART. 2º, § 6º, DA RESOLUÇÃO Nº 69/2007 DO CSMPT.

1. Apenas o fato de a denúncia ser anônima não justifica o indeferimento liminar da notícia de fato se esta contiver elementos indiciários mínimos à deflagração da investigação.

2. O anonimato da denúncia, outrossim, não obsta a sua apuração, uma vez que o Ministério Público do Trabalho, na forma da Lei Complementar nº 75/93, dispõe de instrumentos legais de investigação necessários à perscrutação dos fatos e da sua autoria.

NOVA REDAÇÃO – APROVADA NA 251ª SESSÃO ORDINÁRIA DA CCR/MPT (realizada no dia 29/8/2017). (DOU Seção 1 – 18/9/17 – págs. 81/82).

Enunciado nº 08

INVESTIGAÇÃO REPETIDA.

Por decisão monocrática do Relator, não se conhece da remessa quando o fundamento do arquivamento for a existência de investigação repetida, hipótese em que os autos devem ser remetidos ao Procurador Oficiante no procedimento com idêntico objeto.

49ª Sessão Extraordinária, realizada nos dias 25/2 e 10/3/2015 – DOU Seção 1 – 26/03/15 – págs. 76/77.

Enunciado nº 09

NOTÍCIA DE FATO. INÉPCIA. NOTIFICAÇÃO DO DENUNCIANTE PARA ESCLARECER OS FATOS. NÃO HOMOLOGAÇÃO DO ARQUIVAMENTO QUANDO EXISTENTES INFORMAÇÕES MÍNIMAS PARA A ATUAÇÃO MINISTERIAL.

1. Não se considera inepta a notícia de fato que contenha elementos mínimos para dar ensejo a sua investigação, como a identificação do denunciado e a delimitação do objeto a ser apurado.

2. Constatado que a notícia de fato apresenta esses elementos mínimos à persecução ministerial, a circunstância de o denunciante não ter prestado maiores esclarecimentos sobre os fatos denunciados não impede a deflagração da investigação e não autoriza o arquivamento liminar do feito, uma vez possível ao órgão oficiante diligenciar minimamente, por qualquer meio instrutório, para apurar a veracidade dos fatos noticiados e avaliar com maior acuidade a viabilidade do prosseguimento do feito.

3. Uma vez verificado que a notícia de fato, apesar dos esforços engendrados pelo órgão oficiante, não ostenta condições ínfimas de prosseguimento, poderá o

membro relator da CCR homologar a promoção de arquivamento, devolvendo os autos à origem, desde que inexistente recurso administrativo no feito.

NOVA REDAÇÃO - APROVADA NA 251ª SESSÃO ORDINÁRIA DA CCR/MPT (realizada no dia 29/8/2017). (DOU Seção 1 - 18/9/17 - págs. 81/82).

Enunciado nº 10

CELEBRAÇÃO DE TAC. NÃO CONHECIMENTO DA REMESSA.

Não se conhece da remessa de procedimento encerrado em virtude de celebração de Termo de Ajustamento de Conduta entre o Ministério Público do Trabalho e o Denunciado.

49ª Sessão Extraordinária, realizada nos dias 25/2 e 10/3/2015 - DOU Seção 1 - 26/03/15 - págs. 76/77.

Enunciado nº 11

EXECUÇÃO DE TAC/ACP.

No processo de execução de TAC ou ACP o Procurador oficiante, no exercício de sua independência funcional e de acordo com seu juízo de conveniência e oportunidade, poderá renegociar prazos e condições de cumprimento das obrigações principais, bem como o valor da multa respectiva, inclusive para dispensá-la parcial ou integralmente, quando o interesse público assim o exigir e a medida se revelar oportuna e compatível com as metas do Ministério Público do Trabalho.

49ª Sessão Extraordinária, realizada nos dias 25/2 e 10/3/2015 - DOU Seção 1 - 26/03/15 - págs. 76/77.

Enunciado nº 12

INDEFERIMENTO LIMINAR E PROMOÇÃO DE ARQUIVAMENTO. NOTIFICAÇÃO DAS PARTES (RESOLUÇÃO nº 69/2007-CSMPT, Arts. 5º, *caput* e 10, § 1º).

1) Os interessados devem ser cientificados pessoalmente por AR ou por correio eletrônico dos indeferimentos liminares ou dos arquivamentos. Neste último caso, recomenda-se solicitar aviso de confirmação de leitura. Caso não localizados, a cientificação dos interessados dar-se-á por termo fixado no quadro de avisos da Regional ou Procuradoria do Trabalho no Município, com cópia nos autos.

2) Entende-se por interessados aqueles que têm legitimidade e interesse efetivo para recorrer da promoção de arquivamento ou do indeferimento liminar da instauração de inquérito civil, independentemente de serem parte no procedimento.

3) Há necessidade de notificação dos membros do Ministério Público, bem como da autoridade pública judiciária, administrativa ou legislativa que tenha comunicado a irregularidade.

4) É dispensável a comunicação de irregularidades/ilegalidades ao sindicato que não é parte no procedimento, pois embora detenha o dever legal de defender os direitos e interesses coletivos ou individuais da categoria que representa, não age de forma vinculada como o agente público, tendo em vista se constituir em entidade da esfera privada.

5) A fundamentação para que o denunciado seja notificado da proposta de arquivamento ou do indeferimento liminar da instauração de inquérito civil é a materialização dos princípios do contraditório e da ampla defesa, além de seu direito à informação.

49ª Sessão Extraordinária, realizada nos dias 25/2 e 10/3/2015 – DOU Seção 1 – 26/03/15 – págs. 76/77.

Enunciado nº 13

MANDADO DE SEGURANÇA CONTRA MEMBRO QUE PRESIDE PROCEDIMENTO INVESTIGATÓRIO. ATUAÇÃO *CUSTOS LEGIS* DO MPT.

Visando a preservação da unidade institucional, a atuação do Ministério Público do Trabalho como *custos legis* em Mandado de segurança impetrado contra Membro do Ministério Público que presida inquérito civil se fará somente mediante visto nos autos do mandado de segurança, exceto na hipótese em que a impetração do *writ* possa objetivamente ocasionar ofensa a prerrogativa do Membro do MPT, oportunidade em que haverá opinativo circunstanciado e encaminhamento de cópias de peças aos órgãos competentes.

49ª Sessão Extraordinária, realizada nos dias 25/2 e 10/3/2015 – DOU Seção 1 – 26/03/15 – págs. 76/77.

Enunciado nº 14

PROMOÇÃO DE ARQUIVAMENTO. HOMOLOGAÇÃO.

É desnecessária a fundamentação pelo órgão de revisão quando, após formado o juízo valorativo pertinente, decidir pela homologação da promoção de arquivamento.

49ª Sessão Extraordinária, realizada nos dias 25/2 e 10/3/2015 – DOU Seção 1 – 26/03/15 – págs. 76/77.

Enunciado nº 15

INQUÉRITO CIVIL PARA INVESTIGAR DESCUMPRIMENTO DE NORMAS DE SEGURANÇA E SAÚDE DO TRABALHO EM PESSOA JURÍDICA DE DIREITO PÚBLICO. ATRIBUIÇÃO DO MPT.

Cabe ao MPT investigar e propor ações coletivas que busquem a tutela do meio ambiente laboral na administração pública direta, ainda que o regime jurídico da pessoa jurídica de direito público seja de cunho estatutário. Inteligência da Súmula 736/STF e da Orientação 7, da CODEMAT.

49ª Sessão Extraordinária, realizada nos dias 25/2 e 10/3/2015 - DOU Seção 1 - 26/03/15 - págs. 76/77.

Enunciado nº 16

NOTIFICAÇÃO RECOMENDATÓRIA. NECESSÁRIA AVERIGUAÇÃO DO ATENDIMENTO DOS SEUS TERMOS.

A mera expedição de Notificação Recomendatória, sem quaisquer subsídios posteriores que indiquem a regularidade da empresa denunciada, não serve como fundamento para arquivamento da investigação. Necessidade de complementação investigatória a fim de averiguar seu atendimento.

49ª Sessão Extraordinária, realizada nos dias 25/2 e 10/3/2015 - DOU Seção 1 - 26/03/15 - págs. 76/77.

Enunciado nº 17

AUDIÊNCIA ADMINISTRATIVA. FORMALIDADE DO ATO. OITIVA DO DENUNCIANTE E TESTEMUNHAS. ATO PRIVATIVO DE PROCURADOR DO TRABALHO.

A oitiva de testemunhas, denunciantes e investigados é providência a cargo do Procurador do Trabalho, a ser realizada, de regra, mediante atendimento de todas as formalidades próprias da audiência administrativa. A determinação à Secretaria de Apoio para inquirir pessoas, pessoalmente ou mediante contato telefônico, é medida que não se presta a produzir prova válida.

49ª Sessão Extraordinária, realizada nos dias 25/2 e 10/3/2015 - DOU Seção 1 - 26/03/15 - págs. 76/77.

Enunciado nº 18

CONFLITO NEGATIVO DE ATRIBUIÇÕES. DENÚNCIA COM OBJETO IDÊNTICO A INVESTIGAÇÃO ANTERIORMENTE ARQUIVADA. LIMITE TEMPORAL DE SEIS MESES. TERMO INICIAL DA CONTAGEM DO PRAZO DO ART. 12, DA RES. 69/CSMPT.

Considera-se o marco inicial para contagem do prazo previsto no *caput* do artigo 12 da Resolução 69/CSMPT a data da publicação da deliberação desta Câmara, homologando o arquivamento promovido, eis que este somente se aperfeiçoa com a homologação do colegiado com atribuição para tanto.

49ª Sessão Extraordinária, realizada nos dias 25/2 e 10/3/2015 - DOU Seção 1 - 26/03/15 - págs. 76/77.

Enunciado nº 19

PROMOÇÃO DE ARQUIVAMENTO NÃO HOMOLOGADA PELA CCR. REDISTRIBUIÇÃO DO FEITO. ATUAÇÃO POR DELEGAÇÃO. ARQUIVAMENTO DE PLANO INDEVIDO.

O membro do Ministério Público que for designado para prosseguir nas diligências investigatórias não age por atribuições próprias, mas por delegação da Câmara, não podendo, desta forma, furtar-se ao prosseguimento da investigação ou à adoção das providências cabíveis.

49ª Sessão Extraordinária, realizada nos dias 25/2 e 10/3/2015 - DOU Seção 1 - 26/03/15 - págs. 76/77.

Enunciado nº 20

ASSÉDIO MORAL. ASSÉDIO SEXUAL. SIGILO DOS DADOS DE DENUNCIANTE E TESTEMUNHAS. SALVAGUARDA DA UTILIDADE DA INVESTIGAÇÃO, DO INTERESSE COLETIVO E DOS DIREITOS DA PERSONALIDADE DOS TRABALHADORES.

1) O sigilo de dados de denunciante, testemunhas e diligências pendentes é medida a ser utilizada pelo Membro oficiante sempre que entender necessária à salvaguarda da investigação, do interesse coletivo ou direitos da personalidade dos trabalhadores envolvidos, especialmente nos casos de assédio moral ou de assédio sexual, nos quais a prova é de difícil constituição.

2) Sempre que possível, nos casos que envolvam assédio moral ou assédio sexual, há de se privilegiar a oitiva de ex-empregados da parte investigada como forma de diminuir o receio da parte hipossuficiente vulnerável na relação de trabalho.

248ª Sessão Ordinária, realizada nos dias 25 e 26/4/17 - DOU Seção 1 - 10/5/17 - págs. 68/76.

Enunciado nº 21

INTERMEDIAÇÃO DE MÃO DE OBRA NA ADMINISTRAÇÃO PÚBLICA. COMPETÊNCIA DA JUSTIÇA DO TRABALHO. A DECISÃO CAUTELAR PROFERIDA PELO STF NA ADI 3.395/DF NÃO EXCLUI DA JUSTIÇA DO TRABALHO A COMPETÊNCIA PARA JULGAR AÇÃO CIVIL PÚBLICA VOLTADA A INIBIR INTERMEDIAÇÃO ILÍCITA DE MÃO DE OBRA NO ÂMBITO DA ADMINISTRAÇÃO PÚBLICA, PARTICULARMENTE NESTAS HIPÓTESES:

I. Intermediação ilícita de mão de obra na administração pública para o exercício de atividades próprias de servidores públicos efetivos;

II. Contratação de cooperativas de trabalho para suprir necessidade de pessoal nos serviços de saúde;

III. Irregularidades trabalhistas na prestação de serviço de saúde por organização social: (i) quando inobservados os princípios do art. 37 da Constituição no exercício das atividades pela OS, especialmente na seleção pública dos empregados da entidade; (ii) quando constatado desvio de finalidade no contrato de gestão com a OS, utilizado apenas para mascarar intermediação de mão de obra e (iii) quando necessário exigir do poder público a fiscalização do cumprimento dos direitos trabalhistas pela OS e/ou a responsabilização subsidiária decorrente da ausência ou má fiscalização contratual.

IV. Exigir que o poder público promova a fiscalização do cumprimento dos direitos trabalhistas, pelas empresas prestadoras de serviços ou contratadas, e/ou o reconhecimento de responsabilidade subsidiária do poder público quando constatada sua culpa "*in vigilando*" por ausência ou má fiscalização contratual, nos termos e limites das decisões proferidas pelo STF na ADC 16/DF e RE 760.931/DF.

251ª Sessão Ordinária, realizada no dia 29/8/17 - DOU Seção 1 - 18/9/17 - págs. 81/82.

Enunciado nº 22

INDEFERIMENTO OU ARQUIVAMENTO LIMINAR DAS NOTÍCIAS DE FATO. REMESSA AO ÓRGÃO REVISIONAL. INTELIGÊNCIA DAS RESOLUÇÕES NºS 69/2007 DO CSMPT E 174/2017 DO CNMP. IDENTIFICAÇÃO DAS LESÕES OU AMEAÇAS DE LESÕES AOS INTERESSES E DIREITOS TUTELÁVEIS PELO MINISTÉRIO PÚBLICO DO TRABALHO. PROPOSIÇÃO DE UMA ATUAÇÃO ESTRATÉGICA ALINHADA COM AS METAS INSTITUCIONAIS. HARMONIA DOS PRINCÍPIOS DA UNIDADE E DA INDEPENDENCIA FUNCIONAL.

1. O membro, ao utilizar o permissivo do indeferimento ou arquivamento liminar de Notícia de Fato, observada a independência funcional, deve verificar a pertinência das metas institucionais ao caso concreto, preservando-se, assim, a unidade institucional, visando um contemporâneo Ministério Público do Trabalho pró ativo e resolutivo;

2. As metas institucionais do Ministério Público do Trabalho são identificadas no planejamento estratégico nacional e nas agendas estratégicas locais, bem como nas orientações, projetos, resultados dos grupos de trabalho e conclusões dos grupos de estudos das Coordenadorias Nacionais Temáticas, e, ainda, nos enunciados e na jurisprudência da Câmara de Coordenação e Revisão;

3. A reforma trabalhista compõe elemento novo, que pode ensejar violações a direitos sociais fundamentais dos trabalhadores. A interpretação e o controle de constitucionalidade ou convencionalidade das novidades introduzidas pela lei 13.467/2017 devem ser também objeto da atividade de coordenação, integração e revisão da CCR, tratando-se de matéria com relevância estratégica no atual cenário jurídico;

4. As Notícias de Fato indeferidas ou arquivadas com fundamento na aplicação e interpretação de dispositivos das leis 13.429/17 e 13.467/17 e nos atos normativos subsequentes, bem como as relativas às metas mencionadas no item 2, não traduzem

evidência da inexistência de lesão aos interesses tuteláveis pelo MPT, motivo pelo qual devem ser encaminhadas à Câmara de Coordenação e Revisão para exercício do seu papel uniformizador da atividade finalística.

255ª Sessão Ordinária, realizada em 15/12/17 – DOU Seção 1 – 30/01/18 – págs. 75/76.

Enunciado nº 23

RITO PROCEDIMENTAL NOS CASOS EM QUE SE VERIFICA A SOLUÇÃO DE APENAS ALGUNS DOS TEMAS OBJETO DE UM PROCEDIMENTO – ARQUIVAMENTO PARCIAL PROPOSTO PELO ÓRGÃO DE ORIGEM E HOMOLOGAÇÃO PARCIAL PELA CCR NAS HIPÓTESES DE O ARQUIVAMENTO TER SIDO TOTAL OU PARCIAL. PRAZO PARA DESARQUIVAMENTO POSTERIOR DOS TEMAS HOMOLOGADOS.

1. Os casos de arquivamento parcial do procedimento, mesmo quando não tenha havido desmembramento do feito, poderão ser submetidos à apreciação da Câmara de Coordenação e Revisão, cuja análise ficará restrita ao(s) tema(s) arquivado(s).

2. Nos casos de arquivamento integral do procedimento, a Câmara de Coordenação e Revisão apreciará toda a matéria submetida ao controle revisional, mesmo quando decidir pela homologação parcial, devolvendo os temas não homologados para continuidade dos atos institucionais.

3. Da data da publicação da decisão revisional inicia-se o prazo de seis meses para desarquivamento e instauração de novo inquérito civil contemplando os temas homologados (art. 12 da Resolução CSMPT 069/07 e Enunciado nº 18 da Câmara de Coordenação e Revisão).

264ª Sessão Ordinária, realizada em 27/11/18 – DOU Seção 1 – 30/11/18 – págs. 262/263.

Enunciado nº 24

CONTRIBUIÇÃO SINDICAL. ESTIPULAÇÃO EM ASSEMBLEIA GERAL. DESCONTO EM FOLHA. POSSIBILIDADE. DIREITO DE OPOSIÇÃO ASSEGURADO.

A contribuição sindical será fixada pela Assembleia Geral da categoria, registrada em ata, e descontada da folha dos trabalhadores associados ou não ao sindicato, conforme valores estipulados de forma razoável e datas fixadas pela categoria, desde que regularmente convocados e assegurada a ampla participação, sempre garantido o direito de oposição manifestado pelos obreiros, cujo prazo inicia-se a partir da vigência do correspondente Acordo ou Convenção Coletiva de Trabalho.

264ª Sessão Ordinária, realizada em 27/11/18 – DOU Seção 1 – 30/11/18 – págs. 262/263.

Enunciado nº 25

COTAS SOCIAIS. IMPOSSIBILIDADE DE REDUÇÃO OU SUPRESSÃO DA COTA LEGAL POR MEIO DE NEGOCIAÇÃO COLETIVA.

1. PESSOA COM DEFICIÊNCIA. INSERÇÃO NO MERCADO DE TRABALHO.

O art. 93 da Lei nº 8.213/91 não faz qualquer ressalva ao cálculo da cota para contratação de pessoas com deficiência, que deve considerar o número de trabalhadores existentes na empresa. Qualquer interpretação que reduza a incidência dessa previsão constitui discriminação a teor da Constituição Federal (art. 5º), da Convenção dos Direitos da Pessoa com Deficiência da ONU, ratificada pelo país, com status de emenda constitucional e da Lei Brasileira de Inclusão, Lei nº 13.146/2015. Inclusive, o art. 611-B da CLT, inciso XXII, é expresso a respeito, seguindo os princípios dessa legislação.

2. APRENDIZAGEM.

A contratação de aprendizes segue a previsão contida no art. 429 da CLT na proporção de 5% a 15% das funções que demandam aprendizagem em cada estabelecimento da empresa. Para fins do cálculo da cota devem ser consideradas as funções que demandam aprendizagem descritas na Classificação Brasileira de Ocupações, a teor do art. 52, do Decreto nº 9.579/2018, ainda que proibidas a pessoas com idade inferior a 18 anos. Trata-se de direito fundamental do adolescente, do jovem e da pessoa com deficiência, que não pode ser reduzido ou suprimido. A disposição contida no art. 611-B da CLT, inciso XXIV é expressa nesse sentido.

3. Em ambos os casos, em se tratando de procedimento de investigação sobre o cumprimento das respectivas cotas, impõe-se a atuação do Ministério Público do Trabalho para atendimento da obrigação legal. Existindo instrumento coletivo prevendo redução ou supressão do percentual exigido pela lei, será necessário também adotar medidas para inibir a renovação da cláusula contrária a normas de ordem pública, sem prejuízo do ajuizamento de eventual ação anulatória.

266ª Sessão Ordinária, realizada em 26/02/19 – DOU Seção 1 – 14/03/19 – págs. 96/98.

Enunciado nº 26

PESSOA JURÍDICA. TRABALHADOR AUTÔNOMO. DESVIRTUAMENTO. ARTIGOS 2º E 3º DA CLT.

A condição de pessoa jurídica, ou de trabalhador autônomo, formalmente contratado para a prestação de serviços, não afasta a necessidade de atuação do MPT para apurar fraudes à relação de emprego.

266ª Sessão Ordinária, realizada em 26/02/19 – DOU Seção 1 – 14/03/19 – págs. 96/98.

Enunciado nº 27

TRANSFERÊNCIA DE SERVIÇOS A TERCEIROS. IDENTIFICAÇÃO DOS REQUISITOS DE VALIDADE.

Compete ao Ministério Público do Trabalho combater a intermediação de mão de obra, verificando os requisitos de validade do contrato de prestação de serviços previstos nos arts. 4º-A, 4º-B, 5º-A e 5º-B da Lei nº 6.019/74 e os elementos caracterizadores da relação de emprego entre o trabalhador e o contratante tomador, na forma dos arts. 2º e 3º da CLT.

267ª Sessão Ordinária, realizada em 21/03/19 – DOU Seção 1 – 05/04/19 – pág. 159.

Enunciado nº 28

REPERCUSSÃO SOCIAL RELEVANTE. ESPECIFICIDADE DA MATÉRIA. IMPACTO NA EFETIVIDADE DA CONCRETIZAÇÃO DOS DIREITOS HUMANOS.

Consideram-se de repercussão social relevante para atuação do Ministério Público do Trabalho as notícias de fato envolvendo as situações relativas às seguintes matérias, independentemente do número e da vulnerabilidade dos trabalhadores envolvidos: a) a segurança e a saúde no trabalho, exceto quando houver pequeno potencial de risco; b) o atentado ao exercício do direito de greve; c) a inclusão da pessoa com deficiência ou reabilitada; d) a exploração do trabalho infantil em qualquer de suas formas; e) a verificação do cumprimento da cota de aprendizagem; f) a submissão de pessoas à condição análoga a de escravo; g) o tráfico de pessoas, visando o trabalho forçado ou a exploração sexual comercial; h) a discriminação de trabalhadores em qualquer de suas formas; i) o assédio moral, o assédio sexual e o abuso do poder hierárquico do empregador; j) a prática de atos antissindicais; k) a fraude na relação de trabalho; l) o trabalho do indígena; m) o não pagamento de salário, caracterizando mora salarial; n) a ameaça à liberdade de expressão, religiosa, de pensamento, de privacidade ou de reunião/associação.

268ª Sessão Ordinária, realizada em 30/04/19 – DOU Seção 1 – 09/05/19 – págs. 87/88.

Enunciado nº 29

REPERCUSSÃO SOCIAL RELEVANTE. URGÊNCIA E GRAVIDADE DA SITUAÇÃO. ACIDENTE DO TRABALHO.

Considera-se de repercussão social relevante para atuação do MPT a notícia de fato referente a acidente do trabalho, que demonstre potencial de risco para a saúde dos trabalhadores em razão do ambiente de trabalho ou da execução do contrato de trabalho.

268ª Sessão Ordinária, realizada em 30/04/19 – DOU Seção 1 – 09/05/19 – págs. 87/88.

Enunciado nº 30

REPERCUSSÃO SOCIAL RELEVANTE. REALIDADE SOCIAL E ECONÔMICA NO TEMPO E ESPAÇO.

Para efeito de atuação do Ministério Público do Trabalho, consideram-se de repercussão social relevante as notícias de fato referentes a situações envolvendo número significativo de trabalhadores e/ou que causem comoção social, ampla divulgação e indignação popular nos âmbitos municipal, estadual ou nacional.

NOVA REDAÇÃO-274ª Sessão Ordinária, realizada em 26/11/19 – DOU Seção 1 – 28/11/19 – págs. 86/87.

Enunciado nº 31

REPERCUSSÃO SOCIAL RELEVANTE. VULNERABILIDADE DOS TRABALHADORES ENVOLVIDOS.

Para efeito de atuação imediata do Ministério Público do Trabalho, consideram-se de repercussão social relevante as notícias de fato referentes a lesão ou ameaça de lesão a diretos de trabalhadores em situação de vulnerabilidade, tais como: a) trabalhadores com idade inferior a 18 anos; b) trabalhador com deficiência ou reabilitado; c) trabalhadores com doença grave definida em lei; d) trabalhadores analfabetos ou analfabetos funcionais; e) trabalhadores idosos, considerados aqueles com mais de 60 (sessenta) anos e f) trabalhadores estrangeiros que não têm situação regularizada no país.

268ª Sessão Ordinária, realizada em 30/04/19 – DOU Seção 1 – 09/05/19 – págs. 87/88.

Enunciado nº 32

LEI DE ABUSO DE AUTORIDADE. INALTERABILIDADE DA ATUAÇÃO MINISTERIAL NOS PROCEDIMENTOS ADMINISTRATIVOS. PRESERVAÇÃO DO SIGILO DO DENUNCIANTE.

Todos os tipos penais previstos na Lei n. 13.869/2019 exigem dolo específico para atos que já constituíam infração funcional grave e/ou crimes para o(a) membro(a) do Ministério Público, a exemplo dos praticados com finalidade de prejudicar a outrem, de beneficiar a si mesmo ou a terceiro e motivados por capricho ou satisfação pessoal. Assim, não subsistem fundamentos com base na referida Lei para sustentar promoção de arquivamento de inquérito civil, indeferimento de notícia de fato ou quebra de sigilo do(a) denunciante.

280ª Sessão Ordinária, realizada em 30/06/20 – DOU Seção 1 – 09/07/20 – págs. 213/214.

4 – ACRE (AC)

4.1 ENUNCIADOS DO CONSELHO SUPERIOR DO MINISTÉRIO PÚBLICO DO ESTADO DO ACRE

Enunciado nº 01/2019

Sem prejuízo da publicação no órgão oficial, inexistindo, nas hipóteses previstas em lei, a ciência da parte interessada nos autos do procedimento investigatório cível em que veiculada promoção de arquivamento, caberá à Secretaria dos Órgãos Colegiados, antes da distribuição ao relator, providenciar sua imediata devolução à unidade ministerial de origem para o fim de cumprir a imposição normativa, sem o que, torna-se inviável o trânsito da pretensão homologatória no âmbito do Conselho Superior do Ministério Público.

Publicado no DEMPAC, Edição nº 532, de 17/04/2019, fl. 08.

Enunciado nº 02/2019

Os relatórios reservados produzidos pela Corregedoria Geral do Ministério Público, em inspeções e correições realizadas nas Promotorias de Justiça ou Centros de Apoio Operacionais, ou, ainda, no curso do estágio probatório dos Promotores de Justiça Substitutos, devem ser submetidos ao conhecimento e aprovação do Conselho Superior, na forma dos artigos 22, XVII, e 149, XIV, da Lei Complementar Estadual nº 291/2014, inexistindo qualquer óbice à publicação das respectivas Resoluções pelo órgão colegiado competente, em obediência ao artigo 37, *caput*, da Constituição da República c/c art. 2º da Resolução nº 173/2017, do Conselho Nacional do Ministério Público.

Publicado no DEMPAC, Edição nº 703, de 17/12/2019, Fls. 07.

Enunciado nº 03/2019

Os julgamentos do Conselho Superior do Ministério Público do Estado do Acre, inclusive dos processos de natureza disciplinar, em regra, são públicos, em obediência aos artigos 37 e 93, IX e X, da Constituição da República c/c art. 2º da Resolução nº 173/2017, do Conselho Nacional do Ministério Público, de modo que o sigilo reportado pelo art. 208, *caput*, da Lei Complementar Estadual nº 291/2014 seja mantido tão somente até que se cumpra a parte final do disposto no § 2º, do artigo 209, da mesma Lei.

Publicado no DEMPAC, Edição nº 703, de 17/12/2019, Fls. 07.

Enunciado nº 04/2020

A promoção de arquivamento de Procedimento Investigatório Criminal, nos moldes do art. 28 do Código de Processo Penal; art. 19, § 1°, da Resolução CNMP n. 181/2017; art. 19, § 1°, da Resolução n. 11/2018/CPJ do MPAC (redação alterada pela Resolução n. 040/2019) deve ser apresentada ao juízo competente, não sendo atribuição do Conselho Superior do Ministério Público atuar como instância revisora ou de homologação.

Publicado no DEMPAC, Edição nº 762, de 19/03/2020, P. 03.

5 – ALAGOAS (AL)

5.1 ASSENTOS DO CONSELHO SUPERIOR DO MINISTÉRIO PÚBLICO DO ESTADO DE ALAGOAS

Assento nº 01/2016

Na promoção ou remoção por merecimento, considera-se causa direta de interrupção da consecutividade, o fato de o interessado não se inscrever para todos os cargos em concurso, pelo critério de merecimento.

Publicado no DOE AL, Edição nº 413, em 06/09/2016, FL 364.

Assento nº 02/2016

Para as remoções voluntárias e por permuta, exige-se, pelo menos, um ano de efetivo exercício no órgão de execução em que o agente ministerial exerce as suas funções, ressalvada a excepcionalidade de nenhum dos interessados preencher requisito. O prazo poderá ser diminuído desde que o Conselho fundamente inexistir prejuízos para terceiro e para a instituição.

Publicado no DOE AL, Edição nº 413, em 06/09/2016, FL 364.

Assento nº 03/2016

O arquivamento, determinado por órgão do Ministério Público de 1º grau, de peças informativas que narrem matéria da natureza criminal, sem intervenção da autoridade judiciária, deverá ser submetido a reexame do Procurador-Geral de Justiça, em face da aplicação analógica do art. 28 do Código de Processo Penal.

Publicado no DOE AL, Edição nº 413, em 06/09/2016, FL 364.

Assento nº 04/2016

Para efeito de reexame, pelo Conselho Superior do Ministério Público, do arquivamento de inquérito civil ou peças informativas, em virtude da aplicação do art. 169 do Regimento Interno, mister se faz a remessa na íntegra dos autos originais, ou de cópia autenticada, nesta última hipótese no caso de imperiosa e justificada necessidade.

Publicado no DOE AL, Edição nº 413, em 06/09/2016, FL 364.

Assento nº 05/2016

Reconhecendo o Promotor de Justiça a atribuição de outro Ministério Público para conhecer a matéria, deve submeter os autos ao referendo do Conselho Superior do Ministério Público, no prazo de 3 dias.

Publicado no DOE AL, Edição nº 408, de 30/08/2016, FL 139.

Assento nº 06/2016

Não havendo habilitação nas remoções provenientes da Lei nº 6.339/02, expedir-se-á edital de promoção.

Publicado no DOE AL, Edição nº 413, em 06/09/2016, FL 364.

Assento nº 01/2019

Na promoção ou remoção por merecimento, considera-se causa direta de interrupção da consecutividade, o fato de o interessado não se inscrever para todos os cargos em concurso, pelo critério de merecimento.

Publicado no DOE AL, Edição nº 1023, de 22/02/2019, FL 86.

Assento nº 02/2019

Para as remoções voluntárias e por permuta, exige-se, pelo menos, um ano de efetivo exercício no órgão de execução em que o agente ministerial exerce as suas funções, ressalvada a excepcionalidade de nenhum dos interessados preencher requisito. O prazo poderá ser diminuído desde que o Conselho fundamente inexistir prejuízos para terceiro e para a instituição.

Publicado no DOE AL, Edição nº 1023, de 22/02/2019, FL 86.

Assento nº 03/2019

O arquivamento, determinado por órgão do Ministério Público de 1º grau, de peças informativas que narrem matéria da natureza criminal, sem intervenção da autoridade judiciária, deverá ser submetido a reexame do Procurador-Geral de Justiça, em face da aplicação analógica do art. 28 do Código de Processo Penal, cabendo ao Secretário do Conselho Superior fazer a remessa direta dos autos. (Processo PGJ/Al 3635/2017).

Publicado no DOE AL, Edição nº 1023, de 22/02/2019, FL 86.

Assento nº 04/2019

Para efeito de reexame, pelo Conselho Superior do Ministério Público, do arquivamento de inquérito civil ou peças informativas, em virtude da aplicação do art. 169 do Regimento Interno, mister se faz a remessa na íntegra dos autos originais, ou de cópia autenticada, nesta última hipótese no caso de imperiosa e justificada necessidade.

Publicado no DOE AL, Edição nº 1023, de 22/02/2019, FL 86.

Assento nº 05/2019

Reconhecendo o Promotor de Justiça a atribuição de outro Ministério Público para conhecer a matéria, deve submeter os autos ao referendo do Conselho Superior do Ministério Público, no prazo de 3 dias.

Publicado no DOE AL, Edição nº 1023, de 22/02/2019, FL 86.

Assento nº 06/2019

Não havendo habilitação nas remoções provenientes da Lei nº 6.339/02, expedir-se-á edital de promoção.

Publicado no DOE AL, Edição nº 1023, de 22/02/2019, FL 86.

Assento nº 01/2020

Na promoção ou remoção por merecimento, considera-se causa direta de interrupção da consecutividade, o fato de o interessado não se inscrever para todos os cargos em concurso, pelo critério de merecimento.

Publicado no DOE AL, Edição nº 138, de 03/03/2020, FL 8.

Assento nº 02/2020

Para as remoções voluntárias e por permuta, exige-se, pelo menos, um ano de efetivo exercício no órgão de execução em que o agente ministerial exerce as suas funções, ressalvada a excepcionalidade de nenhum dos interessados preencher requisito. O prazo poderá ser diminuído desde que o Conselho fundamente inexistir prejuízos para terceiro e para a instituição.

Publicado no DOE AL, Edição nº 138, de 03/03/2020, FL 8.

Assento nº 03/2020

O arquivamento, determinado por órgão do Ministério Público de 1º grau, de peças informativas que narrem matéria da natureza criminal, sem intervenção da autoridade judiciária, deverá ser submetido a reexame do Procurador-Geral de Justiça, em face da aplicação analógica do art. 28 do Código de Processo Penal, cabendo ao Secretário do Conselho Superior fazer a remessa direta dos autos. (Processo PGJ/Al 3635/2017).

Publicado no DOE AL, Edição nº 138, de 03/03/2020, FL 8.

Assento nº 04/2020

Revogado em razão do Ato PGJ n.º 7/2017.

Publicado no DOE AL, Edição nº 138, de 03/03/2020, FL 8.

Assento nº 05/2020

Reconhecendo o Promotor de Justiça a atribuição de outro Ministério Público para conhecer a matéria, deve submeter os autos ao referendo do Conselho Superior do Ministério Público, no prazo de 3 dias.

Publicado no DOE AL, Edição nº 138, de 03/03/2020, FL 8.

Assento nº 06/2020

Não havendo habilitação nas remoções provenientes da Lei nº 6.339/02, expedir-se-á edital de promoção.

Publicado no DOE AL, Edição nº 138, de 03/03/2020, FL 8.

Assento nº 07/2020

Se, no período de um ano após a realização de permuta, algum dos permutantes se aposentar voluntariamente, a permuta perderá a sua eficácia.

Publicado no DOE AL, Edição nº 138, de 03/03/2020, FL 8.

Assento nº 08/2020

Revogado pelo Assento nº 009/2019, do CSMP.

Publicado no DOE AL, Edição nº 138, de 03/03/2020, FL 8.

Assento nº 09/2020

Fica revogado o Assento nº 008/2019, do CSMP.

Publicado no DOE AL, Edição nº 138, de 03/03/2020, FL 8.

5.2 SÚMULAS DO CONSELHO SUPERIOR DO MINISTÉRIO PÚBLICO DO ESTADO DE ALAGOAS

Súmula nº 01/2016

É vedado ao integrante da carreira do Ministério Público, na condição de membro de Centro de Apoio Operacional, o exercício de qualquer atividade funcional cometida a órgão de execução.

Publicado no DOE AL, Edição nº 413, em 06/09/2016, FL 364.

Súmula nº 01/2019

É vedado ao integrante da carreira do Ministério Público, na condição de membro de Centro de Apoio Operacional, o exercício de qualquer atividade funcional cometida a órgão de execução.

Publicado no DOE AL, Edição nº 1023, de 22/02/2019, FL 86.

Súmula nº 01/2020

É vedado ao integrante da carreira do Ministério Público, na condição de membro de Centro de Apoio Operacional, o exercício de qualquer atividade funcional cometida a órgão de execução.

Publicado no DOE AL, Edição nº 138, de 03/03/2020, FL 8.

6 – AMAPÁ (AP)

6.1 ENUNCIADOS DO CONSELHO SUPERIOR DO MINISTÉRIO PÚBLICO DO ESTADO DO AMAPÁ

Enunciado nº 01/12

Dispõe O CONSELHO SUPERIOR DO MINISTÉRIO PÚBLICO DO ESTADO DO AMAPÁ e a CORREGEDORIA-GERAL DO MINISTÉRIO PÚBLICO, no uso de suas atribuições legais, sobre a disposição contida no § 1º do art. 45 da Resolução, que prevê a remessa dos autos com promoção de arquivamento a este Conselho Superior não se aplica às notícias de fato ou procedimentos administrativos, sendo desnecessária tal providência, devendo tais feitos serem arquivados na própria Promotoria de Justiça de origem.

NOTÍCIA DE FATO E PROCEDIMENTO ADMINISTRATIVO – ARQUIVAMENTO – REMESSA AO CONSELHO SUPERIOR – DESNECESSIDADE.

1) Não há regramento determinando a remessa de procedimentos instaurados como Notícia de Fato ou Procedimento Administrativo, assim como procedimentos tombados com denominação diversa, mas de mesma natureza, ao Conselho Superior do Ministério Público, sendo desnecessária tal medida.

2) Procedimentos da espécie devem ser arquivados na Promotoria de Justiça de origem.

Publicado no DOE AP em 29/11/2012, Edição nº 190, Página 05.

Enunciado nº 02/16

Dispõe O CONSELHO SUPERIOR DO MINISTÉRIO PÚBLICO DO ESTADO DO AMAPÁ e a CORREGEDORIA-GERAL DO MINISTÉRIO PÚBLICO, no uso de suas atribuições legais, sobre a disposição contida no § 1º do art. 45 da Resolução nº 001/2012-CPJ, que prevê a remessa dos autos com promoção de arquivamento a este Conselho Superior, sobre a obrigatoriedade da homologação de arquivamento por este Órgão Colegiado dos procedimentos administrativos cujo objeto consista no acompanhamento dos termos de compromissos de ajustamento de conduta firmados entre os Órgãos Ministeriais e seus Compromissários.

PROCEDIMENTO ADMINISTRATIVO INSTAURADO PARA ACOMPANHAMENTO DE TERMOS DE AJUSTAMENTO DE CONDUTA. REMESSA AO CONSELHO SUPERIOR DO MINISTÉRIO PÚBLICO. OBRIGATORIEDADE.

1) É obrigatória a remessa dos Procedimentos Administrativos instaurados para acompanhamento dos Termos de Ajustamento de Conduta ao Conselho Superior do Ministério Público, para análise da promoção de arquivamento.

2) Os Procedimentos Administrativos dessa natureza devem ser arquivados somente após a homologação do Egrégio Conselho Superior do Ministério Público.

Publicado no DOE AP em 13/05/2016, Edição nº 085, Página 03.

Enunciado nº 03/16

Dispõe o Conselho Superior do Ministério Público do Estado do Amapá sobre a obrigatoriedade da remessa a este Órgão Colegiado dos declínios de atribuição para outro Ministério Público promovidos nos procedimentos administrativos

PROCEDIMENTOS ADMINISTRATIVOS. DECLÍNIO DE ATRIBUIÇÃO PARA OUTRO MINISTÉRIO PÚBLICO. REMESSA AO CONSELHO SUPERIOR DO MINISTÉRIO PÚBLICO. OBRIGATORIEDADE.

É obrigatória a submissão ao Conselho Superior do Ministério Público, para análise, dos declínios de atribuição para outro Ministério Público promovidos nos procedimentos administrativos, cujos autos deverão ser encaminhados no prazo de 03 (três) dias, por analogia ao disposto no artigo 43, § 3º, da Resolução nº 003/2016-CPJ.

Publicado no DOE AP em 28/10/2016, Edição nº 196, Página 57.

7 – AMAZONAS (AM)

7.1 ASSENTOS DO CONSELHO SUPERIOR DO MINISTÉRIO PÚBLICO DO ESTADO DO AMAZONAS

Assento nº 005/03

Revogado – Resolução nº 007/10-CPJ.

Assento nº 001/04

A expressão "três vezes consecutivas", consignada no *caput* do artigo 256 da LOEMP, deve levar em conta a inscrição do membro do Ministério Público no concurso de promoção ou remoção.

Publicado no Diário Oficial, Amazonas, em 02/03/2004.

Assento nº 002/04

REPUBLICADO – RESOLUÇÃO N.º 024/08-CPJ

O cálculo do quinto constitucional para efeito de promoção tomará por base o número de cargos preenchidos e qualquer fração importará no arredondamento a maior do total.

Publicado no Diário Oficial, Amazonas, 23/07/2008.

Assento nº 001/05

Revogado pela Resolução n.º 90/2007-CSMP.

Assento nº 001/07

A primeira quinta parte da lista de antiguidade se deslocará a cada vaga aberta para provimento por promoção por merecimento ou antiguidade, dando interpretação conforme ao art. 244, § 3.º, da Lei Orgânica do Ministério Público.

Publicado no Diário Oficial, Amazonas, 16/07/2007.

Assento nº 001/08

Revogado conforme publicado no Diário Oficial, Amazonas, 10/01/2020.

Assento nº 002/08

Quando o compromisso de ajustamento tiver a característica de ajuste preliminar, que não dispense o prosseguimento de diligências para uma solução definitiva, salientado pelo órgão do Ministério Público que o celebrou, o Conselho Superior homologará somente o compromisso, autorizando o prosseguimento das investigações.

Publicado no Diário Oficial, Amazonas, 29/07/2008.

Assento nº 003/08

Em caso de celebração de compromisso de ajustamento de conduta, oriundo de inquérito civil ou procedimento preliminar, condicionado seu cumprimento, ao decurso de tempo, o órgão ministerial encaminhará cópias do respectivo compromisso e dos autos originários, ao Conselho Superior, para fins de acompanhamento, ficando, desde logo, o órgão ministerial celebrante, autorizado a executá-lo, em caso de descumprimento, com posterior comunicação ao Conselho Superior.

Publicado no Diário Oficial, Amazonas, 29/07/2008.

Assento nº 004/08

As recomendações endereçadas ao chefe do executivo estadual, assim como às outras autoridades relacionadas ao art. 4º, §4º, da Lei Complementar nº 011/93, devem ser remetidas por meio do Procurador-Geral de Justiça, à semelhança do procedimento estabelecido às notificações e às requisições, devendo as mesmas estar embasadas e amparadas, não somente na legislação, doutrina e jurisprudência pátrias, a fim de que possam satisfazer o desígnio ao qual se propõe, mas também em substratos fáticos, como um processo administrativo, um inquérito civil ou uma audiência pública.

Publicado no Diário Oficial, Amazonas, 01/09/2008.

Assento nº 001/10

À luz do que tratam os artigos 33, inciso XXI, c/c o artigo 124, §2º, e art. 43, inciso IX, da Lei Complementar nº 011, de 17 de dezembro de 1993 (Lei Orgânica Estadual do Ministério Público), fica assentado que há legitimidade concorrente entre o Procurador Geral de Justiça e o Conselho Superior do Ministério Público, para instaurar Processo Administrativo Disciplinar em face de membro do Ministério Público do Estado do Amazonas, ressalvado o disposto no art. 29, inciso XIV, da Lei Complementar nº 011/93.

Publicado no Diário Oficial de 08 de junho de 2010.

Assento nº 001/11

O Ato Declaratório que se refere o artigo 240, § 1º, da Lei Complementar nº 011, de 17 de dezembro de 1993, decorrente da decisão de confirmação na carreira dos Promotores de Justiça Substitutos em estágio, pelo Conselho Superior do Ministério Público, somente será expedido em data que se ultimar o estágio probatório, após decorridos os 02 (dois) anos a que se referem o artigo 236, da Lei Orgânica Estadual do Ministério Público.

Sala de reuniões do c. Conselho Superior do Ministério Público, em Manaus/AM, 06 de maio de 2011.

Assento nº 002/11

O conselheiro suplente fica vinculado à relatança dos processos a seu cargo, ficando impedido de votar o conselheiro substituído.

Publicado no Diário Oficial, Amazonas, 08/08/2011.

Assento nº 003/11

Para atender o disposto no art. 6º, inciso II, da Resolução nº 358/06-CSMP, no ato de inscrição à promoção ou remoção por merecimento, o candidato poderá apresentar Memorial das atividades desenvolvidas no Ministério Público, em formato digital e/ou impresso, com cópia dos trabalhos forenses realizados nos últimos três anos, referenciados nos Relatórios de Atuação Funcional – RAF, tais como: Denúncias, Alegações Finais, Pareceres, Ações Civis Públicas, Habeas Corpus, Recursos, Contrarrazões aos Recursos, Relatório de Inspeção das Delegacias de Polícia e Unidades Prisionais e outras peças que considerar de relevância.

Publicado no Diário Oficial, Amazonas, 08/08/2011.

Assento nº 004/11

A distribuição mensal de processos por conselheiro não deve ultrapassar vinte por sessão.

Publicado no Diário Oficial, 25/08/2011.

Assento nº 005/11

REVOGADO RESOLUÇÃO N.º 014/12-CSMP

Resolução aprovada, 10/02/2012.

Assento nº 006/11

NOVA REDAÇÃO DADA PELA RESOLULÇÃO 014/12

Se no curso do procedimento o membro ministerial entender que não é de sua atribuição a análise do objeto do processo e sim de outra promotoria de justiça, deverá encaminhar os autos originais à promotoria competente ou, se existir, à respectiva coordenadoria que seja atrelada, para distribuição, providenciando a baixa no registro e comunicando ao Conselho Superior do Ministério Público.

Resolução aprovada, 10/02/2012.

Assento nº 007/11

REVOGADO RESOLUÇÃO N.º 014/12-CSMP

Resolução aprovada, 10/02/2012.

Assento nº 008/11

NOVA REDAÇÃO DADA PELA RESOLULÇÃO 014/12

As peças de informação, distribuições, procedimentos preparatórios e inquéritos civis, uma vez transformados em ação judicial (cível ou criminal) não necessitam ser encaminhados ao Conselho Superior do Ministério Público para homologação de arquivamento, sendo suficiente que o titular da promotoria encaminhe ao CSMP cópia da respectiva ação contendo o recebimento pelo Cartório Judicial.

Resolução aprovada, 10/02/2012.

Assento nº 009/11

Em atenção aos Princípios da Obrigatoriedade da Ação Penal e do Promotor Natural, as peças de informações ou Procedimentos de Investigação Criminal, conduzidos no âmbito do Ministério Público, que concluírem pelo arquivamento, devem ser encaminhados ao juízo competente, via setor de distribuição do Tribunal de Justiça do Estado do Amazonas, na forma do art. 28, do Código de Processo Penal, não sendo atribuição deste Conselho Superior do Ministério Público qualquer análise de mérito ou manifestação final de arquivamento.

Publicado no Diário Oficial, Amazonas, 02/12/2011.

Publicado no Diário Oficial, Amazonas, 26/06/2015, conforme Resolução nº 20/2015, o assento teve seus efeitos modulados, passando a contar de 23/11/2013.

Assento nº 001/12

O Conselho Superior do Ministério Público, antes de deliberar sobre o afastamento cautelar de membro ministerial, nos moldes do que dita o art. 112, § 3º, da Lei Complementar nº 011, de 17 de dezembro de 1993, deverá assegurar-lhe a ampla defesa e o contraditório, em atendimento ao que prima o art. 5º, inciso LV, da Constituição da República Federativa do Brasil de 1988, devendo ser exercida pessoalmente ou por Procurador constituído, no prazo de 5 (cinco) dias a contar da notificação sobre a representação de seu afastamento.

Publicado no Diário Oficial, Amazonas, 17/02/2012.

Assento nº 002/12

Revogado conforme publicado no Diário Oficial Eletrônico do Amazonas, 04/11/2019.

Assento nº 001/18

Para efeito de promoção e remoção por antiguidade, poderá o candidato desistir de concorrer até a data da abertura da sessão de julgamento do certame.

Publicado no Diário Oficial, Ministério Público, Amazonas, 16/05/2018.

Assento nº 002/18

Não se considera como diligência válida, a fundamentar comunicação de prorrogação de prazo de inquérito civil, prevista no art. 37, *caput*, da resolução nº 006/2015-CSMP: (1) a pendência de elaboração de promoção de pedido de arquivamento; (2) a pendência de elaboração de petição inicial da ação judicial cabível.

Publicado no Diário Oficial, Ministério Público, Amazonas, 21/06/2018.

Assento nº 003/18

Art. 1.º – A movimentação na carreira, seja horizontal ou vertical, condiciona-se ao cumprimento do inciso ii, do art. 252 E I, do art. 257, da Lei Complementar nº 011/1993, incluídas as recomendações (provimentos) oriundos de inspeção/ correição efetuadas pela CGMP/AM.

Parágrafo único – Na hipótese de a movimentação se dar por antiguidade, será efetivado termo de ajustamento disciplinar (TAD), conferindo prazo de até 60 (sessenta) dias para cumprimento.

Art. 2º – A desistência de acúmulo de atribuições só se efetivará após o cumprimento das recomendações (provimentos) oriundos de inspeção/ correição efetuadas pela CGMP/AM.

Publicado no Diário Oficial, Ministério Público, Amazonas, 27/07/2018.

Assento nº 004/18

São indelegáveis pelo órgão de execução a assinatura, de ordem, de todos os documentos e expedientes que integram os autos investigatórios, ressalvadas as atribuições constantes no art. 3.º, item 1, inciso XI, bem como no art. 4.º, item 14 e seus incisos, todos do ato PGJ n.º 154/2009.

Publicado no Diário Oficial, Ministério Público, Amazonas, 19/12/2018.

Assento nº 001/19

Os pedidos de reconsideração de decisões do Conselho Superior do Ministério Público serão distribuídos, por dependência, à relatoria originária.

Publicado no Diário Oficial, Ministério Público, Amazonas, 12/03/2019.

Assento nº 002/19

Art. 1.º – Para fins de aplicação do art. 3.º da Resolução n.º 174, de 04 de julho de 2017, do CNMP, o prazo de 30 (trinta) dias da notícia de fato terá início a contar do seu recebimento pelo órgão de execução:

i – mediante recebimento dos processos físicos na promotoria de justiça, registrado em livro tombo de controle de procedimentos extrajudiciais, devendo a data desse registro constar também nos autos;

ii – mediante a entrada dos procedimentos virtuais na fila da promotoria de justiça, para a qual foi distribuído e registrado pelo sistema.

§1º O vencimento da prorrogação do prazo terá como base a data do recebimento da notícia de fato pelo órgão de execução, independente do dia em que foi proferido o correspondente despacho.

Publicado no Diário Oficial, Ministério Público, Amazonas, 09/04/2019.

Assento n.º 003/19

A hipótese de ação civil proposta pelo *parquet* federal não dispensa o envio do inquérito civil ao Conselho Superior do Ministério Público, para verificação se o direito e os fatos investigados estão abrangidos na demanda ajuizada.

Publicado no Diário Oficial Eletrônico, Amazonas, 02/12/2019.

Assento n.º 001/20

A remoção na carreira ministerial, por se caracterizar apenas mudança de lotação, não altera a ordem cronológica da vacância, na forma do disposto no art. 195 da LOEMP e da jurisprudência do STF.

Publicado no Diário Oficial Eletrônico, Amazonas, 02/07/2020.

Assento n.º 002/20

A ausência do acusado nas fases de instrução e no julgamento não causa nulidade dos atos praticados se tiver ocorrida a opção legal de defesa por advogado ou procurador, nos termos do artigo 150, da LC n.º 011/93.

Publicado no Diário Oficial Eletrônico, Amazonas, 02/07/2020.

7.2 SÚMULA DE ENTENDIMENTO DO CONSELHO SUPERIOR DO MINISTÉRIO PÚBLICO DO ESTADO DO AMAZONAS

Súmula nº 001/11

O PRESIDENTE DO COLENDO CONSELHOSUPERIOR DO MINISTÉRIO PÚBLICO DO ESTADO DO AMAZONAS, no uso de suas atribuições legais, e CONSIDERANDO o teor da proposta de Súmula de Entendimento formulada pelo Exmo. Sr. Procurador de Justiça e Conselheiro, Doutor Público Caio Bessa Cyrino, protocolizada sob o nº 004.2011.3.2.1.47572 2.2011.13198; CONSIDERANDO o disposto no caput do art. 10, da Resolução nº 548/07-CSMP; CONSIDERANDO a decisão do Colendo Conselho Superior do Ministério Público, à unanimidade dos presentes, em sessão ordinária realizada em 29 de abril de 2011;

PEDIDO DE ARQUIVAMENTO DE INQUÉRITO CIVIL E/OU PROCEDIMENTO ADMINISTRATIVO EM MATÉRIA DE FATO, COM FUNDAMENTO NA FALTA DE PROVAS NOS AUTOS MAS SEM DILIGÊNCIAS NECESSÁRIAS À AQUISIÇÃO DAS PROVAS. INOCORRÊNCIA IMPLÍCITA DE JUÍZO DE MÉRITO PELO PROMOTOR DE JUSTIÇA. POSSIBILIDADE DE DETERMINAÇÃO DE DILIGÊNCIAS PELO CONSELHO SUPERIOR AO MESMO ÓRGÃO REQUERENTE DO ARQUIVAMENTO, SEM VIOLAR PRINCÍPIO DA INDEPENDÊNCIA FUNCIONAL.

Publicado no Diário Oficial, Amazonas, 17/05/2011.

8 – BAHIA (BA)

8.1 SÚMULAS DO CONSELHO SUPERIOR DO MINISTÉRIO PÚBLICO DO ESTADO DA BAHIA

Súmula nº 01/2007

Cancelada pela Resolução nº. 018/2015 do CSMP.

Publicado no DJE em 19/03/2015.

Súmula nº 02/2007

Vide Súmula nº 008/2019.

Súmula nº 03/2016

Em se tratando de atos de velamento de Fundações, não há necessidade de instaurar Procedimento Preparatório ou Inquérito Civil para análise de Prestação de Contas, devendo o arquivamento do respectivo expediente, ser feito no âmbito da própria Promotoria de Justiça, quando não houver irregularidade a ser sanada na esfera administrativa ou judicial, sendo desnecessária a remessa ao Conselho Superior do Ministério Público, para fins de homologação.

Publicada no DPJ de 07/12/2016.

Súmula nº 04/2016

Não se submete ao controle do Conselho Superior do Ministério Público o arquivamento dos procedimentos administrativos instaurados para acompanhar o cumprimento de compromisso de ajustamento de conduta ou de decisão judicial.

Publicada no DPJ de 07/12/2016.

Súmula nº 05/2016

Não se submete ao controle do Conselho Superior do Ministério Público o arquivamento dos procedimentos administrativos instaurados para acompanhar e fiscalizar políticas públicas e instituições, em atuação ordinária decorrente da lei ou por inciativa do próprio órgão de Execução, ausente qualquer notícia de irregularidade.

Publicada no DPJ de 07/12/2016.

Súmula nº 06/2016

Não se submete ao controle do Conselho Superior do Ministério Público o arquivamento dos procedimentos administrativos instaurados para apurar fato que enseje a tutela de interesse individual indisponível, cujo titular seja identificável e o objeto divisível e que, em tese, não esteja sujeito à ação civil pública.

Publicada no DPJ de 07/12/2016.

Súmula nº 07/2017

Não é atribuição do Conselho Superior, homologar promoção de arquivamento de notícia de fatos e de procedimentos administrativos que resultaram na apuração de conduta típica penal, ou outras que não tenham por objeto específico a investigação cível, devendo as peças de informação e/ou procedimento ser encaminhados à Promotoria competente para adoção das providências cabíveis.

Publicado no Diário de Justiça Eletrônico, Bahia, 19/04/2017.

Súmula n° 08/2019

O prazo de remessa dos autos, com a promoção de arquivamento, ao Conselho Superior do Ministério Público do Estado da Bahia, previsto no artigo 81, parágrafo 1º, da Lei Complementar n° 11/96, contar-se-á do transcurso do prazo para interposição do recurso dos interessados ou do prazo para o exercício do juízo de retratação, na hipótese de interposição de recurso voluntário contra a decisão de promoção de arquivamento do Inquérito Civil, da Notícia de Fato ou do Procedimento Administrativo Preparatório, após as devidas certificações.

Revisão da Súmula nº 002/2007 (publicada pela Resolução nº 047/2007).

Aprovada na Sessão Ordinária de 19 de fevereiro de 2019.

9 – CEARÁ (CE)

9.1 SÚMULAS DO CONSELHO SUPERIOR DO MINISTÉRIO PÚBLICO DO ESTADO DO CEARÁ

Súmula nº 01/2006

A instauração de processo administrativo para apuração de falta funcional atribuível a membros do Ministério Público está sujeita a juízo de admissibilidade prévio do Procurador-Geral de Justiça, em face da vigência do art. 211, parágrafo único, da Lei 10.675/82.

Publicado no DJ nº 047, 10/03/06, cad.3, pág. 203.

Súmula nº 02/2006

Os Termos de Ajustamento de Conduta – TACs firmados pelos Promotores de Justiça em suas funções ministeriais não carecem de homologação pelo Conselho Superior do Ministério Público. Somente merecem atenção homologatória os pedidos de arquivamento de Inquérito Civil Público ou Peças de Informações que envolvam interesses difusos.

Publicado no DJ nº 076, 26/04/06, pág. 149-150.

Súmula nº 03/2006

É vedada a participação do Ministério Público em Órgãos Colegiados de formação paritária estranhos à sua estrutura. Legislação Infraconstitucional que estabelece assento obrigatório do órgão do Ministério Público em Conselho Federal, Estadual ou Municipal de índole deliberativa, fiscalizadora e consultiva, vulnera o art. 129, IX, da Carta Magna e Art. 134, da Constituição Estadual.

Publicado no DJ nº 076, 26/04/06, pág. 150.

Súmula nº 04/2006

Improbidade Administrativa. Prescrições constantes de procedimentos nesta área, motivaram perquirição determinada por este Órgão de Administração Superior do Ministério Público do Estado do Ceará, junto à PROCAP.

1 – Constatou-se a morosidade procedimental no julgamento das prestações de contas dos municípios cearenses, por parte do Tribunal de Contas dos Municípios;

2 – Em observância ao princípio da efetividade da justiça, afigura-se indispensável à otimização dos atos ali praticados, para que se obtenha a prestação jurisdicional adequada.

3 – Urge que se dê ciência àquela Corte de Contas da preocupação deste Colegiado com a situação, eis que impeditiva da atuação do Ministério Público, através de seus Órgãos de Execução, no tocante à promoção da responsabilidade civil e penal de gestores e ex-gestores de recursos públicos municipais.

Publicado no DJ nº 143, 01/08/06, pág. 132-133.

Súmula nº 05/2006

a) Cada Conselheiro, ao elaborar sua lista tríplice particular, deverá explicitar as razões pelas quais escolheu os três candidatos por ele votados em detrimento dos demais;

b) Após essa primeira fundamentação obrigatória, o Conselheiro deverá, necessariamente, estabelecer uma ordem de preferência entre os candidatos por ele escolhidos, declinando expressamente os motivos que determinaram a classificação de cada um;

c) A fundamentação utilizada por cada Conselheiro, será anexada à ata respectiva;

d) Havendo empate quanto ao número de votos recebidos pelos candidatos que integram a lista tríplice, o primeiro critério para se chegar ao promovido ou removido é o de constatar o número de vezes em que cada candidato foi votado em primeiro lugar por cada um dos Conselheiros. Por óbvio, o que houver sido indicado mais vezes em primeiro lugar será o escolhido. Caso persista o empate, apuram-se quantas vezes cada candidato empatado figurou em segundo lugar, e sucessivamente em terceiro, nas listas particulares de cada um dos Conselheiros;

e) Se, mesmo após a utilização desses três critérios de desempate, não for possível se chegar ao escolhido, utilizar-se-á o critério da antiguidade para definir a questão, nos termos do art. 44 do Regimento Interno do CSMP;

f) Deve-se obedecer a ordem dos escrutínios. Assim, se apenas um ou dois candidatos obtiverem o número de votos suficientes para integrar a lista, será(ão) considerado(s) o 1º e o 2º colocados, procedendo-se nova(s) votação(ões) para escolha do restante da lista.

Publicado no DJ nº 148, 08/08/06, pág. 130.

Súmula nº 06/2006

Revogada pela Súmula nº 02/2012.

Súmula nº 07/2006

Fixação de prazo para instruções dos processos de inscrições nos concursos de Promoções e Remoções pela Corregedoria Geral do Ministério Público.

Determina a fixação do prazo legal de 10(dez) dias úteis para a Corregedoria Geral do Ministério Público instruir os processos de inscrições após recebimento da Diretoria de Recursos Humanos – DRH nos concursos de Promoções e Remoções.

Publicado no DJ nº 148, 08/08/06, pág. 131.

Súmula nº 01/2007

Revogada pela Súmula nº 02/2009.

Súmula nº 01/2008

Sem efeito de acordo com a Súmula nº 02/2008.

Súmula nº 02/2008

Para o adequado exercício do seu munus constitucional, deve o Promotor de Justiça perscrutar os efeitos da improbidade em seu tríplice aspecto: criminal, civil e administrativo, observando, igualmente, os prazos prescricionais decorrentes da interpretação sistemática dos art. 37, §5º, da CF/88, art. 12 e 23 da Lei Federal nº 8.429/92 para a propositura da ação de improbidade administrativa, deparando-se com as hipóteses do Decreto-Lei nº 201/67, proporá as ações penais cabíveis e garantirá o ressarcimento ao Erário, provocando a inscrição de valores desviados ou aplicados a título de multa ao gestor nos respectivos setores da Dívida Ativa e fiscalizando a interposição dos feitos executivos fiscais sob a titularidade das Procuradorias em Geral.

Publicado no DJ nº 233, 05/12/2008, pág. 180 e 181.

Súmula nº 01/2009

Revogada pela Súmula nº 01/2010.

Súmula nº 02/2009

O edital de promoção ou remoção por merecimento deve convocar todos os integrantes da lista de antiguidade da entrância interessada, indicando a primeira parte do quinto constitucional e os quintos subsequentes, segundo prévia aprovação pelo CSMP, e esclarecendo aos interessados a metodologia de cálculo para sua formação.

Para fins de composição da lista tríplice, inexistindo candidatos que preencham simultaneamente os requisitos constantes do art. 93, II, b, da CF, em número suficiente para sua formação, a ela podem concorrer os integrantes da lista de antiguidade na ordem sucessiva dos quintos constitucionais.

Revoga a súmula nº 01/2007.

Publicado no DJ nº 179, 24/09/2009, pág. 232.

Súmula nº 01/2010

Comunicação de promoção de arquivamento de procedimento administrativo no âmbito de Promotoria de Justiça - matéria de natureza eminentemente penal - incompetência do Conselho Superior do Ministério Público para exercer o controle sobre o arquivamento de procedimento de natureza penal.

Não compete ao Conselho Superior do Ministério Público exercer as atribuições previstas no art. 9º, §1º, da Lei nº 7.347/85 quando a atuação do órgão do Ministério Público é voltada exclusivamente para o âmbito de incidência do direito penal, caso em que o controle do arquivamento do procedimento investigatório se dá através do Poder Judiciário e, excepcionalmente, com a interveniente cia do Procurador-Geral de Justiça.

Revoga a súmula nº 01/2009.

Publicado no DJ nº 067, 13/04/2010, pág. 238-239.

Súmula nº 02/2010

Revogada pela súmula nº 01/2011.

Súmula nº 01/2011

O relatório final da Correição somente será apresentado ao Conselho Superior do Ministério Público, após intimação do membro do MP correicionado feita pela Corregedoria-Geral do Ministério Público.

Revoga a Súmula nº 02/2010.

Publicado no DJ nº 357, 18/11/2011, pág. 63-64.

Súmula nº 01/2012

Consideram-se listas de merecimento consecutivas, para fins de promoção ou remoção obrigatória de membro do Ministério Público, as que forem sucessivas, sem intervalos entre si, independentemente do candidato estar ou não concorrendo ao certame, sob pena de caracterizarem-se alternadas.

Publicado no DJ nº 497, 13/06/2012, pág. 24-25.

Súmula nº 02/2012

Ementa: fixação da documentação e prazo para instrução dos processos de inscrição nos concursos de promoção e remoções.

OS PROCESSOS REFERENTES AOS PEDIDOS DE INSCRIÇÃO PARA OS CONCURSOS DE PROMOÇÃO E REMOÇÃO PELOS CRITÉRIOS DE ANTIGUIDADE E MERECIMENTO SERÃO INSTRUÍDOS OBRIGATORIAMENTE, CONFORME PRAZO E COM OS SEGUINTES DOCUMENTOS:

1. Comprovante de residência na comarca de titularidade ou autorização que exclua da obrigação através de documentos hábeis, como contrato de locação, contas de consumo de água, luz, telefone, fatura de cartão de crédito, etc;

2. Regularidade do serviço: certidão da movimentação dos processos na vara, de sua titularidade, respondências e auxílios com especificação da quantidade de processos que tramitam na vara, como registro de quantos estão com vista e quantos estão com carga, bem como registros sobre suas respectivas datas;

3. Regularidade do serviço com relação a atuação extrajudicial: declaração fornecida pelo próprio membro do Ministério Público, sob as penas da lei, referente aos procedimentos administrativos, que tramitam em sua titularidade, respondências e auxílios, especificando a quantidade de feitos e a data do último andamento;

4. Do prazo de inscrição e de instrução: O prazo para instrução dos processos de pedidos de inscrições para os concursos de promoção e remoção pelos critérios de antiguidade e merecimento será obrigatoriamente o mesmo prazo de inscrição definitiva no edital, não sendo permitido ao candidato a juntada posterior de documentos. Ficando, ainda, estabelecido que cabe ao candidato instruir seu pedido de inscrição com os documentos obrigatórios acima elencados e outros que entender necessários para aferição de merecimento.

Revoga a súmula nº 6 de 2006.

Publicado no DJ nº 543, 17/08/2012, pág. 10-11.

Súmula nº 03/2013

O edital de promoção ou remoção por merecimento deve convocar todos os integrantes da lista de antiguidade da entrância interessada, indicando a primeira parte do quinto constitucional e os quintos subsequentes, segundo prévia aprovação do CSMP, e esclarecendo aos interessados a metodologia de cálculo para sua formação.

Para fins de composição da lista tríplice, inexistindo candidatos que preencham simultaneamente os requisitos constantes do art. 93, II, b, da CF, em número suficiente para sua formação, a ela podem concorrer os integrantes da lista de antiguidade na ordem sucessiva dos quintos constitucionais.

Para elaboração da respectiva lista de antiguidade, cabe à Secretaria dos órgãos colegiados aferir os quintos até o primeiro dia útil após o encerramento do prazo para desistência da respectiva promoção ou remoção, sendo vedada a hipótese do quinto móvel durante a sessão de julgamento de editais de movimentação na carreira.

Publicado no DJ, edição 871, de 20/12/2013, págs. 32 a 33.

Súmula nº 04/2013

O prazo para remessa dos autos com a promoção de arquivamento a que se refere o art. 13, §1º, da Resolução CGJ nº 007/2010, tem como termo inicial a data da última juntada de instrumento utilizado para cientificação dos interessados.

Publicado no DJ, edição 871, de 20/12/2013, pág. 33.

Súmula nº 05/2017

Comunicação de arquivamento do Procedimento de Investigação Criminal, será apresentada ao juízo competente, em obediência rigorosa ao art. 28 do CPP – Matéria de natureza processual penal – incompetência do Conselho Superior do Ministério Público para exercer o controle sobre o arquivamento de Procedimento de Investigação Criminal.

Publicado no DOE nº 238, 27/12/2017, págs. 1.

Atenção: vide súmula nº 22/2019.

Súmula nº 06/2018

Tratando-se de inquérito civil público ou procedimento preparatório, após a devida instrução administrativa do feito e sendo proposta ação civil pública, a qual abranja todos os fatos investigados nos procedimentos extrajudiciais citados, o órgão de execução somente deverá comunicar ao CSMP, mediante processo eletrônico, o ajuizamento da ação civil pública, não havendo necessidade de encaminhamento de cópia do procedimento extrajudicial para fins de homologação do arquivamento pelo CSMP, devendo os autos respectivos seguirem com a exordial da ação civil pública e ser dada a respectiva baixa no sistema informatizado do órgão de execução respectivo.

Publicado no DOE nº 395, 30/08/2018, págs. 1 e 2.

Súmula nº 07/2018

Nas hipóteses previstas no art. 24 da Resolução nº 036/2016-OECPJ, entendendo o Promotor de Justiça que existe atribuição de órgão de Ministério Público de outro estado ou da União, somente após a homologação da decisão pelo CSMP é que deverá o promotor de justiça, imediatamente após receber de volta os autos, encaminhar cópia do feito ao membro do Ministério Público com atribuição na matéria.

Publicado no DOE nº 452, 27/11/2018, pág. 27.

Art. 24 da Resolução nº 036/2016-OECPJ. O disposto acerca de arquivamento de inquérito civil também se aplica às seguintes hipóteses: I – No entendimento pela inexistência de lesão a direito ou interesse inerente à matéria de sua atribuição e, ao mesmo tempo, existência de lesão a direito ou interesse inerente à matéria de atribuição de outro membro; II – Na declinação de atribuição para órgão de Ministério Público de outro Estado ou da União. Parágrafo único. Nos casos dos incisos deste artigo deverá ser imediatamente encaminhada, mediante ofício, cópia dos autos arquivados ao membro do Ministério Público com atribuição.

Súmula nº 08/2019

ASSUNTO: PROCEDIMENTO. PROCEDIMENTO EXTRAJUDICIAL. DUPLICIDADE. PROCEDIMENTO COM OBJETO IDÊNTICO OU MAIS AMPLO. INTELIGÊNCIA DO ART. 12, III, DA RES. OECPJ 036/2016.

Merece homologação por despacho monocrático a promoção de arquivamento de procedimento extrajudicial quando constatada a existência de outro cujo objeto seja idêntico ou mais amplo, desde que o procedimento principal esteja devidamente instruído.

Publicado no DOE nº 530, 23/04/2019, págs. 07 a 09.

Súmula nº 09/2019

ASSUNTO: EDUCAÇÃO. DIREITO À EDUCAÇÃO, REGULARIDADE DE FUNCIONAMENTO DE UNIDADE DE ENSINO.

Merece homologação por despacho monocrático a promoção de arquivamento de procedimento extrajudicial instaurado para verificar a regularidade quanto ao funcionamento de unidade de ensino de qualquer natureza, no âmbito deste Estado, caso, no transcurso da investigação constate-se a efetiva adequação do referido estabelecimento educacional às exigências das autoridades competentes ou o encerramento de suas atividades, nos termos das normas definidoras das Diretrizes e Bases da Educação e, quando a hipótese corresponda à temática de interesse individual.

Publicado no DOE nº 530, 23/04/2019, págs. 07 a 09.

Súmula nº 10/2019

ASSUNTO: IDOSO, INFÂNCIA E JUVENTUDE OU PESSOA COM DEFICIÊNCIA. IDOSO, INFÂNCIA E JUVENTUDE OU PESSOA COM DEFICIÊNCIA. APURAÇÃO DAS CONDIÇÕES DE FUNCIONAMENTO DE ABRIGO. REGULARIZAÇÃO OU ENCERRAMENTO DAS ATIVIDADES.

Merece homologação por despacho monocrático a promoção de arquivamento de procedimento extrajudicial instaurado para apurar as condições de funcionamento de abrigo destinado a idoso, a deficiente, à criança ou a adolescente se, no curso das investigações, ficar comprovada a regularização dos serviços prestados ou o encerramento definitivo das atividades dos estabelecimentos.

Publicado no DOE nº 530, 23/04/2019, págs. 07 a 09.

Súmula nº 11/2019

ASSUNTO: IDOSO, INFÂNCIA E JUVENTUDE OU PESSOA COM DEFICIÊNCIA. IDOSO, INFÂNCIA E JUVENTUDE OU PESSOA COM DEFICIÊNCIA. MUDANÇA DE DOMICÍLIO PARA OUTRO ESTADO. AUSÊNCIA DE ATRIBUIÇÃO DO MINISTÉRIO PÚBLICO DO ESTADO DO CEARÁ.

Merece homologação por despacho monocrático a promoção de arquivamento de procedimento extrajudicial instaurado para apurar notícia de situação de risco vivenciada por idoso, criança e/ou adolescente ou pessoa com deficiência se, no curso das investigações, ficar constatada a mudança de domicílio para outro Estado da Federação do Brasil, dos tutelados pelas Leis Federais nºs 10.741/03, 8.069/90 e 7.853/89, comunicando-se o fato ao Ministério Público competente.

Publicado no DOE nº 530, 23/04/2019, págs. 07 a 09.

Súmula nº 12/2019

ASSUNTO: IDOSO, INFÂNCIA E JUVENTUDE OU PESSOA COM DEFICIÊNCIA. IDOSO, INFÂNCIA E JUVENTUDE OU PESSOA COM DEFICIÊNCIA. FALECIMENTO.

Inexistindo nos autos de inquérito civil ou procedimento preparatório instaurado pelo Ministério Público indícios de crime praticado em detrimento de idoso, criança, adolescente ou deficiente, o seu falecimento por causas naturais encerra a investigação, devendo ser homologado por despacho monocrático o arquivamento promovido pelo Promotor de Justiça.

Publicado no DOE nº 530, 23/04/2019, págs. 07 a 09.

Súmula nº 13/2019

ASSUNTO: IDOSO, INFÂNCIA E JUVENTUDE OU PESSOA COM DEFICIÊNCIA. IDOSO, INFÂNCIA E JUVENTUDE OU PESSOA COM DEFICIÊNCIA. SITUAÇÃO DE RISCO. IMPOSSIBILIDADE DE LOCALIZAÇÃO E/OU IDENTIFICAÇÃO DAS VÍTIMAS.

Merece homologação por despacho monocrático promoção de arquivamento de procedimento extrajudicial instaurado para apurar notícia de risco a idoso, deficiente, à criança ou a adolescente se, no curso das investigações, após esgotadas todas as diligências, ficar comprovada a impossibilidade de localização e/ou identificação das vítimas das violações aos direitos previstos nas Leis Federais nºs. 10.741/03, 8.069/90 e 7.853/89.

Publicado no DOE nº 530, 23/04/2019, págs. 07 a 09.

Súmula nº 14/2019

ASSUNTO: IDOSO, INFÂNCIA E JUVENTUDE OU PESSOA COM DEFICIÊNCIA. IDOSO, INFÂNCIA E JUVENTUDE OU PESSOA COM DEFICIÊNCIA. PERDA DO OBJETO OU DO INTERESSE PROCEDIMENTAL.

Merece homologação por despacho monocrático a promoção de arquivamento de procedimento administrativo instaurado a fim de fiscalizar ou acompanhar a implementação de programas de políticas públicas federais, estaduais ou municipais voltados ao atendimento do público infantojuvenil/idoso/deficiente se, no curso do procedimento, restar demonstrada a efetiva implementação ou a adoção de todas as medidas cabíveis, com a desnecessidade do acompanhamento.

Publicado no DOE nº 530, 23/04/2019, págs. 07 a 09.

Súmula nº 15/2019

ASSUNTO: IDOSO, INFÂNCIA E JUVENTUDE OU PESSOA COM DEFICIÊNCIA. IDOSO, INFÂNCIA E JUVENTUDE OU PESSOA COM DEFICIÊNCIA. LESÃO A DIREITO INDIVIDUAL. FALTA DE ATRIBUIÇÃO DAS PROMOTORIAS ESPECIALIZADAS:

Merece homologação por despacho monocrático a promoção de arquivamento de procedimento extrajudicial para apurar notícia de violação a direitos do público infantojuvenil/idoso/deficiente se, no curso da investigação, ficar comprovado que a lesão atingiu apenas direito individual disponível e não direitos difusos ou coletivos, falecendo, portanto atribuição às Promotorias de Justiça do Idoso, Infância e Juventude ou Pessoa com Deficiência.

Publicado no DOE nº 530, 23/04/2019, págs. 07 a 09.

Súmula nº 16/2019

ASSUNTO: IDOSO, INFÂNCIA E JUVENTUDE OU PESSOA COM DEFICIÊNCIA. INFÂNCIA. TUTELA INDIVIDUAL. ATUAÇÃO DO CONSELHO TUTELAR.

Merece homologação por despacho monocrático promoção de arquivamento de procedimento extrajudicial instaurado para apurar notícia de violação de direitos da criança, quando esta trouxer fatos que, no âmbito do sistema de Garantia de Direitos da Criança e do Adolescente, exigem, inicialmente, a atuação precípua do

Conselho Tutelar, desde que comprovada a efetiva fiscalização, mediante relatório pelo Ministério Público, da atuação do referido órgão no caso concreto.

Publicado no DOE nº 530, 23/04/2019, págs. 07 a 09.

Súmula nº 17/2019

ASSUNTO: IDOSO, INFÂNCIA E JUVENTUDE OU PESSOA COM DEFICIÊNCIA. INFÂNCIA E JUVENTUDE. MAIORIDADE.

Merece homologação por despacho monocrático promoção de arquivamento de procedimento extrajudicial fundado na maioridade civil do adolescente, quando cessa a atribuição do Ministério Público para postular medida protetiva prevista no ECA.

Publicado no DOE nº 530, 23/04/2019, págs. 07 a 09.

Súmula nº 18/2019

ASSUNTO: IDOSO, INFÂNCIA E JUVENTUDE OU PESSOA COM DEFICIÊNCIA. INFÂNCIA E JUVENTUDE. ACOMPANHAMENTO E FISCALIZAÇÃO DO PROCESSO DE ELEIÇÃO DOS MEMBROS DOS CONSELHOS TUTELARES.

Merece homologação por despacho monocrático a promoção de arquivamento do procedimento extrajudicial, cuja finalidade seja o acompanhamento e a fiscalização do processo de eleição de Membros dos Conselheiros Tutelares, na forma da Resolução CONANDA nº 139, de 17 de março de 2010, se, no curso da investigação, não restarem comprovadas irregularidades ou, tendo sido apuradas falhas, desde que estas sejam sanadas.

Publicado no DOE nº 530, 23/04/2019, págs. 07 a 09.

Súmula nº 19/2019

ASSUNTO: MEIO AMBIENTE. MEIO AMBIENTE. POLUIÇÃO DE QUALQUER NATUREZA. CESSAÇÃO DE ATIVIDADES NOCIVAS.

Merece homologação por despacho monocrático o arquivamento do procedimento extrajudicial que conclui pela cessação das atividades poluidoras.

Publicado no DOE nº 530, 23/04/2019, págs. 07 a 09.

Súmula nº 20/2019

ASSUNTO: MEIO AMBIENTE. MEIO AMBIENTE. DANO AMBIENTAL. COMPROVAÇÃO DE REPARAÇÃO DO DANO. AUSÊNCIA DE ELEMENTOS PARA PROPOSITURA DE AÇÃO CIVIL PUBLICA E DE PERSECUÇÃO CRIMINAL.

Merece homologação por despacho monocrático o arquivamento do procedimento extrajudicial quando reparado o dano ambiental e não havendo base para a propositura de Ação Civil Pública e/ou Ação Penal.

Publicado no DOE nº 530, 23/04/2019, págs. 07 a 09.

Súmula nº 21/2019

ASSUNTO: IMPROBIDADE ADMINISTRATIVA. IMPROBIDADE ADMINISTRATIVA, PRESCRIÇÃO E AUSÊNCIA OU IMPOSSIBILIDADE DE COMPROVAÇÃO DE DANO AO ERÁRIO:

Merece homologação por despacho monocrático o arquivamento do procedimento extrajudicial que analisou os efeitos da improbidade em seu tríplice aspecto: criminal, civil e administrativo. Observando igualmente os prazos prescricionais decorrentes de interpretação sistemática, com resolução da pena pecuniária aplicada, ausência ou impossibilidade de comprovação de danos ao erário e inocorrência da prática de crime.

Publicado no DOE nº 530, 23/04/2019, págs. 07 a 09.

Súmula nº 22/2019

ASSUNTO: PROCEDIMENTO INVESTIGATÓRIO CRIMINAL. PROCEDIMENTO INVESTIGATÓRIO CRIMINAL. ARQUIVAMENTO. INTELIGÊNCIA DO §2º, DO ART. 20, DA RES. 52/2019, DO OECPJ.

Merece homologação por despacho monocrático a promoção de arquivamento de Procedimento Investigatório Criminal – PIC encaminhada ao Conselho Superior do Ministério Público, exceto aqueles que tenham havido adoção de alguma medida judicial e as promoções de arquivamento de Procedimento Investigatório Criminal e de Inquérito Policial amparadas em acordos de não persecução penal, quando deverão, necessariamente, serem apresentados ao juízo competente, nos moldes do art. 28, do CPP, nos termos do §2º, do art. 20, da Resolução nº 52/2019 do OECPJ, ficando cancelada a Súmula nº 05/2017 do CSMP.

Nota do autor: muito embora conste na parte final da súmula que a Súmula nº 05/2017 do CSMP do CE está cancelada, a página oficial do Conselho Superior do Ministério Público do Ceará aponta que ela ainda está em vigor. Consulta realizada em 07/08/2020. http://www.mpce.mp.br/orgaos-colegiados/conselho-superior-do--ministerio-publico/normas-internas-csmp/sumulas/

Publicado no DOE nº 530, 23/04/2019, págs. 07 a 09.

Art. 20, §2º, da Resolução nº 52/2019 do OECPJ: § 2º A decisão de arquivamento de procedimento investigatório criminal em que tenha havido adoção de alguma medida judicial e as promoções de arquivamento de procedimento investigatório criminal e de inquérito policial, amparadas em acordo de não persecução penal, serão necessariamente apresentadas ao juízo competente, nos moldes do art. 28 do Código de Processo Penal.

Súmula nº 23/2020

ASSUNTO: SIMPLIFICAÇÃO DE PROCEDIMENTO DE CONVOCAÇÃO DE MEMBRO DO MPCE PARA ATUAÇÃO EM PROCESSO DISCIPLINAR. MATÉRIA ADMINISTRATIVA. DISCIPLINA INSTRUÇÃO DE REQUERIMENTO PARA INTEGRAR, EM CARÁTER CONVOCATÓRIO, ÓRGÃO COLEGIADO REUNIDO PARA JULGAMENTO DE PROCESSO DISCIPLINAR, FACE À NECESSIDADE DE PERFAZIMENTO DE QUÓRUM PARA DELIBERAÇÃO.

Os pedidos de inscrições para atender Convocação de Membros do Primeiro Grau, com a finalidade de integrar Órgãos Colegiados reunidos para julgar processos disciplinares, deverão ser instruídos:

a) com declaração, feita pelo próprio membro interessado, dos itens contidos no art. 39, I, II, III, IV e V, do Regimento Interno do Conselho Superior do Ministério Público;

b) planilha de feitos extrajudiciais em tramitação na Promotoria de sua titularidade, respondência(s) ou nos limites de sua(s) atuação(ões) auxiliar(es), e;

c) com certidão, expedida pela Corregedoria-Geral do Ministério Público, de que não sofreu qualquer sanção disciplinar nos últimos doze meses.

Publicado no DOE nº 813, 12/06/2020, pág. 01.

Súmula nº 24/2020

ASSUNTO: CANCELAMENTO OU DESISTÊNCIA DE AFASTAMENTO OU DESLOCAMENTO PREVIAMENTE AUTORIZADO PELO CSMP. MATÉRIA ADMINISTRATIVA. REQUERIMENTO COMUNICANDO O CANCELAMENTO OU A DESISTÊNCIA DE AFASTAMENTO PARA CURSO DE CAPACITAÇÃO OU VIAGEM PARA MERO DESLOCAMENTO PREVIAMENTE AUTORIZADO PELO CSMP.

Merece homologação por despacho monocrático o requerimento que tenha como objeto informar o cancelamento ou a desistência de curso para capacitação, bem como a viagem para mero deslocamento, previamente autorizados por este Egrégio Conselho Superior do Ministério Público, dando-se ciência da decisão para a Secretaria de Recursos Humanos e Secretaria-Geral, para os devidos fins.

Publicado no DOE nº 813, 12/06/2020, pág. 01.

10 – DISTRITO FEDERAL (DF)

10.1 SÚMULAS DA CÂMARA DE COORDENAÇÃO E REVISÃO DO MINISTÉRIO PÚBLICO DO DISTRITO FEDERAL E TERRITÓRIOS

Súmula nº 01

O atendimento, pelo investigado, às exigências do Poder Público ou o seu compromisso de ajustamento de conduta perante o MPDFT é causa de arquivamento dos autos de investigação preliminar ou do inquérito civil público.

Editada na 1ª Sessão Ordinária do Conselho Institucional, realizada em 25/10/00.

Súmula nº 02

A composição entre os interessados, envolvendo relação de consumo, implica a perda do objeto do procedimento investigatório e impõe o seu arquivamento.

Editada na 1ª Sessão Ordinária do Conselho Institucional, realizada em 25/10/00.

Súmula nº 03

A desativação da empresa investigada ou o encerramento das suas atividades inviabiliza o procedimento investigatório, determinando o respectivo arquivamento.

Editada na 1ª Sessão Ordinária do Conselho Institucional, realizada em 25/10/00.

Súmula nº 04

O ajuizamento de ação civil pública pelo MPDFT ou de outra ação coletiva ou individual por legitimados concorrentes é causa de arquivamento dos autos de investigação preliminar ou do inquérito civil público.

Editada na 1ª Sessão Ordinária do Conselho Institucional, realizada em 25/10/00.

Súmula nº 05

No procedimento investigatório de paternidade, regulado pela Lei nº 8.560/92, a impossibilidade de obtenção de elementos necessários ao ajuizamento da ação determina o arquivamento dos autos.

Editada na 1ª Sessão Ordinária do Conselho Institucional, realizada em 25/10/00.

Súmula nº 06

O reconhecimento da paternidade, espontâneo ou mediante decisão judicial, impõe o arquivamento do procedimento investigatório regulado pela Lei nº 8.560/92.

Editada na 1ª Sessão Ordinária do Conselho Institucional, realizada em 25/10/00.

Súmula nº 07

O ajuizamento de ação de investigação de paternidade por iniciativa do interessado impõe que se arquive o procedimento de que trata a Lei nº 8.560/92.

Editada na 1ª Sessão Ordinária do Conselho Institucional, realizada em 25/10/00.

Súmula nº 08

CRIME EM TESE. PRESCRIÇÃO. EXTINÇÃO DA PUNIBILIDADE.

Extinto o direito de punir do Estado pela superveniência da prescrição da pretensão punitiva pela pena abstrata, falece ao Ministério Público justa causa para a persecução penal.

Obs. antiga súmula nº 01 da 1ª Câmara Criminal do MPDFT.

Editada na 7ª Sessão Extraordinária do Conselho Institucional, realizada em 25/05/04.

Súmula nº 09

MUDANÇA DE ENDEREÇO DA EMPRESA COMERCIAL. CONDUTA ATÍPICA.

Mudança de endereço de estabelecimento comercial sem prévia comunicação ao fisco. Omissão que não configura crime de sonegação fiscal, mas, sim, ilícito administrativo. (antiga súmula 02)

Editada na 7ª Sessão Extraordinária do Conselho Institucional, realizada em 25/05/04.

Súmula nº 10

AUDITORIA FISCAL. AUSÊNCIA DE IRREGULARIDADE.

Se o próprio Órgão de Fiscalização Tributária do Distrito Federal atesta, face a auditoria fiscal promovida na empresa, a inexistência de qualquer irregularidade, não há que se falar em crime de sonegação fiscal. (antiga súmula 03)

Editada na 7ª Sessão Extraordinária do Conselho Institucional, realizada em 25/05/04.

Súmula nº 11

ACIDENTE DE TRÂNSITO SEM VÍTIMA.

O acidente de trânsito sem vítima, sem indícios da prática de outros delitos previstos na Lei nº 9.503/97, não justifica qualquer providência por parte do Ministério Público. Fato penalmente atípico. (antiga súmula 04)

Nova Redação – 34ª Sessão Extraordinária das Câmaras de Coordenação Criminais Reunidas, realizada em 07/10/2015. Ref. PA 08190.053772/12-64.

Súmula nº 12

FALTA DE REPRESENTAÇÃO.

A renúncia expressa do ofendido ao seu direito de representação impede o exercício da ação penal, pelo Ministério Público, quando aquela for condição imprescindível de procedibilidade. (antiga súmula 05)

Editada na 7ª Sessão Extraordinária do Conselho Institucional, realizada em 25/05/04.

Súmula nº 13

ACIDENTE DE TRÂNSITO. VÍTIMA CAUSADORA DO EVENTO.

Delito decorrente de acidente de trânsito. A única vítima foi o condutor habilitado que culposamente deu causa ao sinistro. Ausência de provas de embriaguez. Fato penalmente atípico. (antiga súmula 06)

Nova Redação – 34ª Sessão Extraordinária das Câmaras de Coordenação Criminais Reunidas, realizada em 07/10/2015. Ref. PA 08190.053772/12-64.

Súmula nº 14

EMBRIAGUEZ AO VOLANTE. ART. 306 DO CTB. REPRESENTAÇÃO.

Para a tipificação do crime de embriaguez ao volante, previsto no artigo 306 do Código de Trânsito Brasileiro não é exigível a ocorrência de um perigo concreto, ou de risco real, bastando a possibilidade de um dano à incolumidade de outrem. Crime a que não se aplica a exigência de representação prevista no art. 88 da Lei 9.099/95. Trata-se, assim, de crime de ação penal pública incondicionada. (antiga súmula 07)

Nova Redação – 34ª Sessão Extraordinária das Câmaras de Coordenação Criminais Reunidas, realizada em 07/10/2015. Ref. PA 08190.053772/12-64.

Súmula nº 15

CRIME EM TESE. FALTA DE PROVAS.

Não encontrados elementos probatórios caracterizadores de crime, não se justifica a deflagração da ação penal. (antiga súmula 08).

Nova Redação – 34ª Sessão Extraordinária das Câmaras de Coordenação Criminais Reunidas, realizada em 07/10/2015. Ref. PA 08190.053772/12-64.

Súmula nº 16

NOTÍCIA DE CRIME. AUTORIA DESCONHECIDA.

Não restando esclarecida a autoria do crime noticiado, apesar das diligências realizadas, resta inviabilizada a deflagração da ação penal. (antiga súmula 09).

Nova Redação – 34ª Sessão Extraordinária das Câmaras de Coordenação Criminais Reunidas, realizada em 07/10/2015. Ref. PA 08190.053772/12-64.

Súmula nº 17

CRIME EM TESE. FATO ATÍPICO.

Apurado que o fato noticiado não constitui crime, não se justifica a formalização da *persecutio criminis*. (antiga súmula 10).

Editada na 7ª Sessão Extraordinária do Conselho Institucional, realizada em 25/05/04.

Súmula nº 18

INTERVENÇÃO INJUSTIFICADA DO MINISTÉRIO PÚBLICO.

Não se justifica a intervenção do Ministério Público quando não houver nos autos notícia de crime ou de qualquer outro fato ensejador de sua atuação. (antiga súmula 11).

Editada na 7ª Sessão Extraordinária do Conselho Institucional, realizada em 25/05/04.

Súmula nº 19

NÚCLEO DE INVESTIGAÇÃO CRIMINAL E CONTROLE EXTERNO DA ATIVIDADE POLICIAL. INTERVENÇÃO DESNECESSÁRIA.

Não havendo falta, recusa, omissão nem retardamento injustificado da autoridade policial em dar andamento nas investigações, porque instaurado o respectivo procedimento investigatório para apurar o fato notificado, desnecessária a intervenção do Núcleo de Investigação Criminal e Controle Externo da Atividade Policial. (antiga súmula 12).

Editada na 7ª Sessão Extraordinária do Conselho Institucional, realizada em 25/05/04.

Súmula nº 20

PROCEDIMENTO INVESTIGATÓRIO OU JUDICIAL INSTAURADO.

Restando demonstrado que já foi instaurado procedimento investigatório ou judicial pertinente, caberá ao Promotor de Justiça que atua perante o Juízo, para o qual foi ou vier a ser distribuído o feito, promover o seu acompanhamento e fiscalização, providenciando-se, se for o caso, a juntada de elementos de prova nele ainda não constantes. (antiga súmula 13).

Nova Redação – 34ª Sessão Extraordinária das Câmaras de Coordenação Criminais Reunidas, realizada em 07/10/2015. Ref. PA 08190.053772/12-64.

Súmula nº 21

ERRO MÉDICO. AUSÊNCIA DE RELAÇÃO DE CAUSALIDADE.

Não comprovada a relação de causalidade entre o fato alegado e o resultado, à vista do contido nos autos, não há que se falar em crime culposo decorrente de erro médico. (antiga súmula 14).

Editada na 7ª Sessão Extraordinária do Conselho Institucional, realizada em 25/05/04.

Súmula nº 22

ERRO MÉDICO. INOCORRÊNCIA DE CULPA.

Não comprovada a ocorrência de imperícia, imprudência ou negligência nas práticas médicas adotadas, não há que se falar em crime culposo decorrente de erro médico. (antiga súmula 15).

Editada na 7ª Sessão Extraordinária do Conselho Institucional, realizada em 25/05/04.

Súmula nº 23

CRIME EM TESE. ENCERRAMENTO DE ATIVIDADE COMERCIAL SEM FORMALIZAÇÃO LEGAL JUNTO AO FISCO. CONDUTA ATÍPICA.

O encerramento da atividade comercial sem formalização legal junto ao fisco não configura crime de sonegação fiscal, mas, sim, infração administrativa. (antiga súmula 16).

Editada na 7ª Sessão Extraordinária do Conselho Institucional, realizada em 25/05/04.

Súmula nº 24

CRIME EM TESE. MODIFICAÇÃO DE DADOS CADASTRAIS DA EMPRESA, SEM COMUNICAÇÃO AO FISCO. CONDUTA ATÍPICA.

A modificação de dados cadastrais da empresa sem comunicação ao fisco não configura crime de sonegação fiscal, mas, sim, infração administrativa. (antiga súmula 17).

Editada na 7ª Sessão Extraordinária do Conselho Institucional, realizada em 25/05/04.

Súmula nº 25

CRIME, EM TESE, DE SONEGAÇÃO FISCAL. PAGAMENTO OU PARCELAMENTO. SUSPENSÃO DA PRETENSÃO PUNITIVA DO ESTADO. EXTINÇÃO DA PUNIBILIDADE.

Extinto o direito de punir do Estado pelo pagamento do débito tributário antes de ofertada a denúncia, ou suspensa a pretensão punitiva do Estado pelo parcelamento do crédito tributário nas hipóteses em que cabível, falece ao Ministério Público justa causa para a persecução penal (artigo 83, §§ 1º a 6º, da Lei nº 9.430/96, com a redação da Lei nº 12.382/2011, e artigo 9º da Lei nº 10.684/2003). (antiga súmula 18).

Nova Redação – 34ª Sessão Extraordinária das Câmaras de Coordenação Criminais Reunidas, realizada em 07/10/2015. Ref. PA 08190.053772/12-64.

Súmula nº 26

CRIME EM TESE. DECADÊNCIA. EXTINÇÃO DA PUNIBILIDADE.

Extinto o direito de punir do Estado pelo transcurso do prazo decadencial para o direito de representação, falece ao Ministério Público justa causa para a persecução penal. (antiga súmula 19).

Editada na 7ª Sessão Extraordinária do Conselho Institucional, realizada em 25/05/04.

Súmula nº 27

CRIME EM TESE. RENÚNCIA AO DIREITO DE QUEIXA. EXTINÇÃO DA PUNIBILIDADE.

A renúncia expressa do ofendido ao seu direito de queixa nos crimes de ação penal privada, acarreta a extinção da punibilidade (art. 107, V, do Código Penal), falecendo ao Ministério Público justa causa para intervir no feito. (antiga súmula 20).

Editada na 7ª Sessão Extraordinária do Conselho Institucional, realizada em 25/05/04.

Súmula nº 28

NOTÍCIA DE CRIME. DETERMINAÇÃO DE AUTORIA PREJUDICADA EM RAZÃO DA AUSÊNCIA DE COLABORAÇÃO DA VÍTIMA.

A colaboração e a presença da suposta vítima, via de regra, são imprescindíveis para o esclarecimento da autoria do ilícito noticiado. Esta Súmula não se aplica aos casos previstos na Lei 11.340/2006.

Nova Redação - Sessão Extraordinária das Câmaras Criminais Reunidas, de 18/11/2015 - Ref. PA 08190.031678/15-15.

Súmula nº 29

ESTATUTO DA CRIANÇA E DO ADOLESCENTE. REMISSÃO PRÉ-PROCESSUAL CONCEDIDA PELO MINISTÉRIO PÚBLICO. CUMULAÇÃO COM MEDIDA SÓCIO-EDUCATIVA.

1. A remissão pré-processual, que não implica necessariamente no reconhecimento ou comprovação de responsabilidade, pode ser concedida cumulada com aplicação de medida sócio-educativa, sem que haja necessidade de prévio procedimento formal para apuração de autoria, da materialidade e culpabilidade. Trata-se de uma espécie de "transação" sem instauração do processo.

2. Cabe ao órgão do Ministério Público ao conceder a remissão pré-processual, de acordo com o disposto no art. 126 do ECA, posicionar-se quanto à necessidade de sua associação com uma medida sócio-educativa, que, por sua vez, há de ser determinada e aplicada pelo magistrado, a fim de se legitimar para a hipótese de recurso.

Nova Redação – 34ª Sessão Extraordinária das Câmaras de Coordenação Criminais Reunidas, realizada em 07/10/2015. Ref. PA 08190.053772/12-64.

Súmula nº 30

Quando a promoção de arquivamento de PIP ou ICP fundar-se em Termo de Ajustamento de Conduta - TAC firmado pelo investigado, o Promotor de Justiça, desde logo, deverá informar à Câmara de Coordenação e Revisão os dados do Procedimento Interno a ser utilizado para acompanhamento da execução do TAC, salvo no caso de cumprimento imediato das condições pelo investigado.

08190.047297/09-82, julgado na 17ª Sessão do Conselho Institucional, realizada em 09/06/2009.

Súmula nº 31

No procedimento instaurado para análise da prestação anual de contas de entidade de interesse social submetida à fiscalização do Ministério Público, impõe-se o arquivamento do feito quando as contas forem consideradas corretas.

Ata da 48ª Sessão Ordinária da 5ª Câmara Cível Especializada, de 05/07/2012.

Súmula nº 32

Comprovada a averbação da ata no Registro da entidade, exaurem-se as atribuições da Promotoria de Justiça de Fundações e Entidades de Interesse Social. O arquivamento impõe-se ao Procedimento Administrativo.

Sessão Ordinária da 5ª Câmara Cível Especializada, de 29/10/2015.

Súmula nº 33

Constatada a maioridade do interessado, ser-lhe-á fornecida cópia integral dos autos, bem como orientado que procure a Defensoria Pública, após o que o procedimento será arquivado.

PA n. 08190.039607/15-61 e 08190.185102/14-41 – 77ª Sessão Ordinária da 5ª Câmara Cível Especializada, do dia 02/06/2016.

Súmula nº 34

Constatado o falecimento do interessado, com certidão de óbito acostada aos autos, o arquivamento do feito é a medida que se impõe, em razão da perda do objeto.

Ata da 55ª Sessão Ordinária da 4ª Câmara Cível Especializada, do dia 20/10/2016.

Súmula nº 35

Constatada a inexistência de elementos mínimos para propositura de ação judicial em procedimento cujo acompanhamento cabe ao Conselho Tutelar, pode o Ministério Público determinar de plano o seu arquivamento.

Ata da 91ª Sessão Ordinária da 5ª Câmara Cível Especializada, do dia 25/01/2018.

Súmula nº 36

Verificada a ocorrência de prescrição quinquenal quanto ao ato de improbidade administrativa (art. 23 da Lei 8.429/92) no que tange às sanções previstas no art. 12 da Lei 8.429/92, e na hipótese de eventual dano ao erário a ser judicializado pelo órgão distrital competente, o arquivamento do feito é medida que se impõe

Ata da 79ª Sessão Ordinária da 1ª Câmara Cível Especializada, do dia 06/02/2018.

10.2 ENUNCIADOS DAS CÂMARAS DE COORDENAÇÃO E REVISÃO DO MINISTÉRIO PÚBLICO DO DISTRITO FEDERAL E TERRITÓRIOS

Enunciado nº 01

Manifestação do Ministério Público nas Turmas Recursais dos Juizados Especiais Cíveis e Criminais do TJDF. A manifestação do Ministério Público, referida no artigo 12, inciso V, do Regimento Interno da Turma Recursal dos Juizados Especiais Cíveis e Criminais, haverá de ser elaborada por escrito, não só por força regimental, como também para imprimir maior segurança e celeridade ao procedimento.

Nova redação – Ref. PA 08190.053772/12-64, julgado em 07/10/2015. Alteração publicada no DOU n. 242, de 18/12/2015.

Enunciado nº 02

REVOGADO – 19ª SESSÃO ORDINÁRIA, DE 17/06/2010. PUBLICADO NO DJ N. 122, DE 29/06/2010).

Enunciado nº 03

A promoção de arquivamento de inquérito civil público, procedimento de investigação preliminar ou peças informativas deverá conter relatório pormenorizado dos atos incidentes e ocorrências registradas nos autos e a menção fundamentada dos motivos de fato e de direito nos quais o Promotor de Justiça baseia sua decisão.

Representação nº 1295-PRODECON, Ata da 3ª Sessão Ordinária.

Publicado no DJ, Seção 1, de 17/05/02, p. 541.

Enunciado nº 04

O Promotor de Justiça, após o primeiro ano de instauração do procedimento de investigação preliminar ou do inquérito civil público, diante da impossibilidade de obtenção de provas e verificando a desnecessidade do pedido de prorrogação (art. 16, da Resolução nº 27, do CSMPDFT), poderá determinar o arquivamento dos autos.

Ata da 3ª Sessão Ordinária.

Publicado no DJ, Seção 1, de 17/05/02, p. 541.

Enunciado nº 05

Em se tratando de mandado de segurança originário e sendo o Ministério Público litisconsorte passivo, caberá ao Procurador-Geral de Justiça receber a citação e oferecer a impugnação, querendo. Ao Procurador de Justiça que oficia na Câmara competente caberá, na função de *custos legis*, ofertar parecer, como, aliás, em todo e qualquer mandado de segurança originário.

PA nº 08190.002998-0/95, Ata da 3ª Sessão Ordinária.

Publicado no DJ, Seção 1, de 17/05/02, p. 541.

Enunciado nº 06

O termo de ajustamento de conduta de que trata o artigo 5º, parágrafo 6º, da Lei nº 7.347, de 24 de julho de 1985, deverá explicitar as obrigações pactuadas, de modo que resultem certas as obrigações, quanto à sua existência, e determinadas, quanto ao seu objeto.

PA nº 08190.061290/96-87, Ata da 3ª Sessão Ordinária.

Publicado no DJ, Seção 1, de 17/05/02, p. 541.

Enunciado nº 07

Nos feitos que envolvem direito do consumidor, é salutar a prática adotada pela Promotoria de Justiça de Defesa dos Direitos do Consumidor de realizar audiência com a finalidade de consultar os interessados sobre a conveniência de, naquele caso, propor-se ação civil pública, ato que deverá ser comprovado por termo nos autos. Verificando o Promotor que a maioria dos consumidores mostra-se contrária à propositura da ação, porque os efeitos da condenação não atendem aos seus interesses, é legítima a determinação de arquivamento do procedimento de investigação preliminar ou do inquérito civil.

Atas da 13ª Sessão Ordinária da 1ª Câmara Cível e 3ª Sessão Ordinária do Conselho Institucional.

Publicado no DJ, Seção 1, de 17/05/02, p. 541.

Enunciado nº 08

É incabível exigência, por parte dos Promotores de Justiça em exercício nas Promotorias de Registros Públicos, de apresentação de certidão de nascimento atualizada até o último ano, bem como as de casamento para nubentes divorciados para instruir a habilitação de casamento. Afronta às leis civis, que não fazem tal exigência, bem como às normas constitucionais insertas nos artigos 226, § 3º e 5º, inciso II.

PA nº 08190.001338-2/94, Ata da 3ª Sessão Ordinária.

Publicado no DJ, Seção 1, de 17/05/02, p. 541.

Enunciado nº 09

REVOGADO PELO ENUNCIADO Nº 17, PUBLICADO NO DJ, SEÇÃO 1, DE 18/11/03, P. 455.

Enunciado nº 10

Ocorrência de interesse público a justificar a intervenção ministerial nos feitos cíveis – a decisão sobre a ocorrência do interesse público cabe ao próprio Ministério Público e não ao Judiciário. Impossibilidade de fixação *a priori* de todas as causas nas quais ocorre o interesse público. Necessidade de análise do caso concreto. No âmbito do *Parquet*, cabe à Câmara, nos casos de dúvida do Órgão oficiante, determinar a ocorrência do interesse público.

PA nº 08190.000355-7/95, Ata da 4ª Sessão Ordinária.

Publicado no DJ, Seção 1, de 15/07/02, p. 8.

Enunciado nº 11

O Procurador de Justiça que atua junto à Câmara Cível deve ofertar parecer em recurso de embargos infringentes opostos pelo Ministério Público, qualquer que seja a posição que este ocupe no processo (parte ou *custos*). A Procuradoria de Justiça junto à Câmara ocupa posição de instância recursal superior em relação àquela junto à Turma.

PA nº 08190.001050-2/95, Ata da 4ª Sessão Ordinária.

Publicado no DJ, Seção 1, de 15/07/02, p. 8.

Enunciado nº 12

Na ação de indenização por danos decorrentes de acidente do trabalho, com fundamento no artigo 159 do Código Civil, em litígio interesse patrimonial, individual e disponível do autor, porque ausentes os pressupostos asseguradores de sua legitimidade para integração na relação processual, dispensável a intervenção do Ministério Público.

PA nº 08190.000729/97-86, Ata da 5ª Sessão Ordinária.

Publicado no DJ, Seção 1, de 12/11/02, p. 555/556.

Enunciado nº 13

É atribuição da Promotoria de Tutela das Fundações e Entidades de Interesse Social a expedição de atestados de regular funcionamento e de regularidade do mandato da diretoria de fundações e entidades de interesse social, para o fim de recebimento de subvenções, por parte de tais entidades. O mesmo se aplica quando se tratar de "vistos" apostos pelos Promotores de Justiça nas prestações de contas relativas àquelas subvenções.

PA nº 08190.001069-3/94, Ata da 5ª Sessão Ordinária.

Publicado no DJ, Seção 1, de 12/11/02, p. 555/556.

Enunciado nº 14

O comparecimento do Órgão do Ministério Público à audiência, nos processos em que deva intervir, deverá ser antecedido de intimação pessoal e prévia de pelo menos vinte e quatro horas.

PA nº 08190.001075-8/95, Ata da 5ª Sessão Ordinária.

Publicado no DJ, Seção 1, de 12/11/02, p. 555/556.

Enunciado nº 15

É atribuição das Promotorias de Justiça de Defesa do Meio Ambiente atuar nas ações de que trata o artigo 27 e incisos, do Decreto-Lei nº 227/67 (Código de Mineração).

PIP nº 08190.002113/02-89. Ata da 5ª e 9ª Sessão Ordinária.

Redação alterada, republicado no DJ, Seção 1, de 23/12/04, p. 129.

Enunciado nº 16

Os Procuradores de Justiça, nos processos em que o Ministério Público estiver atuando como *custos legis*, somente devem ser intimados do acórdão após a sua publicação no Diário da Justiça e uma vez decorrido o prazo para a interposição do recurso pelas partes (art. 83, I, CPC).

Atas da 16ª Reunião Ordinária da 1ª Câmara Cível, de 27/08/96 e 5ª Sessão Ordinária do Conselho Institucional.

Publicado no DJ, Seção 1, de 12/11/02, p. 555/556.

Enunciado nº 17

Nas hipóteses previstas em lei para a intervenção do Ministério Público em conflitos individuais em que se discute direito do consumidor, cabe oficiar o Promotor de Justiça Cível que tem atribuições perante o Juízo processante. Nas ações civis públicas, não propostas pelo Ministério Público, oficiará um dos Promotores de Justiça de defesa dos direitos do consumidor. Fica revogado o enunciado nº 09, deste Conselho Institucional.

PIP nº 08190.009008/03-33.

Publicado no DJ, Seção 1, de 18/11/03, p. 455.

Enunciado nº 18

A ação rescisória, ainda que não seja recurso, mas meio autônomo de impugnação de decisão judicial, de competência originária de Tribunal, poderá ser proposta por Promotor de Justiça quando a decisão impugnada for sentença, mas será necessariamente proposta por Procurador de Justiça, quando aquela tratar-se de acórdão.

PIP nº 08190.009004/03-82.

Publicado no DJ, Seção 1, de 18/11/03, p. 455.

Enunciado nº 19

INTERVENÇÃO DO MINISTÉRIO PÚBLICO EM AÇÕES POSSESSÓRIAS.

Nas ações possessórias, a intervenção do Ministério Público dar-se-á por suas Promotorias de Justiça Especializadas da Ordem Urbanística - PROURB, do Meio Ambiente - PRODEMA e do Patrimônio Público e Social - PRODEP, ficando ressalvada a atuação das Promotorias de Justiça Cíveis ou da Fazenda Pública nas hipóteses do art. 82, incisos I e III, do Código de Processo Civil (interesses de incapazes e litígios coletivos).

Conflitos nºs 08190.014296/04-10, 08190.014297/04-82, 08190.014298/04-45 e 08190.014299/04-16.

Publicado no DJ, Seção 1, de 23/03/04, p. 502.

Enunciado nº 20

REQUISIÇÃO DE PRONTUÁRIO MÉDICO POR MEMBRO DO MINISTÉRIO PÚBLICO.

A requisição do Ministério Público tendo por objeto prontuário médico deverá ser fundamentada e dirigida ao Juiz para o qual se encontra distribuído o inquérito policial, incumbindo-lhe, na hipótese de não acolhimento, a adoção das medidas judiciais cabíveis. Na hipótese de inexistir feito previamente distribuído, a requisição deverá ser distribuída a um dos Juízos competentes para apreciação da futura ação penal.

PIP 08190.014305/04-17.

Publicado no DJ, Seção 1, de 05/07/2004, p. 108/109.

Enunciado nº 21

INTERVENÇÃO DO MINISTÉRIO PÚBLICO NAS AÇÕES DE DISSOLUÇÃO DE UNIÃO ESTÁVEL, PARTILHAS E ARROLAMENTOS DE BENS QUE TRAMITAM NAS VARAS DE FAMÍLIA.

É legítima a intervenção do Ministério Público do Distrito Federal e Territórios, por suas Promotorias de Justiça de Família, nos arrolamentos de bens preparatórios das ações de dissolução de sociedade de fato decorrente de união estável, bem como nos procedimentos que tenham como objeto a discussão de natureza patrimonial de bens adquiridos na constância do casamento ou da união estável.

PIP 08190.014306/04-71.

Publicado no DJ, Seção 1, de 05/07/2004, p. 108/109.

Enunciado nº 22

REVOGADO – Ref. PA 08190.053772/12-64, julgado em 07/10/2015. Alteração publicada no DOU n. 242, de 18/12/2015.

Enunciado nº 23

Nos pedidos de baixa de inquéritos, formulados pela autoridade policial, analisar a pertinência das diligências faltantes, cuja demora está acarretando o atraso. Somente concordar com a baixa se as diligências forem imprescindíveis ao oferecimento da denúncia e não puderem ser realizadas diretamente pelo próprio Promotor de Justiça, no exercício das suas atribuições legais.

Publicado no DJ, Seção 1, de 05/07/2004, p. 108/109.

Enunciado nº 24

O Promotor de Justiça, dentro de sua esfera de atribuições, tem legitimidade para impetrar habeas corpus e mandado de segurança perante o Tribunal de Justiça, quando o ato atacado emanar de Juiz de primeiro grau de jurisdição. Após a apresentação do pedido, incumbirá ao Órgão do *Parquet* de segunda instância acompanhá-lo, fazer sustentação oral e recorrer, se o caso.

PA nº 08190.001108-8/94.

Publicado no DJ, Seção 1, de 05/07/2004, p. 108/109.

Enunciado nº 25

Sempre que necessário ao exercício de suas funções institucionais, pode o Membro do MPDFT requisitar e acompanhar diligências, que, no processo penal, devem, em regra, ser cumpridas pela autoridade policial. Assim, se no curso da ação penal, o Promotor requer ao Juiz auxílio policial para a localização de testemunhas cuja oitiva se mostre imprescindível à busca da verdade material, e ele indefere o pedido, ao argumento de que o Órgão do Ministério Público dispõe de meios para providenciar a diligência pretendida, pode (deve!) ele – titular da ação penal – requisitá-la, diretamente, à autoridade policial ou, até mesmo, em caráter excepcional, expedir ele próprio o mandado de intimação, a fim de não ver frustrado o objetivo maior do processo penal.

PA nº 08190.001021-9/95.

Publicado no DJ, Seção 1, de 05/07/2004, p. 108/109.

Enunciado nº 26

REVOGADO – Ref. PA 08190.053772/12-64, julgado em 07/10/2015.

Alteração publicada no DOU n. 242, de 18/12/2015.

Enunciado nº 27

Caso o Promotor de Justiça deixe de formular a proposta de transação ou suspensão do processo, ou não concorde o Juiz com as razões para a não apresentação da proposta, o feito será submetido ao Procurador-Geral, por aplicação analógica do artigo 28 do Código de Processo Penal.

Processo-Crime nº 43.636/94 da 4ª Vara Criminal de Brasília.

Publicado no DJ, Seção 1, de 05/07/2004, p. 108/109.

Enunciado nº 28

REVOGADO – Ref. PA 08190.053772/12-64, julgado em 07/10/2015.

Alteração publicada no DOU n. 242, de 18/12/2015.

Enunciado nº 29

Requisição Ministerial – Prazo de 10 (dez) dias úteis para o atendimento no caso de medidas comuns, prorrogável pelo mesmo tempo por motivo de força maior. Em casos de medidas urgentes, referido prazo poderá ser reduzido, dentro das necessidades do órgão ministerial requisitante, que fundamentará a urgência da requisição, sendo desnecessária a advertência acerca do que dispõe o § 3º do art. 8º da Lei Complementar nº 75/93.

PA 08190.002251-9/95.

Publicado no DJ, Seção 1, de 05/07/2004, p. 108/109.

Enunciado nº 30

O Promotor de Justiça não poderá desistir de recurso interposto por ele ou por seu antecessor. Todavia, tratando-se de recurso interposto por seu antecessor, poderá o Promotor de Justiça, ao arrazoá-lo, pleitear a manutenção da sentença, se com ela concordar.

PA nº 08190.001028/96-56.

Publicado no DJ, Seção 1, de 05/07/2004, p. 108/109.

Enunciado nº 31

O parcelamento do débito só extingue a punibilidade de crime contra a ordem tributária quando integralmente honrado pelo devedor, ficando suspenso, durante o prazo do parcelamento, o curso da investigação criminal, que permanecerá durante esse tempo na secretaria da Promotoria interessada. A Promotoria de Justiça de Defesa da Ordem Tributária oficiará a Subsecretaria da Receita, da Secretaria de Fazenda e Planejamento do Distrito Federal para informar à referida Promotoria, mensalmente, se o beneficiado com o parcelamento está cumprindo o acordo.

PIP nº 1027/94 – PDOT.

Publicado no DJ, Seção 1, de 05/07/2004, p. 108/109.

Enunciado nº 32

Só os condenados que cumprem pena no regime semi-aberto, que tenham bom comportamento e tenham cumprido no mínimo um sexto da pena, se primários, ou um quarto, se reincidentes, têm direito à autorização para saída temporária a fim de freqüentar curso supletivo profissionalizante, bem como de instrução do segundo grau ou de grau superior. Cabe ao Ministério Público, por intermédio das Promotorias de Execução Penal, exercer a devida fiscalização para constatar a observância dos requisitos previstos no artigo 123 da Lei de Execução Penal. Conseqüentemente, os presos provisórios e os condenados que cumprem pena no regime fechado não têm direito ao benefício e, por conclusão lógica, não têm direito a prestar o exame vestibular, devendo o Ministério Público recorrer das autorizações concedidas em desacordo com a LEP.

PA nº 08190.001095/97-24. Nova redação – Ref. PA 08190.053772/12-64, julgado em 07/10/2015. Alteração publicada no DOU n. 242, de 18/12/2015.

Enunciado nº 33

Cabe exclusivamente ao Promotor de Justiça designado para a Promotoria manifestar-se nos feitos afetos à citada unidade, salvo a hipótese de impedimento ocasional, nos termos do disciplinamento vigente. O Promotor de Justiça, ao se manifestar em ação penal iniciada por denúncia formulada por outro promotor deve abster-se de criticar, extemporaneamente, a capitulação original, sem embargo de, no momento e pelo meio processual adequado, manifestar a sua discordância quanto a peça acusatória. O Coordenador Administrativo não tem atribuição de avocar feitos, só podendo se manifestar em processos ou inquéritos de outra Promotoria se se caracterizar a condição legal de substituto. (PA nº 08190.001147/97-26).

Nova redação – Ref. PA 08190.053772/12-64, julgado em 07/10/2015. Alteração publicada no DOU n. 242, de 18/12/2015.

Enunciado nº 34

Ao promover a ação penal cautelar consistente em formulação de pedido de prisão temporária, o órgão do Mistério Público deverá propor ao juiz que fixe o prazo máximo de trinta dias para efetivação da prisão, após o que a ordem perderá a validade, devendo esta cláusula constar do respectivo mandado judicial.

Nova redação – Ref. PA 08190.053772/12-64, julgado em 07/10/2015. Alteração publicada no DOU n. 242, de 18/12/2015.

Enunciado nº 35

Ao emitir parecer em pedido de prisão temporária formulado pela autoridade policial, ou ao requerê-la, o órgão do Ministério Público deverá examinar cuidadosamente os fatos alegados para enquadrá-los, ou não, nas situações previstas nos incisos I, II e III, do artigo 1º, da Lei nº 7.960, de 21 de dezembro de 1989.

PA nº 08190.000164/98-91.

Publicado no DJ, Seção 1, de 05/07/2004, p. 108/109.

Enunciado nº 36

Cabe ao próprio promotor de justiça, com atribuição para atuar no feito, promover o arquivamento de peças de informação, procedimentos investigatórios criminais e demais procedimentos administrativos que versem sobre matéria criminal, instaurados no âmbito do Ministério Público e ainda não jurisdicionados, submetendo o feito à Câmara de Coordenação e Revisão da Ordem Jurídica Criminal, nos termos do inciso V, do artigo 171, da Lei Complementar nº 75/93. (PA nº 08190.061164/97-11).

PA nº 08190.061164/97-11. Nova redação – Ref. PA 08190.053772/12-64, julgado em 07/10/2015. Alteração publicada no DOU n. 242, de 18/12/2015.

Enunciado nº 37

REVOGADO – Ref. PA 08190.053772/12-64, julgado em 07/10/2015.

Alteração publicada no DOU n. 242, de 18/12/2015.

Enunciado nº 38

REVOGADO – Ref. PA 08190.053772/12-64, julgado em 07/10/2015.

Alteração publicada no DOU n. 242, de 18/12/2015.

Enunciado nº 39

1º) o Promotor de Justiça que exerceu a função de fiscal da lei pode, no mesmo processo, vir a atuar como promotor da ação penal;

2º) o Promotor de Justiça que, temporariamente, exercer a função de procurador de justiça, não pode oficiar no processo em que atuou junto à primeira instância;

3º) o Promotor de Justiça ou o Procurador de Justiça não pode atuar em processo no qual tenha oficiado parente, consangüíneo ou afim em linha reta ou colateral até o terceiro grau ou seu cônjuge;

4º) o membro do Ministério Público deve dar-se por suspeito nas hipóteses dos incisos de I a VI, do artigo 254 do Código de Processo Penal.

PA nº 08190.059952/99-10. Nova redação – Ref. PA 08190.053772/12-64, julgado em 18/11/2015. Alteração publicada no DOU n. 234, de 08/12/2015.

Enunciado nº 40

1º) Os institutos previstos nos artigos 74, 76 e 88 da Lei nº 9.099/95 são aplicáveis ao crime de lesão corporal culposa tipificado no artigo 303 do Código de Trânsito Brasileiro;

2º) Os artigos 74, 76 e 88 da Lei nº 9.099/95 não são aplicáveis aos crimes dos artigos 306 e 308 do CTB, que são delitos que atingem a incolumidade pública, inexistindo dano real a ser reparado e o bem jurídico atingido é público, não existindo vítima concreta ou, se existir, dela não se pode exigir qualquer manifestação de vontade.

Nova redação – Ref. PA 08190.053772/12-64, julgado em 18/11/2015. Alteração publicada no DOU n. 234, de 08/12/2015.

Enunciado nº 41

O instituto da graça compreende, em sentido amplo, anistia, indulto individual, indulto coletivo – parcial ou total – e comutação. Em sentido estrito, o indulto individual. O instituto da comutação nada mais é do que um indulto parcial, razão pela qual, em que pese a distinção feita por decretos presidenciais de concessão de indulto natalino, não pode tal benefício ser concedido aos réus condenados por crimes hediondos e equiparados, face ao óbice contido no art. 2º, inciso I, 3ª figura, da Lei nº 8.072/90, que impede a concessão de graça aos condenados por tais crimes.

Nova redação – Ref. PA 08190.053772/12-64, julgado em 07/10/2015. Alteração publicada no DOU n. 242, de 18/12/2015.

Enunciado nº 42

REVOGADO – 38ª Sessão Extraordinária das Câmaras de Coordenação e Revisão Reunidas em Matéria Criminal em 02/12/2015 – Ref. PA 08190.031685/15-81.

Enunciado nº 43

REVOGADO – Ref. PA 08190.053772/12-64, julgado em 07/10/2015.

Alteração publicada no DOU n. 242, de 18/12/2015.

Enunciado nº 44

Crime militar não configurado. Indícios de prática de crime comum. Quando o Juiz da Auditoria Militar não se der por incompetente, diante da provocação do Promotor de Justiça, o representante do Ministério Público deve utilizar-se do recurso processual cabível, vedada a simples extração de cópia com a conseqüente remessa a outra Promotoria de Justiça. Nada impede, todavia, que após decidida a questão no âmbito da Justiça Militar, seja extraída cópia do IPM e remetida a outra Promotoria, com atribuição para promover a ação por crime comum.

IPM nº 1999.01.1.030959-9 – Vara da Auditoria Militar; nº 08190.053476/99-32 do MPDFT. Origem IPM 041/99 – PMDF.

Publicado no DJ, Seção 1, de 05/07/2004, p. 108/109.

Enunciado nº 45

Lei nº 9.437/97. Porte ilegal de arma. Concurso. Quando o crime de porte ou posse ilegal de arma de fogo concorrer com outro crime, do qual seja inteiramente autônomo, haverá concurso material ou formal, conforme a hipótese.

Nota do autor: A Lei nº 9.437/97 foi revogada pelo Estatuto do Desarmamento (Lei 10.826/03).

PA nº 08190.020210/00-55.

Publicado no DJ, Seção 1, de 05/07/2004, p. 108/109.

Enunciado nº 46

REVOGADO – Ref. PA 08190.053772/12-64, julgado em 07/10/2015. Alteração publicada no DOU n. 242, de 18/12/2015.

Enunciado nº 47

Distinção entre arquivamento das investigações (art. 28, do Código de Processo Penal) e arquivamento dos autos administrativos.

1. Não há que se confundir arquivamento das investigações, que tem natureza de conclusão, término do procedimento investigatório, com o arquivamento dos autos, que tem natureza meramente burocrático-administrativa.

2. Quando os fatos a serem investigados fugirem da atribuição do Ministério Público local, em vez de se encaminhar cópias à autoridade com atribuição para promover a apuração, devem ser enviados os originais, permanecendo no MPDFT as cópias, haja vista, muitas vezes, serem os originais imprescindíveis para a realização de provas periciais.

Nova redação – Ref. PA 08190.053772/12-64, julgado em 07/10/2015. Alteração publicada no DOU n. 242, de 18/12/2015.

Enunciado nº 48

Prazo para manifestação pelos órgãos do Ministério Público nas peças de informação com sugestão de promoção, pelo titular da ação penal, de pedidos de prisão temporária ou preventiva e outros. O prazo para o Promotor de Justiça, plantonista ou não, se manifestar em peças de informação com sugestão de promoção de ações penais cautelares, como prisão temporária ou preventiva, e também em pedidos de relaxamento de prisão e pedidos de liberação do adolescente é de até 24 horas, contadas a partir do recebimento das peças de informação ou do requerimento. Nas demais medidas urgentes, incluídos os pedidos de liberdade provisória e revogação de prisão preventiva ou temporária, o prazo para a manifestação do Promotor de Justiça será de até 48 horas, contadas a partir do recebimento das peças de informação ou do requerimento.

Nova redação – Ref. PA 08190.053772/12-64, julgado em 07/10/2015. Alteração publicada no DOU n. 242, de 18/12/2015.

Enunciado nº 49

Desarquivamento de inquérito. Ausência de prova nova. Ficando apurado que o mesmo fato já foi investigado por procedimento que restou arquivado, por decisão judicial ou do próprio Ministério Público, impõe-se o arquivamento do feito se não estiver instruído com novas provas.

PIP nº 08190.059043/99-18.

Publicado no DJ, Seção 1, de 05/07/2004, p. 108/109.

Enunciado nº 50

Acidente de Trânsito. Lesões Corporais Culposas. Dispensabilidade do Inquérito Policial, bastando o Termo Circunstanciado. É dispensável o Inquérito Policial nas hipóteses de lesões corporais culposas decorrentes de acidentes de trânsito, bastando o Termo Circunstanciado para a realização da audiência preliminar. O Promotor de Justiça deve velar para que as ocorrências e Termos Circunstanciados, mesmo havendo pedido de sobrestamento por parte da vítima, sejam encaminhadas ao Ministério Público para controle e aplicação, no que couber, dos procedimentos estabelecidos nos artigos 70 e seguintes, da Lei nº 9.099/95.

Nova redação – Ref. PA 08190.053772/12-64, julgado em 07/10/2015. Alteração publicada no DOU n. 242, de 18/12/2015.

Enunciado nº 51

O crime de dano cometido contra patrimônio do Distrito Federal inclui-se na forma qualificada do inciso III, parágrafo único, do art. 163 do Código Penal. Interpretação extensiva e integrativa que não se confunde com analogia.

1. O fato do nome do Distrito Federal não ter sido textualmente assinalado na norma do inciso III, do parágrafo único, do art. 163 do Código Penal, não significa que os bens pertencentes ao patrimônio do Distrito Federal não sejam de natureza relevante, não mereçam a tutela penal prevista.

2. O Distrito Federal - território onde se estabelece a sede do governo central numa república federativa - pode-se dizer é estado membro da federação, igualmente, principalmente após o advento da Constituição Federal de 1988, com autonomia político administrativa, tendo sua própria lei orgânica, respeitando os princípios constitucionais da União, com igualdade de representação no Senado e representação proporcional à sua população na Câmara dos Deputados.

3. Na hipótese de violação ao patrimônio público do Distrito Federal, a ação penal é pública, somente se procedendo mediante denúncia de iniciativa exclusiva do Ministério Público.

Nova redação – Ref. PA 08190.053772/12-64, julgado em 07/10/2015. Alteração publicada no DOU n. 242, de 18/12/2015.

Enunciado nº 52

Na impetração de habeas corpus deverá o Membro do Ministério Público relatar exaustivamente os fatos pertinentes à situação de ilegalidade da prisão cautelar, informando, ainda, todas as diligências por ele adotadas no procedimento em que se verificou a ilegalidade.

PIP nº 08190.009011/03-48.

Publicado no DJ, Seção 1, de 05/07/2004, p. 108/109.

Enunciado nº 53

PROMOÇÕES DE ARQUIVAMENTO NÃO HOMOLOGADAS PELAS CÂMARAS DE COORDENAÇÃO E REVISÃO. PROCEDIMENTOS.

Deixando a Câmara de Coordenação e Revisão de homologar a promoção de arquivamento, deverá indicar especificadamente as diligências suplementares ou complementares a serem realizadas, remetendo o feito ao Procurador-Geral de Justiça que designará o membro do Ministério Público que passará a atuar no feito, que deverá realizar tais diligências e decidir, ao final, se ajuizará a devida ação ou insistirá na promoção de arquivamento.

PIP nº 08190.009015/03-07. Ata da 9ª Sessão Ordinária. Nova redação dada pela decisão no PA n. 08190.053763/12-73, publicada no DOU n. 109, de 10/06/2014, p. 76.

Enunciado nº 54

O transporte coletivo de passageiros constitui atividade econômica cujo exercício está subordinado às prescrições legais. O chamado transporte 'pirata' ou clandestino de passageiros enseja persecução penal, uma vez preenchidos, no caso concreto, os elementos da tipicidade e as condições da ação penal, a teor do art. 47, da Lei das Contravenções Penais (Decreto-Lei nº 3.688, de 03/10/41).

Ref. PIP nº 08190.009000/03-21.

Publicado no Diário da Justiça, Seção 1, de 15/07/2005, p. 59.

Enunciado nº 55

1 – A intervenção do Ministério Público nos processos e procedimentos de interesse de pessoa com idade igual ou superior a 60 (sessenta) anos, não deve ser indiscriminada, devendo se ater tão-somente em casos justificados pelo interesse público, na defesa de interesses sociais e individuais indisponíveis.

2 – A intervenção do Ministério Público em situações individuais deve ocorrer apenas nas hipóteses de indisponibilidade do direito ou em favor do idoso em razão do risco.

3 – Cabe, ainda, ao Ministério Público zelar de forma geral pela celeridade da tramitação dos feitos, sem necessidade de vista em cada um dos procedimentos.

PIP nº 08190.014313/04-37.

Publicado no Diário da Justiça, Seção 1, de 15/07/2005, p. 59.

Enunciado nº 56

REVOGADO – Ref. PA 08190.053772/12-64, julgado em 07/10/2015.

Alteração publicada no DOU n. 242, de 18/12/2015.

Enunciado nº 57

O Promotor de Justiça, nas ações que tratam sobre direito de visita dos avós, pode mediar o acordo, devendo enviar os autos às Câmaras de Coordenação e Revisão do MPDFT para análise e eventual arquivamento.

PIP nº 08190.064236/04-20.

Publicado no Diário da Justiça, Seção 1, de 05/12/2005, p. 613.

Enunciado nº 58

Nos processos de investigação de paternidade, regulados pela Lei nº 8.560/92, na hipótese de insuficiência ou impossibilidade de produção de provas, poderá o Ministério Público, na condição de substituto processual, manifestar-se pela extinção do processo sem julgamento do mérito.

Publicado no Diário da Justiça, Seção 1, de 12/06/2007, p. 1032. Ata da sessão realizada em 1º/06/2007 pela 2ª Câmara de Coordenação e Revisão Cível Especializada.

Enunciado nº 59

Recomenda-se que nos acordos de guarda, qualquer que seja a modalidade (exclusiva, alternada e compartilhada), seja estabelecido, no mínimo, a quem caberá a guarda física da criança, a obrigação alimentar e a regulamentação de visitas, a fim de viabilizar eventual execução.

Publicado no Diário da Justiça, Seção 1, de 12/06/2007, p. 1032. Ata da sessão realizada em 1º/06/2007 pela 2ª Câmara de Coordenação e Revisão Cível Especializada.

Enunciado nº 60

Recomenda-se que no pedido de exoneração do dever paterno de prestar alimentos, realizado nos próprios autos da ação de alimentos quando o filho atinge a maioridade civil, oficie o Promotor de Justiça pela instauração do contraditório.

Publicado no Diário da Justiça, Seção 1, de 12/06/2007, p. 1032. Ata da sessão realizada em 1º/06/2007 pela 2ª Câmara de Coordenação e Revisão Cível Especializada.

Enunciado nº 61

AÇÃO DE SEPARAÇÃO E DIVÓRCIO CONSENSUAIS JUDICIAIS – NECESSIDADE DE INTERVENÇÃO DO MINISTÉRIO PÚBLICO MESMO NÃO HAVENDO FILHOS MENORES OU INCAPAZES

Subsiste a intervenção do Ministério Público nas ações de separação e divórcio consensuais que tramitam judicialmente, quando não há filho menores ou incapazes, mesmo após a edição da Lei 11.441 de janeiro de 2007, que inseriu o art. 1124-A ao Código de Processo Civil, conferindo aos interessados o direito de procederem a ruptura da união conjugal por escritura pública, pois tal dispositivo legal não derrogou o disposto nos arts. 82, inciso II e 1.122, § 1º, do mesmo Estatuto.

Publicado no Diário da Justiça, Seção 1, de 28/06/2007, p. 1484.

Enunciado nº 62

PERÍCIA EM CRIMES CONTRA A PROPRIEDADE IMATERIAL. POSSIBILIDADE DE REALIZAÇÃO POR AMOSTRAGEM, PARA CONFERIR CELERIDADE AOS EXAMES PERICIAIS.

É possível a realização de perícia por amostragem para a caracterização de crime contra a propriedade imaterial quando excessiva a quantidade de objetos apreendidos. Para tanto, a autoridade policial deve identificar os bens, nos termos do art. 530-C, do CPP, dividi-los em lotes, realizar a perícia por amostragem, devendo a análise recair sobre uma quantidade razoável de unidades constantes de vários lotes diferentes. Em que pese o mandamento previsto no art. 530-D do CPP, o procedimento é possível diante da interpretação extensiva do dispositivo, nos termos do art. 3º, do CPP e 5º, LXXVIII, da Constituição Federal.

Ref. PIP 08190.015450/06-13.

Publicado no Diário de Justiça n. 124, de 01/07/2008, p. 74.

Enunciado nº 63

REVOGADO na Sessão Ordinária de 25/09/2008- Ata 18ª Sessão Ordinária - 5ª Câmara Cível Especializada.

Enunciado nº 64

Nas ações coletivas ou individuais em que se discutam interesses relacionados à deficiência das pessoas, a intervenção do Ministério Público é obrigatória para garantia dos direitos sociais estabelecidos no art. 2º da Lei Federal n. 7.853-89.

Ref. PIP 08190.041650/06-31.

Publicado no Diário de Justiça n. 129, de 8 de julho de 2008, p. 14.

Enunciado nº 65

Em caso de impedimento de magistrados, o membro do Ministério Público com atribuições no feito, nele permanecerá atuando, independentemente do ofício em que atue o juiz substituto.

Ref. PIP 08190.052731/07-84.

Publicado no Diário de Justiça n. 130, de 04 de julho de 2008, p. 68.

Enunciado nº 66

A resposta ao agravo de instrumento interposto pelo réu contra decisão proferida em processo no qual o Ministério Público é autor é atribuição da Promotoria de Justiça oficiante nos autos originários.

Ref. PIP 08190.047300/09-95.

Publicado no Diário de Justiça n. 241, de 17 de dezembro de 2009, p. 50.

Enunciado nº 67

A intervenção do Ministério Público na qualidade de fiscal da lei nas ações de alimentos entre partes maiores e capazes é obrigatória, por força do disposto nos artigos 9º e 11º das Lei n. 5478, de 25 de julho de 1968, combinado com o artigo 82, inciso II do Código de Processo Civil.

Ref. PIP 08190.047306/09-71.

Publicado no Diário de Justiça n. 241, de 17 de dezembro de 2009, p. 50.

Enunciado nº 68

No crime de lesões corporais, em situação de violência doméstica (art. 129, § 9º do CPB), independentemente da extensão e gravidade das lesões, bem como na contravenção de vias de fato (art. 21 da LCP), a ação penal é publica incondicionada.

Publicado no DOU n. 76, Seção 1, de 20 de abril de 2011, p. 187.

Enunciado nº 69

Quando a natureza do crime o permitir, a retratação à representação feita pela vítima somente será válida se ratificada em audiência judicial, antes do recebimento da denúncia, nos termos do artigo 16 da Lei nº 11.340/06.

Publicado no DOU n. 76, Seção 1, de 20 de abril de 2011, p. 187.

Enunciado nº 70

O não comparecimento da vítima à audiência judicial a que alude o artigo 16 da Lei nº 11.340/06 não implica retratação tácita da representação já oferecida, inexistindo impedimento para que, preenchidos os requisitos legais, seja oferecida denúncia pelo crime de ação penal pública condicionada à representação.

Publicado no DOU n. 76, Seção 1, de 20 de abril de 2011, p. 187.

Enunciado nº 71

Em audiência judicial designada para os fins do artigo 16 ou do artigo 19 da Lei nº 11.340/06, o membro do Ministério Público deverá zelar para que a vítima não seja de algum modo induzida ou estimulada a retratar-se de anterior representação validamente feita.

Publicado no DOU n. 76, Seção 1, de 20 de abril de 2011, p. 187.

Enunciado nº 72

REVOGADO – Sessão das Câmaras de Coordenação Criminais Reunidas realizada em 05/08/2020 ao reanalisar o PA n. 08190.042304/10-01. Expedição do Enunciado n. 97.

Enunciado nº 73

O oferecimento de contrarrazões ao recurso interposto pelo réu contra sentença proferida em processo no qual o Ministério Público é autor constitui atribuição da Promotoria de Justiça que propuser a ação ou a que sucedê-la na sua condução.

Ref. PA nº 08190.015387/13-08, Ata da 25ª Sessão Ordinária das Câmaras de Coordenação Reunidas em Matéria Cível.

Publicado no DOU n. 239, Seção 1, de 10 de dezembro de 2014, p.145.

Enunciado nº 74

O Promotor de Justiça deve realizar o controle dos inquéritos policiais, objetivando não apenas a atividade policial, bem como a própria Promotoria de Justiça, visando a economia dos recursos públicos e redução da impunidade.

Publicado no DOU n. 233, Seção 1, de 07 de dezembro de 2015, p.95. PA 08190.020749/14-19, julgado na 36ª Sessão Extraordinária das Câmaras de Coordenação e Revisão Reunidas em Matéria Criminal, em 18/11/2015.

Enunciado nº 75

O inquérito, como peça de informação, não é imprescindível ao oferecimento da denúncia, que pode ser ofertada com base em boletim de ocorrência, relatório policial, ou ainda, à vista do auto de prisão em flagrante, uma vez presentes indícios de autoria e prova de materialidade.

Publicado no DOU n. 233, Seção 1, de 07 de dezembro de 2015, p.95. PA 08190.020749/14-19, julgado na 36ª Sessão Extraordinária das Câmaras de Coordenação e Revisão Reunidas em Matéria Criminal, em 18/11/2015.

Enunciado nº 76

Ainda que os inquéritos policiais venham ao MP com pedido de retorno à Delegacia de Polícia, é obrigação do Promotor de Justiça observar rigorosamente: a) se o inquérito se acha apto a receber a denúncia; b) eventual ocorrência de prescrição da pretensão punitiva; c) se o caso é da atribuição de outra Promotoria de Justiça; d) se o fato investigado envolve apenas ilícito civil; e) se o inquérito demonstra linha de investigação viável após o exaurimento das diligências para apuração do fato e da autoria delitiva.

Publicado no DOU n. 233, Seção 1, de 07 de dezembro de 2015, p.95. PA 08190.020749/14-19, julgado na 36ª Sessão Extraordinária das Câmaras de Coordenação e Revisão Reunidas em Matéria Criminal, em 18/11/2015.

Enunciado nº 77

Considerando-se a orientação do Supremo Tribunal Federal no julgamento do HC 126.292/SP em 17/2/2016 (Rel. Min. Teori Zavascki) e as decisões que se seguiram em outros feitos, v.g., no ARE 85.1109 (DJe n. 35, divulgado em 24/2/2016, Rel. Min. Edson Fachin);

Considerando-se o disposto nos arts. 637 e 668 do Código de Processo Penal;

Considerando-se o disposto nos arts. 232 e 234 do Regimento Interno do TJDFT, que estabelecem o retorno dos autos ao Juízo de origem após a digitalização, para a remessa de recursos constitucionais (STJ e STF) extraordinários às Instâncias Superiores;

Considerando-se a competência do Juízo de origem para expedição de guia de execução provisória aplicável aos casos de recolhimento à prisão e de cumprimento de penas restritivas de direitos;

Considerando-se o disposto no art. 11, inciso II, da Resolução CSMPDFT 203, de 3/9/2015 (Regimento Interno das Câmaras de Coordenação e Revisão do MPDFT);

As Câmaras Criminais Reunidas decidem pela expedição de Enunciado nos seguintes termos:

a) Os órgãos de execução do MPDFT com atribuição na primeira instância, deverão diligenciar junto aos juízos de origem, quando esgotada a instância ordinária, pela expedição de guia de execução provisória da pena concretizada em sentença ou acórdão condenatório, bem como da pena restritiva de direitos;

b) Os órgãos de execução do MPDFT com atribuição na segunda instância, deverão diligenciar junto às Turmas, Câmaras e Conselho Especial do TJDFT, para o reconhecimento do manejo abusivo de recursos com manifesto propósito protelatório com o imediato retorno dos autos principais à origem quando do encerramento da instância ordinária;

c) O procedimento previsto no item "b" será igualmente adotado em caso de eventual desmembramento do processo em situações de trânsito em julgado parcial da condenação, de modo a viabilizar o início da execução provisória da pena privativa de liberdade ou restritiva de direitos, na origem.

Publicado no DOU n. 71, de 14/04/2016.

Enunciado nº 78

As Promotorias de Justiça de Defesa da Mulher em Situação de Violência Doméstica, nos termos do art. 6º-A, inciso II, da Resolução n. 90/2009 do CSMPDFT, devem fiscalizar e promover a articulação da rede de entidades governamentais ou não, de atendimento à Mulher em situação de violência doméstica ou familiar, documentando tais atividades em procedimento administrativo específico, nos moldes dos procedimentos de controle externo da atividade policial.

Ref. PA nº 08190.060246/16-75.

Publicado no DOU, Seção 1, do dia 09 de agosto de 2016.

Enunciado nº 79

As Promotorias de Justiça de Defesa da Mulher em Situação de Violência Doméstica devem promover o incremento da fiscalização do efetivo cumprimento da decisão judicial que defere as medidas protetivas de urgência da Lei n. 11.340/2006, realizando as comunicações aos órgãos da rede de proteção, conforme as necessidades do caso, tais quais o programa PROVID da PMDF, os programas de acompanhamento psicossocial para as vítimas e os agressores, os programas assistenciais, bem como o Conselho Tutelar.

Ref. PA nº 08190.060246/16-75.

Publicado no DOU, Seção 1, do dia 09 de agosto de 2016.

Enunciado nº 80

A Lei n. 13.146/2015 não alcança as interdições já decretadas por sentença com trânsito em julgado, sem prejuízo da possibilidade de o interessado ou o Ministério Público requerer, a qualquer tempo, nos próprios autos da interdição ou em nova ação, o levantamento da interdição, a revisão dos limites da curatela e a substituição da interdição pela tomada de decisão apoiada, conforme o caso.

Ata da 51ª Sessão Extraordinária, das 2ª e 4ª Câmaras de Coordenação e Revisão Cíveis Reunidas, em 08/11/16.

Publicado no DOU, Seção 1, do dia 17 de fevereiro de 2017.

Enunciado nº 81

Nos procedimentos de curatela ou de tomada de decisão apoiada, o juiz não é obrigado a observar critérios de legalidade estrita, podendo adotar em cada caso a solução que considerar mais adequada ou oportuna, conforme dispõe o art. 723, parágrafo único, do novo Código de Processo Civil (Lei 13.105/2015).

Ata da 51ª Sessão Extraordinária, das 2ª e 4ª Câmaras de Coordenação e Revisão Cíveis Reunidas, em 08/11/16.

Publicado no DOU, Seção 1, do dia 17 de fevereiro de 2017.

Enunciado nº 82

O art. 85 da Lei 13.146/2015 deve ser interpretado em consonância com o art. 723, parágrafo único, do novo Código de Processo Civil, de forma que, excepcionalmente, quando necessário para a proteção dos interesses do curatelado, a curatela da pessoa com deficiência poderá afetar o exercício de direitos de natureza extrapatrimonial, desde que essa restrição conste da sentença.

Ata da 51ª Sessão Extraordinária, das 2ª e 4ª Câmaras de Coordenação e Revisão Cíveis Reunidas, em 08/11/16.

Publicado no DOU, Seção 1, do dia 17 de fevereiro de 2017.

Enunciado nº 83

O Ministério Público, na condição de Órgão legitimado para o exercício da ação penal, nos termos do inciso I, do artigo 129, da Constituição Federal, não está adstrito ao término das investigações policiais, para promover o arquivamento dos autos, ainda que envolvam violência doméstica e familiar contra a mulher, ressalvadas as peculiaridades de cada caso.

PA n. 08190.058606/17-87.

Publicado no DOU, Seção 1, do dia 08 de maio de 2017.

Enunciado nº 84

Estando regulares as contas do último exercício, observa-se que não é necessária a análise das contas dos anos anteriores. Não se aplica, no entanto, o presente enunciado, quando a apreciação das contas for convertida em procedimento para apuração de irregularidade detectada.

PA n. 08190.010866/16-18, julgado na sessão de 01/02/2018.

Publicado no DOU n. 26, Seção 1, do dia 06/02/2018.

Enunciado nº 85

O oferecimento de contrarrazões à apelação cível é atribuição do Promotor de Justiça de primeira instância, nos casos em que o Ministério Público atuar como parte no processo.

PA n. 08190.058639/17-36, julgado na Sessão Extraordinária das Câmaras Cíveis Reunidas, de 05/04/2018.

Publicado no DOU n. 69, Seção 1, de 11/04/2018.

Enunciado nº 86

1º) Os Promotores de Justiça têm legitimidade ativa para ajuizar Reclamação perante o Tribunal; 2º) O membro do Ministério Público de 2º grau não pode desistir de Reclamação proposta por membro do Ministério Público de 1º grau; 3º) O critério para fixação de atribuição, nas Procuradorias de Justiça, é o do momento da distribuição, ressalvados os casos de prevenção.

PA n. 08190.058502/18-62.

Publicado no DOU n. 182, Seção 1, de 20/09/2018.

Enunciado nº 87

A Lei n. 13.491/2017, que alterou o Código Penal Militar, não retroage para alcançar fatos delituosos cometidos por militares antes da sua vigência, quando a alteração da competência implicar em prejuízo ao agente, notadamente a impossibilidade de aplicação de benefícios previstos no Código Penal ou Legislação Penal Especial.

PA n. 08190.058643/17-11.

Publicado no DOU n. 186, Seção 1, de 26/09/2018.

Enunciado nº 88

REVOGADO na 88ª Sessão Extraordinária das Câmaras Criminais Reunidas, realizada em 23/04/2019.

Enunciado nº 89

As oitivas previstas no art. 8º, §2º da Resolução n. 243/2018/CSMPDFT devem ser realizadas preferencialmente por membro do MPDFT, podendo fazê-lo servidor, independente de formação jurídica mas desde que demonstre conhecimento da matéria específica, inclusive para colheita de declarações das vítimas.

PA n. 08190.058520/18-44.

Publicado no DOU n. 54, Seção 1, de 20/03/2019.

Enunciado nº 90

A conversão de Procedimento Administrativo em Inquérito Civil Público não compreende a reprodução de cópia do procedimento original, bastando a transmutação do feito precedente em ICP por Portaria, com as devidas alterações no sistema e capa dos autos.

PA n. 08190.017207/19-82.

Diário Eletrônico do MPDFT. Edição n.º 1.513, dia 17/05/2019.

Enunciado nº 91

Na prorrogação do prazo para a conclusão do procedimento administrativo é necessário que a decisão seja proferida mediante a explicitação dos motivos que levam à necessidade de prorrogação. Inteligência das Resoluções 174/CNMP/2017 e 78/2007/CSMPDFT e do Ato Deliberativo n. 01/2018.

PA n. 08190.017212/19-12.

Diário Eletrônico do MPDFT. Edição n.º 1.513 dia 17/05/2019.

Enunciado nº 92

O Membro responsável pela promoção de arquivamento de inquérito policial, inquérito parlamentar, procedimento de investigação criminal ou peças de informação de natureza penal, em caso de não homologação pela Câmara de Coordenação e Revisão não poderá atuar na condução da ação penal correspondente.

PA n. 08190.058528/18-56.

Diário Eletrônico do MPDFT. Edição n.º 1.513 dia 17/05/2019.

Enunciado nº 93

Na configuração dos crimes de trânsito previstos nos arts. 302, §3º; 303, §2º e 306, do Código de Trânsito Brasileiro, o "Termo de Constatação dos Sinais de Alteração da Capacidade Psicomotora" objeto da Recomendação 006/2018, da Corregedoria Geral da Polícia Civil, devidamente subscrito pela autoridade de trânsito, constitui elemento de prova material autônoma, na hipótese de recusa do condutor em submeter-se ao teste do etilômetro.

PA n. 08190.017211/19-50.

Diário Eletrônico do MPDFT. Edição n.º 1.513, 17/05/2019.

Enunciado nº 94

É atribuição das Promotorias de Justiça Cível, de Família e de Órfãos e Sucessões emitirem parecer nos expedientes extrajudiciais de requerimento de reconhecimento de paternidade ou maternidade socioafetivas, conforme previsão do art. 11, §9º do Provimento nº 63 do Conselho Nacional de Justiça (alterado pelo Provimento nº 83, de 14 de agosto de 2019).

PA n. 08190.017220/19-41.

Publicado no Diário Eletrônico do MPDFT do dia 13/11/2019.

Enunciado nº 95

O arquivamento da Notícia de Fato em razão da propositura da ação penal via PJE/NeoGab prescinde de comunicação às Câmaras de Coordenação e Revisão.

PA n. 08190.017226/19-27.

Diário Eletrônico do MPDFT. Edição n.º 1.655, 13/12/2019.

Enunciado nº 96

A transação penal, por envolver um acordo entre o órgão acusatório e o autor do fato, visando à imposição de pena de multa ou restritiva de direitos, sem a instauração da *persecutio criminis in iudicio*, pode ser realizada nas dependências do Ministério Público, sem a participação imediata do Juiz, mas com a presença de advogado constituído ou defensor, com o posterior encaminhamento ao Juízo para apreciação e homologação.

PA n. 08190.000316/20-77.

Diário Eletrônico do MPDFT. Edição n.º 1.805, 07/08/2020.

Enunciado nº 97

O Promotor Natural e responsável pela apresentação de contrarrazões, inclusive nos processos em que a Defesa fizer uso da faculdade prevista no § 4º do art. 600, do Código de Processo Penal, tendo em vista que a atuação do Procurador de

Justiça, na condição exclusiva de custos legis, não supre o oferecimento das razões contrárias ao recurso; revogando-se o Enunciado 72.

PA n. 08190.042304/10-01.

Publicado Diário Eletrônico do MPDFT, Edição n.º 1.810, 17/08/2020.

Enunciado nº 98

Nos inquéritos policiais envolvendo a Lei Maria da Penha, quando a autoridade policial não realizar a oitiva do Imputado, nos termos do art. 12, V, da Lei 11.340/2006 inexiste óbice legal que a Promotoria de Justiça o faça nas dependências do Ministério Público, inclusive através de gravação, com a adoção das cautelas necessárias a respeito do direito constitucional ao silêncio e possibilidade de assistência de defensor, dentre outras garantias constitucional e legalmente previstas.

PA n.08190.017229/19-15.

Publicado Diário Eletrônico do MPDFT do dia 03/09/2020.

Enunciado nº 99

O descumprimento das normas do Distrito Federal que dispõem sobre as medidas para enfrentamento da emergência de saúde pública decorrente da COVID-19, inclusive a obrigatoriedade do uso de máscaras, dentre outras disposições, pode sujeitar os infratores às sanções penais previstas nos arts. 268 e 330 do Código Penal Brasileiro. Os protocolos a serem adotados pelas forças de segurança na fiscalização do cumprimento das normas sanitárias referentes ao novo coronavírus, são atribuição da Polícia com a fiscalização, no que couber, dos Promotores de Justiça oficiantes na área penal. PA n. 08190.000312/20-16.

Publicado Diário Eletrônico do MPDFT do dia 25/09/2020.

Enunciado nº 100

Aguardando publicação. Consulta realizada em 30/09/2020.

Enunciado nº 101

A decisão de arquivamento do Inquérito Policial e peças de informação, a cargo do Promotor Natural e devidamente homologada pela Câmara de Coordenação e Revisão não mais se sujeita ao controle judicial, salvo para a baixa de registros e desfazimento de medidas cautelares ordenadas no curso da investigação. O arquivamento, uma vez homologado pelo Colegiado Revisor, deve ser comunicado igualmente à vítima e à autoridade policial instauradora para os fins pertinentes. O desarquivamento do Inquérito Policial e de peças de informação, por ato de autoridade policial ou do Promotor Natural, uma vez observados os pressupostos legais, independe de prévia autorização da Câmara de Coordenação e Revisão.

PA n. 08190.000302/20-62.

Publicado Diário Eletrônico do MPDFT do dia 04/11/2020.

11 – ESPÍRITO SANTO (ES)

11.1 SÚMULAS DO CONSELHO SUPERIOR DO MINISTÉRIO PÚBLICO DO ESTADO DO ESPÍRITO SANTO

Súmula nº 01/17

É vedado ao membro do Ministério Público do Estado do Espírito Santo – ainda que afastado por férias-prêmio; licença sem remuneração ou disponibilidade – o exercício de função ou cargo em organismo internacional, *ex vi* do artigo 128, §5º, inciso II, alínea "d" da CRFB/88; do precedente firmado na ADPF 388/DF; do artigo 118, incisos IV e VI, da LCE nº 95/97, cujo eventual exercício poderá configurar infração disciplinar prevista no artigo 127, incisos I e V, da LCE nº 95/97.

Publicada no DOE em 22.08.17.

Súmula nº 02/17

Compete privativamente ao Procurador-Geral de Justiça dirimir conflitos de atribuições entre membros do Ministério Público, sendo irrecorrível a sua decisão.

Publicada no DOE em 21.11.17.

Súmula nº 03/19

Na condução de procedimentos extrajudiciais, ao verificar possível inconstitucionalidade de diplomas normativos, tendo por parâmetro de controle a Constituição Estadual, o membro do Ministério Público deve representar, fundamentadamente, ao Procurador-Geral de Justiça, inclusive para adoção de medidas extrajudiciais de alteração, ab-rogação ou derrogação da norma, sem prejuízo do questionamento *incidenter tantum*.

Republicada no DIMPES de 26.10.20.

Súmula nº 04/19

O membro do Ministério Público não pode expedir notificação recomendatória ou qualquer outra medida extrajudicial visando a alteração, a ab-rogação ou a derrogação da norma municipal ou estadual, por se tratar da competência exclusiva do Procurador-Geral de Justiça, nos termos do art.29, inciso I, da Lei nº 8.625/1993 e art.30, inciso XVI, da Lei Complementar Estadual nº 95/1997.

Publicada no DIO em 18.06.19.

Súmula nº 05/19

Na condução de procedimentos extrajudiciais, ao verificar possível inconstitucionalidade de diplomas normativos, tendo por parâmetro de controle a Constituição Federal, o membro do Ministério Público deve encaminhar a questão, fundamentadamente, ao Procurador-Geral de Justiça, nos termos do art. 30, inciso I, da Lei Complementar Estadual nº 95/1997, sem prejuízo do questionamento *incidenter tantum.*

Publicada no DIO em 18.06.19 e republicada em 04.07.19 e 20.11.19.

Súmula nº 06/20

Salvo previsão legal em contrário, os prazos em dias dos procedimentos em tramitação no Ministério Público do Estado do Espírito Santo contam-se em dias corridos.

Publicada no DIMPES em 07.07.2020.

Súmula nº 07/20

Piso salarial dos agentes comunitários de saúde e agentes de combate às endemias. Art. 198, § 5°, da CF. Ausência de atribuição do Ministério Público. Ilegitimidade para atuar como substituto processual. Direitos disponíveis.

O Ministério Público do Estado do Espírito Santo não é detentor de atribuição de velar pela implementação do piso salarial dos Agentes Comunitários de Saúde (ACS) e dos Agentes de Combate às Endemias (ACE's), previsto no § 5°, do art. 198 da Constituição Federal e no art. 9°-A, da Lei n° 11.650/2006, incluído pela Lei n° 12.994/2014, no valor nominal e de acordo com o escalonamento fixado pelo § 1° do mesmo artigo, na redação conferida pela Lei n° 13.708/2018, por se tratar de interesse disponível da categoria, devendo atuar em seu benefício, coletivamente, a respectiva entidade representativa de classe, sem prejuízo da atuação da advocacia/defensoria pública, conforme o caso.

Publicada no DIMPES em 06.10.2020.

Súmula nº 08/20

Não há ilegalidade no pagamento do piso salarial dos Agentes Comunitários de Saúde (ACS) e dos Agentes de Combate às Endemias (ACE's) com base exclusivamente na Lei n° 11.650/2006, porque o diploma normativo possui caráter nacional, sendo prescindível a edição de lei estadual ou local específica.

Publicada no DIMPES em 06.10.2020.

Súmula nº 09/20

Aplicação da assistência financeira complementar e do incentivo financeiro prestados pela União. Recursos federais previstos respectivamente nos artigos 9°-C e 9° -D, ambos da Lei n°11.350/2006. Verbas federais.

Os recursos financeiros repassados pela União ao Estado e aos municípios do Espírito Santo, com fundamento nos artigos 9°- C e 9° – D, ambos da Lei n° 11.350/2006, possuem natureza de verba federal, sendo a fiscalização da sua destinação da atribuição do Ministério Público Federal.

Publicada no DIMPES em 06.10.2020.

Súmula nº 10/20

Não cabe controle por parte do Conselho Superior do Ministério Público da decisão de arquivamento de investigação criminal no que se refere a questões fáticas e/ou jurídicas já submetidas a controle judicial, sem novas provas.

Publicada no DIMPES em 10.11.2020.

12 – GOIÁS (GO)

12.1 ASSENTOS DO CONSELHO SUPERIOR DO MINISTÉRIO PÚBLICO DO ESTADO DE GOIÁS

Assento nº 01/10

A quinta parte da lista de antiguidade sofrerá arredondamento para o número inteiro superior sempre que a aplicação da correspondente fração (1/5) resultar em número decimal.

De 21/06/2010.

Assento nº 02/10

Para fins do artigo 23, da Resolução n. 009/2010 (regulamenta o inquérito civil no âmbito do Ministério Público do Estado de Goiás), a cientificação do Conselho Superior do Ministério Público acerca da prorrogação dos prazos de conclusão de inquéritos civis será feita por ofício que deverá conter a identificação do processo, a data de instauração e as eventuais prorrogações já efetuadas, inclusive as respectivas datas, não sendo necessário o encaminhamento do procedimento ao colegiado.

Publicado no Diário Oficial, Ministério Público, Goiás, 08/09/2010.

Assento nº 03/11

Para fins do artigo 23, § 2º, da Resolução n. 009/2010-CPJ (regulamenta o inquérito civil no âmbito do Ministério Público do Estado de Goiás), alterada pela Resolução n. 018/2011-CPJ, é necessário o encaminhamento dos autos do inquérito civil, para a devida análise do pedido, nos termos regimentais.

Publicado no Diário Oficial, Ministério Público, Goiás, 10/11/2011.

Assento nº 04/13

A notícia de fato referente à defesa de direitos individuais indisponíveis deve ter andamento em trinta dias, com seu arquivamento, instauração de procedimento administrativo, mediante portaria, para acompanhamento do caso ou propositura da medida judicial adequada.

Publicado no Diário Oficial, Ministério Público, Goiás, 22/05/2013.

Assento nº 05/13

O arquivamento da notícia de fato referente à defesa de direitos individuais indisponíveis, quando manifesta a improcedência da demanda ou em função da existência de procedimento com idêntico objeto ou, ainda, por sua solução extrajudicial em trinta dias, deve se dar na própria Promotoria de Justiça, não havendo necessidade de remessa dos autos ao Conselho Superior do Ministério Público para deliberação acerca do arquivamento.

De 22/05/2013.

Assento nº 06/13

Na hipótese de a notícia de fato relativa à defesa de direitos individuais indisponíveis não ser arquivada no prazo de trinta dias, deve ser instaurado, mediante portaria, procedimento administrativo para acompanhamento e resolução do caso.

De 22/05/2013.

Assento nº 07/13

O procedimento administrativo que verse sobre direitos individuais indisponíveis deverá ser arquivado na própria Promotoria de Justiça, após a cientificação do interessado, não havendo necessidade de remessa dos autos ao Conselho Superior do Ministério Público para revisão do arquivamento, salvo a hipótese de recurso, admitida a reconsideração.

De 22/05/2013.

Assento nº 08/14

Tacitamente revogado pela Resolução n. 011/2014-CPJ.

Assento nº 09/14

Tacitamente revogado pela Resolução n. 011/2004-CPJ.

Assento nº 10/14

Tacitamente revogado pela Resolução n. 011/2014-CPJ.

Assento nº 11/17

É da atribuição do Ministério Público Estadual, apurar os casos que tratam de ausência de recolhimento de contribuições previdenciárias do Regime Geral da Previdência Social ou de Regime Próprio de Previdência Social, independentemente se houve ou não parcelamento da dívida.

De 05/12/2017.

Assento nº 12/17

É atribuição do Ministério Público Estadual apurar eventuais deficiências na prestação dos serviços públicos municipais e no atendimento das demandas locais na área da educação.

De 05/12/2017.

Assento nº 13/17

É atribuição do Ministério Público Estadual apurar, na esfera cível e de improbidade administrativa, irregularidades na aplicação de recursos públicos oriundos do Fundo de Manutenção e Desenvolvimento da Educação Básica e de Valorização dos Profissionais da Educação – FUNDEB, salvo se houver verba federal envolvida a título de complementação.

De 05/12/2017.

Assento nº 14/17

Nos concursos de promoção por merecimento, não havendo no primeiro quinto da lista de antiguidade quem tenha completado 2 (dois) anos de exercício no cargo anterior ou aceite o lugar vago, poderão concorrer à vaga os promotores de justiça que integram o segundo quinto da lista de antiguidade e que atendam aos demais pressupostos, e assim sucessivamente.

De 13/12/2017.

Assento nº 15/17

Nos concursos de promoção por merecimento, a formação da lista se dará somente com promotores de justiça integrantes do mesmo quinto, não se admitindo a sua recomposição com promotores de justiça de outros quintos.

De 13/12/2017.

Assento nº 16/17

Não se aplicam nos concursos de remoção por merecimento as exigências do artigo 157, § 2º, alínea "c", da Lei Complementar nº 25, de 6 de julho de 1998, e artigo 3º, § 2º, da Lei Complementar nº 113, de 30 de dezembro de 2014.

De 13/12/2017.

Assento nº 17/17

Vagando-se uma promotoria de justiça no interior do Estado, cujo último titular tenha sido Promotor de Justiça de 3ª entrância, manter-se-á o status da

Promotoria de Justiça, por apenas uma vez, permitindo o preenchimento por Promotor de Justiça de 3ª entrância titular no interior, seja por antiguidade, seja por merecimento.

De 13/12/2017.

Assento nº 18/17

Na hipótese do artigo 3º, § 2º, da Lei Complementar nº 113, de 30 de dezembro de 2014, poderão concorrer à vaga, com preferência, apenas os Promotores de Justiça de 3ª entrância. Na ausência de candidatos de 3ª entrância lotados no interior do Estado interessados na vaga, ou havendo desistência destes, poderão concorrer à remoção por merecimento os Promotores de Justiça de 2ª entrância e os de entrância intermediária.

De 13/12/2017.

Assento nº 19/20

Para o cumprimento do disposto no artigo 31 da Resolução CPJ nº 09/2018, os despachos de prorrogação de prazo de inquéritos civis públicos deverão ser concretamente fundamentados em circunstâncias do caso investigado e, eventualmente, nas condições de trabalho da unidade ministerial, demonstrando-se a real imprescindibilidade da realização ou conclusão de diligências, especificando-se, quando possível, cada uma delas, sendo inadmissível a fundamentação baseada em mera repetição de texto normativo. (Autos: 2020.0015.7531).

Publicado no Diário Oficial, Goiás, 17/07/2020.

12.2 SÚMULAS DO CONSELHO SUPERIOR DO MINISTÉRIO PÚBLICO DO ESTADO DE GOIÁS

Súmula nº 01

Na remoção compulsória, o recebimento da representação será precedido de juízo de prelibação, com manifestação do representado.

De 05/06/2013.

Súmula nº 02

Na remoção por permuta não verifica-se a vacância das respectivas promotorias.

De 05/06/2013.

Súmula nº 03

O preenchimento por candidato de somente um dos requisitos da alínea "c", do parágrafo 2º, do artigo 157, da Lei Complementar nº 25, de 06 de julho de 1998, não implicará em exclusão de outros candidatos que não tenham preenchido qualquer dos itens.

De 05/06/2013.

Súmula nº 04

A promoção ou remoção obrigatória por merecimento efetivar-se-á somente quando surgir vaga por este critério.

De 05/06/2013.

Súmula nº 05

No caso de remoção ou promoção obrigatória por merecimento, será elaborada lista para escolha de dois outros nomes.

De 05/06/2013.

Súmula nº 06

No caso de não observância ao requisito previsto no inciso III, do artigo 155, da Lei Complementar 25/98, somente será admitida justificativa se houver prévia e expressa autorização do Conselho Superior do Ministério Público, para residência fora da comarca.

De 05/06/2013.

Súmula nº 07

Revogada.

Súmula nº 08

Cancelada pela Súmula 11/04.

Súmula nº 09

Revogada.

Súmula nº 10

ARQUIVAMENTO DE INQUÉRITO CIVIL – NOVAS PROVAS – LEGITIMIDADE DO MESMO REPRESENTANTE DO MINISTÉRIO PÚBLICO PARA PROPOSITURA DA AÇÃO.

O representante do Ministério Público que promoveu arquivamento de inquérito civil é parte legítima para propositura de ação civil pública após o surgimento de novas provas, sendo desnecessária a remessa dos autos ao Conselho Superior do Ministério Público quando ocorrer o ajuizamento da ação.

De 05/06/2013.

Súmula nº 11

AUTORIZAÇÃO PARA ESTUDOS. NECESSIDADE DA COMPROVAÇÃO DE FREQÜÊNCIA E APROVEITAMENTO. APLICAÇÃO ANALÓGICA DAS REGRAS PREVISTAS NO ARTIGO 124, DA LEI COMPLEMENTAR Nº 25/98. IMPOSSIBILIDADE. AUSÊNCIA DE PREJUÍZO AO EXERCÍCIO DAS FUNÇÕES.

A liberação periódica para freqüência a curso difere dos afastamentos previstos na LOEMP, onde há prejuízo ao exercício das funções. Assim sendo, as cláusulas impostas para aquela modalidade de licenciamento (comprovação de freqüência e aproveitamento) não têm aplicação ao afastamento periódico dos afazeres ministeriais, pois em nada acarreta prejuízo à normalidade do exercício de suas funções.

De 05/06/2013.

Súmula nº 12

Revogada.

Súmula nº 13

O prazo de três dias para a remessa do inquérito civil ou do procedimento preparatório, juntamente com a promoção de arquivamento, será contado a partir da comprovação da efetiva cientificação dos interessados ou da afixação do aviso de promoção de arquivamento no placar do órgão do Ministério Público.

De 05/06/2013.

Súmula nº 14

Impossibilitada, justificadamente, a cientificação pessoal dos interessados, adotar-se-á a publicação de aviso por meio de afixação do respectivo termo no placar do órgão do Ministério Público.

De 05/06/2013.

Súmula nº 15

Revogada.

13 – MARANHÃO (MA)

13.1 ENUNCIADOS DO CONSELHO SUPERIOR DO MINISTÉRIO PÚBLICO DO ESTADO DO MARANHÃO

Enunciado n.º 01/97

REMOÇÃO POR PERMUTA. VEDAÇÃO ART.87, INCISO I. LEI COMPLEMENTAR 13/91.

A vedação do art.87, inciso I, da LC 13/91, não alcança a remoção por permuta dentro da mesma Comarca dos requerentes que não se encontram na primeira quinta parte da lista de antiguidade, atendida a necessidade do serviço.

Sala de Reunião do Conselho Superior do Ministério Público, em São Luís, 05 de janeiro de 1998.

DJE, 15/01/1998.

Enunciado n.º 02/98

Revogado.

Publicado no Diário Eletrônico, Ministério Público, Maranhão, 27/09/2017.

Enunciado n.º 03/01

Revogado.

Publicado no Diário Eletrônico, Ministério Público, Maranhão, 27/09/2017.

Enunciado n.º 04/04

PROMOÇÃO DE ARQUIVAMENTO DE INQUÉRITO CIVIL. RELATÓRIO. OBRIGATORIEDADE.

O arquivamento do inquérito civil ou peças de informação, bem como o indeferimento de representação que contenha peças de informação, alusivos à defesa de interesses difusos, coletivos ou individuais homogêneos, deve ser feito, obrigatoriamente, através de manifestação fundamentada, constando, inclusive, o relatório circunstanciado, pois só assim sujeita-se a homologação ou não, do Conselho Superior.

Publicado no Diário Oficial, Poder Judiciário,13/01/2014.

Enunciado n.º 05/04

LISTA TRÍPLICE. ARTIGO 78, INCISOS I E II, LC 13/91.

Quando a lista para promoção ou remoção, pelo critério de merecimento, for formada, também, por candidato que não atenda aos requisitos de dois anos na respectiva entrância e integrar a primeira quinta parte da lista de antiguidade (art.78, inciso I, Lei Complementar n.º 13/91) a escolha recairá naquele que preencher os referidos requisitos, mesmo no caso da hipótese prevista no inciso II, do mesmo artigo.

Publicado no Diário Oficial, Poder Judiciário, 08/07/2004.

Enunciado n.º 06/04

LISTA TRÍPLICE. PROMOÇÃO/ REMOÇÃO POR MERECIMENTO. COMPOSIÇÃO.

RESOLUÇÃO Nº 01/05 – CSMP O Conselho Superior do Ministério Público no uso de suas atribuições legais. RESOLVE: Art. 1º – Retificar o Enunciado nº 06-CSMP, o qual passa a vigorar com a seguinte redação:

Na promoção ou remoção por merecimento, para efeito de composição da lista tríplice, os critérios objetivos de que trata o artigo 78, I da LC 013/91, serão considerados cumulativamente. Em não havendo, dentre os inscritos, quem tenha dois anos de exercício na respectiva entrância e integre a primeira quinta parte da lista de antiguidade, em número suficiente para a formação da lista, todos concorrerão em igualdade de condição.

Publicado no Diário Oficial, Poder Judiciário, 28/01/2005.

Enunciado n.º 07/05

LISTA TRÍPLICE. REMANESCENTES. ARTIGO 78, INCISO III, LC 13/91.

O candidato de lista remanescente integrará a lista de merecimento de que trata o art.78, III, da Lei Complementar n.º 13/91, se, na contagem geral de votos de todos os concorrentes, nos respectivos escrutínios, estiver entre os três mais votados.

Publicado no Diário Oficial, Poder Judiciário, 24/02/2005.

Enunciado n.º 08/07

RENÚNCIA DA PROMOÇÃO OU REMOÇÃO POR MERECIMENTO.

A renúncia da promoção ou remoção por merecimento, implica também na exclusão da lista de merecimento, sendo considerada causa interruptiva da consecutividade e de alternância nas indicações.

Publicado no Diário Oficial, Poder Judiciário, 05/11/2007.

Enunciado n.º 09/16

Não se aplica o art.9º-A da Resolução CNMP n.º 23, de 17/09/2007, acrescido pela Resolução CNMP n.º 126, de 29/07/2015, às Notícias de Fato (art.3º, I, Ato Regulamentar Conjunto n.º 05/2014, DJ 16/12/2014), aos Procedimentos Administrativos; – *stricto sensu* -; (art.3º, V, do Ato Regulamentar Conjunto n.º 05/2014 ou a atos administrativos executórios, de caráter preparatório (art.27, V, da LC 13/91).

Publicado no Diário Oficial, Poder Judiciário, Maranhão, 31/10/2016.

Enunciado n.º 10/16

NOTÍCIAS DE FATO, ATOS ADMINISTRATIVOS EXECUTÓRIOS, DE CARÁTER PREPARATÓRIO, ARQUIVAMENTO.

As notícias de fato (art.3º, I, Ato Regulamentar Conjunto n.º 05/2014, DJ 16/12/2014), e atos administrativos executórios, de caráter preparatório (art.27, V, da LC 13/91), têm seu arquivamento na forma do art.5º e §§ c/c o §2º, do art.2º, todos da Resolução n.º 23/2007 – CNMP.

Publicado no Diário Oficial, Poder Judiciário, Maranhão, 31/10/2016.

Enunciado n.º 11/16

INVESTIGAÇÃO MINISTERIAL, QUE RESULTOU EM AÇÃO JUDICIAL. DESNECESSIDADE DE HOMOLOGAÇÃO PELO CSMP.

Havendo processo judicial que abranja todo o objeto da investigação ministerial civil descabe pedido de homologação do respectivo arquivamento pelo CSMP, sendo facultativo o envio de cópia ao colegiado para ciência.

Publicado no Diário Oficial, Poder Judiciário, Maranhão, 31/10/2016.

Enunciado n.º 12/16

ARQUIVAMENTO DE PIC. MATÉRIA CRIMINAL, ART.28 DO CPP.

O Promotor de Justiça deve promover o arquivamento de PIC, ou outra investigação de matéria exclusivamente criminal na forma do art.28 do CPP, sendo desnecessário o exame pelo CSMP.

Publicado no Diário Oficial, Poder Judiciário, Maranhão, 31/10/2016.

Enunciado n.º 13/16

TUTELA DO PATRIMÔNIO PÚBLICO. DIREITOS SOCIAIS. SAÚDE E EDUCAÇÃO.

Ausente interesse material da União, de suas autarquias ou empresas públicas, caberá ao Ministério Público Estadual a tutela do patrimônio público e da prestação eficiente da política social voltada à efetivação dos direitos sociais pertinentes à saúde e à educação.

Embasamento: I) ACO 2370/MA, Rel. Min. Roberto Barroso, j. em 26/02/2016, DJe nº 38, divulgado em 29/02/2016 II) Súmula 208/STJ III) Enunciados 7, 8, 14, 16, 20, 24 e 25 da 5ª Câmara de Coordenação e Revisão do MPF. Aprovado na Sessão CSMP, dia 21.10.2016.

Publicado no Diário Oficial, Poder Judiciário, Maranhão, 07/07/2017.

Enunciado n.º 14/16

SAÚDE E EDUCAÇÃO. AJUIZAMENTO DA AÇÃO POR ATO DE IMPROBIDADE ADMINISTRATIVA.OCORRÊNCIA DAS HIPÓTESES DO ART.11, Lei 8.429/92 SAÚDE E EDUCAÇÃO. OCORRÊNCIA DAS HIPÓTESES ELENCADAS NO ART.11, DA LEI 8.429/92.

Em matéria de direitos sociais, como saúde e educação, o Ministério Público Estadual possui legitimidade para o ajuizamento de ação por ato de improbidade administrativa em caso de ocorrência de quaisquer das hipóteses de incidência descritas no art. 11 da Lei nº 8.429/92, bem como ação civil pública por danos morais coletivos, difusos ou sociais causados ao patrimônio público e social, com base no art. 1º c/c o inciso V da Lei nº 7.347/85.

Publicado no Diário Oficial, Poder Judiciário, Maranhão, 07/07/2017.

Enunciado n.º 15/16

TUTELA DO MPE. SAÚDE E EDUCAÇÃO.

As verbas da saúde e educação sujeitas à prestação de contas e análise por órgãos estaduais ou municipais estão submetidas à tutela do Ministério Público Estadual.

Embasamento: I) Súmula 209/STJ.

Publicado no Diário Oficial, Poder Judiciário, Maranhão, 07/07/2017.

Enunciado n.º 16/16

SAÚDE E EDUCAÇÃO, ATIVIDADE LITISCONSORCIAL.

Nas hipóteses de aplicação, em tese, do art. 45, §§ 1º e 2º do CPC, descabe a atividade litisconsorcial, se já iniciada a intervenção de outro ramo do MP.

Embasamento: I) RE nº 1.254.428 – MG (2011/0094322-5), 3ª Turma, Relator Min, JOÃO OTÁVIO DE NORONHA, un., j. em 02/06/2016.

Publicado no Diário Oficial, Poder Judiciário, Maranhão, 07/07/2017.

Enunciado n.º 17/16

INTERESSE PATRIMONIAL. ATRIBUIÇÃO CONCORRENTE. TUTELA DOS SERVIÇOS PÚBLICOS.

Ainda que presente interesse patrimonial da União, é concorrente a atribuição para a tutela da prestação dos serviços públicos voltados à efetivação de direitos sociais, tais como saúde e educação, sem prejuízo da atuação conjunta destas instituições (MPF/MPE) em sede de litisconsórcio (inteligência do art. 45, §§ 1º e 2º do CPC/2015).

Embasamento: I) Enunciado 9 da 5ª Câmara de Coordenação e Revisão do MPF. Aprovado na Sessão CSMP. 21.10.2016.

Publicado no Diário Oficial, Poder Judiciário, Maranhão, 07/07/2017.

Enunciado n.º 18/16

REVISÃO DE DECLÍNIO DE ATRIBUIÇÃO.

A revisão do declínio de atribuição ou de arquivamento incumbida ao CSMP poderá ser efetuada por decisão monocrática de um de seus membros (titular ou suplente) sempre que tiver por base entendimento já expresso em Enunciado ou orientação do colegiado.

Publicado no Diário Oficial, Poder Judiciário, Maranhão, 07/07/2017.

Enunciado n.º 19/17

Não se aplica ao Procedimento Investigatório Criminal o art.9º-A da Resolução CNMP 23, acrescentado pela Resolução CNMP 29, eis que o dispositivo se refere apenas a Procedimentos Administrativos de natureza não-penal, descabendo submeter ao Eg.CSMP a declinação de atribuição em matéria criminal.

Publicado no Diário Eletrônico, Ministério Público, Maranhão, 20/07/2017.

Enunciado n º 20/17

A exegese do art. 81 da LC nº 13/91, autoriza a abertura de editais sucessivos de remoção (remoção de remoção) para cargos vagos na mesma entrância, respeitada a alternância dos critérios de antiguidade e merecimento, até o exaurimento de eventuais interessados para cada remoção, seguindo-se o edital de promoção.

Publicado no Diário Eletrônico, Ministério Público, Maranhão, 26/09/2017.

Enunciado n º 21/17

O acesso de Promotor de Justiça Substituto a cargo de entrância inicial se dá na vaga remanescente das movimentações horizontais precedentes, cujos editais devem observância ao art. 81 LC 13/91, observando-se na titularização o parágrafo único do art. 75 da LC 13/91.

Publicado no Diário Eletrônico, Ministério Público, Maranhão, 26/09/2017.

Enunciado n º 21/18

A comprovação do período mínimo de 1 (um) ano para remoção, previsto no Inciso I, do art.87, da LC n.º 13/91, deve se dar até a data final das inscrições referentes ao respectivo edital.

Referente aos autos n.º 20236/2018 (DIGIDOC).

Publicado no Diário Eletrônico, Ministério Público, Maranhão, 07/12/2018.

Enunciado n.º 22/19

É obrigatória a promoção de membros do Ministério Público que figure por três vezes consecutivas, ou cinco alternadas em lista de merecimento, desde que esteja concorrendo com candidato da mesma quinta parte em que se encontra ou da posterior. Havendo candidato integrante da quinta parte precedente, dentro dos critérios dos quintos sucessivos, a lista será formada exclusivamente por estes, sem necessidade de recomposição.

Publicado no Diário Eletrônico, Ministério Público, Maranhão, 30/09/2019.

Enunciado n.º 23/19

Não homologado o declínio de atribuições ou o arquivamento, pelo Conselho Superior do Ministério Público, os autos retornam à Promotoria de Justiça de origem para prosseguimento das investigações e demais providências.

Publicado no Diário Eletrônico, Ministério Público, Maranhão, 10/10/2019.

14 – MATO GROSSO (MT)

14.1 ASSENTOS DO CONSELHO SUPERIOR DO MINISTÉRIO PÚBLICO DO ESTADO DO MATO GROSSO

Assento nº 01/11

Em não havendo candidato inscrito que preencha os requisitos constitucionais objetivos, terá preferência aquele que preencher pelo menos um deles. Não havendo candidato nesta situação, deverá ser observada a ordem das quintas partes sucessivamente.

De 05/08/2015, conforme site: https://www.mpmt.mp.br/secao/673.

Assento nº 02/11

O candidato remanescente de lista anterior será analisado em primeiro lugar e somente poderá ser promovido ou removido em não havendo candidato que esteja em quinta parte anterior, ainda que seja a terceira vez consecutiva ou quinta alternada que figure na lista.

De 05/08/2015, conforme site: https://www.mpmt.mp.br/secao/673.

Assento nº 03/11

Entre as informações, relativas às atividades funcionais e à conduta dos membros do Ministério Público, que devem constar, obrigatoriamente, dos assentamentos, conforme autorização do art. 37, XX, § 1º, inciso V – outras informações – não se consideram pertinentes, para os efeitos de avaliação do merecimento funcional, os elogios e agradecimentos provindos de entidades públicas ou privadas, e títulos de cidadão conferidos por Câmaras de Vereadores ou Assembleia Legislativa do Estado de Mato Grosso.

De 05/08/2015, conforme site: https://www.mpmt.mp.br/secao/673.

Assento nº 04/13

Na interpretação dos §§ 1º a 3º do art. 7º da Resolução nº 10/2007-CSMP, entende-se que, em caso de indeferimento do pedido de instauração de inquérito civil, havendo interposição de recurso, o órgão de execução deve notificar o(s) interessado(s) para, querendo, no prazo de 10 (dez) dias, apresentar contrarrazões e, com ou sem estas, exercer juízo de reconsideração. Mantido o indeferimento, o procedimento deve ser encaminhado em 03 (três) dias ao CSMP para apreciação.

De 05/08/2015, conforme site: https://www.mpmt.mp.br/secao/673.

Assento nº 05/14

Na ocorrência de infração ao art. 46 da Lei nº 9.605/98, o valor da prévia composição do dano ambiental a que alude o art. 27 da mesma lei, a ser estipulada em Termo de Ajustamento de Conduta, deverá ser estabelecido pelo Promotor de Justiça, em decisão fundamentada, observando-se os seguintes critérios:

1) tipo de madeira (em toros ou serrada) adquirida, exposta a venda, transportada etc;

2) o valor da madeira apreendida, obtido a partir de avaliação comercial;

3) a condição econômico-financeira do autor do fato;

4) antecedentes específicos do autor do fato;

5) possibilidade de "delação premiada" em caso de indicação do local de onde a madeira foi extraída de forma irregular (desde que não seja o autor da extração);

6) outros critérios a serem observados pelo Promotor de Justiça.

A multa (astreinte) pelo descumprimento das obrigações assumidas deverá ser fixada no mínimo em 50% do valor previsto para a composição do dano ou no mesmo percentual em relação à indenização pelo dano ambiental difuso. Cópia do TAC deverá ser encaminhada ao Promotor de Justiça que oficia perante o juizado especial criminal para efeito de eventual transação penal.

De 05/08/2015, conforme site: https://www.mpmt.mp.br/secao/673.

14.2 ENUNCIADOS DO CONSELHO SUPERIOR DO MINISTÉRIO PÚBLICO DO ESTADO DO MATO GROSSO

Enunciado nº 01/11

Ao firmar o termo de ajustamento de conduta com pessoa jurídica, o Promotor de Justiça deve exigir o contrato social atualizado da empresa, conferindo se o compromissário tem poderes para ajustar condutas em nome da empresa.

De 05/08/2015, conforme site: https://www.mpmt.mp.br/secao/672.

Enunciado nº 02/11

É fundamental que no ajuste seja descrito com clareza a situação lesiva, o reconhecimento do dever de recompor o conteúdo da obrigação.

De 05/08/2015, conforme site: https://www.mpmt.mp.br/secao/672.

Enunciado nº 03/11

É importante a menção no termo de ajustamento, da natureza não-compensatória da multa estabelecida como penalidade, que não obsta a execução específica da obrigação assumida e descumprida – e, por evidência, tampouco afasta as responsabilidades administrativa e criminal aplicáveis.

De 05/08/2015, conforme site: https://www.mpmt.mp.br/secao/672.

Enunciado nº 04/11

No ajuste de obrigações com o Poder Público o compromitente deve observar todas as regras relacionadas às formas de contratação do setor, cuidando de levantar no Inquérito Civil ou Procedimento Preparatório, origem do termo, os custos relativos à obrigação proposta e exigindo do compromissário a definição das fontes de recursos, a previsão orçamentária devida e o cronograma de desembolso necessários ao cumprimento do pactuado.

De 05/08/2015, conforme site: https://www.mpmt.mp.br/secao/672.

Enunciado nº 05/11

O Compromisso de Ajustamento de Conduta ou a Notificação Recomendatória expedida pelo Ministério Público de forma singular ou genérica, devem sempre ser precedidos de Procedimento Preparatório ou Inquérito Civil onde reste esclarecido o dano que se pretende recuperar.

De 05/08/2015, conforme site: https://www.mpmt.mp.br/secao/672.

Enunciado nº 06/11

Rejeitada a promoção de arquivamento de Inquérito Civil ou outro Procedimento Preparatório por insuficiência probatória, o membro do Ministério Público deve, sem prejuízo da coleta de simples informações complementares, cumprir as diligências apontadas em deliberação singular ou colegiada do Conselho Superior do Ministério Público, no prazo de 30 (trinta) dias.

De 05/08/2015, conforme site: https://www.mpmt.mp.br/secao/672.

Enunciado nº 07/11

A duplicidade de procedimentos acerca do mesmo tema não dá ensejo ao arquivamento de um deles. Se detectada tal circunstância na fase preparatória (PP ou IC), o membro do Ministério Público deve promover o apensamento dos autos, objetivando viabilizar uma decisão uniforme.

De 05/08/2015, conforme site: https://www.mpmt.mp.br/secao/672.

Enunciado nº 08/11

Só será homologada a promoção de arquivamento de Inquérito Civil, em decorrência de Compromisso de Ajustamento, se deste constar que seu não cumprimento sujeitará o infrator a suportar a execução do título executivo extrajudicial ali formado, devendo a obrigação ser certa quanto à sua existência, e determinada, quanto ao seu objeto.

De 05/08/2015, conforme site: https://www.mpmt.mp.br/secao/672.

Enunciado nº 09/11

Não há necessidade de homologação pelo Conselho Superior de todos os procedimentos administrativos instaurados com base no art. 201, VI, do Estatuto da Criança e do Adolescente, mas somente daqueles que contenham matéria que, em tese, podem ser objeto de Ação Civil Pública.

De 05/08/2015, conforme site: https://www.mpmt.mp.br/secao/672.

Enunciado nº 10/15

Nas Promoções de Arquivamento de Procedimento Preparatório ou de Inquérito Civil, em face da informação que a demanda foi solucionada pelo demandado, após a sua instauração, deve ser registrado o movimento "SOLUÇÃO ADMINISTRATIVA (código 921984) no SIMP" e, em seguida, o movimento "ARQUIVAMENTO – com remessa ao Conselho Superior do Ministério Público/Câmara – Integral sem TAC" (código 920090).

De 05/08/2015, conforme site: https://www.mpmt.mp.br/secao/672.

15 – MATO GROSSO DO SUL (MS)

15.1 ENUNCIADOS DO CONSELHO SUPERIOR DO MINISTÉRIO PÚBLICO DO ESTADO DO MATO GROSSO DO SUL

Enunciado nº 01/12

O Conselho Superior do Ministério Público homologará o arquivamento de inquérito civil ou procedimento preparatório que tenha por objeto representação de Conselhos de Fiscalização Profissional, se fundamentada em descumprimento de norma legal do qual não decorra perigo concreto aos interesses difusos, coletivos ou individuais homogêneos.

FUNDAMENTO: O Ministério Público, há vários anos, vem recebendo inúmeras representações de Conselhos Profissionais, notadamente dos Conselhos Regionais de Farmácia, solicitando a adoção de providências objetivando o cumprimento de normas legais relacionadas especificamente com o regulamento da profissão. Porém, os Conselhos de Fiscalização Profissional têm natureza de autarquia, e, como tais, possuem legitimidade para propor ação civil pública, nos termos do artigo 5º, inciso IV, da Lei nº 7.347/85. Dessa forma, na qualidade de colegitimados para propositura de ação civil pública, os Conselhos Profissionais podem agir de modo eficaz na fiscalização de seus interesses, sem necessidade de se recorrer ao Ministério Público para tanto. Assim sendo, salvo nas hipóteses em que o descumprimento da norma legal implicar em perigo concreto para a coletividade, não se justifica a atuação do Ministério Público em defesa de interesses classistas. Ademais, considerando-se a multiplicidade de representações ofertadas diariamente ao Ministério Público em matéria de interesses difusos e coletivos, torna-se imperiosa a racionalização de seus serviços, buscando-se a atuação firme e eficiente nas hipóteses em que a lesão ou perigo de lesão possuam maior relevância para a sociedade.

De 18/06/2012, conforme acesso em 07 de agosto de 2020 ao site: https://www.mpms.mp.br/atos-e-normas.

Enunciado nº 02/12

Os casos de comunicação de infrações que constituam lesões a interesses difusos e coletivos de qualquer ordem, noticiadas por órgãos públicos, deverão ser transformados em procedimentos preparatórios e/ou inquéritos civis.

De 18/12/2012, conforme acesso em 07 de agosto de 2020 ao site: https://www.mpms.mp.br/atos-e-normas.

Nota do autor: não foi encontrado o fundamento no sítio eletrônico.

Enunciado nº 03/13

A reparação ou compensação do dano ambiental pode ser averiguada/efetivada no juízo criminal ou pelos órgãos ambientais competentes, dispensando-se a instauração de inquérito civil ou procedimento preparatório, mesmo quando advier de órgão público, quando restar comprovado que o dano ambiental é de menor potencial ofensivo, o qual deve ser analisado tendo por parâmetro o tamanho da área degradada, a repercussão socioeconômica do ato ilícito, eventuais precedentes do Conselho Superior do Ministério Público, dentre outros fatores capazes de revelar a inexistência de gravidade e periodicidade da conduta irregular.

De 08/03/2013, conforme acesso em 07 de agosto de 2020 ao site: https://www.mpms.mp.br/atos-e-normas.

Nota do autor: não foi encontrado o fundamento no sítio eletrônico.

Enunciado nº 04/14

A Notícia de Fato não é procedimento, ou seja, não se presta à substituição do inquérito civil ou do procedimento preparatório, para fins de investigação ou apuração de violações a direitos difusos, coletivos, individuais homogêneos ou individuais indisponíveis.

De 24/04/2014, conforme acesso em 07 de agosto de 2020 ao site: https://www.mpms.mp.br/atos-e-normas.

Nota do autor: não foi encontrado o fundamento no sítio eletrônico.

Enunciado nº 05/14

As regras procedimentais aplicáveis ao arquivamento da Notícia de Fato, bem como a sua conversão mediante instauração de inquérito civil ou procedimento preparatório, encontram-se regulamentadas nos artigos 7º ao 13 da Resolução nº 15/2007-PGJ e no artigo 5º da Resolução nº 23/2007 do Conselho Nacional do Ministério Público.

De 24/04/2014, conforme acesso em 07 de agosto de 2020 ao site: https://www.mpms.mp.br/atos-e-normas.

Nota do autor: não foi encontrado o fundamento no sítio eletrônico.

Enunciado nº 06/14

O artigo 8º, §1º, da Lei nº 7.347/85 autoriza a realização de diligências preparatórias no âmbito da Notícia de Fato, prévias à instauração de procedimento, desde que respeitado o prazo máximo de 30 (trinta) dias previsto no artigo 5º da Resolução nº 23/2007 do Conselho Nacional do Ministério Público e no artigo 9º da Resolução nº 15/2007-PGJ.

Depois de superados 30 (trinta) dias do ingresso da Notícia de Fato na Promotoria de Justiça, resta vedada a realização de quaisquer diligências adicionais, cumprindo ao Órgão de Execução arquivar o feito ou instaurar o procedimento cabível, conforme o caso.

De 24/04/2014, conforme acesso em 07 de agosto de 2020 ao site: https://www.mpms.mp.br/atos-e-normas.

Nota do autor: não foi encontrado o fundamento no sítio eletrônico.

Enunciado nº 07/14

As Notícias de Fato resolvidas dentro do prazo de 30 dias podem ser arquivadas na Promotoria de Justiça, nos moldes estipulados pelo artigo 5º da Resolução nº 23/2007 do Conselho Nacional do Ministério Público.

As partes interessadas devem ser pessoalmente notificadas desse arquivamento para, querendo, interpor recurso ao Conselho Superior do Ministério Público.

De 24/04/2014, conforme acesso em 07 de agosto de 2020 ao site: https://www.mpms.mp.br/atos-e-normas.

Nota do autor: não foi encontrado o fundamento no sítio eletrônico.

Enunciado nº 08/14

As Notícias de Fato arquivadas serão remetidas para análise do Conselho Superior do Ministério Público apenas nos casos em que houver recurso de qualquer dos interessados, arquivando-se na Promotoria de Justiça as Notícias de Fato extintas em que não houver recurso.

De 24/04/2014, conforme acesso em 07 de agosto de 2020 ao site: https://www.mpms.mp.br/atos-e-normas.

Nota do autor: não foi encontrado o fundamento no sítio eletrônico.

Enunciado nº 09/16 (nº 09/19)

Celebrado termo de ajustamento de conduta, o órgão de execução deverá, depois de promover o arquivamento com a remessa dos autos ao Conselho Superior do Ministério Público, no prazo legal, instaurar procedimento administrativo para o acompanhamento e fiscalização do cumprimento do termo de ajustamento de conduta. O órgão de execução fará constar expressamente nas razões da promoção de arquivamento o número de registro no sistema SAJMP do procedimento administrativo em que fiscalizará e acompanhará o cumprimento do termo de ajustamento de conduta.

Nota do autor: trata-se do enunciado nº 09 de 2016, que sofreu alteração em 2019 e, assim, ganhou nova numeração: 09/19.

Revisado na sessão 05 de novembro de 2019.

Fundamento: A proposição do enunciado visa reforçar a aplicação dos arts. 38 e 39 da Resolução nº 15/2007-PGJ (inquérito civil) e do art. 6º, §§ 7º, 8º e 10, da Resolução nº 6/2019-CPJ (ajuste de conduta: improbidade e leniência), que obrigam a instaurar procedimento administrativo, previsto no art. 3º, inc. VI, da Resolução nº 5/2012-CPJ (procedimento administrativo), conferindo maior controle, eficácia e transparência no acompanhamento e na fiscalização do cumprimento das obrigações assumidas, nas seguintes hipóteses: A) celebração de termos de ajustamento de conduta em geral; B) celebração de termos de ajustamento de conduta ou de acordo de leniência envolvendo as sanções cominadas aos atos de improbidade administrativa, previstos na Lei nº 8.429/1992 (improbidade administrativa), e aos atos praticados contra a Administração Pública, definidos na Lei nº 12.846/2013, no âmbito do Ministério Público de Mato Grosso do Sul. Os arts. 38 e 39 da Resolução nº 15/2007-PGJ determinam que, nos processos eletrônicos em que for celebrado termo de ajustamento de conduta, o órgão de execução, havendo necessidade, deverá instaurar procedimento administrativo para acompanhar o cumprimento das obrigações pactuadas e, em seguida, elaborar promoção de arquivamento e remeter os autos para apreciação do Conselho Superior do Ministério Público: Art. 38. Celebrado o Termo de Ajustamento de Conduta nos processos eletrônicos, o órgão de execução deverá instaurar Procedimento Administrativo para acompanhar o cumprimento das cláusulas estipuladas e promover o arquivamento do inquérito civil ou do procedimento preparatório, cabendo ao Conselho Superior do Ministério Público homologar a promoção de arquivamento. Art. 39. Havendo necessidade de acompanhamento e fiscalização do cumprimento integral das cláusulas do termo de ajustamento de conduta, deverá o órgão de execução instaurar procedimento administrativo , nos moldes da Resolução nº 005/CPJ/2012, instruindo-o com os termos do acordo e, se conveniente, com as peças principais do inquérito civil ou do procedimento preparatório arquivado.

De 18/11/2019, conforme acesso em 07 de agosto de 2020 ao site: https://www.mpms.mp.br/atos-e-normas.

Enunciado nº 10/17

Não se homologa a promoção de arquivamento nos casos em que houver dano ambiental, ainda que apresentados Cadastro Ambiental Rural (CAR) e Projeto de Recuperação de Área Degradada e Alterada (PRADA), salvo se houver celebração de Termo de Ajustamento de Conduta prevendo reparação ou indenização do dano ambiental, além de medidas pertinentes na esfera penal, quando cabíveis.

Fundamento: Em caso de constatação de danos ambientais, o órgão de execução deve celebrar Termo de Ajustamento de Conduta ou ingressar com a ação civil pública, exigindo a inscrição do imóvel no CAR e a apresentação do PRADA, que serão fiscalizados pelo órgão ambiental. O termo de ajustamento poderá fixar outras medidas reparadoras, tais como: recomposição ambiental; obrigação de fazer e indenização. Nessas hipóteses, o órgão de execução promoverá o arquivamento do procedimento informando a instauração de Procedimento Administrativo para acompanhar o cumprimento das outras medidas impostas, nos termos do artigo 39 da Resolução n° 15/2007-PGJ. Havendo dano ambiental em propriedade rural, independentemente da análise da intensidade de seu potencial ofensivo, deve ser instaurado o inquérito civil ou o procedimento preparatório com o objetivo de celebrar o Termo de Ajustamento de Conduta ou ajuizar Ação Civil Pública. O Código Florestal (Lei n° 12.651/2012) prevê que o Cadastro Ambiental Rural é declaratório e produz efeitos com sua apresentação, sem prejuízo da análise posterior pelo órgão ambiental quando de sua validação. Por tais motivos, desnecessário aguardar a análise e a aprovação do CAR e do PRADA pelo órgão ambiental, caso contrário, a tramitação dos procedimentos nas Promotorias de Justiça poderia levar à morosidade da atuação ministerial, além de contrariar a política institucional de exigência da atuação primária dos órgãos de poder de polícia administrativa. A despeito da inexistência de prazo expresso para a apreciação do CAR, com base no princípio constitucional do direito à duração razoável do processo (art. 5º, LXXVIII, da CF), dos prazos máximos concedidos aos casos de licenciamento ambiental (Resolução CONAMA n. 237/97), bem como o previsto na Lei Federal n. 9.784/99, que disciplina o processo administrativo, é possível que o Ministério Público ingresse com ações pertinentes, exigindo a apreciação dos Cadastros Ambientais Rurais (CAR), conforme, inclusive, previsto no Roteiro Virtual de atuação constante na intranet. Por outro lado, para que essa questão não fique apenas sob o crivo do órgão ambiental, sem qualquer controle ministerial acerca da análise e aprovação dos Cadastros Ambientais Rurais e Projetos de Recuperação de Área Degradada e Alterada, o plano de ação aprovado pelo CAOMA previu que todas as propriedades que apresentarem CAR no âmbito dos procedimentos instaurados nas Promotorias de Justiça serão, após a aprovação no IMASUL, averiguadas e fiscalizadas pelo setor de geoprocessamento do Ministério Público. Na hipótese de inexistir dano ambiental no imóvel rural, o procedimento instaurado poderá ser arquivado mediante apresentação do Cadastro Ambiental Rural (CAR), independente de aguardar a aprovação pelos órgãos ambientais.

De 07/07/2017, conforme acesso em 07 de agosto de 2020 ao site: https://www.mpms.mp.br/atos-e-normas.

Enunciado nº 11/17

Homologa-se a promoção de arquivamento de procedimento instaurado para apurar regularidade ambiental em várias propriedades rurais que coletivamente estejam contempladas em projeto ambiental, desde que haja comprovação, para cada propriedade, da apresentação do Cadastro Ambiental Rural (CAR), e, quando necessário, do Termo de Compromisso Administrativo (TCA – artigo 59, § 3º, do Código Florestal) e do Projeto de Recuperação de Área Degradada e Alterada (PRADA) ao órgão competente. Verificando-se a existência de propriedade rural que não atenda à legislação ambiental, deve o órgão de execução desmembrar o procedimento ou ajuizar Ação Civil Pública, registrando-se nos autos essas informações.

Fundamento: Para os casos de projetos ambientais em que o número de propriedades envolvidas inviabilize o acompanhamento individual, cuja finalidade é dar cumprimento à legislação ambiental relativa à sua função socioambiental (Programa SOS Rios, Projetos de regularização de várias propriedades perante o órgão ambiental, etc.), poderá o órgão de execução optar por instaurar um ou mais procedimentos coletivos. Nesses casos, a comprovação de regularização de cada propriedade perante o órgão ambiental justifica o arquivamento quando apresentado o Cadastro Ambiental Rural (CAR), e, se for o caso, o Termo de Compromisso Administrativo (artigo 59, §3º, do Código Florestal) e o Projeto de Recuperação de Área Degradada e Alterada (PRADA). Importante que cada órgão de execução observe se os documentos apresentados seguem a legislação ambiental, em especial os ditames do Código Florestal, inclusive, no que diz respeito às eventuais inconstitucionalidades decorrentes da violação do princípio da vedação ao retrocesso já questionadas perante o Supremo Tribunal Federal. Considerando que o Termo de Compromisso Administrativo (TCA) tem natureza jurídica de título executivo extrajudicial similar ao Termo de Ajustamento de Conduta (TAC), poderá o órgão de execução, em caso de descumprimento, exigir providências do órgão ambiental ou promover a execução judicial. Ressalta que o órgão de execução deverá promover o desmembramento e instauração de procedimento autônomo ou ingressar com Ação Civil Pública com relação às propriedades rurais que não apresentarem os documentos exigidos.

De 07/07/2017, conforme acesso em 07 de agosto de 2020 ao site: https://www.mpms.mp.br/atos-e-normas.

Enunciado nº 12/17

Homologa-se o Termo de Ajustamento de Conduta desde que as entidades públicas ou privadas destinatárias de bens ou valores sejam previamente cadastradas no Ministério Público Estadual e tenham, preferencialmente, afinidade com a defesa do interesse lesado.

Fundamento: Os recursos oriundos de Termos de Ajustamento de Conduta (TAC) deverão ser destinados aos Fundos Municipal ou Estadual previstos em lei, podendo o órgão de execução, de forma excepcional e justificada, destinar bens ou valores a entidades que atuem, de preferência, na defesa do interesse lesado, observando-se que tais entidades constem, antecipadamente, como cadastradas no Ministério Público do Estado de Mato Grosso do Sul, nos termos do artigo 36 da Resolução nº 15/2007-PGJ, de 27 de novembro de 2007, e artigo 4º, §7º, da Resolução nº 31/2012-PGJ, de 31 de agosto de 2012, que disciplinam o cadastramento prévio e obrigatório das entidades beneficiárias no âmbito do Ministério Público Estadual. O cadastramento das entidades que possam ser beneficiárias de bens e valores por meio de Termo de Ajustamento de Conduta (TAC) deve ser efetuado junto ao Ministério Público Estadual, ficando o órgão de execução vinculado ao cadastramento, de forma que nenhuma entidade poderá vir a ser beneficiada se não estiver cadastrada, nos termos da legislação vigente.

De 18/08/2017, conforme acesso em 07 de agosto de 2020 ao site: https://www.mpms.mp.br/atos-e-normas.

Enunciado nº 13/17

Compete ao Ministério Público Estadual investigar os atos ilícitos praticados por dirigentes dos serviços sociais autônomos, que integram o "Sistema S", com fundamento na Súmula 516 do STF.

FUNDAMENTO: Os casos envolvendo questões referentes aos serviços sociais autônomos devem ser investigados pelo Ministério Público Estadual. Isso ocorre em virtude das características das entidades do Sistema "S", que, apesar de contribuírem com o Poder Público, têm natureza jurídica de direito privado, com administração e patrimônio próprios. Por esse motivo, essas entidades não compõem a Administração Pública, devendo o art. 109, I, da CF/88 ser interpretado de forma estrita, ainda que os recursos financeiros dessas entidades sejam fiscalizados pelo Tribunal de Contas da União. Insta consignar que o entendimento firmado pelo Supremo Tribunal Federal, no que tange às questões relacionadas aos serviços sociais autônomos, é de que cabe à Justiça Estadual a competência para julgar tais conflitos, tendo inclusive formulado a Súmula 516, que dispõe "O Serviço Social da Indústria (SESI) está sujeito à jurisdição da Justiça Estadual". O verbete sumular em questão foi recentemente reafirmado em sede jurisprudencial (AgR no ARE nº 850.933/RS, Relator: Min. Dias Toffoli, julgado em 2.5.2017; AgR no ARE nº 966.048/SP, Relator: Min. Edson Fachin, 30.9.2016, Primeira Turma; ARE nº 850.933/RS Eletrônico, Relator: Min. Dias Toffoli; e RE nº 589.840/RS-AgR, Primeira Turma, Relatora: Minª. Cármen Lúcia, DJe de 26.5.11). Além disso, o posicionamento do Procurador-Geral da República prolatado no ARE nº 850.933 (nº 116.831/2016 PGR RJMB), em 16.6.2016, vem no sentido de que a Justiça Federal é incompetente para processar e julgar questões referentes ao Sistema "S".

De 18/09/2017, conforme acesso em 07 de agosto de 2020 ao site: https://www.mpms.mp.br/atos-e-normas.

Enunciado nº 14/17

A representação deve ser registrada como Notícia de Fato e apreciada no prazo de 30 (trinta) dias a contar do recebimento, prorrogável uma vez, fundamentadamente, por até 90 (noventa) dias, dentro dos quais o membro do Ministério Público poderá adotar providências preliminares imprescindíveis para deliberar sobre a instauração do procedimento próprio, sendo vedada a expedição de requisições.

Fundamento: O enunciado tem por objetivo otimizar os serviços das Promotorias de Justiça, favorecendo atuação resolutiva em casos que comportem providências instrutórias sumárias nos autos de Notícia de Fato, visando à solução eficaz da questão ou a formação da convicção do órgão de execução sobre a necessidade de instauração de outro procedimento, conforme faculta o artigo 3º da Resolução nº 174, de 4 de julho de 2017, do Conselho Nacional do Ministério Público. O conhecimento de fato por meio de representação anônima não implicará ausência de providências, as quais poderão ser realizadas preliminarmente nos autos da Notícia de Fato, visando à formação do convencimento do membro do Ministério Público acerca da pertinência da notícia, decidindo, em seguida, sobre a instauração de inquérito civil, de procedimento preparatório ou o indeferimento da representação, nas hipóteses especificadas no artigo 4º da Resolução nº 174, de 4 de julho de 2017, do Conselho Nacional do Ministério Público. O prazo para a conclusão das diligências preparatórias é de 30 (trinta) dias, admitindo a prorrogação, mediante despacho fundamentado, por até 90 (noventa) dias, independentemente de ciência ao Conselho Superior do Ministério Público. Os autos de Notícia de Fato instaurados em virtude de representação anônima serão arquivados na Promotoria de Justiça, se, após as diligências instrutórias sumárias, não se constatar verossimilhança da notícia, diante da inexistência de mínimos elementos acerca do fato e de seu provável autor. O noticiante será cientificado da decisão de arquivamento da Notícia de Fato, salvo em caso de denúncia anônima, cabendo recurso ao Conselho Superior do Ministério Público no prazo de 10 (dez) dias. Não havendo recurso, a Notícia de Fato será arquivada na Promotoria de Justiça, nos termos do artigo 5º da Resolução nº 174, de 4 de julho de 2017, do Conselho Nacional do Ministério Público.

De 18/09/2017, conforme acesso em 07 de agosto de 2020 ao site: https://www.mpms.mp.br/atos-e-normas.

Enunciado nº 15/17

Quando o Promotor de Justiça concluir que a atribuição para atuar no caso concreto pertence a outro membro do Ministério Público do Estado de Mato Grosso do Sul, deverá, fundamentadamente, declinar da atribuição e providenciar a remessa dos autos originais ao Órgão de Execução que entenda ter atribuição, independentemente de ciência ou de homologação pelo Conselho Superior do Ministério Público.

Fundamento: Na hipótese de declínio para outro Órgão de Execução do Ministério Público do Estado de Mato Grosso do Sul, o Promotor de Justiça deverá promover a remessa dos autos originais de Notícia de Fato, de Inquérito Civil ou de Procedimento Preparatório ao detentor da atribuição, independentemente de ciência ou de homologação pelo Conselho Superior do Ministério Público, com fundamento no artigo 2º, §§ 2º e 3º, da Resolução nº 174, de 4 de julho de 2017, do Conselho Nacional do Ministério Público e artigo 9-A da Resolução nº 23, de 17 se setembro de 2007, do Conselho Nacional do Ministério Público. O Conselho Superior do Ministério Público não homologará a promoção de arquivamento de procedimento investigatório fundamentada em declínio de atribuição, porquanto o arquivamento, bem como a prática de quaisquer atos decisórios, pressupõe que o Promotor de Justiça tenha atribuição para atuar no caso concreto e conclua ser desnecessário o prosseguimento da investigação, em respeito ao princípio do Promotor Natural. Eventual arquivamento dos autos fundamentado na falta de atribuição para atuar impossibilitaria o conhecimento do fato pelo membro do Ministério Público com legitimidade para investigar, retirando-lhe, também, o direito de suscitar eventual conflito de atribuições. Ademais, o Conselho Superior não tem competência para analisar questões acerca de atribuição dos Promotores de Justiça, uma vez que compete ao Procurador-Geral de Justiça dirimir os conflitos de atribuição suscitados pelos membros do Ministério Público, designando quem deva oficiar no feito (artigo 7º, inciso XV, da Lei Complementar nº 72, de 18 de janeiro de 1994). Ao declinar da atribuição, o membro do Ministério Público do Estado de Mato Grosso do Sul deverá providenciar, fundamentadamente, a remessa dos autos originais a outro Órgão de Execução deste Estado que entenda ser o detentor de atribuição para prosseguir com as investigações e ingressar com as ações judiciais cabíveis.

De 09/10/2017, conforme acesso em 07 de agosto de 2020 ao site: https://www.mpms.mp.br/atos-e-normas.

Enunciado nº 16/17

Após instauração de inquérito civil ou de procedimento preparatório, quando o membro que o preside concluir ser caso de atribuição de Ministério Público de outro Estado da Federação ou do Ministério Público da União, deverá declinar da atribuição, fundamentadamente, submetendo sua decisão à homologação do Conselho Superior do Ministério Público no prazo de 3 (três) dias, não sendo caso de arquivamento.

Fundamento: Em caso de declínio de atribuição para Ministério Público pertencente a outro Estado da Federação ou ao Ministério Público da União, o Órgão de Execução deve submeter sua decisão à homologação do Conselho Superior do Ministério Público, com fundamento no artigo 9-A da Resolução nº 23, de 17 de setembro de 2007, do Conselho Nacional do Ministério Público. Incabível a promoção de arquivamento do procedimento preparatório ou do inquérito civil, uma vez que a prática de atos decisórios pressupõe que o Promotor de Justiça tenha atribuição para atuar e entenda desnecessário o prosseguimento da investigação. Entendimento em sentido contrário afrontaria o princípio do Promotor Natural. Após homologado o declínio de atribuição pelo Conselho Superior do Ministério Público, os autos devem retornar à Promotoria de Justiça de origem para que, após as anotações no sistema informatizado, proceda, diretamente, à remessa dos autos originais ao Órgão do Ministério Público que detenha atribuição.

De 09/10/2017, conforme acesso em 07 de agosto de 2020 ao site: https://www.mpms.mp.br/atos-e-normas.

Enunciado nº 17/17

Não se conhece da promoção de arquivamento quando o procedimento preparatório ou o inquérito civil instruir a ação judicial proposta pelo órgão de execução. Fica ressalvada a hipótese em que figuram no procedimento vários investigados ou diversos fatos lesivos e a ação judicial deixar de incluir qualquer um deles. Nesse caso, se o Promotor de Justiça promover o arquivamento parcial com relação à parte excluída, deverá encaminhar o procedimento ao Conselho Superior do Ministério Público para homologação.

Fundamento: O Enunciado estabelece, inicialmente, a regra geral segundo a qual é incabível a promoção de arquivamento quando o inquérito civil ou o procedimento preparatório instruir a ação judicial, porque o ajuizamento da ação acarreta a extinção do inquérito civil. A partir da judicialização da causa, o julgamento acerca do procedimento investigatório será de competência exclusiva do Poder Judiciário. O Conselho Superior do Ministério Público não terá atribuição para deliberar sobre o assunto e, havendo a remessa equivocada, não conhecerá da promoção de arquivamento. Os originais dos procedimentos físicos digitalizados e juntados aos processos eletrônicos deverão ser preservados no âmbito interno da respectiva Promotoria de Justiça, independente de ciência ou remessa ao Conselho Superior do Ministério Público, pelo prazo estipulado no §3º, do artigo 11, da Lei Federal nº 11.419/2004.

> *Art. 11. Os documentos produzidos eletronicamente e juntados aos processos eletrônicos com garantia da origem e de seu signatário, na forma estabelecida nesta Lei, serão considerados originais para todos os efeitos legais.*
>
> *§ 3º Os originais dos documentos digitalizados, mencionados no § 2o deste artigo, deverão ser preservados pelo seu detentor até o trânsito em julgado da sentença ou, quando admitida, até o final do prazo para interposição de ação rescisória.*

A exceção à regra geral trata da hipótese em que o órgão de execução, ao ingressar com a ação judicial, exclui um dos investigados ou um dos fatos lesivos mencionados nos autos de inquérito civil ou de procedimento preparatório. Nesse caso, poderá prosseguir com as investigações com relação à parte excluída nos próprios autos ou promover o arquivamento parcial. Se o Promotor de Justiça promover o arquivamento parcial, deverá encaminhar o procedimento ao Conselho Superior do Ministério Público para homologação, nos termos do artigo 29, parágrafo único, da Resolução n° 15/2007-PGJ. O doutrinador HUGO NIGRO MAZZILLI, em sua obra "A defesa dos Interesses Difusos em Juízo", esclarece o que vem a ser o arquivamento parcial do inquérito civil:

"É comum que, no inquérito civil, sejam apuradas infrações cometidas por vários agentes. Se o órgão do Ministério Público resolver propor a ação em relação a alguns dos fatos ou a alguns dos agentes, estará havendo arquivamento parcial. Nesse caso, para evitar o chamado arquivamento implícito, deverá assim proceder: a) apresentará em juízo a petição inicial da ação que entenda cabível, acompanhada dos autos do inquérito; b) encaminhará ao Conselho Superior do Ministério Público, em separado, sua promoção fundamentada de arquivamento parcial (...)

Se o Conselho recursar homologação de arquivamento parcial, será designado outro membro do Ministério Público para propor ação de maior objeto, aplicando-se, oportunamente, as regras processuais de conexão e continência. Sobrevindo controvérsia sobre qual membro do Ministério Público oficiará em ambos os feitos, será resolvida pelas regras dos conflitos de atribuição. De qualquer forma, porém, não será o primeiro membro que oficiará em ambos os feitos, pois isso seria incompatível com a defesa do pedido de maior alcance". (MAZZILLI, Hugo Nigro. A defesa dos interesses difusos em juízo: meio ambiente, consumidor, patrimônio cultural, patrimônio público e outros interesses. 21. ed. São Paulo. Saraiva. 2008, p. 454.)

De 21/11/2017, conforme acesso em 07 de agosto de 2020 ao site: https://www.mpms.mp.br/atos-e-normas.

Enunciado nº 18/18

Em se reconhecendo a duplicidade de procedimentos com o mesmo objeto e as mesmas partes, deve-se promover o arquivamento do procedimento mais recente, trasladando-se os seus elementos probatórios para o mais antigo, aplicando-se subsidiariamente o previsto no Código de Processo Civil, tendo em vista a configuração de fenômeno análogo ao da litispendência.

Fundamento: O chamado microssistema processual coletivo, donde se extrai a previsão a permitir a instauração de inquérito civil pelo Ministério Público, igualmente, permite o uso subsidiário de normas previstas no Código de Processo Civil de 2015. Explica-se: em 11 de setembro de 1990, foi promulgado o Código de Defesa do Consumidor (Lei nº 8.078/90), que inovou sobre o tema "processo coletivo" (arts. 81 a 104) e, ao acrescentar o art. 21 à Lei nº 7.347/85, deu origem ao que se tem denominado de "microssistema processual coletivo". Por conta disso, passou-se a entender que todos os diplomas que tratam da tutela coletiva são intercambiantes entre si, aderindo a uma intertextualidade intrassistemática, ou seja, assume-se que as leis especificamente ligadas à tutela coletiva são incompletas e, para aumentar sua flexibilidade, eficiência e durabilidade em uma realidade pluralística, complexa e muito dinâmica, encontram no CPC a regulamentação subsidiária e supletiva. O art. 19 da Lei da Ação Civil Pública (Lei nº 7.347/85), inclusive, prevê expressamente a aplicação do Código de Processo Civil (referindo-se ao CPC/73), naquilo em que não contrarie suas disposições. Em reforço, o art. 90 do Código de Defesa do Consumidor, prevê: "Aplicam-se às ações previstas neste título as normas do Código de Processo Civil e da Lei nº 7.347, de 24 de julho de 1985, inclusive no que respeita ao inquérito civil, naquilo que não contrariar suas disposições". Por óbvio que, com o advento do CPC/2015, que revogou por completo o código de rito anterior, as normas do novel diploma sucedem o anterior e devem ser aplicadas tanto às ações coletivas previstas no microssistema processual coletivo, quanto às que dizem respeito ao inquérito civil. Hugo Nigro Mazzilli sustenta que se deve aplicar "analogicamente ao inquérito civil as normas procedimentais do inquérito policial e as normas processuais em geral". Ao buscar norma de regência para a resolução da ocorrência fática junto aos diplomas que compõem o microssistema processual coletivo, constata-se sua omissão na abordagem do tema. Assim, os conceitos, as definições e o regime pertinentes ao instituto da litispendência deverão ser compreendidos no âmbito do CPC/2015, que assim dispõe, em seu art. 337, § 1º: "*Verifica-se a litispendência ou a coisa julgada quando se reproduz ação anteriormente ajuizada*".

Nelson Nery Júnior et al. explicam que "*ocorre litispendência quando se reproduz ação idêntica a outra que já está em curso. As ações são idênticas quanto têm as mesmas partes, a mesma causa de pedir (próxima e remota) e o mesmo pedido (mediato e imediato)*". Note-se que a regra inserta no ordenamento processual civil é expressa ao prever a necessidade de duas ações pendentes para a configuração do instituto. Disso, conclui-se que, entre inquéritos civis, não ocorre litispendência propriamente dita, mas sim uma circunstância assemelhada, pois a litispendência acontece somente entre lides pendentes. Sabe-se que, na seara processual, só se considera formada a lide a partir da citação válida, sendo que esta determina o momento em que ocorre litispendência (CPC, 240, caput). Normalmente, costuma-se atribuir à litispendência o efeito de extinguir o segundo processo sem exame de mérito, com base no art. 485, inciso V, do CPC/2015. Ocorre que no inquérito não há angularidade, ou seja, não está formada a relação jurídica processual, não havendo cogitação quanto à citação nesta fase extraprocessual. Afinal, trata-se de investigação preliminar, podendo ou não resultar no ajuizamento de ação, na qual será feita a citação. O instituto deve ser entendido sob o enfoque procedimental linear, acautelando-se contra a ocorrência de litispendência em futuros processos, além de se evitar a realização de dispendiosos e desnecessários atos procedimentais eventualmente dúbios e contraditórios na fase pré-processual. A ideia de litispendência pode assumir, no entanto, outro significado. A definição fundada na tríplice identidade de elementos – partes, pedido e causa de pedir – é correta, curial, mas não é a única.

Também há litispendência quando pendem processos/procedimentos com mesmo conteúdo, com a mesma situação jurídica a ser apurada/decidida. *Mutatis mutandis*, há litispendência quando o poder judiciário é provocado a solucionar o mesmo problema em mais de um processo. Não obstante, forçoso reconhecer que ocorre o instituto da litispendência quando dois inquéritos civis são instaurados pelo mesmo órgão, para apurar a mesma situação jurídica controvertida, posta em mais de um inquérito civil para ser resolvida, envolvendo as mesmas partes. Os procedimentos se identificam em todos os seus elementos e eventuais deliberações autônomas em cada um deles poderiam ser potencialmente conflitantes entre si, risco que, precisamente, é o que o instituto da litispendência visa a coibir. Portanto, cabível o transporte de seu raciocínio e a aplicação ao inquérito civil. Além disso, inexiste motivo para a manutenção de dois procedimentos com o mesmo objeto, ocasionando, por consequência, duas movimentações da máquina pública e gastos desnecessários. É dizer, quer seja a situação denominada como litispendência, quer como exceção diversa, a solução a ser dada à questão é uma só: a paralisação e extinção da segunda causa. Isso porque o Código de Processo Civil determina que, caso se constate a existência de duas ações idênticas, "*como a primeira já fora anteriormente ajuizada, a segunda ação, onde se verificou a litispendência, não poderá prosseguir, devendo ser extinto o processo sem resolução de mérito (CPC, 485, V)*" (NERY JUNIOR, 2016, p. 1008). Não resta nenhuma dúvida sobre a aplicação do Código de Processo Civil/2015 no que diz respeito à definição e ao mecanismo da litispendência, cuja incidência é ressignificada no plano procedimental do inquérito civil. Então, havendo duplicidade de feitos, ainda que "litispendência" não seja o termo tecnicamente adequado, deve-se promover o arquivamento do procedimento mais recente, trasladando-se os seus elementos probatórios para o mais antigo. Regra de transição: Em razão da regra de transição prevista no art. 56 da Resolução nº 014/2017-CPJ, vigente até 31.12.2018, ressalvam-se as seguintes hipóteses: 1 – Quando se tratar de duplicidade de procedimentos que se encontrem nos formatos físico e eletrônico, arquiva-se o procedimento físico, prevalecendo o virtual, trasladando-se obrigatoriamente para o meio eletrônico os documentos probatórios, certificando-se nos procedimentos. 2 – Se constatada a litispendência, após a migração do procedimento físico, aplica-se a regra do Enunciado, observando-se, neste caso, a data de instauração do procedimento físico.

De 23/08/2018, conforme acesso em 07 de agosto de 2020 ao site: https://www.mpms.mp.br/atos-e-normas.

Enunciado nº 19/18

É prescindível o cadastro individual de Companhia ou Batalhão da Polícia Militar Ambiental do Estado como entidade beneficiária de termo de ajustamento de conduta, pois a Polícia Militar abrange todas as unidades operacionais de Mato Grosso do Sul.

Fundamento: O artigo 36 da Resolução nº 015/2007-PGJ, de 27 de novembro de 2007, dispõe que a destinação de bens ou valores a entidades (públicas ou privadas) deve ser feita para aquelas que atuem, preferencialmente, na defesa do direito lesado, desde que previamente cadastradas junto ao Ministério Público do Estado de Mato Grosso do Sul (MPMS) e que prestem contas ao órgão de execução. Por sua vez, a Resolução nº 031/2012-PGJ, de 31 de agosto de 2012, disciplina o cadastramento, junto ao MPMS, de entidades que possam ser beneficiadas com bens ou valores obtidos por meio de compromisso de ajustamento de conduta. Tal cadastramento é ato voluntário, efetuado mediante o preenchimento de formulário específico (Anexo Único da Resolução nº 31/2012-PGJ), disponível via internet, seguido de seu encaminhamento à Promotoria de Justiça do lugar da sede da entidade, que analisará o pedido e decidirá pela inscrição. São entidades passíveis de serem beneficiadas as pessoas jurídicas e os órgãos da administração pública, direta ou indireta, ainda que sem personalidade jurídica, e as pessoas jurídicas de direito privado que tenham como objetivo principal, no seu estatuto e por intermédio de suas atividades, a tutela dos interesses ou direitos difusos, coletivos, individuais homogêneos e individuais indisponíveis. A Polícia Militar Ambiental do Estado de Mato Grosso do Sul se inscreveu como entidade beneficiária de termo de ajustamento de conduta (TAC) por meio de seu 15º Batalhão de Polícia Militar Ambiental, Comando Central localizado no Município de Campo Grande, o qual abrange todos os demais batalhões e companhias do Estado. O aludido cadastro foi realizado perante a 34ª Promotoria de Justiça da comarca de Campo Grande, por meio da Notícia de Fato nº 01.2017.00005771-6. Com isso, o cadastro de uma entidade (15º Batalhão) que possui âmbito de atuação estadual abrange todas as demais unidades que dela fazem parte e possibilita que os recursos obtidos nos compromissos realizados sejam destinados ao Batalhão da Polícia Militar Ambiental do próprio local em que se consumou o dano objeto do acordo, beneficiando a sociedade diretamente atingida, sem a necessidade de cadastro individual. O Estado de Mato Grosso do Sul é pessoa jurídica de direito público e deve ser compreendido como Administração Pública em sentido amplo, que possui um grande número de repartições internas, necessárias à sua organização. A Polícia Militar (PMMS) é um órgão público subordinado ao Governador do Estado, sem personalidade jurídica própria e decorrente da atividade desconcentrada do Estado de Mato Grosso do Sul, nos termos do artigo 144 da Constituição Federal. É o órgão constitucionalmente encarregado das missões de preservação da ordem pública e do policiamento ostensivo em todo o Estado de Mato Grosso do Sul. Para cumprimento de sua missão constitucional, a PMMS está estruturada em outros órgãos: Direção Geral, Direção Setorial, Apoio e órgãos de execução. Os órgãos de execução são constituídos pelas unidades operacionais e realizam as atividades-fim da Corporação. Esses órgãos cumprem com a sua destinação legal, executando as diretrizes e ordens emanadas do órgão de Direção, e são apoiados em suas necessidades de recursos humanos, materiais e serviços pelos órgãos de apoio. O Batalhão da Polícia Militar Ambiental consiste em uma unidade operacional dentro da estrutura da PMMS, conforme o artigo 3º, inciso II, do Decreto Estadual nº 14.951/2018, de 6 de março de 2018. Importante mencionar que o 15º Batalhão da Polícia Militar Ambiental, a partir da entrada em vigor do Decreto Estadual nº 14.951/2018, em 7 de março de 2018, passou a ser denominado Batalhão de Polícia Militar Ambiental (BPMA). Ademais, o Estado possui apenas um Cadastro Nacional de Pessoa Jurídica, de modo que os documentos apresentados pelo 15º Batalhão são os mesmos a serem apresentados pelos demais batalhões, tornando desnecessária a exigência de cadastros individuais de cada unidade. Então, considerando que o BPMA é uma unidade vinculada à PMMS, o seu cadastro como entidade beneficiária de TAC deve possuir abrangência estadual, em razão da estrutura definida pela própria Polícia Militar. Logo, denota-se prescindível o cadastro individual de cada Batalhão ou Companhia da Polícia Militar Ambiental do Estado, bastando o registro do 15º Batalhão para que todas as unidades de Mato Grosso do Sul sejam tidas como beneficiárias, uma vez que este abrange todos os demais batalhões e companhias do Estado.

De 18/09/2018, conforme acesso em 07 de agosto de 2020 ao site: https://www.mpms.mp.br/atos-e-normas.

Enunciado nº 20/18

Haverá continência na hipótese de tramitação simultânea, em uma única Promotoria de Justiça ou em Promotorias de Justiça distintas, de mais de um inquérito civil ou procedimento preparatório que tenham sido instaurados em face da mesma parte requerida e contenham identidade de causa de pedir, mas o objeto de um dos feitos, por ser mais amplo, abranja o dos demais.

Identificada a continência, os procedimentos deverão ser reunidos para tramitação e resolução conjunta, tendo atribuição o Promotor de Justiça que presidir o procedimento cujo objeto é o mais amplo.

Fundamento: Nos termos dos artigos 56 e 57, ambos do Código de Processo Civil , verifica-se a continência nas hipóteses em que duas ou mais ações judiciais contenham as mesmas partes e a mesma causa de pedir, mas o objeto de um dos feitos, por ser mais amplo, abranja o dos demais, impondo-se a reunião dos processos para tramitação e julgamento conjunto, de forma a evitar conflito lógico ou prático de julgamentos.

Art. 56. Dá-se a continência entre 2 (duas) ou mais ações quando houver identidade quanto às partes e à causa de pedir, mas o pedido de uma, por ser mais amplo, abrange o das demais.

Art. 57. Quando houver continência e a ação continente tiver sido proposta anteriormente, no processo relativo à ação contida será proferida sentença sem resolução de mérito, caso contrário, as ações serão necessariamente reunidas.

No âmbito do processo coletivo, face a ausência de previsão específica pelo novo Código de Processo Civil e ante a legitimidade ativa disjuntiva para a propositura de ações coletivas, a solução empregada pela doutrina, no que concerne à identificação da continência, é a de conferir maior destaque não à identidade total de partes, mas sim à identidade de réus, haja vista que, quanto ao polo ativo, o que deve ser considerado é a identidade dos titulares do direito material. Dessa forma, haverá continência, no âmbito processual coletivo, quando houver, entre mais de um feito, coincidência de réus e de causa de pedir, e o objeto de um seja mais abrangente que o dos demais. Ao tecer considerações sobre o tema, na obra "Interesses Difusos e Coletivos Esquematizado", os autores ADRIANO ANDRADE, CLEBER MASSON E LANDOLFO ANDRADE apresentam o seguinte posicionamento:

Sem embargo, deve-se ponderar que o CPC foi elaborado tendo como alvo, em regra, ações individuais de legitimação ordinária, onde há identidade entre as partes processuais e os titulares da relação jurídica de direito material. Já nas ações coletivas há uma gama de autores extraordinariamente legitimados para a defesa dos interesses de classes, grupos ou coletividades de pessoas. Logo, a identidade entre autores das ações civis públicas, para efeitos da configuração da continência, é indiferente, pois o que importa, em seu lugar, é a identidade dos titulares do direito material defendido pelos autores. Portanto, ***para que se verifique a continência entre ações coletivas, é somente necessária a coincidência de réus e de causas de pedir, e que o objeto de uma, por ser mais amplo, contenha o de outra.*** (***grifo nosso***) (ANDRADE, Adriano; MASSON, Cleber; ANDRADE, Landolfo. Interesses difusos e coletivos – esquematizado. 8. ed. Rio de Janeiro: Forense, 2018, págs 178/179.)

Diversamente do disposto no Código de Processo Civil, o microssistema coletivo não disciplina a continência entre inquéritos civis e ações civis públicas que tutelam direitos difusos, coletivos e individuais homogêneos. Todavia, havendo omissão de regulamentação no âmbito do processo coletivo, as disposições do Código de Processo Civil devem ser aplicadas subsidiariamente, conforme dispõe o artigo 19 da Lei de Ação Civil Pública (Lei nº 7.347, de 24 de julho de 1985), de forma a ser plenamente admissível a configuração de continência entre procedimentos investigatórios e ações civis públicas, e a consequente reunião dos feitos.

> *"Art. 19. Aplica-se à ação civil pública, prevista nesta Lei, o Código de Processo Civil, aprovado pela Lei nº 5.869, de 11 de janeiro de 1973, naquilo em que não contrarie suas disposições".*

Portanto, na hipótese de haver coincidência entre causa de pedir e partes passivas em mais de um inquérito civil, se o objeto de um for mais abrangente que o do(s) outro(s), a configuração da continência impõe a reunião dos procedimentos, de forma a se garantir a tramitação exclusiva do feito mais abrangente. Assegura-se, de tal sorte, que a providência administrativa ou judicial adotada pelo órgão de execução beneficie de modo uniforme toda a coletividade titular dos interesses difusos ou coletivos. A verificação da continência entre procedimentos investigatórios independe, assim, de identidade dos autores da representação ou de quem figure como vítima nos autos dos procedimentos, sendo ainda irrelevante eventual distinção entre os pedidos formulados em cada um dos inquéritos civis. Isso porque, para a incidência do instituto da continência entre inquéritos civis ou procedimentos preparatórios, basta a satisfação dos seguintes requisitos: a) dois ou mais procedimentos investigatórios; b) identidade da parte requerida (polo passivo); c) identidade de causas de pedir; d) o objeto de um dos inquéritos civis, por ser mais amplo, abranger o dos demais. Preenchidos os requisitos acima, haverá continência entre os procedimentos que tramitam no Ministério Público, cabendo ao Promotor de Justiça que preside o inquérito mais amplo efetivar a reunião das investigações em um único procedimento a fim de que tenham idêntico encaminhamento e única resolução, evitando conflitos lógicos ou práticos de providências adotadas pelos órgãos de execução. Nos casos em que os inquéritos nos quais incide a continência tramitem em diferentes Promotorias de Justiça, terá atribuição para atuar o Promotor de Justiça que preside o inquérito civil mais abrangente (procedimento continente), independentemente do estágio de andamento dos demais procedimentos. Regra de transição: Constatada a continência de procedimentos que se encontrem em formatos físico e eletrônico, o Promotor de Justiça deverá adotar as seguintes providências: 1) Centralizar a investigação exclusivamente no processo eletrônico, trasladando os documentos comprobatórios do procedimento físico, certificando-se nos autos eletrônicos tal providência; 2) Manter em arquivo o procedimento físico no próprio órgão de execução, sem necessidade de envio dos autos ao Conselho Superior do Ministério Público para homologação, segundo o ordenamento jurídico que disciplina as regras da temporalidade, atualmente previstas na Resolução nº 004/2013-PGJ, de 25 de fevereiro de 2013.

De 12/09/2018, conforme acesso em 07 de agosto de 2020 ao site: https://www.mpms.mp.br/atos-e-normas.

Enunciado nº 21/19

O sigilo dos autos de inquérito civil será determinado pelo membro do Ministério Público responsável pelo procedimento inquisitorial, devendo ser fundamentado qual o comprometimento da investigação pela não decretação da medida, a extensão de sua aplicação, se sobre todo o procedimento ou parte deste, sua classificação e prazo de vigência, nos termos da Lei nº 12.527/2011. Os atos procedimentais que exijam o sigilo das informações por estarem relacionados à honra, à vida privada e à intimidade, ou por serem necessários à manutenção da segurança pública, do Estado ou de autoridade pública, devem tramitar em autos apartados do procedimento principal, atendendo às diretrizes da Súmula Vinculante nº 14 do STF. O sigilo será levantado pelo CSMP quando houver pedido de arquivamento dos autos investigativos, podendo o Conselho mantê-lo mediante ato fundamentado, estipulando o prazo de prorrogação. A publicidade da sessão do CSMP será restringida se o conteúdo das peças de informação sob sigilo forem objeto de fundamentação da decisão do colegiado.

Fundamento: O artigo 37, caput, da Constituição da República impõe à Administração Pública, direta e indireta, o dever de dar publicidade a seus atos. Já o artigo 5º, inciso X, determina serem invioláveis a intimidade, a vida privada, a honra e a imagem das pessoas. Diante disso, vigora no ordenamento jurídico a regra geral de que os processos e procedimentos devem ser públicos, mas se admitindo o sigilo, entre outras hipóteses, por conveniência da investigação promovida pela autoridade pública e em respeito à imagem ou à privacidade dos envolvidos. Hugo Nigro Mazzilli (MAZZILLI, Hugo Nigro. **A defesa dos interesses difusos em juízo**. 21. ed. São Paulo: Saraiva, 2008. p. 432.) acrescenta que o sigilo pode ser imposto nos casos previstos na lei, quais sejam: a) por motivo de interesse público fundado na segurança da sociedade ou do Estado; b) por conveniência da investigação promovida pela autoridade pública; c) em respeito à imagem ou à privacidade das pessoas; d) para a proteção de outros interesses que o legislador repute relevantes. No que se refere especificamente ao inquérito civil, a questão encontra-se brevemente regulamentada pelas normas expedidas pelo Conselho Nacional do Ministério Público (CNMP), bem como pelas resoluções institucionais deste Órgão. Nesse sentido, nos termos do previsto pelo artigo 7º da Resolução nº 23, de 17 de setembro de 2007, do CNMP aplica-se, via de regra, o princípio da publicidade dos atos ao inquérito civil, com exceção das situações em que houver sigilo legal ou em que a publicidade puder acarretar prejuízo às investigações, casos em que a decretação do sigilo legal deverá ser motivada. O § 4º do mesmo dispositivo estabelece que a restrição à publicidade deve ser decretada em decisão motivada, para fins do interesse público, e pode ser, conforme o caso, limitada a determinadas pessoas, provas, informações, dados, períodos ou fases, cessando quando extinta a causa que a motivou. Da mesma forma, **o CNMP, mediante a Resolução nº 89, de 28 de agosto de 2012**, disciplinou que as informações pessoais relativas à intimidade, à vida privada, à honra e à imagem das pessoas somente poderão ser divulgadas ou acessadas por terceiros mediante previsão legal, ordem judicial ou consentimento expresso da pessoa a que elas se referirem (art. 10, § 4°). Portanto, conclui-se inicialmente, consoante as normas mencionadas e as palavras de Hugo Nigro Mazzilli , que "A regra geral é a de que **o inquérito civil sujeita-se ao princípio da publicidade**, salvo se: a) o Ministério Público teve acesso a informações sigilosas que passaram a integrar os autos; b) da publicidade puder resultar prejuízo à investigação ou ao interesse da sociedade, ou ainda ao interesse do Estado" (grifo nosso). (MAZZILLI, Hugo Nigro. A defesa dos interesses difusos em juízo. 21. ed. São Paulo: Saraiva, 2008. p. 451.) Tais regramentos são corroborados com as disposições do ordenamento jurídico pátrio, em especial as concernentes à **Lei de Acesso à Informação (LAI - Lei n° 12.257, de 18 de novembro de 2011**), que prevê que cabe aos órgãos e entidades do poder público a proteção da informação sigilosa e pessoal, observada eventual restrição de seu acesso. Para tanto, o artigo 7º, § 5º, da citada Resolução nº 23 do CNMP consigna que os documentos resguardados por sigilo legal devem ser autuados em apenso, com o objetivo de que as informações pessoais, relativas à intimidade, à vida privada, à honra e à imagem, ou aquelas relevantes à segurança pública ou do Estado, tenham seu acesso restrito. Desse modo, sendo a limitação parcial, o interessado pode, mediante pedido fundamentado, ter acesso aos autos principais e deles extrair cópia, mas as peças de informação gravadas com sigilo mantêm-se protegidas em autos apartados. No mesmo sentido, a disposição do artigo 26, parágrafo único, da Resolução nº 014/2017-CPJ, de 18 de dezembro de 2017, deste Ministério Público Estadual:

> *Art. 26. A decretação de sigilo deverá observar as disposições legais e normativas pertinentes ao tema, podendo alcançar a totalidade dos autos ou apenas um ou mais documentos ou arquivos do processo.*
>
> *Parágrafo único. Quando o sigilo referido no caput alcançar apenas um ou alguns documentos ou arquivos, eles não serão juntados diretamente nos autos digitais, cumprindo ao órgão de execução determinar que se autue em apartado o arquivo ou documento submetido a sigilo, mediante cadastramento de protocolo sigiloso, vinculado aos autos principais, mediante apensamento.*

Ressalve-se que, em se tratando de informações pessoais, o pedido deverá ser feito de forma transparente e com respeito à intimidade, à vida privada, à honra e à imagem das pessoas, bem como às liberdades e garantias individuais. Tais informações terão seu acesso restrito, independentemente de classificação do sigilo, pelo prazo máximo de 100 (cem) anos a contar de sua data de produção, a agentes públicos legalmente autorizados e à pessoa a que elas se referirem, nos termos do artigo 31 e seguintes da Lei de Acesso à Informação e sua regulamentação conforme o Decreto nº 7.724, de 16 de maio de 2012. Tratando-se, por outro lado, de informações consideradas imprescindíveis à segurança da sociedade ou do Estado, cuja divulgação implique em riscos, nos termos do artigo 23 da Lei n° 12.527/2011, estas poderão ser restringidas, respeitando-se os prazos máximos dos incisos do § 1º do artigo 24 da Lei n° 12.527/2011, conforme a classificação oferecida (ultrassecreta; secreta ou reservada). Ademais, a decretação de sigilo nos autos de inquérito civil deverá ser fundamentada nos termos da Lei n° 12.527/2011, devendo a autoridade indicar em que consiste o comprometimento da investigação e qual o grau de sigilo das informações. É a inteligência do artigo 30, caput, da Resolução n° 15/2007, de 27 de novembro de 2007, deste Conselho Superior, que determina a necessidade de fundamentação do despacho que impõe o sigilo, uma vez que é de responsabilidade do presidente do inquérito civil a preservação dos interesses sob investigação, sejam eles de natureza pública, sejam de natureza personalíssima. Consigne-se ainda que, conforme a Política e o Plano de Segurança institucional deste Ministério Público Estadual, a classificação dos documentos de acordo com o grau de sigilo tem por finalidade assegurar que estes recebam nível adequado de proteção (artigo 7°, § 3°, da Resolução nº 10/2018-PGJ, de 25 de maio de 2018, e artigo 58, § 2°, do Anexo I da Resolução n° 11/2018-PGJ, de 25 de maio de 2018). Pública também deve ser a sessão de julgamento em que for votada por este Conselho Superior a promoção de arquivamento, nos termos do artigo 10, § 5° da Resolução CNMP n° 23. A norma, porém, põe a salvo o caso de haver sido decretado sigilo. De forma semelhante, a Resolução CNMP n° 89 estabeleceu que as sessões dos órgãos colegiados da Administração Superior do Ministério Público serão públicas e, sempre que possível, transmitidas ao vivo pela internet, nos termos de seu artigo 21. Nessa hipótese, a sessão deve ser transmitida enquanto não forem discutidas as provas sigilosas. Todavia, se, para a homologação ou não do arquivamento, se mostrar necessário o debate sobre documentos em sigilo, a transmissão deve ser interrompida de modo a preservá-lo. Destaca-se, nesse sentido, disposição semelhante conferida pelo Regimento Interno do Conselho Superior do Ministério Público de São Paulo:

> *Art. 237 – As sessões de julgamento serão realizadas em auditórios adequados do Ministério Público, sob portas abertas e com ingresso franqueado a qualquer pessoa.*
>
> *(...)*
>
> *§ 3° – Se nos autos houver documentos ou informações sobre as quais recaia sigilo legal, a discussão pública da matéria não fará menção aos dados sigilosos; caso indispensável a menção, serão tomadas as cautelas necessárias para preservar o sigilo legal.*

Ressalvadas as informações de caráter pessoal, cujo tratamento é disciplinado pela LAI e pelo Decreto nº 7.724/2012, o sigilo do procedimento deverá ser levantado pelo Relator durante sessão de julgamento, quando não mais se justifique a medida. Se assim não entender, deverá se manifestar de forma fundamentada e ainda fixar o prazo a ser concedido para a prorrogação da medida, nos termos da Lei n° 12.257/2011.

> *O Decreto n° 7.724/2012 disciplina que as informações pessoais detidas pelos órgãos ou entidades terão acesso restrito a agentes públicos, independentemente da classificação do sigilo, pelo prazo máximo de 100 anos a contar da data de sua produção, ou poderão ter sua divulgação ou acesso autorizados mediante previsão legal ou consentimento expresso da pessoa a que se referirem. O consentimento não será exigido nas hipóteses dos artigos 57 e 58 do referido Decreto, sendo o pedido de acesso a tais informações regulamentado pelo artigo 60 e seguintes do mesmo diploma legal.*

Sendo assim, a manutenção do sigilo nos inquéritos civis deve se dar por decisão fundamentada e que fixe termo final para a restrição, respeitando-se o limite do artigo 24, § 1° da Lei n° 12.257/2011, bem como explicite seu alcance, se extensivo a todo o procedimento ou apenas a alguns de seus documentos ou arquivos.

De 23/01/2019, conforme acesso em 07 de agosto de 2020 ao site: https://www.mpms.mp.br/atos-e-normas.

Enunciado n° 22/20

Os Termos de Ajustamento de Conduta em geral ou o Acordo de Leniência celebrados em autos de inquérito civil ou procedimento preparatório devem instruir os autos por ocasião da remessa da promoção de arquivamento, sendo desnecessário o envio em separado ao Conselho Superior do Ministério Público.

Fundamentação: A proposição do enunciado visa estabilizar a compreensão acerca da necessidade ou não de remessa em separado do Termo de Ajustamento de Conduta ou do Acordo de Leniência, celebrados nos casos regidos pela Resolução nº 6/2019-CPJ (Termo de Ajuste de Conduta: Improbidade e Leniência), ao Conselho Superior do Ministério Público. O art. 6º, §§ 1º e 2º, da Resolução CNMP nº 179/2017 (Termo de Ajuste de Conduta), quando trata dos Termos de Ajustamento de Conduta em geral, prevê (destaco):

> *Art. 6º Atentando às peculiaridades do respectivo ramo do Ministério Público, cada Conselho Superior disciplinará os mecanismos de fiscalização do cumprimento do compromisso de ajustamento de conduta tomado pelos órgãos de execução e a revisão pelo Órgão Superior do arquivamento do inquérito civil ou do procedimento no qual foi tomado o compromisso, observadas as regras gerais desta resolução.*
>
> *§ 1º Os mecanismos de fiscalização referidos no caput não se aplicam ao compromisso de ajustamento de conduta levado à homologação do Poder Judiciário.*
>
> *§ 2º A regulamentação do Conselho Superior deve compreender, no mínimo, a exigência de ciência formal do conteúdo integral do compromisso de ajustamento de conduta ao Órgão Superior em prazo não superior a três dias da promoção de arquivamento do inquérito civil ou procedimento correlato em que foi celebrado.*

Da interpretação dos dispositivos acima podem ser extraídas as seguintes considerações iniciais: a) os Conselhos Superiores podem editar normas específicas acerca do ajuste de conduta, desde que respeitadas as regras gerais expedidas pelo Conselho Nacional do Ministério Público; b) o compromisso de ajuste de conduta levado à homologação judicial não se submete à fiscalização dos Conselhos Superiores; e, c) aos Conselhos Superiores deve ser dada, no mínimo, ciência do inteiro teor do termo de ajustamento de conduta, em geral. De outra parte, em especial, os arts. 2º, § 4º e 6º, § 9º, da Resolução nº 6/2019-CPJ (Termo de Ajuste de Conduta: Improbidade e Leniência), prevê que (destaco):

> *Art. 2º O compromisso ou os acordos regulados por esta resolução, poderão ser celebrados, tanto na fase extrajudicial, quanto na fase judicial, com as pessoas, físicas ou jurídicas, investigadas pela prática dos atos de improbidade administrativa, sem prejuízo do ressarcimento ao erário e da aplicação de uma ou de algumas das sanções definidas na Lei nº 8.429/1992, e dos atos praticados contra a Administração Pública, definidos na Lei nº 12.846/2013, visando: [...]*
>
> *§ 4º Aplica-se a Resolução nº 15/2007-PGJ aos procedimentos tratados nesta Resolução, naquilo que não se mostrar incompatível com as especificidades ora disciplinadas. [...]*
>
> *Art. 6º O compromisso de ajustamento de conduta ou acordo de leniência poderá ser tomado em qualquer fase da investigação, nos autos de inquérito civil ou procedimento preparatório, ou no curso da ação judicial com as pessoas, físicas e/ou jurídicas, investigadas pela prática dos atos de improbidade administrativa, definidos na Lei nº 8.429/1992, devendo conter obrigações certas, líquidas e exigíveis. [...]*
>
> *§ 9º O compromisso de ajustamento de conduta ou acordo de leniência tomado na fase judicial será submetido à homologação do respectivo juízo, sem prejuízo de sua comunicação pelo órgão de execução ao Conselho Superior do Ministério Público, para fins de registro.*

No âmbito do Ministério Público de Mato Grosso do Sul, há duas resoluções que tratam do Termo de Ajustamento de Conduta, a saber: a) Resolução nº 15/2007-PGJ (Inquérito Civil); e, b) Resolução nº 6/2019-CPJ (Termo de Ajuste de Conduta: Improbidade e Leniência). Analisando a Resolução nº 15/2007-PGJ (Inquérito Civil), que trata do proceder relacionado aos direitos coletivos e dos individuais homogêneos em geral, concluo não haver comando exigindo que o Termo de Ajustamento de Conduta seja remetido em separado dos autos respectivos. Confirma tal assertiva a previsão do art. 38 da Resolução nº 15/2007-PGJ (Inquérito Civil), que estabelece que a celebração do ajuste de conduta deve ser seguida da promoção de arquivamento dos respectivos autos, remetendo-se o procedimento, devidamente instruído com o termo de ajustamento, ao Conselho Superior do Ministério Público (destaco):

> *Art. 38. Celebrado o Termo de Ajustamento de Conduta nos processos eletrônicos, o órgão de execução deverá instaurar Procedimento Administrativo para acompanhar o cumprimento das cláusulas estipuladas e promover o arquivamento do inquérito civil ou do procedimento preparatório, cabendo ao Conselho Superior do Ministério Público homologar a promoção de arquivamento.*
>
> *Parágrafo único. O Conselho Superior do Ministério Público deverá ser cientificado do conteúdo integral do compromisso de ajustamento de conduta, em prazo não superior a 3 (três) dias a partir da promoção de arquivamento do inquérito civil ou procedimento preparatório em que foi celebrado.*

No mesmo sentido, prevê o art. 6º, §§ 7º e 8º, da Resolução nº 6/2019-CPJ (Termo de Ajuste de Conduta: Improbidade e Leniência) que (destaco):

> *Art. 6º O compromisso de ajustamento de conduta ou acordo de leniência poderá ser tomado em qualquer fase da investigação, nos autos de inquérito civil ou procedimento preparatório, ou no curso da ação judicial com as pessoas, físicas e/ou jurídicas, investigadas pela prática dos atos de improbidade administrativa, definidos na Lei nº 8.429/1992, devendo conter obrigações certas, líquidas e exigíveis. [...]*
>
> *§ 7º Se o compromisso tiver sido firmado no âmbito de inquérito civil ou de procedimento preparatório e esgotar seu objeto, o membro do Ministério Público deverá arquivar o procedimento e remetê-lo para homologação do Conselho Superior do Ministério Público, no prazo e na forma da resolução que versa sobre a tramitação de procedimentos extrajudiciais, acompanhando o cumprimento em autos de procedimento administrativo.*
>
> *§ 8º Se o compromisso firmado não acarretar o arquivamento do procedimento, o membro do Ministério Público deverá promover seu desmembramento, com posterior remessa do novo procedimento ao Conselho Superior do Ministério Público, no prazo e na forma da resolução que versa sobre a tramitação de procedimentos extrajudiciais.*

Anoto, aqui, que a Resolução nº 6/2019-CPJ (Termo de Ajuste de Conduta: Improbidade e Leniência) se refere por mais de uma vez à aplicação subsidiária da Resolução nº 15/2007-PGJ (Inquérito Civil), notadamente quanto às formas e os prazos a serem cumpridos pelo Órgão de Execução (art. 2º, § 4º; art. 6º, §§ 7º, 8º e 10; art. 7º, § 4º e art. 13). Ressalto que a única previsão que exige a remessa em separado do Termo de Ajustamento de Conduta ou do Acordo de Leniência ao Conselho Superior do Ministério Público, trata do ajuste de conduta celebrado durante a fase judicial e levado à homologação judicial, conforme o art. 6º, § 9º, da Resolução nº 6/2019-CPJ (Termo de Ajuste de Conduta: Improbidade e Leniência) (destaco):

> *Art. 6º [...]*
>
> *§ 9º O compromisso de ajustamento de conduta ou acordo de leniência tomado na fase judicial será submetido à homologação do respectivo juízo, sem prejuízo de sua comunicação pelo órgão de execução ao Conselho Superior do Ministério Público, para fins de registro.*

Assim, com fundamento no exposto, concluo que: A) o Termo de Ajustamento de Conduta em geral, regulado pela Resolução nº 15/2007-PGJ (Inquérito Civil) ou, em especial, o Termo de Ajustamento de Conduta ou o Acordo de Leniência regidos pela Resolução nº 6/2019-CPJ (Termo de Ajuste de Conduta: Improbidade e Leniência), desde que celebrados em autos de inquérito civil ou procedimento preparatório, devem instruir os autos por ocasião da remessa da promoção de arquivamento para apreciação do Conselho Superior do Ministério Público; B) o Termo de Ajustamento de Conduta ou o Acordo de Leniência celebrados na fase judicial e levados à homologação do juízo competente, versando sobre atos de improbidade administrativa, devem ser remetidos ao Conselho Superior do Ministério Público, exclusivamente para registro. Especificamente no caso da alínea "b" supra, o Órgão de Execução remeterá, por ofício (Protocolo Unificado), ao Conselho Superior do Ministério Público, para fins de registro, os seguintes documentos: a) uma via do inteiro teor do Termo de Ajustamento de Conduta ou do Acordo de Leniência, celebrados durante a fase judicial; b) a cópia da sentença homologatória; c) a respectiva certidão do trânsito em julgado.

De 04/06/2020, conforme acesso em 07 de agosto de 2020 ao site: https://www.mpms.mp.br/atos-e-normas.

Enunciado nº 23/20

O Termo de Ajustamento de Conduta ou Acordo de Leniência que versem sobre ato de improbidade administrativa, celebrados na fase judicial e levados à homologação judicial, devem ser remetidos ao Conselho Superior do Ministério Público, exclusivamente para registro, por meio de ofício (Protocolo Unificado), instruído com: a) uma via do inteiro teor do Termo de Ajustamento de Conduta ou do Acordo de Leniência celebrados durante a fase judicial; b) a cópia da sentença homologatória; e, c) a respectiva certidão do trânsito em julgado.

Fundamentação: A proposição do enunciado visa estabilizar a compreensão acerca da necessidade ou não de remessa em separado do Termo de Ajustamento de Conduta ou do Acordo de Leniência, celebrados nos casos regidos pela Resolução nº 6/2019-CPJ (Termo de Ajuste de Conduta: Improbidade e Leniência), ao Conselho Superior do Ministério Público. O art. 6º, §§ 1º e 2º, da Resolução CNMP nº 179/2017 (Termo de Ajuste de Conduta), quando trata dos Termos de Ajustamento de Conduta em geral, prevê (destaco):

> *Art. 6º Atentando às peculiaridades do respectivo ramo do Ministério Público, cada Conselho Superior disciplinará os mecanismos de fiscalização do cumprimento do compromisso de ajustamento de conduta tomado pelos órgãos de execução e a revisão pelo Órgão Superior do arquivamento do inquérito civil ou do procedimento no qual foi tomado o compromisso, observadas as regras gerais desta resolução.*
>
> *§ 1º Os mecanismos de fiscalização referidos no caput não se aplicam ao compromisso de ajustamento de conduta levado à homologação do Poder Judiciário.*

§ 2º A regulamentação do Conselho Superior deve compreender, no mínimo, a exigência de ciência formal do conteúdo integral do compromisso de ajustamento de conduta ao Órgão Superior em prazo não superior a três dias da promoção de arquivamento do inquérito civil ou procedimento correlato em que foi celebrado.

Da interpretação dos dispositivos acima podem ser extraídas as seguintes considerações iniciais: a) os Conselhos Superiores podem editar normas específicas acerca do ajuste de conduta, desde que respeitadas as regras gerais expedidas pelo Conselho Nacional do Ministério Público; b) o compromisso de ajuste de conduta levado à homologação judicial não se submete à fiscalização dos Conselhos Superiores; e, c) aos Conselhos Superiores deve ser dada, no mínimo, ciência do inteiro teor do termo de ajustamento de conduta, em geral.

De outra parte, em especial, os arts. 2º, § 4º e 6º, § 9º, da Resolução nº 6/2019-CPJ (Termo de Ajuste de Conduta: Improbidade e Leniência), prevê que (destaco):

Art. 2º O compromisso ou os acordos regulados por esta resolução, poderão ser celebrados, tanto na fase extrajudicial, quanto na fase judicial, com as pessoas, físicas ou jurídicas, investigadas pela prática dos atos de improbidade administrativa, sem prejuízo do ressarcimento ao erário e da aplicação de uma ou de algumas das sanções definidas na Lei nº 8.429/1992, e dos atos praticados contra a Administração Pública, definidos na Lei nº 12.846/2013, visando: [...]

§ 4º Aplica-se a Resolução nº 15/2007-PGJ aos procedimentos tratados nesta Resolução, naquilo que não se mostrar incompatível com as especificidades ora disciplinadas. [...]

Art. 6º O compromisso de ajustamento de conduta ou acordo de leniência poderá ser tomado em qualquer fase da investigação, nos autos de inquérito civil ou procedimento preparatório, ou no curso da ação judicial com as pessoas, físicas e/ou jurídicas, investigadas pela prática dos atos de improbidade administrativa, definidos na Lei nº 8.429/1992, devendo conter obrigações certas, líquidas e exigíveis. [...]

§ 9º O compromisso de ajustamento de conduta ou acordo de leniência tomado na fase judicial será submetido à homologação do respectivo juízo, sem prejuízo de sua comunicação pelo órgão de execução ao Conselho Superior do Ministério Público, para fins de registro.

No âmbito do Ministério Público de Mato Grosso do Sul, há duas resoluções que tratam do Termo de Ajustamento de Conduta, a saber: a) Resolução nº 15/2007-PGJ (Inquérito Civil); e, b) Resolução nº 6/2019-CPJ (Termo de Ajuste de Conduta: Improbidade e Leniência). Analisando a Resolução nº 15/2007-PGJ (Inquérito Civil), que trata do proceder relacionado aos direitos coletivos e dos individuais homogêneos em geral, concluo não haver comando exigindo que o Termo de Ajustamento de Conduta seja remetido em separado dos autos respectivos. Confirma tal assertiva a previsão do art. 38 da Resolução nº 15/2007-PGJ (Inquérito Civil), que estabelece que a celebração do ajuste de conduta deve ser seguida da promoção de arquivamento dos respectivos autos, remetendo-se o procedimento, devidamente instruído com o termo de ajustamento, ao Conselho Superior do Ministério Público (destaco):

> *Art. 38. Celebrado o Termo de Ajustamento de Conduta nos processos eletrônicos, o órgão de execução deverá instaurar Procedimento Administrativo para acompanhar o cumprimento das cláusulas estipuladas e promover o arquivamento do inquérito civil ou do procedimento preparatório, cabendo ao Conselho Superior do Ministério Público homologar a promoção de arquivamento.*

Parágrafo único. O Conselho Superior do Ministério Público deverá ser cientificado do conteúdo integral do compromisso de ajustamento de conduta, em prazo não superior a 3 (três) dias a partir da promoção de arquivamento do inquérito civil ou procedimento preparatório em que foi celebrado.

No mesmo sentido, prevê o art. 6º, §§ 7º e 8º, da Resolução nº 6/2019-CPJ (Termo de Ajuste de Conduta: Improbidade e Leniência) que (destaco):

> *Art. 6º O compromisso de ajustamento de conduta ou acordo de leniência poderá ser tomado em qualquer fase da investigação, nos autos de inquérito civil ou procedimento preparatório, ou no curso da ação judicial com as pessoas, físicas e/ou jurídicas, investigadas pela prática dos atos de improbidade administrativa, definidos na Lei nº 8.429/1992, devendo conter obrigações certas, líquidas e exigíveis. [...]*
>
> *§ 7º Se o compromisso tiver sido firmado no âmbito de inquérito civil ou de procedimento preparatório e esgotar seu objeto, o membro do Ministério Público deverá arquivar o procedimento e remetê-lo para homologação do Conselho Superior do Ministério Público, no prazo e na forma da resolução que versa sobre a tramitação de procedimentos extrajudiciais, acompanhando o cumprimento em autos de procedimento administrativo.*
>
> *§ 8º Se o compromisso firmado não acarretar o arquivamento do procedimento, o membro do Ministério Público deverá promover seu desmembramento, com posterior remessa do novo procedimento ao Conselho Superior do Ministério Público, no prazo e na forma da resolução que versa sobre a tramitação de procedimentos extrajudiciais.*

Anoto, aqui, que a Resolução nº 6/2019-CPJ (Termo de Ajuste de Conduta: Improbidade e Leniência) se refere por mais de uma vez à aplicação subsidiária da Resolução nº 15/2007-PGJ (Inquérito Civil), notadamente quanto às formas e os prazos a serem cumpridos pelo Órgão de Execução (art. 2º, § 4º; art. 6º, §§ 7º, 8º e 10; art. 7º, § 4º e art. 13). Ressalto que a única previsão que exige a remessa em separado do Termo de Ajustamento de Conduta ou do Acordo de Leniência ao Conselho Superior do Ministério Público, trata do ajuste de conduta celebrado durante a fase judicial e levado à homologação judicial, conforme o art. 6º, § 9º, da Resolução nº 6/2019-CPJ (Termo de Ajuste de Conduta: Improbidade e Leniência) (destaco):

> *Art. 6º [...]*
>
> ***§ 9º O compromisso de ajustamento de conduta ou acordo de leniência tomado na fase judicial será submetido à homologação do respectivo juízo, sem prejuízo de sua comunicação pelo órgão de execução ao Conselho Superior do Ministério Público, para fins de registro.***

Assim, com fundamento no exposto, concluo que: A) o Termo de Ajustamento de Conduta em geral, regulado pela Resolução nº 15/2007-PGJ (Inquérito Civil) ou, em especial, o Termo de Ajustamento de Conduta ou o Acordo de Leniência regidos pela Resolução nº 6/2019-CPJ (Termo de Ajuste de Conduta: Improbidade e Leniência), desde que celebrados em autos de inquérito civil ou procedimento preparatório, devem instruir os autos por ocasião da remessa da promoção de arquivamento para apreciação do Conselho Superior do Ministério Público; B) o Termo de Ajustamento de Conduta ou o Acordo de Leniência celebrados na fase judicial e levados à homologação do juízo competente, versando sobre atos de improbidade administrativa, devem ser remetidos ao Conselho Superior do Ministério Público, exclusivamente para registro. Especificamente no caso da alínea "b" supra, o Órgão de Execução remeterá, por ofício (Protocolo Unificado), ao Conselho Superior do Ministério Público, para fins de registro, os seguintes documentos: a) uma via do inteiro teor do Termo de Ajustamento de Conduta ou do Acordo de Leniência, celebrados durante a fase judicial; b) a cópia da sentença homologatória; c) a respectiva certidão do trânsito em julgado.

De 04/06/2020, conforme acesso em 07 de agosto de 2020 ao site: https://www.mpms.mp.br/atos-e-normas.

16 – MINAS GERAIS (MG)

16.1 ENUNCIADOS DE SÚMULA DO CONSELHO SUPERIOR DO MINISTÉRIO PÚBLICO DO ESTADO DE MINAS GERAIS

Enunciado de Súmula nº 1

O Compromisso de Ajustamento de conduta, firmado entre o Ministério Público e o autor dos fatos, põe termo ou suspende o Inquérito Civil ou o procedimento preparatório. Dá-se o primeiro caso quando, eficazmente, o acordo se cumpre de imediato, sendo desnecessário tempo para o seu adimplemento. Na segunda hipótese, deve-se aguardar o prazo nele estipulado para o pleno cumprimento das cláusulas pactuadas, quando então, mediante perícia de constatação, verificar-se-á a implementação e a eficácia ou não das medidas reparatórias. Se restarem cumpridas e eficazes, arquiva-se o inquérito, remetendo-o, após relatório, ao Conselho Superior do Ministério Público. Se não, promovem-se as medidas necessárias. (novo acordo ou ação civil pública)

Aprovado na 1ª Sessão Ordinária/ 2015, realizada em 02/02/2015, à unanimidade, pela suspensão da vigência do atual texto do Enunciado de Súmula nº 1, repristinado o texto imediatamente anterior, então publicado no Diário Oficial de 12/11/2008, até a efetivação de seu aprimoramento. Publicações específicas de avisos dando ciência desta deliberação: 04 e 06/02/2015.

Enunciado de Súmula nº 2

A suspensão do Inquérito Civil ou do procedimento preparatório de que trata o enunciado nº 1, é ato do Promotor de Justiça que o preside, não dependendo de apreciação do Conselho Superior do Ministério Público. Cumpre, entretanto, ao órgão promovente da suspensão registrar no Sistema Único de Inquéritos Civis e Procedimentos Preparatórios – SRU, o prazo da mesma.

Reformado na 22ª sessão Ordinária/ 2008, realizada em 10/11/2008 e publicada em 11/12/08. Publicação específica do texto com as respectivas alterações no Diário Oficial: 12/11/2008.

Enunciado de Súmula nº 3

O arquivamento do procedimento de averiguação oficiosa de paternidade, instituído pela Lei nº 8.560/92, não está sujeito à revisão pelo Conselho Superior do Ministério Público. Sendo o referido expediente, na forma da Lei, originário do juízo, ainda que complementado pelo Promotor de Justiça, deve ser restituído ao órgão de origem no caso de não ser intentada a investigatória de paternidade pelo Parquet.

Aprovado na 2ª Sessão Ordinária/ 1996, realizada em 29/02/96 e publicada em 12/03/96; -publicação específica no Diário Oficial: 23/03/96. Republicações em: 04/02/2000, 04/09/2001 e 03/02/2004.

Enunciado de Súmula nº 4

A regularização documental de pessoa, física ou jurídica, que exerce atividade que exige registro ou licença junto aos órgãos públicos competentes não é atribuição do Ministério Público, de vez que configura atividade de polícia administrativa, afeta aos respectivos órgãos.

Aprovado na 4ª Sessão Ordinária/1996, realizada em 28/03/96 e publicada em 07/05/96; publicação específica no Diário Oficial: 29/03/96. Republicações em: 04/02/2000, 04/09/2001 e 03/02/2004.

Enunciado de Súmula nº 5

O acordo firmado entre o autor dos fatos e os órgãos de fiscalização não impossibilita e nem substitui o Termo de Compromisso de Ajustamento de Conduta. Este tem força executiva (art. 5º, § 6º da Lei 7.347/85 e 585, II, do CPC), o que torna mais seguro o escopo da atuação ministerial.

Reformado na 21ª Sessão Ordinária/ 2004, realizada em 13/12/04 e publicada em 16/02/2005.

Enunciado de Súmula nº 6

Havendo conexão ou continência entre fatos diversos, convém sejam objeto de um único procedimento investigatório.

Aprovado, por maioria de votos, na 8ª Sessão Ordinária/ 1996, realizada em 30/05/96 e publicada em 21/08/96; publicação específica no Diário Oficial: 31/05/96. Republicações em: 04/02/2000, 04/09/2001 e 03/02/2004.

Enunciado de Súmula nº 7

O compromisso de Ajustamento de Conduta, firmado entre o Ministério Público e o infrator dos direitos difusos e coletivos, além de prever a plena reparação de todos os danos constatados, deve exigir indenização por vantagens indevidas eventualmente auferidas pelo infrator com o produto do ilícito, tais como apropriação de material lenhoso no desmatamento ou de qualquer matéria-prima ilegalmente extraída.

Aprovado na 17ª Sessão Ordinária/ 1996, realizada em 29/10/96 e publicada em 12/12/96; publicação específica no Diário Oficial: 31/10/96. Republicações em: 04/02/2000, 04/09/2001 e 03/02/2004.

Enunciado de Súmula nº 8

Regenerada naturalmente a área degradada, compete ao órgão do Ministério Público a propositura de ação civil pública, ou firmar ajustamento de conduta, com o objetivo indenizatório, coibindo-se o enriquecimento ilícito.

Aprovado na 18ª Sessão Ordinária/ 1997, realizada em 06/11/97 e publicada em 29/01/98; publicação específica no Diário Oficial: 08/11/97. Republicações em: 04/02/2000, 04/09/2001 e 03/02/2004.

Enunciado de Súmula nº 9

Não consta na página oficial o enunciado. Acesso em 07 de agosto de 2020.

Enunciado de Súmula nº 10

Os atos de improbidade praticados na vigência da Lei nº 8.429/92, embora não causadores de efetivo dano ao erário, devem ser objeto de ação própria, para a responsabilização do seu gestor, com o fim de aplicação das sanções previstas no mencionado diploma legal.

Aprovado na 21ª Sessão Ordinária/ 1997, realizada em 11/12/97 e publicada em 31/03/98; publicação específica no Diário Oficial: 07/02/98. Republicações em: 04/02/2000, 04/09/2001 e 03/02/2004.

Enunciado de Súmula nº 11

Não consta na página oficial o enunciado. Acesso em 07 de agosto de 2020.

Enunciado de Súmula nº 12

Não consta na página oficial o enunciado. Acesso em 07 de agosto de 2020.

Enunciado de Súmula nº 13

I – Ao propor o arquivamento de inquérito civil ou do procedimento preparatório, antes da remessa dos autos ao Conselho Superior do Ministério Público, o Promotor de Justiça deverá dar ciência de sua decisão à parte interessada, tanto a que levou o fato ao conhecimento do Promotor de Justiça, quanto a que foi investigada.

II – A notificação dos interessados poderá ser pessoal, por carta com aviso de recebimento ou por meio eletrônico, sempre acompanhada de certidão de confirmação de recebimento lavrada por oficial do Ministério Público. Quando não localizados os que devem ser cientificados, deverá ser expedido edital, publicado no Diário Oficial Eletrônico do Ministério Público, ou afixado no órgão do Ministério Público. (Art. 10, § 1º da Resol. nº 23 do CNMP).

III – A notificação da decisão deverá explicitar que os interessados poderão, no prazo de dez dias, apresentar razões escritas de eventual inconformismo, acompanhadas ou não de documentos, para exame do Conselho Superior do Ministério Público quando da apreciação da promoção de arquivamento.

Reformado na 22ª sessão Ordinária/ 2008, realizada em 10/11/2008 e publicada em 11/12/08. Publicação específica do texto com as respectivas alterações no Diário Oficial: 12/11/2008. Reformado na 18ª Sessão Ordinária/2014, realizada em 29/09/2014 – publicação específica correspondente: 02/10/2014.

Enunciado de Súmula nº 14

Não consta na página oficial o enunciado. Acesso em 07 de agosto de 2020.

Enunciado de Súmula nº 15

Na elaboração de compromisso de ajustamento de conduta, firmado perante o Ministério Público, deve haver expressa previsão de cláusula relativa à aplicação de pena pecuniária diária, em caso de descumprimento dos termos e prazos acertados.

Aprovado na 21ª Sessão Ordinária/ 1999, realizada em 13/12/99 e publicada em 26/02/2000; publicação específica no Diário Oficial: 04/02/2000. Republicações em: 04/09/2001 e 03/02/2004.

Enunciado de Súmula nº 16

As peças de informação registradas no SRU pelo órgão de execução do Ministério Público, no exercício da atribuição de atendimento ao público (arts. 32, II, da Lei 8.625/93, e 74, II, da Lei Complementar nº 34/94), não se submetem a arquivamento homologado pelo Conselho Superior do Ministério Público, nos casos relativos à verificação de eventual lesão a interesse individual cujo titular seja identificável e o objeto divisível. Observar-se-á o disposto no art. 7º da Resolução Conjunta PGJ/CGMP n.º 03/2007.

Reformado na 22ª sessão Ordinária/ 2008, realizada em 10/11/2008 e publicada em 11/12/08. Publicação específica do texto com as respectivas alterações no Diário Oficial: 12/11/2008.

Publicado no Diário Oficial: 12/11/2008.

Enunciado de Súmula nº 17

O Compromisso de Ajustamento de Conduta, firmado entre o Ministério Público e o autor dos fatos, deve sempre ser precedido de Procedimento Administrativo ou Inquérito Civil Público, agindo ulteriormente o Curador, nos termos dos enunciados nºs. 01 e 02 do Conselho Superior do Ministério Público.

Reformado na 21ª Sessão Ordinária/ 2004, realizada em 13/12/04 e publicada em 16/02/2005.

Enunciado de Súmula nº 18

A frequência a curso de aprimoramento funcional para o exercício de atribuições na segunda instância, previsto no artigo 179, da Lei Complementar nº 34/94, somente será exigível para fins de promoção por merecimento.

Aprovado na 5ª Sessão Ordinária/ 2001, realizada em 16/04/2001 e publicada em 31/05/2001; publicação específica no Diário Oficial: 18/04/01. Republicações em: 04/09/2001 e 03/02/2004.

Enunciado de Súmula nº 19

Convertido o julgamento em diligência, após o cumprimento da mesma, reabre-se ao Promotor de Justiça que tinha promovido o arquivamento do inquérito civil ou das peças de informação a oportunidade de reapreciar o caso, pelo prazo de 30 (trinta) dias, podendo manter sua posição favorável ao arquivamento ou propor a ação civil pública, como lhe pareça mais adequado. No último caso, deve-se comunicar o ajuizamento da ação ao Conselho Superior. Caso não seja possível o cumprimento das diligências no prazo estabelecido, o Promotor de Justiça deverá informar ao Conselho Superior do Ministério Público acerca da necessidade de prorrogação do referido prazo.

Reformado na 21ª Sessão Ordinária/ 2004, realizada em 13/12/04 e publicada em 16/02/2005.

Enunciado de Súmula nº 20

Para efeito de promoção ou remoção por merecimento, entender-se-á como a primeira quinta parte da lista de antiguidade aquele 1/5 (um quinto) dos cargos efetivamente providos na entrância.

Aprovado na 13ª Sessão Ordinária/ 2001, realizada em 27/08/2001 e publicada em 06/10/2001; publicação específica no Diário Oficial de 04/09/01. Republicada em 03/02/2004. (*) Reformado na 16ª sessão Ordinária/ 2009, realizada em 17/08/09 e republicada em 21/08/09. (*)Reformado na 18ª Sessão Ordinária, realizada em 06/10/11, publicação em 08/10/11.

Enunciado de Súmula nº 21

1 - Para fins de movimentação na carreira, averiguar-se-á os direitos dos candidatos inscritos, observado o termo final para a inscrição.

2 - A remoção voluntária para outra Comarca não será deferida àqueles Promotores de Justiça que não possuam 1 (um) ano de exercício na Comarca de origem, observados os artigos 192 e 194 da Lei Complementar.

3 - Preferindo a remoção à promoção, nos termos do artigo 183, da L. C. nº 34/94, pelo critério de merecimento, a exceção contida no artigo 192, alterado pela L. C. nº 61/2001, aplicar-se-á quando não houver candidato, sem qualquer impedimento, inscrito à promoção.

4 - Não existe preferência de remoção à promoção no critério de antigüidade, conforme exceção descrita no artigo 183, da L. C. nº 34/94.

5 - Conjugando-se o caput do artigo 192, alterado pela L. C. nº 61/2001 com o seu § 3º, tem-se que eventual remoção interna do Promotor de Justiça, não interrompe o prazo ânuo para a aquisição do direito à remoção voluntária para outras Comarcas.

6 - O enunciado do artigo 7º da Lei Complementar nº 61/2001 não comporta interpretação extensiva à remoção."

Reformado na 17ª Sessão Ordinária/ 2008, realizada em 1º/09/08 e publicada em 22/11/2008.

Enunciado de Súmula nº 22

Como forma de inibir práticas prejudiciais ao meio ambiente, nas hipóteses de não ter havido concurso do agente para a regeneração ou recuperação do recurso natural degradado, deve o Promotor de Justiça, independentemente de outras medidas, exigir a reparação do dano causado ao meio ambiente por meio de indenização ou medida compensatória (inteligência do artigo 225, § 3º, Constituição Federal c/c artigo 3º da Lei nº 7.347/85).

Aprovado na 10ª Sessão Ordinária/ 2002, realizada em 17/06/2002 e publicada em 05/09/2002; publicação específica no Diário Oficial de 14/08/2002. Republicado em 03/02/2004.

Enunciado de Súmula nº 23

Não será apreciado pelo Conselho Superior do Ministério Público o Compromisso de Ajustamento de Conduta promovido no curso de Ação Civil Pública ou Coletiva.

Aprovado na 19ª Sessão Ordinária/ 2002, realizada em 11/11/2002 e publicada em 29/11/2002; publicação específica no Diário Oficial de 15/11/2002. Republicado em 03/02/2004.

Enunciado de Súmula nº 24

Rejeitada a promoção de arquivamento de Inquérito Civil ou do procedimento preparatório, o membro do Ministério Público designado para a realização de diligências, prosseguimento do inquérito civil ou do procedimento preparatório ou aforamento de Ação Civil Pública age por delegação do Conselho Superior do Ministério Público, exercendo, nesta condição, a *opinio actio*, do Colegiado.

Reformado na 22ª sessão Ordinária/ 2008, realizada em 10/11/2008 e publicada em 11/12/08. Publicação específica do texto com as respectivas alterações no Diário Oficial: 12/11/2008.

Enunciado de Súmula nº 25

Rejeitada a promoção de arquivamento de Inquérito Civil ou outro procedimento administrativo por insuficiência probatória, o membro do Ministério Público deverá, sem prejuízo da coleta de informações complementares vislumbradas, cumprir as diligências apontadas em deliberação singular ou colegiada do Conselho Superior do Ministério Público, no prazo de 30 (trinta) dias, elaborando relatório suplementar não sendo o caso de aforamento de Ação Civil Pública, que deverá ser comunicada ao Conselho Superior do Ministério Público, ou informando acerca da necessidade de prorrogação do prazo para o cumprimento da diligência.

Reformado na 21ª Sessão Ordinária/ 2004, realizada em 13/12/2004 e publicada em 16/02/2005.

Enunciado de Súmula nº 26

Presume-se inconveniente ao serviço público a remoção, quando o candidato estiver às vésperas de aposentadoria ou exoneração do cargo, a pedido, aplicando-se, *in casu*, a regra contida no art. 196 da Lei Complementar nº 34/94.

Aprovado, por unanimidade, na 3ª Sessão Ordinária/ 2004, realizada em 08/03/2004 e publicada em 26/05/2004; publicação específica no Diário Oficial: 11/03/2004.

Enunciado de Súmula nº 27

Para fins de movimentação na carreira através de remoção voluntária, terá preferência o candidato que, além de preencher a exigência de um ano de exercício na Promotoria de Justiça, prevista no artigo 192, da Lei Complementar nº 34/94, preencha os critérios insculpidos no artigo 187 no mesmo ditame, por força do que dispõe o artigo 193 da Lei Complementar nº 34/94.

Aprovado, por unanimidade, na 18ª Sessão Ordinária/ 2004, realizada em 03/11/2004 e publicada em 17/12/2004; publicação específica no Diário Oficial: 12/11/04.

Enunciado de Súmula nº 28

Será permitida a permuta entre Promotores de Justiça de diferentes comarcas da mesma entrância, após o decurso de um ano de anterior remoção voluntária ou de dois anos, no caso de anterior permuta, desde que o ato não implique em desvio de finalidade ou qualquer outra situação contrária ao interesse público (artigo 195 e 197 c/c artigo 194).

Reformado na 7ª Sessão Ordinária/ 2013, realizada em 29/04/2013; publicação específica no Diário Oficial: 1º/05/2013. Reformado na 17ª Sessão Ordinária/2014, realizada em 15/09/14; publicação no Diário Oficial: 19/09/14.

Enunciado de Súmula nº 29

Ao analisar a promoção de arquivamento de peças de informação, procedimentos preparatórios ou inquéritos civis, se houver insuficiência de elementos de convicção mínimos para a formação da *opinio actio*, o membro do Conselho Superior do Ministério Público poderá, após relatório, invocar, *per relationem*, como fundamento de sua decisão, a motivação exposta pelo Promotor de Justiça.

Reformado na 4ª Sessão Ordinária/ 2008, realizada em 03/03/2008 e publicada em 03/04/2008; publicação específica em 08/03/08.

Enunciado de Súmula nº 30

A inscrição de Promotor de Justiça detentor de vitaliciedade prefere à de Promotor de Justiça em estágio probatório, ressalvada a hipótese de número insuficiente de inscritos para a formação da lista.

1 - Aprovado, por unanimidade, na 3ª Sessão Ordinária/ 2005, realizada em 14/03/2005 e publicada em 06/07/2005publicação específica no Diário Oficial: 16/03/05. 2 - O Conselho Superior do Ministério Público, na 6ª Sessão Ordinária de 2006, realizada em 06/04/2006 e publicada em 31/05/2006, restringiu a aplicação desta súmula à movimentação na carreira pelo critério de merecimento.

Enunciado de Súmula nº 31

Na promoção ou remoção por merecimento, o provimento do cargo se dará pelo requisito da antiguidade na entrância, no caso de simultaneidade de candidatos com número suficiente de listas para o preenchimento da vaga. Persistindo o empate, aplicar-se-á o disposto no parágrafo único do art. 185, da Lei Complementar nº 34/94.

Aprovado, por unanimidade, na 3ª Sessão Ordinária/ 2005, realizada em 14/03/2005 e publicada em 06/07/2005; publicação específica no Diário Oficial: 30/03/05.

Enunciado de Súmula nº 32

Para os fins do exercício do direito assegurado no § 1º, do artigo 177, da Lei Complementar nº 34/94, a vaga decorrente da remoção posterior será provida segundo os idênticos critérios e preferências legais estabelecidos originariamente, não se aplicando o disposto no parágrafo único do artigo 183 do mencionado diploma legal.

Aprovado, por unanimidade, na 2ª Sessão Extraordinária/ 2005, realizada em 27/06/05 e publicada em 18/11/2005; publicação específica no Diário Oficial: 30/06/05.

Enunciado de Súmula nº 33

No caso de impugnação à permanência de membro do Ministério Público em estágio probatório e seu vitaliciamento, cessa, por ato do Procurador-Geral de Justiça, a cautelaridade ensejadora do afastamento do exercício funcional, desde quando atingida a maioria absoluta na rejeição da impugnação, ainda que pendente, por qualquer motivo, o julgamento definitivo do feito.

Reformado na 24ª Sessão Ordinária/ 2008, realizada em 04/12/2008; publicação específica no Diário Oficial: 13/13/2008.

Nota do autor: Erro material da impressão.

Enunciado de Súmula nº 34

Não consta na página oficial o enunciado. Acesso em 07 de agosto de 2020.

Enunciado de Súmula nº 35

Não consta na página oficial o enunciado. Acesso em 07 de agosto de 2020.

Enunciado de Súmula nº 36

Nos casos de promoção e sucessiva remoção, previstos no artigo 177 §§ 1º e 2º da Lei Complementar nº 34, de 1994, com a redação que lhe fora dada pela Lei Complementar nº 61, de 2001, e, respeitado o critério da antiguidade, será possível a promoção de tantos candidatos quantos forem os inscritos nessa condição, para um único edital, na mesma sessão do Conselho Superior do Ministério Público, aplicando-se a limitação prevista no § 2º nas hipóteses em que tal movimentação resultar na manutenção do cargo vago sem provimento. A lista dos inscritos será confeccionada de maneira a destacar os candidatos cujas comarcas tenham sido classificadas em entrância mais elevada e nelas desejarem permanecer.

Aprovado, por unanimidade, na 19ª Sessão Ordinária/ 2006, realizada em 24/10/06 e publicada em 16/12/2006; publicação específica no Diário Oficial: 27/10/2006. Reformulado, por maioria de votos, na 5ª Sessão Ordinária/2009, realizada em 16/03/09 e publicada em 19/03/09.

Enunciado de Súmula nº 37

Antes de promover o arquivamento de inquérito civil ou procedimento preparatório relativo a direito ambiental que envolva propriedade ou posse rural, deverá o membro do Ministério Público verificar o cumprimento da legislação relativa à reserva legal (averbação ou registro da propriedade no Cadastro Ambiental Rural – CAR), ainda que não seja esta a causa de instauração do procedimento.

Reformado na 12ª sessão Ordinária/2018, realizada em 17/07/18 e publicado em 01/08/18.

Enunciado de Súmula nº 38

Revogado em 12/08/09. Diário Oficial Eletrônico do MPMG.

Enunciado de Súmula nº 39

A duplicidade de procedimentos acerca do mesmo tema não dá ensejo ao arquivamento de um deles. Se detectada tal circunstância na fase preparatória (PP ou IC), deverá o membro do Ministério Público promover o apensamento dos autos, objetivando viabilizar uma decisão uniforme. Na hipótese de haver sido ajuizada ação civil pública, por qualquer dos legitimados, a providência a ser adotada será a sua juntada ou apensamento ao feito principal.

Reformado na 22ª sessão Ordinária/ 2008, realizada em 10/11/2008 e publicada em 11/12/08. Publicação específica do texto com as respectivas alterações no Diário Oficial: 12/11/2008.

Enunciado de Súmula nº 40

Nos termos do artigo 178, § 3º, da Lei Complementar nº 34, de 12 de setembro de 1994, a renúncia à inscrição à promoção ou remoção somente será admitida até o 3º (terceiro) dia útil anterior à elaboração das listas, sendo incabível a desistência da referida renúncia.

Aprovado, por unanimidade, na 12ª Sessão Ordinária/ 2007, realizada em 18/06/07 e publicada em 04/10/2007; publicações específicas no Diário Oficial: 20 e 21/06/07.

Enunciado de Súmula nº 41

A remoção voluntária de membro da Instituição na mesma Comarca, pelo critério de antiguidade ou se constatada a inscrição de candidato único para vaga pelo critério de merecimento, dar-se-á por ato do Presidente do Conselho Superior do Ministério Público, *ad referendum* do respectivo Órgão Colegiado, na sessão subsequente.

Aprovado, por unanimidade, na 12ª Sessão Ordinária/ 2007, realizada em 18/06/07 e publicada em 04/10/2007; publicações específicas no Diário Oficial: 20 e 21/06/07.

Enunciado de Súmula nº 42

Quando a vaga decorrente de remoção for provida por remoção interna e for esgotada a respectiva sequência de remoções internas, a vaga remanescente será preenchida conforme o critério do parágrafo único do art.183 da Lei Complementar nº 34/94.

Aprovado, por unanimidade, na 12ª Sessão Ordinária/ 2007, realizada em 18/06/07 e publicada em 04/10/2007; publicações específicas no Diário Oficial: 20 e 21/06/07.

Enunciado de Súmula nº 43

A indicação de candidato inscrito à promoção ou remoção, pelo critério de antiguidade ou merecimento, implicará na supressão de sua condição de remanescente alcançada no âmbito da modalidade de movimentação na carreira correspondente.

Aprovado, por unanimidade, na 12ª Sessão Ordinária/ 2007, realizada em 18/06/07 e publicada em 04/10/2007; publicações específicas no Diário Oficial: 20 e 21/06/07.

Enunciado de Súmula nº 44

Na promoção ou remoção pelo critério de merecimento, não havendo candidatos que possuam, simultaneamente, dois anos de exercício na respectiva entrância e integrem a primeira quinta parte da lista de antiguidade, serão examinados, os demais candidatos inscritos, respeitadas as sucessivas quintas partes da lista de antiguidade.

Aprovado, por unanimidade, na 17ª Sessão Ordinária/ 2008, realizada em 01/09/08 e publicada em 22/11/2008; publicação específica no Diário Oficial: 03/09/08.

Enunciado de Súmula nº 45

Os candidatos remanescentes da quinta parte em disputa serão examinados em primeiro lugar, consoante dispõe o art. 61, V, da Lei nº. 8.625/93, e o Conselho Superior, em voto fundamentado, poderá ou não confirmá-los em lista, devendo, em qualquer caso, ser analisado o conceito que ostenta o candidato remanescente em relação aos demais inscritos no respectivo quinto.

Aprovado, por unanimidade, na 17ª Sessão Ordinária/ 2008, realizada em 01/09/08 e publicada em 22/11/2008; publicação específica no Diário Oficial: 03/09/08.

Enunciado de Súmula nº 46

1 – Havendo publicação de renúncia de candidato indicado à promoção ou remoção, pelo critério de merecimento, para determinado cargo, serão promovidos ou removidos, em sequência, os candidatos que complementarem a lista pertinente, desde que não tenham sido indicados à promoção ou remoção posteriores.

2 – O Procurador-Geral de Justiça, após proclamar o resultado da votação da lista, indicará o Promotor de Justiça promovido ou removido. Após, objetivando viabilizar a aplicabilidade do disposto no item nº 1 deste enunciado de súmula, dará ciência da condição de preferência dos demais integrantes na lista em foco, para fins de eventual publicação dos atos subsequentes, se o for o caso.

3 – Os atos de promoção ou remoção, seguidos das respectivas renúncias, serão publicados do Diário Oficial do Estado, para fins do impedimento previsto no § 4º, artigo 178, da Lei Complementar nº 34/94.

4 – No caso de renúncia expressa de todos os candidatos integrantes de lista indicados à promoção ou remoção para o mesmo cargo, haverá republicação do edital atinente, computando-se a lista então formada para os efeitos relativos à consecutividade de remanescências.

5 – Havendo publicação de renúncia de candidato promovido ou removido, pelo critério de antiguidade, será indicado o Promotor de Justiça inscrito na ocasião, para a mesma vaga e assim sucessivamente, observado o critério de antiguidade, desde que já não tenham sido indicados à promoção ou remoção subsequentes.

6 – Aplicar-se-á às indicações de candidatos previstas nos itens anteriores o enunciado de Súmula nº 43, do Órgão Colegiado.

7 – Havendo indícios de desvio de finalidade nas inscrições de candidatos que concorrem pelo critério de merecimento, será facultado a qualquer Membro da Instituição comunicar ao Conselho Superior tal circunstância, devendo fazê-lo nos dois dias úteis subsequentes ao término do prazo de desistência. O Conselho Superior procederá, entretanto, a votação para a vaga pertinente, suspendendo as votações posteriores diretamente afetadas, até exaurimento do procedimento previsto nos itens 1 e 3 deste Enunciado.

Aprovado, por unanimidade, na 17ª Sessão Ordinária/ 2008, realizada em 01/09/08 e publicada em 22/11/2008; publicação específica no Diário Oficial: 03/09/08.

Enunciado de Súmula nº 47

Na promoção ou remoção pelo critério de merecimento, não sendo possível o registro de número inteiro para a definição das quintas partes da lista de antiguidade, haverá o arredondamento, para o primeiro número inteiro posterior.

Aprovado, por unanimidade, na 17ª Sessão Ordinária/ 2008, realizada em 01/09/08 e publicada em 22/11/2008; publicação específica no Diário Oficial: 03/09/08.

Enunciado de Súmula nº 48

Revogado em 14/07/10. Diário Oficial Eletrônico do MPMG.

Enunciado de Súmula nº 49

Para fins de movimentação na carreira, por meio de remoção interna, não será deferida a inscrição de membro da Instituição que se encontre titularizado na Promotoria de Justiça objeto do edital, por se tratar de cargos com a mesma natureza jurídica.

Aprovado, por unanimidade, na 23ª Sessão Ordinária/2011, realizada em 12/12/11 e publicada em 15/02/2012; publicação específica no Diário Oficial: 16/12/2011.

Enunciado de Súmula nº 50

Nas demandas ambientais, conforme jurisprudência reiterada*, admite-se a imposição ao investigado ou réu de obrigações de não fazer, fazer e indenizar, simultânea e cumulativamente, considerando-se o princípio da reparação integral do dano ambiental, ainda que intercorrente, que considera os vários aspectos da lesão ao meio ambiente e orienta a interpretação dos arts. 4º, VII, 14, § 1º, da Lei n. 6.938/1981, e 3º, da Lei 7.347/85.

*REsp 1.145.083/MG, Rel. Ministro Herman Benjamin, Segunda Turma, DJe 4.9.2012; REsp 1.178.294/MG, Rel. Ministro Mauro Campbell Marques, Segunda Turma, DJe 10.9.2010; AgRg nos EDcl no Ag 1.156.486/PR, Rel. Ministro Arnaldo Esteves Lima, Primeira Turma, DJe 27.4.2011; REsp 1.120.117/AC, Rel. Ministra Eliana Calmon, Segunda Turma, DJe 19.11.2009; REsp 1.090.968/SP, Rel. Ministro Luiz Fux, Primeira Turma, DJe 3.8.2010; REsp 605.323/MG, Rel. Ministro José Delgado, Rel. p/ Acórdão Ministro Teori Albino Zavascki, Primeira Turma, DJ 17.10.2005; REsp 625.249/PR, Rel. Ministro Luiz Fux, Primeira Turma, DJ 31.8.2006,entre outros.

Aprovado, por unanimidade, na sessão conjunta (11ª e 12ª Sessões Ordinárias/2014), realizada em 14/07/2014 e publicada em 21/07/14; publicação específica no Diário Eletrônico do MP em 16/07/2014.

Enunciado de Súmula nº 51

A Lei Federal 12.651, promulgada em 25 de maio de 2012, revogou expressamente a Lei 4.771/1965 (com suas alterações específicas) e instituiu um novo Código Florestal, cujo texto reformulou, *in pejus*, o regime jurídico de proteção das reservas legais no País. No entanto, o advento do novo marco legal não retira a validade, tampouco altera a eficácia, dos Termos de Ajustamento de Conduta (TACs) celebrados na vigência da lei anterior (Lei 4.771/1965).

Aprovado, por unanimidade, na 9ª Sessão Ordinária/2015, realizada em 15/06/2015 e publicado no Diário Eletrônico do MP em 17/06/2015.

Republicado no Diário Eletrônico do MP em 27/06/2015.

Enunciado de Súmula nº 52

1 - O § 4º do art. 18 do Novo Código Florestal é taxativo ao afirmar que o registro da Reserva Legal no Cadastro Ambiental Rural (CAR) desobriga a averbação no Cartório de Registro de Imóveis, o que, a *contrario sensu*, induz à conclusão de que só é dispensada a averbação na matrícula do imóvel se já houver o registro no CAR.

2 - Afirmar a facultatividade do registro durante o prazo que os proprietários rurais dispõem para inscrever seus imóveis no CAR equivale a permitir que, nesse lapso temporal, sejam desrespeitados os demais preceitos legais, protetivos da área de reserva legal.

Aprovado, por unanimidade, na 9ª Sessão Ordinária/2015, realizada em 15/06/2015 e publicado no Diário Eletrônico do MP em 17/06/2015.

Republicado no Diário Eletrônico do MP em 27/06/2015.

Enunciado de Súmula nº 53

1 - O Novo Código Florestal (Lei 12.651/2012) diferenciou o regime de proteção da reserva legal levando em conta a data do desmatamento: se posterior a 22.7.2008, o processo de recomposição deverá ter início em até dois anos, contados a partir da data da publicação do referido Código (art. 17, §4º), que ocorreu em 28.5.2012; se anterior a 22.7.2008, a regularização da situação, que independe de adesão ao Programa de Regularização Ambiental (PRA), poderá ser feita por meio da recomposição, da regeneração natural ou da compensação (art. 66).

2 - Averbada a reserva legal ou inscrito o imóvel no Cadastro Ambiental Rural (CAR), com a indicação da reserva legal correspondente ao percentual mínimo de 20% da área da propriedade, comprovada por laudo técnico a existência da reserva legal, arquiva-se o procedimento ou o inquérito civil, com a consequente remessa dos autos à análise do Conselho Superior (art. 9º, §1º, da Lei 7.347/85).

3 - Averbada a reserva legal ou inscrito o imóvel no Cadastro Ambiental Rural (CAR), com a indicação da reserva legal correspondente ao percentual mínimo de 20% da área da propriedade, esgotadas as diligências do Órgão de Execução e inviabilizada a obtenção do laudo técnico referido no item 2, poderá o Promotor de Justiça arquivar o procedimento ou o inquérito civil (art. 9º, §1º, da Lei 7.347/85), e, nessa hipótese, remeter as informações necessárias (cópia do CAR ou outros documentos com a identificação do imóvel) ao Centro de Apoio Operacional das Promotorias de Justiça de Defesa do Meio Ambiente, Patrimônio Cultural, Urbanismo e Habitação (CAOMA) para análise concreta da situação da reserva legal pelo Núcleo de Geoprocessamento do MPMG (NUGEO).

4 – Detectada inconformidade na reserva legal, o CAOMA encaminhará relatório à Promotoria de Justiça sugerindo a instauração de novo procedimento para tratar da questão.

Reformado na 12ª Sessão Ordinária/2018, realizada em 17/07/18 e publicado no Diário Oficial Eletrônico em 01/08/18.

Republicado no Diário Eletrônico do MP em 27/06/2015.

Enunciado de Súmula nº 54

Revogado em 19/07/2018. DOE do MPMG.

Enunciado de Súmula nº 55

A ação civil pública é instrumento hábil para a busca da proteção e preservação de bens culturais, materiais ou imateriais, públicos ou privados, independentemente da existência prévia de tombamento, registro ou outro ato análogo, pois os instrumentos de proteção não constituem o valor do bem, que é necessariamente antecedente, mas apenas o declaram, e nenhuma ameaça ou violação a direito pode ser subtraída à apreciação do Poder Judiciário.

Aprovado, por unanimidade, na 9ª Sessão Ordinária/2015, realizada em 15/06/2015 e publicado no Diário Eletrônico do MP em 17/06/2015.

Publicado no Diário Eletrônico do MP em 17/06/2015.

Republicado no Diário Eletrônico do MP em 27/06/2015.

Enunciado de Súmula nº 56

Serão submetidos à apreciação plenária os procedimentos que estejam instruídos com decisão proferida pela Central de Apoio Técnico – CEAT, inadmitindo o pedido de apoio técnico, quando o Conselheiro-Relator rejeitar o arquivamento, ou converter o julgamento em diligência que guarde pertinência com a prova pericial indeferida.

Aprovado, por unanimidade, na 6ª Sessão Ordinária/2017, realizada em 03/04/2017 e publicado no Diário Eletrônico do MP em 19/04/17.

Publicado no Diário Eletrônico do MP em 19/04/17.

Enunciado de Súmula nº 57

Na ocorrência de vaga na Promotoria de Justiça será estabelecido o critério para o seu provimento, alternadamente por antiguidade ou merecimento, considerando-se, para tanto, o último critério fixado na comarca.

Havendo instalação de nova Promotoria de Justiça com atuação perante Vara Única, ou na impossibilidade da constatação do último critério de provimento estabelecido, o critério inicial será o de antiguidade.

Havendo a instalação ou a vacância simultânea de dois ou mais cargos de Promotor de Justiça na mesma comarca, os critérios deverão ser estabelecidos de forma alternada, respeitando-se, para tanto, o último critério definido na comarca, observando-se, ainda, o disposto no parágrafo 3º do artigo 176 da Lei Complementar nº 34/94.

Aprovado, por maioria de votos, na 7ª Sessão Ordinária/2019, realizada em 29/04/2019 e publicado no Diário Eletrônico do MP em 30/04/19. 2ª Publicação em 08/05/19.

Enunciado de Súmula nº 58

A restrita repercussão social do fato, reconhecida com base nas circunstâncias e no contexto do caso analisado, pode fundamentar o arquivamento ou o indeferimento da instauração de inquérito civil ou procedimento preparatório.

Aprovado na 14ª Sessão Ordinária/2019, realizada em 29/07/19 e publicada em; publicação específica em 31/07/19 e 02/08/19.

Enunciado de Súmula nº 59

Havendo notícias de irregularidade, a prestação de serviços públicos pode ser acompanhada por meio de Procedimento Administrativo, com subsequente instauração de inquérito civil ou procedimento preparatório se surgirem indícios de omissão injustificada da Administração, voltando-se a atuação, neste caso, para o combate à inércia do órgão público e não para o exercício da atividade negligenciada, ressalvadas as medidas urgentes necessárias para reverter risco concreto advindo da omissão.

Aprovado na 14ª Sessão Ordinária/2019, realizada em 29/07/19 e publicada em; publicação específica em 31/07/19 e 02/08/19.

17 – PARÁ (PA)

17.1 ENUNCIADOS DO CONSELHO SUPERIOR DO MINISTÉRIO PÚBLICO DO ESTADO DO PARÁ

Enunciado nº 1

DUPLICIDADE DE PROCEDIMENTOS. IDENTIFICAÇÃO DACONTINÊNCIA. TRAMITAÇÃO E RESOLUÇÃO CONJUNTA.

A duplicidade de procedimentos acerca do mesmo tema não dá ensejo ao arquivamento de um deles. Identificada a continência, os procedimentos deverão ser reunidos para tramitação e resolução conjunta, tendo atribuição o Promotor de Justiça que presidir o procedimento cujo objeto é o mais amplo, ressalvado o § 2º do art. 19 da Resolução n.º 007/2019-CPJ.

Publicado no DOE 26.06.2019.

Aprovado na 2ª Sessão Extraordinária, realizada em 19.06.2019.

Enunciado nº 2

PROCEDIMENTAL. DO RECEBIMENTO DE NOTÍCIA FATO. CONSULTA AO SISTEMA SIMP. EVITAR DUPLICIDADE DE PROCEDIMENTOS.

Recebida Notícia de Fato, o Promotor de Justiça deverá, antes de instaurar qualquer procedimento fazer consulta ao Sistema Integrado do Ministério Público-SIMP para evitar a duplicidade de procedimentos acerca do mesmo tema.

Publicado no DOE 26.06.2019.

Aprovado na 2ª Sessão Extraordinária, realizada em 19.06.2019.

Fundamento: art. 4º, inciso I, da Resolução n.º 174/2017-CNMP c/c art. 8º, inciso I, da Resolução n.º 007/2019-CPJ (DOE de 13.06.2019).

Enunciado nº 3

IMPROBIDADE ADMINISTRATIVA. INSUFICIÊNCIA DE PROVAS DE ATOS DE IMPROBIDADE ADMINISTRATIVA E AUSÊNCIA OU IMPOSSIBILIDADE DE COMPROVAÇÃO DE DANOS AO ERÁRIO.

Merece homologação a promoção de arquivamento de inquérito civil ou de procedimento preparatório para apurar improbidade administrativa se, no curso da investigação, restar comprovada a insuficiência de provas da prática de atos de improbidade tipificados nos artigos 9º, 10 e 11 da Lei Federal nº. 8.429/92 e a ausência ou impossibilidade de comprovação de danos ao erário.

Publicado no DOE 26.06.2019.

Aprovado na 2ª Sessão Extraordinária, realizada em 19.06.2019.

Enunciado nº 4

IMPROBIDADE ADMINISTRATIVA. PRESCRIÇÃO.

Merece homologação a promoção de arquivamento de inquérito civil ou de procedimento preparatório para apurar improbidade administrativa se, no curso da investigação, ficar comprovada a prescrição da ação, regulada pelo art. 23, incisos I, II e III da Lei nº. 8.429/92, ressalvados os casos em que haja comprovação de prática dolosa que cause danos ao erário, que é imprescritível e demanda o prosseguimento do feito.

Publicado no DOE 26.06.2019.

Aprovado na 2ª Sessão Extraordinária, realizada em 19.06.2019.

Fundamento: art. 37, § 5º da CF. RE/STF 852.475.

Enunciado nº 5

IMPROBIDADE ADMIINISTRATIVA. FUNDAMENTO DE PEÇA DE ARQUIVAMENTO DEVE SER DEMONSTRADO NO CASO CONCRETO.

Quando o fundamento do arquivamento do inquérito civil ou procedimento preparatório de investigação de ato de improbidade administrativa estiver pautado em prescrição, deve estar especificamente demonstrada no caso concreto dos autos.

Publicado no DOE 26.06.2019.

Aprovado na 2ª Sessão Extraordinária, realizada em 19.06.2019.

Fundamento: Deve-se comprovar por meio de documento, tais como: decreto de exoneração; ato de rescisão de contrato temporário; publicação no Diário Oficial do Estado do término do Mandato; se servidor efetivo, apontar a lei específica para faltas disciplinares puníveis com demissão a bem do serviço público.

Enunciado nº 6

IMPROBIDADE ADMINISTRATIVA. CONTAGEM DE PRESCRIÇÃO.

A contagem prescricional dos atos de improbidade administrativa deve observar o disposto no art. 23 da lei 8429/92, não existindo contagem prescricional da data dos fatos quando digam respeito a exercício de mandato, função de confiança ou cargo em comissão.

Publicado no DOE 26.06.2019.

Aprovado na 2ª Sessão Extraordinária, realizada em 19.06.2019.

Enunciado nº 7

IMPROBIDADE ADMINISTRATIVA. TERMO INICIAL DO PRAZO PRESCRICIONAL. REELEIÇÃO DE AGENTES POLÍTICOS.

No caso de agentes políticos reeleitos, o termo inicial do prazo prescricional nas ações de improbidade administrativa deve ser contado a partir do término do último mandato.

Publicado no DOE 26.06.2019.

Aprovado na 2ª Sessão Extraordinária, realizada em 19.06.2019.

Enunciado nº 8

IMPROBIDADE ADMINISTRATIVA. LEGITIMIDADE CONCORRENTE DISJUNTIVA DO MINISTÉRIO PÚBLICO PARA O AJUIZAMENTO DE AÇÃO CIVIL DE RESPONSABILIZAÇÃO POR ATO DE IMPROBIDADE BEM COMO A RESPECTIVA AÇÃO DE RESSARCIMENTO AO ERÁRIO.

Cabe ao Ministério Público promover a ação civil de improbidade administrativa, incluindo-se a ação para pleitear o ressarcimento do dano causado pelo ato ímprobo, independentemente do ingresso em juízo da Fazenda Pública interessada para fazê-lo.

Publicado no DOE 26.06.2019.

Aprovado na 2ª Sessão Extraordinária, realizada em 19.06.2019.

Fundamento: Não se pode tolher a prerrogativa conferida constitucionalmente ao Ministério Público para tutelar o patrimônio público, na qual se inclui a legitimidade para pleitear ressarcimento dos danos causados ao erário, condicionando-a ao ingresso em juízo da Fazenda Pública. Isso porque, tanto a doutrina como a jurisprudência, já classificaram a legitimidade do órgão ministerial como concorrente e disjuntiva. É concorrente, porque não é unicamente conferida ao Parquet, podendo outros legitimados ingressar com a respectiva ação coletiva. No caso da ação de improbidade administrativa podem propô-la tanto o Ministério Público, como a pessoa jurídica de direito público interessada. É disjuntiva porque, embora a legitimidade tenha sido atribuída a mais de um legitimado coletivo, um legitimado não necessita do ingresso do outro para pleitear em juízo. Nesse sistema, cada co-legitimado goza de autonomia para propor a respectiva ação coletiva, havendo posição do STJ nesse sentido.

Enunciado nº 9

ILEGITIMIDADE DO MINISTÉRIO PÚBLICO PARA EXECUTAR ACÓRDÃO DE CORTE DE CONTAS.

O Ministério Público Estadual não possui legitimidade para ajuizar ação executiva de débito proveniente de acórdão em julgamento de Corte de Conta, porém, é de bom alvitre que o Órgão Ministerial fiscalize a inscrição do débito em dívida ativa da Fazenda Pública prejudicada.

Publicado no DOE 26.06.2019.

Aprovado na 2ª Sessão Extraordinária, realizada em 19.06.2019.

Fundamento: Quanto à execução do Título Executivo Extrajudicial proveniente de acórdão de Corte de Contas, já foi decidido pelo Supremo Tribunal Federal, em tema cuja Repercussão Geral foi reconhecida, que cabe EXCLUSIVAMENTE ao ente beneficiário propor a referida Ação Executiva. (STF; Processo: ARE 823347 RG; Relator (a): Min. Gilmar Mendes; Julgamento: 02/10/2014; Publicação: 28/10/2014).

Enunciado nº 10

IMPROBIDADE ADMINISTRATIVA. LEGITIMIDADE DO MINISTÉRIO PÚBLICO. AJUIZAMENTO DE AÇÃO DE RESSARCIMENTO AO ERÁRIO.

O Ministério Público Estadual possui legitimidade para ingressar com ação de ressarcimento de danos ao erário, independentemente da existência de procedimento de apuração de contas, devido à legitimidade disjuntiva de ingresso referente ao ressarcimento, desde que haja elementos suficientes para tal.

Publicado no DOE 26.06.2019.

Aprovado na 2ª Sessão Extraordinária, realizada em 19.06.2019.

Fundamento: Embora o membro do Ministério Público não tenha legitimidade para executar as decisões de condenação patrimonial da Corte de Contas, não existe proibição no sentido do Parquet ingressar com ação de ressarcimento ao erário por ato de improbidade administrativa baseado nas informações proveniente do Tribunal de Contas, a diferença será que tal ação deverá enfrentar o processo cognitivo até o reconhecimento da existência de um título executivo judicial, nos termos do art. 21, inciso II, da Lei n.º 8.429/92. Está consolidado o entendimento quanto à legitimidade do Parquet para a propositura de ação civil pública, objetivando o ressarcimento de danos ao erário, decorrentes de atos de improbidade administrativa (STJ – AgInt no REsp: 1607976 RJ 2015/0150952-2, Relator: Ministro FRANCISCO FALCÃO, Data de Julgamento: 17/10/2017, T2 – SEGUNDA TURMA, Data de Publicação: DJe 23/10/2017).

Enunciado nº 11

PROCEDIMENTAL. CONVERSÃO DO JULGAMENTO EM DILIGÊNCIAS.

Convertido o julgamento em diligência, reabre-se ao Promotor de Justiça que tinha promovido o arquivamento do inquérito civil ou do procedimento preparatório a oportunidade de reapreciar o caso, podendo manter sua posição favorável ao arquivamento ou propor a ação civil pública, como lhe pareça mais adequado. Neste último caso, desnecessária a remessa dos autos ao Conselho Superior, bastando comunicar o ajuizamento da ação por ofício.

Publicado no DOE 26.06.2019.

Aprovado na 2ª Sessão Extraordinária, realizada em 19.06.2019.

Fundamento: art. 27, § 3º, inciso I, da Resolução n.º 007/2019-CPJ.

Enunciado nº 12

PROCEDIMENTAL. DILIGÊNCIAS REQUERIDAS PELO ÓRGÃO COLEGIADO. MANDATO ENCERRADO. CONSELHEIROS EM NOVOS MANDATOS.

O Conselho Superior do Ministério Público não homologará promoção de arquivamento de procedimentos cujas diligências requeridas pelo Colegiado não foram cumpridas, a menos que haja superveniência de fatos e/ou novos documentos, com as devidas razões de arquivamento do presidente dos autos, ainda que tais diligências tenham sido requeridas por Conselheiros com mandatos encerrados.

Publicado no DOE 26.06.2019.

Aprovado na 2ª Sessão Extraordinária, realizada em 19.06.2019.

Fundamento: Se, em virtude da conversão do julgamento em diligência, surgirem novas provas, o mesmo membro do Ministério Público que tinha promovido o arquivamento do inquérito civil não estará impedido de reapreciar o inquérito civil, podendo tanto propor a ACP, se estiver convencido de seu cabimento, como insistir no arquivamento, em caso contrário.

Enunciado nº 13

PROCEDIMENTAL. DELIMITAÇÃO DO OBJETO DE INVESTIGAÇÃO/ ACOMPANHAMENTO/FISCALIZAÇÃO NA PORTARIA DE INSTAURAÇÃO.

É imprescindível a delimitação do objeto de investigação/ acompanhamento/ fiscalização nas Portarias de Instauração dos Procedimentos Extrajudiciais.

Publicado no DOE 26.06.2019.

Aprovado na 2ª Sessão Extraordinária, realizada em 19.06.2019.

Fundamento: Em atenção aos princípios da eficiência, economicidade processual e segurança jurídica devem ser evitadas a elaboração de portarias por modelos textuais e conceitos jurídicos indeterminados e genéricos que não dizem respeito a fatos determinados. Resolução nº 23/2007 do CNMP: Art. 4º O inquérito civil será instaurado por portaria, numerada em ordem crescente, renovada anualmente, devidamente registrada em livro próprio e autuada, contendo: I – o fundamento legal que autoriza a ação do Ministério Público e a descrição do fato objeto do inquérito civil; Resolução nº 174/2017 do CNMP. Art. 9º. O procedimento administrativo será instaurado por portaria sucinta, com delimitação de seu objeto, aplicando-se, no que couber, o princípio da publicidade dos atos, previsto para o inquérito civil.

Enunciado nº 14

PROCEDIMENTAL. PROMOÇÃO DE ARQUIVAMENTO. SANEAMENTO DE IRREGULARIDADES FORMAIS ANTES DO ENCAMINHAMENTO AO EGRÉGIO CONSELHO SUPERIOR DO MINISTÉRIO PÚBLICO

Antes do encaminhamento dos autos para análise de arquivamento perante o Conselho Superior do Ministério Público, o membro presidente dos autos deve sanar as irregularidades formais dos autos e determinar a completa e correta numeração das páginas do procedimento, assim como, a cientificação do arquivamento às partes interessadas, nos termos da Resolução n.º 007/2019-CPJ.

Publicado no DOE 26.06.2019.

Aprovado na 2ª Sessão Extraordinária, realizada em 19.06.2019.

Fundamento: Visar a celeridade processual e economicidade, com base na Portaria n.º 6091/2015, republicada no DOE de 05.06.2019, que estabelece medidas de contenção, redução, racionalização, contingenciamento e monitoramento de despesas.

Enunciado nº 15

PROCEDIMENTAL. ARQUIVAMENTO DE PIC.

O Promotor de Justiça deve promover o arquivamento de PIC ou outra investigação de matéria exclusivamente criminal na forma do art. 28 do CPP, sendo desnecessário o exame pelo CSMP.

Publicado no DOE 26.06.2019.

Aprovado na 2ª Sessão Extraordinária, realizada em 19.06.2019.

Fundamento: Resolução Conjunta n. º 01/25011-PGJ/CGMP.

Enunciado nº 16

PROCEDIMENTAL. REMESSA DE CORRESPONDÊNCIAS AO CSMP. DOCUMENTO OFICIAL DEVE SER ASSINADO PELO MEMBRO.

Os expedientes remetidos ao CSMP devem ser assinados pelo membro, não podendo delegar esse ato a servidor do Ministério Público.

Publicado no DOE 26.06.2019.

Aprovado na 2ª Sessão Extraordinária, realizada em 19.06.2019.

Fundamento: Recomendação n.º 002/2019-CGMP.

Enunciado nº 17

PROCEDIMENTAL. NÃO INSTAURAÇÃO DE PORTARIA PARA PROMOÇÃO DE ARQUIVAMENTO.

É indevida a instauração de portaria para a promoção de arquivamento de procedimentos extrajudiciais, devendo ser realizada por meio de decisão fundamentada.

Publicado no DOE 22.11.2019.

Aprovado na 21ª Sessão Ordinária, realizada em 13.11.2019.

Fundamento: Recomendação N.º 03/2017-MP/CGMP.

Enunciado nº 18

PROMOÇÃO DE ARQUIVAMENTO. AJUIZAMENTO DE AÇÃO. DESNECESSIDADE DE HOMOLOGAÇÃO PELO CSMP.

O procedimento preparatório e o inquérito civil que tenham como fundamento de arquivamento a existência de ação judicial com o mesmo objeto, independentemente do momento de seu ajuizamento e do sujeito ativo ser o Ministério Público Estadual ou não, serão arquivados no âmbito do órgão de execução, sem a necessidade de revisão pelo Conselho Superior.

Publicado no DOE 22.11.2019.

Aprovado na 21ª Sessão Ordinária, realizada em 13.11.2019.

Fundamento: Súmula n.º 02/2017-CSMP e art. 21, § 12 da Resolução n.º 007/2019-CPJ.

Enunciado nº 19

PROCEDIMENTOS EXTRAJUDICIAIS. DECISÃO MONOCRÁTICA. ENUNCIADOS E SÚMULAS DO CSMP.

O Relator poderá decidir monocraticamente em casos de assuntos previstos em súmulas e enunciados do CSMP.

Publicado no DOE 22.11.2019.

Aprovado na 21ª Sessão Ordinária, realizada em 13.11.2019.

Fundamento: art. 36, § 5º do Regimento Interno do Conselho Superior.

Enunciado nº 20

NOTÍCIA DE FATO E PROCEDIMENTO ADMINISTRATIVO. CORRETAMENTE DENOMINADOS. ERRONEAMENTE ENCAMINHADOS AO CSMP. DECISÃO MONOCRÁTICA.

Não merece conhecimento a promoção de arquivamento de notícia de fato e procedimento administrativo, quando corretamente denominados e equivocadamente submetidos a revisão do E. CSMP, podendo o Relator decidir monocraticamente pela devolução dos autos para arquivamento no âmbito da Promotoria de Justiça de origem, ressalvado o art. 37 da Resolução n.º 007/2019-CPJ.

Publicado no DOE 22.11.2019.

Aprovado na 21ª Sessão Ordinária, realizada em 13.11.2019.

Fundamento: art. 12, da Resolução n.º 174/2017-CNMP e art. 36 da Resolução n.º 007/2019- CPJ.

Enunciado nº 21

MOVIMENTAÇÃO NA CARREIRA. REMOÇÃO E PROMOÇÃO. OBSERVAÇÃO DE PRESSUPOSTO OBJETIVO. SERVIÇOS EM DIA.

O pressuposto objetivo para inscrição de certames de remoção e promoção "estar com os serviços de seu cargo em dia", se refere a todas as atividades judiciais e extrajudiciais desenvolvidas pelo membro.

Publicado no DOE 22.11.2019.

Aprovado na 21ª Sessão Ordinária, realizada em 13.11.2019.

Fundamento: art. 89, inciso VI, da Lei Complementar n.º 057, de 06.07.2006. Não se confunde com a declaração disposta no inciso VII, do mesmo artigo, pois se refere aos processos judiciais retidos fora do prazo, injustificadamente, ou restituídos sem manifestação.

Enunciado nº 22

TERMO DE AJUSTAMENTO DE CONDUTA. FISCALIZAÇÃO NOS PRÓPRIOS AUTOS OU INSTAURAÇÃO DE PA.

Celebrado o TAC nos autos de inquérito civil ou de procedimento preparatório, o membro poderá, nos próprios autos do procedimento já existente, acompanhar a execução do TAC. Poderá também arquivar o procedimento investigativo e instaurar um procedimento administrativo, especificamente, para fins de acompanhamento do cumprimento das cláusulas do TAC, devendo juntar a respectiva portaria nos autos do procedimento arquivado.

Publicado no DOE 22.11.2019.

Aprovado na 21ª Sessão Ordinária, realizada em 13.11.2019.

Fundamento: art. 10 da Resolução n.º 179/2017-CNMP e art. 8º da Resolução 002/2018- CSMP.

Enunciado nº 23

TERMO DE AJUSTAMENTO DE CONDUTA. DESNECESSIDADE DE INSTAURAÇÃO DE OUTRO PA.

Celebrado o TAC nos autos de procedimento administrativo instaurado nos termos do art. 8º da Resolução n.º 174/2017-CNMP, é desnecessária a instauração de novo procedimento administrativo com o fim de acompanhar o cumprimento das cláusulas de termo de ajustamento de conduta celebrado naqueles autos.

Publicado no DOE 22.11.2019.

Aprovado na 21ª Sessão Ordinária, realizada em 13.11.2019.

Fundamento: Resolução n.º 63, de 1º.12.2010, do CNMP (Taxonomia do Conselho Nacional do Ministério Público), Recomendação Conjunta n.º 03/2014-MP/PGJ/CGMP e art. 8º da Resolução n.º 174/2017-CNMP.

Enunciado nº 24

TERMO DE AJUSTAMENTO DE CONDUTA. ENVIO DE TAC E EXTRATO PARA FISCALIZAÇÃO. OBSERVAR PRAZO DE ENVIO DOS RELATÓRIOS SEMESTRAIS.

O órgão de execução deverá encaminhar ao Conselho Superior cópia integral do TAC, devidamente assinado, bem como seu extrato para fins de fiscalização. Devendo também observar os prazos para envio de relatórios semestrais ao CSMP, sob pena de envio do expediente à Corregedoria-Geral do Ministério Público.

Publicado no DOE 22.11.2019.

Aprovado na 21ª Sessão Ordinária, realizada em 13.11.2019.

Fundamento: arts. 4º e 7º da Resolução 002/2018-CSMP.

Enunciado nº 25

TERMO DE AJUSTAMENTO DE CONDUTA. HOMOLOGAÇÃO JUDICIAL.

É desnecessário o envio ao Conselho Superior de cópia de TAC e extrato submetido à homologação judicial.

Publicado no DOE 22.11.2019.

Aprovado na 21ª Sessão Ordinária, realizada em 13.11.2019.

Fundamento: art. 6º, § 1º da Resolução 179/2017-CNMP.

Enunciado nº 26

PROCEDIMENTAL. TERMO DE AJUSTAMENTO DE CONDUTA. CADASTRO NO SIMP. PUBLICAÇÃO PORTAL DIREITOS COLETIVOS CNMP.

Os Termos de Ajustamento de Conduta devem ser anexados aos documentos do Sistema Integrado do Ministério Público-SIMP, no procedimento que foi tomado o compromisso, bem como proceder com a seguinte movimentação taxonômica: "ATO FINALÍSTICO – TERMO DE AJUSTAMENTO DE CONDUTA" (código

99920067)", para fins de publicação no Portal de Direitos Coletivos do Conselho Nacional do Ministério Público.

Publicado no DOE 22.11.2019.

Aprovado na 21ª Sessão Ordinária, realizada em 13.11.2019.

Fundamento: art. 6º da Resolução 002/2018-CSMP.

Enunciado nº 27

INSTAURAÇÃO DE PROCEDIMENTOS EXTRAJUDIAIS. DESNECESSIDADE DE COMUNICAÇÃO.

É desnecessária a comunicação de instauração de procedimentos extrajudiciais ao Conselho Superior.

Publicado no DOE 22.11.2019.

Aprovado na 21ª Sessão Ordinária, realizada em 13.11.2019.

Fundamento: de acordo com as normas vigentes, os casos de ciência ao Conselho Superior são apenas quanto a prorrogação de procedimento preparatório e inquérito civil, bem como arquivamento de procedimento administrativo, nos termos do art. 9º da Resolução n.º 23, do CNMP c/c arts. 16 e 23 da Resolução n.º 007/2019-CPJ e art. 12 da Resolução n.º 174/2017- CNMP c/c art. 36 da Resolução n.º 007/2019-CPJ, respectivamente.

Enunciado nº 28

PROCEDIMENTOS EXTRAJUDIAIS. DESNECESSIDADE DE ENVIO DE COMUNICAÇÃO DA PRORROGAÇÃO DE PRAZO.

É desnecessário o envio ao Conselho Superior de comunicação da prorrogação de prazo de Notícia de Fato e Procedimento Administrativo.

Publicado no DOE 22.11.2019.

Aprovado na 21ª Sessão Ordinária, realizada em 13.11.2019.

Fundamento: de acordo com as normas vigentes, apenas as prorrogações de procedimento preparatório e inquérito civil devem ser comunicadas ao Conselho Superior, nos termos do art. 9º da Resolução n.º 23, do CNMP c/c arts. 16 e 23 da Resolução n.º 007/2019-CPJ.

Enunciado nº 29

PROCEDIMENTOS EXTRAJUDIAIS. DECLÍNIO DE ATRIBUIÇÃO INTERNO. DESNECESSIDADE ENVIO AUTOS AO CSMP.

Em caso de declínio de atribuição para outro órgão de execução do Ministério Público Estadual, os autos não deverão ser submetidos à revisão do Conselho Superior.

Publicado no DOE 22.11.2019.

Aprovado na 21ª Sessão Ordinária, realizada em 13.11.2019.

Fundamento: o membro deve apenas comunicar a remessa dos autos ao PGJ, à CGMP e ao CSMP (art. 18, § 5º da Resolução n.º 007/2019-CPJ).

Enunciado nº 30

PROCEDIMENTOS EXTRAJUDIAIS. NECESSIDADE DE INFORMAR PRAZO DE RECURSO AO CSMP.

O órgão de execução deverá informar à parte interessada o prazo de recurso ao Conselho Superior, quando da intimação de indeferimento de requerimento de instauração de inquérito civil e do arquivamento de Notícia de Fato e Procedimento Administrativo instaurado para apurar fato que enseje a tutela de interesses individuais indisponíveis.

Publicado no DOE 22.11.2019.

Aprovado na 21ª Sessão Ordinária, realizada em 13.11.2019.

Fundamento: art. 5º, § 1º da Resolução n.º 23 e arts. 4º, § 1º e 13 da Resolução n.º 174/2017, ambas do CNMP c/c art. 8º, §§ 6º e 7º, art. 20, §§ 1º e 3º e art. 37, § 3º da Resolução n.º 007/2019-CPJ.

Enunciado nº 31

PROCEDIMENTOS EXTRAJUDIAIS. NECESSIDADE DE ANEXAR CÓPIA DA PROMOÇÃO DE ARQUIVAMENTO. DATA DE CIENTIFICAÇÃO.

A comunicação de arquivamento à parte interessada deverá conter cópia da promoção de arquivamento e a data da cientificação das partes deve estar expressa nos autos, para fins de aferir a tempestividade de eventual interposição de recursos previstos no Enunciado 30.

Publicado no DOE 22.11.2019.

Aprovado na 21ª Sessão Ordinária, realizada em 13.11.2019.

Fundamento: art. 5º, § 1º da Resolução n.º 23 e arts. 4º, § 1º e 13 da Resolução n.º 174/2017, ambas do CNMP c/c art. 8º, §§ 6º e 7º, art. 20, §§ 1º e 3º e art. 37, § 3º da Resolução n.º 007/2019-CPJ.

Enunciado nº 32

ATRIBUIÇÃO DE OUTRO DE MINISTÉRIO PÚBLICO. PRINCÍPIO DA INSTRUMENTALIDADE DAS FORMAS.

Quando o membro encaminhar os autos de investigação para homologação de arquivamento e o CSMP entender que não se trata de atribuição deste Ministério Público Estadual, poderá receber a promoção de arquivamento como declínio de atribuição e determinar o envio dos autos a outro Ministério Público, dando ciência ao PJ de origem.

Publicado no DOE 22.11.2019.

Aprovado na 21ª Sessão Ordinária, realizada em 13.11.2019.

Fundamento: Princípio da celeridade, economia processual e da instrumentalidade das formas.

Enunciado nº 33

SERVIDOR PÚBLICO. ASSÉDIO MORAL. IMPROBIDADE ADMINISTRATIVA. ATRIBUIÇÃO MPE.

Nos casos instaurados para apurar possível prática de assédio moral, recai ao Ministério Público do Trabalho a atribuição em relação ao meio ambiente, segurança e higiene do trabalho e, ao Ministério Público Estadual em relação à suposta prática de improbidade administrativa.

Publicado no DOE 22.11.2019.

Aprovado na 21ª Sessão Ordinária, realizada em 13.11.2019.

Fundamento: STJ – REsp: 1286466 RS 2011/0058560-5, Relator: Ministra ELIANA CALMON, Data de Julgamento: 03/09/2013, T2 – SEGUNDA TURMA, Data de Publicação: DJe 18/09/2013; STF – AG .REG. NO RECURSO EXTRAORDINÁRIO COM AGRAVO 1.090.128 Rio de Janeiro. Relator: Min. Dias Toffoli e Rcl nº 3.303/PI, Tribunal Pleno, Relator: Ministro Ayres Britto, DJe de 16/5/08.

Enunciado nº 34

PROCEDIMENTO INVESTIGATÓRIO CRIMINAL. ATRIBUIÇÃO DA PGJ.

Não cabe ao CSMP conhecer declínio de atribuição em PIC. O membro do MP deverá submeter a apreciação ao Procurador-Geral de Justiça.

Publicado no DOE 22.11.2019.

Aprovado na 21ª Sessão Ordinária, realizada em 13.11.2019.

Fundamento: aplicação analógica ao art. 28 do CPP e deliberação do CSMP nos autos do PIC n.º 00029-950/2019, na 4ª Sessão Ordinária, realizada em 27.02.2019 (DOE de 1º.03.2019).

Enunciado nº 35

PROCEDIMENTAL. CONFLITO NEGATIVO DE ATRIBUIÇÃO. ENVIO AUTOS PGJ.

Suscitado o conflito negativo de atribuições em procedimentos extrajudiciais entre Promotorias de Justiça ou entre órgãos do Ministério Público, os autos devem ser encaminhados ao Procurador-Geral de Justiça.

Fundamento: Art. 18, § 6º da Resolução n.º 007/2019-CPJ; ACO n.º 924, Rel. Min. Luiz Fux, Dje 19.5.2016 e informativo 826 do STF.

Publicado no DOE 22.11.2019.

17.2 SÚMULAS DO CONSELHO SUPERIOR DO MINISTÉRIO PÚBLICO DO ESTADO DO PARÁ

Súmula nº 001/1997

REVOGADA pelo Regimento Interno, datado de 13 de julho de 2010.

Súmula nº 002/1997

REVOGADA tacitamente pela Resolução nº 002/2009-MP/CSMP, (Regulou inteiramente a matéria – Art. 4º, inciso I).

Súmula nº 003/1997

DECIDE que a lista de antiguidade de Promotores de Justiça de 1ª entrância obedecerá à ordem de classificação de concurso, por se tratar de primeira investidura.

Aprovada em 03/02/1997.

Súmula nº 004/1997

REVOGADA tacitamente pela Súmula nº 001/2000- MP/CSMP que regulou inteiramente a matéria.

Súmula nº 005/1997

REVOGADA tacitamente pela Súmula nº 001/2004- MP/CSMP que regulou a matéria diversamente.

Súmula nº 006/1997

REVOGADA pela Resolução nº 001/2016- MP/CSMP.

Súmula nº 007/1997

DECIDE considerar não ser obrigatória a nomeação de Promotor de Justiça como curador à lide onde não houver Procuradoria do Trabalho (art. 793 da CLT), devendo tal nomeação recair, preferencialmente, na pessoa do defensor público, nas formas das leis vigentes.

Aprovada em 17/06/1997.

Súmula nº 008/1997

REGULADA p ela Lei nº 8.625/1993 (Art. 15, inciso I) e pela LCE nº 57/2006 (Art. 26, inciso I).

DECIDE que é atribuição do Conselho escolher a lista sêxtupla para indicação do membro do Ministério Público a ocupar o cargo de Desembargador no Tribunal de Justiça do Estado, no quinto constitucional.

Aprovada em 17/06/1997.

Súmula nº 009/1997

DECIDE que a cessão de membro do Ministério Público para outros Órgãos, sejam eles federal, estadual ou Municipal, deverá ser precedida de informações sobre o cargo que o mesmo passará a exercer, a fim de que o Conselho possa avaliar a compatibilidade dos cargos.

Aprovada em 30/03/1997.

Súmula nº 010/1997

DECIDE que a autorização para membro do Ministério Público lecionar em curso de formação será de forma que não acarrete prejuízos às atividades funcionais.

Aprovada em 17/11/1997.

Súmula nº 011/1997

REVOGADA tacitamente pelo art. 141, inciso III c/c art. 142, inciso III da LCE nº 57/2006 e pela Resolução nº 002/2008- MP/CSMP que regularam diversamente a matéria.

Súmula nº 012/1997

REVOGADA expressamente pela Resolução nº 002/2009.

Súmula nº 013/1997

REVOGADA tacitamente pela Resolução nº 002/2009- MP/CSMP, (Regulou diversamente a matéria – Art. 8º).

Súmula nº 001/1998

REVOGADA pelo Regimento Interno, datado de 13 de julho de 2010.

Súmula nº 002/1998

DECIDE por unanimidade que não é atribuição do Conselho homologar promoção de arquivamento pelo Promotor de Justiça, em matéria de natureza criminal.

Aprovada em 19/05/1998.

Súmula nº 003/1998

DECIDE por unanimidade que não é atribuição do Conselho homologar o arquivamento de representação, notícia crime, peças de informação, conclusão de comissão parlamentar de inquérito ou inquérito policial, nas hipóteses de atribuição originária do Procurador-Geral de Justiça.

Aprovada em 19/05/1998.

Súmula nº 004/1998

REVOGADA parcialmente pela Súmula nº 001/99- MP/CSMP e REVOGADA *in totum* pela Súmula nº 003/2001- MP/CSMP.

Súmula nº 001/1999

REVOGADA *in totum* pela Súmula nº 003/2001- MP/CSMP.

Súmula nº 001/2000

REVOGADA tacitamente pela Súmula nº 004/2001- MP/CSMP que regulou inteiramente a matéria.

Súmula nº 001/2001

REVOGADA tacitamente pela Resolução nº 002/2009- MP/CSMP que regulou diversamente a matéria (Art. 2º, §1º, a e b).

Súmula nº 002/2001

REVOGADA tacitamente pelo art. 89, §2º da LCE nº 57/2006 que regular diversamente a matéria.

Súmula nº 003/2001

REVOGADA tacitamente pela Súmula nº 003/2003- MP/CSMP que regulou inteiramente a matéria.

Súmula nº 004/2001

REVOGADA tacitamente pela Súmula nº 001/2004- MP/CSMP que regulou inteiramente a matéria.

Súmula nº 001/2003

REVOGADA parcialmente pela Súmula nº 001/2004- MP/CSMP que regulou diversamente a matéria.

Súmula nº 002/2003

REVOGADA pela resolução nº 003/2014- CSMP.

Súmula nº 003/2003

REVOGADA na 6ª Sessão Ordinária, realizada em 22.03.2017.

Súmula nº 004/2003

REVOGADA pelo Regimento Interno, datado de 13 de julho de 2010 (Art. 79 que regulou a matéria).

Súmula nº 001/2004

REVOGADA parcialmente pela EC 45/2004 (Art. 93, inciso II, b c/c inciso VIII-A da Constituição Federal) e pela decisão do Egrégio Conselho Superior na 8ª Sessão Ordinária, datada de 12.05.2010 que adotou o instituto do quinto sucessivos nos certames de remoção e promoção por merecimento no Ministério Público do Estado do Pará.

Súmula nº 001/2007

REVOGADA tacitamente pelo Regimento Interno, datado de 13 de julho de 2010 (Art. 41 e §§ que regulou a matéria).

Súmula nº 002/2007

REVOGADA à unanimidade com efeito *ex nunc* na 19ª Sessão Extraordinária de 2011 do Conselho Superior.

Súmula nº 003/2007

DECIDE que é garantido ao Promotor de Justiça recém-interessado na carreira o direito de preferência para opção sobre os cargos vagos na primeira entrância que não lhe foram disponibilizados para provimento inicial ou remoção, de acordo com a ordem de classificação no concurso.

Aprovada em 02/02/2007.

Súmula nº 001/2011

DECIDE que se o dano tiver sido reparado e, simultaneamente, não houver base para a propositura de qualquer ação civil pública, o caso é de arquivamento do inquérito civil ou das peças de informação, ressalvados, obrigatoriamente, eventuais aspectos penais.

Aprovada em 29/06/2011.

Súmula nº 002/2011

REVOGADA.

Súmula nº 003/2011

REVOGADA na 5ª Sessão Ordinária, realizada em 08.03.2017.

Súmula nº 001/2012

DECIDE que a Ação Civil Pública ajuizada, obedecidos os institutos da conexão e da continência, e os termos de ajustamento de conduta (TAC) firmados com mais de uma parte e com o mesmo objeto, serão contados, para efeito de aferição de produtividade, como apenas 1 (uma) ação e 1 (um) TAC, respectivamente.

Aprovada em 23/05/2012.

Súmula nº 002/2012

DECIDE: O Membro removido ou promovido, por antiguidade ou merecimento, terá sua inscrição prejudicada nos demais certames para os quais houver protocolado requerimento, em data anterior à sessão de julgamento de sua remoção ou promoção.

Aprovada em 01/06/2012.

Súmula nº 001/2013

DECIDE, à unanimidade, que: o membro promovido que, até cinco dias da data da publicação do ato, excluindo-se o dia do começo e incluindo-se o do vencimento, entrar no exercício do cargo, terá computado seu tempo de efetivo exercício a partir do dia seguinte à publicação.

Aprovada em 05/06/2013.

Súmula nº 001/2016

REVOGADA na 5ª Sessão Ordinária, realizada em 08.03.2017.

Súmula nº 002/2016

DECIDE, à unanimidade, que: É vedado ao Conselho Superior homologar a promoção de arquivamento de procedimentos em que houver fato de repercussão no âmbito criminal, infracional, eleitoral e outras áreas, se o membro do Ministério Público não comprovar ter procedido a investigação ou o encaminhamento de cópia do respectivo procedimento ao órgão de execução com atribuições.

Aprovada em 25/08/2016.

Súmula nº 001/2017

REVOGADA na 15ª Sessão Ordinária, realizada em 10.08.2017.

Súmula nº 002/2017

DECIDE, à unanimidade, que não é competência do Conselho Superior do Ministério Público rever procedimentos extrajudiciais que tenham sido objeto de ação ajuizada.

Aprovada em 08/03/2017.

18 – PARAÍBA (PB)

18.1 ENUNCIADOS DO CONSELHO SUPERIOR DO MINISTÉRIO PÚBLICO DO ESTADO DA PARAÍBA

Enunciado nº 01/2015

Não será pontuado como aperfeiçoamento da formação jurídica e profissional, para fins de promoção ou remoção, o curso de doutorado, mestrado ou especialização concluído antes do ingresso na carreira do Ministério Público da Paraíba.

*Este texto não substitui o consignado na ata da 4ª Sessão Extraordinária do CSMP de 2015.

Publicado no Diário Oficial Eletrônico, Ministério Público, Paraíba, 09/06/2015.

Enunciado nº 02/2015

Não será pontuado como aperfeiçoamento da formação jurídica e profissional, para fins de promoção ou remoção, os cursos de doutorado, mestrado ou especialização concluídos em universidades estrangeiras, sem a devida validação em instituições reconhecidas pelo MEC.

*Este texto não substitui o consignado na ata da 4ª Sessão Extraordinária do CSMP de 2015.

Publicado no Diário Oficial Eletrônico, Ministério Público, Paraíba, 09/06/2015.

Enunciado nº 03/2015

Será pontuada, como contribuição para o aprimoramento da instituição ministerial, a participação do Promotor de Justiça no Núcleo de Promoção da Paternidade Nome Legal – NUPAR NOME LEGAL.

*Este texto não substitui o consignado na ata da 4ª Sessão Extraordinária do CSMP de 2015.

Publicado no Diário Oficial Eletrônico, Ministério Público, Paraíba, 09/06/2015.

Enunciado nº 04/2015

MEIO AMBIENTE. POLUIÇÃO AMBIENTAL. CESSAÇÃO DAS ATIVIDADES NOCIVAS- PERDA DE INTERESSE PROCEDIMENTAL

Deve ser homologada a promoção de arquivamento por perda de interesse procedimental, do inquérito civil ou procedimento preparatório instaurado para apurar poluição sonora, se no curso das investigações se conclui pela cessação da atividade poluidora, em razão da resolução administrativa da questão.

*Este texto não substitui o consignado na ata da 43ª Sessão Ordinária do CSMP de 2015.

Publicado no Diário Oficial Eletrônico, Ministério Público, Paraíba, 04/11/2015.

Enunciado nº 05/2015

DANOS A INTERESSES OU DIREITOS DIFUSOS, COLETIVOS E/OU INDIVIDUAIS HOMOGÊNEOS. CELEBRAÇÃO DE TAC. TÍTULO EXECUTIVO EXTRAJUDICIAL. DESNECESSIDADE DE ACP

Deve ser homologada a promoção de arquivamento de inquérito civil ou procedimento preparatório instaurado para apurar notícia de lesão a interesses ou direitos difusos, coletivos e/ou individuais homogêneos se, no curso da investigação, for celebrado um termo de ajustamento de conduta com o investigado para cumprimento da legislação específica, para prevenir, cessar, reparar e/ou compensar os danos causados, assinalados prazos para o cumprimento das cláusulas e fixadas multas pelo descumprimento, o qual tem força de título executivo extrajudicial, nos termos do artigo 5º, § 6º, da Lei nºo 7.347/85, tornado desnecessário o ajuizamento de ação civil pública pelo Ministério Público. Em casos que se faça necessário e não tendo sido determinado pelo membro remetente, o CSMP determinará a abertura de PA para acompanhamento do cumprimento do TAC, nos termos do art. 22, §§ 3º e 4º da Resolução CPJ 04/2013.

*Este texto não substitui o consignado na ata da 43ª Sessão Ordinária do CSMP de 2015.

Publicado no Diário Oficial Eletrônico, Ministério Público, Paraíba, 04/11/2015.

Enunciado nº 06/2015

INFÂNCIA E JUVENTUDE. CESSAÇÃO DA SITUAÇÃO DE RISCO – PERDA DE INTERESSE PROCEDIMENTAL

Deve ser homologada por perda de interesse procedimental, a promoção de arquivamento de procedimento instaurado para apurar notícia de risco a criança e/ou adolescente se, no curso da investigação, ficar comprovada a cessação do risco ou a adoção pelo Ministério Público das medidas protetivas previstas no ECA.

*Este texto não substitui o consignado na ata da 43ª Sessão Ordinária do CSMP de 2015.

Publicado no Diário Oficial Eletrônico, Ministério Público, Paraíba, 04/11/2015.

Enunciado nº 07/2015

IDOSO – SITUAÇÃO DE RISCO – FALECIMENTO – PERDA DE OBJETO

Deve ser homologada por perda de objeto, a promoção de arquivamento de procedimento instaurado para apurar notícia de risco a idoso se, no curso da investigação, ficar comprovado o seu óbito e o caso não comportar medidas outras de responsabilização, inclusive de ordem criminal.

*Este texto não substitui o consignado na ata da 43ª Sessão Ordinária do CSMP de 2015.

Publicado no Diário Oficial Eletrônico, Ministério Público, Paraíba, 04/11/2015.

Enunciado nº 08/2015

DANOS A INTERESSES OU DIREITOS DIFUSOS, COLETIVOS E INDIVIDUAIS HOMOGÊNEOS- EXPEDIÇÃO DE RECOMENDAÇÃO CONTEMPLANDO O OBJETO DA INVESTIGAÇÃO DO MP- ACATAMENTO- COMPROVAÇÃO- PERDA DE INTERESSE PROCEDIMENTAL

Deve ser homologada, por perda de interesse procedimental, a promoção de arquivamento de inquérito civil ou procedimento preparatório instaurado para apurar notícia de lesão a interesses ou direitos difusos, coletivos e/ou individuais homogêneos se, no curso da investigação, for expedida Recomendação que contemple integralmente o direito a ser tutelado objeto da portaria de instauração e esteja comprovado o seu acatamento pelo órgão ou pessoa a quem ela foi destinada.

*Este texto não substitui o consignado na ata da 43ª Sessão Ordinária do CSMP de 2015.

Publicado no Diário Oficial Eletrônico, Ministério Público, Paraíba, 04/11/2015.

Enunciado nº 09/2015

DANOS AOS INTERESSES OU DIREITOS DIFUSOS, COLETIVOS E INDIVIDUAIS HOMOGÊNEOSAJUIZAMENTO DE AÇÃO CONTEMPLANDO O OBJETO DA INVESTIGAÇÃO DO MP- PERDA DE INTERESSE PROCEDIMENTAL

Deve ser homologada, por perda do interesse procedimental, a promoção de arquivamento de inquérito civil ou de procedimento preparatório instaurado para apurar notícia de lesão a interesses ou direitos difusos, coletivos e individuais indisponíveis ou homogêneos se, no curso da investigação, ficar comprovado o ajuizamento de ação civil pública ou de outra medida judicial pelo Ministério Público ou por terceiros legitimados, cujo pedido contemple integralmente o direito tutelado objeto da portaria de instauração.

*Este texto não substitui o consignado na ata da 43ª Sessão Ordinária do CSMP de 2015.

Publicado no Diário Oficial Eletrônico, Ministério Público, Paraíba, 04/11/2015.

Enunciado nº 10/2015

IMPROBIDADE. PRESCRIÇÃO E AUSÊNCIA DE DANO AO ERÁRIO

Deve ser homologada a promoção de arquivamento de inquérito civil ou de procedimento preparatório instaurado para apurar improbidade administrativa se, no curso da investigação, ficarem comprovadas a prescrição da ação, regulada pelo artigo 23, incisos I e II da Lei Federal 8.429/92, e a ausência de danos ao erário. Havendo indícios de que a prescrição se deu por inércia da atuação ministerial, cópia dos autos deve ser encaminhada para a Corregedoria-Geral para os fins devidos.

*Este texto não substitui o consignado na ata da 43ª Sessão Ordinária do CSMP de 2015.

Publicado no Diário Oficial Eletrônico, Ministério Público, Paraíba, 04/11/2015.

Enunciado nº 11/2015

MANIFESTAÇÃO ANÔNIMA – INDICAÇÃO DE ELEMENTOS PARA A INVESTIGAÇÃO- AUSÊNCIA DE EXAURIMENTO – CONVERSÃO EM DILIGÊNCIA

Será convertido em diligência inquérito civil público ou procedimento preparatório instaurado com base em manifestação anônima que contenha dados mínimos sobre os autores e os fatos que permitam o início das investigações, quando, sem que tenham sido efetivadas diligências ou estas não contemplarem exaustivamente todos os elementos indiciários presentes na manifestação, se concluir pela inviabilização das investigações em razão do anonimato. Inteligência do art. 1º, § 3º e 2º da Resolução CPJ nº 04/2013.

*Este texto não substitui o consignado na ata da 43ª Sessão Ordinária do CSMP de 2015.

Publicado no Diário Oficial Eletrônico, Ministério Público, Paraíba, 04/11/2015.

Enunciado nº 12/2015

MEIO AMBIENTE – CRIAÇÃO DE ANIMAIS DA FAUNA SILVESTRES EM CATIVEIRO- AUSÊNCIA DE INVESTIGAÇÃO SOBRE AS CIRCUNSTÂNCIAS DO FATO- INAPLICABILIDADE DO PRINCÍPIO DA INSIGNIFICÂNCIA

Será convertido em diligência procedimento instaurado para apurar dano ambiental constituído em criação de animais silvestres em cativeiro, quando, sem se esgotarem todas as diligências visando apurar as circunstâncias em que se deu a apreensão, o perfil do possível infrator e a probabilidade de serem os animais espécies em extinção, se concluir pela aplicação do princípio da insignificância.

*Este texto não substitui o consignado na ata da 43ª Sessão Ordinária do CSMP de 2015.

Publicado no Diário Oficial Eletrônico, Ministério Público, Paraíba, 04/11/2015.

Enunciado nº 13/2015

IDOSO. CESSAÇÃO DA SITUAÇÃO DE RISCO - PERDA DE INTERESSE PROCEDIMENTAL

Deve ser homologada por perda de interesse procedimental, a promoção de arquivamento de procedimento instaurado para apurar notícia de risco a idoso se, no curso da investigação, ficar comprovada a cessação do risco ou a adoção pelo Ministério Público das medidas cabíveis previstas no Estatuto do Idoso para a proteção do ancião.

Publicado no Diário Oficial Eletrônico, Ministério Público, Paraíba, 11/12/2015.

19 – PARANÁ (PR)

19.1 SÚMULAS DO CONSELHO SUPERIOR DO MINISTÉRIO PÚBLICO DO ESTADO DO PARANÁ

Súmula nº 01

O Termo de Ajustamento de Conduta será autuado em apenso ao Inquérito Civil e ambos aguardarão na Promotoria de Justiça o cumprimento, sendo remetidos ao Conselho Superior do Ministério Público somente após cumpridas todas as condições e/ou termos acordados.

De 30 de outubro de 2012.

Conforme acesso em 07 de agosto de 2020 ao site:https://mppr.mp.br/modules/conteudo/conteudo.php?conteudo=5584

Súmula nº 02

Para efeito de contagem do prazo, o interstício para promoção por merecimento e de remoção, tem como termo a quo a data da posse na entrância e na comarca, respectivamente, e termo *ad quem*, a data prevista para o julgamento do respectivo edital.

De 20 de novembro de 2012.

Conforme acesso em 07 de agosto de 2020 ao site:https://mppr.mp.br/modules/conteudo/conteudo.php?conteudo=5584

Súmula nº 03

Para fins de remoção e promoção por merecimento, as quintas partes da lista de antiguidade deverão ser elaboradas com base no número de membros do Ministério Público e não a partir do número de cargos existentes na respectiva entrância.

De 26 de março de 2013.

Conforme acesso em 07 de agosto de 2020 ao site:https://mppr.mp.br/modules/conteudo/conteudo.php?conteudo=5584

Súmula nº 04

O Ministério Público tem legitimidade para propor ações civis públicas perante a justiça comum estadual na defesa de interesse de sociedade de economia mista, sociedades anônimas de capital aberto e outras sociedades comerciais, em razão da participação de patrimônio público no capital da sociedade, podendo, inclusive, instaurar procedimento visando acompanhar o ressarcimento dos danos causados ao patrimônio da sociedade, bem como a omissão do gestor.

De 03 de dezembro de 2013.

Conforme acesso em 07 de agosto de 2020 ao site:https://mppr.mp.br/modules/conteudo/conteudo.php?conteudo=5584

Súmula nº 05

Convertido o julgamento em diligência, reabre-se ao Promotor de Justiça que tinha promovido o arquivamento do inquérito civil ou das peças de informação, ou ao membro do Ministério Público que lhe houver sucedido, a oportunidade de reapreciar o caso, em respeito à independência funcional, podendo manter sua posição favorável ao arquivamento ou propor a ação civil pública, como lhe pareça mais adequado. Neste último caso, imprescindível a comunicação do ajuizamento da ação por ofício ao Conselho e o registro no sistema PRO-MP.

De 07 de abril de 2014.

Conforme acesso em 07 de agosto de 2020 ao site:https://mppr.mp.br/modules/conteudo/conteudo.php?conteudo=5584

Súmula nº 06

Quando não houver requerentes com pelo menos dois anos de exercício na entrância e integrantes da primeira quinta parte do rol de antiguidade, a lista tríplice será composta com candidatos situados nos quintos subsequentes, atendo-se à ordem de antiguidade, quando necessária se completar a fração.

De 23 de junho de 2014.

Conforme acesso em 07 de agosto de 2020 ao site:https://mppr.mp.br/modules/conteudo/conteudo.php?conteudo=5584

Súmula nº 07

Tratando-se de procedimento investigatório civil no bojo do qual o Ministério Público tenha celebrado Termo de Ajustamento de Conduta (TAC), cujo objeto refira-se, exclusivamente, à prestação de obrigação de não fazer, o Conselho Superior poderá conhecer da promoção de arquivamento desses autos e homologá-la.

De 02 de agosto de 2016.

Conforme acesso em 07 de agosto de 2020 ao site:https://mppr.mp.br/modules/conteudo/conteudo.php?conteudo=5584

Súmula nº 08

Se for reconhecido pelo Órgão de Execução o esgotamento das possibilidades jurídicas de aplicação das sanções previstas no art. 12 da Lei de Improbidade Administrativa no curso do procedimento preparatório ou inquérito civil, e remanescendo prejuízo ao erário comprovado, poderá o agente ministerial celebrar Termo de Ajustamento de Conduta visando à reparação do dano ao erário, submetendo a promoção de arquivamento com cópia do TAC ao Conselho Superior, devendo desentranhar dos autos o TAC, que instruirá procedimento administrativo próprio com a finalidade de acompanhar o cumprimento integral do avençado.

De 02 de agosto de 2016.

Conforme acesso em 07 de agosto de 2020 ao site:https://mppr.mp.br/modules/conteudo/conteudo.php?conteudo=5584

20 – PERNAMBUCO (PE)

20.1 ENUNCIADOS DO CONSELHO SUPERIOR DO MINISTÉRIO PÚBLICO DO ESTADO DE PERNAMBUCO

Enunciado nº 001

Nas promoções e remoções por merecimento, existindo apenas um ou dois nomes que integrem o quinto constitucional, não haverá recomposição do quinto de antiguidade, podendo a lista ser formada por menos de três postulantes.

Publicada no DOE de 10/12/2015.

Conforme acesso em 07 de agosto de 2020 ao site: http://www.mppe.mp.br/mppe/institucional/conselho-superior/conselho-instrumentos-juridicos/category/437-enunciados

Enunciado nº 002

Nas remoções voluntárias de membros do Ministério Público, deve ser comprovado pelo candidato, como pressuposto de admissibilidade, o interstício mínimo de 01 (um) ano de exercício no seu respectivo cargo (art. 46, § 1º, da LOEMP), contado até o decurso do prazo do segundo edital de habilitação, independentemente da apreciação dos critérios legais de preferência, salvo se não houver com tal requisito quem concorra a essas movimentações.

Publicada no DOE de 05/05/2016.

Conforme acesso em 07 de agosto de 2020 ao site: http://www.mppe.mp.br/mppe/institucional/conselho-superior/conselho-instrumentos-juridicos/category/437-enunciados

Enunciado nº 003

Não se aplicam à remoção por permuta os critérios de classificação por antiguidade condizentes com a noção de quinto promovível, podendo, portanto, ser deferida, observados seus requisitos, a membros do Ministério Público independentemente de integrarem ou não o mesmo quinto, constitucional ou sucessivo.

Publicada no DOE de 05/05/2016.

Conforme acesso em 07 de agosto de 2020 ao site: http://www.mppe.mp.br/mppe/institucional/conselho-superior/conselho-instrumentos-juridicos/category/437-enunciados

Enunciado nº 004

A lista de antiguidade dos membros do Ministério Público terá como data-base o dia 31 de dezembro do ano findo, devendo ser aprovada pelo CSMP até a segunda sessão do exercício seguinte, sem prejuízo das atualizações que se fizerem necessárias.

Publicada no DOE de 13/04/2017.

Conforme acesso em 07 de agosto de 2020 ao site: http://www.mppe.mp.br/mppe/institucional/conselho-superior/conselho-instrumentos-juridicos/category/437-enunciados

Enunciado nº 005

A obrigatoriedade de alternância na forma de provimento dos cargos de Promotor de Justiça do Ministério Público do Estado de Pernambuco apenas se aplica aos cargos de 2ª e 3ª entrâncias, não incidindo tal regra para provimento dos cargos de 1ª entrância, cuja remoção deve prioritariamente preceder ao provimento inicial, nos termos do art. 45, § 1º da Lei Complementar Estadual nº 12/1994.

Publicada no DOE de 25/04/2019.

Conforme acesso em 07 de agosto de 2020 ao site: http://www.mppe.mp.br/mppe/institucional/conselho-superior/conselho-instrumentos-juridicos/category/437-enunciados

21 – PIAUÍ (PI)

21.1 ENUNCIADOS DO CONSELHO SUPERIOR DO MINISTÉRIO PÚBLICO DO ESTADO DO PIAUÍ

Enunciado nº 01/2019

Inquérito Civil – Procedimento Preparatório. CIENTIFICAÇÃO DOS INTERESSADOS. ART. 10 § 1º, DA RESOLUÇÃO CNMP Nº 23/2007.

I – Antes da remessa dos autos ao Conselho Superior do Ministério Público, a Promotoria de Justiça de origem deverá dar ciência às partes interessadas, quais sejam, a noticiante e a investigada, acerca da promoção de arquivamento do inquérito civil ou do procedimento preparatório, para, querendo, apresentar recurso com as respectivas razões.

II – A notificação dos interessados será pessoal, preferencialmente, por meio eletrônico, ou por carta com aviso de recebimento, acompanhada de certidão de confirmação de recebimento lavrada por oficial do Ministério Público. Quando não localizados os que devem ser cientificados, deverá ser expedido edital, publicado no Diário Oficial Eletrônico do Ministério Público, ou afixado no órgão do Ministério Público, *ex vi* do Art. 10, § 1º da Resolução CNMP Nº 23/2007.

Aprovado na 1322ª sessão ordinária do CSMP em 06.12.2019.

Enunciado nº 02/2019

Inquérito Civil – PRORROGAÇÃO DO PRAZO.

Na prorrogação do prazo para a conclusão do Inquérito Civil é imprescindível que a decisão seja proferida mediante a explicitação dos motivos que levam a sua necessidade.

Aprovado na 1322ª sessão ordinária do CSMP em 06.12.2019.

Enunciado nº 03/2019

Inquérito Civil – Procedimento Preparatório. RECLAMAÇÃO DE USUÁRIO CONTRA ÓRGÃO PÚBLICO OU CONCESSIONÁRIA. REGULARIZAÇÃO DOS SERVIÇOS PÚBLICOS.

Merece homologação, a promoção de arquivamento de inquérito civil ou de procedimento preparatório instaurado para fins de apurar reclamação de cidadão contra órgão público ou concessionária, se ficar comprovada nos autos a regularização da prestação dos serviços públicos pela entidade responsável.

Aprovado na 1322ª sessão ordinária do CSMP em 06.12.2019.

Enunciado nº 04/2019

Inquérito Civil – Procedimento Preparatório. MEIO AM BIENTE. CESSAÇÃO DAS ATIVIDADES NOCIVAS. INEXISTÊNCIA DE DANO AMBIENTAL. REGENERAÇÃO NATURAL TOTAL. PERDA DO OBJETO.

Merece homologação, a promoção de arquivamento do inquérito civil ou do procedimento preparatório:

I – se a notícia de dano ao meio ambiente não é ratificada por meio de prova idônea, produzida no curso da investigação;

II – que conclui pela cessação das atividades poluidoras geradoras de ruídos;

III – se ficar comprovada nos autos a cessação das emissões no ar de gases, partículas e/ou radiações acima dos limites legais permitidos para a atividade poluidora.

Aprovado na 1322ª sessão ordinária do CSMP em 06.12.2019.

21.2 SÚMULAS DO CONSELHO SUPERIOR DO MINISTÉRIO PÚBLICO DO ESTADO DO PIAUÍ

Súmula nº 01

A prescrição da pretensão a que se refere o art. 23 da Lei nº 8.429/92 não alcança ação de ressarcimento dos prejuízos causados ao erário (art. 37, § 5º, da CF).

Súmula suspensa – decisão proferida na 1272ª sessão ordinária do Conselho Superior.

Aprovada na 3ª Sessão extraordinária em 23/10/2017.

Súmula nº 02

O termo de ajustamento de conduta previsto no art. 5º, § 6º, da Lei nº 7.347/85, no inquérito civil e nos procedimentos preparatórios, que deverão explicitar as obrigações pactuadas, de modo que resultem certas as obrigações, quanto à sua existência e determinadas, quanto ao seu objeto, com cláusula penal em caso de descumprimento, cabendo ao membro do Ministério Público fazer o devido acompanhamento.

Aprovada na 3ª Sessão extraordinária em 23/10/2017.

Súmula nº 03

Em caso de judicialização de todo o objeto dos procedimentos preparatórios e inquéritos civis é desnecessária a remessa dos autos para arquivamento pelo Conselho Superior do Ministério Público, devendo, todavia, ser informado, via ofício, com cópia da inicial.

Aprovada na 3ª Sessão extraordinária em 23/10/2017.

22 – RIO DE JANEIRO (RJ)

22.1 ENUNCIADOS DO CONSELHO SUPERIOR DO MINISTÉRIO PÚBLICO DO ESTADO DO RIO DE JANEIRO

Enunciado nº 01/2007

IDOSO, CRIANÇA, ADOLESCENTE OU PESSOA COM DEFICIÊNCIA. FALECIMENTO

Caberá homologação da promoção de arquivamento se inexistirem nos autos de inquérito civil ou de procedimento preparatório indícios de crime praticado em detrimento de idoso, criança, adolescente ou pessoa com deficiência, cujo falecimento por causas naturais encerra a investigação.

Referência legislativa: Lei nº 7853/89, Lei nº 8069/90, Lei nº 10.741/03.

Data da aprovação: 02 de maio de 2007.

Datas das modificações: 29 de abril de 2010 e 13 de fevereiro de 2020, com vigência após decorridos 60 (sessenta) dias da publicação.

Objeto: Atualização de expressões.

Fonte de publicação: Diário Oficial Eletrônico do MPRJ de 13.02.2020.

Enunciado nº 02/2007

Revogado na sessão de 13 de fevereiro de 2020, com vigência após decorridos 60 (sessenta) dias da publicação. DOE-MPRJ de 13.02.2020.

Enunciado nº 03/2007

MEIO AMBIENTE. REGENERAÇÃO NATURAL TOTAL.

Caberá homologação da promoção de arquivamento do procedimento preparatório ou do inquérito civil instaurado para apurar o dano ambiental quando ocorrer a regeneração natural de toda a área degradada, com o encerramento da atividade nociva ao meio-ambiente.

Referência legislativa: Art. 225, § 3º, da Constituição Federal. Art. 48 e art. 70, da Lei 9.605/98.

Data da aprovação: 02 de maio de 2007.

Data da modificação: 13 de fevereiro de 2020, com vigência após decorridos 60 (sessenta) dias da publicação.

Objeto: Reformulação do Enunciado CSMP nº 03/2007.

Fonte de publicação: Diário Oficial Eletrônico do MPRJ de 13.02.2020.

Enunciado nº 04/2007

INFÂNCIA E JUVENTUDE. MAIORIDADE.

Alcançada a maioridade civil, cessa a atribuição do Ministério Público para postular medida protetiva prevista no ECA, merecendo homologação a promoção de arquivamento do procedimento instaurado para tanto.

Aprovado na sessão de 02 de maio de 2007.

Enunciado nº 05/2007

Revogado na sessão de 13 de fevereiro de 2020, com vigência após decorridos 60 (sessenta) dias da publicação. DOE-MPRJ de 13.02.2020.

Enunciado nº 06/2007

Revogado na sessão de 13 de fevereiro de 2020, com vigência após decorridos 60 (sessenta) dias da publicação. DOEMPRJ de 13.02.2020).

Enunciado nº 07/2007

CONSUMIDOR. INTERESSE INDIVIDUAL DISPONÍVEL. AUSÊNCIA DE LEGITIMIDADE DO MINISTÉRIO PÚBLICO.

Caberá homologação da promoção de arquivamento do procedimento preparatório ou do inquérito civil instaurado em virtude de notícia de lesão a direitos consumeristas se, no curso da investigação, ficar evidenciada lesão de caráter meramente individual e disponível a consumidor, após consulta às bases de dados institucionais ou outras cabíveis, acerca da multiplicidade de notícias do mesmo teor.

Referência legislativa: Art. 5º, §1º e art. 27 da Resolução GPGJ nº 2.227/18. Súmula 601 do STJ. Art. 81, da Lei 8.078/90.

Data da aprovação: 02 de maio de 2007.

Data da modificação: 13 de fevereiro de 2020, com vigência após decorridos 60 (sessenta) dias da publicação.

Objeto: Reformulação do Enunciado CSMP nº 07/2007.

Fonte de publicação: Diário Oficial Eletrônico do MPRJ de 13.02.2020.

Enunciado nº 08/2007

Revogado na sessão de 13 de fevereiro de 2020, com vigência após decorridos 60 (sessenta) dias da publicação. DOE-MPRJ de 13.02.2020.

Enunciado nº 09/2007

Revogado na sessão de 13 de fevereiro de 2020, com vigência após decorridos 60 (sessenta) dias da publicação. DOE-MPRJ de 13.02.2020.

Enunciado nº 10/2007

MEIO AMBIENTE. POLUIÇÃO ATMOSFÉRICA. CESSAÇÃO DAS EMISSÕES ILEGAIS.

Caberá homologação da promoção de arquivamento do procedimento preparatório ou do inquérito civil que apure poluição atmosférica, se ficar comprovada nos autos a cessação das emissões no ar de gases, partículas e/ou radiações acima dos limites legais permitidos para a atividade poluidora.

Referência legislativa: art. 54, § 2º, II e V e art. 70 da Lei 9.605/98.

Data da aprovação: 29 de maio de 2007.

Data da modificação: 13 de fevereiro de 2020, com vigência após decorridos 60 (sessenta) dias da publicação.

Objeto: Reformulação do Enunciado CSMP nº 10/2007.

Fonte de publicação: Diário Oficial Eletrônico do MPRJ de 13.02.2020.

Enunciado nº 11/2007

Revogado na sessão de 13 de fevereiro de 2020, com vigência após decorridos 60 (sessenta) dias da publicação. DOE-MPRJ de 13.02.2020.

Enunciado nº 12/2007

Revogado na sessão de 13 de fevereiro de 2020, com vigência após decorridos 60 (sessenta) dias da publicação. DOE-MPRJ de 13.02.2020.

Enunciado nº 13/2007

CONSUMIDOR: REGULARIZAÇÃO DOS PRODUTOS E/OU SERVIÇOS.

Caberá homologação da promoção de arquivamento do procedimento preparatório ou do inquérito civil instaurado para apurar notícia de lesão aos direitos dos consumidores se, no curso da investigação, ficar comprovada a regularização dos produtos e/ou serviços pelos fornecedores e que tenham sido tomadas medidas para a efetiva indenização dos eventuais danos coletivos, quando for a hipótese.

Referência legislativa: Art. 6º, VI e art. 14 da Lei 8.078/90.

Data da aprovação: 26 de junho de 2007.

Data da modificação: 13 de fevereiro de 2020, com vigência após decorridos 60 (sessenta) dias da publicação.

Objeto: Reformulação do Enunciado CSMP nº 13/2007.

Fonte de publicação: Diário Oficial Eletrônico do MPRJ de 13.02.2020.

Enunciado nº 14/2007

Revogado na sessão de 13 de fevereiro de 2020, com vigência após decorridos 60 (sessenta) dias da publicação. DOE-MPRJ de 13.02.2020.

Enunciado nº 15/2007

DEFICIENTE. LESÃO A DIREITO INDIVIDUAL. FALTA DE ATRIBUIÇÃO DAS PROMOTORIAS ESPECIALIZADAS.

Caberá homologação da promoção de arquivamento de procedimento instaurado para apurar notícia de violação a direitos, se, no curso da investigação, ficar comprovado que a lesão atingiu apenas direito individual e não direitos difusos ou coletivos.

Referência legislativa: Constituição Federal, arts. 127 e 129, II e III; Lei Federal n.º 7.347/1985, arts. 1º e 21; Lei Federal n.º 8.625/1993, art. 25, inciso IV, "a"; Lei Complementar n.º 106/2003, art. 34, VI, "a"; Lei Federal n.º 8.069/1990, art. 201, V; Lei Federal n.º 8078/1990, arts. 5º, II; 51, §4º; 81, I, II e III; 201, V; Lei Federal n.º 7.853/1989, art. 3º, caput; Lei Federal no 10.741/2003, art. 74, I; Lei n.º 9.615/1998, arts. 1-A e 3º; Resolução GPGJ n.º 1.284/2005, art. 5º, "a" e Resolução GPGJ nº 2.157/2017, art. 3º, II.

Data da aprovação: 05 de setembro de 2007.

Data da modificação: 13 de fevereiro de 2020, com vigência após decorridos 60 (sessenta) dias da publicação.

Objeto: Nova Redação do Enunciado CSMP n.º 15/2007.

Fonte de publicação: Diário Oficial Eletrônico do MPRJ de 13.02.2020.

Enunciado nº 16/2007

DANOS A INTERESSES OU DIREITOS DIFUSOS, COLETIVOS E/OU INDIVIDUAIS HOMOGÊNEOS. CELEBRAÇÃO DE TERMO DE AJUSTAMENTO DE CONDUTA. TÍTULO EXECUTIVO EXTRAJUDICIAL. DESNECESSIDADE DE AÇÃO CIVIL PÚBLICA.

Caberá homologação da promoção de arquivamento de inquérito civil ou de outro procedimento instaurado para apurar notícia de lesão a interesses ou direitos difusos, coletivos e/ou individuais homogêneos se, no curso da investigação, for celebrado termo de ajustamento de conduta com o investigado para cumprimento da legislação específica.

Referência legislativa: Lei Federal n.º 7.347/1985, art. 5º, § 6º; Lei Federal nº 9.605/1998, artigo 79-A e §1º; Resolução CNMP n.º 179/2017; Resolução GPGJ n.º 2.227/2018, arts. 32, I; 36; 37; 48; 50 e Deliberação CSMP nº 71/2019.

Data da aprovação: 05 de setembro de 2007.

Data da modificação: 13 de fevereiro de 2020, com vigência após decorridos 60 (sessenta) dias da publicação.

Objeto: Nova Redação do Enunciado CSMP n.º 16/2007.

Fonte de publicação: Diário Oficial Eletrônico do MPRJ de 13.02.2020.

Enunciado nº 17/2007

Revogado na sessão de 13 de fevereiro de 2020, com vigência após decorridos 60 (sessenta) dias da publicação. DOE-MPRJ de 13.02.2020.

Enunciado nº 18/2007

AJUIZAMENTO DE AÇÃO JUDICIAL INDEPENDENTE CONTEMPLANDO A TOTALIDADE DO OBJETO DA INVESTIGAÇÃO DO MP. PERDA DO INTERESSE PROCEDIMENTAL.

O ajuizamento de ação civil pública, de ação popular, de ação de improbidade ou de outra medida judicial pelo Ministério Público ou por terceiros legitimados, cujo pedido contemple a totalidade do objeto da portaria de instauração ou dos elementos que vierem a surgir no curso das investigações, acarreta a perda do interesse procedimental, devendo ser promovido o arquivamento do inquérito civil ou de outro procedimento. Hipótese de homologação de arquivamento.

Referência legislativa: Resolução n.º 2.227/2018, art. 27 e Lei 8.429/1992, art. 17, §1º.

Data da aprovação: 17 de dezembro de 2007.

Data da modificação: 13 de fevereiro de 2020, com vigência após decorridos 60 (sessenta) dias da publicação.

Objeto: Nova Redação do Enunciado CSMP n.º 18/2007.

Fonte de publicação: Diário Oficial Eletrônico do MPRJ de 13.02.2020.

Enunciado nº 19/2008

MEIO AMBIENTE. FAUNA. APREENSÃO DE ANIMAIS SILVESTRES PELOS ÓRGÃOS AMBIENTAIS.

Caberá homologação da promoção de arquivamento do procedimento preparatório ou do inquérito civil instaurado para apurar notícia de danos ambientais pela criação e/ou comercialização ilegais de animais silvestres, sem autorização dos órgãos ambientais ou em desacordo com ela se, no curso da investigação, ficar comprovado o encaminhamento dos espécimes apreendidos para instituição adequada ou sua libertação no seu habitat natural, com a adoção das providências administrativas e policiais cabíveis para reparação dos danos e punição dos infratores, tornando desnecessário o ajuizamento de ação civil pública pelo Ministério Público.

Referência legislativa: Art. 225, §1º, VII, da Constituição Federal. Art. 25, §1º, art. 29, §1º, III e art. 72, IV, da Lei 9.605/98. Art. 261, IV, da Constituição do Estado do Rio de Janeiro.

Data da aprovação: 27 de março de 2008.

Data da modificação: 13 de fevereiro de 2020, com vigência após decorridos 60 (sessenta) dias da publicação.

Objeto: Reformulação do Enunciado nº 19/2008.

Fonte de publicação: Diário Oficial Eletrônico do MPRJ de 13.02.2020.

Enunciado nº 20/2008

MEIO AMBIENTE. POLUIÇÃO SONORA. VIZINHO LIMÍTROFE.

Caberá homologação da promoção de arquivamento do procedimento preparatório ou do inquérito civil instaurado para apurar notícia de poluição sonora se, no curso da investigação, restar comprovado que os impactos provocados pela propagação do ruído se restringem ao vizinho limítrofe, cujo conflito será solvido pelo direito de vizinhança.

Referência legislativa: art.1.277, do Código Civil. REsp 1051306/MG, Rel. p/ Acórdão Ministro Herman Benjamin, Segunda Turma, julgado em 16/10/2008, DJe 10/09/2010.

Data da aprovação: 29 de outubro de 2009.

Data da modificação: 13 de fevereiro de 2020, com vigência após decorridos 60 (sessenta) dias da publicação.

Objeto: Reformulação do Enunciado nº 20/2008.

Fonte de publicação: Diário Oficial Eletrônico do MPRJ de 13.02.2020.

Enunciado nº 21/2008

Revogado na sessão de 13 de fevereiro de 2020, com vigência após decorridos 60 (sessenta) dias da publicação. DOE-MPRJ de 13.02.2020.

Enunciado nº 22/2008

MEIO AMBIENTE/URBANISMO. OBRA OU ESTABELECIMENTO SEM AUTORIZAÇÃO DOS ÓRGÃOS COMPETENTES E/OU EM DESACORDO

COM O ZONEAMENTO URBANO. ENCERRAMENTO OU REGULARIZAÇÃO DAS ATIVIDADES ILEGAIS.

Caberá homologação da promoção de arquivamento do procedimento preparatório ou do inquérito civil instaurado para apurar danos ao meio ambiente artificial se ficar comprovado, no curso da investigação, o encerramento ou a regularização das atividades da obra ou do estabelecimento sem autorização dos órgãos competentes e/ou em desacordo com o zoneamento urbano do local.

Referência legislativa: Art. 225, §1º, IV, da Constituição Federal. Art. 60 e art. 70 da Lei 9.605/98. Art. 358, VIII, da Constituição do Estado do Rio de Janeiro.

Data da aprovação: 12 de agosto de 2008.

Datas das modificações: 16 de outubro de 2014 e 13 de fevereiro de 2020, com vigência após decorridos 60 (sessenta) dias da publicação.

Objeto: Reformulação do Enunciado CSMP nº 22/2008.

Fonte de publicação: Diário Oficial Eletrônico do MPRJ de 13.02.2020.

Enunciado nº 23/2008

CIDADANIA. RECLAMAÇÃO CONTRA ÓRGÃO PÚBLICO OU CONCESSIONÁRIA. REGULARIZAÇÃO DOS SERVIÇOS PÚBLICOS.

Caberá homologação da promoção de arquivamento do procedimento preparatório ou do inquérito civil instaurado para apurar reclamação contra órgão público ou concessionária de serviço público, se ficar comprovada, no curso da investigação, a regularização da prestação dos serviços públicos pela entidade responsável.

Referência legislativa: Art. 30, V e art. 37, § 3º, I, da Constituição Federal. Lei 13.460/2017.

Data da aprovação: 12 de agosto de 2008.

Data da modificação: 13 de fevereiro de 2020, com vigência após decorridos 60 (sessenta) dias da publicação.

Objeto: Reformulação do Enunciado CSMP nº 23/2008.

Fonte de publicação: Diário Oficial Eletrônico do MPRJ de 13.02.2020.

Enunciado nº 24/2008

PATRIMÔNIO CULTURAL. INEXISTÊNCIA DE DANOS AOS BENS PROTEGIDOS ADMINISTRATIVA, LEGAL E/OU JUDICIALMENTE.

Caberá homologação da promoção de arquivamento de procedimento preparatório ou inquérito civil instaurado para apurar danos ao patrimônio cultural, se ficar comprovada nos autos a inexistência de prejuízos ao bem ou ao conjunto de bens protegidos por atos administrativos, por legislação específica e/ou por decisão judicial, devido ao seu valor histórico, paisagístico, artístico, arqueológico, paleontológico, ecológico ou científico.

Referência legislativa: Art. 62 ao art. 65 da Lei 9605/98. Art. 73 da Constituição Estadual.

Data da aprovação: 28 de agosto de 2008.

Data da modificação: 13 de fevereiro de 2020, com vigência após decorridos 60 (sessenta) dias da publicação.

Objeto: Reformulação do Enunciado CSMP nº 24/2008.

Fonte de publicação: Diário Oficial Eletrônico do MPRJ de 13.02.2020.

Enunciado nº 25/2008

MEIO AMBIENTE. POLUIÇÃO HÍDRICA. CESSAÇÃO DA CONTAMINAÇÃO DAS ÁGUAS.

Caberá homologação da promoção de arquivamento do procedimento preparatório ou do inquérito civil instaurado para apurar poluição hídrica pelo lançamento em recurso hídrico de efluentes líquidos e/ou dejetos provenientes de unidade ou conjuntos residenciais, comerciais, de serviços, agropecuários ou industriais, se ficar comprovado, no curso da investigação, a instalação de fossa, sumidouro, Estações de Tratamento de Água (ETA) ou de Esgotos (ETE), emissário submarino ou de outro equipamento antipoluição, de acordo com os padrões de qualidade ambiental para cada poluente que assegure a cessação da contaminação das águas.

Referência legislativa: Art. 54, § 2º, III e V e art. 70 da Lei. 9.605/98. Art. 261, VI, da Constituição do Estado do Rio de Janeiro.

Data da aprovação: 12 de novembro de 2008.

Data da modificação: 13 de fevereiro de 2020, com vigência após decorridos 60 (sessenta) dias da publicação.

Objeto: Reformulação do Enunciado CSMP nº 25/2008.

Fonte de publicação: Diário Oficial Eletrônico do MPRJ de 13.02.2020.

Enunciado nº 26/2008

MEIO AMBIENTE. POLUIÇÃO DO SOLO. DESCONTAMINAÇÃO DA ÁREA.

Caberá homologação da promoção de arquivamento do procedimento preparatório ou do inquérito civil instaurado para apurar poluição do solo pelo despejo a céu aberto de resíduos provenientes de unidade ou conjuntos residenciais, comerciais, de serviços, agropecuários ou industriais, se ficar comprovado, no curso da investigação, a descontaminação do solo e a instalação de usinas de reciclagem e/ou de compostagem de lixo, incineradores, aterros sanitário e industrial ou de outro equipamento antipoluição de acordo com os padrões de qualidade ambiental para cada poluente.

Referência legislativa: Art. 54, § 2º, V, e art. 70 da Lei 9.605/98.

Data da aprovação: 12 de novembro de 2008.

Data da modificação: 13 de fevereiro de 2020, com vigência após decorridos 60 (sessenta) dias da publicação.

Objeto: Reformulação do Enunciado CSMP nº 26/2008.

Fonte de publicação: Diário Oficial Eletrônico do MPRJ de 13.02.2020.

Enunciado nº 27/2009

INDEFERIMENTO DE REPRESENTAÇÃO PARA INSTAURAÇÃO DE INQUÉRITO CIVIL PÚBLICO, DE PROCEDIMENTO PREPARATÓRIO OU DE PROCEDIMENTO ADMINISTRATIVO. AUSÊNCIA DE ELEMENTOS MÍNIMOS CAPAZES DE ENSEJAR A INSTAURAÇÃO DE PROCEDIMENTO INVESTIGATÓRIO. NOTIFICAÇÃO DO REPRESENTANTE OU IMPOSSIBILIDADE DE FAZÊ-LO. NÃO INTERPOSIÇÃO DE RECURSO. DESNECESSIDADE DE REMESSA DOS AUTOS AO CONSELHO SUPERIOR. ARQUIVAMENTO DOS AUTOS NO PRÓPRIO ÂMBITO DA PROMOTORIA DE JUSTIÇA REPRESENTADA. NÃO CONHECIMENTO DA PROMOÇÃO.

Impõe-se o indeferimento de plano de representação para instauração de investigação a suposta lesão de direitos transindividuais, em razão da ausência de elementos mínimos capazes à inauguração do procedimento investigatório, se a lesão for a bem de valor insignificante, os fatos já tiverem sido solucionados ou forem objeto de outra investigação ou Ação Civil Pública, bem como se o fato noticiado for incompreensível. Nesta hipótese é imprescindível a notificação do noticiante ou, em havendo impossibilidade de fazê-lo, não houver interposição de recurso. Desnecessidade de remessa dos autos ao Conselho Superior. Arquivamento no próprio âmbito da Promotoria de Justiça representada. Não conhecimento da promoção.

Referência legislativa: Resolução nº 23/2007 do CNMP, art. 5º, caput e § 4º e Resolução GPGJ n.º 2.227/2018, art. 2º, §2º; art. 5º, caput, III, §§ 1º e 2º; art. 27, §§ 1º e 2º; art. 84.

Data da aprovação: 18 de junho de 2009.

Datas das modificações: 26 de novembro de 2009, 16 de outubro de 2014 e 13 de fevereiro de 2020, com vigência após decorridos 60 (sessenta) dias da publicação.

Objeto: Nova redação do Enunciado CSMP nº 27/2009.

Fonte de publicação: Diário Oficial Eletrônico do MPRJ de 13.02.2020.

Enunciado nº 28/2009

DIREITO À EDUCAÇÃO.

Merece homologação a promoção de arquivamento de Inquérito Civil ou de procedimento instaurado para verificar a regularidade quanto ao funcionamento de unidade de ensino de qualquer natureza, no âmbito deste Estado, caso, no transcurso da investigação constate-se a efetiva adequação do referido estabelecimento educacional às exigências das autoridades competentes ou o encerramento de suas atividades, nos termos das normas definidoras das Diretrizes e Bases da Educação e, quando a hipótese corresponda à temática de interesse individual (Resolução nº 1664, de 17 de junho de 2011).

Aprovado na sessão de 26 de novembro de 2009. Redação alterada nas sessões de 26 de julho de 2012 e de 31 de outubro de 2013.

Enunciado nº 29/2010

IDOSO, DEFICIENTE, INFÂNCIA E JUVENTUDE. APURAÇÃO DAS CONDIÇÕES DE FUNCIONAMENTO DE ABRIGO. REGULARIZAÇÃO OU ENCERRAMENTO DAS ATIVIDADES.

Merece homologação a promoção de arquivamento de procedimento administrativo instaurado para apurar as condições de funcionamento de abrigo destinado a idoso, a deficiente, à criança ou a adolescente se, no curso das investigações, ficar comprovada a regularização dos serviços prestados ou o encerramento definitivo das atividades dos estabelecimentos.

Publicado no Diário Oficial de 05/05/2010 (p. 2).

Enunciado nº 30/2010

PROCEDIMENTOS ADMINISTRATIVOS ELEITORAIS. FALTA DE COMPETÊNCIA REVISORA DO CONSELHO SUPERIOR.

O arquivamento das peças de informação e/ou procedimentos administrativos eleitorais não está inserido na competência revisora do Conselho Superior do Ministério Público.

Referência legislativa: Resolução GPGJ nº 2.331, de 05 de março de 2020, art. 8º.

Data da aprovação: 04 de outubro de 2010.

Data da modificação: 13 de fevereiro de 2020 (sem produção de efeitos, em virtude da vacatio legis) e 24 de setembro de 2020.

Objeto: Nova Redação do Enunciado CSMP n.º 30/2010.

Fonte de publicação: Diário Oficial Eletrônico do MPRJ de 13.02.2020 e de 25.09.2020.

Enunciado nº 31/2011

AUSÊNCIA, DEFICIÊNCIA DE FUNDAMENTAÇÃO OU DECISÃO CITRA PETITA. HIPÓTESE DE NÃO CONHECIMENTO DA PROMOÇÃO DE ARQUIVAMENTO.

A promoção de arquivamento de Inquérito Civil, Procedimento Preparatório ou outro Procedimento, sem fundamentação ou que esta não contemple a totalidade dos itens contidos na notícia, ou ainda com erro material sobre o mérito da investigação, torna inviável o controle por parte do Conselho Superior do Ministério Público, devendo os autos retornar ao órgão de execução, para a devida complementação ou adequação da promoção de arquivamento.

Referência legislativa: Lei Federal n.º 8.625/1993, art. 43, III; Lei Complementar n.º 106/2003, art. 118, III e Resolução CNMP n.º 23/2007, art. 5º.

Data da aprovação: 25 de maio de 2011.

Data da modificação: 13 de fevereiro de 2020, com vigência após decorridos 60 (sessenta) dias da publicação.

Objeto: Nova Redação do Enunciado CSMP n.º 31/2011.

Fonte de publicação: Diário Oficial Eletrônico do MPRJ de 13.02.2020.

Enunciado nº 32/2012

IDOSO. AUSÊNCIA DO REQUISITO ETÁRIO.

Merece homologação a promoção de arquivamento de procedimento administrativo instaurado para tutelar direitos de idoso se, no curso da investigação, ficar comprovada a ausência do requisito etário (idade inferior a 60 anos) do suposto idoso.

Publicado no Diário Oficial de 04/05/2012 (p. 2).

Enunciado nº 33/2012

Revogado na sessão de 13 de fevereiro de 2020, com vigência após decorridos 60 (sessenta) dias da publicação. DOE-MPRJ de 13.02.2020.

Enunciado nº 34/2012

DEFICIENTE. SAÚDE MENTAL. COMPROVAÇÃO DA CAPACIDADE CIVIL.

Merece homologação a promoção de arquivamento de procedimento administrativo instaurado para apurar a notícia de vulnerabilidade de pessoa, decorrente de suposta enfermidade mental se, no curso da investigação, restar comprovada a inexistência da referida patologia, evidenciando-se, na hipótese, a desnecessidade de propositura de ação de interdição.

Publicado no Diário Oficial de 04/05/2012 (p. 2).

Enunciado nº 35/2012

Revogado na sessão de 13 de fevereiro de 2020, com vigência após decorridos 60 (sessenta) dias da publicação. DOE-MPRJ de 13.02.2020.

Enunciado nº 36/2012

CONSUMIDOR. ENCERRAMENTO DAS ATIVIDADES DE ESTABELECIMENTO.

Caberá homologação da promoção de arquivamento do procedimento preparatório ou do inquérito civil instaurado para apurar reclamações sobre o fornecimento de produtos ou de serviços por parte de estabelecimento, se, no curso da investigação ocorrer o encerramento das atividades do referido estabelecimento, e desde que inexistam outras medidas a serem tomadas no âmbito da proteção aos direitos dos consumidores.

Referência legislativa: Art. 6º, VI, e art. 56, IX e X, da Lei 8.078/90.

Data da aprovação: 19 de abril de 2012.

Data da modificação: 13 de fevereiro de 2020, com vigência após decorridos 60 (sessenta) dias da publicação.

Objeto: Reformulação do Enunciado CSMP nº 36/2012.

Fonte de publicação: Diário Oficial Eletrônico do MPRJ de 13.02.2020.

Enunciado nº 37/2012

Revogado na sessão de 13 de fevereiro de 2020, com vigência após decorridos 60 (sessenta) dias da publicação. DOE-MPRJ de 13.02.2020.

Enunciado nº 38/2012

DROGADIÇÃO.

Caberá homologação da promoção de arquivamento lançada em procedimento administrativo instaurado para apurar a situação de risco social de pessoa com drogadição se, concluída a investigação, restar evidenciada a desnecessidade de internação compulsória em estabelecimento apropriado, a requerimento do Ministério Público.

Data da aprovação: 10 de julho de 2012.

Data da modificação: 13 de fevereiro de 2020, com vigência após decorridos 60 (sessenta) dias da publicação.

Objeto: Correção de equívocos da redação.

Fonte de publicação: Diário Oficial Eletrônico do MPRJ de 13.02.2020.

Enunciado nº 39/2012

Revogado na sessão de 13 de fevereiro de 2020, com vigência após decorridos 60 (sessenta) dias da publicação. DOE-MPRJ de 13.02.2020.

Enunciado nº 40/2012

DIREITO À SAÚDE.

Caberá homologação da promoção de arquivamento de Inquérito Civil ou de outro procedimento instaurado para verificar a regularidade do funcionamento de unidade hospitalar, pública ou privada, se, no curso das investigações, restar constatada a regularização da deficiência inicialmente apontada ou ainda se a hipótese versar sobre direito individual, bem como se for constatado o encerramento de suas atividades.

Data da aprovação: 27 de setembro de 2012.

Datas das modificações: 31 de outubro de 2013 e 13 de fevereiro de 2020, com vigência após decorridos 60 (sessenta) dias da publicação.

Objeto: Atualização de expressões.

Fonte de publicação: Diário Oficial Eletrônico do MPRJ de 13.02.2020.

Enunciado nº 41/2013

INFÂNCIA E JUVENTUDE. TUTELA INDIVIDUAL. DISPUTA DE GUARDA. VARA DE FAMÍLIA.

Merece homologação a promoção de arquivamento de procedimento administrativo instaurado para apurar notícia de descumprimento dos deveres inerentes ao poder familiar, formulada por um dos genitores ou responsável em face do outro, se ficar comprovada a existência de processo judicial em curso em Vara de Família, referente a questões envolvendo o poder familiar, tais como ações de guarda, suspensão e destituição do poder familiar, entre outras, desde que a Promotoria de Justiça em atuação na Vara de Família tenha sido comunicada.

Aprovado na sessão de 29 de agosto de 2013.

Enunciado nº 42/2013

INFÂNCIA. TUTELA INDIVIDUAL. ATUAÇÃO DO CONSELHO TUTELAR.

Merece homologação a promoção de arquivamento de procedimento administrativo instaurado para apurar notícia de violação de direitos de criança ou adolescente, quando esta trouxer fatos que, no âmbito do sistema de Garantia de Direitos da Criança e do Adolescente, exigem, inicialmente, a atuação precípua do Conselho Tutelar, desde que comprovada a efetiva fiscalização, pelo Ministério Público, da atuação do referido órgão no caso concreto.

Aprovado na sessão de 29 de agosto de 2013.

Enunciado nº 43/2013

IDOSO. DEFICIENTE. ACESSIBILIDADE.

Merece homologação a promoção de arquivamento de procedimento administrativo instaurado a fim de apurar notícia de desrespeito às normas de acessibilidade existentes se, no curso da investigação, ficar comprovada a regularização das instalações físicas dos estabelecimentos investigados ou o encerramento de suas atividades.

Aprovado na sessão de 31 de outubro de 2013.

Enunciado nº 44/2013

Revogado na sessão de 13 de fevereiro de 2020, com vigência após decorridos 60 (sessenta) dias da publicação. DOE-MPRJ de 13.02.2020.

Enunciado nº 45/2013

DESNECESSIDADE DE REMESSA DOS AUTOS AO CONSELHO SUPERIOR. ARQUIVAMENTO DOS AUTOS NO PRÓPRIO ÂMBITO DA PROMOTORIA DE JUSTIÇA REPRESENTADA. NÃO CONHECIMENTO DA PROMOÇÃO DE ARQUIVAMENTO.

Os arquivamentos dos procedimentos administrativos preparatórios para propositura de ações de investigação de paternidade, instaurados em razão do advento da Lei Estadual nº 6.381/2013, do projeto "Em Nome do Pai" ou de outra demanda individual podem ser efetivados no âmbito das Promotorias, sem necessidade de encaminhamento ao Conselho Superior.

Referência legislativa: Lei Estadual n.º 6.381/2013; Regimento Interno do CSMP, art. 52; Resolução CNMP n.º 174/2017, art. 8º, III e Resolução GPGJ n.º 2.227/18, art. 32, III; art. 38. (Referência legislativa acrescentada)

Data da aprovação: 19 de dezembro de 2013.

Data da modificação: 13 de fevereiro de 2020, com vigência após decorridos 60 (sessenta) dias da publicação.

Objeto: Inclusão de referências legislativas.

Fonte de publicação: Diário Oficial Eletrônico do MPRJ de 13.02.2020.

Enunciado nº 46/2014

APURAÇÃO DE ATO DE IMPROBIDADE ADMINISTRATIVA. ACUMULAÇÃO REMUNERADA DE CARGOS. SERVIDOR PÚBLICO OU DETENTOR DE MANDATO ELETIVO – VEREADOR.

Caberá homologação da promoção de arquivamento de inquérito civil ou de procedimento preparatório, caso não comprovada a ilicitude na acumulação remunerada de cargos por servidor público ou detentor de mandato eletivo (vereador) ou restando sanada eventual irregularidade e não existindo dano ao erário.

Referência legislativa: Constituição Federal de 1988, artigo 37, XVI, alíneas "a", "b" e "c", e artigo 38, III.

Data da aprovação: 13 de novembro de 2014.

Datas das modificações: 14 de maio de 2015 e 13 de fevereiro de 2020, com vigência após decorridos 60 (sessenta) dias da publicação.

Objeto: Reformulação do Enunciado CSMP nº 46/2014.

Fonte de publicação: Diário Oficial Eletrônico do MPRJ de 13.02.2020.

Enunciado nº 47/2014

Revogado na sessão de 13 de fevereiro de 2020, com vigência após decorridos 60 (sessenta) dias da publicação. DOE-MPRJ de 13.02.2020.

Enunciado nº 48/2014

IDOSO, INFÂNCIA E JUVENTUDE OU PESSOA COM DEFICIÊNCIA. MUDANÇA DE DOMICÍLIO PARA OUTRO ESTADO. AUSÊNCIA DE ATRIBUIÇÃO DO MINISTÉRIO PÚBLICO DO ESTADO DO RIO DE JANEIRO.

Merece homologação a promoção de arquivamento de procedimento administrativo instaurado para apurar notícia de situação de risco vivenciada por idoso, criança e/ou adolescente ou pessoa com deficiência se, no curso das investigações, ficar constatada a mudança de domicílio para outro Estado da Federação do Brasil, dos tutelados pelas Leis Federais nºs 10.741/03, 8.069/90 e 7.853/89, comunicando-se o fato ao Ministério Público competente.

Aprovado na sessão de 13 de novembro de 2014.

Enunciado nº 49/2014

CONSELHOS MUNICIPAIS, TUTELARES E OUTROS PREVISTOS NA LEGISLAÇÃO AFETA ÀS AGÊNCIAS REGULADORAS. APURAÇÃO DA REGULARIDADE DA CRIAÇÃO E FUNCIONAMENTO.

Caberá homologação da promoção de arquivamento de procedimento instaurado a fim de verificar a criação, implantação e/ou funcionamento dos Conselhos Municipais, Tutelares e outros que protejam os direitos difusos, coletivos e/ou individuais homogêneos se, no curso da investigação, restar demonstrado o funcionamento regular dos referidos Conselhos.

Referência legislativa: Constituição Federal de 1988, art. 129, II; Resolução CNMP n.º 174/2017, art. 8º, II; Resolução GPGJ n.º 2.227/18, art. 32, II e Resolução GPGJ n.º 2.091/2017, art. 8º, III.

Data da aprovação: 13 de novembro de 2014.

Data da modificação: 13 de fevereiro de 2020, com vigência após decorridos 60 (sessenta) dias da publicação.

Objeto: Nova Redação do Enunciado CSMP nº 49.

Fonte de publicação: Diário Oficial Eletrônico do MPRJ de 13.02.2020.

Enunciado nº 50/2015

CONSUMIDOR E MEIO AMBIENTE/URBANISMO. ATUAÇÃO EFETIVA DO PODER PÚBLICO.

Caberá homologação da promoção de arquivamento do procedimento preparatório ou do inquérito civil instaurado para apurar danos aos consumidores, ao meio ambiente natural ou artificial se, no curso da investigação, ficar evidenciada a atuação efetiva do poder público, tendente a solucionar a questão.

Referência legislativa: Art. 5º, XXXII, art. 23, VI e art. 225, § 1º, I, da Constituição Federal. Art. 73, VI, art. 234, V e art. 261, § 2º, da Constituição do Estadual do Rio de Janeiro.

Data da aprovação: 14 de maio de 2015.

Datas das modificações: 16 de junho de 2016 e 13 de fevereiro de 2020, com vigência após decorridos 60 (sessenta) dias da publicação.

Objeto: Reformulação do Enunciado CSMP nº 50.

Fonte de publicação: Diário Oficial Eletrônico do MPRJ de 13.02.2020.

Enunciado nº 51/2015

DUPLICIDADE. PROCEDIMENTO COM OBJETO IDÊNTICO OU MAIS AMPLO.

A promoção de arquivamento formulada em procedimento preparatório, administrativo ou inquérito civil, onde venha a ser constatada a hipótese de duplicidade total de objeto ou mesmo continência, poderá ser homologada, registrada nos autos a ciência ao noticiante e informadas à Promotoria de Justiça que preside os autos principais as diligências que, porventura, não sejam comuns, para instruir aquele procedimento.

Referência legislativa: Resolução GPGJ n.º 2.227/2018, art. 27, §3º; art. 84.

Data da aprovação: 14 de maio de 2015.

Data da modificação: 13 de fevereiro de 2020, com vigência após decorridos 60 (sessenta) dias da publicação.

Objeto: Nova Redação do Enunciado CSMP nº 51/2015.

Fonte de publicação: Diário Oficial Eletrônico do MPRJ de 13.02.2020.

Enunciado nº 52/2015

Revogado na sessão de 13 de fevereiro de 2020, com vigência após decorridos 60 (sessenta) dias da publicação. DOE-MPRJ de 13.02.2020.

Enunciado nº 53/2016

Revogado na sessão de 13 de fevereiro de 2020, com vigência após decorridos 60 (sessenta) dias da publicação. DOE-MPRJ de 13.02.2020.

Enunciado nº 54/2016

TRANSPLANTE INTERVIVOS. DESNECESSIDADE DE REMESSA DOS AUTOS AO CONSELHO SUPERIOR. ARQUIVAMENTO DOS AUTOS NO PRÓPRIO ÂMBITO DA PROMOTORIA DE JUSTIÇA REPRESENTADA. NÃO CONHECIMENTO DA PROMOÇÃO DE ARQUIVAMENTO.

Não se conhece da promoção de arquivamento de peças de informação ou procedimento administrativo versando sobre a comunicação da realização de transplante intervivos, cujo arquivamento não está sujeito ao controle deste E. Conselho Superior, por ausência de interesse coletivo.

Referência legislativa: Regimento Interno do CSMP, art. 52; Lei Federal n.º 7.347/1985, art. 1º; Lei Federal nº 9.434/1997 e Decreto n.º 9.175/2017, art. 56.

Data da aprovação: 02 de junho de 2016.

Data da modificação: 13 de fevereiro de 2020, com vigência após decorridos 60 (sessenta) dias da publicação.

Objeto: Nova redação do Enunciado CSMP nº 54.

Fonte de publicação: Diário Oficial Eletrônico do MPRJ de 13.02.2020.

Enunciado nº 55/2016

CONDUTA ADMINISTRATIVA COM A COMPROVAÇÃO DE DANO AO ERÁRIO DE IMPORTÂNCIA MÍNIMA QUE NÃO CAUSA IMPACTO MONETÁRIO DIRETO AOS COFRES PÚBLICOS. HOMOLOGAÇÃO DA PROMOÇÃO DE ARQUIVAMENTO COM COMUNICAÇÃO AO COLEGITIMADO PARA PROPOSITURA DA AÇÃO DE RESSARCIMENTO.

Comprovada conduta administrativa que importou em dano ao erário destituído de repercussão econômica e impacto monetário aos cofres públicos, por não ser de valor superior ao equivalente a 10 (dez) salários-mínimos, caberá a homologação do arquivamento do procedimento preparatório ou inquérito civil pelo Conselho Superior do Ministério Público. Dever de remessa de cópias pela Promotoria Justiça de origem ao colegitimado, a fim de possibilitar a propositura da ação de ressarcimento.

Referência legislativa: Constituição Federal de 1988, §5º, art. 37; Lei nº 8.429/92, art. 5º; Lei Federal nº 8.666/23, arts. 23, II e 24, II; Decreto nº 9.412, de 18 de junho de 2018 (ou art. 20 Lei 10.522/2002) Data da aprovação: 29 de junho de 2016.

Data da modificação: 13 de fevereiro de 2020, com vigência após decorridos 60 (sessenta) dias da publicação.

Objeto: Reformulação do Enunciado CSMP nº 55/2016, com ajustamento aos julgamentos do STJ sobre a matéria e à similitude das Súmulas do CSMP/SP.

Precedentes, informativos e repositórios jurisprudenciais: RE 115331/RJ – Rio de Janeiro, Primeira Turma.

Repercussão geral: (RE) 852475, com repercussão geral. Pleno. Tese: "São imprescritíveis as ações de ressarcimento ao erário fundadas na prática de ato doloso tipificado na Lei de Improbidade Administrativa".

Fonte de publicação: Diário Oficial Eletrônico do MPRJ de 13.02.2020.

Enunciado nº 56/2016

IMPROBIDADE ADMINISTRATIVA. CONSTATAÇÃO DE IRREGULARIDADE MERAMENTE FORMAL QUE NÃO FOI MEIO PARA A PRÁTICA DE ATO DE IMPROBIDADE ADMINISTRATIVA. NÃO COMPROVAÇÃO OU IMPOSSIBILIDADE DE DEMONSTRAÇÃO DE DANO AO ERÁRIO.

Caberá homologação da decisão de arquivamento do procedimento preparatório ou do inquérito civil, quando for constatada a inexistência ou a incorreção de livros ou controles; contabilidade ou tesouraria deficientes; o inadequado controle de bens, ou da dívida ativa ou passiva, desde que regularizadas; e que não tenham sido meios para a prática de atos de improbidade. Ausente, em qualquer caso, o dano ao erário, ou havendo, já for objeto de persecução pela própria Administração Pública.

Referência legislativa: Lei nº 8.429/92, arts. 9º e 10.

Data da aprovação: 29 de junho de 2016.

Data da modificação: 13 de fevereiro de 2020, com vigência após decorridos 60 (sessenta) dias da publicação.

Objeto: Reformulação do Enunciado CSMP nº 56.

Precedentes, informativos e repositórios jurisprudenciais: EREsp. 479.812. AgRg no REsp 1065588.

Fonte de publicação: Diário Oficial Eletrônico do MPRJ de 13.02.2020.

Enunciado nº 57/2016

IMPROBIDADE ADMINISTRATIVA. SERVIDOR PÚBLICO. VENCIMENTOS E VANTAGENS PECUNIÁRIAS INSUFICIENTES. DIREITO INDIVIDUAL HOMOGÊNEO DISPONÍVEL.

Comprovada que a notícia de insuficiência de vencimentos e vantagens pecuniárias de servidores públicos caracteriza, em tese, lesão a direitos individuais homogêneos disponíveis, defensáveis por associações e sindicatos constituídos com esta finalidade, caberá homologação da decisão de arquivamento do procedimento preparatório ou do inquérito civil. Questão que deve ser solucionada pelos próprios interessados no âmbito do direito privado.

Referência legislativa: Lei nº 8.078/1990, artigo 81, parágrafo único, incisos I, II e III.

Data da aprovação: 28 de julho de 2016.

Data da modificação: 13 de fevereiro de 2020, com vigência após decorridos 60 (sessenta) dias da publicação.

Objeto: Reformulação do Enunciado CSMP nº 57/2016.

Precedentes, informativos e repositórios jurisprudenciais: ARE 965524/SP – SÃO PAULO REsp 1599060/RS.

Fonte de publicação: Diário Oficial Eletrônico do MPRJ de 13.02.2020.

Enunciado nº 58/2016

CRIANÇA, ADOLESCENTE, IDOSO E PESSOA COM DEFICIÊNCIA. PEDIDO DE DESARQUIVAMENTO DE INQUÉRITO CIVIL OU PROCEDIMENTO PREPARATÓRIO. PROVA NOVA. POSSIBILIDADE DE ADOÇÃO IMEDIATA DE MEDIDAS DE CARÁTER DE URGÊNCIA PELA PROMOTORIA DE JUSTIÇA.

O pedido de desarquivamento de Inquérito Civil, ou de Procedimento Preparatório, em virtude do surgimento de prova nova, não inibe a adoção, pela Promotoria de Justiça oficiante, de medidas de caráter urgente, visando salvaguardar direito de criança, adolescente, idoso e pessoa com deficiência em situação de risco atual ou iminente, comunicando-se imediatamente a medida ao Conselho Superior do Ministério Público.

Referência legislativa: Lei nº 7853/89, Lei nº 8069/90, Lei nº 10741/03.

Data da aprovação: 20 de outubro de 2016.

Data da modificação: 13 de fevereiro de 2020, com vigência após decorridos 60 (sessenta) dias da publicação.

Objeto: Reescrito para atualização e correção de termos.

Fonte de publicação: Diário Oficial Eletrônico do MPRJ de 13.02.2020.

Enunciado nº 59/2019

NÃO HOMOLOGAÇÃO DO DECLÍNIO DE ATRIBUIÇÃO PARA ÓRGÃO DE OUTRO MINISTÉRIO PÚBLICO. COMPETÊNCIA.

Compete ao Pleno do Conselho Superior do Ministério Público a não homologação do declínio de atribuição, com fulcro no art. 9º-A, da Resolução nº 23/2007 do CNMP. Podendo a homologação do declínio de atribuição ser decidida monocraticamente. *Ex vi* do art. 56, I do Regimento Interno do Conselho Superior do Ministério Público".

Aprovado na sessão de 06 de junho de 2019.

Enunciado nº 60/2019

ENCAMINHAMENTO DOS PROCEDIMENTOS SUBMETIDOS AO EXAME DO CONSELHO SUPERIOR. REGULAMENTAÇÃO DA CONTAGEM DO PRAZO E CUMPRIMENTO DOS REQUISITOS.

Quando do indeferimento de plano da representação, arquivamento de inquérito civil e procedimento administrativo, a Promotoria de Justiça deverá:

1. Cientificar os interessados;

2. Lavrar termo de afixação de sua decisão na secretaria do órgão de execução;

3. Juntar o comprovante da cientificação e/ou o termo respectivo aos autos do procedimento;

4. Certificar, quando for o caso, que decorreu in albis o prazo para a interposição do competente recurso, atentando-se para as regras impostas pelo Código de Processo Civil;

5. Encaminhar os autos, quando for o caso, ao Conselho Superior do Ministério Público, no tríduo legal, observando-se as regras de contagem previstas no Código de Processo Civil.

Referência legislativa: Lei 7.347/85, Código de Processo Civil, Resolução MPRJ/GPGJ nº 2.227/18. Data da aprovação: 27 de junho de 2019, 7ª Sessão Extraordinária do CSMP.

Data da modificação: 26 de setembro de 2019, 10ª Reunião Extraordinária do CSMP.

Fonte de publicação: Diário Oficial Eletrônico do MPRJ de 27 de junho de 2019 e de 26 de setembro de 2019.

Enunciado nº 61/2020

CRIANÇA E ADOLESCENTE. CONSELHO TUTELAR. FISCALIZAÇÃO DO PROCESSO ELEITORAL E ATUAÇÃO DOS CONSELHEIROS TUTELARES.

Caberá homologação da promoção de arquivamento de procedimento que tenha por finalidade o acompanhamento e fiscalização do processo eleitoral dos Conselhos Tutelares, bem como aqueles para apurar eventual falta funcional dos Conselheiros Tutelares, se, no curso das investigações, não tiverem sido comprovadas as irregularidades ou os fatos imputados. Em casos em que as irregularidades no processo eleitoral tiverem sido sanadas e às faltas funcionais dos Conselheiros Tutelares forem aplicadas as medidas e ou sanções administrativas pertinentes, também deve ser homologada a promoção de arquivamento.

Referência legislativa: Lei nº 8069/90.

Data da aprovação: 13 de fevereiro de 2020, com vigência após decorridos 60 (sessenta) dias da publicação.

Objeto: Unificação dos Enunciados CSMP nº 33 e 39.

Fonte de publicação: Diário Oficial Eletrônico do MPRJ de 13.02.2020.

Enunciado nº 62/2020

MEIO AMBIENTE E CONSUMIDOR. CESSAÇÃO DA ATIVIDADE NOCIVA.

Caberá homologação da promoção de arquivamento do procedimento preparatório ou do inquérito civil instaurado que concluir pela cessação das atividades nocivas e que tenham sido tomadas medidas para a efetiva reparação dos danos causados, incluindo a aplicação das medidas compensatórias previstas na legislação, quando cabíveis.

Referência legislativa: Art. 225, § 3º, da Constituição Federal. Art. 6º, VI, da Lei 8.078/90 e art. 70, da Lei 9.605/98. Art. 14, §1º, da Lei 6.938/81. Art. 261, §2º, da Constituição do Estado do Rio de Janeiro.

Data da aprovação: 13 de fevereiro de 2020, com vigência após decorridos 60 (sessenta) dias da publicação.

Objeto: Unificação dos Enunciados CSMP nºs 02 e 37.

Fonte de publicação: Diário Oficial Eletrônico do MPRJ de 13.02.2020.

Enunciado nº 63/2020

APURAÇÃO DE ATO IMPROBIDADE ADMINISTRATIVA. PRESCRIÇÃO. INSUFICIÊNCIA OU INEXISTÊNCIA DE PROVAS. NÃO COMPROVAÇÃO OU IMPOSSIBILIDADE DE DEMONSTRAÇÃO DE DANO AO ERÁRIO.

Caberá homologação da promoção de arquivamento do procedimento preparatório ou do inquérito civil se, no curso da investigação, ficar comprovada: a prescrição, a insuficiência ou a inexistência de provas da prática de atos de improbidade administrativa e a ausência de dano ao erário ou a impossibilidade de sua demonstração.

Referência legislativa: Lei Federal 8.429/92, artigos 9º, 10, 11 e 23.

Data da aprovação: 13 de fevereiro de 2020, com vigência após decorridos 60 (sessenta) dias da publicação.

Objeto: Unificação dos Enunciados CSMP nºs 12/2007 e 21/2007.

Fonte de publicação: Diário Oficial Eletrônico do MPRJ de 13.02.2020.

Enunciado nº 64/2020

PROMOÇÃO DE ARQUIVAMENTO POR FALTA DE JUSTA CAUSA. CABIMENTO DA HOMOLOGAÇÃO DO ARQUIVAMENTO.

A inexistência de prova idônea, produzida no curso da investigação, a ratificar a notícia que ensejou a instauração de inquérito civil público ou procedimento preparatório, traduz hipótese de falta de justa causa e o arquivamento deve ser homologado.

Referência legislativa: Constituição Federal de 1988, art. 37, '*caput*'; Lei Federal n.º 7.437/1985, art. 9º; Resolução CNMP n.º 23/2007, art. 10 e Resolução GPGJ n.º 2.227/2018, art. 27.

Data da aprovação: 13 de fevereiro de 2020, com vigência após decorridos 60 (sessenta) dias da publicação.

Objeto: Unificação dos Enunciados CSMP n.º 05 e 11.

Fonte de publicação: Diário Oficial Eletrônico do MPRJ de 13.02.2020.

Enunciado nº 65/2020

REMOÇÃO DE IRREGULARIDADES OU ADEQUAÇÃO À LEGISLAÇÃO ESPECIAL. PERDA DO OBJETO OU DO INTERESSE PROCEDIMENTAL. HIPÓTESE DE ARQUIVAMENTO.

É hipótese de arquivamento do Inquérito civil ou de procedimento administrativo instaurado para fiscalizar, investigar ou acompanhar a implementação de políticas públicas ou de programas voltados à tutela coletiva de direito difuso, coletivo, individual indisponível ou homogêneo, se, no curso do procedimento, restar demonstrado o encerramento das atividades, a adoção de todas as medidas cabíveis para remoção das irregularidades originalmente verificadas ou a efetiva implementação de medidas neste sentido com ou sem a necessidade do acompanhamento.

Referência legislativa: Constituição Federal de 1988, art. 129, II e IX; Lei Federal nº 7.347/1985, art. 1º; Resolução CNMP n.º 174/2017, art. 8º, II e Resolução GPGJ n.º 2.227/2018, art. 32, II.

Data da aprovação: 13 de fevereiro de 2020, com vigência após decorridos 60 (sessenta) dias da publicação.

Objeto: Unificação dos Enunciados CSMP nºs 52 e 53.

Fonte de publicação: Diário Oficial Eletrônico do MPRJ de 13.02.2020.

22.2 SÚMULAS DO CONSELHO SUPERIOR DO MINISTÉRIO PÚBLICO DO ESTADO DO RIO DE JANEIRO

Súmula nº 01

Revogada na sessão do dia 26 de março de 2015.

Súmula nº 02

Revogada na sessão de 13 de fevereiro de 2020, com vigência após decorridos 60 (sessenta) dias da publicação. DOE-MPRJ de 13.02.2020.

Súmula nº 03

USO DE PROVA EMPRESTADA. OUTORGA JUDICIAL. LEGALIDADE.

É permitida a utilização de prova emprestada em inquérito civil oriunda da quebra de sigilo em investigação criminal e ações penais, desde que devidamente autorizado pelo Juízo competente.

Referência legislativa: Referência Legislativa: Lei Federal n.º 13.105/2015, art. 372.

Referência jurisprudencial: Súmula n.º 591 STJ.

Origem: Processo MPRJ n.º 2014.00546252 com um apenso (nº2013.00968178).

Data da aprovação: 19 de março de 2015.

Data da modificação: 13 de fevereiro de 2020, com vigência após decorridos 60 (sessenta) dias da publicação.

Objeto: Reformulação da Súmula CSMP nº 03/15.

Fonte de publicação: Diário Oficial Eletrônico do MPRJ de 13.02.2020.

Súmula nº 04

INDEPENDÊNCIA FUNCIONAL.

A deliberação do Conselho Superior do Ministério Público, em razão da não homologação da promoção de arquivamento, no sentido de ser ajuizada ação civil pública, não obsta que o designado, no exercício de sua independência funcional, deixe de ajuizá-la, em pronunciamento fundamentado.

Referência legislativa: Lei Federal n.º 7.347/1985, art. 9º, § 4º; Lei Estadual n.º 106/2003, art. 34; Resolução CNMP n.º 23/2007, art. 10, §4º, I; art. 11 e Resolução GPGJ n.º 2.227/2018, art. 28, II, e §2º.

Data da aprovação: 26 de março de 2015.

Data da modificação: 13 de fevereiro de 2020, com vigência após decorridos 60 (sessenta) dias da publicação.

Objeto: Reformulação da Súmula CSMP nº 04/15.

Fonte de publicação: Diário Oficial Eletrônico do MPRJ de 13.02.2020.

Súmula nº 05

Revogada na sessão de 13 de fevereiro de 2020, com vigência após decorridos 60 (sessenta) dias da publicação. DOE-MPRJ de 13.02.2020.

Súmula nº 06

IMPROBIDADE ADMINISTRATIVA. PRESCRIÇÃO. TERMO A QUO DO PRAZO.

O termo inicial do prazo prescricional a que se refere o art. 23, I, da Lei nº 8429/92, na hipótese de exercício de cargos continuados, é o primeiro dia após o término do último mandato eletivo, de cargo em comissão ou de função de confiança.

Referência legislativa: Constituição Federal de 1988, art. 37, §4º. Lei Federal nº 8.429/1992, art. 23, I.

Data de aprovação: 28 de julho de 2016.

Data da modificação: 13 de fevereiro de 2020, com vigência após decorridos 60 (sessenta) dias da publicação.

Objeto: Reformulação da Súmula CSMP n.º 06.

Fonte de publicação: Diário Oficial Eletrônico do MPRJ de 13.02.2020.

Súmula nº 07

Ao receber notícia de fato, devidamente registrada no Módulo de Gestão de Processos – MGP, o Promotor de Justiça poderá solicitar ao Conselho Tutelar, no prazo de 30 (trinta) dias, prorrogável por até 90 (noventa) dias, informações sobre a apuração dos fatos narrados pelo denunciante e, caso sejam estes confirmados, sobre as medidas protetivas aplicadas pelo órgão às crianças e adolescentes envolvidos, na forma do art. 136, I do ECA, podendo deliberar, ato contínuo, sobre a instauração de procedimento próprio, a propositura de ação judicial ou o arquivamento da notícia de fato.

Aprovada na sessão do dia 05 de outubro de 2017.

Súmula nº 08

PROCEDIMENTO ADMINISTRATIVO. PROMOÇÃO DE ARQUIVAMENTO. COMUNICAÇÃO AO CSMP. INSTRUMENTALIDADE.

Após o arquivamento do Procedimento Administrativo, é suficiente, para fim de comunicação, a expedição de ofício ao Conselho Superior do Ministério Público, instruído com cópia da respectiva promoção, da portaria que instaurou o procedimento e, se for o caso, do documento que formou a *opinio* do oficiante, sem a necessidade de remessa dos autos.

Referência legislativa: Lei Federal n.º 8.625/1993, art. 27, parágrafo único, II; art. 30; Lei Complementar n.º 106/2003, art. 41, II, "a"; Resolução CNMP n.º 174/17, art. 8º, I, II e IV; art. 12 e Resolução GPGJ n.º 2.227/18, arts. 32, 33, 36 e 37.

Data de aprovação: 05 de outubro de 2017.

Data da modificação: 13 de fevereiro de 2020, com vigência após decorridos 60 (sessenta) dias da publicação.

Objeto: Reformulação da Súmula CSMP n.º 08.

Fonte de publicação: Diário Oficial Eletrônico do MPRJ de 13.02.2020.

Súmula nº 09

ARQUIVAMENTO DOS AUTOS PRINCIPAIS. PROCEDIMENTO ADMINISTRATIVO.

Na forma das normas regulamentares pertinentes, após arquivamento do Procedimento Administrativo pela Promotoria de Justiça, não havendo recurso interposto pelo noticiante, comprovada regular ciência da promoção de arquivamento ou em razão da impossibilidade de cientificá-lo, os autos serão arquivados no âmbito do órgão de execução, sem remessa ou comunicação ao Conselho Superior do Ministério Público.

Referência legislativa: Lei Federal n.º 8.625/1993, art. 27, parágrafo único, II; Lei Complementar n.º 106/2003, art. 41, II, "a"; Resolução CNMP n.º 174/2017, art. 8º, III e Resolução GPGJ n.º 2.227/2018, art. 32, III; art.33 e art. 36.

Data da aprovação: 05 de outubro de 2017.

Data da modificação: 13 de fevereiro de 2020, com vigência após decorridos 60 (sessenta) dias da publicação.

Objeto: Reformulação da Súmula CSMP n.º 09.

Fonte de publicação: Diário Oficial Eletrônico do MPRJ de 13.02.2020.

Súmula nº 10

PROCESSO ELETRÔNICO. ARQUIVAMENTO FÍSICO DO PROCEDIMENTO INSTRUTÓRIO NA PROMOTORIA DE ORIGEM. DESNECESSÁRIA REMESSA AO CSMP.

Os procedimentos administrativos, preparatórios ou inquéritos civis públicos que sirvam à propositura de ações judiciais distribuídas na forma eletrônica, de acordo com a lei de regência, devem ser mantidos no arquivo físico do próprio órgão de execução, sendo desnecessária a sua remessa ao Conselho Superior do Ministério Público.

Referência legislativa: Lei Federal n.º 11.149/2006.

Data de aprovação: 22 de fevereiro de 2018.

Data da modificação: 13 de fevereiro de 2020, com vigência após decorridos 60 (sessenta) dias da publicação.

Objeto: Reformulação da Súmula CSMP nº 10.

Fonte de publicação: Diário Oficial Eletrônico do MPRJ de 13.02.2020.

22.3 ENUNCIADOS DO PROCURADOR-GERAL DE JUSTIÇA SOBRE ACORDOS DE NÃO PERSECUÇÃO PENAL

Enunciado nº 1

Considerando que o acordo a que se refere o art. 28-A do CPP constitui forma de resolução penal pactuada, de natureza pré-processual, sua celebração deve ser firmada exclusivamente pelo Ministério Público, pelo investigado e por seu defensor, devendo ser encaminhado a juízo em fase posterior, para homologação, na forma do § 4º do mencionado artigo 28-A.

Disponibilizado em 31/01/2020, publicado em 03/02/2020 e republicado em 05/11/2020.

Resolução Conjunta GPGJ/CGMP nº 20, de 23 de janeiro de 2020.

Enunciado nº 2

Não sendo caso de arquivamento, a proposta de acordo de não persecução penal somente poderá ser formulada se houver suporte probatório mínimo para deflagração da ação penal, bem como se estiverem presentes os requisitos objetivos e subjetivos previstos nos artigos 2º e 3º da Resolução Conjunta GPGJ/CGMP nº 20, de 23 de janeiro de 2020, além de se mostrar necessária e suficiente para a prevenção e repressão do crime.

Disponibilizado em 31/01/2020, publicado em 03/02/2020 e republicado em05/11/2020.

Resolução Conjunta GPGJ/CGMP nº 20, de 23 de janeiro de 2020.

Enunciado nº 3

A negativa de confissão em sede policial não elide a possibilidade de que o investigado venha a confessar a prática delituosa perante o Ministério Público.

Disponibilizado em 31/01/2020, publicado em 03/02/2020 e republicado em05/11/2020.

Resolução Conjunta GPGJ/CGMP nº 20, de 23 de janeiro de 2020.

Enunciado nº 4

O membro do Ministério Público deverá requerer a intimação da vítima, pelo juízo, em todas as hipóteses de homologação do acordo de não persecução penal e de seu descumprimento, mesmo que não exista dano a reparar ou bens a restituir, assim como na hipótese de impossibilidade de reparação ou restituição.

Disponibilizado em 31/01/2020, publicado em 03/02/2020 e republicado em05/11/2020.

Resolução Conjunta GPGJ/CGMP nº 20, de 23 de janeiro de 2020.

Enunciado nº 5

Não se aplica o artigo 6º da Resolução Conjunta GPGJ/CGMP nº 20, de 23 de janeiro de 2020, quando a recusa se fundamentar na ausência de qualquer dos requisitos objetivos previstos em seu artigo 2º, ressalvado o disposto no § 1º deste dispositivo.

Disponibilizado em 31/01/2020, publicado em 03/02/2020 e republicado em05/11/2020.

Resolução Conjunta GPGJ/CGMP nº 20, de 23 de janeiro de 2020.

Nota do autor: Art. 6º – A recusa em propor o acordo de não persecução penal será fundamentada e certificada nos próprios autos do inquérito policial ou peça informativa, com a comprovação da ciência do investigado, que terá, a contar de então, o prazo de 5 (cinco) dias para requerer a remessa dos autos ao Procurador-Geral de Justiça, com vistas ao reexame da decisão.

Enunciado nº 6

Diante do risco de ineficácia de medida cautelar, deverá ser avaliada e justificada a importância da ciência indicada no artigo 6º da Resolução Conjunta GPGJ/CGMP nº 20, de 23 de janeiro de 2020.

Disponibilizado em 31/01/2020, publicado em 03/02/2020 e republicado em 05/11/2020.

Resolução Conjunta GPGJ/CGMP nº 20, de 23 de janeiro de 2020.

23 – RIO GRANDE DO NORTE (RN)

23.1 ASSENTOS DO CONSELHO SUPERIOR DO MINISTÉRIO PÚBLICO DO ESTADO DO RIO GRANDE DO NORTE

Assento nº 01

A indicação de candidato à promoção por merecimento que preencha os requisitos constitucionais (dois anos de exercício na entrância ou categoria e integrar a primeira quinta parte da lista de antiguidade) impede a indicação, na mesma lista, de outro ou outros candidatos que não preencham aqueles requisitos, ainda que assim não se complete a lista tríplice.

Aprovado na 11ª Sessão Extraordinária do Conselho Superior do Ministério Público, realizada em 25 de outubro de 2005.

Assento nº 02

A indicação à promoção por merecimento pressupõe, além da inexistência dos impedimentos dos arts. 127, incisos I, II, III, e IV e 129, incisos I e II da Lei Complementar n° 141/96, dois anos de exercício na entrância ou categoria, bem como integrar o Promotor de Justiça a primeira quinta parte da lista de antiguidade, salvo se não houver com tais requisitos outro candidato (cf. art. 93, II, "b", c.c. art. 129, § 4°, da CF; art. 61, IV, da Lei n° 8.625/93; arts. 123, 127, I, II, III e IV e 129, I e II, da Lei Complementar n° 141/96).

Aprovado na 11ª Sessão Extraordinária do Conselho Superior do Ministério Público, realizada em 25 de outubro de 2005.

Assento nº 03

Para verificação do primeiro quinto da lista de antiguidade como requisito para promoção ou remoção por merecimento, considera-se o quadro geral de antiguidade aprovado para o ano corrente, com as alterações (inclusões e exclusões) decorrentes de promoção, disponibilidade, exoneração, morte e outras situações previstas em lei, consideradas no último dia de encerramento da inscrição (cf. arts. 123 e 124 da Lei Complementar n° 141/96).

Aprovado na 11ª Sessão Extraordinária do Conselho Superior do Ministério Público, realizada em 25 de outubro de 2005.

Assento nº 04

As peças de informação que contenham simples comunicação de Internamento Psiquiátrico Involuntário (IPI) devem ser registradas e após a constatação de ausência de lesão a direito difuso, coletivo e individual homogêneo, arquivadas, dispensando-se a homologação pelo Conselho Superior do Ministério Público.

Aprovado na 11ª Sessão Extraordinária do Conselho Superior do Ministério Público, realizada em 25 de abril de 2006.

Assento nº 05

As peças de informação que contenham providências provenientes de investigação mais aprofundada face a comunicação de Internamento Psiquiátrico Involuntário (IPI) e/ou fiscalização das instituições de saúde mental quando arquivadas devem ser remetidas ao Conselho Superior do Ministério Público para reexame e homologação.

Aprovado na 11ª Sessão Extraordinária do Conselho Superior do Ministério Público, realizada em 25 de abril de 2006.

Assento nº 06

A falta de comprovação do cumprimento ou justificativa para o descumprimento de eventual recomendação procedida pela Corregedoria-Geral do Ministério Público em relação a procedimentos em atraso implica em configuração da hipótese prevista no art. 127, inciso I, da Lei Complementar Estadual nº 141, de 09 de fevereiro de 1996, e art. 4º, da Resolução nº 005/2006 – CSMP.

Aprovado na 3ª Sessão Extraordinária do Conselho Superior do Ministério Público, realizada em 17 de fevereiro de 2009.

Assento nº 07

Ao firmar Termo de Ajustamento de Conduta, o membro do Ministério Público deverá observar os requisitos do art. 43, da Resolução nº 002/2008 – CPJ; analisando, ainda, quando se tratar de pessoa jurídica de direito privado, se a identificação e a representação estão pertinentes, de forma a viabilizar a exequibilidade do título.

Aprovado na 6ª Sessão Ordinária do Conselho Superior do Ministério Público, realizada em 1º de junho de 2010.

Assento nº 08

O membro do Ministério Público deverá instaurar um único procedimento preparatório ou inquérito civil quando, apesar da diversidade de partes, a matéria objeto de investigação for a mesma, salvo possibilidade, devidamente justificada, de prejuízo à instrução dos referidos procedimentos extrajudiciais.

Aprovado na 7ª Sessão Ordinária do Conselho Superior do Ministério Público, realizada em 07 de julho de 2010.

Assento nº 09

O Conselho Superior do Ministério Público não conhecerá da promoção de arquivamento de procedimento preparatório ou de inquérito civil quando o objeto já se encontrar, integralmente, judicializado.

Aprovado na 7ª Sessão Extraordinária do Conselho Superior do Ministério Público, realizada em 28 de maio de 2013.

Assento nº 10

O procedimento preparatório ou o inquérito civil deverá acompanhar a petição que veicular a medida judicial correspondente, sendo desnecessário o encaminhamento de cópias das referidas peças ao Conselho Superior do Ministério Público para exame.

Aprovado na 7ª Sessão Extraordinária do Conselho Superior do Ministério Público, realizada em 28 de maio de 2013.

Assento nº 11

O Conselho Superior do Ministério Público não conhecerá da promoção de arquivamento de procedimento preparatório ou inquérito civil quando a matéria for exclusivamente penal ou eleitoral.

Aprovado na 7ª Sessão Extraordinária do Conselho Superior do Ministério Público, realizada em 28 de maio de 2013.

Assento nº 12

A aferição do interesse difuso e do interesse individual homogêneo independe de abaixo-assinado.

Aprovado na 7ª Sessão Extraordinária do Conselho Superior do Ministério Público, realizada em 28 de maio de 2013.

Assento nº 13

Deixando o Conselho Superior do Ministério Público de homologar a promoção de arquivamento, poderá determinar diligência que se mostre imprescindível a sua decisão, especificando-a e designando o membro do Ministério Público que irá atuar, devendo recair em outro, quando importar em violação à independência funcional do responsável pelo arquivamento.

Aprovado na 5ª Sessão Extraordinária do Conselho Superior do Ministério Público, realizada em 27 de novembro de 2014.

Assento nº 14

Deixando o Conselho Superior do Ministério Público de homologar a promoção de arquivamento, poderá deliberar pelo prosseguimento do inquérito civil ou do procedimento preparatório, indicando os fundamentos de fato e de direito de sua decisão e designando outro membro do Ministério Público para atuar.

Aprovado na 5ª Sessão Extraordinária do Conselho Superior do Ministério Público, realizada em 27 de novembro de 2014.

Assento nº 15

O relator poderá, antes de pautar o processo para julgamento, baixar os autos em diligência, para que a Promotoria de Justiça de origem, no prazo de 30 (trinta) dias úteis, preste esclarecimento de fato e/ou proceda à juntada de documento imprescindível à emissão do voto, especificando-o. O prazo para cumprimento das diligências poderá ser prorrogado por igual período, devendo o membro ministerial comunicar o fato ao Conselho Superior do Ministério Público, justificando os motivos para tanto.

Aprovada alteração de texto do assento na 9ª Sessão Ordinária do Conselho Superior do Ministério Público, realizada em 06 de setembro de 2016.

Assento nº 16

O encaminhamento ao Conselho Superior do Ministério Público de decisão de arquivamento parcial, fora da hipótese prevista no art. 34, da Resolução nº 002/2008, enseja a sua não homologação e retorno dos autos à Promotoria de Justiça de origem para o prosseguimento do feito até o esclarecimento da integralidade do(s) objeto(s) investigado(s).

Aprovado na 5ª Sessão Ordinária do Conselho Superior do Ministério Público, realizada em 05 de maio de 2015.

Assento nº 17

Em havendo identidade de objeto(s) e investigado(s), em procedimentos instaurados pelo órgão ministerial, deve ser promovido, perante o próprio órgão, o apensamento dos procedimentos, com a prevalência da numeração do mais antigo, dando-se baixa no registro do mais recente, com a indicação do motivo.

Aprovada alteração de texto do assento na 6ª Sessão Ordinária do Conselho Superior do Ministério Público, realizada em 02 de junho de 2015.

Assento nº 18

Os autos da notícia de fato devem ser arquivados na Promotoria de origem, sem necessidade de remessa e apreciação da decisão de indeferimento pelo Conselho Superior do Ministério Público, salvo se houver recurso da parte interessada.

Aprovado na 6ª Sessão Ordinária do Conselho Superior do Ministério Público, realizada em 02 de junho de 2015.

Assento nº 19

Caso o membro do Ministério Público entenda que a legitimidade para a adoção da totalidade de medidas judiciais ou extrajudiciais em inquérito civil ou procedimento preparatório instaurado seja de atribuição de outra unidade do mesmo Ministério Público, a esta remeterá os autos originais do inquérito civil ou do procedimento preparatório, ordenando a baixa do registro no órgão de origem, sendo desnecessário o encaminhamento da decisão ou de cópia dos autos ao Conselho Superior do Ministério Público.

Aprovada alteração de texto do assento na 10ª Sessão Ordinária do Conselho Superior do Ministério Público, realizada em 14 de outubro de 2015.

Assento nº 20

O membro do Ministério Público do Estado do Rio Grande do Norte não está legitimado para apurar eventuais irregularidades no Programa 'Minha Casa Minha Vida', ainda que ocorridas no âmbito municipal por ocasião da escolha dos beneficiários.

Aprovado na 11ª Sessão Ordinária do Conselho Superior do Ministério Público, realizada em 03 de novembro de 2015.

Assento nº 21

Não homologada a promoção de arquivamento, devidamente fundamentadas as diligências extrajudiciais ou as medidas judiciais a serem adotadas ao caso, o Conselho Superior designará desde logo, com base na tabela semestral de substituições automáticas, o membro do Ministério Público que executará a decisão, ficando este obrigado a executá-la nos termos em que fora deliberado, ressalvada a possibilidade de alegar e comunicar suspeição ou impedimento ou comprovado prévio posicionamento contrário, ou de efetuar novo juízo de valor nos autos, desde que, por fato novo ou argumento determinante surgidos durante a instrução, não analisados pelo Conselho quando de sua decisão, convencer-se de que não mais se sustenta a tese inicial.

Aprovado na 3ª Sessão Ordinária do Conselho Superior do Ministério Público, realizada em 1º de março de 2016.

Assento nº 22

O expediente de comunicação de prorrogação de prazo de conclusão de inquérito civil ao Conselho Superior do Ministério Público informará o tipo e o número do procedimento, seu objeto de investigação ou apuração, a quantidade ordinal da prorrogação e o motivo do ato, especificando a pendência das diligências ou outros atos instrutórios a serem realizados.

Aprovada alteração de texto do assento na 3ª Sessão Ordinária do Conselho Superior do Ministério Público, realizada em 03 de março de 2020.

Assento nº 23

Os autos do inquérito civil ou do procedimento preparatório, juntamente com a promoção de arquivamento, deverão ser remetidos ao Conselho Superior do Ministério Público (CSMP), no prazo de três dias, sob pena de falta grave, contado da juntada aos autos da efetiva comprovação da cientificação pessoal dos interessados, caso estes tenham provocado a instauração do procedimento extrajudicial. Na hipótese de os interessados não serem localizados no endereço por eles indicado, nos termos do art. 72, 'a', da Lei Complementar Estadual nº 141/1996, ou o inquérito civil ou o procedimento preparatório tenham sido instaurados de ofício, o prazo de três dias para remessa do feito ao CSMP contar-se-á a partir da juntada aos autos de documento comprobatório de publicação do aviso de arquivamento dos autos na imprensa oficial ou da lavratura de termo de afixação de aviso no órgão do Ministério Público.

Aprovado na 11ª Sessão Ordinária do Conselho Superior do Ministério Público, realizada em 1º de novembro de 2016.

Assento nº 24

Distribuído, no âmbito do Conselho Superior do Ministério Público, processo extrajudicial instaurado para apurar fato que enseje a tutela de interesse individual, o relator, monocraticamente, devolverá os autos ao órgão ministerial de origem para providências pertinentes, exceto se houver recurso da parte interessada.

Aprovado na 8ª Sessão Ordinária do Conselho Superior do Ministério Público, realizada em 06 de agosto de 2019.

Assento nº 25

Distribuído, no âmbito do Conselho Superior do Ministério Público, arquivamento em notícia de fato sem interposição de recurso administrativo, o relator poderá, monocraticamente, devolver os autos ao órgão ministerial de origem, para providências pertinentes. A mesma situação se aplica na hipótese de decisão de declínio de atribuição em notícia de fato, sem interposição de recurso.

Aprovado na 9ª Sessão Ordinária do Conselho Superior do Ministério Público, realizada em 03 de setembro de 2019.

Assento nº 26

Distribuído, no âmbito do Conselho Superior do Ministério Público, arquivamento em procedimento administrativo sem interposição de recurso administrativo, o relator poderá, monocraticamente, devolver os autos ao órgão ministerial de origem para providências pertinentes. A mesma situação se aplica na hipótese de decisão de declínio de atribuição em procedimento administrativo, sem interposição de recurso.

Aprovado na 12ª Sessão Ordinária do Conselho Superior do Ministério Público, realizada em 03 de dezembro de 2019.

24 – RIO GRANDE DO SUL (RS)

Nota do autor: A primeira edição do DEMP foi 01/08/2008, logo, a dos anos anteriores são do DOE ou de papel. A partir de 2008, localizamos as publicações.

24.1 SÚMULAS DO CONSELHO SUPERIOR DO MINISTÉRIO PÚBLICO DO ESTADO DO RIO GRANDE DO SUL

Súmula nº 01/94

Não ofende o princípio da independência funcional a baixa de expedientes à origem para a realização de diligências ou investigações especificadas, tendo em vista formar o convencimento do Colegiado. O desatendimento constitui infração disciplinar. Referência: artigo 24, § 2º, "a", do Regimento Interno do Conselho Superior do Ministério Público.

Fonte: página oficial do MPRS: https://www.mprs.mp.br/orgaoscolegiados/sumulas/ acesso 07/08/2020.

Súmula nº 02/94

Revogada conforme publicação no diário oficial da justiça de 04/05/2000.

Súmula nº 03/94

As designações feitas nos termos do art. 28, do Código de Processo Penal, e do art. 9º, § 4º, da Lei nº 7.347/85, não ofendem o princípio da independência funcional, incorrendo o designado, em caso de descumprimento, em falta disciplinar, ressalvadas as hipóteses de suspeição e impedimento suscitadas na forma da lei.

Fonte: página oficial do MPRS: https://www.mprs.mp.br/orgaoscolegiados/sumulas/ acesso 07/08/2020.

Súmula nº 04/96

Revogada conforme publicação no diário oficial da justiça de 27/12/2005, Data da Sessão: 03.10.95.

Súmula nº 05/96

Revogada conforme publicação no diário oficial da justiça de 27/12/2005, Data da Sessão: 07.11.95.

Súmula nº 06/96

Revogada conforme publicação no diário oficial da justiça de 27/12/2005, Data da Sessão: 06.02.96.

Súmula nº 07/98

Revogada conforme publicação no DOE de 03/03/2006, em decorrência da vigência do Provimento nº 55/2005.

Súmula nº 08

Revogada conforme publicação no DOE de 03/03/2006, em decorrência da vigência do Provimento nº 55/2005.

Súmula nº 09/01

O Ministério Público Estadual detém legitimidade para instaurar inquérito civil para apurar ofensa ao meio ambiente do trabalho relativo a servidores públicos municipais e estaduais sob regime estatutário.

Data da Sessão: 24.04.01

Súmula nº 10/01

Revogada conforme publicação no diário oficial da justiça de 21/11/2001.

Súmula nº 11/01

O membro do Ministério Público, ao promover o arquivamento de feito sobre improbidade administrativa, por motivo de prescrição, em que o fato tenha gerado prejuízo ao erário, nos termos do art. 23, da Lei nº 8.429, deve se manifestar, ainda, sobre a ação civil para o ressarcimento do dano produzido ao erário, nos termos do art. 37, § 5º, da CF/88.

Data da Sessão: 05.11.01.

Súmula nº 12/02

O Conselho Superior do Ministério Público somente aprecia promoção de arquivamento em feitos (inquérito civil ou peças de informação) pertinentes aos interesses metaindividuais (difusos, coletivos, individuais homogêneos), individuais indisponíveis, como os relativos à defesa do patrimônio público e da moralidade administrativa do Estado e de Município, de suas administrações indiretas ou fundacionais ou entidades privadas de que participem, ou relativos às questões das minorias sociais (hipossuficientes) e às vítimas de preconceitos, que possam ter fundamento para a propositura de ação civil pública.

Data da Sessão: 21.02.2002

{Referências: CF/88, art. 129, III (MP); CF, art. 216 e § 1º (Patrimônio Cultural latu sensu); CF, art. 230 (idosos); CF, art. 232 (Comunidades indígenas); Lei nº 6.766 (Loteamentos); Lei nº 6.938 e outras complementares – Lei nº 9.605 (Meio Ambiente); Lei nº 7.347 (LACP); Lei nº 7.853 (Portadores de deficiência física); Lei nº 7.913 (Mercado de valores mobiliários); Lei nº 8.069 (ECA); Lei nº 8.079 (Consumidores); Lei nº 8.429 (Improbidade administrativa); Lei nº 8.625 (LOMPE); Lei nº 8.842 (idoso); Lei nº 8.884 (Ordem econômica); Lei nº 8.974 (Patrimônio genérico); Lei nº 9.433 (Recursos hídricos); Lei nº 10.257 (Política urbana – Estatuto da Cidade); Decreto nº 1.948 (idoso); Provimento nº 06/96}.

Súmula nº 13/02

Revogada conforme publicação no DOE de 03/03/2006, em decorrência da vigência do Provimento nº 55/2005.

Súmula nº 14

Revogada conforme publicação no diário oficial do estado de 21/10/2004.

Súmula nº 15/03

Ao constatar que lhe falta atribuição para continuar a investigação de inquérito civil ou peça de informação, ou verificar a coincidência de objeto com o de outro procedimento em tramitação, o Órgão de Execução determinará a remessa dos próprios autos ao agente ministerial que detenha a atribuição, fazendo o devido registro no livro próprio, não sendo necessário promover o arquivamento das peças até então coligidas.

Data da Sessão: 08-09-2003.

Publicada em 18-09-2003.

Súmula nº 16/04

Revogada conforme publicação no DOE de 03/03/2006, em decorrência da vigência do Provimento nº 55/2005.

Súmula nº 17/04

Revogada conforme publicação no DOE de 03/03/2006, em decorrência da vigência do Provimento nº 55/2005.

Súmula nº 18/04

Revogada conforme publicação no DOE de 03/03/2006, em decorrência da vigência do Provimento nº 55/2005.

Súmula nº 19/05

A preferência a que se refere o parágrafo único do artigo 44 da Lei 7.669/82 limita-se à primeira vaga aberta pelo critério de merecimento a que puder concorrer o membro do Ministério Público, salvo se preterido por outro membro em idêntica situação, hipótese em que a preferência será prorrogada à próxima vaga, e assim sucessivamente.

Data da Sessão: 05-12-2005.

Publicada em 27-12-2005 D.O.E.

Sumula nº 20/08

Prorrogação de Inquérito Civil

Na comunicação prevista no artigo 14, parágrafo único, do Provimento nº 26/2008, que poderá ser feita inclusive por meio eletrônico, deverá ser indicado o motivo que ensejou a prorrogação, sendo desnecessária a juntada de cópia da decisão.

Publicado no DEMP/RS em 16/09/2008, Edição nº 033, FL 12.

Súmula nº 21/09

O prazo para interposição do recurso de que trata o artigo 7º, §1º, do Provimento nº 26/2008-PGJ, conta-se, nos casos em que a ciência se der por via postal, a partir da data do termo de juntada aos autos do Aviso de Recebimento.

Publicado no DEMP/RS em 11/09/2009, Edição nº 276, Fl 4.

Súmula nº 22/13

O pedido de desistência formulado em Procedimentos de habilitação para promoção e remoção somente poderá ser conhecido se protocolado, na Procuradoria-Geral de Justiça, até o final do expediente do segundo dia útil que suceder àquele em que encerrado o prazo de habilitação do respectivo edital.

Publicada no DEMP de 18/12/2013 a nova redação da Súmula 22.

Data de sessão: 10/12/2013.

Procedimento nº PR.00975.01489/2013-6.

Ata CSMP nº 1364.

Súmula nº 23/12

Revogada, conforme publicação no DEMP de 18/12/2014, em decorrência do julgamento do Edital nº 281/2014, na sessão de 16/12/2014 (preliminar).

Publicado no DEMP/RS em 19/12/2014, Edição nº 1579, Fl 24.

Súmula nº 24/12

Os membros do Ministério Público, com atuação na defesa comunitária, não poderão servir de móvel à cobrança de Alvará que autorize os Planos de Proteção e Combate Contra Incêndio – PPCI, tampouco de multas impostas nas autuações do Corpo de Bombeiros, quando firmarem, com as partes, o Termo de Ajustamento de Conduta ou nas investigações realizadas em Inquérito Civil Público.

Retificação: Data da Sessão: 02-10-2012.

Publicada em 10-10-2012.

Publicado no DEMP em 29/08/2012, Edição nº 1008, Fl 03.

Súmula nº 25/14

Reiterando posicionamento anterior, o Conselho Superior do Ministério Público decidiu que a movimentação efetivada na carreira – tanto por promoção como remoção – implica que se desconsidere os ingressos anteriores em listas de merecimento para os efeitos de novo pedido de alteração na classificação.

Publicado no DEMP em 20/03/2014, Edição nº 1391, Fl 06.

Data da Sessão: 18-03-2014.

Publicada em 20-03-2014 DEMP.

Súmula nº 26/16

Nos inquéritos Civis e demais procedimentos investigatórios de cunho urbanístico e ambiental, nas hipóteses onde exigível, caberá ao Órgão do Ministério Público trazer aos autos cópia da(s) licença(s) do empreendimento.

Publicado no DEMP em 04/05/2016, Edição nº 1895, Fl 05.

Data da Sessão: 12-04-2016.

Publicada em 04-05-2016 DEMP.

Súmula nº 27/17

É atribuição do Ministério Público Estadual a investigação que decorre da aplicação irregular de verbas federais oriundas de convênios firmados entre a União e Município, incorporados ao patrimônio municipal, nos termos da Súmula 209 do Superior Tribunal de Justiça.

Publicado no DEMP em 17/08/2017, Edição nº 2204, Fl 08.

Data da Sessão: 08-08-2017.

Publicada em 17-08-2017 DEMP.

Súmula nº 29/20

As indenizações pecuniárias referentes a danos, direitos ou interesses difusos e coletivos de que trata o artigo 41 do Provimento n.º 71/2017-PGJ, quando não destinados ao Fundo de Reconstituição de Bens Lesados ou aos demais fundos municipais e estaduais previstos em lei que tenham o mesmo escopo do fundo previsto no artigo 13 da Lei n.º 7.347/85, só deverão ser satisfeitos ou exigidos após a homologação do Termo de Ajustamento de Conduta pelo Conselho Superior do Ministério Público.

Data da Sessão: 15-09-2020.

Publicada em 24-09-2020 DEMP

25 – RONDÔNIA (RO)

25.1 ASSENTOS DO CONSELHO SUPERIOR DO MINISTÉRIO PÚBLICO DO ESTADO DE RONDÔNIA

Assento nº 001/2011

Os inquéritos policiais referentes ao crime de facilitação ou promoção de fuga de pessoa presa, submetida a medida de segurança ou a medida de internação, serão de atribuição das Promotorias Criminais Genéricas, observando-se a distribuição previamente estabelecida pelo Poder Judiciário.

Aprovado na sua 440ª Sessão, 1ª Ordinária, 16/11/2011.

Assento nº 001/2013

No caso de promoção ou remoção por merecimento, cada Conselheiro preencherá, individualmente, o formulário anexo à Resolução nº 14/2012-CSMP, atribuindo a cada um dos candidatos pontuação referente aos critérios objetivos, justificando as notas conferidas.

Aprovado na sua 489ª Sessão, 31/01/2013.

Assento nº 002/2013

No caso de promoção ou remoção por merecimento, havendo apenas um candidato, não é necessário o preenchimento do formulário anexo à Resolução nº 14/2012-CSMP, excetuando-se o caso em que o Conselheiro queira recusar fundamentalmente a postulação.

Aprovado na sua 489ª Sessão, 31/01/2013.

Assento nº 003/2013

No caso de promoção ou remoção por merecimento, havendo apenas um candidato, não se aplica o §2º do artigo 16 da Resolução nº 14/2012-CSMP, podendo o candidato utilizar os certificados e documentos em outro pedido de movimentação na carreira.

Aprovado na sua 489ª Sessão, 31/01/2013.

Assento nº 004/2013

No caso de promoção ou remoção por merecimento, cada Conselheiro formará sua própria lista de merecimento, apresentando seu voto, cuja ordem de colocação será baseada na pontuação conferida a cada candidato.

Aprovado na sua 489ª Sessão, 31/01/2013.

Assento nº 005/2013

No caso de promoção ou remoção por merecimento, baseada nos votos dos Conselheiros, a formação da lista tríplice resultará dos três nomes mais votados, nos termos do artigo 79 da Lei Complementar nº 93/93.

Aprovado na sua 489ª Sessão, 31/01/2013.

26 – RORAIMA (RR)

Nota do autor: O E. Conselho Superior do Ministério Público do Estado de Roraima não possui assentos, súmulas ou enunciados da forma como preconizada nos outros Estados. Em resposta à consulta realizada pelo autor, foi informado que ainda não foram editadas tais normas nesses termos.

27 – SANTA CATARINA (SC)

27.1 SÚMULAS DO CONSELHO SUPERIOR DO MINISTÉRIO PÚBLICO DO ESTADO DE SANTA CATARINA

Súmula nº 01/13

Possibilidade de celebração de Termo de Ajustamento de Conduta com a finalidade de impedir a comercialização de qualquer produto ou serviço em desacordo com as normas expedidas pelos órgãos oficiais competentes.

É possível a celebração de Termo de Ajustamento de Conduta com a finalidade de impedir a comercialização de qualquer produto ou serviço em desacordo com as normas expedidas pelos órgãos oficiais competentes ou se normas específicas não existirem, pela Associação Brasileira de Normas Técnicas (ABNT) ou por outra entidade credenciada pelo Conselho Nacional de Metrologia, Normalização e Qualidade Industrial (CONMETRO), especialmente se relacionadas à qualidade dos produtos ou serviços e à proteção da vida, da saúde e da segurança do consumidor.

Publicado no Diário Oficial Eletrônico, Ministério Público, 24/06/2013.

Súmula nº 01/14

Homologação da promoção de arquivamento de inquérito civil ou procedimento preparatório quando for permitida qualquer publicidade de casas de shows eróticos e outras congêneres.

Não será homologada promoção de arquivamento de inquérito civil ou procedimento preparatório quando for permitida qualquer publicidade de casas de shows eróticos e outras congêneres, especialmente de empreendimentos que se dedicam à apresentação de shows de striptease. Publicidade que se mostra atentatória à moral e aos bons costumes, o que a caracteriza como abusiva, vedada pelo código de defesa do consumidor, nos termos dos arts. 6º, vi, 37, §2º, e 67.

Publicado no Diário Oficial Eletrônico, Ministério Público, 25/08/2014.

Súmula nº 01/15

Para efeito de aplicação do Assento 002/CSMP/2005, o corpo de bombeiros mencionado na Nota Técnica 01/2003 – CCO, trata-se exclusivamente do corpo de bombeiros militar.

Para efeito de aplicação do Assento 002/CSMP/2005, o corpo de bombeiros mencionado na Nota Técnica 01/2003 – CCO, trata-se exclusivamente do corpo de bombeiros militar.

Publicado no Diário Oficial Eletrônico, Ministério Público, 16/04/2015

NOTA TÉCNICA 01/2003

Referência: Art. 54, VI, da LC 197/2000.

Assunto: Ajustamento de conduta – Segurança – Termo de Cooperação Técnica MP e Corpo de Bombeiro.

O Centro de Apoio Operacional do Consumidor, no exercício da atribuição prevista no art. 54, VI, da Lei Complementar Estadual n. 197/2000, e

Considerando que o E. Conselho Superior do Ministério Público tem demonstrado preocupação com os ajustamentos de conduta que fixam prazos para execução das obras e melhorias destinadas à segurança dos consumidores, sem suspensão das atividades e a concordância expressa do representante do Corpo de Bombeiros;

Considerando que o mesmo Conselho Superior já deixou de homologar arquivamento de procedimento administrativo relacionado à matéria;

Considerando a possibilidade de ocorrência de eventual sinistro dentro do prazo previsto para execução dos compromissos ajustados;

Considerando, por fim, que esta matéria é de competência do Corpo de Bombeiros;

RESOLVE:

Remeter aos Promotores de Defesa do Consumidor as seguintes sugestões de atuação na celebração de ajustamentos de conduta relacionados às condições de segurança de estabelecimentos comerciais.

ALTERNATIVA 1

Prazos de execução das obras e melhorias integrando o ajuste

1.1 inclusão de cláusula demonstrando a concordância expressa do Corpo de Bombeiros com o prazo convencionado pelas partes;

1.2 que o Termo de Ajuste também seja subscrito por um representante daquela Corporação;

1.3 que seja incluída cláusula prevendo a apresentação de projeto técnico visando atender às normas de segurança aplicáveis a cada caso, assinado por engenheiro, com a respectiva ART.

ALTERNATIVA 2

Prazos para execução das obras e melhorias não integrando o ajuste

Além da observância do consignado nos itens 1.1/1.3, acrescenta-se:

2.1 que seja ajustado apenas a apresentação de um projeto de segurança preventivo ao Corpo de Bombeiros, firmado por engenheiro, com ART, contemplando a solução para todos os problemas apontados no relatório de vistoria, incluindo cronograma de execução das obras e melhorias necessárias;

2.2 inclusão de cláusula atribuindo ao Corpo de Bombeiros a análise técnica do aludido projeto, facultando a esse a apresentação das mudanças e adequações necessárias, comprometendo-se o fornecedor a acatar todas as solicitações do órgão.

Remeta-se, para conhecimento, por e-mail, cópia do presente aos integrantes do E. Conselho Superior do Ministério Público e Promotores do Consumidor.

Assento nº 02/05

Não será homologada a promoção de arquivamento do inquérito civil ou do procedimento administrativo preliminar decorrente de compromisso de ajustamento de conduta, sem o atendimento, quando for o caso, à Nota Técnica n. 1/2003, do Centro de Apoio Operacional do Consumidor (Aprovado na sessão do Conselho Superior do Ministério Público realizada no dia 4 de abril de 2005).

Aprovado na sessão do Conselho Superior do Ministério Público realizada no dia 4 de abril de 2005.

Súmula nº 01/18

Não será homologada a promoção de arquivamento que considerou como de cláusula uniforme o contrato celebrado entre Pessoa Jurídica de Direito Público e empresa que tenha como proprietários, controladores ou diretores, Deputados e Senadores, mediante licitação ou dispensa, para fins da exceção prevista no art. 54, I, "a", da Constituição Federal ou no art. 43, I, "a", da Constituição Estadual.

Não será homologada a promoção de arquivamento que considerou como de cláusula uniforme o contrato celebrado entre Pessoa Jurídica de Direito Público e empresa que tenha como proprietários, controladores ou diretores, Deputados e Senadores, mediante licitação ou dispensa, para fins da exceção prevista no art. 54, I, "a", da Constituição Federal ou no art. 43, I, "a", da Constituição Estadual.

Publicado no Diário Oficial Eletrônico, Ministério Público, 15/02/2018.

Súmula nº 02/18

Não será homologada a promoção de arquivamento promovida em Inquéritos Civis ou em Procedimentos Preparatórios que tenham por objeto o atendimento às normas de segurança e prevenção de incêndio em edificações quando, detectadas pendências verificadas em vistoria do Corpo de Bombeiros, não haja plano de regularização determinado pelo Corpo de Bombeiros, detalhando as obrigações e os prazos de atendimento, ou Termo de Compromisso de Ajustamento de Conduta celebrado com o responsável e com a anuência do Corpo de Bombeiros. Prevalência do Princípio da Segurança e da Precaução.

Não será homologada a promoção de arquivamento promovida em Inquéritos Civis ou em Procedimentos Preparatórios que tenham por objeto o atendimento às normas de segurança e prevenção de incêndio em edificações quando, detectadas pendências verificadas em vistoria do Corpo de Bombeiros, não haja plano de regularização determinado pelo Corpo de Bombeiros, detalhando as obrigações e os prazos de atendimento, ou Termo de Compromisso de Ajustamento de Conduta celebrado com o responsável e com a anuência do Corpo de Bombeiros. Prevalência do Princípio da Segurança e da Precaução.

Nova redação aprovada, por unanimidade, em sessão do dia 3 de julho de 2019.

Publicado no Diário Oficial Eletrônico, Ministério Público, 11/07/2019.

Súmula nº 01/19

Não será homologada a promoção de arquivamento de Inquéritos Civis ou Procedimentos Preparatórios quando for constatado ausência de especialização, à margem da matrícula imobiliária, da Reserva Legal do imóvel rural inserido em área urbana, salvo se a propriedade estiver inscrita no Cadastro Ambiental Rural (CAR) ou se a urbanização ocorreu em período anterior a 20 de julho de 1989, nesta hipótese, desde que não subsista a destinação rural do imóvel, observada, em todos os casos, a mitigação estabelecida pelo art. 67, da Lei 12.651/2012 (Código Florestal).

Não será homologada a promoção de arquivamento de Inquéritos Civis ou Procedimentos Preparatórios quando for constatado ausência de especialização, à margem da matrícula imobiliária, da Reserva Legal do imóvel rural inserido em área urbana, salvo se a propriedade estiver inscrita no Cadastro Ambiental Rural (CAR) ou se a urbanização ocorreu em período anterior a 20 de julho de 1989, nesta hipótese, desde que não subsista a destinação rural do imóvel, observada, em todos os casos, a mitigação estabelecida pelo art. 67, da Lei 12.651/2012 (Código Florestal).

Publicado no Diário Oficial Eletrônico, Ministério Público, 25/06/2019.

Súmula nº 02/19

Não será homologada a promoção de arquivamento de Inquéritos Civis ou de Procedimentos Preparatórios que versarem sobre o registro de imóvel no Cadastro Ambiental Rural (CAR) quando, informada área com vegetação nativa para destinação à reserva ambiental inferior ao mínimo legal, não houver a devida averiguação de que a propriedade efetivamente não possuía, em data próxima a 22 de julho de 2008, área de vegetação suficiente para a implantação de reserva legal ou a devida composição do dano, quando for o caso.

Não será homologada a promoção de arquivamento de Inquéritos Civis ou de Procedimentos Preparatórios que versarem sobre o registro de imóvel no Cadastro Ambiental Rural (CAR) quando, informada área com vegetação nativa para destinação à reserva ambiental inferior ao mínimo legal, não houver a devida averiguação de que a propriedade efetivamente não possuía, em data próxima a 22 de julho de

2008, área de vegetação suficiente para a implantação de reserva legal ou a devida composição do dano, quando for o caso.

Publicado no Diário Oficial Eletrônico, Ministério Público, 25/06/2019.

27.2 ASSENTOS DO CONSELHO SUPERIOR DO MINISTÉRIO PÚBLICO DO ESTADO DE SANTA CATARINA

Assento nº 01/05

Revogado conforme ato nº 237/2015/CSMP publicado em 10/04/2015.

Assento nº 02/05

Não será homologada a promoção de arquivamento do inquérito civil ou do procedimento administrativo preliminar decorrente de compromisso de ajustamento de conduta.

Não será homologada a promoção de arquivamento do inquérito civil ou do procedimento administrativo preliminar decorrente de compromisso de ajustamento de conduta, sem o atendimento, quando for o caso, à Nota Técnica n. 1/2003, do Centro de Apoio Operacional do Consumidor (Aprovado na sessão do Conselho Superior do Ministério Público realizada no dia 4 de abril de 2005).

Aprovado na sessão do Conselho Superior do Ministério Público realizada no dia 4 de abril de 2005.

NOTA TÉCNICA 01/2003

Referência: Art. 54, VI, da LC 197/2000.

Assunto: Ajustamento de conduta – Segurança – Termo de Cooperação Técnica MP e Corpo de Bombeiro.

O Centro de Apoio Operacional do Consumidor, no exercício da atribuição prevista no art. 54, VI, da Lei Complementar Estadual n. 197/2000, e

Considerando que o E. Conselho Superior do Ministério Público tem demonstrado preocupação com os ajustamentos de conduta que fixam prazos para execução das obras e melhorias destinadas à segurança dos consumidores, sem suspensão das atividades e a concordância expressa do representante do Corpo de Bombeiros;

Considerando que o mesmo Conselho Superior já deixou de homologar arquivamento de procedimento administrativo relacionado à matéria;

Considerando a possibilidade de ocorrência de eventual sinistro dentro do prazo previsto para execução dos compromissos ajustados;

Considerando, por fim, que esta matéria é de competência do Corpo de Bombeiros;

RESOLVE:

Remeter aos Promotores de Defesa do Consumidor as seguintes sugestões de atuação na celebração de ajustamentos de conduta relacionados às condições de segurança de estabelecimentos comerciais.

ALTERNATIVA 1

Prazos de execução das obras e melhorias integrando o ajuste

1.1 inclusão de cláusula demonstrando a concordância expressa do Corpo de Bombeiros com o prazo convencionado pelas partes;

1.2 que o Termo de Ajuste também seja subscrito por um representante daquela Corporação;

1.3 que seja incluída cláusula prevendo a apresentação de projeto técnico visando atender às normas de segurança aplicáveis a cada caso, assinado por engenheiro, com a respectiva ART.

ALTERNATIVA 2

Prazos para execução das obras e melhorias não integrando o ajuste

Além da observância do consignado nos itens 1.1/1.3, acrescenta-se:

2.1 que seja ajustado apenas a apresentação de um projeto de segurança preventivo ao Corpo de Bombeiros, firmado por engenheiro, com ART, contemplando a solução para todos os problemas apontados no relatório de vistoria, incluindo cronograma de execução das obras e melhorias necessárias;

2.2 inclusão de cláusula atribuindo ao Corpo de Bombeiros a análise técnica do aludido projeto, facultando a esse a apresentação das mudanças e adequações necessárias, comprometendo-se o fornecedor a acatar todas as solicitações do órgão.

Remeta-se, para conhecimento, por e-mail, cópia do presente aos integrantes do E. Conselho Superior do Ministério Público e Promotores do Consumidor.

Publicado no Diário Oficial Eletrônico, Ministério Público, 04/04/2005.

Assento nº 01/13

Estabelece critérios para a estipulação de medidas compensatórias e multas por descumprimento de cláusulas em compromissos de ajustamento de conduta firmados pelo Ministério Público.

Art. 1º A estipulação de medidas compensatórias em compromissos de ajustamento de conduta firmados pelo Ministério Público obedecerá aos critérios estabelecidos neste Assento.

Art. 2º Consideram-se medidas compensatórias para fins deste Assento as seguintes modalidades:

a) medida de compensação restauratória: corresponde à restituição de um bem jurídico a uma condição não degradada que deve ser o mais próximo possível da sua condição original;

b) medida de compensação recuperatória: compreende a restituição de um bem jurídico a uma condição não degradada que pode ser diferente de sua condição original;

c) medida de compensação mitigatória: corresponde à adoção de providências que visem à redução dos efeitos dos danos e/ou a sua prevenção; e

d) medida de compensação indenizatória: corresponde ao ressarcimento do dano mediante o pagamento de certa quantia em dinheiro.

Art. 3º As medidas de compensação previstas nas alíneas a, b e d do artigo anterior, poderão ser aplicadas isolada ou cumulativamente.

Parágrafo único – A medida prevista na alínea c do artigo anterior, necessariamente será aplicada cumulativamente com outra daquelas nele previstas.

Art. 4º A reparação do dano obedecerá, prioritariamente, a seguinte ordem, mediante o cumprimento de obrigação de fazer, consistente na:

I – restauração do dano in natura, no próprio local e em favor do mesmo bem jurídico lesado;

II – recuperação do dano in natura, no próprio local e/ou em favor do mesmo bem jurídico lesado;

III – recuperação do dano in natura, porém substituindo o bem lesado por outro funcionalmente equivalente; e

IV – substituição da reparação in natura por indenização pecuniária.

Art. 5º Não sendo, as medidas indicadas no artigo anterior, suficientes para a reparação dos danos, poderão ser estabelecidas medidas de compensação mitigatórias, obedecido o disposto no parágrafo único do art. 3º.

Parágrafo único. As medidas previstas no caput poderão estar condicionadas à aplicação, pelo causador do dano, de determinado valor pecuniário, necessariamente vinculado a projeto que vise à redução dos efeitos dos danos e/ou prevenção.

Art. 6º Para a estipulação de medidas de compensação indenizatórias, em ajustamentos de conduta, devem ser utilizados os seguintes critérios:

I – apenas nas situações em que seja inviável a restauração ou a recuperação do bem jurídico lesado ou a sua substituição por outro funcionalmente equivalente, é possível a aplicação de indenização por perdas e danos; e

II – quando a restauração ou a recuperação do dano in natura for parcial ou resultar caracterizada a ocorrência concomitante de danos patrimoniais e/ou extrapatrimoniais derivados do ilícito, inclusive na modalidade intercorrente, é admissível a cumulação com indenização pecuniária ou com outras espécies de medidas de compensação previstas neste Assento.

Art. 7º As medidas de compensação indenizatórias, estabelecidas em moeda nacional, deverão ser revertidas em favor do Fundo para Reconstituição de Bens Lesados, conforme previsto no art. 13 da Lei n. 7.347/85 e na Lei n. 15.694/2011, ou, havendo pertinência temática, em favor do Fundo para a Infância e Adolescência (FIA) instituído por lei estadual.

§ 1º Os valores monetários decorrentes de medidas compensatórias indenizatórias e de multas pelo descumprimento de cláusulas estabelecidas em ajustamentos de conduta poderão ser destinados, até o limite de 50% (cinquenta por cento), em favor de fundo municipal relativo ao local onde o dano tenha ocorrido, desde que em regular funcionamento e instituído por lei municipal, destinado à proteção do bem ou interesse lesado ou, na hipótese de inexistir fundo municipal específico, em favor de fundo municipal que atenda aos comandos antes mencionados, destinado à reconstituição de bens lesados de natureza metaindividual, ou, ainda, havendo pertinência temática, até 100% (cem por cento), em favor do Fundo para a Infância e Adolescência (FIA) instituído por lei municipal.

Art. 8º A estipulação de medidas de compensação indenizatórias poderão ser fixadas, sempre que possível e necessário, por meio de laudo técnico elaborado por profissional devidamente habilitado.

Parágrafo único. Sem prejuízo de outros, deverão ser considerados os seguintes aspectos na estipulação de medidas compensatórias:

a. a extensão do dano;

b. as consequências do dano na sociedade, incluindo atividades culturais, econômicas, agrícolas, de pesca, de turismo, de recreação etc.;

c. a abrangência de pessoas afetadas;

d. o nível de reversibilidade do dano;

e. a depreciação do bem lesado;

f. os custos para a reparação do dano;

g. a identificação do estado anterior do bem lesado;

h. o tempo de exposição do bem à conduta lesiva;

i. a importância do bem lesado à comunidade atingida;

j. as vantagens, ainda que não patrimoniais, obtidas pelo infrator;

k. os custos públicos decorrentes das iniciativas apuratórias da infração e mitigatórias dos seus efeitos danosos;

l. as medidas adotadas pelo infrator para eliminar ou minimizar os efeitos danosos decorrentes da infração;

m. o grau de culpabilidade; e

n. as condições econômicas e sociais do infrator.

Art. 9º As medidas de compensação indenizatórias estabelecidas em termos de ajustamento de conduta e executadas em face de convênios, protocolos de intenção e termos de cooperação técnica não serão afetadas pelo disposto no presente Assento.

Art. 10. Os bens e recursos financeiros derivados de medidas compensatórias decorrentes de danos a direitos metaindividuais não podem ser revertidos em favor do Ministério Público.

Art. 11. Revogam-se as disposições em contrário, especialmente o Assento n. 001/CSMP/2006.

Florianópolis, 19 de junho de 2013.

Redação alterada na Sessão do dia 17/5/20172

Redação alterada na Sessão do dia 3/10/20183

1 Alterações aprovadas pelo eg. Conselho Superior do Ministério Público em sessão realizada em 20 de janeiro de 2016.

2 Alterações aprovadas pelo eg. Conselho Superior do Ministério Público em sessão realizada em 17 de maio de 2017.

3 Alterações aprovadas pelo eg. Conselho Superior do Ministério Público em sessão realizada em 3 de outubro de 2018.

Publicado no Diário Oficial Eletrônico, Ministério Público, 18/10/2018.

Assento nº 01/14

Tendo sido promovido o arquivamento do Inquérito Civil ou do Procedimento Preparatório e havendo a necessidade de publicar a cientificação dos interessados pela via editalícia, o prazo de 3 (três) dias para a remessa ao Conselho Superior do Ministério Público contará a partir do vencimento do prazo da publicação, realizada em mural ou no Diário Oficial Eletrônico.

Tendo sido promovido o arquivamento do Inquérito Civil ou do Procedimento Preparatório e havendo a necessidade de publicar a cientificação dos interessados pela via editalícia, o prazo de 3 (três) dias para a remessa ao Conselho Superior do Ministério Público contará a partir do vencimento do prazo da publicação, realizada em mural ou no Diário Oficial Eletrônico.

Publicado no Diário Oficial Eletrônico, Ministério Público, 22/09/2014.

Assento nº 02/14

Revogado conforme publicação no DOE de Santa Catarina em 6 de setembro de 2018.

Assento nº 03/14

Revogado conforme publicação no DOE de Santa Catarina em 6 de setembro de 2018.

Assento nº 01/16

O Conselho Superior do Ministério Público (CSMP) não conhecerá da remessa para homologação de arquivamento de inquérito civil ou outras peças sob a fundamentação de duplicidade, multiplicidade, conexão ou continência de procedimentos. Na hipótese de existência de procedimento versando sobre o mesmo fato de outro(s) em andamento na mesma Promotoria de Justiça, deve-se proceder à unificação, por vinculação no SIG, ao mais abrangente ou de data precedente, para instruir eventual medida judicial ou, em caso de arquivamento, posteriormente submeter o todo da investigação empreendida ao CSMP.

O Conselho Superior do Ministério Público (CSMP) não conhecerá da remessa para homologação de arquivamento de inquérito civil ou outras peças sob a fundamentação de duplicidade, multiplicidade, conexão ou continência de procedimentos. Na hipótese de existência de procedimento versando sobre o mesmo fato de outro(s) em andamento na mesma Promotoria de Justiça, deve-se proceder à unificação, por vinculação no SIG, ao mais abrangente ou de data precedente, para instruir eventual medida judicial ou, em caso de arquivamento, posteriormente submeter o todo da investigação empreendida ao CSMP.

Publicado no Diário Oficial Eletrônico, Ministério Público, 26/04/2016.

Assento nº 01/17

Revogado conforme publicação no DOE de Santa Catarina em 6 de setembro de 2018.

28 – SÃO PAULO (SP)

28.1 SÚMULAS DO CONSELHO SUPERIOR DO MINISTÉRIO PÚBLICO DO ESTADO DE SÃO PAULO

Súmula nº 01

HOMOLOGA-SE promoção de arquivamento quando o objeto investigado já tenha sido apreciado em ação popular julgada improcedente em virtude da validade do ato impugnado.

Fundamento: A ação popular tem por objeto o pedido de anulação de ato lesivo ao patrimônio público, meio ambiente, moralidade, patrimônio histórico e cultural (art. 5º, LXXIII, CF). Assim, se a ação popular for julgada improcedente ante o reconhecimento da validade do ato impugnado (e não por mera falta de provas), é possível homologar o arquivamento de procedimento investigatório que tenha por objeto justamente verificar a validade/legalidade desse ato (arts. 18 da Lei 4.717/65; Pt. n.º 32.600/93).

Conforme publicação do Diário Oficial de São Paulo em 09/03/2017.

Súmula nº 02

NÃO SE HOMOLOGA promoção de arquivamento em matéria de propaganda enganosa por alegação de interesse individual do consumidor, haja vista o caráter difuso do interesse, que abrange todos os que tiveram acesso à publicidade.

Fundamento: A propaganda enganosa prejudica não só aqueles que efetivamente adquiriram o produto (interesses individuais homogêneos) como pessoas indeterminadas e indetermináveis que tiveram acesso à publicidade (interesses difusos), tenham ou não adquirido o produto, mas que têm direito à informação correta sobre ele (arts. 6º, IV, 30-41, e 81, parágrafo único, I e III, da Lei nº 8.078/90; Pt. n.º 5.961/93 e Pt. nº 51.148/10).

Conforme publicação do Diário Oficial de São Paulo em 09/03/2017.

Súmula nº 03

O Ministério Público tem legitimidade para ajuizar ação civil pública visando à contrapropaganda, a responsabilidade por danos morais difusos e individuais homogêneos de todos os consumidores que adquiriram o produto ou serviço objeto da publicidade.

Fundamento: Nos casos de publicidade enganosa ou abusiva, a legitimidade do Ministério Público abrange a tomada de providências para responsabilização dos eventuais causadores de danos morais difusos (arts. 6º, IV e VI, 37, 38 e 82, I do Código de Defesa do Consumidor; Pt. n.º 5.961/93) e individuais homogêneos de todos os consumidores que adquiriram o produto ou serviço. Na tutela dos interesses difusos do consumidor, o Ministério Público é legitimado também à tomada de providências para obtenção de contrapropaganda, quando necessário (art. 60).

Conforme publicação do Diário Oficial de São Paulo em 09/03/2017.

Súmula nº 04

HOMOLOGA-SE arquivamento fundado em compromisso de ajustamento de conduta celebrado pelo MP ou por qualquer colegitimado, desde que suficiente e adequado à defesa dos interesses transindividuais tutelados e que contenha todos os requisitos de título executivo extrajudicial, cabendo ao órgão ministerial fiscalizar seu efetivo cumprimento quando por ele celebrado ou quando houver indícios de omissão do órgão colegitimado que o celebrou.

Fundamento: O art. 5º, § 6º, da Lei nº 7.347/85, permite que os órgãos públicos legitimados tomem compromisso de ajustamento dos interessados, suprindo a necessidade de propositura da ação civil pública de conhecimento e permitindo o arquivamento do inquérito civil (Pt. n.º 32.820/93). Na hipótese de compromissos tomados pelo órgão ministerial, caberá a ele a fiscalização nos moldes do art. 86, § 2º no Ato 484/2006-CPJ. Quando tomado pelo ente colegitimado, não se justifica a necessidade de prosseguir o órgão ministerial na fiscalização do TAC, quando ausentes indícios de que o colegitimado não esteja cumprindo fielmente seu poder de polícia em relação ao caso concreto. Inexiste razão jurídica para se presumir inércia da Administração. Evita-se, com isso, duplo empenho fiscalizatório quando a atuação do colegitimado já se mostrar bastante à devida tutela dos interesses transindividuais, permitindo-se a dedicação ministerial às hipóteses em que a atuação do colegitimado se mostrar, desde logo, ineficaz ou insuficiente. Cabe esclarecer, por oportuno, que já há hipóteses em que o compromisso de ajuste de conduta firmado por órgãos públicos sequer chega ao conhecimento do Ministério Público, como nos casos de termos de recuperação ambiental decorrentes de procedimentos de licenciamento ambiental. Sobrevindo notícia de eventual omissão do colegitimado, caberá ao órgão ministerial retomar a atividade fiscalizatória, inclusive para fins de eventual execução do título, bem com apurar em procedimento próprio eventual caracterização de ato de improbidade administrativa. Necessário ressaltar, ainda, que cabe ao Promotor de Justiça analisar o TAC firmado por colegitimado, verificando se as obrigações assumidas são suficientes e adequadas para a reparação integral do dano. Caso negativo, ao invés de ser promovido o arquivamento do procedimento, deverá adotar as providências necessárias (TAC ou ACP), visando garantir a efetiva reparação integral, inclusive de eventual dano intercorrente.

Conforme publicação do Diário Oficial de São Paulo em 09/03/2017.

Súmula nº 05

Reparado o dano ambiental e não havendo base para a propositura de ação civil pública, o inquérito civil pode ser arquivado, sem prejuízo das eventuais providências penais que o caso comporte.

Fundamento: Se o dano ambiental tiver sido integralmente reparado e, simultaneamente, não houver base para a propositura de qualquer ação civil pública, o Promotor de Justiça poderá promover o arquivamento do inquérito civil ou das peças de informação, ressalvados, evidentemente, eventuais aspectos penais (Pt. n. 31728/93).

Conforme publicação do Diário Oficial de São Paulo em 09/03/2017.

Súmula nº 06

NÃO SE HOMOLOGA arquivamento fundado no caráter individual de perturbação de vizinhança, quando desta resulte poluição ambiental, ainda que exclusivamente sonora ou do ar, haja vista existência de interesses difusos e individuais homogêneos envolvidos na matéria.

Fundamento: Eventual violação de normas de vizinhança, quando ensejadoras de dano ambiental, não enseja tutela meramente individual. Atinge interesses atinentes à qualidade de vida dos moradores da região (interesses individuais homogêneos), podendo ainda interessar a toda a coletividade (interesse difuso no controle das fontes de poluição da cidade, em benefício do ar que todos respiram). É o caso, por exemplo, de danos ambientais provocados por fábricas urbanas (Pt. n.º 15.939/91) e por poluição sonora que atinja número indeterminado de moradores (Pt. n.º 35.137/93).

Conforme publicação do Diário Oficial de São Paulo em 09/03/2017.

Súmula nº 07

O Ministério Público está legitimado à defesa de interesses ou direitos individuais homogêneos de consumidores ou de outros, entendidos como tais os de origem comum, nos termos do art. 81, III, c/c o art. 82, I, do CDC, aplicáveis estes últimos a toda e qualquer ação civil pública, nos termos do art. 21 da Lei nº 7.347/85 (LACP), que tenham relevância social, podendo esta decorrer, exemplificativamente, da natureza do interesse ou direito pleiteado, da considerável dispersão de lesados, da condição dos lesados, da necessidade de garantia de acesso à Justiça, da conveniência de se evitar inúmeras ações individuais, e/ou de outros motivos relevantes.

Fundamento: O Ministério Público tem legitimidade para tutelar interesses individuais homogêneos, assim entendidos aqueles de natureza divisível pertencentes a titulares determináveis e que tenham entre si um vínculo fático decorrente de sua origem comum (art. 81, parágrafo único, III, CDC). Nesses casos, considerada sua relevância social (decorrente, por exemplo, da natureza do interesse, da considerável dispersão ou condição dos lesados, da necessidade de garantia de acesso à Justiça, da conveniência de se evitar inúmeras ações individuais) são aplicáveis os instrumentos legais de tutela coletiva (e.g. inquérito civil, ação civil pública) - art. 81, parágrafo único, III e art. 83, CDC; art. 21, Lei nº 7.347/85. É o caso da tutela dos interesses individuais homogêneos dos consumidores (contratos bancários, consórcios, seguros, planos de saúde, TV por assinatura, serviços telefônicos, compra e venda de imóveis, mensalidades escolares, serviços de internet, etc.) e de quaisquer outros que reúnam as características acima apontadas.

Conforme publicação do Diário Oficial de São Paulo em 09/03/2017.

Súmula nº 08

Serão propostas perante a Justiça Comum estadual as ações civis públicas em que haja interesses de sociedades de economia mista, sociedades anônimas de capital aberto e outras sociedades comerciais, ainda que delas participe da União como acionista.

Fundamento: Pelo art. 173, § 1º, da CF a empresa pública, a sociedade de economia mista e outras entidades estatais que explorem atividade econômica sujeitam-se ao regime jurídico próprio das empresas privadas; outrossim, o art. 109, I, da CF, comete à Justiça Federal apenas o julgamento das causas em que a União, entidade autárquica ou empresa pública federal forem interessadas na condição de autoras, rés, assistentes ou opoentes, exceto as de falência, as de acidentes de trabalho e as sujeitas à Justiça Eleitoral e à Justiça do Trabalho (CF, art. 173, § 1º; RJTJSP 124/50, 112/306, 106/107; RTJ 104/1233; cf. Sem. 517 e 556 - STF; Pt. n.º 22.597/91).

Conforme publicação do Diário Oficial de São Paulo em 09/03/2017.

Súmula nº 09

SOMENTE SE HOMOLOGA arquivamento fundado em termo de ajustamento de conduta se as obrigações forem certas quanto à sua existência e determinadas quanto ao seu objeto, de modo a possibilitar sua execução em caso de descumprimento, devendo constar cláusula expressa que consigne a natureza de título executivo extrajudicial.

Fundamento: Por força do art. 5º, § 6º, da Lei nº 7.347/85, introduzido pela Lei nº 8.078/90, o compromisso de ajustamento terá eficácia de título executivo extrajudicial, devendo nele constar expressamente cláusula que consigne tal natureza (art. 359, III, Ato Normativo nº 675/10 - PGJ/CGMP). Para que possa ter tal eficácia, é indispensável que nele se insira obrigação certa quanto à sua existência e determinada quanto ao seu objeto (art. 5º, § 6º, da Lei nº 7.347/85; art. 783, 784, XII e 786, NCPC; art. 83, § 1º, Ato Normativo 484/06 - Pt. n.º 30.918/93).

Conforme publicação do Diário Oficial de São Paulo em 09/03/2017.

Súmula nº 10

Revogada. Fundamento da Revogação: O teor desta Súmula foi incluído na fundamentação da Súmula 42, que trata do mesmo assunto e é mais abrangente.

Conforme publicação do Diário Oficial de São Paulo em 09/03/2017.

Súmula nº 11

O Conselho Superior não tem atuação consultiva em matéria de defesa de interesses difusos, coletivos e individuais homogêneos, exceto em matéria procedimental, como nas questões referentes à tramitação do inquérito civil ou das peças de informação.

Fundamento: Nem a Lei nº 7.347/87 (LACP), nem a Lei nº 8.625/93 (LOEMP), conferem atuação consultiva ao CSMP na área de proteção dos interesses difusos e coletivos (Pt. n.º 2.182/94).

Conforme publicação do Diário Oficial de São Paulo em 09/03/2017.

Súmula nº 12

Sujeita-se à homologação do Conselho Superior qualquer promoção de arquivamento de inquérito civil ou de peças de informação, bem como o indeferimento de representação, que contenha peças de informação, alusivos à defesa de interesses difusos, coletivos ou individuais homogêneos.

Fundamento: A Lei nº 7.347/85 confere ao CSMP a revisão necessária de qualquer arquivamento de inquérito civil ou de peças de informação que impeçam a propositura de ação civil pública a cargo do órgão do Ministério Público (Pt. n.º 33.582/93; art. 9º e § 1º da Lei n.º 7.347/85). No caso de representações acompanhadas de peças de informação, seu indeferimento estará sujeito à homologação do Conselho Superior, ainda que não interposto recurso da decisão, devendo-se iniciar a contagem do tríduo, nesse caso, após transcorrido o prazo recursal, devidamente certificado nos autos.

Conforme publicação do Diário Oficial de São Paulo em 09/03/2017.

Súmula nº 13

HOMOLOGA-SE declínio de atribuição em favor do Ministério Público Federal quando o procedimento tiver por objeto o uso de praia ou terrenos de marinha pela União, por intermédio do Ministério da Marinha (vide Súmula 56).

Fundamento: Quaisquer providências que devam ser tomadas contra o eventual uso indevido que a União esteja fazendo de terrenos de marinha são da esfera do Ministério Público Federal (Pt. n.º 297/94; arts. 20, IV, e 109 da CF).

Conforme publicação do Diário Oficial de São Paulo em 09/03/2017.

Súmula nº 14

Revogada. Fundamento da Revogação: O teor desta Súmula foi incluído na nova redação da Súmula 6, que trata do mesmo assunto e é mais abrangente.

Conforme publicação do Diário Oficial de São Paulo em 09/03/2017.

Súmula nº 15

HOMOLOGA-SE declínio de atribuição em favor do Ministério Público do Trabalho quando o procedimento tiver por objeto a defesa de interesses transindividuais que envolvam o meio ambiente do trabalho (higiene, saúde e segurança), salvo se referentes a servidores públicos estatutários (cargos efetivos ou comissionados), em que a competência para a ação civil pública será da Justiça Comum Estadual (cf. ADIN 3395).

Fundamento: Nos termos da Súmula 736 do E. STF, "compete à Justiça do Trabalho julgar as ações que tenham como causa de pedir o descumprimento de normas trabalhistas relativas à segurança, higiene e saúde dos trabalhadores". Entretanto, a súmula do STF deve ser compatibilizada com o entendimento que vem sendo adotado por aquela corte (cf. ADIN 3395) segundo o qual a competência para a ação civil pública será da Justiça Comum Estadual quando tais interesses se referirem a servidores públicos estatutários (cargos efetivos ou comissionados).

Conforme publicação do Diário Oficial de São Paulo em 09/03/2017.

Súmula nº 16

Revogada. Fundamento da Revogação: O teor desta Súmula foi incluído na nova redação da Súmula 17, que trata do mesmo assunto e é mais abrangente.

Conforme publicação do Diário Oficial de São Paulo em 09/03/2017.

Súmula nº 17

Convertido o julgamento em diligência, reabre-se ao Promotor de Justiça que proferiu a decisão de arquivamento ou indeferimento a oportunidade de reapreciar os elementos dos autos, podendo manter sua posição favorável ao arquivamento, mediante nova decisão fundamentada e remessa ao Conselho Superior, ou propor ação civil pública, caso em que bastará a comunicação ao colegiado, por ofício, acerca do ajuizamento da ação.

Fundamento: Se, em virtude da conversão do julgamento em diligência, surgirem novas provas, o mesmo membro do Ministério Público que tinha promovido o arquivamento do inquérito civil não estará impedido de reapreciar o inquérito civil, podendo tanto propor a ação civil pública, se estiver convencido de seu cabimento, como insistir no arquivamento, em caso contrário (Pts. n.º 30.041/93 e 30.082/93).

Conforme publicação do Diário Oficial de São Paulo em 09/03/2017.

Súmula nº 18

HOMOLOGA-SE a promoção de arquivamento em relação ao investigado cuja conduta não apresentar comprovado nexo causal com o resultado danoso em matéria ambiental ou cuja responsabilidade não decorrer de obrigação "*propter rem*", ressalvada a hipótese de eventual responsabilidade do Poder Público pela reparação integral do dano ambiental por omissão no dever de fiscalização.

Fundamento: Em matéria de dano ambiental, a Lei nº 6.938/81 estabelece a responsabilidade objetiva, o que afasta a investigação e a discussão da culpa, mas não se prescinde do nexo causal entre o dano havido e a ação ou omissão de quem se pretenda responsabilizar (art. 14, § 1º, da Lei nº 6.938/81: Pt. 35.752/93 e 649/94). Não comprovado o nexo causal entre a conduta do investigado e o dano ambiental, é possível a promoção de arquivamento em relação a tal investigado, sem prejuízo de providências para reparação do dano, ainda que a título subsidiário por omissão no dever de fiscalizar.

Conforme publicação do Diário Oficial de São Paulo em 09/03/2017.

Súmula nº 19

Não há necessidade de homologação pelo Conselho Superior de todos os procedimentos instaurados com base no art. 201, V e VI, do Estatuto da Criança e do Adolescente, mas somente daqueles que contenham matéria a qual, em tese, trate de lesão ou ameaça de lesão a interesses difusos, coletivos ou individuais homogêneos relativos à proteção de crianças e adolescentes.

Fundamento: Além da legitimidade à tutela dos interesses difusos, coletivos e individuais homogêneos de crianças e adolescentes, o art. 201 da Lei nº 8.069/90 (ECA) legitima o Ministério Público para a propositura de ação civil visando à defesa de interesse individual, indisponível e puro de tais pessoas. Entretanto, somente os procedimentos administrativos que tratem de lesão a interesses difusos, coletivos ou individuais homogêneos relativos à proteção de crianças e adolescentes estarão sujeitos à homologação do Conselho Superior, na forma do art. 223 do ECA (Pt. n.º 7.151/94 e 8.312/94).

Conforme publicação do Diário Oficial de São Paulo em 09/03/2017.

Súmula nº 20

Quando o compromisso de ajustamento tiver a característica de ajuste preliminar, que não dispense o prosseguimento de diligências para uma solução definitiva, salientado pelo órgão do Ministério Público que o celebrou, o Conselho Superior homologará somente o compromisso, autorizando o prosseguimento das investigações.

Fundamento: O parágrafo único do art. 112 da Lei Complementar Estadual nº 734/94 condiciona a eficácia do compromisso ao prévio arquivamento do inquérito civil, sem correspondência com a Lei Federal nº 7.347/85. Entretanto, pode acontecer que, não obstante ter sido formalizado compromisso de ajustamento, haja necessidade de providências complementares, reconhecidas pelo interessado e pelo órgão ministerial, a serem tomadas no curso do inquérito civil ou dos autos de peças de informação, em busca de uma solução mais completa para o problema. Nesta hipótese excepcional, é possível, ante o interesse público, a homologação do ajuste preliminar sem o arquivamento das investigações (Pt. n.º 9.245/94 e 7.272/94).

Conforme publicação do Diário Oficial de São Paulo em 09/03/2017.

Súmula nº 21

Revogada. Fundamento da Revogação: O teor desta Súmula foi incluído na nova redação da Súmula 4, que trata do mesmo assunto e é mais abrangente.

Conforme publicação do Diário Oficial de São Paulo em 09/03/2017.

Súmula nº 22

Justifica-se a propositura de ação civil pública de ressarcimento de danos e para impedir a queima da palha de cana-de-açúcar, para fins de colheita, diante da infração ambiental provocada, independentemente de situar-se a área atingida sob linhas de transmissão de energia elétrica, ou estar dentro do perímetro de 1 km de área urbana.

Fundamento: Os mais atuais estudos ambientais têm demonstrado a gravidade dos danos causados pela queimada na colheita da cana-de-açúcar ou no preparo do solo para plantio. Assim, em sucessivos precedentes, o Conselho Superior tem determinado a propositura de ação civil pública em defesa do meio ambiente degradado.

Conforme publicação do Diário Oficial de São Paulo em 09/03/2017.

Súmula nº 23

NÃO SE HOMOLOGA promoção de arquivamento fundada em termo de ajustamento de conduta se a multa fixada na hipótese de descumprimento da obrigação de fazer ou não fazer tiver natureza compensatória, ao invés de cominatória, pois mais interessa o cumprimento da obrigação pelo próprio devedor que o correspondente econômico.

Fundamento: A Lei nº 7.347/85 (art. 5º, § 6º) e o Ato Normativo 484/06 – CPJ (arts. 4º e 83, § 2º) exigem que dos termos de ajustamento de conduta constem previsão cominatória em caso de descumprimento, sempre que possível, tendo em vista a necessidade de garantia de suficiente coercibilidade do título (Pt. 155246/12).

Conforme publicação do Diário Oficial de São Paulo em 09/03/2017.

Súmula nº 24

Sujeita-se à homologação do Conselho a promoção de arquivamento lançada por membro do Ministério Público diante do recebimento de inquérito realizado pelo Banco Central (art. 49, Lei nº 6.024/74), devendo, nesse caso, ser extraídas cópias integrais dos autos recebidos, autuando-se como peças de informação e remetendo-se ao colegiado com as razões de arquivamento.

Fundamento: Nos casos de intervenção, administração provisória e liquidação extrajudicial de instituições financeiras (Lei nº 6.024/74, arts. 8º, 15, 41 e 52; Decreto-lei nº 2.321/87, art. 19) e pessoas equiparadas (tais como distribuidores de títulos e valores mobiliários, cooperativas de crédito, corretoras de câmbio e consórcios), o inquérito realizado pelo Banco Central serve de base para a eventual responsabilização civil dos ex-administradores e contém, de ordinário, os elementos probatórios de que o Ministério Público necessita para ajuizar a respectiva ação civil pública. Constitui-se, portanto, por peças informativas. Bem por isso, se, ao examinar o aludido inquérito administrativo, o Promotor de Justiça concluir que não deve propor alguma demanda, nem instaurar sua própria investigação, incide o reexame necessário, pelo Conselho Superior (Pt. nº 11.399/97).

Conforme publicação do Diário Oficial de São Paulo em 09/03/2017.

Súmula nº 25

Não há intervenção do Conselho Superior do Ministério Público quando a transação for promovida pelo Promotor de Justiça no curso de ação civil pública ou coletiva.

Fundamento: O controle, na hipótese aludida, não é administrativo, tal como ocorre no caso de arquivamento de inquérito civil (art. 9º, § 3º, da Lei nº 7.347/85), porém, jurisdicional, consistente na homologação por sentença do Juízo (Pts. nº 17.936/96, 29.951/96 e 21.733/97).

Conforme publicação do Diário Oficial de São Paulo em 09/03/2017.

Súmula nº 26

HOMOLOGA-SE promoção de arquivamento que tenha por objeto notícia trazida por Conselho Profissional, quando do descumprimento da norma não decorra perigo concreto a interesse transindividual.

Fundamento: Na hipótese de comunicação de descumprimento de norma regulamentadora de profissão por Conselhos Profissionais, somente se verifica a obrigatoriedade da atuação ministerial quando dessa inobservância decorrer perigo concreto a interesse transindividual tutelado (ex. saúde pública). Em outras hipóteses, a mera desobediência às normas, sem riscos concretos ao interesse tutelado, poderá ensejar atuação do próprio colegitimado, lembrando-se que os referidos conselhos são entidades autárquicas e, como tais, são consideradas expressamente como colegitimadas para a propositura de ação civil pública (Lei nº 7.437/85).

Conforme publicação do Diário Oficial de São Paulo em 09/03/2017.

Súmula nº 27

Revogada. Fundamento da Revogação: O teor desta Súmula foi incluído na nova redação e fundamentação da Súmula 32, que trata do mesmo assunto e é mais abrangente.

Conforme publicação do Diário Oficial de São Paulo em 09/03/2017.

Súmula nº 28

HOMOLOGA-SE arquivamento de procedimentos cujo objeto seja apuração de improbidade administrativa praticada por servidor que não exerça cargo ou função de confiança e que esteja situado na base da hierarquia administrativa, desde que comprovada a adoção de medidas adequadas à hipótese, inclusive ressarcitórias, já que eventual omissão dolosa constitui ato de improbidade.

Fundamento: Nos termos da Lei nº 8.429/92, a pessoa jurídica interessada é colegitimada para propositura de ações civis públicas destinadas à tutela da probidade administrativa e patrimônio público. No caso de servidores efetivos, é possível que os instrumentos administrativos e judiciais disponíveis à Administração sejam suficientes à adequada repressão dos atos de improbidade e tutela do erário. Em tais hipóteses, caberá ao Ministério Público verificar se o colegitimado tomou as medidas adequadas e suficientes à hipótese, incentivando o colegitimado à tomada das providências cabíveis, atendando para eventual ocorrência de omissão dolosa, passível de caracterização de ato de improbidade. A proteção do interesse difuso em questão, além de não sofrer prejuízo, melhor será defendido, já que a atuação ministerial será voltada contra quem tem o dever de responsabilizar o servidor.

Conforme publicação do Diário Oficial de São Paulo em 09/03/2017.

Súmula nº 29

O Conselho Superior homologará arquivamento de inquéritos civis ou assemelhados que tenham por objeto a supressão de vegetação em área rural praticada de forma não continuada, em extensão não superior a 0,10 ha., desde que não haja impacto significativo ao meio ambiente.

Fundamento: O Ministério Público, de uns tempos a esta parte, vem sendo o destinatário de inúmeros autos de infração lavrados pelos órgãos ambientais, compostos, em grande parte, por danos ambientais de pequena monta. Isto vem gerando grande sobrecarga de trabalho, inviabilizando que os Promotores de Justiça se dediquem a perseguir maiores infratores. Mostra-se inevitável a racionalização do serviço. A proposta ora apresentada tem esta finalidade. O desejável seria que nossa estrutura permitisse a apuração de todo e qualquer dano ambiental. Todavia, a realidade demonstra não ser isto possível no momento. Havendo que se traçar os caminhos prioritários na área, entende-se que a proposta constituirá em instrumento para que se inicie a racionalização, buscando que a atividade ministerial tenha maior eficácia. Ressalte-se que o Poder Público também tem legitimidade para tomar compromisso de ajustamento de conduta e ajuizar ação civil pública, além de contar com poder de polícia que, por vezes, é suficiente para evitar o dano. Assim, as hipóteses contempladas nas súmulas podem, sem prejuízo do interesse difuso, comportar a solução ora preconizada. Consigno que a vocação dos Colegas na matéria será suficiente para analisar se o objeto da infração, embora pequeno, tenha impacto significativo no meio ambiente ou constitua continuidade de outra, pequena ou não, cuja soma exceda a área constante da súmula. A súmula se dirige apenas aos infratores eventuais que tenham praticado mínima interferência no meio ambiente. Caso os elementos evidenciem ser qualitativamente relevante o dano ambiental causado, apesar da pequena área atingida (considerada isoladamente), não é caso de arquivamento do procedimento. São variadas as hipóteses em que o dano de pequena área pode causar impacto relevante ao meio ambiente, situação que pode estar evidente nos autos ou demandar a realização de diligência, inclusive de natureza técnica.

Conforme publicação do Diário Oficial de São Paulo em 09/03/2017.

Súmula nº 30

Revogada. Fundamento da Revogação: O teor desta Súmula foi incluído na nova redação da Súmula 4, que trata do mesmo assunto e é mais abrangente.

Conforme publicação do Diário Oficial de São Paulo em 09/03/2017.

Súmula nº 31

HOMOLOGA-SE arquivamento de procedimentos que tenham por objeto apurar a continuação da prestação de serviços ao Poder Público após aposentadoria voluntária do servidor, se não houver, de plano, indícios de que os serviços não foram efetivamente prestados ou outra circunstância relevante que demande investigação.

Fundamento: O Ministério Público vem sendo o destinatário de inúmeras comunicações acerca da continuação de prestação de serviços, ao Poder Público, por servidor aposentado por tempo de serviço. Existe o entendimento de que a aposentadoria extinguiria o contrato de trabalho e que a continuação do vínculo laboral significaria nova contratação, sem concurso público, em afronta ao disposto no art. 37, II, da Constituição Federal. Entretanto, conforme decidido pelo STF na ADIN 1721, "a mera concessão da aposentadoria voluntária ao trabalhador não tem por efeito extinguir, instantânea e automaticamente, o seu vínculo de emprego". Assim, como já se vinha admitindo, é possível o arquivamento de procedimentos que tenham por objeto a continuação da prestação da atividade pública após aposentadoria voluntária do servidor.

Conforme publicação do Diário Oficial de São Paulo em 09/03/2017.

Súmula nº 32

HOMOLOGA-SE arquivamento quando, noticiadas irregularidades que constituam apenas infração administrativa ou que admitam pronta solução pela via administrativa, não houver, cumulativamente: a) indícios de omissão da Administração e b) notícia de dano ou risco concreto de dano ao interesse transindividual.

Fundamento: O Ministério Público vem recebendo inúmeras representações que noticiam descumprimento de normas administrativas ou irregularidades passíveis de solução no âmbito da Administração Pública. Embora tais fatos encontrem, por vezes, repercussão no plano civil ou penal, muitas outras vezes constituem infrações passíveis de solução pela própria atuação do Poder Público (ex. poder de polícia), não implicando situação de dano ou perigo concreto de dano a interesses transindividuais. Não cabe ao Ministério Público, nesses casos, substituir-se à Administração. Assim, não havendo evidências de que a Administração, tendo tomado conhecimento dos fatos, omitiu-se, não há que se falar em inércia passível de intervenção ministerial. A súmula também abrange a hipótese anteriormente prevista na Súmula 27 (falta de licença ou autorização de órgão público), que por isso foi cancelada. A irregularidade consistente na mera falta de licença ou autorização de órgão público, quando não haja evidências de dano ou risco concreto de dano a interesse transindividual, poderá ser objeto de tutela pelo próprio ente dotado de poder de polícia. Há, portanto, nesta hipótese, mera infração administrativa. Assim, caberá ao Ministério Público instar o órgão para as providências cabíveis. Ressalte-se que a aplicabilidade da súmula não se restringe ao direito ambiental, sendo também aplicável ao direito do consumidor, habitação e urbanismo, saúde, educação etc. Ressalve-se que a atuação do Ministério Público será imprescindível quando verificado, desde logo, que os poderes-deveres da Administração não vêm sendo regularmente exercidos.

Conforme publicação do Diário Oficial de São Paulo em 09/03/2017.

Súmula nº 33

HOMOLOGA-SE o arquivamento de procedimentos que tenham por objeto apurar irregularidades meramente formais praticadas no âmbito da Administração Pública, caso não existam indícios de que tais falhas, por ação ou omissão, tenham sido meios para a prática de ato de improbidade administrativa.

Fundamento: As formalidades são estabelecidas pela lei para salvaguarda de interesse maior, qual seja, o da probidade administrativa. Muitas vezes, todavia, é constatado que a forma não foi cumprida por desatenção, desconhecimento ou despreparo do agente público, constituindo-se irregularidade meramente formal, que não se traduz em hipótese de intervenção do Ministério Público. É o caso, por exemplo, da não existência ou incorreção de livros e controles, inadequação contábil, deficiência no controle de tesouraria, inadequado controle de bens ou da dívida ativa ou passiva. Ressalvam-se as hipóteses em que tais falhas tenham sido meios para a prática de atos de improbidade.

Conforme publicação do Diário Oficial de São Paulo em 09/03/2017.

Súmula nº 34

O Conselho Superior homologará arquivamento de inquéritos civis ou assemelhados cujo objeto autorize apenas a propositura de ação de reparação de danos ao erário, nos termos do art. 5º da Lei nº 8.429/92, quando, cumulativamente (1) o prejuízo não alcançar expressão econômica relevante, assim entendido aquele que não seja superior ao previsto no art. 20 da Lei Federal nº 10.522/02; (2) houver prova de que o órgão do Ministério Público tenha comunicado o colegitimado para a propositura da ação de ressarcimento, transmitindo os elementos de prova necessários a tal finalidade.

Fundamento: A súmula destina-se à racionalização do serviço, em hipóteses de baixo potencial ofensivo e em que não caiba a aplicação de sanções por ato de improbidade administrativa. Nos casos de dano ao erário de pequena expressão econômica, a atuação do Ministério Público deve voltar-se a zelar para que a pessoa jurídica lesada tome as providências necessárias para o ressarcimento. O enunciado utiliza-se de parâmetro previsto em lei, por aplicação analógica (art. 20 da Lei Federal nº 10.522/02), tal como vem sendo utilizado pelo STF como diretriz para conceituação de situações de pequeno potencial ofensivo em diversas hipóteses correlatas à matéria fiscal (vide HC 115.331, j. 18.06.2013). Note-se que o enunciado não impede que o Ministério Público atue em situações concretas que, em tese, amoldam-se ao enunciado proposto, mas cuja incidência específica o Promotor de Justiça opte por afastar em decorrência da peculiaridade local, no exercício de sua função de agente político, por reputar necessária a intervenção ministerial (por exemplo, pequenos municípios).

Conforme publicação do Diário Oficial de São Paulo em 09/03/2017.

Súmula nº 35

Em matéria de improbidade administrativa, quando pela natureza e circunstâncias do fato ou pela condição dos responsáveis o interesse social não apontar para a necessidade de pronta e imediata intervenção Ministerial, o Órgão do Ministério Público poderá, inicialmente, provocar a iniciativa do Poder Público colegitimado zelando pela observância do prazo prescricional e, sendo proposta a ação, intervindo nos autos respectivos como fiscal da lei, nada obstando que, em havendo omissão, venha a atuar posteriormente, inclusive contra a omissão, se for o caso. A promoção de arquivamento será lançada após a comprovação de que medidas suficientes foram tomadas pelo órgão colegitimado.

Fundamento: Tanto quanto o Ministério Público, o ente público tem legitimidade (concorrente e disjuntiva) para promover a ação civil nos termos da Lei nº 8.429/92. Quando proposta pelo colegitimado, deverá o Ministério Público intervir como fiscal da lei (art. 17, § 4º, Lei nº 8.429/92). A Administração tem o poder-dever de agir para atender e fazer respeitar o princípio da legalidade, o que bem explica a autotutela (dever de rever e anular atos ilegais; de apurar e punir infrações, etc.). Destarte, tomando conhecimento de fatos que, em tese, se enquadrem na Lei nº 8.429/92, não cabe ao Poder Público legitimado a opção entre agir ou não. Não se justifica, portanto, que a própria entidade pública colegitimada, tendo detectado ato de improbidade, por meio de controle interno ou auditoria externa, e não havendo obstáculos naturais ao exercício da tutela por seus meios, deixe de adotar diretamente as providências necessárias para apuração dos fatos e de ingressar, sendo o caso, com a ação judicial nos termos da Lei nº 8.429/92, cingindo-se a repassar, por meio de representação, o relatório respectivo ao Ministério Público. O Ministério Público deve agir em defesa da sociedade (art. 127, CF), "vedada a representação judicial e a consultoria de entidades públicas" (art. 129, IX, CF). Bem por isso, a Lei nº 8.429/92, a par da legitimidade concorrente (art. 17), previu para o Ministério Público o poder de requisição à autoridade administrativa, de ofício ou em face de representação, de instauração de inquérito policial ou procedimento administrativo para apuração de ilícito previsto na mesma lei. A legitimidade concorrente do Ministério Público, vinculada à tutela do interesse social, poderá ficar reservada às hipóteses de omissão injustificada da Administração, bem como quando pela natureza e circunstâncias do fato ou pela condição dos responsáveis o interesse social apontar para a necessidade de pronta e imediata intervenção Ministerial. Na hipótese de omissão injustificada do colegitimado, possível a caracterização de improbidade administrativa, cabendo ao Ministério Público atuar também contra tal conduta. Consigne-se que apenas a omissão injustificada poderá caracterizar ato de improbidade administrativa (art. 11, II, da Lei nº 8.429/92). Nesta ordem, se a autoridade administrativa firmar entendimento devidamente fundamentado de que não restou caracterizada a existência de dano ou improbidade administrativa, não há se falar em omissão para efeito do art. 11, II, da Lei nº 8.429/92.

Mas nem por isso estará o Ministério Público impedido de, em relação ao fato principal objeto de investigação pela Administração, adotar entendimento diverso, ou seja, complementar, em procedimento próprio, as investigações, ou promover a ação civil pública.

Conforme publicação do Diário Oficial de São Paulo em 09/03/2017.

Súmula nº 36

HOMOLOGA-SE promoção de arquivamento fundado na suficiência das medidas administrativas adotadas visando à cessação e reparação integral dos danos ou eliminação do risco concreto de lesão a interesses transindividuais.

Fundamento: O poder de polícia é função típica da Administração que visa à defesa do bem estar social (interesses sociais) por meio da contenção, nos termos da lei, das liberdades e direitos individuais. Bem por isso é possível afirmar que a efetividade da polícia administrativa pode prevenir ofensas a interesses difusos ou coletivos. Estando o Ministério Público vocacionado à defesa do interesse social (art. 127, CF), e sendo dever da Administração o exercício regular do poder de polícia, mais interessa à sociedade e se afeiçoa à legitimidade do Parquet que este atue em face do Poder Público provocando a efetividade da polícia administrativa, sempre que a natureza e circunstâncias do caso concreto indicarem a suficiência da medida para conter a ameaça ou possível ofensa a interesses difusos. E, uma vez constatada a suficiência das medidas de polícia administrativa adotadas para a superação da ameaça ou possível ofensa ao interesse difuso ou coletivo, restará satisfeito o objeto do procedimento instaurado, justificando-se o seu arquivamento. Por outro lado, ressalva-se a existência de situações cuja gravidade e insuficiência da intervenção administrativa devam ensejar a pronta e imediata atuação do Ministério Público na tutela do interesse difuso ou coletivo lesado ou ameaçado. No caso de omissão injustificada por parte da Administração Pública, o Órgão do Ministério Público poderá tomar as medidas cabíveis para apurar eventuais atos de improbidade administrativa, falta funcional e/ou crime contra a administração pública, buscando a responsabilização dos agentes omissos. Da mesma forma, verificará a necessidade de ajuizar ação civil pública contra a Administração Pública para compeli-la a aplicar a lei de polícia pertinente. Convém deixar claro, entretanto, que a omissão injustificada da autoridade para efeito de caracterização de improbidade administrativa há de ser compreendida como omissão deliberada. Destarte, se não houver lei que dê embasamento ao poder de polícia em determinada situação (lei que estabeleça a restrição a ser observada pelo particular e autorize as medidas punitivas necessárias) não será possível exigir-se da autoridade a providência alvitrada. Da mesma forma, se a lei permitir certa margem de discricionariedade à autoridade administrativa quanto à medida a ser adotada, desde que a decisão tomada por ela, dentre as opções possíveis, seja razoável, também não se poderá falar em improbidade administrativa. Em tais hipóteses, discordando da decisão ou reputando-a insuficiente, caberá ao Ministério Público apenas promover a tutela do interesse difuso, nos termos da legislação pertinente, para afastar a ofensa ou ameaça (Pt. nº 94.923/02 – Jundiaí).

Conforme publicação do Diário Oficial de São Paulo em 09/03/2017.

Súmula nº 37

Revogada. Fundamento da Revogação: O teor desta Súmula foi incluído na nova redação e fundamentação da Súmula 38, que trata do mesmo assunto e é mais abrangente.

Conforme publicação do Diário Oficial de São Paulo em 09/03/2017.

Súmula nº 38

Não há necessidade de homologação pelo Conselho Superior dos procedimentos ou peças quando neles não houver notícia de lesão ou risco concreto de lesão a interesses difusos, coletivos ou individuais homogêneos.

Fundamento: A legitimidade investigatória do Ministério Público abrange os casos de lesão ou risco concreto de lesão a interesses transindividuais. A competência do Conselho Superior para apreciar promoção de arquivamento de inquéritos civis limita-se aos casos em que haja, em tese, lesão a interesses difusos, coletivos ou individuais homogêneos. Embora a lei também confira legitimidade ao Ministério Público para tutela de interesses puramente individuais (não homogêneos) diante de sua indisponibilidade, tais como os referentes à condição do idoso, à infância e juventude e à pessoa portadora de deficiência, eventual arquivamento de procedimentos ou expedientes referentes a tais questões não se submete ao reexame necessário pelo Conselho Superior. É o caso, também, da simples comunicação da existência de transplante "inter vivos" e internação involuntária, que, embora possam demandar a atuação do Ministério Público, não justificam o reexame necessário pelo Conselho Superior.

Conforme publicação do Diário Oficial de São Paulo em 09/03/2017.

Súmula nº 39

Revogada. Fundamento da Revogação: O teor desta Súmula foi incluído na nova redação da Súmula 15, que trata do mesmo assunto e é mais abrangente.

Conforme publicação do Diário Oficial de São Paulo em 09/03/2017.

Súmula nº 40

Revogada. Fundamento da Revogação: A vigente Súmula 12 já dá cumprimento à determinação contida no artigo 9º, § 1º, da Lei nº 7.347/85 e o enunciado da Súmula 40 causava obscuridade de interpretação.

Conforme publicação do Diário Oficial de São Paulo em 09/03/2017.

Súmula nº 41

HOMOLOGA-SE promoção de arquivamento de expedientes que tenham por objeto o desmembramento ou desdobro não continuados, quando, ausente dano ambiental, não se exijam novas obras de infraestrutura ou criação de novos equipamentos urbanos para atender à necessidade de moradores.

Fundamento: A atuação do Promotor de Justiça de Habitação e Urbanismo deve voltar-se, prioritariamente, para as questões afetas a lesões efetivas ou potenciais à ordem urbanística, pois o Direito Urbanístico tem por finalidade precípua dotar as cidades de condições de habitabilidade. Neste contexto, tanto o desmembramento como o desdobro irregular sem qualquer impacto nas obras de infraestrutura não exigem a intervenção do Ministério Público, além do que a questão da obtenção do domínio, pelos adquirentes, pode ser por estes resolvida através de instrumentos próprios. A atuação do Ministério Público recomenda o direcionamento de seus recursos para parcelamentos que impliquem na queda de qualidade de vida de seus habitantes. Na busca de eficiência na atuação do Ministério Público, considerada a dispersão social dos danos urbanísticos, cumpre direcionar recursos para o trato de questões que exijam maior atenção da instituição. Na hipótese de existência de dano ambiental, restarão providências a serem tomadas perante o responsável em tal esfera, observados os critérios do Ato nº 55/95 - PGJ.

Conforme publicação do Diário Oficial de São Paulo em 09/03/2017.

Súmula nº 42

HOMOLOGA-SE promoção de arquivamento de expedientes que tenham como objeto parcelamento de solo implantado de fato, completamente consolidado quando, cumulativamente: (a) estiver provido da infraestrutura prevista em lei, que ofereça condições de habitabilidade; (b) for possível a regularização dominial dos lotes; (c) não se verificar no caso concreto ocorrência de dano ambiental; e (d) se houver equipamentos comunitários suficientes para atender a população local, ainda que instalados no entorno da área objeto da regularização.

Fundamento: A regularização do empreendimento é uma das hipóteses que autorizam a promoção de arquivamento dos expedientes que têm por objeto apurar o descumprimento das normas para parcelamento do solo. Entretanto, muitas vezes o Ministério Público depara-se com loteamentos de fato completamente consolidados e ocupados. Em tais casos cumpre velar, primordialmente, pela implantação das obras de infraestrutura necessárias à habitabilidade, considerando, ainda, que os adquirentes dos lotes acabam obtendo, judicialmente, a regularidade dominial, esvaziando, assim, as providências da alçada da Instituição. Na busca de eficiência na atuação do Ministério Público entende-se muito mais útil à atuação de caráter preventivo, objetivando evitar a implantação de loteamentos clandestinos e o estabelecimento de realidade urbanística cuja alteração demanda imenso sacrifício social.

Na hipótese de existência de dano ambiental, restarão providências a serem tomadas perante o responsável em tal esfera, observados os critérios do Ato nº 55/95 – PGJ.

Conforme publicação do Diário Oficial de São Paulo em 09/03/2017.

Súmula nº 43

NÃO HÁ NECESSIDADE de remessa ao Conselho Superior do Ministério Público de promoções de arquivamento lançadas em procedimentos que tratem de matéria eleitoral, enquanto não sobrevier lei que preveja a possibilidade de revisão dos arquivamentos realizados.

Fundamento: O TSE firmou entendimento no RO nº 489016 (de 27.2.2014) e RO nº 474642 (de 26.11.2013) de que não se permite a aplicação da sistemática da Lei nº 7.347/93 em matéria eleitoral (art. 105-A, Lei nº 9.504/97). Diante disso, o Ato Normativo nº 978/16 – PGJ criou instrumento próprio para apuração eleitoral, não prevendo a revisão de razões de arquivamento pelo Conselho Superior do Ministério Público: "enquanto não sobrevier lei prevendo a possibilidade de revisão dos arquivamentos realizados, devem prevalecer, em sua integridade, os juízos valorativos realizados pelos Promotores de Justiça, consectário lógico da independência funcional".

Conforme publicação do Diário Oficial de São Paulo em 09/03/2017.

Súmula nº 44

Revogada. Fundamento da Revogação: Não se mostra mais conveniente a manutenção da Súmula de entendimento em questão, em face do posicionamento jurisprudencial firmado por nossos Tribunais Superiores (STF e STJ), no sentido de que não possui o Ministério Público legitimidade para aforar ação civil pública em matéria tributária, em defesa dos contribuintes.

Conforme publicação do Diário Oficial de São Paulo em 09/03/2017.

Súmula nº 45

O Ministério Público tem legitimidade para propor ação civil pública visando que o Poder Público forneça tratamento médico ou medicamentos, ainda que só para uma pessoa.

Fundamento: O Conselho Superior tem, reiteradamente, entendido que o Ministério Público tem legitimidade para ajuizar ação civil pública visando que o Poder Público forneça, ainda que para paciente determinado, tratamento médico ou medicamentos. (Pts. nº 110.806/04, 119.932/04 e 57.150/05). O direito à saúde, consequência do direito à vida, constitui direito fundamental e os serviços de saúde são, em face de sua essencialidade, considerados como de relevância pública, nos termos do art. 197, da Constituição Federal, garantindo o acesso universal e igualitário (art. 196 do Texto Federal e art. 219, parágrafo único, da Carta Bandeirante). A legitimidade do Ministério Público é manifesta, conforme se depreende do disposto no art. 127 c/c art. 129, III, da Constituição da República, ainda que não se tenha conhecimento da existência de mais de um paciente necessitando da assistência médica ou farmacológica indicada como a adequada.

Conforme publicação do Diário Oficial de São Paulo em 09/03/2017.

Súmula nº 46

Revogada. Fundamento da Revogação: O entendimento acerca da análise de procedimentos de natureza eleitoral já foi contemplado na nova redação da Súmula n.º 43.

Conforme publicação do Diário Oficial de São Paulo em 09/03/2017.

Súmula nº 47

Revogada. Fundamento da Revogação: O entendimento acerca da análise de procedimentos de natureza eleitoral já foi contemplado na nova redação da Súmula n.º 43.

Conforme publicação do Diário Oficial de São Paulo em 09/03/2017.

Súmula nº 48

Entendendo não possuir atribuições para atuar em um determinado caso concreto, compete ao Promotor de Justiça providenciar a sua remessa, fundamentada, ao Órgão de Execução do Ministério Público do Estado de São Paulo que entenda possuir atribuições para tanto, não sendo o caso de arquivamento dos autos, indeferimento da representação, nem de sua remessa ao Conselho Superior do Ministério Público.

Fundamento: A promoção de arquivamento de procedimento investigatório e de peças de informação ou o indeferimento de representação pressupõe que o Promotor de Justiça tenha atribuições para atuar no caso e entenda que não deva dar prosseguimento ou início a uma investigação (arts. 9º, "caput", da LACP nº 7.347/85, 110 da LCE nº 734/93 e 99 do Ato 484/2006-CPJ; arts. 107 da LCE nº 734/93 e 15 do Ato 484/2006-CPJ). O arquivamento dos autos ou o indeferimento da representação fundados na falta de atribuições para a atuação prejudica o conhecimento do caso pelo órgão de execução que teria atribuições para tal, para a tomada das providências cabíveis, retirando-lhe, ainda, o direito de suscitar eventual conflito de atribuições. Ademais, eventual pleito de homologação pelo Conselho Superior, sob o fundamento de falta de atribuições para atuar, invadiria, indevidamente, esfera de atribuições da Procuradoria-Geral de Justiça, a que compete, exclusivamente, a decisão sobre questões atinentes a conflitos de atribuição (art. 115 da LOE nº 734/93 e do art.9º, § 1º, do Ato 484/2006 – CPJ). A ressalva se justifica porquanto na remessa para outro MP admite-se a possibilidade de homologação pelo Conselho.

Conforme publicação do Diário Oficial de São Paulo em 09/03/2017.

Súmula nº 49

O Ministério Público investiga fatos, sendo aconselhável que todas as suas vertentes sejam apuradas em inquérito civil único, instaurado, se o caso, em conjunto pelos Promotores de Justiça que detenham, de ordinário, parcelas das atribuições Institucionais. Existentes investigações diversas acerca do mesmo fato, a hipótese enseja conflito positivo de atribuições, somente se justificando o arquivamento do inquérito civil quando, do fato, não remanescer lesão ou ameaça de dano a qualquer tipo de interesse passível de atuação Institucional.

Fundamento: Cabe ao Ministério Público investigar fatos, apreciando-os sob os diversos enfoques de atuação Institucional, motivo por que não se justifica ou aconselha a pertinente cisão em inquisitivos distintos, abordando cada qual área específica (por exemplo, patrimônio público e meio ambiente). Certo é que as atribuições Institucionais são repartidas por ato do E. Órgão Especial do Colégio de Procuradores de Justiça entre os diversos cargos integrantes de determinada Promotoria de Justiça. Tal partição, no entanto, tem por espeque tornar, em tese, equânime a divisão de atribuições entre os cargos, assim como permitir a correta observância do denominado Princípio do Promotor Natural. Sem prejuízo, não se pode observar dita divisão como algo estanque e absoluto, mormente à luz de fatos que comportam desdobramentos entre variegadas áreas de atuação Institucional. Em tais casos, cabe ao Promotor de Justiça com atribuição mais abrangente o dever de investigar o fato por inteiro ou fazê-lo em conjunto com o outro Órgão do Ministério Público que também possua legitimidade para atuar, mesmo em virtude da necessária coesão, que vem em prestígio ao princípio da indivisibilidade e como garantidor de estabilidade social. Como acima afirmado, compete ao Ministério Público investigar fatos, sendo certo que o arquivamento do inquérito civil somente se mostrará adequado acaso, finda a investigação, seu Presidente entenda inexistir qualquer medida subsequente que se encontre imiscuída no amplo espectro de atribuições institucionais. Em outras palavras, vislumbrando, por exemplo, o Promotor do Patrimônio Público que dos fatos sob investigação há também temas de outra natureza que devam ser apurados pelo Ministério Público, não lhe é dado, a final, determinar o arquivamento do inquérito civil antes de certificar-se acerca do desate dos respectivos desdobramentos, pena de não ser conhecida por este Colegiado a sua decisão, pois calcada em parcela dos fatos – e não em sua inteireza, como de mister.

Conforme publicação do Diário Oficial de São Paulo em 09/03/2017.

Súmula nº 50

É facultado ao membro do Ministério Público submeter o indeferimento de representação a reexame pelo Conselho Superior do Ministério Público, sem prejuízo da necessária notificação do interessado para eventual interposição do recurso.

Fundamento: Para favorecer, no trabalho diário, relação respeitosa e transparente do Órgão revisor com as Promotorias de Justiça, necessário explicitar mecanismo de reexame voluntário de rejeições de representação. O reexame voluntário aprimora a interlocução do Promotor de Justiça com o Conselho Superior, seja nas hipóteses passíveis de provocar controvérsia sobre a obrigatoriedade de instauração de inquérito civil (de graves consequências na esfera correicional), nos casos de notícias anônimas, como também naquelas situações de grande clamor público em que o órgão ministerial formou a convicção de rejeição de representação, mas vê necessidade de respaldo institucional sobre a decisão que, por força de lei, incumbe-lhe isoladamente. O reexame provocado pelo órgão do Ministério Público será realizado em âmbito devolutivo idêntico àquele cabível em hipótese de recurso do autor da representação.

Conforme publicação do Diário Oficial de São Paulo em 09/03/2017.

Súmula nº 51

Antes de decidir pelo recebimento ou rejeição da representação, poderá o membro do Ministério Público determinar ao representante que a complemente, ou adotar providências preliminares, necessárias à formação de seu convencimento acerca da pertinência da notícia, decidindo em seguida sobre a instauração do inquérito civil, procedimento preparatório de inquérito civil ou o indeferimento da representação, no prazo de 30 dias, após eventual complementação, quando for o caso.

Fundamento: O enunciado almeja otimizar os serviços das Promotorias de Justiça, favorecendo atuação resolutiva em casos que comportem providências instrutórias sumárias, visando a solução da questão ou a formação da convicção do Órgão do Ministério Público sobre a necessidade de instauração de outro procedimento. Trata-se de interpretação passível de ser extraída do art. 17 do Ato 484/06-CPJ, o qual prevê a possibilidade de intimação do interessado para que complemente a representação ofertada ao Ministério Público, sem vedar, no entanto, o uso de outros métodos necessários para que o Promotor de Justiça possa firmar responsável exercício de convicção jurídica entre instaurar inquisitivo ou rejeitar a representação.

Conforme publicação do Diário Oficial de São Paulo em 09/03/2017.

Súmula nº 52

Caso a matéria veiculada na representação possa ser objeto de mandado de segurança individual, é cabível o seu indeferimento desde que os fatos tratados não tenham projeção subjetiva capaz de causar dano ou ameaça de dano a interesse social. Ressalvam-se questões afetas ao direito da criança ou adolescente, idosos ou pessoas com deficiência que, em face dos regramentos legais específicos, admitem as tutelas individuais.

Fundamento: Há questões que, por vezes, são submetidas ao crivo do Ministério Público sob o argumento de que possuem repercussão subjetiva ampla quando, em verdade, não desbordam ao campo individual e podem ser tuteladas pela via do mandado de segurança, manejado pelo próprio particular. Por exemplo, pode ser citada a situação do professor preterido quando da atribuição de classes que, com o espeque de forçar a atuação do Ministério Público em seu prol, argumenta com a existência de ato de improbidade mercê de tal conduta. Da mesma forma, o particular que atribui ao agente público conduta ímproba assemelhada ao crime de prevaricação tão-somente tendo em conta que o seu interesse particular na obtenção de determinada licença não foi atendido no tempo por ele desejado. Assim, comportando o tema resolução pela via mandamental sem que dele desborde projeção subjetiva capaz de afetar interesses sociais relevantes, justifica-se o indeferimento da representação.

Conforme publicação do Diário Oficial de São Paulo em 09/03/2017.

Súmula nº 53

Revogada. Fundamento da Revogação: Adequação em razão da edição do Ato Normativo nº 934/15 – PGJ-CPJ-CGMP e da Súmula n.º 57.

Conforme publicação do Diário Oficial de São Paulo em 09/03/2017.

Súmula nº 54

Não há necessidade de homologação pelo Conselho Superior do arquivamento de procedimentos de caráter não investigatório instaurados para a fiscalização rotineira e periódica de contas prestadas por entidades fundacionais, quando inexistente denúncia, notícia ou suspeita da existência de qualquer irregularidade a ser objeto de apuração por meio de inquérito civil ou de seu procedimento preparatório.

Fundamento: A atribuição do Conselho Superior para apreciar promoção de arquivamento de procedimentos em curso nas Promotorias de Justiça limita-se aos casos em que haja, em tese, lesão a interesses difusos, coletivos ou individuais homogêneos. A simples atividade fiscalizatória periódica exercida pelo Ministério Público sobre as contas das entidades fundacionais não justifica o reexame necessário pelo Conselho Superior. Caso, no entanto, de tal atividade sejam constatados indícios de irregularidades a exigir apuração da ocorrência de danos efetivos ou potenciais a direitos ou interesses transindividuais, as providências respectivas deverão ser adotadas no bojo de procedimento investigatório com objeto específico, cujo eventual arquivamento enseja o exercício de juízo revisional por esta Órgão Colegiado. A presente súmula abrange os procedimentos administrativos disciplinados pelo Ato Normativo 934/15 – PGJ-CPJ-CGMP, somente se exigindo a remessa ao Conselho Superior dos arquivamentos de eventuais inquéritos civis ou procedimentos preparatórios de inquéritos civis instaurados nos termos do § 1º do art. 6º, do referido ato.

Conforme publicação do Diário Oficial de São Paulo em 09/03/2017.

Súmula nº 55

O Conselho Superior conhecerá, por seu pleno, de pedidos de uniformização de entendimento sempre que identificada, entre decisões de suas turmas julgadoras, discrepância, incompatibilidade ou contraditoriedade. Em tais casos, o Promotor de Justiça interessado deverá formular o pedido instruindo-o com cópias das peças necessárias à delimitação do tema, incluídas as decisões tidas por inconciliáveis, expondo as razões de fato e de direito que o levam a concluir pela necessidade de uniformização.

Fundamento: Apesar das diversas medidas adotadas no sentido de externar uniformidade nos entendimentos do Conselho Superior, a existência de turmas e o expressivo volume de julgamentos realizados pelo Órgão por vezes propiciam o surgimento de decisões divergentes acerca do mesmo tema. Dita situação é de todo desaconselhável, vez que passível de gerar situação de insegurança aos Promotores de Justiça e, mesmo, de instabilidade social. De tal premissa, importante a fixação de instrumento similar ao da uniformização de jurisprudência na seara do Conselho Superior, de sorte a que o Órgão, por seu Pleno, possa fixar entendimento único acerca de determinada matéria, de modo a gerar segurança jurídica (precedente: MP nº 14.0471.0000044/2011-6).

Conforme publicação do Diário Oficial de São Paulo em 09/03/2017.

Súmula nº 56

Sujeita-se a referendo do Conselho Superior toda decisão que importe em declínio de atribuição em prol do Ministério Público da União ou de outra unidade Federativa.

Fundamento da alteração: a súmula foi originalmente editada em razão do disposto no artigo 9-A da Resolução nº 23/2007 do CNMP. Todavia, na prática, possível observar que os Promotores de Justiça remetem o declínio de atribuição, também quando se trata de representação ou peça de informação, para o referendo do CSMP (66.0714.0000593/2017, 66.0695.0000267/2017, 43.03950000110/2017). Por outro lado, dispositivo normativo garante que a fixação da atribuição ministerial seja decidida pelo próprio Ministério Público do Estado de São Paulo. Finalmente, a alteração não contraria o dispositivo previsto na Resolução 23/07 do CNMP, bem como possibilita tratamento homogêneo de todos os procedimentos autuados na Promotoria de Justiça.

REUNIÃO DE 20/06/2017, AVISO Nº 143/17, DE 21/06/17.

Conforme publicação do Diário Oficial de São Paulo em 09/03/2017.

Súmula nº 57

É desnecessária a homologação, por este Conselho Superior, dos arquivamentos dos PAF – Procedimentos Administrativos de Fiscalização e dos PAA – Procedimentos Administrativos de Acompanhamento, instituídos por força do Ato Normativo nº 934/15-PGJ-CPJ-CGMP, de 15 de outubro de 2015.

Fundamento: Ao Conselho Superior do Ministério Público é estabelecido o dever legal e normativo de analisar os arquivamentos de Inquéritos Civis, conforme art. 9º, § 1º, da Lei nº 7.347/85; art. 110 da Lei Complementar Estadual nº 734/93 (Lei Orgânica Estadual do Ministério Público de São Paulo); e, por fim, art. 13 do Regimento Interno deste Conselho. Logo, somente os expedientes que trazem em seu conteúdo uma carga metaindividual devem ser reapreciados. Os PAF (Procedimentos Administrativos de Fiscalização de Entidades) e os PAA (Procedimentos Administrativos de Acompanhamento) não tratam de questões dessa natureza, pois têm por escopo apenas instrumentalizar os atos de fiscalização de uma entidade. Caso identificada uma lesão a interesses coletivos latu sensu, porém, nos termos do artigo 6º, § 1º, do Ato Normativo nº 934/15-PGJ-CPJ-CGMP, deverá o Promotor de Justiça instaurar Procedimento Preparatório de Inquérito Civil ou Inquérito Civil, estes sim, em caso de arquivamento, sujeitos à reanálise pelo Conselho Superior (Pt. nº 20.466/16).

Conforme publicação do Diário Oficial de São Paulo em 09/03/2017.

Súmula nº 58

SOMENTE SE HOMOLOGA promoção de arquivamento fundada em Termo de Ajustamento de Conduta desde que indenizações e multas, cominatórias e/ou compensatórias, sejam obrigatoriamente destinadas para os fundos de proteção de direitos transindividuais legalmente previstos.

Fundamento: Apesar dos respeitáveis argumentos favoráveis à destinação de numerário a entidades determinadas, a legislação aplicável é bastante clara ao estabelecer que os valores das indenizações, bem como das multas eventualmente recolhidas em razão de descumprimento de TAC, serão revertidos em favor do Fundo Especial de Despesa de Reparação de Interesses Difusos Lesados, previsto no art. 13 da Lei nº 7.347/85. A previsão legislativa, destaque-se, mostra-se como a mais adequada ao atendimento do interesse público, especialmente considerando a natureza da verba. Isso porque o termo de ajustamento de conduta visa a preservar e/ou reparar direito transindividual, agindo o Ministério Público e os demais colegitimados sempre na qualidade de representantes dos titulares de referidos direitos. O dinheiro, quer resultante de indenização quer da incidência de uma multa, não é de titularidade do Ministério Público. Referidos valores têm natureza efetivamente pública e, assim que oficializados, passam a integrar o erário. Ocorre que as partes que celebraram o acordo (representante do Ministério Público, colegitimado e causador do dano) não possuem atribuição para gerenciar verba pública. Logo, não é legítimo que escolham determinada entidade para ser beneficiada com os recursos públicos que eventualmente serão obtidos, ainda mais quando o beneficiário tem personalidade jurídica privada. Buscando alternativa para equacionar a questão colocada, na intenção de beneficiar diretamente a localidade mais próxima ao prejuízo transindividual causado, pode-se consignar, finalmente, que há a possibilidade de destinar valores monetários, aos fundos municipais específicos previstos na legislação. Isso porque, além do fundo mencionado no art. 13 da Lei Federal nº 7.347/85, há previsão de criação de outros fundos para áreas específicas, inclusive no âmbito municipal: art. 57 do Código de Defesa do Consumidor; art. 73 da Lei nº 9.605/98 (Ambiental); arts. 214 e 260 do Estatuto da Criança e do Adolescente; e art. 84 do Estatuto do Idoso. Nesses casos, os recursos obtidos nestas áreas de atuação podem ser revertidos aos fundos municipais respectivos, previstos na legislação, de forma que não haveria transferência direta de verbas públicas para entidades privadas locais, mas sim para fundos públicos, que poderiam disciplinar a forma de aplicação regionalizada, beneficiando a sociedade local diretamente atingida, na área de incidência do prejuízo. Assim, os recursos obtidos nos compromissos poderão ser destinados ao próprio local em que se consumou o dano objeto do acordo. Lembramos, ainda, que qualquer entidade civil sem fins lucrativos, que atue na área dos interesses difusos e coletivos, pode apresentar projetos para captar verbas dos mencionados fundos, preenchendo os requisitos para tal fim. Dessa forma, o impedimento da destinação direta de numerário por meio do TAC não obsta que tais entidades sejam beneficiadas, mas apenas evita essa burla ao procedimento legal e adequado de acesso a verbas de natureza pública, que já conta com um sistema adequado de controle e fiscalização. (Pt. nº 95.185/16).

Conforme publicação do Diário Oficial de São Paulo em 09/03/2017.

Súmula nº 59

NÃO SE HOMOLOGA o termo de ajustamento de conduta que possibilite a inserção de "cláusula de tolerância" em contratos de adesão para aquisição de bens imóveis.

Fundamento: A edição da Súmula visa proteger a integral tutela dos interesses indisponíveis do consumidor, em especial para afastamento das cláusulas abusivas em contratos de adesão destinados à alienação de bens imóveis firmados com empresas incorporadoras de empreendimentos imobiliários, ensejadoras de desequilíbrio contratual. Quanto ao 'prazo de tolerância' importa consignar que o consumidor, ao ser informado acerca do momento em que lhe será entregue a unidade imobiliária adquirida, tem direito a que lhe seja comunicada data certa a partir da qual o fornecedor poderá ser considerado em mora (tal como ocorre com os prazos fixados para cumprimento das obrigações pelo consumidor), sendo certo que as divulgações publicitárias realizadas pelos fornecedores devem indicar claramente o prazo de entrega final da unidade imobiliária. Nesse sentido é o disposto no art. 6º, incisos III e IV, do CDC. É evidente que a previsão de cláusula de tolerância em favor do fornecedor não tem outro objetivo senão alterar o prazo final para entrega da unidade comercializada, em seu favor, possibilitando ainda que se beneficie da divulgação de um prazo mais curto para entrega das unidades como forma de propaganda e captação de consumidores. Trata-se de cláusula que não permite ao consumidor, de antemão, a informação correta acerca do prazo final para entrega do imóvel. Além disso, é certo que o denominado 'prazo de tolerância' é fixado de forma unilateral, somente em benefício do fornecedor, trazendo evidente vantagem excessiva e desequilíbrio entre as partes do contrato. E, pior, em prejuízo à parte vulnerável, afrontando o art. 51 do CDC.

Conforme publicação do Diário Oficial de São Paulo em 09/03/2017.

Súmula nº 60

Os indeferimentos de representação e os recursos contra a instauração de inquérito civil somente devem ser encaminhados para o Conselho Superior do Ministério Público, mantida a decisão eventualmente recorrida, depois de certificado nos autos: a) o decurso do prazo de interposição de recurso para todos os representantes ou interessados; ou b) a impossibilidade de intimação do representante nos endereços ou outros meios de contato por ele fornecidos na hipótese de indeferimento de representação.

Justificativa: A redação vigente pode ensejar dúvida e obscuridade. É que ao aludir à hipótese de procedimentos investigatórios de qualquer natureza, fazendo pressupor ato de instauração, o texto acaba inadvertidamente contemplando a hipótese de arquivamento do inquérito civil ou dos procedimentos preparatórios de inquérito civil. E como todos sabem, a promoção de arquivamento do inquérito civil está regulada pela Lei de Ação Civil Pública (artigo 9º, parágrafo 1º) e pelo Ato Normativo nº 484/06 (artigos 99 e 100), não prevendo necessidade de notificação do autor da representação, nem mesmo a existência de recurso voluntário da decisão de encerramento da investigação. O ordenamento normativo prescreve apenas o reexame obrigatório pelo Conselho Superior com a remessa dos autos dentro do tríduo a cantar da promoção de arquivamento. Os encerramentos dos inquéritos civis ou dos procedimentos investigatórios de qualquer natureza não demandam comunicação ou possibilidade recursal por parte do autor da representação.

Fundamento: Mostrou-se pertinente a edição da presente súmula, pois a remessa de autos de representações e de procedimentos investigatórios de qualquer natureza sem que se certifique o decurso do prazo para a interposição de recurso para todos os representantes ou interessados tem implicado a necessidade de mais de um julgamento sobre a mesma decisão. O promotor de justiça deve ficar atento para que o cumprimento da súmula não constitua obstáculo para a pronta remessa dos autos ao Conselho para apreciação de recurso. Em razão disso, tomou-se a cautela de, nos casos de indeferimento da representação, prever-se como suficiente a tentativa de notificação do representante nos endereços, e-mails, telefones, etc por ele próprio fornecidos. Deve ser ressaltado, ainda, que o art. 121, § 3º, do ato normativo nº 484/06-PGJ estabelece que "O prazo para a interposição do recurso será de 05 (cinco) dias, contados da juntada da cópia da publicação mencionada no parágrafo anterior ou da data da ciência, pelo interessado, da instauração do inquérito civil, valendo o evento que acontecer primeiramente".

REUNIÃO DE 14/03/17, AVISO Nº 60/17 DE 23/03/17.

Conforme publicação do Diário Oficial de São Paulo em 09/03/2017.

Súmula nº 61

Se os mesmos fatos noticiados ao Ministério Público já foram objeto de ação popular em andamento, poderá ser promovido o arquivamento do inquérito civil se os pedidos de invalidação de ato lesivo e consequente ressarcimento forem os únicos pedidos possíveis, no caso concreto, de ser formulados em eventual ação civil pública ministerial.

Fundamento: A obrigatoriedade de participação do Ministério Público como fiscal da lei em ações populares torna desnecessária a propositura de ação civil pública com mesmo objeto e fundamento jurídico.

Conforme publicação do Diário Oficial de São Paulo em 09/03/2017.

Súmula nº 62

Em matéria de interesses transindividuais, a representação civil que não der ensejo à instauração de procedimento investigatório está sujeita a indeferimento, ainda que anônima ou acompanhada de peças de informação, devendo ser cientificado aquele que a elaborou, quando possível, para fins de eventual recurso. Na hipótese de vir a representação acompanhada de peças de informação, após certificado nos autos o decurso do prazo recursal ou a impossibilidade de cientificação de seu autor, os autos deverão ser remetidos para o CSMP, no prazo de 3 dias.

Fundamento: A Súmula busca esclarecer que a representação civil não está sujeita a 'promoção de arquivamento' e sim a 'indeferimento', que deve ensejar a cientificação do autor da representação para eventual interposição recursal. A conclusão vale também para hipóteses em que haja a análise de mérito da representação. Isso poderá ocorrer quando, de plano, a notícia se mostrar improcedente (art. 15, § 1º, Ato 484/06 – CPJ) ou quando faltar atribuição do Ministério Público para investigação (art. 15, I, Ato 484/06 – CPJ) por não se constatar dano ou perigo concreto de dano aos interesses transindividuais passíveis de apuração. Em síntese, pela sistemática vigente, tem-se que: (1) os procedimentos investigatórios (inquérito civil e procedimento preparatório de inquérito civil) e peças de informação desacompanhadas de representação estão sujeitos a promoção de arquivamento, devendo os autos ser remetidos, obrigatoriamente, ao Conselho Superior para eventual homologação. (2) as representações civis desacompanhadas de peças de informação estão sujeitas a indeferimento, com cientificação do autor da representação (se identificado) para eventual recurso e remessa dos autos ao Conselho Superior somente quando houver interposição recursal contra o indeferimento. (3) as representações civis acompanhadas de peças de informação estão sujeitas a indeferimento, que deverá ser submetida à homologação do Conselho Superior, ainda que não interposto recurso da decisão, devendo-se iniciar a contagem do tríduo, nesse caso, após transcorrido o prazo recursal, devidamente certificado nos autos.

Conforme publicação do Diário Oficial de São Paulo em 09/03/2017.

Súmula nº 63

A representação será considerada acompanhada de 'peças de informação', para fins de remessa obrigatória de seu indeferimento ao CSMP, quando o teor dessas peças for suficiente, por si só, para comunicar fato lesivo ou que enseje risco concreto de lesão a interesses transindividuais, independentemente do teor da representação civil.

Fundamento: Peça de informação é instrumento distinto da representação civil cujo teor veicule informações sobre fatos que possam constituir objeto de ação civil pública (art. 6º e 7º, LACP). Assim como a representação civil, constitui meio de provocação do Ministério Público. A peça de informação, diferentemente da representação, não é criada pelo comunicante especificamente para fins de veiculação da notícia ao Ministério Público. As peças de informação poderão caracterizar-se por: (a) encaminhamento, por qualquer pessoa, de peças documentais cujo teor informativo evidencie ocorrência de fatos que possam ensejar propositura de ACP (art. 6º, LACP), desde que se façam acompanhadas (ou contenham) início de prova (art. 23, § 4º, Ato 484/06); (b) encaminhamento, por servidor público, de peças documentais cujo teor informativo evidencie ocorrência de fatos que possam ensejar propositura de ACP (art. 6º, LACP e art. 23, § 4º, Ato 484/06); (c) remessa de peças, por juízes e tribunais, quando, no exercício de suas funções, tiverem conhecimento de fatos que possam ensejar a propositura da ação civil pública (art. 7º, LACP). Percebe-se, pois, que não é qualquer documento que acompanhe a representação civil que se caracteriza como 'peça de informação'. São somente aquelas que, ainda que estivessem desacompanhadas de uma representação civil, teriam teor informativo suficiente a noticiar fatos que possam ensejar a propositura de ação civil pública.

Conforme publicação do Diário Oficial de São Paulo em 09/03/2017.

Súmula nº 64

O Conselho HOMOLOGARÁ promoções de arquivamento que tratem de irregularidades em concursos públicos, quando não houver elementos concretos mínimos que apontem para ocorrência de fraude na disputa e as irregularidades não tenham sido suficientes para quebra de competitividade do certame ou a causar danos ao erário.

Fundamento: Eventuais falhas formais em concurso público, sem indícios de direcionamento de vagas ou ofensa à competitividade e quando delas não decorra dano ao erário podem ensejar o arquivamento do procedimento. As formalidades são estabelecidas para salvaguarda da lisura do certame. Entretanto, quando não evidenciado elemento subjetivo de ato de improbidade e das falhas não decorrerem prejuízos ao caráter competitivo do concurso ou à seleção do melhor candidato, desnecessária a intervenção do Ministério Público.

Conforme publicação do Diário Oficial de São Paulo em 09/03/2017.

Súmula nº 65

HOMOLOGA-SE promoção de arquivamento referente à contratação não reiterada de servidores temporários quando, não se revestindo a falha de elemento subjetivo de ato de improbidade, os contratos já tenham se encerrado e não haja indícios de que os serviços não tenham sido prestados.

Fundamento: Eventuais falhas isoladas (não reiteradas) na admissão de servidores temporários, cujos contratos já se encerraram e tendo havido a devida prestação dos serviços, poderão ensejar promoção de arquivamento ante as menores consequências lesivas do ato e inexistindo indícios de elemento subjetivo de ato de improbidade.

Conforme publicação do Diário Oficial de São Paulo em 09/03/2017.

Súmula nº 66

HOMOLOGA-SE promoção de arquivamento de expedientes em que haja notícia de falhas meramente formais em procedimentos licitatórios, sem indícios concretos de que tenham ensejado restrição da competitividade do certame, direcionamento da contratação ou danos ao erário passíveis de apuração.

Fundamento: Eventuais falhas formais em procedimentos licitatórios, sem indícios de direcionamento ou ofensa à competitividade e quando delas não decorra dano ao erário, podem ensejar o arquivamento do procedimento. As formalidades são estabelecidas para salvaguarda da lisura do certame. Entretanto, quando não evidenciado elemento subjetivo de ato de improbidade e das falhas não decorrerem prejuízos ao caráter competitivo da licitação ou à seleção da melhor proposta, desnecessária a intervenção do Ministério Público.

Conforme publicação do Diário Oficial de São Paulo em 09/03/2017.

Súmula nº 67

É hipótese de indeferimento de representação o recebimento de simples notícia genérica que não descreva o fato a ser investigado.

Fundamento: A investigação ministerial deve ter objeto certo, determinado, específico. Para que haja justa causa para instauração de procedimento investigatório, é necessária a especificação do fato a ser investigado, até para que se verifique se ele é lesivo ou gera risco concreto de lesão a interesses transindividuais.

Conforme publicação do Diário Oficial de São Paulo em 09/03/2017.

Súmula nº 68

É hipótese de indeferimento de representação a notícia de fatos desacompanhados de quaisquer documentos pertinentes à sua comprovação ou, ao menos, a indicação de suficientes meios de provas para tanto, quando desde logo não se vislumbrarem meios para a apuração dos fatos.

Fundamento: Para que haja justa causa para instauração de procedimento investigatório, é necessária a especificação do fato a ser investigado, até para que se verifique se ele é lesivo ou gera risco concreto de lesão a interesses transindividuais. A mera suspeita de irregularidades, desacompanhada de elementos concretos mínimos indicativos de sua ocorrência, pode não caracterizar justa causa para a investigação.

Conforme publicação do Diário Oficial de São Paulo em 09/03/2017.

Súmula nº 69

O Conselho HOMOLOGARÁ promoções de arquivamento que tratem de desvio de função de servidores quando, cumulativamente: (a) estejam ausentes indícios suficientes de elemento subjetivo de ato de improbidade; (b) a situação tenha sido regularizada, e (c) não subsista dano ao erário decorrente do desvio.

Fundamento: O objetivo principal deve ser a regularização da situação constatada. Por vezes, a justificativa apresentada para o desvio de função evidencia que o administrador pode não ter agido com má fé. É o caso de desvios isolados, que não tenham sido objeto de anterior apontamento pelos órgãos fiscalizadores, tendo o administrador tomado providências para corrigir os desvios constatados. Nessas hipóteses, ausente desvio de finalidade, regularizada a situação e não havendo dano ao erário a ser ressarcido, possível a promoção de arquivamento dos autos.

Conforme publicação do Diário Oficial de São Paulo em 09/03/2017.

Súmula nº 70

O Conselho HOMOLOGARÁ promoções de arquivamento que tratem de irregularidades no acesso à informação quando, embora com justificável atraso, essas tenham sido prestadas ou quando fundada a impossibilidade de fazê-lo.

Fundamento: O direito de acesso à informação deve observar os princípios básicos da Administração Pública (art. 3º, LAI), dentre os quais a eficiência (art. 37, 'caput', CF) e a razoabilidade (art. 111, Constituição Estadual de São Paulo). As normas que garantem o direito de acesso à informação devem, portanto, ser consideradas à luz de tais princípios. Assim, é possível que eventuais atrasos na prestação ou disponibilização das informações possam ter decorrido da complexidade ou quantidade dos pedidos formulados, e não de ato deliberado e intencional (art. 32, I, LAI) ou de dolo/má-fé na análise das solicitações (art. 32, III, LAI). Da mesma forma, é possível que haja justificativa plausível para a impossibilidade de prestação das informações (por exemplo, informação a ser obtida junto a outro ente público, sigilo legal). Somente quando evidenciado atrasos ou omissão injustificáveis à luz dos princípios da Administração Pública é que se faz possível a caracterização de ato de improbidade administrativa.

Conforme publicação do Diário Oficial de São Paulo em 09/03/2017.

Súmula nº 71

O Conselho HOMOLOGARÁ promoções de arquivamento que tratem de cumulação irregular de cargos quando, ausentes indícios suficientes de elemento subjetivo de ato de improbidade ou de prejuízos concretos à prestação do serviço público, a situação houver sido regularizada e não subsistir dano ao erário a ser ressarcido.

Fundamento: Há hipóteses em que não há provas de que a cumulação irregular tenha gerado prejuízos ao bom funcionamento dos serviços públicos (por exemplo, cumulação sem colidência de horários) e não há evidências de que tenha decorrido de elemento subjetivo de ato de improbidade (por exemplo, não houve declaração falsa pelo servidor). Nesses casos, o objetivo principal deve ser a regularização da situação constatada. É o caso de fatos isolados, que não tenham sido objeto de anterior apontamento pelos órgãos fiscalizadores, tendo o administrador ou servidor tomado providências para a corrigir a irregularidade constatada. Nessas hipóteses, em não havendo dano ao erário a ser ressarcido, possível a promoção de arquivamento dos autos.

Conforme publicação do Diário Oficial de São Paulo em 09/03/2017.

Súmula nº 72

O Conselho HOMOLOGARÁ promoções de arquivamento que tratem de descumprimento de contrato ou convênio celebrado com a Administração Pública quando esta já houver tomado as providências necessárias diante do inadimplemento, desde que ausentes elementos caracterizadores de ato de improbidade.

Fundamento: É comum a instauração de inquéritos civis para apuração de irregularidades na execução de contratos ou convênios, praticadas pela empresa contratada ou ente conveniado. Nessas hipóteses, o foco investigatório deverá ser eventual omissão do Poder Público diante dos fatos. Assim, se diante do inadimplemento o Poder Público tomou as medidas necessárias para exigir o cumprimento, punir o inadimplente, obter o ressarcimento por eventuais danos e, se caso, rescindir o contrato ou convênio, não se vislumbra omissão da Administração Pública a ser investigada, sendo cabível o arquivamento do inquérito civil.

Conforme publicação do Diário Oficial de São Paulo em 09/03/2017.

Súmula nº 73

Somente se HOMOLOGAM promoções de arquivamento que tratem da contratação de escritórios de advocacia mediante inexigibilidade licitatória quando a contratação se referir à atuação em caso concreto específico e excepcional (singularidade), diante da comprovada especialidade do escritório na matéria, a impedir qualquer competitividade com outros escritórios.

Fundamento: O art. 25, II, da Lei nº 8.666/93 autoriza a contratação, mediante inexigibilidade licitatória, de serviços técnicos previstos no art. 13 da mesma lei (por exemplo, emissão de parecer, patrocínio ou defesa de causa judicial ou administrativa), desde que dotados de singularidade e quando prestados por profissionais ou empresas de notória especialização. Com efeito, é possível que haja determinado caso concreto cuja alta complexidade exija conhecimento jurídico altamente especializado, de modo que o serviço seria insuscetível de ser prestado pelos próprios ocupantes dos cargos jurídicos da Administração Pública, ou por outros profissionais ou escritórios de advocacia. Assim, desde que a contratação se refira a caso concreto específico e ausente qualquer possibilidade de competitividade com outros profissionais ou escritórios de advocacia, é possível admitir-se a contratação mediante inexigibilidade.

Conforme publicação do Diário Oficial de São Paulo em 09/03/2017.

Súmula nº 74

Não se HOMOLOGAM promoções de arquivamento fundadas em contratação de escritórios de advocacia, ainda que mediante procedimento licitatório ou dispensa pelo valor, quando houver evidências de que há, nos quadros da administração, cargos ou empregos cujas atribuições já abranjam o objeto do contrato, e inexistente situação excepcional que impeça os agentes públicos de desempenharem as atividades, no caso concreto.

Fundamento: O desempenho de funções públicas de caráter rotineiro, mediante subordinação administrativa, é característica das atividades dos agentes públicos. Quando se revestem de natureza técnica, devem ser desempenhadas por servidores efetivos (concursados), como é o caso das atividades de advocacia pública (assessoria e consultoria a entidades e órgãos públicos) – art. 37, II e V, CF. Assim, existindo nos quadros da Administração cargos ou empregos públicos com atribuições de advocacia pública, não há, em princípio, justificativa para contratação de escritórios de advocacia para desempenho de funções que já se encontram abrangidas no rol de atividades a serem desempenhadas por tais cargos ou empregos públicos. Ressalvam-se hipóteses excepcionais que, no caso concreto, impeçam a atuação dos servidores (por exemplo, ações que envolvam discussão sobre direito trabalhista do próprio ocupante do cargo de advocacia pública). Ressalva-se, evidentemente, a viabilidade de tomada de providências diante da eventual omissão na criação de cargos públicos de caráter técnico-jurídico (art. 37, II, CF).

Conforme publicação do Diário Oficial de São Paulo em 09/03/2017.

Súmula nº 75

O Conselho Superior não homologará Termos de Ajustamento de Conduta que importem ingerência no exercício de função legislativa ou que pressuponham exclusivamente aprovação de lei futura.

Fundamento: Não cabe ao Ministério Público fixar, em sede de Termo de Ajustamento de Conduta, cumprimento de obrigação que pressuponha aprovação de lei futura. Com efeito, além de não se poder imiscuir na função de legislar, o Ministério Público veria prejudicada a eficácia e exequibilidade do termo na hipótese de não ser aprovada a lei. Não bastasse, tratar-se-ia de hipótese em que o compromisso não dependeria exclusivamente do agir do compromitente.

Conforme publicação do Diário Oficial de São Paulo em 09/03/2017.

Súmula nº 76

Não serão homologadas promoções de arquivamento fundadas somente na remessa de representação à E. Procuradoria-Geral de Justiça para propositura de ADIN, quando a situação ilícita subsistir no caso concreto, devendo ser tomadas, nesse caso, as medidas necessárias para afastamento da irregularidade.

Fundamento: Há casos em que a irregularidade dos atos do Poder Público decorrem da inconstitucionalidade da lei na qual se fundamentam. É o caso, por exemplo, de pagamentos de verbas a servidores municipais decorrentes de previsão em lei municipal de flagrante inconstitucionalidade perante a Constituição Estadual. Nesses casos, conforme art. 3º do Ato Normativo nº 702/11 – PGJ "compete ao membro do Ministério Público enviar a representação ou o requerimento ou sua cópia se a inconstitucionalidade, por ação ou omissão, de lei ou ato normativo estadual ou municipal em face da Constituição Estadual, for denunciada ou diagnosticada em processo, inquérito civil, procedimento preparatório ou investigatório, protocolado, representação ou demais peças de informação, referentes ao exercício da tutela de interesses difusos, coletivos e individuais homogêneos". Entretanto, nas hipóteses (como na mencionada) que da inconstitucionalidade decorram atos ensejadores de evidente lesão ao bem jurídico tutelado (por exemplo, patrimônio público) a mera representação à E. Procuradoria-Geral de Justiça não supre a necessidade de que providências sejam tomadas, no âmbito concreto, para cessação da situação irregular ou prática lesiva constatada. Se necessário, poderá ser proposta ação civil pública com pedido condenatório e alegação incidental de inconstitucionalidade (controle difuso). No caso de pagamentos fundados em lei inconstitucional, a decisão acerca da viabilidade de se formular eventual pedido ressarcitório deverá passar pela análise da natureza jurídica dos pagamentos, ante a irrepetibilidade das verbas de natureza alimentar (no âmbito do controle concentrado tal análise é feita para fins de modulação dos efeitos da decisão). Questão que frequentemente é trazida à discussão na situação apresentada é o eventual risco de decisões conflitantes entre os sistemas de controle concentrado e difuso (quando utilizadas as mesmas normas constitucionais como parâmetro de controle). Embora, por um lado, pudesse ser desejável que se aguardassem os efeitos vinculante e 'erga omnes' da decisão de controle abstrato, por outro lado não pode o órgão ministerial permanecer inerte diante da persistência da situação irregular ou continuidade da prática lesiva constatada, no caso concreto. É, portanto, razoável que, nesses casos, além de provocar o controle concentrado, sejam tomadas as providências para controle difuso da constitucionalidade, visando à mais rápida cessação da situação irregular ou prática lesiva constatada. Se, assim agindo, a decisão em controle concentrado preceder a decisão final na ACP, esta restará vinculada aos termos do quanto decidido no âmbito abstrato. Já se a decisão em controle concentrado for posterior à decisão irrecorrível na ACP (e contrária a esta), restará a possibilidade de solução pela via rescisória – art. 966, V, NCPC, ante a chamada 'coisa julgada inconstitucional' na ação civil pública.

Conforme publicação do Diário Oficial de São Paulo em 09/03/2017.

Súmula nº 77

Se após a homologação do arquivamento chegarem ao conhecimento do Promotor de Justiça peças de informação que se traduzam em mera repetição dos fatos já submetidos à análise do Colegiado, bastará que as peças sejam juntadas aos autos arquivados, consignando-se tal circunstância em despacho que justificará a desnecessidade de seu desarquivamento.

Fundamento: Nos termos do art. 111, LCE 734/93, "depois de homologada, pelo Conselho Superior do Ministério Público, a promoção de arquivamento do inquérito civil ou das peças de informação, o órgão do Ministério Público somente poderá proceder a novas investigações se de outras provas tiver notícia". Da mesma forma, o art. 104, Ato 484/06 – CPJ possibilitou novas investigações sobre os mesmos fatos quando de outras provas se tiver notícia (por exemplo, novos dados técnicos ou jurídicos) ou quando tomar conhecimento de novo fato conexo àqueles, cujas provas possam elucidá-los. Assim, se após a homologação do arquivamento chegarem ao conhecimento do Promotor de Justiça peças de informação que se traduzam em mera repetição dos fatos já submetidos à análise do Colegiado, bastará que as peças sejam juntadas aos autos arquivados, consignando-se tal circunstância em despacho que justificará a desnecessidade de seu desarquivamento. Assim, não tendo havido desarquivamento dos autos, não há que se falar em nova promoção de arquivamento ou sua remessa ao Conselho Superior para homologação.

Conforme publicação do Diário Oficial de São Paulo em 09/03/2017.

Súmula nº 78

HOMOLOGA-SE promoção de arquivamento de expedientes que tratem de nepotismo quando não se verificar afronta à Súmula Vinculante nº 13 ou nas hipóteses em que o próprio STF admitir exceção à aplicabilidade daquela súmula, desde que não incidentes normas especiais mais restritivas à hipótese.

Fundamento: Após a edição da Súmula Vinculante 13, STF, a variedade de casos concretos vem permitindo à jurisprudência do próprio STF delinear o real alcance do enunciado, estabelecendo situações sobre as quais a súmula vinculante projeta seus efeitos de maneira limitada. É o caso dos cargos de gestão e natureza política em que o ocupante atua como 'longa manus' do Chefe do Executivo, para desempenho de atos de governo e tradução de vontade popular, sem evidências suficientes de prática abusiva, intuito de fraude à lei ou troca de favores no caso concreto (RE 579.951/RN). O estabelecimento de exceções ou limites à aplicabilidade da súmula vinculante deve decorre de interpretação sistemática das normas constitucionais, em especial dos princípios da Administração Pública. Daí porque este Conselho Superior tem admitido promoções de arquivamento sobre o tema quando não verificada afronta à Súmula Vinculante 13 ou quando presente hipótese em que o próprio STF tenha admitido a inaplicabilidade do enunciado. Ressalva-se a possibilidade de existência de normas especiais acerca do tema, que trazem restrições mais abrangentes que as trazidas pela Súmula Vinculante 13 (por exemplo, normas municipais, Resolução 07, CNJ).

Conforme publicação do Diário Oficial de São Paulo em 09/03/2017.

Súmula nº 79

NÃO SE CONHECE de promoção de arquivamento que tenha por objetivo apenas informar o cumprimento de compromisso de ajustamento de conduta celebrado pelo Ministério Público e já homologado pelo Conselho.

Fundamento: A celebração do compromisso de ajustamento de conduta é causa de arquivamento do procedimento investigatório (art. 99, III, Ato 484/06), devendo ensejar remessa dos autos ao Conselho Superior para apreciação. Após homologado, o membro do Ministério Público deverá promover sua fiscalização, procedendo nos moldes do art. 86, § 2º, no Ato 484/2006-CPJ. Do cumprimento, será lançada certidão nos autos (art. 127, XII, Ato 484/06), sendo desnecessária nova remessa a este Órgão Colegiado.

Conforme publicação do Diário Oficial de São Paulo em 09/03/2017.

Súmula nº 80

Em atenção à Súmula nº 12 deste Colegiado, eventual composição extrajudicial prévia à propositura de ação civil pública com base na Lei 8.429/92, deverá contar com antecedente apreciação pelo CSMP.

Fundamento: Conforme teor da Súmula nº 25 deste Colegiado, em consonância com a Lei Federal nº 7.347/85, somente os ajustes realizados nos autos das ações civis públicas, não necessitam de apreciação do Conselho Superior do Ministério Público, porquanto sob o crivo do Poder Judiciário.

De forma diversa, os ajustes prévios às referidas demandas com fundamento em atos de improbidade administrativa e ressarcimento ao erário, com composições típicas de Termos de Ajustamento de Conduta, mesmo que embasados também em outras normas de regência (verbi gratia Lei 13.140/2015 e Lei 12.846/2013), devem ser submetidos previamente ao CSMP, sob pena de descumprimento da sistemática de controle prévio instituído na Lei da Ação Civil Pública (art. 9º, § 1º, da Lei nº 7.347/85).

Publicado no Diário Oficial de São Paulo, 07/11/2019.

Súmula nº 81

Os prazos para interposição dos recursos contra indeferimento de representação e contra a instauração de inquérito civil são contados de forma contínua, não se interrompendo aos domingos ou feriados.

Fundamento: Uniformização do entendimento deste Colegiado quanto à contagem dos prazos dos recursos contra indeferimento de representação e contra a instauração de inquérito civil, que devem ser contados de forma contínua, nos termos da previsão contida na Lei Estadual 10.177/98 e na Lei Federal 9.784/99, que regulam o processo administrativo no âmbito das Administrações Públicas Estadual e Federal, respectivamente, afastando-se, assim, a aplicação subsidiária do Código de Processo Civil, conforme expressa disposição do artigo 15 do CPC.

Publicado no Diário Oficial de São Paulo, 21/10/2020.

28.2 ENUNCIADOS DE ENTENDIMENTO DOS COMITÊS TEMÁTICOS DO GABINETE DO COVID-19

Comitê Temático da Saúde

Telemedicina

1. As ações de telemedicina são permitidas em caráter excepcional e temporário, na forma regulamentada pela Portaria 467/2020 do Ministério da Saúde, e garantidas a integridade, a segurança e o sigilo das informações sobre o paciente. As

ações ficam condicionadas à situação de Emergência em Saúde Pública de Importância Nacional declarada pela Portaria n° 188/GM/MS, de 3 de fevereiro de 2020.

Publicado no Diário Oficial de São Paulo, 16/05/2020.

2. É inexigível dos Municípios do Estado de São Paulo o desenvolvimento de plataformas para as ações de telemedicina, em virtude da alta complexidade técnica, dos elevados custos econômicos e da temporariedade de seu funcionamento. Consideradas as condições locais e específicas, poderá ser verificada/articulada junto ao administrador público a viabilidade da implementação de telemedicina no Município, em razão do potencial para diminuição do risco de contágio devido à redução de deslocamentos para atendimentos de saúde.

Publicado no Diário Oficial de São Paulo, 16/05/2020.

Uso de leitos privados pelo SUS

3. No contexto da pandemia e da desigualdade de recursos disponíveis para o Endereço – Rua: Riachuelo, nº 115 – 8º andar – Sala 827 – Centro | São Paulo/SP SUS e para a rede privada, o uso de leitos privados pelo SUS constitui alternativa a ser considerada pelo gestor público para garantia do direito à saúde e deve ser incluída no plano de contingência de cada ente federativo. A medida excepcional, porém, deve ser adotada pelas autoridades administrativas após o esgotamento das vagas do SUS e das entidades de caráter beneficente, a exemplo das Santas Casas.

Publicado no Diário Oficial de São Paulo, 16/05/2020.

4. O plano de contingência de cada ente federativo deve contemplar: a) prioritariamente, o chamamento público direcionado a hospitais privados com ofertas de custeio da operação para a aquisição de leitos das entidades privadas; b) na hipótese de insuficiência do chamamento público, a requisição administrativa para o uso de leitos privados.

Publicado no Diário Oficial de São Paulo, 16/05/2020.

5. O monitoramento dos planos de contingência dos hospitais de referência e dos recursos para enfrentamento da crise deve ser feito pelo Centro Operacional de Emergência em Saúde Pública Estadual – COE/SP. Na impossibilidade de uma articulação no âmbito estadual eficaz e suficiente, as autoridades municipais devem ser cobradas e, na medida do possível, deve ser buscada uma articulação regional entre autoridades municipais da mesma base regional.

Publicado no Diário Oficial de São Paulo, 16/05/2020.

6. Os serviços prestados por salões de beleza e barbearias, bem como por academias de esporte não são inadiáveis ou necessários à sobrevivência, à saúde ou à segurança da população e, portanto, não são atividades essenciais.

Publicado no Diário Oficial de São Paulo, 16/05/2020.

7. Embora o Decreto Federal n° 10.344, de 08 de maio de 2020, tenha classificado os serviços prestados por salões de beleza e barbearias, bem como por academias de esporte, como essenciais, o regramento estadual consubstanciado

no Decreto Estadual nº 64.881, de 22 de março de 2020, com a redação atualizada pelo Decreto Estadual nº 64.975, de 14 de maio de 2020, proibiu a prestação de tais serviços no Estado de São Paulo. As normas estaduais mais restritivas devem prevalecer, porque: a) a proteção conferida pela norma federal se mostrou deficiente, considerando-se que o contágio segue avançando em progressão e que tais atividades implicam aglomerações de pessoas; b) porque o próprio Decreto Federal nº 10.282, de 20 de março de 2020, dispõe expressamente que as autoridades estaduais e municipais podem, caso entendam conveniente e necessário, adotar padrões mais rígidos de proteção, diante da necessidade local (art. 3º, § 9º), o que foi referendado expressamente pelo Supremo Tribunal Federal (ADPF 672).

Publicado no Diário Oficial de São Paulo, 16/05/2020.

8. A proteção à saúde conferida pelos regramentos municipais não pode ser menos restritiva do que aquela prevista pelo regramento estadual.

Publicado no Diário Oficial de São Paulo, 16/05/2020.

9. É imprescindível a adoção de providências para o cumprimento do Decreto Estadual nº 64.881, de 22 de março de 2020, com a redação atualizada pelo Decreto Estadual nº 64.975, nas Comarcas paulistas, de forma que normas municipais que atentem contra as regras mais restritivas estaduais sejam questionadas, seja de forma difusa, seja de forma concentrada, por meio do encaminhamento de representação ao Procurador-Geral de Justiça para as providências de sua alçada, quando o caso.

Publicado no Diário Oficial de São Paulo, 16/05/2020.

Nota do autor: consta no DO "da" saúde.

Uso correto de máscaras de proteção oficial

10. O Poder Público, em todos em níveis e esferas, deve ampliar a publicidade a respeito do uso correto de máscaras de proteção facial, cuja obrigatoriedade foi instituída pelo Decreto Estadual nº 64.959, de 04 de maio de 2020, para atenuar as consequências negativas advindas do uso incorreto já amplamente noticiado pela mídia. A publicidade pode se dar por meio da produção de campanhas em massa, em especial mediante veiculação em mídia televisiva, rádios e outdoors, tal qual ocorre, por exemplo, nas campanhas ligadas à vacinação e ao uso de preservativos. A publicidade pode, inclusive, ser articulada entre as autoridades públicas estaduais e municipais, considerando as suas bases espaciais regionais.

Publicado no Diário Oficial de São Paulo, 27/05/2020.

Testes para detecção do coronavírus

11. O plano de Estratégia Ampliada de Testes no Estado de São Paulo já anunciado publicamente deve ser formalizado, bem como executado de modo pleno e imediato. A testagem em massa é medida imprescindível para diagnóstico da realidade de contaminação e do índice de transmissibilidade, bem como para o planejamento de políticas públicas eficientes.

Publicado no Diário Oficial de São Paulo, 27/05/2020.

12. Depois da formalização, há a necessidade de entender e acompanhar a execução de referida Estratégia que abrange: a) disponibilidade do número adequado de testes em todos os municípios pelo Estado e pela União; b) uso racional dos testes PCR e sorologia; c) cronograma de testagem célere, compatível com a ascendência da curva de contaminação e ocupação dos leitos; d) indispensabilidade de planejamento e estrutura logística, operacional e de inteligência que circunda a realização da testagem em massa (correto acondicionamento, sistema completo de identificação da pessoa testada, minimização dos riscos de contaminação das amostras coletadas e transporte adequado); e) urgente recomposição dos quadros da vigilância epidemiológica; f) imprescindibilidade de modernização da plataforma digital de registro dos dados epidemiológicos.

Publicado no Diário Oficial de São Paulo, 27/05/2020.

13. Assim, impõe-se a apresentação de cronograma para as seguintes ações, imprescindíveis à efetividade da Estratégia Ampliada de Teste: a) promoção do quanto necessário à publicação do corpo normativo do plano anunciado; b) desenvolvimento da plataforma digital que modernizará o Sistema Gal hoje existente, bem como os sistemas SIVEP – GRIP, SIM, e outros, de modo a que, em menor tempo possível e de forma confiável, gestores públicos municipais e estadual, bem como a pessoa contaminada, possam ter acesso aos resultados da testagem, sem as inconsistências e atrasos hoje verificados; c) conclusão da fase 1 da testagem anunciada, com a testagem de todos os assintomáticos dos grupos especiais referidos pelo próprio Governo do Estado de São Paulo; d) início da fase 3 do plano anunciado, concomitante ao prosseguimento da fase 2, com pronto encaminhamento de todos os pacientes sintomáticos leves, com suspeita de COVID -19, para exame de RT – PCR, quando mais indicado, do ponto de vista clínico, esse teste; e) capilarização da rede de laboratórios para o interior do Estado de São Paulo, de forma a evitar arriscados e dispendiosos transportes de amostras para testagem, diminuindo, com isso, o risco de descarte ou de resultado insatisfatório; f) definição das coortes e da estratégia de testagem de amostragem populacional que indique a inserção da doença nos diferentes estratos sociais e regiões, em conjunto com os Municípios do Estado de São Paulo; g) estruturação humana da Vigilância Epidemiológica do Estado de São Paulo, com o preenchimento célere e contínuo dos claros decorrentes de aposentadorias, mortes, afastamentos ou exonerações, de forma a que esse importante órgão público tenha condições de realizar, com a eficiência necessária, o seu trabalho, sobretudo de fiscalização e registro dos dados epidemiológicos e de orientação e capacitação de profissionais da saúde, visando a urgente melhoria do acondicionamento, identificação e diminuição de contaminação das amostras atualmente em níveis inaceitáveis.

Publicado no Diário Oficial de São Paulo, 27/05/2020.

Carreatas e manifestações contra as medidas de restrição econômica e de distanciamento social determinadas pelas autoridades públicas

14. A realização de carreatas e manifestações contra as medidas de restrição econômica e de distanciamento social determinadas pelas autoridades públicas se insere nos direitos constitucionais de reunião e de expressão. Contudo, as carreatas e manifestações devem obedecer às exigências previstas pela Constituição Federal e não podem afetar ou colocar em perigo a saúde pública e a vida das pessoas, que são igualmente direitos fundamentais constitucionais.

Publicado no Diário Oficial de São Paulo, 27/05/2020.

15. O organizador da carreta deve avisar previamente a autoridade competente sobre a manifestação que pretende realizar (CF, art. 5º, XVI), indicando data, horário e trajeto, pois ao Estado cabe o dever de garanti-la e a faculdade de vigiá-la (Min. Celso de Mello, STF, ADPF 187).

Publicado no Diário Oficial de São Paulo, 27/05/2020.

16. A carreata ou manifestação não poderá produzir aglomeração física de pessoas, pois o risco à saúde pública e à vida das pessoas são limitações à realização do direito de reunião, eis que não há direito fundamental absoluto ou ilimitado. O ajuntamento de pessoas permite o contágio e a propagação do vírus entre os manifestantes e, depois, entre estes e demais cidadãos do corpo social, colocando em risco a vida das pessoas diante de uma doença grave e letal, ainda sem tratamento certo e sem vacina.

Publicado no Diário Oficial de São Paulo, 27/05/2020.

17. Diante da existência de informações de que a carreata ou outro tipo de manifestação propiciará a aglomeração física ou o ajuntamento de pessoas, deverão ser adotadas as medidas necessárias para a adequação do ato, em especial para induzir o cumprimento da exigência de comunicação prévia à autoridade de segurança sobre a realização do evento. O ato poderá ser realizado, então, por outras formas, que não acarretem o risco de disseminação da doença. O recurso à via judicial para a adequação do ato deve ser excepcional.

Publicado no Diário Oficial de São Paulo, 27/05/2020.

Nota do autor: consta no DO "da" saúde.

Realização de cultos e missas

18. São legais eventuais proibições impostas por Decreto Municipal à realização presencial de missas ou cultos em decorrência de medidas sanitárias para contenção da pandemia de COVID-19. As medidas não violam o direito de consciência e crença, previsto no art. 5º, VI, da Constituição Federal, vez em que não atingem diretamente a fé ou seu livre exercício. Nos Municípios em que não houver regulamentação dessa atividade, a autoridade local de saúde pode ser instada à formulação de análise técnica sobre o tema.

Publicado no Diário Oficial de São Paulo, 02/06/2020.

Nota do autor: consta no DO "da" saúde.

Política Pública de Saúde Mental

19. As especificidades da pandemia COVID 19 invocam a necessidade de elaboração de uma política pública específica de saúde mental.

Publicado no Diário Oficial de São Paulo, 16/06/2020.

20. O Poder Público Municipal deve formular PLANO DE CONTINGÊNCIA DA SAÚDE MENTAL que contemple, durante e após a travessia da pandemia: a) a atenção em saúde mental de toda a população e, especificamente, dos seguintes grupos: (i) pessoas em situação de vulnerabilidade social, com destaque às pessoas em situação de rua; (ii) pessoas que já possuem transtornos mentais; (iii) os doentes de COVID 19, sobretudo os que desenvolveram a síndrome respiratória grave, analisando-se a possibilidade sanitária de uso de celular na UTI ou contato pessoal com familiares, em momento extremo de despedida; (iv) as famílias enlutadas; (v) grupos que já se encontram apartados do convívio social e em abrigamento; (vi) os profissionais de saúde; b) a readequação da RAPS, durante a pandemia, para fins de atendimento dos pacientes com transtornos mentais, por meio de: (i) mecanismos de interlocução entre SUAS e SUS, com valorização e ampliação da Equipe de Saúde da Família e das Equipes dos CAPSs e do PAIF, de modo que trabalhem em número suficiente e integradamente; (ii) readequação dos serviços CAPS, mantendo-se as atividades regulares ao máximo possível, com a supressão apenas das atividades em grupo, com a garantia de distanciamento mínimo e incluindo-se hipóteses de uso de tecnologia e da modalidade de atendimento domiciliar, em conjunto com a Equipe de Saúde da Família; (iii) fortalecimento e ampliação dos consultórios de rua que atendem a população mais vulnerável, conforme parâmetros da Portaria do Ministério da Saúde 122/2011; (iv) garantia de oferta contínua de EPIs e insumos de higiene aos profissionais e usuários dos serviços; (v) mecanismos efetivos de divulgação sobre a forma de funcionamento e acionamento da RAPS nesse período, direcionados aos usuários do serviço e aos demais profissionais da rede; c) o olhar especial pelos órgãos de controle competentes às Comunidades Terapêuticas, atentando-se para: (i) informações acerca da existência de casos suspeitos ou confirmados de Covid19 nessas instituições, assim como dos encaminhamentos adotados; (ii) adoção de medidas sanitárias e de isolamento, com articulação com os serviços de saúde pública, atentando-se para as questões técnicas pontuadas pelo NAT; (iii) restrição ao ingresso de novos acolhidos durante a pandemia; (iv) garantia de manutenção do contato entre acolhidos e familiares; d) mapeamento do aumento de dependência química e de suicídios, tentados ou consumados, com propostas de mitigação dessas problemáticas; e) zelo para que se mantenha a reserva de leitos psiquiátricos em hospital geral, sem remanejamentos para hospitais psiquiátricos especializados, com o fim de se resguardar os princípios da luta antimanicomial, que fundamentam a Lei nº 10.216/2001.

Publicado no Diário Oficial de São Paulo, 16/06/2020.

21. O Poder Público Estadual deverá elaborar PLANOS DE CONTINGÊNCIA REGIONAIS DE SAÚDE MENTAL, fornecendo aos Municípios diretrizes e subsídios técnicos necessários para seus respectivos planos, assim como zelando para a

manutenção da reserva de leitos psiquiátricos em hospital geral, sem remanejamentos para hospitais psiquiátricos especializados, a fim de se resguardar os princípios da luta antimanicomial, que fundamentam a Lei nº 10.216/2001.

Publicado no Diário Oficial de São Paulo, 16/06/2020.

Plano São Paulo – Novas regras de isolamento social – Decreto Estadual nº 64.994/20

22. O Plano São Paulo não extinguiu a quarentena, até porque os níveis de infecção estão em franca curva ascendente, na maioria dos Municípios paulistas. Ele apenas alterou a forma de cumprimento das regras de isolamento social e de suspensão das atividades econômicas (art. 2º, caput).

Publicado no Diário Oficial de São Paulo, 16/06/2020

23. O relaxamento ou a flexibilização das regras de isolamento social e de quarentena, impostos pelo Decreto Estadual nº 64.881/20, somente podem ser determinados com base em evidências científicas e análises sobre as informações estratégicas em saúde que apontem o controle adequado da evolução da pandemia e a capacidade da rede hospitalar (art. 3º, caput).

Publicado no Diário Oficial de São Paulo, 16/06/2020.

24. Com o Decreto Estadual nº 64.994/20, o cumprimento das regras da quarentena será por fases e por região, seguindo, doravante, a classificação das condições epidemiológicas do Estado. Foi adotado o critério territorial de abrangência dos Departamentos Regionais de Saúde (art. 3º, § 3º, 1, e art. 5º, caput).

Publicado no Diário Oficial de São Paulo, 16/06/2020.

25. A definição e a caracterização das fases e regiões para a retomada das atividades econômicas competem ao Secretário Estadual de Saúde (art. 5º, § 3º). Assim, não pode o Município avançar e classificar a sua fase de forma diversa à estabelecida pela Secretaria Estadual de Saúde. O Município tampouco pode autorizar a retomada de atividade econômica não essencial prevista para fase posterior à que se encontra, tendo em vista o princípio da atuação hierarquizada e regionalizada do SUS. Contudo, pode o Município, diante da evolução significativa da pandemia em seu território e da pressão sobre o seu sistema de saúde, restringir as medidas de quarentena, a despeito de eventual evolução feita para a região pela Secretaria Estadual de Saúde, consoante o programa de fases e regiões do Plano São Paulo.

Publicado no Diário Oficial de São Paulo, 16/06/2020.

26. Não é possível a progressão por salto de fases, até pela necessidade de se avaliar, por 14 dias consecutivos, o número de casos novos e a ausência de pressão sobre o sistema de saúde. De outro lado, constatado aumento significativo de casos novos e a pressão sobre o sistema de saúde, é possível a regressão por salto.

Publicado no Diário Oficial de São Paulo, 16/06/2020.

27. A inserção do Município em fases menos rigorosas do Plano São Paulo não significa imediata flexibilização das restrições sanitárias ali vigentes. Caso autorize

a retomada das atividades econômicas não essenciais, o Prefeito Municipal deverá fundamentar a sua decisão, observando o contido no parágrafo único, itens 1 a 3, do art. 7º, do Decreto Estadual nº 64.994/20.

Publicado no Diário Oficial de São Paulo, 16/06/2020.

28. A retomada das atividades econômicas não essenciais exigirá que os Municípios intensifiquem a fiscalização, em especial para verificar o cumprimento dos protocolos sanitários pelos estabelecimentos comerciais e empresariais, mencionados nos anexos que acompanham o Plano São Paulo.

Publicado no Diário Oficial de São Paulo, 16/06/2020.

29. A implantação do Plano São Paulo exigirá do Governo Estadual, em coordenação com os Municípios, a imediata implantação do programa de testagem ampliada, anunciado em 30 de abril de 2020.

Publicado no Diário Oficial de São Paulo, 16/06/2020.

30. Os dois eixos centrais de avaliação para fins de classificação das regiões do Estado são as "condições epidemiológicas" e as "condições estruturais", cada qual com variáveis e pesos definidos pelo Decreto Estadual nº 64.994/20. Vale observar que o cômputo numérico de cada um desses eixos se dá separadamente, prevalecendo, para fins de classificação, a pior nota (Anexo I do Decreto Estadual nº 64.994/20).

Publicado no Diário Oficial de São Paulo, 16/06/2020.

Nota do autor: consta no DO "de" saúde.

Comitê Temático da Educação

Educação Infantil

1. A educação infantil, direito de crianças de 0 a 5 anos e 11 meses de idade, é complementar à ação da família e da comunidade e vem realizada em espaços não domésticos por instituições que devem exercer funções sociopolítica e pedagógicas. Durante a pandemia, as propostas pedagógicas cujos objetivos sejam a proteção à saúde, ao respeito, à dignidade e à brincadeira se apresentam mais importantes.

Publicado no Diário Oficial de São Paulo, 27/05/2020.

Educação Infantil e Atividades escolares não presenciais

2. A legislação brasileira não prevê a possibilidade de ensino à distância na educação infantil, nem mesmo em situações excepcionais. O currículo da educação infantil é organizado e posto em prática mediante vivências, experiências, interações e brincadeiras, construções coletivas que restam comprometidas na ausência de professores, outras crianças e do espaço institucional escolar. A educação infantil não tem o objetivo de promoção ou classificação, nem mesmo para o acesso ao ensino fundamental (art. 31, LDB), sendo vedada, portanto, a retenção (art. 10, V, Resolução nº 5, de 17 de dezembro de 2009).

Publicado no Diário Oficial de São Paulo, 27/05/2020.

3. A Sociedade Brasileira de Pediatria recomenda evitar a exposição de crianças de até 2 anos às telas e a restrição ao máximo e sempre supervisionada do uso de tecnologias por crianças entre 2 e 5 anos de idade. O Parecer CNE/CEB 5/2020 sugere que, para minimizar retrocessos cognitivos, corporais (ou físicos) e socioemocionais, os sistemas e estabelecimentos de ensino de educação infantil desenvolvam materiais de orientação aos responsáveis com atividades educativas de caráter eminentemente lúdico, recreativo e interativo.

Publicado no Diário Oficial de São Paulo, 27/05/2020.

4. No planejamento, execução e fiscalização de eventuais atividades educacionais remotas, deve ser coibida a imposição de atividades escolares ou de cargas obrigatórias de atividades às crianças em idade de educação infantil, zelando para que as relações não presenciais tenham por objetivos a manutenção de vínculos entre crianças e educadores e a orientação sobre atividades lúdicas e estímulos para o integral desenvolvimento das crianças que possam ser realizadas em casa.

Publicado no Diário Oficial de São Paulo, 27/05/2020.

Educação Infantil e Reorganização do Calendário Escolar

5. A organização da educação infantil é prevista pelo art. 31 da LDB, que estabelece que a avaliação é realizada mediante acompanhamento e registro do desenvolvimento da criança, sem objetivo de promoção. A sua carga horária mínima anual é de 800 horas, distribuída por um mínimo de 200 dias letivos. Com relação aos dias letivos, a Medida Provisória nº 934/2020 dispensou o seu efetivo cumprimento. No tocante à carga horária anual, considerando ser vedada a retenção e a avaliação para fins de classificação ou promoção, bem como a dificuldade de métrica para quantificação das atividades desenvolvidas pelas crianças, não se vislumbra a necessidade de reposição integral de aulas. É possível, excepcionalmente, a ampla flexibilização do calendário escolar desta etapa da educação, desde que comprovada a oferta e a frequência mínima de 60% da carga anual prevista em lei, nos termos do inc. IV do art. 31 da LDB.

As instituições de ensino devem realizar o registro das atividades, nos termos da Indicação 193/2020, do Conselho Estadual de Educação, e melhor disciplina do tema pelos órgãos normativos de cada sistema de ensino.

Publicado no Diário Oficial de São Paulo, 27/05/2020.

Educação Infantil e a Indissociabilidade do cuidado e do processo educativo – Proteção integral e Alimentação escolar

6. No contexto da pandemia e da impossibilidade de realização de atividades presenciais em creches e pré-escolas, os sistemas e instituições públicas e privadas de ensino devem reforçar as medidas de orientação e cuidado com as crianças, compartilhando e complementando informações sobre prevenção ao contágio do novo coronavírus e sobre políticas públicas que assegurem os direitos fundamentais, individuais e sociais, das crianças e de seus responsáveis, dentre outras.

Publicado no Diário Oficial de São Paulo, 27/05/2020.

7. A alimentação escolar é direito da criança (art. 208, VII, CF) e deve ser garantida a todas as crianças matriculadas nas redes públicas de educação infantil. No contexto da pandemia, é essencial assegurar políticas de segurança alimentar e o direito à alimentação escolar, o que torna fundamental a adoção de medidas intersetoriais de segurança alimentar. Além disso, analisadas as peculiaridades locais e regionais, deve-se buscar a compatibilização da garantia de alimentação escolar universal, saudável e com qualidade nutricional com a valorização da produção local, do desenvolvimento sustentável e da agricultura familiar, porém respeitando a necessidade de isolamento social e de diminuição drástica do trânsito e da aglomeração de pessoas.

Publicado no Diário Oficial de São Paulo, 27/05/2020.

Educação Infantil e a Relação de Instituições de Ensino, Educadores, Crianças e Famílias

8. De acordo com as Diretrizes Curriculares Nacionais para a Educação Infantil (Resolução nº 5/2009), as instituições de ensino devem assumir a responsabilidade de compartilhar e complementar a educação e cuidado das crianças com as famílias. A proposta pedagógica das creches e pré-escolas deve assegurar a participação, o diálogo e a escuta cotidiana das famílias, bem como o respeito e a valorização de suas formas de organização, para efetivação de seus objetivos pedagógicos. As instituições de educação infantil devem se aproximar ainda mais das famílias, no sentido de apoiá-las, ainda que de forma remota, nas ações a serem desenvolvidas com as crianças, subsidiando-as com material necessário para a realização de ações para o pleno e integral desenvolvimento da criança. Tais ações devem pautar-se: a) pelo diálogo com as demandas e necessidades das famílias, em virtude do momento atual da pandemia; b) pelo princípio da manutenção dos vínculos com as crianças e com as famílias; c) pelo diálogo com as crianças sobre o momento atual, para que possam entender o contexto e se expressarem a respeito; d) pela ludicidade exclusivamente. As ações devem considerar as especificidades e as diversidades etárias, bem como as desigualdades sociais que conformam a relação das crianças e famílias com o acesso e possibilidade efetiva de uso dos instrumentos e tecnologias. Portanto, as ações devem possuir caráter não obrigatório em relação às crianças, à semelhança do que dispõe o Parecer CNE/CP nº 05/20, item 2.7 (aprovado em 28.04.20).

Publicado no Diário Oficial de São Paulo, 27/05/2020.

Oferta de Alimentação escolar em tempos de pandemia do COVID-19

9. Nos termos dos arts. 205 e 208, VII, da Constituição Federal, e do art. 4º, VIII, da Lei de Diretrizes e Bases da Educação Nacional (Lei nº 9394/96), vigora o princípio de universalidade da oferta da alimentação escolar a todos os alunos matriculados nas redes públicas de educação básica. Trata-se de direito de natureza educacional, e não de direito assistencial do poder público, sendo inconstitucional a ausência da oferta de alimentação escolar ou a sua restrição, a partir de condicionalidades não previstas no texto constitucional.

Publicado no Diário Oficial de São Paulo, 27/05/2020.

10. É necessária a adoção de medidas com o objetivo de assegurar a oferta de alimentação escolar a todos os estudantes da educação básica das redes públicas de ensino, seja em períodos de suspensão extraordinária de aulas, seja em períodos de atividades remotas, em razão da pandemia do novo coronavírus (COVID-19).

Publicado no Diário Oficial de São Paulo, 27/05/2020.

11. No contexto da pandemia, é ainda fundamental adoção de medidas intersetoriais de segurança alimentar. As providências a serem adotadas, respeitadas as especificidades locais e regionais, devem observar o necessário equilíbrio entre a segurança alimentar e as medidas de isolamento social, de redução de trânsito e de aglomeração de pessoas recomendadas pelas autoridades competentes e pela ciência. Ainda que a situação excepcional exija maior flexibilidade e alternativas ao preparo e à oferta direta de alimentos aos estudantes, deve-se, sempre que possível, compatibilizar as medidas de urgência com as diretrizes de apoio ao desenvolvimento sustentável, à produção local, à agricultura familiar e aos empreendedores familiares rurais, priorizando as comunidades tradicionais indígenas e de remanescentes de quilombos.

Publicado no Diário Oficial de São Paulo, 27/05/2020.

Retorno às Aulas

12. Considerando o recente anúncio do Governo Estadual2 a respeito da retomada de aulas presenciais nos estabelecimentos de ensino situados no Estado de São Paulo, compete aos sistemas públicos a elaboração de protocolos intersetoriais que garantam condições sanitárias capazes de preservar a saúde e a vida de estudantes, de trabalhadores da educação e dos respectivos familiares. É preciso zelar, ainda, nos termos do art. 209 da Constituição Federal, para que as escolas privadas também cumpram as regras gerais estabelecidas em cada um dos sistemas estadual e municipais de ensino.

Publicado no Diário Oficial de São Paulo, 24/07/2020.

13. Os sistemas e redes de ensino, com base no melhor conhecimento científico e nas diretrizes estabelecidas pelos órgãos de saúde e educação competentes, devem detalhar seus respectivos protocolos sanitários e pedagógicos de retomada de aulas presenciais, garantindo ampla participação dos diversos segmentos da comunidade escolar no planejamento e execução de referidos protocolos.

Publicado no Diário Oficial de São Paulo, 24/07/2020.

14. Os sistemas e redes de ensino devem promover, o quanto antes, a capacitação de todos os profissionais da educação, assegurando também número adequado de docentes e servidores para o cumprimento dos protocolos sanitários e pedagógicos estabelecidos.

Publicado no Diário Oficial de São Paulo, 24/07/2020.

15. Os sistemas e redes de ensino devem reservar e destinar recursos financeiros suficientes para garantir infraestrutura que permita distanciamento social nos ambientes escolares, bem como aquisição e disponibilização de insumos que assegurem as medidas de higiene pessoal, limpeza e desinfecção da escola, além de equipamentos de proteção individual, dentre outros especificados nos protocolos sanitários e pedagógicos estabelecidos.

Publicado no Diário Oficial de São Paulo, 24/07/2020.

16. A rede privada de ensino, nos termos do art. 209 da Constituição Federal, deve cumprir as normas gerais da educação nacional e está sujeita a autorização de funcionamento e avaliação de qualidade pelo Poder Público. No contexto de pandemia, deve respeitar também, além dos princípios e normas constitucionais e infraconstitucionais do Direito à Educação, as regras de caráter sanitário destinadas ao controle da COVID-19. Assim, tendo em vista especialmente os arts. 205 e 206, I, da Constituição Federal, aplicam-se à rede privada de educação do Estado de São Paulo, as mesmas regras e critérios fixados para retomada concomitante das aulas presenciais nos sistemas e redes públicas de ensino.

Publicado no Diário Oficial de São Paulo, 24/07/2020.

Nota do autor: consta no DO "de" educação.

Comitês Temáticos de Educação e Pessoa com Deficiência Educação dos alunos público-alvo da educação especial Educação especial e atividades não presenciais – Enunciados conjuntos

1. A educação é direito de todos, não sendo admissível qualquer forma de oferta educacional que desconsidere segmentos populacionais específicos e acentue ainda mais as desigualdades de acesso e de padrão de qualidade já observadas em períodos letivos não excepcionais. Quando os sistemas de ensino optarem pela disponibilização de atividades remotas, durante o período de suspensão das aulas presenciais, em razão da atual pandemia, as aulas à distância devem ser ofertadas para os estudantes de todos os níveis, etapas e modalidade de ensino, incluindo os alunos público alvo da educação especial (pessoas com deficiência, transtorno do espectro autista e altas habilidades/superdotação), para garantia de seu direito à aprendizagem. O modelo de atividades não presenciais e a eventual retomada parcial de atividades presenciais devem reafirmar a educação em perspectiva inclusiva, assim compreendida como aquela que valoriza a diversidade, sendo, portanto, direito de todos, alunos com ou sem deficiência. 1.1. As políticas públicas de educação e os eventuais programas de atividades escolares não presenciais desenvolvidos neste período devem garantir, nos termos do art. 28, da Lei nº 13.146/2015, condições de acesso, participação e aprendizagem aos alunos público-alvo da educação especial. A garantia deve se concretizar por meio da oferta, ainda que remota, de serviços e de recursos de acessibilidade que eliminem as barreiras e promovam a inclusão

plena, vedando-se práticas que os segregam do projeto pedagógico destinado a todos os alunos.

Publicado no Diário Oficial de São Paulo, 27/06/2020.

2. Na elaboração da política pública de educação especial em contexto de pandemia, os sistemas de ensino devem garantir espaço de participação aos alunos, seus familiares, Conselhos, entidades e associações representativas das pessoas com deficiência.

Publicado no Diário Oficial de São Paulo, 27/06/2020.

3. O Poder Público deve adotar medidas para tornar acessíveis as ofertas pedagógicas não presenciais aos alunos público-alvo da educação especial em todos os níveis, etapas e modalidades educacionais. É essencial a disponibilização de suportes e recursos que assegurem o acesso e a participação deste grupo de estudantes, garantindo o padrão de qualidade pedagógica, conforme Parecer CNE/CP nº 05/20, item 2.13 (aprovado em 28.04.20). Deve ser oportunizada uma diversificação de modalidades de interação e suportes tecnológicos, como, por exemplo, atividades em vídeo com a presença de intérpretes de libras, em áudio, síncronas (on-line), assíncronas (desconectadas), em texto, entre outros recursos didáticos que se façam necessários.

Publicado no Diário Oficial de São Paulo, 27/06/2020.

4. Durante o período de suspensão das atividades escolares presenciais, devem ocorrer a mobilização e a interlocução entre os professores regentes de sala de aula, os professores especializados e a equipe escolar, para o desenho de estratégias que promovam a acessibilidade das atividades não presenciais a todos os alunos. Há que se considerar que as soluções educacionais direcionadas aos alunos público-alvo da educação especial são distintas das necessárias para lidar com outros segmentos populacionais, exigindo a oferta de recursos humanos e tecnológicos que atendam às suas reais necessidades. O momento atual pode ser estratégico para que os planos individuais de atendimento educacional especializado sejam revistos pelos professores das salas regulares e pelos professores das salas de recurso multifuncionais (Resolução CNE/CEB 04/2009).

4.1. Os planos individuais de atendimento educacional especializado devem explicitar as estratégias de acesso ao currículo, com destaque para a mediação entre o trabalho desenvolvido pelo professor da educação especial e aquele desenvolvido pelo professor da classe comum, o uso do material didático, as orientações para realização das atividades, as condições de mobilidade e acessibilidade aos meios de informação e comunicação aos alunos público-alvo da educação especial, as orientações para os familiares, as avaliações, dentre outros aspectos. O trabalho entre os diversos profissionais da escola deve ocorrer de forma articulada e colaborativa, promovendo a acessibilização das atividades ofertadas a todos os alunos. Os alunos público-alvo da educação especial não devem receber atividades distintas, no que diz respeito ao currículo, das dos demais alunos de sua turma, evitando-se o aprofundamento de uma lógica inconstitucional de segregação

Publicado no Diário Oficial de São Paulo, 27/06/2020.

Educação especial e a efetivação de estratégias de comunicação acessível e inclusiva com os alunos e seus familiares.

5. A situação atual de pandemia da COVID-19 pode agravar a condição de invisibilidade dos alunos públicos-alvo da educação especial, em função do isolamento social e do não acesso a informações essenciais em razão da ausência de comunicações acessíveis. O Poder Público deve garantir uma comunicação próxima, acessível e inclusiva entre os profissionais das unidades escolares, os alunos público alvo da educação especial e os seus familiares. Para tanto, deve haver orientações específicas, planejamento conjunto de atividades e trabalho para a manutenção de vínculos, por meio da utilização de recursos de tecnologia, acessibilidade sociolinguística, uso de códigos e linguagens específicas, entre outros suportes.

Publicado no Diário Oficial de São Paulo, 27/06/2020.

6. No planejamento e execução de estratégias pedagógicas dirigidas ao público alvo da educação especial, é imprescindível assegurar a participação destes alunos e de seus familiares na tomada de decisões sobre os percursos de aprendizagem e organização de atividades, em decorrência do momento atual. As atividades propostas devem ter em consideração a autonomia dos estudantes para realizá-las e as possibilidades de efetiva interação entre os professores e os alunos, não transferindo a responsabilidade de escolarização para seus familiares e cuidadores.

Publicado no Diário Oficial de São Paulo, 27/06/2020.

7. É importante que os órgãos gestores da política educacional do Estado e Municípios criem e promovam ampla divulgação de canais de comunicação para os alunos público-alvo da educação especial e seus familiares, para que possam reportar dificuldades encontradas no acesso e acompanhamento das atividades não presenciais ou outros entraves à garantia do direito à educação de qualidade durante a Pandemia da COVID-19.

Publicado no Diário Oficial de São Paulo, 27/06/2020.

Educação especial e proteção social adequada

8. A Convenção Internacional sobre os Direitos das Pessoas com Deficiência, em seu art. 11, e o Estatuto da Pessoa com Deficiência (Lei nº 13.146/2015), em seu art. 10, preveem que, em situações de risco, emergência ou estado de calamidade pública, a pessoa com deficiência será considerada vulnerável, devendo o Poder Público adotar medidas para sua proteção e segurança. Em decorrência da suspensão de diversas atividades e serviços, muitas famílias lidam com grandes impactos econômicos, com a descontinuidade de atendimentos na área de saúde e com a impossibilidade de contar com uma rede de apoio na execução dos cuidados diários. Tal quadro pode agravar, ainda mais, situações de vulnerabilidade social. É necessário, por conseguinte, dar atenção às consequências da quebra de rotina das

atividades diárias, nas condições de saúde física e psíquica destes alunos, trazendo importantes impactos em seus processos de escolarização. Para tanto, é necessária a articulação da política educacional, de forma a estabelecer ações intersetoriais com outras políticas públicas (saúde, assistência social, etc.).

Publicado no Diário Oficial de São Paulo, 27/06/2020.

9. É essencial zelar pela priorização dos estudantes com deficiência nos programas de segurança alimentar, considerando o agravamento das condições socioeconômicas e o risco de não acesso aos gêneros alimentícios necessários. Para tanto, os trabalhadores das unidades escolares, enquanto atores fundamentais na rede de cuidado e proteção social, devem realizar acompanhamento próximo dos estudantes público-alvo da educação especial e de suas famílias, exercendo, inclusive, papel educativo e orientador a respeito de direitos sociais e dos serviços de saúde e assistência social disponíveis no território.

Publicado no Diário Oficial de São Paulo, 27/06/2020.

10. Quando do retorno às aulas presenciais e conforme o escopo dos protocolos de retomada das atividades, devem ser desenvolvidas estratégias voltadas aos alunos público-alvo da educação especial, que considerem condições específicas de mobilidade, comunicação, dentre outras. O desenvolvimento de tais estratégias evita que os alunos sejam expostos a situações de risco e possibilita que sejam reconhecidos e valorizados como pessoas dignas e capazes de aprender. É preciso zelar para que referidos alunos e familiares participem, inclusive, da elaboração dos protocolos de retomada de aulas presenciais em suas respectivas unidades de ensino.

10.1. Os procedimentos pedagógicos devem ser implementados de modo a evitar prejuízos ou, ao menos, para garantir a reparação dos prejuízos relacionados à aprendizagem dos alunos público alvo da educação especial acumulados no período de isolamento. O processo de retorno às aulas e da permanência destes estudantes no ambiente escolar deve ser acompanhado pelas escolas e pelas famílias, como medida de prevenção à evasão escolar.

Publicado no Diário Oficial de São Paulo, 27/06/2020.

Comitê Temático do Consumidor

Abusividade de preços

1. Como é vedado o aumento injustificado de produtos ou serviços no mercado de consumo, a diferença dos preços praticados antes e durante a pandemia pode ser indicativo de prática abusiva.

Publicado no Diário Oficial de São Paulo, 02/06/2020.

2. Para a análise da abusividade de preços, é importante verificar as notas de entrada e de saída dos produtos do fornecedor imediato ou do fornecedor mediato, conforme o caso. Na comparação entre as notas para efeito de apuração do lucro, não podem ser desprezados os custos operacionais da empresa.

Publicado no Diário Oficial de São Paulo, 02/06/2020.

3. Constatada a abusividade do preço do produto e identificado o seu responsável, o aumento injustificado deve ser afastado, os adquirentes lesados devem ser ressarcidos e, se o caso, a indenização por dano moral pode ser pleiteada.

Publicado no Diário Oficial de São Paulo, 02/06/2020.

Escolas particulares

4. Os estabelecimentos de ensino básico e superior devem disponibilizar mecanismos não presenciais de atendimento aos alunos e aos seus responsáveis, privilegiando a negociação e a manutenção do contrato.

Publicado no Diário Oficial de São Paulo, 02/06/2020.

5. Os estabelecimentos de ensino básico e superior devem garantir o direito à informação aos consumidores, expondo, de maneira clara e adequada, sobre: a) a eventual alteração do planejamento pedagógico; b) a modificação do calendário de aulas e férias; c) a eventual prestação de aulas na modalidade não presencial durante a quarentena, indicando a forma, a duração e a frequência e sempre preservando a qualidade do ensino; d) o caráter complementar ou substitutivo das aulas não presenciais; e) a eventual redução de despesas, com apresentação de planilhas de custos, que poderá resultar na concessão de descontos.

Publicado no Diário Oficial de São Paulo, 02/06/2020.

6. Com relação às parcelas referentes à alimentação e às atividades extracurriculares não prestadas na modalidade online, os estabelecimentos de ensino devem conceder descontos proporcionais nas mensalidades do contrato.

Publicado no Diário Oficial de São Paulo, 02/06/2020.

7. Garantido o direito à informação, o consumidor poderá expressar a sua anuência às propostas ou, então, optar pela resilição do contrato, afastada a aplicação de penalidades ou encargos em seu desfavor, tendo em vista a superveniência de fatos imprevisíveis.

Publicado no Diário Oficial de São Paulo, 02/06/2020.

Planos de Saúde

8. Durante a pandemia do coronavírus, o diagnóstico e o tratamento da COVID-19 devem ser prestados pelas operadoras de planos de assistência à saúde, independentemente do cumprimento de prazos de carência que não seja o prazo de 24 horas para urgências e emergências (art. 12, V, "c", Lei nº 9.656/98, Súmula 597/ STJ e Súmula 103/ TJSP).

Publicado no Diário Oficial de São Paulo, 20/06/2020.

9. As operadoras de planos de assistência à saúde devem disponibilizar a seus beneficiários o teste diagnóstico para infecção pelo coronavírus indicado pelo médico assistente, mesmo que não esteja previsto no rol da ANS (art. 421, Código Civil; STJ, AgRg no AREsp 708.082/DF e AgInt no AREsp 1359417/DF; Súmula 102/ TJSP).

Publicado no Diário Oficial de São Paulo, 20/06/2020.

10. Durante a pandemia do coronavírus, as operadoras de planos de assistência à saúde não devem interromper ou adiar os atendimentos e os tratamentos continuados ou qualquer outro procedimento cuja não realização possa colocar em risco a vida do paciente.

Publicado no Diário Oficial de São Paulo, 20/06/2020.

11. A rescisão unilateral do contrato de plano de saúde individual ou familiar pela operadora deve observar o prazo de inadimplemento superior a 60 dias, consecutivos ou não (art. 13, par. ún., II, Lei nº 9.656/98), e somente pode ocorrer após prévia notificação do consumidor, com prazo não inferior a 10 dias para purgar a mora (Súmula 94/TJSP). Durante a internação do paciente ou o tratamento da COVID-19, não pode ocorrer suspensão ou rescisão do contrato individual, familiar ou coletivo, ainda que exista inadimplemento do consumidor (art. 13, par. ún., III, Lei nº 9.656/98).

Publicado no Diário Oficial de São Paulo, 20/06/2020.

Comitês Temáticos do Consumidor, Meio Ambiente, Habitação e Urbanismo, Saúde, Infância e Juventude, Inclusão Social, Idoso e Execuções Penais – Enunciados conjuntos

1. O fornecimento de água potável é serviço essencial e não pode ser interrompido, devendo, ainda, ser disponibilizado à população que não tenha acesso à rede pública de abastecimento de água.

Publicado no Diário Oficial de São Paulo, 02/06/2020.

2. Durante a pandemia do coronavírus, nenhuma residência deve ser privada do fornecimento de água, ainda que exista débito anterior ou concomitante à pandemia, incumbindo ao Ministério Público adotar as medidas necessárias para a continuidade da prestação do serviço, esteja ou não o Município abrangido pelo Decreto Estadual nº 64.879/20.

Publicado no Diário Oficial de São Paulo, 02/06/2020.

3. Durante a pandemia do coronavírus, o Poder Público e as concessionárias do serviço, bem como, onde houver, os operadores das soluções alternativas de abastecimento de água, devem adotar medidas preventivas e emergenciais para sanar problemas estruturais e/ou operacionais na rede de captação, abastecimento e fornecimento de água, de maneira a garantir a continuidade e a qualidade do serviço.

Publicado no Diário Oficial de São Paulo, 02/06/2020.

Comitê Temático Criminal

Comitê Temático das Execuções Criminais

1. A fiscalização da realização da testagem dos agentes estatais lotados em estabelecimentos prisionais e das pessoas privadas de liberdade deve ser feita con-

siderando os termos dos protocolos do Ministério da Saúde e de outros protocolos equivalentes que vierem a ser estabelecidos pelas autoridades sanitárias. Caso não seja possível o seu cumprimento integral, é necessário zelar junto à Secretaria de Administração Penitenciária – SAP e ao Município no qual está situado o estabelecimento para que o exame seja feito, ao menos, nos servidores e presos com suspeita de terem contraído o COVID-19, bem como naqueles que, dentro do período de catorze dias, tenham mantido contato pessoal com servidores ou presos que testaram positivo para a mesma doença.

Publicado no Diário Oficial de São Paulo, 16/05/2020.

2. É crucial atentar para: a) o cumprimento do disposto no art. 1º, "b", do Decreto nº 64959, de 04/05/2020, do Estado de São Paulo, quanto ao uso de máscaras no interior das unidades prisionais estaduais e em todos os locais que, ainda que de forma transitória, recebam pessoas submetidas à liberdade de locomoção; b) a imediata disponibilização de máscaras de proteção para todas pessoas submetidas à privação da liberdade que apresentarem ou se queixarem de sintomas relacionados à infecção pelo vírus do COVID-19 (SARSCoV-2); c) a imediata disponibilização de máscaras para todas as pessoas submetidas à privação da liberdade que integrem grupo de risco de contrair o COVID-19 (SARS-CoV-2), de acordo com as especificações médicas; d) a correta orientação do uso das máscaras, de sua higienização, de seu descarte e de sua substituição, quando necessários.

Publicado no Diário Oficial de São Paulo, 16/05/2020.

3. Os Diretores das Unidades Prisionais devem ser orientados a adotarem os seguintes procedimentos, dentre outros que reputarem necessários: a) utilização de equipamentos para a medição da temperatura de todas as pessoas, servidores ou não, que ingressem ou deixem as unidades prisionais e de todos os presos que apresentarem ou se queixarem de sintomas gripais e daqueles que estiverem isolados por conta disso; b) utilização de oxímetro (instrumento para a aferição da oxigenação) em todas as pessoas que estiverem no interior da unidade prisional e apresentarem ou se queixarem de sintomas gripais, inclusive os presos que estiverem isolados por conta disso; c) instalação de dispensadores de álcool em gel a 70% em todos os ambientes das unidades prisionais, inclusive nos pavilhões habitacionais e nas respectivas gaiolas de contenção, além da higienização diária de todas as celas e dependências, lavando-as com água e sabão ou, em caso de impossibilidade, mediante a utilização de pulverizadores com desinfetantes apropriados regularizados pela Agência Nacional de Vigilância Sanitária.

Publicado no Diário Oficial de São Paulo, 16/05/2020.

4. O procedimento administrativo de acompanhamento, com registro no SISMP, é o instrumento adequado para a fiscalização das medidas de prevenção e contenção da disseminação do COVID-19 no ambiente prisional, bem como para postular o recebimento de informação diária da Coordenadoria Regional sobre o número de casos suspeitos, os confirmados e os óbitos de agentes estatais e presos em cada unidade prisional, expedindo as recomendações necessárias.

Publicado no Diário Oficial de São Paulo, 16/05/2020.

5. O procedimento administrativo de acompanhamento, com registro no SISMP, é o instrumento adequado para a fiscalização das medidas de prevenção e contenção da disseminação do COVID-19, nos Distritos Policiais e Cadeias Públicas. As informações a serem solicitadas ao Delegado da Seccional devem compreender: a) quais as medidas de prevenção à contaminação pelo Coronavírus (COVID-19) foram adotadas em cada uma das unidades da Polícia Civil; b) quais as providências adotadas diante da Portaria DGP nº 16, de 17 de março de 2020; c) se há norma autorizando o teletrabalho, solicitando, positiva a resposta, o envio. No bojo do procedimento, a autoridade Policial deve ser orientada sobre a possibilidade de rodízio de servidores e de opção de teletrabalho ou sobreaviso ao seu pessoal administrativo e de cartórios responsáveis por andamento de inquéritos policiais com prazos suspensos. Se, na Delegacia, houver cela utilizada para presos em trânsito e custódia de adolescentes, as medidas preventivas recomendadas à SAP devem ser solicitadas à autoridade Policial, naquilo que for cabível, fiscalizando-se o efetivo cumprimento.

Publicado no Diário Oficial de São Paulo, 16/05/2020.

6. A manutenção da suspensão das visitas e do trabalho externo deve ser acompanhada junto à Coordenadoria das Unidades Prisionais, zelando-se para que a liberação, inclusive das saídas temporárias, seja atrelada às determinações do Governo Estadual para retomada do fluxo de atividades na sociedade.

Publicado no Diário Oficial de São Paulo, 16/05/2020

Comitê Temático de Violência Doméstica – Enunciados reformulados para adequação à Lei nº 14.022/20

Boletim de Ocorrência Eletrônico – Alterado

1. Em razão do aumento significativo dos índices de violência doméstica e familiar contra mulheres e da maior dificuldade para se registrar Boletim de Ocorrência presencial em razão do isolamento social, o Boletim de Ocorrência Eletrônico constitui-se em meio prioritário para se comunicar violência doméstica e para se solicitar medidas protetivas de urgência (artigo 5º-A, II, da Lei nº 13.979/20 e artigo 4º, da Lei nº 14.022/20), sem prejuízo do regular funcionamento das Delegacias de Polícia e do acionamento da Polícia Militar em emergências (artigo 3º, § 7º-C, da Lei nº 13.979/20 e artigo 4º, § 1º, da Lei nº 14.022/20).

Publicado no Diário Oficial de São Paulo, 24/07/2020.

Depoimento por teleaudiência

2. Nos casos de violência doméstica e familiar contra a mulher, a realização de audiência virtual depende da constatação de inexistência de ameaças, constrangimento ou qualquer outra situação de risco para a vítima, familiares e testemunhas.

Publicado no Diário Oficial de São Paulo, 27/05/2020.

Formulário de risco

3. Para se aferir a situação de risco para vítimas de violência doméstica e familiar contra a mulher, deve-se utilizar como parâmetro o Formulário Nacional de Avaliação de Risco, aprovado pela Resolução Conjunta CNJ e CNMP nº 5, de 03 de março de 2020.

Publicado no Diário Oficial de São Paulo, 27/05/2020.

Medidas protetivas de urgência – Alterado

4. As medidas protetivas devem ter prioridade na tramitação e análise quanto ao cabimento, diante da maior vulnerabilidade das mulheres em razão do isolamento social, do controle por parte do agressor, do consumo de álcool e drogas e de problemas econômicos que podem agravar ainda mais a violência ou a possibilidade de morte (artigo 5º-A, I, e parágrafo único, da Lei nº 13.979/20).

Publicado no Diário Oficial de São Paulo, 24/07/2020.

Medidas protetivas – Boletim de Ocorrência – Alterado

5. As medidas protetivas não estão condicionadas ao registro de boletim de ocorrência para seu deferimento (artigo 4º, § 3º, da Lei nº 14.022/20).

Publicado no Diário Oficial de São Paulo, 24/07/2020.

Medidas protetivas – Prazo – Alterado

6. A vigência das medidas protetivas não está condicionada ao inquérito policial ou processo judicial e, durante o estado de emergência, há prorrogação automática das medidas, ainda que tenham sido fixadas com prazo determinado, hipótese em que as partes devem ser intimadas, o que poderá ser realizado por meios eletrônicos (artigo 5º, parágrafo único, Lei nº 14.022/20).

Publicado no Diário Oficial de São Paulo, 24/07/2020.

Pandemias e canais de atendimento – Alterado

7. Durante o período de isolamento social, é dever do Poder Público a realização de campanhas de prevenção à violência e de divulgação dos canais de atendimento à mulher vítima de violência, dentre eles: a) Polícia Militar – 190 para casos de urgência; b) Ligue 180 para denúncias anônimas de violência doméstica; c) Disque 100 para violações de direitos humanos; d) Boletim de Ocorrência Eletrônico para o registro à distância; e) Casa da Mulher Brasileira (artigo 8º, da Lei nº 14.022/20)

Publicado no Diário Oficial de São Paulo, 24/07/2020.

Comitê Temático do Idoso

1. O Procedimento Administrativo de Acompanhamento (PAA), regulamentado pela Resolução nº 934/15-PGJ-CPJ-CGMP, é o procedimento apropriado para acompanhamento e fiscalização das medidas de prevenção da contaminação do COVID-19 nas Instituições de Longa Permanência para Idosos – ILPIs e para o acompanhamento das medidas adotadas pelos gestores públicos quanto aos idosos.

Publicado no Diário Oficial de São Paulo, 02/06/2020.

Da preservação dos direitos das pessoas idosas

2. A condição etária, por si só, não pode ser utilizada como critério exclusivo para a priorização do atendimento. A idade mais avançada do paciente não poderá ser invocada para negar o tratamento a pessoa idosa. Critérios objetivos devem ser utilizados para a garantia de atendimento de todas as pessoas, independentemente de sua idade.

Publicado no Diário Oficial de São Paulo, 02/06/2020.

3. Os idosos, exatamente por integrarem grupo de risco por sua maior vulnerabilidade, continuam a ser detentores de plenos direitos e prerrogativas, não sendo justificável qualquer discriminação em razão da idade, como negativa de acesso ou dificuldade no acesso a serviços públicos e privados, a exemplo de transporte coletivo, atendimento médico e/ou procedimento de saúde.

Publicado no Diário Oficial de São Paulo, 02/06/2020.

Instituições de Longa Permanência para Idosos (ILPIS)

4. Todas as ILPIs deverão elaborar planos de contingência para o enfrentamento da COVID-19, contendo maneiras de realizar o isolamento dos casos suspeitos e o adequado encaminhamento dos casos confirmados, bem como prevendo a estrita observância de todas as recomendações médico-sanitárias dos serviços de vigilância sanitária. O plano de contenção deve também prever a possibilidade de afastamento de funcionários e a eventual reposição, além de sua capacitação para o atendimento das normas médico-sanitárias e a adequada utilização dos equipamentos de proteção individual (EPIs).

Publicado no Diário Oficial de São Paulo, 02/06/2020.

5. A suspensão das visitas aos idosos residentes em ILPIs é recomendada, com vistas a reduzir o risco de transmissão e disseminação do Covid-19, devendo-se orientar os responsáveis pelas instituições à manutenção dos vínculos afetivos com o núcleo familiar, por intermédio das redes sociais e vídeo chamadas por meio de aplicativos específicos.

Publicado no Diário Oficial de São Paulo, 02/06/2020.

6. As ILPIs deverão promover ampla publicidade dos recursos públicos e doações recebidos nesta época de pandemia, conferindo total transparência.

Publicado no Diário Oficial de São Paulo, 02/06/2020..

Ações dos Municípios e do Estado

7. Todos os Municípios e o Estado devem elaborar plano de contingência específica para as ILPIs, que incluam medidas relacionadas à testagem em massa e periódica dos idosos residentes e funcionários, bem como prevejam locais de isolamento para casos suspeitos, se as entidades não contarem com locais adequados.

Publicado no Diário Oficial de São Paulo, 02/06/2020.

8. A pandemia não deve provocar interrupção nos serviços de saúde e socioassistenciais destinados aos idosos em situação de vulnerabilidade, com exceção

daqueles que implicam aglomeração e maior exposição, cuja continuidade deve ser garantida de outras formas. Os mesmos serviços deverão, inclusive, ser ampliados por busca ativa de pessoas idosas em situação de vulnerabilidade.

Publicado no Diário Oficial de São Paulo, 02/06/2020.

9. A Vigilância Sanitária Municipal deve dar atenção especial às ILPIs, verificando se estão sendo cumpridos os protocolos de segurança sanitária, em especial os contidos na Nota Técnica nº 05/2020/ANVISA e no Manual para Orientação Técnica para Acolhimento de Idosos elaborado pela Secretaria de Desenvolvimento Social do Estado de São Paulo, inclusive com orientações sobre os procedimentos que devem ser adotados.

Publicado no Diário Oficial de São Paulo, 02/06/2020.

10. Os equipamentos públicos de proteção à saúde mental devem dar especial atenção à população idosa, desenvolvendo política pública para essa finalidade.

Publicado no Diário Oficial de São Paulo, 02/06/2020.

11. Em consonância com a Norma Técnica nº 11/2020-DESF/SAPS/MS, a prioridade na realização da testagem conferida aos profissionais de saúde deve ser estendida a todos os funcionários, prestadores de serviço e dirigentes das entidades de atendimento de idosos, visando à prevenção da contaminação e redução dos afastamentos desnecessários, de modo a não prejudicar a continuidade dos serviços prestados aos idosos.

Publicado no Diário Oficial de São Paulo, 02/06/2020.

Elaboração de políticas públicas a partir de dados

12. É necessária a rápida criação de banco de dados referentes às ILPIs, com vistas a subsidiar uma adequada política pública de combate à pandemia.

Publicado no Diário Oficial de São Paulo, 02/06/2020.

13. Os recursos existentes nos fundos municipais do idoso, a exemplo do fundo estadual, podem ser utilizados no auxílio ao combate à pandemia, mediante oportuna prestação de contas e prévia deliberação do Conselho Municipal do Idoso.

Publicado no Diário Oficial de São Paulo, 02/06/2020.

Comitê Temático da Pessoa com Deficiência

1. A Pessoa com Deficiência tem direito às informações a respeito do novo Coronavírus de forma acessível, tanto quanto ao seu conteúdo quanto à forma de sua veiculação, a fim de que possa ter o conhecimento necessário para se proteger de forma adequada às suas condições, do mesmo modo no caso de internação hospitalar sobre sua evolução e tratamento, bem como de saber quais e onde se encontram os serviços públicos disponíveis para atender às suas necessidades.

Publicado no Diário Oficial de São Paulo, 02/06/2020.

2. A Pessoa com Deficiência que possua limitações quanto à comunicação, seja ela ordem física ou em decorrência de deficiência mental ou intelectual, acometida pela Covid-19, que necessitar de internação hospitalar e que, por suas condições pessoais dependa do auxílio de cuidadores, tem o direito a ter acompanhante durante o todo o período de internação, ressalvada a hipótese de internação em UTI;

Publicado no Diário Oficial de São Paulo, 02/06/2020.

3. O acompanhante da pessoa com deficiência pode ser pessoa da família, funcionário de instituição de acolhimento ou profissional especializado e deverá receber materiais de proteção individual;

Publicado no Diário Oficial de São Paulo, 02/06/2020.

4. Caso a Pessoa com Deficiência não seja dependente de cuidador, a ela deverá ser possibilitado, ao menos, o contato virtual com pessoa por ela indicada e/ou instituição indicada.

Publicado no Diário Oficial de São Paulo, 02/06/2020.

Comitê Temático da Transparência

1. O Poder Público deve disponibilizar, em sítio oficial específico na rede mundial de computadores (internet), informação clara e acessível sobre as contratações ou aquisições realizadas, que deve incluir: a) o nome do contratado e o número de sua inscrição na Receita Federal do Brasil; b) o prazo contratual, o valor e o respectivo processo de contratação ou aquisição.

Publicado no Diário Oficial de São Paulo, 16/05/2020.

2. O Poder Público deve disponibilizar, em sítio oficial específico na rede mundial de computadores (internet), informação clara e acessível sobre todos os recursos recebidos de repasses da União ou dos Estados para a adoção de medidas de enfrentamento à pandemia do coronavírus, devendo contar o valor recebido, a data de recebimento e a correspondente destinação, inclusive das quantias repassadas às entidades do terceiro setor.

Publicado no Diário Oficial de São Paulo, 16/05/2020.

3. O Poder Público deve disponibilizar, em sítio oficial específico na rede mundial de computadores (internet), informação sobre recursos provenientes a título de doações por entes privados, que deve compreender os valores, a origem e a identificação do doador e a sua destinação, inclusive das quantias repassadas às entidades do terceiro setor.

Publicado no Diário Oficial de São Paulo, 16/05/2020.

4. A disponibilização de informações pelo Poder Público de todas as ações relacionadas ao enfrentamento do COVID-19 deve ocorrer em espaço específico do seu correspondente Portal da Transparência, de fácil localização e ampla divulgação, e deve compreender: a) as contratações e as aquisições realizadas; b) o resumo e o detalhamento de atos e despesas. O sítio eletrônico deve atender ao art. 8º, § 3º, da

Lei nº 12.527/13, isto é, aos seguintes requisitos: 1) conter ferramenta de pesquisa de conteúdo que permita o acesso à informação de forma objetiva, transparente, clara e em linguagem de fácil compreensão; 2) possibilitar a gravação de relatórios em diversos formatos eletrônicos, inclusive abertos e não proprietários, tais como planilhas e texto, de modo a facilitar a análise das informações; 3) possibilitar o acesso automatizado por sistemas externos em formatos abertos, estruturados e legíveis por máquina; 4) divulgar em detalhes os formatos utilizados para estruturação da informação; 5) garantir a autenticidade e a integridade das informações disponíveis para acesso; 6) manter atualizadas as informações disponíveis para acesso; 7) indicar local e instruções que permitam ao interessado comunicar-se, por via eletrônica ou telefônica, com o órgão ou entidade detentora do sítio; 8) adotar as medidas necessárias para garantir a acessibilidade de conteúdo para pessoas com deficiência, nos termos do art. 17 da Lei nº 10.098, de 19 de dezembro de 2000, e do art. 9º da Convenção sobre os Direitos das Pessoas com Deficiência, aprovada pelo Decreto Legislativo nº 186, de 9 de julho de 2008.

Publicado no Diário Oficial de São Paulo, 16/05/2020.

5. Os contratos assinados pelo Poder Público que envolvam a aquisição de bens, serviços, inclusive de engenharia, e insumos, devem observar o atendimento às seguintes exigências: 1) designação de fiscais para verificação da correta execução do objeto, devendo a nomeação recair dentre servidores públicos que detenham capacidade e conhecimento técnico, fornecendo a eles todos os meios necessários para o fiel cumprimento de suas funções; 2) publicação no Portal da Transparência de cópia dos documentos e informações relativas à execução ou inexecução contratual; 3) manutenção em boa guarda de todos os documentos relacionados às contratações e da respectiva fiscalização da execução, para eventual e futura análise pelos órgãos de controle.

Publicado no Diário Oficial de São Paulo, 16/05/2020.

6. A contratação de funcionários por tempo determinado (art. 37, IX, da CF/88), cujo fundamento seja a necessidade de combate ao COVID-19, deve ser precedida de ampla publicidade do respectivo processo seletivo, que deve compreender: 1) o número do processo seletivo e do edital respectivos; 2) o valor dos vencimentos fixados para cada função temporária disponibilizada; 3) o nome e o CPF das pessoas contratadas, a função por elas exercida e o prazo da contratação.

Publicado no Diário Oficial de São Paulo, 16/05/2020.

7. O pagamento a funcionários públicos de verbas ou vantagens extraordinárias de qualquer natureza, inclusive horas extras, autorizadas em razão da necessidade de enfrentamento ao COVID-19, deve ser objeto de publicação que identifique: 1) o valor total desses desembolsos; 2) o cargo e/ou função ocupado pelo servidor beneficiado por meio de sua matrícula funcional; 3) a natureza, o dispositivo legal autorizador e o valor total recebido, por mês, a título extraordinário; 4) a manutenção de relação nominal, que inclua a identidade desses funcionários para apresentação oportuna a órgãos de controle, caso requisitadas.

Publicado no Diário Oficial de São Paulo, 16/05/2020.

8. A publicidade simplificada em sítio eletrônico específico não afasta o dever de que as contratações sejam também divulgadas, de forma mais detalhada, no espaço de transparência usual do ente (Portal de Transparência, por exemplo), nos termos da Lei de Acesso à Informação.

Publicado no Diário Oficial de São Paulo, 16/05/2020.

Organizações Sociais de Saúde

19*. As Organizações Sociais de Saúde, que celebrarem contratos de gestão para o enfrentamento da pandemia decorrente do novo coronavírus, devem conceder publicidade a todas as contratações e/ou aquisições realizadas. Para tanto, devem disponibilizar, em portal de transparência na rede mundial de computadores (internet) e nos moldes previstos pelo § 3º do art. 8º da Lei nº 12.527/2011 (Lei de Acesso à Informação), as seguintes informações: a) o nome do contratado; b) o número de sua inscrição na Receita Federal do Brasil ou documento equivalente no exterior; c) o prazo contratual; d) o valor e o respectivo processo de contratação ou aquisição (art. 4º, § 2º, da Lei Federal nº 13.979/2020).

Nota do autor: o enunciado de nº 08 salta para o nº 19.

Publicado no Diário Oficial de São Paulo, 20/06/2020

20. As Organizações Sociais de Saúde, durante o enfrentamento da pandemia decorrente do novo coronavírus, devem: a) continuar a cumprir as obrigações relacionadas à prestação de contas dos recursos repassados em razão de todos os contratos de gestão celebrados; b) abster-se de suspender a elaboração dos respectivos relatórios de metas e atividades desenvolvidas; c) aplicar, integralmente, nas despesas realizadas para o enfrentamento da pandemia decorrente do novo coronavírus (Lei Federal nº 13.979/2020); d) conceder publicidade aos itens descritos pelo Decreto Estadual n° 64.056/2018; e) realizar a alimentação atualizada do sistema AUDESP do TCE/SP, bem como de outros sistemas similares que permitam o acompanhamento das suas atividades, notadamente o sítio "SP CONTRA O NOVO CORONAVÍRUS – Transparência" do Estado de São Paulo.

Publicado no Diário Oficial de São Paulo, 20/06/2020.

21. Na hipótese de aquisição de itens ou contratações realizadas com empresas estrangeiras, as Organizações Sociais de Saúde devem providenciar a substituição dos documentos referidos pelo Decreto Estadual nº 64.056/2018 por documentos análogos, tais como recibos, transferências bancárias ou declarações, especificando-se, em qualquer caso, os valores e os objetos da aquisição ou contratação.

Publicado no Diário Oficial de São Paulo, 20/06/2020.

Comitê Temático do Meio Ambiente

Saúde Ambiental e Fauna Silvestre

7. No tocante aos jardins zoológicos e similares, deve-se avaliar a pertinência e conveniência, por meio da interlocução com órgãos gestores envolvidos no tema de

fauna e saúde-vigilância, quanto à suspensão de atividades de visitação presencial, em quaisquer modalidades que impliquem interação ou proximidade dos animais com o público, cumuladas, se o caso, com eventuais atividades virtuais educativas, tendo em vista a acentuada progressão de infecções humanas no território paulista e o potencial risco de contaminação da fauna.

Publicado no Diário Oficial de São Paulo, 14/08/2020.

8. Para a proteção da vida silvestre, é necessário buscar a articulação e interlocução para avaliação, delineamento e previsão de estratégias conjuntas, respeitadas as atribuições dos diferentes órgãos, para a redução e contenção da circulação de pessoas e animais domésticos nas unidades de conservação de proteção integral, bem como em áreas verdes, parques, reservas estaduais e municipais e de diferentes tipologias que tenham fauna de vida livre em seus domínios.

Publicado no Diário Oficial de São Paulo, 14/08/2020.

9. Em relação às áreas de soltura de animais silvestres (ASAS) e monitoramento (ASM) e visando evitar e prevenir a introdução e disseminação de contaminações em ecossistemas naturais, deve-se buscar a interlocução com os órgãos gestores competentes para: i) atualização quanto às atividades de translocação, reintrodução e soltura de animais, avaliando-se eventual suspensão, com especial destaque aos grupos animais apontados como suscetíveis, caso ainda estejam em ação no território paulista; ii) adoção e reforço de medidas e diretrizes de biossegurança e sanitárias para tais estabelecimentos, inclusive, na execução de atividades de monitoramento (ASM), caso ainda estejam em curso.

Publicado no Diário Oficial de São Paulo, 14/08/2020.

Audiências Públicas concernentes a processos e procedimentos administrativos ambientais urgentes em plataformas virtuais

10. As audiências públicas têm especial relevância para a efetivação do art. 225 da Constituição Federal, que confere a todos o direito "ao meio ambiente ecologicamente equilibrado", impondo "ao Poder Público e à coletividade o dever de defendê-lo e preservá-lo para as presentes e futuras gerações".

Dessa forma, em nenhuma hipótese, a audiência pública virtual poderá ser realizada com violação ao direito fundamental de participação popular, devendo ser admitida de modo excepcional nos processos e procedimentos administrativos ambientais absolutamente necessários para evitar a paralisação de atividades de interesse público inadiáveis, bem como ser acompanhada da adoção de medidas de garantia mínima de participação presencial segura para a população digitalmente excluída.

Publicado no Diário Oficial de São Paulo, 14/08/2020.

11. Em razão da excepcionalidade do momento de pandemia (Sars-Cov-2), que impõe distanciamento social restritivo da participação pessoal em audiência pública, bem como considerando que a exclusão digital alcança cerca de 25% da população (IBGE), as audiências públicas em plataforma virtual deverão ficar restritas a casos

de urgência, ampliando-se paulatinamente para outros casos, na medida em que expandidos o acesso à internet e a facilidade da população em operar aplicativos próprios e, ainda assim, combinadas com os meios presenciais de participação.

Publicado no Diário Oficial de São Paulo, 14/08/2020.

12. O princípio de participação popular em matéria ambiental, incorporado na Declaração do Rio sobre Meio Ambiente e Desenvolvimento (ECO-92) e disciplinado nas Resoluções CONAMA nºs 1/86, 9/87 e 237/97 e na Deliberação CONSEMA Normativa nº 1/2011, no tocante às audiências públicas, impõe, além da realização do evento de forma parcialmente presencial, caso também adotado o sistema virtual, haja prévia e efetiva publicidade dos documentos e estudos necessários para a adequada compreensão das questões ambientais a serem expostas à participação e debates públicos, visando efetivar os princípios da participação democrática e do controle social do planejamento, das decisões e atos administrativos.

Publicado no Diário Oficial de São Paulo, 14/08/2020.

13. Deverão ser observadas todas as disposições constantes da Deliberação CONSEMA Normativa nº 01/11 quanto à solicitação, à convocação e à realização das audiências públicas, com as seguintes adaptações:

i) Para fins do art. 6º, os membros da mesa diretora deverão estar com suas câmeras ligadas e devidamente identificados para o público em geral – pelo nome e instituição ou entidade que representam –, ao passo que os demais deverão desligar suas câmeras e áudio, acionando-os tão somente quando do uso da palavra, nos termos do inc. II deste dispositivo, momento em que deverão se identificar;

ii) Para os fins do art. 12, ao longo de toda a audiência pública, uma via digital do estudo técnico deverá estar disponível para consulta, preferencialmente por meio da mesma ferramenta utilizada para a realização do ato ou, não sendo possível, no site do responsável pelo assunto em discussão. Também deverá ser disponibilizada uma via impressa do estudo em local físico pelo responsável pelo assunto em discussão no(s) Município(s) que sofrer(em) o impacto direto do empreendimento, plano, programa, projeto ou atividade a ser implantada, o qual também deverá servir de apoio aos interessados que não tenham estrutura ou equipamentos adequados para o acompanhamento do ato de forma virtual, ou que não tenham conhecimento de como operá-los;

iii) Para os fins do art. 13, o responsável pelo empreendimento deverá providenciar local físico no(s) Município(s) que sofrer(em) o impacto direto do empreendimento, plano, programa, projeto ou atividade a ser implantada, e atentar para as seguintes medidas mínimas: a) atendimento ao “Plano São Paulo estratégico do Governo do Estado de São Paulo para vencer a COVID-19” no que concerne ao número máximo de pessoas reunidas; (b) fácil acesso e boa ventilação natural; (c) disposição de assentos distantes pelo menos um metro entre si, salvo se as autoridades sanitárias determinarem distanciamento mínimo maior; (d) bom sinal de internet e profissionais da área de tecnologia da informação para orientação e apoio, de modo a prestar auxílio aos interessados que não tenham estrutura ou equipamentos adequados para o acompanhamento do ato de forma virtual, ou que não tenham conhecimento de como operá-los; (e) disponibilização de material adequado para higienização pessoal (álcool gel 70%); (f) controle de temperatura na entrada; (g) controle do uso obrigatório de máscaras por todos os participantes do ato presencial;

iv) não sendo possível atender às restrições estabelecidas no Plano São Paulo para a realização segura do ato presencial, a audiência pública exclusivamente virtual não deverá ser realizada, sob pena de comprometimento ao princípio da participação popular, notadamente pelo risco de exclusão de considerável parcela da população;

v) Para os fins do art. 19, as inscrições deverão ser realizadas por meio de chat disponível na ferramenta utilizada para a realização do ato e serão recebidas a partir do momento em que o presidente da mesa anunciar o início da audiência pública virtual;

vi) Durante as audiências virtuais, devem ser garantidos os registros ao público participante de todos os questionamentos efetuados, bem como as respectivas respostas, ainda que estas sejam efetuadas posteriormente por questões de tempo ou dificuldades de respostas imediatas.

Publicado no Diário Oficial de São Paulo, 14/08/2020.

Comitês Temáticos de Meio Ambiente e Saúde Pública – Enunciados conjuntos

Resíduos Sólidos de Saúde

1. Os resíduos provenientes das atividades assistenciais a pacientes suspeitos ou confirmados quanto à infecção COVID-19 são classificados, segundo a RDC 222/2018 e Resolução CONAMA 358, como resíduo de serviço de saúde do Grupo A (subgrupo A1) de risco biológico, com presença de agentes biológicos, que, por suas características, podem apresentar risco de infecção, classificada com risco 3, ou seja, com alto risco de transmissão individual e moderado risco para a comunidade.

Publicado no Diário Oficial de São Paulo, 14/08/2020.

2. As unidades de saúde públicas geridas pelo Poder Público Municipal (Hospitais, Hospitais de Campanha, Prontos Socorros, UBS(s), UPA(S), Clínicas e similares) e incumbidas de assistência à saúde de pessoas suspeitas ou confirmadas quanto à infecção COVID-19, inclusive eventuais Hospitais de Campanha em funcionamento, com base na RDC nº 222/2018, na Resolução Conama nº 358/2005, na NT Anvisa nº 04/2020 e no Comunicado CVS-SAMA nº 7/2020, devem intensificar as medidas de boas práticas de gerenciamento de resíduos sólidos de serviço de saúde no que se refere a segregação, acondicionamento, identificação, coleta e transporte interno, armazenamento interno temporário e externo, coleta e transporte externo e destinação final ambientalmente adequada dos resíduos de serviço de saúde provenientes do atendimento de casos de COVID-19, sem prejuízo das ações envolvendo os demais resíduos de saúde provenientes de outros atendimentos.

Publicado no Diário Oficial de São Paulo, 14/08/2020.

3. As unidades de saúde privadas (Hospitais Particulares e Similares) e demais unidades de saúde pública estaduais ou federais eventualmente em funcionamento no território do Município, que estejam dando assistência à saúde de pessoas suspeitas ou confirmadas quanto à infecção COVID-19, com base na RDC nº 222/2018, na Resolução Conama nº 358/2005, na NT Anvisa nº 04/2020 e no Comunicado CVS-SAMA nº 7/2020, devem ser submetidas mais intensamente às fiscalizações municipais sobre as medidas de boas práticas de gerenciamento de resíduos sólidos de serviço de saúde, no que se refere a segregação, acondicionamento, identificação, coleta e transporte interno, armazenamento interno temporário e externo, coleta e transporte externo e destinação final ambientalmente adequada dos resíduos de serviço de saúde provenientes do atendimento de casos de COVID-19, sem prejuízo das ações envolvendo os demais resíduos de saúde provenientes de outros atendimentos.

Publicado no Diário Oficial de São Paulo, 14/08/2020.

4. O Município deve dispor de plano de gerenciamento de resíduos de saúde, com todas as necessárias adequações ou aditamentos, visando a uma gestão eficiente e segura dos resíduos sólidos de saúde para enfrentamento, também, do período de pandemia da COVID-19.

Publicado no Diário Oficial de São Paulo, 14/08/2020.

5. Na hipótese de eventual aumento da geração, coleta e transporte de resíduos sólidos de saúde decorrente do atendimento a pacientes com COVID-19 (e não só de resíduos de saúde propriamente ditos, como também máscaras, aventais, lenços, toalhas, utensílios de alimentação descartáveis e EPIs após contato direto com pacientes em isolamento por COVID-19), pode despontar necessária a adoção de medidas preventivas ou corretivas administrativas contratuais, para que o serviço público de coleta, transporte e disposição final não seja suspenso ou interrompido enquanto perdurar a Pandemia COVID-19.

Publicado no Diário Oficial de São Paulo, 14/08/2020.

6. A Vigilância Sanitária Municipal, no tocante às unidades de saúde públicas e privadas (Hospitais, Hospitais de Campanha, Prontos Socorros, UBS(s), UPA(S), Clínicas e similares), em atividade no Município incumbidas de assistência à saúde de pessoas suspeitas ou confirmadas pela COVID-19, deve: a) intensificar a fiscalização sobre o cumprimento das medidas de boas práticas de gerenciamento de resíduos sólidos de serviço de saúde relativas à segregação, ao acondicionamento, à identificação, à coleta e ao transporte interno, ao armazenamento interno temporário e externo, à coleta e ao transporte externo e à destinação final ambientalmente indicada dos resíduos de serviço de saúde (não só os resíduos de saúde propriamente ditos, como também máscaras, aventais, lenços, toalhas, utensílios de alimentação descartáveis e EPIs após contato direto com pacientes em isolamento por COVID-19) gerados no atendimento de pacientes suspeitos ou confirmados de casos de COVID-19, sem prejuízo dos demais RSS gerados de outros atendimentos de saúde humana nestes locais; b) conferir os respectivos planos de gerenciamento de resíduos de serviço de saúde de cada unidade

fiscalizada e o volume de geração de RSS, desde janeiro de 2020 até a data da fiscalização, visando à constatação de aumento do volume e correta gestão; c) apresentar relatório circunstanciado das atividades de fiscalização dos itens "a" e "b" de cada unidade visitada e das eventuais medidas administrativas tomadas em face de infrações constatadas (RDC 222/2018, Resolução Conama 358/2005, NT Anvisa 04/2020 e Comunicado CVS-SAMA n. 7/2020).

Publicado no Diário Oficial de São Paulo, 14/08/2020.

Comitês Temáticos do Meio Ambiente e de Inclusão Social – Enunciados Conjuntos

Resíduos sólidos domiciliares e coleta seletiva

1. O poder público municipal deverá avaliar, de forma concreta e fundamentada, a viabilidade da manutenção, durante o período de pandemia, da coleta seletiva e das demais atividades de triagem, classificação, processamento e comercialização de materiais recicláveis realizadas por meio de associações, cooperativas ou qualquer outro meio, quer de maneira formal ou informal, ou mesmo pelos catadores avulsos. Para tanto, o poder público deve levar em conta as peculiaridades locais, os riscos envolvidos, a possibilidade de adoção de condições de segurança, de trabalho e de saúde para os catadores de materiais recicláveis nas unidades ou centrais de triagem, bem como os dados epidemiológicos de ocorrência da COVID-19, a adesão ao distanciamento social, o número de leitos disponíveis e outras recomendações pelos órgãos federais e estaduais.

Publicado do Diário Oficial de São Paulo 04/06/2020.

2. Considerando a primazia da atuação das cooperativas ou de outras formas de associação de catadores de materiais reutilizáveis e recicláveis, por expressa determinação legal (Lei Federal nº 12.305/10), independentemente de relação contratual com o Município, deverá ser sempre assegurada a ampla participação na tomada de decisões sobre a continuidade, a retomada ou a suspensão de suas atividades, buscando soluções consensuais e medidas resolutivas para a superação dos conflitos, em especial nesse período de pandemia pelo novo coronavírus (SARS-CoV-2).

Publicado do Diário oficial de São Paulo, 04/06/2020.

3. Na hipótese de suspensão da coleta seletiva e demais atividades, caberá ao ente público adotar medidas a fim de garantir, durante o período de interrupção, a segurança alimentar e nutricional, a renda e a subsistência dos catadores de materiais reutilizáveis e recicláveis, sejam formais, informais, cooperados ou avulsos. Tais medidas podem compreender: a) a entrega de cestas básicas e/ou ticket alimentação e produtos de higiene pessoal, dentre outros; b) a continuidade e a manutenção das cooperativas e demais formas de associações.

Publicado do Diário Oficial de São Paulo, 04/06/2020.

4. Caso a coleta seletiva seja suspensa, o poder público municipal deverá adotar as providências necessárias para que os resíduos anteriormente destinados às associações e cooperativas sejam temporariamente direcionados a aterros sanitários ou outras formas de disposição final devidamente licenciadas.

Publicado do Diário Oficial de São Paulo, 04/06/2020.

5. O poder público municipal deverá apresentar plano de restabelecimento imediato da coleta seletiva, da triagem e das demais atividades na unidade de triagem e recuperação de resíduos recicláveis, tão logo viabilizadas as condições de segurança para os catadores e suas organizações (cooperativas e associações). O plano deverá ser monitorado pelos órgãos competentes.

Publicado do Diário Oficial de São Paulo, 04/06/2020.

6. Cumpre ao poder público municipal se abster de aplicar sanções ou penalidades contratuais às cooperativas, tão somente pela redução ou suspensão dos serviços de coleta seletiva, durante o período de declaração de pandemia em decorrência da infecção humana pelo novo coronavírus (SARS-COV-2) e da vigência do estado de calamidade.

Publicado do Diário Oficial de São Paulo, 04/06/2020.

7. Para a hipótese de manutenção das atividades e durante o período da pandemia, o Município deverá promover ações junto às cooperativas de catadores de materiais recicláveis visando à preservação da saúde dos indivíduos e da salubridade do ambiente de trabalho. Tais ações podem compreender a disponibilização de equipamentos de proteção individual (EPIs), sabonete líquido, álcool em gel (70%), luvas e lenços descartáveis de papel, acompanhadas de orientações adequadas do respectivo uso, para evitar o negligenciamento nas medidas sanitárias de higiene.

Publicado do Diário Oficial de São Paulo, 04/06/2020.

8. As orientações destinadas a assegurar e preservar a saúde dos indivíduos e da salubridade do ambiente de trabalho devem abarcar alertas sobre o impedimento de circulação de crianças e demais familiares dos trabalhadores nestes espaços.

Publicado do Diário Oficial de São Paulo, 04/06/2020.

9. Os municípios deverão buscar articulação com os setores responsáveis pela logística reversa, no âmbito da responsabilidade compartilhada pelo ciclo de vida dos produtos (art. 33 da Lei nº 12.305/10), de modo a reduzir o ônus sobre o orçamento público municipal no tocante à implementação das medidas de apoio aos catadores e/ou suas organizações, seja na hipótese de suspensão ou de manutenção das atividades.

Publicado do Diário Oficial de São Paulo, 04/06/2020.

10. Mecanismos de informação e de comunicação direta e rotineira deverão ser adotados: a) junto aos catadores de materiais recicláveis para dar orientações sobre as medidas de proteção, as mudanças nos protocolos e os avanços ou recuos das medidas de restrição e de segurança; b) junto à população, a fim de promover

campanhas de comunicação sobre os procedimentos corretos em relação à separação, ao acondicionamento, armazenamento, ao descarte dos resíduos domiciliares, reforçando, sobretudo, os esclarecimentos sobre os materiais a serem destinados para fração seca (recicláveis).

Publicado do Diário Oficial de São Paulo, 04/06/2020.

Cemitérios e Sepultamentos

11. A atividade de cemitérios, sendo potencialmente poluidora, está sujeita a licenciamento ambiental, devendo respeitar as normas legais e ambientais pertinentes (Resolução CONAMA nº 420/098 e Resolução CONAMA nº 335/039, com alterações introduzidas das Resoluções nº 368/2006 e nº 402/2008, especificamente para atividades cemiteriais devido à carga potencial dos poluentes ali dispostos e Norma Técnica L1.040 da CETESB).

Publicado no Diário Oficial de São Paulo, 24/07/2020.

12. Caso haja a necessidade de ampliação ou construção de novos cemitérios, deve ser fiscalizado o cumprimento das Resoluções Conama nº 335/2003 e 420/2009, em especial no que diz respeito ao afastamento adequado de sepulturas de corpos hídricos superficiais e das águas subterrâneas, bem como dos limites do cemitério, devendo ainda ser observados os seguintes critérios: I) priorização das áreas já licenciadas para a atividade de cemitério; II) preferência dos cemitérios verticais, de baixo impacto ambiental, com lóculos ou gavetas posicionadas em altura segura para que não haja possibilidade de contaminação do solo ou lençol freático; III) observância às cautelas na escolha de novo local para construção ou ampliação de cemitério, devendo ser consideradas as condições do solo, o nível do lençol freático, o espaço, isto é, aspectos geológicos, topográficos e hidrogeológicos do local e atendida a Resolução CONAMA nº 420/09; IV) sejam evitados locais onde se faça necessária a supressão de vegetação nativa e proximidade de corpos hídricos, principalmente mananciais de abastecimento; V) observância de recuo das sepulturas em relação ao perímetro do cemitério; VI) observância de proibição de implantação de cemitérios em espaços territoriais especialmente protegidos, Áreas de Preservação Permanente (APP) ou em áreas que exijam desmatamento da Mata Atlântica, do cerrado, em terrenos que apresentem cavernas, sumidouros ou rios subterrâneos, bem como em áreas que tenham seu uso restrito pela legislação; VII) observância de que o perímetro e o interior do cemitério estejam providos de sistema de drenagem adequado e eficiente, VIII) realização de Estudo de Impacto Ambiental – EIA em caso de cemitérios horizontais que ocupem área maior que cinquenta hectares; IX) submissão dos cemitérios a avaliações sanitárias periódicas, por meio do monitoramento das características físico-químicas e biológicas da água subterrânea, principalmente nas regiões onde haja consumo de água captada de poços e fontes próximas, com periodicidade mínima semestral, caso não haja outro período determinado pelo órgão ambiental competente, por operação de sistema de poços de monitoramento para águas subterrâneas instalados a mon-

tante e a jusante da área do cemitério, com relação ao sentido do escoamento freático; X) apresentação de condições de monitoramento e controle para que não exista liberação de gases ou odores que possam poluir ou contaminar o ar e que tampouco haja contaminação do solo e das águas.

Publicado no Diário Oficial de São Paulo, 24/07/2020.

13. Os cemitérios verticais são considerados de baixo impacto ambiental, eis que mais eficazes em evitar a contaminação do solo e do lençol freático, se atendidas as exigências previstas no art. 6º da Resolução Conama nº 335/2003, quais sejam: que os lóculos (gavetas) sejam constituídos de materiais que impeçam a passagem de gases para os locais de circulação de pessoas e o vazamento do necrochorume, bem como possuam dispositivo que permita a troca gasosa, devendo ainda ser dado tratamento adequado para os efluentes gasosos.

Publicado no Diário Oficial de São Paulo, 24/07/2020.

14. Durante a situação de pandemia, qualquer corpo, independentemente da causa de morte ou da confirmação por exames laboratoriais da infecção por COVID19, deve ser acondicionado em saco impermeável próprio, de lona plástica em polímero biodegradável, de acordo com a política nacional de resíduos, com zíper e lacre plástico, devendo ser limpo e higienizado com desinfetante hospitalar ou substância à base de álcool (álcool a 70º, solução clorada [0.5% a 1%], ou outro saneante desinfetante aprovado pela Anvisa), e imediatamente acondicionado na urna funerária lacrada, conforme Comunicado DVST-CVS 09/2020.

Publicado no Diário Oficial de São Paulo, 24/07/2020.

15. Em todas as hipóteses e em todas as etapas da cadeia do óbito ("do óbito ao sepultamento"), devem ser observados os standards de direitos humanos em tempos de pandemia, à vista do que preconizou a Comissão Interamericana de Direitos Humanos – CIDH: "Os Estados são obrigados a respeitar e garantir os direitos humanos sem qualquer discriminação. Embora alguns direitos possam ser validamente limitados com a finalidade legítima de salvaguardar a saúde, os Estados devem garantir que tais medidas cumpram o princípio da legalidade e não serem desnecessários e desproporcionais, além de garantir a supervisão da implementação eficaz de suas obrigações", resguardados a memória, o tratamento digno e a homenagem das pessoas que morreram em decorrência da pandemia.

Publicado no Diário Oficial de São Paulo, 24/07/2020.

16. Tanto os corpos e/ou restos mortais de pessoas não identificadas como aqueles que não tenham sido reclamados por familiares, não deverão ser cremados, mas enterrados, e deverão ser observados requisitos mínimos para garantir a futura exumação e identificação (fotografia, coleta de material genético e outros), nos termos das Portarias Conjuntas n. 01 e 02 do Conselho Nacional de Justiça.

Publicado no Diário Oficial de São Paulo, 24/07/2020.

Comitês Temáticos do Consumidor, Meio Ambiente, Habitação e Urbanismo, Saúde, Infância e Juventude, Inclusão Social, Idoso e Execuções Penais – Enunciados conjuntos

1. O fornecimento de água potável é serviço essencial e não pode ser interrompido, devendo, ainda, ser disponibilizado à população que não tenha acesso à rede pública de abastecimento de água.

Publicado no Diário Oficial de São Paulo, 02/06/2020.

2. Durante a pandemia do coronavírus, nenhuma residência deve ser privada do fornecimento de água, ainda que exista débito anterior ou concomitante à pandemia, incumbindo ao Ministério Público adotar as medidas necessárias para a continuidade da prestação do serviço, esteja ou não o Município abrangido pelo Decreto Estadual nº 64.879/20.

Publicado no Diário Oficial de São Paulo, 02/06/2020.

3. Durante a pandemia do coronavírus, o Poder Público e as concessionárias do serviço, bem como, onde houver, os operadores das soluções alternativas de abastecimento de água, devem adotar medidas preventivas e emergenciais para sanar problemas estruturais e/ou operacionais na rede de captação, abastecimento e fornecimento de água, de maneira a garantir a continuidade e a qualidade do serviço.

Publicado no Diário Oficial de São Paulo, 02/06/2020.

Comitês Temáticos de Consumidor, Saúde Pública e Habitação

Transporte Público

1. O transporte público urbano é serviço essencial e, neste momento, é necessária a manutenção de sua regular prestação, sem prejuízo do distanciamento social.

Publicado no Diário Oficial de São Paulo, 18/08/2020.

2. Os prestadores de serviço de transporte público coletivo (Poder Público e concessionárias) devem adotar providências efetivas para que, nos terminais e pontos de ônibus e nas estações de trem e metrô, seja mantido o distanciamento social entre os usuários, sugerindo-se a observância do Parecer Técnico do CAEX nº 0828894 em conformidade com as peculiaridades do transporte público no município.

Publicado no Diário Oficial de São Paulo, 18/08/2020.

3. Os prestadores de serviço de transporte público coletivo (Poder Público e concessionárias) devem realizar campanhas de conscientização que orientem as pessoas sobre a necessidade de manutenção do distanciamento social e do uso obrigatório de máscaras de proteção.

Publicado no Diário Oficial de São Paulo, 18/08/2020.

4. Os prestadores de serviço de transporte público coletivo (Poder Público e concessionárias) devem realizar campanhas para que as pessoas sintomáticas ou

com imunidade reduzida evitem o uso do transporte coletivo e devem lhes oferecer formas alternativas adequadas de transporte.

Publicado no Diário Oficial de São Paulo, 18/08/2020.

5. Os ônibus e vagões de trem e metrô devem ser higienizados e desinfectados a cada viagem.

Publicado no Diário Oficial de São Paulo, 18/08/2020.

6. Água e sabão devem ser disponibilizados nos sanitários dos terminais e estações de transporte público.

Publicado no Diário Oficial de São Paulo, 18/08/2020.

7. Álcool em gel deve ser disponibilizado nos terminais e estações de ônibus, trem e metrô e no interior dos ônibus.

Publicado no Diário Oficial de São Paulo, 18/08/2020.

8. É recomendável a realização de campanhas publicitárias que estimulem o uso de meios alternativos de pagamento (como cartões e bilhetes), de maneira a reduzir o uso do dinheiro.

Publicado no Diário Oficial de São Paulo, 18/08/2020.

9. Deve ser privilegiada a ventilação natural dos veículos, mantendo-se as janelas abertas.

Publicado no Diário Oficial de São Paulo, 18/08/2020.

10. É obrigatório o uso de máscara de proteção facial por consumidores, motoristas e colaboradores nos terminais de ônibus, nas estações de trem e metrô e no interior dos ônibus, vagões, táxis e carros de transporte por aplicativo. Os prestadores dos serviços devem impedir a entrada e a permanência de pessoas que não estiverem utilizando máscara de proteção facial (Lei Federal nº 13.979/20 e Decreto Estadual nº 64.959/20).

Publicado no Diário Oficial de São Paulo, 18/08/2020.

11. A redução da frota de ônibus, trem e metrô é medida excepcional, que deve ser precedida de minucioso estudo técnico, orientada por profissional da saúde, autorizada pelo poder concedente, antecedida e acompanhada de ampla e efetiva divulgação das recomendações de distanciamento social e de isolamento, assim como das medidas de higiene e proteção. Na hipótese de redução da frota, o Conselho de Usuários do Transporte deve ser ouvido e os usuários devem ser informados previamente sobre os novos horários.

Publicado no Diário Oficial de São Paulo, 18/08/2020.

12. O Poder concedente deve exigir e fiscalizar o cumprimento das medidas de segurança, proteção e distanciamento social.

Publicado no Diário Oficial de São Paulo, 18/08/2020.

13. É recomendável a manutenção de diálogo do Ministério Público com o Poder concedente, com a concessionária do serviço de transporte público coletivo e

com o Conselho Municipal de Usuários do serviço de transporte, a fim de verificar a possibilidade de implantação consensual de medidas que contribuam para a preservação da vida e da saúde das pessoas e para evitar a disseminação do coronavírus.

Publicado no Diário Oficial de São Paulo, 18/08/2020.

Comitê Temático da Infância Protetiva

Nota do autor: os enunciados se iniciam no nº 19.

Prioridade absoluta

19. É necessário zelar para que o empreendimento de esforços voltados ao combate à pandemia não encubra a prioridade absoluta da criança e do adolescente, cujos direitos também estão sob lesão ou ameaça de lesão no atual contexto, inclusive após as medidas de isolamento social.

Publicado no Diário Oficial de São Paulo, 27/06/2020.

20. É essencial ter atenção para a garantia da prioridade absoluta da criança e do adolescente na elaboração, aprovação, eventual revisão e implementação dos orçamentos públicos, porquanto eles se traduzem no principal instrumento de satisfação espontânea de políticas públicas voltadas à criança e ao adolescente.

Publicado no Diário Oficial de São Paulo, 27/06/2020.

Contratos de aprendizagem

21. Medidas de implementação ou fortalecimento de contratos de aprendizagem devem ser buscadas como forma de garantia de renda a adolescentes, notadamente diante do empobrecimento geral da população em decorrência da pandemia. Para tanto, a interlocução com o Ministério Público do Trabalho revela-se salutar, inclusive para fins de fiscalização do cumprimento de cotas de aprendizagem pelas empresas.

Publicado no Diário Oficial de São Paulo, 27/06/2020.

Audiências concentradas

22. Havendo interesse na realização de audiência concentrada na modalidade remota, o ato deve ser pleiteado judicialmente, explicitando, se possível com respaldo em relatórios do SAICA ou da rede protetiva, a insuficiência da reavaliação das medidas protetivas de acolhimento sem audiência, na forma prevista no art. 19, § 1º, do ECA.

Publicado no Diário Oficial de São Paulo, 10/07/2020.

Comitê Temático da Infância Protetiva e da Educação – Enunciado conjunto

Retomada das atividades econômicas com manutenção da suspensão escolar

1. A prevenção à violência ou à negligência familiar, durante a suspensão do ensino presencial, com a retomada das atividades econômicas, não pode prescindir do envolvimento das unidades escolares com os demais órgãos do Sistema de Ga-

rantia de Direitos de Crianças e Adolescentes, incumbindo ao Promotor de Justiça incentivar a interlocução entre eles para definição de estratégias de enfrentamento, como fluxos de trabalho e protocolos de encaminhamentos.

Publicado no Diário Oficial de São Paulo, 10/07/2020.

Comitê Temático da Infância e Juventude (criança e adolescente em situação de risco)

Funcionamento do SUAS

1. Diante dos impactos econômicos e sociais trazidos pelas medidas de distanciamento social necessárias para o enfrentamento da pandemia de COVID-19, a política de assistência social e o Sistema Único de Assistência Social tornam-se essenciais, devendo manter o funcionamento de seus serviços em sinergia com a saúde, a fim de garantir o atendimento à população mais vulnerável. Para tanto, as seguintes ações são importantes: 1) atentar para o regular e ininterrupto funcionamento dos equipamentos SUAS (por exemplo, CRAS e CREAS), dentro dos parâmetros seguros de saúde recomendados; 2) fomentar a construção de um plano de contingência SUAS, adequando a metodologia própria dos serviços para o momento pandêmico, estabelecendo protocolos e fluxos de atuação em rede; 3) fomentar a atuação integrada entre a assistência social e a saúde e a construção de fluxos e protocolos intersetoriais; 4) cobrar clara comunicação social dos equipamentos e serviços SUAS, com ampla divulgação dos canais de acesso virtual e presencial; 5) buscar mecanismos de ágil comunicação da Promotoria de Justiça com a rede protetiva e fomentar a criação de célere canal de comunicação entre os serviços e equipamentos da rede protetiva, bem como entre a rede e os usuários; 6) realizar reuniões virtuais periódicas com a rede protetiva.

Publicado no Diário Oficial de São Paulo, 27/05/2020.

Conselho Tutelar

2. O confinamento advindo das medidas de distanciamento social, na atual conjuntura de pandemia vivenciada no país, poderá agravar a exposição de crianças e adolescentes a toda forma de violência e maus-tratos, o que torna essencial a atuação do Conselho Tutelar. A atuação do Ministério Público junto ao Conselho Tutelar, neste contexto, deve compreender as seguintes ações: 1) atentar para o regular e ininterrupto funcionamento dos Conselhos Tutelares, dentro dos parâmetros seguros de saúde recomendados e com estrutura que viabilize os trabalhos; 2) fomentar a construção de um plano de trabalho pelo Conselho Tutelar, estabelecendo critérios para atendimento remoto e presencial; 3) cobrar clara comunicação social do Conselho Tutelar, com ampla divulgação dos canais de acesso virtual e presencial; 4) fomentar a criação de ágil canal de comunicação entre o Conselho Tutelar e a rede, bem como entre o Conselho Tutelar e os usuários (ex: WhatsApp Business); 5) cobrar participação do Conselho Tutelar nas reuniões virtuais periódicas com a rede protetiva.

Publicado no Diário Oficial de São Paulo, 27/05/2020.

Acolhimento institucional

3. No atual contexto de pandemia, os serviços de acolhimento institucional vivenciam inúmeras dificuldades relacionadas à saúde dos acolhidos e educadores e às mudanças na dinâmica cotidiana do serviço. A inviabilidade de exercer de forma presencial o direito à convivência familiar e comunitária, a impossibilidade de saídas do serviço para a escola e outros compromissos sociais e a suspensão das atividades complementares podem afetar a saúde mental dos acolhidos e dos servidores, provocando desgastes e eventuais conflitos e impactando negativamente na sua qualidade de vida. Para assegurar os direitos das crianças e adolescentes neste contexto, as seguintes ações são necessárias: 1) fomentar a manutenção ou estabelecimento, pela rede protetiva, de fluxos de discussão intersetorial pré-acolhimento; 2) fomentar a revisão pelo Serviço de Acolhimento Institucional para Crianças e Adolescentes – SAICA da situação de cada acolhido e a verificação da viabilidade de sua colocação provisória sob cuidados de terceiros, em observação à Recomendação Conjunta nº 1 CNJ/CNMP; 3) cobrar da pasta da saúde a supervisão e o suporte de saúde física e mental aos Serviços de Acolhimento Institucional para Crianças e Adolescentes – SAICAs, garantindo permanente orientação, acompanhamento, atendimentos e encaminhamentos necessários, em apoio aos acolhidos e educadores; 4) fiscalizar para que o direito fundamental à convivência familiar e comunitária dos acolhidos seja exercido, ainda que de forma remota, neste momento pandêmico.

Publicado no Diário Oficial de São Paulo, 27/05/2020.

Fundo Municipal da Criança e do Adolescente – FIA

4. Diante da situação de pandemia e da necessidade de recursos financeiros para enfrentá-la, os Fundos Municipais da Criança e do Adolescente podem ser considerados uma fonte relevante. No entanto, é importante garantir que esse dinheiro seja utilizado de forma adequada, seguindo as orientações e legislações que regem o funcionamento dos fundos e sempre em prol da infância e juventude, observando as demandas apresentadas por esse público a partir das consequências do enfrentamento à COVID-19. Desse modo, as seguintes ações são relevantes: 1) estimular a manutenção das reuniões ordinárias do Conselho Municipal de Direitos da Criança e do Adolescente – CMDCA, ainda que virtualmente; 2) verificar quais os planos de aplicação e critérios de utilização dos valores do Fundo à luz da pandemia, sugerindo avalie-se priorizar destinação dos valores do Fundo para medidas de contraponto aos reflexos da COVID-19 nos direitos da infância e juventude; 3) atentar para o risco de se verterem valores do Fundo para atenção à saúde pública, genericamente considerada, sem que se vislumbre interesse direto da infância e juventude.

Publicado no Diário Oficial de São Paulo, 27/05/2020.

Comitê Temático da Infância e Juventude (adolescente em confronto com a lei)

Saúde Mental, Prevenção e Visitas

1. Nada obstante a suspensão das visitas de inspeção bimestrais aos Centros de Atendimento da Fundação Casa (Resolução CNMP nº 208/2020 da Presidência

e da Corregedoria Nacional do Ministério Público), a obrigação do Ministério Público de zelar pela garantia dos direitos assegurados aos adolescentes internados deve ser exercida por meio dos procedimentos de acompanhamento das medidas socioeducativas de internação, a partir da observação do atendimento aos seguintes parâmetros: 1) garantia de atendimento psicológico semanal do adolescente pelo profissional do Centro de Internação; 2) garantia da continuidade de atendimento pelos CAPS para os socioeducandos já acompanhados pelos serviços, ainda que de forma remota, e da inclusão de novos socioeducandos que revelarem necessidade do acompanhamento especializado por esses mesmos serviços; 3) garantia de contato, ao menos semanal, entre o adolescente e a sua família, incentivando-se a sua realização por videoconferência; 4) cumprimento das normativas internas emitidas pela Fundação CASA que estabelecem os procedimentos sanitários para evitar a propagação do coronavírus entre os internos e servidores dos Centros de Internação; 5) avaliação da possibilidade de estabelecer interlocução com o Ministério Público do Trabalho da região, visando à eventual atuação integrada, em decorrência da Notificação Recomendatória feita à Fundação CASA no Inquérito Civil nº 0001374.2020.02.000/3 – PRT 2ª Região.

Publicado no Diário Oficial de São Paulo, 27/05/2020.

Audiências virtuais e adolescentes em conflito com a lei

2. Para reduzir os riscos de contágio do coronavírus, foi publicada a Resolução CNJ nº 314/2020, que tornou admissível a realização de audiência por videoconferência, bem como foram elaborados os Comunicados CG nº 284, nº 317 e nº 323/2020 e Comunicado CSM nº 2557/2020, do Tribunal de Justiça de São Paulo, que dispensou a necessidade de concordância prévia das partes para a realização das teleaudiências. Consequentemente, a designação de audiência virtual deve ser solicitada ao magistrado competente para os atos dos processos socioeducativos, interpondo-se recurso em caso de indeferimento.

Publicado no Diário Oficial de São Paulo, 27/05/2020.

3. Em caso de recusa de participação genérica e injustificada da defesa do adolescente infrator nas audiências por videoconferência, a nomeação de advogado dativo deve ser solicitada para viabilizar a defesa técnica, a fim de evitar que o feito se estenda para além do prazo legal de internação provisória de 45 dias.

Publicado no Diário Oficial de São Paulo, 27/05/2020.

Área pedagógica, esporte, cultura e lazer

4. Para garantir o direito fundamental à educação, ao esporte, à cultura e ao lazer de adolescentes privados de liberdade, durante a vigência das medidas restritivas impostas pelas autoridades sanitárias visando ao enfrentamento do coronavírus, é preciso, no acompanhamento das medidas socioeducativas de internação, atentar para a observância dos seguintes parâmetros: 1) cumprimento pelas unidades da Fundação Casa das normativas estabelecidas pela Secretaria Estadual de Educação (Resolução Conjunta SE-SJDC nº 01, de 10 de janeiro de 2017); 2) cumprimento

dos fluxos estabelecidos no Documento das Atividades Escolares não Presenciais, elaborados pela Secretaria Estadual de Educação, notadamente com relação ao fornecimento do material pedagógico, avaliação, acompanhamento e suporte, pelas escolas vinculadoras, e sua execução pelas unidades da Fundação Casa, observadas as peculiaridades do momento; 3) disponibilização pelas unidades da Fundação Casa de atividades esportivas, de lazer e de cultura aos adolescentes.

Publicado no Diário Oficial de São Paulo, 27/05/2020.

Meio aberto e semiliberdade

5. Considerando que o serviço de proteção social a adolescentes em cumprimento de medidas socioeducativas de liberdade assistida e de prestação de serviços à comunidade está inserido na proteção especial de média complexidade no SUAS, a construção de planos de ação durante e pós-pandemia deve ser fomentada, para proteção e defesa dos direitos fundamentais dos adolescentes e de suas famílias. Realizadas as necessárias adaptações, a mesma providência se aplica com relação à medida socioeducativa de semiliberdade.

Publicado no Diário Oficial de São Paulo, 27/05/2020.

6. A construção dos planos de ação do meio aberto deve compreender a solicitação de informações sobre o diagnóstico e o plano de contingência durante e pós-pandemia, que abarquem: a) o número total de adolescentes e jovens atendidos; b) o número de adolescentes e jovens em descumprimento de medida antes da suspensão das medidas em meio aberto, por conta da pandemia; c) diante do atendimento remoto, o número de adolescentes e jovens com os quais não foi possível estabelecer contato remoto; d) os principais motivos indicados para a impossibilidade de contato remoto com os adolescentes e jovens em medida socioeducativa.

Publicado no Diário Oficial de São Paulo, 27/05/2020.

7. Os planos de contingência para acompanhamento remoto durante a pandemia e para a retomada dos acompanhamentos presenciais pós-pandemia devem atentar para os seguintes aspectos, dentre outros: a) escuta qualificada dos adolescentes e jovens, acolhendo-os diante do momento de crise econômica, política e social vivenciada; b) direito à educação, buscando contribuir com os desafios colocados no momento para o retorno e a permanência dos adolescentes e jovens na escola formal (com as atividades remotas); c) direito à saúde, inclusive com relação à vacinação e informações relativas à prevenção da disseminação do novo coronavírus (COVID-19); d) direitos socioassistenciais, com especial atenção para a mediação para recebimento dos benefícios devidos e para segurança alimentar e nutricional; e) direito à cultura, fomentando e promovendo acesso remoto a informações e atividades de interesse dos adolescentes e jovens; f) iniciativas para retomada do cumprimento das medidas por parte dos adolescentes e jovens que as haviam abandonado.

Publicado no Diário Oficial de São Paulo, 27/05/2020.

8. Considerando que a medida socioeducativa de semiliberdade está suspensa e com acompanhamento remoto, os parâmetros estabelecidos pelos enunciados 6 e 7 relativos ao diagnóstico e aos planos de contingência devem ser seguidos igualmente para a semiliberdade.

Publicado no Diário Oficial de São Paulo, 27/05/2020.

Comitê Temático de Inclusão Social – População em situação de rua Mapeamento e proteção de direitos

1. A tutela da população em situação de rua, no contexto da pandemia por Covid-19, pressupõe o conhecimento da existência ou não de tal grupo vulnerável no Município, da atuação do Conselho Municipal de Assistência Social e de eventual existência de Plano de Contingenciamento para garantia dos direitos da população em situação de rua.

Publicado no Diário Oficial de São Paulo, 27/05/2020.

2. O enfrentamento dos impactos da pandemia da COVID19 deve ser baseado em decisões e ações fundamentadas no enfoque de direitos humanos.

Publicado no Diário Oficial de São Paulo, 27/05/2020.

3. A pandemia da COVID-19 não é apenas uma emergência em saúde, mas também uma crise de desenvolvimento humano, afetando dimensões socioeconômicas do desenvolvimento e capaz de ampliar quantitativa e qualitativamente o quadro de vulnerabilidade social das populações empobrecidas, em especial as populações em situação de rua.

Publicado no Diário Oficial de São Paulo, 27/05/2020

Rede socioassistencial e equipamentos no âmbito do SUAS

4. Os serviços e atividades no âmbito do Sistema Único de Assistência Social –

SUAS têm natureza essencial e devem manter continuidade na prestação e oferta à população vulnerável e em risco social, em condições de segurança às equipes profissionais e aos usuários.

Publicado no Diário Oficial de São Paulo, 27/05/2020.

5. Considerando a gestão descentralizada do SUAS, é dever do Município identificar demandas locais das populações vulneráveis e em risco social, para eventual necessidade de readequação, reorganização, implementação, suspensão, extensão e intensificação de programas socioassistenciais, com base na realidade local, monitorando continuamente as demandas e traçando estratégias de intervenção, com vistas a maior efetividade na proteção dos grupos vulneráveis.

Publicado no Diário Oficial de São Paulo, 27/05/2020.

6. Os serviços socioassistenciais e equipamentos que se relacionam diretamente à busca ativa, aos serviços de acolhimento, aos serviços de distribuição de alimentação e aos centros de referência especializados para população em situação de rua

devem permanecer materialmente abertos, funcionando de maneira contínua, visto que essenciais e relacionados à sobrevivência imediata de tal grupo.

Publicado no Diário Oficial de São Paulo, 27/05/2020.

7. Durante o período de pandemia, sempre que possível, as vagas dos serviços de acolhimento existentes deverão ser transformadas em vagas fixas e 24 horas, a fim de possibilitar o acolhimento por tempo integral e evitar a circulação de pessoas, para garantir a saúde dos trabalhadores e usuários dos equipamentos.

Publicado no Diário Oficial de São Paulo, 27/05/2020.

8. Tendo em vista que a Resolução nº 7 da SEADS orientou o funcionamento remoto do CRAS, durante a pandemia pela COVID-19, mediante atendimento telefônico e presencial agendado aos usuários, nos locais onde acolhida tal recomendação, a Prefeitura deverá possibilitar todos os meios necessários para o respectivo acesso, além de dar ampla publicidade das formas de contato e agendamento, atentando-se à acessibilidade das pessoas com deficiência.

Publicado no Diário Oficial de São Paulo, 27/05/2020.

9. Os profissionais que compõem as equipes da rede socioassistencial no âmbito da proteção da população em situação de rua e, conforme definição do Ministério da Saúde, estão inseridos nos grupos de risco, devem ser afastados ou remanejados para trabalhos remotos ou de baixo risco, garantindo-se a continuidade dos serviços, por meio da imediata substituição do profissional afastado, sem que haja diminuição da quantidade de profissionais.

Publicado no Diário Oficial de São Paulo, 27/05/2020.

10. Constituem a rede mínima de atendimento socioassistencial à população em situação de rua os seguintes serviços, os quais devem estar em contínuo funcionamento durante a pandemia por Covid-19: (i) serviço especializado em abordagem social ou outro serviço especificamente voltado à busca ativa; (ii) serviço de fornecimento de alimentação; (iii) serviço de acolhimento; (iv) acesso a água e itens básicos de higiene; (v) serviço responsável pelo cadastramento e distribuição dos benefícios eventuais.

Publicado no Diário Oficial de São Paulo, 27/05/2020.

11.Os profissionais de assistência social da rede de atendimento à população em situação de rua devem receber os equipamentos de proteção individual e todos os insumos de higiene e proteção, para garantir a saúde do trabalhador e o pleno funcionamento dos serviços.

Publicado no Diário Oficial de São Paulo, 27/05/2020.

12. Nos locais em que houver concentração de pessoas em situação de rua, o Poder Público deve manter ampla e efetiva comunicação, fixando informes, em linguagem acessível, inclusive às pessoas com deficiência visual e auditiva, especialmente sobre: (i) as medidas de higienização necessárias à prevenção da pandemia; (ii) os riscos decorrentes da contaminação pela COVID-19; (iii) os serviços

oferecidos, especialmente os de fornecimento de alimentação e água potável, com informações acerca de endereços e horários.

Publicado no Diário Oficial de São Paulo, 27/05/2020.

Segurança Alimentar e Nutricional

13. O Poder Público deve incrementar e ampliar a política de segurança alimentar e nutricional das populações em situação de rua, primando pela ampliação do serviço em quantidade e expansão, com o fornecimento de refeições (para consumo imediato ou em marmitex) e água potável, em restaurantes ou refeitórios populares ou outros locais de fácil acesso àquele segmento populacional, de forma gratuita, em diferentes pontos da cidade (se for o caso) e períodos do dia, assegurando-lhes, no mínimo, três refeições diárias (desjejum, almoço e jantar), além da disponibilização ininterrupta de água potável em praças e logradouros públicos.

Publicado no Diário Oficial de São Paulo, 27/05/2020.

14. Aos usuários em serviços de acolhimento, as três refeições diárias devem ser fornecidas no equipamento, para evitar deslocamentos, e a distribuição deve ser organizada para atenuar aglomerações, observadas as orientações da SEDS e da Vigilância Sanitária.

Publicado no Diário Oficial de São Paulo, 27/05/2020.

15. O Poder Público deve amparar e estimular as entidades filantrópicas e privadas que atuam no fornecimento de refeições e de água à população em situação de rua, visando garantir a continuidade de suas ações nesta época de pandemia, disponibilizando um banco de dados com a identificação e indicação dos locais adequados para a sua efetivação e para o cadastramento das entidades, com o horário e local escolhido para a distribuição.

Publicado no Diário Oficial de São Paulo, 27/05/2020.

Fornecimento de água e higiene

16. Deve ser garantido o acesso da população em situação de rua a banheiros públicos e espaços para banho e higiene pessoal, com fornecimento de água de fluxo contínuo e sem estabelecimento de horários determinados, além de sabão.

Publicado no Diário Oficial de São Paulo, 27/05/2020.

17. Deve ser garantido o fornecimento – tanto aos acolhidos como aos que permaneçam nas vias públicas – de conjuntos de produtos de higiene pessoal, que incluam, no mínimo, máscaras, sabonetes, papel higiênico, absorventes íntimos, sabão para roupa, barbeadores, escova de dentes e creme dental.

Publicado no Diário Oficial de São Paulo, 27/05/2020.

Monitoramento

18. Todos os protocolos e fluxos de atenção às populações em situação de rua deverão contar com monitoramento constante, de responsabilidade da rede socioassistencial do Município, e estar articulados com a rede de proteção da saúde pública, a fim de garantir o atendimento adequado e não discriminatório, em espe-

cial durante o período de pandemia, com vistas a que lhes sejam disponibilizados todos os serviços essenciais de que necessitar.

Publicado no Diário Oficial de São Paulo, 27/05/2020.

19. O monitoramento deve atentar aos protocolos de abordagem, acolhimento e atendimento prestados às populações em situação de rua, em especial o primado do respeito e da não revitimização, atentando-se ao seu modo de existência, à sua realidade e às demandas como o medo, estresse, falta de dormida, estado constante de alerta, fome, sede e agressividade sofrida nas ruas, principalmente em uma situação de pandemia como a atual.

Publicado no Diário Oficial de São Paulo, 27/05/2020.

20. O monitoramento sistemático deve garantir a testagem da população em situação de rua ou, na sua impossibilidade, os parâmetros epidemiológicos fornecidos pelas autoridades de saúde, a fim de obter o diagnóstico ou a suspeita de diagnóstico da COVID19.

Publicado no Diário Oficial de São Paulo, 27/05/2020.

21. O monitoramento deverá ser feito mediante articulação entre a sociedade civil e os gestores, visando à criação de um banco de dados e resultados para a identificação da população em situação rua em decorrência dos efeitos da pandemia, de modo a facilitar e proporcionar o devido encaminhamento e acolhimento na rede socioassistencial, a partir de uma visão sistêmica que permita pautar as necessidades das pessoas de uma forma integral e mais abrangente.

Publicado no Diário Oficial de São Paulo, 27/05/2020.

22. Não são recomendáveis, em hipótese alguma, medidas de caráter higienista, intervenção policial violenta ou outras intervenções autoritárias e violadoras de direitos humanos às populações em situação de rua, nas hipóteses de negativa de acolhimento institucional. Além disso, qualquer encaminhamento deve garantir que a pessoa permaneça com seus documentos e pertences pessoais.

Publicado no Diário Oficial de São Paulo, 27/05/2020.

Serviços de Acolhimento

23. Os serviços de acolhimento devem observar todas as diretrizes e orientações da Vigilância Sanitária e da Saúde Pública para o período da pandemia da COVID19.

Publicado no Diário Oficial de São Paulo, 27/05/2020.

24. O Poder Público deve garantir local específico e adequado para o cumprimento da quarentena pelas pessoas em situação de rua com diagnóstico de COVID19.

Publicado no Diário Oficial de São Paulo, 27/05/2020.

Benefícios

25. O Poder Público deve assegurar à população em situação de rua, inclusive nos equipamentos de acolhimento, informações e apoio necessários ao acesso e à

obtenção de benefícios, bem como às políticas de redistribuição de renda oferecidas em caráter emergencial, em razão da pandemia da COVID19, a exemplo do auxílio emergencial. Para tanto, deve auxiliá-la com orientações para preenchimento de cadastro, regularização do CPF e RG, acesso à internet ou à Caixa Econômica Federal/Lotérica, celular de referência, acesso à conta digital, dentre outras.

Publicado no Diário Oficial de São Paulo, 27/05/2020.

Benefícios eventuais

26. O benefício eventual a ser instituído pela União, Estados e Municípios constitui instrumento de garantia de direitos fundamentais e redução dos danos decorrentes da pandemia pela COVID-19, concebido como política pública contínua, ininterrupta e duradoura, enquanto perdurar a situação de emergência em saúde pública e para debelar seus efeitos mediatos após o término. Portanto, o benefício eventual não pode ser fornecido em parcela única, sob pena de converter-se em mera benemerência dissociada da proteção social instituída pela Lei nº 8.742/1993.

Publicado no Diário Oficial de São Paulo, 16/06/2020.

27. É elegível ao recebimento dos benefícios eventuais em virtude da calamidade pública decorrente da pandemia pela COVID-19 qualquer pessoa em situação de vulnerabilidade econômica ou social, independentemente da nacionalidade, origem, etnia, raça, cor, idade, gênero, orientação sexual, condição de pessoa com deficiência ou em situação de rua ou qualquer outro critério que ignore ou minore a dignidade inerente à condição humana do postulante.

Publicado no Diário Oficial de São Paulo, 13/06/2020.

28. O art. 22 da Lei nº 8.742/1993 autoriza o Município a instituir benefício eventual, de caráter suplementar e provisório, como forma de garantir a subsistência em condições dignas daqueles vulnerados pela crise sanitária e econômica decorrente da pandemia pela COVID19, prestado em virtude de nascimento, morte, vulnerabilidade temporária e emergência ou estado de calamidade pública, nesse último caso desde que declarado tal estado de calamidade pública pelo Municipal e homologado o decreto pelo Estado.

Publicado no Diário Oficial de São Paulo, 13/06/2020

29. Os benefícios eventuais em virtude da calamidade pública decorrente da pandemia pela COVID-19 poderão ser custeados pelo Município, mediante dotação orçamentária própria, ou pelos Conselhos Municipais de Assistência Social, com recursos do Fundo Municipal de Assistência Social.

Publicado no Diário Oficial de São Paulo, 13/06/2020.

30. O cofinanciamento dos benefícios eventuais pelo Fundo Estadual de Assistência Social mediante repasse ao Fundo Municipal de Assistência Social depende de efetiva instituição e funcionamento do Conselho Municipal de Assistência Social, de previsão dos benefícios eventuais no Plano Municipal de Assistência Social e de prévia dotação no Fundo Municipal de Assistência Social, além de habilitação junto

ao Conselho Estadual de Assistência Social, no período anual contado a partir de 12 de dezembro de 2019, a forma dos arts. 26 e 29 da Resolução CONSEAS nº 29/2019.

Publicado no Diário Oficial de São Paulo, 13/06/2020.

31. Fica a critério do Município estabelecer a modalidade de prestação do benefício eventual decorrente da calamidade pública causada pela COVID-19, desde que em valor suficiente ao atendimento das necessidades vitais básicas dos beneficiários e por tempo suficiente à superação de suas vulnerabilidades, segundo os respectivos contextos e fragilidades.

Publicado no Diário Oficial de São Paulo, 13/06/2020.

32. O benefício eventual destinado à pessoa em situação de rua deve ser concedido preferencialmente em pecúnia, em razão da impossibilidade fática de preparar e armazenar adequadamente os alimentos contidos nas cestas básicas para consumo imediato ou posterior, bem como porque deve suprir outras carências relacionadas ao enfrentamento da COVID-19 como aquisição de máscaras, sabonetes e álcool em gel para higiene pessoal.

Publicado no Diário Oficial de São Paulo, 13/06/2020.

33. O recebimento de benefício eventual não pode estar condicionado à regularidade cadastral do postulante ou qualquer outro requisito de índole burocrático e o seu pagamento deve operar-se preferencialmente nas sedes dos serviços socioassistenciais.

Publicado no Diário Oficial de São Paulo, 13/06/2020.

Quarentena heterogênea

34. Enquanto a União e o Estado de São Paulo não editarem plano de contingência com diretrizes socioassistenciais abordando os efeitos da pandemia da COVID-19, no contexto da retomada das atividades comerciais, cabe aos Municípios adotar plano de contingência local e as respectivas medidas que garantam atenção e assistência às pessoas e às famílias socialmente vulneráveis. O plano deve zelar para que o retorno das atividades econômicas seja acompanhado das imprescindíveis ações e serviços que amparem todos em situação de vulnerabilidade social.

Publicado no Diário Oficial de São Paulo, 27/06/2020.

35. Os Municípios devem considerar os impactos desiguais sobre as populações socialmente vulneráveis e os recortes raciais e de gênero, para a implementação das medidas de retomada econômica.

Publicado no Diário Oficial de São Paulo, 27/06/2020.

36. O plano de contingência municipal, embasado em dados de vigilância

socioassistencial e indicadores de maior vulnerabilidade decorrente dos impactos da pandemia e da retomada socioeconômica, deve contar, no mínimo: a) programas de transferência de rendas (por exemplo, benefícios eventuais e renda mínima); b) previsão de prestação de serviços continuados e ininterruptos. O seu propósito deve ser a garantia de alimentação, segurança alimentar e nutricional e tudo que for imprescindível à subsistência e à proteção das famílias socialmente vulneráveis.

Publicado no Diário Oficial de São Paulo, 27/06/2020.

Comitê Temático de Inclusão Social, com o apoio majoritário do Grupo de Trabalho de Enfrentamento à pandemia do COVID-19

Direito de Reunião

1. O direito de reunião pacífica e sem armas, em locais abertos ao público, previsto no artigo 5º, inciso XVI, da Constituição Federal, deve ser assegurado, mesmo em tempos de pandemia, desde que a manifestação defenda e respeite a ordem democrática, os direitos fundamentais e o regular funcionamento das instituições políticas do Estado brasileiro, podendo-se exigir de seus organizadores tão somente prévio aviso à autoridade, além de obediência às orientações sanitárias de distanciamento social.

Publicado do Diário Oficial de São Paulo, 04/06/2020.

2. Sem prejuízo do necessário e prévio esforço coletivo para obediência das orientações sanitárias de proteção individual, caberá ao Poder Público, durante o ato, adotar providências educativas e de conscientização para convencer as pessoas presentes a manterem distância uns dos outros e atentarem às referidas medidas de proteção.

Publicado do Diário Oficial de São Paulo, 04/06/2020.

3. Caberá, ainda, ao Poder Público, por suas forças policiais eventualmente presentes, atuar para garantir o exercício pacífico e seguro do direito fundamental de reunião e para proteger a incolumidade física de seus participantes.

Publicado do Diário Oficial de São Paulo, 04/06/2020.

4. O Ministério Público, no exercício de suas atribuições constitucionais e legais, adotará as providências necessárias para apuração de responsabilidades em caso de violação dos direitos de que cuidam estes enunciados.

Publicado do Diário Oficial de São Paulo, 04/06/2020.

Comitês Temáticos de Inclusão Social, Violência Doméstica e Saúde – Enunciados conjuntos

Pautas Identitárias

1. As decisões e ações adotadas para o enfrentamento dos impactos da pandemia da COVID-19, nas redes de saúde e assistência social, devem se pautar pelos enfoques de gênero, raça e classe e pelas suas interseccionalidades, além de considerar o princípio da não discriminação, atentando-se às desigualdades históricas e sociais que acometem as pessoas inseridas nestes marcadores.

Publicado no Diário Oficial de São Paulo, 20/06/2020.

2. As medidas de vigilância sanitária e socioassistencial devem atentar à necessidade da produção de indicadores que contemplem raça, gênero e orientação sexual, em seus sistemas de informação, com o objetivo de diagnosticar e balizar as políticas, incluindo as ações afirmativas.

Publicado no Diário Oficial de São Paulo, 20/06/2020.

3. A atenção para os cuidados em saúde mental em relação aos efeitos de gênero, da pandemia deve levar em consideração as mulheres que atuam na linha de frente na luta contra a COVID-19, visto que representam um grande contingente de profissionais de saúde e de assistência social, bem como porque são as mulheres que majoritariamente prestam cuidados a terceiros como familiares doentes, idosos e crianças.

Publicado no Diário Oficial de São Paulo, 20/06/2020.

4. A atenção para os cuidados em saúde mental em relação aos impactos decorrentes da medida de distanciamento social ampliado durante a pandemia deve levar em consideração as vulnerabilidades das populações LGBTQI+, diante de possíveis trajetórias de vida marcadas por discriminação, estigmatização, violência, exclusão social, tentativas de suicídio, dentre outras, pautando-se pelo atendimento humanizado e acolhedor.

Publicado no Diário Oficial de São Paulo, 20/06/2020.

5. A atenção para os cuidados em saúde mental em relação à pandemia deve levar em consideração as vulnerabilidades da população negra, em razão do racismo e discriminações, bem como do luto presente, porque constitui o maior contingente de pessoas mortas por Síndrome Respiratória Aguda Grave (SRAG) causada por coronavírus.

Publicado no Diário Oficial de São Paulo, 20/06/2020.

6. A vigilância e a proteção socioassistenciais deverão atentar aos impactos de gênero da COVID-19, especialmente às vulnerabilidades das mulheres decorrentes das medidas de distanciamento social, como a redução de recursos para a garantia de meios de subsistência e segurança alimentar e nutricional, aliada à realidade das trabalhadoras informais e domésticas e ao fechamento das escolas e creches, dentre outros fatores.

Publicado no Diário Oficial de São Paulo, 20/06/2020.

7. A vigilância e a proteção socioassistenciais também deverão se pautar pelos especiais impactos das medidas de distanciamento social ampliado para as pessoas transgêneros, atentando-se às suas vulnerabilidades relacionados ao possível abandono escolar precoce, ao rompimento abrupto com a família de origem, à exclusão do mercado formal de trabalho, à eventual situação de rua e à garantia de meios de subsistência e segurança alimentar e nutricional.

Publicado no Diário Oficial de São Paulo, 20/06/2020.

8. Os serviços de saúde sexual e reprodutiva que prestam atendimento a mulheres e meninas devem permanecer abertos, garantindo-se o acesso à contracepção,

aos cuidados pré e pós-natal e relacionado ao nascimento, à orientação sobre o planejamento familiar e ao controle das infecções sexualmente transmissíveis, ressalvadas as ações de telemedicina permitidas em caráter excepcional e temporário, na forma regulamentada pela Portaria n° 467/2020, do Ministério da Saúde, no que couber. Ainda devem ser garantidos o acesso ao exercício do direito ao abortamento, nos casos previstos em lei, e o atendimento emergencial, integral e multidisciplinar para os casos de violência sexual, nos termos da Lei n° 12.845/13.

Publicado no Diário Oficial de São Paulo, 20/06/2020.

9. Além da notificação nos casos de suspeita ou confirmação de violência contra a mulher e demais providências que se fizerem necessárias no âmbito da Lei n° 10.778/03, os profissionais de saúde devem atentar para a articulação com os serviços da rede socioassistencial ou especializados, onde houver, nos casos em que a violência comporte risco à mulher ou à comunidade, em consonância com as diretrizes da Portaria n° 86/20, da Secretaria Nacional de Assistência Social.

Publicado no Diário Oficial de São Paulo, 20/06/2020.

10. As redes de saúde e de assistência social deverão disponibilizar às mulheres cisgênero e transgênero, especialmente às mulheres refugiadas e migrantes e às mulheres com deficiência informações, de modo acessível, sobre: a) os riscos do agravamento das situações de violência doméstica e familiar, durante o período de vigência das medidas de distanciamento e isolamento social, em razão dos riscos relacionados ao uso de bebidas alcoólicas e outras substâncias; b) as redes de proteção e os canais para registro de denúncia.

Publicado no Diário Oficial de São Paulo, 20/06/2020.

11. As equipes da estratégia de saúde da família e as equipes multidisciplinares de consultório na rua, considerando seu papel fundamental no âmbito das visitas domiciliares, no atendimento in loco e na observação e intervenção de fatores que colocam a saúde em risco, devem realizar alertas de conscientização e monitoramento, ainda que à distância, sobre as situações de violência contra as mulheres e meninas, assim como devem divulgar a rede protetiva disponível para os casos de atendimento social e registro de denúncia.

Publicado no Diário Oficial de São Paulo, 20/06/2020.

12. O treinamento contínuo das equipes deve atentar para o atendimento humanizado, integral e não discriminatório, de sorte a construir fluxos que incluam os serviços socioassistenciais e a expedição de diretrizes técnicas informando sobre o caráter obrigatório do preenchimento de marcadores etnorraciais, conforme as conhecidas categorias do IBGE, inclusive nas políticas de enfrentamento à pandemia.

Publicado no Diário Oficial de São Paulo, 20/06/2020.

13. Todo atendimento realizado pelos serviços de proteção social envolvendo as pastas de saúde e de assistência social às populações LGBTQI+ e às mulheres em situação de violência, inclusive pela via remota, deve pautar-se pelo acolhimento, pela escuta e pelo princípio da não revitimização.

Publicado no Diário Oficial de São Paulo, 20/06/2020.

14. O mapeamento de instituições parceiras e de espaços seguros e de apoio às pessoas refugiadas e migrantes LGBTQI+ é essencial para o conhecimento dos serviços disponíveis e para o referenciamento desta população, de modo confiável e seguro, quando necessário, criando um fluxo de atendimento.

Publicado no Diário Oficial de São Paulo, 20/06/2020.

15. As políticas de enfrentamento à COVID-19 devem mensurar seus impactos sobre a população negra, as mulheres e as populações LGBTQI+. Se tais impactos forem desproporcionalmente maléficos em relação às demais camadas da população, as políticas devem ser revistas para evitar a discriminação indireta.

Publicado no Diário Oficial de São Paulo, 20/06/2020.

Comitês Temáticos de Violência Doméstica; Infância Protetiva; Pessoa com Deficiência; Idoso e Inclusão Social

Rede de atenção às mulheres, crianças, adolescentes, pessoas idosas, pessoas com deficiência em situação de violência

1. A rede de atenção às mulheres, crianças, adolescentes, pessoas idosas e pessoas com deficiência física ou intelectual em situação de violência é essencial e não pode haver suspensão das atividades durante o estado de emergência, priorizando-se o atendimento presencial (arts. 3º e par. 7º, C, Lei nº 13.979/20, alterado pela 14.022/20).

Publicado no Diário Oficial de São Paulo, 18/08/2020.

Atendimento presencial obrigatório

2. O atendimento presencial pela rede de atendimento e enfrentamento é obrigatório, mesmo diante de restrições sanitárias, para situações que envolvam os ilícitos elencados no par. 2º, incisos I a IV, do art. 3º da Lei nº 14.022/20.

Publicado no Diário Oficial de São Paulo, 18/08/2020.

Medidas Protetivas de Urgência: requerimento e elementos de convicção

3. O requerimento de medidas protetivas de urgência da Lei Maria da Penha e aquelas previstas nas Leis 10.741/03 e 13.431/17 pode ser feito on-line, em momento anterior ao registro do Boletim de Ocorrência, tendo por base elementos de convicção que não exijam necessariamente a presença física da vítima (art. 4º, par. 2º e 3º, da Lei nº 14.022/20), com interpretação extensiva para abranger as Leis 10.741/03 e 13.431/17 por se tratar de normas procedimentais protetivas e por força do art. 7º da mesma lei e artigo 3º do CPP.

Publicado no Diário Oficial de São Paulo, 18/08/2020.

Prioridade para exame de corpo de delito

4. Há prioridade para realização do exame de corpo de delito no caso de violência de gênero contra mulheres e de violência contra criança, adolescente, pessoa idosa ou pessoa com deficiência física ou intelectual e, na hipótese de restrição à

circulação de pessoas, o exame de crimes de natureza sexual poderá ser feito no local em que se encontrar a vítima por equipes móveis, que devem ser disponibilizadas pelos órgãos de segurança (art. 3º, par. 4º, da Lei nº 14.022/20).

Publicado no Diário Oficial de São Paulo, 18/08/2020.

Comitês Temáticos de Infância Protetiva; Adolescente em Conflito com a Lei; Inclusão Social e Pessoa com Deficiência

1. Considerando a maior necessidade neste momento de pandemia de que sejam produzidas informações sistematizadas e que permitam a análise das situações de risco e de vulnerabilidade que incidem sobre famílias e indivíduos de um determinado território, visando à tomada das medidas cabíveis de acordo com a realidade de cada território, deve-se assegurar que os municípios implementem ou cumpram a Vigilância Socioassistencial, diretamente vinculada aos órgãos gestores da Política de Assistência Social, e devidamente articulada com os demais setores e saberes responsáveis por políticas públicas correlatas, como, por exemplo, os indicadores epidemiológicos no contexto de pandemia.

Publicado no Diário Oficial de São Paulo, 18/08/2020.

28.3 ENUNCIADOS GERAIS SOBRE A LEI 12.651/12

AVISO Nº 270/18 – CSMP, DE 28.11.18 A COMISSÃO ESPECIAL DO CONSELHO SUPERIOR, criada para a adoção de medidas estratégicas, com o fito de harmonizar a atuação institucional, diante dos julgamentos das ADI´S pelo STF, relativas ao Código Florestal de 2012, integrada pelos Conselheiros Olheno Ricardo de Souza Scucuglia, Hamilton Alonso Junior e José Roberto Rochel de Oliveira, AVISA que, em reunião realizada em 01.10.18, foram aprovados os enunciados elaborados pelo Grupo de Trabalho da Comissão Especial de Estudos relacionados à Lei nº 12.651/12. Os enunciados abaixo apresentados foram elaborados como referencial para a atuação dos Membros e Técnicos do Ministério Público do Estado de São Paulo e visam a contribuir e orientar para a adoção de posicionamentos institucionais mais homogêneos em relação à aplicação da Lei 12.651/12, sobretudo após o julgamento das ADIs nº 4.901, 4.902, 4903 e 4937 e ADC nº 42, pelo Supremo Tribunal Federal. Tratam-se de proposições, de caráter não vinculativo, que têm a finalidade de expor de forma sistematizada, os entendimentos jurídicos e técnicos extraídos das discussões realizadas pelo GAEMA, Rede Protetiva, CAEX, CAO-UMA, Corregedoria-Geral do Ministério Público, Escola Superior do Ministério Público, Procuradoria de Justiça de Interesses Difusos e Coletivos e demais integrantes da Comissão Especial no tocante à Lei 12.651/12, em cotejo com as demais legislações especiais aplicáveis à matéria florestal.

Enunciado nº 01

A incidência das disposições previstas na Lei nº 12.651/2012 não afasta a aplicabilidade de normas de outros diplomas legais que estabelecem regime de proteção diferenciado em relação a ecossistemas ou biomas específicos, como os da Mata Atlântica (art. 225, § 4º da Constituição Federal e Lei 11.428/2006) e do Cerrado, em suas diversas fisionomias (Lei Estadual 13.550/2009).

Publicado no Diário Oficial de São Paulo, 20/12/2018.

Enunciado nº 02

A atuação do Ministério Público na busca da reparação integral de danos e passivos ambientais deve levar em consideração o conteúdo do Relatório de Valoração de Danos Ambientais (CAO/UMA, Atos PGJ 36/2011 e 45/2012), cuja observância não se afasta, em princípio, pela superveniência das normas flexibilizadoras da Lei nº 12.651/2012.

Publicado no Diário Oficial de São Paulo, 20/12/2018.

Enunciado nº 03

A dispensa da reserva da faixa de proteção nas acumulações naturais ou artificiais de água com superfície inferior a 1 (um) hectare, prevista no artigo 4º, parágrafo 4º, da Lei nº 12.651/12, pressupõe a exigência, mediante critérios técnicos e procedimentos específicos, da adoção de práticas sustentáveis, conservacionistas da água, do solo e da biodiversidade (artigo 1 A, parágrafo único, incisos I e III da Lei 12.651/12, artigo 225 da CF e Convenção de Diversidade Biológica). Eventual vegetação nativa já existente nessa área não poderá ser suprimida, salvo autorização do órgão ambiental competente do SISNAMA".

Publicado no Diário Oficial de São Paulo, 20/12/2018.

Enunciado nº 04

A autorização de intervenção ou supressão de vegetação nativa em Área de Preservação Permanente, prevista no artigo 8º, parágrafo 2º, da Lei 12.651/12 para execução de obras habitacionais e de urbanização, inseridas em projetos de regularização fundiária de interesse social, em áreas urbanas consolidadas ocupadas por população de baixa renda é excepcional, demandando a avaliação técnica quanto ao comprometimento da função ecológica do ecossistema manguezal, incluindo a análise de seu potencial de restauração e eventual compensação.

Publicado no Diário Oficial de São Paulo, 20/12/2018.

Enunciado nº 05

Em áreas sujeitas à inundação, o marco inicial de Área de Preservação Permanente de leito regular deve observar a possibilidade de recomposição efetiva da mata ciliar, excluindo-se da demarcação da Área de Preservação Permanente locais onde a periodicidade ou a duração das cheias impeça o desenvolvimento de espécies nativas ou provoque reiterada mortandade das mudas, de forma a prevenir que a Área de Preservação Permanente se caracterize como mera ficção, pois permanentemente desprovida de mata ciliar e, consequentemente, sem função ecológica.

Publicado no Diário Oficial de São Paulo, 20/12/2018.

Enunciado nº 06

A identificação de nascentes perenes e intermitentes exige a devida consideração da cartografia oficial (IGC, EMPLASA, entre outras, conforme o caso específico, avaliando eventual pertinência de requisição de manifestação junto ao órgão responsável pela mesma) e a realização de vistorias de campo, tanto no período seco quanto na estação chuvosa, de modo a evitar seu enquadramento precipitado como efêmera ou conclusão de inexistência. A devida identificação de nascentes perenes e intermitentes, inclusive no âmbito da validação do Cadastro Ambiental Rural (CAR), somente poderá ocorrer após a fundamentada avaliação técnica de cada caso específico.

Publicado no Diário Oficial de São Paulo, 20/12/2018.

Enunciado nº 07

O cômputo das Áreas de Preservação Permanente no cálculo do percentual da Reserva Legal do imóvel não é automático e somente poderá ser admitido desde que atendidos os requisitos previstos no artigo 15 da Lei 12.651/12. Para fazer jus ao benefício previsto neste artigo, o proprietário rural deverá comprovar junto ao órgão estadual integrante do SISNAMA, que a área a ser computada está conservada ou em processo de recuperação, que já foi requerida a inclusão do imóvel no Cadastro Ambiental Rural (CAR) e que não implicará na conversão de novas áreas para o uso alternativo do solo.

Publicado no Diário Oficial de São Paulo, 20/12/2018.

Enunciado nº 08

A Área de Preservação Permanente somente será considerada "em processo de recuperação", para fins de ser computada no cálculo do percentual da Reserva Legal, no momento da validação do Cadastro Ambiental Rural (CAR), se cessada sua exploração, e a vegetação nativa estiver se regenerando de forma adequada, seja em virtude de processo de condução da regeneração natural (que não se confunde com o abandono da área) ou da execução de projeto técnico já aprovado pelo órgão ambiental competente do SISNAMA, com a definição dos objetivos, metas e cronograma. Caso a área esteja em recuperação, e não tenha sido precedida de autorização neste sentido pelo órgão competente, o interessado também poderá comprovar que este processo está ocorrendo de forma adequada mediante laudo técnico, assinado por profissionais habilitados, com recolhimento de ART.

Publicado no Diário Oficial de São Paulo, 20/12/2018.

Enunciado nº 09

Os institutos do cômputo de Área de Preservação Permanente em Reserva Legal (art. 15, da Lei 12.651/12) e das áreas rurais consolidadas (arts. 61.A e seguintes) são excludentes, não se admitindo sua utilização simultânea sobre as mesmas áreas de preservação permanente.

Publicado no Diário Oficial de São Paulo, 20/12/2018.

Enunciado nº 10

A permissão do manejo florestal sustentável e o exercício de atividades agrossilvipastoris, bem como a manutenção da infraestrutura física associada ao desenvolvimento das atividades, em áreas de inclinação entre 25º e 45º, de que trata o artigo 11 da Lei 12.651/12, além de boas práticas agronômicas, exige, mediante critérios técnicos e procedimentos específicos, a adoção de práticas sustentáveis, conservacionistas da água e do solo e que garantam a estabilidade dos terrenos e a biodiversidade (artigo 1º, incisos I e III, da Lei 12.651/12; artigo 225 da CF e Convenção da Diversidade Biológica), sendo vedada a conversão de novas áreas, excetuadas as hipóteses de utilidade pública e interesse social, sempre mediante autorização do órgão ambiental competente do SISNAMA.

Publicado no Diário Oficial de São Paulo, 20/12/2018.

Enunciado nº 11

Diante da clara especialidade da Lei da Mata Atlântica (Lei Federal 11.428/2006) em relação à Lei Federal 12.651/2012, eventuais conflitos de normas devem ser solucionados através do princípio da especialidade, ou seja, a lei de natureza especial prevalece sobre a lei de aspectos genéricos (enunciado 1), em resumo: a) a Lei da Mata Atlântica possui abrangência apenas em relação a esse tema, o qual tem razões concretas para a aplicação de um regime especial até mesmo em obediência ao disposto no artigo 225, § 4º, da Constituição da República; b) o artigo 1o, da Lei Federal 11.428/2006, demonstra a relação de complementariedade desta lei quanto à legislação ambiental aplicável direta ou indiretamente no âmbito de abrangência do aludido bioma, tal como ocorre com o tratamento genérico atribuído pela Lei Federal 12.651/2012 à vegetação, às Áreas de Preservação Permanente e às áreas de Reserva Legal; c) a repercussão criminal às agressões à vegetação do bioma Mata Atlântica, diferentemente das vegetações dos demais biomas, baseia-se em tipo penal específico inserido no artigo 38-A, da Lei Federal 9.605/98; d) a Lei Federal 12.651/2012 não revogou a Lei Federal 11.428/2006, e demais diplomas protetivos.

Publicado no Diário Oficial de São Paulo, 20/12/2018.

Enunciado nº 12

O manejo florestal, quando ocorrer nas áreas inseridas no Bioma Mata Atlântica, cujas delimitações estão estabelecidas em mapa do Instituto Brasileiro de Geografia e Estatística - IBGE, deverá observar às restrições e condições contidas na Lei 11.428/06, bem como assegurar a manutenção e a recuperação da biodiversidade, a vegetação, fauna e regime hídrico para as presentes e futuras gerações. Também deverá ser garantido que, anteriormente à autorização pelo órgão ambiental competente, sejam observados os demais mecanismos de controle e de incentivo à preservação da vegetação desse bioma, reconhecido por sua contribuição para redução de emissões e/ou remoção de gases de efeito estufa, a conservação da biodiversidade, do solo e dos recursos hídricos. (Ex. Resolução Conjunta SMA/FF nº 01/18).

Publicado no Diário Oficial de São Paulo, 20/12/2018.

Enunciado nº 13

O manejo florestal sustentável da vegetação da Reserva Legal com propósito comercial depende de licenciamento pelo órgão competente do SISNAMA, mediante aprovação prévia de Plano de Manejo Florestal Sustentável - PMFS - e deverá atender as seguintes diretrizes e orientações: não descaracterizar a cobertura vegetal e não prejudicar a conservação da vegetação nativa da área; assegurar a manutenção da diversidade das espécies; conduzir o manejo de espécies exóticas com a adoção de medidas que favoreçam a regeneração de espécies nativas; o atendimento dos fundamentos técnicos e científicos previstos no artigo 31, parágrafo 1º, da Lei 12651/12 e outras condições necessárias que assegurem a sustentabilidade e o equilíbrio ecológico do ecossistema em que se localiza.

Publicado no Diário Oficial de São Paulo, 20/12/2018.

Enunciado nº 14

O manejo sustentável para exploração florestal eventual sem propósito comercial, direto ou indireto de espécies da flora nativa, para consumo nas propriedades ou posses das populações tradicionais ou de pequenos produtores rurais para consumo do próprio imóvel, não depende de autorização dos órgãos competentes. Todavia, não poderá ser iniciado, enquanto não declarado previamente ao órgão ambiental, com a indicação da motivação da exploração e o volume explorado, limitada a exploração anual a 20 (vinte) metros cúbicos ou outros limites legais mais restritivos aplicáveis ao local em que se encontra.

Publicado no Diário Oficial de São Paulo, 20/12/2018.

Enunciado nº 15

O manejo florestal em áreas localizadas nas zonas de amortecimento de unidades de conservação deve respeitar as condições estabelecidas nos respectivos planos de manejo, bem como as restrições previstas na Lei nº 9.985/2000, assim como contar com a manifestação formal do órgão responsável pela sua gestão. Em relação às Unidades de Conservação de Uso Sustentável, a exemplo das APAS, cabe observar as normas de sua criação, suas regulamentações, inclusive no que tange as Zonas de Vida Silvestre; as disposições de planos de manejo, e também solicitar a manifestação formal de seu Conselho Gestor.

Publicado no Diário Oficial de São Paulo, 20/12/2018.

Enunciado nº 16

As normas de proteção às Áreas de Preservação Permanente impedem que nelas ocorra a exploração florestal pelo manejo, ainda que tais áreas integrem a reserva legal da propriedade, exceto no caso de pequenas propriedades rurais ou posse rural familiar, que admite o plantio, nas restritas condições previstas no artigo 4º, parágrafo 5º da Lei 12.651/12.

Publicado no Diário Oficial de São Paulo, 20/12/2018.

Enunciado nº 17

O instituto previsto no art. 61-A, caput, que preceitua que, nas áreas de Preservação Permanente, é autorizada, exclusivamente, a continuidade das atividades agrossilvipastoris, de ecoturismo e de turismo rural em áreas rurais consolidadas até 22 de julho de 2008, é nitidamente excepcional, razão pela qual são ônus do proprietário/possuidor: (i) a comprovação do atendimento aos requisitos legais e (ii) a demonstração da regularidade formal do uso perante os órgãos ambientais, inclusive em eventual Ação Civil Pública.

Publicado no Diário Oficial de São Paulo, 20/12/2018.

Enunciado nº 18

A comprovação do atendimento das exigências do § 10 do art. 61-A, ou seja, a adoção de técnicas de conservação do solo e da água, por meio de boas práticas agronômicas, que visem à mitigação dos eventuais impactos, na área em que pleiteado o benefício, constitui um dos requisitos legais para a utilização da prerrogativa do uso consolidado, de modo que seu descumprimento impede ou faz cessar o exercício desse direito.

Publicado no Diário Oficial de São Paulo, 20/12/2018.

Enunciado nº 19

Os §§ 9º e 15 do artigo 61-A exigem que o uso consolidado seja devidamente informado no CAR, razão pela qual o uso consolidado de Áreas de Preservação Permanente sem prévia informação é ilegal e vedado.

Publicado no Diário Oficial de São Paulo, 20/12/2018.

Enunciado nº 20

O Cadastro Ambiental Rural (CAR) deve contemplar mecanismos para que a declaração de uso consolidado abranja informações sobre as específicas atividades desenvolvidas nas áreas citadas, tanto por meio de sua comprovação em retrospectiva histórica, como para fins de monitoramento. Também deverão ser identificadas no Cadastro Ambiental Rural (CAR), desde logo, as faixas marginais de preservação permanente que deverão obrigatoriamente ter a sua recomposição, nos termos e limites estabelecidos no art. 61-A, aplicando-se a essas, desde logo, as restrições inerentes ao regime de proteção. Será considerada, para os fins de recomposição da faixa marginal, a área detida pelo imóvel rural em 22 de julho de 2008 (Art. 61-A, §8º).

Publicado no Diário Oficial de São Paulo, 20/12/2018.

Enunciado nº 21

No âmbito de abrangência do bioma Mata Atlântica, se as ocupações de Áreas de Preservação Permanente ou de Reserva Legal se originaram de desmatamento, incêndio ou qualquer outra intervenção não autorizada, o artigo 5º da Lei Federal 11.428/2006, assim como a observância, em retrospectiva histórica, do artigo 8º do Decreto Federal 750/93, e do Decreto Federal 99547/90, exigem a manutenção do tratamento legal conferido ao estágio de sucessão de regeneração da vegetação anteriormente à promoção do seu corte ou supressão não autorizados e, consequentemente, inviabiliza a aplicação dos artigos 61-A, 61-B e 67 da Lei Federal 12.651/2012, e qualquer pretensão de consolidação de ocupação desses espaços.

Publicado no Diário Oficial de São Paulo, 20/12/2018.

Enunciado nº 22

No âmbito da análise dos Cadastros Ambientais Rurais (CAR) que indicarem pretensão, com base nos artigos 61-A, 61-B e 67 da Lei Federal 12.651/2012, de consolidação de ocupação de Áreas de Preservação Permanente com atividades agrossilvipastoris, de ecoturismo e de turismo rural, ou de ocupação de áreas de Reserva Legal com uso alternativo do solo, sem prejuízo de outras diligências, deverá ser promovida a verificação por meio de imagens aéreas ou de satélite, se a referida consolidação foi proveniente de desmatamento ou intervenção não autorizada a partir de 26 de setembro de 1990, considerando em retrospectiva o Decreto Federal 99547/90, o Decreto Federal 750/93 e a Lei Federal 11.428/06. Na hipótese de constatação de que a pretensa consolidação em Áreas de Preservação Permanente e de Reserva Legal foi proveniente de desmatamento ou intervenção não autorizada a partir de 26 de setembro de 1990, deverá o órgão ambiental do SISNAMA se abster de validar os Cadastros Ambientais Rurais (CAR) sem que haja a regularização judicial ou extrajudicial para a reparação integral das áreas, assim como de emitir Certidão de Regularidade Ambiental.

Publicado no Diário Oficial de São Paulo, 20/12/2018.

Enunciado nº 23

A manutenção das atividades elencadas no artigo 63 da Lei nº 12.651/12 em áreas rurais consolidadas em Áreas de Preservação Permanente de encostas, parte de encostas, bordas de tabuleiros e chapadas, topos de morro, montes, montanhas e serras e em altitudes acima de 1800 metros qualquer que seja a vegetação (nas condições definidas no artigo 4º, incisos V, VIII, IX e X) exige a demonstração de que a atividade será feita na forma da lei, fora de área de risco, dentro de condições que assegurem a viabilidade da atividade mediante a adoção de práticas sustentáveis, conservacionistas da água, do solo e da biodiversidade e garantidoras da estabilidade dos terrenos e outros aspectos que afastem riscos à vida e ao meio ambiente (artigo 1º, incisos I e III, da Lei 12.651/12; artigo 225 da CF e Convenção da Diversidade Biológica), observados critérios técnicos e procedimentos específicos que garantam a eficácia das medidas, vedada a conversão de novas áreas para uso alternativo do solo.

Publicado no Diário Oficial de São Paulo, 20/12/2018.

Enunciado nº 24

A admissão de outras atividades agrossilvipastoris será possível apenas em imóveis rurais de até 4 módulos fiscais (considerada a área individualizada na matrícula, ressalvada a legislação específica da Mata Atlântica, que define a pequena propriedade rural como aquela inferior a 50 hectares), no âmbito do Programa de Regularização Ambiental (PRA), fora de áreas de risco e ressalvadas situações de risco à vida, mediante a adoção de práticas sustentáveis, conservacionistas da água, do solo e da biodiversidade e garantidoras da estabilidade dos terrenos e outros aspectos que afastem riscos à vida e ao meio ambiente (artigo 1º, incisos I e III, Lei 12651/12, artigo 225 CF, e Convenção da Diversidade Biológica), além de boas práticas agronômicas, exigida, ainda, deliberação dos Conselhos Estaduais de Meio Ambiente ou órgãos colegiados estaduais equivalentes.

Publicado no Diário Oficial de São Paulo, 20/12/2018.

Enunciado nº 25

A regularização da Reserva Legal do proprietário ou possuidor de imóvel rural que detinha, em 22 de julho de 2008, área de Reserva Legal em extensão inferior ao estabelecido no art. 12, nos termos do art. 66, caput, da Lei 12.651/12 independe de adesão ao Programa de Regularização Ambiental – PRA -, mas se submete necessariamente à validação pelo órgão ambiental junto ao Cadastro Ambiental Rural (CAR). Caso o Órgão Ambiental se negue a analisar o projeto de regularização da reserva legal em razão da recusa pelo proprietário ou possuidor de renúncia à adesão ao Programa de Regularização Ambiental – PRA, o Ministério Público adotará as medidas cabíveis, inclusive, se necessário, as judiciais, em face do órgão público.

Publicado no Diário Oficial de São Paulo, 20/12/2018.

Enunciado nº 26

A recomposição da área de Reserva Legal deverá atender aos critérios estipulados pelo órgão competente do Sisnama e ser concluída em até 20 (vinte) anos, contado esse prazo a partir da publicação da Lei 12.651/12 (art. 66, § 2º, da Lei nº 12.651/12). O prazo acima também deve ser utilizado como teto limitador para a condução da regeneração natural, bem como para a compensação, quando a área a ser utilizada estiver pendente de recuperação integral. Neste contexto deve ser observada a necessidade de atendimento mínimo de recomposição de 1/20 por ano.

Publicado no Diário Oficial de São Paulo, 20/12/2018.

Enunciado nº 27

Na hipótese de ser proposto o método da regeneração natural, deve ser analisada no caso concreto a viabilidade técnica da proposta e o teto limitador de até 20 anos deve considerar e abranger tanto o período de indução e acompanhamento da regeneração, quanto o período de adoção das medidas de recuperação eventualmente necessárias.

Publicado no Diário Oficial de São Paulo, 20/12/2018.

Enunciado nº 28

A exploração econômica prevista no § 4º do art. 66 da Lei nº 12.651 refere-se às formas de manejo sustentável da reserva legal prevista nos artigos 20 a 24 da mesma lei.

Publicado no Diário Oficial de São Paulo, 20/12/2018.

Enunciado nº 29

Todo imóvel rural deve manter área com cobertura de vegetação nativa, a título de Reserva Legal, sem prejuízo da aplicação das normas sobre as Áreas de Preservação Permanente, observando-se os percentuais mínimos estabelecidos no artigo 12 da Lei 12.651/12. A regularização pelo proprietário ou possuidor de imóvel rural que detinha, em 22 de julho de 2008, área de Reserva Legal em extensão inferior ao estabelecido no art. 12, mediante a adoção de uma das alternativas previstas no § 5º, do artigo 66 da Lei 12.651/12, é medida excepcional, justificada apenas diante da necessidade de regularização do imóvel rural em razão dos usos consolidados existentes até aquela data limite. É obrigatória a suspensão imediata das atividades em área de Reserva Legal desmatada irregularmente após 22 de julho de 2008 (art. 17, §3º).

Publicado no Diário Oficial de São Paulo, 20/12/2018.

Enunciado nº 30

Qualquer que seja o método escolhido entre aqueles elencados no art. 66, § 5º, da Lei 12.651/12, a regularização da reserva legal por meio de compensação, deverá ocorrer o mais próximo possível do ecossistema em que houve a degradação, preferencialmente na mesma microbacia hidrográfica ou, na impossibilidade técnica de fazê-lo, na mesma bacia hidrográfica. Tal decisão deverá ser norteada por parecer técnico circunstanciado, respeitando-se, ainda, a identidade e a equivalência ecológica entre as propriedades, bem como os critérios de definição para a localização da Reserva Legal, estabelecidos nos artigos 14 e 66, parágrafos 6º e 7º, ainda que a área destinatária esteja dentro do Estado de São Paulo, não se permitindo a compensação por outros critérios que não guardem correlação com a proteção ambiental. (ADI 4901)

Publicado no Diário Oficial de São Paulo, 20/12/2018.

Enunciado nº 31

O órgão estadual integrante do SISNAMA, ou instituição por ele habilitada, deverá aprovar a localização da Reserva Legal após a inclusão do imóvel no Cadastro Ambiental Rural (CAR) e deverá motivar sua decisão de acordo com os estudos e critérios previstos no artigo 14 da Lei 12.651/12, buscando favorecer, entre outros aspectos, a recuperação de bacias hidrográficas excessivamente desmatadas, a criação de corredores ecológicos, a conservação de grandes áreas protegidas e a conservação ou recuperação de ecossistemas ou espécies ameaçados.

Publicado no Diário Oficial de São Paulo, 20/12/2018.

Enunciado nº 32

Na análise da aplicação do art. 68 da Lei 12.651/12, que trata da consolidação em áreas de Reserva Legal, deverá ser considerado o limite para manutenção de vegetação nativa previsto no Decreto Federal nº 23.793, de 23 de janeiro de 1934, consistente em 25% (vinte e cinco por cento) das matas existentes à época, aí incluídas todas as fisionomias do bioma Cerrado.

Publicado no Diário Oficial de São Paulo, 20/12/2018.

Enunciado nº 33

Pela redação do artigo 68 da Lei 12651/12, o ônus da prova da consolidação é do proprietário/possuidor, de modo que, não sendo apresentada prova por este, os percentuais de Reserva Legal a serem aplicados são os do art. 12 da Lei 12.651/12, e envolve a devida consideração de toda a normativa correlata em retrospectiva histórica (enunciado 32), incluindo a legislação específica referente aos diferentes biomas em análise.

Publicado no Diário Oficial de São Paulo, 20/12/2018.

Enunciado nº 34

A admissão de prova para os fins do art. 68 da Lei 12.651/12 deve ser avaliada com extrema cautela, inclusive pelo dilatado lapso temporal desde a primeira legislação que tratou da matéria (1934).

Publicado no Diário Oficial de São Paulo, 20/12/2018.

Enunciado nº 35

Nas áreas abrangidas por Unidades de Conservação, assim como nos limites de seus entornos, devidamente definidos no ato de criação e/ou no Plano de Manejo, deverão ser observadas as restrições do respectivo plano quanto à supressão de vegetação. Em se tratando de Unidade de Proteção Integral (artigo 61-A, § 16º), de Zonas de Vida Silvestre em Áreas de Proteção Ambiental e das demais hipóteses nas quais se mostre normativamente incompatível, não se aplicam os dispositivos da Lei nº 12.651/2012 que autorizem eventual consolidação de área suprimida ou degradada, sob pena de restarem comprometidos os fins ambientais para os quais a unidade foi instituída.

Publicado no Diário Oficial de São Paulo, 20/12/2018.

28.4 ENUNCIADOS PGJ – COLABORAÇÃO PREMIADA – AVISO Nº 368/2018

O PROCURADOR-GERAL DE JUSTIÇA, no uso de suas atribuições normais, por solicitação do Subprocurador-Geral de Políticas Criminais, Dr. Mario Luiz Sarrubbo, AVISA que o Grupo de Trabalho criado pelo Ato-PGJ nº 043/2018, de 21 de junho de 2018, que visava a analisar o alcance prático da decisão proferida pelo Supremo Tribunal Federal no julgamento da ADI 5.508/DF, produziu os seguintes enunciados não vinculantes:

Enunciado nº 01

Apresentada proposta de acordo de colaboração premiada subscrita pelo Delegado de Polícia para homologação judicial, pode o Ministério Público, como titular da ação penal (art. 129, I, da CF), depois de ouvido o colaborador na presença de seu defensor: a) ratificar os termos do acordo, em especial quando dele participou desde a origem; b) substituir o acordo por outro; c) recusar o acordo, ressalvada a possiblidade de o juiz, dissentindo, remeter a questão ao Procurador-Geral de Justiça, aplicando, por analogia, o art. 28 do CPP; d) entendendo não existir justa causa para a ação penal, manifestar-se pela rejeição do acordo policial, promovendo o arquivamento da investigação; e) realizar ou requisitar diligências imprescindíveis à análise dos termos do acordo ou da formação da "opinio delicti".

Publicado no Diário Oficial de São Paulo, 21/08/2018.

Enunciado nº 02

O acordo celebrado pela Autoridade Policial não deve impedir ou restringir, direta ou indiretamente, o direito de ação ou de punir do Estado, ficando vedada a concessão de imunidade processual, perdão judicial, substituição de pena, regime prisional diverso daquele ditado pelo art. 33 do CP ou efeitos de eventual condenação.

Publicado no Diário Oficial de São Paulo, 21/08/2018.

Enunciado nº 03

Não havendo previsão legal do cabimento de recurso em sentido estrito, da decisão que homologa o acordo policial desafia recurso de apelação, com fundamento no art. 593, II, CPP; se proferida por Tribunal, agravo interno.

Publicado no Diário Oficial de São Paulo, 21/08/2018.

Enunciado nº 04

A atribuição do Delegado de Polícia para firmar acordo se limita à fase de investigação, com a fiscalização do Ministério Público, sob pena de reclamação. Proposta a ação penal, a Autoridade Policial fica impedida de celebrar acordo de colaboração envolvendo fatos e pessoas constantes da denúncia-crime, sob pena de violação do art. 129, I, da CF.

Publicado no Diário Oficial de São Paulo, 21/08/2018.

Enunciado nº 05

Acordo celebrado pela Autoridade Policial versando, direta ou indiretamente, sobre matérias extrapenais deve ser recusado pelo Ministério Público.

Publicado no Diário Oficial de São Paulo, 21/08/2018.

Enunciado nº 06

Na hipótese de homologação judicial da colaboração premiada celebrada pela Autoridade Policial, cabe ao MP ou querelante, como titular da ação penal, após analisar a eficácia da colaboração com base nos resultados obtidos, requerer a concessão parcial ou integral dos benefícios previstos no acordo, ou deixar de requerer sua aplicação.

Publicado no Diário Oficial de São Paulo, 21/08/2018.

28.5 ENUNCIADOS PGJ-CGMP – LEI 13.964/19

Enunciados de entendimento sobre a aplicação das alterações introduzidas pela Lei n. 13.964/19 (Lei Anticrime)

Aviso de 22/01/2020 nº 26/2020-PGJ

A Procuradoria-Geral de Justiça e a Corregedoria-Geral do Ministério Público de São Paulo apresentam enunciados de entendimento sobre a aplicação das alterações introduzidas pela Lei n. 13.964/19 (Lei Anticrime), direcionados à interpretação das que tenham relevante interesse geral e institucional, à exceção das disposições que constituem objeto de ações diretas de inconstitucionalidade em trâmite no Supremo Tribunal Federal. Neste momento, os enunciados se concentram nas mudanças ocorridas nos Códigos Penal, de Processo Penal e de Processo Penal Militar, na Lei de Execuções Penais, e nas Leis ns 8.072/90, 9.296/96, 10.826/03, e 12.850/13.

Enunciado nº 01

A legitimidade para a execução da pena de multa perante a Vara das Execuções Criminais é privativa do Ministério Público.

Publicado no Diário Oficial de São Paulo, 23/01/2020.

Enunciado nº 02

Para fins de requerimento da perda de bens e valores, previsto no § 3º do art. 91-A do CP, é suficiente a apresentação, por ocasião da oferta da denúncia, da diferença patrimonial apurada, baseada nas informações disponíveis no caderno investigatório, sem prejuízo de alteração em virtude de novos elementos.

Publicado no Diário Oficial de São Paulo, 23/01/2020.

Enunciado nº 03

É dispensável a representação do ofendido no crime de estelionato se oferecida a denúncia antes da eficácia da Lei nº 13.964/19, em respeito ao ato jurídico perfeito.

Publicado no Diário Oficial de São Paulo, São Paulo, 23/01/2020.

Enunciado nº 04

Conhecida a autoria, é necessária a representação da vítima no crime de estelionato se não oferecida a denúncia até a eficácia da Lei nº 13.964/19, observado o prazo decadencial de seis meses a contar de sua intimação.

Publicado no Diário Oficial de São Paulo, 23/01/2020.

Enunciado nº 05

O art. 3º-A do CPP não revogou os incisos I e II do art. 156 do mesmo diploma legal, salvo, no caso do inciso I, no que tange à possibilidade de determinar, de ofício, a produção antecipada da prova na fase de investigação.

Publicado no Diário Oficial de São Paulo, 23/01/2020.

Enunciado nº 06

Para as audiências públicas e orais previstas nos incisos VI e VII do art. 3ºB do CPP, poderá o juiz das garantias valer-se da videoconferência para assegurar a participação do indiciado ou acusado.

Publicado no Diário Oficial de São Paulo, 23/01/2020.

Enunciado nº 07

Antes da decisão sobre a prorrogação do prazo de duração do inquérito policial, estando o investigado preso, o Ministério Público deverá se manifestar.

Publicado no Diário Oficial de São Paulo, 23/01/2020.

Enunciado nº 08

O trancamento do inquérito policial previsto no inciso IX do art. 3º-B do CPP tem natureza jurídica de concessão de ordem de habeas corpus, sendo aplicável o disposto no inciso I do art. 574, e no inciso X do art. 581 do mesmo diploma legal.

Publicado no Diário Oficial de São Paulo, 23/01/2020.

Enunciado nº 09

Entende-se por fundamento razoável para o trancamento do inquérito policial, nos termos do inciso IX do art. 3º-B do CPP, tão somente a manifesta atipicidade do fato ou a ocorrência de causa extintiva da punibilidade que impeça o prosseguimento da investigação.

Publicado no Diário Oficial de São Paulo, 23/01/2020.

Enunciado nº 10

Somente haverá necessidade de decisão do juiz das garantias sobre os meios de obtenção de prova mencionados na alínea "e" do inciso XI do art. 3º-B do CPP quando a lei especificamente assim o exigir.

Publicado no Diário Oficial de São Paulo, 23/01/2020.

Enunciado nº 11

A prorrogação prevista no § 2º do art. 3º-B do CPP aplica-se somente à prisão preventiva.

Publicado no Diário Oficial de São Paulo, 23/01/2020.

Enunciado nº 12

O prazo de duração do inquérito policial resultante da aplicação do § 2º do art. 3º-B do CPP, estando o imputado preso, não incide no caso de prisão temporária.

Publicado no Diário Oficial de São Paulo, 23/01/2020.

Enunciado nº 13

Os elementos informativos, assim como as provas cautelares, não repetíveis e antecipadas, colhidos na fase de investigação, acompanharão, obrigatoriamente, o processo enviado ao juiz da instrução e julgamento. Caso não sejam enviados, o membro do Ministério Público providenciará sua juntada.

Publicado no Diário Oficial de São Paulo, 23/01/2020.

Enunciado nº 14

O disposto no caput do art. 3º-D do CPP não é aplicável aos casos em que a denúncia tenha sido oferecida antes da eficácia da Lei n. 13.964/19.

Publicado no Diário Oficial de São Paulo, 23/01/2020.

Enunciado nº 15

O membro do Ministério Público que tenha atuado na fase de investigação, inclusive na presidência de procedimento investigatório criminal, pode atuar na fase de instrução e julgamento, preservado o princípio do promotor natural.

Publicado no Diário Oficial de São Paulo, 23/01/2020.

Enunciado nº 16

A citação mencionada no § 1º do art. 14-A do CPP e no § 1º do art. 16-A do CPPM tem natureza jurídica de notificação, eis que ainda não instaurada a instância processual, aplicando-se apenas ao servidor público quando caracterizada a sua condição jurídica de investigado. Poderá a autoridade policial realizar diligências investigatórias mesmo antes de constituído ou nomeado defensor, exceto as que exijam a participação do investigado ou aquelas das quais este tenha o direito de participar.

Publicado no Diário Oficial de São Paulo, 23/01/2020.

Enunciado nº 17

A instância de revisão ministerial do arquivamento de inquérito policial, termo circunstanciado, procedimento investigatório criminal, peças de informação de natureza criminal e recusa de acordo de não persecução penal é o Procurador-Geral de Justiça.

Publicado no Diário Oficial de São Paulo, 23/01/2020.

Enunciado nº 18

O desarquivamento do procedimento investigatório com base em prova nova prescinde de autorização judicial, sendo inoponível óbice da coisa julgada.

Publicado no Diário Oficial de São Paulo, 23/01/2020.

Enunciado nº 19

O direito de provocar a revisão do arquivamento limita-se às pessoas mencionadas nos §§ 1º e 2º do art. 28 do CPP.

Publicado no Diário Oficial de São Paulo, 23/01/2020.

Enunciado nº 20

A expressão "conduta criminosa habitual, reiterada ou profissional", prevista no inciso II do § 2º do art. 28-A do CPP, deve ser entendida como a habitualidade criminosa, a ser verificada no caso concreto.

Publicado no Diário Oficial de São Paulo, 23/01/2020.

Enunciado nº 21

A proposta de acordo de não persecução penal tem natureza de instrumento de política criminal e sua avaliação é discricionária do Ministério Público no tocante à necessidade e suficiência para reprovação e prevenção do crime. Trata-se de prerrogativa institucional do Ministério Público e não direito subjetivo do investigado.

Publicado no Diário Oficial de São Paulo, 23/01/2020.

Enunciado nº 22

O acordo de não persecução penal é incompatível com crimes hediondos ou equiparados, uma vez que sua elaboração não atende ao requisito previsto no caput do art. 28-A do CPP, que o restringe a situações em que se mostre necessário e suficiente para a reprovação e prevenção do crime.

Publicado no Diário Oficial de São Paulo, 23/01/2020.

Enunciado nº 23

É cabível acordo de não persecução penal em infrações cometidas com violência contra a coisa, devendo-se interpretar a restrição do caput do art. 28- A do CPP como relativa a infrações penais praticadas com grave ameaça ou violência contra a pessoa (*lex minus dixit quam voluit*).

Publicado no Diário Oficial de São Paulo, 23/01/2020.

Enunciado nº 24

Rescindido o acordo de não persecução penal por conduta atribuível ao investigado, sua confissão pode ser utilizada como uns dos elementos para oferta da denúncia.

Publicado no Diário Oficial de São Paulo, 23/01/2020.

Enunciado nº 25

O Ministério Público somente poderá celebrar acordo de não persecução penal se o investigado estiver acompanhado de defensor.

Publicado no Diário Oficial de São Paulo, 23/01/2020.

Enunciado nº 26

Não é obrigatória a participação do membro do Ministério Público na audiência de homologação do acordo de não persecução penal prevista no § 4º do art. 28-A do CPP.

Publicado no Diário Oficial de São Paulo, 23/01/2020.

Enunciado nº 27

Caso o juiz não homologue o acordo de não persecução, nos termos do § 5º do art. 28-A do CPP, e devolva os autos ao Ministério Público, caberá ao órgão ministerial reiniciar as negociações com o investigado, oferecer denúncia ou providenciar outras diligências. A concordância do investigado e seu defensor com o juiz na reformulação da proposta de acordo significa sua retratação da adesão.

Publicado no Diário Oficial de São Paulo, 23/01/2020.

Enunciado nº 28

A homologação do acordo de não persecução penal a ser realizada pelo juiz das garantias restringe-se ao juízo de voluntariedade e legalidade da proposta, não abrangendo a análise da necessidade e suficiência para prevenção e reprovação do crime.

Publicado no Diário Oficial de São Paulo, 23/01/2020.

Enunciado nº 29

O pedido revisional fundado no §14 do art. 28-A do CPP não terá seguimento nos casos em que a pena mínima prevista para o delito for igual ou superior a 04 (quatro) anos (art. 28-A, caput e § 1º do CPP) ou quando incidir alguma das vedações previstas nos incisos I a IV do § 2º do art. 28-A, do CPP.

Publicado no Diário Oficial de São Paulo, 23/01/2020.

Enunciado nº 30

Aplica-se o artigo 28 do CPP nos casos em que, oferecida a denúncia, o juiz entenda cabível a proposta de acordo de não persecução penal.

Publicado no Diário Oficial de São Paulo, 23/01/2020.

Enunciado nº 31

A prova inadmissível a que se refere o § 5º do art. 157 do CPP é apenas a ilícita, isto é, aquela cujo meio de obtenção viola proibição de natureza material ou preceito constitucional, não estando inserida na regra do referido dispositivo a prova ilegítima, assim entendida aquela que desobedeça norma processual infraconstitucional.

Publicado no Diário Oficial de São Paulo, 23/01/2020.

Enunciado nº 32

O juiz, desembargador ou ministro dos tribunais superiores que conheceu do conteúdo da prova ilícita não poderá proferir a sentença ou o acórdão, salvo se tiver declarado a prova inadmissível, logo ao tomar conhecimento de sua ilicitude, pois nesse caso a imparcialidade do órgão julgador estará preservada.

Publicado no Diário Oficial de São Paulo, 23/01/2020.

Enunciado nº 33

Nenhuma medida cautelar pessoal poderá ser decretada de ofício pelo juiz, salvo na hipótese em que ele volte a decretá-la, quando anteriormente a tenha revogado, nos termos dos §§ 2º e 5º do art. 282, e do *caput* do art. 316 do CPP.

Publicado no Diário Oficial de São Paulo, 23/01/2020.

Enunciado nº 34

O contraditório exigido pelo §3º do art. 282 do CPP prescinde da designação de audiência, salvo no caso de prorrogação de medida cautelar, inclusive prisão provisória.

Publicado no Diário Oficial de São Paulo, 23/01/2020.

Enunciado nº 35

A expressão "perigo gerado pelo estado de liberdade do imputado", contida no caput do art. 312 do CPP, refere-se ao *periculum libertatis*, que se apresenta por meio do risco à ordem pública, à ordem econômica, à instrução criminal ou à futura aplicação da lei penal, que já são requisitos para a decretação da prisão preventiva.

Publicado no Diário Oficial de São Paulo, 23/01/2020.

Enunciado nº 36

A expressão "em absolvição" prevista no inciso II do § 5º do art. 492 do CPP viola o princípio constitucional da soberania dos veredictos.

Publicado no Diário Oficial de São Paulo, 23/01/2020.

Enunciado nº 37

A posse ou porte de arma de fogo de uso restrito não é mais definido como crime hediondo.

Publicado no Diário Oficial de São Paulo, 23/01/2020.

Enunciado nº 38

A descrição circunstanciada da forma de instalação do dispositivo de captação ambiental, prevista no § 1º do art. 8º-A da Lei nº 9.296/96, deve garantir que os métodos de ocultação dos dispositivos usados pelos órgãos de segurança sejam preservados do conhecimento público, sob pena de se tornar ineficaz tal meio de obtenção de prova.

Publicado no Diário Oficial de São Paulo, 23/01/2020.

Enunciado nº 39

A expressão "atividade criminal permanente, habitual ou continuada", contida no § 3º do art. 8º-A da Lei nº 9.296/96, não é sinônima de crime permanente, habitual ou continuado.

Publicado no Diário Oficial de São Paulo, 23/01/2020.

Enunciado nº 40

A captação ambiental de sinais eletromagnéticos, ópticos ou acústicos, prevista no artigo 8º-A da Lei nº 9.296/96, pode ser autorizada para investigação de todos os crimes que preencham os requisitos do inciso II do caput do mesmo artigo, sendo válido o mesmo critério para a prorrogação da medida, demonstrada sua indispensabilidade.

Publicado no Diário Oficial de São Paulo, 23/01/2020.

Enunciado nº 41

Nos termos do §3º do artigo 3º-C, da Lei n 12.850/13, no acordo de colaboração premiada, o colaborador pode narrar outros fatos de que tenha conhecimento, ainda que não tenham relação direta com o objeto da investigação, ensejando sua apuração.

Publicado no Diário Oficial de São Paulo, 23/01/2020.

Enunciado nº 42

O acordo de colaboração premiada homologado nos termos do art. 3º-A da Lei nº 12.850/13 pelo juiz de garantias é negócio jurídico, considerado ato jurídico perfeito e vincula o juiz da instrução e julgamento, salvo se descumpridos seus termos.

Publicado no Diário Oficial de São Paulo, 23/01/2020.

Enunciado nº 43

Os benefícios da Lei nº 12.850/13 não podem ser concedidos de ofício pelo juiz da instrução e julgamento fora da hipótese de negócio jurídico entre as partes.

Publicado no Diário Oficial de São Paulo, 23/01/2020.

Enunciado nº 44

O cálculo das frações para benefícios executórios deve ser realizado sobre o total da pena privativa de liberdade, não se aplicando o limite temporal previsto no artigo 75 do Código Penal.

Publicado no Diário Oficial de São Paulo, 23/01/2020.

Enunciado nº 45

As novas regras do regime disciplinar diferenciado, previsto no artigo 52 da Lei de Execuções Penais, se aplicam aos sentenciados que incidirem em seus termos após a eficácia da Lei nº 13.964/19.

Publicado no Diário Oficial de São Paulo, 23/01/2020.

Enunciado nº 46

A vedação ao direito de saída temporária, prevista no §2º do artigo 122 da Lei de Execuções Penais, se aplica ao condenado que cumpre pena por crime elencado no artigo 5º, inciso XLIII da Constituição Federal, do qual tenha resultado morte.

Publicado no Diário Oficial de São Paulo, 23/01/2020.

Enunciado nº 47

As frações exigidas pelo artigo 112 da LEP para progressão de regime incidirão para os condenados por fato cometido a partir da eficácia da Lei n.º 13.964/19, salvo se, aplicadas no caso concreto, beneficiarem o sentenciado.

Publicado no Diário Oficial de São Paulo, 23/01/2020.

Enunciado nº 48

O executado, primário ou reincidente, condenado a crime hediondo ou equiparado com resultado morte, não faz jus ao livramento condicional.

Publicado no Diário Oficial de São Paulo, 23/01/2020.

Enunciado nº 49

Tendo em vista que o artigo 112 da LEP não utiliza o termo "reincidente específico", a aplicação das frações previstas nos incisos IV, VII e VIII se baseia na recidiva, independentemente da natureza do crime anterior, conforme a seguinte tabela.

STATUS DO SENTENCIADO	CRIME ANTERIOR	CRIME ATUAL	PERCENTUAL PARA PROGRESSÃO
Primário	Não há	Sem violência à pessoa ou grave ameaça	16% – art. 112, I, LEP
Reincidente em crime sem violência ou grave ameaça à pessoa	Sem violência ou grave ameaça à pessoa	Sem violência à pessoa ou grave ameaça	20% – art. 112, II, LEP
Primário	Não há	Com violência à pessoa ou grave ameaça	25% – art. 112, III, LEP
Reincidente em crime com violência ou grave ameaça à pessoa	Com violência à pessoa ou grave ameaça	Com violência à pessoa ou grave ameaça	30% – art. 112, IV, LEP
Reincidente (reincidência reconhecida na condenação pelo crime atual)	Com violência à pessoa ou grave ameaça	Sem violência à pessoa ou grave ameaça	20% (ausente previsão, aplica-se o art. 112, II, LEP)
Reincidente (reincidência reconhecida na condenação pelo crime atual)	Sem violência à pessoa ou grave ameaça	Com violência à pessoa ou grave ameaça	30% (ausente previsão, aplica-se o art. 112, IV, LEP)
Primário	Não há	Hediondo ou equiparado nos termos da Lei 8.072/90	40% – art. 112, V, LEP
Primário	Não há	Crime hediondo ou equiparado com resultado morte, vedado o livramento condicional	50% – art. 112, VI, LEP

STATUS DO SENTENCIADO	CRIME ANTERIOR	CRIME ATUAL	PERCENTUAL PARA PROGRESSÃO
Primário/Reincidente	Não há	- condenado por exercer o comando, individual ou coletivo, de organização criminosa estruturada para a prática de crime hediondo ou equiparado; ou - condenado pela prática do crime de constituição de milícia privada;	50% – art. 112, VI, LEP
Reincidente na prática de crime hediondo ou equiparado	É indiferente	Crime hediondo ou equiparado	60% – art. 112, VII, LEP
Reincidente em crime hediondo ou equiparado com resultado morte, vedado o livramento condicional	É indiferente	Crime hediondo ou equiparado, com resultado morte	70% – art. 112, VIII, LEP

Publicado no Diário Oficial de São Paulo, 23/01/2020.

Enunciado nº 50

O âmbito de incidência do acordo de não persecução penal, no tocante ao critério quantitativo da pena, alcança infrações penais com pena mínima inferior a quatro anos, consideradas as causas de aumento e diminuição de pena, nos termos do art. 28-A, §1º, do CPP. Em havendo redutores ou exasperantes em limites variáveis, deve-se tomar como parâmetro, respectivamente, a maior diminuição e o menor aumento, uma vez que o parâmetro é o piso punitivo.

Fonte: http://www.mpsp.mp.br/portal/page/portal/Criminal/Criminal_Juri_Jecrim/Enunciados_CAOCRIM/Enunciados%20PGJ-CGMP%20-%20Lei%2013.964-19%20(1)-%20alterado.pdf

Acesso em 04 de setembro de 2020.

Enunciado nº 51

O crime de tráfico ilícito de drogas privilegiado ou minorado, previsto no art. 33, §4º, da Lei n.º 11.343/06, embora desprovido de caráter hediondo, não prescinde da análise, no caso concreto, das circunstâncias do fato, de maneira a verificar se estão presentes os requisitos subjetivos exigidos para a formulação do acordo e não persecução penal.

Fonte: http://www.mpsp.mp.br/portal/page/portal/Criminal/Criminal_Juri_Jecrim/Enunciados_CAOCRIM/Enunciados%20PGJ-CGMP%20-%20Lei%2013.964-19%20(1)-%20alterado.pdf

Acesso em 04 de setembro de 2020.

29 – SERGIPE (SE)

29.1 ASSENTOS DO CONSELHO SUPERIOR DO MINISTÉRIO PÚBLICO DO ESTADO DE SERGIPE

Assento nº 01/2009

Sujeita-se à homologação do Conselho Superior do Ministério Público qualquer promoção de arquivamento de Inquérito Civil ou de Peças de Informação, alusivos à defesa de interesses difusos, coletivos ou individuais homogêneos.

Aprovado na 6ª Sessão Ordinária do Conselho Superior do Ministério Público em 17/06/2009.

Assento nº 02/2009

Salvo o caso de interposição de recurso ou de celebração de termos de ajustamento de conduta, não há necessidade de homologação, pelo Conselho Superior do Ministério Público, da promoção de arquivamento de notícia de fato instaurada pelas promotorias de justiça nos seguintes casos: a) indeferimento de instauração de inquérito civil por não se tratar de fato que se subsuma entre as atribuições do Ministério Público; b) se o fato já tiver sido objeto de outra investigação ou de ação civil pública; c) se o fato, de cunho individual e sem relevância social, já se encontrar solucionado.

Nova redação. Publicado no DJ de SE em 06/07/2012.

Assento nº 03/2009

O Ministério Público está legitimado à defesa de interesses individuais homogêneos que tenham expressão para a coletividade, como: 1) os que digam respeito à saúde ou à segurança das pessoas, ou ao acesso das crianças e adolescentes à educação; 2) aqueles em que haja extraordinária dispersão dos lesados; 3) quando convenha à coletividade o zelo pelo funcionamento de um sistema econômico, social ou jurídico.

Aprovado na 6ª Sessão Ordinária do Conselho Superior do Ministério Público em 17/06/2009.

Assento nº 04/2009

Em caso de indeferimento de representação para instauração de Inquérito Civil, que deverá ser registrada no Sistema de Controle como "Notícia de Fato", nas hipóteses previstas no Assento nº 02, proceder-se-á ao arquivamento sumário, sendo indispensável o cumprimento do disposto no caput do art. 37 da Resolução nº 02/2008-CPJ.

Nova redação. Publicado no DJ de SE em 04/04/2012.

Assento nº 05/2009

O Conselheiro Relator disporá de atribuição para, monocraticamente, determinar o cumprimento de providência de natureza ordinatória, pela Secretaria do Conselho ou pela Promotoria de origem. O Conselheiro Relator também poderá, de forma monocrática, aplicar o entendimento do Conselho Superior do Ministério Público do Estado de Sergipe, consolidado em seus respectivos assentos, para determinar a devolução dos autos com o fim de arquivar na Promotoria de origem, quando se tratar de caso passível de arquivamento sumário (Assento nº 02).

Nova redação. Publicado no DJ de SE em 04/04/2012.

Assento nº 05-A/2012

Quando verificar que a Promoção de Arquivamento de Procedimento Preparatório se amolda a uma das hipóteses previstas no Assento nº 02 CSMP, o Conselheiro Relator poderá proceder monocraticamente à sua homologação, remetendo-a, todavia, à apreciação pelo Plenário do Conselho sempre que discordar da Promotoria de origem.

Publicado no DJ de SE em 04/04/2012.

Assento nº 02/2009 do Conselho Superior do Ministério Público do Estado de Sergipe

Salvo o caso de interposição de recurso ou de celebração de termos de ajustamento de conduta, não há necessidade de homologação, pelo Conselho Superior do Ministério Público, da promoção de arquivamento de notícia de fato instaurada pelas promotorias de justiça nos seguintes casos: a) indeferimento de instauração de inquérito civil por não se tratar de fato que se subsuma entre as atribuições do Ministério Público; b) se o fato já tiver sido objeto de outra investigação ou de ação civil pública; c) se o fato, de cunho individual e sem relevância social, já se encontrar solucionado.

Nova redação. Publicado no DJ de SE em 06/07/2012.

Assento nº 06/2010

Só será homologada a promoção de arquivamento de inquérito civil, procedimento preparatório ao inquérito civil ou peças de informação, em decorrência de compromisso de ajustamento de conduta, se deste constar a admissão por parte daquele que se ajusta ao regramento legal, da ocorrência do dano, risco de dano, ou desconformidade com a ordem jurídica.

Publicado no DJ de SE em 13/08/2010.

Assento nº 07/2010

Só será homologada a promoção de arquivamento de inquérito civil, procedimento preparatório ao inquérito civil ou peças de informação, em decorrência de compromisso de ajustamento de conduta, se deste constar que seu não cumprimento sujeitará o infrator a suportar a execução do título executivo extrajudicial ali formado, devendo a obrigação ser certa quanto à sua existência, determinada quanto ao seu objeto, e exigível o cumprimento da obrigação.

Publicado no DJ de SE em 13/08/2010.

Assento nº 08/2010

Só será homologada a promoção de arquivamento de inquérito civil, procedimento preparatório ao inquérito civil ou peças de informação, em face a tomada de compromisso de ajustamento, se o seu objeto abarcar todas as medidas necessárias à correção dos danos causados, ou o integral afastamento dos riscos existentes ao bem difuso ou coletivo.

Publicado no DJ de SE em 13/08/2010.

Assento nº 09/2010

Homologada pelo Conselho Superior a promoção de arquivamento de inquérito civil, procedimento preparatório ou de peças de informação, em decorrência de compromisso de ajustamento, incumbirá ao Órgão do Ministério que o celebrou, fiscalizar o seu efetivo cumprimento, do qual lançará certidão nos autos, comunicando ao CSMP e à Coordenadoria Geral, no prazo de 03 (três) dias.

Nova redação. Publicado no DJ de SE em 04/04/2012.

Assento nº 10/2010

Para que ganhe eficácia de título extrajudicial, o compromisso de ajustamento de conduta precisa ser assinado por aquele que está na posição de quem assume obrigação com vistas a reparar o dano causado, ou afastar o risco de dano existente. Na hipótese do ajustante ser pessoa jurídica, aquele que detenha poder de decisão.

Publicado no DJ de SE em 13/08/2010.

Assento nº 11/2010

Não poderão ser convocados para substituir Procurador de Justiça os membros que sejam cônjuge ou parentes até o terceiro grau substituídos.

Publicado no DJ de SE em 01/03/2011.

Assento nº 12/2015

Nos Procedimentos por remoção ou promoção, por merecimento ou antiguidade, não serão considerados HABILITADOS ou INDICADOS, os candidatos que, injustificadamente, deixarem de encaminhar à Corregedoria Geral do Ministério Público os relatórios de cumprimento das atividades funcionais, bem como não alimentarem os bancos de dados que gerenciam os trabalhos das respectivas Promotorias de Justiça.(art. 68, I, primeira parte, da Lei Complementar nº 02/90).

Nova redação. Publicado no DOFe de SE em 27/11/2015.

Assento nº 13/2014

A providência de mero expediente, destituída de apreciação de mérito e destinada a promover a regularização formal do procedimento, poderá ser determinada monocraticamente e de ofício, pelo conselheiro relator, e endereçada à Secretaria do Conselho Superior do Ministério Público.

Publicado no DJ de SE em 05/09/2014.

Assento nº 14/2015

Os Procuradores e Promotores de Justiça observarão a Recomendação nº 01/2014 da Corregedoria-Geral do Ministério Público do Estado de Sergipe.

Publicado no DJ de SE em 25/02/2015.

Assento nº 15/2015

Caberá aos membros do Conselho Superior aferir, por ocasião da apreciação das decisões de arquivamento de inquéritos civis ou procedimentos preparatórios que tenham por objeto decisões do tribunal de contas do Estado de Sergipe, se a pessoa jurídica lesada promoveu a execução das sanções patrimoniais devidamente corrigidas e atualizadas.

Publicado no DJ de SE em 09/02/2015.

Assento nº 16/2015

O Conselho Superior do Ministério Público não possui atribuição para homologar o arquivamento de procedimento administrativo, cujo objeto tenha exclusiva natureza criminal.

Publicado no DJ de SE em 09/02/2015.

Assento nº 17/2015

Em caso de rejeição da promoção de arquivamento pelo Conselho Superior e, por consequência, de designação de outro membro do Ministério Público para propor ação judicial ou prosseguir nas investigações, ficará o(a) promotor(a) de justiça vinculado(a) ao procedimento preparatório ou inquérito civil para o qual foi designado(a) a atuar, independentemente da promotoria de justiça onde estiver exercendo as sua atribuições, até deliberação ulterior do procurador-geral de justiça em sentido contrário.

Publicado no DJ de SE em 11/06/2015.

Assento nº 18/2015

A convocação dos suplentes para participar das sessões do Conselho Superior somente poderá ser feita nos casos de afastamentos ou ausências superiores a 30 (trinta) dias do conselheiro eleito.

Publicado no DOE de SE em 27/11/2015.

Assento nº 19/2016

É indubitável a legitimidade do Ministério Público para defesa de direito individual indisponível, a exemplo dos ligados à criança e ao adolescente, ao idoso, à saúde e à educação, independentemente da quantidade do titular do direito, sendo facultado aos Órgãos de Execução institucional a utilização de todos os instrumentos de atuação disponíveis para tutela de direitos individuais indisponíveis.

Publicado no DOE de SE em 02/06/2016.

Assento nº 20/2017

O Ministério Público do Estado de Sergipe tem legitimidade para atuar nas hipóteses de inadimplemento reiterado dos salários de servidores públicos estatutários e de pagamento de remuneração em valor inferior ao salário-mínimo.

Publicado no DOE de SE em 08/02/2018.

Assento nº 21/2017

No exercício da atividade extrajudicial e objetivando garantir maior segurança e fidelidade dos atos praticados, os membros do Ministério Público somente devem promover a juntada nos autos dos respectivos procedimentos administrativos, sob a sua responsabilidade, de peças por eles produzidas firmadas no original ou com certificação digital, evitando-se cópias ou documentos com assinaturas escaneadas, sem certificação digital.

Publicado no DOE de SE em 08/02/2018.

Assento nº 22/2019

No caso de pluralidade de vagas à remoção e à promoção, o Membro do Ministério Público poderá concorrer a todas elas, mas deverá indicar, no momento da inscrição, a ordem de preferência. Não havendo a indicação, a remoção ou a promoção, por merecimento ou antiguidade, tornará sem efeito a inscrição do candidato para as demais vagas, cuja apreciação esteja pautada para a mesma Sessão de Julgamento do Conselho Superior.

Publicado no DOE de SE em 28/03/2019.

30 – TOCANTINS (TO)

30.1 ASSENTOS DO CONSELHO SUPERIOR DO MINISTÉRIO PÚBLICO DO ESTADO DO TOCANTINS

Assento nº 01/2016

O requisito temporal para inscrição na movimentação da carreira deve estar implementado na data da inscrição.

Aprovado na 168ª Sessão Ordinária em 28/06/2016.

Assento nº 01/2018

Para fins da aferição do merecimento no concurso de remoção ou promoção dos membros, na hipótese do artigo 19, VI, da Resolução CSMP nº 001/2012, considera-se Projeto Especial aquele concebido e implantado pelo Centro de Apoio Operacional, com objetivo estratégico finalístico, associado à atividade-fim, elaborado em conformidade com a metodologia de gestão de projetos do Ministério Público do Estado do Tocantins, tendo sido avaliado pelo escritório de projetos do DEPLAN, aprovado pela Comissão Permanente de Gestão, homologado pelo Procurador Geral de Justiça e ter sido monitorado em 03 (três) ciclos trimestrais.

Aprovado na 189ª Sessão Ordinária em 24/04/2018.

Assento nº 02/2018

A aferição da pontuação meritória prevista pela Resolução CSMP nº 001/2012, na hipótese do artigo 19, VI, em razão da atuação do Promotor de Justiça na execução de Projeto Especial, será conforme sua menor ou maior contribuição no resultado final objetivado pelo projeto.

Aprovado na 189ª Sessão Ordinária em 24/04/2018.

30.2 SÚMULAS DO CONSELHO SUPERIOR DO MINISTÉRIO PÚBLICO DO ESTADO DO TOCANTINS

Súmula nº 01/2013

As peças de informação remetidas por outras promotorias têm natureza de representação, para fins de instauração de inquérito civil ou procedimento preparatório.

Fundamento: Peças de Informação são elementos de convicção para o Ministério Público, assim, se o Promotor de Justiça der continuidade às investigações ou considerar que todos os elementos de provas encontram-se apurados, o membro do Ministério Público, caso se convença da inexistência de fundamento para propositura da ação, promove fundamentadamente o arquivamento e remete para reexame do CSMP, ou, verificada alguma das hipóteses previstas no artigo 12 caput, da Resolução CSMP/TO nº. 003/2008, indefere de plano, a peça de informação, sem realizar qualquer diligência. Nesse último caso, conforme decidido na 137ª Sessão Ordinária deve ser notificado, o Promotor de Justiça que remeteu as peças, também, intimado da decisão o interessado que lhe encaminhou a denúncia.

Aprovada na 139ª Sessão Ordinária em 12/09/2013.

Súmula nº 02/2013

A Constatação de quaisquer das hipóteses previstas no artigo 12, *caput* da Resolução CSMP/TO nº 003/2008, nas peças de informação remetidas por outras promotorias de justiça, é caso de indeferimento *in limine*, que não havendo recurso administrativo da decisão, desobriga remessa ao Conselho Superior.

Fundamento: O Órgão de Execução que receber uma reclamação, notícia ou representação encaminhada por outras promotorias, após análise, pode iniciar uma apuração mediante instauração de Procedimento Preliminar ou Inquérito Civil, ou, no prazo de trinta dias, indeferir a instauração de procedimento investigatório formal, mediante a constatação das seguintes hipóteses:1 – ausência de legitimidade para atuação do Ministério Público; .2 – evidência de que os fatos noticiados não configuram lesão aos interesses ou direitos mencionados em seu artigo 2º; 3 – se o fato já tiver sido objeto de investigação ou de ação civil pública; 4 – ou ainda, se os fatos apresentados já se encontrarem solucionados (artigo 12, *caput*). Nesse caso, o Promotor de Justiça intima o interessado, cidadão, para oportunizar-lhe recorrer da decisão, não havendo irresignação, arquiva-se os autos na própria Promotoria de Justiça (art. 12. § 6º). Deve-se atentar que o indeferimento in limine impõe a cientificação do interessado, explicitando-lhe a possibilidade de o mesmo interpor recurso administrativo, prazo de 10 (dez) dias, dirigido ao Presidente do feito (art. 12, §§ 1º, 2º, 3º). Veja Recomendação CSMP/TO nº 001/2013.

Aprovada na 139ª Sessão Ordinária em 12/09/2013.

Súmula nº 03/2013

Realizada alguma diligência investigatória no bojo de notícia de fato, eventual encerramento do procedimento deve ser feito por promoção de arquivamento, com posterior remessa dos autos ao Conselho Superior, para reexame obrigatório. Não se compreende como diligência investigatória aquela tomada de forma preliminar, com o simples objetivo de aferir a viabilidade e a justa causa para a deflagração de investigação cível ou criminal.

Fundamento. A realização de qualquer diligência investigatória, como por exemplo instrução do feito com coleta de provas, oitiva do investigado, testemunhas, juntadas de documentos, requisições de informações etc., implica deferimento da representação, obrigando instauração de procedimento preparatório ou inquérito civil. Esgotadas as possibilidades de diligências e não se apurando fato que constitua objeto de ação civil pública, a hipótese será de promoção de arquivamento do procedimento e remessa ao Conselho Superior para reexame obrigatório, art. 21, da Resolução CSMP/TO nº 003/2008. Ver Recomendação CSMP/TO nº 001/2013.

Revisão da Súmula nº 003/2013 aprovada, à unanimidade, na 161ª Sessão Ordinária do CSMP - TO, ocorrida em 18/11/2015.

Súmula nº 04/2013

O Órgão de Execução que remeteu as peças de informação deve ser comunicado da decisão de arquivamento, bem como intimado o (s) interessado (s) que terá oportunidade de interpor recurso no prazo de dez dias.

Fundamento: A Resolução CSMP/TO nº 003/2008 prevê possibilidade de recurso contra decisão que indefere a representação (art. 12, §1º). De suma importância a cientificação do interessado nesses casos, vez que somente na hipótese de ele interpor recurso terá oportunidade de se obter a reconsideração, pelo prolator da decisão indeferitória, ou, caso contrário, o reexame pelo Conselho Superior.

Aprovada na 139ª Sessão Ordinária em 12/09/2013.

Súmula nº 05/2013

A conversão do procedimento preparatório ou do inquérito civil público em ação civil pública leva à impossibilidade de seu reexame e arquivamento pelo Conselho Superior.

Fundamento: Não é competência do Conselho Superior do Ministério Público rever procedimentos administrativos preliminares ou inquéritos civis que tenham sido objeto de Ação Civil Pública. O envio dos autos, nesses casos, caracteriza remessa imprópria e o imperativo retorno dos autos à origem. A competência do Conselho Superior do Ministério Público, para apreciar as promoções de arquivamento de procedimentos preparatórios e ou inquéritos civis, limita-se aos casos em que o Órgão Ministerial, após exaurir as possibilidades de diligências, promove o arquivamento por não encontrar base para a propositura da ação civil pública. A priori, se judicializou a questão, os autos de inquérito civil ou procedimento preparatório seguem a ação proposta.

Aprovada na 139ª Sessão Ordinária em 12/09/2013.

Súmula nº 06/2013

ECA – somente o arquivamento de procedimento administrativo, aquele previsto no art. 201, VI, da Lei nº 8.069/90 contendo matéria que, em tese, demandaria o ajuizamento de ação civil pública, assim definidas no art. 208 da referida lei, enseja a remessa obrigatória ao Conselho Superior do Ministério Público para homologação ou rejeição da promoção.

Fundamento: Os procedimentos administrativos* instaurados com base no art. 201, VI, do ECA, somente estarão sujeitos à homologação do Conselho Superior quando tratarem matérias que, em tese, poderiam ser objeto de ação civil pública. Quais sejam, as atinentes às lesões de interesses difusos, coletivos ou mesmo individuais indisponíveis relativos à proteção de crianças e adolescentes, na forma do art. 223 do ECA. E nesse sentido, colhe-se do art. 208 do referido Estatuto, as hipóteses passíveis de ação civil pública, seja pelo não oferecimento ou oferta irregular de inúmeras ações e ou serviços – educação, saúde, programas de orientação, apoio e promoção social, de escolarização e profissionalização de adolescentes privados de liberdade, dentre outros. Portanto, apenas os procedimentos administrativos instaurados para apurar tais lesões serão reexaminados pelo Conselho Superior, através de eventual promoção de arquivamento.

Aprovada na 139ª Sessão Ordinária em 12/09/2013.

*O procedimento administrativo descrito no artigo 201,VI, equivale a IC ou Peças de Informação.

Súmula nº 07/2013

O Conselho Superior homologará promoção de arquivamento de inquérito civil ou de procedimento preparatório, instaurados para apurar improbidade administrativa, se, no curso da investigação, ficarem comprovadas a prescrição da ação, regulada pelo artigo 23, incisos I e II da Lei Federal nº 8.429/92, e a ausência de dano ao erário.

Fundamento. A ação civil pública constitui o instrumento processual conferido ao Ministério Público para a defesa do patrimônio público, sendo cabível, portanto, quando se objetiva a aplicação das sanções previstas na Lei nº 8.429/92 para os atos de improbidade administrativa, dentro do prazo quinquenal, bem como quando se postula o ressarcimento dos danos causados, ao erário, pela prática desses atos. Nesse caso, conforme disposto no § 5º do art. 37 da Constituição Federal, é imprescritível a ação ressarcitória. Recente o Plenário do Supremo Tribunal Federal concluiu, na sessão do dia 24/02/2011, o julgamento do RE 225777, reconhecendo a legitimidade do Ministério Público para propor ação civil pública objetivando a restituição de dinheiro desviado do erário por ato administrativo. Por maioria, vencidos os Ministros Eros Grau (aposentado) e Cezar Peluso, o Plenário seguiu a divergência aberta pelo Ministro Dias Toffoli, que trouxe voto-vista concluindo pela legitimidade do Ministério Público. Desse modo, evidenciado o dano ao erário, cuja matéria encontra-se afeta à área de atuação do Promotor oficiante, e, em se verificando que a pessoa jurídica lesada não tomou as providências necessárias para o ressarcimento, legítimo e viável o manejo da ação constitucional de ressarcimento, podendo, inclusive, o Ministério Público propô-la, também, contra o espólio para assegurar o montante do recurso público, eventualmente apropriado.

Aprovada na 139ª Sessão Ordinária em 12/09/2013.

Súmula nº 08/2013

Se absolutamente idênticos as partes, o conteúdo e o pedido formulados nos procedimentos, impõe-se o arquivamento do segundo, instaurado posteriormente.

Fundamento. A constatação da duplicidade de procedimentos, a princípio enseja o apensamento do segundo ao primeiramente instaurado, contudo, torna-se desnecessário o prosseguimento, daquele instaurado posteriormente, quando se tratar de procedimentos absolutamente idênticos em relação ao tema, conteúdo e abrangência.

Aprovada na 139ª Sessão Ordinária em 12/09/2013.

Súmula nº 09/2013

O procedimento preparatório e /ou inquérito civil com objeto de investigação mais abrangente, desde que instaurado posteriormente, não enseja o arquivamento do primeiro, que se encontrar na fase inicial ou conclusiva das investigações, mas seu apensamento.

Fundamento. O artigo 10, §1º, da Resolução CSMP/TO nº 003/2008, não dá margem ao arquivamento de procedimento ou inquérito civil pelo fato de o objeto de investigação ter se ampliado, mas direciona no sentido de aditamento da portaria de instauração. Ademais, com vista à promoção da celeridade e aproveitamento dos atos, deve-se proceder o apensamento do segundo ao primeiramente instaurado. Ou ainda, dá-se prosseguimento ao primeiro, concluindo-o e instaurando-se outro com objeto diverso. Ocorrendo o envio dos autos, referentes ao procedimento instaurado com o objeto simplificado, ao Conselho Superior, será considerado remessa imprópria, quando o Relator verificar que o arquivamento não se enquadra em nenhuma das hipóteses previstas, tanto no artigo 21, quanto no artigo 12, ambos da Resolução CSMP/TO nº 003/2008.

Aprovada na 139ª Sessão Ordinária em 12/09/2013.

Súmula nº 10/2013

É caso de arquivamento do inquérito civil e do procedimento instaurados quando, expedida recomendação, houver seu integral atendimento.

Fundamento. O artigo 35, § 3º da Resolução CSMP/TO nº 003/2008, permite que o Promotor de Justiça expeça recomendação, desde que não seja substitutiva ao termo de ajustamento de conduta ou à ação civil pública. Isso porque, enquanto o TAC, como título executivo extrajudicial, resguarda o cumprimento do que foi acordado, a recomendação não tem nenhuma força executiva. Contudo, restando comprovado, nos autos, que a recomendação foi integralmente cumprida, além de obstar a propositura da ação civil pública, permite o arquivamento do inquérito civil ou do procedimento preparatório instaurados, em razão da consequente perda de objeto.

Aprovada na 139ª Sessão Ordinária em 12/09/2013.

Súmula nº 11/2016

O arquivamento de notícia de fato originária de acórdão ou parecer prévio do Tribunal de Contas deve ser submetido ao controle do Conselho Superior do Ministério Público, ainda que não realizadas diligências investigatórias pelo órgão de execução.

Fundamento: Como se sabe, o controle externo da administração pública é exercido, dentre outros órgãos, pelo Tribunal de Contas, a quem cabe apreciar, mediante parecer prévio, as contas anualmente prestadas pelo Chefe do Poder Executivo, bem como julgar as contas dos ordenadores de despesas (artigo 71, incisos I e II, da Constituição Federal e artigo 33, incisos I e II, da Constituição Estadual). De praxe, ao emitir parecer prévio pela rejeição das contas consolidadas do ente público ou julgar irregulares as contas de ordenador de despesas, o Tribunal de Contas encaminha cópia de sua decisão ao Ministério Público para análise e apuração de eventual ato de improbidade administrativa e infração penal. De posse de uma decisão do Tribunal de Contas, o membro do Ministério Público pode instaurar procedimento investigatório, ajuizar medidas judiciais (ação penal, ação civil pública por ato de improbidade administrativa ou outra) ou promover o arquivamento. A Corregedoria-Geral constatou que alguns membros, entendendo que as decisões da Corte de Contas têm natureza de representação para fins de instauração de inquérito civil ou procedimento preparatório, promovem seu arquivamento na própria promotoria, nos termos do artigo 12 da Resolução nº 003/08/CSMP, sem submissão ao controle do Conselho Superior do Ministério Público, o que não parece o mais adequado. Os pareceres e acórdãos do Tribunal de Contas, onde são ventilados os atos de improbidade administrativa, são lançados após análise de farta documentação contábil e financeira do ente público, referente a todo um exercício financeiro. São analisados contratos, atos de admissão de pessoal, licitações, despesas realizadas, enfim, toda execução orçamentária e financeira da entidade. Tais fatores recomendam que as promoções de arquivamentos de notícias de fato, originárias de pareceres prévios e acórdãos do Tribunal de Contas, sejam submetidas ao crivo e controle do Conselho Superior do Ministério Público, não podendo tais decisões serem consideradas meras representações para fins de instauração de inquérito civil ou procedimento preparatório.

Aprovada na 171ª Sessão Ordinária em 20/09/2016.

Súmula nº 12/2017

O Conselho Superior não tem atuação consultiva em matéria de defesa dos interesses difusos, coletivos e individuais homogêneos, exceto quando em matéria procedimental, como nas questões referentes à tramitação do inquérito civil ou das peças de informação.

Fundamento. Nem a Lei Federal n.º 7.347/87 (LACP), nem a Lei Federal n.º 8.625/93 (LOEMP) conferem atuação consultiva ao CSMP, na área de proteção dos interesses difusos e coletivos.

Aprovada na 175ª Sessão Ordinária em 14/02/2017.

Súmula nº 13/2017

Convertido o julgamento em diligência, reabre-se ao Promotor de Justiça que promoveu o arquivamento do inquérito civil público ou do procedimento preparatório a oportunidade de reapreciar o caso, podendo manter sua posição favorável ao arquivamento ou propor a ação civil pública, como lhe pareça mais adequado; nesse último caso, desnecessária a remessa dos autos ao Conselho Superior, bastando comunicar, por ofício, o ajuizamento da ação.

Fundamento. Se, em virtude da conversão do julgamento em diligência, surgirem novas provas, o mesmo membro do Ministério público que tinha promovido o arquivamento do inquérito civil não estará impedido de reapreciar o inquérito civil, podendo tanto propor ação civil pública, se estiver convencido de seu cabimento, como insistir no arquivamento, em caso contrário. Essa a exegese que se extrai do disposto no artigo 222 do Regimento Interno do Conselho Superior do Ministério Público.

Aprovada na 175ª Sessão Ordinária em 14/02/2017.

Súmula nº 14/2017

A promoção de arquivamento lançada em procedimento pura e tipicamente eleitoral não está inserida na atribuição revisora do Conselho Superior do Ministério Público.

Fundamento. A Lei nº 9.504/97 estabelece a possibilidade de uma série de procedimentos administrativos atinentes à matéria eleitoral, contudo, pela leitura não se vislumbra atribuição conferida ao Conselho Superior do Ministério Público, para revisar as promoções de arquivamento desses procedimentos, conforme exegese do artigo 9º §3º, da Lei nº 7.347/85 e Portaria PGR/MPF nº 692, de 19 de agosto de 2016, que institui e regulamenta, no âmbito do Ministério Público Eleitoral, o Procedimento Preparatório Eleitoral. No mesmo sentido a Recomendação CGMP N. 008/2016. Ainda, por força do disposto no artigo 105-A da Lei 9.504/97, em princípio, tal procedimento não ensejaria eventual propositura de ação civil pública, caso houvesse indícios de improbidade administrativa juntamente com a irregularidade eleitoral. Haveria, assim, que se instaurar procedimentos previstos na Lei nº 7.347/85, na forma regulamentada pela Resolução CSMP nº 003/2008, para, em caso de arquivamento, submetê-los à revisão deste Conselho Superior. Nessa hipótese, a remessa ao Conselho Superior será tida como imprópria impondo o retorno dos autos à origem.

Aprovada na 175ª Sessão Ordinária em 14/02/2017.

Súmula nº 15/2017

Em entendendo não possuir atribuições para atuar em um determinado caso concreto, compete ao Promotor de Justiça providenciar a sua remessa, fundamentada, ao Órgão de Execução que entenda possuir atribuições para tanto, não sendo o caso de arquivamento dos autos, nem de indeferimento da representação, nem de sua remessa ao Conselho Superior do Ministério Público.

Fundamento. É incontroverso que só é caso de arquivamento de Inquérito Civil Público ou de Procedimento Preparatório de Inquérito Civil, ou de indeferimento de representação, quando o Promotor de Justiça, pressupondo possuir atribuições para atuar no caso, entenda não deva se dar prosseguimento ou início a uma investigação, nos termos dos artigos 9º, "caput, da LACP nº 7.347/85. Destaca-se ainda que segundo a Lei Complementar n.º 51/2008 compete, exclusivamente, ao Procurador Geral de Justiça, e não ao Conselho do Ministério Público, decidir conflitos de atribuições.

Aprovada na 175ª Sessão Ordinária em 14/02/2017.

Súmula nº 16/2017

Não é dever do órgão do Ministério Público instaurar inquérito civil público ou procedimento preparatório para mero acompanhamento da criação ou execução de programas ou políticas públicas, quando não houve notícia concreta de dano ou risco de lesão a interesses difusos, coletivos ou individuais homogêneos.

Fundamento. O acompanhamento de fiscalizações, de cunho permanente ou não, de fatos e instituições e de políticas públicas e demais procedimentos não sujeitos a inquérito civil público, há que ser através da instauração de procedimento administrativo. Seu arquivamento dispensa remessa ao Conselho Superior.

Aprovada na 175ª Sessão Ordinária em 14/02/2017.

Súmula nº 17/2017

Sujeita-se a reexame do Conselho Superior a decisão proferida nos autos do inquérito civil público ou procedimento preparatório que importe em declínio de atribuição em favor do Ministério Público da União ou de outra unidade Federativa.

Fundamento. O art. 1º da Resolução nº 126/2015 do Conselho Nacional do Ministério Público acrescentou à Resolução nº 23/2007 o art. 9º-A, o qual afiança que "*após a instauração do inquérito civil ou do procedimento preparatório, quando o membro que o preside concluir ser atribuição de outro Ministério Público, este deverá submeter sua decisão ao referendo do órgão de revisão competente, no prazo de 3 (três) dias*". Nessa diretriz, o artigo 1º da Resolução CSMP Nº 007/2018 alterou o §2ºº, do artigo 21 da Resolução CSMP nº 003/2008, impondo, nesse caso, sob pena de falta grave, a remessa ao CSMP, no prazo de 3 (três) dias, contado da efetiva cientificação dos interessados.

Aprovada na 175ª Sessão Ordinária em 14/02/2017.

31 – CONSELHO NACIONAL DE PROCURADORES GERAIS – CNPG

31.1 GRUPOS DE TRABALHO

31.1.1. GRUPO NACIONAL DE DIREITOS HUMANOS – GNDH

31.1.1.1 COMISSÃO PERMANENTE DE DEFESA DA SAÚDE – COPEDS

A) ENUNCIADOS COPEDS APROVADOS (II Reunião Ordinária da COPEDS/2011)

ENUNCIADOS SOBRE TERCEIRIZAÇÃO DAS AÇÕES E SERVIÇOS DE SAÚDE

Enunciado nº 01 (Revogado na I Reunião Ordinária da COPEDS/2018)

Revogado.

A saúde pública deve ser exercida diretamente pela Administração Direta, devendo o Ministério Público promover medidas para garantir esta diretriz constitucional, inclusive o ajuizamento de ações civis públicas.

Data da reunião, 09/06/2011 – Vitória/ES.

Acesso em 07/08/20. Fonte: http://ejef.tjmg.jus.br/judicializacao-enunciados-copeds/

Enunciado nº 02 (Revogado na I Reunião Ordinária da COPEDS/2018)

Revogado.

Não é possível a transferência integral da gestão e da execução das ações e serviços de saúde do Primeiro Setor (Estado) para pessoas jurídicas de direito privado, como as Organizações Sociais (OS), as Organizações da Sociedade Civil de Interesse Público (OSCIP), ou qualquer outra entidade do Terceiro Setor, pois a saúde é dever do Estado necessitando ser promovida mediante políticas públicas, devendo a iniciativa privada participar do Sistema Único de Saúde (SUS) apenas em caráter complementar.

Data da reunião, 09/06/2011 - Vitória/ES.

Acesso em 07/08/20. Fonte: http://ejef.tjmg.jus.br/judicializacao-enunciados--copeds/

Enunciado nº 03 (Revogado na II Reunião Ordinária da COPEDS/2018

Revogado.

A complementaridade que possibilita a participação de entidades do Terceiro Setor no Sistema Único de Saúde (SUS), por expressa determinação constitucional e de acordo com a lei de regência (Lei Orgânica da Saúde), exige que o gestor demonstre a impossibilidade fática do Estado garantir diretamente a cobertura assistencial à população de determinada área, com justificativa técnica e epidemiológica, não podendo jamais significar a não responsabilização do Estado, bem como, a mera substituição dos serviços públicos pela iniciativa privada.

Data da reunião, 09/06/2011 - Vitória/ES.

Acesso em 07/08/20. Fonte: http://ejef.tjmg.jus.br/judicializacao-enunciados--copeds/

Enunciado nº 04 (Revogado na I Reunião Ordinária da COPEDS/2018)

Revogado.

Os planos operativos estabelecidos em decorrência dos Termos de Compromisso de Gestão (TGE) dos Pactos pela Saúde (Portaria MS nº 399/2006) são instrumentos úteis para eventual averiguação das situações de suficiência ou não dos serviços públicos na área da saúde.

Data da reunião, 09/06/2011 - Vitória/ES.

Acesso em 07/08/20. Fonte: http://ejef.tjmg.jus.br/judicializacao-enunciados--copeds/

Enunciado nº 05 (Revogado na I Reunião Ordinária da COPEDS/2018)

Revogado.

A participação complementar da iniciativa privada no Sistema Único de Saúde (SUS) não pode compreender atos de gestão e administração de unidades públicas ou quaisquer estabelecimentos de saúde com equipamentos, funcionários e recursos públicos, mas apenas a execução de determinadas ações e serviços públicos onde tais unidades não forem suficientes para a cobertura assistencial.

Data da reunião, 09/06/2011 - Vitória/ES.

Acesso em 07/08/20. Fonte: http://ejef.tjmg.jus.br/judicializacao-enunciados--copeds/

Enunciado nº 06 (Redação alterada na I Reunião Ordinária da COPEDS/2018)

Compete ao Município assumir diretamente, por sua rede pública, a execução das ações e serviços de saúde de atenção básica (atenção primária), estando vedada a terceirização dos Agentes Comunitários da Saúde e dos Agentes de Combate à Endemia.

Data da reunião, 09/06/2011 - Vitória/ES.

Acesso em 07/08/20. Fonte: http://ejef.tjmg.jus.br/judicializacao-enunciados--copeds/

Enunciado nº 07 (Revogado na I Reunião Ordinária da COPEDS/2018)

Revogado.

Constatando uma situação fática consolidada, por vezes com o reconhecimento da legalidade pelo Poder Judiciário, o Ministério Público deve se voltar para a fiscalização das atividades da Administração Indireta ou da iniciativa privada que prestam o serviço de saúde à população que, independentemente do instrumento jurídico utilizado para legitimar a parceria (auxílios, subvenções e contribuições, convênio, termo de parceria, contrato de gestão), devem observar as normas técnicas e administrativas e os princípios e diretrizes do Sistema Único de Saúde (SUS), bem como, os princípios constitucionais da Administração Pública.

Data da reunião, 09/06/2011 - Vitória/ES.

Acesso em 07/08/20. Fonte: http://ejef.tjmg.jus.br/judicializacao-enunciados--copeds/

Enunciado nº 08 (Revogado na I Reunião Ordinária da COPEDS/2018)

Revogado.

As situações de fato consolidadas, em razão de segurança jurídica e especificidades regionais, deverão ser respeitadas, sem prejuízo de o Poder Público instaurar, ao final dos contratos de gestão ou outros instrumentos jurídicos vigentes, processo público e objetivo, nos termos da Lei nº 8.666, de 21 de junho de 1993, para as novas avenças.

Data da reunião, 09/06/2011 - Vitória/ES.

Acesso em 07/08/20. Fonte: http://ejef.tjmg.jus.br/judicializacao-enunciados--copeds/

Enunciado nº 09 (Redação unificada com enunciado nº 11 e mantida na I Reunião Ordinária da COPEDS/2018)

Na fiscalização da relação estabelecida entre o Poder Público e os entes sociais no Sistema Único de Saúde (SUS), o Ministério Público deve atentar para quatro diferentes etapas importantes: a fiscalização prévia do modelo de participação complementar, que exige lei local e compatibilidade com o sistema constitucional; a outorga da qualificação da entidade social, que deve respeitar os requisitos legais, princípios constitucionais como a isonomia e imparcialidade, e destinar-se a pessoas jurídicas com comprovada experiência na área de saúde; a formalização do ajuste, que deve conter o programa proposto e as metas a serem atingidas em determinados prazos de execução, salários e benefícios dos empregados da entidade, bem como a forma da fiscalização da Administração Direta; e a execução do contrato ou parceria, com a análise da qualidade dos serviços prestados e a comparação entre as metas propostas e os resultados alcançados.

Data da reunião, 09/06/2011 - Vitória/ES.

Acesso em 07/08/20. Fonte: http://ejef.tjmg.jus.br/judicializacao-enunciados--copeds/

Enunciado nº 10 (Redação alterada na I Reunião Ordinária da COPEDS/2018)

Os indicadores do Pacto pela Vida (Portaria MS nº 399/2006) devem ser incorporados nos termos de parceria, nos contratos de gestão e em quaisquer outros instrumentos jurídicos cujo objeto seja a prestação de serviços públicos de saúde.

Data da reunião, 09/06/2011 - Vitória/ES.

Acesso em 07/08/20. Fonte: http://ejef.tjmg.jus.br/judicializacao-enunciados--copeds/

Enunciado nº 11 (Redação unificada com enunciado nº 09 e mantida na I Reunião Ordinária da COPEDS/2018)

Como responsável pela supervisão dos termos de parceria e dos contratos de gestão, o gestor do Sistema Único de Saúde (SUS) deve fiscalizar rigorosamente o programa de trabalho proposto pela entidade, com as metas e os prazos estabelecidos, exigir a expedição de regulamento para a contratação de obras, serviços e compras pelas Organizações da Sociedade Civil de Interesse Público (OSCIP) e pelas Organizações Sociais (OS) com o emprego de recursos públicos, bem como, acompanhar com atenção os processos seletivos dos serviços continuados e as aquisições realizadas, a fim de garantir a proposta mais vantajosa.

Data da reunião, 09/06/2011 - Vitória/ES.

Acesso em 07/08/20. Fonte: http://ejef.tjmg.jus.br/judicializacao-enunciados--copeds/

Enunciado nº 12 (Revogado na I Reunião Ordinária da COPEDS/2018)

Revogado.

As atividades a serem desenvolvidas pelas Organizações Sociais (OS), pelas Organizações da Sociedade Civil de Interesse Público (OSCIP) e por outras entidades do Terceiro Setor devem ser distintas daquelas do Poder Público, devendo o Ministério Público cuidar para que haja efetiva separação entre os bens, os equipamentos e os funcionários públicos e o patrimônio da entidade privada.

Data da reunião, 09/06/2011 – Vitória/ES.

Acesso em 07/08/20. Fonte: http://ejef.tjmg.jus.br/judicializacao-enunciados--copeds/

Enunciado nº 13 (Redação alterada na I Reunião Ordinária da COPEDS/2018)

Os responsáveis pelas ilegalidades perpetradas envolvendo repasses públicos ao Terceiro Setor estão sujeitos às sanções da Lei de Improbidade Administrativa (Lei nº 8.429/92), nos termos do disposto nos seus arts. 2º e 3º.

Data da reunião, 09/06/2011 – Vitória/ES.

Acesso em 07/08/20. Fonte: http://ejef.tjmg.jus.br/judicializacao-enunciados--copeds/

Enunciado nº 14 (Redação mantida na I Reunião Ordinária da COPEDS/2018)

A atuação eficiente dos Conselhos de Saúde contribui para o êxito no controle da terceirização das ações e serviços de saúde, seja na averiguação do respeito aos princípios e diretrizes do Sistema Único de Saúde (SUS), seja na fiscalização dos convênios, termos de parceria e contratos de gestão, além de configurar legítima forma de controle social, razão pela qual o Ministério Público deve promover medidas para seu fortalecimento e capacitação técnica.

Data da reunião, 09/06/2011 – Vitória/ES.

Acesso em 07/08/20. Fonte: http://ejef.tjmg.jus.br/judicializacao-enunciados--copeds/

Enunciado nº 15 (Revogado na I Reunião Ordinária da COPEDS/2018)

Revogado.

O aumento vertiginoso das terceirizações no setor da saúde, sob a retórica da eficiência, demonstra que o Ministério Público deve eleger como assuntos prioritários a busca de uma fonte estável para o financiamento das ações e serviços da saúde, o respeito aos parâmetros constitucionais dos recursos que devem constar nos orçamentos sanitários da União, dos Estados e dos Municípios (Emenda Constitucional nº 29, de 13 de dezembro de 2000), e a efetivação do Plano de Cargos, Carreiras e Salários do Sistema Único de Saúde (SUS).

Data da reunião, 09/06/2011 – Vitória/ES.

Acesso em 07/08/20. Fonte: http://ejef.tjmg.jus.br/judicializacao-enunciados--copeds/

B) ENUNCIADOS COPEDS APROVADOS (IV Reunião Ordinária da COPEDS/2011).

Enunciados sobre atuação do Ministério Público em prol da integralidade.

Enunciado nº 16

O Ministério Público deve priorizar sua atuação coletiva nas questões de saúde pública, sem prejuízo de sua atribuição para as demandas individuais, com fundamento no art. 127, *caput*, da CF/88.

Data da reunião, 07/12/2011 – Belo Horizonte/MG.

Acesso em 07/08/20. Fonte: http://ejef.tjmg.jus.br/judicializacao-enunciados-copeds/

Enunciado nº 17

Observará o Ministério Público, nos ajuizamentos de ações envolvendo a Saúde Pública, a divisão de competências no SUS, desde que não constitua óbice para a garantia do direito à saúde.

Data da reunião, 07/12/2011 – Belo Horizonte/MG.

Acesso em 07/08/20. Fonte: http://ejef.tjmg.jus.br/judicializacao-enunciados-copeds/

Enunciado nº 18

Deve o Ministério Público observar, como referência, os protocolos clínicos e as diretrizes terapêuticas, RENASES-Relação Nacional das ações e Serviços de Saúde e a RENAME-Relação Nacional de Medicamentos, atentos à MBE-Medicina Baseada em Evidências, e de que a Lei n. 8080 e o Decreto nº 7508/11 organizam ações e serviços no âmbito do SUS, mas não restringem direitos, segundo a diretriz da integralidade do direito à saúde, estabelecida no art. 198, II da Constituição Federal, cujo conteúdo foi explicado pelo STF na STA nº 17.

Data da reunião, 07/12/2011 – Belo Horizonte/MG.

Acesso em 07/08/20. Fonte: http://ejef.tjmg.jus.br/judicializacao-enunciados-copeds/

Enunciado nº 19

Nos casos de solicitação de medicamentos e procedimentos não relacionados nas padronizações do Ministério da Saúde, do Estado ou do Município, deve o membro do Ministério Público requisitar que o médico prescritor justifique, fundamentadamente, as prescrições não constantes das listas oficiais (através de laudo com história clínica do paciente, anexando exames de diagnósticos e cópias de estudos baseados em evidências, por exemplo); que justifiquem a prescrição como 1ª escolha, em detrimento dos medicamentos padronizados.

Data da reunião, 07/12/2011 – Belo Horizonte/MG.

Acesso em 07/08/20. Fonte: http://ejef.tjmg.jus.br/judicializacao-enunciados--copeds/

Enunciado nº 20

O Ministério Público exigirá da Secretaria Municipal de Saúde a elaboração e atualização da relação municipal de medicamentos da atenção básica – REMUME e o seu índice mensal de cobertura (de abastecimento).

Data da reunião, 07/12/2011 – Belo Horizonte/MG.

Acesso em 07/08/20. Fonte: http://ejef.tjmg.jus.br/judicializacao-enunciados--copeds/

Enunciado nº 21

Não devem ser aceitas pelo Ministério Público demandas de saúde que pleiteiem procedimentos e medicamentos experimentais.

Data da reunião, 07/12/2011 – Belo Horizonte/MG.

Acesso em 07/08/20. Fonte: http://ejef.tjmg.jus.br/judicializacao-enunciados--copeds/

Enunciado nº 22

O Ministério Público cobrará da Secretaria Estadual de Saúde o índice mensal de cobertura (abastecimento) do componente especializado da assistência farmacêutica.

Data da reunião, 07/12/2011 – Belo Horizonte/MG.

Acesso em 07/08/20. Fonte: http://ejef.tjmg.jus.br/judicializacao-enunciados--copeds/

Enunciado nº 23

Deve constituir o acervo mínimo da Promotoria de Justiça com atribuição na esfera da Saúde Pública – SUS: a) lei local atualizada de criação do Conselho de Saúde e do Fundo de Saúde; b) regimento interno atualizado do Conselho de Saúde; c) plano de saúde local em vigor; d) programação anual de saúde local em vigor; d) relatório anual de gestão local do ano anterior, aprovado pelo Conselho de Saúde local; e) REMUME – Relação Municipal de Medicamentos da Atenção Básica em vigor; f) índice mensal de cobertura (de abastecimento) da REMUME; g) Relação Estadual de Medicamentos do componente especializado; h) índice mensal de cobertura (de abastecimento) da relação estadual de medicamentos do componente especializado; i) contrato organizativo de ação pública de saúde - COAPS; j) relatório resumido do 1º semestre e anual do SIOPS - Sistema de Informação de Orçamento Público em Saúde, verificando o percentual investido em saúde pública e o valor, em moeda nacional, por habitante; k) plano de carreiras, cargos e vencimentos do SUS, local; l) lei orçamentária anual de Estado e Município; m) o PDRI - Plano Diretor de Regionalização e Investimento.

Data da reunião, 07/12/2011 - Belo Horizonte/MG.

Acesso em 07/08/20. Fonte: http://ejef.tjmg.jus.br/judicializacao-enunciados--copeds/

Enunciado nº 24

Prevendo a Lei Orçamentária Anual - LOA percentual inferior ao previsto na EC 29/2000, o Ministério Público ajuizará ADIn - Ação Direta de Inconstitucionalidade na instância competente.

Data da reunião, 07/12/2011 - Belo Horizonte/MG.

Acesso em 07/08/20. Fonte: http://ejef.tjmg.jus.br/judicializacao-enunciados--copeds/

Enunciado nº 25

Caso o ente público invista, em saúde pública, percentual inferior ao previsto na lei orçamentária anual, o Ministério Público adotará providências para a devida compensação nos exercícios subsequentes.

Data da reunião, 07/12/2011 - Belo Horizonte/MG.

Acesso em 07/08/20. Fonte: http://ejef.tjmg.jus.br/judicializacao-enunciados--copeds/

*Há divergências quanto a numeração dos enunciados, pois no sítio eletrônico abaixo o Enunciado 16 consta como Enunciado 01 e assim sucessivamente até o 25.

https://www2.mppa.mp.br/sistemas/gcsubsites/upload/37/copeds_2012_03_integralidade.pdf

C) ENUNCIADOS COPEDS APROVADOS (Reunião Extraordinária da COPEDS/2013)

Enunciado nº 01

As comunidades terapêuticas não serão consideradas estabelecimentos de saúde mental quando não oferecerem qualquer tipo de atendimento médico ou psicológico, por equipe interprofissional, por não se enquadrarem nas prescrições dos arts. 3º, 8º e 9º da Lei nº 10.216/2001 (Lei Antimanicomial).

Data da reunião, 16/08/2013, realizada na Sede do Ministério Público Federal, em Brasília/DF.

Acesso em 07/08/20. Fonte: https://www2.mppa.mp.br/sistemas/gcsubsites/upload/37/copeds_2013_08_comunidades_terapeuticas.pdf

Enunciado nº 02

Os recursos eventualmente repassados pelo poder público às comunidades terapêuticas, que não se enquadrem nos requisitos da Lei 10.216/2001, pelo fato de estas não realizarem ações de saúde tipificadas como tais, pela Lei Complementar 141/2012 e pelo art. 7º da Lei 8.080/1990, não podem integrar o conjunto de rubricas orçamentárias relativas ao Sistema Público de Saúde.

Data da reunião, 16/08/2013, realizada na Sede do Ministério Público Federal, em Brasília/DF.

Acesso em 07/08/20. Fonte: https://www2.mppa.mp.br/sistemas/gcsubsites/upload/37/copeds_2013_08_comunidades_terapeuticas.pdf

Enunciado nº 03

A celebração de quaisquer vínculos com as comunidades terapêuticas pelo poder público exige que estas, previamente à celebração, comprovem atender os regulamentos nacionais de vigilância sanitária pertinentes a esse tipo de entidade, representados atualmente pela RDC Nº 029/2011, da Agência Nacional e Vigilância Sanitária (ANVISA) e, eventualmente por normas que a sucedam.

Data da reunião, 16/08/2013, realizada na Sede do Ministério Público Federal, em Brasília/DF.

Acesso em 07/08/20. Fonte: https://www2.mppa.mp.br/sistemas/gcsubsites/upload/37/copeds_2013_08_comunidades_terapeuticas.pdf

Enunciado nº 04

Eventuais normas estaduais ou locais que regulamentem os requisitos a serem cumpridos pelas comunidades terapêuticas para o recebimento de repasses financeiros pelo poder público não podem atenuar as exigências das normas nacionais de vigilância sanitária que tratem dessas entidades, em face dos termos do art. 16, inciso III, alínea "d" da Lei nº 8080/90, que concedem à União a competência de estabelecer regras gerais a respeito da matéria.

Data da reunião, 16/08/2013, realizada na Sede do Ministério Público Federal, em Brasília/DF.

Acesso em 07/08/20. Fonte: https://www2.mppa.mp.br/sistemas/gcsubsites/upload/37/copeds_2013_08_comunidades_terapeuticas.pdf

D) ENUNCIADOS COPEDS APROVADOS (I Reunião Ordinária da COPEDS - 2014)

Enunciados sobre atuação do Ministério Público em Prol da Integralidade

Enunciado aprovado:

A internação compulsória é medida excepcional na conduta terapêutica do paciente em saúde mental (nos termos da Lei 10.216/2001), após esgotados todos os recursos extra-hospitalares, não necessitando do procedimento de interdição, sendo que sua determinação judicial deve ser amparada em laudo técnico circunstanciado, indicando os motivos que a justificam, expedido por médico no regular exercício de suas atribuições, e não perdurará após o paciente receber alta clínica.

Data da reunião, 12 a 14 de março de 2014 - Florianópolis-SC.

Acesso em 07/08/20. Fonte:https://www2.mppa.mp.br/sistemas/gcsubsites/upload/37/copeds_2014_01_internacao_compulsoria.pdf

http://pfdc.pgr.mpf.mp.br/temas-de-atuacao/saude/COPEDS/ata-da-1a-reuniao-copeds-12a14mar2014

E) ENUNCIADOS COPEDS APROVADOS (II Reunião Ordinária da COPEDS/2014)

Enunciado nº 01

Cabe ao Ministério, no que concerne à diretriz constitucional da participação da comunidade, fiscalizar as composições paritárias dos conselhos de saúde, suas estruturas, funcionamento e verbas de custeio. Para tanto, deverá articular com as administrações públicas, movimentos sociais ligados à saúde e os próprios conselhos o comprimento das disposições da Res. 453 do Conselho Nacional de Saúde com o fito de agregar maior efetividade aos ditames AC 1660/2011 - TCU.

Data da reunião, maio de 2014.

Acesso em 07/08/20. Fonte: https://saude.mppr.mp.br/modules/conteudo/conteudo.php?conteudo=875

Enunciado nº 02

O Mistério Público, tendo por base a Política Nacional de Urgências e Emergências (Port. 1600/2011-GM-MS), a Política Nacional de Atenção Hospitalar (Port. 3390/13-GM-MS) e demais normas afins, deverá atuar de maneira articulada com as respectivas gestões, inclusive nas Comissões Intergestores Regionais - CIRS, visando a criação do Plano de Ação Regional, com a otimização de fluxos de urgência e emergência resolutivos, tempestivos e qualificados tecnicamente e contribuindo para a efetivação do direito à saúde, nesta área de cuidado.

Data da reunião, maio de 2014.

Acesso em 07/08/20. Fonte: https://saude.mppr.mp.br/modules/conteudo/conteudo.php?conteudo=875

F) ENUNCIADOS COPEDS APROVADOS (Reunião Ordinária do CNPG/2016)

Enunciado aprovado:

O Ministério Público possui legitimidade para a adoção de medidas extrajudiciais e judiciais com a finalidade de fazer cumprir a Lei n.º 11.738/08, no que diz respeito ao pagamento do piso salarial nacional ao magistério público, princípio diretamente ligado à educação de qualidade, nos termos do art. 206, VIII da Constituição Federal.

Nota do autor: Ver enunciado nº 01 da COPEDUC aprovado na I Reunião Ordinária do GNDH/2012.

Data da reunião: 15/06/2016 – MPM.

Acesso em 07/08/20. Fonte: https://www.cnpg.org.br/images/arquivos/copedsenunciados.pdf

G) ENUNCIADOS COPEDS APROVADOS (I Reunião Ordinária do GNDH/2017)

Enunciado aprovado:

Deve o membro do Ministério Público instar os gestores a incluírem nos seus planos de saúde, programações anuais de saúde e relatórios de gestão os indicadores referentes à tuberculose.

Data da reunião: 16/03/2017, João Pessoa/PB.

Acesso em 07/08/20. Fonte: https://www.mpma.mp.br/arquivos/COCOM/MOCOESAPROVADASGNDH2017.pdf

H) ENUNCIADOS COPEDS APROVADOS (II Reunião Ordinária da COPEDS/2018)

Enunciado nº 01 (antigos enunciados nº 09 e 11)

Na fiscalização da relação estabelecida entre o Poder Público e Organizações da Sociedade Civil de Interesse Público (OSCIP)/Organizações Sociais (OS) no Sistema Único de Saúde (SUS), o Ministério Público deve promover a fiscalização por meio de medidas estratégicas preventivas e repressivas, visando averiguar a necessidade de serviços complementares, regularidade do contrato/termo de parceria, capacidade de fiscalização dos custos e metas pelo ente público, sobretudo o fortalecimento do controle interno e auditorias, transparência da gestão privada (contratos, remuneração dos servidores contratados e diretores das OSS/OSCIP).

Acesso em 07/08/20. Fonte: http://www.mpgo.mp.br/portal/arquivos/2019/04/11/14_54_40_329_Enunciados_COPEDS_ap%C3%B3s_II_RO_2018.pdf

Enunciado aprovado na I Reunião Ordinária de 2018 da COPEDS.

Enunciado nº 9 da II Reunião Ordinária da COPEDS - 2011 e enunciado nº 11 da II Reunião Ordinária da COPEDS - 2011.

Enunciado nº 02 (antigo enunciado nº 10)

Os indicadores de Pactuação Nacional devem ser incorporados, quando cabível, nos termos de parceria, nos contratos de gestão e em quaisquer outros instrumentos jurídicos cujo objeto seja a prestação de serviços públicos de saúde.

Acesso em 07/08/20. Fonte: http://www.mpgo.mp.br/portal/arquivos/2019/04/11/14_54_40_329_Enunciados_COPEDS_ap%C3%B3s_II_RO_2018.pdf

Mantido na reunião plenária em Florianópolis/SC.

Enunciado nº 10 da II Reunião Ordinária da COPEDS - 2011.

Enunciado nº 03 (antigo enunciado nº 13)

Os responsáveis pelas ilegalidades perpetradas envolvendo repasses públicos ao Terceiro Setor estão sujeitos às sanções da Lei de Improbidade Administrativa.

Acesso em 07/08/20. Fonte: http://www.mpgo.mp.br/portal/arquivos/2019/04/11/14_54_40_329_Enunciados_COPEDS_ap%C3%B3s_II_RO_2018.pdf

Redação mantida na I Reunião Ordinária da COPEDS/2018.

Enunciado 13 da II Reunião Ordinária da COPEDS/2011.

Enunciado nº 04 (antigo enunciado nº 14)

A atuação eficiente dos Conselhos de Saúde contribui para o êxito no controle da terceirização das ações e serviços de saúde, seja na averiguação do respeito aos princípios e diretrizes do Sistema Único de Saúde (SUS), seja na fiscalização dos convênios, termos de parceria e contratos de gestão, além de configurar legítima forma de controle social, razão pela qual o Ministério Público deve promover medidas para seu fortalecimento e capacitação técnica.

Acesso em 07/08/20. Fonte: http://www.mpgo.mp.br/portal/arquivos/2019/04/11/14_54_40_329_Enunciados_COPEDS_ap%C3%B3s_II_RO_2018.pdf

Redação mantida na I Reunião Ordinária da COPEDS/2018.

Enunciado nº 14 da II Reunião Ordinária da COPEDS/2011.

Enunciado nº 05

Diante da gestão de recursos públicos pelas Organizações Sociais que celebram contratos de gestão na área da saúde (OSS), o Ministério Público deve exigir que seja divulgado, em portal da transparência, os contratos firmados, a remuneração dos servidores, inclusive dos membros da diretoria da OSS, dentre outras despesas assumidas na gestão do erário, devendo primar pelo respeito aos princípios da moralidade administrativa e publicidade, e pelo cumprimento da Lei nº 12.527/2011 (artigos 2 c/c art. 7).

Acesso em 07/08/20. Fonte: http://www.mpgo.mp.br/portal/arquivos/2019/04/11/14_54_40_329_Enunciados_COPEDS_ap%C3%B3s_II_RO_2018.pdf

Aprovado na I Reunião Ordinária da COPEDS/2018.

Enunciado nº 06 (antigo enunciado nº 06)

Não pode o Município terceirizar a contratação de Agentes Comunitários de Saúde e dos Agentes de Combate à Endemias, nos termos do art. 2 da Lei nº 11.350/06.

Acesso em 07/08/20. Fonte: http://www.mpgo.mp.br/portal/arquivos/2019/04/11/14_54_40_329_Enunciados_COPEDS_ap%C3%B3s_II_RO_2018.pdf

Aprovada alteração da redação na I Reunião Ordinária da COPEDS/2018.

Enunciado nº 06 da II Reunião Ordinária da COPEDS/2011.

31.1.1.2 COMISSÃO PERMANENTE DE DEFESA DOS DIREITOS DA PESSOA COM DEFICIÊNCIA E DO IDOSO – COPEDPDI

A) ENUNCIADO COPEDPDI APROVADO (I Reunião Ordinária do GNDH/2014)

Enunciado aprovado:

À luz da Convenção dos Direitos da Pessoa com Deficiência, a pessoa com transtorno mental, por si só, não deve ser considerada pessoa com deficiência, para aplicação dos direitos inerentes a esse segmento, inclusive no que se refere à reserva de vagas em concurso público e à destinação de cotas na iniciativa privada.

Data da reunião: 12 A 14/03/2014, Florianópolis/SC.

Acesso em 07/08/20. Fonte: https://www.mpma.mp.br/arquivos/COCOM/Ata_COPEDPDI_-_I_Reuniao_Ordinaria_2014.pdf

B) ENUNCIADOS COPEDPDI APROVADOS (I Reunião Ordinária do GNDH/2016 e pelo CNPG/2016)

Enunciado n.º 01:

Justifica-se a intervenção do Ministério Público em processo no qual for parte pessoa que se encontre sob o regime de tomada de decisão apoiada, quando houver notícia da violação de direitos e /ou situações previstas nos parágrafos 6º e 7º do art. 1783-A do CCB.

Data da reunião: 15/06/2016 – MPM.Acesso em 07/08/20. Fonte: https://www.cnpg.org.br/images/arquivos/copedpdienunciados.pdf

Enunciado n.º 02:

As pessoas já interditadas antes da vigência da LBI passaram a ostentar a condição de relativamente incapazes independentemente de qualquer declaração judicial em função da alteração da redação do art. 3º do CC.

Data da reunião: 15/06/2016 – MPM.Acesso em 07/08/20. Fonte: https://www.cnpg.org.br/images/arquivos/copedpdienunciados.pdf

Enunciado n.º 03:

A condição de pessoa sob o regime de TDA – Tomada de Decisão Apoiada não a isenta da comprovação da sua deficiência para usufruir direitos e ações afirmativas correlata.

Data da reunião: 15/06/2016 – MPM.Acesso em 07/08/20. Fonte: https://www.cnpg.org.br/images/arquivos/copedpdienunciados.pdf

Enunciado n.º 04:

À luz dos princípios da Convenção Internacional da Pessoa com Deficiência e da LBI, mostra-se mais adequado o uso do termo curatela em detrimento de interdição.

Data da reunião: 15/06/2016 – MPM.Acesso em 07/08/20. Fonte: https://www.cnpg.org.br/images/arquivos/copedpdienunciados.pdf

Enunciado n.º 05:

Além da administração do patrimônio do curatelado e da prática de atos negociais, é dever do curador zelar pelo bem-estar, respeitada a vontade e preferência do curatelado.

Data da reunião: 15/06/2016 – MPM.Acesso em 07/08/20. Fonte: https://www.cnpg.org.br/images/arquivos/copedpdienunciados.pdf

C) ENUNCIADOS COPEDPDI APROVADOS (II Reunião Ordinária do GNDH/2016 e pelo CNPG/2017)

Enunciado nº 01

A causa limitante ou impeditiva, por si só, não é suficiente para a caracterização como pessoa com deficiência para fins de ações afirmativas, sendo fundamental, de acordo com a Convenção de Nova Iorque e a LBI, a verificação da sua persistência por longo prazo e a existência de uma ou mais barreiras que possam obstruir sua participação plena e efetiva na sociedade em igualdade de condições com as demais pessoas.

Data da reunião: 15/02/2017 – MPDFT.

Acesso em 07/08/20. Fonte: https://pcd.mppr.mp.br/arquivos/File/Sistematizacao_Enunciados_COPEDPDI.pdf

https://mpto.mp.br/caop-da-cidadania/noticias/caop-da-cidadania/2020/02/21/enunciados-gndh

Enunciado nº 02

Deve o MP atentar para a inadequação de leis e atos normativos que, de forma autônoma e antecipada, definam como deficiência características, moléstias, síndromes e afins sem a contextualização nos termos da Convenção de Nova Iorque e da LBI.

Data da reunião: 15/02/2017 – MPDFT.

Acesso em 07/08/20. Fonte: https://pcd.mppr.mp.br/arquivos/File/Sistematizacao_Enunciados_COPEDPDI.pdf

https://mpto.mp.br/caop-da-cidadania/noticias/caop-da-cidadania/2020/02/21/enunciados-gndh

Enunciado nº 03

Com vistas ao atendimento da acessibilidade em edificações, devem os membros do MP envidar esforços juntamente com o Corpo de Bombeiros para a adequação da legislação referente a prevenção contra incêndio e pânico às normas técnicas que tratam da acessibilidade, inclusive das calçadas.

Data da reunião: 15/02/2017 – MPDFT.

Acesso em 07/08/20. Fonte: https://pcd.mppr.mp.br/arquivos/File/Sistematizacao_Enunciados_COPEDPDI.pdf

https://mpto.mp.br/caop-da-cidadania/noticias/caop-da-cidadania/2020/02/21/enunciados-gndh

D) ENUNCIADOS COPEDPDI APROVADOS (I Reunião Ordinária do GNDH/2017)

Enunciado aprovado:

Na ação de curatela, a simples produção de prova médico pericial baseada no CID não autoriza o reconhecimento de incapacidade se não estiver relacionada a estudo de equipe multiprofissional que avalie a funcionalidade do indivíduo.

Data da reunião: 16/03/2017, João Pessoa/PB.

Acesso em 07/08/20. Fonte: https://www.mpma.mp.br/arquivos/COCOM/MOCOESAPROVADASGNDH2017.pdf

E) ENUNCIADOS COPEDPDI APROVADOS (I Reunião Ordinária do GNDH/2018)

Enunciado nº 01

O Ministério Público deve instar à Administração Pública em geral a dar efetividade ao art. 3º da Lei de Licitações – Lei 8.666/93, aplicando critério de desempate ou a margem de preferência ali previstas, para as empresas que cumprem a Lei de Cotas para PCDs.

Data da reunião:

Acesso em 07/08/20. Fonte: https://pcd.mppr.mp.br/arquivos/File/Sistematizacao_Enunciados_COPEDPDI.pdf

Enunciado nº 02

Considerando o exaurimento do prazo de 2 anos estabelecido pelo art.124 cc art. 2º, §2º da LBI, a ausência da definição do instrumento que estabelece o modelo unificado para a avaliação da deficiência não afasta a vigência do art. 2º e parágrafos da Lei 13.146/2016, sendo impositiva a aplicação do modelo biopsicossocial por equipe multiprofissional, não ficando limitada aos parâmetros do Decreto nº 3.298/99.

Nota do autor: O enunciado não foi levado à Plenária.

https://pcd.mppr.mp.br/arquivos/File/Sistematizacao_Enunciados_COPEDPDI.pdf

F) ENUNCIADO COPEDPDI (II Reunião Ordinária do GNDH/2019)

Enunciado nº 01

1. O Ministério Público brasileiro envidará todos os esforços para garantir a efetiva aplicação do modelo biopsicossocial mediante avaliação por equipe multiprofissional e interdisciplinar, composta por profissionais que emitam laudo médico, psicológico e social, entre outros, sem ônus para a pessoa com deficiência, observando o disposto no artigo 2o, da Lei 13.146/2015-LBI.

Data da reunião: 11 a 13/09/2019, São Luiz/MA.

http://www.mprj.mp.br/documents/20184/378251/enunciadosiirogndh2019.pdf

Enunciado nº 02

Cabe ao Ministério Público envidar todos os esforços e tratativas no sentido de prevenir e combater atitudes preconceituosas baseadas na idade, o idadismo, notadamente por meio da inclusão da disciplina intergeracionalidade, envelhecimento e protagonismo da pessoa idosa nos Curriculares escolares nos exames de vestibulares e em concursos públicos, na formação de agentes públicos e de recursos humanos dos entes privados, nos meios de comunicação social e em outros segmentos da vida em sociedade.

Data da reunião: 11 a 13/09/2019, São Luiz/MA.

http://www.mprj.mp.br/documents/20184/378251/enunciadosiirogndh2019.pdf

31.1.1.3 COMISSÃO PERMANENTE DA INFÂNCIA E DA JUVENTUDE – COPEIJ

A) ENUNCIADOS COPEIJ APROVADOS (IV Reunião Ordinária da COPEIJ/2010)

Enunciado nº 01

Ao ingressar nos Fundos de Direitos da Criança e do Adolescente ou Fundo da Infância e Adolescência (FIA) os recursos passam a ter natureza jurídica de verba pública, estando sujeitos aos princípios que regem a Administração Pública.

Data de reunião: 2 e 3 de dezembro de 2010, Fortaleza/CE

Acesso em 07/08/20. Fonte: https://crianca.mppr.mp.br/modules/conteudo/conteudo.php?conteudo=1549

Enunciado nº 02

O contribuinte ou doador subsidiado, ao efetuar depósito nos Fundos de Direitos da Criança e do Adolescente ou Fundo da Infância e Adolescência (FIA), não pode escolher, por qualquer meio, a destinação dos recursos.

Data de reunião: 2 e 3 de dezembro de 2010, Fortaleza/CE

Acesso em 07/08/20. Fonte: https://crianca.mppr.mp.br/modules/conteudo/conteudo.php?conteudo=1549

Enunciado nº 03

Os recursos depositados pelo contribuinte ou doador subsidiado no Fundo de Direitos da Criança e do Adolescente ou Fundo da Infância e Adolescência (FIA) não podem ser condicionados à vinculação, através de convênio ou qualquer outro instrumento jurídico, a um projeto ou programa específico.

Data de reunião: 2 e 3 de dezembro de 2010, Fortaleza/CE

Acesso em 07/08/20. Fonte: https://crianca.mppr.mp.br/modules/conteudo/conteudo.php?conteudo=1549

Enunciado nº 04

Os Conselhos de Direitos da Criança e do Adolescente são órgãos deliberativos de políticas públicas em matéria de infância e adolescência, por força do artigo 204, inciso II da Constituição da República e do artigo 88, inciso II da Lei Federal nº 8.069/90 (ECA), sendo os únicos gestores do Fundo de Direitos da Criança e do Adolescente ou Fundo da Infância e Adolescência (FIA), conforme artigo 214, *caput*, da Lei Federal nº 8.069/90 – ECA.

Data de reunião: 2 e 3 de dezembro de 2010, Fortaleza/CE

Acesso em 07/08/20. Fonte: https://crianca.mppr.mp.br/modules/conteudo/conteudo.php?conteudo=1549

Enunciado nº 05

O Ministério Público, em razão do exercício da fiscalização de que trata o artigo 260, §4º do ECA, não pode ter assento como membro no Conselho de Direitos da Criança e do Adolescente, reputando-se inconstitucionais as normas que prevejam tal atribuição.

Data de reunião: 2 e 3 de dezembro de 2010, Fortaleza/CE

Acesso em 07/08/20. Fonte: https://crianca.mppr.mp.br/modules/conteudo/conteudo.php?conteudo=1549

Enunciado nº 06

Na destinação de recursos dos Fundos de Direitos da Criança e do Adolescente ou Fundos da Infância e Adolescência (FIA), os Conselhos de Direitos da Criança e do Adolescente devem observar o disposto no artigo 260, §2º da Lei nº 8.069/90 – ECA.

Data de reunião: 2 e 3 de dezembro de 2010, Fortaleza/CE

Acesso em 07/08/20. Fonte: https://crianca.mppr.mp.br/modules/conteudo/conteudo.php?conteudo=1549

B) ENUNCIADOS COPEIJ APROVADOS (III Reunião Ordinária da COPEIJ/2011)

Enunciado aprovado:

Nos casos de adolescentes que cometem atos infracionais em situação de violência doméstica e familiar contra a mulher é cabível a aplicação das medidas de proteção previstas na Lei Maria da Penha, nos termos do seu artigo 13, exclusivamente pelo Juízo da Infância e Juventude, observando-se nos casos concretos a real situação de vulnerabilidade da vítima e resguardada a proteção integral ao adolescente prevista no ECA.

Data da reunião: 15 de setembro de 2011, Gramado/RS.

Acesso em 07/08/20. Fonte: https://crianca.mppr.mp.br/modules/conteudo/conteudo.php?conteudo=1549

C) ENUNCIADOS COPEIJ APROVADOS (III Reunião Ordinária da COPEIJ/2012)

Enunciado nº 01

É vedado qualquer trabalho para menores de 16 anos de idade, salvo na condição de aprendiz, a partir dos 14 anos, segundo as regras de aprendizagem contidas nos arts. 428 e ss. da Consolidação da Leis do Trabalho (art. 7, XXXIII da CF/88). Admite-se, porém, uma única exceção, nos casos de trabalho infantil artístico, conforme reza o art. 8º da Convenção nº 138 da OIT: "1. A autoridade competente poderá conceder, mediante prévia consulta às organizações interessadas de empregadores e de trabalhadores, quando tais organizações existirem, por meio de permissões individuais, exceções à proibição de ser admitido ao emprego ou de trabalhar, que prevê o artigo 2º da presente Convenção, no caso de finalidades tais como as de participar em representações artísticas. 2. As permissões assim concedidas limitarão o número de horas do emprego ou trabalho autorizadas e prescreverão as condições em que esse poderá ser realizado".

Data da reunião: 18 e 19 de setembro de 2012, Belo Horizonte/MG.

Acesso em 07/08/20. Fonte: https://crianca.mppr.mp.br/modules/conteudo/conteudo.php?conteudo=1549

Enunciado nº 02

Caracteriza grave violação aos direitos humanos de crianças e adolescentes, bem como ao ordenamento jurídico brasileiro, a concessão de alvará ou autorização judicial para o trabalho de crianças e adolescentes com idade inferior a 16 anos, devendo tal pratica ser veementemente combatida pelo Ministério Público, seja através de emissão de Pareceres em sentido contrário, seja por meio de recursos, ou, ainda, outras medidas judiciais cabíveis.

Data da reunião: 18 e 19 de setembro de 2012, Belo Horizonte/MG.

Acesso em 07/08/20. Fonte: https://crianca.mppr.mp.br/modules/conteudo/conteudo.php?conteudo=1549

Enunciado nº 03

Nos casos de pedidos de autorização judicial para trabalho fora das hipóteses legais, o membro do Ministério Público deverá adotar as providências cabíveis visando à aplicação de eventuais medidas de proteção e/ou à criação ou ampliação dos programas de profissionalização, para atendimento de adolescente a partir de 14 anos.

Data da reunião: 18 e 19 de setembro de 2012, Belo Horizonte/MG.

Acesso em 07/08/20. Fonte: https://crianca.mppr.mp.br/modules/conteudo/conteudo.php?conteudo=1549

D) ENUNCIADOS COPEIJ APROVADOS (II Reunião Ordinária da COPEIJ/2013)

Enunciado nº 01

A Prestação de Serviço à Comunidade para maiores de 12 anos de idade é constitucional, desde que respeitada sua finalidade pedagógica, e não ofereça qualquer prejuízo aos direitos fundamentais previstos no art. 227, CR/88 e nas convenções internacionais 138 e 182 da OIT, bem como a atividade desenvolvida não esteja contemplada no Decreto nº 6481/2008 (Lista TIP).

Data da reunião: 3/5 de julho de 2013, São Paulo/SP.

Acesso em 07/08/20. Fonte: https://crianca.mppr.mp.br/modules/conteudo/conteudo.php?conteudo=1549

E) ENUNCIADO COPEIJ APROVADOS (III Reunião Ordinária da COPEIJ/2013)

Enunciado nº 02

O crime previsto no art. 243, conjugado com o disposto no art. 81, II, ambos do ECA, proibindo a venda e entrega de bebida alcoólica, não exige dano real à vítima, tampouco dependência química ou física efetiva, sendo suficiente a venda ou entrega do produto para a sua caracterização. Também desnecessário laudo pericial, já que o ECA não faz essa exigência expressamente, nem se requer a comprovação de se tratar de substância entorpecente ou que determine tal qual a Lei de Entorpecentes, já que é notória a dependência química e física da bebida alcoólica.

Data da reunião: 3/5 de julho de 2013, São Paulo/SP.

Acesso em 07/08/20. Fonte: https://crianca.mppr.mp.br/modules/conteudo/conteudo.php?conteudo=1549

Enunciado nº 03

A operacionalização do "Disque 100" por parte do Ministério Público requer que as Procuradorias Gerais de Justiça disponibilizem aos CAOs da Infância e Juventude ou outro órgão similar, a estrutura administrativa e técnica adequadas, assim como, com o suporte das Corregedorias Gerais do Ministério Público, CEAFs e Escolas do Ministério Público, promovam a qualificação específica de membros e servidores, inclusive com atuação nas Promotorias Criminais, para a rápida e eficiente apuração dos fatos, proteção às vítimas e responsabilização dos vitimizadores.

Data da reunião: 3/5 de julho de 2013, São Paulo/SP.

Acesso em 07/08/20. Fonte: https://crianca.mppr.mp.br/modules/conteudo/conteudo.php?conteudo=1549

Enunciado nº 04

A necessidade de assegurar uma apuração rápida e eficaz das denúncias, bem como, evitar a omissão ou a superposição de ações, o atendimento desqualificado e a revitimização, torna imperioso que a SDH, em parceria com o Ministério Público e outros parceiros, promova cursos e/ou eventos destinados a qualificar os diversos profissionais que atuam nos órgãos e serviços encarregados tanto da proteção das vítimas quanto da responsabilização – inclusive criminal – dos vitimizadores, com a produção de material específico, apresentação de modelos de "fluxos" e "protocolos de atendimento" interinstitucional para as situações de violação de direitos mais comuns.

Data da reunião: 3/5 de julho de 2013, São Paulo/SP.

Acesso em 07/08/20. Fonte: https://crianca.mppr.mp.br/modules/conteudo/conteudo.php?conteudo=1549

Enunciado nº 05

É importante a criação e disponibilização, pela SDH, de ferramenta eletrônica que permita, em cada município, o registro e o compartilhamento de informações entre os órgãos e autoridades encarregadas do atendimento das denúncias encaminhadas pelo "Disque 100", de modo que as ações efetivamente realizadas, as avaliações técnicas e os resultados obtidos possam ser visualizados em tempo real pelos integrantes da "rede de proteção/de atendimento" local, sem prejuízo da criação de senhas e filtros que limitem o acesso a determinados agentes e/ou informações, observado os princípios da privacidade e da intervenção mínima, dentre outros relacionados no art. 100, par. único, do ECA e outras normas.

Data da reunião: 3/5 de julho de 2013, São Paulo/SP.

Acesso em 07/08/20. Fonte: https://crianca.mppr.mp.br/modules/conteudo/conteudo.php?conteudo=1549

Enunciado nº 06

Ressalvado o caso de crianças e adolescentes cujos pais são desconhecidos ou falecidos, a destituição do poder familiar é condição indispensável à sua inscrição nos cadastros de adoção, devendo ocorrer apenas após o trânsito em julgado da decisão respectiva.

Data da reunião: 3/5 de julho de 2013, São Paulo/SP.

Acesso em 07/08/20. Fonte: https://crianca.mppr.mp.br/modules/conteudo/conteudo.php?conteudo=1549

Enunciado nº 07

A habilitação à adoção não se constitui numa mera "formalidade", sendo importante etapa do procedimento respectivo, que se mostra imprescindível para aferição da motivação e do preenchimento dos requisitos necessários ao deferimento da medida que, juntamente com a preparação prévia, também prevista em lei, é essencial para assegurar o preparo dos adotantes às consequências presentes e futuras da medida.

Data da reunião: 3/5 de julho de 2013, São Paulo/SP.

Acesso em 07/08/20. Fonte: https://crianca.mppr.mp.br/modules/conteudo/conteudo.php?conteudo=1549

F) ENUNCIADO COPEIJ APROVADOS (II Reunião Ordinária da COPEIJ/2014)

Enunciado nº 01

A entrada de crianças ou adolescentes em estabelecimentos penais, cadeias públicas ou unidades de internação, por seu maior potencial de risco à segurança e à integridade física e psicológica, sempre deve ser acompanhada por um dos pais ou responsável legal, em respeito ao princípio da proteção integral, insculpido no art. 1º, do ECA. Nos dias de visitas de crianças e de adolescentes não serão permitidas visitas íntimas nem será liberada visita de adultos aos demais custodiados. A revista manual será feita, sempre que possível, unicamente no preso visitado, logo após a visita da criança e/ou adolescente, e não no visitante.

Enunciado aprovado pelo CNPG, maio/2014/GO.

Data da reunião: 07 a 09 de maio de 2014, Goiânia/GO

Acesso em 07/08/20. Fonte: https://crianca.mppr.mp.br/modules/conteudo/conteudo.php?conteudo=1549

Enunciado nº 02

O trabalho na função de gandula, por se tratar de atividade executada em ambiente público, com alta exposição a pressões morais e agressões físicas, somado ao fato de ser realizado ao ar livre sem proteção à radiação solar, chuva e frio (o que o inclui no item 81 da Lista das Piores Formas de Trabalho Infantil, Dec. 6.481/2008), bem como, por ser reconhecido formalmente pela Classificação Brasileira de Ocupações/CBO sob o Código 5199-20, é proibido para pessoas com idade inferior a 18 anos. Não há prejuízo a que os adolescentes já selecionados para execução da atividade de gandula adentrem aos estádios durante os jogos da Copa FIFA 2014, exercendo atividades que não os exponham a riscos tais como acompanhar jogadores, carregar bolas e bandeiras, permanecendo nas arquibancadas até o final da partida.

Enunciado aprovado pelo CNPG, em maio/2014/GO.

Data da reunião: 07 a 09 de maio de 2014, Goiânia/GO.

Acesso em 07/08/20. Fonte: https://crianca.mppr.mp.br/modules/conteudo/conteudo.php?conteudo=1549

https://www.mpba.mp.br/sites/default/files/biblioteca/crianca-e-adolescente/copeij-cnpg/enunciados/enunciado_02.pdf

G) ENUNCIADOS COPEIJ APROVADO (III Reunião Ordinária da COPEIJ/2014).

Enunciado nº 03

As propostas legislativas de redução da maioridade penal não encontram amparo na CF/88, pois a inimputabilidade penal dos menores de 18 anos, prevista em seu artigo 228, constitui-se em cláusula pétrea e, assim, insuscetível de modificação por emenda, conforme artigo 60, § 4º, da CF/88. Além disso, não importará redução da criminalidade, ao contrário, agravará as condições do sistema prisional brasileiro que já se encontra superlotado e não apresenta resultados melhores de ressocialização do que o sistema socioeducativo. A redução da idade penal atingirá os adolescentes que são vítimas de um sistema de exclusão social e ausência de políticas públicas eficazes.

Enunciado aprovado na 3ª Reunião Ordinária do CNPG, em Manaus/AM, 25 de julho de 2014.

Data da reunião 21 a 23 de julho de 2014 Manaus/AM.

Acesso em 07/08/20. Fonte: https://crianca.mppr.mp.br/modules/conteudo/conteudo.php?conteudo=1549

Enunciado nº 04

Cabe aos membros do Ministério Público, adotar as medidas judiciais necessárias, inclusive em grau recursal, para impedir a ocorrência de guarda de fato ou concessão/ manutenção de guarda provisória a casais interessados em adoção, não habilitados, nos termos do artigo 50, parágrafo 13, do Estatuto da Criança e do Adolescente, ressalvadas as exceções previstas neste mesmo dispositivo.

Data da reunião 21 a 23 de julho de 2014 Manaus/AM.

Acesso em 07/08/20. Fonte: https://crianca.mppr.mp.br/modules/conteudo/conteudo.php?conteudo=1549

H) ENUNCIADOS COPEIJ APROVADOS (IV Reunião Ordinária da COPEIJ/2014 e pelo GNDH/2014).

Enunciado nº 05

A oitiva de crianças e adolescentes, vítimas ou testemunhas de violência sexual, deve ser diferenciada e por pessoa especialmente qualificada, preservando-se os princípios da proteção integral, da prioridade absoluta, do interesse superior e da dignidade, reconhecendo-se suas condições de vulnerabilidade e adaptando-se o procedimento previsto no CPP, ao disposto no Art. 8.a, do Protocolo Facultativo à Convenção sobre os Direitos da Criança, internalizado pelo Decreto nº 5.007, de

08 de março de 2004, Resolução 20/2005, da ONU, e as Diretivas da Comunidade Europeia e Recomendação nº 33, de 23 de novembro de 2010, do CNJ.

Data da reunião: 03 a 05 de setembro de 2014, Rio de Janeiro/RJ.

Acesso em 07/08/20. Fonte: https://crianca.mppr.mp.br/modules/conteudo/conteudo.php?conteudo=1549

Enunciado nº 06

A oitiva da criança ou adolescente, vítima ou testemunha de violência sexual, deve ocorrer o mais próximo da data do fato, pela polícia científica ou profissional especialmente capacitado para esse fim, com o devido registro de áudio e vídeo, para evitar a revitimização.

Data da reunião: 03 a 05 de setembro de 2014, Rio de Janeiro/RJ.

Acesso em 07/08/20. Fonte: https://crianca.mppr.mp.br/modules/conteudo/conteudo.php?conteudo=1549

Enunciado nº 07

É necessária a criação de protocolo de atendimento diferenciado junto aos órgãos de polícia científica, de modo a assegurar um acolhimento e atendimento humanizado e prioritário, nos casos de violência contra criança e adolescente, para resguardar os princípios da proteção integral, interesse superior, prioridade absoluta e dignidade da pessoa humana.

Data da reunião: 03 a 05 de setembro de 2014, Rio de Janeiro/RJ.

Acesso em 07/08/20. Fonte: https://crianca.mppr.mp.br/modules/conteudo/conteudo.php?conteudo=1549

Enunciado nº 08

Sempre que possível, deve ocorrer a produção antecipada de prova, de forma diferenciada, preservando-se os princípios da proteção integral, da prioridade absoluta, do interesse superior e da dignidade da pessoa humana, reconhecendo-se suas condições de vulnerabilidade e adaptando-se o procedimento previsto no CPP, ao disposto no Art. 8º, do Protocolo Facultativo à Convenção sobre os Direitos da Criança, internalizado pelo Decreto nº 5.007, de 08 de março de 2004.

Data da reunião: 03 a 05 de setembro de 2014, Rio de Janeiro/RJ.

Acesso em 07/08/20. Fonte: https://crianca.mppr.mp.br/modules/conteudo/conteudo.php?conteudo=1549

Enunciado nº 09

O depoimento especial, no curso da ação penal, deve ser garantido, para assegurar o cumprimento do Decreto nº 5.007/2004; Resolução 20/2005, da ONU,

Diretivas da Comunidade Europeia e Recomendação nº 33, de 23 de novembro de 2010, do CNJ.

Data da reunião: 03 a 05 de setembro de 2014, Rio de Janeiro/RJ.

Acesso em 07/08/20. Fonte: https://crianca.mppr.mp.br/modules/conteudo/conteudo.php?conteudo=1549

Enunciado nº 10

A execução da Política Socioeducativa, destinada ao atendimento a adolescentes autores de ato infracional, não pode ficar sob a responsabilidade apenas de órgãos e serviços de assistência social, pois na forma da lei deve abranger ações de cunho eminentemente intersetorial, compreendendo desde a prevenção ao acompanhamento posterior à execução da medida, assim como o atendimento aos pais/responsáveis.

Data da reunião: 03 a 05 de setembro de 2014, Rio de Janeiro/RJ.

Acesso em 07/08/20. Fonte: https://crianca.mppr.mp.br/modules/conteudo/conteudo.php?conteudo=1549

Enunciado nº 11

A execução dos programas socioeducativos em meio aberto não se confunde com o atendimento prestado pelos CREAS a adolescentes autores de ato infracional e suas respectivas famílias, sendo necessário que aqueles possuam proposta específica de atendimento, equipe técnica interdisciplinar própria, composta por, no mínimo, profissionais das áreas de saúde, educação e assistência social, registro no CMDCA local e respeito às demais exigências contempladas pelos arts. 9º a 14, da Lei nº 12.594/2012 e arts. 90 e 112 a 119, da Lei nº 8.069/1990.

Data da reunião: 03 a 05 de setembro de 2014, Rio de Janeiro/RJ.

Acesso em 07/08/20. Fonte: https://crianca.mppr.mp.br/modules/conteudo/conteudo.php?conteudo=1549

Enunciado nº 12

Para efetiva implementação do SINASE em todo o Brasil, é fundamental que os Planos Estaduais e Nacional de Atendimento Socioeducativo, assim como os orçamentos dos Estados e da União, contemplem os recursos necessários ao cofinanciamento dos planos e programas municipais, conforme previsto nos arts. 3º, incisos III e VIII e 4º, incisos V, VI e X, da Lei nº 12.594/2012, observado em qualquer caso o princípio constitucional da prioridade absoluta à criança e ao adolescente, nos moldes do disposto no art. 4º, *caput* e par. único, da Lei nº 8.069/1990 e art. 227, *caput*, da Constituição Federal.

Data da reunião: 03 a 05 de setembro de 2014, Rio de Janeiro/RJ.

Acesso em 07/08/20. Fonte: https://crianca.mppr.mp.br/modules/conteudo/conteudo.php?conteudo=1549

Enunciado nº 13

Nos casos de desporto de rendimento, assim definido no art. 3º, da Lei Pelé, somente poderão se submeter à formação profissional desportiva, maiores de 14 (quatorze) anos, considerando o disposto no art. 29, ª 4º, da Lei Pelé, bem como art. 7º, inciso XXXIII, da Constituição Federal.

Data da reunião: 03 a 05 de setembro de 2014, Rio de Janeiro/RJ.

Acesso em 07/08/20. Fonte: https://crianca.mppr.mp.br/modules/conteudo/conteudo.php?conteudo=1549

Enunciado nº 14

Nos casos de formação profissional desportiva, deve ser formalizado Contrato de Aprendizagem entre o clube e o atleta adolescente em formação, com pagamento obrigatório de bolsa aprendizagem, não inferior a um salário mínimo-hora. Tal contrato deverá ter duração máxima de 02 anos (aplicação analógica da CLT), após o qual deverá ser celebrado contrato de trabalho de atleta profissional (art. 29 da Lei Pelé). A celebração/rescisão dos contratos devem ter assistência dos pais e/ou representantes legais, com vedação a agentes e a terceiros, na forma da Lei Pelé.

Data da reunião: 03 a 05 de setembro de 2014, Rio de Janeiro/RJ.

Acesso em 07/08/20. Fonte: https://crianca.mppr.mp.br/modules/conteudo/conteudo.php?conteudo=1549

Enunciado nº 15

Nos casos de formação profissional desportiva, deve ser garantida formação complementar ao atleta adolescente em formação, para atividade diversa da de atleta profissional.

Data da reunião: 03 a 05 de setembro de 2014, Rio de Janeiro/RJ.

Acesso em 07/08/20. Fonte: https://crianca.mppr.mp.br/modules/conteudo/conteudo.php?conteudo=1549

Enunciado nº 16

Nos casos de formação profissional desportiva, devem ser assegurados ao atleta adolescente em formação, assistência médica, odontológica e psicológica, seguro e ajuda de custo para o transporte dos atletas (art. 29, inciso III, da Lei Pelé), bem como a realização de exames médicos admissionais e periódicos, com o correlato arquivamento em prontuário médico.

Data da reunião: 03 a 05 de setembro de 2014, Rio de Janeiro/RJ.

Acesso em 07/08/20. Fonte: https://crianca.mppr.mp.br/modules/conteudo/conteudo.php?conteudo=1549

Enunciado nº 17

Nos casos de formação profissional desportiva e visando à fruição do direito à educação, os atletas adolescentes em formação devem estar matriculados e frequentar a escola, com "satisfatório aproveitamento escolar", compatibilizando-se o tempo de formação e horários escolares. (art. 29, inciso V, da Lei Pelé)

Data da reunião: 03 a 05 de setembro de 2014, Rio de Janeiro/RJ.

Acesso em 07/08/20. Fonte: https://crianca.mppr.mp.br/modules/conteudo/conteudo.php?conteudo=1549

Enunciado nº 18

Nos casos de formação profissional desportiva e na hipótese de realização de testes de seleção, deverão ser observados os seguintes parâmetros: A) exigências prévias (idade mínima, matrícula e frequência escolar; autorização dos pais; exame clínico). B) Período máximo para evitar prejuízos à escola: 1 semana; e C) Gratuidade: interesses econômicos dos clubes.

Data da reunião: 03 a 05 de setembro de 2014, Rio de Janeiro/RJ.

Acesso em 07/08/20. Fonte: https://crianca.mppr.mp.br/modules/conteudo/conteudo.php?conteudo=1549

I) ENUNCIADOS COPEIJ APROVADOS (II Reunião Ordinária da COPEIJ/2015 e pelo GNDH/2015):

Enunciado nº 01

O trabalho de crianças e adolescentes em manifestações artísticas, antes da idade mínima prevista na Constituição Federal, constitui uma das formas de trabalho infantil, seja nas TV's, teatros, rádios, cinemas, publicidade, modelos infantis, dublagem ou qualquer outra atividade artística.

Data da reunião: 5 e 7 de agosto de 2015, Belo Horizonte/MG.

Acesso em 07/08/20. Fonte: https://crianca.mppr.mp.br/modules/conteudo/conteudo.php?conteudo=1549

Enunciado nº 02

Por força do art. 8º, itens I e II, da Convenção nº 138 da Organização Internacional do Trabalho, admite-se, excepcionalmente, o trabalho infantil artístico, antes da idade mínima estabelecida, desde que observados os seguintes requisitos:

a) Excepcionalidade; b) Situações Individuais e Específicas; c) Ato de Permissão da Autoridade Competente; d) Fixação das Atividades Artísticas onde poderá ser ativado o labor; e) Fixação de condições especiais de trabalho.

Data da reunião: 5 e 7 de agosto de 2015, Belo Horizonte/MG.

Acesso em 07/08/20. Fonte: https://crianca.mppr.mp.br/modules/conteudo/conteudo.php?conteudo=1549

Enunciado nº 03

Na análise de eventual pedido de autorização judicial para trabalho infantil artístico, antes da idade mínima prevista na Lei, deverão ser observados os parâmetros mínimos previstos no sistema de proteção da infância, em especial: a) Impossibilidade de Contratação, toda vez que a obra artística possa ser realizada, objetivamente, por maiores de 16 anos de idade; b) Prévia autorização de representantes legais de crianças e adolescentes; c) Concessão de alvará judicial para cada novo trabalho realizado; d) Matrícula, frequência e bom aproveitamento escolares, além de reforço escolar, em caso de mau desempenho.

Data da reunião: 5 e 7 de agosto de 2015, Belo Horizonte/MG.

Acesso em 07/08/20. Fonte: https://crianca.mppr.mp.br/modules/conteudo/conteudo.php?conteudo=1549

Enunciado nº 04

O roteiro do trabalho artístico não deverá conter elementos perniciosos à integridade da criança ou do adolescente, como sofrimento em cena, exaustiva repetição, uso violento da memória emotiva, exploração sexual comercial, outros trabalhos degradantes ou ainda constantes da Lista das Piores Formas de Trabalho Infantil (Decreto nº 6481/2008).

Data da reunião: 5 e 7 de agosto de 2015, Belo Horizonte/MG.

Acesso em 07/08/20. Fonte: https://crianca.mppr.mp.br/modules/conteudo/conteudo.php?conteudo=1549

Enunciado nº 05

A autorização judicial para trabalho infantil artístico deverá ser certa e específica com relação a determinado contrato de trabalho, não possuindo conteúdo genérico e/ou indeterminado.

Data da reunião: 5 e 7 de agosto de 2015, Belo Horizonte/MG.

Acesso em 07/08/20. Fonte: https://crianca.mppr.mp.br/modules/conteudo/conteudo.php?conteudo=1549

Enunciado nº 06

Nos desportos de rendimento, o alojamento de atletas é medida excepcional, admitindo-se apenas para adolescentes maiores de 14 (catorze) anos, desde que seja formalizado contrato especial de aprendizagem ou contrato especial de trabalho, este a partir dos 16 anos. Em qualquer hipótese, não deverão ser admitidos atletas com idade inferior a 14 (quatorze) anos pelas entidades desportivas para o fim de formação profissional.

Data da reunião: 5 e 7 de agosto de 2015, Belo Horizonte/MG.

Acesso em 07/08/20. Fonte: https://crianca.mppr.mp.br/modules/conteudo/conteudo.php?conteudo=1549

Enunciado nº 07

O alojamento de atletas, quando admitido, somente pode ser oferecido ao adolescente que residir em localidades diversas dos centros de treinamentos desde que haja autorização escrita e prévia dos pais ou responsáveis legais, observando-se a vedação do art. 27-C, VI, da Lei Pelé. Nestes casos, a entidade formadora, de modo a garantir o direito fundamental à convivência familiar e comunitária, deverá prever no contrato o custeio de visitas regulares do adolescente à sua família ou vice-versa, sendo, ainda, vedada a hospedagem em repúblicas, pensões e similares.

Data da reunião: 5 e 7 de agosto de 2015, Belo Horizonte/MG.

Acesso em 07/08/20. Fonte: https://crianca.mppr.mp.br/modules/conteudo/conteudo.php?conteudo=1549

Enunciado nº 08

Os alojamentos de atletas adolescentes deverão ser adequados à sua condição peculiar de pessoa em desenvolvimento, sobretudo em matéria de alimentação, higiene, segurança e salubridade, na forma do art. 29, inciso IV, da Lei Pelé, observando-se os parâmetros mínimos estabelecidos na Norma Regulamentadora nº 24 do Ministério do Trabalho e Emprego.

Data da reunião: 5 e 7 de agosto de 2015, Belo Horizonte/MG.

Acesso em 07/08/20. Fonte: https://crianca.mppr.mp.br/modules/conteudo/conteudo.php?conteudo=1549

Enunciado nº 09

As entidades desportivas formadoras, ao alojarem atletas adolescentes que se encontram distantes da residência de suas respectivas famílias, assumem a natureza jurídica de entidades de atendimento de adolescentes, na forma do rol exemplificativo previsto no art. 90, do ECA.

Data da reunião: 5 e 7 de agosto de 2015, Belo Horizonte/MG.

Acesso em 07/08/20. Fonte: https://crianca.mppr.mp.br/modules/conteudo/conteudo.php?conteudo=1549

Enunciado nº 10

As entidades formadoras de prática desportiva exercem atividade eminentemente lucrativa, estabelecendo relação contratual de trabalho com o adolescente atleta. Essa relação é incompatível com o instituto da guarda que, pela sua amplitude, não pode ser exercida pelo próprio contratante diante do evidente conflito de interesses.

Data da reunião: 5 e 7 de agosto de 2015, Belo Horizonte/MG.

Acesso em 07/08/20. Fonte: https://crianca.mppr.mp.br/modules/conteudo/conteudo.php?conteudo=1549

Enunciado nº 11

Como entidades de atendimento a adolescentes, as entidades desportivas formadoras, em seus alojamentos, devem observar: a) os deveres jurídicos de cuidado, proteção e vigilância, decorrentes da subordinação típica do contrato de trabalho e do sistema de proteção da infância e da adolescência (ECA, CLT e Lei Pelé); b) os parâmetros previstos no documento "Orientações Técnicas: Serviços de Acolhimento para Crianças e Adolescentes" (Resolução CONANDA/CNAS nº 01/2009), que traçam os requisitos para o regular funcionamento do serviço de acolhimento institucional (art. 91, §1º, alínea "e", ECA), face à similitude de condições vivenciadas pelos adolescentes, no que for compatível.

Data da reunião: 5 e 7 de agosto de 2015, Belo Horizonte/MG.

Acesso em 07/08/20. Fonte: https://crianca.mppr.mp.br/modules/conteudo/conteudo.php?conteudo=1549

Enunciado nº 12

Como entidades de atendimento, as entidades desportivas formadoras de atletas adolescentes deverão ser registradas e inscrever seus programas no Conselho Municipal dos Direitos da Criança e do Adolescente (CMDCA), tal qual determina o art. 91, do ECA, além de serem fiscalizadas pelo Judiciário, pelo Ministério Público e pelos Conselhos Tutelares, nos moldes do art. 95, do ECA.

Data da reunião: 5 e 7 de agosto de 2015, Belo Horizonte/MG.

Acesso em 07/08/20. Fonte: https://crianca.mppr.mp.br/modules/conteudo/conteudo.php?conteudo=1549

J) ENUNCIADOS COPEIJ APROVADOS (II Reunião Ordinária do GNDH/2016 e pelo CNPG/2017):

Enunciado nº 01

Para garantir o regular funcionamento dos Conselhos Tutelares, compete aos municípios dispor em lei municipal sobre o horário de funcionamento e jornada de trabalho dos membros, prevendo inclusive a atuação em regime de plantão ou sobreaviso, tomando as medidas necessárias para assegurar que a realização dos plantões pelos conselheiros não prejudique o funcionamento colegiado do órgão.

Data da reunião: 15/02/2017 – MPDFT.

Acesso em 07/08/20. Fonte: https://www.cnpg.org.br/images/arquivos/gndh/documentos/enunciados/enunciadoscopeij.pdf

https://crianca.mppr.mp.br/modules/conteudo/conteudo.php?conteudo=1549

Enunciado nº 02

Caberá ao Município dispor de estrutura adequada para o funcionamento do Conselho Tutelar, sobretudo nos períodos de plantão ou sobreaviso, sendo também essencial que outros serviços públicos estejam disponíveis no período noturno e nos finais de semana, à exemplo dos serviços de localização de pais, serviços de acompanhamento e transporte para garantir efetiva proteção às crianças e adolescentes que dele necessitarem.

Data da reunião: 15/02/2017 – MPDFT.

Acesso em 07/08/20. Fonte: https://www.cnpg.org.br/images/arquivos/gndh/documentos/enunciados/enunciadoscopeij.pdf

https://crianca.mppr.mp.br/modules/conteudo/conteudo.php?conteudo=1549

Enunciado nº 03

É obrigação dos municípios a implementação das medidas socioeducativas em meio aberto, as quais não se resumem a ações na área da assistência social e/ou no atendimento prestado pelos CREAS e CRAS aos adolescentes e suas famílias.

Data da reunião: 15/02/2017 – MPDFT.

Acesso em 07/08/20. Fonte: https://www.cnpg.org.br/images/arquivos/gndh/documentos/enunciados/enunciadoscopeij.pdf

https://crianca.mppr.mp.br/modules/conteudo/conteudo.php?conteudo=1549

Enunciado nº 04

As entidades de atendimento que irão executar os programas socioeducativos em meio aberto podem estar vinculadas à área da assistência social, mas não há obrigação alguma que isto ocorra, uma vez que a Lei nº 12.594/12, posterior à Resolução CNAS nº 109/2009 e à Lei nº 8.742/93, não vincula a execução desses programas aos equipamentos do SUAS.

Data da reunião: 15/02/2017 – MPDFT.

Acesso em 07/08/20. Fonte: https://www.cnpg.org.br/images/arquivos/gndh/documentos/enunciados/enunciadoscopeij.pdf

https://crianca.mppr.mp.br/modules/conteudo/conteudo.php?conteudo=1549

K) ENUNCIADOS COPEIJ APROVADOS (I Reunião Ordinária do GNDH/2017)

Enunciado nª 01:

O Ministério Público, como legitimado a desencadear o procedimento para imposição de penalidade administrativa por infração às normas de proteção à criança e ao adolescente, deve fomentar a implementação, pelo Poder Judiciário, de equipes de servidores efetivos ou voluntários credenciados (agentes de proteção ou comissários da infância e juventude), para o exercício da fiscalização prevista no art. 194 do ECA.

Data da reunião: 16 de março de 2017, João Pessoa/PB.

Acesso em 07/08/20. Fonte: https://crianca.mppr.mp.br/modules/conteudo/conteudo.php?conteudo=1549

Enunciado nº 02

A divulgação de imagens e vídeos de crianças e adolescentes acolhidos para fins de campanhas ou programas de incentivo à adoção tardia, devidamente monitorada pelo sistema de justiça, não constitui ofensa aos arts. 17 e 18 da Lei nº 8.069/1990, sendo imprescindível a autorização do dirigente da entidade de acolhimento (art. 92, §1º, da Lei nº 8.069/1990). Em se tratando de adolescente, é necessária também a sua anuência.

Data da reunião: 16 de março de 2017, João Pessoa/PB.

Acesso em 07/08/20. Fonte: https://crianca.mppr.mp.br/modules/conteudo/conteudo.php?conteudo=1549

Enunciado nº 03

O Ministério Público deve velar para que o processo de conhecimento, que apura prática de ato infracional, não seja extinto antes que se comprove a efetiva execução da medida protetiva isoladamente aplicada, tudo nos moldes do art. 38 da Lei nº 12.594/2012.

Data da reunião: 16 de março de 2017, João Pessoa/PB.

Acesso em 07/08/20. Fonte: https://crianca.mppr.mp.br/modules/conteudo/conteudo.php?conteudo=1549

L) ENUNCIADOS COPEIJ EMITIDOS (Reunião Ordinária do GNDH/2018)

Nota do autor: consta que os enunciados foram emitidos, mas sem a indicação da data de aprovação nos sítios oficiais.

Enunciado nº 01

Nas hipóteses em que o Conselho Tutelar remete casos da sua atribuição precípua ao MP sem a aplicação ou o esgotamento das medidas protetivas cabíveis, deverá o Promotor de Justiça, observando o disposto nos termos da Resolução nº 174 do CNMP, devolver o expediente para que o órgão tutelar adote as medidas protetivas aplicáveis, nos termos dos artigos 101, 129 e 136 da Lei nº 8.069/1990.

Acesso em 07/08/20. Fonte: https://crianca.mppr.mp.br/modules/conteudo/conteudo.php?conteudo=1549

Enunciado nº 02

Em observância ao disposto no art. 48 do ECA, o direito garantido à mãe ao sigilo sobre o nascimento, previsto no art. 19-A, §9º do ECA, refere-se à divulgação da informação aos seus familiares e a terceiros, devendo ser vedada a possibilidade de supressão de seus dados qualificativos na Declaração de Nascido Vivo (DNV) ou na certidão de nascimento da criança.

Acesso em 07/08/20. Fonte: https://crianca.mppr.mp.br/modules/conteudo/conteudo.php?conteudo=1549

Enunciado nº 03

A hipótese prevista no art. 19-A, §10, do ECA refere-se, tão somente, a crianças cujos pais são desconhecidos ou destituídos do poder familiar.

Acesso em 07/08/20. Fonte: https://crianca.mppr.mp.br/modules/conteudo/conteudo.php?conteudo=1549

Enunciado nº 04

O Ministério Público deve zelar para que o profissional do SUS ou do SUAS que tiver responsabilidade de acompanhar/tratar, na rede de proteção, a criança ou o adolescente vítima ou testemunha de violência, não participe do depoimento especial dessa mesma criança ou adolescente, adotando as medidas extrajudiciais e judiciais cabíveis para implementação da lei 13.431/2017.

Acesso em 07/08/20. Fonte: https://crianca.mppr.mp.br/modules/conteudo/conteudo.php?conteudo=1549

M) ENUNCIADOS COPEIJ APROVADOS (I Reunião Ordinária do GNDH/2019 e pelo CNPG/2019)

Enunciado nº 01 (Revogado pela Lei 13.824/19)

Revogado.

Considera-se impedido de se recandidatar no processo de escolha de 2019 o conselheiro tutelar que, no ato da inscrição, já tiver exercido, como titular, em dois mandatos consecutivos, período superior a um mandato e meio, ainda que decorrente de "mandato tampão" (art. 2º, inc. V, da Resolução CONANDA nº 152).

Data da reunião: 27 a 29 de março de 2019, Salvador/BA.

Data da reunião CNPG: 24 de abril de 2019, Campo Grande/MS.

Acesso em 07/08/20. Fonte: https://crianca.mppr.mp.br/modules/conteudo/conteudo.php?conteudo=1549

https://crianca.mppr.mp.br/arquivos/File/enunciados/enunciados_copeij_aprovados_abr2019.pdf

Enunciado nº 02 (Revogado pela Lei 13.824/19)

Revogado.

O mandato e meio previsto no art. 6º, §2º da Resolução nº 170 do CONANDA corresponde ao prazo de 06 anos, sendo irrelevante ter havido algum hiato temporal durante o efetivo exercício da titularidade nos dois últimos mandatos. Não se considera interrupção da titularidade o gozo de direitos sociais, tais como férias e licenças.

Data da reunião: 27 a 29 de março de 2019, Salvador/BA.

Data da reunião CNPG: 24 de abril de 2019, Campo Grande/MS.

Acesso em 07/08/20. Fonte: https://crianca.mppr.mp.br/modules/conteudo/conteudo.php?conteudo=1549

https://crianca.mppr.mp.br/arquivos/File/enunciados/enunciados_copeij_aprovados_abr2019.pdf

Enunciado nº 03

O Ministério Público deve velar para que a suplementação financeira devida pela União, nos termos do art. 3º, inc. III da Lei do Sinase, seja continuada, suficiente e pactuada entre os entes federados, de modo a contribuir para as despesas de implementação e custeio das políticas estaduais e municipais de atendimento socioeducativo. Cabe ao MP dos Estados e do DF atuar conjuntamente com o MPF, na hipótese de descumprimento ou cumprimento insatisfatório desta obrigação pelo Governo Federal.

Data da reunião: 27 a 29 de março de 2019, Salvador/BA.

Data da reunião CNPG: 24 de abril de 2019, Campo Grande/MS.

Acesso em 07/08/20. Fonte: https://crianca.mppr.mp.br/modules/conteudo/conteudo.php?conteudo=1549

https://crianca.mppr.mp.br/arquivos/File/enunciados/enunciados_copeij_aprovados_abr2019.pdf

Enunciado nº 04

O Ministério Público deve zelar, nos termos dos arts. 4º, 9º, 11 e 12 da Portaria nº 1.189/2018-MJ, para que as empresas de internet que explorarem filmes, programas, obras audiovisuais seriadas, jogos e outros produtos passíveis de classificação, respeitem os padrões de tamanho, cor, proporção, posicionamento e duração da exibição e os critérios de clareza, nitidez e acessibilidade especificados no Guia Prático da Classificação Indicativa.

Data da reunião: 27 a 29 de março de 2019, Salvador/BA.

Data da reunião CNPG: 24 de abril de 2019, Campo Grande/MS

Acesso em 07/08/20. Fonte: https://crianca.mppr.mp.br/modules/conteudo/conteudo.php?conteudo=1549

https://crianca.mppr.mp.br/arquivos/File/enunciados/enunciados_copeij_aprovados_abr2019.pdf

N) ENUNCIADOS COPEIJ APROVADOS (II Reunião Ordinária do GNDH/2019 e pelo CNPG/2019)

Enunciado nº 05

O Ministério Público deverá zelar para que os artigos 78 e 79 do ECA sejam interpretados conforme a Constituição Federal e em consonância com a jurisprudência do Supremo Tribunal Federal (ADIN 4277/DF e ADPF 132/RJ), razão pela qual a publicação de manifestação de afeto homoafetivo não se enquadra na categoria de material pornográfico, impróprio ou inadequado a crianças e adolescentes, quando manifestação semelhante heteroafetiva não for assim considerada.

Data da reunião: 11 a 13/09/2019, São Luiz/MA.

Acesso em 07/08/20. Fonte: https://crianca.mppr.mp.br/modules/conteudo/conteudo.php?conteudo=1549

http://www.mprj.mp.br/documents/20184/378251/enunciadosiirogndh2019.pdf

Enunciado nº 06

O requisito da idoneidade moral, previsto no artigo 133, I, do ECA, não se restringe aos conceitos do direito penal relativos à reincidência ou maus antecedentes, cabendo à Comissão Especial Eleitoral, em procedimento administrativo que assegure o contraditório, avaliar casuisticamente se as condutas praticadas pelo candidato ao Conselho Tutelar, ainda que não vedadas pela legislação ou resolução local, são compatíveis com o decoro do cargo.

Data da reunião: 11 a 13/09/2019, São Luiz/MA

Acesso em 07/08/20. Fonte: https://crianca.mppr.mp.br/modules/conteudo/conteudo.php?conteudo=1549

Enunciado nº 07

Não configura crime eleitoral, passível de prisão em flagrante, a prática, na data da votação do processo de escolha do Conselho Tutelar, das condutas tipificadas na legislação eleitoral. Tais condutas, contudo, podem configurar inidoneidade moral passíveis de impugnação perante a Comissão Especial Eleitoral ou judicialmente pelo Ministério Público.

Data da reunião: 11 a 13/09/2019, São Luiz/MA

Acesso em 07/08/20. Fonte: https://crianca.mppr.mp.br/modules/conteudo/conteudo.php?conteudo=1549

Enunciado nº 08

Em sendo flagrada conduta vedada ou irregularidade no dia da votação do processo de escolha do Conselho Tutelar, cabe à autoridade pública fazer cessar o ato indevido, apreendendo e/ou materializando a prova para a posterior impugnação da candidatura. Caso o candidato ou seu apoiador desobedeça a ordem legal do funcionário público, esta conduta pode configurar, em tese, o crime de desobediência (art. 330 do CP).

Data da reunião: 11 a 13/09/2019, São Luiz/MA

Acesso em 07/08/20. Fonte: https://crianca.mppr.mp.br/modules/conteudo/conteudo.php?conteudo=1549

Enunciado nº 09

Considerando que compete ao gestor do atendimento socioeducativo, mediante solicitação da autoridade judiciária, designar a vaga em programa ou unidade de cumprimento da medida, nos termos do artigo 40 da Lei do Sinase, o Ministério Público deve diligenciar para que os gestores, em articulação com o Sistema de Justiça, estabeleçam critérios objetivos e transparentes para a gestão das vagas existentes em cada sistema socioeducativo, levando-se em conta o disposto no artigo 49, inciso II, da mesma Lei.

Nota do autor: O enunciado acima foi encaminhado ao CNPG para aprovação.

Data da reunião: 11 a 13/09/2019, São Luiz/MA

http://www.mprj.mp.br/documents/20184/378251/enunciadosiirogndh2019.pdf

31.1.1.4 COMISSÃO PERMANENTE DE DEFESA DE DIREITOS HUMANOS EM SENTIDO ESTRITO – COPEDH

A) ENUNCIADOS COPEDH APROVADOS (II Reunião Ordinária do GNDH/2013)

SOBRE DIREITO DE MANIFESTAÇÃO, LIBERDADE DE EXPRESSÃO, PAPEL DA POLÍCIA E DO MINISTÉRIO PÚBLICO NUM REGIME DEMOCRÁTICO

Enunciado nº 01

A livre e democrática manifestação do pensamento insere-se no conceito de ordem pública que, num regime democrático, e aquela balizada pelos direitos civis, políticos, econômicos, sociais, culturais, construídos pelo direito internacional dos direitos humanos nas últimas décadas de história da civilização – e não pode, só por força de sua ocorrência, ser reprimida ou obstada, cabendo as policias garantir o direito coletivo e o exercício individual de manifestação do pensamento, com especial proteção aos profissionais da imprensa. Devem, ainda, preservar a incolumidade das pessoas e do patrimônio público e privado; ao atuar contra as ocorrências delituosas que se verificarem, deverão promover a prisão em flagrante de seus autores, respeitando os direitos legalmente assegurados as pessoas presas. Se comprovadamente necessária, a intervenção policial devera se limitar ao menor patamar dissuasório, não se utilizando de qualquer tipo de arma letal e de munição de elastômero. Ademais, deve o poder público divulgar Planos de Contingência de Segurança Pública e de Proteção e Defesa Civil, de modo a minorar os desconfortos e incômodos suportados pela população, inerentes as manifestações, bem como se fortalecer na proteção individual de seus agentes para reduzir a necessidade do uso da força.

Data da reunião: 03 À 05/07/2013, São Paulo/SP.

Acesso em 07/08/20. Fonte: https://direito.mppr.mp.br/arquivos/File/CompilacaoenunciadosproposicoesdeliberacoesCOPEDH.pdf

Enunciado nº 02

Na elaboração de plano geral de atuação ou planejamento estratégico, os Ministérios Públicos podem se valer de instrumentos que lhes permitam colher os anseios e reivindicações da sociedade civil, abrindo canais para a ouvida de movimentos sociais e populares, sindicatos, entidades do terceiro setor, iniciativa privada, organizações não governamentais, dentre outros. Podem também promover a ouvida da comunidade cientifica e de especialistas em políticas públicas. Os Membros da Instituição podem se envolver ativamente em tal processo de legitimação do plano, como forma de se comprometerem com sua observância e execução.

Data da reunião: 03 À 05/07/2013, São Paulo/SP.

Acesso em 07/08/20. Fonte: https://direito.mppr.mp.br/arquivos/File/CompilacaoenunciadosproposicoesdeliberacoesCOPEDH.pdf

Enunciado nº 03

Guardadas as singularidades de cada local e de cada manifestação, os Ministérios Públicos podem se valer dos meios de comunicação social disponíveis para informar a população as iniciativas já adotadas quanto aos temas suscitados nos atos públicos, esclarecendo, ademais, sobre os óbices judiciais ou administrativos encontrados para a solução. Podem, também, se possível e GNDH – Grupo Nacional de Direitos Humanos Promotor de Justiça Rossini Alves Couto cabível, convidar as lideranças dos movimentos para o diálogo na sede do Ministério Público, expressando-lhes o apoio institucional ao legítimo direito de manifestação do pensamento, prestando-lhes aquelas mesmas informações e obtendo sugestões e críticas para o bom encaminhamento das demandas.

Data da reunião: 03 À 05/07/2013, São Paulo/SP.

Acesso em 07/08/20. Fonte: https://direito.mppr.mp.br/arquivos/File/CompilacaoenunciadosproposicoesdeliberacoesCOPEDH.pdf

Enunciado nº 04

SOBRE ABORTO LEGAL

Se a prática de relações sexuais ou de outro ato libidinoso com a adolescente de 14 a 18 anos de idade que esteja em situação de exploração sexual é crime, extrai-se que desta prática não decorre consentimento juridicamente válido. Se não há tal consentimento, e se daquela prática advier gravidez, será lícita a prática do aborto legal, por interpretação extensiva do artigo 128, II, do Código Penal, cujo fundamento fático é a gravidez decorrente de conjunção carnal não consentida.

Data da reunião: 03 À 05/07/2013, São Paulo/SP.

Acesso em 07/08/20. Fonte: https://direito.mppr.mp.br/arquivos/File/CompilacaoenunciadosproposicoesdeliberacoesCOPEDH.pdf

SOBRE LIBERDADE RELIGIOSA E LAICIDADE DO ESTADO

Enunciado nº 05

A atuação de grupos religiosos, no âmbito da arena política brasileira, tem contribuído para o cerceamento de direitos civis já há muito assegurados na Constituição Federal, trazendo inquietações e preocupações, na medida em que atuam sempre no interesse de seus próprios grupos e postulados doutrinários. Cresce a tendência fundamentalista, que se baseia no propósito de impor a coletividade seu modo de pensar e agir, ditando regras ao outro a partir de suas convicções, numa clara violação ao caráter universal dos direitos humanos. Reafirma-se que o Brasil adota a laicidade (e não o laicismo) e, portanto, não pode impedir o funcionamento de nenhuma religião, mas, ao mesmo tempo, não pode beneficiar ou privilegiar, direta ou indiretamente, nenhuma delas.

O GNDH entende que o tema deva ser pauta das discussões e reflexões do Ministério Público brasileiro.

Data da reunião: 03 À 05/07/2013, São Paulo/SP.

Acesso em 07/08/20. Fonte: https://direito.mppr.mp.br/arquivos/File/CompilacaoenunciadosproposicoesdeliberacoesCOPEDH.pdf

B) ENUNCIADOS COPEDH APROVADOS (III Reunião Ordinária do GNDH/2013)

B.1) SOBRE MOBILIDADE URBANA

Enunciado nº 01

A COPEDH entende que, nas obras viárias de mobilidade urbana, deve-se respeitar o direito de moradia e, quando inevitável o desalojamento, que seja garantida a prévia e justa indenização, inclusive da posse, efetivando-se, sem prejuízo, o prévio Plano de Reassentamento e Medidas Compensatórias, assegurado, aos atingidos, o acesso a soluções adequadas ao deslocamento, às perdas ocasionadas pela intervenção e à recuperação dos vínculos comunitários, familiares, sociais e culturais.

Data da reunião: 16 a 18/10/2013, Aracaju/SE.

Acesso em 07/08/20. Fonte: https://direito.mppr.mp.br/arquivos/File/CompilacaoenunciadosproposicoesdeliberacoesCOPEDH.pdf

B.2) SOBRE DIREITO DE MANIFESTAÇÃO, LIBERDADE DE EXPRESSÃO, PAPEL DA POLÍCIA E DO MINISTÉRIO PÚBLICO NUM REGIME DEMOCRÁTICO

Enunciado nº 01

A COPEDH entende que todo cidadão tem o dever de se identificar civilmente às autoridades policiais, quando instado a fazê-lo de modo respeitoso à sua dignidade. Do mesmo modo, todas as autoridades policiais devem atuar permanentemente identificadas.

Data da reunião: 16 a 18/10/2013, Aracaju/SE.

Acesso em 07/08/20. Fonte: https://direito.mppr.mp.br/arquivos/File/CompilacaoenunciadosproposicoesdeliberacoesCOPEDH.pdf

Enunciado nº 02

A COPEDH entende que o uso de máscaras em passeatas e manifestações, por si só, não se caracteriza como conduta criminosa, por ausência de previsão típica no ordenamento penal. E entende inconstitucional projeto de lei que tipifique tal conduta, por ofensa ao livre e fundamental direito de manifestação.

Data da reunião: 16 a 18/10/2013, Aracaju/SE.

https://direito.mppr.mp.br/arquivos/File/CompilacaoenunciadosproposicoesdeliberacoesCOPEDH.pdf

Enunciado nº 03

A COPEDH entende que os Ministérios Públicos, no exercício de suas atribuições constitucionais, devem zelar para que o legítimo direito de expressão do pensamento e do direito de reunião sejam garantidos, rejeitando-se a criminalização abusiva e sem amparo legal de pessoas e coibindo-se a atribuição genérica e não individualizada de condutas ilícitas.

Data da reunião: 16 a 18/10/2013, Aracaju/SE.

https://direito.mppr.mp.br/arquivos/File/Compilacaoenunciadosproposicoes-deliberacoesCOPEDH.pdf

Enunciado nº 04

A COPEDH entende que os Ministérios Públicos, no exercício de suas atribuições constitucionais, devem investigar ou acompanhar ativamente a investigação relativa à eventual infiltração ilícita e ilegal de policiais em manifestações e protestos populares.

Data da reunião: 16 a 18/10/2013, Aracaju/SE.

https://direito.mppr.mp.br/arquivos/File/Compilacaoenunciadosproposicoes-deliberacoesCOPEDH.pdf

Enunciado nº 05

A COPEDH entende que os Ministérios Públicos que constituam grupos de atuação especial destinados à apuração das ocorrências verificadas em manifestações e protestos populares devem cuidar para que haja, entre os seus integrantes, ao menos um Promotor de Justiça com atribuição em Direitos Humanos.

Data da reunião: 16 a 18/10/2013, Aracaju/SE.

https://direito.mppr.mp.br/arquivos/File/Compilacaoenunciadosproposicoes-deliberacoesCOPEDH.pdf

B.3) SOBRE USO ABUSIVO DE DADOS PESSOAIS DE CIDADÃOS BRASILEIROS POR EMPRESAS PRIVADAS OU GOVERNOS ESTRANGEIROS

Enunciado nº 01

A COPEDH entende que, para garantir a efetividade dos direitos fundamentais, os Ministérios Públicos deverão zelar para que os órgãos públicos, na criação de bancos de dados informatizados que impliquem a coleta e tratamento de informações pessoais dos cidadãos, resguardem, por mecanismos tecnológicos, a segurança, a finalidade e a necessidade do banco.

Data da reunião: 16 a 18/10/2013, Aracaju/SE.

https://direito.mppr.mp.br/arquivos/File/Compilacaoenunciadosproposicoes-deliberacoesCOPEDH.pdf

Enunciado nº 02

A COPEDH entende que a finalidade e o interesse público dos bancos de dados públicos, explicitados no ato de sua criação, devem estar acessíveis aos cidadãos.

Data da reunião: 16 a 18/10/2013, Aracaju/SE.

https://direito.mppr.mp.br/arquivos/File/CompilacaoenunciadosproposicoesdeliberacoesCOPEDH.pdf

Enunciado nº 03

A COPEDH entende que os Ministérios Públicos devem cuidar para que o intercâmbio de dados pessoais dos cidadãos entre órgãos públicos, nacionais e internacionais, obedeça à finalidade descrita em sua criação, zelando para que o ato autorizador do intercâmbio explicite o legítimo interesse público ou comando legal em que se baseia.

Data da reunião: 16 a 18/10/2013, Aracaju/SE.

https://direito.mppr.mp.br/arquivos/File/CompilacaoenunciadosproposicoesdeliberacoesCOPEDH.pdf

Enunciado nº 04

A COPEDH entende que, para garantia dos direitos fundamentais, o Ministério Público deverá adotar as medidas cabíveis para evitar o repasse de informações contidas em bancos de dados públicos a entidades privadas, salvo quando estas atuem de forma complementar na prestação de serviços públicos.

Data da reunião: 16 a 18/10/2013, Aracaju/SE.

https://direito.mppr.mp.br/arquivos/File/CompilacaoenunciadosproposicoesdeliberacoesCOPEDH.pdf

C) ENUNCIADOS COPEDH APROVADOS (I Reunião Ordinária do GNDH/2014)

C.1) SOBRE SITUAÇÃO DAS PESSOAS ESTRANGEIRAS, PRESAS E CONDENADAS NO BRASIL:

Enunciado nº 01

Os Ministérios Públicos, no âmbito de suas atribuições, devem adotar providências para que os decretos de expulsão de estrangeiros condenados cujas penas tenham sido julgadas extintas, sejam prontamente cumpridos, efetivando-se o recambiamento da pessoa ao seu país de origem, evitando-se submetê-la ao mercado de trabalho escravo.

Data da reunião: 12 A 14/03/2014, Florianópolis/SC.

Acesso em 07/08/20. Fonte: https://direito.mppr.mp.br/arquivos/File/CompilacaoenunciadosproposicoesdeliberacoesCOPEDH.pdf

Enunciado nº 02

Os Ministérios Públicos, no âmbito de suas atribuições, devem adotar providências para que o sentenciado estrangeiro, embora já cumprida a pena, mas ainda não expulso, bem como aquele no cumprimento da pena, exerça seu direito ao trabalho, inerente aos regimes prisionais aberto e semiaberto e ao livramento condicional, instando o Ministério da Justiça a viabilizar tal direito humano fundamental, especialmente a expedição de identificação pessoal, ainda que provisória.

Data da reunião: 12 A 14/03/2014, Florianópolis/SC.

Acesso em 07/08/20. Fonte:

https://direito.mppr.mp.br/arquivos/File/CompilacaoenunciadosproposicoesdeliberacoesCOPEDH.pdf

C.2) SOBRE TRANSPORTE DE PRESOS

Enunciado nº 01

Os Ministérios Públicos, no âmbito de suas atribuições, devem zelar pelo cumprimento da Lei nº 8.653/1993 e da Resolução nº 2/2012 do Conselho Nacional de Política Criminal e Penitenciária do Ministério da Justiça, fiscalizando com efetividade as condições de transporte das pessoas presas em seus deslocamentos em viaturas a serviço do Estado, de modo a assegurar a sua integridade física e psiquica.

Data da reunião: 12 A 14/03/2014, Florianópolis/SC.

Acesso em 07/08/20. Fonte: https://direito.mppr.mp.br/arquivos/File/CompilacaoenunciadosproposicoesdeliberacoesCOPEDH.pdf

Enunciado nº 02

Antes da Copa do Mundo FIFA 2014, os Ministérios Públicos devem adotar providências, inclusive por meio de Recomendações, para garantir que o deslocamento de pessoas presas durante eventuais manifestações obedeça à regulamentação prevista na Lei nº 8.653/1993 e na Resolução nº 2/2012 do Conselho Nacional de Política Criminal e Penitenciária do Ministério da Justiça, transportando-as imediatamente a local previamente determinado e divulgado publicamente, onde deverão ser assegurados seus direitos e garantias processuais.

Data da reunião: 12 A 14/03/2014, Florianópolis/SC.

Acesso em 07/08/20. Fonte: https://direito.mppr.mp.br/arquivos/File/CompilacaoenunciadosproposicoesdeliberacoesCOPEDH.pdf

C.3) SOBRE COMBATE A TORTURA:

Enunciado:

Os Ministérios Públicos devem adotar as providências necessárias a efetivar a criação e a instalação dos Comitês e dos Mecanismos Estaduais de Prevenção e Combate à Tortura, bem assim a garantir a sua inclusão no Sistema Nacional de Prevenção e Combate à Tortura (SNPCT), nos termos do artigo 5º, III, do Decreto nº 8.154/2013, firmando o respectivo instrumento.

Data da reunião: 12 A 14/03/2014, Florianópolis/SC.

Acesso em 07/08/20. Fonte: https://direito.mppr.mp.br/arquivos/File/Compilacaoenunciadosproposicoesdeliberacoes COPEDH.pdf

D) ENUNCIADOS COPEDH APROVADOS (I Reunião Ordinária do GNDH/2016 e pelo CNPG/2016)

Enunciado aprovado:

Diante dos termos da Lei nº 13.260/2016, reafirma-se que o Ministério Público deve zelar pelo direito à realização de reuniões e manifestações políticas, de brasileiros e estrangeiros, individuais ou coletivas, de movimentos sociais, estudantis, sindicais, religiosos, de classe ou de categoria profissional.

Data da reunião: 15/06/2016 – MPM.

Acesso em 07/08/20. Fonte: https://www.cnpg.org.br/images/arquivos/copedhenunciados.pdf

E) ENUNCIADOS COPEDH APROVADOS (II Reunião Ordinária do GNDH/2016 e pelo CNPG/2017)

Enunciado nº 01

O Ministério Público Brasileiro deve se preparar (com grupos técnicos – promotores e procuradores de justiça e servidores analistas em orçamento) para intervir positivamente no orçamento público, zelando pela implementação de políticas públicas em direitos humanos, além do controle ordinário (pós-orçamento ou após o fim do exercício financeiro).

Data da reunião: 15/02/2017 – MPM.

Acesso em 07/08/20. Fonte: https://www.cnpg.org.br/images/arquivos/gndh/documentos/enunciados/enunciadoscopedh.pdf

Enunciado nº 02

Em virtude do princípio constitucional da autodeterminação da pessoa natural (Art. 5°, inciso X, CF/88), a retificação de nome civil e de sexo das pessoas transexuais dispensa a produção de provas técnicas, tais como cirurgia de redesignação de sexo, laudo médico ou psicológico.

Data da reunião: 15/02/2017 – MPM.

Acesso em 07/08/20. Fonte: https://www.cnpg.org.br/images/arquivos/gndh/documentos/enunciados/enunciadoscopedh.pdf

F) ENUNCIADOS COPEDH APROVADOS (I Reunião Ordinária da COPEDH/- 2017)

Enunciado nº 01

O Ministério Público Brasileiro, no exercício de sua atividade fim, deve atuar preventiva e repressivamente no que se refere à edição de Decretos e Atos administrativos e Jurídicos, do Poder Público, que viole o princípio da laicidade do Estado.

Data da reunião: 16 de março de 2017, João Pessoa/PB.

Acesso em 07/08/20. Fonte: https://www.mpma.mp.br/arquivos/COCOM/MOCOESAPROVADASGNDH2017.pdf

G) ENUNCIADOS COPEDH APROVADOS (II Reunião Ordinária do COPEDH/2017)

Enunciado nº 02

O Ministério Público deve atuar no sentido de garantir igual liberdade religiosa e o direito ao livre exercício dos cultos – notadamente para as religiões afro-brasileiras, inibindo a interrupção da celebração de reuniões relacionadas à religiosidade, bem como a apreensão de objetos e instrumentos, de qualquer natureza, ainda que sonoros, utilizados nas cerimônias ou rituais.

Data da reunião: 4, 5 e 6 de setembro de 2017.

Acesso em 07/08/20. Fonte: https://comunicacao.mppr.mp.br/2018/02/19980/COPEDH-e-COPEVID-aprovam-novos-enunciados-na-area-de-direitos-humanos-e-violencia-domestica.html

Enunciado nº 03

O Ministério Público deve atuar para combater eventuais omissões ou equívocos, quando da lavratura de ocorrências policiais relativas aos crimes raciais e de intolerância religiosa, que comprometam a correta tipificação e judicialização de acordo com as regras de competência.

Data da reunião: 4, 5 e 6 de setembro de 2017.

Acesso em 07/08/20. Fonte: https://comunicacao.mppr.mp.br/2018/02/19980/COPEDH-e-COPEVID-aprovam-novos-enunciados-na-area-de-direitos-humanos-e-violencia-domestica.html

H) ENUNCIADOS COPEDH APROVADOS (Reunião Ordinária do CNPG/2018)

Enunciado nº 05

Considerando o Estatuto da Igualdade Racial, em especial o seu artigo 43, o Ministério Público brasileiro deve priorizar ações conjuntas voltadas ao fomento da representatividade da população negra nos meios de comunicação, em especial TV aberta, seja na programação, na realização de produtos de mídia, no acesso ao quadro funcional e progressão na carreira, por meio de grupos de trabalho, grupos de estudo, audiências públicas, expedição de recomendações, celebração de termos de compromissos e ajuizamento de ações judiciais.

Data da reunião: 2018.

Acesso em 07/08/20. Fonte: https://www.mpes.mp.br/Arquivos/Modelos/Paginas/NoticiaSemFoto.aspx?hc_location=ufi&pagina=5603

Enunciado nº 06

O Ministério Público brasileiro deverá tomar todas as medidas adequadas para que seja criado e efetivamente instalado o Comitê e o Mecanismo estadual de prevenção e combate à tortura.

Data da reunião: 2018.

Acesso em 07/08/20. Fonte: https://www.mpes.mp.br/Arquivos/Modelos/Paginas/NoticiaSemFoto.aspx?hc_location=ufi&pagina=5603

Enunciado nº 07

O Ministério Público brasileiro deverá tomar todas as medidas adequadas para que as Polícias e os Institutos Médicos Legais adotem as medidas constantes do Protocolo de Istambul, como previstas na Recomendação n. 31/2016-CNMP.

Data da reunião: 2018.

Acesso em 07/08/20. Fonte: https://www.mpes.mp.br/Arquivos/Modelos/Paginas/NoticiaSemFoto.aspx?hc_location=ufi&pagina=5603

Enunciado nº 08

O Ministério Público brasileiro deve atuar para garantir os direitos dos refugiados urbanos (vítimas de expulsões promovidas por facções criminosas) de modo a efetivar o direito à moradia (conforme Portaria 488/2018 do Ministério das Cid), com a integração entre a política criminal e a política de direitos humanos.

Data da reunião: 2018.

Acesso em 07/08/20. Fonte: https://www.mpes.mp.br/Arquivos/Modelos/Paginas/NoticiaSemFoto.aspx?hc_location=ufi&pagina=5603

Enunciado nº 09

O abate de animais em rituais religiosos deve ser considerado no âmbito do igual direito à liberdade de culto e liturgia, da pluralidade religiosa e do patrimônio cultural, devendo o Ministério Público zelar para que o racismo religioso não restrinja os direitos das religiões afro-brasileiras.

Data da reunião: 2018.

Acesso em 07/08/20. Fonte: https://www.mpes.mp.br/Arquivos/Modelos/Paginas/NoticiaSemFoto.aspx?hc_location=ufi&pagina=5603

I) ENUNCIADOS COPEDH/COPEMA APROVADOS (Reunião Ordinária do CNPG/2018)

Enunciado conjunto nº 01:

O Ministério Público brasileiro deve zelar pelo reconhecimento da necessidade da atividade regulatória e de controle do processo produtivo de alimentos, como indispensável à efetivação dos direitos humanos fundamentais à alimentação adequada e ao meio ambiente equilibrado (artigo 6º da CF/1988 e Agenda 2030 da ONU para o desenvolvimento sustentável).

Data da reunião: 2018.

Acesso em 07/08/20. Fonte: https://www.mpes.mp.br/Arquivos/Modelos/Paginas/NoticiaSemFoto.aspx?hc_location=ufi&pagina=5603

Enunciado conjunto nº 02:

O Ministério Público deve aprimorar sua atuação na preservação do patrimônio histórico e cultural, exigindo dos órgãos públicos competentes e fiscalização periódica dos bens integrantes desse patrimônio.

Data da reunião: 2018.

Acesso em 07/08/20. Fonte: https://www.mpes.mp.br/Arquivos/Modelos/Paginas/NoticiaSemFoto.aspx?hc_location=ufi&pagina=5603

J) ENUNCIADOS COPEDH/COPEDPDI APROVADOS (Reunião Ordinária do CNPG/2018)

Enunciado conjunto n º 01:

Considerando a Convenção sobre os Direitos das Pessoas com Deficiência da ONU (Decreto nº 6.949/2009), a Lei Brasileira de Inclusão (Lei nº 13.146/2015), o Ministério Público brasileiro deve envidar todos os esforços para exigência do cumprimento da reserva legal de vagas de emprego às pessoas com deficiência e reabilitados da previdência social, na forma do artigo 93 da Lei nº 8.213/1991, GNDH compreendendo todos os empregados da empresa na base de cálculo da cota legal e um processo seletivo transparente e objetivo de tais trabalhadores.

Data da reunião: 2018.

Acesso em 07/08/20. Fonte: https://www.mpes.mp.br/Arquivos/Modelos/Paginas/NoticiaSemFoto.aspx?hc_location=ufi&pagina=5603

K) ENUNCIADOS COPEDH/COPEPDI (Reunião Ordinária do CNPG/2018)

Enunciados conjunto nº 02:

Ensino domiciliar (Homeschooling): O Grupo Nacional de Direitos Humanos – GNDH, pela Comissão Permanente de Educação (COPEDUC), pela Comissão Permanente da Infância e Juventude (COPEIJ), pela Comissão Permanente de Direitos Humanos em sentido estrito (COPEDH) e pela Comissão Permanente da Violência Doméstica contra a mulher (COPEVID), considera que o ensino domiciliar (homeschooling), ministrado pela família não é meio adequado para o cumprimento do dever de educação assegurado na Constituição Federal, no Estatuto da Criança e do Adolescente e na Lei de Diretrizes e Bases da Educação Nacional. O Ministério Público atuará para fortalecer e qualificar o ensino escolar, inclusive na perspectiva do respeito aos direitos humanos e à igualdade de gênero.

Proposição: O GNDH criará comissão, com participação dos coordenadores das comissões, da Procuradoria Federal dos Direitos do Cidadão e dos Ministérios Públicos Estaduais, para acompanhar e sensibilizar a atuação em relação aos refugiados venezuelanos.

Data da reunião: 2018.

Acesso em 07/08/20. Fonte: https://www.mpes.mp.br/Arquivos/Modelos/Paginas/NoticiaSemFoto.aspx?hc_location=ufi&pagina=5603

L) ENUNCIADO CONJUNTO COPEDPDI/COPEDH (REUNIÃO ORDINÁRIA DO CNPG/2018)

Enunciado conjunto n º 01:

Considerando a Convenção sobre os Direitos das Pessoas com Deficiência da ONU (Decreto nº 6.949/2009), a Lei Brasileira de Inclusão (Lei nº 13.146/2015), o Ministério Público brasileiro deve envidar todos os esforços para exigência do cumprimento da reserva legal de vagas de emprego às pessoas com deficiência e reabilitados da previdência social, na forma do artigo 93 da Lei nº 8.213/1991, GNDH compreendendo todos os empregados da empresa na base de cálculo da cota legal e um processo seletivo transparente e objetivo de tais trabalhadores.

Data da reunião: 2018.

Acesso em 07/08/20. Fonte: https://www.mpes.mp.br/Arquivos/Modelos/Paginas/NoticiaSemFoto.aspx?hc_location=ufi&pagina=5603

M) ENUNCIADOS COPEDH APROVADOS (I Reunião Ordinária do GNDH/2019)

Enunciado nº 01

O Ministério Público brasileiro deve garantir, no seu âmbito, o direito ao uso de banheiros, vestuários e demais espaços separados por gênero, quando houver, de acordo com a identidade de gênero de cada pessoa, em igualdade de condições.

Data da reunião: 27, 28 e 29 de março de 2019, Salvador/BA.

Acesso em 07/08/20. Fonte: http://www.mpsp.mp.br/portal/page/portal/cao_civel/aa_ppdeficiencia/CNDH_COPEDPDI/Enunciados_GNDH/ENUNCIADOS%20APROVADOS%20GNDH.pdf

Enunciado nº 02

O Ministério Público brasileiro deve atuar para assegurar o direito ao uso de banheiros, vestuários e demais espaços separados por gênero, quando houver, de acordo com a identidade de gênero de cada pessoa, em igualdade de condições.

Data da reunião: 27, 28 e 29 de março de 2019, Salvador/BA.

Acesso em 07/08/20. Fonte: http://www.mpsp.mp.br/portal/page/portal/cao_civel/aa_ppdeficiencia/CNDH_COPEDPDI/Enunciados_GNDH/ENUNCIADOS%20APROVADOS%20GNDH.pdf

Enunciado nº 03

O Ministério Público Brasileiro, na tutela dos direitos de imigrantes e refugiados, deve constituir, em âmbito estadual, grupo interinstitucional para coleta de informações e análise de atuação conjunta.

Data da reunião: 27, 28 e 29 de março de 2019, Salvador/BA

Acesso em 07/08/20. Fonte: http://www.mpsp.mp.br/portal/page/portal/cao_civel/aa_ppdeficiencia/CNDH_COPEDPDI/Enunciados_GNDH/ENUNCIADOS%20APROVADOS%20GNDH.pdf

Enunciado nº 04

O Ministério Público Brasileiro deve atuar em prol das Pessoas em Situação de Rua, tanto no âmbito interno, nos termos da Recomendação 53, de 2017, do CNMP, quanto no âmbito externo, mediante a busca da implementação do Decreto 7053, de 2009 em todas as esferas da Federação.

Data da reunião: 27, 28 e 29 de março de 2019, Salvador/BA.

Acesso em 07/08/20. Fonte: http://www.mpsp.mp.br/portal/page/portal/cao_civel/aa_ppdeficiencia/CNDH_COPEDPDI/Enunciados_GNDH/ENUNCIADOS%20APROVADOS%20GNDH.pdf

Enunciado nº 05

O Ministério Público deve atuar para garantir a preservação da memória histórica e da verdade e coibir qualquer ato que glorifique ou homenageie pessoas e entes públicos ou privados que praticaram graves violações de direitos humanos, inclusive com eventual responsabilização dos envolvidos.

Data da reunião: 27, 28 e 29 de março de 2019, Salvador/BA.

Acesso em 07/08/20. Fonte: http://www.mpsp.mp.br/portal/page/portal/cao_civel/aa_ppdeficiencia/CNDH_COPEDPDI/Enunciados_GNDH/ENUNCIADOS%20APROVADOS%20GNDH.pdf

N) ENUNCIADO COPEDH APROVADO (II Reunião Ordinária do GNDH/2019)

Enunciado nº 01

O MP brasileiro, na área cível, deve atuar prioritariamente na tutela extrajudicial estruturante de políticas públicas de proteção aos direitos humanos.

Data da reunião: 11 a 13 de setembro de 2019, São Luiz/MA.

Acesso em 07/08/20. Fonte: http://www.mprj.mp.br/documents/20184/378251/enunciadosiirogndh2019.pdf

Enunciado nº 02

O MP Brasileiro atuará na promoção e defesa dos direitos dos povos e comunidades tradicionais, em prol da demarcação e regularização fundiária de seus territórios, e garantia de acesso às políticas públicas que concretizam os direitos humanos à alimentação adequada, à saúde, à educação, ao trabalho e demais direitos sociais, tudo segundo consulta livre, prévia e informada das comunidades interessadas (Convenção 169 da OIT).

Data da reunião: 11 a 13 de setembro de 2019, São Luiz/MA.

Acesso em 07/08/20. Fonte: http://www.mprj.mp.br/documents/20184/378251/enunciadosiirogndh2019.pdf

Enunciado nº 03

O MP Brasileiro, no exercício do controle externo da atividade policial, deve expedir recomendações na defesa de Direitos humanos, enfrentando qualquer tipo de retrocesso civilizatório, em especial na defesa da vida e combate à qualquer política de incremento da letalidade da atuação policial.

Data da reunião: 11 a 13 de setembro de 2019, São Luiz/MA.

Acesso em 07/08/20. Fonte: http://www.mprj.mp.br/documents/20184/378251/enunciadosiirogndh2019.pdf

Enunciado nº 04 – Enunciado conjunto COPEDUC

O Ministério Público atuará para fortalecer e qualificar a gestão técnica e democrática das escolas públicas, inclusive na perspectiva da autonomia pedagógica da gestão escolar, dos professores e da comunidade escolar, com base em seu Projeto Político-Pedagógico.

Data da reunião: 11 a 13 de setembro de 2019, São Luiz/MA.

Acesso em 07/08/20. Fonte: http://www.mprj.mp.br/documents/20184/378251/enunciadosiirogndh2019.pdf

Enunciado nº 05

O MP Brasileiro deve estimular em observância ao art. 127 da CR, notadamente por via de suas escolas de formação e aperfeiçoamento, o estudo do Regime Democrático e as diversas formas de atuação em sua defesa.

Data da reunião: 11 a 13 de setembro de 2019, São Luiz/MA.

Acesso em 07/08/20. Fonte: http://www.mprj.mp.br/documents/20184/378251/enunciadosiirogndh2019.pdf

31.1.1.5 COMISSÃO PERMANENTE DE COMBATE À VIOLÊNCIA DOMÉSTICA E FAMILIAR CONTRA A MULHER – COPEVID

ENUNCIADOS COPEVID APROVADOS (II Reunião Ordinária do GNDH/2011)

Enunciado nº 01 (001/2011)

Suspensão Condicional do Processo

Nos casos de crimes de violência doméstica e familiar contra a mulher não se aplica a suspensão condicional do processo.

Colegiado do CNPG de 17/06/2011.

Acesso em 07/08/20. Fonte: https://www.mpmg.mp.br/areas-de-atuacao/defesa-do-cidadao/violencia-domestica-contra-a-mulher/copevid/

Enunciado nº 02 (002/2011)

Lei Maria da Penha e Contravenções Penais

O art. 41 da Lei Maria da Penha aplica-se indistintamente aos crimes e contravenções penais, na esteira do entendimento do Supremo Tribunal Federal e do Superior Tribunal de Justiça.

Com nova redação aprovada na Reunião Ordinária do GNDH/ 2013 e pelo CNPG/2013.

Colegiado do CNPG de 30/07/2013.

Acesso em 07/08/20. Fonte: https://www.mpmg.mp.br/areas-de-atuacao/defesa-do-cidadao/violencia-domestica-contra-a-mulher/copevid/

Enunciado nº 03 (003/2011)

Audiência do artigo 16

Quanto à audiência prevista no artigo 16 da LMP, nos crimes que dependem de representação da vítima, somente deve ser designada quando a vítima procura espontaneamente o Juízo para manifestar sua desistência antes do recebimento da denúncia.

Colegiado do CNPG de 17/06/2011.

Acesso em 07/08/20. Fonte: https://www.mpmg.mp.br/areas-de-atuacao/defesa-do-cidadao/violencia-domestica-contra-a-mulher/copevid/

Enunciado nº 04 (004/2011)

Medidas protetivas – requisitos e prazo

As Medidas de Proteção foram definidas como tutelas de urgência, sui generis, de natureza cível e/ou criminal, que podem ser deferidas de plano pelo Juiz, sendo dispensável, a princípio, a instrução, podendo perdurar enquanto persistir a situação de risco da mulher.

Com nova redação aprovada na Reunião Ordinária do GNDH/2013 e pelo CNPG/2014.

Colegiado do CNPG de 29/04/2014.

Acesso em 07/08/20. Fonte: https://www.mpmg.mp.br/areas-de-atuacao/defesa-do-cidadao/violencia-domestica-contra-a-mulher/copevid/

ENUNCIADOS COPEVID APROVADOS (III Reunião Ordinária do GNDH/2011)

Enunciado nº 05 (005/2011)

Medidas protetivas no Juízo da Infância

Nos casos de adolescentes que cometem atos infracionais em situação e violência doméstica e familiar contra a mulher é cabível a aplicação das medidas de proteção previstas na Lei Maria da Penha, nos termos do seu artigo 13, exclusivamente pelo Juízo da Infância e Juventude, observando-se nos casos concretos a real situação de vulnerabilidade da vítima e resguardada a proteção integral ao adolescente prevista no Estatuto da Criança e Adolescente.

Colegiado do CNPG de 19/01/2012.

Acesso em 07/08/20. Fonte: https://www.mpmg.mp.br/areas-de-atuacao/defesa-do-cidadao/violencia-domestica-contra-a-mulher/copevid/

ENUNCIADOS COPEVID APROVADOS (IV Reunião Ordinária do GNDH/2011).

Enunciado nº 06 (006/2011)

Impossibilidade de fiança

Nos casos de violência doméstica e familiar contra a mulher, criança, adolescente, idosa, enfermo ou pessoa com deficiência, é vedada a concessão de fiança pela Autoridade Policial, considerando tratar-se de situação que autoriza a decretação da prisão preventiva nos termos do artigo 313, III, CPP.

Colegiado do CNPG de 19/01/2012.

Acesso em 07/08/20. Fonte: https://www.mpmg.mp.br/areas-de-atuacao/defesa-do-cidadao/violencia-domestica-contra-a-mulher/copevid/

Enunciado nº 07 (007/2011)

Crime de desobediência

O descumprimento das medidas protetivas de urgência configura, em tese, crime de desobediência, cuja competência para processar e julgar é dos Juízo Especializados de Violência Doméstica, em razão da conexão e pelo fato de a mulher ser o sujeito passivo secundário do delito, sofrendo diretamente as consequências do descumprimento.

Colegiado do CNPG de 19/01/2012.

Acesso em 07/08/20. Fonte: https://www.mpmg.mp.br/areas-de-atuacao/defesa-do-cidadao/violencia-domestica-contra-a-mulher/copevid/

ENUNCIADOS COPEVID APROVADOS (I Reunião Ordinária do GNDH/2012).

Enunciado nº 08 (001/2012)

Ação penal incondicionada (lesão corporal e vias de fato)

Considerando a confirmação pelo STF da constitucionalidade da Lei Maria da Penha (ADIN 4424 e ADC 19), julgadas no dia 09/02/2012, a ação penal nos crimes de lesão corporal leve e contravenção penal de vias de fato, praticadas com violência doméstica e familiar contra a mulher, é pública incondicionada, sendo os efeitos de tais decisões *ex tunc*, vinculantes e *erga omnes*, não alcançando somente os casos acobertados pela coisa julgada.

Colegiado do CNPG de 31/05 e 01/06/2012.

Acesso em 07/08/20. Fonte: https://www.mpmg.mp.br/areas-de-atuacao/defesa-do-cidadao/violencia-domestica-contra-a-mulher/copevid/

Enunciado nº 09 (002/2012)

Agressor dependente ou usuário de drogas

Em sede de medidas de proteção é possível o encaminhamento e a inclusão do agressor usuário dependente de drogas lícitas ou ilícitas em programa oficial ou comunitário de auxílio, orientação e tratamento.

Colegiado do CNPG de 31/05 e 01/06/2012.

Acesso em 07/08/20. Fonte: https://www.mpmg.mp.br/areas-de-atuacao/defesa-do-cidadao/violencia-domestica-contra-a-mulher/copevid/

ENUNCIADOS COPEVID APROVADOS (II Reunião Ordinária do GNDH/2012).

Enunciado nº 10 (003/2012)

Prova da materialidade

Nos crimes de ação penal pública incondicionada, quando por qualquer motivo não for possível a obtenção da prova de materialidade do delito por intermédio de perícia médico legal, o Ministério Público requisitará cópia dos pertinentes laudos e prontuários médicos à direção da unidade de saúde onde a vítima de violência doméstica porventura tenha recebido atendimento, independentemente de ressalva quanto ao sigilo médico, nos termos artigo 129, I e VI, da Constituição Federal; artigo 12, parágrafo 3º, da Lei nº 11.340/06; artigo 47 do Código de Processo Penal e do artigo 26 da Lei Orgânica Nacional do Ministério Público n.º 8.625/93.

Colegiado do CNPG de 23 e 24/08/2012.

Acesso em 07/08/20. Fonte: https://www.mpmg.mp.br/areas-de-atuacao/defesa-do-cidadao/violencia-domestica-contra-a-mulher/copevid/

ENUNCIADOS COPEVID APROVADOS (IV Reunião Ordinária do GNDH/2012).

Enunciado nº 11 (004/2012)

Vítima idosa

Nas hipóteses de violência doméstica e familiar praticadas contra mulheres idosas, aplica-se a Lei Maria da Penha (artigo 13), por qualquer dos juízos competentes, e não a Lei nº. 9.099/95.

Colegiado do CNPG de 07/11/2012.

Acesso em 07/08/20. Fonte: https://www.mpmg.mp.br/areas-de-atuacao/defesa-do-cidadao/violencia-domestica-contra-a-mulher/copevid/

Enunciado nº 12 (005/2012)

Condução coercitiva da vítima: inadmissibilidade

É vedada a condução coercitiva da vítima que, devidamente intimada, deixa de comparecer à audiência prevista no artigo 16 da Lei Maria da Penha, quando esta espontaneamente manifestou o desejo de retratar-se antes do recebimento da denúncia, implicando sua ausência no recebimento da denúncia e prosseguimento do processo.

Colegiado do CNPG de 07/11/2012.

Acesso em 07/08/20. Fonte: https://www.mpmg.mp.br/areas-de-atuacao/defesa-do-cidadao/violencia-domestica-contra-a-mulher/copevid/

ENUNCIADOS COPEVID APROVADOS (III Reunião Ordinária do GNDH/2013).

Enunciado nº 13 (001/2013)

Direito ao transporte público gratuito

Os artigos 2º e 3º da Lei Maria da Penha asseguram à mulher em situação de violência doméstica e familiar o direito ao transporte público gratuito ou fornecido pelo poder público para acesso à rede de serviços públicos de assistência e proteção, inclusive aos órgãos do sistema de Justiça, devendo o Ministério Público zelar pela efetividade desse direito.

Colegiado do CNPG de 04/02/2014.

Acesso em 07/08/20. Fonte: https://www.mpmg.mp.br/areas-de-atuacao/defesa-do-cidadao/violencia-domestica-contra-a-mulher/copevid/

Enunciado nº 14 (002/2013)

Hipossuficiência e vulnerabilidade presumidas

A Lei Maria da Penha aplica-se a todo e qualquer caso de violência doméstica e familiar contra a mulher, independentemente da aferição de sua situação de hipossuficiência ou de vulnerabilidade (artigo 2º e 4º), sendo alternativos os requisitos e condições previstos nos artigos 5º e 7º, não cumulativos.

Colegiado do CNPG de 04/02/2014.

Acesso em 07/08/20. Fonte: https://www.mpmg.mp.br/areas-de-atuacao/defesa-do-cidadao/violencia-domestica-contra-a-mulher/copevid/

ENUNCIADOS COPEVID APROVADOS (I Reunião Ordinária do GNDH/2014)

Enunciado nº 15 (001/2014)

Denunciação caluniosa

Considerando as pressões para a retratação a que as mulheres vítimas de violência doméstica estão usualmente expostas, caso a mulher afirme na fase investigativa que foi vítima de crime praticado em situação de violência doméstica e familiar e posteriormente negue os fatos em Juízo, o seu processamento por crime de denunciação caluniosa apenas será admissível se houver outros indícios suficientes de que o primeiro depoimento foi inverídico.

Colegiado do CNPG de 29/04/2014.

Acesso em 07/08/20. Fonte: https://www.mpmg.mp.br/areas-de-atuacao/defesa-do-cidadao/violencia-domestica-contra-a-mulher/copevid/

ENUNCIADOS COPEVID APROVADOS (II Reunião Ordinária do GNDH/2014).

Enunciado nº 16 (002/2014)

Assistência jurídica nas Varas de Família

Nas audiências de conciliação das Varas de Família, sendo constatado que a mulher é vítima de violência doméstica, caso não esteja assistida por advogado exclusivo, ser-lhe-á nomeado um defensor público ou dativo, a fim de preservar seus direitos diante de sua reconhecida hipossuficiência e vulnerabilidade, sendo recomendável a presença do órgão do Ministério Público, independentemente da existência de filhos menores ou incapazes, nos termos do artigo 82, III, do CPC c/c artigo 25 da Lei Maria da Penha.

Colegiado do CNPG de 09/05/2014.

Acesso em 07/08/20. Fonte: https://www.mpmg.mp.br/areas-de-atuacao/defesa-do-cidadao/violencia-domestica-contra-a-mulher/copevid/

Enunciado nº 17 (003/2014)

Violência psicológica contra crianças ou adolescentes

A prática de atos de violência doméstica contra a mulher na presença de crianças ou adolescentes constituiu forma de violência psicológica contra estes, a demandar o imediato encaminhamento de cópia das peças de informação ao Conselho Tutelar, para garantia de direitos. Nessa situação, caso o agressor exerça a autoridade, guarda ou vigilância sobre a criança ou adolescente, o Ministério Público pode oferecer denúncia com base no artigo 232 do Estatuto da Criança e Adolescente. Nas demais hipóteses, é possível pleitear a elevação da pena base (CP, art. 59) no crime de violência doméstica contra a mulher, diante das consequências mais gravosas do crime.

Colegiado do CNPG de 09/05/2014.

Acesso em 07/08/20. Fonte: https://www.mpmg.mp.br/areas-de-atuacao/defesa-do-cidadao/violencia-domestica-contra-a-mulher/copevid/

ENUNCIADOS COPEVID APROVADOS (IV Reunião Ordinária do GNDH/2014).

Enunciado nº 18 (004/2014)

Lesão corporal por dano à saúde

Caso a violência praticada pelo suposto agressor gere danos à saúde psicológica da vítima, o Promotor de Justiça deverá requisitar a realização de perícia médica psiquiátrica para atestar as lesões à saúde física, tais quais depressão, estresse pós-traumático, síndrome do pânico, transtorno obsessivo compulsivo, anorexia, dentre outros, para posterior oferecimento de denúncia por crime de lesão corporal, na modalidade lesão à saúde psicológica (CP, art. 129, *caput*, 2ª parte, c/c §9º ou modalidades agravadas).

Colegiado do CNPG de 04/09/2014.

Acesso em 07/08/20. Fonte: https://www.mpmg.mp.br/areas-de-atuacao/defesa-do-cidadao/violencia-domestica-contra-a-mulher/copevid/

ENUNCIADOS COPEVID APROVADOS (I Reunião Ordinária do GNDH/2015).

Enunciado nº 19 (001/2015)

Reeducação do agressor: política de proteção

Os programas de reeducação do agressor, a exemplo dos grupos reflexivos e centros de educação e reabilitação, fazem parte das políticas integradas de proteção às mulheres.

Colegiado do CNPG de 23/03/2015.

Acesso em 07/08/20. Fonte: https://www.mpmg.mp.br/areas-de-atuacao/defesa-do-cidadao/violencia-domestica-contra-a-mulher/copevid/

Enunciado nº 20 (002/2015)

Reeducação do agressor: medida protetiva

Dentre outras medidas protetivas de urgência que obrigam o agressor previstas no artigo 22 da Lei Maria da Penha, é possível a determinação de comparecimento obrigatório a programas de reeducação ou grupos reflexivos.

Colegiado do CNPG de 23/03/2015.

Acesso em 07/08/20. Fonte: https://www.mpmg.mp.br/areas-de-atuacao/defesa-do-cidadao/violencia-domestica-contra-a-mulher/copevid/

Enunciado nº 21 (003/2015)

Relação íntima de afeto e Lei Maria da Penha

A Lei Maria da Penha se aplica a quaisquer relações íntimas de afeto, ainda que eventuais e/ou efêmeras.

Colegiado do CNPG de 23/03/2015.

Acesso em 07/08/20. Fonte: https://www.mpmg.mp.br/areas-de-atuacao/defesa-do-cidadao/violencia-domestica-contra-a-mulher/copevid/

Enunciado nº 22 (004/2015)

Crimes contra crianças ou adolescentes: competência

O Ministério Público deve zelar para que, existindo Vara Especializada em Crimes contra Crianças e Adolescentes, quando a vítima for do sexo feminino em contexto de violência doméstica e familiar, a competência para conhecimento e julgamento seja das Varas Especializadas e não dos Juízos de Violência Doméstica, por se tratar de crime contra a vulnerabilidade da infância e juventude, reafirmando a competência do Juízo da Infância e Juventude quanto às medidas de proteção previstas no ECA.

Colegiado do CNPG de 23/03/2015.

Acesso em 07/08/20. Fonte: https://www.mpmg.mp.br/areas-de-atuacao/defesa-do-cidadao/violencia-domestica-contra-a-mulher/copevid/

ENUNCIADOS COPEVID APROVADOS (II Reunião Ordinária do GNDH/2015).

Enunciado nº 23 (005/2015)

Feminicídio: natureza objetiva da qualificadora (inciso I)

A qualificadora do feminicídio, na hipótese do art. 121, §2º-A, inciso I, do Código Penal, é objetiva, nos termos do art. 5º da Lei n. 11.340/2006 (violência doméstica, familiar ou decorrente das relações de afeto), que prescinde de qualquer elemento volitivo específico.

Colegiado do CNPG de 22/09/2015.

Acesso em 07/08/20. Fonte: https://www.mpmg.mp.br/areas-de-atuacao/defesa-do-cidadao/violencia-domestica-contra-a-mulher/copevid/

Enunciado nº 24 (006/2015)

A qualificadora do feminicídio, na hipótese do art. 121, §2º-A, inciso II, do Código Penal, possui natureza objetiva, em razão da situação de desigualdade histórico-cultural de poder, construída e naturalizada como padrão de menosprezo ou discriminação à mulher.

Colegiado do CNPG de 22/09/2015.

Acesso em 07/08/20. Fonte: https://www.mpmg.mp.br/areas-de-atuacao/defesa-do-cidadao/violencia-domestica-contra-a-mulher/copevid/

Enunciado nº 25 (007/2015)

Feminicídio: menosprezo ou discriminação

Configura a qualificadora do feminicídio do art. 121, §2º-A, inciso II, do Código Penal o contexto de: tráfico de mulheres, exploração sexual, violência sexual, mortes coletivas de mulheres, mutilação ou desfiguração do corpo, exercício de profissões do sexo, entre outras.

Colegiado do CNPG de 22/09/2015.

Acesso em 07/08/20. Fonte: https://www.mpmg.mp.br/areas-de-atuacao/defesa-do-cidadao/violencia-domestica-contra-a-mulher/copevid/

Enunciado nº 26 (008/2015)

Defesa da honra

Argumentos relacionados à defesa da honra em contexto de violência de gênero afrontam o princípio da dignidade da pessoa humana, o disposto no art. 226, § 8º, da Constituição Federal e o disposto na Convenção CEDAW da ONU e na Convenção de Belém do Pará.

Colegiado do CNPG de 22/09/2015.

Acesso em 07/08/20. Fonte: https://www.mpmg.mp.br/areas-de-atuacao/defesa-do-cidadao/violencia-domestica-contra-a-mulher/copevid/

Enunciado nº 27 (009/2015)

Feminicídio: Proteção à imagem e memória da vítima

Durante o processo e julgamento de feminicídio, o Ministério Público deve zelar para que seja preservada a imagem e a memória da vítima de feminicídio, consumado ou tentado.

Colegiado do CNPG de 22/09/2015.

Acesso em 07/08/20. Fonte: https://www.mpmg.mp.br/areas-de-atuacao/defesa-do-cidadao/violencia-domestica-contra-a-mulher/copevid/

Enunciado nº 28 (010/2015)

Feminicídio: medidas protetivas de urgência

Em casos de feminicídio, é recomendável o requerimento pelo Ministério Público de medidas protetivas de urgência previstas na Lei Maria da Penha para a vítima sobrevivente, testemunhas e vítimas indiretas, inclusive perante a Vara do Júri.

Colegiado do CNPG de 22/09/2015.

Acesso em 07/08/20. Fonte: https://www.mpmg.mp.br/areas-de-atuacao/defesa-do-cidadao/violencia-domestica-contra-a-mulher/copevid/

Enunciado nº 29 (011/2015)

Violência Simbólica

É recomendável que o Ministério Público atue, por medidas extrajudiciais e ações judiciais, para a promoção do respeito, nos meios de comunicação, dos valores éticos, do trabalho e sociais da pessoa, de forma a coibir os estereótipos de gênero que legitimem ou exacerbem a violência contra a mulher.

Colegiado do CNPG de 22/09/2015.

Acesso em 07/08/20. Fonte: https://www.mpmg.mp.br/areas-de-atuacao/defesa-do-cidadao/violencia-domestica-contra-a-mulher/copevid/

ENUNCIADOS COPEVID APROVADOS (I Reunião Ordinária do GNDH/2016).

Enunciado nº 30 (001/2016)

Mulheres transexuais e travestis

A Lei Maria da Penha pode ser aplicada a mulheres transexuais e/ou travestis, independentemente de cirurgia de transgenitalização, alteração do nome ou sexo no documento civil.

Colegiado do CNPG de 15/06/2016.

Acesso em 07/08/20. Fonte: https://www.mpmg.mp.br/areas-de-atuacao/defesa-do-cidadao/violencia-domestica-contra-a-mulher/copevid/

Enunciado nº 31 (002/2016)

Audiência de Custódia

Nos casos de audiências de custódia decorrentes de violência doméstica e familiar contra a mulher, deve ser mantida a competência dos juízos especializados em violência doméstica contra a mulher, a ser realizada no mesmo prazo de deferimento das medidas protetivas de urgência, de 48 horas, permitindo-se a adequada compatibilização entre o disposto no art. 7.5 da Convenção Americana de Direitos Humanos e o art. 7º, alínea "f", da Convenção Interamericana de Belém do Pará (Decreto n. 1.973/1996).

Colegiado do CNPG de 15/06/2016.

Acesso em 07/08/20. Fonte: https://www.mpmg.mp.br/areas-de-atuacao/defesa-do-cidadao/violencia-domestica-contra-a-mulher/copevid/

Enunciado nº 32 (003/2016)

Medidas protetivas de natureza civil – tutela provisória de urgência

Quando as Medidas Protetivas de Urgência, previstas na Lei n. 11.340/2006, tiverem natureza cível, podem ser concedidas como tutela provisória de urgência, nos termos dos artigos 300 e seguintes do CPC (Lei n. 13.105/2015), inclusive o regramento da estabilização da tutela provisória prevista nos artigos 303 e 304.

Colegiado do CNPG de 15/06/2016.

Acesso em 07/08/20. Fonte: https://www.mpmg.mp.br/areas-de-atuacao/defesa-do-cidadao/violencia-domestica-contra-a-mulher/copevid/

Enunciado nº 33 (004/2016)

Medidas protetivas de natureza civil – cláusula geral de negociação processual

Quando as Medidas Protetivas de Urgência, previstas na Lei n. 11.340/2006, tiverem natureza cível, é cabível a cláusula geral de negociação processual, prevista no art. 190 do CPC.

Colegiado do CNPG de 15/06/2016.

Acesso em 07/08/20. Fonte: https://www.mpmg.mp.br/areas-de-atuacao/defesa-do-cidadao/violencia-domestica-contra-a-mulher/copevid/

Enunciado nº 34 (005/2016)

Capacitação – Diretrizes da ONU e EuroSocial

O Ministério Público deve investir na capacitação de seus membros para o enfrentamento à violência doméstica contra a mulher, utilizando-se como documentos de referência as 'Diretrizes nacionais de investigação criminal com perspectiva de gênero' da COMJIB/EuroSociAL e as 'Diretrizes Nacionais para Investigar, Processar e Julgar com Perspectiva de Gênero as Mortes Violentas de Mulheres – Feminicídios' da ONU Mulheres.

Colegiado do CNPG de 15/06/2016.

Acesso em 07/08/20. Fonte: https://www.mpmg.mp.br/areas-de-atuacao/defesa-do-cidadao/violencia-domestica-contra-a-mulher/copevid/

ENUNCIADOS COPEVID APROVADOS (II Reunião Ordinária do GNDH/2016).

Enunciado nº 35 (006/2016)

Medida Protetiva de Urgência – Regulamentação de Convivência com filhos/as Prevalência da decisão da Vara de Violência Doméstica

O promotor de justiça deve zelar para que na vigência da medida protetiva de urgência em favor da mulher, de regulamentação de direito de convivência dos seus filhos e filhas (art. 22 da Lei 10 Maria da Penha), considerados vítimas diretas ou indiretas da violência contra ela praticada, tal decisão deva prevalecer sobre a decisão da Vara de Família que concede visitas ou regulamentação de guarda ao agressor, tendo em vista o disposto no artigo 13 da Lei Maria da Penha, a especialização em gênero e o direito à proteção integral previsto no art. 227 da Constituição Federal.

Colegiado do CNPG de 15/02/2017.

Acesso em 07/08/20. Fonte: https://www.mpmg.mp.br/areas-de-atuacao/defesa-do-cidadao/violencia-domestica-contra-a-mulher/copevid/

Enunciado nº 36 (007/2016)

Absolvição por Falta de Provas – Alienação Parental

A absolvição do réu, por falta de provas em processo por violência doméstica ou estupro de vulnerável, não configura, por si só, alienação parental.

Colegiado do CNPG de 15/02/2017.

Acesso em 07/08/20. Fonte: https://www.mpmg.mp.br/areas-de-atuacao/defesa-do-cidadao/violencia-domestica-contra-a-mulher/copevid/

Enunciado nº 37 (008/2016)

Abrigamento independente de Boletim de Ocorrência

O abrigamento da mulher em situação de risco independe de boletim de ocorrência.

Colegiado do CNPG de 15/02/2017.

Acesso em 07/08/20. Fonte: https://www.mpmg.mp.br/areas-de-atuacao/defesa-do-cidadao/violencia-domestica-contra-a-mulher/copevid/

Enunciado nº 38 (009/2016)

Natureza da ação penal no crime de estupro com violência real

A ação penal destinada a processamento de crime de estupro praticado mediante violência real, no âmbito da Lei Maria da Penha tem natureza pública incondicionada.

Colegiado do CNPG de 15/02/2017.

Acesso em 07/08/20. Fonte: https://www.mpmg.mp.br/areas-de-atuacao/defesa-do-cidadao/violencia-domestica-contra-a-mulher/copevid/

ENUNCIADOS COPEVID/COPEDUC APROVADOS

Enunciado nº 39 (010/2016)

Violência de gênero nas escolas

Cabe ao Ministério Público adotar medidas que visem garantir a igualdade efetiva de acesso e permanência na escola por parte de todos e todas, nos termos do artigo 206, I, da Constituição Federal, incluindo-se no projeto político pedagógico – PPP e regimento escolar, de todos os níveis de ensino, conteúdos relativos aos direitos humanos, à equidade de gênero, de raça ou etnia, de enfrentamento à homofobia, transfobia e ao problema da violência doméstica e familiar contra a mulher.

Colegiado do CNPG de 15/02/2017.

Acesso em 07/08/20. Fonte: https://www.mpmg.mp.br/areas-de-atuacao/defesa-do-cidadao/violencia-domestica-contra-a-mulher/copevid/

ENUNCIADOS COPEVID APROVADOS (I Reunião Ordinária do GNDH/2017).

Enunciado nº 40 (001/2017)

Crimes contra a dignidade sexual

A designação de audiência do art. 16 da Lei Maria da Penha, de ofício, impede o acesso à Justiça e expõe a mulher em situação de vulnerabilidade, afrontando os arts. 4º e 6º da mencionada Lei, que buscam resguardar os direitos humanos das mulheres, revitimizando-as e aumentando o risco de feminicídios.

Data da reunião: 17/03/2017.

Acesso em 07/08/20. Fonte:

http://www.compromissoeatitude.org.br/enunciados-da-copevid-comissao-nacional-de-enfrentamento-a-violencia-domestica-e-familiar-contra-a-mulher/

Enunciado nº 41 (002/2017)

Medida Protetiva independe de ação penal

Caracteriza-se a violência doméstica e familiar contra mulher os delitos praticados nas relações domésticas e familiares, incidindo a Lei Maria da Penha, mesmo que o autor da violência seja dependente químico ou em situação de conflitos patrimoniais.

Data da reunião: 17/03/2017.

Acesso em 07/08/20. Fonte:

http://www.compromissoeatitude.org.br/enunciados-da-copevid-comissao-nacional-de-enfrentamento-a-violencia-domestica-e-familiar-contra-a-mulher/

ENUNCIADOS COPEVID APROVADOS (II Reunião Ordinária do GNDH/2017).

Enunciado nº 42 (003/2017)

Competência residual da Lei Maria da Penha em face da Lei 13.431/2017

A competência residual do juizado de violência doméstica e familiar contra a mulher para julgar crimes e contravenções penais contra crianças e adolescentes, prevista no artigo 23, parágrafo único da Lei 13.431/2017, apenas se aplica às hipóteses de violência doméstica, familiar e íntima de afeto, baseada no gênero, nos termos do artigo 5º da Lei Maria da Penha.

Data da reunião: 04 a 06/09/2017.

Acesso em 07/08/20. Fonte: http://www.compromissoeatitude.org.br/enunciados-da-copevid-comissao-nacional-de-enfrentamento-a-violencia-domestica-e-familiar-contra-a-mulher/

Enunciado nº 43 (004/2017)

Crimes contra a dignidade sexual

Os conceitos de violência ou grave ameaça previstos nos crimes contra a dignidade sexual devem ter interpretação conforme o artigo 1º da Convenção de Belém do Pará, para abranger além da violência física contra a mulher, a violência baseada no gênero que cause dano e/ou sofrimento psicológico, tanto no âmbito da Lei Maria da Penha, quanto na esfera pública.

Data da reunião: 04 a 06/09/2017 e pelo CNPG em 13/11/2017.

Acesso em 07/08/20. Fonte: http://www.compromissoeatitude.org.br/enunciados-da-copevid-comissao-nacional-de-enfrentamento-a-violencia-domestica-e-familiar-contra-a-mulher/

https://www.mpmg.mp.br/areas-de-atuacao/defesa-do-cidadao/violencia-domestica-contra-a-mulher/copevid/

Enunciado nº 44 (005/2017)

Medida protetiva de urgente autônoma

Nos casos de violência prevista no artigo 7º da Lei Maria da Penha, sem correspondente de tipicidade criminal, mesmo havendo arquivamento ou sentença com trânsito em julgado, é possível a concessão ou manutenção de Medida Protetiva de Urgência, independentemente de ação penal atual ou potencial, a perdurar pelo período de tempo necessário à proteção efetiva da mulher.

Data da reunião: 04 a 06/09/2017 e pelo CNPG em 13/11/2017.

Acesso em 07/08/20. Fonte: http://www.compromissoeatitude.org.br/enunciados-da-copevid-comissao-nacional-de-enfrentamento-a-violencia-domestica-e-familiar-contra-a-mulher/

https://www.mpmg.mp.br/areas-de-atuacao/defesa-do-cidadao/violencia-domestica-contra-a-mulher/copevid/

ENUNCIADOS COPEVID APROVADOS (I Reunião Ordinária do GNDH/2018).

Enunciado nº 45 (001/2018)

Vítima sempre do gênero feminino

A Lei Maria da Penha não se aplica a casais homossexuais do sexo masculino, haja vista ser objeto da referida legislação os crimes cometidos contra vítimas pertencentes ao gênero feminino, no contexto das relações homoafetivas.

Data da reunião: 08/03/2018.

Acesso em 07/08/20. Fonte: http://www.compromissoeatitude.org.br/enunciados-da-copevid-comissao-nacional-de-enfrentamento-a-violencia-domestica-e-familiar-contra-a-mulher/

Enunciado nº 46 (002/2018)

Presume-se a violência de gênero nas relações domésticas e familiares

Aplica-se a Lei Maria da Penha a qualquer violência praticada por homem, no âmbito das relações domésticas e familiares de parentesco, contra vítima do gênero feminino, sendo presumida a vulnerabilidade.

Data da reunião: 08/03/2018.

Acesso em 07/08/20. Fonte: http://www.compromissoeatitude.org.br/enunciados-da-copevid-comissao-nacional-de-enfrentamento-a-violencia-domestica-e-familiar-contra-a-mulher/

Enunciado nº 47 (003/2018)

Não obrigatoriedade de comparecimento à audiência do artigo 520 do CPP

O não comparecimento à audiência de conciliação prevista no artigo 520/CPP não traz consequências para a vítima de crime no âmbito da Lei Maria da Penha, haja vista tratar-se a audiência de conciliação de mera faculdade conferida às partes pela (o) magistrada (o).

Data da reunião: 08/03/2018.

Acesso em 07/08/20. Fonte: http://www.compromissoeatitude.org.br/enunciados-da-copevid-comissao-nacional-de-enfrentamento-a-violencia-domestica-e-familiar-contra-a-mulher/

ENUNCIADOS COPEVID/COPEIJ APROVADOS (II Reunião Ordinária do GNDH/2018).

Enunciado nº 48 (004/2018)

Respeito ao histórico de violência do(a)s filho(a)s das vítimas de feminicídio

As crianças e adolescentes cujas mães foram vítimas de feminicídio devem ter considerados a sua história de vida e os episódios de violência familiar, para fins de definição da guarda e convivência, observado o princípio do melhor interesse da criança e do adolescente.

Data da reunião: 06/09/2018.

Acesso em 07/08/20. Fonte: http://www.compromissoeatitude.org.br/enunciados-da-copevid-comissao-nacional-de-enfrentamento-a-violencia-domestica-e-familiar-contra-a-mulher/

ENUNCIADOS COPEVID APROVADOS (II Reunião Ordinária do GNDH/2018).

Enunciado nº 49 (005/2018)

O depoimento especial aplica-se aos casos de vítimas e testemunhas de violência doméstica

Nos casos de crimes praticados em situação de violência doméstica e familiar contra mulher, havendo imprescindibilidade em ouvir crianças e adolescentes como vítimas ou testemunhas, tais depoimentos devem ser tomados na forma da Lei 13.431/2017.

Data da reunião: 06/09/2018.

Acesso em 07/08/20. Fonte: http://www.compromissoeatitude.org.br/enunciados-da-copevid-comissao-nacional-de-enfrentamento-a-violencia-domestica-e-familiar-contra-a-mulher/

Enunciado nº 50 (006/2018)

Relação íntima de afeto mantida em computadores

Considera-se também relação íntima de afeto, a fim de ensejar a aplicação da Lei Maria da Penha, aquela estabelecida e/ou mantida por meio da rede mundial de computadores.

Data da reunião: 06/09/2018.

Acesso em 07/08/20. Fonte: http://www.compromissoeatitude.org.br/enunciados-da-copevid-comissao-nacional-de-enfrentamento-a-violencia-domestica-e-familiar-contra-a-mulher/

Enunciado nº 51 (007/2018)

Para atuar como assistente de acusação é indispensável a habilitação nos termos do CPP

O direito à assistência judiciária da mulher em situação de violência doméstica e familiar, previsto no artigo 27 da Lei Maria da Penha, não confere ao advogado ou ao defensor público os direitos de assistente de acusação, se não houver habilitação segundo o CPP.

Data da reunião: 06/09/2018.

Acesso em 07/08/20. Fonte: http://www.compromissoeatitude.org.br/enunciados-da-copevid-comissao-nacional-de-enfrentamento-a-violencia-domestica-e-familiar-contra-a-mulher/

Enunciado nº 52 (008/2018)

Controle das casas abrigo

O Ministério Público deverá adotar providências para que as casas abrigo comuniquem o abrigamento/desabrigamento de mulheres em situação de violência doméstica e familiar, no prazo de até 24h, à Promotoria de Justiça com atribuições.

Data da reunião: 06/09/2018.

Acesso em 07/08/20. Fonte: http://www.compromissoeatitude.org.br/enunciados-da-copevid-comissao-nacional-de-enfrentamento-a-violencia-domestica-e-familiar-contra-a-mulher/

ENUNCIADO CONJUNTO (Ensino domiciliar – Homeschooling/2018)

O Grupo Nacional de Direitos Humanos — GNDH, pela Comissão Permanente de Educação (COPEDUC), pela Comissão Permanente da Infância e Juventude (COPEI), pela Comissão Permanente de Direitos Humanos em sentido estrito (COPEDH) e pela Comissão Permanente da Violência Doméstica contra a mulher (COPEVID), considera que o ensino domiciliar (homeschooling), ministrado pela família, não é meio adequado para o cumprimento do dever de educação assegurado na Constituição Federal, no Estatuto da Criança e do Adolescente e na Lei de Diretrizes e Bases da Educação Nacional. O Ministério Público atuará para fortalecer e qualificar o ensino escolar, inclusive na perspectiva do respeito aos direitos humanos e à igualdade de gênero.

Data da reunião: 2018.

Acesso em 07/08/20. Fonte: http://www.compromissoeatitude.org.br/enunciados-da-copevid-comissao-nacional-de-enfrentamento-a-violencia-domestica-e-familiar-contra-a-mulher/

ENUNCIADOS COPEVID APROVADOS (I Reunião Ordinária do GNDH/2019)

Enunciado nº 01

Aplicam-se as disposições da Lei 11.340/06 ao crime de descumprimento de medidas protetivas de urgência (artigo 24-A LMP).

Data da reunião: 27 a 29 de março de 2019, Salvador/BA.

Fonte: Ofício circular CNPG/GNDH/BA n º 004/2019.

Salvador/BA, 12 de abril de 2019.

Enunciado nº 02

A atribuição para os processos envolvendo crime de descumprimento de medidas protetivas de urgência previsto no art. 24-A da Lei Maria da Penha é das Promotorias de Violência Doméstica e Familiar contra a Mulher e, onde não houver, nas Promotorias Criminais com atribuição cumulativa para processar as causas decorrentes da prática de violência doméstica e familiar contra a mulher.

Data da reunião: 27 a 29 de março de 2019, Salvador/BA.

Fonte: Ofício circular CNPG/GNDH/BA n º 004/2019.

Salvador/BA, 12 de abril de 2019.

ENUNCIADO COPEVID APROVADO (II Reunião Ordinária do GNDH/2019)

Enunciado nº 03

Nas hipóteses de tentativas ou mortes de mulheres, recomenda-se que a investigação policial já iniciada como feminicídio, adotando-se a perspectiva de gênero, como o principal enfoque para apuração dos fatos, nos termos das Diretrizes Nacionais Feminicídio.

Data da reunião: 11 a 13 de setembro de 2019, São Luiz/MA.

Acesso em 07/08/20. Fonte: http://www.mprj.mp.br/documents/20184/378251/enunciadosiirogndh2019.pdf

31.1.1.6 COMISSÃO PERMANENTE DE EDUCAÇÃO – COPEDUC

A) ENUNCIADOS COPEDUC APROVADOS (III Encontro Nacional do MEC/MP/2011)

Enunciado nº 01

A atuação prioritária do Ministério Público em prol da universalização de matrícula deve ser feita na Educação Infantil.

Data da reunião: 16 a 18 de outubro de 2011 e aprovado pelo CNPG no DF, no dia 19 de janeiro de 2012.

Acesso em 07/08/20. Fonte: https://www.mpma.mp.br/index.php/centros-de-apoio-2/menu-prin-educacao/menu-prin-areas-de-atuacao?id=8721

Enunciado nº 02

Os Ministérios Públicos devem desenvolver estratégias de atuação visando a criação de novas unidades educacionais/matrículas para crianças de zero a 3 anos (creche) e para crianças de 4 a 5 anos (pré-escola) concomitantemente.

Data da reunião: 16 a 18 de outubro de 2011 e aprovado pelo CNPG no DF, no dia 19 de janeiro de 2012.

Acesso em 07/08/20. Fonte: https://www.mpma.mp.br/index.php/centros-de-apoio-2/menu-prin-educacao/menu-prin-areas-de-atuacao?id=8721

Enunciado nº 03

O Ministério Público deverá acompanhar, anualmente, os resultados do censo escolar, no que se refere ao quantitativo de alunos com deficiência e as respectivas necessidades educacionais específicas, para fins de fiscalização quanto à adequada implantação do atendimento educacional especializado (salas de recursos multifuncionais).

Data da reunião: 16 a 18 de outubro de 2011 e aprovado pelo CNPG no DF, no dia 19 de janeiro de 2012.

Acesso em 07/08/20. Fonte: https://www.mpma.mp.br/index.php/centros-de--apoio-2/menu-prin-educacao/menu-prin-areas-de-atuacao?id=8721

Enunciado nº 04

O Ministério Público deverá fiscalizar a atuação dos Conselhos de Educação, notadamente no que tange à implementação da educação inclusiva nas redes pública e privada de ensino.

Data da reunião: 16 a 18 de outubro de 2011 e aprovado pelo CNPG no DF, no dia 19 de janeiro de 2012.

Acesso em 07/08/20. Fonte: https://www.mpma.mp.br/index.php/centros-de--apoio-2/menu-prin-educacao/menu-prin-areas-de-atuacao?id=8721

Enunciado nº 05

No processo de inclusão escolar, o Ministério Público deverá zelar pela obrigatoriedade da matrícula de todos os que tenham de 04 a 17 anos, de forma progressiva, até 2016, na rede regular de ensino, na qual deve ser, preferencialmente, ofertado o Atendimento Educacional Especializado.

Data da reunião: 16 a 18 de outubro de 2011 e aprovado pelo CNPG no DF, no dia 19 de janeiro de 2012.

Acesso em 07/08/20. Fonte: https://www.mpma.mp.br/index.php/centros-de--apoio-2/menu-prin-educacao/menu-prin-areas-de-atuacao?id=8721

Enunciado nº 06

É atribuição do Ministério Público promover ações que garantam a qualidade do transporte escolar, especialmente no que tange ao cumprimento do disposto nos artigos 136 e seguintes da lei 9503/1997 (Código de Trânsito Brasileiro).

Data da reunião: 16 a 18 de outubro de 2011 e aprovado pelo CNPG no DF, no dia 19 de janeiro de 2012.

Acesso em 07/08/20. Fonte: https://www.mpma.mp.br/index.php/centros-de--apoio-2/menu-prin-educacao/menu-prin-areas-de-atuacao?id=8721

Enunciado nº 07

O Promotor de Justiça deve adotar procedimentos para garantir que o transporte escolar seja promovido pelo Município ou pelo Estado em cuja rede de ensino esteja matriculado o aluno (arts. 10, VII e 11, VI, da LDB).

Data da reunião: 16 a 18 de outubro de 2011 e aprovado pelo CNPG no DF, no dia 19 de janeiro de 2012.

Acesso em 07/08/20. Fonte: https://www.mpma.mp.br/index.php/centros-de-apoio-2/menu-prin-educacao/menu-prin-areas-de-atuacao?id=8721

Enunciado nº 08

É atribuição do Ministério Público promover ações que garantam a qualidade da alimentação escolar, especialmente para o fortalecimento dos Conselhos Estaduais e Municipais de Alimentação Escolar (CAE).

Data da reunião: 16 a 18 de outubro de 2011 e aprovado pelo CNPG no DF, no dia 19 de janeiro de 2012.

Acesso em 07/08/20. Fonte: https://www.mpma.mp.br/index.php/centros-de-apoio-2/menu-prin-educacao/menu-prin-areas-de-atuacao?id=8721

Enunciado nº 09

É atribuição do Ministério Público fomentar gestões para garantir o cumprimento do disposto no art.14 da lei 11.947/2009, que se refere a destinação de 30% da verba do PNAE para aquisição de gêneros alimentícios diretamente da agricultura familiar e do empreendedor familiar rural ou de suas organizações.

Data da reunião: 16 a 18 de outubro de 2011 e aprovado pelo CNPG no DF, no dia 19 de janeiro de 2012.

Acesso em 07/08/20. Fonte: https://www.mpma.mp.br/index.php/centros-de-apoio-2/menu-prin-educacao/menu-prin-areas-de-atuacao?id=8721

B) ENUNCIADOS COPEDUC APROVADOS (I Reunião Ordinária do GNDH/2012)

Enunciado nº 01

O Ministério Público possui legitimidade para a adoção de medidas extrajudiciais e judiciais com a finalidade de fazer cumprir a lei nº 11.738/08, no que diz respeito ao pagamento do piso salarial nacional ao magistério público, princípio diretamente ligado à educação de qualidade, nos termos do art. 206, VIII, da Constituição Federal.

Data da reunião: 27 e 28 de março de 2012, na cidade do Rio de Janeiro/RJ, oriundo do III Encontro Nacional entre o MEC e o MP, realizado em 2011.

Acesso em 07/08/20. Fonte: https://www.mpma.mp.br/index.php/centros-de-apoio-2/menu-prin-educacao/menu-prin-areas-de-atuacao?id=8721

C) ENUNCIADOS COPEDUC APROVADOS (II Reunião Ordinária do GNDH/2012)

Enunciado nº 02

O Ministério Público brasileiro deve analisar o corte etário de forma individual, considerando a autonomia do sistema de ensino e o interesse superior da criança, priorizando, no âmbito coletivo a atuação para fomentar o aumento da oferta de vagas em creche e universalização da pré-escola.

Data da reunião: 14 e 15 de junho de 2012, na cidade de Salvador/BA e aprovado pelo CNPG no RS, nos dias 27 e 28/09/2012.

Acesso em 07/08/20. Fonte: https://www.mpma.mp.br/index.php/centros-de-apoio-2/menu-prin-educacao/menu-prin-areas-de-atuacao?id=8721

D) ENUNCIADOS COPEDUC APROVADOS (III Reunião Ordinária do GNDH/2012 e pelo CNPG/2012)

Enunciado nº 03

O Ministério Público deve adotar as medidas extrajudiciais e judiciais cabíveis para garantir que os municípios cumpram as metas nacionais de atendimento da educação infantil, nos moldes do inciso V, do art. 11, da LDB, assegurando a oferta adequada do serviço.

Data: 14 e 15 de junho de 2012, na cidade de Salvador/BA e aprovado pelo CNPG no RS, nos dias 27 e 28/09/2012.

Acesso em 07/08/20. Fonte:

https://www.mpma.mp.br/index.php/centros-de-apoio-2/menu-prin-educacao/menu-prin-areas-de-atuacao?id=8721

E) ENUNCIADO CONJUNTO COPEDUC/COPEDPDI APROVADOS (IV Reunião Ordinária do GNDH/2012)

Enunciado nº 04

A garantia da inclusão do aluno com deficiência na rede comum de ensino abrange o ensino público e o privado, estando as escolas particulares obrigadas a receberem alunos com deficiência, devendo a eles ser oferecido também o atendimento educacional especializado, com todas as ferramentas e recursos humanos necessários para o seu desenvolvimento e aprendizado, podendo caracterizar a infração tipificada como crime pelo artigo 8º da Lei nº 7.853/89, no caso de recusa, procrastinação, cancelamento, suspensão ou cessação da inscrição de aluno em estabelecimento de ensino de qualquer nível, etapa ou modalidade de ensino, público ou privado, por motivos derivados da deficiência que possui.

Data: 05, 06 e 07 de novembro de 2012, na cidade de Canela/RS.

Acesso em 07/08/20. Fonte:

https://www.mpma.mp.br/index.php/centros-de-apoio-2/menu-prin-educacao/menu-prin-areas-de-atuacao?id=8721

Enunciado nº 05

É descabida e ilegal a cobrança de taxa extra ou qualquer valor adicional para o aluno com deficiência que necessitar de apoio pedagógico/atendimento educacional especializado, impondo-lhe um ônus discriminatório, posto referir-se a um serviço ou mesmo a uma ferramenta indispensável para o seu aprendizado, cuja ausência, em alguns casos, pode ser considerada, inclusive, como um obstáculo intransponível para o acesso, permanência e sucesso escolar. A cobrança de taxa extra é também abusiva sob o ponto de vista consumerista.

Data: 05, 06 e 07 de novembro de 2012, na cidade de Canela/RS.

Acesso em 07/08/20. Fonte:

https://www.mpma.mp.br/index.php/centros-de-apoio-2/menu-prin-educacao/menu-prin-areas-de-atuacao?id=8721

F) ENUNCIADO CONJUNTO COPEDUC/COPEDPDI APROVADOS (II Reunião Ordinária do GNDH/2013)

Enunciado nº 01*

É direito de todos o acesso e a permanência em escola da rede regular de ensino pública ou privada. Às instituições filantrópicas, confessionais, sem fins lucrativos, especializadas em educação especial, que ainda substituem a escolarização de pessoas com deficiência, recomenda-se a oferta exclusiva do atendimento educacional complementar ou suplementar.

Nota do autor: há divergência no nº do enunciado, pois no sito eletrônico do Ministério Público do Paraná, esse enunciado consta como “Enunciado nº 03”.

Data da reunião: 03 a 05 de julho de 2013, em São Paulo/SP, aprovado pelo CNPG em 30/07/2013.

Acesso em 07/08/20. Fonte: https://www.mprj.mp.br/documents/20184/216116/revista_cao_educacao_ano_i_n_01_edicao_2013_2015.pdf

http://crianca.mppr.mp.br/pagina-1544.html

G) ENUNCIADOS COPEDUC APROVADOS (III Reunião Ordinária do GNDH/2013)

Enunciado nº 02

O Ministério Público deve priorizar a fiscalização do cumprimento do art. 53, inciso V, ECA e do art. 4º, inciso X da LDB como forma de assegurar ao educando o menor percurso entre a escola e sua residência, contribuindo com a racionalização da mobilidade urbana.

Data: 16 e 17 de outubro de 2013, na cidade de Aracaju/SE, informação quanto à aprovação na ata 01/2014 do CNPG, de 04 de fevereiro de 2014.

Acesso em 07/08/20. Fonte:

https://www.mprj.mp.br/documents/20184/216116/revista_cao_educacao_ano_i_n_01_edicao_2013_2015.pdf

H) ENUNCIADOS COPEDUC APROVADOS (II Reunião Ordinária do GNDH/2014)

Enunciado nº 01

Fere o princípio constitucional da igualdade de acesso e o art. 24 da LDB o ingresso de estudantes menores de 18 anos no ensino superior sem a conclusão do ensino médio, ressalvado o disposto no art. 59, II da LDB.

Data da reunião: 07 a 09 de maio de 2014, na cidade de Goiânia/GO, e aprovado pelo CNPG no DF, no dia 20 de maio de 2014.

Acesso em 07/08/20. Fonte: https://www.mprj.mp.br/documents/20184/216116/revista_cao_educacao_ano_i_n_01_edicao_2013_2015.pdf

I) ENUNCIADOS COPEDUC APROVADOS (III Reunião Ordinária do GNDH/2014)

Enunciado nº 02

Nos casos de utilização dos veículos adquiridos pelo Programa Caminho da Escola para transporte de estudantes do ensino superior, o Ministério Público, com atribuição em educação, deverá verificar a existência da respectiva regulamentação e, não existindo, adotar providencias para sua normatização, nos termos da Lei 12.816/2013 e Resolução 45/2013 do FNDE.

Data da reunião: 23 de julho de 2014, na cidade de Manaus/ AM, e aprovado pelo CNPG no RS, nos dias 21 e 22 de agosto de 2014.

Acesso em 07/08/20. Fonte: https://www.mprj.mp.br/documents/20184/216116/revista_cao_educacao_ano_i_n_01_edicao_2013_2015.pdf

Enunciado nº 03

Cabe ao membro do Ministério Público com atribuição na defesa da educação averiguar as ilegalidades/irregularidades oriundas das comunicações do FNDE acerca da correta aplicação do percentual de impostos constitucionalmente definido para a educação, nos termos do art. 212 da CR.

Data da reunião: 23 de julho de 2014, na cidade de Manaus/ AM, e aprovado pelo CNPG no RS, nos dias 21 e 22 de agosto de 2014.

Acesso em 07/08/20. Fonte: https://www.mprj.mp.br/documents/20184/216116/revista_cao_educacao_ano_i_n_01_edicao_2013_2015.pdf

Enunciado nº 04

Quando se tratar de fiscalização sobre aplicação de recursos federais para o desenvolvimento de programas específicos da educação, a atribuição é do Ministério Público Federal.

Data da reunião: 23 de julho de 2014, na cidade de Manaus/ AM, e aprovado pelo CNPG no RS, nos dias 21 e 22 de agosto de 2014.

Acesso em 07/08/20. Fonte: https://www.mprj.mp.br/documents/20184/216116/revista_cao_educacao_ano_i_n_01_edicao_2013_2015.pdf

Enunciado nº 05

Nos Estados em que há a complementação da União, a atribuição para as ações judiciais e extrajudiciais é concorrente entre os membros do Ministério Público Estadual, do Distrito Federal e Territórios, e Federal com atuação para a defesa do direito à educação.

Data da reunião: 23 de julho de 2014, na cidade de Manaus/ AM, e aprovado pelo CNPG no RS, nos dias 21 e 22 de agosto de 2014.

Acesso em 07/08/20. Fonte: https://www.mprj.mp.br/documents/20184/216116/revista_cao_educacao_ano_i_n_01_edicao_2013_2015.pdf

Enunciado nº 06*

As ações judiciais e extrajudiciais relativas à obrigação de fazer, garantidoras do direito fundamental à educação básica, são de atribuição do Ministério Público Estadual.

*Nota do autor: Conforme a ata da III REUNIÃO ORDINÁRIA DA COPEDUC E DO GNDH/2014, no dia 23 de julho de 2014, na cidade de Manaus/ AM, o Enunciado acima teve sua deliberação suspensa para que fossem debatidas sugestões sobre sua redação através do correio eletrônico do grupo da Comissão.

Acesso em 07/08/20. Fonte: https://www.mprj.mp.br/documents/20184/216116/revista_cao_educacao_ano_i_n_01_edicao_2013_2015.pdf

J) ENUNCIADOS COPEDUC APROVADOS (IV Reunião Ordinária do GNDH/2014 e pelo CNPG/2014)

Enunciado nº 07

Ao Ministério Público incumbe fomentar e fiscalizar a elaboração de Plano de Convivência Escolar/Regimento Escolar, com previsão de norma que defina atos de indisciplina e suas respectivas sanções administrativas, com caráter pedagógico ou restaurativo, após ouvido o aluno, seus pais, garantida a ampla defesa e observado o procedimento de apuração previsto.

Data da reunião: 03 a 05 de setembro de 2014, na cidade do Rio de Janeiro/RJ, e aprovado pelo CNPG em Brasília/DF, no dia 21 de outubro de 2014.

Acesso em 07/08/20. Fonte: https://www.mprj.mp.br/documents/20184/216116/revista_cao_educacao_ano_i_n_01_edicao_2013_2015.pdf

Enunciado nº 08

É atribuição do Órgão de defesa da educação do Ministério Público acompanhar a criação e o funcionamento dos fóruns estadual e municipais de educação e a elaboração e implementação das metas dos respectivos planos de educação, à luz do princípio constitucional da gestão democrática do ensino público.

Data da reunião: 03 a 05 de setembro de 2014, na cidade do Rio de Janeiro/RJ, e aprovado pelo CNPG em Brasília/DF, no dia 21 de outubro de 2014.

Acesso em 07/08/20. Fonte: https://www.mprj.mp.br/documents/20184/216116/revista_cao_educacao_ano_i_n_01_edicao_2013_2015.pdf

Enunciado nº 09

A atuação do Ministério Público na área da educação, tem sua efetividade potencializada pela especialização de órgãos de execução da matéria, sendo necessário que as instâncias competentes agilizem o processo de sua implementação, considerando as demandas oriundas do Plano Nacional de Educação.

Data da reunião: 03 a 05 de setembro de 2014, na cidade do Rio de Janeiro/RJ, e aprovado pelo CNPG em Brasília/DF, no dia 21 de outubro de 2014.

Acesso em 07/08/20. Fonte: https://www.mprj.mp.br/documents/20184/216116/revista_cao_educacao_ano_i_n_01_edicao_2013_2015.pdf

Enunciado nº 10

Do dever institucional de tutela da educação decorre a necessidade atuação proativa do Ministério Público no sentido de verificar a existência e atuação efetiva dos conselhos escolares, conselhos de educação, conselhos de acompanhamento e controle social do Fundeb (CACs/FUNDEB) e conselhos de alimentação escolar (CAE), contribuindo para o seu empoderamento.

Data da reunião: 03 a 05 de setembro de 2014, na cidade do Rio de Janeiro/RJ, e aprovado pelo CNPG em Brasília/DF, no dia 21 de outubro de 2014.

Acesso em 07/08/20. Fonte: https://www.mprj.mp.br/documents/20184/216116/revista_cao_educacao_ano_i_n_01_edicao_2013_2015.pdf

Enunciado nº 11

Considerando a meta 3 do Plano Nacional de Educação, os Órgãos de Execução da Defesa da Educação no Ministério Público devem intensificar o acompanhamento da fiscalização do acesso universal e qualitativo dos que possuem entre 15 e 17 anos ao ensino médio, até 2016, inclusive cobrando a realização de busca ativa e a implementação de combate à evasão escolar.

Data da reunião: 03 a 05 de setembro de 2014, na cidade do Rio de Janeiro/RJ, e aprovado pelo CNPG em Brasília/DF, no dia 21 de outubro de 2014.

Acesso em 07/08/20. Fonte: https://www.mprj.mp.br/documents/20184/216116/revista_cao_educacao_ano_i_n_01_edicao_2013_2015.pdf

Enunciado nº 12

Considerando que a maioria das escolas de campo não dispõem de unidade executora e de conselho escolar, o que as impede de receber diretamente os recursos do Programa Dinheiro Direto na Escola – PDDE, cumpre ao Órgão de Execução de Defesa da Educação instar as Secretarias Estadual e Municipais de Educação para que diligenciem no sentido de viabilizar a sua respectiva criação.

Data da reunião: 03 a 05 de setembro de 2014, na cidade do Rio de Janeiro/RJ, e aprovado pelo CNPG em Brasília/DF, no dia 21 de outubro de 2014.

Acesso em 07/08/20. Fonte: https://www.mprj.mp.br/documents/20184/216116/revista_cao_educacao_ano_i_n_01_edicao_2013_2015.pdf

Enunciado nº 13

É direito de toda criança com deficiência de 0 a 5 anos o acesso à educação infantil, inclusive com Atendimento Educacional Especializado- AEE Integrado e matrícula prioritária na rede regular de ensino pública e privada.

Data da reunião: 03 a 05 de setembro de 2014, na cidade do Rio de Janeiro/RJ, e aprovado pelo CNPG em Brasília/DF, no dia 21 de outubro de 2014.

Acesso em 07/08/20. Fonte: https://www.mprj.mp.br/documents/20184/216116/revista_cao_educacao_ano_i_n_01_edicao_2013_2015.pdf

K) ENUNCIADOS COPEDUC EM ANÁLISE no CNPG/2015

Nota do autor: enunciados em análise.

Enunciado nº 01

Incumbe aos Ministérios Públicos acompanhar o processo de elaboração e aprovação dos planos estaduais e municipais de educação, observando-se o disposto no artigo 8º da lei nº 13.005/2014, bem como adotar medidas que garantam a efetividade das estratégias e metas previstas nos respectivos planos.

Acesso em 07/08/20. Fonte: https://www.mprj.mp.br/documents/20184/216116/revista_cao_educacao_ano_i_n_01_edicao_2013_2015.pdf

Enunciado nº 02

Os Ministérios Públicos devem desenvolver estratégias de atuação visando garantir a implementação, por parte dos Estados, Distrito Federal e Municípios, do disposto no art. 9º da lei nº 13.005/14, que trata da regulamentação da gestão democrática da educação pública nos respectivos âmbitos de atuação.

Acesso em 07/08/20. Fonte: https://www.mprj.mp.br/documents/20184/216116/revista_cao_educacao_ano_i_n_01_edicao_2013_2015.pdf

L) ENUNCIADOS COPEDUC APROVADOS (II Reunião Ordinária do GNDH/2016)

Enunciado nº 01

No caso das ocupações nas Escolas, o Ministério Público, como defensor da ordem jurídica e do regime democrático de direito, deverá priorizar a atuação extrajudicial, instaurando procedimento, preferencialmente por escola ocupada, devendo zelar pelo não uso de violência policial e autotutela pelo ente público, ouvindo os envolvidos e pautando sua atuação por métodos auto compositivos.

Data da reunião: Pelo CNPG em 15/02/2017 – MPDFT.

Acesso em 07/08/20. Fonte: https://www.cnpg.org.br/images/arquivos/gndh/documentos/enunciados/enunciadoscopeduc.pdf

Enunciado nº 02

São princípios fundamentais imanentes à educação brasileira as liberdades fundamentais de aprender, ensinar, pesquisar e divulgar a cultura, o pensamento, a arte e o saber, o pluralismo de idéias e de concepções pedagógicas, a gestão democrática do ensino público, cabendo ao Ministério Público adotar as providências cabíveis no sentido de coibir tentativas de se estabelecer proibição genérica e vaga de controle do conteúdo pedagógico desenvolvido nas escolas.

Data da reunião: Pelo CNPG em 15/02/2017 – MPDFT.

Acesso em 07/08/20. Fonte: https://www.cnpg.org.br/images/arquivos/gndh/documentos/enunciados/enunciadoscopeduc.pdf

Enunciado nº 03

Cabe ao Ministério Público adotar medidas que visem garantir a igualdade efetiva de acesso e permanência na escola por parte de todos e todas, nos termos do artigo 206, I, da Constituição Federal, incluindo-se no projeto político pedagógico – PPP e regimento escolar, de todos os níveis de ensino, conteúdos relativos aos direitos humanos, à equidade de gênero, de raça ou etnia, de enfrentamento à homofobia, à transfobia, à violência doméstica e familiar contra a mulher, a pessoa idosa e a pessoa com deficiência.

Data da reunião: Pelo CNPG em 15/02/2017 - MPDFT.

Acesso em 07/08/20. Fonte: https://www.cnpg.org.br/images/arquivos/gndh/documentos/enunciados/enunciadoscopeduc.pdf

M) ENUNCIADOS COPEDUC APROVADOS (Reunião Ordinária no GNDH/2018)

Enunciado Conjunto nº 01:

Ensino domiciliar (Homeschooling): O Grupo Nacional de Direitos Humanos - GNDH, pela Comissão Permanente de Educação (COPEDUC), pela Comissão Permanente da Infância e Juventude (COPEIJ), pela Comissão Permanente de Direitos Humanos em sentido estrito (COPEDH) e pela Comissão Permanente da Violência Doméstica contra a mulher (COPEVID), considera que o ensino domiciliar (homeschooling), ministrado pela família não é meio adequado para o cumprimento do dever de educação assegurado na Constituição Federal, no Estatuto da Criança e do Adolescente e na Lei de Diretrizes e Bases da Educação Nacional. O Ministério Público atuará para fortalecer e qualificar o ensino escolar, inclusive na perspectiva do respeito aos direitos humanos e à igualdade de gênero.

Data da reunião: 2018

Acesso em 07/08/20. Fonte: https://www.cnpg.org.br/images/arquivos/documento_restrito_arquivos/Deliberaes-GNDH_-_Aprovadas_CNPG_2018.pdf

Enunciado n.º 02:

O Ministério Público deve priorizar a atuação na fiscalização e fomento de políticas públicas de ampliação e criação de vagas (matrículas novas) na educação infantil, em creche e pré-escola, de modo a garantir o progressivo atendimento da demanda real e efetivamente apurada, a partir de fluxo de busca ativa, a ser materializado em planejamento de ações concretas pelos municípios, em cumprimento ao determinado na Meta 01 do anexo da Lei nº 13.005/2014, sendo certo que a oferta de novas vagas deve atender aos padrões de qualidade previstos na legislação pertinente e em documentos oficiais.

Data da reunião: 2018

Acesso em 07/08/20. Fonte: https://www.cnpg.org.br/images/arquivos/documento_restrito_arquivos/Deliberaes-GNDH_-_Aprovadas_CNPG_2018.pdf

N) ENUNCIADO COPEDUC APROVADO (Reunião extraordinária virtual da COPEDUC/GNDH/2020)

Enunciado nº 01

Ao Ministério Público compete a fiscalização da retomada das aulas presenciais considerando os critérios sanitários aprovados pelo poder público, submetendo-os, na hipótese de insuficiência, às providências legais. Definidos os protocolos sanitários e pedagógicos próprios para a política educacional, a retomada das aulas presenciais, embora regrada, gradual, híbrida e progressiva, faz-se imprescindível porquanto relacionada à garantia de direito humano fundamental.

Reunião ocorrida de forma virtual em setembro de 2020. Enunciado encaminhado para o CNPG.

Enunciado nº 02

O Ministério Público deve, enquanto vigente o Decreto de Calamidade ou de Emergência devido à pandemia Covid-19, adotar as medidas necessárias visando à assegurar aos pais ou responsáveis a opção pelas aulas não presenciais. Nesse contexto, compete, ainda, ao Ministério Público o dever de fiscalizar o poder público, em especial a escola e os órgãos públicos de assistência social, saúde e proteção à infância, quanto à efetiva escolha das famílias e a concreta participação nas atividades não presenciais, havendo obrigação de realizar busca ativa desses estudantes, a fim de garantir o seu direito à educação, bem como a verificação de situação de vulnerabilidade.

Reunião ocorrida de forma virtual em setembro de 2020. Enunciado encaminhado para o CNPG.

31.1.1.7 COMISSÃO PERMANENTE DO MEIO AMBIENTE, HABITAÇÃO, URBANISMO E PATRIMÔNIO CULTURAL – COPEMA

A) ENUNCIADOS COPEMA APROVADOS (II Reunião Ordinária do GNDH/2014)

Enunciado nº 01

OS Ministérios Públicos devem atuar de modo a garantir que o poder público promova a inclusão social e produtiva das catadoras e catadores, em especial fomentando a formação e o fortalecimento de cooperativas e associações, previamente às medidas de encerramento dos lixões.

Data da reunião: 07 a 09 de maio de 2014, Goiânia/GO.

Acesso em 07/08/20. Fonte: https://www.mppi.mp.br/internet/caoma/enunciados/

Enunciado nº 02

Os Ministérios Públicos, preferencialmente por meio de atuação conjunta, devem adotar e acompanhar as providências necessárias ao cumprimento dos instrumentos previstos na Política Nacional de Proteção e Defesa Civil (Lei nº 12.608/2012) junto à União, Estados, Distrito Federal e Municípios.

Data da reunião: 07 a 09 de maio de 2014, Goiânia/GO.

Acesso em 07/08/20. Fonte: https://www.mppi.mp.br/internet/caoma/enunciados/

Enunciado nº 03

O licenciamento ambiental por qualquer dos entes da federação impõe: a existência de corpo técnico habilitado, em face da tipologia a ser licenciada, conforme a regulamentação do exercício profissional pelo respectivo conselho de classe.

Data da reunião: 07 a 09 de maio de 2014, Goiânia/GO.

Acesso em 07/08/20. Fonte: https://www.mppi.mp.br/internet/caoma/enunciados/

B) ENUNCIADOS COPEMA APROVADOS (III Reunião Ordinária do GNDH/2014)

Enunciado nº 04

Os Ministérios Públicos devem exigir independentemente de Lei Municipal, o estudo de impacto de vizinhança, quando o porte do empreendimento, a localização ou o tipo de atividade a ser desenvolvida, afetar pelo menos uma das questões referidas no artigo 37 do estatuto da cidade, por ser o seu artigo 36 norma de eficácia contida.

Data da reunião: 23 de julho de 2014, Manaus/ AM.

Acesso em 07/08/20. Fonte: https://www.mppi.mp.br/internet/caoma/enunciados/

Enunciado nº 05

Os Ministérios Públicos devem recomendar a inclusão do instrumento do estudo de impacto de vizinhança quando da elaboração ou revisão dos planos diretores ou de outras Leis Municipais, na forma do estatuto da cidade.

Data da reunião: 23 de julho de 2014, Manaus/ AM.

Acesso em 07/08/20. Fonte: https://www.mppi.mp.br/internet/caoma/enunciados/

Enunciado nº 06

Os Ministérios Públicos devem atuar com base na interpretação sistemática da Lei nº 12.305/10, de modo a impedir a instalação de usinas de incineração de resíduos sólidos urbanos, como forma de evitar os riscos à saúde pública e ao meio ambiente e fortalecer as Associações ou Cooperativas de catadores de materiais recicláveis.

Data da reunião: 23 de julho de 2014, Manaus/ AM.

Acesso em 07/08/20. Fonte: https://www.mppi.mp.br/internet/caoma/enunciados/

Enunciado nº 07

Os Ministérios Públicos devem atuar junto aos Órgãos Ambientais, objetivando constar, como condicionante, nas licenças dos aterros sanitários, a diminuição progressiva do recebimento de resíduos, até o atendimento integral do disposto no art. 54 da Lei nº 12.305/10 com o recebimento exclusivo de rejeitos.

Data da reunião: 23 de julho de 2014, Manaus/ AM.

Acesso em 07/08/20. Fonte: https://www.mppi.mp.br/internet/caoma/enunciados/

Enunciado nº 08

OS Ministérios Públicos devem fiscalizar a implantação de programa de coleta seletiva de materiais recicláveis e as correta destinação de resíduos orgânicos nos municípios, inclusive mediante contratação prioritária de Associações ou Cooperativas de catadores ou adequação dos contratos existentes.

Data da reunião: 23 de julho de 2014, Manaus/ AM.

Acesso em 07/08/20. Fonte: https://www.mppi.mp.br/internet/caoma/enunciados/

Enunciado nº 09

OS Ministérios públicos devem fomentar a inclusão das Associações e Cooperativas de catadores nos sistemas de logística reversa de modo a assegurar o seu fortalecimento.

Data da reunião: 23 de julho de 2014, Manaus/ AM.

Acesso em 07/08/20. Fonte: https://www.mppi.mp.br/internet/caoma/enunciados/

Enunciado nº 10

Os Ministérios Públicos devem exigir que os Municípios implementem sua Política de Meio Ambiente, mediante a elaboração de lei que a institua, a criação de Conselho de Meio Ambiente deliberativo e de Fundo de Meio Ambiente, a existência de equipamentos, de corpo técnico compatível com a sua demanda e de previsão orçamentária.

Data da reunião: Data da reunião: 23 de julho de 2014, Manaus/ AM.

Acesso em 07/08/20. Fonte: https://www.mppi.mp.br/internet/caoma/enunciados/

C) ENUNCIADOS COPEMA APROVADOS (IV Reunião Ordinária do GNDH/2014)

Enunciado nº 11

Os Ministérios Públicos devem recomendar que o Município somente aprove o parcelamento do solo urbano mediante prévia comprovação da viabilidade técnica do projeto de saneamento básico do empreendimento, sob pena de eventual caracterização de ato de improbidade administrativa.

Data da reunião: 03 a 05 de setembro de 2014, Rio de Janeiro/RJ.

Acesso em 07/08/20. Fonte: https://www.mppi.mp.br/internet/caoma/enunciados/

D) ENUNCIADOS COPEMA APROVADOS (I Reunião Ordinária do GNDH/2015

Enunciado nº 01

O Ministério Público, em relação à Política Nacional de recursos de recursos hídricos, deve atuar em caráter prioritário, exigindo a elaboração dos planos de recursos hídricos, por bacia hidrográfica e por estado.

Data da reunião: 06 de março de 2015, Salvador/BA.

Acesso em 07/08/20. Fonte: https://www.mppi.mp.br/internet/caoma/enunciados/

Enunciado nº 02

O Ministério Público deve, nos empreendimentos sujeitos a eia rima e outorga de recurso hídrico, exigir que o reuso da água seja previsto como condicionante no licenciamento ambiental.

Data da reunião: 06 de março de 2015, Salvador/BA.

Acesso em 07/08/20. Fonte: https://www.mppi.mp.br/internet/caoma/enunciados/

Enunciado nº 03

O Ministério Público deve exigir que as interferências e explorações em águas subterrâneas estejam embasadas em estudos hidrológicos que avaliem possíveis impactos ambientais e sejam precedidas de outorga.

Data da reunião: 06 de março de 2015, Salvador/BA.

Acesso em 07/08/20. Fonte: https://www.mppi.mp.br/internet/caoma/enunciados/

Enunciado nº 04

O Ministério Público deve exigir das empresas de perfuração de poços de águas subterrâneas que a atividade seja exercida mediante outorga e Licença Ambiental do Órgão competente, nos casos admitidos pela legislação.

Data da reunião: 06 de março de 2015, Salvador/BA.

Acesso em 07/08/20. Fonte: https://www.mppi.mp.br/internet/caoma/enunciados/

Enunciado nº 05

O Ministério Público deve atuar para impedir que a perfuração e manutenção de poços de captação de águas subterrâneas ocorram em áreas servidas por rede pública de abastecimento, ressalvadas as hipóteses normatizadas que se coadunem com o princípio da precaução.

Data da reunião: 06 de março de 2015, Salvador/BA.

Acesso em 07/08/20. Fonte: https://www.mppi.mp.br/internet/caoma/enunciados/

E) ENUNCIADOS COPEMA APROVADOS (II Reunião Ordinária do GNDH/2016 e pelo CNPG/2016)

Enunciado nº 01

OS Ministérios Públicos devem zelar para que os Municípios elaborem e/ou revisem seus Planos de Saneamento Básico (PMSB) e de gestão integrada de resíduos sólidos (PM-GIRS), nos termos das diretrizes nacionais para o saneamento básico (Lei nº 11.445/2007) e da Política Nacional de resíduos sólidos (lei nº 12.305/2010), e seus respectivos Decretos Regulamentadores (Decreto nº 7.217/2010 e Decreto nº 7.404/2010).

Data da reunião do CNPG: 15/06/2016 - MPM.

Acesso em 07/08/20. Fonte: https://www.cnpg.org.br/images/arquivos/copemaenunciados.pdf

Enunciado nº 02

OS Ministérios Públicos devem zelar para que toda edificação permanente urbana seja conectada às redes públicas de abastecimento de água e esgotamento sanitário existentes e, caso o usuário não se conecte, mesmo assim se sujeite à cobrança de tarifa de esgoto ou taxa respectiva em decorrência do princípio da universalização do acesso, nos termos dos arts. 2º, 3º- III, 13 parágrafo único e art. 45, todos da Lei nº 11.445/07, e art. 11 do Decreto nº 7.217/2010.

Data da reunião do CNPG: 15/06/2016 – MPM.

Acesso em 07/08/20. Fonte: https://www.cnpg.org.br/images/arquivos/copemaenunciados.pdf

Enunciado nº 03

Os Ministérios Públicos devem zelar pela implantação de soluções individuais de tratamento e destinação final dos esgotos sanitários (NBR 7229/1993) em caso de inexistência de rede pública de esgotamento, de ausência de previsão de sua implantação a curto prazo (consoante PMSB) ou de inviabilidade técnica/econômica de implantação da rede pública, observada a manutenção periódica do sistema e a destinação final ambientalmente adequada dos lodos, ainda que seja como serviço público.

Data da reunião do CNPG: 15/06/2016 – MPM.

Acesso em 07/08/20. Fonte: https://www.cnpg.org.br/images/arquivos/copemaenunciados.pdf

Enunciado nº 04

O Ministério Público, por seus diversos ramos, deve atuar de forma articulada e integrada com setores da sociedade civil no combate aos impactos do uso dos agrotóxicos no meio ambiente, na perspectiva de controle social.

Data da reunião do CNPG: 15/06/2016 – MPM.

Acesso em 07/08/20. Fonte: https://www.cnpg.org.br/images/arquivos/copemaenunciados.pdf

Enunciado nº 05*

O Ministério Público deve atuar para coibir a utilização de dispersão por aeronaves (pulverização aérea, art. 1º, § 3º da Lei nº 13301/16) como mecanismo de controle das outras doenças causadas pelos vírus da dengue, chikungunya e zika, dentre outros.

Acesso em 07/08/20. Fonte: https://www.cnpg.org.br/images/arquivos/copemaenunciados.pdf

O enunciado nº 05 foi aprovado na Reunião Ordinária do CNPG/2017.

F) ENUNCIADOS COPEMA APROVADOS (II Reunião Ordinária do GNDH/2018)

Enunciado nº 02

O Ministério Público deve exigir que os Municípios realizem estudos e diagnósticos a respeito dos custos dos serviços públicos de manejo de resíduos sólidos e dos critérios e parâmetros para cobrança dos serviços prestados, visando à sua sustentabilidade econômico-financeira.

Data da reunião: 2018. Acesso em 07/08/20. Fonte:

https://www.cnpg.org.br/images/arquivos/documento_restrito_arquivos/Deliberaes-GNDH_-_Aprovadas_CNPG_2018.pdf

Enunciado nº 03

O Ministério Público deve exigir que os municípios definam os grandes geradores e a sua responsabilidade pela destinação adequada dos resíduos ou a devida remuneração do Poder Público pelos serviços prestados.

Data da reunião: 2018. Acesso em 07/08/20. Fonte:

https://www.cnpg.org.br/images/arquivos/documento_restrito_arquivos/Deliberaes-GNDH_-_Aprovadas_CNPG_2018.pdf

Enunciado nº 04

O Ministério Público deve zelar para que os Municípios sejam ressarcidos no caso de executarem serviços relacionados à coleta, ao transporte e à destinação final de resíduos produzidos pelos grandes geradores, ou sujeitos à logística reversa.

Data da reunião: 2018. Acesso em 07/08/20. Fonte:

https://www.cnpg.org.br/images/arquivos/documento_restrito_arquivos/Deliberaes-GNDH_-_Aprovadas_CNPG_2018.pdf

Enunciado nº 05

O Ministério Público deve exigir do setor empresarial a implementação de sistema de logística reversa de embalagens e, na sua ausência, buscar a reparação dos danos ambientais, sociais e ao erário.

Data da reunião: 2018. Acesso em 07/08/20. Fonte:

https://www.cnpg.org.br/images/arquivos/documento_restrito_arquivos/Deliberaes-GNDH_-_Aprovadas_CNPG_2018.pdf

Enunciado nº 06

Os Ministérios Públicos devem adotar medidas para viabilizar a especialização dos órgãos de execução do Ministério Público na defesa da fauna, fomentando a criação de estrutura adequada.

Data da reunião: 2018. Acesso em 07/08/20. Fonte:

https://www.cnpg.org.br/images/arquivos/documento_restrito_arquivos/Deliberaes-GNDH_-_Aprovadas_CNPG_2018.pdf

Enunciado nº 07

Os Ministérios Públicos devem atuar para buscar a implementação do controle populacional de cães e gatos pelos Municípios, em cumprimento à Lei Federal 13.426/2017.

Data da reunião: 2018. Acesso em 07/08/20. Fonte:

https://www.cnpg.org.br/images/arquivos/documento_restrito_arquivos/Deliberaes-GNDH_-_Aprovadas_CNPG_2018.pdf

Enunciado nº 08

Os Ministérios Públicos devem atuar para buscar a implementação de políticas públicas em favor dos animais, notadamente a criação de unidades de controle de zoonoses e centros de bem estar animal.

Data da reunião: 2018. Acesso em 07/08/20. Fonte:

https://www.cnpg.org.br/images/arquivos/documento_restrito_arquivos/Deliberaes-GNDH_-_Aprovadas_CNPG_2018.pdf

Enunciado nº 09

Os Ministérios Públicos devem adotar medidas para coibir a prática de crueldade aos animais em eventos, notadamente rodeios e vaquejadas.

Data da reunião: 2018. Acesso em 07/08/20. Fonte:

https://www.cnpg.org.br/images/arquivos/documento_restrito_arquivos/Deliberaes-GNDH_-_Aprovadas_CNPG_2018.pdf

Enunciado nº 10

O Ministério Público deve aprimorar sua atuação na preservação do patrimônio histórico e cultural, exigindo dos órgãos públicos competentes a fiscalização periódica dos bens integrantes desse patrimônio.

Data da reunião: 2018. Acesso em 07/08/20. Fonte:

https://www.cnpg.org.br/images/arquivos/documento_restrito_arquivos/Deliberaes-GNDH_-_Aprovadas_CNPG_2018.pdf

Enunciado nº 11

O Ministério Público deve zelar pelo reconhecimento da necessidade da atividade regulatória e de controle do processo produtivo de alimentos como indispensável à efetivação dos direitos humanos fundamentais à alimentação adequada e ao meio ambiente equilibrado (art. 6º da CR/88 e Agenda 2030 da ONU para o desenvolvimento sustentável).

Data da reunião: 2018. Acesso em 07/08/20. Fonte:

https://www.cnpg.org.br/images/arquivos/documento_restrito_arquivos/Deliberaes-GNDH_-_Aprovadas_CNPG_2018.pdf

G) ENUNCIADOS CONJUNTO COPEMA/COPEDH (Reunião Ordinária do GNDH/2018

Enunciado nº 01

O Ministério Público brasileiro deve zelar pelo reconhecimento da necessidade da atividade regulatória e de controle do processo produtivo de alimentos, como indispensável à efetivação dos direitos humanos fundamentais à alimentação adequada e ao meio ambiente equilibrado (artigo 6º da CF/1988 e Agenda 2030 da ONU para o desenvolvimento sustentável).

Data da reunião: 2018.

Acesso em 07/08/20. Fonte: https://www.cnpg.org.br/images/arquivos/documento_restrito_arquivos/Deliberaes-GNDH_-_Aprovadas_CNPG_2018.pdf

Enunciado nº 02

O Ministério Público deve aprimorar sua atuação na preservação do patrimônio histórico e cultural, exigindo dos órgãos públicos competentes e fiscalização periódica dos bens integrantes desse patrimônio.

Data da reunião: 2018.

Acesso em 07/08/20. Fonte: https://www.cnpg.org.br/images/arquivos/documento_restrito_arquivos/Deliberaes-GNDH_-_Aprovadas_CNPG_2018.pdf

H) ENUNCIADOS COPEMA APROVADOS (I Reunião Ordinária do GNDH/2019)

Enunciado nº 01

O Ministério Público deve adotar medidas extrajudiciais e judiciais para a criação e o funcionamento do sistema municipal de cultura (art. 216-A, §4º, da CR/1988), considerando que os municípios têm o dever constitucional de estruturar e implementar políticas próprias à defesa do patrimônio cultural material e imaterial local.

Data da reunião: 27 a 29 de março, Salvador/BA.

Acesso em 07/08/20. Fonte: https://www.mpma.mp.br/arquivos/COCOM/GNDH_-_SALVADOR.pdf

Enunciado nº 02

O Ministério Público deve priorizar a atuação preventiva na proteção do patrimônio cultural, dado o caráter de irreversibilidade que, via de regra, os danos aos bens culturais possuem.

Data da reunião: 27 a 29 de março, Salvador/BA.

Acesso em 07/08/20. Fonte: https://www.mpma.mp.br/arquivos/COCOM/GNDH_-_SALVADOR.pdf

Enunciado nº 03

O Ministério Público, visando garantir a universalização do saneamento básico, deve zelar para que as metas e prazos dos Planos Municipais de Saneamento sejam razoáveis, observada a compatibilidade com o Objetivo de Desenvolvimento Sustentável nº 6 (Agenda 2030/ONU).

Data da reunião: 27 a 29 de março, Salvador/BA.

Acesso em 07/08/20. Fonte: https://www.mpma.mp.br/arquivos/COCOM/GNDH_-_SALVADOR.pdf

Enunciado nº 04

O Ministério Público deve atuar para extinguir os convênios e instrumentos precários de prestação de serviços de saneamento (com as exceções previstas no art. 10, §1º, da Lei 11.445/2007), que perderam sua validade por força do art. 43 da Lei 8.987/1995 e art. 10, §1º, II, da Lei Federal 11.445/07.

Data da reunião: 27 a 29 de março, Salvador/BA.

Acesso em 07/08/20. Fonte: https://www.mpma.mp.br/arquivos/COCOM/GNDH_-_SALVADOR.pdf

Enunciado nº 05

O Ministério Público deve apurar eventual nulidade dos contratos firmados entre o Poder Público e empresa concessionária de saneamento, na hipótese de ausência prévia de plano de saneamento básico (art. 11 da Lei nº 11.445/2007 e 25 do Decreto nº 7.217/2010). A exceção prevista no artigo 11, §5º, da Lei nº 11.445/2007 só se aplica a partir do advento da Medida Provisória nº 844/2018 e, ainda assim, se o estudo previsto contemplar parâmetros mínimos para o contrato, em especial, em relação às metas, objetivos e programas necessários para o serviço.

Data da reunião: 27 a 29 de março, Salvador/BA.

Acesso em 07/08/20. Fonte: https://www.mpma.mp.br/arquivos/COCOM/GNDH_-_SALVADOR.pdf

Enunciado nº 06

O Ministério Público deve atuar para inibir a oneração dos usuários do serviço de saneamento ou do poder público, sob alegação de reequilíbrio econômico-financeiro, em face de superveniência de plano de saneamento a contrato preexistente, até a extinção deste contrato.

Data da reunião: 27 a 29 de março, Salvador/BA.

Acesso em 07/08/20. Fonte: https://www.mpma.mp.br/arquivos/COCOM/GNDH_-_SALVADOR.pdf

Enunciado nº 07

O Ministério Público deve exigir do Poder Público a fiscalização dos contratos de serviço de esgotamento sanitário e zelar pela aplicação dos institutos da intervenção ou caducidade na hipótese de descumprimento das cláusulas contratuais, nos termos dos artigos 32 e 38 da Lei nº 8.987/1995.

Data da reunião: 27 a 29 de março, Salvador/BA.

Acesso em 07/08/20. Fonte: https://www.mpma.mp.br/arquivos/COCOM/GNDH_-_SALVADOR.pdf

Enunciado nº 08

O Ministério Público deve apurar eventual responsabilização por improbidade administrativa dos agentes públicos por omissão na fiscalização de contratos de saneamento, sem prejuízo das demais esferas de responsabilidade.

Data da reunião: 27 a 29 de março, Salvador/BA.

Acesso em 07/08/20. Fonte: https://www.mpma.mp.br/arquivos/COCOM/GNDH_-_SALVADOR.pdf

Enunciado nº 09

O Ministério Público deve exigir a integral reparação dos danos ambientais gerados pela inexistência ou insuficiência de coleta e tratamento do esgoto, em função do descumprimento das metas contratuais devidamente estabelecidas.

Data da reunião: 27 a 29 de março, Salvador/BA.

Acesso em 07/08/20. Fonte: https://www.mpma.mp.br/arquivos/COCOM/GNDH_-_SALVADOR.pdf

Enunciado nº 10

O Ministério Público, à luz do que determina o artigo 21 da Lei nº 11.445 de 2007, exigirá dos titulares do serviço público de saneamento básico que haja distinção entre as pessoas jurídicas prestadoras, reguladoras e fiscalizadoras do serviço público de saneamento básico, nos moldes previstos no artigo 9º, III, do mesmo diploma legal.

Data da reunião: 27 a 29 de março, Salvador/BA.

Acesso em 07/08/20. Fonte: https://www.mpma.mp.br/arquivos/COCOM/GNDH_-_SALVADOR.pdf

Enunciado nº 11

O Ministério Público, com a finalidade de acompanhar a eficiência e a eficácia dos serviços de saneamento básico pelos entes responsáveis, buscará a cooperação com os Tribunais de Contas de todos os entes federativos, inclusive para emissão de parecer prévio pela desaprovação das contas dos entes que não cumpram a Lei nº 11.445/2007.

Data da reunião: 27 a 29 de março, Salvador/BA.

Acesso em 07/08/20. Fonte: https://www.mpma.mp.br/arquivos/COCOM/GNDH_-_SALVADOR.pdf

Enunciado nº 12

O Ministério Público, ao se deparar com perícias com indícios de fraude, deverá comunicar aos conselhos profissionais e adotar as providências cabíveis em relação às pessoas físicas e jurídicas envolvidas.

Data da reunião: 27 a 29 de março, Salvador/BA.

Acesso em 07/08/20. Fonte: https://www.mpma.mp.br/arquivos/COCOM/GNDH_-_SALVADOR.pdf

Enunciado nº 13

O Ministério Público deverá estimular a adoção de protocolos de compliance nos seus termos de ajustamento de conduta em face da administração pública ou da iniciativa privada, em matéria de meio ambiente laboral, artificial, natural e cultural.

Data da reunião: 27 a 29 de março, Salvador/BA.

Acesso em 07/08/20. Fonte: https://www.mpma.mp.br/arquivos/COCOM/GNDH_-_SALVADOR.pdf

Enunciado nº 14

O MPB deve considerar os rompimentos de barragens com consequências socioambientais e socioeconômicas significativamente danosas como graves violações de direitos humanos internacionais, nos termos da CADH, do Pacto Internacional de Direitos Civis e Políticos e outros tratados internacionais.

Data da reunião: 27 a 29 de março, Salvador/BA.

Acesso em 07/08/20. Fonte: https://www.mpma.mp.br/arquivos/COCOM/GNDH_-_SALVADOR.pdf

I) ENUNCIADOS APROVADOS COPEMA (II Reunião Ordinária do GNDH/2019)

Enunciado nº 01

INDEPENDÊNCIA DAS AUDITORIAS EXTERNAS DE SEGURANÇA DE BARRAGENS:

O Ministério Público deve fomentar uma mudança normativa para que os relatórios de segurança de barragem, bem como todas as auditorias ou revisões periódicas a eles relacionadas, sejam elaboradas por empresas de consultoria acreditas pelo órgão fiscalizador, escolhidas de forma randômica e custeadas pelo empreendedor, garantidos os créditos de independência, excelência técnica, comprovada expertise e transparência na execução dos serviços.

Data da reunião: 11 a 13 de setembro de 2019, São Luiz/MA.

Acesso em 07/08/20. Fonte: http://www.mprj.mp.br/documents/20184/378251/enunciadosiirogndh2019.pdf

Enunciado nº 02

INDEPENDÊNCIA E IMPARCIALIDADE NOS EIA/RIMAs

O Ministério Público deve fomentar uma mudança normativa para que os estudos de impacto ambiental e relatórios de impacto ambiental (EIA/Rima) sejam elaborados por empresas de consultoria que tenham em seus quadros profissionais habilitados para a realização dos estudos, acreditadas pelo órgão ambiental competente, escolhidas de maneira randômica e custeadas expertise e transparência na execução dos serviços.

Data da reunião: 11 a 13 de setembro de 2019, São Luiz/MA.

Acesso em 07/08/20. Fonte: http://www.mprj.mp.br/documents/20184/378251/enunciadosiirogndh2019.pdf

Enunciado nº 03

O Ministério Público deve atuar preventivamente no tocante à segurança de barragens, fomentando o gerenciamento do risco por parte do Poder Público.

Data da reunião: 11 a 13 de setembro de 2019, São Luiz/MA.

Acesso em 07/08/20. Fonte: http://www.mprj.mp.br/documents/20184/378251/enunciadosiirogndh2019.pdf

Enunciado nº 04

O Ministério Público deve exigir que, na elaboração do estudo de cenário de ruptura hipotética de barragem (dam break), os empreendedores utilizem as melhores técnicas disponíveis, da dos técnicos específicos de cada caso e não percentuais fixos de mobilização, e considerem o pior cenário tecnicamente possível. As manchas de inundação hipotética devem constar de documento eletrônico, com georreferenciamento, e indicar a previsão de tempo de chegada para o material barrado, em cada localidade.

Data da reunião: 11 a 13 de setembro de 2019, São Luiz/MA.

Acesso em 07/08/20. Fonte: http://www.mprj.mp.br/documents/20184/378251/enunciadosiirogndh2019.pdf

Enunciado nº 05

Para o caso de licenciamento ambiental de novas barragens, o Ministério Público deve fomentar a formulação, pelos órgãos públicos competentes, de Termos de Referência dos estudos que instruem os processos de licenciamento ambiental, a fim de que haja diagnóstico do meio ambiente (natural, cultural e artificial) na área de inundação em caso de rompimento da barragem.

Data da reunião: 11 a 13 de setembro de 2019, São Luiz/MA.

Acesso em 07/08/20. Fonte: http://www.mprj.mp.br/documents/20184/378251/enunciadosiirogndh2019.pdf

Enunciado nº 06

Para o caso de licenciamento ambiental de novas barragens, o Ministério Público deve zelar para que as áreas sujeitas a inundação na hipótese de rompimento de barragens sejam objeto dos estudos que instruem os procedimentos de licenciamento ambiental.

Data da reunião: 11 a 13 de setembro de 2019, São Luiz/MA.

Acesso em 07/08/20. Fonte: http://www.mprj.mp.br/documents/20184/378251/enunciadosiirogndh2019.pdf

Enunciado nº 07

Para o caso de licenciamento ambiental de novas barragens, em respeito ao princípio da publicidade e da decisão informada, o Ministério Público deve zelar para que os mapas de inundação, para o pior cenário hipotético de rompimento de barragem, sejam amplamente divulgados e apresentados nas audiências públicas, ainda na fase de licença prévia.

Data da reunião: 11 a 13 de setembro de 2019, São Luiz/MA.

Acesso em 07/08/20. Fonte: http://www.mprj.mp.br/documents/20184/378251/enunciadosiirogndh2019.pdf

Enunciado nº 08

Para o caso de licenciamento ambiental de novas barragens, o Ministério Público deve atuar para que o Poder Público, com base nos estudos ambientais das possíveis áreas de inundação das barragens e nos elementos colhidos junto à comunidade local, demandem alternativas locacionais e melhores tecnologias disponíveis para evitar o risco. Caso decidam pela viabilidade ambiental do empreendimento, os órgãos de proteção devem exigir dos empreendedores medidas preventivas e mitigatórias adequadas à diminuição dos riscos e de eventuais danos.

Data da reunião: 11 a 13 de setembro de 2019, São Luiz/MA.

Acesso em 07/08/20. Fonte: http://www.mprj.mp.br/documents/20184/378251/enunciadosiirogndh2019.pdf

Enunciado nº 09

No caso de barragens já construídas, o Ministério Público deve atuar para que os órgãos licenciadores exijam estudos diagnósticos do meio ambiente (natural, cultural e artificial) existente na área de inundação no caso de rompimento de barragem.

Data da reunião: 11 a 13 de setembro de 2019, São Luiz/MA.

Acesso em 07/08/20. Fonte: http://www.mprj.mp.br/documents/20184/378251/enunciadosiirogndh2019.pdf

Enunciado nº 10

No caso de barragens já construídas, o Ministério Público deve exigir que os mapas de inundação para hipótese de rompimento de barragens sejam divulgados a todos os municípios sujeitos à inundação para conhecimento e para elaboração dos Planos Municipais de Contingência.

Data da reunião: 11 a 13 de setembro de 2019, São Luiz/MA.

Acesso em 07/08/20. Fonte: http://www.mprj.mp.br/documents/20184/378251/enunciadosiirogndh2019.pdf

Enunciado nº 11

No caso de barragens já construídas, o Ministério Público deve atuar para que o empreendedor arque com os custos da elaboração dos Planos de Contingência, em respeito ao princípio da prevenção e do poluidor pagador.

Data da reunião: 11 a 13 de setembro de 2019, São Luiz/MA.

Acesso em 07/08/20. Fonte: http://www.mprj.mp.br/documents/20184/378251/enunciadosiirogndh2019.pdf

Enunciado nº 12

No caso de barragens já construídas, o Ministério Público deve zelar para que os órgãos competentes elaborem termos de referência tecnicamente adequados para os planos de ações emergenciais e planos de contingências.

Data da reunião: 11 a 13 de setembro de 2019, São Luiz/MA.

Fonte: http://www.mprj.mp.br/documents/20184/378251/enunciadosiirogndh2019.pdf

Enunciado nº 13

Na defesa do meio ambiente, o Ministério Público deverá valer-se, sempre que possível, de atuação concomitante, nas esferas administrativa, cível e criminal, de maneira a garantir o maior âmbito de proteção daquele bem jurídico.

Data da reunião: 11 a 13 de setembro de 2019, São Luiz/MA.

Acesso em 07/08/20. Fonte: http://www.mprj.mp.br/documents/20184/378251/enunciadosiirogndh2019.pdf

Enunciado nº 14

No âmbito de sua atuação criminal, o Ministério Público deve observar que os delitos ambientais protegem bens jurídicos dotados de características específicas, razão pela qual quando uma mesma conduta viola bens jurídicos ambientais e outros que com estes não se confundem, deve-se considerar a aplicação do concurso de crimes à espécie, sob pena de incorrer na proteção insuficiente dos interesses jurídicos tutelados.

Data da reunião: 11 a 13 de setembro de 2019, São Luiz/MA.

Acesso em 07/08/20. Fonte: http://www.mprj.mp.br/documents/20184/378251/enunciadosiirogndh2019.pdf

31.1.2. GRUPO NACIONAL DE COMBATE ÀS ORGANIZAÇÕES CRIMINOSAS (GNCOC)

SEM ENUNCIADOS

31.1.3. GRUPO NACIONAL DE DEFESA DO PATRIMÔNIO PÚBLICO – GNPP

SEM ENUNCIADOS

4. GRUPO NACIONAL DE COORDENADORES DE CENTRO DE APOIO CRIMINAL – GNCCRIM

Sobre o pacote Anticrime

O Conselho Nacional de Procuradores-Gerais dos Ministérios Públicos dos Estados e da União (CNPG) e o Grupo Nacional de Coordenadores de Centro de Apoio Criminal (GNCCRIM), a fim de contribuir com a atividade-fim dos membros do

Ministério Público na interpretação da Lei Anticrime (Lei nº 13.964/2019), emitem os seguintes enunciados:

PACOTE ANTICRIME

CÓDIGO PENAL PARTE GERAL E ESPECIAL

ENUNCIADOS GNCCRIM/CNPG EMITIDOS/2019

Enunciado nº 01 (ART. 51, CP)

Cabe preferencialmente ao membro do Ministério Público com atribuição para execução penal ingressar com a ação para a execução da pena de multa perante o juízo das execuções penais, sob o rito da Lei 6.830/80.

Acesso em 07/08/20. Fonte: https://www.cnpg.org.br/images/arquivos/gndh/documentos/enunciados/GNCCRIM_Enunciados.pdf

Enunciado nº 02 (ART. 91-A, *caput* e parágrafo 3º, do CP)

Nos casos de confisco alargado (art. 91-A), para efeito de indicação do valor a ser perdido (parágrafo 3º), basta a apresentação de cálculo simplificado, baseado nos dados disponíveis no momento do oferecimento da denúncia, sem prejuízo do incremento do quantum decorrente de eventuais provas que venham a ser aviadas aos autos no curso da instrução processual.

Acesso em 07/08/20. Fonte: https://www.cnpg.org.br/images/arquivos/gndh/documentos/enunciados/GNCCRIM_Enunciados.pdf

Enunciado nº 03 (ART. 157, parágrafo 2º, VII, CP)

O conceito de arma branca, previsto no inciso VII do § 2º, do art. 157, engloba as armas próprias e impróprias.

Acesso em 07/08/20. Fonte: https://www.cnpg.org.br/images/arquivos/gndh/documentos/enunciados/GNCCRIM_Enunciados.pdf

Enunciado nº 04 (ART. 171, parágrafo 5º, do CP – ART. 91 da Lei 9.099 c/c art. 3º do CPP)

Nas investigações e processos em curso, o ofendido ou seu representante legal será intimado para oferecer representação no prazo de 30 dias, sob pena de decadência.

Acesso em 07/08/20. Fonte: https://www.cnpg.org.br/images/arquivos/gndh/documentos/enunciados/GNCCRIM_Enunciados.pdf

CÓDIGO DE PROCESSO PENAL

INVESTIGAÇÃO DE ACUSADOS DAS FORÇAS DE SEGURANÇA PÚBLICA

Enunciado nº 05 (ART. 14-A, § 1º)

Não obstante a terminologia utilizada no § 1º, admite-se qualquer forma efetiva de comunicação do investigado acerca da instauração de procedimento investigatório criminal (pessoal, e-mail, carta, whatsapp, SMS ou qualquer outro meio de comunicação), aplicando-se, analogicamente, o teor do § 4º do artigo 19 da Resolução CNMP nº 181.

Acesso em 07/08/20. Fonte: https://www.cnpg.org.br/images/arquivos/gndh/documentos/enunciados/GNCCRIM_Enunciados.pdf

Enunciado nº 06 (ART. 14-A, § 2º)

O conhecimento da investigação em curso preconizado no art. 14-A não veda que o presidente da investigação delimite o acesso do investigado ou seu defensor aos elementos de prova relacionados a diligências em andamento e ainda não documentados nos autos, quando houver risco de comprometimento da eficiência, da eficácia ou da finalidade das diligências (art. 9º, §4º, Res. 181/CNMP).Acesso em 07/08/20. Fonte: https://www.cnpg.org.br/images/arquivos/gndh/documentos/enunciados/GNCCRIM_Enunciados.pdf

ARQUIVAMENTO

Enunciado nº 07 (ART. 28)

Compete exclusivamente ao Ministério Público o arquivamento do inquérito policial ou de quaisquer elementos informativos da mesma natureza. Trata-se de ato composto, constituído de decisão do promotor natural e posterior homologação pela instância de revisão ministerial (Procurador-Geral de Justiça ou órgão delegado).

Acesso em 07/08/20. Fonte: https://www.cnpg.org.br/images/arquivos/gndh/documentos/enunciados/GNCCRIM_Enunciados.pdf

Enunciado nº 08 (ART. 28)

A nova redação do artigo 28 do Código de Processo Penal, em harmonia com o princípio acusatório, dispõe que o arquivamento do inquérito policial não se reveste mais de um mero pedido, requerimento ou promoção, mas de verdadeira decisão de não acusar, isto é, o promotor natural decide não proceder à ação penal pública, de acordo com critérios de legalidade e oportunidade, tendo em vista o interesse público e as diretrizes de política criminal definidas pelo próprio Ministério Público.

Acesso em 07/08/20. Fonte: https://www.cnpg.org.br/images/arquivos/gndh/documentos/enunciados/GNCCRIM_Enunciados.pdf

Enunciado nº 09 (ART. 28 – Desarquivamento)

Considerando que o arquivamento do inquérito policial ou de quaisquer elementos informativos da mesma natureza não se subordina à apreciação judicial, a decisão não está mais sujeita aos efeitos da coisa julgada formal ou material.

Acesso em 07/08/20. Fonte: https://www.cnpg.org.br/images/arquivos/gndh/documentos/enunciados/GNCCRIM_Enunciados.pdf

Enunciado n º 10 (ART. 28 - Instância Revisora):

Salvo no caso de competência originária do Procurador-Geral (foro por prerrogativa de função), a decisão de arquivamento deverá ser obrigatoriamente submetida à instância de revisão ministerial, para fins de homologação, ainda que não exista recurso da vítima ou de seu representante legal.

Acesso em 07/08/20. Fonte: https://www.cnpg.org.br/images/arquivos/gndh/documentos/enunciados/GNCCRIM_Enunciados.pdf

Enunciado n º 11 (ART. 28 - Homologação):

Ao receber os autos com a decisão de arquivamento, o órgão de revisão ministerial (Procurador-Geral de Justiça ou órgão delegado) poderá homologá-la, ou, em caso de discordância, designar outro membro para continuar as investigações ou oferecer denúncia.

Enunciado n º 12 (ART. 28 - Enunciados):

O órgão revisor do Ministério Público poderá constituir jurisprudência própria, em enunciados cujo conteúdo servirá de fundamento para o arquivamento pelos órgãos de execução.

Acesso em 07/08/20. Fonte: https://www.cnpg.org.br/images/arquivos/gndh/documentos/enunciados/GNCCRIM_Enunciados.pdf

Enunciado n º 13 (ART. 28 - Prazo):

Após efetivadas as comunicações formais e tendo transcorrido o prazo de 30 dias sem que exista pedido voluntário de revisão do arquivamento pela vítima (ou seu representante), o órgão de execução encaminhará os autos ao órgão revisor do Ministério Público para fins de homologação.

Acesso em 07/08/20. Fonte: https://www.cnpg.org.br/images/arquivos/gndh/documentos/enunciados/GNCCRIM_Enunciados.pdf

Enunciado nº 14 (ART. 28 – Comunicação)

Ordenado o arquivamento do inquérito policial ou de qualquer elemento de informação, o órgão de execução do Ministério Público comunicará a vítima, o investigado e a autoridade policial, da forma mais célere possível, preferencialmente por meio eletrônico, inclusive por aplicativos de troca de mensagens ou recurso tecnológico similar, na forma de regulamentação própria. Não sendo localizados, a comunicação da vítima e/ou investigado poderá ser por edital no Diário Oficial do Ministério Público, na forma de regulamentação própria.

Acesso em 07/08/20. Fonte: https://www.cnpg.org.br/images/arquivos/gndh/documentos/enunciados/GNCCRIM_Enunciados.pdf

Enunciado nº 15 (ART. 28 – Vítima)

Se a vítima (ou seu representante legal) não concordar com o arquivamento do inquérito policial ou de outra peça de informação, poderá, no prazo de 30 dias do recebimento da comunicação, submeter a matéria ao órgão revisor do Ministério Público, com a apresentação das respectivas razões na origem.

Acesso em 07/08/20. Fonte: https://www.cnpg.org.br/images/arquivos/gndh/documentos/enunciados/GNCCRIM_Enunciados.pdf

Enunciado nº 16 (ART. 28 – Arquivamento e Baixa)

Homologado o arquivamento pelo órgão revisor do Ministério Público, os autos serão remetidos ao juízo competente a fim de (i) comunicar o juízo, bem como (ii) permitir que as partes tenham amplo acesso aos autos acautelados na respectiva secretaria, a teor da norma inserta no art. 3.º-C, § 4.º, do CPP.

Acesso em 07/08/20. Fonte: https://www.cnpg.org.br/images/arquivos/gndh/documentos/enunciados/GNCCRIM_Enunciados.pdf

Enunciado nº 17 (Bens Apreendidos Vinculados a Feitos Arquivados)

Os bens apreendidos vinculados a inquéritos policiais arquivados devem ter a destinação prevista em lei, isto é, sua restituição ao investigado, à vítima ou a terceiros de boa fé; ou a destinação a órgãos de persecução criminal e de segurança pública; ou a alienação antecipada em leilão; ou a entrega em museu público.

Acesso em 07/08/20. Fonte: https://www.cnpg.org.br/images/arquivos/gndh/documentos/enunciados/GNCCRIM_Enunciados.pdf

Enunciado nº 18 (ART. 28 – Meios Eletrônicos)

Os atos de comunicação, o pedido de revisão e a submissão dos autos ao órgão revisor para homologação poderão ser realizados por meios eletrônicos, na forma de regulamentação própria.

ACORDO DE NÃO PERSECUÇÃO PENAL

Enunciado nº 19 (ART. 28-A, *caput*)

O acordo de não persecução penal é faculdade do Ministério Público, que avaliará, inclusive em última análise (§ 14), se o instrumento é necessário e suficiente para a reprovação e prevenção do crime no caso concreto.

Acesso em 07/08/20. Fonte: https://www.cnpg.org.br/images/arquivos/gndh/documentos/enunciados/GNCCRIM_Enunciados.pdf

Enunciado nº 20 (ART. 28-A)

Cabe acordo de não persecução penal para fatos ocorridos antes da vigência da Lei nº 13.964/2019, desde que não recebida a denúncia.

Acesso em 07/08/20. Fonte: https://www.cnpg.org.br/images/arquivos/gndh/documentos/enunciados/GNCCRIM_Enunciados.pdf

Enunciado nº 21 (ART. 28-A, § 2º, II)

Não caberá o acordo de não persecução penal se o investigado for reincidente ou se houver elementos probatórios que indiquem conduta criminal habitual, reiterada ou profissional, exceto se insignificantes as infrações penais pretéritas, entendidas estas como delitos de menor potencial ofensivo.

Acesso em 07/08/20. Fonte: https://www.cnpg.org.br/images/arquivos/gndh/documentos/enunciados/GNCCRIM_Enunciados.pdf

Enunciado nº 22 (ART. 28-A, § 2º, IV)

Veda-se o acordo de não persecução penal aos crimes praticados no âmbito de violência doméstica ou familiar, ou praticados contra a mulher por razões da condição de sexo feminino, bem como aos crimes hediondos e equiparados, pois em relação a estes o acordo não é suficiente para a reprovação e prevenção do crime.

Acesso em 07/08/20. Fonte: https://www.cnpg.org.br/images/arquivos/gndh/documentos/enunciados/GNCCRIM_Enunciados.pdf

Enunciado 23 (ART. 28-A § 2º):

É cabível o acordo de não persecução penal nos crimes culposos com resultado violento, uma vez que nos delitos desta natureza a conduta consiste na violação de um dever de cuidado objetivo por negligência, imperícia ou imprudência, cujo resultado é involuntário, não desejado e nem aceito pela agente, apesar de previsível.

Acesso em 07/08/20. Fonte: https://www.cnpg.org.br/images/arquivos/gndh/documentos/enunciados/GNCCRIM_Enunciados.pdf

Enunciado nº 24 (ART. 28-A, §§ 5º, 7º e 8º)

A homologação do acordo de não persecução penal, a ser realizada pelo juiz competente, é ato judicial de natureza declaratória, cujo conteúdo analisará apenas a voluntariedade e a legalidade da medida, não cabendo ao magistrado proceder a um juízo quanto ao mérito/conteúdo do acordo, sob pena de afronta ao princípio da imparcialidade, atributo que lhe é indispensável no sistema acusatório.

Acesso em 07/08/20. Fonte: https://www.cnpg.org.br/images/arquivos/gndh/documentos/enunciados/GNCCRIM_Enunciados.pdf

Enunciado nº 25 (ART. 28-A, §§ 6º e 12)

O acordo de não persecução penal não impõe penas, mas somente estabelece direitos e obrigações de natureza negocial e as medidas acordadas voluntariamente pelas partes não produzirão quaisquer efeitos daí decorrentes, incluindo a reincidência.

Acesso em 07/08/20. Fonte: https://www.cnpg.org.br/images/arquivos/gndh/documentos/enunciados/GNCCRIM_Enunciados.pdf

Enunciado nº 26 (ART. 28-A, § 10)

Deverá constar expressamente no termo de acordo de não persecução penal as consequências para o descumprimento das condições acordadas, bem como o compromisso do investigado em comprovar o cumprimento das condições, independentemente de notificação ou aviso prévio, devendo apresentar, imediatamente e de forma documentada, eventual justificativa para o não cumprimento de qualquer condição, sob pena de imediata rescisão e oferecimento da denúncia em caso de inércia (§ 10).

Acesso em 07/08/20. Fonte: https://www.cnpg.org.br/images/arquivos/gndh/documentos/enunciados/GNCCRIM_Enunciados.pdf

Enunciado nº 27 (ART. 28-A, § 10)

Havendo descumprimento dos termos do acordo, a denúncia a ser oferecida poderá utilizar como suporte probatório a confissão formal e circunstanciada do investigado (prestada voluntariamente na celebração do acordo).

Acesso em 07/08/20. Fonte: https://www.cnpg.org.br/images/arquivos/gndh/documentos/enunciados/GNCCRIM_Enunciados.pdf

Enunciado nº 28 (ART. 28-A, § 13)

Caberá ao juízo competente para a homologação rescindir o acordo de não persecução penal, a requerimento do Ministério Público, por eventual descumprimento das condições pactuadas, e decretar a extinção da punibilidade em razão do cumprimento integral do acordo de não persecução penal.

Acesso em 07/08/20. Fonte: https://www.cnpg.org.br/images/arquivos/gndh/documentos/enunciados/GNCCRIM_Enunciados.pdf

Enunciado nº 29 (ART. 28-A, § 1º.)

Para aferição da pena mínima cominada ao delito a que se refere o artigo 28-A, serão consideradas as causas de aumento e diminuição aplicáveis ao caso concreto, na linha do que já dispõe os enunciados sumulados nº 243 e nº 723, respectivamente, do Superior Tribunal de Justiça e Supremo Tribunal Federal.

Acesso em 07/08/20. Fonte: https://www.cnpg.org.br/images/arquivos/gndh/documentos/enunciados/GNCCRIM_Enunciados.pdf

PRISÕES E OUTRAS MEDIDAS CAUTELARES

Enunciado nº 30 (ART. 310, *caput*, e § 4º do CPP)

A comunicação da prisão deverá ocorrer em até 24 horas da sua realização. Transcorridas 24 horas desse prazo de comunicação, sem a realização da audiência de custódia, sem motivação idônea, a prisão deverá ser relaxada, o que não obstará a decretação da preventiva.

Acesso em 07/08/20. Fonte: https://www.cnpg.org.br/images/arquivos/gndh/documentos/enunciados/GNCCRIM_Enunciados.pdf

Enunciado nº 31 (ART. 282, § 3º)

Os dispositivos do § 3º do art. 282 não se aplicam à prisão preventiva, mas apenas às cautelares do art. 319 do CPP.

Acesso em 07/08/20. Fonte: https://www.cnpg.org.br/images/arquivos/gndh/documentos/enunciados/GNCCRIM_Enunciados.pdf

Enunciado nº 32 (ART. 310 – Audiência de Custódia)

Em razão do veto presidencial ao §1º do art. 3º-B (que proibia a realização do ato por videoconferência), nos casos em que se faça inviável a realização presencial do ato (devidamente fundamentada) faculta-se o uso de meios tecnológicos.

Acesso em 07/08/20. Fonte: https://www.cnpg.org.br/images/arquivos/gndh/documentos/enunciados/GNCCRIM_Enunciados.pdf

Enunciado nº 33 (ART. 310, § 4º)

Não obstante o relaxamento da prisão em flagrante por transcurso do prazo prevista no §4º do art. 310, pode a autoridade judicial, no mesmo ato, decretar a prisão preventiva se preenchidos os requisitos legais, sanando-se qualquer irregularidade.

Acesso em 07/08/20. Fonte: https://www.cnpg.org.br/images/arquivos/gndh/documentos/enunciados/GNCCRIM_Enunciados.pdf

Enunciado nº 34 (ART. 312, §2º)

O § 2º do art. 312 afirma a necessidade de que a decretação da prisão preventiva seja motivada e fundamentada com a demonstração de "receio de perigo gerado pelo estado de liberdade do acusado", que nada mais é do que o perigo concreto que a manutenção da liberdade do suspeito acarreta para a investigação criminal, o processo penal, a efetividade do direito penal ou à ordem pública ou ordem econômica.

Acesso em 07/08/20. Fonte: https://www.cnpg.org.br/images/arquivos/gndh/documentos/enunciados/GNCCRIM_Enunciados.pdf

Enunciado nº 35 (ART. 316, § único)

O esgotamento do prazo previsto no parágrafo único do art. 316 não gera direito ao preso de ser posto imediatamente em liberdade, mas direito ao reexame dos pressupostos fáticos da prisão preventiva. A eventual ilegalidade da prisão por transcurso do prazo não é automática, devendo ser avaliada judicialmente.

Acesso em 07/08/20. Fonte: https://www.cnpg.org.br/images/arquivos/gndh/documentos/enunciados/GNCCRIM_Enunciados.pdf

Enunciado nº 36 (ART. 316, § único)

Havendo fato novo que justifique a revogação da prisão, cabe às partes levá-lo ao conhecimento do juiz, para que o avalie, em decorrência do sistema acusatório que limita a atividade probatória do juízo.

Acesso em 07/08/20. Fonte: https://www.cnpg.org.br/images/arquivos/gndh/documentos/enunciados/GNCCRIM_Enunciados.pdf

Enunciado nº 37 (ART. 492)

A execução provisória da pena decorrente de condenação pelo Tribunal do Júri é constitucional, fundamentando-se no princípio da soberania dos veredictos (CF, art. 5º, XXXVIII, c).

Acesso em 07/08/20. Fonte: https://www.cnpg.org.br/images/arquivos/gndh/documentos/enunciados/GNCCRIM_Enunciados.pdf

LEI DAS INTERCEPTAÇÕES TELEFÔNICAS

Enunciado nº 38 (ART. 8º-A e ART. 10-A, Lei nº 9296-96)

Não é exigida autorização judicial para captação ambiental de que trata este dispositivo na hipótese de ser realizada em local público ou de acesso público.

Acesso em 07/08/20. Fonte: https://www.cnpg.org.br/images/arquivos/gndh/documentos/enunciados/GNCCRIM_Enunciados.pdf

LEI DAS ORGANIZAÇÕES CRIMINOSAS

Enunciado nº 39 (ART. 3º-B, §1º, Lei nº 12850/2013)

A justificativa de indeferimento sumário de acordo de colaboração premiada mencionada neste dispositivo pode ser sucinta para não expor a investigação em curso.

Acesso em 07/08/20. Fonte: https://www.cnpg.org.br/images/arquivos/gndh/documentos/enunciados/GNCCRIM_Enunciados.pdf

Enunciado nº 40 (ART. 3º-B, §1º, Lei nº 12850/2013)

O indeferimento pode se basear em ausência de lastro probatório da colaboração ou na sua desnecessidade para investigação.

Acesso em 07/08/20. Fonte: https://www.cnpg.org.br/images/arquivos/gndh/documentos/enunciados/GNCCRIM_Enunciados.pdf

LEI DE ABUSO DE AUTORIDADE – (LEI 13.869/2019)

O Conselho Nacional de Procuradores-Gerais dos Ministérios Públicos dos estados e da União (CNPG) e o Grupo Nacional de Coordenadores de Centro de Apoio Criminal (GNCCRIM), a fim de contribuir com a atividade-fim dos membros do Ministério Público na interpretação da Lei de Abuso de Autoridade (Lei n.º 13.869/2019), emitem os seguintes enunciados:

ENUNCIADOS GNCCRIM/CNPG EMITIDOS – 2019

Enunciado nº 01 (art. 1º)

Os tipos incriminadores da Lei de Abuso de Autoridade exigem elemento subjetivo diverso do mero dolo, restringindo o alcance da norma.

Acesso em 07/08/20. Fonte: https://www.cnpg.org.br/images/arquivos/documentos_publicos/Enunciados/2019/Enunciados-GNCCRIM-Lei-de-Abuso-de-Autoridade.pdf

Enunciado nº 02 (art. 1º)

A divergência na interpretação de lei ou na avaliação de fatos e provas, salvo quando teratológica, não configura abuso de autoridade, ficando excluído o dolo.

Acesso em 07/08/20. Fonte: https://www.cnpg.org.br/images/arquivos/documentos_publicos/Enunciados/2019/Enunciados-GNCCRIM-Lei-de-Abuso-de-Autoridade.pdf

Enunciado nº 03 (art. 3º)

Os crimes da Lei de Abuso de Autoridade são perseguidos mediante ação penal pública incondicionada. A queixa subsidiária pressupõe comprovada inércia do Ministério Público, caracterizada pela inexistência de qualquer manifestação ministerial.

Acesso em 07/08/20. Fonte: https://www.cnpg.org.br/images/arquivos/documentos_publicos/Enunciados/2019/Enunciados-GNCCRIM-Lei-de-Abuso-de-Autoridade.pdf

Enunciado nº 04 (art. 4º)

O requerimento do ofendido para a reparação dos danos causados pela infração penal dispensa qualquer rigor formal.

Acesso em 07/08/20. Fonte: https://www.cnpg.org.br/images/arquivos/documentos_publicos/Enunciados/2019/Enunciados-GNCCRIM-Lei-de-Abuso-de-Autoridade.pdf

Enunciado nº 05 (art. 9º)

O sujeito ativo do art. 9º., "caput", da Lei de Abuso de Autoridade, diferentemente do parágrafo único, não alcança somente autoridade judiciária. O verbo nuclear "decretar" tem o sentido de determinar, decidir e ordenar medida de privação da liberdade em manifesta desconformidade com as hipóteses legais.

Acesso em 07/08/20. Fonte: https://www.cnpg.org.br/images/arquivos/documentos_publicos/Enunciados/2019/Enunciados-GNCCRIM-Lei-de-Abuso-de-Autoridade.pdf

Enunciado nº 06 (art. 10)

Os investigados e réus não podem ser conduzidos coercitivamente à presença da autoridade policial ou judicial para serem interrogados. Outras hipóteses de condução coercitiva, mesmo de investigados ou réus para atos diversos do interrogatório, são possíveis, observando-se as formalidades legais.

Obs. Enunciado de acordo com as ADPFs 395 e 444.

Acesso em 07/08/20. Fonte: https://www.cnpg.org.br/images/arquivos/documentos_publicos/Enunciados/2019/Enunciados-GNCCRIM-Lei-de-Abuso-de-Autoridade.pdf

Enunciado nº 07 (art. 10)

A condução coercitiva pressupõe motivação e descumprimento de prévia notificação.

Acesso em 07/08/20. Fonte: https://www.cnpg.org.br/images/arquivos/documentos_publicos/Enunciados/2019/Enunciados-GNCCRIM-Lei-de-Abuso-de-Autoridade.pdf

Enunciado nº 08 (art. 12)

Com o fim de preservar a sua identidade, imagem e dados pessoais, é possível, nas exceções legais, que da nota de culpa não conste o nome do condutor, das testemunhas e das vítimas.

Acesso em 07/08/20. Fonte: https://www.cnpg.org.br/images/arquivos/documentos_publicos/Enunciados/2019/Enunciados-GNCCRIM-Lei-de-Abuso-de-Autoridade.pdf

Enunciado nº 09 (art. 12)

A execução imediata do alvará de soltura deve ocorrer após o cumprimento dos procedimentos de segurança necessários, incluindo a checagem sobre a existência de outras ordens de prisão e da autenticidade do próprio alvará.

Acesso em 07/08/20. Fonte: https://www.cnpg.org.br/images/arquivos/documentos_publicos/Enunciados/2019/Enunciados-GNCCRIM-Lei-de-Abuso-de-Autoridade.pdf

Enunciado nº 10 (art. 13)

Constranger o preso ou o detento, mediante violência ou grave ameaça, a produzir prova contra si mesmo ou contra terceiro pode configurar delito de abuso de autoridade (Lei 13.869/19) ou crime de tortura (Lei 9.455/97), a depender das circunstâncias do caso concreto.

Acesso em 07/08/20. Fonte: https://www.cnpg.org.br/images/arquivos/documentos_publicos/Enunciados/2019/Enunciados-GNCCRIM-Lei-de-Abuso-de-Autoridade.pdf

Enunciado nº 11 (art. 18)

Para efeitos do artigo 18 da Lei de Abuso de Autoridade, compreende-se por repouso noturno o período de 21h00 a 5h00, nos termos do artigo 22, § 1°, III, da mesma Lei.

Acesso em 07/08/20. Fonte: https://www.cnpg.org.br/images/arquivos/documentos_publicos/Enunciados/2019/Enunciados-GNCCRIM-Lei-de-Abuso-de-Autoridade.pdf

Enunciado nº 12 (art. 18)

Ressalvadas as hipóteses de prisão em flagrante e concordância do interrogado devidamente assistido, o interrogatório extrajudicial do preso iniciado antes, não pode adentrar o período de repouso noturno, devendo ser o ato encerrado e, se necessário, complementado no dia seguinte.

Acesso em 07/08/20. Fonte: https://www.cnpg.org.br/images/arquivos/documentos_publicos/Enunciados/2019/Enunciados-GNCCRIM-Lei-de-Abuso-de-Autoridade.pdf

Enunciado nº 13 (art. 21)

A violação à regra de separação de custodiados, acompanhada de sofrimento físico ou mental do preso, conforme as circunstâncias do caso, não tipifica o crime do art. 21 da Lei de Abuso de Autoridade, mas o delito de tortura (art. 1º, *caput*, inciso I, da Lei nº 9.455/97), infração penal equiparada a hediondo, sofrendo os consectários da Lei 8.072/1990.

Acesso em 07/08/20. Fonte: https://www.cnpg.org.br/images/arquivos/documentos_publicos/Enunciados/2019/Enunciados-GNCCRIM-Lei-de-Abuso-de-Autoridade.pdf

Enunciado nº 14 (art. 22)

A elementar "imóvel" do artigo 22 da Lei de Abuso de Autoridade deve ser conceituada nos termos do artigo 79 do Código Civil.

Acesso em 07/08/20. Fonte: https://www.cnpg.org.br/images/arquivos/documentos_publicos/Enunciados/2019/Enunciados-GNCCRIM-Lei-de-Abuso-de-Autoridade.pdf

Enunciado nº 15 (art. 22)

O mandado de busca e apreensão deverá ser cumprido durante o dia (art. 5º., XI, CF/88). Mesmo havendo luz solar, veda-se seu cumprimento entre 21h00 e 5h00, sob pena de caracterizar abuso de autoridade (art. 22, §1º, inc. III).

Acesso em 07/08/20. Fonte: https://www.cnpg.org.br/images/arquivos/documentos_publicos/Enunciados/2019/Enunciados-GNCCRIM-Lei-de-Abuso-de-Autoridade.pdf

Enunciado nº 16 (art. 25)

Ressalvadas situações excepcionais pacificadas, o uso da prova derivada da ilícita está abrangido pelo tipo penal incriminador do art. 25 da Lei de Abuso de Autoridade, devendo o agente ter conhecimento inequívoco da sua origem e do nexo de relação entre a prova ilícita e aquela dela derivada.

Acesso em 07/08/20. Fonte: https://www.cnpg.org.br/images/arquivos/documentos_publicos/Enunciados/2019/Enunciados-GNCCRIM-Lei-de-Abuso-de-Autoridade.pdf

Enunciado nº 17 (art. 27)

A configuração do abuso de autoridade pela deflagração de investigação criminal com base em matéria jornalística, necessariamente, há de ser avaliada a partir dos critérios interpretativos trazidos pela Lei (art. 1º, § 1º) e da flagrante ausência de standard probatório mínimo que a justifique.

Acesso em 07/08/20. Fonte: https://www.cnpg.org.br/images/arquivos/documentos_publicos/Enunciados/2019/Enunciados-GNCCRIM-Lei-de-Abuso-de-Autoridade.pdf

Enunciado nº 18 (art. 28)

O crime do art. 28 da Lei de Abuso de Autoridade (Divulgar gravação ou trecho de gravação sem relação com a prova que se pretenda produzir, expondo a intimidade ou a vida privada ou ferindo a honra ou a imagem do investigado ou acusado) pressupõe interceptação legal (legítima e lícita), ocorrendo abuso no manuseio do conteúdo obtido com a medida.

Acesso em 07/08/20. Fonte: https://www.cnpg.org.br/images/arquivos/documentos_publicos/Enunciados/2019/Enunciados-GNCCRIM-Lei-de-Abuso-de-Autoridade.pdf

Enunciado nº 19 (art. 29)

O legislador, na tipificação do crime do art. 29 da Lei de Abuso de Autoridade, optou por restringir o alcance do tipo, pressupondo por parte do agente a finalidade única de prejudicar interesse de investigado. Agindo com a finalidade de beneficiar, pode responder por outro delito, como prevaricação (art. 319 do CP), a depender das circunstâncias do caso concreto.

Acesso em 07/08/20. Fonte: https://www.cnpg.org.br/images/arquivos/documentos_publicos/Enunciados/2019/Enunciados-GNCCRIM-Lei-de-Abuso-de-Autoridade.pdf

Enunciado nº 20 (art. 30)

O crime do art. 30 da Lei de Abuso de Autoridade deve ser declarado, incidentalmente, inconstitucional. Não apenas em razão da elementar "justa causa" ser expressão vaga e indeterminada, como também porque gera retrocesso na tutela dos bens jurídicos envolvidos, já protegidos pelo art. 339 do CP, punido, inclusive, com pena em dobro.

Acesso em 07/08/20. Fonte: https://www.cnpg.org.br/images/arquivos/documentos_publicos/Enunciados/2019/Enunciados-GNCCRIM-Lei-de-Abuso-de-Autoridade.pdf

Enunciado nº 21 (art. 31)

A elementar "injustificadamente" deve ser interpretada no sentido de que o excesso de prazo na instrução do procedimento investigatório não resultará de simples operação aritmética, impondo-se considerar a complexidade do feito, atos procrastinatórios não atribuíveis ao presidente da investigação e ao número de pessoas envolvidas na apuração. Todos fatores que, analisados em conjunto ou separadamente, indicam ser, ou não, razoável o prazo para o seu encerramento.

Acesso em 07/08/20. Fonte: https://www.cnpg.org.br/images/arquivos/documentos_publicos/Enunciados/2019/Enunciados-GNCCRIM-Lei-de-Abuso-de-Autoridade.pdf

Enunciado nº 22 (art. 33)

Quem se utiliza de cargo ou função pública ou invoca a condição de agente público para se eximir de obrigação legal ou para obter vantagem ou privilégio indevido pratica abuso de autoridade (art. 33, parágrafo único) se o comportamento não estiver atrelado à finalidade de contraprestação do agente ou autoridade. Caso contrário, outro será o crime, como corrupção passiva (art. 317 do CP).

Acesso em 07/08/20. Fonte: https://www.cnpg.org.br/images/arquivos/documentos_publicos/Enunciados/2019/Enunciados-GNCCRIM-Lei-de-Abuso-de-Autoridade.pdf

Enunciado nº 23 (art. 36)

O delito do art. 36 da Lei de Abuso de Autoridade (abusiva indisponibilidade de ativos financeiros) pressupõe, objetivamente, uma ação (decretar) seguida de uma omissão (deixar de corrigir).

Acesso em 07/08/20. Fonte: https://www.cnpg.org.br/images/arquivos/documentos_publicos/Enunciados/2019/Enunciados-GNCCRIM-Lei-de-Abuso-de-Autoridade.pdf

Enunciado nº 24 (art. 39)

Os crimes de abuso de autoridade com pena máxima superior a dois anos, salvo no caso de foro por prerrogativa de função, são processados pelo rito dos crimes funcionais, observando-se a defesa preliminar do art. 514 do CPP.

Acesso em 07/08/20. Fonte: https://www.cnpg.org.br/images/arquivos/documentos_publicos/Enunciados/2019/Enunciados-GNCCRIM-Lei-de-Abuso-de-Autoridade.pdf

Enunciado nº 25 (art. 39)

Por ser privativa do servidor público, o particular concorrente no crime de abuso de autoridade não faz jus à preliminar contestação prevista no art. 514 do CPP.

Acesso em 07/08/20. Fonte: https://www.cnpg.org.br/images/arquivos/documentos_publicos/Enunciados/2019/Enunciados-GNCCRIM-Lei-de-Abuso-de-Autoridade.pdf

Enunciado nº 26 (art. 39)

A inobservância do disposto no artigo 514 do CPP é causa de nulidade relativa, devendo ser alegada no tempo oportuno, comprovando-se o prejuízo, sob pena de preclusão.

Acesso em 07/08/20. Fonte: https://www.cnpg.org.br/images/arquivos/documentos_publicos/Enunciados/2019/Enunciados-GNCCRIM-Lei-de-Abuso-de-Autoridade.pdf

Enunciado nº 27 (art. 39)

A formalidade do art. 514 do CPP é dispensável quando a denúncia envolver, além do crime funcional, delito de outra natureza, ambos em concurso.

Acesso em 07/08/20. Fonte: https://www.cnpg.org.br/images/arquivos/documentos_publicos/Enunciados/2019/Enunciados-GNCCRIM-Lei-de-Abuso-de-Autoridade.pdf

Enunciado nº 28 (ANPP)

Crimes de abuso de autoridade, cometidos sem violência ou grave ameaça à pessoa, presentes os pressupostos do art. 18 da Res. 181/17 do CNMP, admitirão o acordo de não persecução penal, salvo se a sua celebração não atender ao que seja necessário e suficiente para a reprovação e prevenção do crime.

Acesso em 07/08/20. Fonte: https://www.cnpg.org.br/images/arquivos/documentos_publicos/Enunciados/2019/Enunciados-GNCCRIM-Lei-de-Abuso-de-Autoridade.pdf

Enunciado nº 29 (Representações indevidas)

Representações indevidas por abuso de autoridade podem, em tese, caracterizar crime de denunciação caluniosa (CP, art. 339), dano civil indenizável (CC, art. 953) e, caso o reclamante seja agente público, infração disciplinar ou político-administrativa.

Acesso em 07/08/20. Fonte: https://www.cnpg.org.br/images/arquivos/documentos_publicos/Enunciados/2019/Enunciados-GNCCRIM-Lei-de-Abuso-de-Autoridade.pdf

Enunciado nº 30 (art. 256 CPP)

A representação indevida por abuso de autoridade contra juiz, promotor de Justiça, delegados ou agentes públicos em geral, não enseja, por si só, a suspeição ante a aplicação da regra de que ninguém pode se beneficiar da própria torpeza, nos termos do que disposto, inclusive, no art. 256 do CPP.

Acesso em 07/08/20. Fonte: https://www.cnpg.org.br/images/arquivos/documentos_publicos/Enunciados/2019/Enunciados-GNCCRIM-Lei-de-Abuso-de-Autoridade.pdf

5. GRUPO NACIONAL DE ACOMPANHAMENTO LEGISLATIVO E PROCESSUAL – GNLP

SEM ENUNCIADO

6. GRUPO NACIONAL DE COORDENADORES ELEITORAIS – GNACE

SEM ENUNCIADO

7. GRUPO NACIONAL DE DEFESA DO CONSUMIDOR – GNDC

SEM ENUNCIADO

8. NOTAS DOS AUTOR

1 – O critério adotado na classificação dos Enunciados é referente ao ano da Reunião Ordinária.

2 – Cumpre esclarecer que alguns Enunciados aprovados não citam a data da Reunião Ordinária do CNPG, mas informam a data da Reunião Ordinária das COPE – Comissões Permanentes.

2ª PARTE

1 – ADMINISTRATIVO

Enunciado nº 01 do CNMP

Interpretação da Resolução nº 1/2005-CNMP, de 7 de novembro de 2005. Nepotismo.

I – É possível a nomeação de Membro aposentado do Ministério Público para cargo em comissão na Administração Ministerial, consoante o art. 37, § 10, CF, desde que o aposentado não esteja inserido na vedação por parentesco até terceiro grau com Membros da ativa do Ministério Público, constante no artigo 1º da Resolução nº 01/2005-CNMP.

II – As vedações estabelecidas pelos artigos 1º e 3º da Resolução nº 01/2005-CNMP não são aplicáveis aos parentes de Membros aposentados ou falecidos do Ministério Público.

III – As vedações estabelecidas pelo artigo 1º da Resolução nº 1/2005 do CNMP não se aplicam aos parentes de servidores efetivos ou não efetivos que atuem no Ministério Público, desde que não ocupem os cargos de direção na Administração Ministerial. (Redação dada pela Resolução nº 28, de 26 de fevereiro de 2008).

IV – São aplicáveis as vedações dos artigos 1º e 3º da Resolução nº 01/2005 – CNMP, aos servidores oriundos de outros órgãos da Administração Pública direta, ou indireta, que tenham cargo efetivo na Instituição de origem e que se encontrem no exercício de alguma atividade submetida à Administração do Ministério Público que tenham parentesco com Membros do MP.

V – As vedações previstas no artigo 2º da Resolução nº 01/2005-CNMP, quanto ao impedimento por parentesco superveniente à nomeação ou à designação, aplicam-se aos servidores efetivos do Ministério Público, apenas à nomeação ou designação para servir junto ao Membro do Ministério Público determinante da incompatibilidade, vedada nova nomeação para outro cargo em comissão ou função comissionada.

VI – A vedação do artigo 1º da Resolução nº 01/2005-CNMP, no caso de impedimento superveniente, não se aplica aos servidores sem vínculo com o Ministério Público, no exercício do cargo em comissão ou da função comissionada.

VII – As vedações da Resolução 01/2005 – CNMP são aplicáveis no âmbito de cada Ministério Público Estadual e do Ministério Público da União, e não destes entre si.

VIII – Os convênios gerais de credenciamento do PLAN-ASSISTE com pessoas físicas e jurídicas (médicos, dentistas, clínicas, hospitais etc) não estão sujeitos às restrições da Resolução 01/2005 – CNMP.

IX – As vedações constantes dos arts. 1º e 3º da Resolução nº 01/CNMP-2005 abrangem o parentesco natural e civil, na linha reta e colateral, até o terceiro grau, inclusive, e o parentesco por afinidade, na linha reta ou colateral, alcançando ainda o parente colateral de terceiro grau, do cônjuge ou companheiro dos Membros do Ministério Público.

X – A interpretação do artigo 3º não pode ser dissociada do artigo 1º, devendo ser aplicado a ambos o disposto no artigo 5º da Resolução nº 01/2005-CNMP.

XI – Configura-se reciprocidade prevista no artigo 3º da Resolução nº 01/2005-CNMP a indicação e a nomeação de qualquer das pessoas referidas no artigo 1º, realizada diretamente ou mediante triangulação entre Membro do Ministério Público e outro agente político ou autoridade de órgão da Administração Pública direta ou indireta.

Publicação: Diário da Justiça, Seção 1, edição de 13/02/2006.

Categoria: Enunciados.

Status: Vigente.

Situação: Não consta revogação expressa.

Enunciado nº 15 da 5ª Câmara de Coordenação e Revisão – Combate à corrupção do MPF

OUTORGA DE CONCESSÃO DE SERVIÇO DE RADIODIFUSÃO.

A outorga de concessão dos serviços de radiodifusão de sons e imagens de fins educativos exige prévio procedimento licitatório.

Aprovado na 576ª Sessão Ordinária, realizada em 25 de novembro de 2010.

Enunciado nº 42 da 5ª Câmara de Coordenação e Revisão – Combate à corrupção do MPF

O representante legal do estabelecimento credenciado no Programa Farmácia Popular do Brasil é equiparado a agente público para os efeitos da Lei Improbidade Administrativa.

Aprovado na 987ª Sessão Ordinária, realizada em 22 de março de 2018.

Enunciado nº 41 da 5ª Câmara de Coordenação e Revisão – Combate à corrupção do MPF

A prática de assédio moral por agente público federal pode configurar ato de improbidade administrativa.

Aprovado na 1004ª Sessão Ordinária, realizada em 15 de agosto de 2018.

Súmula nº 02/2008 do Conselho Superior do Ministério Público do Estado do Ceará

Para o adequado exercício do seu múnus constitucional, deve o Promotor de Justiça perscrutar os efeitos da improbidade em seu tríplice aspecto: criminal, civil e administrativo, observando, igualmente, os prazos prescricionais decorrentes da interpretação sistemática dos art. 37, §5º, da CF/88, art. 12 e 23 da Lei Federal nº 8.429/92 para a propositura da ação de improbidade administrativa, deparando-se com as hipóteses do Decreto-Lei nº 201/67, proporá as ações penais cabíveis e garantirá o ressarcimento ao Erário, provocando a inscrição de valores desviados ou aplicados a título de multa ao gestor nos respectivos setores da Dívida Ativa e fiscalizando a interposição dos feitos executivos fiscais sob a titularidade das Procuradorias em Geral.

Publicado no DJ nº 233, 05/12/2008, pág. 180 e 181.

Enunciado de Súmula nº 10 do Conselho Superior do Ministério Público do Estado de Minas Gerais

Os atos de improbidade praticados na vigência da Lei nº 8.429/92, embora não causadores de efetivo dano ao erário, devem ser objeto de ação própria, para a responsabilização do seu gestor, com o fim de aplicação das sanções previstas no mencionado diploma legal.

Aprovado na 21ª Sessão Ordinária/ 1997, realizada em 11/12/97 e publicada em 31/03/98; publicação específica no Diário Oficial: 07/02/98. Republicações em: 04/02/2000, 04/09/2001 e 03/02/2004.

Súmula nº 01 do Conselho Superior do Ministério Público do Estado do Piauí

A prescrição da pretensão a que se refere o art. 23 da Lei nº 8.429/92 não alcança ação de ressarcimento dos prejuízos causados ao erário (art. 37, § 5º, da CF).

Súmula suspensa – decisão proferida na 1272ª sessão ordinária do Conselho Superior.

Aprovada na 3ª Sessão extraordinária em 23/10/2017.

Súmula nº 04/2006 do Conselho Superior do Ministério Público do Estado do Ceará

Improbidade Administrativa. Prescrições constantes de procedimentos nesta área, motivaram perquirição determinada por este Órgão de Administração Superior do Ministério Público do Estado do Ceará, junto à PROCAP.

1 – Constatou-se a morosidade procedimental no julgamento das prestações de contas dos municípios cearenses, por parte do Tribunal de Contas dos Municípios;

2 – Em observância ao princípio da efetividade da justiça, afigura-se indispensável à otimização dos atos ali praticados, para que se obtenha a prestação jurisdicional adequada.

3 – Urge que se dê ciência àquela Corte de Contas da preocupação deste Colegiado com a situação, eis que impeditiva da atuação do Ministério Público, através de seus Órgãos de Execução, no tocante à promoção da responsabilidade civil e penal de gestores e ex-gestores de recursos públicos municipais.

Publicado no DJ nº 143, 01/08/06, pág. 132-133.

2 – AMBIENTAL, PATRIMÔNIO CULTURAL E URBANISMO

Enunciado nº 03 da 4ª Câmara de Coordenação e Revisão – Meio Ambiente e Patrimônio Cultural do MPF

Patrimônio Cultural. Atuação do Ministério Público Federal na preservação de bens culturais. Ausência de tombamento.

A inexistência de tombamento não caracteriza a ausência de valor cultural, uma vez que o tombamento tem valor meramente declaratório quanto a este aspecto. Assim, mesmo na ausência de tombamento, deve o Ministério Público Federal atuar para a preservação do bem, inclusive, se necessário, através da propositura de ação judicial que declare o seu valor cultural.

Adequação do Enunciado nº 9 – 4ª CCR, de 3 de setembro de 2009. Conforme portaria da 4ª CCR nº 05, de 3 de agosto de 2016, republicada em razão de incorreções na publicação do DMPFe, Caderno Extrajudicial nº 146/2016, divulgado em 3 de agosto de 2016, pág. 7.

Enunciado nº 18 da 4ª Câmara de Coordenação e Revisão – Meio Ambiente e Patrimônio Cultural do MPF

Teses jurídicas do MPF em Ações Direta de Inconstitucionalidade. Observância.

As teses jurídicas em ações diretas de inconstitucionalidade ajuizadas pelo Ministério Público Federal, em questões relativas ao meio ambiente e ao patrimônio cultural, deverão ser observadas nas proposições a respeito dos respectivos temas.

Adequação do Enunciado nº 20 – 4ª CCR, de 12 de novembro de 2013. Conforme portaria da 4ª CCR nº 05, de 3 de agosto de 2016, republicada em razão de incorreções na publicação do DMPFe, Caderno Extrajudicial nº 146/2016, divulgado em 3 de agosto de 2016, pág. 7.

Enunciado nº 19 da 4ª Câmara de Coordenação e Revisão – Meio Ambiente e Patrimônio Cultural do MPF

Controle de processos judiciais relacionados ao Meio Ambiente e Patrimônio Cultural no Ofício.

Os Ofícios do meio ambiente e patrimônio cultural deverão ter, obrigatoriamente, registro atualizado de todos os processos judiciais em trâmite.

Adequação do Enunciado nº 7 – 4ª CCR, de 9 de março de 2009. Conforme portaria da 4ª CCR nº 05, de 3 de agosto de 2016, republicada em razão de incorreções na publicação do DMPFe, Caderno Extrajudicial nº 146/2016, divulgado em 3 de agosto de 2016, pág. 7.

Enunciado nº 17 da 4ª Câmara de Coordenação e Revisão – Meio Ambiente e Patrimônio Cultural do MPF

Solicitação de manifestação da Câmara acerca da derrogação da Resolução Conama n.º 341.

A Resolução CONAMA 369/2006 revogou a Resolução CONAMA 341/2003, em relação ao uso e ocupação de dunas. As consequências desse fato atingem, inclusive, os empreendimentos com licenciamentos já concluídos à época da entrada em vigor da Resolução 369/2006. As planícies de deflação integram o campo de dunas e, como parte desse ecossistema, possuem a devida proteção jurídica.

Referencias: 1) MPF – PR/CE n.º 1.15.000.002476/2005-10; 2) MPF – PR/CE n.º 0.15.000.000568/2002-78 e 3) MPF – PR/CE n.º 0.081056.000273/99-56 – CE.

Adequação do Enunciado nº 5 – 4ª CCR, de 4 de dezembro de 2008. Conforme portaria da 4ª CCR nº 05, de 3 de agosto de 2016, republicada em razão de incorreções na publicação do DMPFe, Caderno Extrajudicial nº 146/2016, divulgado em 3 de agosto de 2016, pág. 7.

Enunciado nº 20 da 4ª Câmara de Coordenação e Revisão – Meio Ambiente e Patrimônio Cultural do MPF

Atividade econômica de grande porte. Riscos iminentes de impacto ambiental. Atuação preventiva.

Toda e qualquer atividade econômica de grande porte, com riscos iminentes de impacto ambiental, deve ser identificada com antecedência, a fim de possibilitar uma atuação preventiva na tutela do meio ambiente e do patrimônio cultural.

Adequação do Enunciado nº 13 – 4ª CCR, de 21 de novembro de 2012. Conforme portaria da 4ª CCR nº 05, de 3 de agosto de 2016, republicada em razão de incorreções na publicação do DMPFe, Caderno Extrajudicial nº 146/2016, divulgado em 3 de agosto de 2016, pág. 7.

Enunciado nº 64 da 4ª Câmara de Coordenação e Revisão – Meio Ambiente e Patrimônio Cultural do MPF

Estudos ambientais. Licenciamento de Empreendimentos.

Os termos de referência e os estudos ambientais elaborados com o objetivo de permitir a avaliação da viabilidade ambiental de empreendimentos devem incluir a apresentação das alternativas locacionais, tecnológicas e modais, bem como a hipótese de não implantação do empreendimento. (Resolução CONAMA nº 1, de 23 de janeiro de 1986.)

Redação deliberada na 561ª Sessão Ordinária, em 12 de fevereiro de 2020.

Enunciado de Súmula nº 50 do Conselho Superior do Ministério Público do Estado de Minas Gerais

Nas demandas ambientais, conforme jurisprudência reiterada*, admite-se a imposição ao investigado ou réu de obrigações de não fazer, fazer e indenizar, simultânea e cumulativamente, considerando-se o princípio da reparação integral do dano ambiental, ainda que intercorrente, que considera os vários aspectos da lesão ao meio ambiente e orienta a interpretação dos arts. 4º, VII, 14, § 1º, da Lei n. 6.938/1981, e 3º, da Lei 7.347/85.

*REsp 1.145.083/MG, Rel. Ministro Herman Benjamin, Segunda Turma, DJe 4.9.2012; REsp 1.178.294/MG, Rel. Ministro Mauro Campbell Marques, Segunda Turma, DJe 10.9.2010; AgRg nos EDcl no Ag 1.156.486/PR, Rel. Ministro Arnaldo Esteves Lima, Primeira Turma, DJe 27.4.2011; REsp 1.120.117/AC, Rel. Ministra Eliana Calmon, Segunda Turma, DJe 19.11.2009; REsp 1.090.968/SP, Rel. Ministro Luiz Fux, Primeira Turma, DJe 3.8.2010; REsp 605.323/MG, Rel. Ministro José Delgado, Rel. p/ Acórdão Ministro Teori Albino Zavascki, Primeira Turma, DJ 17.10.2005; REsp 625.249/PR, Rel. Ministro Luiz Fux, Primeira Turma, DJ 31.8.2006,entre outros.

Aprovado, por unanimidade, na sessão conjunta (11ª e 12ª Sessões Ordinárias/2014), realizada em 14/07/2014 e publicada em 21/07/14; publicação específica no Diário Eletrônico do MP em 16/07/2014.

Enunciado de Súmula nº 8 do Conselho Superior do Ministério Público do Estado de Minas Gerais

Regenerada naturalmente a área degradada, compete ao órgão do Ministério Público a propositura de ação civil pública, ou firmar ajustamento de conduta, com o objetivo indenizatório, coibindo-se o enriquecimento ilícito.

Aprovado na 18ª Sessão Ordinária/ 1997, realizada em 06/11/97 e publicada em 29/01/98; publicação específica no Diário Oficial: 08/11/97. Republicações em: 04/02/2000, 04/09/2001 e 03/02/2004.

Enunciado de Súmula nº 22 do Conselho Superior do Ministério Público do Estado de Minas Gerais

Como forma de inibir práticas prejudiciais ao meio ambiente, nas hipóteses de não ter havido concurso do agente para a regeneração ou recuperação do recurso natural degradado, deve o Promotor de Justiça, independentemente de outras medidas, exigir a reparação do dano causado ao meio ambiente por meio de indenização ou medida compensatória (inteligência do artigo 225, § 3º, Constituição Federal c/c artigo 3º da Lei nº 7.347/85).

Aprovado na 10ª Sessão Ordinária/ 2002, realizada em 17/06/2002 e publicada em 05/09/2002; publicação específica no Diário Oficial de 14/08/2002. Republicado em 03/02/2004.

Enunciado de Súmula nº 52 do Conselho Superior do Ministério Público do Estado de Minas Gerais

1 – O § 4º do art. 18 do Novo Código Florestal é taxativo ao afirmar que o registro da Reserva Legal no Cadastro Ambiental Rural (CAR) desobriga a averbação no Cartório de Registro de Imóveis, o que, a *contrario sensu*, induz à conclusão de que só é dispensada a averbação na matrícula do imóvel se já houver o registro no CAR.

2 – Afirmar a facultatividade do registro durante o prazo que os proprietários rurais dispõem para inscrever seus imóveis no CAR equivale a permitir que, nesse lapso temporal, sejam desrespeitados os demais preceitos legais, protetivos da área de reserva legal.

Aprovado, por unanimidade, na 9ª Sessão Ordinária/2015, realizada em 15/06/2015 e publicado no Diário Eletrônico do MP em 17/06/2015.

Republicado no Diário Eletrônico do MP em 27/06/2015.

Enunciado de Súmula nº 53 do Conselho Superior do Ministério Público do Estado de Minas Gerais

1 – O Novo Código Florestal (Lei 12.651/2012) diferenciou o regime de proteção da reserva legal levando em conta a data do desmatamento: se posterior a 22.7.2008, o processo de recomposição deverá ter início em até dois anos, contados a partir da data da publicação do referido Código (art. 17, §4º), que ocorreu em 28.5.2012; se anterior a 22.7.2008, a regularização da situação, que independe de adesão ao Programa de Regularização Ambiental (PRA), poderá ser feita por meio da recomposição, da regeneração natural ou da compensação (art. 66).

2 – Averbada a reserva legal ou inscrito o imóvel no Cadastro Ambiental Rural (CAR), com a indicação da reserva legal correspondente ao percentual mínimo de 20% da área da propriedade, comprovada por laudo técnico a existência da reserva legal, arquiva-se o procedimento ou o inquérito civil, com a consequente remessa dos autos à análise do Conselho Superior (art. 9º, §1º, da Lei 7.347/85).

3 – Averbada a reserva legal ou inscrito o imóvel no Cadastro Ambiental Rural (CAR), com a indicação da reserva legal correspondente ao percentual mínimo de 20% da área da propriedade, esgotadas as diligências do Órgão de Execução e inviabilizada a obtenção do laudo técnico referido no item 2, poderá o Promotor de

Justiça arquivar o procedimento ou o inquérito civil (art. 9º, §1º, da Lei 7.347/85), e, nessa hipótese, remeter as informações necessárias (cópia do CAR ou outros documentos com a identificação do imóvel) ao Centro de Apoio Operacional das Promotorias de Justiça de Defesa do Meio Ambiente, Patrimônio Cultural, Urbanismo e Habitação (CAOMA) para análise concreta da situação da reserva legal pelo Núcleo de Geoprocessamento do MPMG (NUGEO).

4 – Detectada inconformidade na reserva legal, o CAOMA encaminhará relatório à Promotoria de Justiça sugerindo a instauração de novo procedimento para tratar da questão.

Reformado na 12ª Sessão Ordinária/2018, realizada em 17/07/18 e publicado no Diário Oficial Eletrônico em 01/08/18.

Republicado no Diário Eletrônico do MP em 27/06/2015.

Enunciado nº 01 da COPEMA/14 do GNDH do CNPG

OS Ministérios Públicos devem atuar de modo a garantir que o poder público promova a inclusão social e produtiva das catadoras e catadores, em especial fomentando a formação e o fortalecimento de cooperativas e associações, previamente às medidas de encerramento dos lixões.

Data da reunião: 07 a 09 de maio de 2014, Goiânia/GO.

Acesso em 07/08/20. Fonte: https://www.mppi.mp.br/internet/caoma/enunciados/

Enunciado nº 02 da COPEMA/14 do GNDH do CNPG

Os Ministérios Públicos, preferencialmente por meio de atuação conjunta, devem adotar e acompanhar as providências necessárias ao cumprimento dos instrumentos previstos na Política Nacional de Proteção e Defesa Civil (lei nº 12.608/2012) junto à União, Estados, Distrito Federal e Municípios.

Data da reunião: 07 a 09 de maio de 2014, Goiânia/GO.

Acesso em 07/08/20. Fonte: https://www.mppi.mp.br/internet/caoma/enunciados/

Enunciado nº 03 da COPEMA/14 do GNDH do CNPG

O licenciamento ambiental por qualquer dos entes da federação impõe: a existência de corpo técnico habilitado, em face da tipologia a ser licenciada, conforme a regulamentação do exercício profissional pelo respectivo conselho de classe.

Data da reunião: 07 a 09 de maio de 2014, Goiânia/GO.

Acesso em 07/08/20. Fonte: https://www.mppi.mp.br/internet/caoma/enunciados/

Enunciado nº 04 da COPEMA/14 do GNDH do CNPG

Os Ministérios Públicos devem exigir independentemente de Lei Municipal, o estudo de impacto de vizinhança, quando o porte do empreendimento, a localização ou o tipo de atividade a ser desenvolvida, afetar pelo menos uma das questões referidas no artigo 37 do estatuto da cidade, por ser o seu artigo 36 norma de eficácia contida.

Data da reunião:23 de julho de 2014, Manaus/ AM.

Acesso em 07/08/20. Fonte: https://www.mppi.mp.br/internet/caoma/enunciados/

Enunciado nº 05 da COPEMA/14 do GNDH do CNPG

Os Ministérios Públicos devem recomendar a inclusão do instrumento do estudo de impacto de vizinhança quando da elaboração ou revisão dos planos diretores ou de outras Leis Municipais, na forma do estatuto da cidade.

Data da reunião: :23 de julho de 2014, Manaus/ AM.

Acesso em 07/08/20. Fonte: https://www.mppi.mp.br/internet/caoma/enunciados/

Enunciado nº 06 da COPEMA/14 do GNDH do CNPG

Os Ministérios Públicos devem atuar com base na interpretação sistemática da Lei nº 12.305/10, de modo a impedir a instalação de usinas de incineração de resíduos sólidos urbanos, como forma de evitar os riscos à saúde pública e ao meio ambiente e fortalecer as Associações ou Cooperativas de catadores de materiais recicláveis.

Data da reunião: 23 de julho de 2014, Manaus/ AM.

Acesso em 07/08/20. Fonte: https://www.mppi.mp.br/internet/caoma/enunciados/

Enunciado nº 07 da COPEMA/14 do GNDH do CNPG

Os Ministérios Públicos devem atuar junto aos Órgãos Ambientais, objetivando constar, como condicionante, nas licenças dos aterros sanitários, a diminuição progressiva do recebimento de resíduos, até o atendimento integral do disposto no art. 54 da Lei nº 12.305/10 com o recebimento exclusivo de rejeitos.

Data da reunião: 23 de julho de 2014, Manaus/ AM.

Acesso em 07/08/20. Fonte: https://www.mppi.mp.br/internet/caoma/enunciados/

Enunciado nº 08 da COPEMA/14 do GNDH do CNPG

OS Ministérios Públicos devem fiscalizar a implantação de programa de coleta seletiva de materiais recicláveis e as correta destinação de resíduos orgânicos nos municípios, inclusive mediante contratação prioritária de Associações ou Cooperativas de catadores ou adequação dos contratos existentes.

Data da reunião: 23 de julho de 2014, Manaus/ AM.

Acesso em 07/08/20. Fonte: https://www.mppi.mp.br/internet/caoma/enunciados/

Enunciado nº 09 da COPEMA/14 do GNDH do CNPG

OS Ministérios públicos devem fomentar a inclusão das Associações e Cooperativas de catadores nos sistemas de logística reversa de modo a assegurar o seu fortalecimento.

Data da reunião: 23 de julho de 2014, Manaus/ AM

Acesso em 07/08/20. Fonte: https://www.mppi.mp.br/internet/caoma/enunciados/

Enunciado nº 10 da COPEMA/14 do GNDH do CNPG

Os Ministérios Públicos devem exigir que os Municípios implementem sua Política de Meio Ambiente, mediante a elaboração de lei que a institua, a criação de Conselho de Meio Ambiente deliberativo e de Fundo de Meio Ambiente, a existência de equipamentos, de corpo técnico compatível com a sua demanda e de previsão orçamentária.

Data da reunião: Data da reunião:23 de julho de 2014, Manaus/ AM.

Acesso em 07/08/20. Fonte: https://www.mppi.mp.br/internet/caoma/enunciados/

Enunciado nº 11 da COPEMA/14 do GNDH do CNPG

Os Ministérios Públicos devem recomendar que o Município somente aprove o parcelamento do solo urbano mediante prévia comprovação da viabilidade técnica do projeto de saneamento básico do empreendimento, sob pena de eventual caracterização de ato de improbidade administrativa.

Data da reunião: 03 a 05 de setembro de 2014, Rio de Janeiro/RJ.

Acesso em 07/08/20. Fonte: https://www.mppi.mp.br/internet/caoma/enunciados/

Enunciado nº 01 da COPEMA/15 do GNDH do CNPG

O Ministério Público, em relação à Política Nacional de recursos de recursos hídricos, deve atuar em caráter prioritário, exigindo a elaboração dos planos de recursos hídricos, por bacia hidrográfica e por estado.

Data da reunião: 06 de março de 2015, Salvador/BA.

Acesso em 07/08/20. Fonte: https://www.mppi.mp.br/internet/caoma/enunciados/

Enunciado nº 02 da COPEMA/15 do GNDH do CNPG

O Ministério Público deve, nos empreendimentos sujeitos a eia rima e outorga de recurso hídrico, exigir que o reuso da água seja previsto como condicionante no licenciamento ambiental.

Data da reunião: 06 de março de 2015, Salvador/BA.

Acesso em 07/08/20. Fonte: https://www.mppi.mp.br/internet/caoma/enunciados/

Enunciado nº 03 da COPEMA/15 do GNDH do CNPG

O Ministério Público deve exigir que as interferências e explorações em águas subterrâneas estejam embasadas em estudos hidrológicos que avaliem possíveis impactos ambientais e sejam precedidas de outorga.

Data da reunião: 06 de março de 2015, Salvador/BA.

Acesso em 07/08/20. Fonte: https://www.mppi.mp.br/internet/caoma/enunciados/

Enunciado nº 04 da COPEMA/15 do GNDH do CNPG

O Ministério Público deve exigir das empresas de perfuração de poços de águas subterrâneas que a atividade seja exercida mediante outorga e Licença Ambiental do Órgão competente, nos casos admitidos pela legislação.

Data da reunião: 06 de março de 2015, Salvador/BA.

Acesso em 07/08/20. Fonte: https://www.mppi.mp.br/internet/caoma/enunciados/

Enunciado nº 05 da COPEMA/15 do GNDH do CNPG

O Ministério Público deve atuar para impedir que a perfuração e manutenção de poços de captação de águas subterrâneas ocorram em áreas servidas por rede pública de abastecimento, ressalvadas as hipóteses normatizadas que se coadunem com o princípio da precaução.

Data da reunião: 06 de março de 2015, Salvador/BA.

Acesso em 07/08/20. Fonte: https://www.mppi.mp.br/internet/caoma/enunciados/

Enunciado nº 01 da COPEMA/16 do GNDH do CNPG

OS Ministérios Públicos devem zelar para que os Municípios elaborem e/ou revisem seus Planos de Saneamento Básico (PMSB) e de gestão integrada de resíduos sólidos (PM-GIRS), nos termos das diretrizes nacionais para o saneamento básico (Lei n° 11.445/2007) e da Política Nacional de resíduos sólidos (lei nº 12.305/2010), e seus respectivos Decretos Regulamentadores (Decreto nº 7.217/2010 e Decreto nº 7.404/2010);

Data da reunião do CNPG: 15/06/2016 – MPM.

Acesso em 07/08/20. Fonte: https://www.cnpg.org.br/images/arquivos/copemaenunciados.pdf

Enunciado nº 02 da COPEMA/16 do GNDH do CNPG

Os Ministérios Públicos devem zelar para que toda edificação permanente urbana seja conectada às redes públicas de abastecimento de água e esgotamento sanitário existentes e, caso o usuário não se conecte, mesmo assim se sujeite à cobrança de tarifa de esgoto ou taxa respectiva em decorrência do princípio da universalização do acesso, nos termos dos arts. 2º, 3º- III, 13 parágrafo único e art. 45, todos da Lei nº 11.445/07, e art. 11 do Decreto nº 7.217/2010.

Data da reunião do CNPG: 15/06/2016 – MPM.

Acesso em 07/08/20. Fonte: https://www.cnpg.org.br/images/arquivos/copemaenunciados.pdf

Enunciado nº 03 da COPEMA/16 do GNDH do CNPG

Os Ministérios Públicos devem zelar pela implantação de soluções individuais de tratamento e destinação final dos esgotos sanitários (NBR 7229/1993) em caso de inexistência de rede pública de esgotamento, de ausência de previsão de sua implantação a curto prazo (consoante PMSB) ou de inviabilidade técnica/econômica de implantação da rede pública, observada a manutenção periódica do sistema e a destinação final ambientalmente adequada dos lodos, ainda que seja como serviço público.

Data da reunião do CNPG: 15/06/2016 – MPM.

Acesso em 07/08/20. Fonte: https://www.cnpg.org.br/images/arquivos/copemaenunciados.pdf

Enunciado nº 04 da COPEMA/16 do GNDH do CNPG

O Ministério Público, por seus diversos ramos, deve atuar de forma articulada e integrada com setores da sociedade civil no combate aos impactos do uso dos agrotóxicos no meio ambiente, na perspectiva de controle social.

Data da reunião do CNPG: 15/06/2016 – MPM.

Acesso em 07/08/20. Fonte: https://www.cnpg.org.br/images/arquivos/copemaenunciados.pdf

Enunciado nº 05* da COPEMA/16 do GNDH do CNPG

O Ministério Público deve atuar para coibir a utilização de dispersão por aeronaves (pulverização aérea, art. 1º, § 3º da Lei nº 13301/16) como mecanismo de controle das outras doenças causadas pelos vírus da dengue, chikungunya e zika, dentre outros.

Acesso em 07/08/20. Fonte: https://www.cnpg.org.br/images/arquivos/copemaenunciados.pdf

*O enunciado nº 05 foi aprovado na Reunião Ordinária do CNPG/2017.

Enunciado nº 02 da COPEMA/18 do GNDH do CNPG

O Ministério Público deve exigir que os Municípios realizem estudos e diagnósticos a respeito dos custos dos serviços públicos de manejo de resíduos sólidos e dos critérios e parâmetros para cobrança dos serviços prestados, visando à sua sustentabilidade econômico-financeira.

Data da reunião: 2018. Acesso em 07/08/20. Fonte:

https://www.cnpg.org.br/images/arquivos/documento_restrito_arquivos/Deliberaes-GNDH_-_Aprovadas_CNPG_2018.pdf

Enunciado nº 03 da COPEMA/18 do GNDH do CNPG

O Ministério Público deve exigir que os municípios definam os grandes geradores e a sua responsabilidade pela destinação adequada dos resíduos ou a devida remuneração do Poder Público pelos serviços prestados.

Data da reunião: 2018. Acesso em 07/08/20. Fonte:

https://www.cnpg.org.br/images/arquivos/documento_restrito_arquivos/Deliberaes-GNDH_-_Aprovadas_CNPG_2018.pdf

Enunciado n.º 04 da COPEMA/18 do GNDH do CNPG

O Ministério Público deve zelar para que os Municípios sejam ressarcidos no caso de executarem serviços relacionados à coleta, ao transporte e à destinação final de resíduos produzidos pelos grandes geradores, ou sujeitos à logística reversa.

Data da reunião: 2018. Acesso em 07/08/20. Fonte:

https://www.cnpg.org.br/images/arquivos/documento_restrito_arquivos/Deliberaes-GNDH_-_Aprovadas_CNPG_2018.pdf

Enunciado n.º 05 da COPEMA/18 do GNDH do CNPG

O Ministério Público deve exigir do setor empresarial a implementação de sistema de logística reversa de embalagens e, na sua ausência, buscar a reparação dos danos ambientais, sociais e ao erário.

Data da reunião: 2018. Acesso em 07/08/20. Fonte:

https://www.cnpg.org.br/images/arquivos/documento_restrito_arquivos/Deliberaes-GNDH_-_Aprovadas_CNPG_2018.pdf

Enunciado n.º 06 da COPEMA/18 do GNDH do CNPG

Os Ministérios Públicos devem adotar medidas para viabilizar a especialização dos órgãos de execução do Ministério Público na defesa da fauna, fomentando a criação de estrutura adequada.

Data da reunião: 2018. Acesso em 07/08/20. Fonte:

https://www.cnpg.org.br/images/arquivos/documento_restrito_arquivos/Deliberaes-GNDH_-_Aprovadas_CNPG_2018.pdf

Enunciado n.º 07 da COPEMA/18 do GNDH do CNPG

Os Ministérios Públicos devem atuar para buscar a implementação do controle populacional de cães e gatos pelos Municípios, em cumprimento à Lei Federal 13.426/2017.

Data da reunião: 2018. Acesso em 07/08/20. Fonte:

https://www.cnpg.org.br/images/arquivos/documento_restrito_arquivos/Deliberaes-GNDH_-_Aprovadas_CNPG_2018.pdf

Enunciado n.º 08 da COPEMA/18 do GNDH do CNPG

Os Ministérios Públicos devem atuar para buscar a implementação de políticas públicas em favor dos animais, notadamente a criação de unidades de controle de zoonoses e centros de bem estar animal.

Data da reunião: 2018. Acesso em 07/08/20. Fonte:

https://www.cnpg.org.br/images/arquivos/documento_restrito_arquivos/Deliberaes-GNDH_-_Aprovadas_CNPG_2018.pdf

Enunciado n.º 09 da COPEMA/18 do GNDH do CNPG

Os Ministérios Públicos devem adotar medidas para coibir a prática de crueldade aos animais em eventos, notadamente rodeios e vaquejadas.

Data da reunião: 2018. Acesso em 07/08/20. Fonte:

https://www.cnpg.org.br/images/arquivos/documento_restrito_arquivos/Deliberaes-GNDH_-_Aprovadas_CNPG_2018.pdf

Enunciado n.º 10 da COPEMA/18 do GNDH do CNPG

O Ministério Público deve aprimorar sua atuação na preservação do patrimônio histórico e cultural, exigindo dos órgãos públicos competentes a fiscalização periódica dos bens integrantes desse patrimônio.

Data da reunião: 2018. Acesso em 07/08/20. Fonte:

https://www.cnpg.org.br/images/arquivos/documento_restrito_arquivos/Deliberaes-GNDH_-_Aprovadas_CNPG_2018.pdf

Enunciado n.º 11 da COPEMA/18 do GNDH do CNPG

O Ministério Público deve zelar pelo reconhecimento da necessidade da atividade regulatória e de controle do processo produtivo de alimentos como indispensável à efetivação dos direitos humanos fundamentais à alimentação adequada e ao meio ambiente equilibrado (art. 6º da CR/88 e Agenda 2030 da ONU para o desenvolvimento sustentável).

Data da reunião: 2018. Acesso em 07/08/20. Fonte:

https://www.cnpg.org.br/images/arquivos/documento_restrito_arquivos/Deliberaes-GNDH_-_Aprovadas_CNPG_2018.pdf

Enunciado nº 01 da COPEMA/ COPEDH/18 do GNDH do CNPG

O Ministério Público brasileiro deve zelar pelo reconhecimento da necessidade da atividade regulatória e de controle do processo produtivo de alimentos, como indispensável à efetivação dos direitos humanos fundamentais à alimentação adequada e ao meio ambiente equilibrado (artigo 6º da CF/1988 e Agenda 2030 da ONU para o desenvolvimento sustentável).

Data da reunião: 2018.

Acesso em 07/08/20. Fonte: https://www.cnpg.org.br/images/arquivos/documento_restrito_arquivos/Deliberaes-GNDH_-_Aprovadas_CNPG_2018.pdf

Enunciado nº 02 da COPEMA/ COPEDH/18 do GNDH do CNPG

O Ministério Público deve aprimorar sua atuação na preservação do patrimônio histórico e cultural, exigindo dos órgãos públicos competentes e fiscalização periódica dos bens integrantes desse patrimônio.

Data da reunião: 2018.

Acesso em 07/08/20. Fonte: https://www.cnpg.org.br/images/arquivos/documento_restrito_arquivos/Deliberaes-GNDH_-_Aprovadas_CNPG_2018.pdf

Enunciado nº 01 da COPEMA/19 do GNDH do CNPG

O Ministério Público deve adotar medidas extrajudiciais e judiciais para a criação e o funcionamento do sistema municipal de cultura (art. 216-A, §4º, da CR/1988), considerando que os municípios têm o dever constitucional de estruturar e implementar políticas próprias à defesa do patrimônio cultural material e imaterial local.

Data da reunião: 27 a 29 de março, Salvador/BA.

Acesso em 07/08/20. Fonte: https://www.mpma.mp.br/arquivos/COCOM/GNDH_-_SALVADOR.pdf

Enunciado nº 02 da COPEMA/19 do GNDH do CNPG

O Ministério Público deve priorizar a atuação preventiva na proteção do patrimônio cultural, dado o caráter de irreversibilidade que, via de regra, os danos aos bens culturais possuem.

Data da reunião: 27 a 29 de março, Salvador/BA.

Acesso em 07/08/20. Fonte: https://www.mpma.mp.br/arquivos/COCOM/GNDH_-_SALVADOR.pdf

Enunciado nº 03 da COPEMA/19 do GNDH do CNPG

O Ministério Público, visando garantir a universalização do saneamento básico, deve zelar para que as metas e prazos dos Planos Municipais de Saneamento sejam razoáveis, observada a compatibilidade com o Objetivo de Desenvolvimento Sustentável nº 6 (Agenda 2030/ONU).

Data da reunião: 27 a 29 de março, Salvador/BA.

Acesso em 07/08/20. Fonte: https://www.mpma.mp.br/arquivos/COCOM/GNDH_-_SALVADOR.pdf

Enunciado nº 04 da COPEMA/19 do GNDH do CNPG

O Ministério Público deve atuar para extinguir os convênios e instrumentos precários de prestação de serviços de saneamento (com as exceções previstas no art. 10, §1º, da Lei 11.445/2007), que perderam sua validade por força do art. 43 da Lei 8.987/1995 e art. 10, §1º, II, da Lei Federal 11.445/07.

Data da reunião: 27 a 29 de março, Salvador/BA.

Acesso em 07/08/20. Fonte: https://www.mpma.mp.br/arquivos/COCOM/GNDH_-_SALVADOR.pdf

Enunciado nº 05 da COPEMA/19 do GNDH do CNPG

O Ministério Público deve apurar eventual nulidade dos contratos firmados entre o Poder Público e empresa concessionária de saneamento, na hipótese de ausência prévia de plano de saneamento básico (art. 11 da Lei nº 11.445/2007 e 25 do Decreto nº 7.217/2010). A exceção prevista no artigo 11, §5º, da Lei nº 11.445/2007 só se aplica a partir do advento da Medida Provisória nº 844/2018 e, ainda assim, se o estudo previsto contemplar parâmetros mínimos para o contrato, em especial, em relação às metas, objetivos e programas necessários para o serviço.

Data da reunião: 27 a 29 de março, Salvador/BA.

Acesso em 07/08/20. Fonte: https://www.mpma.mp.br/arquivos/COCOM/GNDH_-_SALVADOR.pdf

Enunciado nº 06 da COPEMA/19 do GNDH do CNPG

O Ministério Público deve atuar para inibir a oneração dos usuários do serviço de saneamento ou do poder público, sob alegação de reequilíbrio econômico-financeiro, em face de superveniência de plano de saneamento a contrato preexistente, até a extinção deste contrato.

Data da reunião: 27 a 29 de março, Salvador/BA.

Acesso em 07/08/20. Fonte: https://www.mpma.mp.br/arquivos/COCOM/GNDH_-_SALVADOR.pdf

Enunciado nº 07 da COPEMA/19 do GNDH do CNPG

O Ministério Público deve exigir do Poder Público a fiscalização dos contratos de serviço de esgotamento sanitário e zelar pela aplicação dos institutos da intervenção ou caducidade na hipótese de descumprimento das cláusulas contratuais, nos termos dos artigos 32 e 38 da Lei nº 8.987/1995.

Data da reunião: 27 a 29 de março, Salvador/BA.

Acesso em 07/08/20. Fonte: https://www.mpma.mp.br/arquivos/COCOM/GNDH_-_SALVADOR.pdf

Enunciado nº 08 da COPEMA/19 do GNDH do CNPG

O Ministério Público deve apurar eventual responsabilização por improbidade administrativa dos agentes públicos por omissão na fiscalização de contratos de saneamento, sem prejuízo das demais esferas de responsabilidade.

Data da reunião: 27 a 29 de março, Salvador/BA.

Acesso em 07/08/20. Fonte: https://www.mpma.mp.br/arquivos/COCOM/GNDH_-_SALVADOR.pdf

Enunciado nº 09 da COPEMA/19 do GNDH do CNPG

O Ministério Público deve exigir a integral reparação dos danos ambientais gerados pela inexistência ou insuficiência de coleta e tratamento do esgoto, em função do descumprimento das metas contratuais devidamente estabelecidas.

Data da reunião: 27 a 29 de março, Salvador/BA.

Acesso em 07/08/20. Fonte: https://www.mpma.mp.br/arquivos/COCOM/GNDH_-_SALVADOR.pdf

Enunciado nº 10 da COPEMA/19 do GNDH do CNPG

O Ministério Público, à luz do que determina o artigo 21 da Lei nº 11.445 de 2007, exigirá dos titulares do serviço público de saneamento básico que haja distinção entre as pessoas jurídicas prestadoras, reguladoras e fiscalizadoras do serviço público de saneamento básico, nos moldes previstos no artigo 9º, III, do mesmo diploma legal.

Data da reunião: 27 a 29 de março, Salvador/BA.

Acesso em 07/08/20. Fonte: https://www.mpma.mp.br/arquivos/COCOM/GNDH_-_SALVADOR.pdf

Enunciado nº 11 da COPEMA/19 do GNDH do CNPG

O Ministério Público, com a finalidade de acompanhar a eficiência e a eficácia dos serviços de saneamento básico pelos entes responsáveis, buscará a cooperação com os Tribunais de Contas de todos os entes federativos, inclusive para emissão de parecer prévio pela desaprovação das contas dos entes que não cumpram a Lei nº 11.445/2007.

Data da reunião: 27 a 29 de março, Salvador/BA.

Acesso em 07/08/20. Fonte: https://www.mpma.mp.br/arquivos/COCOM/GNDH_-_SALVADOR.pdf

Enunciado nº 12 da COPEMA/19 do GNDH do CNPG

O Ministério Público, ao se deparar com perícias com indícios de fraude, deverá comunicar aos conselhos profissionais e adotar as providências cabíveis em relação às pessoas físicas e jurídicas envolvidas.

Data da reunião: 27 a 29 de março, Salvador/BA.

Acesso em 07/08/20. Fonte: https://www.mpma.mp.br/arquivos/COCOM/GNDH_-_SALVADOR.pdf

Enunciado nº 13 da COPEMA/19 do GNDH do CNPG

O Ministério Público deverá estimular a adoção de protocolos de compliance nos seus termos de ajustamento de conduta em face da administração pública ou da iniciativa privada, em matéria de meio ambiente laboral, artificial, natural e cultural.

Data da reunião: 27 a 29 de março, Salvador/BA.

Acesso em 07/08/20. Fonte: https://www.mpma.mp.br/arquivos/COCOM/GNDH_-_SALVADOR.pdf

Enunciado nº 14 da COPEMA/19 do GNDH do CNPG

O MPB deve considerar os rompimentos de barragens com consequências socioambientais e socioeconômicas significativamente danosas como graves violações de direitos humanos internacionais, nos termos da CADH, do Pacto Internacional de Direitos Civis e Políticos e outros tratados internacionais.

Data da reunião: 27 a 29 de março, Salvador/BA.

Acesso em 07/08/20. Fonte: https://www.mpma.mp.br/arquivos/COCOM/GNDH_-_SALVADOR.pdf

Enunciado nº 01 da COPEMA/19 do GNDH do CNPG

INDEPENDÊNCIA DAS AUDITORIAS EXTERNAS DE SEGURANÇA DE BARRAGENS:

O Ministério Público deve fomentar uma mudança normativa para que os relatórios de segurança de barragem, bem como todas as auditorias ou revisões periódicas a eles relacionadas, sejam elaboradas por empresas de consultoria acreditas pelo órgão fiscalizador, escolhidas de forma randômica e custeadas pelo empreendedor, garantidos os créditos de independência, excelência técnica, comprovada expertise e transparência na execução dos serviços.

Data da reunião: 11 a 13 de setembro de 2019, São Luiz/MA.

Acesso em 07/08/20. Fonte: http://www.mprj.mp.br/documents/20184/378251/enunciadosiirogndh2019.pdf

Enunciado nº 02 da COPEMA/19 do GNDH do CNPG

INDEPENDÊNCIA E IMPARCIALIDADE NOS EIA/RIMAs

O Ministério Público deve fomentar uma mudança normativa para que os estudos de impacto ambiental e relatórios de impacto ambiental (EIA/Rima) sejam elaborados por empresas de consultoria que tenham em seus quadros profissionais habilitados para a realização dos estudos, acreditadas pelo órgão ambiental competente, escolhidas de maneira randômica e custeadas expertise e transparência na execução dos serviços.

Data da reunião: 11 a 13 de setembro de 2019, São Luiz/MA.

Acesso em 07/08/20. Fonte: http://www.mprj.mp.br/documents/20184/378251/enunciadosiirogndh2019.pdf

Enunciado nº 03 da COPEMA/19 do GNDH do CNPG

O Ministério Público deve atuar preventivamente no tocante à segurança de barragens, fomentando o gerenciamento do risco por parte do Poder Público.

Data da reunião: 11 a 13 de setembro de 2019, São Luiz/MA.

Acesso em 07/08/20. Fonte: http://www.mprj.mp.br/documents/20184/378251/enunciadosiirogndh2019.pdf

Enunciado nº 04 da COPEMA/19 do GNDH do CNPG

O Ministério Público deve exigir que, na elaboração do estudo de cenário de ruptura hipotética de barragem (dam break), os empreendedores utilizem as melhores técnicas disponíveis, da dos técnicos específicos de cada caso e não percentuais fixos de mobilização, e considerem o pior cenário tecnicamente possível. As manchas de inundação hipotética devem constar de documento eletrônico, com georreferenciamento, e indicar a previsão de tempo de chegada para o material barrado, em cada localidade.

Data da reunião: 11 a 13 de setembro de 2019, São Luiz/MA.

Acesso em 07/08/20. Fonte: http://www.mprj.mp.br/documents/20184/378251/enunciadosiirogndh2019.pdf

Enunciado nº 05 da COPEMA/19 do GNDH do CNPG

Para o caso de licenciamento ambiental de novas barragens, o Ministério Público deve fomentar a formulação, pelos órgãos públicos competentes, de Termos de Referência dos estudos que instruem os processos de licenciamento ambiental, a fim de que haja diagnóstico do meio ambiente (natural, cultural e artificial) na área de inundação em caso de rompimento da barragem.

Data da reunião: 11 a 13 de setembro de 2019, São Luiz/MA.

Acesso em 07/08/20. Fonte: http://www.mprj.mp.br/documents/20184/378251/enunciadosiirogndh2019.pdf

Enunciado nº 06 da COPEMA/19 do GNDH do CNPG

Para o caso de licenciamento ambiental de novas barragens, o Ministério Público deve zelar para que as áreas sujeitas a inundação na hipótese de rompimento de barragens sejam objeto dos estudos que instruem os procedimentos de licenciamento ambiental.

Data da reunião: 11 a 13 de setembro de 2019, São Luiz/MA.

Acesso em 07/08/20. Fonte: http://www.mprj.mp.br/documents/20184/378251/enunciadosiirogndh2019.pdf

Enunciado nº 07 da COPEMA/19 do GNDH do CNPG

Para o caso de licenciamento ambiental de novas barragens, em respeito ao princípio da publicidade e da decisão informada, o Ministério Público deve zelar para que os mapas de inundação, para o pior cenário hipotético de rompimento de barragem, sejam amplamente divulgados e apresentados nas audiências públicas, ainda na fase de licença prévia.

Data da reunião: 11 a 13 de setembro de 2019, São Luiz/MA.

Acesso em 07/08/20. Fonte: http://www.mprj.mp.br/documents/20184/378251/enunciadosiirogndh2019.pdf

Enunciado nº 08 da COPEMA/19 do GNDH do CNPG

Para o caso de licenciamento ambiental de novas barragens, o Ministério Público deve atuar para que o Poder Público, com base nos estudos ambientais das possíveis áreas de inundação das barragens e nos elementos colhidos junto à comunidade local, demandem alternativas locacionais e melhores tecnologias disponíveis para evitar o risco. Caso decidam pela viabilidade ambiental do empreendimento, os órgãos de proteção devem exigir dos empreendedores medidas preventivas e mitigatórias adequadas à diminuição dos riscos e de eventuais danos.

Data da reunião: 11 a 13 de setembro de 2019, São Luiz/MA.

Acesso em 07/08/20. Fonte: http://www.mprj.mp.br/documents/20184/378251/enunciadosiirogndh2019.pdf

Enunciado nº 09 da COPEMA/19 do GNDH do CNPG

No caso de barragens já construídas, o Ministério Público deve atuar para que os órgãos licenciadores exijam estudos diagnósticos do meio ambiente (natural, cultural e artificial) existente na área de inundação no caso de rompimento de barragem.

Data da reunião: 11 a 13 de setembro de 2019, São Luiz/MA.

Acesso em 07/08/20. Fonte: http://www.mprj.mp.br/documents/20184/378251/enunciadosiirogndh2019.pdf

Enunciado nº 10 da COPEMA/19 do GNDH do CNPG

No caso de barragens já construídas, o Ministério Público deve exigir que os mapas de inundação para hipótese de rompimento de barragens sejam divulgados a todos os municípios sujeitos à inundação para conhecimento e para elaboração dos Planos Municipais de Contingência.

Data da reunião: 11 a 13 de setembro de 2019, São Luiz/MA.

Acesso em 07/08/20. Fonte: http://www.mprj.mp.br/documents/20184/378251/enunciadosiirogndh2019.pdf

Enunciado nº 11 da COPEMA/19 do GNDH do CNPG

No caso de barragens já construídas, o Ministério Público deve atuar para que o empreendedor arque com os custos da elaboração dos Planos de Contingência, em respeito ao princípio da prevenção e do poluidor pagador.

Data da reunião: 11 a 13 de setembro de 2019, São Luiz/MA.

Acesso em 07/08/20. Fonte: http://www.mprj.mp.br/documents/20184/378251/enunciadosiirogndh2019.pdf

Enunciado nº 12 da COPEMA/19 do GNDH do CNPG

No caso de barragens já construídas, o Ministério Público deve zelar para que os órgãos competentes elaborem termos de referência tecnicamente adequados para os planos de ações emergenciais e planos de contingências.

Data da reunião: 11 a 13 de setembro de 2019, São Luiz/MA.

Fonte: http://www.mprj.mp.br/documents/20184/378251/enunciadosiirogndh2019.pdf

Enunciado nº 13 da COPEMA/19 do GNDH do CNPG

Na defesa do meio ambiente, o Ministério Público deverá valer-se, sempre que possível, de atuação concomitante, nas esferas administrativa, cível e criminal, de maneira a garantir o maior âmbito de proteção daquele bem jurídico.

Data da reunião: 11 a 13 de setembro de 2019, São Luiz/MA.

Acesso em 07/08/20. Fonte: http://www.mprj.mp.br/documents/20184/378251/enunciadosiirogndh2019.pdf

Enunciado nº 14 da COPEMA/19 do GNDH do CNPG

No âmbito de sua atuação criminal, o Ministério Público deve observar que os delitos ambientais protegem bens jurídicos dotados de características específicas, razão pela qual quando uma mesma conduta viola bens jurídicos ambientais e outros que com estes não se confundem, deve-se considerar a aplicação do concurso de crimes à espécie, sob pena de incorrer na proteção insuficiente dos interesses jurídicos tutelados.

Data da reunião: 11 a 13 de setembro de 2019, São Luiz/MA.

Acesso em 07/08/20. Fonte: http://www.mprj.mp.br/documents/20184/378251/enunciadosiirogndh2019.pdf

Ambiental. Enunciados Gerais do Conselho Superior do Ministério Público de São Paulo sobre a Lei nº 12.651/12

Enunciado nº 01 do Conselho Superior do Ministério Público de São Paulo sobre a Lei nº 12.651/12

A incidência das disposições previstas na Lei nº 12.651/2012 não afasta a aplicabilidade de normas de outros diplomas legais que estabelecem regime de proteção diferenciado em relação a ecossistemas ou biomas específicos, como os da Mata Atlântica (art. 225, § 4º da Constituição Federal e Lei 11.428/2006) e do Cerrado, em suas diversas fisionomias (Lei Estadual 13.550/2009).

Publicado no Diário Oficial de São Paulo, 20/12/2018.

Enunciado nº 02 do Conselho Superior do Ministério Público de São Paulo sobre a Lei nº 12.651/12

A atuação do Ministério Público na busca da reparação integral de danos e passivos ambientais deve levar em consideração o conteúdo do Relatório de Valoração de Danos Ambientais (CAO/UMA, Atos PGJ 36/2011 e 45/2012), cuja observância não se afasta, em princípio, pela superveniência das normas flexibilizadoras da Lei nº 12.651/2012.

Publicado no Diário Oficial de São Paulo, 20/12/2018.

Enunciado nº 03 do Conselho Superior do Ministério Público de São Paulo sobre a Lei nº 12.651/12

A dispensa da reserva da faixa de proteção nas acumulações naturais ou artificiais de água com superfície inferior a 1 (um) hectare, prevista no artigo 4º, parágrafo 4º, da Lei nº 12.651/12, pressupõe a exigência, mediante critérios técnicos e procedimentos específicos, da adoção de práticas sustentáveis, conservacionistas da água, do solo e da biodiversidade (artigo 1-A, parágrafo único, incisos I e III da Lei 12.651/12, artigo 225 da CF e Convenção de Diversidade Biológica). Eventual vegetação nativa já existente nessa área não poderá ser suprimida, salvo autorização do órgão ambiental competente do SISNAMA.

Publicado no Diário Oficial de São Paulo, 20/12/2018.

Enunciado nº 04 do Conselho Superior do Ministério Público de São Paulo sobre a Lei nº 12.651/12

A autorização de intervenção ou supressão de vegetação nativa em Área de Preservação Permanente, prevista no artigo 8º, parágrafo 2º, da Lei 12.651/12 para execução de obras habitacionais e de urbanização, inseridas em projetos de regularização fundiária de interesse social, em áreas urbanas consolidadas ocupadas por população de baixa renda é excepcional, demandando a avaliação técnica quanto ao comprometimento da função ecológica do ecossistema manguezal, incluindo a análise de seu potencial de restauração e eventual compensação.

Publicado no Diário Oficial de São Paulo, 20/12/2018.

Enunciado nº 05 do Conselho Superior do Ministério Público de São Paulo sobre a Lei nº 12.651/12

Em áreas sujeitas à inundação, o marco inicial de Área de Preservação Permanente de leito regular deve observar a possibilidade de recomposição efetiva da mata ciliar, excluindo-se da demarcação da Área de Preservação Permanente locais onde a periodicidade ou a duração das cheias impeça o desenvolvimento de espécies nativas ou provoque reiterada mortandade das mudas, de forma a prevenir que a Área de Preservação Permanente se caracterize como mera ficção, pois permanentemente desprovida de mata ciliar e, consequentemente, sem função ecológica.

Publicado no Diário Oficial de São Paulo, 20/12/2018.

Enunciado nº 06 do Conselho Superior do Ministério Público de São Paulo sobre a Lei nº 12.651/12

A identificação de nascentes perenes e intermitentes exige a devida consideração da cartografia oficial (IGC, EMPLASA, entre outras, conforme o caso específico, avaliando eventual pertinência de requisição de manifestação junto ao órgão responsável pela mesma) e a realização de vistorias de campo, tanto no período seco quanto na estação chuvosa, de modo a evitar seu enquadramento precipitado como efêmera ou conclusão de inexistência. A devida identificação de nascentes perenes e intermitentes, inclusive no âmbito da validação do Cadastro Ambiental Rural (CAR), somente poderá ocorrer após a fundamentada avaliação técnica de cada caso específico.

Publicado no Diário Oficial de São Paulo, 20/12/2018.

Enunciado nº 07 do Conselho Superior do Ministério Público de São Paulo sobre a Lei nº 12.651/12

O cômputo das Áreas de Preservação Permanente no cálculo do percentual da Reserva Legal do imóvel não é automático e somente poderá ser admitido desde que atendidos os requisitos previstos no artigo 15 da Lei 12.651/12. Para fazer jus ao benefício previsto neste artigo, o proprietário rural deverá comprovar junto ao órgão estadual integrante do SISNAMA, que a área a ser computada está conservada ou em processo de recuperação, que já foi requerida a inclusão do imóvel no Cadastro Ambiental Rural (CAR) e que não implicará na conversão de novas áreas para o uso alternativo do solo.

Publicado no Diário Oficial de São Paulo, 20/12/2018.

Enunciado nº 08 do Conselho Superior do Ministério Público de São Paulo sobre a Lei nº 12.651/12

A Área de Preservação Permanente somente será considerada "em processo de recuperação", para fins de ser computada no cálculo do percentual da Reserva Legal, no momento da validação do Cadastro Ambiental Rural (CAR), se cessada sua exploração, e a vegetação nativa estiver se regenerando de forma adequada, seja em virtude de processo de condução da regeneração natural (que não se confunde com o abandono da área) ou da execução de projeto técnico já aprovado pelo órgão ambiental competente do SISNAMA, com a definição dos objetivos, metas e cronograma. Caso a área esteja em recuperação, e não tenha sido precedida de autorização neste sentido pelo órgão competente, o interessado também poderá comprovar que este processo está ocorrendo de forma adequada mediante laudo técnico, assinado por profissionais habilitados, com recolhimento de ART.

Publicado no Diário Oficial de São Paulo, 20/12/2018.

Enunciado nº 09 do Conselho Superior do Ministério Público de São Paulo sobre a Lei nº 12.651/12

Os institutos do cômputo de Área de Preservação Permanente em Reserva Legal (art. 15, da Lei 12.651/12) e das áreas rurais consolidadas (arts. 61.A e seguintes) são excludentes, não se admitindo sua utilização simultânea sobre as mesmas áreas de preservação permanente.

Publicado no Diário Oficial de São Paulo, 20/12/2018.

Enunciado nº 10 do Conselho Superior do Ministério Público de São Paulo sobre a Lei nº 12.651/12

A permissão do manejo florestal sustentável e o exercício de atividades agrossilvipastoris, bem como a manutenção da infraestrutura física associada ao desenvolvimento das atividades, em áreas de inclinação entre 25º e 45º, de que trata o artigo 11 da Lei 12.651/12, além de boas práticas agronômicas, exige, mediante critérios técnicos e procedimentos específicos, a adoção de práticas sustentáveis, conservacionistas da água e do solo e que garantam a estabilidade dos terrenos e a biodiversidade (artigo 1º, incisos I e III, da Lei 12.651/12; artigo 225 da CF e Convenção da Diversidade Biológica), sendo vedada a conversão de novas áreas, excetuadas as hipóteses de utilidade pública e interesse social, sempre mediante autorização do órgão ambiental competente do SISNAMA.

Publicado no Diário Oficial de São Paulo, 20/12/2018.

Enunciado nº 11 do Conselho Superior do Ministério Público de São Paulo sobre a Lei nº 12.651/12

Diante da clara especialidade da Lei da Mata Atlântica (Lei Federal 11.428/2006) em relação à Lei Federal 12.651/2012, eventuais conflitos de normas devem ser solucionados através do princípio da especialidade, ou seja, a lei de natureza especial prevalece sobre a lei de aspectos genéricos (enunciado 1), em resumo: a) a Lei da Mata Atlântica possui abrangência apenas em relação a esse tema, o qual tem razões concretas para a aplicação de um regime especial até mesmo em obediência ao disposto no artigo 225, § 4º, da Constituição da República; b) o artigo 1º, da Lei Federal 11.428/2006, demonstra a relação de complementariedade desta lei quanto à legislação ambiental aplicável direta ou indiretamente no âmbito de abrangência do aludido bioma, tal como ocorre com o tratamento genérico atribuído pela Lei Federal 12.651/2012 à vegetação, às Áreas de Preservação Permanente e às áreas de Reserva Legal; c) a repercussão criminal às agressões à vegetação do bioma Mata Atlântica, diferentemente das vegetações dos demais biomas, baseia-se em tipo penal específico inserido no artigo 38-A, da Lei Federal 9.605/98; d) a Lei Federal 12.651/2012 não revogou a Lei Federal 11.428/2006, e demais diplomas protetivos.

Publicado no Diário Oficial de São Paulo, 20/12/2018.

Enunciado nº 12 do Conselho Superior do Ministério Público de São Paulo sobre a Lei nº 12.651/12

O manejo florestal, quando ocorrer nas áreas inseridas no Bioma Mata Atlântica, cujas delimitações estão estabelecidas em mapa do Instituto Brasileiro de Geografia e Estatística – IBGE, deverá observar às restrições e condições contidas na Lei 11.428/06, bem como assegurar a manutenção e a recuperação da biodiversidade, a vegetação, fauna e regime hídrico para as presentes e futuras gerações. Também deverá ser garantido que, anteriormente à autorização pelo órgão ambiental competente, sejam observados os demais mecanismos de controle e de incentivo à preservação da vegetação desse bioma, reconhecido por sua contribuição para redução de emissões e/ou remoção de gases de efeito estufa, a conservação da biodiversidade, do solo e dos recursos hídricos. (Ex. Resolução Conjunta SMA/FF nº 01/18).

Publicado no Diário Oficial de São Paulo, 20/12/2018.

Enunciado nº 13 do Conselho Superior do Ministério Público de São Paulo sobre a Lei nº 12.651/12

O manejo florestal sustentável da vegetação da Reserva Legal com propósito comercial depende de licenciamento pelo órgão competente do SISNAMA, mediante aprovação prévia de Plano de Manejo Florestal Sustentável - PMFS - e deverá atender as seguintes diretrizes e orientações: não descaracterizar a cobertura vegetal e não prejudicar a conservação da vegetação nativa da área; assegurar a manutenção da diversidade das espécies; conduzir o manejo de espécies exóticas com a adoção de medidas que favoreçam a regeneração de espécies nativas; o atendimento dos fundamentos técnicos e científicos previstos no artigo 31, §1º, da Lei 12651/12 e outras condições necessárias que assegurem a sustentabilidade e o equilíbrio ecológico do ecossistema em que se localiza.

Publicado no Diário Oficial de São Paulo, 20/12/2018.

Enunciado nº 14 do Conselho Superior do Ministério Público de São Paulo sobre a Lei nº 12.651/12

O manejo sustentável para exploração florestal eventual sem propósito comercial, direto ou indireto de espécies da flora nativa, para consumo nas propriedades ou posses das populações tradicionais ou de pequenos produtores rurais para consumo do próprio imóvel, não depende de autorização dos órgãos competentes. Todavia, não poderá ser iniciado, enquanto não declarado previamente ao órgão ambiental, com a indicação da motivação da exploração e o volume explorado, limitada a exploração anual a 20 (vinte) metros cúbicos ou outros limites legais mais restritivos aplicáveis ao local em que se encontra.

Publicado no Diário Oficial de São Paulo, 20/12/2018.

Enunciado nº 15 do Conselho Superior do Ministério Público de São Paulo sobre a Lei nº 12.651/12

O manejo florestal em áreas localizadas nas zonas de amortecimento de unidades de conservação deve respeitar as condições estabelecidas nos respectivos planos de manejo, bem como as restrições previstas na Lei nº 9.985/2000, assim como contar com a manifestação formal do órgão responsável pela sua gestão. Em relação às Unidades de Conservação de Uso Sustentável, a exemplo das APAS, cabe observar as normas de sua criação, suas regulamentações, inclusive no que tange as Zonas de Vida Silvestre; as disposições de planos de manejo, e também solicitar a manifestação formal de seu Conselho Gestor.

Publicado no Diário Oficial de São Paulo, 20/12/2018.

Enunciado nº 16 do Conselho Superior do Ministério Público de São Paulo sobre a Lei nº 12.651/12

As normas de proteção às Áreas de Preservação Permanente impedem que nelas ocorra a exploração florestal pelo manejo, ainda que tais áreas integrem a reserva legal da propriedade, exceto no caso de pequenas propriedades rurais ou posse rural familiar, que admite o plantio, nas restritas condições previstas no artigo 4º, §5º da Lei 12.651/12.

Publicado no Diário Oficial de São Paulo, 20/12/2018.

Enunciado nº 17 do Conselho Superior do Ministério Público de São Paulo sobre a Lei nº 12.651/12

O instituto previsto no art. 61-A, caput, que preceitua que, nas áreas de Preservação Permanente, é autorizada, exclusivamente, a continuidade das atividades agrossilvipastoris, de ecoturismo e de turismo rural em áreas rurais consolidadas até 22 de julho de 2008, é nitidamente excepcional, razão pela qual são ônus do proprietário/possuidor: (i) a comprovação do atendimento aos requisitos legais e (ii) a demonstração da regularidade formal do uso perante os órgãos ambientais, inclusive em eventual Ação Civil Pública.

Publicado no Diário Oficial de São Paulo, 20/12/2018.

Enunciado nº 18 do Conselho Superior do Ministério Público de São Paulo sobre a Lei nº 12.651/12

A comprovação do atendimento das exigências do § 10 do art. 61-A, ou seja, a adoção de técnicas de conservação do solo e da água, por meio de boas práticas agronômicas, que visem à mitigação dos eventuais impactos, na área em que pleiteado o benefício, constitui um dos requisitos legais para a utilização da prerrogativa do uso consolidado, de modo que seu descumprimento impede ou faz cessar o exercício desse direito.

Publicado no Diário Oficial de São Paulo, 20/12/2018.

Enunciado nº 19 do Conselho Superior do Ministério Público de São Paulo sobre a Lei nº 12.651/12

Os §§ 9º e 15 do artigo 61-A exigem que o uso consolidado seja devidamente informado no CAR, razão pela qual o uso consolidado de Áreas de Preservação Permanente sem prévia informação é ilegal e vedado.

Publicado no Diário Oficial de São Paulo, 20/12/2018.

Enunciado nº 20 do Conselho Superior do Ministério Público de São Paulo sobre a Lei nº 12.651/12

O Cadastro Ambiental Rural (CAR) deve contemplar mecanismos para que a declaração de uso consolidado abranja informações sobre as específicas atividades desenvolvidas nas áreas citadas, tanto por meio de sua comprovação em retrospectiva histórica, como para fins de monitoramento. Também deverão ser identificadas no Cadastro Ambiental Rural (CAR), desde logo, as faixas marginais de preservação permanente que deverão obrigatoriamente ter a sua recomposição, nos termos e limites estabelecidos no art. 61-A, aplicando-se a essas, desde logo, as restrições inerentes ao regime de proteção. Será considerada, para os fins de recomposição da faixa marginal, a área detida pelo imóvel rural em 22 de julho de 2008 (Art. 61-A, §8º).

Publicado no Diário Oficial de São Paulo, 20/12/2018.

Enunciado nº 21 do Conselho Superior do Ministério Público de São Paulo sobre a Lei nº 12.651/12

No âmbito de abrangência do bioma Mata Atlântica, se as ocupações de Áreas de Preservação Permanente ou de Reserva Legal se originaram de desmatamento, incêndio ou qualquer outra intervenção não autorizada, o artigo 5º da Lei Federal 11.428/2006, assim como a observância, em retrospectiva histórica, do artigo 8º do Decreto Federal 750/93, e do Decreto Federal 99547/90, exigem a manutenção do tratamento legal conferido ao estágio de sucessão de regeneração da vegetação anteriormente à promoção do seu corte ou supressão não autorizados e, consequentemente, inviabiliza a aplicação dos artigos 61-A, 61-B e 67 da Lei Federal 12.651/2012, e qualquer pretensão de consolidação de ocupação desses espaços;

Nota do autor: o texto terminado, de fato, com ";".

Publicado no Diário Oficial de São Paulo, 20/12/2018.

Enunciado nº 22 do Conselho Superior do Ministério Público de São Paulo sobre a Lei nº 12.651/12

No âmbito da análise dos Cadastros Ambientais Rurais (CAR) que indicarem pretensão, com base nos artigos 61-A, 61-B e 67 da Lei Federal 12.651/2012, de consolidação de ocupação de Áreas de Preservação Permanente com atividades agrossilvipastoris, de ecoturismo e de turismo rural, ou de ocupação de áreas de Reserva Legal com uso alternativo do solo, sem prejuízo de outras diligências, deverá ser promovida a verificação por meio de imagens aéreas ou de satélite, se a referida consolidação foi proveniente de desmatamento ou intervenção não autorizada a partir de 26 de setembro de 1990, considerando em retrospectiva o Decreto Federal 99547/90, o Decreto Federal 750/93 e a Lei Federal 11.428/06. Na hipótese de constatação de que a pretensa consolidação em Áreas de Preservação Permanente e de Reserva Legal foi proveniente de desmatamento ou intervenção não autorizada a partir de 26 de setembro de 1990, deverá o órgão ambiental do SISNAMA se abster de validar os Cadastros Ambientais Rurais (CAR) sem que haja a regularização judicial ou extrajudicial para a reparação integral das áreas, assim como de emitir Certidão de Regularidade Ambiental.

Publicado no Diário Oficial de São Paulo, 20/12/2018.

Enunciado nº 23 do Conselho Superior do Ministério Público de São Paulo sobre a Lei nº 12.651/12

A manutenção das atividades elencadas no artigo 63 da Lei nº 12.651/12 em áreas rurais consolidadas em Áreas de Preservação Permanente de encostas, parte de encostas, bordas de tabuleiros e chapadas, topos de morro, montes, montanhas e serras e em altitudes acima de 1800 metros qualquer que seja a vegetação (nas condições definidas no artigo 4º, incisos V, VIII, IX e X) exige a demonstração de que a atividade será feita na forma da lei, fora de área de risco, dentro de condições que assegurem a viabilidade da atividade mediante a adoção de práticas sustentáveis, conservacionistas da água, do solo e da biodiversidade e garantidoras da estabilidade dos terrenos e outros aspectos que afastem riscos à vida e ao meio ambiente (artigo 1º, incisos I e III, da Lei 12.651/12; artigo 225 da CF e Convenção da Diversidade Biológica), observados critérios técnicos e procedimentos específicos que garantam a eficácia das medidas, vedada a conversão de novas áreas para uso alternativo do solo.

Publicado no Diário Oficial de São Paulo, 20/12/2018.

Enunciado nº 24 do Conselho Superior do Ministério Público de São Paulo sobre a Lei nº 12.651/12

A admissão de outras atividades agrossilvipastoris será possível apenas em imóveis rurais de até 4 módulos fiscais (considerada a área individualizada na matrícula, ressalvada a legislação específica da Mata Atlântica, que define a pequena propriedade rural como aquela inferior a 50 hectares), no âmbito do Programa de Regularização Ambiental (PRA), fora de áreas de risco e ressalvadas situações de risco à vida, mediante a adoção de práticas sustentáveis, conservacionistas da água, do solo e da biodiversidade e garantidoras da estabilidade dos terrenos e outros aspectos que afastem riscos à vida e ao meio ambiente (artigo 1º, incisos I e III, Lei 12651/12, artigo 225 CF, e Convenção da Diversidade Biológica), além de boas práticas agronômicas, exigida, ainda, deliberação dos Conselhos Estaduais de Meio Ambiente ou órgãos colegiados estaduais equivalentes.

Publicado no Diário Oficial de São Paulo, 20/12/2018.

Enunciado nº 25 do Conselho Superior do Ministério Público de São Paulo sobre a Lei nº 12.651/12

A regularização da Reserva Legal do proprietário ou possuidor de imóvel rural que detinha, em 22 de julho de 2008, área de Reserva Legal em extensão inferior ao estabelecido no art. 12, nos termos do art. 66, caput, da Lei 12.651/12 independe de adesão ao Programa de Regularização Ambiental – PRA -, mas se submete necessariamente à validação pelo órgão ambiental junto ao Cadastro Ambiental Rural (CAR). Caso o Órgão Ambiental se negue a analisar o projeto de regularização da reserva legal em razão da recusa pelo proprietário ou possuidor de renúncia à adesão ao Programa de Regularização Ambiental – PRA, o Ministério Público adotará as medidas cabíveis, inclusive, se necessário, as judiciais, em face do órgão público.

Publicado no Diário Oficial de São Paulo, 20/12/2018.

Enunciado nº 26 do Conselho Superior do Ministério Público de São Paulo sobre a Lei nº 12.651/12

A recomposição da área de Reserva Legal deverá atender aos critérios estipulados pelo órgão competente do Sisnama e ser concluída em até 20 (vinte) anos, contado esse prazo a partir da publicação da Lei 12.651/12 (art. 66, § 2º, da Lei nº 12.651/12). O prazo acima também deve ser utilizado como teto limitador para a condução da regeneração natural, bem como para a compensação, quando a área a ser utilizada estiver pendente de recuperação integral. Neste contexto deve ser observada a necessidade de atendimento mínimo de recomposição de 1/20 por ano.

Publicado no Diário Oficial de São Paulo, 20/12/2018.

Enunciado nº 27 do Conselho Superior do Ministério Público de São Paulo sobre a Lei nº 12.651/12

Na hipótese de ser proposto o método da regeneração natural, deve ser analisada no caso concreto a viabilidade técnica da proposta e o teto limitador de até 20 anos deve considerar e abranger tanto o período de indução e acompanhamento da regeneração, quanto o período de adoção das medidas de recuperação eventualmente necessárias.

Publicado no Diário Oficial de São Paulo, 20/12/2018.

Enunciado nº 28 do Conselho Superior do Ministério Público de São Paulo sobre a Lei nº 12.651/12

A exploração econômica prevista no § 4º do art. 66 da Lei nº 12.651 refere-se às formas de manejo sustentável da reserva legal prevista nos artigos 20 a 24 da mesma lei.

Publicado no Diário Oficial de São Paulo, 20/12/2018.

Enunciado nº 29 do Conselho Superior do Ministério Público de São Paulo sobre a Lei nº 12.651/12

Todo imóvel rural deve manter área com cobertura de vegetação nativa, a título de Reserva Legal, sem prejuízo da aplicação das normas sobre as Áreas de Preservação Permanente, observando-se os percentuais mínimos estabelecidos no artigo 12 da Lei 12.651/12. A regularização pelo proprietário ou possuidor de imóvel rural que detinha, em 22 de julho de 2008, área de Reserva Legal em extensão inferior ao estabelecido no art. 12, mediante a adoção de uma das alternativas previstas no § 5º, do artigo 66 da Lei 12.651/12, é medida excepcional, justificada apenas diante da necessidade de regularização do imóvel rural em razão dos usos consolidados existentes até aquela data limite. É obrigatória a suspensão imediata das atividades em área de Reserva Legal desmatada irregularmente após 22 de julho de 2008 (art. 17, §3º).

Publicado no Diário Oficial de São Paulo, 20/12/2018.

Enunciado nº 30 do Conselho Superior do Ministério Público de São Paulo sobre a Lei nº 12.651/12

Qualquer que seja o método escolhido entre aqueles elencados no art. 66, § 5º, da Lei 12.651/12, a regularização da reserva legal por meio de compensação, deverá ocorrer o mais próximo possível do ecossistema em que houve a degradação, preferencialmente na mesma microbacia hidrográfica ou, na impossibilidade técnica de fazê-lo, na mesma bacia hidrográfica. Tal decisão deverá ser norteada por parecer técnico circunstanciado, respeitando-se, ainda, a identidade e a equivalência ecológica entre as propriedades, bem como os critérios de definição para a localização da Reserva Legal, estabelecidos nos artigos 14 e 66, parágrafos 6º e 7º, ainda que a área destinatária esteja dentro do Estado de São Paulo, não se permitindo a compensação por outros critérios que não guardem correlação com a proteção ambiental. (ADI 4901).

Publicado no Diário Oficial de São Paulo, 20/12/2018.

Enunciado nº 31 do Conselho Superior do Ministério Público de São Paulo sobre a Lei nº 12.651/12

O órgão estadual integrante do SISNAMA, ou instituição por ele habilitada, deverá aprovar a localização da Reserva Legal após a inclusão do imóvel no Cadastro Ambiental Rural (CAR) e deverá motivar sua decisão de acordo com os estudos e critérios previstos no artigo 14 da Lei 12.651/12, buscando favorecer, entre outros aspectos, a recuperação de bacias hidrográficas excessivamente desmatadas, a criação de corredores ecológicos, a conservação de grandes áreas protegidas e a conservação ou recuperação de ecossistemas ou espécies ameaçados.

Publicado no Diário Oficial de São Paulo, 20/12/2018.

Enunciado nº 32 do Conselho Superior do Ministério Público de São Paulo sobre a Lei nº 12.651/12

Na análise da aplicação do art. 68 da Lei 12.651/12, que trata da consolidação em áreas de Reserva Legal, deverá ser considerado o limite para manutenção de vegetação nativa previsto no Decreto Federal nº 23.793, de 23 de janeiro de 1934, consistente em 25% (vinte e cinco por cento) das matas existentes à época, aí incluídas todas as fisionomias do bioma Cerrado.

Publicado no Diário Oficial de São Paulo, 20/12/2018.

Enunciado nº 33 do Conselho Superior do Ministério Público de São Paulo sobre a Lei nº 12.651/12

Pela redação do artigo 68 da Lei 12651/12, o ônus da prova da consolidação é do proprietário/possuidor, de modo que, não sendo apresentada prova por este, os percentuais de Reserva Legal a serem aplicados são os do art. 12 da Lei 12.651/12, e envolve a devida consideração de toda a normativa correlata em retrospectiva histórica (enunciado 32), incluindo a legislação específica referente aos diferentes biomas em análise.

Publicado no Diário Oficial de São Paulo, 20/12/2018.

Enunciado nº 34 do Conselho Superior do Ministério Público de São Paulo sobre a Lei nº 12.651/12

A admissão de prova para os fins do art. 68 da Lei 12.651/12 deve ser avaliada com extrema cautela, inclusive pelo dilatado lapso temporal desde a primeira legislação que tratou da matéria (1934).

Publicado no Diário Oficial de São Paulo, 20/12/2018.

Enunciado nº 35 do Conselho Superior do Ministério Público de São Paulo sobre a Lei nº 12.651/12

Nas áreas abrangidas por Unidades de Conservação, assim como nos limites de seus entornos, devidamente definidos no ato de criação e/ou no Plano de Manejo, deverão ser observadas as restrições do respectivo plano quanto à supressão de vegetação. Em se tratando de Unidade de Proteção Integral (artigo 61-A, § 16º), de Zonas de Vida Silvestre em Áreas de Proteção Ambiental e das demais hipóteses nas quais se mostre normativamente incompatível, não se aplicam os dispositivos da Lei nº 12.651/2012 que autorizem eventual consolidação de área suprimida ou degradada, sob pena de restarem comprometidos os fins ambientais para os quais a unidade foi instituída.

Publicado no Diário Oficial de São Paulo, 20/12/2018.

3 – ATRIBUIÇÕES DE MEMBROS DO MINISTÉRIO PÚBLICO

Não é atribuição do Ministério Público

Enunciado de Súmula nº 4 do Conselho Superior do Ministério Público do Estado de Minas Gerais

A regularização documental de pessoa, física ou jurídica, que exerce atividade que exige registro ou licença junto aos órgãos públicos competentes não é atribuição do Ministério Público, de vez que configura atividade de polícia administrativa, afeta aos respectivos órgãos.

Aprovado na 4ª Sessão Ordinária/1996, realizada em 28/03/96 e publicada em 07/05/96; publicação específica no Diário Oficial: 29/03/96. Republicações em: 04/02/2000, 04/09/2001 e 03/02/2004.

Atribuição não criminal. Atribuição dos MP's estaduais e hipóteses de desinteresse da União

ATOS DE PARTICULARES

Enunciado nº 03 da 1ª Câmara de Coordenação e Revisão – Direitos Sociais e Fiscalização de Atos Administrativos em Geral do MPF

Ausência de atribuição do Ministério Público Federal para apurar irregularidades/ilegalidades relativas a atividades privadas.

A apuração de supostas irregularidades ou ilegalidades praticadas por particulares no exercício de atividades privadas não é da atribuição do Ministério Público Federal, exceto se houver interesse federal (art. 109, I, CF) caracterizado pelas peculiaridades da situação concreta (irregularidades diretamente relacionadas à aplicação de recursos federais, por exemplo).

Enunciado alterado conforme deliberação do Colegiado na 4ª Sessão de Coordenação (6/8/2018).

Enunciado nº 11 da 3ª Câmara de Coordenação e Revisão – Consumidor e Ordem Econômica do MPF

Não é atribuição do Ministério Público Federal apurar notícia de fato que trate de irregularidade no ambiente de comércio eletrônico, ausentes os pressupostos do inciso I do art.109 da Constituição Federal e ressalvada eventual atuação conjunta.

Aprovado na 10ª Sessão Ordinária de 2013.

Enunciado nº 20 da 1ª Câmara de Coordenação e Revisão – Direitos Sociais e Fiscalização de Atos Administrativos em Geral do MPF

Não é atribuição do Ministério Público Federal atuar em questões de interesse de fundações de direito público estaduais e municipais nem de fundações de direito privado (art. 66 do Código Civil), salvo se houver interesse federal (art. 109, I, CF) caracterizado pelas peculiaridades da situação concreta (irregularidades diretamente relacionadas à aplicação de recursos federais, por exemplo).

Referência: Ata da 289ª Sessão Ordinária realizada em 18.5.2017 publicada em 12.7.2017.

CONCURSO PÚBLICO

Enunciado nº 04 da 1ª Câmara de Coordenação e Revisão – Direitos Sociais e Fiscalização de Atos Administrativos em Geral do MPF

Ausência de atribuição do Ministério Público Federal para apurar irregularidades/ilegalidades relativas a concursos públicos estaduais, distritais ou municipais.

A apuração de supostas irregularidades ou ilegalidades praticadas em concursos públicos ou quaisquer processos seletivos para provimento de cargos ou empregos públicos municipais, estaduais ou distritais não é da atribuição do Ministério Público Federal.

Referência: Ata da 19ª Sessão Extraordinária realizada em 16.12.2014, publicada em 03.07.2015.

SOCIEDADE DE ECONOMIA MISTA

Enunciado nº 13 da 1ª Câmara de Coordenação e Revisão – Direitos Sociais e Fiscalização de Atos Administrativos em Geral do MPF

Ausência de atribuição do Ministério Público Federal para apurar fatos relacionados a sociedades de economia mista.

A apuração de fatos relacionados a sociedades de economia mista não é da atribuição do Ministério Público Federal, salvo se for demonstrado interesse direto da União no caso concreto.

Referência: Ata da 278ª Sessão Ordinária realizada em 17/11/2016, publicada no Diário Eletrônico DMPF-e, de 14/12/2016.

Enunciado nº 14 da 1ª Câmara de Coordenação e Revisão – Direitos Sociais e Fiscalização de Atos Administrativos em Geral do MPF

Ausência de atribuição do Ministério Público Federal para apurar fatos relacionados a concurso público para provimento de cargos em sociedade de economia mista.

A apuração de fatos relacionados a concurso público para provimento de cargos em sociedade de economia mista não é, em regra, da atribuição do Ministério Público Federal.

Enunciado alterado conforme deliberação do Colegiado na 4ª Sessão de Coordenação (6/8/2018).

SERVIÇOS PÚBLICOS E ADMINISTRAÇÃO PÚBLICA

Enunciado nº 17 da 5ª Câmara de Coordenação e Revisão – Combate à corrupção do MPF

DECLÍNIO DE ATRIBUIÇÕES.

Constatada a ausência de utilização de verbas federais, na obra ou serviço, falece atribuição ao Ministério Público Federal para atuar.

Aprovado na 603ª Sessão Ordinária, realizada em 2 de junho de 2011.

Enunciado nº 02 da 1ª Câmara de Coordenação e Revisão – Direitos Sociais e Fiscalização de Atos Administrativos em Geral do MPF

Ausência de atribuição do Ministério Público Federal para apurar irregularidades/ilegalidades relativas a agentes e serviços públicos estaduais, distritais e municipais.

A apuração de supostas irregularidades ou ilegalidades relativas a serviço público estadual, distrital ou municipal ou aos respectivos agentes públicos no exercício de suas funções não é da atribuição do Ministério Público Federal, exceto se houver interesse federal (art. 109, I, CF) caracterizado pelas peculiaridades da situação concreta (irregularidades diretamente relacionadas à aplicação de recursos federais, por exemplo). (Referência: Inquérito civil n. 1.33.009.000090/2014-66).

Enunciado alterado conforme deliberação do Colegiado na 4ª Sessão de Coordenação (6/8/2018).

Enunciado nº 18 da 5ª Câmara de Coordenação e Revisão – Combate à corrupção do MPF

DECLÍNIO DE ATRIBUIÇÕES.

Tratando-se de questão relacionada a interesse estritamente municipal ou estadual, não compete ao Ministério Público Federal adotar providências.

Aprovado na 603ª Sessão Ordinária, realizada em 2 de junho de 2011.

Enunciado nº 38 da 5ª Câmara de Coordenação e Revisão – Combate à corrupção do MPF

NEPOTISMO

O Ministério Público Federal não tem atribuição para agir em casos de nepotismo no âmbito da administração estadual ou municipal.

Aprovado na 914ª Sessão Ordinária, realizada em 1º de junho de 2016.

Enunciado nº 13/17 do Conselho Superior do Ministério Público do Estado do Mato Grosso do Sul

Compete ao Ministério Público Estadual investigar os atos ilícitos praticados por dirigentes dos serviços sociais autônomos, que integram o "Sistema S", com fundamento na Súmula 516 do STF.

Nota do autor: o fundamento do enunciado consta na 1ª parte.

De 18/09/2017, conforme acesso em 07 de agosto de 2020 ao site: https://www.mpms.mp.br/atos-e-normas.

Enunciado nº 17/16 do Conselho Superior do Ministério Público do Estado do Maranhão

INTERESSE PATRIMONIAL. ATRIBUIÇÃO CONCORRENTE. TUTELA DOS SERVIÇOS PÚBLICOS.

Ainda que presente interesse patrimonial da União, é concorrente a atribuição para a tutela da prestação dos serviços públicos voltados à efetivação de direitos sociais, tais como saúde e educação, sem prejuízo da atuação conjunta destas instituições (MPF/MPE) em sede de litisconsórcio (inteligência do art. 45, §§ 1º e 2º do CPC/2015).

Embasamento: I) Enunciado 9 da 5ª Câmara de Coordenação e Revisão do MPF. Aprovado na Sessão CSMP. 21.10.2016.

Publicado no Diário Oficial, Poder Judiciário, Maranhão, 07/07/2017.

Enunciado n.º 13/16 do Conselho Superior do Ministério Público do Estado do Maranhão

TUTELA DO PATRIMÔNIO PÚBLICO. DIREITOS SOCIAIS. SAÚDE E EDUCAÇÃO.

Ausente interesse material da União, de suas autarquias ou empresas públicas, caberá ao Ministério Público Estadual a tutela do patrimônio público e da prestação eficiente da política social voltada à efetivação dos direitos sociais pertinentes à saúde e à educação.

Embasamento: I) ACO 2370/MA, Rel. Min. Roberto Barroso, j. em 26/02/2016, DJe nº 38, divulgado em 29/02/2016 II) Súmula 208/STJ III) Enunciados 7, 8, 14, 16, 20, 24 e 25 da 5ª Câmara de Coordenação e Revisão do MPF. Aprovado na Sessão CSMP, dia 21.10.2016.

Publicado no Diário Oficial, Poder Judiciário, Maranhão, 07/07/2017.

Enunciado nº 40 da 5ª Câmara de Coordenação e Revisão – Combate à corrupção do MPF

A apuração de irregularidades na gestão do serviço de transporte escolar, inclusive aquelas consistentes na inobservância de regras de trânsito, não é de atribuição do MPF, ainda que tenha havido utilização de verbas do Programa Nacional de Apoio ao Transporte do Escolar (PNATE), por preponderar, nesses casos, o interesse local.

Aprovado na 984ª Sessão Ordinária, realizada em 8 de março de 2018.

EDUCAÇÃO E SAÚDE

Enunciado nº 29 da 1ª Câmara de Coordenação e Revisão – Direitos Sociais e Fiscalização de Atos Administrativos em Geral do MPF

Não é atribuição do Ministério Público Federal a atuação em procedimentos cíveis que tenham por objeto a implementação do piso salarial nacional para os profissionais do magistério público, no âmbito dos Estados e Municípios, salvo se houver omissão por parte da União na complementação estabelecida no artigo 4º da Lei nº 11.738/2008.

Referência: Ata da 5ª Sessão Ordinária de Coordenação, realizada em 20.8.2018.

Assento nº 13/17 do Conselho Superior do Ministério Público do Estado de Goiás

É atribuição do Ministério Público Estadual apurar, na esfera cível e de improbidade administrativa, irregularidades na aplicação de recursos públicos oriundos do Fundo de Manutenção e Desenvolvimento da Educação Básica e de Valorização dos Profissionais da Educação – FUNDEB, salvo se houver verba federal envolvida a título de complementação.

De 05/12/2017.

Súmula nº 09/20 do Conselho Superior do Ministério Público do Estado do Espírito Santo

Aplicação da assistência financeira complementar e do incentivo financeiro prestados pela União. Recursos federais previstos respectivamente nos artigos 9º-C e 9º -D, ambos da Lei nº11.350/2006. Verbas federais.

Os recursos financeiros repassados pela União ao Estado e aos municípios do Espírito Santo, com fundamento nos artigos 9º- C e 9º – D, ambos da Lei nº 11.350/2006, possuem natureza de verba federal, sendo a fiscalização da sua destinação da atribuição do Ministério Público Federal.

Publicada no DIMPES em 06.10.2020.

Enunciado nº 20 da 5ª Câmara de Coordenação e Revisão – Combate à corrupção do MPF

DECLÍNIO DE ATRIBUIÇÕES.

Em caso de desvio de verbas do FUNDEB, se não houve complementação pela União, a atribuição cível é do Ministério Público Estadual. Na seara criminal, considerando interesse federal reconhecido pelo STF, a atribuição será sempre do Ministério Público Federal.

Nota do autor: não há a indicação da publicação ou aprovação, apenas constando na página http://www.mpf.mp.br/atuacao-tematica/ccr5/enunciados. Consulta realizada em 07/08/2020.

Assento nº 12/17 do Conselho Superior do Ministério Público do Estado de Goiás

É atribuição do Ministério Público Estadual apurar eventuais deficiências na prestação dos serviços públicos municipais e no atendimento das demandas locais na área da educação.

De 05/12/2017.

Enunciado nº 10 da Assessoria Jurídica para Conflitos de Atribuição do Gabinete da Procuradora-Geral da República – AJCA/PGR

O Ministério Público Estadual tem a atribuição para atuar nas demandas que versam sobre questões privadas relacionadas ao contrato de prestação de serviços firmado entre a instituição de ensino superior e o discente, tais como inadimplemento de mensalidade e cobrança de taxas, desde que não se trate de mandado de segurança impetrado contra ato do dirigente da universidade particular.

Portaria nº 848/2019. Publicado em: 16/09/2019 | Edição: 179 | Seção: 1 | Página: 98.

Enunciado n.º 15/16 do Conselho Superior do Ministério Público do Estado do Maranhão

TUTELA DO MPE. SAÚDE E EDUCAÇÃO.

As verbas da saúde e educação sujeitas à prestação de contas e análise por órgãos estaduais ou municipais estão submetidas à tutela do Ministério Público Estadual.

Embasamento: I) Súmula 209/STJ.

Publicado no Diário Oficial, Poder Judiciário, Maranhão, 07/07/2017.

Súmula nº 27/17 do Conselho Superior do Ministério Público do Estado do Rio Grande do Sul

É atribuição do Ministério Público Estadual a investigação que decorre da aplicação irregular de verbas federais oriundas de convênios firmados entre a União e Município, incorporados ao patrimônio municipal, nos termos da Súmula 209 do Superior Tribunal de Justiça.

Publicado no DEMP em 17/08/2017, Edição nº 2204, Fl 08.

Data da Sessão: 08-08-2017.

Publicada em 17-08-2017 DEMP.

Enunciado n.º 14/16 do Conselho Superior do Ministério Público do Estado do Maranhão

SAÚDE E EDUCAÇÃO. AJUIZAMENTO DA AÇÃO POR ATO DE IMPROBIDADE ADMINISTRATIVA.OCORRÊNCIA DAS HIPÓTESES DO ART.11, Lei 8.429/92 SAÚDE E EDUCAÇÃO. OCORRÊNCIA DAS HIPÓTESES ELENCADAS NO ART.11, DA LEI 8.429/92.

Em matéria de direitos sociais, como saúde e educação, o Ministério Público Estadual possui legitimidade para o ajuizamento de ação por ato de improbidade administrativa em caso de ocorrência de quaisquer das hipóteses de incidência descritas no art. 11 da Lei nº 8.429/92, bem como ação civil pública por danos morais coletivos, difusos ou sociais causados ao patrimônio público e social, com base no art. 1º c/c o inciso V da Lei nº 7.347/85.

Publicado no Diário Oficial, Poder Judiciário, Maranhão, 07/07/2017.

Súmula nº 07/20 do Conselho Superior do Ministério Público do Estado do Espírito Santo

Piso salarial dos agentes comunitários de saúde e agentes de combate às endemias. Art. 198, § 5º, da CF. Ausência de atribuição do Ministério Público. Ilegitimidade para atuar como substituto processual. Direitos disponíveis.

O Ministério Público do Estado do Espírito Santo não é detentor de atribuição de velar pela implementação do piso salarial dos Agentes Comunitários de Saúde

(ACS) e dos Agentes de Combate às Endemias (ACE's), previsto no § 5°, do art. 198 da Constituição Federal e no art. 9°-A, da Lei n° 11.650/2006, incluído pela Lei n° 12.994/2014, no valor nominal e de acordo com o escalonamento fixado pelo §1° do mesmo artigo, na redação conferida pela Lei n° 13.708/2018, por se tratar de interesse disponível da categoria, devendo atuar em seu benefício, coletivamente, a respectiva entidade representativa de classe, sem prejuízo da atuação da advocacia/defensoria pública, conforme o caso.

Publicada no DIMPES em 06.10.2020.

Súmula nº 08/20 do Conselho Superior do Ministério Público do Estado do Espírito Santo

Não há ilegalidade no pagamento do piso salarial dos Agentes Comunitários de Saúde (ACS) e dos Agentes de Combate às Endemias (ACE's) com base exclusivamente na Lei n° 11.650/2006, porque o diploma normativo possui caráter nacional, sendo prescindível a edição de lei estadual ou local específica.

Publicada no DIMPES em 06.10.2020.

MEIO AMBIENTE

Enunciado nº 15 das Câmaras de Coordenação e Revisão Criminais e Cíveis Reunidas do MPDFT

É atribuição das Promotorias de Justiça de Defesa do Meio Ambiente atuar nas ações de que trata o artigo 27 e incisos, do Decreto-Lei nº 227/67 (Código de Mineração).

PIP nº 08190.002113/02-89. Ata da 5ª e 9ª Sessão Ordinária.

Redação alterada, republicado no DJ, Seção 1, de 23/12/04, p. 129.

PREVIDÊNCIA

Assento nº 11/17 do Conselho Superior do Ministério Público do Estado de Goiás

É da atribuição do Ministério Público Estadual, apurar os casos que tratam de ausência de recolhimento de contribuições previdenciárias do Regime Geral da Previdência Social ou de Regime Próprio de Previdência Social, independentemente se houve ou não parcelamento da dívida.

De 05/12/2017.

Enunciado nº 35 da 5ª Câmara de Coordenação e Revisão – Combate à corrupção do MPF

SONEGAÇÃO E NÃO REPASSE DE CONTRIBUIÇÕES PREVIDENCIÁRIAS.

A persecução dos atos de improbidade administrativa relativos à sonegação de contribuições previdenciárias ou não repasse destas à Previdência Social, quando imputados a agente público das esferas estadual e municipal, é da atribuição do Ministério Público Estadual se efetivado o pagamento ou se existir parcelamento dos respectivos débitos.

Aprovado na 911ª Sessão Ordinária, realizada em 17 de maio de 2016.

ASSÉDIO MORAL

Enunciado nº 33 do Conselho Superior do Ministério Público do Estado do Pará

SERVIDOR PÚBLICO. ASSÉDIO MORAL. IMPROBIDADE ADMINISTRATIVA. ATRIBUIÇÃO MPE.

Nos casos instaurados para apurar possível prática de assédio moral, recai ao Ministério Público do Trabalho a atribuição em relação ao meio ambiente, segurança e higiene do trabalho e, ao Ministério Público Estadual em relação à suposta prática de improbidade administrativa.

Publicado no DOE 22.11.2019.

Aprovado na 21ª Sessão Ordinária, realizada em 13.11.2019.

Fundamento: STJ – REsp: 1286466 RS 2011/0058560-5, Relator: Ministra ELIANA CALMON, Data de Julgamento: 03/09/2013, T2 – SEGUNDA TURMA, Data de Publicação: DJe 18/09/2013; STF – AG .REG. NO RECURSO EXTRAORDINÁRIO COM AGRAVO 1.090.128 Rio de Janeiro. Relator: Min. Dias Toffoli e Rcl nº 3.303/PI, Tribunal Pleno, Relator: Ministro Ayres Britto, DJe de 16/5/08.

CIVIL

Enunciado nº 94 das Câmaras de Coordenação e Revisão Criminais Reunidas do MPDFT

É atribuição das Promotorias de Justiça Cível, de Família e de Órfãos e Sucessões emitirem parecer nos expedientes extrajudiciais de requerimento de reconhecimento de paternidade ou maternidade socioafetivas, conforme previsão do art. 11, §9º do Provimento nº 63 do Conselho Nacional de Justiça (alterado pelo Provimento nº 83, de 14 de agosto de 2019).

PA n. 08190.017220/19-41.

Publicado no Diário Eletrônico do MPDFT do dia 13/11/2019.

Enunciado nº 13 das Câmaras de Coordenação e Revisão Criminais e Cíveis Reunidas do MPDFT

É atribuição da Promotoria de Tutela das Fundações e Entidades de Interesse Social a expedição de atestados de regular funcionamento e de regularidade do mandato da diretoria de fundações e entidades de interesse social, para o fim de recebimento de subvenções, por parte de tais entidades. O mesmo se aplica quando se tratar de "vistos" apostos pelos Promotores de Justiça nas prestações de contas relativas àquelas subvenções.

PA nº 08190.001069-3/94, Ata da 5ª Sessão Ordinária.

Publicado no DJ, Seção 1, de 12/11/02, p. 555/556.

PRESENÇA DE INTERESSE DA UNIÃO

Enunciado nº 61 da 4ª Câmara de Coordenação e Revisão – Meio Ambiente e Patrimônio Cultural do MPF

Sistema de Informações Georreferenciadas – SIGEO. Insuficiência das informações.

As informações extraídas do Sistema de Informações Georreferenciadas – SIGEO não são suficientes para afastar a atribuição do MPF no feito, considerando que o sistema não possui todos os dados sobre as áreas federais existentes no País. Necessário, portanto, complementá-las com elementos referentes à ocorrência ou não do ilícito em área pertencente ou protegida pela União, podendo-se diligenciar o Incra, a SPU, o Ibama ou o ICMBio.

Deliberado na 545ª Sessão Ordinária, em 20 de fevereiro de 2019. Precedentes: 1.23.005.000322/2016-24 e 1.23.000.001291/2011-64.

Enunciado nº 29 da 5ª Câmara de Coordenação e Revisão – Combate à corrupção do MPF

SOCIEDADE DE ECONOMIA MISTA. RESPONSABILIDADE PENAL, POR IMPROBIDADE ADMINISTRATIVA E DA LEI ANTICORRUPÇÃO. PREJUÍZO AO CAPITAL DE ENTE FEDERAL. ATRIBUIÇÃO DO MPF.

O Ministério Público Federal tem atribuição para promover medidas tendentes à responsabilização penal e por improbidade administrativa e, também, as previstas na Lei 12.846, de 2013, em face de atos lesivos a sociedade de economia mista cuja acionista majoritária seja a União, sempre que evidenciado o interesse direto desta, como no caso em que o prejuízo sofrido pela sociedade empresarial repercuta ou possa repercutir no capital do ente político federal.

Aprovado na 859ª Sessão Ordinária, realizada em 25 de março de 2015.

Enunciado nº 05 da 4ª Câmara de Coordenação e Revisão – Meio Ambiente e Patrimônio Cultural do MPF

Atribuição do Ministério Público Federal.

A atribuição é do Ministério Público Federal sempre que houver ofensa a bem ou interesse da União, independentemente do órgão responsável pelo licenciamento.

Adequação do Enunciado nº 18 – 4ªCCR, de 12 de março de 2013. Conforme portaria da 4ª CCR nº 05, de 3 de agosto de 2016, republicada em razão de incorreções na publicação do DMPFe, Caderno Extrajudicial nº 146/2016, divulgado em 3 de agosto de 2016, pág. 7.

Enunciado nº 06 da 4ª Câmara de Coordenação e Revisão – Meio Ambiente e Patrimônio Cultural do MPF

Áreas de Proteção Ambiental – APA. Atribuição.

O Ministério Público Federal tem atribuição para atuar em procedimentos civis e penais referentes a fatos lesivos ao meio ambiente ocorridos em Área de Proteção Ambiental – APA instituída por meio de ato normativo federal, ante o interesse direto da União em sua proteção, salvo quando houver a transferência da gestão e fiscalização dessa unidade de conservação para outro ente federado, como no caso da APA da Bacia de São Bartolomeu, nos termos do art. 1º da Lei n. 9.262/1996.

Redação alterada na 569ª Sessão Ordinária, em 03 de junho de 2020.

Precedentes: Precedentes da 4ª CCR – JF-DF-INQ-1001504-77.2019.4.01.3400; 1.16.000.003006/2019-31; Precedentes do STJ – (CC 158.747/DF, Rel. Ministro SEBASTIÃO REIS JÚNIOR, TERCEIRA SEÇÃO, julgado em 13/06/2018, DJe 19/06/2018; CC 147694/MS, Ministro REYNALDO SOARES DA FONSECA, TERCEIRA SEÇÃO, julgado em 10/08/2016, DJe 16/08/2016).

Enunciado nº 57 da 4ª Câmara de Coordenação e Revisão – Meio Ambiente e Patrimônio Cultural do MPF

Tem atribuição o Ministério Público Federal para atuar em procedimentos judiciais e extrajudiciais instaurados para apurar suposta inserção de dados falsos no sistema de controle de produtos florestais via DOF (Documento de Origem Florestal), considerando tratar – se de documento público federal, cujo sistema é mantido, administrado e de responsabilidade do IBAMA.

Deliberado na 503ª Sessão Ordinária, em 21 de junho de 2017.

Precedentes:

1.18.000.002587/2016-77 (PR-RO), DPF/AM-00562/2015-INQ (PR-AM), DPF/AM-00566/2015-INQ (PR-AM), DPF/RDO/PA-00058/2013-INQ (PRM-Redenção), DPF/AM-00647/2012-INQ (PR-AM).

Enunciado nº 07 da 4ª Câmara de Coordenação e Revisão – Meio Ambiente e Patrimônio Cultural do MPF

Atribuição do Ministério Público Federal. Mineração.

O MPF tem atribuição para atuar, na área cível, buscando a prevenção ou reparação de danos ambientais decorrentes da atividade de mineração, quando:

a) o dano, efetivo ou potencial, atingir bem do domínio federal ou sob a gestão/proteção de ente federal, tais como unidades de conservação federais e suas respectivas zonas de amortecimento, rios federais, terras indígenas, terrenos de marinha, bens tombados pelo IPHAN e seu entorno, sítios arqueológicos e pré-históricos, cavidades naturais subterrâneas;

b) o dano, efetivo ou potencial, atingir mais de uma unidade da federação ou países limítrofes;

c) o licenciamento ambiental da atividade se der perante o IBAMA; ou

d) for possível responsabilizar a União, o DNPM, o IBAMA, o ICMBio, o IPHAN ou outro ente federal pela omissão no dever de fiscalização da atividade.

Adequação do Enunciado nº 28 – 4ª CCR, de 1 de abril de 2014.

Enunciado nº 30 – 4ªCCR revogado pela Portaria nº 05 – 4ª CCR de 03 de agosto de 2016.

Enunciado nº 08 da Assessoria Jurídica para Conflitos de Atribuição do Gabinete da Procuradora-Geral da República – AJCA/PGR

O Ministério Público Federal tem atribuição para atuar nos procedimentos que versam sobre o exercício das atividades de mineração no território nacional, com possível responsabilização do Departamento Nacional de Produção Mineral – DNPM, sucedido pela Agência Nacional de Mineração, pela omissão do dever de fiscalização.

Publicado em: 16/09/2019 | Edição: 179 | Seção: 1 | Página: 98.

Enunciado nº 07 da 7ª Câmara – Controle Externo da Atividade Policial e Sistema Prisional

O Ministério Público Federal, por meio dos ofícios vinculados à 7a. CCR, tem atribuição para apurar, na esfera criminal e da improbidade administrativa, atos ilícitos envolvendo a aplicação de recursos financeiros de origem federal (FUNPEN) destinados ao sistema prisional.

Deliberado da 39ª Sessão Ordinária de Coordenação, em 06/06/2018.

Enunciado nº 59 da 4ª Câmara de Coordenação e Revisão – Meio Ambiente e Patrimônio Cultural do MPF

Degradação ambiental em assentamentos do INCRA. Atribuição do MPF.

O Ministério Público Federal tem atribuição para atuar em procedimento instaurado que visa apurar possível degradação ambiental em assentamentos do INCRA, considerando a caracterização do interesse federal no feito, em conformidade com o art. 109, I, da Constituição Federal.

Deliberado na 545ª Sessão Ordinária, em 20 de fevereiro de 2019. Precedentes: 1.22.002.000420/2015-48 e 1.23.001.001112/2016-93.

Enunciado nº 16 da 5ª Câmara de Coordenação e Revisão – Combate à corrupção do MPF

DECLÍNIO DE ATRIBUIÇÕES.

Em havendo transferência de recursos da União, inclusive fundo a fundo, a fiscalização Federal atrai a atribuição do Ministério Público Federal.

Aprovado na 603ª Sessão Ordinária, realizada em 2 de junho de 2011.

Enunciado nº 19 da 6ª Câmara – Populações Indígenas e Comunidades Tradicionais

O MPF, dentre outros legitimados, tem atribuição para atuar judicial e extrajudicialmente em casos envolvendo direitos de quilombolas e demais comunidades tradicionais, sendo a competência jurisdicional da justiça federal. Tal atribuição se funda no artigo 6º, inciso VII, alínea "c", e artigo 5º, inciso III, alínea "c", da Lei Complementar nº 75/93, no fato de que a tutela de tais interesses corresponde à proteção e promoção do patrimônio cultural nacional (artigos 215 e 216 da Constituição); envolve políticas públicas federais, bem como o cumprimento dos tratados internacionais de direitos humanos, notadamente da Convenção nº 169 da OIT.

Criado no XIV Encontro Nacional da 6ªCCR em 5/12/2014.

Enunciado nº 24 da 6ª Câmara – Populações Indígenas e Comunidades Tradicionais

Impõe-se a atuação do MPF pela implementação de políticas públicas destinadas às comunidades tradicionais, independentemente da regularização fundiária e de qualquer ato oficial de reconhecimento.

Criado no XIV Encontro Nacional da 6ªCCR em 5/12/2014.

Enunciado nº 40 da 6ª Câmara – Populações Indígenas e Comunidades Tradicionais

O MPF tem atribuição para atuar judicial e extrajudicialmente nos casos de impactos de empreendimentos sobre as comunidades indígenas e outros povos e comunidades tradicionais, por força dos arts. 129, V, da Constituição Federal e do art. 5º, III, e do art. 6º, VI, c, da Lei Complementar n. 75.

Conforme acesso em 07 de agosto de 2020 ao site: http://www.mpf.mp.br/atuacao-tematica/ccr6/copy_of_enunciados/enunciados

Enunciado nº 41 da 6ª Câmara – Populações Indígenas e Comunidades Tradicionais

O MPF tem atribuição para atuar judicial e extrajudicialmente nos casos de terras reivindicadas por indígenas e outras comunidades tradicionais, ainda que não tenha sido concluído (ou nem mesmo aberto) processo de identificação e demarcação dessas terras.

Conforme acesso em 07 de agosto de 2020 ao site: http://www.mpf.mp.br/atuacao-tematica/ccr6/copy_of_enunciados/enunciados

Enunciado nº 42 da 6ª Câmara – Populações Indígenas e Comunidades Tradicionais

O MPF tem atribuição para atuar judicial e extrajudicialmente nos casos de mortes, ameaças e outras violações de direitos humanos de lideranças indígenas, quilombolas e de outras comunidades tradicionais, consideradas, nessa condição, como defensoras de direitos humanos, não devendo essas violações ser tratadas em dimensão individual, mas como agressões ao seu povo.

Conforme acesso em 07 de agosto de 2020 ao site: http://www.mpf.mp.br/atuacao-tematica/ccr6/copy_of_enunciados/enunciados

Enunciado nº 43 da 6ª Câmara – Populações Indígenas e Comunidades Tradicionais

O Ministério Público Federal tem atribuição para atuar judicial e extrajudicialmente nos casos envolvendo direitos e implementação de políticas públicas para comunidades remanescentes de quilombos e demais populações tradicionais.

Conforme acesso em 07 de agosto de 2020 ao site: http://www.mpf.mp.br/atuacao-tematica/ccr6/copy_of_enunciados/enunciados

Enunciado nº 04 da 7ª Câmara – Controle Externo da Atividade Policial e Sistema Prisional

Sem prejuízo das atribuições do Ministério Público local, o Ministério Público Federal tem atribuição para atuar na tutela coletiva de direitos em questões relativas a presídio estadual quando os fatos noticiados envolverem diretamente presos à disposição da Justiça Federal ou presos indígenas.

Nova redação. Deliberado da 39ª Sessão Ordinária de Coordenação, em 06/06/2018.

ATRIBUIÇÃO CRIMINAL

Enunciado nº 15 do MPSP sobre o Pacote Anticrime

O membro do Ministério Público que tenha atuado na fase de investigação, inclusive na presidência de procedimento investigatório criminal, pode atuar na fase de instrução e julgamento, preservado o princípio do promotor natural.

Publicado no Diário Oficial de São Paulo, 23/01/2020.

ATRIBUIÇÃO CRIMINAL DE MEMBROS DO MPF

Enunciado nº 20 da 5ª Câmara de Coordenação e Revisão – Combate à corrupção do MPF

DECLÍNIO DE ATRIBUIÇÕES.

Em caso de desvio de verbas do FUNDEB, se não houve complementação pela União, a atribuição cível é do Ministério Público Estadual. Na seara criminal, considerando interesse federal reconhecido pelo STF, a atribuição será sempre do Ministério Público Federal.

Nota do autor: não há a indicação da publicação ou aprovação, apenas constando na página http://www.mpf.mp.br/atuacao-tematica/ccr5/enunciados. Consulta realizada em 07/08/2020.

Enunciado nº 11 da Assessoria Jurídica para Conflitos de Atribuição do Gabinete da Procuradora-Geral da República – AJCA/PGR

No âmbito criminal, é da atribuição do Ministério Público Federal a investigação e a propositura de ação penal relativa a desvios e malversação de recursos do Fundo de Manutenção e Desenvolvimento do Ensino Fundamental e de Valorização do Magistério – FUNDEF e do Fundo de Manutenção e Desenvolvimento da Educação Básica e de Valorização dos Profissionais da Educação – FUNDEB, independentemente de complementação com recursos federais. No âmbito cível, a atribuição é, em regra, do Ministério Público Estadual, só se justificando a atuação do *parquet* federal se houver complementação de recursos por parte da União e se os fatos tiverem relação com desvios ou irregularidades na aplicação das verbas.

Portaria nº 848/2019. Publicado em: 16/09/2019 | Edição: 179 | Seção: 1 | Página: 98.

Enunciado nº 29 da 5ª Câmara de Coordenação e Revisão – Combate à corrupção do MPF

SOCIEDADE DE ECONOMIA MISTA. RESPONSABILIDADE PENAL, POR IMPROBIDADE ADMINISTRATIVA E DA LEI ANTICORRUPÇÃO. PREJUÍZO AO CAPITAL DE ENTE FEDERAL. ATRIBUIÇÃO DO MPF.

O Ministério Público Federal tem atribuição para promover medidas tendentes à responsabilização penal e por improbidade administrativa e, também, as previstas na Lei 12.846, de 2013, em face de atos lesivos a sociedade de economia mista cuja acionista majoritária seja a União, sempre que evidenciado o interesse direto desta, como no caso em que o prejuízo sofrido pela sociedade empresarial repercuta ou possa repercutir no capital do ente político federal.

Aprovado na 859ª Sessão Ordinária, realizada em 25 de março de 2015.

Enunciado nº 27 da 2ª Câmara de Coordenação e Revisão – Criminal do MPF

A persecução penal relativa aos crimes previstos nos §§ 3º e 4º do art. 297 do Código Penal é de atribuição do Ministério Público Federal, por ofenderem a Previdência Social.

Aprovado na 4ª Sessão de Coordenação, de 07/06/2010.

Enunciado nº 31 da 2ª Câmara de Coordenação e Revisão – Criminal do MPF

Vide Enunciado nº 47 da 4ª CCR

O crime ambiental tipificado no art. 50 da Lei n.º 9.605/98, praticado em faixa de fronteira, é de atribuição do Ministério Público Federal por afetar interesse direto da União.

Aprovado na 1ª Sessão de Coordenação, de 17/05/2010.

Enunciado nº 47 da 4ª Câmara de Coordenação e Revisão – Meio Ambiente e Patrimônio Cultural do MPF

O crime ambiental tipificado no art. 50 da Lei n.º 9.605/98, praticado em faixa de fronteira, é de atribuição do Ministério Público Federal por afetar interesse direto da União.

Recepção do Enunciado nº 31-2ª CCR. 1ª Sessão de Coordenação, de 17.05.2010. Conforme portaria da 4ª CCR nº 05, de 3 de agosto de 2016, republicada em razão de incorreções na publicação do DMPFe, Caderno Extrajudicial nº 146/2016, divulgado em 3 de agosto de 2016, pág. 7.

Enunciado nº 43 da 2ª Câmara de Coordenação e Revisão – Criminal do MPF

A persecução penal dos crimes contra a flora, previstos na Lei nº 9.605/98, é da atribuição do Ministério Público Federal apenas quando o ilícito ocorrer em área pertencente ou protegida pela União.

Aprovado na 21ª Sessão de Coordenação, de 11/04/2011.
Precedentes:

1.23.003.000059/2007-01; 1.00.000.014235/2010-11; 1.11.000.001349/2010-18;

1.23.002.000124/2010-03; 1.00.000.001591/2011-48; 1.00.000.002439/2011-82;

entre outros.

Atual Enunciado nº 49 da 4ª CCR

Enunciado nº 49 da 4ª Câmara de Coordenação e Revisão – Meio Ambiente e Patrimônio Cultural do MPF

A persecução penal dos crimes contra a flora, previstos na Lei nº 9.605/98, é da atribuição do Ministério Público Federal apenas quando a espécie da flora estiver ameaçada de extinção ou quando o ilícito ocorrer em área pertencente ou protegida pela União, a exemplo das Unidades de Conservação Federais, das APPs em rios federais e das terras indígenas, dentre outros.

Adequação do Enunciado nº 49 4ªCCR publicado por meio da portaria nº 5 4ºCCR, de 03 de agosto de 2016.

Recepção do Enunciado nº 43-2ª CCR. 21ª Sessão de Coordenação, de 11.04.2011.

Enunciado nº 44 da 2ª Câmara de Coordenação e Revisão – Criminal do MPF

Vide Enunciado nº 50 da 4ª CCR

A persecução penal do crime previsto no artigo 29 da Lei nº 9.605/98 é da atribuição do Ministério Público Federal apenas quando o espécime da fauna silvestre estiver ameaçada de extinção ou quando oriundo de área pertencente ou protegida pela União.

Aprovado na 21ª Sessão de Coordenação, de 11/04/2011.

Precedentes:

1.00.000.016072/2010-01; 1.22.011.000130/2010-81; 1.30.020.000197/2010-34; 1.33.001.000527/2010-16; 1.30.010.000007/2011-89; 1.34.008.000490/2010-11; entre outros.

Enunciado nº 50 da 4ª Câmara de Coordenação e Revisão – Meio Ambiente e Patrimônio Cultural do MPF

A persecução penal do crime previsto no artigo 29 da Lei nº 9.605/98 é da atribuição do Ministério Público Federal apenas quando o espécime da fauna silvestre estiver ameaçada de extinção ou quando oriundo de área pertencente ou protegida pela União, a exemplo das Unidades de Conservação Federais, das APPs em rios federais e das terras indígenas, dentre outros.

Recepção do Enunciado nº 44-2ª CCR.21ª Sessão de Coordenação, de 11.04.2011. Conforme portaria da 4ª CCR nº 05, de 3 de agosto de 2016, republicada em razão de incorreções na publicação do DMPFe, Caderno Extrajudicial nº 146/2016, divulgado em 3 de agosto de 2016, pág. 7.

Enunciado nº 019 do Conselho Institucional do MPF

1. A adulteração de anilhas destinadas à regularização e ao controle de pássaros da fauna silvestre em cativeiro viola a fé público, atingindo interesse e serviço federal, considerando que o IBAMA, ente público federal, é incumbido da gestão e do monitoramento das atividades de criadores amadores por meio de sistema de controle de criação de passeriformes silvestres – SISPAS, o que atrai a atribuição do Ministério Público Federal e a competência da Justiça Federal para o processo de julgamento.

2. Verificando-se esse crime de falso em concurso com delito contra a fauna, a competência será federal, ainda que os passeriformes não constem no rol de espécies ameaçadas de extinção, haja vista a conexão entre o crime ambiental e a fraude que desregula os mecanismos de controle. Incidência da súmula 122 do STJ.

Referência processual: 1.00.000.022365/2019-58; Precedentes: PRM/MAR-3410.2018.000043-4-INQ, PRM/MAR-3410.2017.000093-0-INQ, PRM/MAR-3410.2016.000177-9-INQ.

Aprovado na 7ª Sessão Ordinária, em 11/09/2019.

Conforme acesso em 07 de agosto de 2020 ao site: http://www.mpf.mp.br/o-mpf/conselho-institucional/documentos-e-publicacoes/enunciados

Enunciado nº 58 da 4ª Câmara de Coordenação e Revisão – Meio Ambiente e Patrimônio Cultural do MPF

O Ministério Público Federal tem atribuição para atuar em procedimento instaurado para averiguar a prática dos crimes previstos nos artigos 296, §1º, inciso III, do Código Penal e 29, §1º, inciso III, da Lei nº 9.605/1998 (adulteração de anilhas e manutenção de pássaros em cativeiro sem licença ou autorização), pois existe interesse federal no monitoramento da atividade de criador amador no País, haja vista a manutenção, pelo Instituto Brasileiro do Meio Ambiente e dos Recursos Naturais Renováveis (Ibama), de sistema para o controle da criação de pássaros silvestres por cidadãos (Sispass), restando configurada a competência federal, nos termos do artigo 109, IV, da Constituição Federal.

Deliberado na 545ª Sessão Ordinária, em 20 de fevereiro de 2019. Precedentes:JF-OUR-0000850-94.2017.4.03.6125-INQ, 1.11.000.001287/2018-93, PRM/MAR-3410.2016.000177-9-INQ, PRM/JAL-3427.2018.000029-0-INQ e 1.11.000.001431/2018-91.

Enunciado n° 62 da 4ª Câmara de Coordenação e Revisão – Meio Ambiente e Patrimônio Cultural do MPF

A persecução penal dos crimes decorrentes da inserção de informações ideologicamente falsas no Sistema de Comercialização e Transporte de Produtos Florestais – Sisflora, gerido e operacionalizado por órgão estadual, previstos nos artigos 46 da Lei nº 9.605/98 e 299 do Código Penal, é da atribuição do Ministério Público Federal quando verificada, na cadeia de venda das empresas, a existência de transações interestaduais ou transnacionais.

Deliberado na 545ª Sessão Ordinária, em 20 de fevereiro de 2019. Precedentes: 1.23.000.003181/2016-41, 1.23.002.000053/2017-15 e 1.23.007.000325/2017-29.

Enunciado nº 45 da 2ª Câmara de Coordenação e Revisão – Criminal do MPF

Vide Enunciado nº 44 da 4ª CCR

A persecução penal do crime previsto no artigo 60 da Lei nº 9.605/98 é da atribuição do Ministério Público Federal apenas quando o ilícito ocorrer em área pertencente ou protegida pela União.

Aprovado na 21ª Sessão de Coordenação, de 11/04/2011.

Precedentes:

1.00.000.001352/2010-23; 1.00.000.016509/2010-07; 1.12.000.000707/2010-20; 1.33.003.000333/2010-92; 1.34.010.001254/2010-72; 1.00.000.002069/2011-83; entre outros.

Enunciado nº 44 da 4ª Câmara de Coordenação e Revisão – Meio Ambiente e Patrimônio Cultural do MPF

A persecução penal do crime previsto no artigo 60 da Lei nº 9.605/98 é da atribuição do Ministério Público Federal apenas quando o ilícito ocorrer em área pertencente ou protegida pela União, a exemplo das Unidades de Conservação Federais, das APPs em Rios federais e das terras indígenas, dentre outros.

Recepção do Enunciado nº 45-2ª CCR. 21ª Sessão de Coordenação, de 11.04.2011. Conforme portaria da 4ª CCR nº 05, de 3 de agosto de 2016, republicada em razão de incorreções na publicação do DMPFe, Caderno Extrajudicial nº 146/2016, divulgado em 3 de agosto de 2016, pág. 7.

Enunciado nº 41 da 2ª Câmara de Coordenação e Revisão – Criminal do MPF

Os crimes de redução a condição análoga à de escravo são de atribuição do Ministério Público Federal.

Aprovado na 3ª Sessão de Coordenação, de 31/05/2010.

Enunciado nº 47 da 2ª Câmara de Coordenação e Revisão – Criminal do MPF

A persecução penal dos crimes sexuais contra vulnerável (capítulo II do título VI da parte especial do Código Penal), por si só, não é de atribuição do Ministério Público Federal, salvo se cometidos a bordo de navio ou aeronave, ou incidir em outra hipótese específica de competência federal ou tiver conexão com crime federal.

Aprovado na 61ª Sessão de Coordenação, 04/03/2013.

Precedentes:

1.15.002.000102/2012-79; 1.34.004.001135/2012-61; 1.34.004.001228/2012-95; 1.34.004.001304/2012-62; 1.34.001.005188/2012-81; entre outros.

Enunciado nº 48 da 2ª Câmara de Coordenação e Revisão – Criminal do MPF

CRIME CONTRA O SISTEMA FINANCEIRO NACIONAL

É de atribuição do Ministério Público Federal a persecução penal do crime de obtenção fraudulenta de financiamento em instituição financeira para aquisição de automóvel, tipificado no artigo 19 da Lei nº 7.492/86.

Aprovado na 61ª Sessão de Coordenação, de 04/03/2013.

Precedentes:

1.00.000.008902/2012-81; 1.00.000.008878/2012-80; 0003211-32.2012.403.6102; 0007962-62.2012.4.03.6102; 000521372.2012.403.6102; 0004155-34.2012.403.6102;

entre outros.

Enunciado nº 85 da 2ª Câmara de Coordenação e Revisão – Criminal do MPF

Não é de atribuição do Ministério Público Federal a persecução penal do crime de injúria racial (CP, art. 140, § 3º), ainda que praticado pela rede mundial de computadores, salvo se, no caso, incidir hipótese específica de competência federal ou tiver conexão com crime federal.

Aprovado na 176ª Sessão de Coordenação, de 10/02/2020.

Precedentes 2ª CCR:

Processo: 1.34.043.000630/2019-62, Sessão de Revisão nº 755, de 25/11/2019, unânime.

Processo: 1.29.000.001336/2019-34, Sessão de Revisão nº 747, de 12/08/2019, unânime.

Processo: 1.17.000.002685/2018-11, Sessão de Revisão nº 731, de 10/12/2018, unânime.

Processo: 1.30.001.004696/2018-86, Sessão de Revisão nº 731, de 10/12/2018, unânime.

Processo: 1.15.000.002857/2018-13, Sessão de Revisão nº 725, de 26/09/2018, unânime.

Enunciado nº 89 da 2ª Câmara de Coordenação e Revisão – Criminal do MPF

É de atribuição do Ministério Público Federal a persecução penal do crime de racismo, previsto no art. 20, § 2º, da Lei nº 7.716/89, e na Convenção Internacional sobre a Eliminação de Todas as Formas de Discriminação Racial, da qual o Brasil é signatário, se a infração penal, caracterizada pelo evidente excesso no exercício da liberdade de expressão por parte do investigado, for praticada pela rede mundial de computadores.

Aprovado na 176ª Sessão de Coordenação, de 10/02/2020.

Precedentes 2ª CCR:

Processo: 1.00.000.024650/2019-11, Sessão de Revisão nº 758, de 16/12/2019, unânime.

Processo: DPF/DF-0525/2019-INQ, Sessão de Revisão nº 747, de 12/08/2019, unânime.

Processo: JF-AMR-0000415-59.2018.4.03.6134-PIMP, Sessão de Revisão nº 735, de 25/02/2019, unânime.

Processo: JF-SJC-0000461-49.2015.4.03.6103-REPCR, Sessão de Revisão nº 728, de 12/11/2018, unânime.

Enunciado nº 07 da Assessoria Jurídica para Conflitos de Atribuição do Gabinete da Procuradora-Geral da República – AJCA/PGR

Crime praticado em rede mundial de computadores, consistente em publicar conteúdo ilícito na internet, que tenha estado acessível por alguém no estrangeiro, ainda que não haja evidências de que o acesso realmente ocorreu, é da atribuição do Ministério Público Federal, desde que preenchidos três requisitos cumulativos: a) que o fato esteja previsto como crime no Brasil e no estrangeiro; b) que o Brasil seja signatário de convenção ou tratado internacional por meio do qual assume o compromisso de reprimir criminalmente aquela espécie delitiva; e c) que a conduta tenha ao menos se iniciado no Brasil e o resultado tenha ocorrido, ou devesse ter ocorrido no exterior, ou reciprocamente.

Portaria nº 848/2019. Publicado em: 16/09/2019 | Edição: 179 | Seção: 1 | Página: 98.

Enunciado nº 54 da 2ª Câmara de Coordenação e Revisão – Criminal do MPF

A atribuição de membro do MPF para persecução penal do crime de descaminho é definida pelo local onde as mercadorias foram apreendidas, pois ali consuma-se o crime. (Excepciona-se os casos de comércio eletrônico)

Incluído pela 175ª Sessão de Coordenação, de 25/11/2019.

Aprovado na 79ª Sessão de Coordenação, de 07/04/2014.

Precedentes:

1.29.004.001140/2013-14; 1.33.011.000096/2008-46; 1.34.004.000945/2011-19; 1.29.004.001129/2013-54

Precedentes que excepcionaram o comércio eletrônico na 175ª Sessão de Coordenação:

1.15.000.002262/2019-49; 1.33.001.000345/2019-75; PR/SP-3000.2019.001716-2-INQ;

1.15.000.002248/2019-45; 1.15.000.02355/2019-73.

Enunciado nº 95 da 2ª Câmara de Coordenação e Revisão – Criminal do MPF

É da atribuição do membro do Ministério Público Federal oficiante no local do domicílio do investigado a persecução penal dos crimes de contrabando e descaminho, quando a importação irregular ocorrer via postal, ou seja, resultante de comércio eletrônico, hipóteses diversas daquelas verificadas nos precedentes de 1994 e 1995 que motivaram a edição da Súmula nº 151 do STJ. (Para drogas e medicamentos pelo correio, ver orientação nº 41).

Alterado na 184ª Sessão Virtual de Coordenação, de 09/06/2020.

Precedentes 2ª CCR:

Processo nº 1.15.000.003018/2019-01, Sessão de Revisão nº 761, de 10/02/2020, unânime.

Processo nº 1.15.000.002317/2019-11, Sessão de Revisão nº 759, de 27/01/2020, unânime.

Processo nº 1.13.000.001372/2016-15, Sessão de Revisão nº 759, de 27/01/2020, unânime.

Processo nº 1.15.000.002410/2019-25, Sessão de Revisão nº 758, de 16/12/2019, unânime.

Enunciado nº 56 da 2ª Câmara de Coordenação e Revisão – Criminal do MPF

A persecução penal nos casos de tráfico internacional de entorpecentes por via postal é da atribuição de membro do Ministério Público Federal oficiante no local onde a droga é apreendida, no caso de ingresso do entorpecente no País, ou onde a droga é postada, no caso de entorpecente remetido com destino ao exterior

Redação alterada na 109ª Sessão de Coordenação, de 04/04/2016.

Precedentes:

1.33.000.002993/2014-61; 0015204-58.2014.4.03.6181 (IPL Nº 0677/2014-2); 0001176-51.2015.4.03.6181;

(IPL Nº 0104/2013-2) 0018406-46.2013.4.02.5101; 0022319-79.2014.4.01.3500; 5008137-84.2013.4.04.7208.

Enunciado nº 88 da 2ª Câmara de Coordenação e Revisão – Criminal do MPF

Não é de atribuição do Ministério Público Federal a persecução penal dos crimes relativos a entorpecentes, salvo se comprovada a transnacionalidade da conduta.

Aprovado na 176ª Sessão de Coordenação, de 10/02/2020.

Precedentes 2ª CCR:

Processo: 1.29.011.000343/2019-90, Sessão de Revisão nº 750, de 23/09/2019, unânime.

Processo: 1.30.001.003108/2019-78, Sessão de Revisão nº 748, de 26/08/2019, unânime.

Processo: DPF-TAB/AM-00100/2016, Sessão de Revisão nº 747, de 12/08/2019, unânime.

Processo: 1.26.001.000009/2019-67, Sessão de Revisão nº 735, de 25/02/2019, unânime.

Processo: 1.29.011.000154/2018-36, Sessão de Revisão nº 722, de 27/08/2018, unânime.

Enunciado nº 66 da 2ª Câmara de Coordenação e Revisão – Criminal do MPF

É de atribuição do Ministério Público Federal a persecução penal de conduta perpetrada em desfavor de interesse de sistema próprio de previdência de servidores estaduais e municipais, isso porque as unidades gestoras dos Regimes Próprios de Previdência Social - RPPS (e de seus respectivos fundos), constituídas com personalidade jurídica, podem ser equiparadas à instituição financeira, porquanto arrecadam, administram e investem recursos no mercado financeiro, os quais são destinados à concretização do direito constitucionalmente assegurado à previdência social para os servidores públicos, e, havendo irregularidades, os gestores poderão responder por eventual prática de crimes contra o Sistema Financeiro Nacional.

Redação alterada na 176ª Sessão de Coordenação, de 10/02/2020.

Precedentes:

Processo: JF/GOI/PE-0000242-66.2015.4.05.8306, 754ª Sessão de Revisão, de 11/11/2019, unânime.

Processo: 1.14.002.000176/2019-19, Sessão de Revisão nº 750, de 23/09/2019, unânime.

Processo: 1.30.017.000313/2019-11, Sessão de Revisão nº 747, de 12/08/2019, unânime.

Processo: 1.00.000.000631/2019-91, Sessão de Revisão nº 747, de 12/08/2019, unânime.

Enunciado nº 86 da 2ª Câmara de Coordenação e Revisão – Criminal do MPF

Não é de atribuição do Ministério Público Federal a persecução penal dos crimes de posse, porte ou comércio, irregular ou ilegal, de arma de fogo, acessório ou munição, previstos na Lei nº 10.826/03, salvo se, no caso, incidir hipótese específica de competência federal ou tiver conexão com crime federal.

Aprovado na 176ª Sessão de Coordenação, de 10/02/2020.

Precedentes 2ª CCR:

Processo: DPF/RO-0235/2019-INQ, Sessão de Revisão nº 748, de 26/08/2019, unânime.

Processo: DPF/VCQ/BA-00085/2019-INQ, Sessão de Revisão nº 747, de 12/08/2019, unânime.

Processo: PRM-CGT-3439.2018.000039-4-INQ, Sessão de Revisão nº 747, de 12/08/2019, unânime.

Processo: DPF-TAB/AM-00208/2015-INQ, Sessão de Revisão nº 740, de 13/05/2019, unânime.

Processo: 1.23.005.000311/2018-14, Sessão de Revisão nº 738, de 08/04/2019, unânime.

Enunciado nº 39 da 2ª Câmara de Coordenação e Revisão – Criminal do MPF

Vide Enunciado nº 48 da 4ª CCR

A persecução penal da conduta ilícita de transportar madeira sem a devida guia ("ATPF"), tipificada no parágrafo único, do art. 46, da Lei nº 9.605/98, não é da atribuição do Ministério Público Federal, exceto quando o produto transportado for oriundo de área pertencente ou protegida pela União.

Aprovado na 3ª Sessão de Coordenação, de 31/05/2010.

Enunciado nº 48 da 4ª Câmara de Coordenação e Revisão – Meio Ambiente e Patrimônio Cultural do MPF

A persecução penal da conduta ilícita de transportar madeira sem a devida guia, tipificada no parágrafo único, do art. 46, da Lei nº 9.605/98, não é da atribuição do Ministério Público Federal, exceto quando o produto transportado for oriundo de área pertencente ou protegida pela União.

Recepção do Enunciado nº 39 -2ª CCR. 3ª Sessão de Coordenação, de 31.05.2010. Conforme portaria da 4ª CCR nº 05, de 3 de agosto de 2016, republicada em razão de incorreções na publicação do DMPFe, Caderno Extrajudicial nº 146/2016, divulgado em 3 de agosto de 2016, pág. 7.

Enunciado nº 97 da 2ª Câmara de Coordenação e Revisão – Criminal do MPF

É de atribuição do Ministério Público Federal a persecução penal de crimes praticados contra o funcionamento de instituição privada de ensino superior ou na emissão de certificado de conclusão de curso de graduação/pós-graduação.

Aprovado na 179ª Sessão Virtual de Coordenação, de 27/04/2020.

Precedentes 2ª CCR:

Processo: SPF/BA-00497/2018-INQ, Sessão de Revisão nº 763, de 09/03/2020, unânime;

Processo: 1.20.004.000407/2019-77, Sessão de Revisão nº 761, de 10/02/2020, unânime;

Processo: DPF/CE/SB-00060/2015-INQ, Sessão de Revisão nº 759, de 27/01/2020, unânime.

Enunciado nº 02 da 7ª Câmara – Controle Externo da Atividade Policial e Sistema Prisional

O Ministério Público Federal possui atribuição para a persecução de crime de tortura ou de maus tratos contra preso à disposição da Justiça Federal, ainda que esteja recolhido em estabelecimento prisional estadual e tenha o delito sido praticado por agente estadual (art. 109, IV, CF).

Procedimento Administrativo nº 1.00.000.001727/2016-24, deliberação da 18ª Sessão Ordinária de Coordenação, em 08/03/2016. Precedentes 1.16.000.003385/2011-11, 00001318-62.2014.4.05.8500, 1.23.002.000394/2014-30, 1.16.000.003385/2011-11.

Enunciado nº 03 da 7ª Câmara – Controle Externo da Atividade Policial e Sistema Prisional

O Ministério Público Federal possui atribuição para apurar irregularidades na atuação de policiais estaduais, inclusive policiais militares, desde que não se trate de crime militar, quando delas resultar prejuízo direto para a persecução penal federal, conforme identificado em sede de controle difuso.

Procedimento Administrativo nº 1.34.035.000015/2017-93, deliberação da 31ª Sessão Ordinária de Coordenação, em 12/09/2017.

Enunciado nº 08 da 7ª Câmara – Controle Externo da Atividade Policial e Sistema Prisional

O Ministério Público Federal possui atribuição para a persecução penal dos crimes de tortura e maus-tratos cometidos contra civis por militares da União, no exercício da função.

Procedimento Administrativo nº 1.00.000.009623/2019-19, aprovação deliberada na 47ª Sessão Ordinária de Coordenação, em 14/05/2019.

ATRIBUIÇÃO CRIMINAL DE MEMBROS DO MP DOS ESTADOS

Enunciado nº 50 da 2ª Câmara de Coordenação e Revisão – Criminal do MPF

O fato de a conduta ter ocorrido por meio da rede mundial de computadores não atrai, somente por este motivo, a atribuição do Ministério Público Federal para a persecução penal.

Redação alterada na 97ª Sessão de Coordenação, de 11/05/2015.

Precedentes:

1.26.000.000212/2015-10; 1.25.000.003907/2014-18; 1.15.000.001400/2014-68;

VOTO Nº 1778/2015 – IPL Nº 00639/2014; 1.34.006.000131/2015-98; 1.11.000.001473/2014-07.

Enunciado nº 45 da 4ª Câmara de Coordenação e Revisão – Meio Ambiente e Patrimônio Cultural do MPF

O fato de a conduta ter ocorrido por meio da rede mundial de computadores não atrai, somente por este motivo, a atribuição do Ministério Público Federal para a persecução penal.

Recepção do Enunciado nº 50-2ª CCR. 97ª Sessão de Coordenação, de 11.05.2015. Conforme portaria da 4ª CCR nº 05, de 3 de agosto de 2016, republicada em razão de incorreções na publicação do DMPFe, Caderno Extrajudicial nº 146/2016, divulgado em 3 de agosto de 2016, pág. 7.

Enunciado nº 84 da 2ª Câmara de Coordenação e Revisão – Criminal do MPF

Não é de atribuição do Ministério Público Federal a persecução penal dos crimes praticados exclusivamente contra o patrimônio de particular, ainda que praticado por meio da rede mundial de computadores.

Aprovado na 176ª Sessão de Coordenação, de 10/02/2020.

Precedentes 2ª CCR:

Processo: 1.29.011.000398/2019-08, Sessão de Revisão nº 758, de 16/12/2019, unânime.

Processo: 1.22.000.003114/2019-15, Sessão de Revisão nº 755, de 25/11/2019, unânime.

Processo: 1.30.001.004133/2019-79, Sessão de Revisão nº 755, de 25/11/2019, unânime.

Processo: 1.18.001.000626/2019-34, Sessão de Revisão nº 753, de 21/10/2019, unânime.

Processo: 1.32.000.000414/2019-98, Sessão de Revisão nº 750, de 23/09/2019, unânime.

Enunciado nº 82 da 2ª Câmara de Coordenação e Revisão – Criminal do MPF

A negociação irregular de imóvel adquirido de forma lícita por meio do Programa Minha Casa Minha Vida é passível de medidas no âmbito cível a serem adotadas pelo agente financiador, inclusive a retomada do imóvel, mas, na esfera penal, se restringe aos interesses de particulares, eventuais vítimas do crime de estelionato (CP, art. 171), não havendo lesão direta e específica a bens, serviços ou interesses da União ou de suas entidades que justifique a atribuição do Ministério Público Federal.

Aprovado na 176ª Sessão de Coordenação, de 10/02/2020.

Precedentes 2ª CCR:

Processo: 1.28.000.001927/2018-68, Sessão de Revisão nº 754, de 11/11/2019, unânime.

Processo: 1.19.005.000174/2017-51, Sessão de Revisão nº 753, de 21/10/2019, unânime.

Processo: 1.35.000.000292/2019-28, Sessão de Revisão nº 746, de 08/07/2019, unânime.

Processo: 1.26.005.000018/2019-18, Sessão de Revisão nº 739, de 29/04/2019, unânime.

Processo: 1.23.000.000168/2019-83, Sessão de Revisão nº 735, de 25/02/2019, unânime.

Assento nº 20 do Conselho Superior do Ministério Público do Estado do Rio Grande do Norte

O membro do Ministério Público do Estado do Rio Grande do Norte não está legitimado para apurar eventuais irregularidades no Programa 'Minha Casa Minha Vida', ainda que ocorridas no âmbito municipal por ocasião da escolha dos beneficiários.

Aprovado na 11ª Sessão Ordinária do Conselho Superior do Ministério Público, realizada em 03 de novembro de 2015.

Enunciado nº 59 da 2ª Câmara de Coordenação e Revisão – Criminal do MPF

Vide Enunciado nº 39 da 4ª CCR

Não é atribuição do Ministério Público Federal a persecução penal do crime de transporte de gasolina, etanol, óleo diesel, álcool etílico e gás butano, sem licença válida outorgada pelo órgão competente (artigo 56 da Lei nº 9.605/98), salvo quando se tratar de transporte transnacional.

Aprovado na 106ª Sessão de Coordenação, de 18/12/2015.

Precedentes:

1.11.001.000227/2014-10; 1.34.015.000500/2015-33; 1 .11.000.001542/2014-74;

1.11.001.000152/2014-77; 1.11.001.000153/2014-11; 1.11.001.000182/2014-83;

1.11.001.000248/2014-35; 1.11.000.001544/2014-63; 1.23.000.001402/2015-66;

1.24.000.000573/2014-50; 1.29.023.000048/2014-90; 1.34.004.000744/2015-45;

1.11.000.000553/2015-18; 1.23.000.002937/2014-73; 1.11.000.000541/2015-93;

1.11.000.000237/2015-46; 1.11.001.000183/2014-28; 1.29.023.000056/2014-36;

1.11.000.000223/2015-22; 1.11.001.000154/2014-66; 1.11.001.000226/2014-75;

1.29.023.000045/2014-56; 1.29.023.000145/2014-82; 1.30.002.000200/2015-42.

Enunciado nº 39 da 4ª Câmara de Coordenação e Revisão – Meio Ambiente e Patrimônio Cultural do MPF

Não é atribuição do Ministério Público Federal a persecução penal do crime de transporte de gasolina, etanol, óleo diesel, álcool etílico e gás butano, sem licença válida outorgada pelo órgão competente (artigo 56 da Lei nº 9.605/98), salvo quando se tratar de transporte transnacional.

Recepção do Enunciado nº 59-2ª CCR.106ª Sessão de Coordenação, de 18.12.2015. Conforme portaria da 4ª CCR nº 05, de 3 de agosto de 2016, republicada em razão de incorreções na publicação do DMPFe, Caderno Extrajudicial nº 146/2016, divulgado em 3 de agosto de 2016, pág. 7.

Enunciado nº 38 da 2ª Câmara de Coordenação e Revisão – Criminal do MPF

A persecução penal da conduta ilícita de adquirir, distribuir e revender combustíveis em desacordo com as normas estabelecidas no art. 1º, da Lei nº 8.176/91, não é da atribuição do Ministério Público Federal, exceto quando houver interesse direto e específico da União, nos termos do art. 109, IV da Constituição Federal. Precedentes do STF.

Aprovado na 1ª Sessão de Coordenação, de 17/05/2010.

Enunciado nº 37 da 2ª Câmara de Coordenação e Revisão – Criminal do MPF

Não é atribuição do Ministério Público Federal a persecução penal de contravenções penais, ainda que ocorra, com a infração, prejuízo a bem, serviços ou interesse direto e específico da União, suas entidades autárquicas ou empresas públicas.

Aprovado na 1ª Sessão de Coordenação, de 17/05/2010. Cf. art. 109, IV, da CF e Súmula nº 38 do STJ.

Enunciado nº 42 da 2ª Câmara de Coordenação e Revisão – Criminal do MPF

Não é atribuição do Ministério Público Federal a persecução penal de ato infracional cometido por menor inimputável, ainda que a infração tenha ocorrido em detrimento de bens, serviços ou interesse da União ou de suas entidades autárquicas ou empresas públicas.

Aprovado na 14ª Sessão de Coordenação, de 08/11/2010.

Enunciado nº 43 da 4ª Câmara de Coordenação e Revisão – Meio Ambiente e Patrimônio Cultural do MPF

Não é atribuição do Ministério Público Federal a persecução penal de ato infracional cometido por menor inimputável, ainda que a infração tenha ocorrido em detrimento de bens, serviços ou interesse da União ou de suas entidades autárquicas ou empresas públicas.

Recepção do Enunciado nº 42-2ª CCR. 14ª Sessão de Coordenação, de 08.11.2010. Conforme portaria da 4ª CCR nº 05, de 3 de agosto de 2016, republicada em razão de incorreções na publicação do DMPFe, Caderno Extrajudicial nº 146/2016, divulgado em 3 de agosto de 2016, pág. 7.

Enunciado nº 51 da 2ª Câmara de Coordenação e Revisão – Criminal do MPF

A persecução penal de crime contra a honra, cometido entre particulares, ainda que praticado por meio da internet, não é de atribuição do Ministério Público Federal.

72ª Sessão de Coordenação, de 04.11.2013.

Revogado na 97ª Sessão de Coordenação, 11/05/2015.

Restaurado na 176ª Sessão de Coordenação, de 10/02/2020.

Precedentes 2ª CCR:

Processo: 1.34.001.001085/2019-18, Sessão de Revisão nº 742, de 27/05/2019, unânime.

Processo: 1.15.000.004118/2018-66, Sessão de Revisão nº 734, de 11/02/2019, unânime.

Processo: 1.35.000.001065/2018-39, Sessão de Revisão nº 725, de 26/09/2018, unânime.

Processo: 1.18.001.000040/2018-99, Sessão de Revisão nº 708, de 12/03/2018, unânime.

Processo: 1.20.000.000818/2017-31, Sessão de Revisão nº 708, de 12/03/2019, unânime.

Enunciado nº 62 da 2ª Câmara de Coordenação e Revisão – Criminal do MPF

Não é da atribuição do Ministério Público Federal a persecução penal relativa aos crimes de falsidade documental praticados perante Junta Comercial, por não ofenderem diretamente bens, serviços ou interesse da União ou de suas entidades autárquicas ou empresas públicas.

Aprovado na 116ª Sessão de Coordenação, de 22/08/2016.

Precedentes:

0504844-39.2015.4.02.5101; 1.36.000.000739/2015-06; 3000.2012.000317-4;

1.26.000.000687/2016-97; 1.23.000.000762/2016-21; 1.22.005.000115/2016-15.

Enunciado nº 72 da 2ª Câmara de Coordenação e Revisão – Criminal do MPF

Não é atribuição do Ministério Público Federal a persecução penal dos crimes de propaganda, fabricação ou comercialização de produto sem registro, com fórmula em desacordo à constante do registro ou sem as características de identidade, qualidade e segurança estabelecidos pela ANVISA.

Aprovado na 150ª Sessão de Coordenação, de 07/05/2018.

Enunciado nº 83 da 2ª Câmara de Coordenação e Revisão – Criminal do MPF

Não é de atribuição do Ministério Público Federal a persecução penal do crime de frustração de direito assegurado por lei trabalhista, previsto no art. 203 do Código Penal, se, após diligências, restar demonstrado apenas lesão a um restrito número de trabalhadores.

Aprovado na 176ª Sessão de Coordenação, de 10/02/2020.

Precedentes 2ª CCR:

Processo: 1.30.001.003898/2019-91, Sessão de Revisão nº 754, de 11/11/2019, unânime.

Processo: SR/DPF/MG-02042/2018-INQ, Sessão de Revisão nº 747, de 12/08/2019, unânime.

Processo: SPF/BA-01120/2018, Sessão de Revisão nº 747, de 12/08/2019, unânime.

Processo: 1.16.000.001514/2019-85, Sessão de Revisão nº 744, de 24/06/2019, unânime.

Processo: 1.16.000.001870/2018-18, Sessão de Revisão nº 721, de 13/08/2018, unânime.

Enunciado nº 87 da 2ª Câmara de Coordenação e Revisão – Criminal do MPF

Exceto quando comprovado dano ao serviço postal, não é de atribuição do Ministério Público Federal a persecução penal de crime praticado nas dependências de agência dos Correios contra pessoa jurídica de direito privado na condição de Banco Postal, tendo em vista que a instituição financeira, sociedade de economia mista, responsabiliza-se por eventuais perdas, danos, roubos, furtos ou destruição de bens cedidos pela empresa pública federal.

Aprovado na 176ª Sessão de Coordenação, de 10/02/2020.

Precedentes 2ª CCR:

Processo: 1.19.000.002280/2019-81, Sessão de Revisão nº 758, de 16/12/2019, unânime.

Processo: 1.14.002.000075/2019-48, Sessão de Revisão nº 742, de 27/05/2019, unânime.

Processo: JF-RVE-0001470-09.2016.4.01.3503, Sessão de Revisão nº 736, de 11/03/2019, unânime.

Processo: 1.13.000.000451/2019-51, Sessão de Revisão nº 735, de 25/02/2019, unânime.

Processo: JF/SINOP-0001340-39.2018.4.01.3603, Sessão de Revisão nº 721, de 13/08/2019, unânime.

Enunciado nº 96 da 2ª Câmara de Coordenação e Revisão – Criminal do MPF

Não é de atribuição do Ministério Público Federal a persecução penal do crime de apropriação de contribuição sindical (CP, art. 168), por não ofender diretamente bens, serviços ou interesse da União ou de suas entidades autárquicas ou empresas públicas.

Aprovado na 179ª Sessão Virtual de Coordenação, de 27/04/2020.

Precedentes 2ª CCR:

Processo: 1.25.009.000023/2020-61, Sessão de Revisão nº 763, de 09/03/2020, unânime;

Processo: 1.18.000.000104/2020-86, Sessão de Revisão nº 761, de 10/02/2020, unânime;

Processo: 1.33.008.000413/2018-55, Sessão de Revisão nº 739, de 29/04/2019, unânime.

Enunciado nº 78 das Câmaras de Coordenação e Revisão Criminais Reunidas do MPDFT

As Promotorias de Justiça de Defesa da Mulher em Situação de Violência Doméstica, nos termos do art. 6º-A, inciso II, da Resolução n. 90/2009 do CSMPDFT, devem fiscalizar e promover a articulação da rede de entidades governamentais ou não, de atendimento à Mulher em situação de violência doméstica ou familiar, documentando tais atividades em procedimento administrativo específico, nos moldes dos procedimentos de controle externo da atividade policial.

Ref. PA nº 08190.060246/16-75.

Publicado no DOU, Seção 1, do dia 09 de agosto de 2016.

Enunciado nº 79 das Câmaras de Coordenação e Revisão Criminais Reunidas do MPDFT

As Promotorias de Justiça de Defesa da Mulher em Situação de Violência Doméstica devem promover o incremento da fiscalização do efetivo cumprimento da decisão judicial que defere as medidas protetivas de urgência da Lei n. 11.340/2006, realizando as comunicações aos órgãos da rede de proteção, conforme as necessidades do caso, tais quais o programa PROVID da PMDF, os programas de acompanhamento psicossocial para as vítimas e os agressores, os programas assistenciais, bem como o Conselho Tutelar.

Ref. PA nº 08190.060246/16-75.

Publicado no DOU, Seção 1, do dia 09 de agosto de 2016.

Assento n º 001/2011 do Conselho Superior do Ministério Público do Estado de Rondônia

Os inquéritos policiais referentes ao crime de facilitação ou promoção de fuga de pessoa presa, submetida a medida de segurança ou a medida de internação, serão de atribuição das Promotorias Criminais Genéricas, observando-se a distribuição previamente estabelecida pelo Poder Judiciário.

Aprovado na sua 440ª Sessão, 1ª Ordinária, 16/11/2011.

ATRIBUIÇÃO DO MPT

Enunciado nº 29 da 3ª Câmara de Coordenação e Revisão – Consumidor e Ordem Econômica do MPF

O Ministério Público Federal não tem atribuição para apurar descumprimento de normas relativas ao direito de greve ou ao exercício abusivo do direito de greve, porque essas são atribuições do Ministério Público do Trabalho.

Aprovado na 2ª Sessão de Coordenação de 2017, realizada em 29/03/2017.

Enunciado nº 15 da Câmara de Coordenação e Revisão do MPT

INQUÉRITO CIVIL PARA INVESTIGAR DESCUMPRIMENTO DE NORMAS DE SEGURANÇA E SAÚDE DO TRABALHO EM PESSOA JURÍDICA DE DIREITO PÚBLICO. ATRIBUIÇÃO DO MPT.

Cabe ao MPT investigar e propor ações coletivas que busquem a tutela do meio ambiente laboral na administração pública direta, ainda que o regime jurídico da pessoa jurídica de direito público seja de cunho estatutário. Inteligência da Súmula 736/STF e da Orientação 7, da CODEMAT.

49ª Sessão Extraordinária, realizada nos dias 25/2 e 10/3/2015 – DOU Seção 1 – 26/03/15 – págs. 76/77.

Enunciado nº 26 da Câmara de Coordenação e Revisão do MPT

PESSOA JURÍDICA. TRABALHADOR AUTÔNOMO. DESVIRTUAMENTO. ARTIGOS 2º E 3º DA CLT.

A condição de pessoa jurídica, ou de trabalhador autônomo, formalmente contratado para a prestação de serviços, não afasta a necessidade de atuação do MPT para apurar fraudes à relação de emprego.

266ª Sessão Ordinária, realizada em 26/02/19 – DOU Seção 1 – 14/03/19 – págs. 96/98.

Enunciado nº 27 da Câmara de Coordenação e Revisão do MPT

TRANSFERÊNCIA DE SERVIÇOS A TERCEIROS. IDENTIFICAÇÃO DOS REQUISITOS DE VALIDADE.

Compete ao Ministério Público do Trabalho combater a intermediação de mão de obra, verificando os requisitos de validade do contrato de prestação de serviços previstos nos arts. 4º-A, 4º-B, 5º-A e 5º-B da Lei nº 6.019/74 e os elementos caracterizadores da relação de emprego entre o trabalhador e o contratante tomador, na forma dos arts. 2º e 3º da CLT.

267ª Sessão Ordinária, realizada em 21/03/19 – DOU Seção 1 – 05/04/19 – pág. 159.

Enunciado nº 28 da Câmara de Coordenação e Revisão do MPT

REPERCUSSÃO SOCIAL RELEVANTE. ESPECIFICIDADE DA MATÉRIA. IMPACTO NA EFETIVIDADE DA CONCRETIZAÇÃO DOS DIREITOS HUMANOS.

Consideram-se de repercussão social relevante para atuação do Ministério Público do Trabalho as notícias de fato envolvendo as situações relativas às seguintes matérias, independentemente do número e da vulnerabilidade dos trabalhadores envolvidos: a) a segurança e a saúde no trabalho, exceto quando houver pequeno potencial de risco; b) o atentado ao exercício do direito de greve; c) a inclusão da pessoa com deficiência ou reabilitada; d) a exploração do trabalho infantil em qualquer de suas formas; e) a verificação do cumprimento da cota de aprendizagem; f) a submissão de pessoas à condição análoga a de escravo; g) o tráfico de pessoas, visando o trabalho forçado ou a exploração sexual comercial; h) a discriminação de trabalhadores em qualquer de suas formas; i) o assédio moral, o assédio sexual e o abuso do poder hierárquico do empregador; j) a prática de atos antissindicais; k) a fraude na relação de trabalho; l) o trabalho do indígena; m) o não pagamento de salário, caracterizando mora salarial; n) a ameaça à liberdade de expressão, religiosa, de pensamento, de privacidade ou de reunião/associação.

268ª Sessão Ordinária, realizada em 30/04/19 – DOU Seção 1 – 09/05/19 – págs. 87/88.

Enunciado nº 29 da Câmara de Coordenação e Revisão do MPT

REPERCUSSÃO SOCIAL RELEVANTE. URGÊNCIA E GRAVIDADE DA SITUAÇÃO. ACIDENTE DO TRABALHO.

Considera-se de repercussão social relevante para atuação do MPT a notícia de fato referente a acidente do trabalho, que demonstre potencial de risco para a saúde dos trabalhadores em razão do ambiente de trabalho ou da execução do contrato de trabalho.

268ª Sessão Ordinária, realizada em 30/04/19 - DOU Seção 1 - 09/05/19 - págs. 87/88.

Enunciado nº 30 da Câmara de Coordenação e Revisão do MPT

REPERCUSSÃO SOCIAL RELEVANTE. REALIDADE SOCIAL E ECONÔMICA NO TEMPO E ESPAÇO.

Para efeito de atuação do Ministério Público do Trabalho, consideram-se de repercussão social relevante as notícias de fato referentes a situações envolvendo número significativo de trabalhadores e/ou que causem comoção social, ampla divulgação e indignação popular nos âmbitos municipal, estadual ou nacional.

NOVA REDAÇÃO: -274ª Sessão Ordinária, realizada em 26/11/19 - DOU Seção 1 - 28/11/19 - págs. 86/87.

Enunciado nº 31 da Câmara de Coordenação e Revisão do MPT

REPERCUSSÃO SOCIAL RELEVANTE. VULNERABILIDADE DOS TRABALHADORES ENVOLVIDOS.

Para efeito de atuação imediata do Ministério Público do Trabalho, consideram-se de repercussão social relevante as notícias de fato referentes a lesão ou ameaça de lesão a diretos de trabalhadores em situação de vulnerabilidade, tais como: a) trabalhadores com idade inferior a 18 anos; b) trabalhador com deficiência ou reabilitado; c) trabalhadores com doença grave definida em lei; d) trabalhadores analfabetos ou analfabetos funcionais; e) trabalhadores idosos, considerados aqueles com mais de 60 (sessenta) anos e f) trabalhadores estrangeiros que não têm situação regularizada no país.

268ª Sessão Ordinária, realizada em 30/04/19 - DOU Seção 1 - 09/05/19 - págs. 87/88.

CONFLITOS DE ATRIBUIÇÃO

Enunciado nº 05 da 1ª Câmara de Coordenação e Revisão – Direitos Sociais e Fiscalização de Atos Administrativos em Geral do MPF

Conflito de atribuição em excesso de peso em rodovia federal

Tem atribuição para atuar em face de notícia de fato relativa a infração administrativa por excesso de peso em rodovia federal, no intuito de apurar se se trata de conduta recorrente que justifique responsabilização de natureza civil, o membro que primeiro tomou conhecimento de infração daquela natureza praticada pelo(a) mesmo(a) transportador (a) na sua área de atribuição territorial, sendo irrelevante a localização da sede da empresa (art. 2º, LACP e decisão do CIMPF n. 1.29.005.000224/2013-21).

Referência: Ata da 19ª Sessão Extraordinária realizada em 16.12.2014, publicada em 03.07.2015.

Enunciado nº 24 da 3ª Câmara de Coordenação e Revisão – Consumidor e Ordem Econômica do MPF

Os conflitos de atribuição entre o Ministério Público Federal e o Ministério Público Estadual deverão ser solucionados pelo Procurador-Geral da República, consoante vigente entendimento do STF.

Aprovado na 5ª Sessão Ordinária de 2016, realizada em 08/06/2016.

Nota do autor: o Plenário do Supremo Tribunal Federal (STF), na sessão virtual finalizada em 15/6/20, alterou sua jurisprudência e decidiu que cabe ao Conselho Nacional do Ministério Público (CNMP) solucionar conflitos de atribuições entre os diversos ramos dos Ministérios Públicos. (Processos relacionados: Pet 4891; Pet 5091; Pet 5756).

Súmula nº 02/17 do Conselho Superior do Ministério Público do Estado do Espírito Santo

Compete privativamente ao Procurador-Geral de Justiça dirimir conflitos de atribuições entre membros do Ministério Público, sendo irrecorrível a sua decisão.

Publicada no DOE em 21.11.17.

Enunciado nº 35 do Conselho Superior do Ministério Público do Estado do Pará

PROCEDIMENTAL. CONFLITO NEGATIVO DE ATRIBUIÇÃO. ENVIO AUTOS PGJ.

Suscitado o conflito negativo de atribuições em procedimentos extrajudiciais entre Promotorias de Justiça ou entre órgãos do Ministério Público, os autos devem ser encaminhados ao Procurador-Geral de Justiça.

Fundamento: Art. 18, § 6º da Resolução n.º 007/2019-CPJ; ACO n.º 924, Rel. Min. Luiz Fux, Dje 19.5.2016 e informativo 826 do STF.

Publicado no DOE 22.11.2019.

Súmula nº 49 do Conselho Superior do Ministério Público do Estado de São Paulo

O Ministério Público investiga fatos, sendo aconselhável que todas as suas vertentes sejam apuradas em inquérito civil único, instaurado, se o caso, em conjunto pelos Promotores de Justiça que detenham, de ordinário, parcelas das atribuições Institucionais. Existentes investigações diversas acerca do mesmo fato, a hipótese enseja conflito positivo de atribuições, somente se justificando o arquivamento do inquérito civil quando, do fato, não remanescer lesão ou ameaça de dano a qualquer tipo de interesse passível de atuação Institucional.

Conforme publicação do Diário Oficial de São Paulo em 09/03/2017.

DECLÍNIO DE ATRIBUIÇÃO

Enunciado nº 07 da 1ª Câmara de Coordenação e Revisão – Direitos Sociais e Fiscalização de Atos Administrativos em Geral do MPF

Necessidade de fundamentação específica no declínio de atribuição promovido em inquérito civil instaurado pelo Ministério Público Federal.

Não é cabível a homologação de declínio de atribuição em inquérito civil instaurado pelo Ministério Público Federal quando o membro que o promove não enfrentou na fundamentação, de modo específico, as circunstâncias e motivações pertinentes à atribuição que orientaram a respectiva instauração e, se for o caso, a adoção de outras providências que a pressuponham, como a expedição de recomendação ou a tomada de compromisso de ajustamento de conduta. (Ref. 1.21.000.000935/2013-33).

Referência: Ata da 19ª Sessão Extraordinária realizada em 16.12.2014, publicada em 03.07.2015.

Enunciado nº 26 da 1ª Câmara de Coordenação e Revisão – Direitos Sociais e Fiscalização de Atos Administrativos em Geral do MPF

Quando o declínio de atribuições estiver fundado em entendimento já expresso em enunciado da 1ª CCR, os autos deverão ser enviados diretamente ao Ministério Público com a respectiva atribuição, ficando dispensada a remessa para homologação da 1ª CCR, bastando o correto preenchimento da providência e do objetivo no Sistema Único.

Referência: Ata da 4ª Sessão Ordinária de Coordenação, realizada em 6.8.2018.

Enunciado nº 28 da 1ª Câmara de Coordenação e Revisão – Direitos Sociais e Fiscalização de Atos Administrativos em Geral do MPF

Quando o declínio de atribuição na notícia de fato ou no procedimento administrativo estiver fundada nas hipóteses previstas na Resolução CNMP nº 174, de 4 de julho de 2017, os autos deverão ser enviados diretamente ao Ministério Público com a respectiva atribuição, ficando dispensada a remessa para homologação da 1ª CCR, bastando o correto preenchimento da providência e do objetivo no Sistema Único.

Referência: Ata da 4ª Sessão Ordinária de Coordenação, realizada em 6.8.2018.

Enunciado nº 35 da 2ª Câmara de Coordenação e Revisão – Criminal do MPF

Quando o declínio de atribuições na notícia de fato, no procedimento investigatório criminal ou no inquérito policial se fundar nas hipóteses previstas na Resolução CNMP nº 174, de 4 de julho de 2017, ou tiver por base entendimento já expresso em enunciado ou orientação da 2ª Câmara, os autos deverão ser remetidos diretamente ao Ministério Público com a respectiva atribuição, independentemente de homologação pela Câmara, registrando-se apenas no Sistema Único e cientificando-se o interessado por correio eletrônico.

Redação alterada na 149ª Sessão de Coordenação, de 23/04/2018.

Enunciado nº 12 da 3ª Câmara de Coordenação e Revisão – Consumidor e Ordem Econômica do MPF

Prescinde de homologação o declínio de atribuição reconhecido em procedimento preparatório ou em inquérito civil com base em enunciado expresso da 3ª Câmara, comunicando-se a esta, por ofício, a remessa dos autos diretamente ao Ministério Público com a atribuição para atuar.

Aprovado na 10ª Sessão Ordinária de 2013.

Enunciado nº 32 da 5ª Câmara de Coordenação e Revisão – Combate à corrupção do MPF

DECLÍNIO DE ATRIBUIÇÃO EM PP, ICP OU PIC COM BASE EM ENUNCIADO.

Quando o declínio de atribuições, em procedimento cível ou criminal, tiver por base entendimento já expresso em enunciado da 5ª Câmara, os autos poderão ser remetidos diretamente ao Ministério Público com a respectiva atribuição, comunicando-se à 5ª Câmara de Coordenação e Revisão por meio do Sistema Único. Aplicação analógica do §3º, art. 6º, da Resolução 107 do CSMPF, de 6.4.2010.

Aprovado na 947ª Sessão Ordinária, realizada em 23 de março de 2017.

Enunciado nº 36 da 4ª Câmara de Coordenação e Revisão – Meio Ambiente e Patrimônio Cultural do MPF

Declinação de Atribuições. Entendimento Expresso em Enunciado. Dispensável a Homologação da Câmara. Consolidação dos Enunciados 34, 35 e 36 – 2ª CCR.

Quando a declinação de atribuições ou arquivamento, em procedimento extrajudicial e inquérito policial, tiverem por base entendimento já expresso em enunciado ou orientação da 4ª Câmara, os autos poderão ser remetidos diretamente ao Ministério Público com a respectiva atribuição ou diretamente arquivados, registrando-se por meio do Sistema Único. No caso de declinação de atribuições em Inquérito Policial, o Procurador oficiante deverá comunicar ao juízo e/ou à autoridade policial. Aplicação analógica do §3º, art. 6º da Resolução 107 do CSMPF, de 6.4.2010.

94ª Sessão de Coordenação, de 18.03.2015.

Redação alterada na 561ª Sessão Ordinária, em 12 de fevereiro de 2020. Conforme portaria da 4ª CCR nº 05, de 3 de agosto de 2016, republicada em razão de incorreções na publicação do DMPFe, Caderno Extrajudicial nº 146/2016, divulgado em 3 de agosto de 2016, pág. 7.

Enunciado nº 70 da 2ª Câmara de Coordenação e Revisão – Criminal do MPF

Quando a 2ª CCR não homologar declínio de atribuições submetido sem análise de mérito sobre o prosseguimento dos autos, estes poderão ser devolvidos ao membro que declinou das atribuições.

Aprovado na 120ª Sessão de Coordenação, de 17/10/2016.

Enunciado nº 14 da 3ª Câmara de Coordenação e Revisão – Consumidor e Ordem Econômica do MPF

Não caracteriza declínio de atribuição a remessa de autos a outro órgão do Ministério Público Federal, nos termos do art. 4º, VI da Resolução n º 87/2010/CSMPF, sendo desnecessária a comunicação ao órgão revisor.

Aprovado na 6ª Sessão Ordinária de 2015, realizada em 26/08/2015.

Enunciado nº 009 do Conselho Institucional do MPF

Não se sujeita à revisão das Câmaras de Coordenação e Revisão ou da Procuradoria Federal dos Direitos do Cidadão a remessa de autos de um órgão para outro no âmbito do próprio Ministério Público Federal, nos termos do art. 4º, VI da Resolução CSMPF n º 87/2010.

Referência processual: 1.00.000.018465/2018-07; Precedentes: Enunciado nº 25 da 2ª CCR, Enunciado nº 5 da PFDC.

Aprovado na 8ª Sessão Ordinária, em 10/10/2018.

Conforme acesso em 07 de agosto de 2020 ao site: http://www.mpf.mp.br/o-mpf/conselho-institucional/documentos-e-publicacoes/enunciados

Assento nº 006/11 do Conselho Superior do Ministério Público do Estado do Amazonas

NOVA REDAÇÃO DADA PELA RESOLULÇÃO 014/12

Se no curso do procedimento o membro ministerial entender que não é de sua atribuição a análise do objeto do processo e sim de outra promotoria de justiça, deverá encaminhar os autos originais à promotoria competente ou, se existir, à respectiva coordenadoria que seja atrelada, para distribuição, providenciando a baixa no registro e comunicando ao Conselho Superior do Ministério Público.

Resolução aprovada, 10/02/2012.

Enunciado nº 15/17 do Conselho Superior do Ministério Público do Estado do Mato Grosso do Sul

Quando o Promotor de Justiça concluir que a atribuição para atuar no caso concreto pertence a outro membro do Ministério Público do Estado de Mato Grosso do Sul, deverá, fundamentadamente, declinar da atribuição e providenciar a remessa dos autos originais ao Órgão de Execução que entenda ter atribuição, independentemente de ciência ou de homologação pelo Conselho Superior do Ministério Público.

Nota do autor: o fundamento do enunciado consta na 1ª parte.

De 09/10/2017, conforme acesso em 07 de agosto de 2020 ao site: https://www.mpms.mp.br/atos-e-normas.

Enunciado nº 29 do Conselho Superior do Ministério Público do Estado do Pará

PROCEDIMENTOS EXTRAJUDIAIS. DECLÍNIO DE ATRIBUIÇÃO INTERNO. DESNECESSIDADE ENVIO AUTOS AO CSMP.

Em caso de declínio de atribuição para outro órgão de execução do Ministério Público Estadual, os autos não deverão ser submetidos à revisão do Conselho Superior.

Publicado no DOE 22.11.2019.

Aprovado na 21ª Sessão Ordinária, realizada em 13.11.2019.

Fundamento: o membro deve apenas comunicar a remessa dos autos ao PGJ, à CGMP e ao CSMP (art. 18, § 5º da Resolução n.º 007/2019-CPJ).

Assento nº 19 do Conselho Superior do Ministério Público do Estado do Rio Grande do Norte

Caso o membro do Ministério Público entenda que a legitimidade para a adoção da totalidade de medidas judiciais ou extrajudiciais em inquérito civil ou procedimento preparatório instaurado seja de atribuição de outra unidade do mesmo Ministério Público, a esta remeterá os autos originais do inquérito civil ou do procedimento preparatório, ordenando a baixa do registro no órgão de origem, sendo desnecessário o encaminhamento da decisão ou de cópia dos autos ao Conselho Superior do Ministério Público.

Aprovada alteração de texto do assento na 10ª Sessão Ordinária do Conselho Superior do Ministério Público, realizada em 14 de outubro de 2015.

Súmula nº 48 do Conselho Superior do Ministério Público do Estado de São Paulo

Entendendo não possuir atribuições para atuar em um determinado caso concreto, compete ao Promotor de Justiça providenciar a sua remessa, fundamentada, ao Órgão de Execução do Ministério Público do Estado de São Paulo que entenda possuir atribuições para tanto, não sendo o caso de arquivamento dos autos, indeferimento da representação, nem de sua remessa ao Conselho Superior do Ministério Público.

Conforme publicação do Diário Oficial de São Paulo em 09/03/2017.

Súmula nº 15/03 do Conselho Superior do Ministério Público do Estado do Rio Grande do Sul

Ao constatar que lhe falta atribuição para continuar a investigação de inquérito civil ou peça de informação, ou verificar a coincidência de objeto com o de outro procedimento em tramitação, o Órgão de Execução determinará a remessa dos próprios autos ao agente ministerial que detenha a atribuição, fazendo o devido registro no livro próprio, não sendo necessário promover o arquivamento das peças até então coligidas.

Data da Sessão: 08-09-2003.

Publicada em 18-09-2003.

Súmula nº 15/2017 do Conselho Superior do Ministério Público do Estado do Tocantins

Em entendendo não possuir atribuições para atuar em um determinado caso concreto, compete ao Promotor de Justiça providenciar a sua remessa, fundamentada, ao Órgão de Execução que entenda possuir atribuições para tanto, não sendo o caso de arquivamento dos autos, nem de indeferimento da representação, nem de sua remessa ao Conselho Superior do Ministério Público.

Aprovada na 175ª Sessão Ordinária em 14/02/2017.

Enunciado nº 04 da 4ª Câmara de Coordenação e Revisão – Meio Ambiente e Patrimônio Cultural do MPF

Patrimônio Cultural. Atribuição do Ministério Público Federal na preservação do patrimônio cultural.

A inexistência de tombamento federal, por si só, não configura fundamento para justificar o declínio de atribuições para o Ministério Público Estadual, pois o tombamento é ato apenas declaratório do valor cultural e pode ser realizado por todas as esferas de poder.

Adequação do Enunciado nº 10 – 4ª CCR, de 3 de setembro de 2009. Conforme portaria da 4ª CCR nº 05, de 3 de agosto de 2016, republicada em razão de incorreções na publicação do DMPFe, Caderno Extrajudicial nº 146/2016, divulgado em 3 de agosto de 2016, pág. 7.

Enunciado nº 59/2019 do Conselho Superior do Ministério Público do Estado do Rio de Janeiro

NÃO HOMOLOGAÇÃO DO DECLÍNIO DE ATRIBUIÇÃO PARA ÓRGÃO DE OUTRO MINISTÉRIO PÚBLICO. COMPETÊNCIA.

Compete ao Pleno do Conselho Superior do Ministério Público a não homologação do declínio de atribuição, com fulcro no art. 9-A, da Resolução nº 23/2007 do CNMP. Podendo a homologação do declínio de atribuição ser decidida monocraticamente. *Ex vi* do art. 56, I do Regimento Interno do Conselho Superior do Ministério Público.

Aprovado na sessão de 06 de junho de 2019.

Enunciado nº 12 da 5ª Câmara de Coordenação e Revisão – Combate à corrupção do MPF

DECLÍNIO DE ATRIBUIÇÕES. HOMOLOGAÇÃO PELA 5ª CCR.

Os autos de procedimento administrativo em que o membro oficiante tenha declinado de atribuições em favor do Ministério Público Estadual ou de outro ramo do Ministério Público da União deverão ser encaminhados à 5ª CCR, que apreciará, em mesa, os fundamentos da decisão, independentemente de distribuição.

Aprovado na 526ª Sessão Ordinária, realizada em 12 de fevereiro de 2010 e 527ª Sessão Ordinária, realizada em 22 de fevereiro de 2010.

Enunciado nº 16/17 do Conselho Superior do Ministério Público do Estado do Mato Grosso do Sul

Após instauração de inquérito civil ou de procedimento preparatório, quando o membro que o preside concluir ser caso de atribuição de Ministério Público de outro Estado da Federação ou do Ministério Público da União, deverá declinar da atribuição, fundamentadamente, submetendo sua decisão à homologação do Conselho Superior do Ministério Público no prazo de 3 (três) dias, não sendo caso de arquivamento.

Nota do autor: o fundamento do enunciado consta na 1ª parte.

De 09/10/2017, conforme acesso em 07 de agosto de 2020 ao site: https://www.mpms.mp.br/atos-e-normas.

Súmula nº 56 do Conselho Superior do Ministério Público do Estado de São Paulo

Sujeita-se a referendo do Conselho Superior toda decisão que importe em declínio de atribuição em prol do Ministério Público da União ou de outra unidade Federativa.

REUNIÃO DE 20/06/2017, AVISO Nº 143/17, DE 21/06/17.

Conforme publicação do Diário Oficial de São Paulo em 09/03/2017.

Enunciado nº 002 do Conselho Institucional do MPF

Nas hipóteses de declínio de atribuição para Ministério Público diverso do Federal, a questão deverá ser submetida à respectiva Câmara de Coordenação e Revisão ou à Procuradoria Federal dos Direitos do Cidadão nos autos originais em que suscitado para homologação, salvo se fundado nas hipóteses previstas na Resolução CNMP nº 174, de 4 de julho de 2017, ou se tiver por base entendimento já expresso em enunciado ou orientação do respectivo Órgão de Revisão, casos em que os autos deverão ser remetidos diretamente ao Ministério Público com a respectiva atribuição, independentemente de homologação.

Nova Redação: Precedentes: Resolução CNMP nº 174, Orientação nº 1 da 1ª CCR, Enunciado nº 35-Nova Redação da 2ª CCR, Deliberação da 3ª CCR em 30/08/2017, Orientação nº 3 da 4ª CCR, Orientação nº 6 da 5ª CCR, Deliberação da 6ª CCR em 10/2017, Orientação nº 6 da 7ª CCR. Referência processual: 1.00.000.009761/2018-17.

Aprovado na 8ª Sessão Ordinária, em 10/10/2018.

Conforme acesso em 07 de agosto de 2020 ao site: http://www.mpf.mp.br/o-mpf/conselho-institucional/documentos-e-publicacoes/enunciados

Assento nº 05/2016 do Conselho Superior do Ministério Público do Alagoas

Reconhecendo o Promotor de Justiça a atribuição de outro Ministério Público para conhecer a matéria, deve submeter os autos ao referendo do Conselho Superior do Ministério Público, no prazo de 3 dias.

Publicado no DOE AL, Edição nº 408, de 30/08/2016, FL 139.

Súmula nº 13 do Conselho Superior do Ministério Público do Estado de São Paulo

HOMOLOGA-SE declínio de atribuição em favor do Ministério Público Federal quando o procedimento tiver por objeto o uso de praia ou terrenos de marinha pela União, por intermédio do Ministério da Marinha (vide Súmula 56).

Conforme publicação do Diário Oficial de São Paulo em 09/03/2017.

Assento nº 05/2019 do Conselho Superior do Ministério Público do Alagoas

Reconhecendo o Promotor de Justiça a atribuição de outro Ministério Público para conhecer a matéria, deve submeter os autos ao referendo do Conselho Superior do Ministério Público, no prazo de 3 dias.

Publicado no DOE AL, Edição nº 1023, de 22/02/2019, FL 86.

Súmula nº 15 do Conselho Superior do Ministério Público do Estado de São Paulo

HOMOLOGA-SE declínio de atribuição em favor do Ministério Público do Trabalho quando o procedimento tiver por objeto a defesa de interesses transindividuais que envolvam o meio ambiente do trabalho (higiene, saúde e segurança), salvo se referentes a servidores públicos estatutários (cargos efetivos ou comissionados), em que a competência para a ação civil pública será da Justiça Comum Estadual (cf. ADIN 3395).

Conforme publicação do Diário Oficial de São Paulo em 09/03/2017.

Assento nº 05/2020 do Conselho Superior do Ministério Público do Alagoas

Reconhecendo o Promotor de Justiça a atribuição de outro Ministério Público para conhecer a matéria, deve submeter os autos ao referendo do Conselho Superior do Ministério Público, no prazo de 3 dias.

Publicado no DOE AL, Edição nº 138, de 03/03/2020, FL 8.

Enunciado nº 03/16 do Conselho Superior do Ministério Público do Conselho Superior do Ministério Público do Estado do Amapá

PROCEDIMENTOS ADMINISTRATIVOS. DECLÍNIO DE ATRIBUIÇÃO PARA OUTRO MINISTÉRIO PÚBLICO. REMESSA AO CONSELHO SUPERIOR DO MINISTÉRIO PÚBLICO. OBRIGATORIEDADE.

É obrigatória a submissão ao Conselho Superior do Ministério Público, para análise, dos declínios de atribuição para outro Ministério Público promovidos nos procedimentos administrativos, cujos autos deverão ser encaminhados no prazo de 03 (três) dias, por analogia ao disposto no artigo 43, § 3º, da Resolução nº 003/2016-CPJ.

Publicado no DOE AP em 28/10/2016, Edição nº 196, Página 57.

Súmula nº 17/2017 do Conselho Superior do Ministério Público do Estado do Tocantins

Sujeita-se a reexame do Conselho Superior a decisão proferida nos autos do inquérito civil público ou procedimento preparatório que importe em declínio de atribuição em favor do Ministério Público da União ou de outra unidade Federativa.

Aprovada na 175ª Sessão Ordinária em 14/02/2017.

Súmula nº 07/2018 do Conselho Superior do Ministério Público do Estado do Ceará

Nas hipóteses previstas no art. 24 da Resolução nº 036/2016-OECPJ, entendendo o Promotor de Justiça que existe atribuição de órgão de Ministério Público de outro estado ou da União, somente após a homologação da decisão pelo CSMP é que deverá o promotor de justiça, imediatamente após receber de volta os autos, encaminhar cópia do feito ao membro do Ministério Público com atribuição na matéria.

Publicado no DJ nº 452, 27/11/2018, pág. 27.

Art. 24 da Resolução nº 036/2016-OECPJ. O disposto acerca de arquivamento de inquérito civil também se aplica às seguintes hipóteses: I – No entendimento pela inexistência de lesão a direito ou interesse inerente à matéria de sua atribuição e, ao mesmo tempo, existência de lesão a direito ou interesse inerente à matéria de atribuição de outro membro; II – Na declinação de atribuição para órgão de Ministério Público de outro Estado ou da União. Parágrafo único. Nos casos dos incisos deste artigo deverá ser imediatamente encaminhada, mediante ofício, cópia dos autos arquivados ao membro do Ministério Público com atribuição.

Enunciado n.º 09/16 do Conselho Superior do Ministério Público do Estado do Maranhão

Não se aplica o art.9º-A da Resolução CNMP n.º 23, de 17/09/2007, acrescido pela Resolução CNMP n.º 126, de 29/07/2015, às Notícias de Fato (art.3º, I, Ato Regulamentar Conjunto n.º 05/2014, DJ 16/12/2014), aos Procedimentos Administrativos; – *stricto sensu* -; (art.3º, V, do Ato Regulamentar Conjunto n.º 05/2014 ou a atos administrativos executórios, de caráter preparatório (art.27, V, da LC 13/91).

Publicado no Diário Oficial, Poder Judiciário, Maranhão, 31/10/2016.

Nota do autor: Art. 9º-A Após a instauração do inquérito civil ou do procedimento preparatório, quando o membro que o preside concluir ser atribuição de outro Ministério Público, este deverá submeter sua decisão ao referendo do órgão de revisão competente, no prazo de 3 (três) dias. (Incluído pela Resolução nº 126, de 29 de julho de 2015).

Enunciado n.º 18/16 do Conselho Superior do Ministério Público do Estado do Maranhão

REVISÃO DE DECLÍNIO DE ATRIBUIÇÃO.

A revisão do declínio de atribuição ou de arquivamento incumbida ao CSMP poderá ser efetuada por decisão monocrática de um de seus membros (titular ou suplente) sempre que tiver por base entendimento já expresso em Enunciado ou orientação do colegiado.

Publicado no Diário Oficial, Poder Judiciário, Maranhão, 07/07/2017.

Enunciado n.º 23/19 do Conselho Superior do Ministério Público do Estado do Maranhão

Não homologado o declínio de atribuições ou o arquivamento, pelo Conselho Superior do Ministério Público, os autos retornam à Promotoria de Justiça de origem para prosseguimento das investigações e demais providências.

Publicado no Diário Eletrônico, Ministério Público, Maranhão, 10/10/2019.

Enunciado nº 003 do Conselho Institucional do MPF

Não homologado o declínio de atribuições, os autos retornam ao ofício originário para prosseguimento, facultando-se ao membro, se for o caso, que, com fundamento em sua independência funcional, requeira a designação de outro membro para tanto.

Referência normativa: art. 10, § 4º, da Resolução CNMP nº 143/2016; Referência processual: PA nº 1.28.000.000684/2011-74 e PA nº 1.14.003.000253/2013-35.

Aprovado na 9ª Sessão Ordinária – 8.11.2017.

Conforme acesso em 07 de agosto de 2020 ao site: http://www.mpf.mp.br/o-mpf/conselho-institucional/documentos-e-publicacoes/enunciados

ATRIBUIÇÕES DA 1ª CCR DIREITOS SOCIAIS E FISCALIZAÇÃO DE ATOS ADMINISTRATIVOS EM GERAL DO MPF

Enunciado nº 016 do Conselho Institucional do MPF

É atribuição da 1ª Câmara de Coordenação e Revisão (Direitos Sociais e Atos Administrativos em Geral), e de seus Ofícios vinculados, apreciar os feitos que têm como objeto a apuração de irregularidades em Concurso Público, exceto quando houver indícios de fraude ou burla ao processo seletivo, com dano direto ao patrimônio público e/ou enriquecimento ilícito, a ensejar ações de improbidade administrativa, nos termos do art. 2°, § 5°, da Resolução CSMPF nº 20, de 6 de fevereiro de 1996, com a redação dada pela Resolução CSMPF nº 148/2014.

Referência processual: 1.00.000.018465/2018-07; Precedente: 1.35.000.000832/2014-69, 1.25.000.002998/2014-66, 1.25.000.003384/2014-00, 1.25.000.004144/2014-14, 1.25.000.000554/2015-77, 1.34.001.006866/2015-75.

Aprovado na 8ª Sessão Ordinária, em 10/10/2018.

Conforme acesso em 07 de agosto de 2020 ao site: http://www.mpf.mp.br/o-mpf/conselho-institucional/documentos-e-publicacoes/enunciados

Enunciado nº 11 da 1ª Câmara de Coordenação e Revisão – Direitos Sociais e Fiscalização de Atos Administrativos em Geral do MPF

Arquivamento. Matéria pacificada pelo Colegiado.

Cabível a apreciação, por decisão monocrática do (a) Coordenador (a), quando a matéria discutida nos autos for objeto de enunciado da 1ª Câmara de Coordenação e Revisão.

Referência: Ata da 278ª Sessão Ordinária realizada em 17/11/2016, publicada no Diário Eletrônico DMPF-e, de 14/12/2016.

Enunciado nº 18 da 1ª Câmara de Coordenação e Revisão – Direitos Sociais e Fiscalização de Atos Administrativos em Geral do MPF

Não é de atribuição da 1ª CCR análise de matéria cuja controvérsia esteja, de alguma forma, relacionada ao processo eleitoral (art. 75 da Lei Complementar nº 75/1993 e art. 23, V, do Anexo à Portaria PGR n. 556/2014 – Regimento Interno da PGR).

Referência: Ata da 289ª Sessão Ordinária realizada em 18.5.2017 publicada em 12.7.2017.

Enunciado nº 19 da 1ª Câmara de Coordenação e Revisão – Direitos Sociais e Fiscalização de Atos Administrativos em Geral do MPF

Não é de atribuição da 1ª CCR análise de Procedimento de Cooperação Internacional instaurado com o objetivo de atender a pedido de cooperação ativa ou passiva, uma vez que tal procedimento está submetido a tramitação específica, nos termos dos artigos 93 a 105 da Portaria PGR/MPF n. 556, de 13 de agosto de 2014.

Referência: Ata da 289ª Sessão Ordinária realizada em 18.5.2017 publicada em 12.7.2017.

Enunciado nº 22 da 1ª Câmara de Coordenação e Revisão – Direitos Sociais e Fiscalização de Atos Administrativos em Geral do MPF

Não é de atribuição da 1ª CCR analisar procedimento relacionado à prestação de serviços públicos, em regime de concessão ou permissão, remunerados mediante tarifa ou preço público, porque sujeitos às regras previstas na Lei nº 8.078, de 11 de setembro de 1990 (Código de Defesa do Consumidor).

Referência: Ata da 289ª Sessão Ordinária realizada em 18.5.2017 publicada em 12.7.2017.

Enunciado nº 23 da 1ª Câmara de Coordenação e Revisão – Direitos Sociais e Fiscalização de Atos Administrativos em Geral do MPF

Não é de atribuição da 1ª CCR analisar procedimento relacionado a serviços postais ou a bancos postais oferecidos pela Empresa Brasileira de Correios e Telégrafos (ECT) no mercado de consumo, porque sobre a relação jurídica formada entre a empresa e o usuário incidem as regras previstas na Lei nº 8.078, de 11 de setembro de 1990 (Código de Defesa do Consumidor).

Referência: Ata da 289ª Sessão Ordinária realizada em 18.5.2017 publicada em 12.7.2017.

Enunciado nº 24 da 1ª Câmara de Coordenação e Revisão – Direitos Sociais e Fiscalização de Atos Administrativos em Geral do MPF

A atribuição da 1ª CCR para atuar na fiscalização de atos administrativos em geral não inclui aqueles atos que estejam relacionados à temática específica de outras Câmaras ou da Procuradoria Federal dos Direitos do Cidadão.

Referência: Ata da 289ª Sessão Ordinária realizada em 18.5.2017 publicada em 12.7.2017.

ATRIBUIÇÕES DA 2ª CCR CRIMINAL DO MPF

Enunciado nº 11 da 2ª Câmara de Coordenação e Revisão – Criminal do MPF

As consultas à Câmara Criminal restringir-se-ão aos casos relevantes de lei em tese.

Aprovado na 292ª Sessão, de 07/03/2005.

Enunciado nº 25 da 2ª Câmara de Coordenação e Revisão – Criminal do MPF

Não se sujeita à revisão da 2ª Câmara o declínio de atribuição de um órgão para outro no âmbito do próprio Ministério Público Federal.

Aprovado na Sessão 464ª, de 15/04/2009.

Precedentes:

1.04.000.000497/2006-65; 1.04.000.000312/2007-63; 1.04.004.000256/2007-67; 1.04.004.000307/2007-51; 1.04.004.000125/2007-80; 1.04.004.000018/2008-32; entre outros.

Enunciado nº 29 da 2ª Câmara de Coordenação e Revisão – Criminal do MPF

Compete à 2ª Câmara de Coordenação e Revisão do Ministério Público Federal manifestar-se nas hipóteses em que o Juiz Eleitoral considerar improcedentes as razões invocadas pelo Promotor Eleitoral ao requerer o arquivamento de inquérito policial ou de peças de informação, derrogado o art. 357,§ 1º do Código Eleitoral pelo art. 62, inc. IV da Lei Complementar nº 75/93.

Aprovado na Sessão 468ª, de 09/06/2009.

Precedentes:

1.24.000.000344/2004-63; 1.00.000.009136/2004-61; 1.00.000.000952/2005-91; 1.00.000.004501/2005-22; 1.00.000.005184/2005-14; 1.00.000.004348/2005-33; 1.00.000.004491/2005-25; 1.00.000.004343/2005-19; 0.15.000.001943/2004-69; 1.00.000.008139/2005-69; 1.00.000.006279/2005-01; 1.00.000.004492/2005-70; 1.00.000.008210/2005-11; 1.00.000.008340/2005-46; 1.00.000.010308/2005-21; 1.00.000.004345/2005-08; 1.00.000.004411/2006-12; 1.00.000.013017/2006-75; 1.19.000.000536/2007-82; 1.25.000.002476/2006-54; 1.00.000.013139/2007-42; 1.00.000.010957/2008-74; 1.00.000.007770/2008-93; 08112.001148-95-41; 1.00.000.011506/2008-54; 1.00.000.011505/2008-18; 1.00.000.008185/2008-19; 1.00.000.011279/2008-67; 1.00.000.010476/2008-69; 1.00.000.008882/2008-61; 1.22.009.000152/2008-75; 1.19.000.000534/2007-93; 1.00.000.001275/2008-71; 1.19.000.000531/2007-50.

Enunciado nº 32 da 2ª Câmara de Coordenação e Revisão – Criminal do MPF

Compete à 2ª Câmara homologar declínio de atribuição promovido por membro do Ministério Público Federal em favor do Ministério Público Estadual ou de outro ramo do Ministério Público da União, nos autos de peças de informação ou de procedimento investigatório criminal.

Aprovado na 1ª Sessão de Coordenação, de 17/05/2010. Cf. deliberação do Conselho Nacional do Ministério Público de 16/12/2009 nos autos do Processo CNMP nº 0.00.000.000894/2009-84.

Enunciado nº 33 da 2ª Câmara de Coordenação e Revisão – Criminal do MPF

Compete à 2ª Câmara homologar o declínio de atribuição promovido nos autos de inquérito policial que tramite diretamente entre a Polícia Federal e o Ministério Público Federal.

Aprovado na 1ª Sessão de Coordenação, de 17/05/2010. Cf. Resolução n.º 63 do Conselho de Justiça Federal.

Enunciado nº 64 da 2ª Câmara de Coordenação e Revisão – Criminal do MPF

A revisão incumbida à 2ª Câmara de Coordenação e Revisão poderá ser efetuada por decisão monocrática de um de seus membros (titular ou suplente) sempre que o declínio de atribuições tiver por base entendimento já expresso em enunciado ou orientação da 2ª Câmara.

Aprovado na 117ª Sessão de Coordenação, de 05/09/2016.

Enunciado nº 65 da 2ª Câmara de Coordenação e Revisão – Criminal do MPF

A revisão incumbida à 2ª Câmara de Coordenação e Revisão poderá ser efetuada por decisão monocrática de um de seus membros (titular ou suplente) sempre que o arquivamento tiver por base entendimento já expresso em enunciado ou orientação da 2ª Câmara.

Aprovado na 117ª Sessão de Coordenação, de 05/09/2016.

Enunciado nº 67 da 2ª Câmara de Coordenação e Revisão – Criminal do MPF

É dispensável o envio à 2ª Câmara de Coordenação e Revisão, para homologação, de procedimento administrativo instaurado para acompanhar comunicação de prisão em flagrante.

Aprovado na 117ª Sessão de Coordenação, de 05/09/2016.

Enunciado nº 69 da 2ª Câmara de Coordenação e Revisão – Criminal do MPF

Quando, em análise de promoção de arquivamento, a 2ª CCR determinar a realização de diligências preliminares e imprescindíveis à sua decisão, os autos serão devolvidos ao membro que promoveu o arquivamento para cumprimento das diligências.

Aprovado na 120ª Sessão de Coordenação, de 17/10/2016.

ATRIBUIÇÕES DA 3ª CCR CONSUMIDOR E ORDEM ECONÔMICA DO MPF

Enunciado nº 004 do Conselho Institucional do MPF

É atribuição da 3ª Câmara de Coordenação e Revisão (Consumidor e Ordem Econômica), e consequentemente dos Ofícios a ela vinculados, os feitos cíveis que possuem como objeto a relação de consumo entre plano de saúde e seu beneficiário. Aplicação do art. 2º, § 3º da Resolução CSMPF nº 148, de 1º de abril de 2014, publicada em 24/04/2014.

Referência Processual: 1.00.000.013496/2018-63; Precedentes: 1.22.000.000483/2010-18, 1.18.000.001004/2011-86, 1.29.000.002730/2013-02, 1.25.000.003127/2015-41.

Aprovado na 6ª Sessão Ordinária, de 8/8/2018.

Conforme acesso em 07 de agosto de 2020 ao site: http://www.mpf.mp.br/o-mpf/conselho-institucional/documentos-e-publicacoes/enunciados

Enunciado nº 005 do Conselho Institucional do MPF

É atribuição da 3ª Câmara de Coordenação e Revisão (Consumidor e Ordem Econômica), e consequentemente dos Ofícios a ela vinculados, os feitos cíveis que possuem como objeto a relação de consumo entre discentes e instituição de ensino superior privada, bem como possíveis irregularidades em seu funcionamento. Aplicação do art. 2º, § 3º, da Resolução CSMPF nº 148, de 1º de abril de 2014, publicada em 24/04/2014.

Referência Processual: 1.00.000.013518/2018-95; Precedentes: 1.31.000.001377/2012-04, 1.14.008.000048/2014-19, 1.34.004.000385/2015-26, 1.25.005.000421/2015-51, 1.15.000.000917/2015-11, 1.30.001.000922/2015-15, 1.23.000.001498/2015-62, 1.30.001.001906/2015-31, 1.30.001.004274/2015-68, 1.30.001.005187/2015-28, 1.22.000.001454/2016-51, 1.00.000.012967/2017-35, 1.00.000.013018/2017-72, 1.00.000.013024/2017-20, 1.00.000.013034/2017-65, 1.00.000.013051/2017-01.

Aprovado na 6ª Sessão Ordinária, de 8/8/2018.

Conforme acesso em 07 de agosto de 2020 ao site: http://www.mpf.mp.br/o-mpf/conselho-institucional/documentos-e-publicacoes/enunciados

Enunciado nº 014 do Conselho Institucional do MPF

É atribuição da 3ª Câmara de Coordenação e Revisão (Consumidor e Ordem Econômica), e dos Ofícios a ela vinculados, apreciar os feitos cíveis relativos à prestação de serviços públicos, em regime de concessão ou permissão, remunerados mediante tarifa ou preço público.

Referência processual: 1.00.000.018465/2018-07; Precedente: 1.29.000.002979/2016-52, 1.29.004.000840/2017-15.

Aprovado na 8ª Sessão Ordinária, em 10/10/2018.

Conforme acesso em 07 de agosto de 2020 ao site: http://www.mpf.mp.br/o-mpf/conselho-institucional/documentos-e-publicacoes/enunciados

Enunciado nº 06 da 3ª Câmara de Coordenação e Revisão – Consumidor e Ordem Econômica do MPF

Não se insere nas atribuições da 3ª CCR a homologação de Termos de Ajustamento de Conduta nem a revisão de suas minutas.

Sem a indicação da data de aprovação no sítio eletrônico: http://www.mpf.mp.br/atuacao-tematica/ccr3/sessoes/enunciados-1. Consulta realizada em 07/08/2020.

Enunciado nº 07 da 3ª Câmara de Coordenação e Revisão – Consumidor e Ordem Econômica do MPF

No exercício da sua atribuição prevista no art. 62, III, da LC 75/93, poderá a Câmara, à vista de solicitação específica, prestar informações técnico-jurídicas para subsidiar a elaboração do termo de compromisso, sobretudo quando se tratar de questão complexa ou controvertida.

Sem a indicação da data de aprovação no sítio eletrônico: http://www.mpf.mp.br/atuacao-tematica/ccr3/sessoes/enunciados-1. Consulta realizada em 07/08/2020.

Enunciado nº 10 da 3ª Câmara de Coordenação e Revisão – Consumidor e Ordem Econômica do MPF

Não está sujeito à homologação da 3ª Câmara o mero reendereçamento à autoridade competente de notícia de fato, quando o procurador da República concluir pela atribuição de outro ramo do Ministério Público para atuar no caso (Res. CSMPF nº 87/2010, art. 4º, inc. VI).

Aprovado na 10ª Sessão Ordinária de 2013.

Enunciado nº 15 da 3ª Câmara de Coordenação e Revisão – Consumidor e Ordem Econômica do MPF

A atribuição desta 3ª Câmara de Coordenação e Revisão para dirimir conflitos negativos ou positivos de atribuição cinge-se a controvérsias existentes entre ofícios do consumidor e da ordem econômica, sejam elas de uma mesma unidade ou de unidades diversas, de forma que conflitos envolvendo ofícios distintos deverão ser encaminhados diretamente ao CIMPF (Resolução CSMPF 120/2011).

Aprovado na 6ª Sessão Ordinária de 2015, realizada em 26/08/2015.

Enunciado nº 18 da 3ª Câmara de Coordenação e Revisão – Consumidor e Ordem Econômica do MPF

Refoge às atribuições dos Procuradores da República vinculados à 3ª CCR gerir a destinação de verbas provenientes de acordos firmados ou de condenações judiciais.

Aprovado na 1ª Sessão Ordinária de 2016, realizada em 10/03/2016.

Enunciado nº 19 da 3ª Câmara de Coordenação e Revisão – Consumidor e Ordem Econômica do MPF

Refogem às atribuições da 3ª CCR as demandas relativas à exposição indevida de dados pessoais por meio da rede mundial de computadores, porquanto não se identifica relação de consumo.

Aprovado na 1ª Sessão Ordinária de 2016, realizada em 10/03/2016.

Enunciado nº 20 da 3ª Câmara de Coordenação e Revisão – Consumidor e Ordem Econômica do MPF

Nos casos de Declínio de Atribuição, a decisão deverá ser endereçada à 3ª CCR por meio dos autos originais (e não por meio de cópia de peças processuais).

Aprovado na 1ª Sessão Ordinária de 2016, realizada em 10/03/2016.

Enunciado nº 22 da 3ª Câmara de Coordenação e Revisão – Consumidor e Ordem Econômica do MPF

Refogem às atribuições da 3ª CCR demandas relativas à adulteração de combustíveis para revenda, porquanto a questão detém natureza criminal (a teor da Lei nº 8.176/91).

Aprovado na 2ª Sessão Ordinária de 2016, realizada em 20/04/2016.

Enunciado nº 23 da 3ª Câmara de Coordenação e Revisão – Consumidor e Ordem Econômica do MPF

Refogem às atribuições da 3ª CCR e dos ofícios a ela vinculados as demandas relativas à propaganda enganosa praticada por meio da internet. A hipótese é de violação a direito do consumidor que deve ser apurada pelo Ministério Público Estadual.

Aprovado na 4ª Sessão Ordinária de 2016, realizada em 24/05/2016.

Enunciado nº 26 da 3ª Câmara de Coordenação e Revisão – Consumidor e Ordem Econômica do MPF

Refogem às atribuições da 3ª CCR as demandas relativas a mensalidades, renovação/trancamento de matrícula, lançamento de notas e taxas abusivas em geral; tais matérias encontram-se alheias ao feixe de atribuições do Parquet Federal, consoante jurisprudência do Superior Tribunal de Justiça.

Revalidado na 9ª Sessão Ordinária de Revisão da 3ª CCR, realizada em 13/12/2017.

Enunciado nº 28 da 3ª Câmara de Coordenação e Revisão – Consumidor e Ordem Econômica do MPF

Os ofícios vinculados à 3ª Câmara de Coordenação e Revisão não têm atribuição para apurar irregularidade de atos administrativos relativos à incidência de imposto de importação sobre encomenda objeto de remessa postal internacional, em face das atribuições da 1ª Câmara de Coordenação e Revisão.

Aprovado na 2ª Sessão de Coordenação de 2017, realizada em 29/03/2017.

Enunciado nº 30 da 3ª Câmara de Coordenação e Revisão – Consumidor e Ordem Econômica do MPF

A atribuição da 3ª Câmara do MPF em matéria de ensino superior é estabelecida em função da aplicabilidade do Código de Defesa do Consumidor a irregularidades praticadas por instituições de educação superior de natureza privada que integram o Sistema Federal de Ensino (art. 16, II, da Lei nº 9.394/96), se o conflito envolver registro de diploma perante o órgão público competente, inclusive credenciamento junto ao Ministério da Educação (MEC) (artigo 109, I da Constituição Federal; AgRg nos Edcl no CC 128.718/PR, 1ª Seção, DJe 16/5/18; AgInt no Resp 1697874/RS, 1ª Turma DJe 21/2/18), cabendo ao Ministério Público Estadual a apuração de irregularidades relacionadas a execução contratual tais como matrícula, cobrança abusiva de taxas administrativas, reajuste e inadimplemento de mensalidades.

Aprovado na 8ª Sessão Ordinária de 2018, realizada em 10/10/2018.

ATRIBUIÇÕES DA 4ª CÂMARA DE COORDENAÇÃO E REVISÃO – MEIO AMBIENTE E PATRIMÔNIO CULTURAL DO MPF

Enunciado nº 01 da 4ª Câmara de Coordenação e Revisão – Meio Ambiente e Patrimônio Cultural do MPF

Decisões sujeitas à revisão pela 4ª CCR. Correta autuação para fins de registro e controle.

As promoções de arquivamento e outras decisões sujeitas à revisão pela 4ª Câmara de Coordenação e Revisão – Meio Ambiente e Patrimônio Cultural – devem estar contidas em regular procedimento, devendo ser previamente autuadas, mesmo como Notícia de Fato, possibilitando assim o adequado registro e controle.

Consolidação do Enunciado nº 3 – 4ª CCR, de 17 de setembro de 2013, e do Enunciado nº 12 – 4ª CCR, de 18 de outubro de 2011. Conforme portaria da 4ª CCR nº 05, de 3 de agosto de 2016, republicada em razão de incorreções na publicação do DMPFe, Caderno Extrajudicial nº 146/2016, divulgado em 3 de agosto de 2016, pág. 7.

Enunciado nº 08 da 4ª Câmara de Coordenação e Revisão – Meio Ambiente e Patrimônio Cultural do MPF

Declínio de Atribuições. Encaminhamento de Notícias de Fato, Procedimentos Preparatórios ou Inquéritos Civis à 4ª CCR para homologação da decisão de declínio de atribuições. Tratamento prioritário na tramitação.

As promoções de declínio de atribuição promovidas nas Notícias de Fato, Procedimentos Preparatórios ou Inquéritos Civis, que tratam de meio ambiente e patrimônio cultural, devem ser submetidas à homologação da 4ª Câmara de Coordenação e Revisão – Meio Ambiente e Patrimônio Cultural, nos autos originais, para exercício da função revisional e terão prioridade na análise.

Adequação do Enunciado nº 4 – 4ª CCR, de 17 de setembro de 2013. Conforme portaria da 4ª CCR nº 05, de 3 de agosto de 2016, republicada em razão de incorreções na publicação do DMPFe, Caderno Extrajudicial nº 146/2016, divulgado em 3 de agosto de 2016, pág. 7.

Enunciado nº 31 da 4ª Câmara de Coordenação e Revisão – Meio Ambiente e Patrimônio Cultural do MPF

Quando houver discordância da motivação apresentada pelo órgão do Ministério Público para o não oferecimento da denúncia em crimes contra o Meio Ambiente e o Patrimônio Cultural, qualquer que seja a fundamentação, deverão os autos ser remetidos à 4ª Câmara de Coordenação e Revisão, valendo-se do disposto nos artigos 28, do Código de Processo Penal e 62, IV, da LC 75/93.

Recepção do Enunciado nº 07-2ª CCR. 3ª Sessão de Coordenação, de 31.05.2010, com alteração de redação. Conforme portaria da 4ª CCR nº 05, de 3 de agosto de 2016, republicada em razão de incorreções na publicação do DMPFe, Caderno Extrajudicial nº 146/2016, divulgado em 3 de agosto de 2016, pág. 7.

Enunciado nº 32 da 4ª Câmara de Coordenação e Revisão – Meio Ambiente e Patrimônio Cultural do MPF

A promoção de arquivamento feita pelo membro do Ministério Público Federal, em processos criminais relacionados ao Meio Ambiente e Patrimônio Cultural, será submetida à 4ª Câmara de Coordenação e Revisão, que se manifestará no exercício de sua competência revisional.

Recepção do Enunciado nº 09-2ª CCR. 3ª Sessão de Coordenação, de 31.05.2010. Conforme portaria da 4ª CCR nº 05, de 3 de agosto de 2016, republicada em razão de incorreções na publicação do DMPFe, Caderno Extrajudicial nº 146/2016, divulgado em 3 de agosto de 2016, pág. 7.

Enunciado nº 35 da 4ª Câmara de Coordenação e Revisão – Meio Ambiente e Patrimônio Cultural do MPF

Não se sujeita à revisão da 4ª Câmara o declínio de atribuição de um órgão para outro no âmbito do próprio Ministério Público Federal.

Recepção do Enunciado nº 25-2ª CCR Sessão 464ª, de 15.04.2009. Conforme portaria da 4ª CCR nº 05, de 3 de agosto de 2016, republicada em razão de incorreções na publicação do DMPFe, Caderno Extrajudicial nº 146/2016, divulgado em 3 de agosto de 2016, pág. 7.

Enunciado nº 41 da 4ª Câmara de Coordenação e Revisão – Meio Ambiente e Patrimônio Cultural do MPF

Compete à 4ª Câmara homologar declínio de atribuição promovido por membro do Ministério Público Federal em favor do Ministério Público Estadual ou de outro ramo do Ministério Público da União, nos autos de Notícia de Fato ou de procedimento investigatório criminal relacionados ao Meio Ambiente e Patrimônio Cultural (cf. deliberação realizada em 16.12.2009 pelo E. Conselho Nacional do Ministério Público nos autos do Processo CNMP nº 0.00.000.000894/2009-84).

Recepção do Enunciado nº 32-2ª CCR. 1ª Sessão de Coordenação, de 17.05.2010. Conforme portaria da 4ª CCR nº 05, de 3 de agosto de 2016, republicada em razão de incorreções na publicação do DMPFe, Caderno Extrajudicial nº 146/2016, divulgado em 3 de agosto de 2016, pág. 7.

Enunciado nº 42 da 4ª Câmara de Coordenação e Revisão – Meio Ambiente e Patrimônio Cultural do MPF

Compete à 4ª Câmara homologar o declínio de atribuição promovido nos autos de inquérito policial, relacionado a Crimes contra o Meio Ambiente e Patrimônio Cultural, que tramite diretamente entre a Polícia Federal e o Ministério Público Federal.

Resolução n.º 63 do E. Conselho de Justiça Federal.

Recepção do Enunciado nº 33-2ª CCR. 1ª Sessão de Coordenação, de 17.05.2010. Conforme portaria da 4ª CCR nº 05, de 3 de agosto de 2016, republicada em razão de incorreções na publicação do DMPFe, Caderno Extrajudicial nº 146/2016, divulgado em 3 de agosto de 2016, pág. 7.

ATRIBUIÇÕES DA 5ª CÂMARA DE COORDENAÇÃO E REVISÃO – COMBATE À CORRUPÇÃO DO MPF

Enunciado nº 006 do Conselho Institucional do MPF

É atribuição da 5ª Câmara de Coordenação e Revisão (Combate à Corrupção), e consequentemente dos Ofícios a ela vinculados, os feitos que possuem como objeto o crime de lavagem de dinheiro cujo crime antecedente esteja previsto no art. 2º, § 5º, da Resolução CSMPF nº 148, de 1º de abril de 2014, publicada em 24/04/2014, ou a estes seja similar ou conexo.

Referência processual: 1.00.000.013520/2018-64; Precedentes: JF-RJ-INQ-2011.51.01.810478-9, JF-RJ-0511993-86.2015.4.02.5101-INQ, JR-RJ-0511991-19.2015.4.02.5101-INQ, JF-RJ-0511815-40.2015.4.02.5101-INQ, JR-RJ-0511996-41.2015.4.02.5101-INQ, JR-RJ-0511994-71.2015.4.02.5101-INQ, JR-RJ-0511750-45.2015.4.02.5101-INQ, JR-RJ-0511808-48.2015.4.02.5101-INQ,

JR-RJ-0511814-55.2015.4.02.5101-INQ, JR-RJ-0511748-75.2015.4.02.5101-INQ, JR-RJ-0511805-93.2015.4.02.5101-INQ, JR-RJ-0511738-31.2015.4.02.5101-INQ, 1.14.000.001432/2016-62.

Aprovado na 6ª Sessão Ordinária, de 8/8/2018.

Conforme acesso em 07 de agosto de 2020 ao site: http://www.mpf.mp.br/o-mpf/conselho-institucional/documentos-e-publicacoes/enunciados

Enunciado nº 015 do Conselho Institucional do MPF

É atribuição da 5ª Câmara de Coordenação e Revisão (Combate à Corrupção), e de seus Ofícios vinculados, apreciar os feitos que têm como objeto a não observância da regra de contratação por concurso público, o que configura, em tese, ato de improbidade administrativa, previsto nos artigos 9º e 11 da Lei nº 8.429/1992.

Referência processual: 1.00.000.018465/2018-07; Precedente: 1.18.000.001702/2012-62, 1.25.000.000106/2013-10, 1.34.001.001866/2014-06, 1.25.000.002294/2015-74.

Aprovado na 8ª Sessão Ordinária, em 10/10/2018.

Conforme acesso em 07 de agosto de 2020 ao site: http://www.mpf.mp.br/o-mpf/conselho-institucional/documentos-e-publicacoes/enunciados

Enunciado nº 22 da 5ª Câmara de Coordenação e Revisão – Combate à corrupção do MPF

COMUNICAÇÃO DE REPASSES DO FNDE.

Comunicação de Repasses do FNDE – Em se tratando de mera comunicação de repasses de verbas do FNDE às Prefeituras municipais, em cumprimento à Resolução nº 53/2009, item 8.3, V, daquela autarquia, é desnecessária a remessa à 5ª Câmara de Coordenação e Revisão do correlato Procedimento Administrativo com vistas à homologação do seu arquivamento, sendo suficiente a comunicação.

Aprovado na 621ª Sessão Ordinária, realizada em 17 de outubro de 2011.

Enunciado nº 31 da 5ª Câmara de Coordenação e Revisão – Combate à corrupção do MPF

DUPLICIDADE DE INVESTIGAÇÃO DA MESMA NATUREZA. PRESCINDIBILIDADE DE HOMOLOGAÇÃO DE ARQUIVAMENTO.

O arquivamento de procedimento preparatório, inquérito civil ou investigação criminal, com base na existência de outro procedimento de idêntica natureza, para a apuração dos mesmos fatos, prescinde de homologação da 5ªCCR, bastando o registro no Sistema Único para fins de cientificação.

Aprovado na 877ª Sessão Ordinária, realizada em 1º de setembro de 2015.

Enunciado nº 36 da 5ª Câmara de Coordenação e Revisão – Combate à corrupção do MPF

CONTROLE EXTERNO DA ATIVIDADE POLICIAL.

O controle revisional das promoções de arquivamento de procedimentos administrativos investigatórios de crimes funcionais e atos de improbidade, quando imputados a agente público no exercício da atividade policial, não se insere na esfera de competência da 5ª CCR/MPF.

Aprovado na 911ª Sessão Ordinária, realizada em 17 de maio de 2016.

Enunciado nº 37 da 5ª Câmara de Coordenação e Revisão – Combate à corrupção do MPF

CONCURSO PÚBLICO

O controle revisional das promoções de arquivamento de procedimentos administrativos relativos à regularidade de concursos públicos, sem imputação de fato que em tese configure improbidade administrativa, não se insere na esfera de competência da 5ª CCR/MPF.

Aprovado na 911ª Sessão Ordinária, realizada em 17 de maio de 2016.

ATRIBUIÇÕES DA 7ª CÂMARA DE COORDENAÇÃO E REVISÃO – CONTROLE EXTERNO DA ATIVIDADE POLICIAL E SISTEMA PRISIONAL

Enunciado nº 017 do Conselho Institucional do MPF

É atribuição da 7ª Câmara de Coordenação e Revisão (Controle Externo da Atividade Policial e Sistema Prisional), e de seus Ofícios vinculados, apreciar os feitos cíveis e criminais que têm como objeto a conduta de policiais, no exercício de suas funções. Aplicação do art. 2º, § 7º da Resolução CSMPF nº 148, de 1º de abril de 2014, publicada em 24/04/2014.

Referência processual: 1.00.000.013523/2018-06; Precedentes: SR/DPF/MG-INQ-02080/2010, 1.25.000.000044/2013-38, 1.25.000.003208/2012-06, 1.21.002.000423/2015-19, 1.18.000.001832/2012-03, 1.00.000.013000/2016-90.

Aprovado na 8ª Sessão Ordinária, em 10/10/2018.

Conforme acesso em 07 de agosto de 2020 ao site: http://www.mpf.mp.br/o-mpf/conselho-institucional/documentos-e-publicacoes/enunciados

Enunciado nº 018 do Conselho Institucional do MPF

É atribuição da 7ª Câmara de Coordenação e Revisão (Controle Externo da Atividade Policial e Sistema Prisional), e de seus Ofícios vinculados, decidir sobre questões afetas às atividades administrativas realizadas pela Polícia Federal e pela Polícia Rodoviária Federal, sempre que estas tiverem impacto na realização de suas atividades finalísticas.

Referência processual: 1.00.000.009879/2019-18; Precedentes: 1.25.000.000044/2013-38, 1.16.000.002687/2013-25, 1.29.000.000137/2019-17.

Aprovado na 4ª Sessão Ordinária, em 08/05/2019.

Conforme acesso em 07 de agosto de 2020 ao site: http://www.mpf.mp.br/o-mpf/conselho-institucional/documentos-e-publicacoes/enunciados

ATRIBUIÇÕES DA CÂMARA DE COORDENAÇÃO E REVISÃO DO MPT

Enunciado nº 02 da Câmara de Coordenação e Revisão do MPT

MATÉRIA PACIFICADA NA CCR. NÃO CONHECIMENTO DA REMESSA. DECISÃO MONOCRÁTICA DO RELATOR.

Tratando-se de matéria com orientação pacificada na Câmara de Coordenação e Revisão, o Relator, por decisão monocrática e invocando o respectivo precedente, não conhecerá da remessa.

49ª Sessão Extraordinária, realizada nos dias 25/2 e 10/3/2015 - DOU Seção 1 - 26/03/15 - págs. 76/77.

ATRIBUIÇÕES DO CONSELHO INSTITUCIONAL DO MPF

Enunciado nº 010 do Conselho Institucional do MPF

Compete ao Conselho Institucional do MPF decidir os conflitos de atribuições entre órgãos institucionais vinculados a Câmaras distintas ou a uma das Câmaras e à PFDC, nos termos do art. 7º, inciso II da Resolução nº 165/CSMPF.

Referência processual: 1.00.000.018465/2018-07; Precedentes: Enunciado nº 15 da 3ª CCR.

Aprovado na 8ª Sessão Ordinária, em 10/10/2018.

Conforme acesso em 07 de agosto de 2020 ao site: http://www.mpf.mp.br/o-mpf/conselho-institucional/documentos-e-publicacoes/enunciados

ATRIBUIÇÕES DO CONSELHO NACIONAL DO MINISTÉRIO PÚBLICO

Enunciado nº 03 do CNMP

Dispõe sobre o arquivamento de Pedido de Providências por decisão monocrática, quando seu objeto não se encontrar no rol de atribuições do CNMP.

Se o objeto do pedido de providências não se encontrar, manifestamente, no rol de atribuições do CNMP, poderá o Relator determinar o seu arquivamento por despacho monocrático, passível de revisão pelo Plenário por simples petição do interessado, dos legitimados nos termos do Regimento Interno ou de algum Conselheiro.

Publicação: Diário da Justiça, Seção 1, edição de 06/03/2007.

Categoria: Enunciados.

Status: Vigente.

Situação: Não consta revogação expressa.

Enunciado nº 08 do CNMP

Disciplina o instituto da repercussão geral no âmbito do Conselho Nacional do Ministério Público.

Não cabe ao Conselho Nacional do Ministério Público o exame de pretensões que ostentem natureza meramente individual, que não ultrapassem o interesse subjetivo das partes envolvidas, mostrando-se desprovidas de repercussão geral para a sociedade ou para o Ministério Público. Pressupõe-se a repercussão geral da demanda que esteja relacionada a função eminentemente institucional do Ministério Público ou que tenha natureza disciplinar dos seus membros. Aplica-se este enunciado somente aos feitos protocolizados neste Conselho após a sua publicação.

Publicação: Diário Oficial da União, Seção 1, edição de 02/05/2014.

Categoria: Enunciados.

Status: Vigente.

Situação: Não consta revogação expressa.

Enunciado nº 09 do CNMP

Dispõe sobre a incompetência do Conselho Nacional do Ministério Público para revisar ato de Procurador-Geral de Justiça.

Não compete ao Conselho Nacional do Ministério Público revisar ato do Procurador-Geral, no âmbito de seu dever-poder de gestão e administração de sua unidade ministerial, que não desborde os limites da legalidade, proporcionalidade e moralidade.

Publicação: Diário Eletrônico do CNMP, Caderno Processual, p. 3-4, edição de 02/05/2016.

Categoria: Enunciados.

Status: Vigente.

Situação: Não consta revogação expressa.

Enunciado nº 12 do CNMP

Dispõe sobre a competência do Conselho Nacional do Ministério Público para, no exercício de suas atribuições, afastar a incidência de lei que veicule matéria já declarada inconstitucional pelo Plenário do Supremo Tribunal Federal.

O Conselho Nacional do Ministério Público detém competência para, no exercício de suas atribuições, afastar a incidência de lei que veicule matéria já declarada inconstitucional pelo Plenário do Supremo Tribunal Federal.

Publicação: Diário Eletrônico do CNMP, Caderno Processual, p. 26, edição de 22/02/2017.

Categoria: Enunciados.

Status: Vigente.

Situação: Não consta revogação expressa.

Súmula nº 02 do CNMP

Não cabe ao CNMP conceder direito negado judicialmente, com formação de coisa julgada material.

Publicação: Diário Eletrônico do CNMP, Caderno Processual, edição de 14/03/2018.

Categoria: Súmulas.

Status: Vigente.

Situação: Não consta revogação expressa.

Súmula nº 10 do CNMP

Não compete ao Conselho Nacional do Ministério Público substituir-se às bancas examinadoras na elaboração, na correção ou na anulação de questões de provas de concursos públicos do Ministério Público brasileiro, estando adstrito ao controle de legalidade do certame e à verificação da observância das normas editalícias, legais e constitucionais.

Publicação: Diário Eletrônico do CNMP, Caderno Administrativo, edição de 14/11/2018.

Categoria: Súmulas.

Status: Vigente.

Situação: Não consta revogação expressa.

4 – CIVIL

FUNDAÇÕES

Enunciado nº 84 da 5ª Câmara de Coordenação e Revisão Cível Especializada

Estando regulares as contas do último exercício, observa-se que não é necessária a análise das contas dos anos anteriores. Não se aplica, no entanto, o presente enunciado, quando a apreciação das contas for convertida em procedimento para apuração de irregularidade detectada.

PA n. 08190.010866/16-18, julgado na sessão de 01/02/2018.

Publicado no DOU n. 26, Seção 1, do dia 06/02/2018.

CASAMENTO

Enunciado nº 08 das Câmaras de Coordenação e Revisão Criminais e Cíveis Reunidas do MPDFT

É incabível exigência, por parte dos Promotores de Justiça em exercício nas Promotorias de Registros Públicos, de apresentação de certidão de nascimento atualizada até o último ano, bem como as de casamento para nubentes divorciados para instruir a habilitação de casamento. Afronta às leis civis, que não fazem tal exigência, bem como às normas constitucionais insertas nos artigos 226, § 3º e 5º, inciso II.

PA nº 08190.001338-2/94, Ata da 3ª Sessão Ordinária.

Publicado no DJ, Seção 1, de 17/05/02, p. 541.

ALIMENTOS. GUARDA

Enunciado nº 59 da 2ª Câmara de Coordenação e Revisão Cível Especializada

Recomenda-se que nos acordos de guarda, qualquer que seja a modalidade (exclusiva, alternada e compartilhada), seja estabelecido, no mínimo, a quem caberá a guarda física da criança, a obrigação alimentar e a regulamentação de visitas, a fim de viabilizar eventual execução.

Publicado no Diário da Justiça, Seção 1, de 12/06/2007, p. 1032. Ata da sessão realizada em 1º/06/2007 pela 2ª Câmara de Coordenação e Revisão Cível Especializada.

Enunciado nº 60 da 2ª Câmara de Coordenação e Revisão Cível Especializada

Recomenda-se que no pedido de exoneração do dever paterno de prestar alimentos, realizado nos próprios autos da ação de alimentos quando o filho atinge a maioridade civil, oficie o Promotor de Justiça pela instauração do contraditório.

Publicado no Diário da Justiça, Seção 1, de 12/06/2007, p. 1032. Ata da sessão realizada em 1º/06/2007 pela 2ª Câmara de Coordenação e Revisão Cível Especializada.

INTERDIÇÃO

Enunciado nº 80 das Câmaras de Coordenação e Revisão Cíveis Especializadas Reunidas do MPDFT

A Lei n. 13.146/2015 não alcança as interdições já decretadas por sentença com trânsito em julgado, sem prejuízo da possibilidade de o interessado ou o Ministério Público requerer, a qualquer tempo, nos próprios autos da interdição ou em nova ação, o levantamento da interdição, a revisão dos limites da curatela e a substituição da interdição pela tomada de decisão apoiada, conforme o caso.

Ata da 51ª Sessão Extraordinária, das 2ª e 4ª Câmaras de Coordenação e Revisão Cíveis Reunidas, em 08/11/16.

Publicado no DOU, Seção 1, do dia 17 de fevereiro de 2017.

Enunciado nº 81 das Câmaras de Coordenação e Revisão Cíveis Especializadas Reunidas do MPDFT

Nos procedimentos de curatela ou de tomada de decisão apoiada, o juiz não é obrigado a observar critérios de legalidade estrita, podendo adotar em cada caso a solução que considerar mais adequada ou oportuna, conforme dispõe o art. 723, parágrafo único, do novo Código de Processo Civil (Lei 13.105/2015).

Ata da 51ª Sessão Extraordinária, das 2ª e 4ª Câmaras de Coordenação e Revisão Cíveis Reunidas, em 08/11/16.

Publicado no DOU, Seção 1, do dia 17 de fevereiro de 2017.

Enunciado nº 82 das Câmaras de Coordenação e Revisão Cíveis Especializadas Reunidas do MPDFT

O art. 85 da Lei 13.146/2015 deve ser interpretado em consonância com o art. 723, parágrafo único, do novo Código de Processo Civil, de forma que, excepcionalmente, quando necessário para a proteção dos interesses do curatelado, a curatela da pessoa com deficiência poderá afetar o exercício de direitos de natureza extrapatrimonial, desde que essa restrição conste da sentença.

Ata da 51ª Sessão Extraordinária, das 2ª e 4ª Câmaras de Coordenação e Revisão Cíveis Reunidas, em 08/11/16.

Publicado no DOU, Seção 1, do dia 17 de fevereiro de 2017.

5 – CONSTITUCIONAL

Súmula nº 03/19 do Conselho Superior do Ministério Público do Estado do Espírito Santo

Na condução de procedimentos extrajudiciais, ao verificar possível inconstitucionalidade de diplomas normativos, tendo por parâmetro de controle a Constituição Estadual, o membro do Ministério Público deve representar, fundamentadamente, ao Procurador-Geral de Justiça, inclusive para adoção de medidas extrajudiciais de alteração, ab-rogação ou derrogação da norma, sem prejuízo do questionamento *incidenter tantum*.

Republicada no DOE em 20.11.19.

Súmula nº 05/19 do Conselho Superior do Ministério Público do Estado do Espírito Santo

Na condução de procedimentos extrajudiciais, ao verificar possível inconstitucionalidade de diplomas normativos, tendo por parâmetro de controle a Constituição Federal, o membro do Ministério Público deve encaminhar a questão, fundamentadamente, ao Procurador-Geral de Justiça, nos termos do art. 30, inciso I, da Lei Complementar Estadual nº 95/1997, sem prejuízo do questionamento *incidenter tantum*.

Publicada no DIO em 18.06.19 e republicada em 04.07.19 e 20.11.19.

6 – CONSUMIDOR

Enunciado nº 05 da 3ª Câmara de Coordenação e Revisão – Consumidor e Ordem Econômica do MPF

O regime do Código de Defesa do Consumidor não incide nos contratos de prestação de serviços de advocacia.

Sem a indicação da data de aprovação no sítio eletrônico: http://www.mpf.mp.br/atuacao-tematica/ccr3/sessoes/enunciados-1. Consulta realizada em 07/08/2020.

Enunciado nº 08 da 3ª Câmara de Coordenação e Revisão – Consumidor e Ordem Econômica do MPF

O aparelho de telefone celular é produto essencial, para os fins previstos no art. 18, § 3º, da Lei nº 8.078/90 (CDC).

Aprovado na 5ª Sessão Ordinária; 29 de junho de 2011.

Enunciado nº 09 da 3ª Câmara de Coordenação e Revisão – Consumidor e Ordem Econômica do MPF

É valido o novo critério de cálculo das tarifas de energia elétrica a ser aplicado no 3º ciclo de revisão tarifária periódica das distribuidoras de energia elétrica, nos termos da Resolução nº 457, de 08/11/2011, da Agência nacional de Energia Elétrica – Aneel, por não interferir com a redução do imposto de renda concedida pela Medida Provisória nº 2.199/01-14 e implementada pelo art. 3º do Decreto nº 4.213, de 2002.

Aprovado na Deliberação/data: 1ª Sessão Extraordinária; 13/4/2012.

Enunciado nº 13 da 3ª Câmara de Coordenação e Revisão – Consumidor e Ordem Econômica do MPF

Não configura relação de consumo contrato de Financiamento Estudantil (FIES) firmado entre instituição financeira e estudante. De tal modo, refoge às atribuições desta 3ª CCR a revisão de procedimentos que envolvam a referida matéria.

Aprovado na 6ª Sessão Ordinária de 2015, realizada em 26/08/2015.

Enunciado nº 31 da 3ª Câmara de Coordenação e Revisão – Consumidor e Ordem Econômica do MPF

É abusiva a cobrança pelo transporte de bagagem de mão nos compartimentos superiores das aeronaves ("bins"), à luz do Código de Defesa do Consumidor e da Resolução no 400/2016 da Agência Nacional de Aviação Civil, sendo devida a repetição do indébito prevista no art. 42, parágrafo único, da Lei no 8.078/1990.

Aprovado na 2ª Sessão Ordinária de 2020, realizada em 25/03/2020.

7 – COVID-19. ENUNCIADOS DE ENTENDIMENTO DOS COMITÊS TEMÁTICOS DO GABINETE DO COVID-19 DO MINISTÉRIO PÚBLICO DE SÃO PAULO

Comitê Temático de Saúde

Telemedicina

1. As ações de telemedicina são permitidas em caráter excepcional e temporário, na forma regulamentada pela Portaria n° 467/2020 do Ministério da Saúde, e garantidas a integridade, a segurança e o sigilo das informações sobre o paciente. As ações ficam condicionadas à situação de Emergência em Saúde Pública de Importância Nacional declarada pela Portaria n° 188/GM/MS, de 3 de fevereiro de 2020.

Publicado no Diário Oficial de São Paulo, 14/05/2020.

2. É inexigível dos Municípios do Estado de São Paulo o desenvolvimento de plataformas para as ações de telemedicina, em virtude da alta complexidade técnica, dos elevados custos econômicos e da temporariedade de seu funcionamento. Consideradas as condições locais e específicas, poderá ser verificada/articulada junto ao administrador público a viabilidade da implementação de telemedicina no Município, em razão do potencial para diminuição do risco de contágio devido à redução de deslocamentos para atendimentos de saúde.

Publicado no Diário Oficial de São Paulo, 14/05/2020.

Uso de leitos privados pelo SUS

3. No contexto da pandemia e da desigualdade de recursos disponíveis para o
Endereço – Rua: Riachuelo, nº 115 – 8º andar – Sala 827 – Centro | São Paulo/SP
SUS e para a rede privada, o uso de leitos privados pelo SUS constitui alternativa a ser considerada pelo gestor público para garantia do direito à saúde e deve ser incluída no plano de contingência de cada ente federativo. A medida excepcional, porém, deve ser adotada pelas autoridades administrativas após o esgotamento das vagas do SUS e das entidades de caráter beneficente, a exemplo das Santas Casas.

Publicado no Diário Oficial de São Paulo, 14/05/2020.

4. O plano de contingência de cada ente federativo deve contemplar: a) prioritariamente, o chamamento público direcionado a hospitais privados com ofertas de custeio da operação para a aquisição de leitos das entidades privadas; b) na hipótese de insuficiência do chamamento público, a requisição administrativa para o uso de leitos privados.

Publicado no Diário Oficial de São Paulo, 14/05/2020.

5. O monitoramento dos planos de contingência dos hospitais de referência e dos recursos para enfrentamento da crise deve ser feito pelo Centro Operacional de Emergência em Saúde Pública Estadual – COE/SP. Na impossibilidade de uma articulação no âmbito estadual eficaz e suficiente, as autoridades municipais devem ser cobradas e, na medida do possível, deve ser buscada uma articulação regional entre autoridades municipais da mesma base regional.

Publicado no Diário Oficial de São Paulo, 14/05/2020.

6. Os serviços prestados por salões de beleza e barbearias, bem como por academias de esporte não são inadiáveis ou necessários à sobrevivência, à saúde ou à segurança da população e, portanto, não são atividades essenciais.

Publicado no Diário Oficial de São Paulo, 16/05/2020.

7. Embora o Decreto Federal n° 10.344, de 08 de maio de 2020, tenha classificado os serviços prestados por salões de beleza e barbearias, bem como por academias de esporte, como essenciais, o regramento estadual consubstanciado no Decreto Estadual n° 64.881, de 22 de março de 2020, com a redação atualizada pelo Decreto Estadual n° 64.975, de 14 de maio de 2020, proibiu a prestação de tais serviços no Estado de São Paulo. As normas estaduais mais restritivas devem prevalecer, porque: a) a proteção conferida pela norma federal se mostrou deficiente, considerando-se que o contágio segue avançando em progressão e que tais atividades implicam aglomerações de pessoas; b) porque o próprio Decreto Federal n° 10.282, de 20 de março de 2020, dispõe expressamente que as autoridades estaduais e municipais podem, caso entendam conveniente e necessário, adotar padrões mais rígidos de proteção, diante da necessidade local (art. 3º, § 9º), o que foi referendado expressamente pelo Supremo Tribunal Federal (ADPF 672).

Publicado no Diário Oficial de São Paulo, 16/05/2020.

8. A proteção à saúde conferida pelos regramentos municipais não pode ser menos restritiva do que aquela prevista pelo regramento estadual.

Publicado no Diário Oficial de São Paulo, 16/05/2020.

9. É imprescindível a adoção de providências para o cumprimento do Decreto Estadual n° 64.881, de 22 de março de 2020, com a redação atualizada pelo Decreto Estadual n° 64.975, nas Comarcas paulistas, de forma que normas municipais que atentem contra as regras mais restritivas estaduais sejam questionadas, seja de forma difusa, seja de forma concentrada, por meio do encaminhamento de representação ao Procurador-Geral de Justiça para as providências de sua alçada, quando o caso.

Publicado no Diário Oficial de São Paulo, 16/05/2020.

Nota do autor: consta no DO "da" saúde.

Uso correto de máscaras de proteção oficial

10. O Poder Público, em todos em níveis e esferas, deve ampliar a publicidade a respeito do uso correto de máscaras de proteção facial, cuja obrigatoriedade foi instituída pelo Decreto Estadual nº 64.959, de 04 de maio de 2020, para atenuar as consequências negativas advindas do uso incorreto já amplamente noticiado pela mídia. A publicidade pode se dar por meio da produção de campanhas em massa, em especial mediante veiculação em mídia televisiva, rádios e outdoors, tal qual ocorre, por exemplo, nas campanhas ligadas à vacinação e ao uso de preservativos. A publicidade pode, inclusive, ser articulada entre as autoridades públicas estaduais e municipais, considerando as suas bases espaciais regionais.

Publicado no Diário Oficial de São Paulo, 27/05/2020.

Testes para detecção do coronavírus

11. O plano de Estratégia Ampliada de Testes no Estado de São Paulo já anunciado publicamente deve ser formalizado, bem como executado de modo pleno e imediato. A testagem em massa é medida imprescindível para diagnóstico da realidade de contaminação e do índice de transmissibilidade, bem como para o planejamento de políticas públicas eficientes.

Publicado no Diário Oficial de São Paulo, 27/05/2020.

12. Depois da formalização, há a necessidade de entender e acompanhar a execução de referida Estratégia que abrange: a) disponibilidade do número adequado de testes em todos os municípios pelo Estado e pela União; b) uso racional dos testes PCR e sorologia; c) cronograma de testagem célere, compatível com a ascendência da curva de contaminação e ocupação dos leitos; d) indispensabilidade de planejamento e estrutura logística, operacional e de inteligência que circunda a realização da testagem em massa (correto acondicionamento, sistema completo de identificação da pessoa testada, minimização dos riscos de contaminação das amostras coletadas e transporte adequado); e) urgente recomposição dos quadros da vigilância epidemiológica; f) imprescindibilidade de modernização da plataforma digital de registro dos dados epidemiológicos.

Publicado no Diário Oficial de São Paulo, 27/05/2020.

13. Assim, impõe-se a apresentação de cronograma para as seguintes ações, imprescindíveis à efetividade da Estratégia Ampliada de Teste: a) promoção do quanto necessário à publicação do corpo normativo do plano anunciado; b) desenvolvimento da plataforma digital que modernizará o Sistema Gal hoje existente, bem como os sistemas SIVEP – GRIP, SIM, e outros, de modo a que, em menor tempo possível e de forma confiável, gestores públicos municipais e estadual, bem como a pessoa contaminada, possam ter acesso aos resultados da testagem, sem as inconsistências e atrasos hoje verificados; c) conclusão da fase 1 da testagem anunciada, com a testagem de todos os assintomáticos dos grupos especiais referidos pelo

próprio Governo do Estado de São Paulo; d) início da fase 3 do plano anunciado, concomitante ao prosseguimento da fase 2, com pronto encaminhamento de todos os pacientes sintomáticos leves, com suspeita de COVID -19, para exame de RT – PCR, quando mais indicado, do ponto de vista clínico, esse teste; e) capilarização da rede de laboratórios para o interior do Estado de São Paulo, de forma a evitar arriscados e dispendiosos transportes de amostras para testagem, diminuindo, com isso, o risco de descarte ou de resultado insatisfatório; f) definição das coortes e da estratégia de testagem de amostragem populacional que indique a inserção da doença nos diferentes estratos sociais e regiões, em conjunto com os Municípios do Estado de São Paulo; g) estruturação humana da Vigilância Epidemiológica do Estado de São Paulo, com o preenchimento célere e contínuo dos claros decorrentes de aposentadorias, mortes, afastamentos ou exonerações, de forma a que esse importante órgão público tenha condições de realizar, com a eficiência necessária, o seu trabalho, sobretudo de fiscalização e registro dos dados epidemiológicos e de orientação e capacitação de profissionais da saúde, visando a urgente melhoria do acondicionamento, identificação e diminuição de contaminação das amostras atualmente em níveis inaceitáveis.

Publicado no Diário Oficial de São Paulo, 27/05/2020.

Carreatas e manifestações contra as medidas de restrição econômica e de distanciamento social determinadas pelas autoridades públicas

14. A realização de carreatas e manifestações contra as medidas de restrição econômica e de distanciamento social determinadas pelas autoridades públicas se insere nos direitos constitucionais de reunião e de expressão. Contudo, as carreatas e manifestações devem obedecer às exigências previstas pela Constituição Federal e não podem afetar ou colocar em perigo a saúde pública e a vida das pessoas, que são igualmente direitos fundamentais constitucionais.

Publicado no Diário Oficial de São Paulo, 27/05/2020.

15. O organizador da carreta deve avisar previamente a autoridade competente sobre a manifestação que pretende realizar (CF, art. 5º, XVI), indicando data, horário e trajeto, pois ao Estado cabe o dever de garanti-la e a faculdade de vigiá-la (Min. Celso de Mello, STF, ADPF 187).

Publicado no Diário Oficial de São Paulo, 27/05/2020.

16. A carreata ou manifestação não poderá produzir aglomeração física de pessoas, pois o risco à saúde pública e à vida das pessoas são limitações à realização do direito de reunião, eis que não há direito fundamental absoluto ou ilimitado. O ajuntamento de pessoas permite o contágio e a propagação do vírus entre os manifestantes e, depois, entre estes e demais cidadãos do corpo social, colocando em risco a vida das pessoas diante de uma doença grave e letal, ainda sem tratamento certo e sem vacina.

Publicado no Diário Oficial de São Paulo, 27/05/2020.

17. Diante da existência de informações de que a carreata ou outro tipo de manifestação propiciará a aglomeração física ou o ajuntamento de pessoas, deverão ser adotadas as medidas necessárias para a adequação do ato, em especial para induzir o cumprimento da exigência de comunicação prévia à autoridade de segurança sobre a realização do evento. O ato poderá ser realizado, então, por outras formas, que não acarretem o risco de disseminação da doença. O recurso à via judicial para a adequação do ato deve ser excepcional.

Publicado no Diário Oficial de São Paulo, 27/05/2020.

Nota do autor: consta no DO "da" saúde.

Realização de cultos e missas

18. São legais eventuais proibições impostas por Decreto Municipal à realização presencial de missas ou cultos em decorrência de medidas sanitárias para contenção da pandemia de COVID-19. As medidas não violam o direito de consciência e crença, previsto no art. 5º, VI, da Constituição Federal, vez em que não atingem diretamente a fé ou seu livre exercício. Nos Municípios em que não houver regulamentação dessa atividade, a autoridade local de saúde pode ser instada à formulação de análise técnica sobre o tema.

Publicado no Diário Oficial de São Paulo, 02/06/2020.

Nota do autor: consta no DO "da" saúde.

Política Pública de Saúde Mental

19. As especificidades da pandemia COVID 19 invocam a necessidade de elaboração de uma política pública específica de saúde mental.

Publicado no Diário Oficial de São Paulo, 13/06/2020.

20. O Poder Público Municipal deve formular PLANO DE CONTINGÊNCIA DA SAÚDE MENTAL que contemple, durante e após a travessia da pandemia: a) a atenção em saúde mental de toda a população e, especificamente, dos seguintes grupos: (i) pessoas em situação de vulnerabilidade social, com destaque às pessoas em situação de rua; (ii) pessoas que já possuem transtornos mentais; (iii) os doentes de COVID 19, sobretudo os que desenvolveram a síndrome respiratória grave, analisando-se a possibilidade sanitária de uso de celular na UTI ou contato pessoal com familiares, em momento extremo de despedida; (iv) as famílias enlutadas; (v) grupos que já se encontram apartados do convívio social e em abrigamento; (vi) os profissionais de saúde; b) a readequação da RAPS, durante a pandemia, para fins de atendimento dos pacientes com transtornos mentais, por meio de: (i) mecanismos de interlocução entre SUAS e SUS, com valorização e ampliação da Equipe de Saúde da Família e das Equipes dos CAPSs e do PAIF, de modo que trabalhem em número suficiente e integradamente; (ii) readequação dos serviços CAPS, mantendo-se as atividades regulares ao máximo possível, com a supressão apenas das atividades em grupo, com a garantia de distanciamento mínimo e incluindo-se hipóteses de uso de tecnologia e da modalidade de atendimento domiciliar, em conjunto com a Equipe de Saúde da Família; (iii) fortalecimento e ampliação dos consultórios de

rua que atendem a população mais vulnerável, conforme parâmetros da Portaria do Ministério da Saúde 122/2011; (iv) garantia de oferta contínua de EPIs e insumos de higiene aos profissionais e usuários dos serviços; (v) mecanismos efetivos de divulgação sobre a forma de funcionamento e acionamento da RAPS nesse período, direcionados aos usuários do serviço e aos demais profissionais da rede; c) o olhar especial pelos órgãos de controle competentes às Comunidades Terapêuticas, atentando-se para: (i) informações acerca da existência de casos suspeitos ou confirmados de Covid19 nessas instituições, assim como dos encaminhamentos adotados; (ii) adoção de medidas sanitárias e de isolamento, com articulação com os serviços de saúde pública, atentando-se para as questões técnicas pontuadas pelo NAT; (iii) restrição ao ingresso de novos acolhidos durante a pandemia; (iv) garantia de manutenção do contato entre acolhidos e familiares; d) mapeamento do aumento de dependência química e de suicídios, tentados ou consumados, com propostas de mitigação dessas problemáticas; e) zelo para que se mantenha a reserva de leitos psiquiátricos em hospital geral, sem remanejamentos para hospitais psiquiátricos especializados, com o fim de se resguardar os princípios da luta antimanicomial, que fundamentam a Lei nº 10.216/2001.

Publicado no Diário Oficial de São Paulo, 13/06/2020.

21. O Poder Público Estadual deverá elaborar PLANOS DE CONTINGÊNCIA REGIONAIS DE SAÚDE MENTAL, fornecendo aos Municípios diretrizes e subsídios técnicos necessários para seus respectivos planos, assim como zelando para a manutenção da reserva de leitos psiquiátricos em hospital geral, sem remanejamentos para hospitais psiquiátricos especializados, a fim de se resguardar os princípios da luta antimanicomial, que fundamentam a Lei nº 10.216/2001.

Publicado no Diário Oficial de São Paulo, 13/06/2020.

Plano São Paulo – Novas regras de isolamento social – Decreto Estadual n° 64.994/20

22. O Plano São Paulo não extinguiu a quarentena, até porque os níveis de infecção estão em franca curva ascendente, na maioria dos Municípios paulistas. Ele apenas alterou a forma de cumprimento das regras de isolamento social e de suspensão das atividades econômicas (art. 2º, caput).

Publicado no Diário Oficial de São Paulo, 13/06/2020

23. O relaxamento ou a flexibilização das regras de isolamento social e de quarentena, impostos pelo Decreto Estadual n° 64.881/20, somente podem ser determinados com base em evidências científicas e análises sobre as informações estratégicas em saúde que apontem o controle adequado da evolução da pandemia e a capacidade da rede hospitalar (art. 3º, caput).

Publicado no Diário Oficial de São Paulo, 13/06/2020.

24. Com o Decreto Estadual n° 64.994/20, o cumprimento das regras da quarentena será por fases e por região, seguindo, doravante, a classificação das condições

epidemiológicas do Estado. Foi adotado o critério territorial de abrangência dos Departamentos Regionais de Saúde (art. 3º, § 3º, 1, e art. 5º, caput).

Publicado no Diário Oficial de São Paulo, 13/06/2020.

25. A definição e a caracterização das fases e regiões para a retomada das atividades econômicas competem ao Secretário Estadual de Saúde (art. 5º, § 3º). Assim, não pode o Município avançar e classificar a sua fase de forma diversa à estabelecida pela Secretaria Estadual de Saúde. O Município tampouco pode autorizar a retomada de atividade econômica não essencial prevista para fase posterior à que se encontra, tendo em vista o princípio da atuação hierarquizada e regionalizada do SUS. Contudo, pode o Município, diante da evolução significativa da pandemia em seu território e da pressão sobre o seu sistema de saúde, restringir as medidas de quarentena, a despeito de eventual evolução feita para a região pela Secretaria Estadual de Saúde, consoante o programa de fases e regiões do Plano São Paulo.

Publicado no Diário Oficial de São Paulo, 13/06/2020.

26. Não é possível a progressão por salto de fases, até pela necessidade de se avaliar, por 14 dias consecutivos, o número de casos novos e a ausência de pressão sobre o sistema de saúde. De outro lado, constatado aumento significativo de casos novos e a pressão sobre o sistema de saúde, é possível a regressão por salto.

Publicado no Diário Oficial de São Paulo, 13/06/2020.

27. A inserção do Município em fases menos rigorosas do Plano São Paulo não significa imediata flexibilização das restrições sanitárias ali vigentes. Caso autorize a retomada das atividades econômicas não essenciais, o Prefeito Municipal deverá fundamentar a sua decisão, observando o contido no parágrafo único, itens 1 a 3, do art. 7º, do Decreto Estadual nº 64.994/20.

Publicado no Diário Oficial de São Paulo, 13/06/2020.

28. A retomada das atividades econômicas não essenciais exigirá que os Municípios intensifiquem a fiscalização, em especial para verificar o cumprimento dos protocolos sanitários pelos estabelecimentos comerciais e empresariais, mencionados nos anexos que acompanham o Plano São Paulo.

Publicado no Diário Oficial de São Paulo, 13/06/2020.

29. A implantação do Plano São Paulo exigirá do Governo Estadual, em coordenação com os Municípios, a imediata implantação do programa de testagem ampliada, anunciado em 30 de abril de 2020.

Publicado no Diário Oficial de São Paulo, 13/06/2020.

30. Os dois eixos centrais de avaliação para fins de classificação das regiões do Estado são as "condições epidemiológicas" e as "condições estruturais", cada qual com variáveis e pesos definidos pelo Decreto Estadual nº 64.994/20. Vale observar que o cômputo numérico de cada um desses eixos se dá separadamente, prevalecendo, para fins de classificação, a pior nota (Anexo I do Decreto Estadual nº 64.994/20).

Publicado no Diário Oficial de São Paulo, 13/06/2020.

Nota do autor: consta no DO "de" saúde.

Comitê Temático da Educação

Educação Infantil

1. A educação infantil, direito de crianças de 0 a 5 anos e 11 meses de idade, é complementar à ação da família e da comunidade e vem realizada em espaços não domésticos por instituições que devem exercer funções sociopolítica e pedagógicas. Durante a pandemia, as propostas pedagógicas cujos objetivos sejam a proteção à saúde, ao respeito, à dignidade e à brincadeira se apresentam mais importantes.

Publicado no Diário Oficial de São Paulo, 27/05/2020.

Educação Infantil e Atividades escolares não presenciais

2. A legislação brasileira não prevê a possibilidade de ensino à distância na educação infantil, nem mesmo em situações excepcionais. O currículo da educação infantil é organizado e posto em prática mediante vivências, experiências, interações e brincadeiras, construções coletivas que restam comprometidas na ausência de professores, outras crianças e do espaço institucional escolar. A educação infantil não tem o objetivo de promoção ou classificação, nem mesmo para o acesso ao ensino fundamental (art. 31, LDB), sendo vedada, portanto, a retenção (art. 10, V, Resolução nº 5, de 17 de dezembro de 2009).

Publicado no Diário Oficial de São Paulo, 27/05/2020.

3. A Sociedade Brasileira de Pediatria recomenda evitar a exposição de crianças de até 2 anos às telas e a restrição ao máximo e sempre supervisionada do uso de tecnologias por crianças entre 2 e 5 anos de idade. O Parecer CNE/CEB 5/2020 sugere que, para minimizar retrocessos cognitivos, corporais (ou físicos) e socioemocionais, os sistemas e estabelecimentos de ensino de educação infantil desenvolvam materiais de orientação aos responsáveis com atividades educativas de caráter eminentemente lúdico, recreativo e interativo.

Publicado no Diário Oficial de São Paulo, 27/05/2020.

4. No planejamento, execução e fiscalização de eventuais atividades educacionais remotas, deve ser coibida a imposição de atividades escolares ou de cargas obrigatórias de atividades às crianças em idade de educação infantil, zelando para que as relações não presenciais tenham por objetivos a manutenção de vínculos entre crianças e educadores e a orientação sobre atividades lúdicas e estímulos para o integral desenvolvimento das crianças que possam ser realizadas em casa.

Publicado no Diário Oficial de São Paulo, 27/05/2020.

Educação Infantil e Reorganização do Calendário Escolar

5. A organização da educação infantil é prevista pelo art. 31 da LDB, que estabelece que a avaliação é realizada mediante acompanhamento e registro do desenvolvimento da criança, sem objetivo de promoção. A sua carga horária mínima anual é de 800 horas, distribuída por um mínimo de 200 dias letivos. Com relação aos dias letivos, a Medida Provisória nº 934/2020 dispensou o seu efetivo cumprimento. No tocante à carga horária anual, considerando ser vedada a retenção e a

avaliação para fins de classificação ou promoção, bem como a dificuldade de métrica para quantificação das atividades desenvolvidas pelas crianças, não se vislumbra a necessidade de reposição integral de aulas. É possível, excepcionalmente, a ampla flexibilização do calendário escolar desta etapa da educação, desde que comprovada a oferta e a frequência mínima de 60% da carga anual prevista em lei, nos termos do inc. IV do art. 31 da LDB.

As instituições de ensino devem realizar o registro das atividades, nos termos da Indicação 193/2020, do Conselho Estadual de Educação, e melhor disciplina do tema pelos órgãos normativos de cada sistema de ensino.

Publicado no Diário Oficial de São Paulo, 27/05/2020.

Educação Infantil e a Indissociabilidade do cuidado e do processo educativo – Proteção integral e Alimentação escolar

6. No contexto da pandemia e da impossibilidade de realização de atividades presenciais em creches e pré-escolas, os sistemas e instituições públicas e privadas de ensino devem reforçar as medidas de orientação e cuidado com as crianças, compartilhando e complementando informações sobre prevenção ao contágio do novo coronavírus e sobre políticas públicas que assegurem os direitos fundamentais, individuais e sociais, das crianças e de seus responsáveis, dentre outras.

Publicado no Diário Oficial de São Paulo, 27/05/2020.

7. A alimentação escolar é direito da criança (art. 208, VII, CF) e deve ser garantida a todas as crianças matriculadas nas redes públicas de educação infantil. No contexto da pandemia, é essencial assegurar políticas de segurança alimentar e o direito à alimentação escolar, o que torna fundamental a adoção de medidas intersetoriais de segurança alimentar. Além disso, analisadas as peculiaridades locais e regionais, deve-se buscar a compatibilização da garantia de alimentação escolar universal, saudável e com qualidade nutricional com a valorização da produção local, do desenvolvimento sustentável e da agricultura familiar, porém respeitando a necessidade de isolamento social e de diminuição drástica do trânsito e da aglomeração de pessoas.

Publicado no Diário Oficial de São Paulo, 27/05/2020.

Educação Infantil e a Relação de Instituições de Ensino, Educadores, Crianças e Famílias

8. De acordo com as Diretrizes Curriculares Nacionais para a Educação Infantil (Resolução nº 5/2009), as instituições de ensino devem assumir a responsabilidade de compartilhar e complementar a educação e cuidado das crianças com as famílias. A proposta pedagógica das creches e pré-escolas deve assegurar a participação, o diálogo e a escuta cotidiana das famílias, bem como o respeito e a valorização de suas formas de organização, para efetivação de seus objetivos pedagógicos. As instituições de educação infantil devem se aproximar ainda mais das famílias, no sentido de apoiá-las, ainda que de forma remota, nas ações a serem desenvolvidas com as crianças, subsidiando-as com material necessário para a realização de ações para

o pleno e integral desenvolvimento da criança. Tais ações devem pautar-se: a) pelo diálogo com as demandas e necessidades das famílias, em virtude do momento atual da pandemia; b) pelo princípio da manutenção dos vínculos com as crianças e com as famílias; c) pelo diálogo com as crianças sobre o momento atual, para que possam entender o contexto e se expressarem a respeito; d) pela ludicidade exclusivamente. As ações devem considerar as especificidades e as diversidades etárias, bem como as desigualdades sociais que conformam a relação das crianças e famílias com o acesso e possibilidade efetiva de uso dos instrumentos e tecnologias. Portanto, as ações devem possuir caráter não obrigatório em relação às crianças, à semelhança do que dispõe o Parecer CNE/CP nº 05/20, item 2.7 (aprovado em 28.04.20).

Publicado no Diário Oficial de São Paulo, 27/05/2020.

Oferta de Alimentação escolar em tempos de pandemia do COVID-19

9. Nos termos dos arts. 205 e 208, VII, da Constituição Federal, e do art. 4º, VIII, da Lei de Diretrizes e Bases da Educação Nacional (Lei nº 9394/96), vigora o princípio de universalidade da oferta da alimentação escolar a todos os alunos matriculados nas redes públicas de educação básica. Trata-se de direito de natureza educacional, e não de direito assistencial do poder público, sendo inconstitucional a ausência da oferta de alimentação escolar ou a sua restrição, a partir de condicionalidades não previstas no texto constitucional.

Publicado no Diário Oficial de São Paulo, 27/05/2020.

10. É necessária a adoção de medidas com o objetivo de assegurar a oferta de alimentação escolar a todos os estudantes da educação básica das redes públicas de ensino, seja em períodos de suspensão extraordinária de aulas, seja em períodos de atividades remotas, em razão da pandemia do novo coronavírus (COVID-19).

Publicado no Diário Oficial de São Paulo, 27/05/2020.

11. No contexto da pandemia, é ainda fundamental adoção de medidas intersetoriais de segurança alimentar. As providências a serem adotadas, respeitadas as especificidades locais e regionais, devem observar o necessário equilíbrio entre a segurança alimentar e as medidas de isolamento social, de redução de trânsito e de aglomeração de pessoas recomendadas pelas autoridades competentes e pela ciência. Ainda que a situação excepcional exija maior flexibilidade e alternativas ao preparo e à oferta direta de alimentos aos estudantes, deve-se, sempre que possível, compatibilizar as medidas de urgência com as diretrizes de apoio ao desenvolvimento sustentável, à produção local, à agricultura familiar e aos empreendedores familiares rurais, priorizando as comunidades tradicionais indígenas e de remanescentes de quilombos.

Publicado no Diário Oficial de São Paulo, 27/05/2020.

Retorno às Aulas

12. Considerando o recente anúncio do Governo Estadual2 a respeito da retomada de aulas presenciais nos estabelecimentos de ensino situados no Estado de São Paulo, compete aos sistemas públicos a elaboração de protocolos intersetoriais que garantam condições sanitárias capazes de preservar a saúde e a vida de estu-

dantes, de trabalhadores da educação e dos respectivos familiares. É preciso zelar, ainda, nos termos do art. 209 da Constituição Federal, para que as escolas privadas também cumpram as regras gerais estabelecidas em cada um dos sistemas estadual e municipais de ensino.

Publicado no Diário Oficial de São Paulo, 24/07/2020.

13. Os sistemas e redes de ensino, com base no melhor conhecimento científico e nas diretrizes estabelecidas pelos órgãos de saúde e educação competentes, devem detalhar seus respectivos protocolos sanitários e pedagógicos de retomada de aulas presenciais, garantindo ampla participação dos diversos segmentos da comunidade escolar no planejamento e execução de referidos protocolos.

Publicado no Diário Oficial de São Paulo, 24/07/2020.

14. Os sistemas e redes de ensino devem promover, o quanto antes, a capacitação de todos os profissionais da educação, assegurando também número adequado de docentes e servidores para o cumprimento dos protocolos sanitários e pedagógicos estabelecidos.

Publicado no Diário Oficial de São Paulo, 24/07/2020.

15. Os sistemas e redes de ensino devem reservar e destinar recursos financeiros suficientes para garantir infraestrutura que permita distanciamento social nos ambientes escolares, bem como aquisição e disponibilização de insumos que assegurem as medidas de higiene pessoal, limpeza e desinfecção da escola, além de equipamentos de proteção individual, dentre outros especificados nos protocolos sanitários e pedagógicos estabelecidos.

Publicado no Diário Oficial de São Paulo, 24/07/2020.

16. A rede privada de ensino, nos termos do art. 209 da Constituição Federal, deve cumprir as normas gerais da educação nacional e está sujeita a autorização de funcionamento e avaliação de qualidade pelo Poder Público. No contexto de pandemia, deve respeitar também, além dos princípios e normas constitucionais e infraconstitucionais do Direito à Educação, as regras de caráter sanitário destinadas ao controle da COVID-19. Assim, tendo em vista especialmente os arts. 205 e 206, I, da Constituição Federal, aplicam-se à rede privada de educação do Estado de São Paulo, as mesmas regras e critérios fixados para retomada concomitante das aulas presenciais nos sistemas e redes públicas de ensino.

Publicado no Diário Oficial de São Paulo, 24/07/2020.

Nota do autor: consta no DO "de" educação.

Comitês Temáticos de Educação e Pessoa com Deficiência Educação dos alunos público-alvo da educação especial Educação especial e atividades não presenciais – Enunciados conjuntos

1. A educação é direito de todos, não sendo admissível qualquer forma de oferta educacional que desconsidere segmentos populacionais específicos e acentue ainda

mais as desigualdades de acesso e de padrão de qualidade já observadas em períodos letivos não excepcionais. Quando os sistemas de ensino optarem pela disponibilização de atividades remotas, durante o período de suspensão das aulas presenciais, em razão da atual pandemia, as aulas à distância devem ser ofertadas para os estudantes de todos os níveis, etapas e modalidade de ensino, incluindo os alunos público alvo da educação especial (pessoas com deficiência, transtorno do espectro autista e altas habilidades/superdotação), para garantia de seu direito à aprendizagem. O modelo de atividades não presenciais e a eventual retomada parcial de atividades presenciais devem reafirmar a educação em perspectiva inclusiva, assim compreendida como aquela que valoriza a diversidade, sendo, portanto, direito de todos, alunos com ou sem deficiência. 1.1. As políticas públicas de educação e os eventuais programas de atividades escolares não presenciais desenvolvidos neste período devem garantir, nos termos do art. 28, da Lei nº 13.146/2015, condições de acesso, participação e aprendizagem aos alunos público-alvo da educação especial. A garantia deve se concretizar por meio da oferta, ainda que remota, de serviços e de recursos de acessibilidade que eliminem as barreiras e promovam a inclusão plena, vedando-se práticas que os segregam do projeto pedagógico destinado a todos os alunos.

Publicado no Diário Oficial de São Paulo, 27/06/2020.

2. Na elaboração da política pública de educação especial em contexto de pandemia, os sistemas de ensino devem garantir espaço de participação aos alunos, seus familiares, Conselhos, entidades e associações representativas das pessoas com deficiência.

Publicado no Diário Oficial de São Paulo, 27/06/2020.

3. O Poder Público deve adotar medidas para tornar acessíveis as ofertas pedagógicas não presenciais aos alunos público-alvo da educação especial em todos os níveis, etapas e modalidades educacionais. É essencial a disponibilização de suportes e recursos que assegurem o acesso e a participação deste grupo de estudantes, garantindo o padrão de qualidade pedagógica, conforme Parecer CNE/CP nº 05/20, item 2.13 (aprovado em 28.04.20). Deve ser oportunizada uma diversificação de modalidades de interação e suportes tecnológicos, como, por exemplo, atividades em vídeo com a presença de intérpretes de libras, em áudio, síncronas (on-line), assíncronas (desconectadas), em texto, entre outros recursos didáticos que se façam necessários.

Publicado no Diário Oficial de São Paulo, 27/06/2020.

4. Durante o período de suspensão das atividades escolares presenciais, devem ocorrer a mobilização e a interlocução entre os professores regentes de sala de aula, os professores especializados e a equipe escolar, para o desenho de estratégias que promovam a acessibilidade das atividades não presenciais a todos os alunos. Há que se considerar que as soluções educacionais direcionadas aos alunos público-alvo da educação especial são distintas das necessárias para lidar com outros segmentos populacionais, exigindo a oferta de recursos humanos e tecnológicos que atendam às suas reais necessidades. O momento atual pode ser estratégico para que os planos

individuais de atendimento educacional especializado sejam revistos pelos professores das salas regulares e pelos professores das salas de recurso multifuncionais (Resolução CNE/CEB 04/2009). 4.1. Os planos individuais de atendimento educacional especializado devem explicitar as estratégias de acesso ao currículo, com destaque para a mediação entre o trabalho desenvolvido pelo professor da educação especial e aquele desenvolvido pelo professor da classe comum, o uso do material didático, as orientações para realização das atividades, as condições de mobilidade e acessibilidade aos meios de informação e comunicação aos alunos público-alvo da educação especial, as orientações para os familiares, as avaliações, dentre outros aspectos. O trabalho entre os diversos profissionais da escola deve ocorrer de forma articulada e colaborativa, promovendo a acessibilização das atividades ofertadas a todos os alunos. Os alunos público-alvo da educação especial não devem receber atividades distintas, no que diz respeito ao currículo, das dos demais alunos de sua turma, evitando-se o aprofundamento de uma lógica inconstitucional de segregação

Publicado no Diário Oficial de São Paulo, 27/06/2020.

Educação especial e a efetivação de estratégias de comunicação acessível e inclusiva com os alunos e seus familiares.

5. A situação atual de pandemia da COVID-19 pode agravar a condição de invisibilidade dos alunos públicos-alvo da educação especial, em função do isolamento social e do não acesso a informações essenciais em razão da ausência de comunicações acessíveis. O Poder Público deve garantir uma comunicação próxima, acessível e inclusiva entre os profissionais das unidades escolares, os alunos público alvo da educação especial e os seus familiares. Para tanto, deve haver orientações específicas, planejamento conjunto de atividades e trabalho para a manutenção de vínculos, por meio da utilização de recursos de tecnologia, acessibilidade sociolinguística, uso de códigos e linguagens específicas, entre outros suportes.

Publicado no Diário Oficial de São Paulo, 27/06/2020.

6. No planejamento e execução de estratégias pedagógicas dirigidas ao público alvo da educação especial, é imprescindível assegurar a participação destes alunos e de seus familiares na tomada de decisões sobre os percursos de aprendizagem e organização de atividades, em decorrência do momento atual. As atividades propostas devem ter em consideração a autonomia dos estudantes para realizá-las e as possibilidades de efetiva interação entre os professores e os alunos, não transferindo a responsabilidade de escolarização para seus familiares e cuidadores.

Publicado no Diário Oficial de São Paulo, 27/06/2020.

7. É importante que os órgãos gestores da política educacional do Estado e Municípios criem e promovam ampla divulgação de canais de comunicação para os alunos público-alvo da educação especial e seus familiares, para que possam reportar dificuldades encontradas no acesso e acompanhamento das atividades não presenciais ou outros entraves à garantia do direito à educação de qualidade durante a Pandemia da COVID-19.

Publicado no Diário Oficial de São Paulo, 27/06/2020.

Educação especial e proteção social adequada

8. A Convenção Internacional sobre os Direitos das Pessoas com Deficiência, em seu art. 11, e o Estatuto da Pessoa com Deficiência (Lei nº 13.146/2015), em seu art. 10, preveem que, em situações de risco, emergência ou estado de calamidade pública, a pessoa com deficiência será considerada vulnerável, devendo o Poder Público adotar medidas para sua proteção e segurança. Em decorrência da suspensão de diversas atividades e serviços, muitas famílias lidam com grandes impactos econômicos, com a descontinuidade de atendimentos na área de saúde e com a impossibilidade de contar com uma rede de apoio na execução dos cuidados diários. Tal quadro pode agravar, ainda mais, situações de vulnerabilidade social. É necessário, por conseguinte, dar atenção às consequências da quebra de rotina das atividades diárias, nas condições de saúde física e psíquica destes alunos, trazendo importantes impactos em seus processos de escolarização. Para tanto, é necessária a articulação da política educacional, de forma a estabelecer ações intersetoriais com outras políticas públicas (saúde, assistência social, etc.).

Publicado no Diário Oficial de São Paulo, 27/06/2020.

9. É essencial zelar pela priorização dos estudantes com deficiência nos programas de segurança alimentar, considerando o agravamento das condições socioeconômicas e o risco de não acesso aos gêneros alimentícios necessários. Para tanto, os trabalhadores das unidades escolares, enquanto atores fundamentais na rede de cuidado e proteção social, devem realizar acompanhamento próximo dos estudantes público-alvo da educação especial e de suas famílias, exercendo, inclusive, papel educativo e orientador a respeito de direitos sociais e dos serviços de saúde e assistência social disponíveis no território.

Publicado no Diário Oficial de São Paulo, 27/06/2020.

10. Quando do retorno às aulas presenciais e conforme o escopo dos protocolos de retomada das atividades, devem ser desenvolvidas estratégias voltadas aos alunos público-alvo da educação especial, que considerem condições específicas de mobilidade, comunicação, dentre outras. O desenvolvimento de tais estratégias evita que os alunos sejam expostos a situações de risco e possibilita que sejam reconhecidos e valorizados como pessoas dignas e capazes de aprender. É preciso zelar para que referidos alunos e familiares participem, inclusive, da elaboração dos protocolos de retomada de aulas presenciais em suas respectivas unidades de ensino. 10.1. Os procedimentos pedagógicos devem ser implementados de modo a evitar prejuízos ou, ao menos, para garantir a reparação dos prejuízos relacionados à aprendizagem dos alunos público alvo da educação especial acumulados no período de isolamento. O processo de retorno às aulas e da permanência destes estudantes no ambiente escolar deve ser acompanhado pelas escolas e pelas famílias, como medida de prevenção à evasão escolar.

Publicado no Diário Oficial de São Paulo, 27/06/2020.

Comitê Temático do Consumidor

Abusividade de preços

1. Como é vedado o aumento injustificado de produtos ou serviços no mercado de consumo, a diferença dos preços praticados antes e durante a pandemia pode ser indicativo de prática abusiva.

Publicado no Diário Oficial de São Paulo, 02/06/2020.

2. Para a análise da abusividade de preços, é importante verificar as notas de entrada e de saída dos produtos do fornecedor imediato ou do fornecedor mediato, conforme o caso. Na comparação entre as notas para efeito de apuração do lucro, não podem ser desprezados os custos operacionais da empresa.

Publicado no Diário Oficial de São Paulo, 02/06/2020.

3. Constatada a abusividade do preço do produto e identificado o seu responsável, o aumento injustificado deve ser afastado, os adquirentes lesados devem ser ressarcidos e, se o caso, a indenização por dano moral pode ser pleiteada.

Publicado no Diário Oficial de São Paulo, 02/06/2020.

Escolas particulares

4. Os estabelecimentos de ensino básico e superior devem disponibilizar mecanismos não presenciais de atendimento aos alunos e aos seus responsáveis, privilegiando a negociação e a manutenção do contrato.

Publicado no Diário Oficial de São Paulo, 02/06/2020.

5. Os estabelecimentos de ensino básico e superior devem garantir o direito à informação aos consumidores, expondo, de maneira clara e adequada, sobre: a) a eventual alteração do planejamento pedagógico; b) a modificação do calendário de aulas e férias; c) a eventual prestação de aulas na modalidade não presencial durante a quarentena, indicando a forma, a duração e a frequência e sempre preservando a qualidade do ensino; d) o caráter complementar ou substitutivo das aulas não presenciais; e) a eventual redução de despesas, com apresentação de planilhas de custos, que poderá resultar na concessão de descontos.

Publicado no Diário Oficial de São Paulo, 02/06/2020.

6. Com relação às parcelas referentes à alimentação e às atividades extracurriculares não prestadas na modalidade online, os estabelecimentos de ensino devem conceder descontos proporcionais nas mensalidades do contrato.

Publicado no Diário Oficial de São Paulo, 02/06/2020.

7. Garantido o direito à informação, o consumidor poderá expressar a sua anuência às propostas ou, então, optar pela resilição do contrato, afastada a aplicação de penalidades ou encargos em seu desfavor, tendo em vista a superveniência de fatos imprevisíveis.

Publicado no Diário Oficial de São Paulo, 02/06/2020.

Planos de Saúde

8. Durante a pandemia do coronavírus, o diagnóstico e o tratamento da COVID-19 devem ser prestados pelas operadoras de planos de assistência à saúde, independentemente do cumprimento de prazos de carência que não seja o prazo de 24 horas para urgências e emergências (art. 12, V, "c", Lei nº 9.656/98, Súmula 597/ STJ e Súmula 103/ TJSP).

Publicado no Diário Oficial de São Paulo, 20/06/2020.

9. As operadoras de planos de assistência à saúde devem disponibilizar a seus beneficiários o teste diagnóstico para infecção pelo coronavírus indicado pelo médico assistente, mesmo que não esteja previsto no rol da ANS (art. 421, Código Civil; STJ, AgRg no AREsp 708.082/DF e AgInt no AREsp 1359417/DF; Súmula 102/ TJSP).

Publicado no Diário Oficial de São Paulo, 20/06/2020.

10. Durante a pandemia do coronavírus, as operadoras de planos de assistência à saúde não devem interromper ou adiar os atendimentos e os tratamentos continuados ou qualquer outro procedimento cuja não realização possa colocar em risco a vida do paciente.

Publicado no Diário Oficial de São Paulo, 20/06/2020.

11. A rescisão unilateral do contrato de plano de saúde individual ou familiar pela operadora deve observar o prazo de inadimplemento superior a 60 dias, consecutivos ou não (art. 13, par. ún., II, Lei nº 9.656/98), e somente pode ocorrer após prévia notificação do consumidor, com prazo não inferior a 10 dias para purgar a mora (Súmula 94/TJSP). Durante a internação do paciente ou o tratamento da COVID-19, não pode ocorrer suspensão ou rescisão do contrato individual, familiar ou coletivo, ainda que exista inadimplemento do consumidor (art. 13, par. ún., III, Lei nº 9.656/98).

Publicado no Diário Oficial de São Paulo, 20/06/2020.

Comitês Temáticos do Consumidor, Meio Ambiente, Habitação e Urbanismo, Saúde, Infância e Juventude, Inclusão Social, Idoso e Execuções Penais – Enunciados conjuntos

1. O fornecimento de água potável é serviço essencial e não pode ser interrompido, devendo, ainda, ser disponibilizado à população que não tenha acesso à rede pública de abastecimento de água.

Publicado no Diário Oficial de São Paulo, 02/06/2020.

2. Durante a pandemia do coronavírus, nenhuma residência deve ser privada do fornecimento de água, ainda que exista débito anterior ou concomitante à pandemia, incumbindo ao Ministério Público adotar as medidas necessárias para a continuidade da prestação do serviço, esteja ou não o Município abrangido pelo Decreto Estadual nº 64.879/20.

Publicado no Diário Oficial de São Paulo, 02/06/2020.

3. Durante a pandemia do coronavírus, o Poder Público e as concessionárias do serviço, bem como, onde houver, os operadores das soluções alternativas de

abastecimento de água, devem adotar medidas preventivas e emergenciais para sanar problemas estruturais e/ou operacionais na rede de captação, abastecimento e fornecimento de água, de maneira a garantir a continuidade e a qualidade do serviço.

Publicado no Diário Oficial de São Paulo, 02/06/2020.

Comitê Temático das Execuções Criminais

1. A fiscalização da realização da testagem dos agentes estatais lotados em estabelecimentos prisionais e das pessoas privadas de liberdade deve ser feita considerando os termos dos protocolos do Ministério da Saúde e de outros protocolos equivalentes que vierem a ser estabelecidos pelas autoridades sanitárias. Caso não seja possível o seu cumprimento integral, é necessário zelar junto à Secretaria de Administração Penitenciária – SAP e ao Município no qual está situado o estabelecimento para que o exame seja feito, ao menos, nos servidores e presos com suspeita de terem contraído o COVID-19, bem como naqueles que, dentro do período de catorze dias, tenham mantido contato pessoal com servidores ou presos que testaram positivo para a mesma doença.

Publicado no Diário Oficial de São Paulo, 16/05/2020.

2. É crucial atentar para: a) o cumprimento do disposto no art. 1º, "b", do Decreto nº 64959, de 04/05/2020, do Estado de São Paulo, quanto ao uso de máscaras no interior das unidades prisionais estaduais e em todos os locais que, ainda que de forma transitória, recebam pessoas submetidas à liberdade de locomoção; b) a imediata disponibilização de máscaras de proteção para todas pessoas submetidas à privação da liberdade que apresentarem ou se queixarem de sintomas relacionados à infecção pelo vírus do COVID-19 (SARSCoV-2); c) a imediata disponibilização de máscaras para todas as pessoas submetidas à privação da liberdade que integrem grupo de risco de contrair o COVID-19 (SARS-CoV-2), de acordo com as especificações médicas; d) a correta orientação do uso das máscaras, de sua higienização, de seu descarte e de sua substituição, quando necessários.

Publicado no Diário Oficial de São Paulo, 16/05/2020.

3. Os Diretores das Unidades Prisionais devem ser orientados a adotarem os seguintes procedimentos, dentre outros que reputarem necessários: a) utilização de equipamentos para a medição da temperatura de todas as pessoas, servidores ou não, que ingressem ou deixem as unidades prisionais e de todos os presos que apresentarem ou se queixarem de sintomas gripais e daqueles que estiverem isolados por conta disso; b) utilização de oxímetro (instrumento para a aferição da oxigenação) em todas as pessoas que estiverem no interior da unidade prisional e apresentarem ou se queixarem de sintomas gripais, inclusive os presos que estiverem isolados por conta disso; c) instalação de dispensadores de álcool em gel a 70% em todos os ambientes das unidades prisionais, inclusive nos pavilhões habitacionais e nas respectivas gaiolas de contenção, além da higienização diária de todas as celas e dependências, lavando-as com água e sabão ou, em caso de impossibilidade, me-

diante a utilização de pulverizadores com desinfetantes apropriados regularizados pela Agência Nacional de Vigilância Sanitária.

Publicado no Diário Oficial de São Paulo, 16/05/2020.

4. O procedimento administrativo de acompanhamento, com registro no SISMP, é o instrumento adequado para a fiscalização das medidas de prevenção e contenção da disseminação do COVID-19 no ambiente prisional, bem como para postular o recebimento de informação diária da Coordenadoria Regional sobre o número de casos suspeitos, os confirmados e os óbitos de agentes estatais e presos em cada unidade prisional, expedindo as recomendações necessárias.

Publicado no Diário Oficial de São Paulo, 16/05/2020.

5. O procedimento administrativo de acompanhamento, com registro no SISMP, é o instrumento adequado para a fiscalização das medidas de prevenção e contenção da disseminação do COVID-19, nos Distritos Policiais e Cadeias Públicas. As informações a serem solicitadas ao Delegado da Seccional devem compreender: a) quais as medidas de prevenção à contaminação pelo Coronavírus (COVID-19) foram adotadas em cada uma das unidades da Polícia Civil; b) quais as providências adotadas diante da Portaria DGP nº 16, de 17 de março de 2020; c) se há norma autorizando o teletrabalho, solicitando, positiva a resposta, o envio. No bojo do procedimento, a autoridade Policial deve ser orientada sobre a possibilidade de rodízio de servidores e de opção de teletrabalho ou sobreaviso ao seu pessoal administrativo e de cartórios responsáveis por andamento de inquéritos policiais com prazos suspensos. Se, na Delegacia, houver cela utilizada para presos em trânsito e custódia de adolescentes, as medidas preventivas recomendadas à SAP devem ser solicitadas à autoridade Policial, naquilo que for cabível, fiscalizando-se o efetivo cumprimento.

Publicado no Diário Oficial de São Paulo, 16/05/2020.

6. A manutenção da suspensão das visitas e do trabalho externo deve ser acompanhada junto à Coordenadoria das Unidades Prisionais, zelando-se para que a liberação, inclusive das saídas temporárias, seja atrelada às determinações do Governo Estadual para retomada do fluxo de atividades na sociedade.

Publicado no Diário Oficial de São Paulo, 16/05/2020

Comitê Temático de Violência Doméstica – Enunciados reformulados para adequação à Lei nº 14.022/20

Boletim de Ocorrência Eletrônico – Alterado

1. Em razão do aumento significativo dos índices de violência doméstica e familiar contra mulheres e da maior dificuldade para se registrar Boletim de Ocorrência presencial em razão do isolamento social, o Boletim de Ocorrência Eletrônico constitui-se em meio prioritário para se comunicar violência doméstica e para se solicitar medidas protetivas de urgência (artigo 5º-A, II, da Lei nº 13.979/20 e artigo

4º, da Lei nº 14.022/20), sem prejuízo do regular funcionamento das Delegacias de Polícia e do acionamento da Polícia Militar em emergências (artigo 3º, § 7º-C, da Lei nº 13.979/20 e artigo 4º, § 1º, da Lei nº 14.022/20).

Publicado no Diário Oficial de São Paulo, 24/07/2020.

Depoimento por teleaudiência

2. Nos casos de violência doméstica e familiar contra a mulher, a realização de audiência virtual depende da constatação de inexistência de ameaças, constrangimento ou qualquer outra situação de risco para a vítima, familiares e testemunhas.

Publicado no Diário Oficial de São Paulo, 27/05/2020.

Formulário de risco

3. Para se aferir a situação de risco para vítimas de violência doméstica e familiar contra a mulher, deve-se utilizar como parâmetro o Formulário Nacional de Avaliação de Risco, aprovado pela Resolução Conjunta CNJ e CNMP nº 5, de 03 de março de 2020.

Publicado no Diário Oficial de São Paulo, 27/05/2020.

Medidas protetivas de urgência – Alterado

4. As medidas protetivas devem ter prioridade na tramitação e análise quanto ao cabimento, diante da maior vulnerabilidade das mulheres em razão do isolamento social, do controle por parte do agressor, do consumo de álcool e drogas e de problemas econômicos que podem agravar ainda mais a violência ou a possibilidade de morte (artigo 5º-A, I, e parágrafo único, da Lei nº 13.979/20).

Publicado no Diário Oficial de São Paulo, 24/07/2020.

Medidas protetivas – Boletim de Ocorrência – Alterado

5. As medidas protetivas não estão condicionadas ao registro de boletim de ocorrência para seu deferimento (artigo 4º, § 3º, da Lei nº 14.022/20).

Publicado no Diário Oficial de São Paulo, 24/07/2020.

Medidas protetivas – Prazo – Alterado

6. A vigência das medidas protetivas não está condicionada ao inquérito policial ou processo judicial e, durante o estado de emergência, há prorrogação automática das medidas, ainda que tenham sido fixadas com prazo determinado, hipótese em que as partes devem ser intimadas, o que poderá ser realizado por meios eletrônicos (artigo 5º, parágrafo único, Lei nº 14.022/20).

Publicado no Diário Oficial de São Paulo, 24/07/2020.

Pandemias e canais de atendimento – Alterado

7. Durante o período de isolamento social, é dever do Poder Público a realização de campanhas de prevenção à violência e de divulgação dos canais de atendimento à mulher vítima de violência, dentre eles: a) Polícia Militar – 190 para casos de urgência; b) Ligue 180 para denúncias anônimas de violência doméstica; c) Disque

100 para violações de direitos humanos; d) Boletim de Ocorrência Eletrônico para o registro à distância; e) Casa da Mulher Brasileira (artigo 8º, da Lei nº 14.022/20)

Publicado no Diário Oficial de São Paulo, 24/07/2020.

Comitê Temático do Idoso

1. O Procedimento Administrativo de Acompanhamento (PAA), regulamentado pela Resolução nº 934/15-PGJ-CPJ-CGMP, é o procedimento apropriado para acompanhamento e fiscalização das medidas de prevenção da contaminação do COVID-19 nas Instituições de Longa Permanência para Idosos – ILPIs e para o acompanhamento das medidas adotadas pelos gestores públicos quanto aos idosos.

Publicado no Diário Oficial de São Paulo, 02/06/2020.

Da preservação dos direitos das pessoas idosas

2. A condição etária, por si só, não pode ser utilizada como critério exclusivo para a priorização do atendimento. A idade mais avançada do paciente não poderá ser invocada para negar o tratamento a pessoa idosa. Critérios objetivos devem ser utilizados para a garantia de atendimento de todas as pessoas, independentemente de sua idade.

Publicado no Diário Oficial de São Paulo, 02/06/2020.

3. Os idosos, exatamente por integrarem grupo de risco por sua maior vulnerabilidade, continuam a ser detentores de plenos direitos e prerrogativas, não sendo justificável qualquer discriminação em razão da idade, como negativa de acesso ou dificuldade no acesso a serviços públicos e privados, a exemplo de transporte coletivo, atendimento médico e/ou procedimento de saúde.

Publicado no Diário Oficial de São Paulo, 02/06/2020.

Instituições de Longa Permanência para Idosos (ILPIS)

4. Todas as ILPIs deverão elaborar planos de contingência para o enfrentamento da COVID-19, contendo maneiras de realizar o isolamento dos casos suspeitos e o adequado encaminhamento dos casos confirmados, bem como prevendo a estrita observância de todas as recomendações médico-sanitárias dos serviços de vigilância sanitária. O plano de contenção deve também prever a possibilidade de afastamento de funcionários e a eventual reposição, além de sua capacitação para o atendimento das normas médico-sanitárias e a adequada utilização dos equipamentos de proteção individual (EPIs).

Publicado no Diário Oficial de São Paulo, 02/06/2020.

5. A suspensão das visitas aos idosos residentes em ILPIs é recomendada, com vistas a reduzir o risco de transmissão e disseminação do Covid-19, devendo-se orientar os responsáveis pelas instituições à manutenção dos vínculos afetivos com o núcleo familiar, por intermédio das redes sociais e vídeo chamadas por meio de aplicativos específicos.

Publicado no Diário Oficial de São Paulo, 02/06/2020.

6. As ILPIs deverão promover ampla publicidade dos recursos públicos e doações recebidos nesta época de pandemia, conferindo total transparência.

Publicado no Diário Oficial de São Paulo, 02/06/2020.

Ações dos Municípios e do Estado

7. Todos os Municípios e o Estado devem elaborar plano de contingência específica para as ILPIs, que incluam medidas relacionadas à testagem em massa e periódica dos idosos residentes e funcionários, bem como prevejam locais de isolamento para casos suspeitos, se as entidades não contarem com locais adequados.

Publicado no Diário Oficial de São Paulo, 02/06/2020.

8. A pandemia não deve provocar interrupção nos serviços de saúde e socioassistenciais destinados aos idosos em situação de vulnerabilidade, com exceção daqueles que implicam aglomeração e maior exposição, cuja continuidade deve ser garantida de outras formas. Os mesmos serviços deverão, inclusive, ser ampliados por busca ativa de pessoas idosas em situação de vulnerabilidade.

Publicado no Diário Oficial de São Paulo, 02/06/2020.

9. A Vigilância Sanitária Municipal deve dar atenção especial às ILPIs, verificando se estão sendo cumpridos os protocolos de segurança sanitária, em especial os contidos na Nota Técnica nº 05/2020/ANVISA e no Manual para Orientação Técnica para Acolhimento de Idosos elaborado pela Secretaria de Desenvolvimento Social do Estado de São Paulo, inclusive com orientações sobre os procedimentos que devem ser adotados.

Publicado no Diário Oficial de São Paulo, 02/06/2020.

10. Os equipamentos públicos de proteção à saúde mental devem dar especial atenção à população idosa, desenvolvendo política pública para essa finalidade.

Publicado no Diário Oficial de São Paulo, 02/06/2020.

11. Em consonância com a Norma Técnica nº 11/2020-DESF/SAPS/MS, a prioridade na realização da testagem conferida aos profissionais de saúde deve ser estendida a todos os funcionários, prestadores de serviço e dirigentes das entidades de atendimento de idosos, visando à prevenção da contaminação e redução dos afastamentos desnecessários, de modo a não prejudicar a continuidade dos serviços prestados aos idosos.

Publicado no Diário Oficial de São Paulo, 02/06/2020.

Elaboração de políticas públicas a partir de dados

12. É necessária a rápida criação de banco de dados referentes às ILPIs, com vistas a subsidiar uma adequada política pública de combate à pandemia.

Publicado no Diário Oficial de São Paulo, 02/06/2020.

13. Os recursos existentes nos fundos municipais do idoso, a exemplo do fundo estadual, podem ser utilizados no auxílio ao combate à pandemia, mediante oportuna prestação de contas e prévia deliberação do Conselho Municipal do Idoso.

Publicado no Diário Oficial de São Paulo, 02/06/2020.

Comitê Temático da Pessoa com Deficiência

1. A Pessoa com Deficiência tem direito às informações a respeito do novo Coronavírus de forma acessível, tanto quanto ao seu conteúdo quanto à forma de sua veiculação, a fim de que possa ter o conhecimento necessário para se proteger de forma adequada às suas condições, do mesmo modo no caso de internação hospitalar sobre sua evolução e tratamento, bem como de saber quais e onde se encontram os serviços públicos disponíveis para atender às suas necessidades.

Publicado no Diário Oficial de São Paulo, 02/06/2020.

2. A Pessoa com Deficiência que possua limitações quanto à comunicação, seja ela ordem física ou em decorrência de deficiência mental ou intelectual, acometida pela Covid-19, que necessitar de internação hospitalar e que, por suas condições pessoais dependa do auxílio de cuidadores, tem o direito a ter acompanhante durante o todo o período de internação, ressalvada a hipótese de internação em UTI;

Publicado no Diário Oficial de São Paulo, 02/06/2020.

3. O acompanhante da pessoa com deficiência pode ser pessoa da família, funcionário de instituição de acolhimento ou profissional especializado e deverá receber materiais de proteção individual;

Publicado no Diário Oficial de São Paulo, 02/06/2020.

4. Caso a Pessoa com Deficiência não seja dependente de cuidador, a ela deverá ser possibilitado, ao menos, o contato virtual com pessoa por ela indicada e/ou instituição indicada.

Publicado no Diário Oficial de São Paulo, 02/06/2020.

Comitê Temático da Transparência

1. O Poder Público deve disponibilizar, em sítio oficial específico na rede mundial de computadores (internet), informação clara e acessível sobre as contratações ou aquisições realizadas, que deve incluir: a) o nome do contratado e o número de sua inscrição na Receita Federal do Brasil; b) o prazo contratual, o valor e o respectivo processo de contratação ou aquisição.

Publicado no Diário Oficial de São Paulo, 16/05/2020.

2. O Poder Público deve disponibilizar, em sítio oficial específico na rede mundial de computadores (internet), informação clara e acessível sobre todos os recursos recebidos de repasses da União ou dos Estados para a adoção de medidas de enfrentamento à pandemia do coronavírus, devendo contar o valor recebido, a

data de recebimento e a correspondente destinação, inclusive das quantias repassadas às entidades do terceiro setor.

Publicado no Diário Oficial de São Paulo, 16/05/2020.

3. O Poder Público deve disponibilizar, em sítio oficial específico na rede mundial de computadores (internet), informação sobre recursos provenientes a título de doações por entes privados, que deve compreender os valores, a origem e a identificação do doador e a sua destinação, inclusive das quantias repassadas às entidades do terceiro setor.

Publicado no Diário Oficial de São Paulo, 16/05/2020.

4. A disponibilização de informações pelo Poder Público de todas as ações relacionadas ao enfrentamento do COVID-19 deve ocorrer em espaço específico do seu correspondente Portal da Transparência, de fácil localização e ampla divulgação, e deve compreender: a) as contratações e as aquisições realizadas; b) o resumo e o detalhamento de atos e despesas. O sítio eletrônico deve atender ao art. 8º, § 3º, da Lei nº 12.527/13, isto é, aos seguintes requisitos: 1) conter ferramenta de pesquisa de conteúdo que permita o acesso à informação de forma objetiva, transparente, clara e em linguagem de fácil compreensão; 2) possibilitar a gravação de relatórios em diversos formatos eletrônicos, inclusive abertos e não proprietários, tais como planilhas e texto, de modo a facilitar a análise das informações; 3) possibilitar o acesso automatizado por sistemas externos em formatos abertos, estruturados e legíveis por máquina; 4) divulgar em detalhes os formatos utilizados para estruturação da informação; 5) garantir a autenticidade e a integridade das informações disponíveis para acesso; 6) manter atualizadas as informações disponíveis para acesso; 7) indicar local e instruções que permitam ao interessado comunicar-se, por via eletrônica ou telefônica, com o órgão ou entidade detentora do sítio; 8) adotar as medidas necessárias para garantir a acessibilidade de conteúdo para pessoas com deficiência, nos termos do art. 17 da Lei nº 10.098, de 19 de dezembro de 2000, e do art. 9º da Convenção sobre os Direitos das Pessoas com Deficiência, aprovada pelo Decreto Legislativo nº 186, de 9 de julho de 2008.

Publicado no Diário Oficial de São Paulo, 16/05/2020.

5. Os contratos assinados pelo Poder Público que envolvam a aquisição de bens, serviços, inclusive de engenharia, e insumos, devem observar o atendimento às seguintes exigências: 1) designação de fiscais para verificação da correta execução do objeto, devendo a nomeação recair dentre servidores públicos que detenham capacidade e conhecimento técnico, fornecendo a eles todos os meios necessários para o fiel cumprimento de suas funções; 2) publicação no Portal da Transparência de cópia dos documentos e informações relativas à execução ou inexecução contratual; 3) manutenção em boa guarda de todos os documentos relacionados às contratações e da respectiva fiscalização da execução, para eventual e futura análise pelos órgãos de controle.

Publicado no Diário Oficial de São Paulo, 16/05/2020.

6. A contratação de funcionários por tempo determinado (art. 37, IX, da CF/88), cujo fundamento seja a necessidade de combate ao COVID-19, deve ser precedida de ampla publicidade do respectivo processo seletivo, que deve compreender: 1) o número do processo seletivo e do edital respectivos; 2) o valor dos vencimentos fixados para cada função temporária disponibilizada; 3) o nome e o CPF das pessoas contratadas, a função por elas exercida e o prazo da contratação.

Publicado no Diário Oficial de São Paulo, 16/05/2020.

7. O pagamento a funcionários públicos de verbas ou vantagens extraordinárias de qualquer natureza, inclusive horas extras, autorizadas em razão da necessidade de enfrentamento ao COVID-19, deve ser objeto de publicação que identifique: 1) o valor total desses desembolsos; 2) o cargo e/ou função ocupado pelo servidor beneficiado por meio de sua matrícula funcional; 3) a natureza, o dispositivo legal autorizador e o valor total recebido, por mês, a título extraordinário; 4) a manutenção de relação nominal, que inclua a identidade desses funcionários para apresentação oportuna a órgãos de controle, caso requisitadas.

Publicado no Diário Oficial de São Paulo, 16/05/2020.

8. A publicidade simplificada em sítio eletrônico específico não afasta o dever de que as contratações sejam também divulgadas, de forma mais detalhada, no espaço de transparência usual do ente (Portal de Transparência, por exemplo), nos termos da Lei de Acesso à Informação.

Publicado no Diário Oficial de São Paulo, 16/05/2020.

Organizações Sociais de Saúde

19*. As Organizações Sociais de Saúde, que celebrarem contratos de gestão para o enfrentamento da pandemia decorrente do novo coronavírus, devem conceder publicidade a todas as contratações e/ou aquisições realizadas. Para tanto, devem disponibilizar, em portal de transparência na rede mundial de computadores (internet) e nos moldes previstos pelo § 3º do art. 8º da Lei nº 12.527/2011 (Lei de Acesso à Informação), as seguintes informações: a) o nome do contratado; b) o número de sua inscrição na Receita Federal do Brasil ou documento equivalente no exterior; c) o prazo contratual; d) o valor e o respectivo processo de contratação ou aquisição (art. 4º, § 2º, da Lei Federal nº 13.979/2020).

Nota do autor: o enunciado de nº 08 salta para o nº 19.

Publicado no Diário Oficial de São Paulo, 20/06/2020

20. As Organizações Sociais de Saúde, durante o enfrentamento da pandemia decorrente do novo coronavírus, devem: a) continuar a cumprir as obrigações relacionadas à prestação de contas dos recursos repassados em razão de todos os contratos de gestão celebrados; b) abster-se de suspender a elaboração dos respectivos relatórios de metas e atividades desenvolvidas; c) aplicar, integralmente, nas despesas realizadas para o enfrentamento da pandemia decorrente do novo coronavírus (Lei Federal nº 13.979/2020); d) conceder publicidade aos itens descritos pelo Decreto Estadual n° 64.056/2018; e) realizar a alimentação atualizada do sistema AUDESP do

TCE/SP, bem como de outros sistemas similares que permitam o acompanhamento das suas atividades, notadamente o sítio SP CONTRA O NOVO CORONAVÍRUS – Transparência" do Estado de São Paulo.

Publicado no Diário Oficial de São Paulo, 20/06/2020.

21. Na hipótese de aquisição de itens ou contratações realizadas com empresas estrangeiras, as Organizações Sociais de Saúde devem providenciar a substituição dos documentos referidos pelo Decreto Estadual nº 64.056/2018 por documentos análogos, tais como recibos, transferências bancárias ou declarações, especificando-se, em qualquer caso, os valores e os objetos da aquisição ou contratação.

Publicado no Diário Oficial de São Paulo, 20/06/2020.

Comitê Temático do Meio Ambiente

Saúde Ambiental e Fauna Silvestre

7*. No tocante aos jardins zoológicos e similares, deve-se avaliar a pertinência e conveniência, por meio da interlocução com órgãos gestores envolvidos no tema de fauna e saúde-vigilância, quanto à suspensão de atividades de visitação presencial, em quaisquer modalidades que impliquem interação ou proximidade dos animais com o público, cumuladas, se o caso, com eventuais atividades virtuais educativas, tendo em vista a acentuada progressão de infecções humanas no território paulista e o potencial risco de contaminação da fauna.

Nota do autor: enunciado se inicia no nº 07, não sendo localizado no DO os anteriores.

Publicado no Diário Oficial de São Paulo, 14/08/2020.

8. Para a proteção da vida silvestre, é necessário buscar a articulação e interlocução para avaliação, delineamento e previsão de estratégias conjuntas, respeitadas as atribuições dos diferentes órgãos, para a redução e contenção da circulação de pessoas e animais domésticos nas unidades de conservação de proteção integral, bem como em áreas verdes, parques, reservas estaduais e municipais e de diferentes tipologias que tenham fauna de vida livre em seus domínios.

Publicado no Diário Oficial de São Paulo, 14/08/2020.

9. Em relação às áreas de soltura de animais silvestres (ASAS) e monitoramento (ASM) e visando evitar e prevenir a introdução e disseminação de contaminações em ecossistemas naturais, deve-se buscar a interlocução com os órgãos gestores competentes para: i) atualização quanto às atividades de translocação, reintrodução e soltura de animais, avaliando-se eventual suspensão, com especial destaque aos grupos animais apontados como suscetíveis, caso ainda estejam em ação no território paulista; ii) adoção e reforço de medidas e diretrizes de biossegurança e sanitárias para tais estabelecimentos, inclusive, na execução de atividades de monitoramento (ASM), caso ainda estejam em curso.

Publicado no Diário Oficial de São Paulo, 14/08/2020.

Audiências Públicas concernentes a processos e procedimentos administrativos ambientais urgentes em plataformas virtuais

10. As audiências públicas têm especial relevância para a efetivação do art. 225 da Constituição Federal, que confere a todos o direito "ao meio ambiente ecologicamente equilibrado", impondo "ao Poder Público e à coletividade o dever de defendê-lo e preservá-lo para as presentes e futuras gerações.

Dessa forma, em nenhuma hipótese, a audiência pública virtual poderá ser realizada com violação ao direito fundamental de participação popular, devendo ser admitida de modo excepcional nos processos e procedimentos administrativos ambientais absolutamente necessários para evitar a paralisação de atividades de interesse público inadiáveis, bem como ser acompanhada da adoção de medidas de garantia mínima de participação presencial segura para a população digitalmente excluída.

Publicado no Diário Oficial de São Paulo, 14/08/2020.

11. Em razão da excepcionalidade do momento de pandemia (Sars-Cov-2), que impõe distanciamento social restritivo da participação pessoal em audiência pública, bem como considerando que a exclusão digital alcança cerca de 25% da população (IBGE), as audiências públicas em plataforma virtual deverão ficar restritas a casos de urgência, ampliando-se paulatinamente para outros casos, na medida em que expandidos o acesso à internet e a facilidade da população em operar aplicativos próprios e, ainda assim, combinadas com os meios presenciais de participação.

Publicado no Diário Oficial de São Paulo, 14/08/2020.

12. O princípio de participação popular em matéria ambiental, incorporado na Declaração do Rio sobre Meio Ambiente e Desenvolvimento (ECO-92) e disciplinado nas Resoluções CONAMA nºs 1/86, 9/87 e 237/97 e na Deliberação CONSEMA Normativa nº 1/2011, no tocante às audiências públicas, impõe, além da realização do evento de forma parcialmente presencial, caso também adotado o sistema virtual, haja prévia e efetiva publicidade dos documentos e estudos necessários para a adequada compreensão das questões ambientais a serem expostas à participação e debates públicos, visando efetivar os princípios da participação democrática e do controle social do planejamento, das decisões e atos administrativos.

Publicado no Diário Oficial de São Paulo, 14/08/2020.

13. Deverão ser observadas todas as disposições constantes da Deliberação CONSEMA Normativa nº 01/11 quanto à solicitação, à convocação e à realização das audiências públicas, com as seguintes adaptações:

i) Para fins do art. 6º, os membros da mesa diretora deverão estar com suas câmeras ligadas e devidamente identificados para o público em geral – pelo nome e instituição ou entidade que representam – , ao passo que os demais deverão desligar suas câmeras e áudio, acionando-os tão somente quando do uso da palavra, nos termos do inc. II deste dispositivo, momento em que deverão se identificar;

ii) Para os fins do art. 12, ao longo de toda a audiência pública, uma via digital do estudo técnico deverá estar disponível para consulta, preferencialmente por meio da mesma ferramenta utilizada para a realização do ato ou, não sendo possível, no site do responsável pelo assunto em discussão. Também deverá ser disponibilizada uma via impressa do estudo em local físico pelo responsável pelo assunto em discussão no(s) Município(s) que sofrer(em) o impacto direto do empreendimento, plano, programa, projeto ou atividade a ser implantada, o qual também deverá servir de apoio aos interessados que não tenham estrutura ou equipamentos adequados para o acompanhamento do ato de forma virtual, ou que não tenham conhecimento de como operá-los;

iii) Para os fins do art. 13, o responsável pelo empreendimento deverá providenciar local físico no(s) Município(s) que sofrer(em) o impacto direto do empreendimento, plano, programa, projeto ou atividade a ser implantada, e atentar para as seguintes medidas mínimas: a) atendimento ao "Plano São Paulo estratégico do Governo do Estado de São Paulo para vencer a COVID-19" no que concerne ao número máximo de pessoas reunidas; (b) fácil acesso e boa ventilação natural; (c) disposição de assentos distantes pelo menos um metro entre si, salvo se as autoridades sanitárias determinarem distanciamento mínimo maior; (d) bom sinal de internet e profissionais da área de tecnologia da informação para orientação e apoio, de modo a prestar auxílio aos interessados que não tenham estrutura ou equipamentos adequados para o acompanhamento do ato de forma virtual, ou que não tenham conhecimento de como operá-los; (e) disponibilização de material adequado para higienização pessoal (álcool gel 70%); (f) controle de temperatura na entrada; (g) controle do uso obrigatório de máscaras por todos os participantes do ato presencial;

iv) não sendo possível atender às restrições estabelecidas no Plano São Paulo para a realização segura do ato presencial, a audiência pública exclusivamente virtual não deverá ser realizada, sob pena de comprometimento ao princípio da participação popular, notadamente pelo risco de exclusão de considerável parcela da população;

v) Para os fins do art. 19, as inscrições deverão ser realizadas por meio de chat disponível na ferramenta utilizada para a realização do ato e serão recebidas a partir do momento em que o presidente da mesa anunciar o início da audiência pública virtual;

vi) Durante as audiências virtuais, devem ser garantidos os registros ao público participante de todos os questionamentos efetuados, bem como as respectivas respostas, ainda que estas sejam efetuadas posteriormente por questões de tempo ou dificuldades de respostas imediatas.

Publicado no Diário Oficial de São Paulo, 14/08/2020.

Comitês Temáticos de Meio Ambiente e Saúde Pública – Enunciados conjuntos

Resíduos Sólidos de Saúde

1. Os resíduos provenientes das atividades assistenciais a pacientes suspeitos ou confirmados quanto à infecção COVID-19 são classificados, segundo a RDC

222/2018 e Resolução CONAMA 358, como resíduo de serviço de saúde do Grupo A (subgrupo A1) de risco biológico, com presença de agentes biológicos, que, por suas características, podem apresentar risco de infecção, classificada com risco 3, ou seja, com alto risco de transmissão individual e moderado risco para a comunidade.

Publicado no Diário Oficial de São Paulo, 14/08/2020.

2. As unidades de saúde públicas geridas pelo Poder Público Municipal (Hospitais, Hospitais de Campanha, Prontos Socorros, UBS(s), UPA(S), Clínicas e similares) e incumbidas de assistência à saúde de pessoas suspeitas ou confirmadas quanto à infecção COVID-19, inclusive eventuais Hospitais de Campanha em funcionamento, com base na RDC nº 222/2018, na Resolução Conama nº 358/2005, na NT Anvisa nº 04/2020 e no Comunicado CVS-SAMA nº 7/2020, devem intensificar as medidas de boas práticas de gerenciamento de resíduos sólidos de serviço de saúde no que se refere a segregação, acondicionamento, identificação, coleta e transporte interno, armazenamento interno temporário e externo, coleta e transporte externo e destinação final ambientalmente adequada dos resíduos de serviço de saúde provenientes do atendimento de casos de COVID-19, sem prejuízo das ações envolvendo os demais resíduos de saúde provenientes de outros atendimentos.

Publicado no Diário Oficial de São Paulo, 14/08/2020.

3. As unidades de saúde privadas (Hospitais Particulares e Similares) e demais unidades de saúde pública estaduais ou federais eventualmente em funcionamento no território do Município, que estejam dando assistência à saúde de pessoas suspeitas ou confirmadas quanto à infecção COVID-19, com base na RDC nº 222/2018, na Resolução Conama nº 358/2005, na NT Anvisa nº 04/2020 e no Comunicado CVS-SAMA nº 7/2020, devem ser submetidas mais intensamente às fiscalizações municipais sobre as medidas de boas práticas de gerenciamento de resíduos sólidos de serviço de saúde, no que se refere a segregação, acondicionamento, identificação, coleta e transporte interno, armazenamento interno temporário e externo, coleta e transporte externo e destinação final ambientalmente adequada dos resíduos de serviço de saúde provenientes do atendimento de casos de COVID-19, sem prejuízo das ações envolvendo os demais resíduos de saúde provenientes de outros atendimentos.

Publicado no Diário Oficial de São Paulo, 14/08/2020.

4. O Município deve dispor de plano de gerenciamento de resíduos de saúde, com todas as necessárias adequações ou aditamentos, visando a uma gestão eficiente e segura dos resíduos sólidos de saúde para enfrentamento, também, do período de pandemia da COVID-19.

Publicado no Diário Oficial de São Paulo, 14/08/2020.

5. Na hipótese de eventual aumento da geração, coleta e transporte de resíduos sólidos de saúde decorrente do atendimento a pacientes com COVID-19 (e não só de resíduos de saúde propriamente ditos, como também máscaras, aventais, lenços, toalhas, utensílios de alimentação descartáveis e EPIs após contato direto com pacientes em isolamento por COVID-19), pode despontar necessária a adoção de

medidas preventivas ou corretivas administrativas contratuais, para que o serviço público de coleta, transporte e disposição final não seja suspenso ou interrompido enquanto perdurar a Pandemia COVID-19.

Publicado no Diário Oficial de São Paulo, 14/08/2020.

6. A Vigilância Sanitária Municipal, no tocante às unidades de saúde públicas e privadas (Hospitais, Hospitais de Campanha, Prontos Socorros, UBS(s), UPA(S), Clínicas e similares), em atividade no Município incumbidas de assistência à saúde de pessoas suspeitas ou confirmadas pela COVID-19, deve: a) intensificar a fiscalização sobre o cumprimento das medidas de boas práticas de gerenciamento de resíduos sólidos de serviço de saúde relativas à segregação, ao acondicionamento, à identificação, à coleta e ao transporte interno, ao armazenamento interno temporário e externo, à coleta e ao transporte externo e à destinação final ambientalmente indicada dos resíduos de serviço de saúde (não só os resíduos de saúde propriamente ditos, como também máscaras, aventais, lenços, toalhas, utensílios de alimentação descartáveis e EPIs após contato direto com pacientes em isolamento por COVID-19) gerados no atendimento de pacientes suspeitos ou confirmados de casos de COVID-19, sem prejuízo dos demais RSS gerados de outros atendimentos de saúde humana nestes locais; b) conferir os respectivos planos de gerenciamento de resíduos de serviço de saúde de cada unidade fiscalizada e o volume de geração de RSS, desde janeiro de 2020 até a data da fiscalização, visando à constatação de aumento do volume e correta gestão; c) apresentar relatório circunstanciado das atividades de fiscalização dos itens "a" e "b" de cada unidade visitada e das eventuais medidas administrativas tomadas em face de infrações constatadas (RDC 222/2018, Resolução Conama 358/2005, NT Anvisa 04/2020 e Comunicado CVS-SAMA n. 7/2020).

Publicado no Diário Oficial de São Paulo, 14/08/2020.

Comitês Temáticos do Meio Ambiente e de Inclusão Social – Enunciados Conjuntos

Resíduos sólidos domiciliares e coleta seletiva

1. O poder público municipal deverá avaliar, de forma concreta e fundamentada, a viabilidade da manutenção, durante o período de pandemia, da coleta seletiva e das demais atividades de triagem, classificação, processamento e comercialização de materiais recicláveis realizadas por meio de associações, cooperativas ou qualquer outro meio, quer de maneira formal ou informal, ou mesmo pelos catadores avulsos. Para tanto, o poder público deve levar em conta as peculiaridades locais, os riscos envolvidos, a possibilidade de adoção de condições de segurança, de trabalho e de saúde para os catadores de materiais recicláveis nas unidades ou centrais de triagem, bem como os dados epidemiológicos de ocorrência da COVID-19, a adesão ao distanciamento social, o número de leitos disponíveis e outras recomendações pelos órgãos federais e estaduais.

Publicado do Diário Oficial de São Paulo 04/06/2020.

2. Considerando a primazia da atuação das cooperativas ou de outras formas de associação de catadores de materiais reutilizáveis e recicláveis, por expressa determinação legal (Lei Federal nº 12.305/10), independentemente de relação contratual com o Município, deverá ser sempre assegurada a ampla participação na tomada de decisões sobre a continuidade, a retomada ou a suspensão de suas atividades, buscando soluções consensuais e medidas resolutivas para a superação dos conflitos, em especial nesse período de pandemia pelo novo coronavírus (SARS-CoV-2).

Publicado do Diário oficial de São Paulo, 04/06/2020.

3. Na hipótese de suspensão da coleta seletiva e demais atividades, caberá ao ente público adotar medidas a fim de garantir, durante o período de interrupção, a segurança alimentar e nutricional, a renda e a subsistência dos catadores de materiais reutilizáveis e recicláveis, sejam formais, informais, cooperados ou avulsos. Tais medidas podem compreender: a) a entrega de cestas básicas e/ou ticket alimentação e produtos de higiene pessoal, dentre outros; b) a continuidade e a manutenção das cooperativas e demais formas de associações.

Publicado do Diário Oficial de São Paulo, 04/06/2020.

4. Caso a coleta seletiva seja suspensa, o poder público municipal deverá adotar as providências necessárias para que os resíduos anteriormente destinados às associações e cooperativas sejam temporariamente direcionados a aterros sanitários ou outras formas de disposição final devidamente licenciadas.

Publicado do Diário Oficial de São Paulo, 04/06/2020.

5. O poder público municipal deverá apresentar plano de restabelecimento imediato da coleta seletiva, da triagem e das demais atividades na unidade de triagem e recuperação de resíduos recicláveis, tão logo viabilizadas as condições de segurança para os catadores e suas organizações (cooperativas e associações). O plano deverá ser monitorado pelos órgãos competentes.

Publicado do Diário Oficial de São Paulo, 04/06/2020.

6. Cumpre ao poder público municipal se abster de aplicar sanções ou penalidades contratuais às cooperativas, tão somente pela redução ou suspensão dos serviços de coleta seletiva, durante o período de declaração de pandemia em decorrência da infecção humana pelo novo coronavírus (SARS-COV-2) e da vigência do estado de calamidade.

Publicado do Diário Oficial de São Paulo, 04/06/2020.

7. Para a hipótese de manutenção das atividades e durante o período da pandemia, o Município deverá promover ações junto às cooperativas de catadores de materiais recicláveis visando à preservação da saúde dos indivíduos e da salubridade do ambiente de trabalho. Tais ações podem compreender a disponibilização de equipamentos de proteção individual (EPIs), sabonete líquido, álcool em gel (70%),

luvas e lenços descartáveis de papel, acompanhadas de orientações adequadas do respectivo uso, para evitar o negligenciamento nas medidas sanitárias de higiene.

Publicado do Diário Oficial de São Paulo, 04/06/2020.

8. As orientações destinadas a assegurar e preservar a saúde dos indivíduos e da salubridade do ambiente de trabalho devem abarcar alertas sobre o impedimento de circulação de crianças e demais familiares dos trabalhadores nestes espaços.

Publicado do Diário Oficial de São Paulo, 04/06/2020.

9. Os municípios deverão buscar articulação com os setores responsáveis pela logística reversa, no âmbito da responsabilidade compartilhada pelo ciclo de vida dos produtos (art. 33 da Lei nº 12.305/10), de modo a reduzir o ônus sobre o orçamento público municipal no tocante à implementação das medidas de apoio aos catadores e/ou suas organizações, seja na hipótese de suspensão ou de manutenção das atividades.

Publicado do Diário Oficial de São Paulo, 04/06/2020.

10. Mecanismos de informação e de comunicação direta e rotineira deverão ser adotados: a) junto aos catadores de materiais recicláveis para dar orientações sobre as medidas de proteção, as mudanças nos protocolos e os avanços ou recuos das medidas de restrição e de segurança; b) junto à população, a fim de promover campanhas de comunicação sobre os procedimentos corretos em relação à separação, ao acondicionamento, armazenamento, ao descarte dos resíduos domiciliares, reforçando, sobretudo, os esclarecimentos sobre os materiais a serem destinados para fração seca (recicláveis).

Publicado do Diário Oficial de São Paulo, 04/06/2020.

Cemitérios e Sepultamentos

11. A atividade de cemitérios, sendo potencialmente poluidora, está sujeita a licenciamento ambiental, devendo respeitar as normas legais e ambientais pertinentes (Resolução CONAMA nº 420/098 e Resolução CONAMA nº 335/039, com alterações introduzidas das Resoluções nº 368/2006 e nº 402/2008, especificamente para atividades cemiteriais devido à carga potencial dos poluentes ali dispostos e Norma Técnica L1.040 da CETESB).

Publicado no Diário Oficial de São Paulo, 24/07/2020.

12. Caso haja a necessidade de ampliação ou construção de novos cemitérios, deve ser fiscalizado o cumprimento das Resoluções Conama nº 335/2003 e 420/2009, em especial no que diz respeito ao afastamento adequado de sepulturas de corpos hídricos superficiais e das águas subterrâneas, bem como dos limites do cemitério, devendo ainda ser observados os seguintes critérios: I) priorização das áreas já licenciadas para a atividade de cemitério; II) preferência dos cemitérios verticais, de baixo impacto ambiental, com lóculos ou gavetas posicionadas em altura segura para que não haja possibilidade de contaminação do solo ou lençol freático; III) observância às cautelas na escolha de novo local para construção ou

ampliação de cemitério, devendo ser consideradas as condições do solo, o nível do lençol freático, o espaço, isto é, aspectos geológicos, topográficos e hidrogeológicos do local e atendida a Resolução CONAMA nº 420/09; IV) sejam evitados locais onde se faça necessária a supressão de vegetação nativa e proximidade de corpos hídricos, principalmente mananciais de abastecimento; V) observância de recuo das sepulturas em relação ao perímetro do cemitério; VI) observância de proibição de implantação de cemitérios em espaços territoriais especialmente protegidos, Áreas de Preservação Permanente (APP) ou em áreas que exijam desmatamento da Mata Atlântica, do cerrado, em terrenos que apresentem cavernas, sumidouros ou rios subterrâneos, bem como em áreas que tenham seu uso restrito pela legislação; VII) observância de que o perímetro e o interior do cemitério estejam providos de sistema de drenagem adequado e eficiente, VIII) realização de Estudo de Impacto Ambiental – EIA em caso de cemitérios horizontais que ocupem área maior que cinquenta hectares; IX) submissão dos cemitérios a avaliações sanitárias periódicas, por meio do monitoramento das características físico-químicas e biológicas da água subterrânea, principalmente nas regiões onde haja consumo de água captada de poços e fontes próximas, com periodicidade mínima semestral, caso não haja outro período determinado pelo órgão ambiental competente, por operação de sistema de poços de monitoramento para águas subterrâneas instalados a montante e a jusante da área do cemitério, com relação ao sentido do escoamento freático; X) apresentação de condições de monitoramento e controle para que não exista liberação de gases ou odores que possam poluir ou contaminar o ar e que tampouco haja contaminação do solo e das águas.

Publicado no Diário Oficial de São Paulo, 24/07/2020.

13. Os cemitérios verticais são considerados de baixo impacto ambiental, eis que mais eficazes em evitar a contaminação do solo e do lençol freático, se atendidas as exigências previstas no art. 6º da Resolução Conama nº 335/2003, quais sejam: que os lóculos (gavetas) sejam constituídos de materiais que impeçam a passagem de gases para os locais de circulação de pessoas e o vazamento do necrochorume, bem como possuam dispositivo que permita a troca gasosa, devendo ainda ser dado tratamento adequado para os efluentes gasosos.

Publicado no Diário Oficial de São Paulo, 24/07/2020.

14. Durante a situação de pandemia, qualquer corpo, independentemente da causa de morte ou da confirmação por exames laboratoriais da infecção por COVID19, deve ser acondicionado em saco impermeável próprio, de lona plástica em polímero biodegradável, de acordo com a política nacional de resíduos, com zíper e lacre plástico, devendo ser limpo e higienizado com desinfetante hospitalar ou substância à base de álcool (álcool a 70º, solução clorada [0.5% a 1%], ou outro saneante desinfetante aprovado pela Anvisa), e imediatamente acondicionado na urna funerária lacrada, conforme Comunicado DVST-CVS 09/2020.

Publicado no Diário Oficial de São Paulo, 24/07/2020.

15. Em todas as hipóteses e em todas as etapas da cadeia do óbito ("do óbito ao sepultamento"), devem ser observados os standards de direitos humanos em tempos de pandemia, à vista do que preconizou a Comissão Interamericana de Direitos Humanos – CIDH: "Os Estados são obrigados a respeitar e garantir os direitos humanos sem qualquer discriminação. Embora alguns direitos possam ser validamente limitados com a finalidade legítima de salvaguardar a saúde, os Estados devem garantir que tais medidas cumpram o princípio da legalidade e não serem desnecessários e desproporcionais, além de garantir a supervisão da implementação eficaz de suas obrigações", resguardados a memória, o tratamento digno e a homenagem das pessoas que morreram em decorrência da pandemia.

Publicado no Diário Oficial de São Paulo, 24/07/2020.

16. Tanto os corpos e/ou restos mortais de pessoas não identificadas como aqueles que não tenham sido reclamados por familiares, não deverão ser cremados, mas enterrados, e deverão ser observados requisitos mínimos para garantir a futura exumação e identificação (fotografia, coleta de material genético e outros), nos termos das Portarias Conjuntas n. 01 e 02 do Conselho Nacional de Justiça.

Publicado no Diário Oficial de São Paulo, 24/07/2020.

Comitês Temáticos de Consumidor, Saúde Pública e Habitação

Transporte Público

1. O transporte público urbano é serviço essencial e, neste momento, é necessária a manutenção de sua regular prestação, sem prejuízo do distanciamento social.

Publicado no Diário Oficial de São Paulo, 18/08/2020.

2. Os prestadores de serviço de transporte público coletivo (Poder Público e concessionárias) devem adotar providências efetivas para que, nos terminais e pontos de ônibus e nas estações de trem e metrô, seja mantido o distanciamento social entre os usuários, sugerindo-se a observância do Parecer Técnico do CAEX nº0828894 em conformidade com as peculiaridades do transporte público no município.

Publicado no Diário Oficial de São Paulo, 18/08/2020.

3. Os prestadores de serviço de transporte público coletivo (Poder Público e concessionárias) devem realizar campanhas de conscientização que orientem as pessoas sobre a necessidade de manutenção do distanciamento social e do uso obrigatório de máscaras de proteção.

Publicado no Diário Oficial de São Paulo, 18/08/2020.

4. Os prestadores de serviço de transporte público coletivo (Poder Público e concessionárias) devem realizar campanhas para que as pessoas sintomáticas ou com imunidade reduzida evitem o uso do transporte coletivo e devem lhes oferecer formas alternativas adequadas de transporte.

Publicado no Diário Oficial de São Paulo, 18/08/2020.

5. Os ônibus e vagões de trem e metrô devem ser higienizados e desinfectados a cada viagem.

Publicado no Diário Oficial de São Paulo, 18/08/2020.

6. Água e sabão devem ser disponibilizados nos sanitários dos terminais e estações de transporte público.

Publicado no Diário Oficial de São Paulo, 18/08/2020.

7. Álcool em gel deve ser disponibilizado nos terminais e estações de ônibus, trem e metrô e no interior dos ônibus.

Publicado no Diário Oficial de São Paulo, 18/08/2020.

8. É recomendável a realização de campanhas publicitárias que estimulem o uso de meios alternativos de pagamento (como cartões e bilhetes), de maneira a reduzir o uso do dinheiro.

Publicado no Diário Oficial de São Paulo, 18/08/2020.

9. Deve ser privilegiada a ventilação natural dos veículos, mantendo-se as janelas abertas.

Publicado no Diário Oficial de São Paulo, 18/08/2020.

10. É obrigatório o uso de máscara de proteção facial por consumidores, motoristas e colaboradores nos terminais de ônibus, nas estações de trem e metrô e no interior dos ônibus, vagões, táxis e carros de transporte por aplicativo. Os prestadores dos serviços devem impedir a entrada e a permanência de pessoas que não estiverem utilizando máscara de proteção facial (Lei Federal nº13.979/20 e Decreto Estadual nº64.959/20).

Publicado no Diário Oficial de São Paulo, 18/08/2020.

11. A redução da frota de ônibus, trem e metrô é medida excepcional, que deve ser precedida de minucioso estudo técnico, orientada por profissional da saúde, autorizada pelo poder concedente, antecedida e acompanhada de ampla e efetiva divulgação das recomendações de distanciamento social e de isolamento, assim como das medidas de higiene e proteção. Na hipótese de redução da frota, o Conselho de Usuários do Transporte deve ser ouvido e os usuários devem ser informados previamente sobre os novos horários.

Publicado no Diário Oficial de São Paulo, 18/08/2020.

12. O Poder concedente deve exigir e fiscalizar o cumprimento das medidas de segurança, proteção e distanciamento social.

Publicado no Diário Oficial de São Paulo, 18/08/2020.

13. É recomendável a manutenção de diálogo do Ministério Público com o Poder concedente, com a concessionária do serviço de transporte público coletivo e com o Conselho Municipal de Usuários do serviço de transporte, a fim de verificar a possibilidade de implantação consensual de medidas que contribuam para a preservação da vida e da saúde das pessoas e para evitar a disseminação do coronavírus.

Publicado no Diário Oficial de São Paulo, 18/08/2020.

Comitê Temático da Infância Protetiva

Nota do autor: os enunciados se iniciam no nº 19.

Prioridade absoluta

19. É necessário zelar para que o empreendimento de esforços voltados ao combate à pandemia não encubra a prioridade absoluta da criança e do adolescente, cujos direitos também estão sob lesão ou ameaça de lesão no atual contexto, inclusive após as medidas de isolamento social.

Publicado no Diário Oficial de São Paulo, 27/06/2020.

20. É essencial ter atenção para a garantia da prioridade absoluta da criança e do adolescente na elaboração, aprovação, eventual revisão e implementação dos orçamentos públicos, porquanto eles se traduzem no principal instrumento de satisfação espontânea de políticas públicas voltadas à criança e ao adolescente.

Publicado no Diário Oficial de São Paulo, 27/06/2020.

Contratos de aprendizagem

21. Medidas de implementação ou fortalecimento de contratos de aprendizagem devem ser buscadas como forma de garantia de renda a adolescentes, notadamente diante do empobrecimento geral da população em decorrência da pandemia. Para tanto, a interlocução com o Ministério Público do Trabalho revela-se salutar, inclusive para fins de fiscalização do cumprimento de cotas de aprendizagem pelas empresas.

Publicado no Diário Oficial de São Paulo, 27/06/2020.

Audiências concentradas

22. Havendo interesse na realização de audiência concentrada na modalidade remota, o ato deve ser pleiteado judicialmente, explicitando, se possível com respaldo em relatórios do SAICA ou da rede protetiva, a insuficiência da reavaliação das medidas protetivas de acolhimento sem audiência, na forma prevista no art. 19, § 1º, do ECA.

Publicado no Diário Oficial de São Paulo, 10/07/2020.

Comitê Temático da Infância Protetiva e da Educação – Enunciado conjunto

Retomada das atividades econômicas com manutenção da suspensão escolar

1. A prevenção à violência ou à negligência familiar, durante a suspensão do ensino presencial, com a retomada das atividades econômicas, não pode prescindir do envolvimento das unidades escolares com os demais órgãos do Sistema de Garantia de Direitos de Crianças e Adolescentes, incumbindo ao Promotor de Justiça incentivar a interlocução entre eles para definição de estratégias de enfrentamento, como fluxos de trabalho e protocolos de encaminhamentos.

Publicado no Diário Oficial de São Paulo, 11/07/2020.

Comitê Temático da Infância e Juventude (criança e adolescente em situação de risco)

Funcionamento do SUAS

1. Diante dos impactos econômicos e sociais trazidos pelas medidas de distanciamento social necessárias para o enfrentamento da pandemia de COVID-19, a política de assistência social e o Sistema Único de Assistência Social tornam-se essenciais, devendo manter o funcionamento de seus serviços em sinergia com a saúde, a fim de garantir o atendimento à população mais vulnerável. Para tanto, as seguintes ações são importantes: 1) atentar para o regular e ininterrupto funcionamento dos equipamentos SUAS (por exemplo, CRAS e CREAS), dentro dos parâmetros seguros de saúde recomendados; 2) fomentar a construção de um plano de contingência SUAS, adequando a metodologia própria dos serviços para o momento pandêmico, estabelecendo protocolos e fluxos de atuação em rede; 3) fomentar a atuação integrada entre a assistência social e a saúde e a construção de fluxos e protocolos intersetoriais; 4) cobrar clara comunicação social dos equipamentos e serviços SUAS, com ampla divulgação dos canais de acesso virtual e presencial; 5) buscar mecanismos de ágil comunicação da Promotoria de Justiça com a rede protetiva e fomentar a criação de célere canal de comunicação entre os serviços e equipamentos da rede protetiva, bem como entre a rede e os usuários; 6) realizar reuniões virtuais periódicas com a rede protetiva.

Publicado no Diário Oficial de São Paulo, 27/05/2020.

Conselho Tutelar

2. O confinamento advindo das medidas de distanciamento social, na atual conjuntura de pandemia vivenciada no país, poderá agravar a exposição de crianças e adolescentes a toda forma de violência e maus-tratos, o que torna essencial a atuação do Conselho Tutelar. A atuação do Ministério Público junto ao Conselho Tutelar, neste contexto, deve compreender as seguintes ações: 1) atentar para o regular e ininterrupto funcionamento dos Conselhos Tutelares, dentro dos parâmetros seguros de saúde recomendados e com estrutura que viabilize os trabalhos; 2) fomentar a construção de um plano de trabalho pelo Conselho Tutelar, estabelecendo critérios para atendimento remoto e presencial; 3) cobrar clara comunicação social do Conselho Tutelar, com ampla divulgação dos canais de acesso virtual e presencial; 4) fomentar a criação de ágil canal de comunicação entre o Conselho Tutelar e a rede, bem como entre o Conselho Tutelar e os usuários (ex: WhatsApp Business); 5) cobrar participação do Conselho Tutelar nas reuniões virtuais periódicas com a rede protetiva.

Publicado no Diário Oficial de São Paulo, 27/05/2020.

Acolhimento institucional

3. No atual contexto de pandemia, os serviços de acolhimento institucional vivenciam inúmeras dificuldades relacionadas à saúde dos acolhidos e educadores e

às mudanças na dinâmica cotidiana do serviço. A inviabilidade de exercer de forma presencial o direito à convivência familiar e comunitária, a impossibilidade de saídas do serviço para a escola e outros compromissos sociais e a suspensão das atividades complementares podem afetar a saúde mental dos acolhidos e dos servidores, provocando desgastes e eventuais conflitos e impactando negativamente na sua qualidade de vida. Para assegurar os direitos das crianças e adolescentes neste contexto, as seguintes ações são necessárias: 1) fomentar a manutenção ou estabelecimento, pela rede protetiva, de fluxos de discussão intersetorial pré-acolhimento; 2) fomentar a revisão pelo Serviço de Acolhimento Institucional para Crianças e Adolescentes – SAICA da situação de cada acolhido e a verificação da viabilidade de sua colocação provisória sob cuidados de terceiros, em observação à Recomendação Conjunta nº 1 CNJ/CNMP; 3) cobrar da pasta da saúde a supervisão e o suporte de saúde física e mental aos Serviços de Acolhimento Institucional para Crianças e Adolescentes – SAICAs, garantindo permanente orientação, acompanhamento, atendimentos e encaminhamentos necessários, em apoio aos acolhidos e educadores; 4) fiscalizar para que o direito fundamental à convivência familiar e comunitária dos acolhidos seja exercido, ainda que de forma remota, neste momento pandêmico.

Publicado no Diário Oficial de São Paulo, 27/05/2020.

Fundo Municipal da Criança e do Adolescente – FIA

4. Diante da situação de pandemia e da necessidade de recursos financeiros para enfrentá-la, os Fundos Municipais da Criança e do Adolescente podem ser considerados uma fonte relevante. No entanto, é importante garantir que esse dinheiro seja utilizado de forma adequada, seguindo as orientações e legislações que regem o funcionamento dos fundos e sempre em prol da infância e juventude, observando as demandas apresentadas por esse público a partir das consequências do enfrentamento à COVID-19. Desse modo, as seguintes ações são relevantes: 1) estimular a manutenção das reuniões ordinárias do Conselho Municipal de Direitos da Criança e do Adolescente – CMDCA, ainda que virtualmente; 2) verificar quais os planos de aplicação e critérios de utilização dos valores do Fundo à luz da pandemia, sugerindo avalie-se priorizar destinação dos valores do Fundo para medidas de contraponto aos reflexos da COVID-19 nos direitos da infância e juventude; 3) atentar para o risco de se verterem valores do Fundo para atenção à saúde pública, genericamente considerada, sem que se vislumbre interesse direto da infância e juventude.

Publicado no Diário Oficial de São Paulo, 27/05/2020.

Comitê Temático da Infância e Juventude (adolescente em confronto com a lei)

Saúde Mental, Prevenção e Visitas

1. Nada obstante a suspensão das visitas de inspeção bimestrais aos Centros de Atendimento da Fundação Casa (Resolução CNMP n° 208/2020 da Presidência e da Corregedoria Nacional do Ministério Público), a obrigação do Ministério

Público de zelar pela garantia dos direitos assegurados aos adolescentes internados deve ser exercida por meio dos procedimentos de acompanhamento das medidas socioeducativas de internação, a partir da observação do atendimento aos seguintes parâmetros: 1) garantia de atendimento psicológico semanal do adolescente pelo profissional do Centro de Internação; 2) garantia da continuidade de atendimento pelos CAPS para os socioeducandos já acompanhados pelos serviços, ainda que de forma remota, e da inclusão de novos socioeducandos que revelarem necessidade do acompanhamento especializado por esses mesmos serviços; 3) garantia de contato, ao menos semanal, entre o adolescente e a sua família, incentivando-se a sua realização por videoconferência; 4) cumprimento das normativas internas emitidas pela Fundação CASA que estabelecem os procedimentos sanitários para evitar a propagação do coronavírus entre os internos e servidores dos Centros de Internação; 5) avaliação da possibilidade de estabelecer interlocução com o Ministério Público do Trabalho da região, visando à eventual atuação integrada, em decorrência da Notificação Recomendatória feita à Fundação CASA no Inquérito Civil nº 0001374.2020.02.000/3 – PRT 2ª Região.

Publicado no Diário Oficial de São Paulo, 27/05/2020.

Audiências virtuais e adolescentes em conflito com a lei

2. Para reduzir os riscos de contágio do coronavírus, foi publicada a Resolução CNJ nº 314/2020, que tornou admissível a realização de audiência por videoconferência, bem como foram elaborados os Comunicados CG nº 284, nº 317 e nº 323/2020 e Comunicado CSM nº 2557/2020, do Tribunal de Justiça de São Paulo, que dispensou a necessidade de concordância prévia das partes para a realização das teleaudiências. Consequentemente, a designação de audiência virtual deve ser solicitada ao magistrado competente para os atos dos processos socioeducativos, interpondo-se recurso em caso de indeferimento.

Publicado no Diário Oficial de São Paulo, 27/05/2020.

3. Em caso de recusa de participação genérica e injustificada da defesa do adolescente infrator nas audiências por videoconferência, a nomeação de advogado dativo deve ser solicitada para viabilizar a defesa técnica, a fim de evitar que o feito se estenda para além do prazo legal de internação provisória de 45 dias.

Publicado no Diário Oficial de São Paulo, 27/05/2020.

Área pedagógica, esporte, cultura e lazer

4. Para garantir o direito fundamental à educação, ao esporte, à cultura e ao lazer de adolescentes privados de liberdade, durante a vigência das medidas restritivas impostas pelas autoridades sanitárias visando ao enfrentamento do coronavírus, é preciso, no acompanhamento das medidas socioeducativas de internação, atentar para a observância dos seguintes parâmetros: 1) cumprimento pelas unidades da Fundação Casa das normativas estabelecidas pela Secretaria Estadual de Educação (Resolução Conjunta SE-SJDC nº 01, de 10 de janeiro de 2017); 2) cumprimento dos fluxos estabelecidos no Documento das Atividades Escolares não Presenciais,

elaborados pela Secretaria Estadual de Educação, notadamente com relação ao fornecimento do material pedagógico, avaliação, acompanhamento e suporte, pelas escolas vinculadoras, e sua execução pelas unidades da Fundação Casa, observadas as peculiaridades do momento; 3) disponibilização pelas unidades da Fundação Casa de atividades esportivas, de lazer e de cultura aos adolescentes.

Publicado no Diário Oficial de São Paulo, 27/05/2020.

Meio aberto e semiliberdade

5. Considerando que o serviço de proteção social a adolescentes em cumprimento de medidas socioeducativas de liberdade assistida e de prestação de serviços à comunidade está inserido na proteção especial de média complexidade no SUAS, a construção de planos de ação durante e pós-pandemia deve ser fomentada, para proteção e defesa dos direitos fundamentais dos adolescentes e de suas famílias. Realizadas as necessárias adaptações, a mesma providência se aplica com relação à medida socioeducativa de semiliberdade.

Publicado no Diário Oficial de São Paulo, 27/05/2020.

6. A construção dos planos de ação do meio aberto deve compreender a solicitação de informações sobre o diagnóstico e o plano de contingência durante e pós-pandemia, que abarquem: a) o número total de adolescentes e jovens atendidos; b) o número de adolescentes e jovens em descumprimento de medida antes da suspensão das medidas em meio aberto, por conta da pandemia; c) diante do atendimento remoto, o número de adolescentes e jovens com os quais não foi possível estabelecer contato remoto; d) os principais motivos indicados para a impossibilidade de contato remoto com os adolescentes e jovens em medida socioeducativa.

Publicado no Diário Oficial de São Paulo, 27/05/2020.

7. Os planos de contingência para acompanhamento remoto durante a pandemia e para a retomada dos acompanhamentos presenciais pós-pandemia devem atentar para os seguintes aspectos, dentre outros: a) escuta qualificada dos adolescentes e jovens, acolhendo-os diante do momento de crise econômica, política e social vivenciada; b) direito à educação, buscando contribuir com os desafios colocados no momento para o retorno e a permanência dos adolescentes e jovens na escola formal (com as atividades remotas); c) direito à saúde, inclusive com relação à vacinação e informações relativas à prevenção da disseminação do novo coronavírus (COVID-19); d) direitos socioassistenciais, com especial atenção para a mediação para recebimento dos benefícios devidos e para segurança alimentar e nutricional; e) direito à cultura, fomentando e promovendo acesso remoto a informações e atividades de interesse dos adolescentes e jovens; f) iniciativas para retomada do cumprimento das medidas por parte dos adolescentes e jovens que as haviam abandonado.

Publicado no Diário Oficial de São Paulo, 27/05/2020.

8. Considerando que a medida socioeducativa de semiliberdade está suspensa e com acompanhamento remoto, os parâmetros estabelecidos pelos enunciados 6 e

7 relativos ao diagnóstico e aos planos de contingência devem ser seguidos igualmente para a semiliberdade.

Publicado no Diário Oficial de São Paulo, 27/05/2020.

Comitê Temático de Inclusão Social – População em situação de rua Mapeamento e proteção de direitos

1. A tutela da população em situação de rua, no contexto da pandemia por Covid-19, pressupõe o conhecimento da existência ou não de tal grupo vulnerável no Município, da atuação do Conselho Municipal de Assistência Social e de eventual existência de Plano de Contingenciamento para garantia dos direitos da população em situação de rua.

Publicado no Diário Oficial de São Paulo, 27/05/2020.

2. O enfrentamento dos impactos da pandemia da COVID19 deve ser baseado em decisões e ações fundamentadas no enfoque de direitos humanos.

Publicado no Diário Oficial de São Paulo, 27/05/2020.

3. A pandemia da COVID-19 não é apenas uma emergência em saúde, mas

também uma crise de desenvolvimento humano, afetando dimensões socioeconômicas do desenvolvimento e capaz de ampliar quantitativa e qualitativamente o quadro de vulnerabilidade social das populações empobrecidas, em especial as populações em situação de rua.

Publicado no Diário Oficial de São Paulo, 27/05/2020

Rede socioassistencial e equipamentos no âmbito do SUAS

4. Os serviços e atividades no âmbito do Sistema Único de Assistência Social –

SUAS têm natureza essencial e devem manter continuidade na prestação e oferta à população vulnerável e em risco social, em condições de segurança às equipes profissionais e aos usuários.

Publicado no Diário Oficial de São Paulo, 27/05/2020.

5. Considerando a gestão descentralizada do SUAS, é dever do Município identificar demandas locais das populações vulneráveis e em risco social, para eventual necessidade de readequação, reorganização, implementação, suspensão, extensão e intensificação de programas socioassistenciais, com base na realidade local, monitorando continuamente as demandas e traçando estratégias de intervenção, com vistas a maior efetividade na proteção dos grupos vulneráveis.

Publicado no Diário Oficial de São Paulo, 27/05/2020.

6. Os serviços socioassistenciais e equipamentos que se relacionam

diretamente à busca ativa, aos serviços de acolhimento, aos serviços de distribuição de alimentação e aos centros de referência especializados para população em situação de rua devem permanecer materialmente abertos, funcionando de maneira contínua, visto que essenciais e relacionados à sobrevivência imediata de tal grupo.

Publicado no Diário Oficial de São Paulo, 27/05/2020.

7. Durante o período de pandemia, sempre que possível, as vagas dos serviços de acolhimento existentes deverão ser transformadas em vagas fixas e 24 horas, a fim de possibilitar o acolhimento por tempo integral e evitar a circulação de pessoas, para garantir a saúde dos trabalhadores e usuários dos equipamentos.

Publicado no Diário Oficial de São Paulo, 27/05/2020.

8. Tendo em vista que a Resolução nº 7 da SEADS orientou o funcionamento remoto do CRAS, durante a pandemia pela COVID-19, mediante atendimento telefônico e presencial agendado aos usuários, nos locais onde acolhida tal recomendação, a Prefeitura deverá possibilitar todos os meios necessários para o respectivo acesso, além de dar ampla publicidade das formas de contato e agendamento, atentando-se à acessibilidade das pessoas com deficiência.

Publicado no Diário Oficial de São Paulo, 27/05/2020.

9. Os profissionais que compõem as equipes da rede socioassistencial no âmbito da proteção da população em situação de rua e, conforme definição do Ministério da Saúde, estão inseridos nos grupos de risco, devem ser afastados ou remanejados para trabalhos remotos ou de baixo risco, garantindo-se a continuidade dos serviços, por meio da imediata substituição do profissional afastado, sem que haja diminuição da quantidade de profissionais.

Publicado no Diário Oficial de São Paulo, 27/05/2020.

10. Constituem a rede mínima de atendimento socioassistencial à população em situação de rua os seguintes serviços, os quais devem estar em contínuo funcionamento durante a pandemia por Covid-19: (i) serviço especializado em abordagem social ou outro serviço especificamente voltado à busca ativa; (ii) serviço de fornecimento de alimentação; (iii) serviço de acolhimento; (iv) acesso a água e itens básicos de higiene; (v) serviço responsável pelo cadastramento e distribuição dos benefícios eventuais.

Publicado no Diário Oficial de São Paulo, 27/05/2020.

11.Os profissionais de assistência social da rede de atendimento à população em situação de rua devem receber os equipamentos de proteção individual e todos os insumos de higiene e proteção, para garantir a saúde do trabalhador e o pleno funcionamento dos serviços.

Publicado no Diário Oficial de São Paulo, 27/05/2020.

12. Nos locais em que houver concentração de pessoas em situação de rua, o Poder Público deve manter ampla e efetiva comunicação, fixando informes, em linguagem acessível, inclusive às pessoas com deficiência visual e auditiva, especialmente sobre: (i) as medidas de higienização necessárias à prevenção da pandemia; (ii) os riscos decorrentes da contaminação pela COVID-19; (iii) os serviços

oferecidos, especialmente os de fornecimento de alimentação e água potável, com informações acerca de endereços e horários.

Publicado no Diário Oficial de São Paulo, 27/05/2020.

Segurança Alimentar e Nutricional

13. O Poder Público deve incrementar e ampliar a política de segurança alimentar e nutricional das populações em situação de rua, primando pela ampliação do serviço em quantidade e expansão, com o fornecimento de refeições (para consumo imediato ou em marmitex)?e água potável, em restaurantes ou refeitórios populares ou outros locais de fácil acesso àquele segmento populacional, de forma gratuita, em diferentes pontos da cidade (se for o caso) e períodos do dia, assegurando-lhes, no mínimo, três refeições diárias (desjejum, almoço e jantar), além da disponibilização ininterrupta de água potável em praças e logradouros públicos.

Publicado no Diário Oficial de São Paulo, 27/05/2020.

14. Aos usuários em serviços de acolhimento, as três refeições diárias devem ser fornecidas no equipamento, para evitar deslocamentos, e a distribuição deve ser organizada para atenuar aglomerações, observadas as orientações da SEDS e da Vigilância Sanitária.

Publicado no Diário Oficial de São Paulo, 27/05/2020.

15. O Poder Público deve amparar e estimular as entidades filantrópicas e privadas que atuam no fornecimento de refeições e de água à população em situação de rua, visando garantir a continuidade de suas ações nesta época de pandemia, disponibilizando um banco de dados com a identificação e indicação dos locais adequados para a sua efetivação e para o cadastramento das entidades, com o horário e local escolhido para a distribuição.

Publicado no Diário Oficial de São Paulo, 27/05/2020.

Fornecimento de água e higiene

16. Deve ser garantido o acesso da população em situação de rua a banheiros públicos e espaços para banho e higiene pessoal, com fornecimento de água de fluxo contínuo e sem estabelecimento de horários determinados, além de sabão.

Publicado no Diário Oficial de São Paulo, 27/05/2020.

17. Deve ser garantido o fornecimento – tanto aos acolhidos como aos que permaneçam nas vias públicas – de conjuntos de produtos de higiene pessoal, que incluam, no mínimo, máscaras, sabonetes, papel higiênico, absorventes íntimos, sabão para roupa, barbeadores, escova de dentes e creme dental.

Publicado no Diário Oficial de São Paulo, 27/05/2020.

Monitoramento

18. Todos os protocolos e fluxos de atenção às populações em situação de rua deverão contar com monitoramento constante, de responsabilidade da rede socioassistencial do Município, e estar articulados com a rede de proteção da saúde pública, a fim de garantir o atendimento adequado e não discriminatório, em espe-

cial durante o período de pandemia, com vistas a que lhes sejam disponibilizados todos os serviços essenciais de que necessitar.

Publicado no Diário Oficial de São Paulo, 27/05/2020.

19. O monitoramento deve atentar aos protocolos de abordagem, acolhimento e atendimento prestados às populações em situação de rua, em especial o primado do respeito e da não revitimização, atentando-se ao seu modo de existência, à sua realidade e às demandas como o medo, estresse, falta de dormida, estado constante de alerta, fome, sede e agressividade sofrida nas ruas, principalmente em uma situação de pandemia como a atual.

Publicado no Diário Oficial de São Paulo, 27/05/2020.

20. O monitoramento sistemático deve garantir a testagem da população em situação de rua ou, na sua impossibilidade, os parâmetros epidemiológicos fornecidos pelas autoridades de saúde, a fim de obter o diagnóstico ou a suspeita de diagnóstico da COVID19.

Publicado no Diário Oficial de São Paulo, 27/05/2020.

21. O monitoramento deverá ser feito mediante articulação entre a sociedade civil e os gestores, visando à criação de um banco de dados e resultados para a identificação da população em situação rua em decorrência dos efeitos da pandemia, de modo a facilitar e proporcionar o devido encaminhamento e acolhimento na rede socioassistencial, a partir de uma visão sistêmica que permita pautar as necessidades das pessoas de uma forma integral e mais abrangente.

Publicado no Diário Oficial de São Paulo, 27/05/2020.

22. Não são recomendáveis, em hipótese alguma, medidas de caráter higienista, intervenção policial violenta ou outras intervenções autoritárias e violadoras de direitos humanos às populações em situação de rua, nas hipóteses de negativa de acolhimento institucional. Além disso, qualquer encaminhamento deve garantir que a pessoa permaneça com seus documentos e pertences pessoais.

Publicado no Diário Oficial de São Paulo, 27/05/2020.

Serviços de Acolhimento

23. Os serviços de acolhimento devem observar todas as diretrizes e orientações da Vigilância Sanitária e da Saúde Pública para o período da pandemia da COVID19.

Publicado no Diário Oficial de São Paulo, 27/05/2020.

24. O Poder Público deve garantir local específico e adequado para o cumprimento da quarentena pelas pessoas em situação de rua com diagnóstico de COVID19.

Publicado no Diário Oficial de São Paulo, 27/05/2020.

Benefícios

25. O Poder Público deve assegurar à população em situação de rua, inclusive nos equipamentos de acolhimento, informações e apoio necessários ao acesso e à

obtenção de benefícios, bem como às políticas de redistribuição de renda oferecidas em caráter emergencial, em razão da pandemia da COVID19, a exemplo do auxílio emergencial. Para tanto, deve auxiliá-la com orientações para preenchimento de cadastro, regularização do CPF e RG, acesso à internet ou à Caixa Econômica Federal/Lotérica, celular de referência, acesso à conta digital, dentre outras.

Publicado no Diário Oficial de São Paulo, 27/05/2020.

Benefícios eventuais

26. O benefício eventual a ser instituído pela União, Estados e Municípios constitui instrumento de garantia de direitos fundamentais e redução dos danos decorrentes da pandemia pela COVID-19, concebido como política pública contínua, ininterrupta e duradoura, enquanto perdurar a situação de emergência em saúde pública e para debelar seus efeitos mediatos após o término. Portanto, o benefício eventual não pode ser fornecido em parcela única, sob pena de converter-se em mera benemerência dissociada da proteção social instituída pela Lei nº 8.742/1993.

Publicado no Diário Oficial de São Paulo, 13/06/2020.

27. É elegível ao recebimento dos benefícios eventuais em virtude da calamidade pública decorrente da pandemia pela COVID-19 qualquer pessoa em situação de vulnerabilidade econômica ou social, independentemente da nacionalidade, origem, etnia, raça, cor, idade, gênero, orientação sexual, condição de pessoa com deficiência ou em situação de rua ou qualquer outro critério que ignore ou minore a dignidade inerente à condição humana do postulante.

Publicado no Diário Oficial de São Paulo, 13/06/2020.

28. O art. 22 da Lei nº 8.742/1993 autoriza o Município a instituir benefício eventual, de caráter suplementar e provisório, como forma de garantir a subsistência em condições dignas daqueles vulnerados pela crise sanitária e econômica decorrente da pandemia pela COVID19, prestado em virtude de nascimento, morte, vulnerabilidade temporária e emergência ou estado de calamidade pública, nesse último caso desde que declarado tal estado de calamidade pública pelo Municipal e homologado o decreto pelo Estado.

Publicado no Diário Oficial de São Paulo, 13/06/2020

29. Os benefícios eventuais em virtude da calamidade pública decorrente da pandemia pela COVID-19 poderão ser custeados pelo Município, mediante dotação orçamentária própria, ou pelos Conselhos Municipais de Assistência Social, com recursos do Fundo Municipal de Assistência Social.

Publicado no Diário Oficial de São Paulo, 13/06/2020.

30. O cofinanciamento dos benefícios eventuais pelo Fundo Estadual de Assistência Social mediante repasse ao Fundo Municipal de Assistência Social depende de efetiva instituição e funcionamento do Conselho Municipal de Assistência Social, de previsão dos benefícios eventuais no Plano Municipal de Assistência Social e de prévia dotação no Fundo Municipal de Assistência Social, além de habilitação junto

ao Conselho Estadual de Assistência Social, no período anual contado a partir de 12 de dezembro de 2019, a forma dos arts. 26 e 29 da Resolução CONSEAS nº 29/2019.

Publicado no Diário Oficial de São Paulo, 13/06/2020.

31. Fica a critério do Município estabelecer a modalidade de prestação do benefício eventual decorrente da calamidade pública causada pela COVID-19, desde que em valor suficiente ao atendimento das necessidades vitais básicas dos beneficiários e por tempo suficiente à superação de suas vulnerabilidades, segundo os respectivos contextos e fragilidades.

Publicado no Diário Oficial de São Paulo, 13/06/2020.

32. O benefício eventual destinado à pessoa em situação de rua deve ser concedido preferencialmente em pecúnia, em razão da impossibilidade fática de preparar e armazenar adequadamente os alimentos contidos nas cestas básicas para consumo imediato ou posterior, bem como porque deve suprir outras carências relacionadas ao enfrentamento da COVID-19 como aquisição de máscaras, sabonetes e álcool em gel para higiene pessoal.

Publicado no Diário Oficial de São Paulo, 13/06/2020.

33. O recebimento de benefício eventual não pode estar condicionado à regularidade cadastral do postulante ou qualquer outro requisito de índole burocrático e o seu pagamento deve operar-se preferencialmente nas sedes dos serviços socioassistenciais.

Publicado no Diário Oficial de São Paulo, 13/06/2020.

Quarentena heterogênea

34. Enquanto a União e o Estado de São Paulo não editarem plano de contingência com diretrizes socioassistenciais abordando os efeitos da pandemia da COVID-19, no contexto da retomada das atividades comerciais, cabe aos Municípios adotar plano de contingência local e as respectivas medidas que garantam atenção e assistência às pessoas e às famílias socialmente vulneráveis. O plano deve zelar para que o retorno das atividades econômicas seja acompanhado das imprescindíveis ações e serviços que amparem todos em situação de vulnerabilidade social.

Publicado no Diário Oficial de São Paulo, 27/06/2020.

35. Os Municípios devem considerar os impactos desiguais sobre as populações socialmente vulneráveis e os recortes raciais e de gênero, para a implementação das medidas de retomada econômica.

Publicado no Diário Oficial de São Paulo, 27/06/2020.

36. O plano de contingência municipal, embasado em dados de vigilância socioassistencial e indicadores de maior vulnerabilidade decorrente dos impactos da pandemia e da retomada socioeconômica, deve contar, no mínimo: a) programas de transferência de rendas (por exemplo, benefícios eventuais e renda mínima); b) previsão de prestação de serviços continuados e ininterruptos. O seu propósito

deve ser a garantia de alimentação, segurança alimentar e nutricional e tudo que for imprescindível à subsistência e à proteção das famílias socialmente vulneráveis.

Publicado no Diário Oficial de São Paulo, 27/06/2020.

Comitê Temático de Inclusão Social, com o apoio majoritário do Grupo de Trabalho de Enfrentamento à pandemia do COVID-19

Direito de Reunião

1. O direito de reunião pacífica e sem armas, em locais abertos ao público, previsto no artigo 5º, inciso XVI, da Constituição Federal, deve ser assegurado, mesmo em tempos de pandemia, desde que a manifestação defenda e respeite a ordem democrática, os direitos fundamentais e o regular funcionamento das instituições políticas do Estado brasileiro, podendo-se exigir de seus organizadores tão somente prévio aviso à autoridade, além de obediência às orientações sanitárias de distanciamento social.

Publicado do Diário Oficial de São Paulo, 04/06/2020.

2. Sem prejuízo do necessário e prévio esforço coletivo para obediência das orientações sanitárias de proteção individual, caberá ao Poder Público, durante o ato, adotar providências educativas e de conscientização para convencer as pessoas presentes a manterem distância uns dos outros e atentarem às referidas medidas de proteção.

Publicado do Diário Oficial de São Paulo, 04/06/2020.

3. Caberá, ainda, ao Poder Público, por suas forças policiais eventualmente presentes, atuar para garantir o exercício pacífico e seguro do direito fundamental de reunião e para proteger a incolumidade física de seus participantes.

Publicado do Diário Oficial de São Paulo, 04/06/2020.

4. O Ministério Público, no exercício de suas atribuições constitucionais e legais, adotará as providências necessárias para apuração de responsabilidades em caso de violação dos direitos de que cuidam estes enunciados.

Publicado do Diário Oficial de São Paulo, 04/06/2020.

Comitês Temáticos de Inclusão Social, Violência Doméstica e Saúde – Enunciados conjuntos

Pautas Identitárias

1. As decisões e ações adotadas para o enfrentamento dos impactos da pandemia da COVID-19, nas redes de saúde e assistência social, devem se pautar pelos enfoques de gênero, raça e classe e pelas suas interseccionalidades, além de considerar o princípio da não discriminação, atentando-se às desigualdades históricas e sociais que acometem as pessoas inseridas nestes marcadores.

Publicado no Diário Oficial de São Paulo, 20/06/2020.

2. As medidas de vigilância sanitária e socioassistencial devem atentar à necessidade da produção de indicadores que contemplem raça, gênero e orientação sexual, em seus sistemas de informação, com o objetivo de diagnosticar e balizar as políticas, incluindo as ações afirmativas.

Publicado no Diário Oficial de São Paulo, 20/06/2020.

3. A atenção para os cuidados em saúde mental em relação aos efeitos de gênero, da pandemia deve levar em consideração as mulheres que atuam na linha de frente na luta contra a COVID-19, visto que representam um grande contingente de profissionais de saúde e de assistência social, bem como porque são as mulheres que majoritariamente prestam cuidados a terceiros como familiares doentes, idosos e crianças.

Publicado no Diário Oficial de São Paulo, 20/06/2020.

4. A atenção para os cuidados em saúde mental em relação aos impactos decorrentes da medida de distanciamento social ampliado durante a pandemia deve levar em consideração as vulnerabilidades das populações LGBTQI+, diante de possíveis trajetórias de vida marcadas por discriminação, estigmatização, violência, exclusão social, tentativas de suicídio, dentre outras, pautando-se pelo atendimento humanizado e acolhedor.

Publicado no Diário Oficial de São Paulo, 20/06/2020.

5. A atenção para os cuidados em saúde mental em relação à pandemia deve levar em consideração as vulnerabilidades da população negra, em razão do racismo e discriminações, bem como do luto presente, porque constitui o maior contingente de pessoas mortas por Síndrome Respiratória Aguda Grave (SRAG) causada por coronavírus.

Publicado no Diário Oficial de São Paulo, 20/06/2020.

6. A vigilância e a proteção socioassistenciais deverão atentar aos impactos de gênero da COVID-19, especialmente às vulnerabilidades das mulheres decorrentes das medidas de distanciamento social, como a redução de recursos para a garantia de meios de subsistência e segurança alimentar e nutricional, aliada à realidade das trabalhadoras informais e domésticas e ao fechamento das escolas e creches, dentre outros fatores.

Publicado no Diário Oficial de São Paulo, 20/06/2020.

7. A vigilância e a proteção socioassistenciais também deverão se pautar pelos especiais impactos das medidas de distanciamento social ampliado para as pessoas transgêneros, atentando-se às suas vulnerabilidades relacionados ao possível abandono escolar precoce, ao rompimento abrupto com a família de origem, à exclusão do mercado formal de trabalho, à eventual situação de rua e à garantia de meios de subsistência e segurança alimentar e nutricional.

Publicado no Diário Oficial de São Paulo, 20/06/2020.

8. Os serviços de saúde sexual e reprodutiva que prestam atendimento a mulheres e meninas devem permanecer abertos, garantindo-se o acesso à contracepção, aos cuidados pré e pós-natal e relacionado ao nascimento, à orientação sobre o planejamento familiar e ao controle das infecções sexualmente transmissíveis, ressalvadas as ações de telemedicina permitidas em caráter excepcional e temporário, na forma regulamentada pela Portaria n° 467/2020, do Ministério da Saúde, no que couber. Ainda devem ser garantidos o acesso ao exercício do direito ao abortamento, nos casos previstos em lei, e o atendimento emergencial, integral e multidisciplinar para os casos de violência sexual, nos termos da Lei n° 12.845/13.

Publicado no Diário Oficial de São Paulo, 20/06/2020.

9. Além da notificação nos casos de suspeita ou confirmação de violência contra a mulher e demais providências que se fizerem necessárias no âmbito da Lei n° 10.778/03, os profissionais de saúde devem atentar para a articulação com os serviços da rede socioassistencial ou especializados, onde houver, nos casos em que a violência comporte risco à mulher ou à comunidade, em consonância com as diretrizes da Portaria n° 86/20, da Secretaria Nacional de Assistência Social.

Publicado no Diário Oficial de São Paulo, 20/06/2020.

10. As redes de saúde e de assistência social deverão disponibilizar às mulheres cisgênero e transgênero, especialmente às mulheres refugiadas e migrantes e às mulheres com deficiência informações, de modo acessível, sobre: a) os riscos do agravamento das situações de violência doméstica e familiar, durante o período de vigência das medidas de distanciamento e isolamento social, em razão dos riscos relacionados ao uso de bebidas alcoólicas e outras substâncias; b) as redes de proteção e os canais para registro de denúncia.

Publicado no Diário Oficial de São Paulo, 20/06/2020.

11. As equipes da estratégia de saúde da família e as equipes multidisciplinares de consultório na rua, considerando seu papel fundamental no âmbito das visitas domiciliares, no atendimento in loco e na observação e intervenção de fatores que colocam a saúde em risco, devem realizar alertas de conscientização e monitoramento, ainda que à distância, sobre as situações de violência contra as mulheres e meninas, assim como devem divulgar a rede protetiva disponível para os casos de atendimento social e registro de denúncia.

Publicado no Diário Oficial de São Paulo, 20/06/2020.

12. O treinamento contínuo das equipes deve atentar para o atendimento humanizado, integral e não discriminatório, de sorte a construir fluxos que incluam os serviços socioassistenciais e a expedição de diretrizes técnicas informando sobre o caráter obrigatório do preenchimento de marcadores etnorraciais, conforme as conhecidas categorias do IBGE, inclusive nas políticas de enfrentamento à pandemia.

Publicado no Diário Oficial de São Paulo, 20/06/2020.

13. Todo atendimento realizado pelos serviços de proteção social envolvendo as pastas de saúde e de assistência social às populações LGBTQI+ e às mulheres em

situação de violência, inclusive pela via remota, deve pautar-se pelo acolhimento, pela escuta e pelo princípio da não revitimização.

Publicado no Diário Oficial de São Paulo, 20/06/2020.

14. O mapeamento de instituições parceiras e de espaços seguros e de apoio às pessoas refugiadas e migrantes LGBTQI+ é essencial para o conhecimento dos serviços disponíveis e para o referenciamento desta população, de modo confiável e seguro, quando necessário, criando um fluxo de atendimento.

Publicado no Diário Oficial de São Paulo, 20/06/2020.

15. As políticas de enfrentamento à COVID-19 devem mensurar seus impactos sobre a população negra, as mulheres e as populações LGBTQI+. Se tais impactos forem desproporcionalmente maléficos em relação às demais camadas da população, as políticas devem ser revistas para evitar a discriminação indireta.

Publicado no Diário Oficial de São Paulo, 20/06/2020.

Comitês Temáticos de Violência Doméstica; Infância Protetiva; Pessoa com Deficiência; Idoso e Inclusão Social

Rede de atenção às mulheres, crianças, adolescentes, pessoas idosas, pessoas com deficiência em situação de violência

1. A rede de atenção às mulheres, crianças, adolescentes, pessoas idosas e pessoas com deficiência física ou intelectual em situação de violência em situação de violência é essencial e não pode haver suspensão das atividades durante o estado de emergência, priorizando-se o atendimento presencial (arts. 3º e par. 7º, C, Lei nº 13.979/20, aletrado pela 14.022/20).

Publicado no Diário Oficial de São Paulo, 18/08/2020.

Atendimento presencial obrigatório

2. O atendimento presencial pela rede de atendimento e enfrentamento é obrigatório, mesmo diante de restrições sanitárias, para situações que envolvam os ilícitos elencados no par. 2º, incisos I a IV, do art. 3º da Lei nº 14.022/20.

Publicado no Diário Oficial de São Paulo, 18/08/2020.

Medidas Protetivas de Urgência: requerimento e elementos de convicção

3. O requerimento de medidas protetivas de urgência da Lei Maria da Penha e aquelas previstas nas Leis 10.741/03 e 13.431/17 pode ser feito on-line, em momento anterior ao registro do Boletim de Ocorrência, tendo por base elementos de convicção que não exijam necessariamente a presença física da vítima (art. 4º, par. 2 º e 3º, da Lei nº 14.022/20), com interpretação extensiva para abranger as Leis 10.741/03 e 13.431/17 por se tratar de normas procedimentais protetivas e por força do art. 7º da mesma lei e artigo 3º do CPP.

Publicado no Diário Oficial de São Paulo, 18/08/2020.

Prioridade para exame de corpo de delito

4. Há prioridade para realização do exame de corpo de delito no caso de violência de gênero contra mulheres e de violência contra criança, adolescente, pessoa idosa ou pessoa com deficiência física ou intelectual e, na hipótese de restrição à circulação de pessoas, o exame de crimes de natureza sexual poderá ser feito no local em que se encontrar a vítima por equipes móveis, que devem ser disponibilizadas pelos órgãos de segurança (art. 3º, par. 4º, da Lei nº 14.022/20).

Publicado no Diário Oficial de São Paulo, 18/08/2020

Comitês Temáticos de Infância Protetiva; Adolescente em Conflito com a Lei; Inclusão Social e Pessoa com Deficiência

1. Considerando a maior necessidade neste momento de pandemia de que sejam produzidas informações sistematizadas e que permitam a análise das situações de risco e de vulnerabilidade que incidem sobre famílias e indivíduos de um determinado território, visando à tomada das medidas cabíveis de acordo com a realidade de cada território, deve-se assegurar que os municípios implementem ou cumpram a Vigilância Socioassistencial, diretamente vinculada aos órgãos gestores da Política de Assistência Social, e devidamente articulada com os demais setores e saberes responsáveis por políticas públicas correlatas, como, por exemplo, os indicadores epidemiológicos no contexto de pandemia.

Publicado no Diário Oficial de São Paulo, 18/08/2020.

8 – DIREITOS HUMANOS

ENUNCIADOS SOBRE DIREITO DE MANIFESTAÇÃO, LIBERDADE DE EXPRESSÃO, PAPEL DA POLÍCIA E DO MINISTÉRIO PÚBLICO NUM REGIME DEMOCRÁTICO

Enunciado nº 01 da COPEDH/13 do GNDH do CNPG

A livre e democrática manifestação do pensamento insere-se no conceito de ordem pública que, num regime democrático, e aquela balizada pelos direitos civis, políticos, econômicos, sociais, culturais, construídos pelo direito internacional dos direitos humanos nas últimas décadas de história da civilização – e não pode, só por força de sua ocorrência, ser reprimida ou obstada, cabendo as policias garantir o direito coletivo e o exercício individual de manifestação do pensamento, com especial proteção aos profissionais da imprensa. Devem, ainda, preservar a incolumidade das pessoas e do patrimônio público e privado; ao atuar contra as ocorrências delituosas que se verificarem, deverão promover a prisão em flagrante de seus autores, respeitando os direitos legalmente assegurados as pessoas presas. Se comprovadamente necessária, a intervenção policial devera se limitar ao menor patamar dissuasório, não se utilizando de qualquer tipo de arma letal e de munição de elastômero. Ademais, deve o poder público divulgar Planos de Contingência de Segurança Pública e de Proteção e Defesa Civil, de modo a minorar os desconfortos e incômodos suportados pela população, inerentes as manifestações, bem como se fortalecer na proteção individual de seus agentes para reduzir a necessidade do uso da força.

Data da reunião: 03 À 05/07/2013, São Paulo/SP.

Acesso em 07/08/20. Fonte: https://direito.mppr.mp.br/arquivos/File/CompilacaoenunciadosproposicoesdeliberacoesCOPEDH.pdf

Enunciado nº 02 da COPEDH/13 do GNDH do CNPG

Na elaboração de plano geral de atuação ou planejamento estratégico, os Ministérios Públicos podem se valer de instrumentos que lhes permitam colher os anseios e reivindicações da sociedade civil, abrindo canais para a ouvida de movimentos sociais e populares, sindicatos, entidades do terceiro setor, iniciativa privada, organizações não governamentais, dentre outros. Podem também promover a ouvida da comunidade cientifica e de especialistas em políticas públicas. Os Membros da Instituição podem se envolver ativamente em tal processo de legitimação do plano, como forma de se comprometerem com sua observância e execução.

Data da reunião: 03 À 05/07/2013, São Paulo/SP.

Acesso em 07/08/20. Fonte: https://direito.mppr.mp.br/arquivos/File/CompilacaoenunciadosproposicoesdeliberacoesCOPEDH.pdf

Enunciado nº 03 da COPEDH/13 do GNDH do CNPG

Guardadas as singularidades de cada local e de cada manifestação, os Ministérios Públicos podem se valer dos meios de comunicação social disponíveis para informar a população as iniciativas já adotadas quanto aos temas suscitados nos atos públicos, esclarecendo, ademais, sobre os óbices judiciais ou administrativos encontrados para a solução. Podem, também, se possível e GNDH - Grupo Nacional de Direitos Humanos Promotor de Justiça Rossini Alves Couto cabível, convidar as lideranças dos movimentos para o diálogo na sede do Ministério Público, expressando-lhes o apoio institucional ao legítimo direito de manifestação do pensamento, prestando-lhes aquelas mesmas informações e obtendo sugestões e críticas para o bom encaminhamento das demandas.

Data da reunião: 03 À 05/07/2013, São Paulo/SP.

Acesso em 07/08/20. Fonte: https://direito.mppr.mp.br/arquivos/File/CompilacaoenunciadosproposicoesdeliberacoesCOPEDH.pdf

ENUNCIADOS SOBRE ABORTO LEGAL

Enunciado nº 04 da COPEDH/13 do GNDH do CNPG

Se a prática de relações sexuais ou de outro ato libidinoso com a adolescente de 14 a 18 anos de idade que esteja em situação de exploração sexual é crime, extrai-se que desta prática não decorre consentimento juridicamente válido. Se não há tal consentimento, e se daquela prática advier gravidez, será lícita a prática do aborto legal, por interpretação extensiva do artigo 128, II, do Código Penal, cujo fundamento fático é a gravidez decorrente de conjunção carnal não consentida.

Data da reunião: 03 À 05/07/2013, São Paulo/SP.

Acesso em 07/08/20. Fonte: https://direito.mppr.mp.br/arquivos/File/CompilacaoenunciadosproposicoesdeliberacoesCOPEDH.pdf

ENUNCIADOS SOBRE LIBERDADE RELIGIOSA E LAICIDADE DO ESTADO

Enunciado nº 05 da COPEDH/13 do GNDH do CNPG

A atuação de grupos religiosos, no âmbito da arena política brasileira, tem contribuído para o cerceamento de direitos civis já há muito assegurados na Constituição Federal, trazendo inquietações e preocupações, na medida em que atuam sempre no interesse de seus próprios grupos e postulados doutrinários. Cresce a tendência fundamentalista, que se baseia no propósito de impor a coletividade seu modo de pensar e agir, ditando regras ao outro a partir de suas convicções, numa clara violação ao caráter universal dos direitos humanos. Reafirma-se que o Brasil adota a laicidade (e não o laicismo) e, portanto, não pode impedir o funcionamento de nenhuma religião, mas, ao mesmo tempo, não pode beneficiar ou privilegiar, direta ou indiretamente, nenhuma delas. O GNDH entende que o tema deva ser pauta das discussões e reflexões do Ministério Público brasileiro.

Data da reunião: 03 a 05/07/2013, São Paulo/SP.

Acesso em 07/08/20. Fonte: https://direito.mppr.mp.br/arquivos/File/CompilacaoenunciadosproposicoesdeliberacoesCOPEDH.pdf

ENUNCIADOS SOBRE MOBILIDADE URBANA

Enunciado nº 01 da COPEDH/13 do GNDH do CNPG

A COPEDH entende que, nas obras viárias de mobilidade urbana, deve-se respeitar o direito de moradia e, quando inevitável o desalojamento, que seja garantida a prévia e justa indenização, inclusive da posse, efetivando-se, sem prejuízo, o prévio Plano de Reassentamento e Medidas Compensatórias, assegurado, aos atingidos, o acesso a soluções adequadas ao deslocamento, às perdas ocasionadas pela intervenção e à recuperação dos vínculos comunitários, familiares, sociais e culturais.

Data da reunião: 16 a 18/10/2013, Aracaju/SE.

Acesso em 07/08/20. Fonte: https://direito.mppr.mp.br/arquivos/File/CompilacaoenunciadosproposicoesdeliberacoesCOPEDH.pdf

ENUNCIADOS SOBRE DIREITO DE MANIFESTAÇÃO, LIBERDADE DE EXPRESSÃO, PAPEL DA POLÍCIA E DO MINISTÉRIO PÚBLICO NUM REGIME DEMOCRÁTICO

Enunciado nº 01 da COPEDH/13 do GNDH do CNPG

A COPEDH entende que todo cidadão tem o dever de se identificar civilmente às autoridades policiais, quando instado a fazê-lo de modo respeitoso à sua dignidade. Do mesmo modo, todas as autoridades policiais devem atuar permanentemente identificadas.

Data da reunião: 16 a 18/10/2013, Aracaju/SE.

Acesso em 07/08/20. Fonte: https://direito.mppr.mp.br/arquivos/File/CompilacaoenunciadosproposicoesdeliberacoesCOPEDH.pdf

Enunciado nº 02 da COPEDH/13 do GNDH do CNPG

A COPEDH entende que o uso de máscaras em passeatas e manifestações, por si só, não se caracteriza como conduta criminosa, por ausência de previsão típica no ordenamento penal. E entende inconstitucional projeto de lei que tipifique tal conduta, por ofensa ao livre e fundamental direito de manifestação.

Data da reunião: 16 a 18/10/2013, Aracaju/SE.

https://direito.mppr.mp.br/arquivos/File/CompilacaoenunciadosproposicoesdeliberacoesCOPEDH.pdf

Enunciado nº 03 da COPEDH/13 do GNDH do CNPG

A COPEDH entende que os Ministérios Públicos, no exercício de suas atribuições constitucionais, devem zelar para que o legítimo direito de expressão do pensamento e do direito de reunião sejam garantidos, rejeitando-se a criminalização abusiva e sem amparo legal de pessoas e coibindo-se a atribuição genérica e não individualizada de condutas ilícitas.

Data da reunião: 16 a 18/10/2013, Aracaju/SE.

https://direito.mppr.mp.br/arquivos/File/Compilacaoenunciadosproposicoes-deliberacoesCOPEDH.pdf

Enunciado nº 04 da COPEDH/13 do GNDH do CNPG

A COPEDH entende que os Ministérios Públicos, no exercício de suas atribuições constitucionais, devem investigar ou acompanhar ativamente a investigação relativa à eventual infiltração ilícita e ilegal de policiais em manifestações e protestos populares.

Data da reunião: 16 a 18/10/2013, Aracaju/SE.

https://direito.mppr.mp.br/arquivos/File/Compilacaoenunciadosproposicoes-deliberacoesCOPEDH.pdf

Enunciado nº 05 da COPEDH/13 do GNDH do CNPG

A COPEDH entende que os Ministérios Públicos que constituam grupos de atuação especial destinados à apuração das ocorrências verificadas em manifestações e protestos populares devem cuidar para que haja, entre os seus integrantes, ao menos um Promotor de Justiça com atribuição em Direitos Humanos.

Data da reunião: 16 a 18/10/2013, Aracaju/SE.

https://direito.mppr.mp.br/arquivos/File/Compilacaoenunciadosproposicoes-deliberacoesCOPEDH.pdf

ENUNCIADOS SOBRE USO ABUSIVO DE DADOS PESSOAIS DE CIDADÃOS BRASILEIROS POR EMPRESAS PRIVADAS OU GOVERNOS ESTRANGEIROS

Enunciado nº 01 da COPEDH/13 do GNDH do CNPG

A COPEDH entende que, para garantir a efetividade dos direitos fundamentais, os Ministérios Públicos deverão zelar para que os órgãos públicos, na criação de bancos de dados informatizados que impliquem a coleta e tratamento de informações pessoais dos cidadãos, resguardem, por mecanismos tecnológicos, a segurança, a finalidade e a necessidade do banco.

Data da reunião: 16 a 18/10/2013, Aracaju/SE.

https://direito.mppr.mp.br/arquivos/File/Compilacaoenunciadosproposicoes-deliberacoesCOPEDH.pdf

Enunciado nº 02 da COPEDH/13 do GNDH do CNPG

A COPEDH entende que a finalidade e o interesse público dos bancos de dados públicos, explicitados no ato de sua criação, devem estar acessíveis aos cidadãos.

Data da reunião: 16 a 18/10/2013, Aracaju/SE.

https://direito.mppr.mp.br/arquivos/File/Compilacaoenunciadosproposicoes-deliberacoesCOPEDH.pdf

Enunciado nº 03 da COPEDH/13 do GNDH do CNPG

A COPEDH entende que os Ministérios Públicos devem cuidar para que o intercâmbio de dados pessoais dos cidadãos entre órgãos públicos, nacionais e internacionais, obedeça à finalidade descrita em sua criação, zelando para que o ato autorizador do intercâmbio explicite o legítimo interesse público ou comando legal em que se baseia.

Data da reunião: 16 a 18/10/2013, Aracaju/SE.

https://direito.mppr.mp.br/arquivos/File/Compilacaoenunciadosproposicoes-deliberacoesCOPEDH.pdf

Enunciado nº 04 da COPEDH/13 do GNDH do CNPG

A COPEDH entende que, para garantia dos direitos fundamentais, o Ministério Público deverá adotar as medidas cabíveis para evitar o repasse de informações contidas em bancos de dados públicos a entidades privadas, salvo quando estas atuem de forma complementar na prestação de serviços públicos.

Data da reunião: 16 a 18/10/2013, Aracaju/SE.

https://direito.mppr.mp.br/arquivos/File/Compilacaoenunciadosproposicoes-deliberacoesCOPEDH.pdf

ENUNCIADOS SOBRE SITUAÇÃO DAS PESSOAS ESTRANGEIRAS, PRESAS E CONDENADAS NO BRASIL:

Enunciado nº 01 da COPEDH/14 do GNDH do CNPG

Os Ministérios Públicos, no âmbito de suas atribuições, devem adotar providências para que os decretos de expulsão de estrangeiros condenados cujas penas tenham sido julgadas extintas, sejam prontamente cumpridos, efetivando-se o recambiamento da pessoa ao seu país de origem, evitando-se submetê-la ao mercado de trabalho escravo.

Data da reunião: 12 A 14/03/2014, Florianópolis/SC.

Acesso em 07/08/20. Fonte: https://direito.mppr.mp.br/arquivos/File/CompilacaoenunciadosproposicoesdeliberacoesCOPEDH.pdf

Enunciado nº 02 da COPEDH/14 do GNDH do CNPG

Os Ministérios Públicos, no âmbito de suas atribuições, devem adotar providências para que o sentenciado estrangeiro, embora já cumprida a pena, mas ainda não expulso, bem como aquele no cumprimento da pena, exerça seu direito ao trabalho, inerente aos regimes prisionais aberto e semiaberto e ao livramento condicional, instando o Ministério da Justiça a viabilizar tal direito humano fundamental, especialmente a expedição de identificação pessoal, ainda que provisória.

Data da reunião: 12 A 14/03/2014, Florianópolis/SC.

Acesso em 07/08/20. Fonte:

https://direito.mppr.mp.br/arquivos/File/CompilacaoenunciadosproposicoesdeliberacoesCOPEDH.pdf

ENUNCIADOS SOBRE TRANSPORTE DE PRESOS

Enunciado nº 01 da COPEDH/14 do GNDH do CNPG

Os Ministérios Públicos, no âmbito de suas atribuições, devem zelar pelo cumprimento da Lei nº 8.653/1993 e da Resolução nº 2/2012 do Conselho Nacional de Política Criminal e Penitenciária do Ministério da Justiça, fiscalizando com efetividade as condições de transporte das pessoas presas em seus deslocamentos em viaturas a serviço do Estado, de modo a assegurar a sua integridade física e psíquica.

Data da reunião: 12 A 14/03/2014, Florianópolis/SC.

Acesso em 07/08/20. Fonte: https://direito.mppr.mp.br/arquivos/File/CompilacaoenunciadosproposicoesdeliberacoesCOPEDH.pdf

Enunciado nº 02 da COPEDH/14 do GNDH do CNPG

Antes da Copa do Mundo FIFA 2014, os Ministérios Públicos devem adotar providências, inclusive por meio de Recomendações, para garantir que o deslocamento de pessoas presas durante eventuais manifestações obedeça à regulamentação prevista na Lei nº 8.653/1993 e na Resolução nº 2/2012 do Conselho Nacional de Política Criminal e Penitenciária do Ministério da Justiça, transportando-as imediatamente a local previamente determinado e divulgado publicamente, onde deverão ser assegurados seus direitos e garantias processuais.

Data da reunião: 12 A 14/03/2014, Florianópolis/SC.

Acesso em 07/08/20. Fonte: https://direito.mppr.mp.br/arquivos/File/CompilacaoenunciadosproposicoesdeliberacoesCOPEDH.pdf

ENUNCIADOS SOBRE COMBATE A TORTURA:

Enunciado da COPEDH/14 do GNDH do CNPG:

Os Ministérios Públicos devem adotar as providências necessárias a efetivar a criação e a instalação dos Comitês e dos Mecanismos Estaduais de Prevenção e Combate à Tortura, bem assim a garantir a sua inclusão no Sistema Nacional de Prevenção e Combate à Tortura (SNPCT), nos termos do artigo 5º, III, do Decreto nº 8.154/2013, firmando o respectivo instrumento.

Data da reunião: 12 A 14/03/2014, Florianópolis/SC.

Acesso em 07/08/20. Fonte: https://direito.mppr.mp.br/arquivos/File/CompilacaoenunciadosproposicoesdeliberacoesCOPEDH.pdf

Enunciado da COPEDH/16 do GNDH do CNPG:

Diante dos termos da Lei nº 13.260/2016, reafirma-se que o Ministério Público deve zelar pelo direito à realização de reuniões e manifestações políticas, de brasileiros e estrangeiros, individuais ou coletivas, de movimentos sociais, estudantis, sindicais, religiosos, de classe ou de categoria profissional.

Data da reunião: 15/06/2016 – MPM.

Acesso em 07/08/20. Fonte: https://www.cnpg.org.br/images/arquivos/copedhenunciados.pdf

Enunciado nº 01 da COPEDH/16 do GNDH do CNPG

O Ministério Público Brasileiro deve se preparar (com grupos técnicos – promotores e procuradores de justiça e servidores analistas em orçamento) para intervir positivamente no orçamento público, zelando pela implementação de políticas públicas em direitos humanos, além do controle ordinário (pós-orçamento ou após o fim do exercício financeiro).

Data da reunião: 15/02/2017 – MPM.

Acesso em 07/08/20. Fonte: https://www.cnpg.org.br/images/arquivos/gndh/documentos/enunciados/enunciadoscopedh.pdf

Enunciado nº 02 da COPEDH/16 do GNDH do CNPG

Em virtude do princípio constitucional da autodeterminação da pessoa natural (Art. 5°, inciso X, CF/88), a retificação de nome civil e de sexo das pessoas transexuais dispensa a produção de provas técnicas, tais como cirurgia de redesignação de sexo, laudo médico ou psicológico.

Data da reunião: 15/02/2017 – MPM.

Acesso em 07/08/20. Fonte: https://www.cnpg.org.br/images/arquivos/gndh/documentos/enunciados/enunciadoscopedh.pdf

Enunciado nº 01 da COPEDH/17 do GNDH do CNPG

O Ministério Público Brasileiro, no exercício de sua atividade fim, deve atuar preventiva e repressivamente no que se refere à edição de Decretos e Atos administrativos e Jurídicos, do Poder Público, que viole o princípio da laicidade do Estado.

Data da reunião: 16 de março de 2017, João Pessoa/PB.

Acesso em 07/08/20. Fonte: https://www.mpma.mp.br/arquivos/COCOM/MOCOESAPROVADASGNDH2017.pdf

Enunciado nº 02 da COPEDH/17 do GNDH do CNPG

O Ministério Público deve atuar no sentido de garantir igual liberdade religiosa e o direito ao livre exercício dos cultos – notadamente para as religiões afro-brasileiras, inibindo a interrupção da celebração de reuniões relacionadas à religiosidade, bem como a apreensão de objetos e instrumentos, de qualquer natureza, ainda que sonoros, utilizados nas cerimônias ou rituais;

Data da reunião: 4, 5 e 6 de setembro de 2017.

Acesso em 07/08/20. Fonte: https://comunicacao.mppr.mp.br/2018/02/19980/COPEDH-e-COPEVID-aprovam-novos-enunciados-na-area-de-direitos-humanos-e-violencia-domestica.html

Enunciado nº 03 da COPEDH/17 do GNDH do CNPG

O Ministério Público deve atuar para combater eventuais omissões ou equívocos, quando da lavratura de ocorrências policiais relativas aos crimes raciais e de intolerância religiosa, que comprometam a correta tipificação e judicialização de acordo com as regras de competência.

Data da reunião: 4, 5 e 6 de setembro de 2017.

Acesso em 07/08/20. Fonte: https://comunicacao.mppr.mp.br/2018/02/19980/COPEDH-e-COPEVID-aprovam-novos-enunciados-na-area-de-direitos-humanos-e-violencia-domestica.html

Nota do autor: enunciado nº 04 não encontrado.

Enunciado nº 05 da COPEDH/18 do GNDH do CNPG

Considerando o Estatuto da Igualdade Racial, em especial o seu artigo 43, o Ministério Público brasileiro deve priorizar ações conjuntas voltadas ao fomento da representatividade da população negra nos meios de comunicação, em especial TV aberta, seja na programação, na realização de produtos de mídia, no acesso ao quadro funcional e progressão na carreira, por meio de grupos de trabalho, grupos de estudo, audiências públicas, expedição de recomendações, celebração de termos de compromissos e ajuizamento de ações judiciais.

Data da reunião: 2018.

Acesso em 07/08/20. Fonte: https://www.mpes.mp.br/Arquivos/Modelos/Paginas/NoticiaSemFoto.aspx?hc_location=ufi&pagina=5603

Enunciado nº 06 da COPEDH/18 do GNDH do CNPG

O Ministério Público brasileiro deverá tomar todas as medidas adequadas para que seja criado e efetivamente instalado o Comitê e o Mecanismo estadual de prevenção e combate à tortura.

Data da reunião: 2018.

Acesso em 07/08/20. Fonte: https://www.mpes.mp.br/Arquivos/Modelos/Paginas/NoticiaSemFoto.aspx?hc_location=ufi&pagina=5603

Enunciado nº 07 da COPEDH/18 do GNDH do CNPG

O Ministério Público brasileiro deverá tomar todas as medidas adequadas para que as Polícias e os Institutos Médicos Legais adotem as medidas constantes do Protocolo de Istambul, como previstas na Recomendação n. 31/2016-CNMP.

Data da reunião: 2018.

Acesso em 07/08/20. Fonte: https://www.mpes.mp.br/Arquivos/Modelos/Paginas/NoticiaSemFoto.aspx?hc_location=ufi&pagina=5603

Enunciado nº 08 da COPEDH/18 do GNDH do CNPG

O Ministério Público brasileiro deve atuar para garantir os direitos dos refugiados urbanos (vítimas de expulsões promovidas por facções criminosas) de modo a efetivar o direito à moradia (conforme Portaria 488/2018 do Ministério das Cid), com a integração entre a política criminal e a política de direitos humanos.

Data da reunião: 2018.

Acesso em 07/08/20. Fonte: https://www.mpes.mp.br/Arquivos/Modelos/Paginas/NoticiaSemFoto.aspx?hc_location=ufi&pagina=5603

Enunciado nº 09 da COPEDH/18 do GNDH do CNPG

O abate de animais em rituais religiosos deve ser considerado no âmbito do igual direito à liberdade de culto e liturgia, da pluralidade religiosa e do patrimônio cultural, devendo o Ministério Público zelar para que o racismo religioso não restrinja os direitos das religiões afro-brasileiras.

Data da reunião: 2018.

Acesso em 07/08/20. Fonte: https://www.mpes.mp.br/Arquivos/Modelos/Paginas/NoticiaSemFoto.aspx?hc_location=ufi&pagina=5603

Enunciados conjunto nº 01 da COPEDH/COPEMA/18 do GNDH do CNPG:

O Ministério Público brasileiro deve zelar pelo reconhecimento da necessidade da atividade regulatória e de controle do processo produtivo de alimentos, como indispensável à efetivação dos direitos humanos fundamentais à alimentação adequada e ao meio ambiente equilibrado (artigo 6º da CF/1988 e Agenda 2030 da ONU para o desenvolvimento sustentável).

Data da reunião: 2018.

Acesso em 07/08/20. Fonte: https://www.mpes.mp.br/Arquivos/Modelos/Paginas/NoticiaSemFoto.aspx?hc_location=ufi&pagina=5603

Enunciados conjunto nº 02 da COPEDH/COPEMA/18 do GNDH do CNPG:

O Ministério Público deve aprimorar sua atuação na preservação do patrimônio histórico e cultural, exigindo dos órgãos públicos competentes e fiscalização periódica dos bens integrantes desse patrimônio.

Data da reunião: 2018.

Acesso em 07/08/20. Fonte: https://www.mpes.mp.br/Arquivos/Modelos/Paginas/NoticiaSemFoto.aspx?hc_location=ufi&pagina=5603

Enunciado conjunto n º 01 da COPEDH/COPEDPDI/18 do GNDH do CNPG:

Considerando a Convenção sobre os Direitos das Pessoas com Deficiência da ONU (Decreto nº 6.949/2009), a Lei Brasileira de Inclusão (Lei nº 13.146/2015), o Ministério Público brasileiro deve envidar todos os esforços para exigência do cumprimento da reserva legal de vagas de emprego às pessoas com deficiência e reabilitados da previdência social, na forma do artigo 93 da Lei nº 8.213/1991, compreendendo todos os empregados da empresa na base de cálculo da cota legal e um processo seletivo transparente e objetivo de tais trabalhadores.

Data da reunião: 2018.

Acesso em 07/08/20. Fonte: https://www.mpes.mp.br/Arquivos/Modelos/Paginas/NoticiaSemFoto.aspx?hc_location=ufi&pagina=5603

Enunciados conjunto n º 02 COPEDH/COPEDPDI/18 do GNDH do CNPG:

Ensino domiciliar (Homeschooling): O Grupo Nacional de Direitos Humanos – GNDH, pela Comissão Permanente de Educação (COPEDUC), pela Comissão Permanente da Infância e Juventude (COPEIJ), pela Comissão Permanente de Direitos Humanos em sentido estrito (COPEDH) e pela Comissão Permanente da Violência Doméstica contra a mulher (COPEVID), considera que o ensino domiciliar (homeschooling), ministrado pela família não é meio adequado para o cumprimento do dever de educação assegurado na Constituição Federal, no Estatuto da Criança e do Adolescente e na Lei de Diretrizes e Bases da Educação Nacional. O Ministério Público atuará para fortalecer e qualificar o ensino escolar, inclusive na perspectiva do respeito aos direitos humanos e à igualdade de gênero.

Proposição: O GNDH criará comissão, com participação dos coordenadores das comissões, da Procuradoria Federal dos Direitos do Cidadão e dos Ministérios Públicos Estaduais, para acompanhar e sensibilizar a atuação em relação aos refugiados venezuelanos.

Data da reunião: 2018.

Acesso em 07/08/20. Fonte: https://www.mpes.mp.br/Arquivos/Modelos/Paginas/NoticiaSemFoto.aspx?hc_location=ufi&pagina=5603

Enunciados conjunto n º 01 COPEDH/COPEDPDI/18 do GNDH do CNPG:

Considerando a Convenção sobre os Direitos das Pessoas com Deficiência da ONU (Decreto nº 6.949/2009), a Lei Brasileira de Inclusão (Lei nº 13.146/2015), o Ministério Público brasileiro deve envidar todos os esforços para exigência do cumprimento da reserva legal de vagas de emprego às pessoas com deficiência e reabilitados da previdência social, na forma do artigo 93 da Lei nº 8.213/1991, compreendendo todos os empregados da empresa na base de cálculo da cota legal e um processo seletivo transparente e objetivo de tais trabalhadores.

Data da reunião: 2018.

Acesso em 07/08/20. Fonte: https://www.mpes.mp.br/Arquivos/Modelos/Paginas/NoticiaSemFoto.aspx?hc_location=ufi&pagina=5603

Enunciado nº 01 da COPEDH/19 do GNDH do CNPG

O Ministério Público brasileiro deve garantir, no seu âmbito, o direito ao uso de banheiros, vestuários e demais espaços separados por gênero, quando houver, de acordo com a identidade de gênero de cada pessoa, em igualdade de condições.

Data da reunião: 27, 28 e 29 de março de 2019, Salvador/BA.

Acesso em 07/08/20. Fonte: http://www.mpsp.mp.br/portal/page/portal/cao_civel/aa_ppdeficiencia/CNDH_COPEDPDI/Enunciados_GNDH/ENUNCIADOS%20APROVADOS%20GNDH.pdf

Enunciado nº 02 da COPEDH/19 do GNDH do CNPG

O Ministério Público brasileiro deve atuar para assegurar o direito ao uso de banheiros, vestuários e demais espaços separados por gênero, quando houver, de acordo com a identidade de gênero de cada pessoa, em igualdade de condições.

Data da reunião: 27, 28 e 29 de março de 2019, Salvador/BA.

Acesso em 07/08/20. Fonte: http://www.mpsp.mp.br/portal/page/portal/cao_civel/aa_ppdeficiencia/CNDH_COPEDPDI/Enunciados_GNDH/ENUNCIADOS%20APROVADOS%20GNDH.pdf

Enunciado nº 03 da COPEDH/19 do GNDH do CNPG

O Ministério Público Brasileiro, na tutela dos direitos de imigrantes e refugiados, deve constituir, em âmbito estadual, grupo interinstitucional para coleta de informações e análise de atuação conjunta.

Data da reunião: 27, 28 e 29 de março de 2019, Salvador/BA.

Acesso em 07/08/20. Fonte: http://www.mpsp.mp.br/portal/page/portal/cao_civel/aa_ppdeficiencia/CNDH_COPEDPDI/Enunciados_GNDH/ENUNCIADOS%20APROVADOS%20GNDH.pdf

Enunciado nº 04 da COPEDH/19 do GNDH do CNPG:

O Ministério Público Brasileiro deve atuar em prol das Pessoas em Situação de Rua, tanto no âmbito interno, nos termos da Recomendação 53, de 2017, do CNMP, quanto no âmbito externo, mediante a busca da implementação do Decreto 7053, de 2009 em todas as esferas da Federação.

Data da reunião: 27, 28 e 29 de março de 2019, Salvador/BA.

Acesso em 07/08/20. Fonte: http://www.mpsp.mp.br/portal/page/portal/cao_civel/aa_ppdeficiencia/CNDH_COPEDPDI/Enunciados_GNDH/ENUNCIADOS%20APROVADOS%20GNDH.pdf

Enunciado nº 05 da COPEDH/19 do GNDH do CNPG

O Ministério Público deve atuar para garantir a preservação da memória histórica e da verdade e coibir qualquer ato que glorifique ou homenageie pessoas e entes públicos

ou privados que praticaram graves violações de direitos humanos, inclusive com eventual responsabilização dos envolvidos.

Data da reunião: 27, 28 e 29 de março de 2019, Salvador/BA.

Acesso em 07/08/20. Fonte: http://www.mpsp.mp.br/portal/page/portal/cao_civel/aa_ppdeficiencia/CNDH_COPEDPDI/Enunciados_GNDH/ENUNCIADOS%20APROVADOS%20GNDH.pdf

Enunciado nº 01 da COPEDH/19 do GNDH do CNPG

O MP brasileiro, na área cível, deve atuar prioritariamente na tutela extrajudicial estruturante de políticas públicas de proteção aos direitos humanos.

Data da reunião: 11 a 13 de setembro de 2019, São Luiz/MA.

Acesso em 07/08/20. Fonte: http://www.mprj.mp.br/documents/20184/378251/enunciadosiirogndh2019.pdf

Enunciado nº 02 da COPEDH/19 do GNDH do CNPG

O MP Brasileiro atuará na promoção e defesa dos direitos dos povos e comunidades tradicionais, em prol da demarcação e regularização fundiária de seus territórios, e garantia de acesso às políticas públicas que concretizam os direitos humanos à alimentação adequada, à saúde, à educação, ao trabalho e demais direitos sociais, tudo segundo consulta livre, prévia e informada das comunidades interessadas (Convenção 169 da OIT).

Data da reunião: 11 a 13 de setembro de 2019, São Luiz/MA.

Acesso em 07/08/20. Fonte: http://www.mprj.mp.br/documents/20184/378251/enunciadosiirogndh2019.pdf

Enunciado nº 03 da COPEDH/19 do GNDH do CNPG

O MP Brasileiro, no exercício do controle externo da atividade policial, deve expedir recomendações na defesa de Direitos humanos, enfrentando qualquer tipo de retrocesso civilizatório, em especial na defesa da vida e combate à qualquer política de incremento da letalidade da atuação policial.

Data da reunião: 11 a 13 de setembro de 2019, São Luiz/MA.

Acesso em 07/08/20. Fonte: http://www.mprj.mp.br/documents/20184/378251/enunciadosiirogndh2019.pdf

Enunciado nº 04 da COPEDH/19 do GNDH do CNPG (em conjunto com a COPEDUC)

O Ministério Público atuará para fortalecer e qualificar a gestão técnica e democrática das escolas públicas, inclusive na perspectiva da autonomia pedagógica da gestão escolar, dos professores e da comunidade escolar, com base em seu Projeto Político-Pedagógico.

Data da reunião: 11 a 13 de setembro de 2019, São Luiz/MA.

Acesso em 07/08/20. Fonte: http://www.mprj.mp.br/documents/20184/378251/enunciadosiirogndh2019.pdf

Enunciado nº 05 da COPEDH/19 do GNDH do CNPG

O MP Brasileiro deve estimular em observância ao art. 127 da CR, notadamente por via de suas escolas de formação e aperfeiçoamento, o estudo do Regime Democrático e as diversas formas de atuação em sua defesa.

Data da reunião: 11 a 13 de setembro de 2019, São Luiz/MA.

Acesso em 07/08/20. Fonte: http://www.mprj.mp.br/documents/20184/378251/enunciadosiirogndh2019.pdf

9 – ECONÔMICO

Enunciado nº 16 da 3ª Câmara de Coordenação e Revisão – Consumidor e Ordem Econômica do MPF

Constitui múnus do Ministério Público Federal atuar em processos administrativos e judiciais na repressão às infrações contra a ordem econômica e zelar pela observância por parte dos agentes econômicos dos princípios constitucionais da livre concorrência e da defesa do consumidor e dos direitos e interesses tutelados pela Lei 12.529/11.

Aprovado na 1ª Sessão Ordinária de 2016, realizada em 10/03/2016.

Enunciado nº 17 da 3ª Câmara de Coordenação e Revisão – Consumidor e Ordem Econômica do MPF

Dado que a coletividade é a titular dos bens jurídicos protegidos pela Lei 12.529/11, o Ministério Público Federal deverá oficiar como *custos legis* nos processos em que o CADE figure no polo ativo ou passivo da ação, como recorrente ou recorrido, nos quais esteja em causa matéria relativa ao direito da concorrência.

Aprovado na 1ª Sessão Ordinária de 2016, realizada em 10/03/2016.

10 – EDUCAÇÃO

Enunciado nº 01 da COPEDUC/11 do GNDH do CNPG

A atuação prioritária do Ministério Público em prol da universalização de matrícula deve ser feita na Educação Infantil.

Data da reunião: 16 a 18 de outubro de 2011 e aprovado pelo CNPG no DF, no dia 19 de janeiro de 2012.

Acesso em 07/08/20. Fonte: https://www.mpma.mp.br/index.php/centros-de--apoio-2/menu-prin-educacao/menu-prin-areas-de-atuacao?id=8721

Enunciado nº 02 da COPEDUC/11 do GNDH do CNPG

Os Ministérios Públicos devem desenvolver estratégias de atuação visando a criação de novas unidades educacionais/matrículas para crianças de zero a 3 anos (creche) e para crianças de 4 a 5 anos (pré-escola) concomitantemente.

Data da reunião: 16 a 18 de outubro de 2011 e aprovado pelo CNPG no DF, no dia 19 de janeiro de 2012.

Acesso em 07/08/20. Fonte: https://www.mpma.mp.br/index.php/centros-de--apoio-2/menu-prin-educacao/menu-prin-areas-de-atuacao?id=8721

Enunciado nº 03 da COPEDUC/11 do GNDH do CNPG

O Ministério Público deverá acompanhar, anualmente, os resultados do censo escolar, no que se refere ao quantitativo de alunos com deficiência e as respectivas necessidades educacionais específicas, para fins de fiscalização quanto à adequada implantação do atendimento educacional especializado (salas de recursos multifuncionais).

Data da reunião: 16 a 18 de outubro de 2011 e aprovado pelo CNPG no DF, no dia 19 de janeiro de 2012.

Acesso em 07/08/20. Fonte: https://www.mpma.mp.br/index.php/centros-de--apoio-2/menu-prin-educacao/menu-prin-areas-de-atuacao?id=8721

Enunciado nº 04 da COPEDUC/11 do GNDH do CNPG

O Ministério Público deverá fiscalizar a atuação dos Conselhos de Educação, notadamente no que tange à implementação da educação inclusiva nas redes pública e privada de ensino.

Data da reunião: 16 a 18 de outubro de 2011 e aprovado pelo CNPG no DF, no dia 19 de janeiro de 2012.

Acesso em 07/08/20. Fonte: https://www.mpma.mp.br/index.php/centros-de--apoio-2/menu-prin-educacao/menu-prin-areas-de-atuacao?id=8721

Enunciado nº 05 da COPEDUC/11 do GNDH do CNPG

No processo de inclusão escolar, o Ministério Público deverá zelar pela obrigatoriedade da matrícula de todos os que tenham de 04 a 17 anos, de forma progressiva, até 2016, na rede regular de ensino, na qual deve ser, preferencialmente, ofertado o Atendimento Educacional Especializado.

Data da reunião: 16 a 18 de outubro de 2011 e aprovado pelo CNPG no DF, no dia 19 de janeiro de 2012.

Acesso em 07/08/20. Fonte: https://www.mpma.mp.br/index.php/centros-de--apoio-2/menu-prin-educacao/menu-prin-areas-de-atuacao?id=8721

Enunciado nº 06 da COPEDUC/11 do GNDH do CNPG

É atribuição do Ministério Público promover ações que garantam a qualidade do transporte escolar, especialmente no que tange ao cumprimento do disposto nos artigos 136 e seguintes da lei 9503/1997 (Código de Trânsito Brasileiro).

Data da reunião: 16 a 18 de outubro de 2011 e aprovado pelo CNPG no DF, no dia 19 de janeiro de 2012.

Acesso em 07/08/20. Fonte: https://www.mpma.mp.br/index.php/centros-de--apoio-2/menu-prin-educacao/menu-prin-areas-de-atuacao?id=8721

Enunciado nº 07 da COPEDUC/11 do GNDH do CNPG

O Promotor de Justiça deve adotar procedimentos para garantir que o transporte escolar seja promovido pelo Município ou pelo Estado em cuja rede de ensino esteja matriculado o aluno (arts. 10, VII e 11, VI, da LDB).

Data da reunião: 16 a 18 de outubro de 2011 e aprovado pelo CNPG no DF, no dia 19 de janeiro de 2012.

Acesso em 07/08/20. Fonte: https://www.mpma.mp.br/index.php/centros-de--apoio-2/menu-prin-educacao/menu-prin-areas-de-atuacao?id=8721

Enunciado nº 08 da COPEDUC/11 do GNDH do CNPG

É atribuição do Ministério Público promover ações que garantam a qualidade da alimentação escolar, especialmente para o fortalecimento dos Conselhos Estaduais e Municipais de Alimentação Escolar (CAE).

Data da reunião: 16 a 18 de outubro de 2011 e aprovado pelo CNPG no DF, no dia 19 de janeiro de 2012.

Acesso em 07/08/20. Fonte: https://www.mpma.mp.br/index.php/centros-de--apoio-2/menu-prin-educacao/menu-prin-areas-de-atuacao?id=8721

Enunciado nº 09 da COPEDUC/11 do GNDH do CNPG

É atribuição do Ministério Público fomentar gestões para garantir o cumprimento do disposto no art.14 da lei 11.947/2009, que se refere a destinação de 30% da verba do PNAE para aquisição de gêneros alimentícios diretamente da agricultura familiar e do empreendedor familiar rural ou de suas organizações.

Data da reunião: 16 a 18 de outubro de 2011 e aprovado pelo CNPG no DF, no dia 19 de janeiro de 2012.

Acesso em 07/08/20. Fonte: https://www.mpma.mp.br/index.php/centros-de--apoio-2/menu-prin-educacao/menu-prin-areas-de-atuacao?id=8721

Enunciado nº 01 da COPEDUC/12 do GNDH do CNPG

O Ministério Público possui legitimidade para a adoção de medidas extrajudiciais e judiciais com a finalidade de fazer cumprir a lei nº 11.738/08, no que diz respeito ao pagamento do piso salarial nacional ao magistério público, princípio diretamente ligado à educação de qualidade, nos termos do art. 206, VIII, da Constituição Federal.

Data da reunião: 27 e 28 de março de 2012, na cidade do Rio de Janeiro/RJ, oriundo do III Encontro Nacional entre o MEC e o MP, realizado em 2011.

Acesso em 07/08/20. Fonte: https://www.mpma.mp.br/index.php/centros-de--apoio-2/menu-prin-educacao/menu-prin-areas-de-atuacao?id=8721

Enunciado nº 02 da COPEDUC/12 do GNDH do CNPG

O Ministério Público brasileiro deve analisar o corte etário de forma individual, considerando a autonomia do sistema de ensino e o interesse superior da criança, priorizando, no âmbito coletivo a atuação para fomentar o aumento da oferta de vagas em creche e universalização da pré-escola.

Data da reunião: 14 e 15 de junho de 2012, na cidade de Salvador/BA e aprovado pelo CNPG no RS, nos dias 27 e 28/09/2012.

Acesso em 07/08/20. Fonte: https://www.mpma.mp.br/index.php/centros-de--apoio-2/menu-prin-educacao/menu-prin-areas-de-atuacao?id=8721

Enunciado nº 03 da COPEDUC/12 do GNDH do CNPG

O Ministério Público deve adotar as medidas extrajudiciais e judiciais cabíveis para garantir que os municípios cumpram as metas nacionais de atendimento da educação infantil, nos moldes do inciso V, do art. 11, da LDB, assegurando a oferta adequada do serviço.

Data: 14 e 15 de junho de 2012, na cidade de Salvador/BA e aprovado pelo CNPG no RS, nos dias 27 e 28/09/2012.

Acesso em 07/08/20. Fonte:

https://www.mpma.mp.br/index.php/centros-de-apoio-2/menu-prin-educacao/menu-prin-areas-de-atuacao?id=8721

Enunciado nº 04 da COPEDUC/12 do GNDH do CNPG (em conjunto com a COPEDPDI)

A garantia da inclusão do aluno com deficiência na rede comum de ensino abrange o ensino público e o privado, estando as escolas particulares obrigadas a receberem alunos com deficiência, devendo a eles ser oferecido também o atendimento educacional especializado, com todas as ferramentas e recursos humanos necessários para o seu desenvolvimento e aprendizado, podendo caracterizar a infração tipificada como crime pelo artigo 8º da Lei nº 7.853/89, no caso de recusa, procrastinação, cancelamento, suspensão ou cessação da inscrição de aluno em estabelecimento de ensino de qualquer nível, etapa ou modalidade de ensino, público ou privado, por motivos derivados da deficiência que possui.

Data: 05, 06 e 07 de novembro de 2012, na cidade de Canela/RS.

Acesso em 07/08/20. Fonte:

https://www.mpma.mp.br/index.php/centros-de-apoio-2/menu-prin-educacao/menu-prin-areas-de-atuacao?id=8721

Enunciado nº 05 da COPEDUC/12 do GNDH do CNPG (em conjunto com a COPEDPDI)

É descabida e ilegal a cobrança de taxa extra ou qualquer valor adicional para o aluno com deficiência que necessitar de apoio pedagógico/atendimento educacional especializado, impondo-lhe um ônus discriminatório, posto referir-se a um serviço ou mesmo a uma ferramenta indispensável para o seu aprendizado, cuja ausência, em alguns casos, pode ser considerada, inclusive, como um obstáculo intransponível para o acesso, permanência e sucesso escolar. A cobrança de taxa extra é também abusiva sob o ponto de vista consumerista.

Data: 05, 06 e 07 de novembro de 2012, na cidade de Canela/RS.

Acesso em 07/08/20. Fonte:

https://www.mpma.mp.br/index.php/centros-de-apoio-2/menu-prin-educacao/menu-prin-areas-de-atuacao?id=8721

Enunciado nº 01* da COPEDUC/13 do GNDH do CNPG (em conjunto com a COPEDPDI)

É direito de todos o acesso e a permanência em escola da rede regular de ensino pública ou privada. Às instituições filantrópicas, confessionais, sem fins lucrativos, especializadas em educação especial, que ainda substituem a escolarização de pessoas com deficiência, recomenda-se a oferta exclusiva do atendimento educacional complementar ou suplementar.

Nota do autor: há divergência no nº do enunciado, pois no sito eletrônico do Ministério Público do Paraná, esse enunciado consta como "Enunciado nº 03".

Data da reunião: 03 a 05 de julho de 2013, em São Paulo/SP, aprovado pelo CNPG em 30/07/2013.

Acesso em 07/08/20. Fonte: https://www.mprj.mp.br/documents/20184/216116/revista_cao_educacao_ano_i_n_01_edicao_2013_2015.pdf

http://crianca.mppr.mp.br/pagina-1544.html

Enunciado nº 02 da COPEDUC/13 do GNDH do CNPG

O Ministério Público deve priorizar a fiscalização do cumprimento do art. 53, inciso V, ECA e do art. 4º, inciso X da LDB como forma de assegurar ao educando o menor percurso entre a escola e sua residência, contribuindo com a racionalização da mobilidade urbana.

Data: 16 e 17 de outubro de 2013, na cidade de Aracaju/SE, informação quanto à aprovação na ata 01/2014 do CNPG, de 04 de fevereiro de 2014.

Acesso em 07/08/20. Fonte:

https://www.mprj.mp.br/documents/20184/216116/revista_cao_educacao_ano_i_n_01_edicao_2013_2015.pdf

Enunciado nº 01 da COPEDUC/14 do GNDH do CNPG

Fere o princípio constitucional da igualdade de acesso e o art. 24 da LDB o ingresso de estudantes menores de 18 anos no ensino superior sem a conclusão do ensino médio, ressalvado o disposto no art. 59, II da LDB.

Data da reunião: 07 a 09 de maio de 2014, na cidade de Goiânia/GO, e aprovado pelo CNPG no DF, no dia 20 de maio de 2014.

Acesso em 07/08/20. Fonte: https://www.mprj.mp.br/documents/20184/216116/revista_cao_educacao_ano_i_n_01_edicao_2013_2015.pdf

Enunciado nº 02 da COPEDUC/14 do GNDH do CNPG

Nos casos de utilização dos veículos adquiridos pelo Programa Caminho da Escola para transporte de estudantes do ensino superior, o Ministério Público, com atribuição em educação, deverá verificar a existência da respectiva regulamentação e, não existindo, adotar providencias para sua normatização, nos termos da Lei 12.816/2013 e Resolução 45/2013 do FNDE.

Data da reunião: 23 de julho de 2014, na cidade de Manaus/ AM, e aprovado pelo CNPG no RS, nos dias 21 e 22 de agosto de 2014.

Acesso em 07/08/20. Fonte: https://www.mprj.mp.br/documents/20184/216116/revista_cao_educacao_ano_i_n_01_edicao_2013_2015.pdf

Enunciado nº 03 da COPEDUC/14 do GNDH do CNPG

Cabe ao membro do Ministério Público com atribuição na defesa da educação averiguar as ilegalidades/irregularidades oriundas das comunicações do FNDE acerca da correta aplicação do percentual de impostos constitucionalmente definido para a educação, nos termos do art. 212 da CR.

Data da reunião: 23 de julho de 2014, na cidade de Manaus/ AM, e aprovado pelo CNPG no RS, nos dias 21 e 22 de agosto de 2014.

Acesso em 07/08/20. Fonte: https://www.mprj.mp.br/documents/20184/216116/revista_cao_educacao_ano_i_n_01_edicao_2013_2015.pdf

Enunciado nº 04 da COPEDUC/14 do GNDH do CNPG

Quando se tratar de fiscalização sobre aplicação de recursos federais para o desenvolvimento de programas específicos da educação, a atribuição é do Ministério Público Federal.

Data da reunião: 23 de julho de 2014, na cidade de Manaus/ AM, e aprovado pelo CNPG no RS, nos dias 21 e 22 de agosto de 2014.

Acesso em 07/08/20. Fonte: https://www.mprj.mp.br/documents/20184/216116/revista_cao_educacao_ano_i_n_01_edicao_2013_2015.pdf

Enunciado nº 05 da COPEDUC/14 do GNDH do CNPG

Nos Estados em que há a complementação da União, a atribuição para as ações judiciais e extrajudiciais é concorrente entre os membros do Ministério Público Estadual, do Distrito Federal e Territórios, e Federal com atuação para a defesa do direito à educação.

Data da reunião: 23 de julho de 2014, na cidade de Manaus/ AM, e aprovado pelo CNPG no RS, nos dias 21 e 22 de agosto de 2014.

Acesso em 07/08/20. Fonte: https://www.mprj.mp.br/documents/20184/216116/revista_cao_educacao_ano_i_n_01_edicao_2013_2015.pdf

Enunciado nº 06* da COPEDUC/14 do GNDH do CNPG

As ações judiciais e extrajudiciais relativas à obrigação de fazer, garantidoras do direito fundamental à educação básica, são de atribuição do Ministério Público Estadual.

*Nota do autor: Conforme a ata da III REUNIÃO ORDINÁRIA DA COPEDUC E DO GNDH/2014, no dia 23 de julho de 2014, na cidade de Manaus/ AM, o Enunciado acima teve sua deliberação suspensa para que fossem debatidas sugestões sobre sua redação através do correio eletrônico do grupo da Comissão.

Acesso em 07/08/20. Fonte: https://www.mprj.mp.br/documents/20184/216116/revista_cao_educacao_ano_i_n_01_edicao_2013_2015.pdf

Enunciado nº 07 da COPEDUC/14 do GNDH do CNPG

Ao Ministério Público incumbe fomentar e fiscalizar a elaboração de Plano de Convivência Escolar/Regimento Escolar, com previsão de norma que defina atos de indisciplina e suas respectivas sanções administrativas, com caráter pedagógico ou restaurativo, após ouvido o aluno, seus pais, garantida a ampla defesa e observado o procedimento de apuração previsto.

Data da reunião: 03 a 05 de setembro de 2014, na cidade do Rio de Janeiro/RJ, e aprovado pelo CNPG em Brasília/DF, no dia 21 de outubro de 2014.

Acesso em 07/08/20. Fonte: https://www.mprj.mp.br/documents/20184/216116/revista_cao_educacao_ano_i_n_01_edicao_2013_2015.pdf

Enunciado nº 08 da COPEDUC/14 do GNDH do CNPG

É atribuição do Órgão de defesa da educação do Ministério Público acompanhar a criação e o funcionamento dos fóruns estadual e municipais de educação e a elaboração e implementação das metas dos respectivos planos de educação, à luz do princípio constitucional da gestão democrática do ensino público.

Data da reunião: 03 a 05 de setembro de 2014, na cidade do Rio de Janeiro/RJ, e aprovado pelo CNPG em Brasília/DF, no dia 21 de outubro de 2014.

Acesso em 07/08/20. Fonte: https://www.mprj.mp.br/documents/20184/216116/revista_cao_educacao_ano_i_n_01_edicao_2013_2015.pdf

Enunciado nº 09 da COPEDUC/14 do GNDH do CNPG

A atuação do Ministério Público na área da educação, tem sua efetividade potencializada pela especialização de órgãos de execução da matéria, sendo necessário que as instâncias competentes agilizem o processo de sua implementação, considerando as demandas oriundas do Plano Nacional de Educação.

Data da reunião: 03 a 05 de setembro de 2014, na cidade do Rio de Janeiro/RJ, e aprovado pelo CNPG em Brasília/DF, no dia 21 de outubro de 2014.

Acesso em 07/08/20. Fonte: https://www.mprj.mp.br/documents/20184/216116/revista_cao_educacao_ano_i_n_01_edicao_2013_2015.pdf

Enunciado nº 10 da COPEDUC/14 do GNDH do CNPG

Do dever institucional de tutela da educação decorre a necessidade atuação proativa do Ministério Público no sentido de verificar a existência e atuação efetiva dos conselhos escolares, conselhos de educação, conselhos de acompanhamento e controle social do Fundeb (CACs/FUNDEB) e conselhos de alimentação escolar (CAE), contribuindo para o seu empoderamento.

Data da reunião: 03 a 05 de setembro de 2014, na cidade do Rio de Janeiro/RJ, e aprovado pelo CNPG em Brasília/DF, no dia 21 de outubro de 2014.

Acesso em 07/08/20. Fonte: https://www.mprj.mp.br/documents/20184/216116/revista_cao_educacao_ano_i_n_01_edicao_2013_2015.pdf

Enunciado nº 11 da COPEDUC/14 do GNDH do CNPG

Considerando a meta 3 do Plano Nacional de Educação, os Órgãos de Execução da Defesa da Educação no Ministério Público devem intensificar o acompanhamento da fiscalização do acesso universal e qualitativo dos que possuem entre 15 e 17 anos ao ensino médio, até 2016, inclusive cobrando a realização de busca ativa e a implementação de combate à evasão escolar.

Data da reunião: 03 a 05 de setembro de 2014, na cidade do Rio de Janeiro/RJ, e aprovado pelo CNPG em Brasília/DF, no dia 21 de outubro de 2014.

Acesso em 07/08/20. Fonte: https://www.mprj.mp.br/documents/20184/216116/revista_cao_educacao_ano_i_n_01_edicao_2013_2015.pdf

Enunciado nº 12 da COPEDUC/14 do GNDH do CNPG

Considerando que a maioria das escolas de campo não dispõem de unidade executora e de conselho escolar, o que as impede de receber diretamente os recursos do Programa Dinheiro Direto na Escola – PDDE, cumpre ao Órgão de Execução de Defesa da Educação instar as Secretarias Estadual e Municipais de Educação para que diligenciem no sentido de viabilizar a sua respectiva criação.

Data da reunião: 03 a 05 de setembro de 2014, na cidade do Rio de Janeiro/RJ, e aprovado pelo CNPG em Brasília/DF, no dia 21 de outubro de 2014.

Acesso em 07/08/20. Fonte: https://www.mprj.mp.br/documents/20184/216116/revista_cao_educacao_ano_i_n_01_edicao_2013_2015.pdf

Enunciado nº 13 da COPEDUC/14 do GNDH do CNPG

É direito de toda criança com deficiência de 0 a 5 anos o acesso à educação infantil, inclusive com Atendimento Educacional Especializado- AEE Integrado e matrícula prioritária na rede regular de ensino pública e privada.

Data da reunião: 03 a 05 de setembro de 2014, na cidade do Rio de Janeiro/RJ, e aprovado pelo CNPG em Brasília/DF, no dia 21 de outubro de 2014.

Acesso em 07/08/20. Fonte: https://www.mprj.mp.br/documents/20184/216116/revista_cao_educacao_ano_i_n_01_edicao_2013_2015.pdf

Enunciado nº 01 da COPEDUC/16 do GNDH do CNPG

No caso das ocupações nas Escolas, o Ministério Público, como defensor da ordem jurídica e do regime democrático de direito, deverá priorizar a atuação extrajudicial, instaurando procedimento, preferencialmente por escola ocupada, devendo zelar pelo não uso de violência policial e autotutela pelo ente público, ouvindo os envolvidos e pautando sua atuação por métodos auto compositivos.

Data da reunião: Pelo CNPG em 15/02/2017 - MPDFT.

Acesso em 07/08/20. Fonte: https://www.cnpg.org.br/images/arquivos/gndh/documentos/enunciados/enunciadoscopeduc.pdf

Enunciado nº 02 da COPEDUC/16 do GNDH do CNPG

São princípios fundamentais imanentes à educação brasileira as liberdades fundamentais de aprender, ensinar, pesquisar e divulgar a cultura, o pensamento, a arte e o saber, o pluralismo de idéias e de concepções pedagógicas, a gestão democrática do ensino público, cabendo ao Ministério Público adotar as providências cabíveis no sentido de coibir tentativas de se estabelecer proibição genérica e vaga de controle do conteúdo pedagógico desenvolvido nas escolas.

Data da reunião: Pelo CNPG em 15/02/2017 - MPDFT.

Acesso em 07/08/20. Fonte: https://www.cnpg.org.br/images/arquivos/gndh/documentos/enunciados/enunciadoscopeduc.pdf

Enunciado nº 03 da COPEDUC/16 do GNDH do CNPG

Cabe ao Ministério Público adotar medidas que visem garantir a igualdade efetiva de acesso e permanência na escola por parte de todos e todas, nos termos do artigo 206, I, da Constituição Federal, incluindo-se no projeto político pedagógico - PPP e regimento escolar, de todos os níveis de ensino, conteúdos relativos aos direitos humanos, à equidade de gênero, de raça ou etnia, de enfrentamento à homofobia, à transfobia, à violência doméstica e familiar contra a mulher, a pessoa idosa e a pessoa com deficiência.

Data da reunião: Pelo CNPG em 15/02/2017 - MPDFT.

Acesso em 07/08/20. Fonte: https://www.cnpg.org.br/images/arquivos/gndh/documentos/enunciados/enunciadoscopeduc.pdf

Enunciado nº 01 da COPEDUC/20 do GNDH do CNPG

Ao Ministério Público compete a fiscalização da retomada das aulas presenciais considerando os critérios sanitários aprovados pelo poder público, submetendo-os, na hipótese de insuficiência, às providências legais. Definidos os protocolos sanitários e pedagógicos próprios para a política educacional, a retomada das aulas presenciais, embora regrada, gradual, híbrida e progressiva, faz-se imprescindível porquanto relacionada à garantia de direito humano fundamental.

Enunciados aprovados pelo CNPG na sessão ordinária de 14 de outubro de 2020. BRASÍLIA – DF

Fonte: http://www.mpgo.mp.br/portal/arquivos/2020/10/27/16_22_58_481_Enunciados_GNDH_COPEDUC.pdf

Enunciado nº 02 da COPEDUC/20 do GNDH do CNPG

O Ministério Público deve, enquanto vigente o Decreto de Calamidade ou de Emergência devido à pandemia Covid-19, adotar as medidas necessárias visando à assegurar aos pais ou responsáveis a opção pelas aulas não presenciais. Nesse contexto, compete, ainda, ao Ministério Público o dever de fiscalizar o poder público, em especial a escola e os órgãos públicos de assistência social, saúde e proteção à infância, quanto à efetiva escolha das famílias e a concreta participação nas atividades não presenciais, havendo obrigação de realizar busca ativa desses estudantes, a fim de garantir o seu direito à educação, bem como a verificação de situação de vulnerabilidade.

Enunciados aprovados pelo CNPG na sessão ordinária de 14 de outubro de 2020. BRASÍLIA – DF

Fonte: http://www.mpgo.mp.br/portal/arquivos/2020/10/27/16_22_58_481_Enunciados_GNDH_COPEDUC.pdf

Enunciado nº 03 da COPEDUC/20 do GNDH do CNPG:

A educação plenamente inclusiva é direito das pessoas com deficiência, sendo inconstitucionais normas que as excluam de sistemas e escolas para todos. Considerando a fundamental importância do tema, seu caráter transversal e interdisciplinar, bem como a especificidade e profusão de normas que o regulamentam, deve o Ministério Público, por seus Centros de Apoio e de Estudos e Aperfeiçoamento Funcional, promover a formação continuada de seus integrantes, qualificando assim sua atuação para efetiva garantia das condições de acesso, permanência, participação e aprendizagem dos estudantes com deficiência em escolas que acolham e valorizem a diversidade humana, por meio da oferta de serviços e de recursos de acessibilidade que eliminem as barreiras e promovam a inclusão plena.

Enunciados aprovados pelo CNPG na sessão ordinária de 14 de outubro de 2020. BRASÍLIA – DF

Fonte: http://www.mpgo.mp.br/portal/arquivos/2020/10/27/16_22_58_481_Enunciados_GNDH_COPEDUC.pdf.

11 – IDOSO E PESSOA COM DEFICIÊNCIA

Enunciado da COPEDPDI/14 do GNDH do CNPG

À luz da Convenção dos Direitos da Pessoa com Deficiência, a pessoa com transtorno mental, por si só, não deve ser considerada pessoa com deficiência, para aplicação dos direitos inerentes a esse segmento, inclusive no que se refere à reserva de vagas em concurso público e à destinação de cotas na iniciativa privada.

Data da reunião: 12 A 14/03/2014, Florianópolis/SC.

Acesso em 07/08/20. Fonte: https://www.mpma.mp.br/arquivos/COCOM/Ata_COPEDPDI_-_I_Reuniao_Ordinaria_2014.pdf

Enunciado n.º 01 da COPEDPDI/16 do GNDH do CNPG

Justifica-se a intervenção do Ministério Público em processo no qual for parte pessoa que se encontre sob o regime de tomada de decisão apoiada, quando houver notícia da violação de direitos e /ou situações previstas nos parágrafos 6º e 7º do art. 1783-A do CCB.

Data da reunião: 15/06/2016 – MPM.Acesso em 07/08/20. Fonte: https://www.cnpg.org.br/images/arquivos/copedpdienunciados.pdf

Enunciado n.º 02 da COPEDPDI/16 do GNDH do CNPG

As pessoas já interditadas antes da vigência da LBI passaram a ostentar a condição de relativamente incapazes independentemente de qualquer declaração judicial em função da alteração da redação do art. 3º do CC.

Data da reunião: 15/06/2016 – MPM.Acesso em 07/08/20. Fonte: https://www.cnpg.org.br/images/arquivos/copedpdienunciados.pdf

Enunciado n.º 03 da COPEDPDI/16 do GNDH do CNPG

A condição de pessoa sob o regime de TDA – Tomada de Decisão Apoiada não a isenta da comprovação da sua deficiência para usufruir direitos e ações afirmativas correlata.

Data da reunião: 15/06/2016 – MPM.Acesso em 07/08/20. Fonte: https://www.cnpg.org.br/images/arquivos/copedpdienunciados.pdf

Enunciado n.º 04 da COPEDPDI/16 do GNDH do CNPG

À luz dos princípios da Convenção Internacional da Pessoa com Deficiência e da LBI, mostra-se mais adequado o uso do termo curatela em detrimento de interdição.

Data da reunião: 15/06/2016 – MPM.Acesso em 07/08/20. Fonte: https://www.cnpg.org.br/images/arquivos/copedpdienunciados.pdf

Enunciado n.º 05 da COPEDPDI/16 do GNDH do CNPG

Além da administração do patrimônio do curatelado e da prática de atos negociais, é dever do curador zelar pelo bem-estar, respeitada a vontade e preferência do curatelado.

Data da reunião: 15/06/2016 – MPM.Acesso em 07/08/20. Fonte: https://www.cnpg.org.br/images/arquivos/copedpdienunciados.pdf

Enunciado nº 01 da COPEDPDI/16 do GNDH do CNPG

A causa limitante ou impeditiva, por si só, não é suficiente para a caracterização como pessoa com deficiência para fins de ações afirmativas, sendo fundamental, de acordo com a Convenção de Nova Iorque e a LBI, a verificação da sua persistência por longo prazo e a existência de uma ou mais barreiras que possam obstruir sua participação plena e efetiva na sociedade em igualdade de condições com as demais pessoas.

Data da reunião: 15/02/2017 – MPDFT.

Acesso em 07/08/20. Fonte: https://pcd.mppr.mp.br/arquivos/File/Sistematizacao_Enunciados_COPEDPDI.pdf

https://mpto.mp.br/caop-da-cidadania/noticias/caop-da-cidadania/2020/02/21/enunciados-gndh

Enunciado nº 02 da COPEDPDI/16 do GNDH do CNPG

Deve o MP atentar para a inadequação de leis e atos normativos que, de forma autônoma e antecipada, definam como deficiência características, moléstias, síndromes e afins sem a contextualização nos termos da Convenção de Nova Iorque e da LBI.

Data da reunião: 15/02/2017 – MPDFT.

Acesso em 07/08/20. Fonte: https://pcd.mppr.mp.br/arquivos/File/Sistematizacao_Enunciados_COPEDPDI.pdf

https://mpto.mp.br/caop-da-cidadania/noticias/caop-da-cidadania/2020/02/21/enunciados-gndh

Enunciado nº 03 da COPEDPDI/16 do GNDH do CNPG

Com vistas ao atendimento da acessibilidade em edificações, devem os membros do MP envidar esforços juntamente com o Corpo de Bombeiros para a adequação da legislação referente a prevenção contra incêndio e pânico às normas técnicas que tratam da acessibilidade, inclusive das calçadas.

Data da reunião: 15/02/2017 – MPDFT.

Acesso em 07/08/20. Fonte: https://pcd.mppr.mp.br/arquivos/File/Sistematizacao_Enunciados_COPEDPDI.pdf

https://mpto.mp.br/caop-da-cidadania/noticias/caop-da-cidadania/2020/02/21/enunciados-gndh

Enunciado aprovado da COPEDPDI/17 do GNDH do CNPG

Na ação de curatela, a simples produção de prova médico pericial baseada no CID não autoriza o reconhecimento de incapacidade se não estiver relacionada a estudo de equipe multiprofissional que avalie a funcionalidade do indivíduo.

Data da reunião: 16/03/2017, João Pessoa/PB.

Acesso em 07/08/20. Fonte: https://www.mpma.mp.br/arquivos/COCOM/MOCOESAPROVADASGNDH2017.pdf

Enunciado nº 01 da COPEDPDI/18 do GNDH do CNPG

O Ministério Público deve instar à Administração Pública em geral a dar efetividade ao art. 3º da Lei de Licitações – Lei 8.666/93, aplicando critério de desempate ou a margem de preferência ali previstas, para as empresas que cumprem a Lei de Cotas para PCDs.

Data da reunião:

Acesso em 07/08/20. Fonte: https://pcd.mppr.mp.br/arquivos/File/Sistematizacao_Enunciados_COPEDPDI.pdf

Enunciado nº 02 da COPEDPDI/18 do GNDH do CNPG

Considerando o exaurimento do prazo de 2 anos estabelecido pelo art.124 c/c art. 2º, §2º da LBI, a ausência da definição do instrumento que estabelece o modelo unificado para a avaliação da deficiência não afasta a vigência do art. 2º e parágrafos da Lei 13.146/2016, sendo impositiva a aplicação do modelo biopsicossocial por equipe multiprofissional, não ficando limitada aos parâmetros do Decreto nº 3.298/99.

Nota do autor: O enunciado não foi levado à Plenária.

https://pcd.mppr.mp.br/arquivos/File/Sistematizacao_Enunciados_COPEDPDI.pdf

Enunciado nº 01 da COPEDPDI/19 do GNDH do CNPG

O Ministério Público brasileiro envidará todos os esforços para garantir a efetiva aplicação do modelo biopsicossocial mediante avaliação por equipe multiprofissional e interdisciplinar, composta por profissionais que emitam laudo médico, psicológico e social, entre outros, sem ônus para a pessoa com deficiência, observando o disposto no artigo 2º, da Lei 13.146/2015-LBI.

Data da reunião: 11 a 13/09/2019, São Luiz/MA.

http://www.mprj.mp.br/documents/20184/378251/enunciadosiirogndh2019.pdf

Enunciado nº 02 da COPEDPDI/19 do GNDH do CNPG

Cabe ao Ministério Público envidar todos os esforços e tratativas no sentido de prevenir e combater atitudes preconceituosas baseadas na idade, o idadismo, notadamente por meio da inclusão da disciplina intergeracionalidade, envelhecimento e protagonismo da pessoa idosa nos Curriculares escolares nos exames de vestibulares e em concursos públicos, na formação de agentes públicos e de recursos humanos dos entes privados, nos meios de comunicação social e em outros segmentos da vida em sociedade.

Data da reunião: 11 a 13/09/2019, São Luiz/MA.

http://www.mprj.mp.br/documents/20184/378251/enunciadosiirogndh2019.pdf

12 – ÍNDIOS

Enunciado conjunto 5ª e 6ª Câmaras de Coordenação e Revisão

A Fundação Nacional de Saúde tem a responsabilidade de, nos casos em que se constate a presença de populações indígenas, situadas em áreas regularizadas ou não, adotar medidas possíveis visando ao seu pleno atendimento, no campo da saúde e do saneamento básico, inclusive com a execução de obras de caráter permanente ou temporário.

Aprovado em 12 de agosto de 2009.

Enunciado nº 02 (GTSI) da 6ª Câmara – Populações Indígenas e Comunidades Tradicionais

Compete aos Distritos Sanitários Especiais Indígenas promover e viabilizar a formação, instalação e funcionamento dos Conselhos Locais e Distritais de Saúde Indígena, situados nas respectivas áreas de jurisdição, instâncias de controle social, responsáveis pela aprovação e fiscalização dos planos de ação dirigidos à prestação de saúde indígena, bem como a verificação:

a) da composição dos Conselhos Distritais, observando a paridade e participação das diferentes etnias;

b) da implementação e o pleno funcionamento dos Conselhos Locais;

c) da existência e observância do regimento interno no âmbito dos Conselhos Distritais;

d) da regularidade e periodicidade das reuniões dos Conselhos Locais e Distritais;

e) do pleno exercício das atribuições dos Conselhos Locais e Distritais.

Aprovado no XIV Encontro Nacional da 6ª CCR em 5/12/2014.

Enunciado nº 06 (GTSI) da 6ª Câmara – Populações Indígenas e Comunidades Tradicionais

É imprescindível a presença de antropólogos nos DSEI's – Distritos Sanitários Especiais Indígenas, em especial nas CASAIs.

Conforme acesso em 07 de agosto de 2020 ao site: http://www.mpf.mp.br/atuacao-tematica/ccr6/copy_of_enunciados/enunciados

Enunciado nº 07 (GTSI) da 6ª Câmara – Populações Indígenas e Comunidades Tradicionais

O Poder Público deve promover a proteção e assistência aos índios que vivem fora das Terras Tradicionais, dando efetividade ao direito à saúde diferenciada.

Conforme acesso em 07 de agosto de 2020 ao site: http://www.mpf.mp.br/atuacao-tematica/ccr6/copy_of_enunciados/enunciados

Enunciado nº 08 (GTSI) da 6ª Câmara – Populações Indígenas e Comunidades Tradicionais

Às crianças e adolescentes indígenas são garantidos todos os direitos sociais estabelecidos na Constituição, tal como o salário-maternidade, independentemente de sua idade, devendo os órgãos públicos responsáveis observar os costumes e tradições de cada comunidade, com a utilização de estudos antropológicos adequados.

Conforme acesso em 07 de agosto de 2020 ao site: http://www.mpf.mp.br/atuacao-tematica/ccr6/copy_of_enunciados/enunciados

Enunciado nº 09 da 6ª Câmara – Populações Indígenas e Comunidades Tradicionais

Enunciado elaborado em conjunto da 5ª e 6ª CCRs:

A SESAI e os DSEIs têm a responsabilidade de, nos casos em que se constate a presença de populações indígenas, situadas em áreas regularizadas ou não, adotar todas medidas possíveis visando ao seu pleno entendimento, no campo da saúde e do saneamento básico, inclusive com a execução de obras de caráter permanente ou temporário.

Conforme acesso em 07 de agosto de 2020 ao site: http://www.mpf.mp.br/atuacao-tematica/ccr6/copy_of_enunciados/enunciados

Enunciado nº 10 da 6ª Câmara – Populações Indígenas e Comunidades Tradicionais

Enunciado elaborado em conjunto da 5ª e 6ª CCRs:

O Ministério da Educação e as Secretarias Estaduais e Municipais têm a responsabilidade de, nos casos em que se constate a presença de populações indígenas, situadas em áreas regularizadas ou não, adotar todas as medidas possíveis visando o pleno atendimento do direito à educação, inclusive com a execução de obras de caráter permanente ou temporário, conforme a peculiaridades locais e culturais do povo indígena a ser atendido.

Aprovado no XIV Encontro Nacional da 6ª CCR em 5/12/2014.

Enunciado nº 11 da 6ª Câmara – Populações Indígenas e Comunidades Tradicionais

É possível o pagamento de indenização aos ocupantes de terras indígenas (possuidores ou não de títulos) com base no princípio da proteção à confiança legítima. O cabimento e os limites de aplicação desse princípio serão analisados casuisticamente.

Criado no XIV Encontro Nacional da 6ªCCR em 5/12/2014.

Enunciado nº 12 da 6ª Câmara – Populações Indígenas e Comunidades Tradicionais

A consulta livre, prévia e informada da Convenção nº 169 da OIT deve ser realizada antes de o Conselho Nacional de Políticas Energéticas decidir a construção de uma usina hidrelétrica.

Criado no XIV Encontro Nacional da 6ªCCR em 5/12/2014.

Enunciado nº 13 da 6ª Câmara – Populações Indígenas e Comunidades Tradicionais

O diagnóstico do meio socioeconômico é parte integrante do EIA/RIMA. O EIA não pode ser submetido às audiências públicas sem o completo diagnóstico dos meios socioeconômico, físico e biótico, previsto na Resolução nº 01/1986 do CONAMA.

Criado no XIV Encontro Nacional da 6ªCCR em 5/12/2014.

Enunciado nº 14 da 6ª Câmara – Populações Indígenas e Comunidades Tradicionais

O RIMA sempre deve ser elaborado em linguagem acessível e compreensível por toda a população a que se destina, sendo que, no caso de serem impactados povos indígenas, referido relatório deverá ser traduzido para as respectivas línguas.

Criado no XIV Encontro Nacional da 6ªCCR em 5/12/2014.

Enunciado nº 15 da 6ª Câmara – Populações Indígenas e Comunidades Tradicionais

O estudo dos impactos de um empreendimento sobre os povos indígenas e quilombolas não depende de demarcação formal das respectivas terras.

Criado no XIV Encontro Nacional da 6ªCCR em 5/12/2014.

Enunciado nº 16 da 6ª Câmara – Populações Indígenas e Comunidades Tradicionais

Quanto ao aproveitamento dos corpos d'água, ao se planejar, licenciar ou autorizar empreendimentos, toda a extensão da bacia hidrográfica deve ser considerada na definição da área de influência, conforme determina o artigo 1º, inciso V, da lei nº 9.433/97 e o artigo 5º, inciso III, da Resolução nº 01/86 do CONAMA.

Criado no XIV Encontro Nacional da 6ªCCR em 5/12/2014.

Enunciado nº 17 da 6ª Câmara – Populações Indígenas e Comunidades Tradicionais

As comunidades tradicionais estão inseridas no conceito de povos tribais da Convenção nº 169 da Organização Internacional do Trabalho.

Criado no XIV Encontro Nacional da 6ªCCR em 5/12/2014.

Enunciado nº 18 da 6ª Câmara – Populações Indígenas e Comunidades Tradicionais

Para todo e qualquer empreendimento que gere impactos sobre o meio ambiente, devem ser considerados os efeitos cumulativos e sinérgicos.

Criado no XIV Encontro Nacional da 6ªCCR em 5/12/2014.

Enunciado nº 20 da 6ª Câmara – Populações Indígenas e Comunidades Tradicionais

As comunidades remanescentes de quilombos têm direito à proteção possessória de suas terras independentemente de processo administrativo correlato, cabendo ao MPF defender esse direito.

Criado no XIV Encontro Nacional da 6ªCCR em 5/12/2014.

Enunciado nº 21 da 6ª Câmara – Populações Indígenas e Comunidades Tradicionais

É necessário diagnosticar o atual panorama nacional da educação escolar indígena, quilombola e demais comunidades tradicionais e avaliar as responsabilidades das três esferas de governo para garantir os processos próprios de aprendizagem.

Criado no XIV Encontro Nacional da 6ªCCR em 5/12/2014.

Enunciado nº 22 da 6ª Câmara – Populações Indígenas e Comunidades Tradicionais

Em casos de sobreposição territorial entre comunidades tradicionais e/ou unidades de conservação, é necessária a realização de estudo antropológico para contextualizar a dinâmica sociocultural.

Criado no XIV Encontro Nacional da 6ªCCR em 5/12/2014.

Enunciado nº 23 da 6ª Câmara – Populações Indígenas e Comunidades Tradicionais

As várias formas de proteção no âmbito cultural reforçam, e não substituem, a pretensão de titulação territorial.

Criado no XIV Encontro Nacional da 6ªCCR em 5/12/2014.

Enunciado nº 25 da 6ª Câmara – Populações Indígenas e Comunidades Tradicionais

Os direitos territoriais dos povos indígenas, quilombolas e outras comunidades tradicionais têm fundamento constitucional (art. 215, art. 216 e art. 231 da CF 1988; art. 68 ADCT/CF) e convencional (Convenção nº 169 da OIT). Em termos gerais, a presença desses povos e comunidades tradicionais tem sido fator de contribuição para a proteção do meio ambiente. Nos casos de eventual colisão, as categorias da Lei 9.985 não podem se sobrepor aos referidos direitos territoriais, havendo a necessidade de harmonização entre os direitos em jogo. Nos processos de equacionamento desses conflitos, as comunidades devem ter assegurada a participação livre, informada e igualitária. Na parte em que possibilita a remoção de comunidades tradicionais, o artigo 42 da Lei 9.985 é inconstitucional, contrariando ainda normas internacionais de hierarquia supralegal.

Criado no XIV Encontro Nacional da 6ªCCR em 5/12/2014.

Enunciado nº 26 da 6ª Câmara – Populações Indígenas e Comunidades Tradicionais

O uso sustentável de recursos naturais por parte de povos e comunidades tradicionais é assegurado pela Constituição Federal (arts. 215 e 216) e pela Convenção nº 169 da OIT (art. 14, I), dentro e fora de seus territórios.

Criado no XIV Encontro Nacional da 6ªCCR em 5/12/2014.

Enunciado nº 27 da 6ª Câmara – Populações Indígenas e Comunidades Tradicionais

Os direitos territoriais dos povos quilombolas e outros povos e comunidades tradicionais gozam da mesma hierarquia dos direitos dos povos indígenas, pois ambos desfrutam de estatura constitucional. Em casos de conflito, é necessário buscar a harmonização entre estes direitos, consideradas as especificidades de cada situação.

Criado no XIV Encontro Nacional da 6ªCCR em 5/12/2014.

Enunciado nº 28 da 6ª Câmara – Populações Indígenas e Comunidades Tradicionais

Os direitos territoriais dos povos e comunidades indígenas, quilombolas e outras tradicionais gozam da mesma hierarquia constitucional que o interesse público na proteção da segurança nacional. Em casos de conflito, é necessário buscar a harmonização proporcional entre os bens jurídicos em jogo. Nos processos de equacionamento dessas colisões, as comunidades devem ter assegurada a participação livre, informada e igualitária.

Criado no XIV Encontro Nacional da 6ªCCR em 5/12/2014.

Enunciado nº 29 da 6ª Câmara – Populações Indígenas e Comunidades Tradicionais

A consulta prevista na Convenção nº 169 da Organização Internacional do Trabalho é livre, prévia e informada, e realiza-se por meio de um procedimento dialógico e culturalmente situado. A consulta não se restringe a um único ato e deve ser atualizada toda vez que se apresente um novo aspecto que interfira de forma relevante no panorama anteriormente apresentado.

Criado no XIV Encontro Nacional da 6ªCCR em 5/12/2014.

Enunciado nº 30 da 6ª Câmara – Populações Indígenas e Comunidades Tradicionais

Na formulação dos planos e programas de desenvolvimento nacional e regional, as comunidades têm direito a ver consideradas suas próprias prioridades.

Criado no XIV Encontro Nacional da 6ªCCR em 5/12/2014.

Enunciado nº 31 da 6ª Câmara – Populações Indígenas e Comunidades Tradicionais

O direito à participação com o objetivo de obtenção do consentimento livre, prévio e informado implica a necessidade do reconhecimento do direito de cooperação dos povos na produção da informação (art. 7.3 da Convenção nº 169 da OIT), possibilitando às comunidades a avaliação da incidência social, espiritual, cultural e sobre o meio ambiente que as atividades propostas possam provocar.

Criado no XIV Encontro Nacional da 6ªCCR em 5/12/2014.

Enunciado nº 32 da 6ª Câmara – Populações Indígenas e Comunidades Tradicionais

Depende de consulta, conforme previsto na Convenção nº 169 da OIT, a expedição de alvará de pesquisa e títulos de lavra minerários sobre áreas ocupadas por povos e comunidades tradicionais, independentemente de titulação, sob pena de nulidade.

Criado no XIV Encontro Nacional da 6ªCCR em 5/12/2014.

Enunciado nº 33 da 6ª Câmara – Populações Indígenas e Comunidades Tradicionais

Os estudos ambientais elaborados com o objetivo de permitir a avaliação da viabilidade ambiental de empreendimentos devem obrigatoriamente incluir a apresentação das alternativas locacionais, tecnológicas e modais, bem como a alternativa de não implantação do empreendimento.

Criado no XIV Encontro Nacional da 6ªCCR em 5/12/2014.

Enunciado nº 34 da 6ª Câmara – Populações Indígenas e Comunidades Tradicionais

Os bens ambientais cujo aproveitamento é autorizado no curso do licenciamento ambiental são bens de uso comum do povo. O MPF, em sua atuação, deve pugnar pela implementação dos instrumentos de gestão democrática da Política Nacional de Recursos Hídricos (Lei nº 9.433/97), garantindo a participação de povos e comunidades tradicionais, com fiscalização, por exemplo, da instalação e funcionamento dos comitês de bacia, planos de recursos hídricos, declaração de disponibilidade e ou outorga de direitos de uso de recursos hídricos.

Criado no XIV Encontro Nacional da 6ªCCR em 5/12/2014.

Enunciado nº 35 da 6ª Câmara – Populações Indígenas e Comunidades Tradicionais

Depende de consulta, conforme previsto na Convenção nº 169 da OIT, a outorga de áreas para pesca que afetem povos e comunidades tradicionais.

Criado no XIV Encontro Nacional da 6ªCCR em 5/12/2014.

Enunciado nº 36 da 6ª Câmara – Populações Indígenas e Comunidades Tradicionais

O regime tutelar previsto na Lei nº 6.001/73 (Estatuto do Índio) não foi recepcionado pelos art.231 e 232 da Constituição da República, de modo que os povos indígenas são partes legítimas para diretamente comparecer em juízo, nos polos ativo e passivo, nos processos judiciais que os afetem direta e indiretamente. Diante disso, é devida, pelo membro do Ministério Público Federal, a provocação para que a comunidade seja citada/intimada, especialmente em processos que visem desconstituir atos ou procedimentos de demarcação, sem prejuízo da atuação do Ministério Público Federal e da Fundação Nacional do Índio.

Aprovado pelo colegiado na 428 R.O.

Enunciado nº 37 da 6ª Câmara – Populações Indígenas e Comunidades Tradicionais

A 6ª Câmara de Coordenação e Revisão reafirma as conclusões da Nota Técnica nº 02/2018/6ªCCR, entendendo que o Parecer Normativo 001/2017/GAB/CGU/AGU não deve ser utilizado para restringir direitos indígenas já assegurados na Constituição Federal.

Conforme acesso em 07 de agosto de 2020 ao site: http://www.mpf.mp.br/atuacao-tematica/ccr6/copy_of_enunciados/enunciados

Enunciado nº 38 da 6ª Câmara – Populações Indígenas e Comunidades Tradicionais

A data da promulgação da Constituição Federal de 1988 não deve ser utilizada como marco temporal para restrição do pleno exercício dos direitos territoriais indígenas nela previstos.

Conforme acesso em 07 de agosto de 2020 ao site: http://www.mpf.mp.br/atuacao-tematica/ccr6/copy_of_enunciados/enunciados

Enunciado nº 39 da 6ª Câmara – Populações Indígenas e Comunidades Tradicionais

As condicionantes fixadas no julgamento do caso Raposa Serra do Sol, PET 3.388, em especial a que trata da vedação de ampliação de terras, aplicam-se somente a este caso concreto, razão pela qual não devem ser utilizadas como fundamento para restrição dos direitos indígenas.

Conforme acesso em 07 de agosto de 2020 ao site: http://www.mpf.mp.br/atuacao-tematica/ccr6/copy_of_enunciados/enunciados

13 – INFÂNCIA E JUVENTUDE

Enunciado nº 01 da COPEIJ/10 do GNDH do CNPG

Ao ingressar nos Fundos de Direitos da Criança e do Adolescente ou Fundo da Infância e Adolescência (FIA) os recursos passam a ter natureza jurídica de verba pública, estando sujeitos aos princípios que regem a Administração Pública.

Data de reunião: 2 e 3 de dezembro de 2010, Fortaleza/CE.

Acesso em 07/08/20. Fonte: https://crianca.mppr.mp.br/modules/conteudo/conteudo.php?conteudo=1549

Enunciado nº 02 da COPEIJ/10 do GNDH do CNPG

O contribuinte ou doador subsidiado, ao efetuar depósito nos Fundos de Direitos da Criança e do Adolescente ou Fundo da Infância e Adolescência (FIA), não pode escolher, por qualquer meio, a destinação dos recursos.

Data de reunião: 2 e 3 de dezembro de 2010, Fortaleza/CE.

Acesso em 07/08/20. Fonte: https://crianca.mppr.mp.br/modules/conteudo/conteudo.php?conteudo=1549

Enunciado nº 03 da COPEIJ/10 do GNDH do CNPG

Os recursos depositados pelo contribuinte ou doador subsidiado no Fundo de Direitos da Criança e do Adolescente ou Fundo da Infância e Adolescência (FIA) não podem ser condicionados à vinculação, através de convênio ou qualquer outro instrumento jurídico, a um projeto ou programa específico.

Data de reunião: 2 e 3 de dezembro de 2010, Fortaleza/CE.

Acesso em 07/08/20. Fonte: https://crianca.mppr.mp.br/modules/conteudo/conteudo.php?conteudo=1549

Enunciado nº 04 da COPEIJ/10 do GNDH do CNPG

Os Conselhos de Direitos da Criança e do Adolescente são órgãos deliberativos de políticas públicas em matéria de infância e adolescência, por força do artigo 204, inciso II da Constituição da República e do artigo 88, inciso II da Lei Federal nº 8.069/90 (ECA), sendo os únicos gestores do Fundo de Direitos da Criança e do Adolescente ou Fundo da Infância e Adolescência (FIA), conforme artigo 214, *caput*, da Lei Federal nº 8.069/90 - ECA.

Data de reunião: 2 e 3 de dezembro de 2010, Fortaleza/CE.

Acesso em 07/08/20. Fonte: https://crianca.mppr.mp.br/modules/conteudo/conteudo.php?conteudo=1549

Enunciado nº 05 da COPEIJ/10 do GNDH do CNPG

O Ministério Público, em razão do exercício da fiscalização de que trata o artigo 260, §4º do ECA, não pode ter assento como membro no Conselho de Direitos da Criança e do Adolescente, reputando-se inconstitucionais as normas que prevejam tal atribuição.

Data de reunião: 2 e 3 de dezembro de 2010, Fortaleza/CE.

Acesso em 07/08/20. Fonte: https://crianca.mppr.mp.br/modules/conteudo/conteudo.php?conteudo=1549

Enunciado nº 06 da COPEIJ/10 do GNDH do CNPG

Na destinação de recursos dos Fundos de Direitos da Criança e do Adolescente ou Fundos da Infância e Adolescência (FIA), os Conselhos de Direitos da Criança e do Adolescente devem observar o disposto no artigo 260, §2º da Lei nº 8.069/90 - ECA.

Data de reunião: 2 e 3 de dezembro de 2010, Fortaleza/CE.

Acesso em 07/08/20. Fonte: https://crianca.mppr.mp.br/modules/conteudo/conteudo.php?conteudo=1549

Enunciado da COPEIJ/11 do GNDH do CNPG

Nos casos de adolescentes que cometem atos infracionais em situação de violência doméstica e familiar contra a mulher é cabível a aplicação das medidas de proteção previstas na Lei Maria da Penha, nos termos do seu artigo 13, exclusivamente pelo Juízo da Infância e Juventude, observando-se nos casos concretos a real situação de vulnerabilidade da vítima e resguardada a proteção integral ao adolescente prevista no ECA.

Data da reunião: 15 de setembro de 2011, Gramado/RS.

Acesso em 07/08/20. Fonte: https://crianca.mppr.mp.br/modules/conteudo/conteudo.php?conteudo=1549

Enunciado nº 01 da COPEIJ/12 do GNDH do CNPG

É vedado qualquer trabalho para menores de 16 anos de idade, salvo na condição de aprendiz, a partir dos 14 anos, segundo as regras de aprendizagem contidas nos arts. 428 e ss. da Consolidação da Leis do Trabalho (art. 7, XXXIII da CF/88). Admite-se, porém, uma única exceção, nos casos de trabalho infantil artístico, conforme reza o art. 8º da Convenção nº 138 da OIT: "1. A autoridade competente poderá conceder, mediante prévia consulta às organizações interessadas de empregadores e de trabalhadores, quando tais organizações existirem, por meio de permissões individuais, exceções à proibição de ser admitido ao emprego ou de trabalhar, que prevê o artigo 2º da presente Convenção, no caso de finalidades tais como as de participar em representações artísticas. 2. As permissões assim concedidas limitarão o número de horas do emprego ou trabalho autorizadas e prescreverão as condições em que esse poderá ser realizado".

Data da reunião: 18 e 19 de setembro de 2012, Belo Horizonte/MG.

Acesso em 07/08/20. Fonte: https://crianca.mppr.mp.br/modules/conteudo/conteudo.php?conteudo=1549

Enunciado nº 02 da COPEIJ/12 do GNDH do CNPG

Caracteriza grave violação aos direitos humanos de crianças e adolescentes, bem como ao ordenamento jurídico brasileiro, a concessão de alvará ou autorização judicial para o trabalho de crianças e adolescentes com idade inferior a 16 anos, devendo tal pratica ser veementemente combatida pelo Ministério Público, seja através de emissão de Pareceres em sentido contrário, seja por meio de recursos, ou, ainda, outras medidas judiciais cabíveis.

Data da reunião: 18 e 19 de setembro de 2012, Belo Horizonte/MG.

Acesso em 07/08/20. Fonte: https://crianca.mppr.mp.br/modules/conteudo/conteudo.php?conteudo=1549

Enunciado nº 03 da COPEIJ/12 do GNDH do CNPG

Nos casos de pedidos de autorização judicial para trabalho fora das hipóteses legais, o membro do Ministério Público deverá adotar as providências cabíveis visando à aplicação de eventuais medidas de proteção e/ou à criação ou ampliação dos programas de profissionalização, para atendimento de adolescente a partir de 14 anos.

Data da reunião: 18 e 19 de setembro de 2012, Belo Horizonte/MG.

Acesso em 07/08/20. Fonte: https://crianca.mppr.mp.br/modules/conteudo/conteudo.php?conteudo=1549

Enunciado nº 01 da COPEIJ/13 do GNDH do CNPG

A Prestação de Serviço à Comunidade para maiores de 12 anos de idade é constitucional, desde que respeitada sua finalidade pedagógica, e não ofereça qualquer prejuízo aos direitos fundamentais previstos no art. 227, CR/88 e nas convenções internacionais 138 e 182 da OIT, bem como a atividade desenvolvida não esteja contemplada no Decreto nº 6481/2008 (Lista TIP).

Data da reunião: 3/5 de julho de 2013, São Paulo/SP.

Acesso em 07/08/20. Fonte: https://crianca.mppr.mp.br/modules/conteudo/conteudo.php?conteudo=1549

Enunciado nº 02 da COPEIJ/13 do GNDH do CNPG

O crime previsto no art. 243, conjugado com o disposto no art. 81, II, ambos do ECA, proibindo a venda e entrega de bebida alcoólica, não exige dano real à vítima, tampouco dependência química ou física efetiva, sendo suficiente a venda ou entrega do produto para a sua caracterização. Também desnecessário laudo pericial, já que o ECA não faz essa exigência expressamente, nem se requer a comprovação de se tratar de substância entorpecente ou que determine tal qual a Lei de Entorpecentes, já que é notória a dependência química e física da bebida alcoólica.

Data da reunião: 3/5 de julho de 2013, São Paulo/SP.

Acesso em 07/08/20. Fonte: https://crianca.mppr.mp.br/modules/conteudo/conteudo.php?conteudo=1549

Enunciado nº 03 da COPEIJ/13 do GNDH do CNPG

A operacionalização do "Disque 100" por parte do Ministério Público requer que as Procuradorias Gerais de Justiça disponibilizem aos CAOs da Infância e Juventude ou outro órgão similar, a estrutura administrativa e técnica adequadas, assim como, com o suporte das Corregedorias Gerais do Ministério Público, CEAFs e Escolas do Ministério Público, promovam a qualificação específica de membros e servidores, inclusive com atuação nas Promotorias Criminais, para a rápida e eficiente apuração dos fatos, proteção às vítimas e responsabilização dos vitimizadores.

Data da reunião: 3/5 de julho de 2013, São Paulo/SP.

Acesso em 07/08/20. Fonte: https://crianca.mppr.mp.br/modules/conteudo/conteudo.php?conteudo=1549

Enunciado nº 04 da COPEIJ/13 do GNDH do CNPG

A necessidade de assegurar uma apuração rápida e eficaz das denúncias, bem como, evitar a omissão ou a superposição de ações, o atendimento desqualificado e a revitimização, torna imperioso que a SDH, em parceria com o Ministério Público e outros parceiros, promova cursos e/ou eventos destinados a qualificar os diversos profissionais que atuam nos órgãos e serviços encarregados tanto da proteção das vítimas quanto da responsabilização – inclusive criminal – dos vitimizadores, com a produção de material específico, apresentação de modelos de "fluxos" e "protocolos de atendimento" interinstitucional para as situações de violação de direitos mais comuns.

Data da reunião: 3/5 de julho de 2013, São Paulo/SP.

Acesso em 07/08/20. Fonte: https://crianca.mppr.mp.br/modules/conteudo/conteudo.php?conteudo=1549

Enunciado nº 05 da COPEIJ/13 do GNDH do CNPG

É importante a criação e disponibilização, pela SDH, de ferramenta eletrônica que permita, em cada município, o registro e o compartilhamento de informações entre os órgãos e autoridades encarregadas do atendimento das denúncias encaminhadas pelo "Disque 100", de modo que as ações efetivamente realizadas, as avaliações técnicas e os resultados obtidos possam ser visualizados em tempo real pelos integrantes da "rede de proteção/de atendimento" local, sem prejuízo da criação de senhas e filtros que limitem o acesso a determinados agentes e/ou informações, observado os princípios da privacidade e da intervenção mínima, dentre outros relacionados no art. 100, par. único, do ECA e outras normas.

Data da reunião: 3/5 de julho de 2013, São Paulo/SP.

Acesso em 07/08/20. Fonte: https://crianca.mppr.mp.br/modules/conteudo/conteudo.php?conteudo=1549

Enunciado nº 06 da COPEIJ/13 do GNDH do CNPG

Ressalvado o caso de crianças e adolescentes cujos pais são desconhecidos ou falecidos, a destituição do poder familiar é condição indispensável à sua inscrição nos cadastros de adoção, devendo ocorrer apenas após o trânsito em julgado da decisão respectiva.

Data da reunião: 3/5 de julho de 2013, São Paulo/SP.

Acesso em 07/08/20. Fonte: https://crianca.mppr.mp.br/modules/conteudo/conteudo.php?conteudo=1549

Enunciado nº 07 da COPEIJ/13 do GNDH do CNPG

A habilitação à adoção não se constitui numa mera "formalidade", sendo importante etapa do procedimento respectivo, que se mostra imprescindível para aferição da motivação e do preenchimento dos requisitos necessários ao deferimento da medida que, juntamente com a preparação prévia, também prevista em lei, é essencial para assegurar o preparo dos adotantes às consequências presentes e futuras da medida.

Data da reunião: 3/5 de julho de 2013, São Paulo/SP.

Acesso em 07/08/20. Fonte: https://crianca.mppr.mp.br/modules/conteudo/conteudo.php?conteudo=1549

Enunciado nº 01 da COPEIJ/14 do GNDH do CNPG

A entrada de crianças ou adolescentes em estabelecimentos penais, cadeias públicas ou unidades de internação, por seu maior potencial de risco à segurança e à integridade física e psicológica, sempre deve ser acompanhada por um dos pais ou responsável legal, em respeito ao princípio da proteção integral, insculpido no art. 1º, do ECA. Nos dias de visitas de crianças e de adolescentes não serão permitidas visitas íntimas nem será liberada visita de adultos aos demais custodiados. A revista manual será feita, sempre que possível, unicamente no preso visitado, logo após a visita da criança e/ou adolescente, e não no visitante.

Enunciado aprovado pelo CNPG, maio/2014/GO.

Data da reunião: 07 a 09 de maio de 2014, Goiânia/GO.

Acesso em 07/08/20. Fonte: https://crianca.mppr.mp.br/modules/conteudo/conteudo.php?conteudo=1549

Enunciado nº 02 da COPEIJ/14 do GNDH do CNPG

O trabalho na função de gandula, por se tratar de atividade executada em ambiente público, com alta exposição a pressões morais e agressões físicas, somado ao fato de ser realizado ao ar livre sem proteção à radiação solar, chuva e frio (o que o inclui no item 81 da Lista das Piores Formas de Trabalho Infantil, Dec. 6.481/2008), bem como, por ser reconhecido formalmente pela Classificação Brasileira de Ocupações/CBO sob o Código 5199-20, é proibido para pessoas com idade inferior a 18 anos. Não há prejuízo a que os adolescentes já selecionados para execução da atividade de gandula adentrem aos estádios durante os jogos da Copa FIFA 2014, exercendo atividades que não os exponham a riscos tais como acompanhar jogadores, carregar bolas e bandeiras, permanecendo nas arquibancadas até o final da partida.

Enunciado aprovado pelo CNPG, em maio/2014/GO.

Data da reunião: 07 a 09 de maio de 2014, Goiânia/GO.

Acesso em 07/08/20. Fonte: https://crianca.mppr.mp.br/modules/conteudo/conteudo.php?conteudo=1549

https://www.mpba.mp.br/sites/default/files/biblioteca/crianca-e-adolescente/copeij-cnpg/enunciados/enunciado_02.pdf

Enunciado nº 03 da COPEIJ/14 do GNDH do CNPG

As propostas legislativas de redução da maioridade penal não encontram amparo na CF/88, pois a inimputabilidade penal dos menores de 18 anos, prevista em seu artigo 228, constitui-se em cláusula pétrea e, assim, insuscetível de modificação por emenda, conforme artigo 60, § 4º, da CF/88. Além disso, não importará redução da criminalidade, ao contrário, agravará as condições do sistema prisional brasileiro que já se encontra superlotado e não apresenta resultados melhores de ressocialização do que o sistema socioeducativo. A redução da idade penal atingirá os adolescentes que são vítimas de um sistema de exclusão social e ausência de políticas públicas eficazes.

Enunciado aprovado na 3ª Reunião Ordinária do CNPG, em Manaus/AM, 25 de julho de 2014.

Data da reunião 21 a 23 de julho de 2014 Manaus/AM.

Acesso em 07/08/20. Fonte: https://crianca.mppr.mp.br/modules/conteudo/conteudo.php?conteudo=1549

Enunciado nº 04 da COPEIJ/14 do GNDH do CNPG

Cabe aos membros do Ministério Público, adotar as medidas judiciais necessárias, inclusive em grau recursal, para impedir a ocorrência de guarda de fato ou concessão/ manutenção de guarda provisória a casais interessados em adoção, não habilitados, nos termos do artigo 50, parágrafo 13, do Estatuto da Criança e do Adolescente, ressalvadas as exceções previstas neste mesmo dispositivo.

Data da reunião 21 a 23 de julho de 2014 Manaus/AM.

Acesso em 07/08/20. Fonte: https://crianca.mppr.mp.br/modules/conteudo/conteudo.php?conteudo=1549

Enunciado nº 05 da COPEIJ/14 do GNDH do CNPG

A oitiva de crianças e adolescentes, vítimas ou testemunhas de violência sexual, deve ser diferenciada e por pessoa especialmente qualificada, preservando-se os princípios da proteção integral, da prioridade absoluta, do interesse superior e da dignidade, reconhecendo-se suas condições de vulnerabilidade e adaptando-se o procedimento previsto no CPP, ao disposto no Art. 8.a, do Protocolo Facultativo à Convenção sobre os Direitos da Criança, internalizado pelo Decreto nº 5.007, de 08 de março de 2004, Resolução 20/2005, da ONU, e as Diretivas da Comunidade Europeia e Recomendação nº 33, de 23 de novembro de 2010, do CNJ.

Data da reunião: 03 a 05 de setembro de 2014, Rio de Janeiro/RJ.

Acesso em 07/08/20. Fonte: https://crianca.mppr.mp.br/modules/conteudo/conteudo.php?conteudo=1549

Enunciado nº 06 da COPEIJ/14 do GNDH do CNPG

A oitiva da criança ou adolescente, vítima ou testemunha de violência sexual, deve ocorrer o mais próximo da data do fato, pela polícia científica ou profissional especialmente capacitado para esse fim, com o devido registro de áudio e vídeo, para evitar a revitimização.

Data da reunião: 03 a 05 de setembro de 2014, Rio de Janeiro/RJ.

Acesso em 07/08/20. Fonte: https://crianca.mppr.mp.br/modules/conteudo/conteudo.php?conteudo=1549

Enunciado nº 07 da COPEIJ/14 do GNDH do CNPG

É necessária a criação de protocolo de atendimento diferenciado junto aos órgãos de polícia científica, de modo a assegurar um acolhimento e atendimento humanizado e prioritário, nos casos de violência contra criança e adolescente, para resguardar os princípios da proteção integral, interesse superior, prioridade absoluta e dignidade da pessoa humana.

Data da reunião: 03 a 05 de setembro de 2014, Rio de Janeiro/RJ.

Acesso em 07/08/20. Fonte: https://crianca.mppr.mp.br/modules/conteudo/conteudo.php?conteudo=1549

Enunciado nº 08 da COPEIJ/14 do GNDH do CNPG

Sempre que possível, deve ocorrer a produção antecipada de prova, de forma diferenciada, preservando-se os princípios da proteção integral, da prioridade absoluta, do interesse superior e da dignidade da pessoa humana, reconhecendo-se suas condições de vulnerabilidade e adaptando-se o procedimento previsto no CPP, ao disposto no Art. 8º, do Protocolo Facultativo à Convenção sobre os Direitos da Criança, internalizado pelo Decreto nº 5.007, de 08 de março de 2004.

Data da reunião: 03 a 05 de setembro de 2014, Rio de Janeiro/RJ.

Acesso em 07/08/20. Fonte: https://crianca.mppr.mp.br/modules/conteudo/conteudo.php?conteudo=1549

Enunciado nº 09 da COPEIJ/14 do GNDH do CNPG

O depoimento especial, no curso da ação penal, deve ser garantido, para assegurar o cumprimento do Decreto nº 5.007/2004; Resolução 20/2005, da ONU, Diretivas da Comunidade Europeia e Recomendação nº 33, de 23 de novembro de 2010, do CNJ.

Data da reunião: 03 a 05 de setembro de 2014, Rio de Janeiro/RJ.

Acesso em 07/08/20. Fonte: https://crianca.mppr.mp.br/modules/conteudo/conteudo.php?conteudo=1549

Enunciado nº 10 da COPEIJ/14 do GNDH do CNPG

A execução da Política Socioeducativa, destinada ao atendimento a adolescentes autores de ato infracional, não pode ficar sob a responsabilidade apenas de órgãos e serviços de assistência social, pois na forma da lei deve abranger ações de cunho eminentemente intersetorial, compreendendo desde a prevenção ao acompanhamento posterior à execução da medida, assim como o atendimento aos pais/responsáveis

Data da reunião: 03 a 05 de setembro de 2014, Rio de Janeiro/RJ.

Acesso em 07/08/20. Fonte: https://crianca.mppr.mp.br/modules/conteudo/conteudo.php?conteudo=1549

Enunciado nº 11 da COPEIJ/14 do GNDH do CNPG

A execução dos programas socioeducativos em meio aberto não se confunde com o atendimento prestado pelos CREAS a adolescentes autores de ato infracional e suas respectivas famílias, sendo necessário que aqueles possuam proposta específica de atendimento, equipe técnica interdisciplinar própria, composta por, no mínimo, profissionais das áreas de saúde, educação e assistência social, registro no CMDCA local e respeito às demais exigências contempladas pelos arts. 9º a 14, da Lei nº 12.594/2012 e arts. 90 e 112 a 119, da Lei nº 8.069/1990.

Data da reunião: 03 a 05 de setembro de 2014, Rio de Janeiro/RJ.

Acesso em 07/08/20. Fonte: https://crianca.mppr.mp.br/modules/conteudo/conteudo.php?conteudo=1549

Enunciado nº 12 da COPEIJ/14 do GNDH do CNPG

Para efetiva implementação do SINASE em todo o Brasil, é fundamental que os Planos Estaduais e Nacional de Atendimento Socioeducativo, assim como os orçamentos dos Estados e da União, contemplem os recursos necessários ao cofinanciamento dos planos e programas municipais, conforme previsto nos arts. 3º, incisos III e VIII e 4º, incisos V, VI e X, da Lei nº 12.594/2012, observado em qualquer caso o princípio constitucional da prioridade absoluta à criança e ao adolescente, nos moldes do disposto no art. 4º, *caput* e par. único, da Lei nº 8.069/1990 e art. 227, *caput*, da Constituição Federal.

Data da reunião: 03 a 05 de setembro de 2014, Rio de Janeiro/RJ.

Acesso em 07/08/20. Fonte: https://crianca.mppr.mp.br/modules/conteudo/conteudo.php?conteudo=1549

Enunciado nº 13 da COPEIJ/14 do GNDH do CNPG

Nos casos de desporto de rendimento, assim definido no art. 3º, da Lei Pelé, somente poderão se submeter à formação profissional desportiva, maiores de 14 (quatorze) anos, considerando o disposto no art. 29, ª 4º, da Lei Pelé, bem como art. 7º, inciso XXXIII, da Constituição Federal.

Data da reunião: 03 a 05 de setembro de 2014, Rio de Janeiro/RJ.

Acesso em 07/08/20. Fonte: https://crianca.mppr.mp.br/modules/conteudo/conteudo.php?conteudo=1549

Enunciado nº 14 da COPEIJ/14 do GNDH do CNPG

Nos casos de formação profissional desportiva, deve ser formalizado Contrato de Aprendizagem entre o clube e o atleta adolescente em formação, com pagamento obrigatório de bolsa aprendizagem, não inferior a um salário mínimo-hora. Tal contrato deverá ter duração máxima de 02 anos (aplicação analógica da CLT), após o qual deverá ser celebrado contrato de trabalho de atleta profissional (art. 29 da Lei Pelé). A celebração/rescisão dos contratos devem ter assistência dos pais e/ou representantes legais, com vedação a agentes e a terceiros, na forma da Lei Pelé.

Data da reunião: 03 a 05 de setembro de 2014, Rio de Janeiro/RJ.

Acesso em 07/08/20. Fonte: https://crianca.mppr.mp.br/modules/conteudo/conteudo.php?conteudo=1549

Enunciado nº 15 da COPEIJ/14 do GNDH do CNPG

Nos casos de formação profissional desportiva, deve ser garantida formação complementar ao atleta adolescente em formação, para atividade diversa da de atleta profissional.

Data da reunião: 03 a 05 de setembro de 2014, Rio de Janeiro/RJ.

Acesso em 07/08/20. Fonte: https://crianca.mppr.mp.br/modules/conteudo/conteudo.php?conteudo=1549

Enunciado nº 16 da COPEIJ/14 do GNDH do CNPG

Nos casos de formação profissional desportiva, devem ser assegurados ao atleta adolescente em formação, assistência médica, odontológica e psicológica, seguro e ajuda de custo para o transporte dos atletas (art. 29, inciso III, da Lei Pelé), bem como a realização de exames médicos admissionais e periódicos, com o correlato arquivamento em prontuário médico.

Data da reunião: 03 a 05 de setembro de 2014, Rio de Janeiro/RJ.

Acesso em 07/08/20. Fonte: https://crianca.mppr.mp.br/modules/conteudo/conteudo.php?conteudo=1549

Enunciado nº 17 da COPEIJ/14 do GNDH do CNPG

Nos casos de formação profissional desportiva e visando à fruição do direito à educação, os atletas adolescentes em formação devem estar matriculados e frequentar a escola, com "satisfatório aproveitamento escolar", compatibilizando-se o tempo de formação e horários escolares. (art. 29, inciso V, da Lei Pelé)

Data da reunião: 03 a 05 de setembro de 2014, Rio de Janeiro/RJ.

Acesso em 07/08/20. Fonte: https://crianca.mppr.mp.br/modules/conteudo/conteudo.php?conteudo=1549

Enunciado nº 18 da COPEIJ/14 do GNDH do CNPG

Nos casos de formação profissional desportiva e na hipótese de realização de testes de seleção, deverão ser observados os seguintes parâmetros: A) exigências prévias (idade mínima, matrícula e frequência escolar; autorização dos pais; exame clínico). B) Período máximo para evitar prejuízos à escola: 1 semana; e C) Gratuidade: interesses econômicos dos clubes.

Data da reunião: 03 a 05 de setembro de 2014, Rio de Janeiro/RJ.

Acesso em 07/08/20. Fonte: https://crianca.mppr.mp.br/modules/conteudo/conteudo.php?conteudo=1549

Enunciado nº 01 da COPEIJ/15 do GNDH do CNPG

O trabalho de crianças e adolescentes em manifestações artísticas, antes da idade mínima prevista na Constituição Federal, constitui uma das formas de trabalho infantil, seja nas TV's, teatros, rádios, cinemas, publicidade, modelos infantis, dublagem ou qualquer outra atividade artística.

Data da reunião: 5 e 7 de agosto de 2015, Belo Horizonte/MG.

Acesso em 07/08/20. Fonte: https://crianca.mppr.mp.br/modules/conteudo/conteudo.php?conteudo=1549

Enunciado nº 02 da COPEIJ/15 do GNDH do CNPG

Por força do art. 8º, itens I e II, da Convenção nº 138 da Organização Internacional do Trabalho, admite-se, excepcionalmente, o trabalho infantil artístico, antes da idade mínima estabelecida, desde que observados os seguintes requisitos: a) Excepcionalidade; b) Situações Individuais e Específicas; c) Ato de Permissão da Autoridade Competente; d) Fixação das Atividades Artísticas onde poderá ser ativado o labor; e) Fixação de condições especiais de trabalho.

Data da reunião: 5 e 7 de agosto de 2015, Belo Horizonte/MG.

Acesso em 07/08/20. Fonte: https://crianca.mppr.mp.br/modules/conteudo/conteudo.php?conteudo=1549

Enunciado nº 03 da COPEIJ/15 do GNDH do CNPG

Na análise de eventual pedido de autorização judicial para trabalho infantil artístico, antes da idade mínima prevista na Lei, deverão ser observados os parâmetros mínimos previstos no sistema de proteção da infância, em especial: a) Impossibilidade de Contratação, toda vez que a obra artística possa ser realizada, objetivamente, por maiores de 16 anos de idade; b) Prévia autorização de representantes legais de crianças e adolescentes; c) Concessão de alvará judicial para cada novo trabalho realizado; d) Matrícula, frequência e bom aproveitamento escolares, além de reforço escolar, em caso de mau desempenho.

Data da reunião: 5 e 7 de agosto de 2015, Belo Horizonte/MG.

Acesso em 07/08/20. Fonte: https://crianca.mppr.mp.br/modules/conteudo/conteudo.php?conteudo=1549

Enunciado nº 04 da COPEIJ/15 do GNDH do CNPG

O roteiro do trabalho artístico não deverá conter elementos perniciosos à integridade da criança ou do adolescente, como sofrimento em cena, exaustiva repetição, uso violento da memória emotiva, exploração sexual comercial, outros trabalhos degradantes ou ainda constantes da Lista das Piores Formas de Trabalho Infantil (Decreto nº 6481/2008).

Data da reunião: 5 e 7 de agosto de 2015, Belo Horizonte/MG.

Acesso em 07/08/20. Fonte: https://crianca.mppr.mp.br/modules/conteudo/conteudo.php?conteudo=1549

Enunciado nº 05 da COPEIJ/15 do GNDH do CNPG

A autorização judicial para trabalho infantil artístico deverá ser certa e específica com relação a determinado contrato de trabalho, não possuindo conteúdo genérico e/ou indeterminado.

Data da reunião: 5 e 7 de agosto de 2015, Belo Horizonte/MG.

Acesso em 07/08/20. Fonte: https://crianca.mppr.mp.br/modules/conteudo/conteudo.php?conteudo=1549

Enunciado nº 06 da COPEIJ/15 do GNDH do CNPG

Nos desportos de rendimento, o alojamento de atletas é medida excepcional, admitindo-se apenas para adolescentes maiores de 14 (catorze) anos, desde que seja formalizado contrato especial de aprendizagem ou contrato especial de trabalho, este a partir dos 16 anos. Em qualquer hipótese, não deverão ser admitidos atletas com idade inferior a 14 (quatorze) anos pelas entidades desportivas para o fim de formação profissional.

Data da reunião: 5 e 7 de agosto de 2015, Belo Horizonte/MG.

Acesso em 07/08/20. Fonte: https://crianca.mppr.mp.br/modules/conteudo/conteudo.php?conteudo=1549

Enunciado nº 07 da COPEIJ/15 do GNDH do CNPG

O alojamento de atletas, quando admitido, somente pode ser oferecido ao adolescente que residir em localidades diversas dos centros de treinamentos desde que haja autorização escrita e prévia dos pais ou responsáveis legais, observando-se a vedação do art. 27-C, VI, da Lei Pelé. Nestes casos, a entidade formadora, de modo a garantir o direito fundamental à convivência familiar e comunitária, deverá prever no contrato o custeio de visitas regulares do adolescente à sua família ou vice-versa, sendo, ainda, vedada a hospedagem em repúblicas, pensões e similares.

Data da reunião: 5 e 7 de agosto de 2015, Belo Horizonte/MG.

Acesso em 07/08/20. Fonte: https://crianca.mppr.mp.br/modules/conteudo/conteudo.php?conteudo=1549

Enunciado nº 08 da COPEIJ/15 do GNDH do CNPG

Os alojamentos de atletas adolescentes deverão ser adequados à sua condição peculiar de pessoa em desenvolvimento, sobretudo em matéria de alimentação, higiene, segurança e salubridade, na forma do art. 29, inciso IV, da Lei Pelé, observando-se os parâmetros mínimos estabelecidos na Norma Regulamentadora nº 24 do Ministério do Trabalho e Emprego.

Data da reunião: 5 e 7 de agosto de 2015, Belo Horizonte/MG.

Acesso em 07/08/20. Fonte: https://crianca.mppr.mp.br/modules/conteudo/conteudo.php?conteudo=1549

Enunciado nº 09 da COPEIJ/15 do GNDH do CNPG

As entidades desportivas formadoras, ao alojarem atletas adolescentes que se encontram distantes da residência de suas respectivas famílias, assumem a natureza jurídica de entidades de atendimento de adolescentes, na forma do rol exemplificativo previsto no art. 90, do ECA.

Data da reunião: 5 e 7 de agosto de 2015, Belo Horizonte/MG.

Acesso em 07/08/20. Fonte: https://crianca.mppr.mp.br/modules/conteudo/conteudo.php?conteudo=1549

Enunciado nº 10 da COPEIJ/15 do GNDH do CNPG

As entidades formadoras de prática desportiva exercem atividade eminentemente lucrativa, estabelecendo relação contratual de trabalho com o adolescente atleta. Essa relação é incompatível com o instituto da guarda que, pela sua amplitude, não pode ser exercida pelo próprio contratante diante do evidente conflito de interesses.

Data da reunião: 5 e 7 de agosto de 2015, Belo Horizonte/MG.

Acesso em 07/08/20. Fonte: https://crianca.mppr.mp.br/modules/conteudo/conteudo.php?conteudo=1549

Enunciado nº 11 da COPEIJ/15 do GNDH do CNPG

Como entidades de atendimento a adolescentes, as entidades desportivas formadoras, em seus alojamentos, devem observar: a) os deveres jurídicos de cuidado, proteção e vigilância, decorrentes da subordinação típica do contrato de trabalho e do sistema de proteção da infância e da adolescência (ECA, CLT e Lei Pelé); b) os parâmetros previstos no documento "Orientações Técnicas: Serviços de Acolhimento para Crianças e Adolescentes" (Resolução CONANDA/CNAS nº 01/2009), que traçam os requisitos para o regular funcionamento do serviço de acolhimento institucional (art. 91, §1º, alínea "e", ECA), face à similitude de condições vivenciadas pelos adolescentes, no que for compatível.

Data da reunião: 5 e 7 de agosto de 2015, Belo Horizonte/MG.

Acesso em 07/08/20. Fonte: https://crianca.mppr.mp.br/modules/conteudo/conteudo.php?conteudo=1549

Enunciado nº 12 da COPEIJ/15 do GNDH do CNPG

Como entidades de atendimento, as entidades desportivas formadoras de atletas adolescentes deverão ser registradas e inscrever seus programas no Conselho Municipal dos Direitos da Criança e do Adolescente (CMDCA), tal qual determina o art. 91, do ECA, além de serem fiscalizadas pelo Judiciário, pelo Ministério Público e pelos Conselhos Tutelares, nos moldes do art. 95, do ECA.

Data da reunião: 5 e 7 de agosto de 2015, Belo Horizonte/MG.

Acesso em 07/08/20. Fonte: https://crianca.mppr.mp.br/modules/conteudo/conteudo.php?conteudo=1549

Enunciado nº 01 da COPEIJ/16 do GNDH do CNPG

Para garantir o regular funcionamento dos Conselhos Tutelares, compete aos municípios dispor em lei municipal sobre o horário de funcionamento e jornada de trabalho dos membros, prevendo inclusive a atuação em regime de plantão ou sobreaviso, tomando as medidas necessárias para assegurar que a realização dos plantões pelos conselheiros não prejudique o funcionamento colegiado do órgão.

Data da reunião: 15/02/2017 – MPDFT.

Acesso em 07/08/20. Fonte: https://www.cnpg.org.br/images/arquivos/gndh/documentos/enunciados/enunciadoscopeij.pdf

https://crianca.mppr.mp.br/modules/conteudo/conteudo.php?conteudo=1549

Enunciado nº 02 da COPEIJ/16 do GNDH do CNPG

Caberá ao Município dispor de estrutura adequada para o funcionamento do Conselho Tutelar, sobretudo nos períodos de plantão ou sobreaviso, sendo também essencial que outros serviços públicos estejam disponíveis no período noturno e nos finais de semana, à exemplo dos serviços de localização de pais, serviços de acompanhamento e transporte para garantir efetiva proteção às crianças e adolescentes que dele necessitarem.

Data da reunião: 15/02/2017 – MPDFT.

Acesso em 07/08/20. Fonte: https://www.cnpg.org.br/images/arquivos/gndh/documentos/enunciados/enunciadoscopeij.pdf

https://crianca.mppr.mp.br/modules/conteudo/conteudo.php?conteudo=1549

Enunciado nº 03 da COPEIJ/16 do GNDH do CNPG

É obrigação dos municípios a implementação das medidas socioeducativas em meio aberto, as quais não se resumem a ações na área da assistência social e/ou no atendimento prestado pelos CREAS e CRAS aos adolescentes e suas famílias.

Data da reunião: 15/02/2017 – MPDFT.

Acesso em 07/08/20. Fonte: https://www.cnpg.org.br/images/arquivos/gndh/documentos/enunciados/enunciadoscopeij.pdf

https://crianca.mppr.mp.br/modules/conteudo/conteudo.php?conteudo=1549

Enunciado nº 04 da COPEIJ/16 do GNDH do CNPG

As entidades de atendimento que irão executar os programas socioeducativos em meio aberto podem estar vinculadas à área da assistência social, mas não há obrigação alguma que isto ocorra, uma vez que a Lei nº 12.594/12, posterior à Resolução CNAS nº 109/2009 e à Lei nº 8.742/93, não vincula a execução desses programas aos equipamentos do SUAS.

Data da reunião: 15/02/2017 – MPDFT.

Acesso em 07/08/20. Fonte: https://www.cnpg.org.br/images/arquivos/gndh/documentos/enunciados/enunciadoscopeij.pdf

https://crianca.mppr.mp.br/modules/conteudo/conteudo.php?conteudo=1549

Enunciado nº 01 da COPEIJ/17 do GNDH do CNPG

O Ministério Público, como legitimado a desencadear o procedimento para imposição de penalidade administrativa por infração às normas de proteção à criança e ao adolescente, deve fomentar a implementação, pelo Poder Judiciário, de equipes de servidores efetivos ou voluntários credenciados (agentes de proteção ou comissários da infância e juventude), para o exercício da fiscalização prevista no art. 194 do ECA.

Data da reunião: 16 de março de 2017, João Pessoa/PB.

Acesso em 07/08/20. Fonte: https://crianca.mppr.mp.br/modules/conteudo/conteudo.php?conteudo=1549

Enunciado nº 02 da COPEIJ/17 do GNDH do CNPG

A divulgação de imagens e vídeos de crianças e adolescentes acolhidos para fins de campanhas ou programas de incentivo à adoção tardia, devidamente monitorada pelo sistema de justiça, não constitui ofensa aos arts. 17 e 18 da Lei nº 8.069/1990, sendo imprescindível a autorização do dirigente da entidade de acolhimento (art. 92, §1º, da Lei nº 8.069/1990). Em se tratando de adolescente, é necessária também a sua anuência.

Data da reunião: 16 de março de 2017, João Pessoa/PB.

Acesso em 07/08/20. Fonte: https://crianca.mppr.mp.br/modules/conteudo/conteudo.php?conteudo=1549

Enunciado nº 03 da COPEIJ/17 do GNDH do CNPG

O Ministério Público deve velar para que o processo de conhecimento, que apura prática de ato infracional, não seja extinto antes que se comprove a efetiva execução da medida protetiva isoladamente aplicada, tudo nos moldes do art. 38 da Lei nº 12.594/2012.

Data da reunião: 16 de março de 2017, João Pessoa/PB.

Acesso em 07/08/20. Fonte: https://crianca.mppr.mp.br/modules/conteudo/conteudo.php?conteudo=1549

Enunciado nº 01 da COPEIJ/18 do GNDH do CNPG

Nas hipóteses em que o Conselho Tutelar remete casos da sua atribuição precípua ao MP sem a aplicação ou o esgotamento das medidas protetivas cabíveis, deverá o Promotor de Justiça, observando o disposto nos termos da Resolução nº 174 do CNMP, devolver o expediente para que o órgão tutelar adote as medidas protetivas aplicáveis, nos termos dos artigos 101, 129 e 136 da Lei nº 8.069/1990.

Nota do autor: consta que os enunciados foram emitidos, mas sem a indicação da data de aprovação nos sítios oficiais. Reunião Ordinária do GNDH/2018.

Acesso em 07/08/20. Fonte: https://crianca.mppr.mp.br/modules/conteudo/conteudo.php?conteudo=1549

Enunciado nº 02 da COPEIJ/18 do GNDH do CNPG

Em observância ao disposto no art. 48 do ECA, o direito garantido à mãe ao sigilo sobre o nascimento, previsto no art. 19-A, §9º do ECA, refere-se à divulgação da informação aos seus familiares e a terceiros, devendo ser vedada a possibilidade de supressão de seus dados qualificativos na Declaração de Nascido Vivo (DNV) ou na certidão de nascimento da criança.

Nota do autor: consta que os enunciados foram emitidos, mas sem a indicação da data de aprovação nos sítios oficiais. Reunião Ordinária do GNDH/2018.

Acesso em 07/08/20. Fonte: https://crianca.mppr.mp.br/modules/conteudo/conteudo.php?conteudo=1549

Enunciado nº 03 da COPEIJ/18 do GNDH do CNPG

A hipótese prevista no art. 19-A, §10, do ECA refere-se, tão somente, a crianças cujos pais são desconhecidos ou destituídos do poder familiar.

Nota do autor: consta que os enunciados foram emitidos, mas sem a indicação da data de aprovação nos sítios oficiais. Reunião Ordinária do GNDH/2018.

Acesso em 07/08/20. Fonte: https://crianca.mppr.mp.br/modules/conteudo/conteudo.php?conteudo=1549

Enunciado nº 04 da COPEIJ/18 do GNDH do CNPG

O Ministério Público deve zelar para que o profissional do SUS ou do SUAS que tiver responsabilidade de acompanhar/tratar, na rede de proteção, a criança ou o adolescente vítima ou testemunha de violência, não participe do depoimento especial dessa mesma criança ou adolescente, adotando as medidas extrajudiciais e judiciais cabíveis para implementação da lei 13.431/2017.

Nota do autor: consta que os enunciados foram emitidos, mas sem a indicação da data de aprovação nos sítios oficiais. Reunião Ordinária do GNDH/2018.

Acesso em 07/08/20. Fonte: https://crianca.mppr.mp.br/modules/conteudo/conteudo.php?conteudo=1549

Enunciado nº 03 da COPEIJ/19 do GNDH do CNPG

O Ministério Público deve velar para que a suplementação financeira devida pela União, nos termos do art. 3º, inc. III da Lei do Sinase, seja continuada, suficiente e pactuada entre os entes federados, de modo a contribuir para as despesas de implementação e custeio das políticas estaduais e municipais de atendimento socioeducativo. Cabe ao MP dos Estados e do DF atuar conjuntamente com o MPF, na hipótese de descumprimento ou cumprimento insatisfatório desta obrigação pelo Governo Federal.

Data da reunião: 27 a 29 de março de 2019, Salvador/BA.

Data da reunião CNPG: 24 de abril de 2019, Campo Grande/MS.

Acesso em 07/08/20. Fonte: https://crianca.mppr.mp.br/modules/conteudo/conteudo.php?conteudo=1549

https://crianca.mppr.mp.br/arquivos/File/enunciados/enunciados_copeij_aprovados_abr2019.pdf

Enunciado nº 04 da COPEIJ/19 do GNDH do CNPG

O Ministério Público deve zelar, nos termos dos arts. 4º, 9º, 11 e 12 da Portaria nº 1.189/2018-MJ, para que as empresas de internet que explorarem filmes, programas, obras audiovisuais seriadas, jogos e outros produtos passíveis de classificação, respeitem os padrões de tamanho, cor, proporção, posicionamento e duração da exibição e os critérios de clareza, nitidez e acessibilidade especificados no Guia Prático da Classificação Indicativa.

Data da reunião: 27 a 29 de março de 2019, Salvador/BA.

Data da reunião CNPG: 24 de abril de 2019, Campo Grande/MS.

Acesso em 07/08/20. Fonte: https://crianca.mppr.mp.br/modules/conteudo/conteudo.php?conteudo=1549

https://crianca.mppr.mp.br/arquivos/File/enunciados/enunciados_copeij_aprovados_abr2019.pdf

Enunciado nº 05 da COPEIJ/19 do GNDH do CNPG

O Ministério Público deverá zelar para que os artigos 78 e 79 do ECA sejam interpretados conforme a Constituição Federal e em consonância com a jurisprudência do Supremo Tribunal Federal (ADIN 4277/DF e ADPF 132/RJ), razão pela qual a publicação de manifestação de afeto homoafetivo não se enquadra na categoria de material pornográfico, impróprio ou inadequado a crianças e adolescentes, quando manifestação semelhante heteroafetiva não for assim considerada.

Data da reunião: 11 a 13/09/2019, São Luiz/MA.

Acesso em 07/08/20. Fonte: https://crianca.mppr.mp.br/modules/conteudo/conteudo.php?conteudo=1549

http://www.mprj.mp.br/documents/20184/378251/enunciadosiirogndh2019.pdf

Enunciado nº 06 da COPEIJ/19 do GNDH do CNPG

O requisito da idoneidade moral, previsto no artigo 133, I, do ECA, não se restringe aos conceitos do direito penal relativos à reincidência ou maus antecedentes, cabendo à Comissão Especial Eleitoral, em procedimento administrativo que assegure o contraditório, avaliar casuisticamente se as condutas praticadas pelo candidato ao Conselho Tutelar, ainda que não vedadas pela legislação ou resolução local, são compatíveis com o decoro do cargo.

Data da reunião: 11 a 13/09/2019, São Luiz/MA.

Acesso em 07/08/20. Fonte: https://crianca.mppr.mp.br/modules/conteudo/conteudo.php?conteudo=1549

Enunciado nº 07 da COPEIJ/19 do GNDH do CNPG

Não configura crime eleitoral, passível de prisão em flagrante, a prática, na data da votação do processo de escolha do Conselho Tutelar, das condutas tipificadas na legislação eleitoral. Tais condutas, contudo, podem configurar inidoneidade moral passíveis de impugnação perante a Comissão Especial Eleitoral ou judicialmente pelo Ministério Público.

Data da reunião: 11 a 13/09/2019, São Luiz/MA.

Acesso em 07/08/20. Fonte: https://crianca.mppr.mp.br/modules/conteudo/conteudo.php?conteudo=1549

Enunciado nº 08 da COPEIJ/19 do GNDH do CNPG

Em sendo flagrada conduta vedada ou irregularidade no dia da votação do processo de escolha do Conselho Tutelar, cabe à autoridade pública fazer cessar o ato indevido, apreendendo e/ou materializando a prova para a posterior impugnação da candidatura. Caso o candidato ou seu apoiador desobedeça a ordem legal do funcionário público, esta conduta pode configurar, em tese, o crime de desobediência (art. 330 do CP).

Data da reunião: 11 a 13/09/2019, São Luiz/MA.

Acesso em 07/08/20. Fonte: https://crianca.mppr.mp.br/modules/conteudo/conteudo.php?conteudo=1549

Enunciado nº 09 da COPEIJ/19 do GNDH do CNPG

Considerando que compete ao gestor do atendimento socioeducativo, mediante solicitação da autoridade judiciária, designar a vaga em programa ou unidade de cumprimento da medida, nos termos do artigo 40 da Lei do Sinase, o Ministério Público deve diligenciar para que os gestores, em articulação com o Sistema de Justiça, estabeleçam critérios objetivos e transparentes para a gestão das vagas existentes em cada sistema socioeducativo, levando-se em conta o disposto no artigo 49, inciso II, da mesma Lei.

Nota do autor: O enunciado acima foi encaminhado ao CNPG para aprovação.

Data da reunião: 11 a 13/09/2019, São Luiz/MA.

http://www.mprj.mp.br/documents/20184/378251/enunciadosiirogndh2019.pdf

14 – LEGISLAÇÃO INSTITUCIONAL

INGRESSO

Enunciado nº 02 do CNMP

Dispõe sobre o conceito e a comprovação de atividade jurídica de que trata o artigo 129, § 3º, da Constituição Federal, conforme estabelece a Resolução nº 4, de 20 de fevereiro de 2006.

O Conselho Nacional do Ministério Público, ao editar a Resolução nº 4/2006, já se pronunciou abstratamente sobre o conceito e comprovação de atividade jurídica de que trata o artigo 129, § 3º, da Constituição Federal, cabendo às comissões de concurso, no âmbito de cada Ministério Público, a análise dos casos concretos.

Publicação: Diário da Justiça, Seção 1, edição de 06/07/2006.

Categoria: Enunciados.

Status: Vigente.

Situação: Não consta revogação expressa.

Enunciado nº 11 do CNMP

Dispõe sobre a participação da Ordem dos Advogados do Brasil nos concursos para ingresso na carreira do Ministério Público.

Art. 1º É obrigatória a participação da Ordem dos Advogados do Brasil em todas as fases de concurso para ingresso no Ministério Público, inclusive na apreciação de eventuais recursos apreciados pela respectiva banca, sob pena de nulidade de todas as fases posteriores à comprovada ausência de participação.

Art. 2º O enunciado terá aplicação a partir de sua publicação

Publicação: Diário Eletrônico do CNMP, Caderno Processual, p.1, edição de 01/02/2017.

Categoria: Enunciados.

Status: Vigente.

Situação: Não consta revogação expressa.

Súmula nº 04 do CNMP

A modificação de gabarito preliminar de concurso exige motivação, por se tratar de decisão administrativa, seja em face de recurso, seja em caso de revisão de ofício.

Publicação: Diário Eletrônico do CNMP, Caderno Processual, edição de 14/03/2018.

Categoria: Súmulas.

Status: Vigente.

Situação: Não consta revogação expressa.

Súmula nº 05 do CNMP

Cabe à Comissão de Concurso a apreciação dos recursos contra os resultados das provas de concurso de ingresso na carreira do MP, podendo, para a prática de atos meramente executórios, valer-se do apoio de comissões auxiliares, bem como de bancas examinadoras designadas ou contratadas.

Publicação: Diário Eletrônico do CNMP, Caderno Processual, edição de 14/03/2018.

Categoria: Súmulas.

Status: Vigente.

Situação: Não consta revogação expressa.

Súmula nº 06 do CNMP

A legalidade do exame psicotécnico em provas de concurso público está submetida a cinco requisitos indispensáveis: previsão legal, previsão no edital, adoção de critérios objetivos, publicidade do resultado do exame e possibilidade de sua revisão.

Publicação: Diário Eletrônico do CNMP, Caderno Processual, edição de 14/03/2018.

Categoria: Súmulas.

Status: Vigente.

Situação: Não consta revogação expressa.

Súmula nº 07 do CNMP

É inadmissível a contratação para organização de concurso público de entidade que promova cursos preparatórios para certames, evitando-se possível conflito de interesses.

Publicação: Diário Eletrônico do CNMP, Caderno Processual, edição de 14/03/2018.

Categoria: Súmulas.

Status: Vigente.

Situação: Não consta revogação expressa.

Súmula nº 003/1997 do Conselho Superior do Ministério Público do Estado do Pará

DECIDE que a lista de antiguidade de Promotores de Justiça de 1ª entrância obedecerá à ordem de classificação de concurso, por se tratar de primeira investidura.

Aprovada em 03/02/1997.

Súmula nº 003/2007 do Conselho Superior do Ministério Público do Estado do Pará

DECIDE que é garantido ao Promotor de Justiça recém-interessado na carreira o direito de preferência para opção sobre os cargos vagos na primeira entrância que não lhe foram disponibilizados para provimento inicial ou remoção, de acordo com a ordem de classificação no concurso.

Aprovada em 02/02/2007.

Enunciado nº 21/17 do Conselho Superior do Ministério Público do Estado do Maranhão

O acesso de Promotor de Justiça Substituto a cargo de entrância inicial se dá na vaga remanescente das movimentações horizontais precedentes, cujos editais devem observância ao art. 81 LC 13/91, observando-se na titularização o parágrafo único do art. 75 da LC 13/91.

Publicado no Diário Eletrônico, Ministério Público, Maranhão, 26/09/2017.

PROMOÇÃO E REMOÇÃO

Assento nº 06/2016 do Conselho Superior do Ministério Público do Alagoas

Não havendo habilitação nas remoções provenientes da Lei nº 6.339/02, expedir-se-á edital de promoção.

Publicado no DOE AL, Edição nº 413, em 06/09/2016, FL 364.

Assento nº 06/2019 do Conselho Superior do Ministério Público do Alagoas

Não havendo habilitação nas remoções provenientes da Lei nº 6.339/02, expedir-se-á edital de promoção.

Publicado no DOE AL, Edição nº 1023, de 22/02/2019, FL 86.

Assento nº 06/2020 do Conselho Superior do Ministério Público do Alagoas

Não havendo habilitação nas remoções provenientes da Lei nº 6.339/02, expedir-se-á edital de promoção.

Publicado no DOE AL, Edição nº 138, de 03/03/2020, FL 8.

Assento nº 002/04 do Conselho Superior do Ministério Público do Estado do Amazonas

REPUBLICADO – RESOLUÇÃO N.º 024/08-CPJ

O cálculo do quinto constitucional para efeito de promoção tomará por base o número de cargos preenchidos e qualquer fração importará no arredondamento a maior do total.

Publicado no Diário Oficial, Amazonas, 23/07/2008.

Assento nº 001/07 do Conselho Superior do Ministério Público do Estado do Amazonas

A primeira quinta parte da lista de antiguidade se deslocará a cada vaga aberta para provimento por promoção por merecimento ou antiguidade, dando interpretação conforme ao art. 244, § 3.º, da Lei Orgânica do Ministério Público.

Publicado no Diário Oficial, Amazonas, 16/07/2007.

Assento nº 22/2019 do Conselho Superior do Ministério Público do Estado de Sergipe

No caso de pluralidade de vagas à remoção e à promoção, o Membro do Ministério Público poderá concorrer a todas elas, mas deverá indicar, no momento da inscrição, a ordem de preferência. Não havendo a indicação, a remoção ou a promoção, por merecimento ou antiguidade, tornará sem efeito a inscrição do candidato para as demais vagas, cuja apreciação esteja pautada para a mesma Sessão de Julgamento do Conselho Superior.

Publicado no DOFe de SE em 28/03/2019.

Assento nº 01/2016 do Conselho Superior do Ministério Público do Estado do Tocantins

O requisito temporal para inscrição na movimentação da carreira deve estar implementado na data da inscrição.

Aprovado na 168ª Sessão Ordinária em 28/06/2016.

Súmula nº 002/2012 do Conselho Superior do Ministério Público do Estado do Pará

DECIDE: O Membro removido ou promovido, por antiguidade ou merecimento, terá sua inscrição prejudicada nos demais certames para os quais houver protocolado requerimento, em data anterior à sessão de julgamento de sua remoção ou promoção.

Aprovada em 01/06/2012.

Súmula nº 02/2009 do Conselho Superior do Ministério Público do Estado do Ceará

O edital de promoção ou remoção por merecimento deve convocar todos os integrantes da lista de antiguidade da entrância interessada, indicando a primeira parte do quinto constitucional e os quintos subsequentes, segundo prévia aprovação pelo CSMP, e esclarecendo aos interessados a metodologia de cálculo para sua formação.

Para fins de composição da lista tríplice, inexistindo candidatos que preencham simultaneamente os requisitos constantes do art. 93, II, b, da CF, em número suficiente para sua formação, a ela podem concorrer os integrantes da lista de antiguidade na ordem sucessiva dos quintos constitucionais.

Revoga a súmula nº 01/2007.

Publicado no DJ nº 179, 24/09/2009, pág. 232.

Assento n º 001/2013 do Conselho Superior do Ministério Público do Estado de Rondônia

No caso de promoção ou remoção por merecimento, cada Conselheiro preencherá, individualmente, o formulário anexo à Resolução nº 14/2012-CSMP, atribuindo a cada um dos candidatos pontuação referente aos critérios objetivos, justificando as notas conferidas.

Aprovado na sua 489ª Sessão, 31/01/2013.

Assento nº 004/2013 do Conselho Superior do Ministério Público do Estado de Rondônia

No caso de promoção ou remoção por merecimento, cada Conselheiro formará sua própria lista de merecimento, apresentando seu voto, cuja ordem de colocação será baseada na pontuação conferida a cada candidato.

Aprovado na sua 489ª Sessão, 31/01/2013.

Súmula nº 05/2006 do Conselho Superior do Ministério Público do Estado do Ceará

a) Cada Conselheiro, ao elaborar sua lista tríplice particular, deverá explicitar as razões pelas quais escolheu os três candidatos por ele votados em detrimento dos demais;

b) Após essa primeira fundamentação obrigatória, o Conselheiro deverá, necessariamente, estabelecer uma ordem de preferência entre os candidatos por ele escolhidos, declinando expressamente os motivos que determinaram a classificação de cada um;

c) A fundamentação utilizada por cada Conselheiro, será anexada à ata respectiva;

d) Havendo empate quanto ao número de votos recebidos pelos candidatos que integram a lista tríplice, o primeiro critério para se chegar ao promovido ou removido é o de constatar o número de vezes em que cada candidato foi votado em primeiro lugar por cada um dos Conselheiros. Por óbvio, o que houver sido indicado mais vezes em primeiro lugar será o escolhido. Caso persista o empate, apuram-se quantas vezes cada candidato empatado figurou em segundo lugar, e sucessivamente em terceiro, nas listas particulares de cada um dos Conselheiros;

e) Se, mesmo após a utilização desses três critérios de desempate, não for possível se chegar ao escolhido, utilizar-se-á o critério da antiguidade para definir a questão, nos termos do art. 44 do Regimento Interno do CSMP;

f) Deve-se obedecer a ordem dos escrutínios. Assim, se apenas um ou dois candidatos obtiverem o número de votos suficientes para integrar a lista, será(ão) considerado(s) o 1º e o 2º colocados, procedendo-se nova(s) votação(ões) para escolha do restante da lista.

Publicado no DJ nº 148, 08/08/06, pág. 130.

Assento nº 002/2013 do Conselho Superior do Ministério Público do Estado de Rondônia

No caso de promoção ou remoção por merecimento, havendo apenas um candidato, não é necessário o preenchimento do formulário anexo à Resolução nº 14/2012-CSMP, excetuando-se o caso em que o Conselheiro queira recusar fundamentalmente a postulação.

Aprovado na sua 489ª Sessão, 31/01/2013.

Assento nº 01/11 do Conselho Superior do Ministério Público do Estado do Estado do Mato Grosso

Em não havendo candidato inscrito que preencha os requisitos constitucionais objetivos, terá preferência aquele que preencher pelo menos um deles. Não havendo candidato nesta situação, deverá ser observada a ordem das quintas partes sucessivamente.

De 05/08/2015, conforme acesso em 07 de agosto de 2020 ao site: https://www.mpmt.mp.br/secao/673.

Assento nº 003/2013 do Conselho Superior do Ministério Público do Estado de Rondônia

No caso de promoção ou remoção por merecimento, havendo apenas um candidato, não se aplica o §2º do artigo 16 da Resolução nº 14/2012-CSMP, podendo o candidato utilizar os certificados e documentos em outro pedido de movimentação na carreira.

Aprovado na sua 489ª Sessão, 31/01/2013.

Enunciado nº 001 do Conselho Superior do Ministério Público do Estado de Pernambuco

Nas promoções e remoções por merecimento, existindo apenas um ou dois nomes que integrem o quinto constitucional, não haverá recomposição do quinto de antiguidade, podendo a lista ser formada por menos de três postulantes.

Publicada no DOE de 10/12/2015.

Conforme acesso em 07 de agosto de 2020 ao site: http://www.mppe.mp.br/mppe/institucional/conselho-superior/conselho-instrumentos-juridicos/category/437-enunciados

Assento nº 003/18 do Conselho Superior do Ministério Público do Estado do Amazonas

Art. 1.º – A movimentação na carreira, seja horizontal ou vertical, condiciona-se ao cumprimento do inciso II, do art. 252 e I, do art. 257, da Lei Complementar nº 011/1993, incluídas as recomendações (provimentos) oriundos de inspeção/ correição efetuadas pela CGMP/AM.

Parágrafo único – Na hipótese de a movimentação se dar por antiguidade, será efetivado termo de ajustamento disciplinar (TAD), conferindo prazo de até 60 (sessenta) dias para cumprimento.

Art. 2º – A desistência de acúmulo de atribuições só se efetivará após o cumprimento das recomendações (provimentos) oriundos de inspeção/ correição efetuadas pela CGMP/AM.

Publicado no Diário Oficial, Ministério Público, Amazonas, 27/07/2018.

Súmula nº 06 do Conselho Superior do Ministério Público do Estado de Goiás

No caso de não observância ao requisito previsto no inciso III, do artigo 155, da Lei Complementar 25/98, somente será admitida justificativa se houver prévia e expressa autorização do Conselho Superior do Ministério Público, para residência fora da comarca.

De 05/06/2013.

Súmula nº 02/2012 do Conselho Superior do Ministério Público do Estado do Ceará

Ementa: fixação da documentação e prazo para instrução dos processos de inscrição nos concursos de promoção e remoções.

OS PROCESSOS REFERENTES AOS PEDIDOS DE INSCRIÇÃO PARA OS CONCURSOS DE PROMOÇÃO E REMOÇÃO PELOS CRITÉRIOS DE ANTIGUIDADE E MERECIMENTO SERÃO INSTRUÍDOS OBRIGATORIAMENTE, CONFORME PRAZO E COM OS SEGUINTES DOCUMENTOS:

1. Comprovante de residência na comarca de titularidade ou autorização que exclua da obrigação através de documentos hábeis, como contrato de locação, contas de consumo de água, luz, telefone, fatura de cartão de crédito, etc;

2. Regularidade do serviço: certidão da movimentação dos processos na vara, de sua titularidade, respondências e auxílios com especificação da quantidade de processos que tramitam na vara, como registro de quantos estão com vista e quantos estão com carga, bem como registros sobre suas respectivas datas;

3. Regularidade do serviço com relação a atuação extrajudicial: declaração fornecida pelo próprio membro do Ministério Público, sob as penas da lei, referente aos procedimentos administrativos, que tramitam em sua titularidade, respondências e auxílios, especificando a quantidade de feitos e a data do último andamento;

4. Do prazo de inscrição e de instrução: O prazo para instrução dos processos de pedidos de inscrições para os concursos de promoção e remoção pelos critérios de antiguidade e merecimento será obrigatoriamente o mesmo prazo de inscrição definitiva no edital, não sendo permitido ao candidato a juntada posterior de documentos. Ficando, ainda, estabelecido que cabe ao candidato instruir seu pedido de inscrição com os documentos obrigatórios acima elencados e outros que entender necessários para aferição de merecimento.

Revoga a súmula nº 6 de 2006.

Publicado no DJ nº 543, 17/08/2012, pág. 10-11.

Súmula nº 02 do Conselho Superior do Ministério Público do Estado do Paraná

Para efeito de contagem do prazo, o interstício para promoção por merecimento e de remoção, tem como termo *a quo* a data da posse na entrância e na comarca, respectivamente, e termo *ad quem*, a data prevista para o julgamento do respectivo edital.

De 20 de novembro de 2012.

Conforme acesso em 07 de agosto de 2020 ao site:https://mppr.mp.br/modules/conteudo/conteudo.php?conteudo=5584

Assento nº 06 do Conselho Superior do Ministério Público do Estado do Rio Grande do Norte

A falta de comprovação do cumprimento ou justificativa para o descumprimento de eventual recomendação procedida pela Corregedoria-Geral do Ministério Público em relação a procedimentos em atraso implica em configuração da hipótese prevista no art. 127, inciso I, da Lei Complementar Estadual nº 141, de 09 de fevereiro de 1996, e art. 4º, da Resolução nº 005/2006 - CSMP.

Aprovado na 3ª Sessão Extraordinária do Conselho Superior do Ministério Público, realizada em 17 de fevereiro de 2009.

Enunciado nº 21 do Conselho Superior do Ministério Público do Estado do Pará

MOVIMENTAÇÃO NA CARREIRA. REMOÇÃO E PROMOÇÃO. OBSERVAÇÃO DE PRESSUPOSTO OBJETIVO. SERVIÇOS EM DIA.

O pressuposto objetivo para inscrição de certames de remoção e promoção "estar com os serviços de seu cargo em dia", se refere a todas as atividades judiciais e extrajudiciais desenvolvidas pelo membro.

Publicado no DOE 22.11.2019.

Aprovado na 21ª Sessão Ordinária, realizada em 13.11.2019.

Fundamento: art. 89, inciso VI, da Lei Complementar n.º 057, de 06.07.2006. Não se confunde com a declaração disposta no inciso VII, do mesmo artigo, pois se refere aos processos judiciais retidos fora do prazo, injustificadamente, ou restituídos sem manifestação.

Assento nº 12/2015 do Conselho Superior do Ministério Público do Estado de Sergipe

Nos Procedimentos por remoção ou promoção, por merecimento ou antiguidade, não serão considerados HABILITADOS ou INDICADOS, os candidatos que, injustificadamente, deixarem de encaminhar à Corregedoria Geral do Ministério Público os relatórios de cumprimento das atividades funcionais, bem como não alimentarem os bancos de dados que gerenciam os trabalhos das respectivas Promotorias de Justiça. (Art. 68, I, primeira parte, da Lei Complementar nº 02/90).

Nova redação. Publicado no DOFe de SE em 27/11/2015.

Súmula nº 07/2006 do Conselho Superior do Ministério Público do Estado do Ceará

Fixação de prazo para instruções dos processos de inscrições nos concursos de Promoções e Remoções pela Corregedoria Geral do Ministério Público.

Determina a fixação do prazo legal de 10(dez) dias úteis para a Corregedoria Geral do Ministério Público instruir os processos de inscrições após recebimento da Diretoria de Recursos Humanos – DRH nos concursos de Promoções e Remoções.

Publicado no DJ nº 148, 08/08/06, pág. 131.

Assento nº 17/17 do Conselho Superior do Ministério Público do Estado de Goiás

Vagando-se uma Promotoria de Justiça no interior do Estado, cujo último titular tenha sido Promotor de Justiça de 3ª entrância, manter-se-á o status da Promotoria de Justiça, por apenas uma vez, permitindo o preenchimento por Promotor de Justiça de 3ª entrância titular no interior, seja por antiguidade, seja por merecimento.

De 13/12/2017.

Enunciado nº 20/17 do Conselho Superior do Ministério Público do Estado do Maranhão

A exegese do art. 81 da LC nº 13/91, autoriza a abertura de editais sucessivos de remoção (remoção de remoção) para cargos vagos na mesma entrância, respeitada a alternância dos critérios de antiguidade e merecimento, até o exaurimento de eventuais interessados para cada remoção, seguindo-se o edital de promoção.

Publicado no Diário Eletrônico, Ministério Público, Maranhão, 26/09/2017.

Assento nº 02/11 do Conselho Superior do Ministério Público do Estado do Estado do Mato Grosso

O candidato remanescente de lista anterior será analisado em primeiro lugar e somente poderá ser promovido ou removido em não havendo candidato que esteja em quinta parte anterior, ainda que seja a terceira vez consecutiva ou quinta alternada que figure na lista.

De 05/08/2015, conforme acesso em 07 de agosto de 2020 ao site: https://www.mpmt.mp.br/secao/673.

Enunciado de Súmula nº 36 do Conselho Superior do Ministério Público do Estado de Minas Gerais

Nos casos de promoção e sucessiva remoção, previstos no artigo 177 §§ 1º e 2º da Lei Complementar nº 34, de 1994, com a redação que lhe fora dada pela Lei Complementar nº 61, de 2001, e, respeitado o critério da antiguidade, será possível a promoção de tantos candidatos quantos forem os inscritos nessa condição, para um único edital, na mesma sessão do Conselho Superior do Ministério Público, aplicando-se a limitação prevista no § 2º nas hipóteses em que tal movimentação resultar na manutenção do cargo vago sem provimento. A lista dos inscritos será confeccionada de maneira a destacar os candidatos cujas comarcas tenham sido classificadas em entrância mais elevada e nelas desejarem permanecer.

Aprovado, por unanimidade, na 19ª Sessão Ordinária/2006, realizada em 24/10/06 e publicada em 16/12/2006; publicação específica no Diário Oficial: 27/10/2006. Reformulado, por maioria de votos, na 5ª Sessão Ordinária/2009, realizada em 16/03/09 e publicada em 19/03/09.

Enunciado de Súmula nº 41 do Conselho Superior do Ministério Público do Estado de Minas Gerais

A remoção voluntária de membro da Instituição na mesma Comarca, pelo critério de antiguidade ou se constatada a inscrição de candidato único para vaga pelo critério de merecimento, dar-se-á por ato do Presidente do Conselho Superior do Ministério Público, *ad referendum* do respectivo Órgão Colegiado, na sessão subsequente.

Aprovado, por unanimidade, na 12ª Sessão Ordinária/2007, realizada em 18/06/07 e publicada em 04/10/2007; publicações específicas no Diário Oficial: 20 e 21/06/07.

Enunciado de Súmula nº 42 do Conselho Superior do Ministério Público do Estado de Minas Gerais

Quando a vaga decorrente de remoção for provida por remoção interna e for esgotada a respectiva sequência de remoções internas, a vaga remanescente será preenchida conforme o critério do parágrafo único do art. 183 da Lei Complementar nº 34/94.

Aprovado, por unanimidade, na 12ª Sessão Ordinária/2007, realizada em 18/06/07 e publicada em 04/10/2007; publicações específicas no Diário Oficial: 20 e 21/06/07.

Enunciado de Súmula nº 43 do Conselho Superior do Ministério Público do Estado de Minas Gerais

A indicação de candidato inscrito à promoção ou remoção, pelo critério de antiguidade ou merecimento, implicará na supressão de sua condição de remanescente alcançada no âmbito da modalidade de movimentação na carreira correspondente.

Aprovado, por unanimidade, na 12ª Sessão Ordinária/2007, realizada em 18/06/07 e publicada em 04/10/2007; publicações específicas no Diário Oficial: 20 e 21/06/07.

Enunciado de Súmula nº 57 do Conselho Superior do Ministério Público do Estado de Minas Gerais

Na ocorrência de vaga na Promotoria de Justiça será estabelecido o critério para o seu provimento, alternadamente por antiguidade ou merecimento, considerando-se, para tanto, o último critério fixado na comarca.

Havendo instalação de nova Promotoria de Justiça com atuação perante Vara Única, ou na impossibilidade da constatação do último critério de provimento estabelecido, o critério inicial será o de antiguidade.

Havendo a instalação ou a vacância simultânea de dois ou mais cargos de Promotor de Justiça na mesma comarca, os critérios deverão ser estabelecidos de forma alternada, respeitando-se, para tanto, o último critério definido na comarca, observando-se, ainda, o disposto no parágrafo 3º do artigo 176 da Lei Complementar nº 34/94.

Aprovado, por maioria de votos, na 7ª Sessão Ordinária/2019, realizada em 29/04/2019 e publicado no Diário Eletrônico do MP em 30/04/19. 2ª Publicação em 08/05/19.

Enunciado nº 01/2015 do Conselho Superior do Ministério Público do Estado da Paraíba

Não será pontuado como aperfeiçoamento da formação jurídica e profissional, para fins de promoção ou remoção, o curso de doutorado, mestrado ou especialização concluído antes do ingresso na carreira do Ministério Público da Paraíba.

*Este texto não substitui o consignado na ata da 4ª Sessão Extraordinária do CSMP de 2015.

Publicado no Diário Oficial Eletrônico, Ministério Público, Paraíba, 09/06/2015.

POR MERECIMENTO

Assento nº 01/2016 do Conselho Superior do Ministério Público do Alagoas

Na promoção ou remoção por merecimento, considera-se causa direta de interrupção da consecutividade, o fato de o interessado não se inscrever para todos os cargos em concurso, pelo critério de merecimento.

Publicado no DOE AL, Edição nº 413, em 06/09/2016, FL 364.

Assento nº 01/2019 do Conselho Superior do Ministério Público do Alagoas

Na promoção ou remoção por merecimento, considera-se causa direta de interrupção da consecutividade, o fato de o interessado não se inscrever para todos os cargos em concurso, pelo critério de merecimento.

Publicado no DOE AL, Edição nº 1023, de 22/02/2019, FL 86.

Assento nº 01/2020 do Conselho Superior do Ministério Público do Alagoas

Na promoção ou remoção por merecimento, considera-se causa direta de interrupção da consecutividade, o fato de o interessado não se inscrever para todos os cargos em concurso, pelo critério de merecimento.

Publicado no DOE AL, Edição nº 138, de 03/03/2020, FL 8.

Súmula nº 01/2012 do Conselho Superior do Ministério Público do Estado do Ceará

Consideram-se listas de merecimento consecutivas, para fins de promoção ou remoção obrigatória de membro do Ministério Público, as que forem sucessivas, sem intervalos entre si, independentemente do candidato estar ou não concorrendo ao certame, sob pena de caracterizarem-se alternadas.

Publicado no DJ nº 497, 13/06/2012, pág. 24-25.

Assento nº 001/04 do Conselho Superior do Ministério Público do Estado do Amazonas

A expressão "três vezes consecutivas", consignada no *caput* do artigo 256 da LOEMP, deve levar em conta a inscrição do membro do Ministério Público no concurso de promoção ou remoção.

Publicado no Diário Oficial, Amazonas, em 02/03/2004.

Assento nº 14/17 do Conselho Superior do Ministério Público do Estado de Goiás

Nos concursos de promoção por merecimento, não havendo no primeiro quinto da lista de antiguidade quem tenha completado 2 (dois) anos de exercício no cargo anterior ou aceite o lugar vago, poderão concorrer à vaga os Promotores de Justiça que integram o segundo quinto da lista de antiguidade e que atendam aos demais pressupostos, e assim sucessivamente.

De 13/12/2017.

Súmula nº 03 do Conselho Superior do Ministério Público do Estado de Goiás

O preenchimento por candidato de somente um dos requisitos da alínea "c", do parágrafo 2º, do artigo 157, da Lei Complementar nº 25, de 06 de julho de 1998, não implicará em exclusão de outros candidatos que não tenham preenchido qualquer dos itens.

De 05/06/2013.

Enunciado de Súmula nº 44 do Conselho Superior do Ministério Público do Estado de Minas Gerais

Na promoção ou remoção pelo critério de merecimento, não havendo candidatos que possuam, simultaneamente, dois anos de exercício na respectiva entrância e integrem a primeira quinta parte da lista de antiguidade, serão examinados, os demais candidatos inscritos, respeitadas as sucessivas quintas partes da lista de antiguidade.

Aprovado, por unanimidade, na 17ª Sessão Ordinária/ 2008, realizada em 01/09/08 e publicada em 22/11/2008; publicação específica no Diário Oficial: 03/09/08.

Enunciado n.º 22/19 do Conselho Superior do Ministério Público do Estado do Maranhão

É obrigatória a promoção de membros do Ministério Público que figure por três vezes consecutivas, ou cinco alternadas em lista de merecimento, desde que esteja concorrendo com candidato da mesma quinta parte em que se encontra ou da posterior. Havendo candidato integrante da quinta parte precedente, dentro dos critérios dos quintos sucessivos, a lista será formada exclusivamente por estes, sem necessidade de recomposição.

Publicado no Diário Eletrônico, Ministério Público, Maranhão, 30/09/2019.

Enunciado n.º 05/04 do Conselho Superior do Ministério Público do Estado do Maranhão

LISTA TRÍPLICE. ARTIGO 78, INCISOS I E II, LC 13/91.

Quando a lista para promoção ou remoção, pelo critério de merecimento, for formada, também, por candidato que não atenda aos requisitos de dois anos na respectiva entrância e integrar a primeira quinta parte da lista de antiguidade (art.78, inciso I, Lei Complementar n.º 13/91) a escolha recairá naquele que preencher os referidos requisitos, mesmo no caso da hipótese prevista no inciso II, do mesmo artigo.

Publicado no Diário Oficial, Poder Judiciário, 08/07/2004.

Enunciado n.º 06/04 do Conselho Superior do Ministério Público do Estado do Maranhão

LISTA TRÍPLICE. PROMOÇÃO/ REMOÇÃO POR MERECIMENTO. COMPOSIÇÃO.

RESOLUÇÃO Nº 01/05 – CSMP O Conselho Superior do Ministério Público no uso de suas atribuições legais. RESOLVE: Art. 1º – Retificar o Enunciado nº 06-CSMP, o qual passa a vigorar com a seguinte redação:

Na promoção ou remoção por merecimento, para efeito de composição da lista tríplice, os critérios objetivos de que trata o artigo 78, I da LC 013/91, serão considerados cumulativamente. Em não havendo, dentre os inscritos, quem tenha dois anos de exercício na respectiva entrância e integre a primeira quinta parte da lista de antiguidade, em número suficiente para a formação da lista, todos concorrerão em igualdade de condição.

Publicado no Diário Oficial, Poder Judiciário, 28/01/2005.

Assento nº 02 do Conselho Superior do Ministério Público do Estado do Rio Grande do Norte

A indicação à promoção por merecimento pressupõe, além da inexistência dos impedimentos dos arts. 127, incisos I, II, III, e IV e 129, incisos I e II da Lei Complementar nº 141/96, dois anos de exercício na entrância ou categoria, bem como integrar o Promotor de Justiça a primeira quinta parte da lista de antiguidade, salvo se não houver com tais requisitos outro candidato (cf. art. 93, II, "b", c.c. art. 129, § 4º, da CF; art. 61, IV, da Lei nº 8.625/93; arts. 123, 127, I, II, III e IV e 129, I e II, da Lei Complementar nº 141/96).

Aprovado na 11ª Sessão Extraordinária do Conselho Superior do Ministério Público, realizada em 25 de outubro de 2005.

Assento nº 01 do Conselho Superior do Ministério Público do Estado do Rio Grande do Norte

A indicação de candidato à promoção por merecimento que preencha os requisitos constitucionais (dois anos de exercício na entrância ou categoria e integrar a primeira quinta parte da lista de antiguidade) impede a indicação, na mesma lista, de outro ou outros candidatos que não preencham aqueles requisitos, ainda que assim não se complete a lista tríplice.

Aprovado na 11ª Sessão Extraordinária do Conselho Superior do Ministério Público, realizada em 25 de outubro de 2005.

Enunciado de Súmula nº 31 do Conselho Superior do Ministério Público do Estado de Minas Gerais

Na promoção ou remoção por merecimento, o provimento do cargo se dará pelo requisito da antiguidade na entrância, no caso de simultaneidade de candidatos com número suficiente de listas para o preenchimento da vaga. Persistindo o empate, aplicar-se-á o disposto no parágrafo único do art. 185, da Lei Complementar nº 34/94.

Aprovado, por unanimidade, na 3ª Sessão Ordinária/ 2005, realizada em 14/03/2005 e publicada em 06/07/2005; publicação específica no Diário Oficial: 30/03/05.

Assento nº 15/17 do Conselho Superior do Ministério Público do Estado de Goiás

Nos concursos de promoção por merecimento, a formação da lista se dará somente com Promotores de Justiça integrantes do mesmo quinto, não se admitindo a sua recomposição com Promotores de Justiça de outros quintos.

De 13/12/2017.

Enunciado de Súmula nº 45 do Conselho Superior do Ministério Público do Estado de Minas Gerais

Os candidatos remanescentes da quinta parte em disputa serão examinados em primeiro lugar, consoante dispõe o art. 61, V, da Lei nº. 8.625/93, e o Conselho Superior, em voto fundamentado, poderá ou não confirmá-los em lista, devendo, em qualquer caso, ser analisado o conceito que ostenta o candidato remanescente em relação aos demais inscritos no respectivo quinto.

Aprovado, por unanimidade, na 17ª Sessão Ordinária/ 2008, realizada em 01/09/08 e publicada em 22/11/2008; publicação especifica no Diário Oficial: 03/09/08.

Assento nº 03 do Conselho Superior do Ministério Público do Estado do Rio Grande do Norte

Para verificação do primeiro quinto da lista de antiguidade como requisito para promoção ou remoção por merecimento, considera-se o quadro geral de antiguidade aprovado para o ano corrente, com as alterações (inclusões e exclusões) decorrentes de promoção, disponibilidade, exoneração, morte e outras situações previstas em lei, consideradas no último dia de encerramento da inscrição (cf. arts. 123 e 124 da Lei Complementar nº 141/96).

Aprovado na 11ª Sessão Extraordinária do Conselho Superior do Ministério Público, realizada em 25 de outubro de 2005.

Súmula nº 03 do Conselho Superior do Ministério Público do Estado do Paraná

Para fins de remoção e promoção por merecimento, as quintas partes da lista de antiguidade deverão ser elaboradas com base no número de membros do Ministério Público e não a partir do número de cargos existentes na respectiva entrância.

De 26 de março de 2013.

Conforme acesso em 07 de agosto de 2020 ao site:https://mppr.mp.br/modules/conteudo/conteudo.php?conteudo=5584

Assento nº 16/17 do Conselho Superior do Ministério Público do Estado de Goiás

Não se aplicam nos concursos de remoção por merecimento as exigências do artigo 157, § 2º, alínea "c", da Lei Complementar nº 25, de 6 de julho de 1998, e artigo 3º, § 2º, da Lei Complementar nº 113, de 30 de dezembro de 2014.

De 13/12/2017.

Enunciado de Súmula nº 47 do Conselho Superior do Ministério Público do Estado de Minas Gerais

Na promoção ou remoção pelo critério de merecimento, não sendo possível o registro de número inteiro para a definição das quintas partes da lista de antiguidade, haverá o arredondamento, para o primeiro número inteiro posterior.

Aprovado, por unanimidade, na 17ª Sessão Ordinária/ 2008, realizada em 01/09/08 e publicada em 22/11/2008; publicação específica no Diário Oficial: 03/09/08.

Súmula nº 03/2013 do Conselho Superior do Ministério Público do Estado do Ceará

O edital de promoção ou remoção por merecimento deve convocar todos os integrantes da lista de antiguidade da entrância interessada, indicando a primeira parte do quinto constitucional e os quintos subsequentes, segundo prévia aprovação do CSMP, e esclarecendo aos interessados a metodologia de cálculo para sua formação.

Para fins de composição da lista tríplice, inexistindo candidatos que preencham simultaneamente os requisitos constantes do art. 93, II, b, da CF, em número suficiente para sua formação, a ela podem concorrer os integrantes da lista de antiguidade na ordem sucessiva dos quintos constitucionais.

Para elaboração da respectiva lista de antiguidade, cabe à Secretaria dos órgãos colegiados aferir os quintos até o primeiro dia útil após o encerramento do prazo para desistência da respectiva promoção ou remoção, sendo vedada a hipótese do quinto móvel durante a sessão de julgamento de editais de movimentação na carreira.

Publicado no DJ, edição 871, de 20/12/2013, págs. 32 a 33.

Enunciado n.º 07/05 do Conselho Superior do Ministério Público do Estado do Maranhão

LISTA TRÍPLICE. REMANESCENTES. ARTIGO 78, INCISO III, LC 13/91.

O candidato de lista remanescente integrará a lista de merecimento de que trata o art.78, III, da Lei Complementar n.º 13/91, se, na contagem geral de votos de todos os concorrentes, nos respectivos escrutínios, estiver entre os três mais votados.

Publicado no Diário Oficial, Poder Judiciário, 24/02/2005.

Assento nº 005/2013 do Conselho Superior do Ministério Público do Estado de Rondônia

No caso de promoção ou remoção por merecimento, baseada nos votos dos Conselheiros, a formação da lista tríplice resultará dos três nomes mais votados, nos termos do artigo 79 da Lei Complementar nº 93/93.

Aprovado na sua 489ª Sessão, 31/01/2013.

Enunciado de Súmula nº 20 do Conselho Superior do Ministério Público do Estado de Minas Gerais

Para efeito de promoção ou remoção por merecimento, entender-se-á como a primeira quinta parte da lista de antiguidade aquele 1/5 (um quinto) dos cargos efetivamente providos na entrância.

Aprovado na 13ª Sessão Ordinária/ 2001, realizada em 27/08/2001 e publicada em 06/10/2001; publicação específica no Diário Oficial de 04/09/01. Republicada em 03/02/2004. (*) Reformado na 16ª sessão Ordinária/ 2009, realizada em 17/08/09 e republicada em 21/08/09. (*)Reformado na 18ª Sessão Ordinária, realizada em 06/10/11, publicação em 08/10/11.

Súmula nº 25/14 do Conselho Superior do Ministério Público do Estado do Rio Grande do Sul

Reiterando posicionamento anterior, o Conselho Superior do Ministério Público decidiu que a movimentação efetivada na carreira – tanto por promoção como remoção – implica que se desconsidere os ingressos anteriores em listas de merecimento para os efeitos de novo pedido de alteração na classificação.

Publicado no DEMP em 20/03/2014, Edição nº 1391, Fl 06.

Data da Sessão: 18-03-2014.

Publicada em 20-03-2014 DEMP.

Súmula nº 04 do Conselho Superior do Ministério Público do Estado de Goiás

A promoção ou remoção obrigatória por merecimento efetivar-se-á somente quando surgir vaga por este critério.

De 05/06/2013.

Súmula nº 05 do Conselho Superior do Ministério Público do Estado de Goiás

No caso de remoção ou promoção obrigatória por merecimento, será elaborada lista para escolha de dois outros nomes.

De 05/06/2013.

Súmula nº 19/05 do Conselho Superior do Ministério Público do Estado do Rio Grande do Sul

A preferência a que se refere o parágrafo único do artigo 44 da Lei 7.669/82 limita-se à primeira vaga aberta pelo critério de merecimento a que puder concorrer o membro do Ministério Público, salvo se preterido por outro membro em idêntica situação, hipótese em que a preferência será prorrogada à próxima vaga, e assim sucessivamente.

Data da Sessão: 05-12-2005

Publicada em 27-12-2005 D.O.E.

Enunciado n.º 08/07 do Conselho Superior do Ministério Público do Estado do Maranhão

RENÚNCIA DA PROMOÇÃO OU REMOÇÃO POR MERECIMENTO.

A renúncia da promoção ou remoção por merecimento, implica também na exclusão da lista de merecimento, sendo considerada causa interruptiva da consecutividade e de alternância nas indicações.

Publicado no Diário Oficial, Poder Judiciário, 05/11/2007.

Enunciado de Súmula nº 40 do Conselho Superior do Ministério Público do Estado de Minas Gerais

Nos termos do artigo 178, § 3°, da Lei Complementar n° 34, de 12 de setembro de 1994, a renúncia à inscrição à promoção ou remoção somente será admitida até o 3º (terceiro) dia útil anterior à elaboração das listas, sendo incabível a desistência da referida renúncia.

Aprovado, por unanimidade, na 12ª Sessão Ordinária/ 2007, realizada em 18/06/07 e publicada em 04/10/2007; publicações específicas no Diário Oficial: 20 e 21/06/07.

Súmula nº 22/13 do Conselho Superior do Ministério Público do Estado do Rio Grande do Sul

O pedido de desistência formulado em Procedimentos de habilitação para promoção e remoção somente poderá ser conhecido se protocolado, na Procuradoria-Geral de Justiça, até o final do expediente do segundo dia útil que suceder àquele em que encerrado o prazo de habilitação do respectivo edital.

Publicada no DEMP de 18/12/2013 a nova redação da Súmula 22.
Data de sessão: 10/12/2013.

Procedimento nº PR.00975.01489/2013-6.

Ata CSMP nº 1364.

Enunciado de Súmula nº 46 do Conselho Superior do Ministério Público do Estado de Minas Gerais

1 – Havendo publicação de renúncia de candidato indicado à promoção ou remoção, pelo critério de merecimento, para determinado cargo, serão promovidos ou removidos, em sequência, os candidatos que complementarem a lista pertinente, desde que não tenham sido indicados à promoção ou remoção posteriores.

2 – O Procurador-Geral de Justiça, após proclamar o resultado da votação da lista, indicará o Promotor de Justiça promovido ou removido. Após, objetivando viabilizar a aplicabilidade do disposto no item nº 1 deste enunciado de súmula, dará ciência da condição de preferência dos demais integrantes na lista em foco, para fins de eventual publicação dos atos subsequentes, se o for o caso.

3 – Os atos de promoção ou remoção, seguidos das respectivas renúncias, serão publicados do Diário Oficial do Estado, para fins do impedimento previsto no § 4º, artigo 178, da Lei Complementar nº 34/94.

4 – No caso de renúncia expressa de todos os candidatos integrantes de lista indicados à promoção ou remoção para o mesmo cargo, haverá republicação do edital atinente, computando-se a lista então formada para os efeitos relativos à consecutividade de remanescências.

5 – Havendo publicação de renúncia de candidato promovido ou removido, pelo critério de antiguidade, será indicado o Promotor de Justiça inscrito na ocasião, para a mesma vaga e assim sucessivamente, observado o critério de antiguidade, desde que já não tenham sido indicados à promoção ou remoção subsequentes.

6 – Aplicar-se-á às indicações de candidatos previstas nos itens anteriores o enunciado de Súmula nº 43, do Órgão Colegiado.

7 – Havendo indícios de desvio de finalidade nas inscrições de candidatos que concorrem pelo critério de merecimento, será facultado a qualquer Membro da Instituição comunicar ao Conselho Superior tal circunstância, devendo fazê-lo nos dois dias úteis subsequentes ao término do prazo de desistência. O Conselho Superior procederá, entretanto, a votação para a vaga pertinente, suspendendo as votações posteriores diretamente afetadas, até exaurimento do procedimento previsto nos itens 1 e 3 deste Enunciado.

Aprovado, por unanimidade, na 17ª Sessão Ordinária/ 2008, realizada em 01/09/08 e publicada em 22/11/2008; publicação específica no Diário Oficial: 03/09/08.

Assento nº 003/11 do Conselho Superior do Ministério Público do Estado do Amazonas

Para atender o disposto no art. 6°, inciso II, da Resolução n° 358/06-CSMP, no ato de inscrição à promoção ou remoção por merecimento, o candidato poderá apresentar Memorial das atividades desenvolvidas no Ministério Público, em formato digital e/ou impresso, com cópia dos trabalhos forenses realizados nos últimos três anos, referenciados nos Relatórios de Atuação Funcional – RAF, tais como: Denúncias, Alegações Finais, Pareceres, Ações Civis Públicas, Habeas Corpus, Recursos, Contrarrazões aos Recursos, Relatório de Inspeção das Delegacias de Polícia e Unidades Prisionais e outras peças que considerar de relevância.

Publicado no Diário Oficial, Amazonas, 08/08/2011.

Assento nº 03/11 do Conselho Superior do Ministério Público do Estado do Estado do Mato Grosso

Entre as informações, relativas às atividades funcionais e à conduta dos membros do Ministério Público, que devem constar, obrigatoriamente, dos assentamentos, conforme autorização do art. 37, XX, § 1º, inciso V – outras informações – não se consideram pertinentes, para os efeitos de avaliação do merecimento funcional, os elogios e agradecimentos provindos de entidades públicas ou privadas, e títulos de cidadão conferidos por Câmaras de Vereadores ou Assembleia Legislativa do Estado de Mato Grosso.

De 05/08/2015, conforme acesso em 07 de agosto de 2020 ao site: https://www.mpmt.mp.br/secao/673.

Assento nº 01/2018 do Conselho Superior do Ministério Público do Estado do Tocantins

Para fins da aferição do merecimento no concurso de remoção ou promoção dos membros, na hipótese do artigo 19, VI, da Resolução CSMP nº 001/2012, considera-se Projeto Especial aquele concebido e implantado pelo Centro de Apoio Operacional, com objetivo estratégico finalístico, associado à atividade-fim, elaborado em conformidade com a metodologia de gestão de projetos do Ministério Público do Estado do Tocantins, tendo sido avaliado pelo escritório de projetos do DEPLAN, aprovado pela Comissão Permanente de Gestão, homologado pelo Procurador Geral de Justiça e ter sido monitorado em 03 (três) ciclos trimestrais.

Aprovado na 189ª Sessão Ordinária em 24/04/2018.

Assento nº 02/2018 do Conselho Superior do Ministério Público do Estado do Tocantins

A aferição da pontuação meritória prevista pela Resolução CSMP nº 001/2012, na hipótese do artigo 19, VI, em razão da atuação do Promotor de Justiça na execução de Projeto Especial, será conforme sua menor ou maior contribuição no resultado final objetivado pelo projeto.

Aprovado na 189ª Sessão Ordinária em 24/04/2018.

POR ANTIGUIDADE

Assento nº 01/10 do Conselho Superior do Ministério Público do Estado de Goiás

A quinta parte da lista de antiguidade sofrerá arredondamento para o número inteiro superior sempre que a aplicação da correspondente fração (1/5) resultar em número decimal.

De 21/06/2010.

Enunciado nº 004 do Conselho Superior do Ministério Público do Estado de Pernambuco

A lista de antiguidade dos membros do Ministério Público terá como data-base o dia 31 de dezembro do ano findo, devendo ser aprovada pelo CSMP até a segunda sessão do exercício seguinte, sem prejuízo das atualizações que se fizerem necessárias.

Publicada no DOE de 13/04/2017.

Conforme acesso em 07 de agosto de 2020 ao site: http://www.mppe.mp.br/mppe/institucional/conselho-superior/conselho-instrumentos-juridicos/category/437-enunciados

Assento nº 001/18 do Conselho Superior do Ministério Público do Estado do Amazonas

Para efeito de promoção e remoção por antiguidade, poderá o candidato desistir de concorrer até a data da abertura da sessão de julgamento do certame.

Publicado no Diário Oficial, Ministério Público, Amazonas, 16/05/2018.

Súmula nº 06 do Conselho Superior do Ministério Público do Estado do Paraná

Quando não houver requerentes com pelo menos dois anos de exercício na entrância e integrantes da primeira quinta parte do rol de antiguidade, a lista tríplice será composta com candidatos situados nos quintos subsequentes, atendo-se à ordem de antiguidade, quando necessária se completar a fração.

De 23 de junho de 2014.

Conforme acesso em 07 de agosto de 2020 ao site:https://mppr.mp.br/modules/conteudo/conteudo.php?conteudo=5584

REMOÇÃO

Assento nº 02/2016 do Conselho Superior do Ministério Público do Alagoas

Para as remoções voluntárias e por permuta, exige-se, pelo menos, um ano de efetivo exercício no órgão de execução em que o agente ministerial exerce as suas funções, ressalvada a excepcionalidade de nenhum dos interessados preencher requisito. O prazo poderá ser diminuído desde que o Conselho fundamente inexistir prejuízos para terceiro e para a instituição.

Publicado no DOE AL, Edição nº 413, em 06/09/2016, FL 364.

Enunciado nº 002 do Conselho Superior do Ministério Público do Estado de Pernambuco

Nas remoções voluntárias de membros do Ministério Público, deve ser comprovado pelo candidato, como pressuposto de admissibilidade, o interstício mínimo de 01 (um) ano de exercício no seu respectivo cargo (art. 46, § 1º, da LOEMP), contado até o decurso do prazo do segundo edital de habilitação, independentemente da apreciação dos critérios legais de preferência, salvo se não houver com tal requisito quem concorra a essas movimentações.

Publicada no DOE de 05/05/2016.

Conforme acesso em 07 de agosto de 2020 ao site: http://www.mppe.mp.br/mppe/institucional/conselho-superior/conselho-instrumentos-juridicos/category/437-enunciados

Assento nº 02/2019 do Conselho Superior do Ministério Público do Alagoas

Para as remoções voluntárias e por permuta, exige-se, pelo menos, um ano de efetivo exercício no órgão de execução em que o agente ministerial exerce as suas funções, ressalvada a excepcionalidade de nenhum dos interessados preencher requisito. O prazo poderá ser diminuído desde que o Conselho fundamente inexistir prejuízos para terceiro e para a instituição.

Publicado no DOE AL, Edição nº 1023, de 22/02/2019, FL 86.

Assento nº 02/2020 do Conselho Superior do Ministério Público do Alagoas

Para as remoções voluntárias e por permuta, exige-se, pelo menos, um ano de efetivo exercício no órgão de execução em que o agente ministerial exerce as suas funções, ressalvada a excepcionalidade de nenhum dos interessados preencher requisito. O prazo poderá ser diminuído desde que o Conselho fundamente inexistir prejuízos para terceiro e para a instituição.

Publicado no DOE AL, Edição nº 138, de 03/03/2020, FL 8.

Enunciado nº 21/18 do Conselho Superior do Ministério Público do Estado do Maranhão

A comprovação do período mínimo de 1 (um) ano para remoção, previsto no inciso I, do art.87, da LC n.º 13/91, deve se dar até a data final das inscrições referentes ao respectivo edital.

Referente aos autos n.º 20236/2018 (DIGIDOC).

Publicado no Diário Eletrônico, Ministério Público, Maranhão, 07/12/2018.

Enunciado de Súmula nº 21 do Conselho Superior do Ministério Público do Estado de Minas Gerais

"1 – Para fins de movimentação na carreira, averiguar-se-á os direitos dos candidatos inscritos, observado o termo final para a inscrição.

2 – A remoção voluntária para outra Comarca não será deferida àqueles Promotores de Justiça que não possuam 1 (um) ano de exercício na Comarca de origem, observados os artigos 192 e 194 da Lei Complementar.

3 – Preferindo a remoção à promoção, nos termos do artigo 183, da L. C. nº 34/94, pelo critério de merecimento, a exceção contida no artigo 192, alterado pela L. C. nº 61/2001, aplicar-se-á quando não houver candidato, sem qualquer impedimento, inscrito à promoção.

4 – Não existe preferência de remoção à promoção no critério de antigüidade, conforme exceção descrita no artigo 183, da L. C. nº 34/94.

5 – Conjugando-se o caput do artigo 192, alterado pela L. C. nº 61/2001 com o seu § 3º, tem-se que eventual remoção interna do Promotor de Justiça, não interrompe o prazo ânuo para a aquisição do direito à remoção voluntária para outras Comarcas.

6 – O enunciado do artigo 7º da Lei Complementar nº 61/2001 não comporta interpretação extensiva à remoção."

Reformado na 17ª Sessão Ordinária/ 2008, realizada em 1º/09/08 e publicada em 22/11/2008.

Assento nº 07/2020 do Conselho Superior do Ministério Público do Alagoas

Se, no período de um ano após a realização de permuta, algum dos permutantes se aposentar voluntariamente, a permuta perderá a sua eficácia.

Publicado no DOE AL, Edição nº 138, de 03/03/2020, FL 8.

Enunciado de Súmula nº 26 do Conselho Superior do Ministério Público do Estado de Minas Gerais

Presume-se inconveniente ao serviço público a remoção, quando o candidato estiver às vésperas de aposentadoria ou exoneração do cargo, a pedido, aplicando-se, *in casu*, a regra contida no art. 196 da Lei Complementar nº 34/94.

Aprovado, por unanimidade, na 3ª Sessão Ordinária/ 2004, realizada em 08/03/2004 e publicada em 26/05/2004; publicação específica no Diário Oficial: 11/03/2004.

Súmula nº 02 do Conselho Superior do Ministério Público do Estado de Goiás

Na remoção por permuta não verifica-se a vacância das respectivas promotorias.

De 05/06/2013.

Enunciado de Súmula nº 32 do Conselho Superior do Ministério Público do Estado de Minas Gerais

Para os fins do exercício do direito assegurado no § 1º, do artigo 177, da Lei Complementar nº 34/94, a vaga decorrente da remoção posterior será provida segundo os idênticos critérios e preferências legais estabelecidos originariamente, não se aplicando o disposto no parágrafo único do artigo 183 do mencionado diploma legal.

Aprovado, por unanimidade, na 2ª Sessão Extraordinária/ 2005, realizada em 27/06/05 e publicada em 18/11/2005; publicação específica no Diário Oficial: 30/06/05.

Enunciado n.º 01/97 do Conselho Superior do Ministério Público do Estado do Maranhão

REMOÇÃO POR PERMUTA. VEDAÇÃO ART.87, INCISO I. LEI COMPLEMENTAR 13/91.

A vedação do art.87, inciso I, da LC 13/91, não alcança a remoção por permuta dentro da mesma Comarca dos requerentes que não se encontram na primeira quinta parte da lista de antiguidade, atendida a necessidade do serviço.

Sala de Reunião do Conselho Superior do Ministério Público, em São Luís, 05 de janeiro de 1998.

DJE, 15/01/1998.

Enunciado de Súmula nº 28 do Conselho Superior do Ministério Público do Estado de Minas Gerais

Será permitida a permuta entre Promotores de Justiça de diferentes comarcas da mesma entrância, após o decurso de um ano de anterior remoção voluntária ou de dois anos, no caso de anterior permuta, desde que o ato não implique em desvio de finalidade ou qualquer outra situação contrária ao interesse público (artigo 195 e 197 c/c artigo 194).

Reformado na 7ª Sessão Ordinária/ 2013, realizada em 29/04/2013; publicação específica no Diário Oficial: 1º/05/2013. Reformado na 17ª Sessão Ordinária/2014, realizada em 15/09/14; publicação no Diário Oficial: 19/09/14.

Enunciado nº 003 do Conselho Superior do Ministério Público do Estado de Pernambuco

Não se aplicam à remoção por permuta os critérios de classificação por antiguidade condizentes com a noção de quinto promovível, podendo, portanto, ser deferida, observados seus requisitos, a membros do Ministério Público independentemente de integrarem ou não o mesmo quinto, constitucional ou sucessivo.

Publicada no DOE de 05/05/2016.

Conforme acesso em 07 de agosto de 2020 ao site: http://www.mppe.mp.br/mppe/institucional/conselho-superior/conselho-instrumentos-juridicos/category/437-enunciados

Assento nº 001/20 do Conselho Superior do Ministério Público do Estado do Amazonas

A remoção na carreira ministerial, por se caracterizar apenas mudança de lotação, não altera a ordem cronológica da vacância, na forma do disposto no art. 195 da LOEMP e da jurisprudência do STF.

Publicado no Diário Oficial Eletrônico, Amazonas, 02/07/2020.

Enunciado de Súmula nº 27 do Conselho Superior do Ministério Público do Estado de Minas Gerais

Para fins de movimentação na carreira através de remoção voluntária, terá preferência o candidato que, além de preencher a exigência de um ano de exercício na Promotoria de Justiça, prevista no artigo 192, da Lei Complementar nº 34/94, preencha os critérios insculpidos no artigo 187 no mesmo ditame, por força do que dispõe o artigo 193 da Lei Complementar nº 34/94.

Aprovado, por unanimidade, na 18ª Sessão Ordinária/ 2004, realizada em 03/11/2004 e publicada em 17/12/2004; publicação específica no Diário Oficial: 12/11/04.

Enunciado de Súmula nº 30 do Conselho Superior do Ministério Público do Estado de Minas Gerais

A inscrição de Promotor de Justiça detentor de vitaliciedade prefere à de Promotor de Justiça em estágio probatório, ressalvada a hipótese de número insuficiente de inscritos para a formação da lista.

1 – Aprovado, por unanimidade, na 3ª Sessão Ordinária/ 2005, realizada em 14/03/2005 e publicada em 06/07/2005publicação específica no Diário Oficial: 16/03/05. 2 – O Conselho Superior do Ministério Público, na 6ª Sessão Ordinária de 2006, realizada em 06/04/2006 e publicada em 31/05/2006, restringiu a aplicação desta súmula à movimentação na carreira pelo critério de merecimento.

Enunciado de Súmula nº 49 do Conselho Superior do Ministério Público do Estado de Minas Gerais

Para fins de movimentação na carreira, por meio de remoção interna, não será deferida a inscrição de membro da Instituição que se encontre titularizado na Promotoria de Justiça objeto do edital, por se tratar de cargos com a mesma natureza jurídica.

Aprovado, por unanimidade, na 23ª Sessão Ordinária/2011, realizada em 12/12/11 e publicada em 15/02/2012; publicação específica no Diário Oficial: 16/12/2011.

Enunciado nº 005 do Conselho Superior do Ministério Público do Estado de Pernambuco

A obrigatoriedade de alternância na forma de provimento dos cargos de Promotor de Justiça do Ministério Público do Estado de Pernambuco apenas se aplica aos cargos de 2ª e 3ª entrâncias, não incidindo tal regra para provimento dos cargos de 1ª entrância, cuja remoção deve prioritariamente preceder ao provimento inicial, nos termos do art. 45, § 1º da Lei Complementar Estadual nº 12/1994.

Publicada no DOE de 25/04/2019.

Conforme acesso em 07 de agosto de 2020 ao site: http://www.mppe.mp.br/mppe/institucional/conselho-superior/conselho-instrumentos-juridicos/category/437-enunciados

Assento nº 18/17 do Conselho Superior do Ministério Público do Estado de Goiás

Na hipótese do artigo 3º, § 2º, da Lei Complementar nº 113, de 30 de dezembro de 2014, poderão concorrer à vaga, com preferência, apenas os Promotores de Justiça de 3ª entrância. Na ausência de candidatos de 3ª entrância lotados no interior do Estado interessados na vaga, ou havendo desistência destes, poderão concorrer à remoção por merecimento os Promotores de Justiça de 2ª entrância e os de entrância intermediária.

De 13/12/2017.

REMOÇÃO POR INTERESSE PÚBLICO

Enunciado nº 15 do CNMP

Remoção por interesse público.

A modificação de atribuições não se confunde com a remoção por interesse público de que trata o art. 128, § 5º, I, b, da Constituição Federal.

Publicação: Diário Eletrônico do CNMP, Caderno Processual, pg. 4, edição de 01/02/2018.

Categoria: Enunciados.

Status: Vigente.

Situação: Não consta revogação expressa.

VITALICIAMENTO

Assento nº 001/11 do Conselho Superior do Ministério Público do Estado do Amazonas

O Ato Declaratório que se refere o artigo 240, § 1°, da Lei Complementar n° 011, de 17 de dezembro de 1993, decorrente da decisão de confirmação na carreira dos Promotores de Justiça Substitutos em estágio, pelo Conselho Superior do Ministério Público, somente será expedido em data que se ultimar o estágio probatório, após decorridos os 02 (dois) anos a que se referem o artigo 236, da Lei Orgânica Estadual do Ministério Público.

Sala de reuniões do c. Conselho Superior do Ministério Público, em Manaus/ AM, 06 de maio de 2011.

Enunciado de Súmula nº 33 do Conselho Superior do Ministério Público do Estado de Minas Gerais

No caso de impugnação à permanência de membro do Ministério Público em estágio probatório e seu vitaliciamento, cessa, por ato do Procurador-Geral de Justiça, a cautelaridade ensejadora do afastamento do exercício funcional, desde quando atingida a maioria absoluta na rejeição da impugnação, ainda que pendente, por qualquer motivo, o julgamento definitivo do feito.

Reformado na 24ª Sessão Ordinária/ 2008, realizada em 04/12/2008; publicação específica no Diário Oficial: 13/13/2008.

Nota do autor: Erro material da impressão.

Enunciado nº 13 do CNMP

Dispõe sobre a aplicação subsidiária do art. 60, da Lei n.º 8.625/1993, na hipótese de a lei orgânica local não ter previsão de suspensão, até o julgamento definitivo, do exercício funcional de membros do Ministério Público da União ou dos Estados, quando houver impugnação ao seu vitaliciamento.

A disposição constante do artigo 60 da Lei n.º 8.625/1993 é aplicável subsidiariamente aos procedimentos de impugnação de vitaliciamento de membros do Ministério Público da União ou dos Estados quando as respectivas leis orgânicas não prescreverem a suspensão do membro impugnado até o julgamento definitivo quanto à sua permanência no cargo.

Publicação: Diário Eletrônico do CNMP, Caderno Processual, p. 1-2, edição de 09/03/2017.

Categoria: Enunciados.

Status: Vigente.

Situação: Não consta revogação expressa.

FÉRIAS

Súmula nº 01/17 do Conselho Superior do Ministério Público do Estado do Espírito Santo

É vedado ao membro do Ministério Público do Estado do Espírito Santo – ainda que afastado por férias-prêmio; licença sem remuneração ou disponibilidade – o exercício de função ou cargo em organismo internacional, *ex vi* do artigo 128, §5º, inciso II, alínea "d" da CRFB/88; do precedente firmado na ADPF 388/DF; do artigo 118, incisos IV e VI, da LCE nº 95/97, cujo eventual exercício poderá configurar infração disciplinar prevista no artigo 127, incisos I e V, da LCE nº 95/97.

Publicada no DOE em 22.08.17.

TEMPO DE SERVIÇO

Súmula nº 001/2013 do Conselho Superior do Ministério Público do Estado do Pará

DECIDE, à unanimidade, que: o membro promovido que, até cinco dias da data da publicação do ato, excluindo-se o dia do começo e incluindo-se o do vencimento, entrar no exercício do cargo, terá computado seu tempo de efetivo exercício a partir do dia seguinte à publicação.

Aprovada em 05/06/2013.

PRODUTIVIDADE

Súmula nº 001/2012 do Conselho Superior do Ministério Público do Estado do Pará

DECIDE que a Ação Civil Pública ajuizada, obedecidos os institutos da conexão e da continência, e os termos de ajustamento de conduta (TAC) firmados com mais de uma parte e com o mesmo objeto, serão contados, para efeito de aferição de produtividade, como apenas 1 (uma) ação e 1 (um) TAC, respectivamente.

Aprovada em 23/05/2012.

PROCESSO ADMINISTRATIVO DISCIPLINAR

Súmula nº 03 do CNMP

O sigilo, nos processos administrativos, inclusive disciplinares, só é admitido em caráter excepcional, dada a regra da publicidade, consagrada nos arts. 5º, XXXIII, 37 e 93, IX e X, da Constituição da República.

Publicação: Diário Eletrônico do CNMP, Caderno Processual, edição de 14/03/2018.

Categoria: Súmulas.

Status: Vigente.

Situação: Não consta revogação expressa.

Enunciado nº 01 do Conselho Superior do Ministério Público Federal

Constitui infração disciplinar a atuação em 1º grau, de Procurador Regional da República designado exclusivamente para oficiar junto a Tribunal Regional (artigos 68 e 240, IV da Lei Complementar 73/93).

21ª Sessão Extraordinária de 21.02.1994 (Processo nº 08100-1.00001/94-18).

Assento nº 001/10 do Conselho Superior do Ministério Público do Estado do Amazonas

À luz do que tratam os artigos 33, inciso XXI, c/c o artigo 124, §2º, e art. 43, inciso IX, da Lei Complementar nº 011, de 17 de dezembro de 1993 (Lei Orgânica Estadual do Ministério Público), fica assentado que há legitimidade concorrente entre o Procurador Geral de Justiça e o Conselho Superior do Ministério Público, para instaurar Processo Administrativo Disciplinar em face de membro do Ministério Público do Estado do Conselho Superior do Ministério Público do Estado do Amazonas, ressalvado o disposto no art. 29, inciso XIV, da Lei Complementar nº 011/93.

Publicado no Diário Oficial de 08 de junho de 2010.

Súmula nº 01/2006 do Conselho Superior do Ministério Público do Estado do Ceará

A instauração de processo administrativo para apuração de falta funcional atribuível a membros do Ministério Público está sujeita a juízo de admissibilidade prévio do Procurador-Geral de Justiça, em face da vigência do art. 211, parágrafo único, da Lei 10.675/82.

Publicado no DJ nº 047, 10/03/06, cad.3, pág. 203.

Assento nº 001/12 do Conselho Superior do Ministério Público do Estado do Amazonas

O Conselho Superior do Ministério Público, antes de deliberar sobre o afastamento cautelar de membro ministerial, nos moldes do que dita o art. 112, § 3°, da Lei Complementar n° 011, de 17 de dezembro de 1993, deverá assegurar-lhe a ampla defesa e o contraditório, em atendimento ao que prima o art. 5°, inciso LV, da Constituição da República Federativa do Brasil de 1988, devendo ser exercida pessoalmente ou por Procurador constituído, no prazo de 5 (cinco) dias a contar da notificação sobre a representação de seu afastamento.

Publicado no Diário Oficial, Amazonas, 17/02/2012.

Súmula nº 08 do CNMP

Verificada a identidade de objetos e de partes entre ação previamente ajuizada, e posterior procedimento no CNMP, deve o feito ser arquivado.

Publicação: Diário Eletrônico do CNMP, Caderno Processual, edição de 16/03/2018.

Categoria: Súmulas.

Status: Vigente.

Situação: Não consta revogação expressa.

Súmula nº 01/2011 do Conselho Superior do Ministério Público do Estado do Ceará

O relatório final da Correição somente será apresentado ao Conselho Superior do Ministério Público, após intimação do membro do MP correicionado feita pela Corregedoria-Geral do Ministério Público.

Revoga a Súmula nº 02/2010.

Publicado no DJ nº 357, 18/11/2011, pág. 63-64.

Súmula nº 23/2020 do Conselho Superior do Ministério Público do Estado do Ceará

ASSUNTO: SIMPLIFICAÇÃO DE PROCEDIMENTO DE CONVOCAÇÃO DE MEMBRO DO MPCE PARA ATUAÇÃO EM PROCESSO DISCIPLINAR. MATÉRIA ADMINISTRATIVA. DISCIPLINA INSTRUÇÃO DE REQUERIMENTO PARA INTEGRAR, EM CARÁTER CONVOCATÓRIO, ÓRGÃO COLEGIADO REUNIDO PARA JULGAMENTO DE PROCESSO DISCIPLINAR, FACE À NECESSIDADE DE PERFAZIMENTO DE QUÓRUM PARA DELIBERAÇÃO.

Os pedidos de inscrições para atender Convocação de Membros do Primeiro Grau, com a finalidade de integrar Órgãos Colegiados reunidos para julgar processos disciplinares, deverão ser instruídos:

a) com declaração, feita pelo próprio membro interessado, dos itens contidos no art. 39, I, II, III, IV e V, do Regimento Interno do Conselho Superior do Ministério Público;

b) planilha de feitos extrajudiciais em tramitação na Promotoria de sua titularidade, respondência(s) ou nos limites de sua(s) atuação(ões) auxiliar(es), e;

c) com certidão, expedida pela Corregedoria-Geral do Ministério Público, de que não sofreu qualquer sanção disciplinar nos últimos doze meses.

Publicado no DJ nº 813, 12/06/2020, pág. 01.

Súmula nº 01 do Conselho Superior do Ministério Público do Estado de Goiás

Na remoção compulsória, o recebimento da representação será precedido de juízo de prelibação, com manifestação do representado.

De 05/06/2013.

CAPACITAÇÃO DE MEMBROS

Súmula nº 24/2020 do Conselho Superior do Ministério Público do Estado do Ceará

ASSUNTO: CANCELAMENTO OU DESISTÊNCIA DE AFASTAMENTO OU DESLOCAMENTO PREVIAMENTE AUTORIZADO PELO CSMP. MATÉRIA ADMINISTRATIVA. REQUERIMENTO COMUNICANDO O CANCELAMENTO OU A DESISTÊNCIA DE AFASTAMENTO PARA CURSO DE CAPACITAÇÃO OU VIAGEM PARA MERO DESLOCAMENTO PREVIAMENTE AUTORIZADO PELO CSMP.

Merece homologação por despacho monocrático o requerimento que tenha como objeto informar o cancelamento ou a desistência de curso para capacitação, bem como a viagem para mero deslocamento, previamente autorizados por este Egrégio Conselho Superior do Ministério Público, dando-se ciência da decisão para a Secretaria de Recursos Humanos e Secretaria-Geral, para os devidos fins.

Publicado no DJ nº 813, 12/06/2020, pág. 01.

Súmula nº 11 do Conselho Superior do Ministério Público do Estado de Goiás

AUTORIZAÇÃO PARA ESTUDOS. NECESSIDADE DA COMPROVAÇÃO DE FREQÜÊNCIA E APROVEITAMENTO. APLICAÇÃO ANALÓGICA DAS REGRAS PREVISTAS NO ARTIGO 124, DA LEI COMPLEMENTAR Nº 25/98. IMPOSSIBILIDADE. AUSÊNCIA DE PREJUÍZO AO EXERCÍCIO DAS FUNÇÕES.

A liberação periódica para freqüência a curso difere dos afastamentos previstos na LOEMP, onde há prejuízo ao exercício das funções. Assim sendo, as cláusulas impostas para aquela modalidade de licenciamento (comprovação de freqüência e aproveitamento) não têm aplicação ao afastamento periódico dos afazeres ministeriais, pois em nada acarreta prejuízo à normalidade do exercício de suas funções.

De 05/06/2013.

Enunciado de Súmula nº 18 do Conselho Superior do Ministério Público do Estado de Minas Gerais

A frequência a curso de aprimoramento funcional para o exercício de atribuições na segunda instância, previsto no artigo 179, da Lei Complementar nº 34/94, somente será exigível para fins de promoção por merecimento.

Aprovado na 5ª Sessão Ordinária/ 2001, realizada em 16/04/2001 e publicada em 31/05/2001; publicação específica no Diário Oficial: 18/04/01. Republicações em: 04/09/2001 e 03/02/2004.

Enunciado nº 02/2015 do Conselho Superior do Ministério Público do Estado da Paraíba

Não será pontuado como aperfeiçoamento da formação jurídica e profissional, para fins de promoção ou remoção, os cursos de doutorado, mestrado ou especialização concluídos em universidades estrangeiras, sem a devida validação em instituições reconhecidas pelo MEC.

*Este texto não substitui o consignado na ata da 4ª Sessão Extraordinária do CSMP de 2015.

Publicado no Diário Oficial Eletrônico, Ministério Público, Paraíba, 09/06/2015.

Enunciado nº 03/2015 do Conselho Superior do Ministério Público do Estado da Paraíba

Será pontuada, como contribuição para o aprimoramento da instituição ministerial, a participação do Promotor de Justiça no Núcleo de Promoção da Paternidade Nome Legal – NUPAR NOME LEGAL.

*Este texto não substitui o consignado na ata da 4ª Sessão Extraordinária do CSMP de 2015.

Publicado no Diário Oficial Eletrônico, Ministério Público, Paraíba, 09/06/2015.

PRAZOS

Súmula nº 06/20 do Conselho Superior do Ministério Público do Estado do Espírito Santo

Salvo previsão legal em contrário, os prazos em dias dos procedimentos em tramitação no Ministério Público do Estado do Espírito Santo contam-se em dias corridos.

Publicada no DIMPES em 07.07.2020.

CENTRO DE APOIOS

Súmula nº 01/2016 do Conselho Superior do Ministério Público do Alagoas

É vedado ao integrante da carreira do Ministério Público, na condição de membro de Centro de Apoio Operacional, o exercício de qualquer atividade funcional cometida a órgão de execução.

Publicado no DOE AL, Edição nº 413, em 06/09/2016, FL 364.

Súmula nº 01/2019 do Conselho Superior do Ministério Público do Alagoas

É vedado ao integrante da carreira do Ministério Público, na condição de membro de Centro de Apoio Operacional, o exercício de qualquer atividade funcional cometida a órgão de execução.

Publicado no DOE AL, Edição nº 1023, de 22/02/2019, FL 86.

Súmula nº 01/2020 do Conselho Superior do Ministério Público do Alagoas

É vedado ao integrante da carreira do Ministério Público, na condição de membro de Centro de Apoio Operacional, o exercício de qualquer atividade funcional cometida a órgão de execução.

Publicado no DJ AL, Edição nº 138, de 03/03/2020, FL 8.

PUBLICIDADE

Enunciado nº 02/2019 do Conselho Superior do Ministério Público do Acre

Os relatórios reservados produzidos pela Corregedoria Geral do Ministério Público, em inspeções e correições realizadas nas Promotorias de Justiça ou Centros de Apoio Operacionais, ou, ainda, no curso do estágio probatório dos Promotores de Justiça Substitutos, devem ser submetidos ao conhecimento e aprovação do Conselho Superior, na forma dos artigos 22, XVII, e 149, XIV, da Lei Complementar Estadual nº 291/2014, inexistindo qualquer óbice à publicação das respectivas Resoluções pelo órgão colegiado competente, em obediência ao artigo 37, *caput*, da Constituição da República c/c art. 2º da Resolução nº 173/2017, do Conselho Nacional do Ministério Público.

Publicado no DEMPAC, Edição nº 703, de 17/12/2019, Fls. 07.

Enunciado nº 03/2019 do Conselho Superior do Ministério Público do Acre

Os julgamentos do Conselho Superior do Ministério Público do Estado do Acre, inclusive dos processos de natureza disciplinar, em regra, são públicos, em obediência aos artigos 37 e 93, IX e X, da Constituição da República c/c art. 2º da Resolução nº 173/2017, do Conselho Nacional do Ministério Público, de modo que o sigilo reportado pelo art. 208, *caput*, da Lei Complementar Estadual nº 291/2014 seja mantido tão somente até que se cumpra a parte final do disposto no § 2º, do artigo 209, da mesma Lei.

Publicado no DEMPAC, Edição nº 703, de 17/12/2019, Fls. 07.

Súmula nº 09 do CNMP

A existência de mecanismos de transparência ativa, como o Portal Transparência, não desobriga o Ministério Público do dever de transparência passiva, devendo prestar as informações que lhe forem solicitadas diretamente pelo cidadão, indicando, quando for o caso, sua disponibilização em sítio eletrônico da instituição.

Publicação: Diário Eletrônico do CNMP, Caderno Processual, edição de 16/03/2018.

Categoria: Súmulas.

Status: Vigente.

Situação: Não consta revogação expressa.

INDELEGABILIDADE DE ATOS

Assento nº 004/18 do Conselho Superior do Ministério Público do Estado do Amazonas

São indelegáveis pelo órgão de execução a assinatura, de ordem, de todos os documentos e expedientes que integram os autos investigatórios, ressalvadas as atribuições constantes no art. 3.º, item 1, inciso XI, bem como no art. 4.º, item 14 e seus incisos, todos do ato PGJ n.º 154/2009.

Publicado no Diário Oficial, Ministério Público, Amazonas, 19/12/2018.

Enunciado nº 16 do Conselho Superior do Ministério Público do Estado do Pará

PROCEDIMENTAL. REMESSA DE CORRESPONDÊNCIAS AO CSMP. DOCUMENTO OFICIAL DEVE SER ASSINADO PELO MEMBRO.

Os expedientes remetidos ao CSMP devem ser assinados pelo membro, não podendo delegar esse ato a servidor do Ministério Público.

Publicado no DOE 26.06.2019.

Aprovado na 2ª Sessão Extraordinária, realizada em 19.06.2019.

Fundamento: Recomendação n.º 002/2019-CGMP.

Aprovado na 2ª Sessão Extraordinária, realizada em 19.06.2019.

PERMISSÕES AOS MEMBROS

Súmula nº 010/1997 do Conselho Superior do Ministério Público do Estado do Pará

DECIDE que a autorização para membro do Ministério Público lecionar em curso de formação será de forma que não acarrete prejuízos às atividades funcionais.

Aprovada em 17/11/1997.

REMUNERAÇÃO

Súmula nº 01 do CNMP

É incompatível a incorporação de gratificação decorrente do exercício de funções *pro labore faciendo*, como são as de direção ou confiança, em período posterior à instauração do regime de subsídio, inexistindo motivação para seu pagamento, por força do artigo 39, §4º, da Constituição Federal e da Resolução do CNMP nº 09/2006. Cabível, apenas, o pagamento, até o valor do teto constitucional, das vantagens incorporadas antes da entrada em vigor do regime de subsídio.

Publicação: Diário Eletrônico do CNMP, Caderno Processual, edição de 14/03/2018.

Categoria: Súmulas.

Status: Vigente.

Situação: Não consta revogação expressa.

VEDAÇÕES AOS MEMBROS

Súmula nº 03/2006 do Conselho Superior do Ministério Público do Estado do Ceará

É vedada a participação do Ministério Público em Órgãos Colegiados de formação paritária estranhos à sua estrutura. Legislação Infraconstitucional que estabelece assento obrigatório do órgão do Ministério Público em Conselho Federal, Estadual ou Municipal de índole deliberativa, fiscalizadora e consultiva, vulnera o art. 129, IX, da Carta Magna e Art. 134, da Constituição Estadual.

Publicado no DJ nº 076, 26/04/06, pág. 150.

Súmula nº 009/1997 do Conselho Superior do Ministério Público do Estado do Pará

DECIDE que a cessão de membro do Ministério Público para outros Órgãos, sejam eles federal, estadual ou Municipal, deverá ser precedida de informações sobre o cargo que o mesmo passará a exercer, a fim de que o Conselho possa avaliar a compatibilidade dos cargos.

Aprovada em 30/03/1997.

Súmula nº 04/19 do Conselho Superior do Ministério Público do Estado do Espírito Santo

O membro do Ministério Público não pode expedir notificação recomendatória ou qualquer outra medida extrajudicial visando a alteração, a ab-rogação ou a derrogação da norma municipal ou estadual, por se tratar da competência exclusiva do Procurador-Geral de Justiça, nos termos do art.29, inciso I, da Lei nº 8.625/1993 e art.30, inciso XVI, da Lei Complementar Estadual nº 95/1997.

Publicada no DIO em 18.06.19.

Assento nº 11/2010 do Conselho Superior do Ministério Público do Estado de Sergipe

Não poderão ser convocados para substituir Procurador de Justiça os membros que sejam cônjuge ou parentes até o terceiro grau substituídos.

Publicado no DJ de SE em 01/03/2011.

Enunciado nº 03 do Conselho Superior do Ministério Público Federal

É vedado ao membro do Ministério Público Federal exercer, no gozo de licença para tratar de assuntos particulares, qualquer outro cargo ou função pública, por configurar-se acumulação ilegítima.

38ª Sessão Extraordinária de 27.06.1994 (Processo nº 08100-1.00113/94-41).

Enunciado nº 14 do CNMP

Dispõe sobre a impossibilidade de revisão de atos praticados pelo Procurador-Geral na função de ordenador de despesas ou de gestão, por parte de qualquer outro órgão interno do respectivo Ministério Público.

Atos praticados por Procuradores-Gerais ou por seus delegatários, na função de ordenador de despesas ou de gestão, não podem ser revistos por qualquer órgão colegiado dentro da própria instituição.

Publicação: Diário Eletrônico do CNMP, Caderno Processual, p. 5-6, edição de 29/06/2017.

Categoria: Enunciados.

Status: Vigente.

Situação: Não consta revogação expressa.

Assento nº 21/2017 do Conselho Superior do Ministério Público do Estado de Sergipe

No exercício da atividade extrajudicial e objetivando garantir maior segurança e fidelidade dos atos praticados, os membros do Ministério Público somente devem promover a juntada nos autos dos respectivos procedimentos administrativos, sob a sua responsabilidade, de peças por eles produzidas firmadas no original ou com certificação digital, evitando-se cópias ou documentos com assinaturas escaneadas, sem certificação digital.

Publicado no DOFe de SE em 08/02/2018.

DESIGNAÇÃO DE MEMBROS PROMOVIDOS

Enunciado nº 06 do Conselho Superior do Ministério Público Federal

Os Procuradores Regionais da República, promovidos, e que se encontravam em exercício em Procuradorias da República, deverão ser designados, por ato do Procurador-Geral da República, para exercerem suas funções nas Procuradorias Regionais da República das correspondentes regiões judiciárias federais.

53ª Sessão Extraordinária de 29.11.1994 (Processo nº 08100-1.00055/94-47).

Enunciado nº 04 do CNMP

Dispõe sobre a interpretação da Resolução CNMP nº 26, de 17 de dezembro de 2007, e da Resolução CNMP nº 30, de 19 de maio de 2008.

Na comarca em que exista mais de uma zona eleitoral, poderá ser indicado e designado para exercer função eleitoral, de acordo com o art. 1º, da Resolução CNMP nº 30, o membro do Ministério Público que resida na comarca que abranja a respectiva zona eleitoral, devendo-se suspender, na forma do art. 6º da Resolução CNMP nº 30, as autorizações previstas no art. 2º da Resolução CNMP nº 26, que implicarem residência em localidade não abrangida pela comarca.

Publicação: Diário da Justiça, Seção Única, edição de 14/08/2008.

Categoria: Enunciados.

Status: Vigente.

Situação: Não consta revogação expressa.

Enunciado nº 16 do CNMP

A indicação de que trata o artigo 1º, inciso II, da Resolução CNMP nº 30, de 19 de maio de 2008, deve recair sobre o membro do Ministério Público que mais remotamente exerceu a função eleitoral.

Publicação: Diário Eletrônico do CNMP, Caderno Processual, edição de 14/03/2018.

Categoria: Enunciados.

Status: Vigente.

Situação: Não consta revogação expressa.

15 – PENAL

FATO (A)TÍPICO

Súmula nº 17 da Câmara de Coordenação e Revisão do Ministério Público do Distrito Federal e Territórios

CRIME EM TESE. FATO ATÍPICO.

Apurado que o fato noticiado não constitui crime, não se justifica a formalização da *persecutio criminis*.

Editada na 7ª Sessão Extraordinária do Conselho Institucional, realizada em 25/05/04.

Enunciado nº 49 da 2ª Câmara de Coordenação e Revisão – Criminal do MPF

Aplica-se o princípio da insignificância penal ao descaminho e aos crimes tributários federais, quando o valor do débito devido à Fazenda Pública decorrente da conduta formalmente típica não seja superior a R$ 20.000,00, ressalvada a reiteração na mesma modalidade criminosa, ocorrida em períodos de até 5 (cinco) anos.

Aprovado na 150ª Sessão de Coordenação, de 07/05/2018.

Súmula nº 09 da Câmara de Coordenação e Revisão do Ministério Público do Distrito Federal e Territórios

MUDANÇA DE ENDEREÇO DA EMPRESA COMERCIAL. CONDUTA ATÍPICA.

Mudança de endereço de estabelecimento comercial sem prévia comunicação ao fisco. Omissão que não configura crime de sonegação fiscal, mas, sim, ilícito administrativo.

Editada na 7ª Sessão Extraordinária do Conselho Institucional, realizada em 25/05/04.

Súmula nº 23 da Câmara de Coordenação e Revisão do Ministério Público do Distrito Federal e Territórios

CRIME EM TESE. ENCERRAMENTO DE ATIVIDADE COMERCIAL SEM FORMALIZAÇÃO LEGAL JUNTO AO FISCO. CONDUTA ATÍPICA.

O encerramento da atividade comercial sem formalização legal junto ao fisco não configura crime de sonegação fiscal, mas, sim, infração administrativa.

D Editada na 7ª Sessão Extraordinária do Conselho Institucional, realizada em 25/05/04.

Súmula nº 24 da Câmara de Coordenação e Revisão do Ministério Público do Distrito Federal e Territórios

CRIME EM TESE. MODIFICAÇÃO DE DADOS CADASTRAIS DA EMPRESA, SEM COMUNICAÇÃO AO FISCO. CONDUTA ATÍPICA.

A modificação de dados cadastrais da empresa sem comunicação ao fisco não configura crime de sonegação fiscal, mas, sim, infração administrativa.

Editada na 7ª Sessão Extraordinária do Conselho Institucional, realizada em 25/05/04.

Súmula nº 10 da Câmara de Coordenação e Revisão do Ministério Público do Distrito Federal e Territórios

AUDITORIA FISCAL. AUSÊNCIA DE IRREGULARIDADE.

Se o próprio Órgão de Fiscalização Tributária do Distrito Federal atesta, face a auditoria fiscal promovida na empresa, a inexistência de qualquer irregularidade, não há que se falar em crime de sonegação fiscal.

Editada na 7ª Sessão Extraordinária do Conselho Institucional, realizada em 25/05/04.

Enunciado nº 58 da 2ª Câmara de Coordenação e Revisão – Criminal do MPF

O simples ato, por si só, de não depositar os valores referentes ao FGTS na conta vinculada do empregado é conduta atípica na esfera penal.

Aprovado na 103ª Sessão de Coordenação, de 05/10/2015.

Súmula nº 11 da Câmara de Coordenação e Revisão do Ministério Público do Distrito Federal e Territórios

ACIDENTE DE TRÂNSITO SEM VÍTIMA.

O acidente de trânsito sem vítima, sem indícios da prática de outros delitos previstos na Lei nº 9.503/97, não justifica qualquer providência por parte do Ministério Público. Fato penalmente atípico.

Nova Redação – 34ª Sessão Extraordinária das Câmaras de Coordenação Criminais Reunidas, realizada em 07/10/2015. Ref. PA 08190.053772/12-64.

Súmula nº 13 da Câmara de Coordenação e Revisão do Ministério Público do Distrito Federal e Territórios

ACIDENTE DE TRÂNSITO. VÍTIMA CAUSADORA DO EVENTO.

Delito decorrente de acidente de trânsito. A única vítima foi o condutor habilitado que culposamente deu causa ao sinistro. Ausência de provas de embriaguez. Fato penalmente atípico. (antiga súmula 06).

Nova Redação – 34ª Sessão Extraordinária das Câmaras de Coordenação Criminais Reunidas, realizada em 07/10/2015. Ref. PA 08190.053772/12-64.

Enunciado nº 73 da 2ª Câmara de Coordenação e Revisão – Criminal do MPF

O Serviço de Radiodifusão Comunitária operado em baixa potência e cobertura restrita, ou seja, com potência limitada a um máximo de 25 watts ERP e altura do sistema irradiante não superior a trinta metros, destinado ao atendimento de determinada comunidade de um bairro e/ou vila, sem a efetiva demonstração de prejuízo aos meios de telecomunicações regulares, denota a insignificância de seu potencial lesivo, o que torna a conduta penalmente atípica.

Aprovado na 176ª Sessão de Coordenação, de 10/02/2020.

Precedentes 2ª CCR:

Processo: JF/CE-0809095-62.2018.4.05.8100-PIC-MP, Sessão de Revisão nº 758, de 16/12/2019, unânime.

Processo: JF/MOC-0001929-64.2019.4.01.3807-INQ, Sessão de Revisão nº 758, de 16/12/2019, unânime.

Processo: 1.11.000.000796/2019-80, Sessão de Revisão nº 751, de 07/10/2019, unânime.

Processo: 1.24.000.000440/2019-98, Sessão de Revisão nº 739, de 29/04/2019, unânime.

Processo: 1.14.008.000166/2018-42, Sessão de Revisão nº 722, de 27/08/2018, unânime.

Enunciado nº 74 da 2ª Câmara de Coordenação e Revisão – Criminal do MPF

A importação de mercadorias permitidas dentro dos limites das cotas de isenção fixadas pela Receita Federal, mas, em desacordo com os critérios quantitativos e temporais preestabelecidos, consiste em infração administrativa, atípica na esfera criminal, sendo irrelevante a existência de reiterações no crime de descaminho.

Aprovado na 176ª Sessão de Coordenação, de 10/02/2020.

Precedentes 2ª CCR:

Processo: 1.15.000.002299/2019-77, Sessão de Revisão nº 750, de 23/09/2019, unânime.

Processo: JF/PR/GUAI-5001402-16.2019.4.04.7017, Sessão de Revisão nº 749, de 09/09/2019, unânime.

Processo: 1.29.009.000146/2019-10, Sessão de Revisão nº 735, de 25/02/2019, unânime.

Processo: 1.29.011.000270/2018-55, Sessão de Revisão nº 733, de 28/01/2019, unânime.

Processo: 1.29.009.000436/2018-82, Sessão de Revisão nº 727, de 22/10/2018, unânime.

Enunciado nº 75 da 2ª Câmara de Coordenação e Revisão – Criminal do MPF

Não configura a prática do crime de desobediência (CP, art. 330) o descumprimento de ordem judicial de penhora de parte do faturamento de sociedade empresária executada. A conduta constitui ato atentatório à dignidade da Justiça, ao qual é cominada multa de até 20% do valor atualizado do débito em execução, sem prejuízo de outras sanções de natureza processual ou material (CPC, art. 774).

Aprovado na 176ª Sessão de Coordenação, de 10/02/2020.

Precedentes 2ª CCR:

Processo: 1.25.008.000277/2019-56, Sessão de Revisão nº 758, de 16/12/2019, unânime.

Processo: JF/PR/LON-5010131-79.2019.4.04.7001, Sessão de Revisão nº 743, de 10/06/2019, unânime.

Processo: 1.22.020.000047/2019-31, Sessão de Revisão nº 738, de 08/04/2019, unânime.

Processo: JF/PR/LON-5009200-13.2018.4.04.7001, Sessão de Revisão nº 725, de 26/09/2018, unânime.

Processo: JF/PR/LON-5006030-33.2018.4.04.7001, Sessão de Revisão nº 719, de 09/07/2018, unânime.

Enunciado nº 61 da 2ª Câmara de Coordenação e Revisão – Criminal do MPF

Para a configuração do crime de desobediência, além do descumprimento de ordem legal de funcionário público, é necessário que não haja previsão de sanção de natureza civil, processual civil e administrativa, e que o destinatário da ordem seja advertido de que o seu não cumprimento caracteriza crime. O cumprimento da ordem, ainda que tardio, também afasta a tipificação e a inexistência de prova quanto à ciência pessoal e inequívoca por quem tinha o dever de atendê-la caracteriza falta de justa causa.

Redação alterada na 179ª Sessão Virtual de Coordenação, de 27/04/2020.

Precedentes 2ª CCR:

Processo: 1.14.000.002927/2019-51, Sessão de Revisão nº 763, de 09/03/2020, unânime.

Processo: 1.14.000.000336/2020-83, Sessão de Revisão nº 763, de 09/03/2020, unânime.

Processo: 1.14.000.002288/2019-24, Sessão de Revisão nº 750, de 23/09/2019, unânime.

Enunciado nº 76 da 2ª Câmara de Coordenação e Revisão – Criminal do MPF

O exercício de atividade remunerada por beneficiário de aposentadoria por invalidez ou auxílio-doença, não configura, por si só, a prática do crime de estelionato previdenciário (art. 171, §3ª, CP), sendo necessário para tanto a demonstração de fraude na concessão do benefício.

Aprovado na 176ª Sessão de Coordenação, de 10/02/2020.

Precedentes 2ª CCR:

Processo: 1.14.003.000282/2019-92, Sessão de Revisão nº 759, de 27/01/2020, unânime.

Processo: 1.25.008.000513/2019-34, Sessão de Revisão nº 755, de 25/11/2019, unânime.

Processo: 1.11.000.000498/2019-90, Sessão de Revisão nº 747, de 12/08/2019, unânime.

Processo: JF/PR/GUAI-5004307-65.2017.4.04.7016, Sessão de Revisão nº 746, de 08/07/2019, unânime.

Processo: JF/PR/GUAI-5000777-79.2019.4.04.7017, Sessão de Revisão nº 743, de 10/06/2019, unânime.

Enunciado nº 78 da 2ª Câmara de Coordenação e Revisão – Criminal do MPF

Não configura o crime de falso testemunho (CP, art. 342) o depoimento contrário às demais provas constantes no processo quando não for verificada a potencialidade lesiva nas declarações prestadas pela testemunha, em razão (a) da evidente ausência de dolo do investigado, (b) da desconsideração do depoimento pelo Juízo, (c) da sentença ter como fundamentos outros elementos de prova existentes nos autos ou (d) da aplicação de multa pelo Juízo à testemunha, sendo nessa última hipótese, medida suficiente à retribuição e à prevenção da conduta praticada.

Aprovado na 176ª Sessão de Coordenação, de 10/02/2020.

Precedentes 2ª CCR:

Processo: 1.18.000.002770/2019-15, Sessão de Revisão nº 758, de 16/12/2019, unânime.

Processo: PRM/JAL-3427.2019.000079-0-INQ, Sessão de Revisão nº 758, de 16/12/2019, unânime.

Processo: SRPF-AP-00070/2018-INQ, Sessão de Revisão nº 753, de 21/10/2019, unânime.

Processo: SPF/RR-0417/2017-INQ, Sessão de Revisão nº 759, de 27/01/2020, unânime.

Processo: JF-RJ-2016.51.01.509855-7-INQ, Sessão de Revisão nº 744, de 24/06/2019, unânime.

Enunciado nº 80 da 2ª Câmara de Coordenação e Revisão – Criminal do MPF

A falsa declaração de endereço residencial em processo judicial ou de hipossuficiência econômica para fins de gratuidade de justiça, embora seja eticamente inapropriada e justifique a condenação por litigância de má-fé (sanção prevista no art. 81 do CPC), não configura ilícito penal, sendo, portanto, atípica, porque goza de presunção *juris tantum*, sujeita à comprovação posterior, realizada de ofício pelo magistrado ou mediante impugnação.

Aprovado na 176ª Sessão de Coordenação, de 10/02/2020.

Precedentes 2ª CCR:

Processo: 1.34.001.009767/2018-98, de Revisão Sessão nº 738, de 08/04/2019, unânime.

Processo: 1.29.000.003317/2018-61, de Revisão Sessão nº 730, de 26/11/2018, unânime.

Processo: JFRS/NHM-5018857-75.2015.4.04.7100, Sessão de Revisão nº 727, de 22/10/2018, unânime.

Processo: 1.29.000.002385/2018-11, Sessão de Revisão nº 721, de 13/08/2018, unânime.

Processo: 1.29.000.000669/2018-65, de Revisão Sessão nº 713, de 23/04/2018, unânime.

Enunciado nº 91 da 2ª Câmara de Coordenação e Revisão – Criminal do MPF

A falsa declaração particular de atividade rural para obtenção de benefício previdenciário, embora autorize a condenação por litigância de má-fé (sanção prevista no art. 81 do CPC), não configura ilícito penal, diante da carência de potencialidade lesiva, sendo, portanto, atípica, porque o documento, por si só, é absolutamente ineficaz para induzir ou manter em erro a autarquia previdenciária ou o Judiciário.

Aprovado na 179ª Sessão Virtual de Coordenação, de 27/04/2020.

Precedentes 2ª CCR:

Processo: 1.26.001.000182/2019-65, Sessão de Revisão nº 749, de 09/09/2019, unânime.

Processo: DPF/CAX-00166/2017-INQ, Sessão de Revisão nº 739, de 29/04/2019, unânime.

Processo: DPF/MBA/PA-001482016-INQ, Sessão de Revisão nº 738, de 08/04/2019, unânime.

Processo: JF/GAR/PE-0807897-54.2018.4.05.8305, Sessão de Revisão nº 737, de 25/03/2019, unânime.

Processo: DPF/MBA/PA-00220/2015-INQ, Sessão de Revisão nº 721, de 13/08/2018, unânime.

Enunciado nº 93 da 2ª Câmara de Coordenação e Revisão – Criminal do MPF

Na importação de sementes de maconha, mercadoria proibida que atrai a incidência do crime de contrabando, previsto no art. 334-A do Código Penal, a pequena quantidade, assim considerada até o limite de 25 unidades, para o plantio destinado ao consumo próprio, induz à mínima ofensividade da conduta, à ausência de periculosidade da ação e o ínfimo grau de reprovabilidade do comportamento, razões que comportam a aplicação do princípio da insignificância à hipótese.

Aprovado na 179ª Sessão Virtual de Coordenação, de 27/04/2020.

Precedentes 2ª CCR:

Processo: JF/SP-0001111-51.2018.4.03.6181, Sessão de Revisão nº 727, de 22/10/2018, unânime.

Processo: JF/SP-0015106-39.2015.4.03.6181, Sessão de Revisão nº 690, de 25/09/2017, unânime.

Processo: JF/SP-0015715-90.2013.4.03.6181, Sessão de Revisão nº 690, de 25/09/2017, unânime.

Enunciado nº 94 da 2ª Câmara de Coordenação e Revisão – Criminal do MPF

Na importação irregular de combustível, mercadoria proibida que atrai a incidência do crime de contrabando, previsto no art. 334-A do Código Penal, a pequena quantidade, assim considerada até o limite de 250 litros, induz à mínima ofensividade da conduta, à ausência de periculosidade da ação e o ínfimo grau de reprovabilidade do comportamento, razões que comportam a aplicação do princípio da insignificância à hipótese.

Aprovado na 179ª Sessão Virtual de Coordenação, de 27/04/2020.

Precedentes 2ª CCR:

Processo: JF/RO/GM-0001076-43.2019.4.01.4102-IPL, Sessão de Revisão nº 758, de 16/12/2019, unânime.

Processo: 1.31.000.001355/2019-11, Sessão de Revisão nº 754, de 11/11/2019, unânime.

Processo: 1.00.000.019770/2019-99, Sessão de Revisão nº 753, de 21/10/2019, unânime.

Processo: DPF-TAB/AM-00133/2015-INQ, Sessão de Revisão nº 721, de 13/08/2018, unânime.

Enunciado nº 54 das Câmaras de Coordenação e Revisão Criminais e Cíveis Reunidas do MPDFT

O transporte coletivo de passageiros constitui atividade econômica cujo exercício está subordinado às prescrições legais. O chamado transporte 'pirata' ou clandestino de passageiros enseja persecução penal, uma vez preenchidos, no caso concreto, os elementos da tipicidade e as condições da ação penal, a teor do art. 47, da Lei das Contravenções Penais (Decreto-Lei nº 3.688, de 03/10/41).

Ref. PIP nº 08190.009000/03-21.

Publicado no Diário da Justiça, Seção 1, de 15/07/2005, p. 59.

Enunciado nº 99 das Câmaras de Coordenação e Revisão Criminais e Cíveis Reunidas do MPDFT

O descumprimento das normas do Distrito Federal que dispõem sobre as medidas para enfrentamento da emergência de saúde pública decorrente da CO-V/D-19, inclusive a obrigatoriedade do uso de máscaras, dentre outras disposições, pode sujeitar os infratores às sanções penais previstas nos arts. 268 e 330 do Código Penal Brasileiro. Os protocolos a serem adotados pelas forças de segurança na fiscalização do cumprimento das normas sanitárias referentes ao novo coronavírus, são atribuição da Polícia com a fiscalização, no que couber, dos Promotores de Justiça oficiantes na área penal.

PA n. 08190.000312/20-16

Publicado Diário Eletrônico do MPDFT do dia 25/09/2020.

NEXO DE CAUSALIDADE

Súmula nº 21 da Câmara de Coordenação e Revisão do Ministério Público do Distrito Federal e Territórios

ERRO MÉDICO. AUSÊNCIA DE RELAÇÃO DE CAUSALIDADE.

Não comprovada a relação de causalidade entre o fato alegado e o resultado, à vista do contido nos autos, não há que se falar em crime culposo decorrente de erro médico.

Editada na 7ª Sessão Extraordinária do Conselho Institucional, realizada em 25/05/04.

Súmula nº 22 da Câmara de Coordenação e Revisão do Ministério Público do Distrito Federal e Territórios

ERRO MÉDICO. INOCORRÊNCIA DE CULPA.

Não comprovada a ocorrência de imperícia, imprudência ou negligência nas práticas médicas adotadas, não há que se falar em crime culposo decorrente de erro médico. (antiga súmula 15).

Editada na 7ª Sessão Extraordinária do Conselho Institucional, realizada em 25/05/04.

PENA

Enunciado nº 1 (art. 51, CP) do GNCCRIM do CNPG

Cabe preferencialmente ao membro do Ministério Público com atribuição para execução penal ingressar com a ação para a execução da pena de multa perante o juízo das execuções penais, sob o rito da Lei 6.830/80.

Acesso em 07/08/20. Fonte: https://www.cnpg.org.br/images/arquivos/gndh/documentos/enunciados/GNCCRIM_Enunciados.pdf

Enunciado nº 77 das Câmaras de Coordenação e Revisão Criminais Reunidas do MPDFT

a) Os órgãos de execução do MPDFT com atribuição na primeira instância, deverão diligenciar junto aos juízos de origem, quando esgotada a instância ordinária, pela expedição de guia de execução provisória da pena concretizada em sentença ou acórdão condenatório, bem como da pena restritiva de direitos;

b) Os órgãos de execução do MPDFT com atribuição na segunda instância, deverão diligenciar junto às Turmas, Câmaras e Conselho Especial do TJDFT, para o reconhecimento do manejo abusivo de recursos com manifesto propósito protelatório com o imediato retorno dos autos principais à origem quando do encerramento da instância ordinária;

c) O procedimento previsto no item "b" será igualmente adotado em caso de eventual desmembramento do processo em situações de trânsito em julgado parcial da condenação, de modo a viabilizar o início da execução provisória da pena privativa de liberdade ou restritiva de direitos, na origem.

Publicado no DOU n. 71, de 14/04/2016.

Enunciado nº 2 (art. 91-A, *caput* e parágrafo 3º, do CP) do GNCCRIM do CNGP

Nos casos de confisco alargado (art. 91-A), para efeito de indicação do valor a ser perdido (parágrafo 3º), basta a apresentação de cálculo simplificado, baseado nos dados disponíveis no momento do oferecimento da denúncia, sem prejuízo do incremento do *quantum* decorrente de eventuais provas que venham a ser aviadas aos autos no curso da instrução processual.

EXTINÇÃO DA PUNIBILIDADE

Vide: Processo Penal/Ação Penal.

Enunciado nº 28 da 2ª Câmara de Coordenação e Revisão – Criminal do MPF

Inadmissível o reconhecimento da extinção da punibilidade pela prescrição, considerando a pena em perspectiva, por ferir os primados constitucionais do devido processo legal, da ampla defesa e da presunção de inocência.

Aprovado na Sessão 464ª, de 15/04/2009. Cf. Súmula nº 438 do STJ (15/05/2010), remissão acrescentada na 1ª Sessão de Coordenação, de 17/05/2010.

Precedentes:

1.00.000.008842/2003-13; 1.00.000.008516/2005-60; 1.31.000.000630/2005-75; 1.20.000.000187/2008-69; 1.00.000.009489/2008-95; 1.00.000.006134/2008-44; 1.00.000.011159/2007-89.

Enunciado nº 51 da 4ª Câmara de Coordenação e Revisão – Meio Ambiente e Patrimônio Cultural do MPF

Inadmissível o reconhecimento da extinção da punibilidade pela prescrição, considerando a pena em perspectiva, por ferir os primados constitucionais do devido processo legal, da ampla defesa e da presunção de inocência.

Recepção do Enunciado nº 28-2ª CCR. Sessão 464ª, de 15.04.2009. Súmula STJ nº 438, de 15/05/2010. Incluída na 1ª Sessão de Coordenação, de 17.05.2010.

Enunciado nº 41 das Câmaras de Coordenação e Revisão Criminais e Cíveis Reunidas do MPDFT

O instituto da graça compreende, em sentido amplo, anistia, indulto individual, indulto coletivo - parcial ou total - e comutação. Em sentido estrito, o indulto individual. O instituto da comutação nada mais é do que um indulto parcial, razão pela qual, em que pese a distinção feita por decretos presidenciais de concessão de indulto natalino, não pode tal benefício ser concedido aos réus condenados por crimes hediondos e equiparados, face ao óbice contido no art. 2º, inciso I, 3ª figura, da Lei nº 8.072/90, que impede a concessão de graça aos condenados por tais crimes.

Nova redação – Ref. PA 08190.053772/12-64, julgado em 07/10/2015. Alteração publicada no DOU n. 242, de 18/12/2015.

Enunciado nº 52 da 2ª Câmara de Coordenação e Revisão – Criminal do MPF

O pagamento integral do débito tributário extingue a punibilidade e autoriza o arquivamento da investigação e da ação penal pelo MPF.

Aprovado na 78ª Sessão de Coordenação, de 31/03/2014.

Precedentes:

1.35.000.000412/2008-34; 1.24.000.000380/2008-51; 1.15.001.000013/2009-37.

Enunciado nº 53 da 2ª Câmara de Coordenação e Revisão – Criminal do MPF

A prescrição do crime de estelionato previdenciário, em detrimento do INSS, cometido mediante saques indevidos de benefícios previdenciários após o óbito do segurado, ocorre em doze anos a contar da data do último saque, extingue a punibilidade e autoriza o arquivamento da investigação pelo MPF.

Aprovado na 78ª Sessão de Coordenação, de 31/03/2014.

Precedentes:

1.29.015.000037/2013-28; 1.29.015.000037/2013-28; 1.29.015.000006/2013-77; 1.29.004.000840/2013-91; 1.30.006.000218/2013-42.

Súmula nº 26 da Câmara de Coordenação e Revisão do Ministério Público do Distrito Federal e Territórios

CRIME EM TESE. DECADÊNCIA. EXTINÇÃO DA PUNIBILIDADE.

Extinto o direito de punir do Estado pelo transcurso do prazo decadencial para o direito de representação, falece ao Ministério Público justa causa para a persecução penal.

Editada na 7ª Sessão Extraordinária do Conselho Institucional, realizada em 25/05/04.

Súmula nº 27 da Câmara de Coordenação e Revisão do Ministério Público do Distrito Federal e Territórios

CRIME EM TESE. RENÚNCIA AO DIREITO DE QUEIXA. EXTINÇÃO DA PUNIBILIDADE.

A renúncia expressa do ofendido ao seu direito de queixa nos crimes de ação penal privada, acarreta a extinção da punibilidade (art. 107, V, do Código Penal), falecendo ao Ministério Público justa causa para intervir no feito.

Editada na 7ª Sessão Extraordinária do Conselho Institucional, realizada em 25/05/04.

CRIMES EM ESPÉCIE

Dos Crimes Contra o Patrimônio (Arts. 155 a 183)

Enunciado nº 02 da Assessoria Jurídica para Conflitos de Atribuição do Gabinete da Procuradora-Geral da República – AJCA/PGR

O crime de furto mediante fraude, praticado por meio de saque ou transferência bancária, utilizando meio eletrônico e sem o consentimento do correntista, consuma-se no local da agência bancária em que é mantida a conta lesada, sendo atribuição do Ministério Público Estadual da localidade promover a ação penal.

Portaria nº 848/2019. Publicado em: 16/09/2019 | Edição: 179 | Seção: 1 | Página: 98.

Enunciado nº 3 (art. 157, parágrafo 2º, VII, CP) do GNCCRIM do CNPG

O conceito de arma branca, previsto no inciso VII do § 2º, do art. 157, engloba as armas próprias e impróprias.

Acesso em 07/08/20. Fonte: https://www.cnpg.org.br/images/arquivos/gndh/documentos/enunciados/GNCCRIM_Enunciados.pdf

Enunciado nº 4 (art. 171, parágrafo 5º, do CP – art. 91 da Lei 9.099 c/c art. 3º do CPP) do GNCCRIM do CNPG

Nas investigações e processos em curso, o ofendido ou seu representante legal será intimado para oferecer representação no prazo de 30 dias, sob pena de decadência.

Acesso em 07/08/20. Fonte: https://www.cnpg.org.br/images/arquivos/gndh/documentos/enunciados/GNCCRIM_Enunciados.pdf

Enunciado nº 51 das Câmaras de Coordenação e Revisão Criminais e Cíveis Reunidas do MPDFT

O crime de dano cometido contra patrimônio do Distrito Federal inclui-se na forma qualificada do inciso III, parágrafo único, do art. 163 do Código Penal. Interpretação extensiva e integrativa que não se confunde com analogia.

1. O fato do nome do Distrito Federal não ter sido textualmente assinalado na norma do inciso III, do parágrafo único, do art. 163 do Código Penal, não significa que os bens pertencentes ao patrimônio do Distrito Federal não sejam de natureza relevante, não mereçam a tutela penal prevista.

2. O Distrito Federal – território onde se estabelece a sede do governo central numa república federativa – pode-se dizer é estado membro da federação, igualmente, principalmente após o advento da Constituição Federal de 1988, com autonomia político administrativa, tendo sua própria lei orgânica, respeitando os princípios constitucionais da União, com igualdade de representação no Senado e representação proporcional à sua população na Câmara dos Deputados.

3. Na hipótese de violação ao patrimônio público do Distrito Federal, a ação penal é pública, somente se procedendo mediante denúncia de iniciativa exclusiva do Ministério Público.

Nova redação – Ref. PA 08190.053772/12-64, julgado em 07/10/2015. Alteração publicada no DOU n. 242, de 18/12/2015.

Enunciado nº 04 da Assessoria Jurídica para Conflitos de Atribuição do Gabinete da Procuradora-Geral da República – AJCA/PGR

A atribuição do órgão do Ministério Público responsável por apurar crime de estelionato cometido por meio de clonagem ou alteração do numerário de cheque é fixada pelo local do efetivo prejuízo à vítima, isto é, onde situado o banco sacado.

Portaria nº 848/2019. Publicado em: 16/09/2019 | Edição: 179 | Seção: 1 | Página: 98.

Enunciado nº 05 da Assessoria Jurídica para Conflitos de Atribuição do Gabinete da Procuradora-Geral da República – AJCA/PGR

A atribuição para oficiar em procedimento investigatório que versa acerca de tentativa de estelionato, mediante apresentação de documentos falsos para obtenção de indenização do Seguro Obrigatório de Danos Pessoais Causados por Veículos Automotores de Via Terrestre – DPVAT, é do Ministério Público Estadual do local em que foi entregue o requerimento administrativo acompanhado de documentos falsos, pois trata-se do último ato de execução.

Portaria nº 848/2019. Publicado em: 16/09/2019 | Edição: 179 | Seção: 1 | Página: 98.

Enunciado nº 06 da Assessoria Jurídica para Conflitos de Atribuição do Gabinete da Procuradora-Geral da República – AJCA/PGR

A prática delituosa conhecida como "falso sequestro" configura crime de extorsão, e a atribuição do órgão ministerial é definida de acordo com o local em que a vítima sofre o constrangimento, isto é, no local onde se encontrava no momento que praticada a violência ou grave ameaça contra si.

Portaria nº 848/2019. Publicado em: 16/09/2019 | Edição: 179 | Seção: 1 | Página: 98.

Enunciado nº 03 da Assessoria Jurídica para Conflitos de Atribuição do Gabinete da Procuradora-Geral da República – AJCA/PGR

A atribuição do órgão do Ministério Público para apurar crime de estelionato cometido mediante transferência de valores entre contas correntes é determinada pelo lugar da agência bancária da conta lesada.

Portaria nº 848/2019. Publicado em: 16/09/2019 | Edição: 179 | Seção: 1 | Página: 98.

DOS CRIMES CONTRA A FÉ PÚBLICA (ARTS. 289 A 311-A)

Enunciado nº 26 da 2ª Câmara de Coordenação e Revisão – Criminal do MPF

A omissão de anotação na Carteira de Trabalho e Previdência Social (CTPS) não configura, por si só, o crime de falsificação de documento público (art. 297, § 4º, do CP).

Redação alterada na 176ª Sessão de Coordenação, de 10/02/2020.

Precedentes 2ª CCR:

Processo: 1.29.011.000437/2019-69, Sessão de Revisão nº 758, de 16/12/2019, unânime.

Processo: 1.25.000.003816/2019-89, Sessão de Revisão nº 758, de 16/12/2019, unânime.

Processo: 1.18.001.000661/2019-53, Sessão de Revisão nº 754, de 11/11/2019, unânime.

Processo: JF/PR/CUR-5032629-75.2019.4.04.7000, Sessão de Revisão nº 750, de 23/09/2019, unânime.

Processo: 1.11.000.000794/2019-91, Sessão de Revisão nº 747, de 12/08/2019, unânime.

DOS CRIMES CONTRA A ADMINISTRAÇÃO PÚBLICA (ARTS. 312 A 359-H)

Orientação nº 23 da Câmara de Coordenação e Revisão – Criminal MPF

Assunto: Desnecessidade da constituição definitiva do crédito tributário no crime de descaminho (crime formal).

ORIENTA os membros do MPF a ratificarem o caráter formal do crime de descaminho, o qual se consuma com a simples conduta de iludir o Estado, quanto ao pagamento dos tributos devidos, quando da importação ou exportação de mercadorias, não sendo necessária a prévia constituição definitiva do crédito tributário para a persecução penal. Os Coordenadores Criminais deverão dar conhecimento desta Orientação aos Procuradores da República que oficiam na área criminal.

Orientação aprovada na 111ª Sessão de Coordenação, de 18 de abril de 2016.

SISTEMA FINANCEIRO NACIONAL – LEI Nº 7.492/86

Enunciado nº 01 da Assessoria Jurídica para Conflitos de Atribuição do Gabinete da Procuradora-Geral da República – AJCA/PGR

Configura crime contra o Sistema Financeiro Nacional, previsto no art. 19 da Lei nº 7.492, de 1986, a obtenção, mediante fraude, de financiamento de veículo, com cláusula de alienação fiduciária em garantia, sendo do Ministério Público Federal a atribuição para atuar nas investigações e promover eventual ação penal.

Portaria nº 848/2019. Publicado em: 16/09/2019 | Edição: 179 | Seção: 1 | Página: 98.

LEI DE EXECUÇÃO PENAL – LEI 7.210/84

Enunciado nº 32 das Câmaras de Coordenação e Revisão Criminais e Cíveis Reunidas do MPDFT

Só os condenados que cumprem pena no regime semi-aberto, que tenham bom comportamento e tenham cumprido no mínimo um sexto da pena, se primários, ou um quarto, se reincidentes, têm direito à autorização para saída temporária a fim de freqüentar curso supletivo profissionalizante, bem como de instrução do segundo grau ou de grau superior. Cabe ao Ministério Público, por intermédio das Promotorias de Execução Penal, exercer a devida fiscalização para constatar a observância dos requisitos previstos no artigo 123 da Lei de Execução Penal. Conseqüentemente, os presos provisórios e os condenados que cumprem pena no regime fechado não têm direito ao benefício e, por conclusão lógica, não têm direito a prestar o exame vestibular, devendo o Ministério Público recorrer das autorizações concedidas em desacordo com a LEP.

PA nº 08190.001095/97-24. Nova redação – Ref. PA 08190.053772/12-64, julgado em 07/10/2015. Alteração publicada no DOU n. 242, de 18/12/2015.

Enunciado nº 44 do MPSP sobre o Pacote Anticrime

O cálculo das frações para benefícios executórios deve ser realizado sobre o total da pena privativa de liberdade, não se aplicando o limite temporal previsto no artigo 75 do Código Penal.

Publicado no Diário Oficial de São Paulo, 23/01/2020.

Enunciado nº 45 do MPSP sobre o Pacote Anticrime

As novas regras do regime disciplinar diferenciado, previsto no artigo 52 da Lei de Execuções Penais, se aplicam aos sentenciados que incidirem em seus termos após a eficácia da Lei nº 13.964/19.

Publicado no Diário Oficial de São Paulo, 23/01/2020.

Enunciado nº 46 do MPSP sobre o Pacote Anticrime

A vedação ao direito de saída temporária, prevista no §2º do artigo 122 da Lei de Execuções Penais, se aplica ao condenado que cumpre pena por crime elencado no artigo 5º, inciso XLIII da Constituição Federal, do qual tenha resultado morte.

Publicado no Diário Oficial de São Paulo, 23/01/2020.

Enunciado nº 47 do MPSP sobre o Pacote Anticrime

As frações exigidas pelo artigo 112 da LEP para progressão de regime incidirão para os condenados por fato cometido a partir da eficácia da Lei n.º 13.964/19, salvo se, aplicadas no caso concreto, beneficiarem o sentenciado.

Publicado no Diário Oficial de São Paulo, 23/01/2020.

Enunciado nº 48 do MPSP sobre o Pacote Anticrime

O executado, primário ou reincidente, condenado a crime hediondo ou equiparado com resultado morte, não faz jus ao livramento condicional.

Publicado no Diário Oficial de São Paulo, 23/01/2020.

Enunciado nº 49 do MPSP sobre o Pacote Anticrime

Tendo em vista que o artigo 112 da LEP não utiliza o termo "reincidente específico", a aplicação das frações previstas nos incisos IV, VII e VIII se baseia na recidiva, independentemente da natureza do crime anterior, conforme a seguinte tabela.

STATUS DO SENTENCIADO	CRIME ANTERIOR	CRIME ATUAL	PERCENTUAL PARA PROGRESSÃO
Primário	Não há	Sem violência à pessoa ou grave ameaça	16% – art. 112, I, LEP
Reincidente em crime sem violência ou grave ameaça à pessoa	Sem violência ou grave ameaça à pessoa	Sem violência à pessoa ou grave ameaça	20% – art. 112, II, LEP
Primário	Não há	Com violência à pessoa ou grave ameaça	25% – art. 112, III, LEP
Reincidente em crime com violência ou grave ameaça à pessoa	Com violência à pessoa ou grave ameaça	Com violência à pessoa ou grave ameaça	30% – art. 112, IV, LEP
Reincidente (reincidência reconhecida na condenação pelo crime atual)	Com violência à pessoa ou grave ameaça	Sem violência à pessoa ou grave ameaça	20% (ausente previsão, aplica-se o art. 112, II, LEP)
Reincidente (reincidência reconhecida na condenação pelo crime atual)	Sem violência à pessoa ou grave ameaça	Com violência à pessoa ou grave ameaça	30% (ausente previsão, aplica-se o art. 112, IV, LEP)
Primário	Não há	Hediondo ou equiparado nos termos da Lei 8.072/90	40% – art. 112, V, LEP
Primário	Não há	Crime hediondo ou equiparado com resultado morte, vedado o livramento condicional	50% – art. 112, VI, LEP
Primário/Reincidente	Não há	- condenado por exercer o comando, individual ou coletivo, de organização criminosa estruturada para a prática de crime hediondo ou equiparado; ou - condenado pela prática do crime de constituição de milícia privada;	50% – art. 112, VI, LEP
Reincidente na prática de crime hediondo ou equiparado	É indiferente	Crime hediondo ou equiparado	60% – art. 112, VII, LEP
Reincidente em crime hediondo ou equiparado com resultado morte, vedado o livramento condicional	É indiferente	Crime hediondo ou equiparado, com resultado morte	70% – art. 112, VIII, LEP

Publicado no Diário Oficial de São Paulo, 23/01/2020.

PRISÃO TEMPORÁRIA – LEI 7.960/1989

Enunciado nº 34 das Câmaras de Coordenação e Revisão Criminais e Cíveis Reunidas do MPDFT

Ao promover a ação penal cautelar consistente em formulação de pedido de prisão temporária, o órgão do Mistério Público deverá propor ao juiz que fixe o prazo máximo de trinta dias para efetivação da prisão, após o que a ordem perderá a validade, devendo esta cláusula constar do respectivo mandado judicial.

Nova redação – Ref. PA 08190.053772/12-64, julgado em 07/10/2015. Alteração publicada no DOU n. 242, de 18/12/2015.

Enunciado nº 35 das Câmaras de Coordenação e Revisão Criminais e Cíveis Reunidas do MPDFT

Ao emitir parecer em pedido de prisão temporária formulado pela autoridade policial, ou ao requerê-la, o órgão do Ministério Público deverá examinar cuidadosamente os fatos alegados para enquadrá-los, ou não, nas situações previstas nos incisos I, II e III, do artigo 1º, da Lei nº 7.960, de 21 de dezembro de 1989.

PA nº 08190.000164/98-91.

Publicado no DJ, Seção 1, de 05/07/2004, p. 108/109.

ESTATUTO DA CRIANÇA E DO ADOLESCENTE – LEI 8.069/90

Súmula nº 29 da Câmara de Coordenação e Revisão do Ministério Público do Distrito Federal e Territórios

ESTATUTO DA CRIANÇA E DO ADOLESCENTE. REMISSÃO PRÉ-PROCESSUAL CONCEDIDA PELO MINISTÉRIO PÚBLICO. CUMULAÇÃO COM MEDIDA SÓCIO-EDUCATIVA.

1. A remissão pré-processual, que não implica necessariamente no reconhecimento ou comprovação de responsabilidade, pode ser concedida cumulada com aplicação de medida sócio-educativa, sem que haja necessidade de prévio procedimento formal para apuração de autoria, da materialidade e culpabilidade. Trata-se de uma espécie de "transação" sem instauração do processo.

2. Cabe ao órgão do Ministério Público ao conceder a remissão pré-processual, de acordo com o disposto no art. 126 do ECA, posicionar-se quanto à necessidade de sua associação com uma medida sócio-educativa, que, por sua vez, há de ser determinada e aplicada pelo magistrado, a fim de se legitimar para a hipótese de recurso.

Nova Redação – 34ª Sessão Extraordinária das Câmaras de Coordenação Criminais Reunidas, realizada em 07/10/2015. Ref. PA 08190.053772/12-64.

CRIMES CONTRA A ORDEM TRIBUTÁRIA, ECONÔMICA E CONTRA AS RELAÇÕES DE CONSUMO – LEI N. 8.137/1990

Enunciado nº 19 da 2ª Câmara de Coordenação e Revisão – Criminal do MPF

Suspensa a pretensão punitiva dos crimes tributários, por força do parcelamento do débito, os autos de investigação correspondentes poderão ser arquivados na origem, sendo desarquivados na hipótese do § 1º do art. 83 da Lei nº 9.430/1996, acrescentado pela Lei nº 12.382/11.

Recomendação: As investigações atualmente em curso para acompanhamento dos parcelamentos de débitos tributários poderão ser arquivadas na forma da nova redação do Enunciado nº 19 da 2ª CCR.

Redação alterada na 89ª Sessão de Coordenação, de 10/11/2014.

Enunciado nº 63 da 2ª Câmara de Coordenação e Revisão – Criminal do MPF

A sentença trabalhista transitada em julgado, condenatória ou homologatória de acordo, após sua liquidação, constitui definitivamente o crédito tributário.

Aprovado na 116ª Sessão de Coordenação, de 22/08/2016.

Precedentes:

0004098-15.2014.4.03.6112; 1.34.001.000171/2015-80; 1.34.025.000041/2015-79.

Súmula nº 25 da Câmara de Coordenação e Revisão do Ministério Público do Distrito Federal e Territórios

CRIME, EM TESE, DE SONEGAÇÃO FISCAL. PAGAMENTO OU PARCELAMENTO. SUSPENSÃO DA PRETENSÃO PUNITIVA DO ESTADO. EXTINÇÃO DA PUNIBILIDADE.

Extinto o direito de punir do Estado pelo pagamento do débito tributário antes de ofertada a denúncia, ou suspensa a pretensão punitiva do Estado pelo parcelamento do crédito tributário nas hipóteses em que cabível, falece ao Ministério Público justa causa para a persecução penal (artigo 83, §§ 1º a 6º, da Lei nº 9.430/96, com a redação da Lei nº 12.382/2011, e artigo 9º da Lei nº 10.684/2003).

Nova Redação – 34ª Sessão Extraordinária das Câmaras de Coordenação Criminais Reunidas, realizada em 07/10/2015. Ref. PA 08190.053772/12-64.

Enunciado nº 31 das Câmaras de Coordenação e Revisão Criminais e Cíveis Reunidas do MPDFT

O parcelamento do débito só extingue a punibilidade de crime contra a ordem tributária quando integralmente honrado pelo devedor, ficando suspenso, durante o prazo do parcelamento, o curso da investigação criminal, que permanecerá durante esse tempo na secretaria da Promotoria interessada. A Promotoria de Justiça de Defesa da Ordem Tributária oficiará a Subsecretaria da Receita, da Secretaria de Fazenda e Planejamento do Distrito Federal para informar à referida Promotoria, mensalmente, se o beneficiado com o parcelamento está cumprindo o acordo.

PIP nº 1027/94 – PDOT.

Publicado no DJ, Seção 1, de 05/07/2004, p. 108/109.

Orientação nº 08 da Câmara de Coordenação e Revisão – Criminal MPF

Assunto: Crime de formação de cartel é de natureza permanente.

ORIENTAÇÃO no sentido de que considera que o crime de formação de cartel é de natureza permanente. Os Coordenadores Criminais deverão dar conhecimento desta Orientação aos Procuradores da República que oficiam na área criminal.

Aprovada na 81ª Sessão de Coordenação, de 12/05/2014.

Orientação nº 10 da Câmara de Coordenação e Revisão – Criminal MPF

Assunto: Modus Operandi das Fraudes com Títulos Públicos Brasileiros e Outros Créditos detectadas pela Secretaria da Receita Federal.

ORIENTA os membros do Ministério Público Federal que oficiam na área criminal, respeitada a independência funcional, a promoverem a responsabilização criminal, a qual pode ser imputada a sócios e outros responsáveis por empresas privadas e a servidores e gestores públicos, nas hipóteses de fraudes com títulos públicos praticadas e outros créditos com base nos modus operandi descritos acima*. Os Coordenadores Criminais deverão dar conhecimento desta Orientação aos Procuradores da República que oficiam na área criminal, para que o Ministério Público Federal possa atuar de forma preventiva e repressiva no combate às fraudes envolvendo títulos públicos.

Alterada na 143ª Sessão de Coordenação, de 11/12/2017.

*Nota do autor: os exemplos de fraudes encontram-se nos considerandos: CONSIDERANDO a crescente ocorrência de fraudes contra a Fazenda Nacional, com base em ações judiciais de execução de dívida pública prescritos ou falsos, bem como em supostas indenizações decorrentes de ações judiciais com sentença desfavorável aos exequentes, movidas contra a União, que visam a cobrança de valores relativos o resgate de supostos créditos oriundos de títulos da dívida pública brasileira, interna e externa, inclusive títulos emitidos no início do século passado, como também de valores relativos às supostas indenizações; CONSIDERANDO a fraude contra a Fazenda Nacional, consistente na suspensão indevida de débitos tributários federais inseridos na Declaração de Débitos e Créditos Tributários Federais (DCTF) e na Declaração Anual do Simples Nacional (DASN), bem como na compensação indevida de contribuições previdenciárias na Guia de Recolhimento do FGTS e Informações à Previdência Social (GFIP); CONSIDERANDO que se tornou recorrente a técnica de fraude contra a Fazenda Nacional, consistente no protocolo de requerimento na Secretaria do Tesouro Nacional (STN) e em registro de débitos tributários em valores irrisórios ou zerados da DCTF, bem como em registro da condição de "imunidade tributária", "lançamento de ofício" ou "cesta básica" para zerar o Imposto do Simples a pagar no Programa Gerador do Documento de Arrecadação do Simples Nacional – Declaratório (PGDAS-D), ou seja, na Declaração do Simples Nacional, como também de zerar as receitas de empresas optantes pelo regime do Simples Nacional na declaração correspondente; CONSIDERANDO que se tornou também recorrente a técnica de fraude contra a Fazenda Nacional, consistente no protocolo de processos de habilitação de crédito em repartições da Receita Federal atrelados a supostas indenizações decorrentes de ações judiciais com sentença desfavorável aos exequentes para compensação de débitos tributários de terceiros; CONSIDERANDO que somente a Secretaria do Tesouro Nacional – Ministério da Fazenda (STN/MF) – tem atribuição de emitir, controlar e resgatar títulos públicos federais, conforme dispõem a Lei nº 10.179/2001 e o Decreto nº 3.859/2001; CONSIDERANDO que títulos da dívida pública que perderam seu valor têm sido utilizados de forma fraudulenta, para obter a compensação ou pagamento de dívidas tributárias, conforme se verifica quanto aos títulos da dívida pública externa, regulados pelo Decreto-lei nº 6.019/1942; quanto às Letras do Tesouro Nacional (LTN) emitidas na década de 70, que apresentavam prazo máximo de vencimento de 365 dias; e quanto às apólices da dívida pública interna emitidas até a segunda metade do século XX, que perderam a validade em julho de 1969, após a edição do Decreto-lei nº 263/1967 e do Decreto-lei nº 396/1968, os quais anteciparam o vencimento de todas as apólices da dívida pública federal interna emitidas antes de julho de 1969; CONSIDERANDO que o objetivo das fraudes consiste em atribuir exigibilidade aos títulos da dívida pública externa emitidos no século passado, bem como fazer com que o resgate desses papéis se faça com incidência de correção monetária, bem como a pretensão de se reconhecer que os títulos regulados pelo Decreto-lei nº 6.019/1943 tenham o mesmo tratamento dos títulos regulados pela Lei nº 10.179/2001; CONSIDERANDO também que, no caso das supostas indenizações decorrentes de ações judiciais com sentença desfavorável aos exequentes, não existem créditos reconhecidos pela União; (...)"

CONSIDERANDO a necessidade de qualificar os membros do Ministério Público Federal no combate a fraudes com títulos públicos prescritos ou falsos e outros créditos "podres" e a relevância dos trabalhos empreendidos pelo Grupo de Trabalho da 2ª Câmara dedicado ao tema;

Orientação nº 09 da Câmara de Coordenação e Revisão – Criminal MPF

Assunto: Definição da competência federal quanto ao crime de formação de cartel interestadual e internacional.

ORIENTAÇÃO no sentido de que considera que o crime de formação de cartel, quando envolve outros Estados e países, é de competência federal, atraindo a atribuição do Ministério Público Federal. Os Coordenadores Criminais deverão dar conhecimento desta Orientação aos Procuradores da República que oficiam na área criminal.

Aprovada na 82ª Sessão de Coordenação, de 26/05/2014.

JUIZADOS ESPECIAIS CRIMINAIS – LEI 9.099/1995.

Enunciado nº 01 das Câmaras de Coordenação e Revisão Criminais e Cíveis Reunidas do MPDFT

Manifestação do Ministério Público nas Turmas Recursais dos Juizados Especiais Cíveis e Criminais do TJDF. A manifestação do Ministério Público, referida no artigo 12, inciso V, do Regimento Interno da Turma Recursal dos Juizados Especiais Cíveis e Criminais, haverá de ser elaborada por escrito, não só por força regimental, como também para imprimir maior segurança e celeridade ao procedimento.

Nova redação – Ref. PA 08190.053772/12-64, julgado em 07/10/2015. Alteração publicada no DOU n. 242, de 18/12/2015.

Enunciado nº 40 das Câmaras de Coordenação e Revisão Criminais e Cíveis Reunidas do MPDFT

1º) Os institutos previstos nos artigos 74, 76 e 88 da Lei nº 9.099/95 são aplicáveis ao crime de lesão corporal culposa tipificado no artigo 303 do Código de Trânsito Brasileiro;

2º) Os artigos 74, 76 e 88 da Lei nº 9.099/95 não são aplicáveis aos crimes dos artigos 306 e 308 do CTB, que são delitos que atingem a incolumidade pública, inexistindo dano real a ser reparado e o bem jurídico atingido é público, não existindo vítima concreta ou, se existir, dela não se pode exigir qualquer manifestação de vontade.

Nova redação – Ref. PA 08190.053772/12-64, julgado em 18/11/2015. Alteração publicada no DOU n. 234, de 08/12/2015.

INTERCEPTAÇÃO TELEFÔNICA – LEI 9.296/1996

Enunciado nº 38 (art. 8º-A e art. 10-A, Lei n. 9.296/96) do GNCCRIM do CNPG

Não é exigida autorização judicial para captação ambiental de que trata este dispositivo na hipótese de ser realizada em local público ou de acesso público.

Lei das organizações criminosas.

Acesso em 07/08/20. Fonte: https://www.cnpg.org.br/images/arquivos/gndh/documentos/enunciados/GNCCRIM_Enunciados.pdf

Enunciado nº 38 do MPSP sobre o Pacote Anticrime

A descrição circunstanciada da forma de instalação do dispositivo de captação ambiental, prevista no § 1º do art. 8º-A da Lei nº 9.296/96, deve garantir que os métodos de ocultação dos dispositivos usados pelos órgãos de segurança sejam preservados do conhecimento público, sob pena de se tornar ineficaz tal meio de obtenção de prova.

Publicado no Diário Oficial de São Paulo, 23/01/2020.

Enunciado nº 39 do MPSP sobre o Pacote Anticrime

A expressão "atividade criminal permanente, habitual ou continuada", contida no §3º do art. 8º-A da Lei nº 9.296/96, não é sinônima de crime permanente, habitual ou continuado.

Publicado no Diário Oficial de São Paulo, 23/01/2020.

Enunciado nº 40 do MPSP sobre o Pacote Anticrime

A captação ambiental de sinais eletromagnéticos, ópticos ou acústicos, prevista no artigo 8º-A da Lei nº 9.296/96, pode ser autorizada para investigação de todos os crimes que preencham os requisitos do inciso II do *caput* do mesmo artigo, sendo válido o mesmo critério para a prorrogação da medida, demonstrada sua indispensabilidade.

Publicado no Diário Oficial de São Paulo, 23/01/2020.

TRÂNSITO – LEI 9.503/1997

Súmula nº 14 da Câmara de Coordenação e Revisão do Ministério Público do Distrito Federal e Territórios

EMBRIAGUEZ AO VOLANTE. ART. 306 DO CTB. REPRESENTAÇÃO.

Para a tipificação do crime de embriaguez ao volante, previsto no artigo 306 do Código de Trânsito Brasileiro não é exigível a ocorrência de um perigo concreto, ou de risco real, bastando a possibilidade de um dano à incolumidade de outrem. Crime a que não se aplica a exigência de representação prevista no art. 88 da Lei 9.099/95. Trata-se, assim, de crime de ação penal pública incondicionada.

Nova Redação – 34ª Sessão Extraordinária das Câmaras de Coordenação Criminais Reunidas, realizada em 07/10/2015. Ref. PA 08190.053772/12-64.

Enunciado nº 50 das Câmaras de Coordenação e Revisão Criminais e Cíveis Reunidas do MPDFT

Acidente de Trânsito. Lesões Corporais Culposas. Dispensabilidade do Inquérito Policial, bastando o Termo Circunstanciado. É dispensável o Inquérito Policial nas hipóteses de lesões corporais culposas decorrentes de acidentes de trânsito, bastando o Termo Circunstanciado para a realização da audiência preliminar. O Promotor de Justiça deve velar para que as ocorrências e Termos Circunstanciados, mesmo havendo pedido de sobrestamento por parte da vítima, sejam encaminhadas ao Ministério Público para controle e aplicação, no que couber, dos procedimentos estabelecidos nos artigos 70 e seguintes, da Lei nº 9.099/95.

Nova redação – Ref. PA 08190.053772/12-64, julgado em 07/10/2015. Alteração publicada no DOU n. 242, de 18/12/2015.

Enunciado nº 93 das Câmaras de Coordenação e Revisão Criminais Reunidas do MPDFT

Na configuração dos crimes de trânsito previstos nos arts. 302, §3º; 303, §2º e 306, do Código de Trânsito Brasileiro, o "Termo de Constatação dos Sinais de Alteração da Capacidade Psicomotora" objeto da Recomendação 006/2018, da Corregedoria Geral da Polícia Civil, devidamente subscrito pela autoridade de trânsito, constitui elemento de prova material autônoma, na hipótese de recusa do condutor em submeter-se ao teste do etilômetro.

PA n. 08190.017211/19-50.

Diário Eletrônico do MPDFT. Edição n.º 1.513, 17/05/2019.

CRIMES CONTRA O MEIO AMBIENTE – LEI 9.605/98

Orientação nº 13 da Câmara de Coordenação e Revisão – Criminal MPF

Assunto: Orienta sobre a atribuição do Ministério Público Federal para atuar na repressão dos crimes contra a fauna marítima com ciclo de vida misto.

ORIENTA os membros do Ministério Público Federal, respeitada a independência funcional, nos termos do art. 62, 1, da Lei Complementar nº 75/93, a aplicarem, nos casos de pesca proibida que constitua crime contra o meio ambiente, o seu Enunciado nº 30, sempre que o espécime for da fauna marítima com ciclo de vida misto, a exemplo do que ocorre na Lagoa dos Patos.

Aprovada na 82ª Sessão de Coordenação, de 26/05/2014.

Orientação nº 19 da Câmara de Coordenação e Revisão – Criminal MPF

Assunto: Orienta os membros do Ministério Público Federal sobre composição e reparação do dano em crimes ambientais, acolhendo conclusões tomadas no 19º Encontro Nacional da Câmara Ambiental, realizado em 2012.

ORIENTA os membros do Ministério Público Federal que oficiam na área criminal, respeitada a independência funcional, nos termos do artigo 62 – I, da Lei Complementar 75/93, a observarem: 1. A composição do dano a que se refere o art. 27 da Lei n. 9.099/95 engloba a paralisação da atividade danosa e a reparação do dano ambiental, *in natura* ou mediante indenização, e somente pode ser dispensada no caso de o interessado comprovar que não possui condições de arcar com a obrigação, caso em que poderá ser substituída a reparação/indenização por outra medida alternativa de cunho ambiental como forma de composição do dano. 2. Nos crimes ambientais, a composição do dano é requisito da transação penal, e caso não haja compromisso de ajustamento de conduta firmado, a medida reparatória/compensatória deve ser individualizada na proposta, não se confundindo com as medidas impostas como pena restritiva de direitos ou multa. 3. No caso de impossibilidade de reparação do dano, prevista o art. 89, §1º, I, da Lei n. 9.099/95, o Procurador da República deve requerer a aplicação do §2º do mesmo artigo, mediante imposição de medidas de cunho ambiental, como forma de composição do dano, sendo inadequada a imposição da obrigação de fornecer cesta básica a entidades de caridade. 4. A inaplicabilidade do Princípio da Insignificância aos crimes ambientais. Desta forma, o Ministério Público Federal contribui para a eficiência da prestação jurisdicional. Os Coordenadores Criminais poderão dar conhecimento desta orientação aos Procuradores que oficiam na área Criminal em sua unidade.

Brasília, 9 de junho de 2014. Acesso em 07 de agosto ao sítio eletrônico: http://www.mpf.mp.br/atuacao-tematica/ccr2/orientacoes/documentos/orientacoes-compiladas.pdf

LAVAGEM DE DINHEIRO – LEI 9.613/1998

Orientação nº 24 da Câmara de Coordenação e Revisão – Criminal MPF

Assunto: Orienta os membros do Ministério Público Federal como proceder nos casos de investigação dos crimes de lavagem de dinheiro e outros correlatos.

ORIENTA os membros que oficiam na área criminal, respeitada a independência funcional, a observarem os seguintes passos nas investigações envolvendo crimes de lavagem de dinheiro ou outros correlatos: 1. Identificar todos os procedimentos e inquéritos que têm por objeto possível superfaturamento de contratos em valor significativo; 2. Obter judicialmente a quebra do sigilo fiscal da empresa contratada, em relação a todo o período de vigência do contrato, até um ano após o fim do último pagamento; 3. A partir do conteúdo obtido por meio da quebra, obter, junto ao escritório de inteligência da Receita Federal da Região Fiscal, uma planilha de pagamentos feitos pela empresa contratada a fornecedores por serviços prestados. O objetivo é identificar potenciais prestadores de serviços, especialmente de consultoria, que sejam de fachada, que chamaremos de "empresas alvo"; 4. Ranquear os fornecedores por volume de recursos recebidos; 5. Selecionar aqueles que mais receberam recursos – por exemplo, os 20 que mais receberam – e fazer, a partir da Secretaria de Pesquisa e Análise – SPEA ou de órgão colaborador (como ESPEI da RFB), pesquisas para responder as seguintes questões: a) a empresa alvo tem site na internet? b) a empresa alvo tem sede física compatível com o valor recebido (checagem via google street view ou diligência)? c) a empresa alvo tem funcionários (pesquisas CNIS e RAIS)? Quantos e quem são eles? Pelas profissões e consultas em bases abertas, tais pessoas têm qualificação técnica para a prestação dos serviços? d) o proprietário, com base em pesquisas abertas (veículos, residência etc.) tem qualificação para prestar os serviços e condição econômica compatível com a prestação de serviços e o volume de recursos recebidos? 6. Caso essa pesquisa indique que dada empresa é de fachada, há indicativo de que contratos feitos com a empresa alvo foram simulados com o objetivo de disfarçar a prática de delitos. É provável que essa empresa seja controlada por operador financeiro. Sugere-se que esse operador torne-se o alvo da investigação, devendo ser identificado (por exemplo, por pesquisa de procurações do titular da Pessoa Jurídica, que pode ser laranja) e, confirmando-se que é operador, sugere-se que a investigação foque nele e se torne alvo de medidas judiciais que eventualmente se mostrarem cabíveis. Acaso se identifique a existência de "empresas gêmeas" - que são empresas reais, que prestaram serviços, contudo, paralelamente à prestação de serviços, concordaram em ser usadas para fornecer notas fiscais frias e simular parte da prestação de serviços, dissimulando a passagem de propina ou de recursos oriundos de outros crimes federais - deve-se atentar para eventual desproporcionalidade no volume de pagamentos para identificar potencial pratica de crime. Os Coordenadores Criminais deverão dar conhecimento desta Orientação aos Procuradores da República que oficiam na área criminal.

Orientação aprovada na 111ª Sessão de Coordenação, de 18 de abril de 2016.

ESTATUTO DO DESARMAMENTO – LEI 10.826/2003

Enunciado nº 45 das Câmaras de Coordenação e Revisão Criminais e Cíveis Reunidas do MPDFT

Lei nº 9.437/97. Porte ilegal de arma. Concurso. Quando o crime de porte ou posse ilegal de arma de fogo concorrer com outro crime, do qual seja inteiramente autônomo, haverá concurso material ou formal, conforme a hipótese.

Nota do autor: A Lei nº 9.437/97 foi revogada pelo Estatuto do Desarmamento (Lei 10.826/03).

PA nº 08190.020210/00-55.

Publicado no DJ, Seção 1, de 05/07/2004, p. 108/109.

Enunciado nº 37 do MPSP sobre o Pacote Anticrime

A posse ou porte de arma de fogo de uso restrito não é mais definido como crime hediondo.

Publicado no Diário Oficial de São Paulo, 23/01/2020.

VIOLÊNCIA DOMÉSTICA E FAMILIAR CONTRA A MULHER – LEI 11.340/2006

Enunciado nº 69 das Câmaras de Coordenação e Revisão Criminais Reunidas do MPDFT

Quando a natureza do crime o permitir, a retratação à representação feita pela vítima somente será válida se ratificada em audiência judicial, antes do recebimento da denúncia, nos termos do artigo 16 da Lei nº 11.340/06.

Publicado no DOU n. 76, Seção 1, de 20 de abril de 2011, p. 187.

Enunciado nº 70 das Câmaras de Coordenação e Revisão Criminais Reunidas do MPDFT

O não comparecimento da vítima à audiência judicial a que alude o artigo 16 da Lei nº 11.340/06 não implica retratação tácita da representação já oferecida, inexistindo impedimento para que, preenchidos os requisitos legais, seja oferecida denúncia pelo crime de ação penal pública condicionada à representação.

Publicado no DOU n. 76, Seção 1, de 20 de abril de 2011, p. 187.

Enunciado nº 71 das Câmaras de Coordenação e Revisão Criminais Reunidas do MPDFT

Em audiência judicial designada para os fins do artigo 16 ou do artigo 19 da Lei nº 11.340/06, o membro do Ministério Público deverá zelar para que a vítima não seja de algum modo induzida ou estimulada a retratar-se de anterior representação validamente feita.

Publicado no DOU n. 76, Seção 1, de 20 de abril de 2011, p. 187.

Enunciado nº 01 da COPEVID/11 do GNDH do CNPG

Suspensão Condicional do Processo

Nos casos de crimes de violência doméstica e familiar contra a mulher não se aplica a suspensão condicional do processo.

Colegiado do CNPG de 17/06/2011.

Acesso em 07/08/20. Fonte: https://www.mpmg.mp.br/areas-de-atuacao/defesa-do-cidadao/violencia-domestica-contra-a-mulher/copevid/

Enunciado nº 02* da COPEVID/11 do GNDH do CNPG

Lei Maria da Penha e Contravenções Penais

O art. 41 da Lei Maria da Penha aplica-se indistintamente aos crimes e contravenções penais, na esteira do entendimento do Supremo Tribunal Federal e do Superior Tribunal de Justiça.

Com nova redação aprovada na Reunião Ordinária do GNDH/ 2013 e pelo CNPG/2013.

Colegiado do CNPG de 30/07/2013.

Acesso em 07/08/20. Fonte: https://www.mpmg.mp.br/areas-de-atuacao/defesa-do-cidadao/violencia-domestica-contra-a-mulher/copevid/

Enunciado nº 03 da COPEVID/11 do GNDH do CNPG

Audiência do artigo 16

Quanto à audiência prevista no artigo 16 da LMP, nos crimes que dependem de representação da vítima, somente deve ser designada quando a vítima procura espontaneamente o Juízo para manifestar sua desistência antes do recebimento da denúncia.

Colegiado do CNPG de 17/06/2011.

Acesso em 07/08/20. Fonte: https://www.mpmg.mp.br/areas-de-atuacao/defesa-do-cidadao/violencia-domestica-contra-a-mulher/copevid/

Enunciado nº 04 da COPEVID/11 do GNDH do CNPG

Medidas protetivas – requisitos e prazo

As Medidas de Proteção foram definidas como tutelas de urgência, sui generis, de natureza cível e/ou criminal, que podem ser deferidas de plano pelo Juiz, sendo dispensável, a princípio, a instrução, podendo perdurar enquanto persistir a situação de risco da mulher.

Com nova redação aprovada na Reunião Ordinária do GNDH/2013 e pelo CNPG/2014.

Colegiado do CNPG de 29/04/2014.

Acesso em 07/08/20. Fonte: https://www.mpmg.mp.br/areas-de-atuacao/defesa-do-cidadao/violencia-domestica-contra-a-mulher/copevid/

Enunciado nº 05 da COPEVID/11 do GNDH do CNPG

Medidas protetivas no Juízo da Infância

Nos casos de adolescentes que cometem atos infracionais em situação e violência doméstica e familiar contra a mulher é cabível a aplicação das medidas de proteção previstas na Lei Maria da Penha, nos termos do seu artigo 13, exclusivamente pelo Juízo da Infância e Juventude, observando-se nos casos concretos a real situação de vulnerabilidade da vítima e resguardada a proteção integral ao adolescente prevista no Estatuto da Criança e Adolescente.

Colegiado do CNPG de 19/01/2012.

Acesso em 07/08/20. Fonte: https://www.mpmg.mp.br/areas-de-atuacao/defesa-do-cidadao/violencia-domestica-contra-a-mulher/copevid/

Enunciado nº 06 da COPEVID/11 do GNDH do CNPG

Impossibilidade de fiança

Nos casos de violência doméstica e familiar contra a mulher, criança, adolescente, idosa, enfermo ou pessoa com deficiência, é vedada a concessão de fiança pela Autoridade Policial, considerando tratar-se de situação que autoriza a decretação da prisão preventiva nos termos do artigo 313, III, CPP.

Colegiado do CNPG de 19/01/2012.

Acesso em 07/08/20. Fonte: https://www.mpmg.mp.br/areas-de-atuacao/defesa-do-cidadao/violencia-domestica-contra-a-mulher/copevid/

Enunciado nº 07 da COPEVID/11 do GNDH do CNPG

Crime de desobediência

O descumprimento das medidas protetivas de urgência configura, em tese, crime de desobediência, cuja competência para processar e julgar é dos Juízo Especializados de Violência Doméstica, em razão da conexão e pelo fato de a mulher ser o sujeito passivo secundário do delito, sofrendo diretamente as consequências do descumprimento.

Colegiado do CNPG de 19/01/2012.

Acesso em 07/08/20. Fonte: https://www.mpmg.mp.br/areas-de-atuacao/defesa-do-cidadao/violencia-domestica-contra-a-mulher/copevid/

Enunciado nº 08 da COPEVID/12 do GNDH do CNPG

Ação penal incondicionada (lesão corporal e vias de fato)

Considerando a confirmação pelo STF da constitucionalidade da Lei Maria da Penha (ADIN 4424 e ADC 19), julgadas no dia 09/02/2012, a ação penal nos crimes de lesão corporal leve e contravenção penal de vias de fato, praticadas com violência doméstica e familiar contra a mulher, é pública incondicionada, sendo os efeitos de tais decisões *ex tunc*, vinculantes e *erga omnes*, não alcançando somente os casos acobertados pela coisa julgada.

Colegiado do CNPG de 31/05 e 01/06/2012.

Acesso em 07/08/20. Fonte: https://www.mpmg.mp.br/areas-de-atuacao/defesa-do-cidadao/violencia-domestica-contra-a-mulher/copevid/

Enunciado nº 09 da COPEVID/12 do GNDH do CNPG

Agressor dependente ou usuário de drogas

Em sede de medidas de proteção é possível o encaminhamento e a inclusão do agressor usuário dependente de drogas lícitas ou ilícitas em programa oficial ou comunitário de auxílio, orientação e tratamento.

Colegiado do CNPG de 31/05 e 01/06/2012.

Acesso em 07/08/20. Fonte: https://www.mpmg.mp.br/areas-de-atuacao/defesa-do-cidadao/violencia-domestica-contra-a-mulher/copevid/

Enunciado nº 10 da COPEVID/12 do GNDH do CNPG

Prova da materialidade

Nos crimes de ação penal pública incondicionada, quando por qualquer motivo não for possível a obtenção da prova de materialidade do delito por intermédio de perícia médico legal, o Ministério Público requisitará cópia dos pertinentes laudos e prontuários médicos à direção da unidade de saúde onde a vítima de violência doméstica porventura tenha recebido atendimento, independentemente de ressalva quanto ao sigilo médico, nos termos artigo 129, I e VI, da Constituição Federal; artigo 12, parágrafo 3°, da Lei nº 11.340/06; artigo 47 do Código de Processo Penal e do artigo 26 da Lei Orgânica Nacional do Ministério Público n.º 8.625/93.

Colegiado do CNPG de 23 e 24/08/2012.

Acesso em 07/08/20. Fonte: https://www.mpmg.mp.br/areas-de-atuacao/defesa-do-cidadao/violencia-domestica-contra-a-mulher/copevid/

Enunciado nº 11 da COPEVID/12 do GNDH do CNPG

Vítima idosa

Nas hipóteses de violência doméstica e familiar praticadas contra mulheres idosas, aplica-se a Lei Maria da Penha (artigo 13), por qualquer dos juízos competentes, e não a Lei nº. 9.099/95.

Colegiado do CNPG de 07/11/2012.

Acesso em 07/08/20. Fonte: https://www.mpmg.mp.br/areas-de-atuacao/defesa-do-cidadao/violencia-domestica-contra-a-mulher/copevid/

Enunciado nº 12 da COPEVID/12 do GNDH do CNPG

Condução coercitiva da vítima: inadmissibilidade

É vedada a condução coercitiva da vítima que, devidamente intimada, deixa de comparecer à audiência prevista no artigo 16 da Lei Maria da Penha, quando esta espontaneamente manifestou o desejo de retratar-se antes do recebimento da denúncia, implicando sua ausência no recebimento da denúncia e prosseguimento do processo

Colegiado do CNPG de 07/11/2012.

Acesso em 07/08/20. Fonte: https://www.mpmg.mp.br/areas-de-atuacao/defesa-do-cidadao/violencia-domestica-contra-a-mulher/copevid/

Enunciado nº 13 da COPEVID/13 do GNDH do CNPG

Direito ao transporte público gratuito

Os artigos 2º e 3º da Lei Maria da Penha asseguram à mulher em situação de violência doméstica e familiar o direito ao transporte público gratuito ou fornecido pelo poder público para acesso à rede de serviços públicos de assistência e proteção, inclusive aos órgãos do sistema de Justiça, devendo o Ministério Público zelar pela efetividade desse direito.

Colegiado do CNPG de 04/02/2014.

Acesso em 07/08/20. Fonte: https://www.mpmg.mp.br/areas-de-atuacao/defesa-do-cidadao/violencia-domestica-contra-a-mulher/copevid/

Enunciado nº 14 da COPEVID/13 do GNDH do CNPG

Hipossuficiência e vulnerabilidade presumidas

A Lei Maria da Penha aplica-se a todo e qualquer caso de violência doméstica e familiar contra a mulher, independentemente da aferição de sua situação de hipossuficiência ou de vulnerabilidade (artigo 2º e 4º), sendo alternativos os requisitos e condições previstos nos artigos 5º e 7º, não cumulativos.

Colegiado do CNPG de 04/02/2014.

Acesso em 07/08/20. Fonte: https://www.mpmg.mp.br/areas-de-atuacao/defesa-do-cidadao/violencia-domestica-contra-a-mulher/copevid/

Enunciado nº 15 da COPEVID/14 do GNDH do CNPG

Denunciação caluniosa

Considerando as pressões para a retratação a que as mulheres vítimas de violência doméstica estão usualmente expostas, caso a mulher afirme na fase investigativa que foi vítima de crime praticado em situação de violência doméstica e familiar e posteriormente negue os fatos em Juízo, o seu processamento por crime de denunciação caluniosa apenas será admissível se houver outros indícios suficientes de que o primeiro depoimento foi inverídico.

Colegiado do CNPG de 29/04/2014.

Acesso em 07/08/20. Fonte: https://www.mpmg.mp.br/areas-de-atuacao/defesa-do-cidadao/violencia-domestica-contra-a-mulher/copevid/

Enunciado nº 16 da COPEVID/14 do GNDH do CNPG

Assistência jurídica nas Varas de Família

Nas audiências de conciliação das Varas de Família, sendo constatado que a mulher é vítima de violência doméstica, caso não esteja assistida por advogado exclusivo, ser-lhe-á nomeado um defensor público ou dativo, a fim de preservar seus direitos diante de sua reconhecida hipossuficiência e vulnerabilidade, sendo recomendável a presença do órgão do Ministério Público, independentemente da existência de filhos menores ou incapazes, nos termos do artigo 82, III, do CPC c/c artigo 25 da Lei Maria da Penha.

Colegiado do CNPG de 09/05/2014.

Acesso em 07/08/20. Fonte: https://www.mpmg.mp.br/areas-de-atuacao/defesa-do-cidadao/violencia-domestica-contra-a-mulher/copevid/

Enunciado nº 17 da COPEVID/14 do GNDH do CNPG

Violência psicológica contra crianças ou adolescentes

A prática de atos de violência doméstica contra a mulher na presença de crianças ou adolescentes constituiu forma de violência psicológica contra estes, a demandar o imediato encaminhamento de cópia das peças de informação ao Conselho Tutelar, para garantia de direitos. Nessa situação, caso o agressor exerça a autoridade, guarda ou vigilância sobre a criança ou adolescente, o Ministério Público pode oferecer denúncia com base no artigo 232 do Estatuto da Criança e Adolescente. Nas demais hipóteses, é possível pleitear a elevação da pena base (CP, art. 59) no crime de violência doméstica contra a mulher, diante das consequências mais gravosas do crime.

Colegiado do CNPG de 09/05/2014.

Acesso em 07/08/20. Fonte: https://www.mpmg.mp.br/areas-de-atuacao/defesa-do-cidadao/violencia-domestica-contra-a-mulher/copevid/

Enunciado nº 18 da COPEVID/14 do GNDH do CNPG

Lesão corporal por dano à saúde

Caso a violência praticada pelo suposto agressor gere danos à saúde psicológica da vítima, o Promotor de Justiça deverá requisitar a realização de perícia médica psiquiátrica para atestar as lesões à saúde física, tais quais depressão, estresse pós-traumático, síndrome do pânico, transtorno obsessivo compulsivo, anorexia, dentre outros, para posterior oferecimento de denúncia por crime de lesão corporal, na modalidade lesão à saúde psicológica (CP, art. 129, *caput*, 2ª parte, c/c §9º ou modalidades agravadas).

Colegiado do CNPG de 04/09/2014.

Acesso em 07/08/20. Fonte: https://www.mpmg.mp.br/areas-de-atuacao/defesa-do-cidadao/violencia-domestica-contra-a-mulher/copevid/

Enunciado nº 19 da COPEVID/15 do GNDH do CNPG

Reeducação do agressor: política de proteção

Os programas de reeducação do agressor, a exemplo dos grupos reflexivos e centros de educação e reabilitação, fazem parte das políticas integradas de proteção às mulheres.

Colegiado do CNPG de 23/03/2015.

Acesso em 07/08/20. Fonte: https://www.mpmg.mp.br/areas-de-atuacao/defesa-do-cidadao/violencia-domestica-contra-a-mulher/copevid/

Enunciado nº 20 da COPEVID/15 do GNDH do CNPG

Reeducação do agressor: medida protetiva

Dentre outras medidas protetivas de urgência que obrigam o agressor previstas no artigo 22 da Lei Maria da Penha, é possível a determinação de comparecimento obrigatório a programas de reeducação ou grupos reflexivos.

Colegiado do CNPG de 23/03/2015.

Acesso em 07/08/20. Fonte: https://www.mpmg.mp.br/areas-de-atuacao/defesa-do-cidadao/violencia-domestica-contra-a-mulher/copevid/

Enunciado nº 21 da COPEVID/15 do GNDH do CNPG

Relação íntima de afeto e Lei Maria da Penha

A Lei Maria da Penha se aplica a quaisquer relações íntimas de afeto, ainda que eventuais e/ou efêmeras.

Colegiado do CNPG de 23/03/2015.

Acesso em 07/08/20. Fonte: https://www.mpmg.mp.br/areas-de-atuacao/defesa-do-cidadao/violencia-domestica-contra-a-mulher/copevid/

Enunciado nº 22 da COPEVID/15 do GNDH do CNPG

Crimes contra crianças ou adolescentes: competência

O Ministério Público deve zelar para que, existindo Vara Especializada em Crimes contra Crianças e Adolescentes, quando a vítima for do sexo feminino em contexto de violência doméstica e familiar, a competência para conhecimento e julgamento seja das Varas Especializadas e não dos Juízos de Violência Doméstica, por se tratar de crime contra a vulnerabilidade da infância e juventude, reafirmando a competência do Juízo da Infância e Juventude quanto às medidas de proteção previstas no ECA.

Colegiado do CNPG de 23/03/2015.

Acesso em 07/08/20. Fonte: https://www.mpmg.mp.br/areas-de-atuacao/defesa-do-cidadao/violencia-domestica-contra-a-mulher/copevid/

Enunciado nº 23 da COPEVID/15 do GNDH do CNPG

Feminicídio: natureza objetiva da qualificadora (inciso I)

A qualificadora do feminicídio, na hipótese do art. 121, §2º-A, inciso I, do Código Penal, é objetiva, nos termos do art. 5º da Lei n. 11.340/2006 (violência doméstica, familiar ou decorrente das relações de afeto), que prescinde de qualquer elemento volitivo específico.

Colegiado do CNPG de 22/09/2015.

Acesso em 07/08/20. Fonte: https://www.mpmg.mp.br/areas-de-atuacao/defesa-do-cidadao/violencia-domestica-contra-a-mulher/copevid/

Enunciado nº 24 da COPEVID/15 do GNDH do CNPG

A qualificadora do feminicídio, na hipótese do art. 121, §2º-A, inciso II, do Código Penal, possui natureza objetiva, em razão da situação de desigualdade histórico-cultural de poder, construída e naturalizada como padrão de menosprezo ou discriminação à mulher.

Colegiado do CNPG de 22/09/2015.

Acesso em 07/08/20. Fonte: https://www.mpmg.mp.br/areas-de-atuacao/defesa-do-cidadao/violencia-domestica-contra-a-mulher/copevid/

Enunciado nº 25 da COPEVID/15 do GNDH do CNPG

Feminicídio: menosprezo ou discriminação

Configura a qualificadora do feminicídio do art. 121, §2º-A, inciso II, do Código Penal o contexto de: tráfico de mulheres, exploração sexual, violência sexual, mortes coletivas de mulheres, mutilação ou desfiguração do corpo, exercício de profissões do sexo, entre outras.

Colegiado do CNPG de 22/09/2015.

Acesso em 07/08/20. Fonte: https://www.mpmg.mp.br/areas-de-atuacao/defesa-do-cidadao/violencia-domestica-contra-a-mulher/copevid/

Enunciado nº 26 da COPEVID/15 do GNDH do CNPG

Defesa da honra

Argumentos relacionados à defesa da honra em contexto de violência de gênero afrontam o princípio da dignidade da pessoa humana, o disposto no art. 226, § 8º, da Constituição Federal e o disposto na Convenção CEDAW da ONU e na Convenção de Belém do Pará.

Colegiado do CNPG de 22/09/2015.

Acesso em 07/08/20. Fonte: https://www.mpmg.mp.br/areas-de-atuacao/defesa-do-cidadao/violencia-domestica-contra-a-mulher/copevid/

Enunciado nº 27 da COPEVID/15 do GNDH do CNPG

Feminicídio: Proteção à imagem e memória da vítima

Durante o processo e julgamento de feminicídio, o Ministério Público deve zelar para que seja preservada a imagem e a memória da vítima de feminicídio, consumado ou tentado.

Colegiado do CNPG de 22/09/2015.

Acesso em 07/08/20. Fonte: https://www.mpmg.mp.br/areas-de-atuacao/defesa-do-cidadao/violencia-domestica-contra-a-mulher/copevid/

Enunciado nº 28 da COPEVID/15 do GNDH do CNPG

Feminicídio: medidas protetivas de urgência

Em casos de feminicídio, é recomendável o requerimento pelo Ministério Público de medidas protetivas de urgência previstas na Lei Maria da Penha para a vítima sobrevivente, testemunhas e vítimas indiretas, inclusive perante a Vara do Júri.

Colegiado do CNPG de 22/09/2015.

Acesso em 07/08/20. Fonte: https://www.mpmg.mp.br/areas-de-atuacao/defesa-do-cidadao/violencia-domestica-contra-a-mulher/copevid/

Enunciado nº 29 da COPEVID/15 do GNDH do CNPG

Violência Simbólica

É recomendável que o Ministério Público atue, por medidas extrajudiciais e ações judiciais, para a promoção do respeito, nos meios de comunicação, dos valores éticos, do trabalho e sociais da pessoa, de forma a coibir os estereótipos de gênero que legitimem ou exacerbem a violência contra a mulher.

Colegiado do CNPG de 22/09/2015.

Acesso em 07/08/20. Fonte: https://www.mpmg.mp.br/areas-de-atuacao/defesa-do-cidadao/violencia-domestica-contra-a-mulher/copevid/

Enunciado nº 30 da COPEVID/16 do GNDH do CNPG

Mulheres transexuais e travestis

A Lei Maria da Penha pode ser aplicada a mulheres transexuais e/ou travestis, independentemente de cirurgia de transgenitalização, alteração do nome ou sexo no documento civil.

Colegiado do CNPG de 15/06/2016.

Acesso em 07/08/20. Fonte: https://www.mpmg.mp.br/areas-de-atuacao/defesa-do-cidadao/violencia-domestica-contra-a-mulher/copevid/

Enunciado nº 31 da COPEVID/16 do GNDH do CNPG

Audiência de Custódia

Nos casos de audiências de custódia decorrentes de violência doméstica e familiar contra a mulher, deve ser mantida a competência dos juízos especializados em violência doméstica contra a mulher, a ser realizada no mesmo prazo de deferimento das medidas protetivas de urgência, de 48 horas, permitindo-se a adequada compatibilização entre o disposto no art. 7.5 da Convenção Americana de Direitos Humanos e o art. 7º, alínea "f", da Convenção Interamericana de Belém do Pará (Decreto n. 1.973/1996).

Colegiado do CNPG de 15/06/2016.

Acesso em 07/08/20. Fonte: https://www.mpmg.mp.br/areas-de-atuacao/defesa-do-cidadao/violencia-domestica-contra-a-mulher/copevid/

Enunciado nº 32 da COPEVID/16 do GNDH do CNPG

Medidas protetivas de natureza civil – tutela provisória de urgência

Quando as Medidas Protetivas de Urgência, previstas na Lei n. 11.340/2006, tiverem natureza cível, podem ser concedidas como tutela provisória de urgência, nos termos dos artigos 300 e seguintes do CPC (Lei n. 13.105/2015), inclusive o regramento da estabilização da tutela provisória prevista nos artigos 303 e 304.

Colegiado do CNPG de 15/06/2016.

Acesso em 07/08/20. Fonte: https://www.mpmg.mp.br/areas-de-atuacao/defesa-do-cidadao/violencia-domestica-contra-a-mulher/copevid/

Enunciado nº 33 da COPEVID/16 do GNDH do CNPG

Medidas protetivas de natureza civil – cláusula geral de negociação processual

Quando as Medidas Protetivas de Urgência, previstas na Lei n. 11.340/2006, tiverem natureza cível, é cabível a cláusula geral de negociação processual, prevista no art. 190 do CPC.

Colegiado do CNPG de 15/06/2016.

Acesso em 07/08/20. Fonte: https://www.mpmg.mp.br/areas-de-atuacao/defesa-do-cidadao/violencia-domestica-contra-a-mulher/copevid/

Enunciado nº 34 da COPEVID/16 do GNDH do CNPG

Capacitação – Diretrizes da ONU e EuroSocial

O Ministério Público deve investir na capacitação de seus membros para o enfrentamento à violência doméstica contra a mulher, utilizando-se como documentos de referência as 'Diretrizes nacionais de investigação criminal com perspectiva de gênero' da COMJIB/EuroSociAL e as 'Diretrizes Nacionais para Investigar, Processar e Julgar com Perspectiva de Gênero as Mortes Violentas de Mulheres – Feminicídios' da ONU Mulheres.

Colegiado do CNPG de 15/06/2016.

Acesso em 07/08/20. Fonte: https://www.mpmg.mp.br/areas-de-atuacao/defesa-do-cidadao/violencia-domestica-contra-a-mulher/copevid/

Enunciado nº 35 da COPEVID/16 do GNDH do CNPG

Medida Protetiva de Urgência – Regulamentação de Convivência com filhos/as Prevalência da decisão da Vara de Violência Doméstica

O promotor de justiça deve zelar para que na vigência da medida protetiva de urgência em favor da mulher, de regulamentação de direito de convivência dos seus filhos e filhas (art. 22 da Lei 10 Maria da Penha), considerados vítimas diretas ou indiretas da violência contra ela praticada, tal decisão deva prevalecer sobre a decisão da Vara de Família que concede visitas ou regulamentação de guarda ao agressor, tendo em vista o disposto no artigo 13 da Lei Maria da Penha, a especialização em gênero e o direito à proteção integral previsto no art. 227 da Constituição Federal.

Colegiado do CNPG de 15/02/2017.

Acesso em 07/08/20. Fonte: https://www.mpmg.mp.br/areas-de-atuacao/defesa-do-cidadao/violencia-domestica-contra-a-mulher/copevid/

Enunciado nº 36 da COPEVID/16 do GNDH do CNPG

Absolvição por Falta de Provas – Alienação Parental

A absolvição do réu, por falta de provas em processo por violência doméstica ou estupro de vulnerável, não configura, por si só, alienação parental.

Colegiado do CNPG de 15/02/2017.

Acesso em 07/08/20. Fonte: https://www.mpmg.mp.br/areas-de-atuacao/defesa-do-cidadao/violencia-domestica-contra-a-mulher/copevid/

Enunciado nº 37 da COPEVID/16 do GNDH do CNPG

Abrigamento independente de Boletim de Ocorrência

O abrigamento da mulher em situação de risco independe de boletim de ocorrência.

Colegiado do CNPG de 15/02/2017.

Acesso em 07/08/20. Fonte: https://www.mpmg.mp.br/areas-de-atuacao/defesa-do-cidadao/violencia-domestica-contra-a-mulher/copevid/

Enunciado nº 38 da COPEVID/16 do GNDH do CNPG

Natureza da ação penal no crime de estupro com violência real

A ação penal destinada a processamento de crime de estupro praticado mediante violência real, no âmbito da Lei Maria da Penha tem natureza pública incondicionada.

Colegiado do CNPG de 15/02/2017.

Acesso em 07/08/20. Fonte: https://www.mpmg.mp.br/areas-de-atuacao/defesa-do-cidadao/violencia-domestica-contra-a-mulher/copevid/

Enunciado nº 39 da COPEVID/16 do GNDH do CNPG (em conjunto com a COPEDUC)

Violência de gênero nas escolas

Cabe ao Ministério Público adotar medidas que visem garantir a igualdade efetiva de acesso e permanência na escola por parte de todos e todas, nos termos do artigo 206, I, da Constituição Federal, incluindo-se no projeto político pedagógico – PPP e regimento escolar, de todos os níveis de ensino, conteúdos relativos aos direitos humanos, à equidade de gênero, de raça ou etnia, de enfrentamento à homofobia, transfobia e ao problema da violência doméstica e familiar contra a mulher.

Colegiado do CNPG de 15/02/2017.

Acesso em 07/08/20. Fonte: https://www.mpmg.mp.br/areas-de-atuacao/defesa-do-cidadao/violencia-domestica-contra-a-mulher/copevid/

Enunciado nº 40 da COPEVID/17 do GNDH do CNPG

Crimes contra a dignidade sexual

A designação de audiência do art. 16 da Lei Maria da Penha, de ofício, impede o acesso à Justiça e expõe a mulher em situação de vulnerabilidade, afrontando os arts. 4º e 6º da mencionada Lei, que buscam resguardar os direitos humanos das mulheres, revitimizando-as e aumentando o risco de feminicídios.

Data da reunião: 17/03/2017.

Acesso em 07/08/20. Fonte:

http://www.compromissoeatitude.org.br/enunciados-da-copevid-comissao-nacional-de-enfrentamento-a-violencia-domestica-e-familiar-contra-a-mulher/

Enunciado nº 41 da COPEVID/17 do GNDH do CNPG

Medida Protetiva independe de ação penal

Caracteriza-se a violência doméstica e familiar contra mulher os delitos praticados nas relações domésticas e familiares, incidindo a Lei Maria da Penha, mesmo que o autor da violência seja dependente químico ou em situação de conflitos patrimoniais.

Data da reunião: 17/03/2017.

Acesso em 07/08/20. Fonte:

http://www.compromissoeatitude.org.br/enunciados-da-copevid-comissao--nacional-de-enfrentamento-a-violencia-domestica-e-familiar-contra-a-mulher/

Enunciado nº 42 da COPEVID/17 do GNDH do CNPG

Competência residual da Lei Maria da Penha em face da Lei 13.431/2017

A competência residual do juizado de violência doméstica e familiar contra a mulher para julgar crimes e contravenções penais contra crianças e adolescentes, prevista no artigo 23, parágrafo único da Lei 13.431/2017, apenas se aplica às hipóteses de violência doméstica, familiar e íntima de afeto, baseada no gênero, nos termos do artigo 5º da Lei Maria da Penha.

Data da reunião: 04 a 06/09/2017.

Acesso em 07/08/20. Fonte: http://www.compromissoeatitude.org.br/enunciados-da-copevid-comissao-nacional-de-enfrentamento-a-violencia-domestica--e-familiar-contra-a-mulher/

Enunciado nº 43 da COPEVID/17 do GNDH do CNPG

Crimes contra a dignidade sexual

Os conceitos de violência ou grave ameaça previstos nos crimes contra a dignidade sexual devem ter interpretação conforme o artigo 1º da Convenção de Belém do Pará, para abranger além da violência física contra a mulher, a violência baseada no gênero que cause dano e/ou sofrimento psicológico, tanto no âmbito da Lei Maria da Penha, quanto na esfera pública.

Data da reunião: 04 a 06/09/2017 e pelo CNPG em 13/11/2017.

Acesso em 07/08/20. Fonte: http://www.compromissoeatitude.org.br/enunciados-da-copevid-comissao-nacional-de-enfrentamento-a-violencia-domestica--e-familiar-contra-a-mulher/

https://www.mpmg.mp.br/areas-de-atuacao/defesa-do-cidadao/violencia-domestica-contra-a-mulher/copevid/

Enunciado nº 44 da COPEVID/17 do GNDH do CNPG

Medida protetiva de urgente autônoma

Nos casos de violência prevista no artigo 7º da Lei Maria da Penha, sem correspondente de tipicidade criminal, mesmo havendo arquivamento ou sentença com trânsito em julgado, é possível a concessão ou manutenção de Medida Protetiva de Urgência, independentemente de ação penal atual ou potencial, a perdurar pelo período de tempo necessário à proteção efetiva da mulher.

Data da reunião: 04 a 06/09/2017 e pelo CNPG em 13/11/2017.

Acesso em 07/08/20. Fonte: http://www.compromissoeatitude.org.br/enunciados-da-copevid-comissao-nacional-de-enfrentamento-a-violencia-domestica-e-familiar-contra-a-mulher/

https://www.mpmg.mp.br/areas-de-atuacao/defesa-do-cidadao/violencia-domestica-contra-a-mulher/copevid/

Enunciado nº 45 da COPEVID/18 do GNDH do CNPG

Vítima sempre do gênero feminino

A Lei Maria da Penha não se aplica a casais homossexuais do sexo masculino, haja vista ser objeto da referida legislação os crimes cometidos contra vítimas pertencentes ao gênero feminino, no contexto das relações homoafetivas.

Data da reunião: 08/03/2018.

Acesso em 07/08/20. Fonte: http://www.compromissoeatitude.org.br/enunciados-da-copevid-comissao-nacional-de-enfrentamento-a-violencia-domestica-e-familiar-contra-a-mulher/

Enunciado nº 46 da COPEVID/18 do GNDH do CNPG

Presume-se a violência de gênero nas relações domésticas e familiares

Aplica-se a Lei Maria da Penha a qualquer violência praticada por homem, no âmbito das relações domésticas e familiares de parentesco, contra vítima do gênero feminino, sendo presumida a vulnerabilidade.

Data da reunião: 08/03/2018.

Acesso em 07/08/20. Fonte: http://www.compromissoeatitude.org.br/enunciados-da-copevid-comissao-nacional-de-enfrentamento-a-violencia-domestica-e-familiar-contra-a-mulher/

Enunciado nº 47 da COPEVID/18 do GNDH do CNPG

Não obrigatoriedade de comparecimento à audiência do artigo 520 do CPP

O não comparecimento à audiência de conciliação prevista no artigo 520/CPP não traz consequências para a vítima de crime no âmbito da Lei Maria da Penha, haja vista tratar-se a audiência de conciliação de mera faculdade conferida às partes pela (o) magistrada (o).

Data da reunião: 08/03/2018.

Acesso em 07/08/20. Fonte: http://www.compromissoeatitude.org.br/enunciados-da-copevid-comissao-nacional-de-enfrentamento-a-violencia-domestica-e-familiar-contra-a-mulher/

Enunciado nº 48 da COPEVID/18 do GNDH do CNPG (em conjunto com a COPEIJ)

Respeito ao histórico de violência do(a)s filho(a)s das vítimas de feminicídio

As crianças e adolescentes cujas mães foram vítimas de feminicídio devem ter considerados a sua história de vida e os episódios de violência familiar, para fins de definição da guarda e convivência, observado o princípio do melhor interesse da criança e do adolescente.

Data da reunião: 06/09/2018.

Acesso em 07/08/20. Fonte: http://www.compromissoeatitude.org.br/enunciados-da-copevid-comissao-nacional-de-enfrentamento-a-violencia-domestica-e-familiar-contra-a-mulher/

Enunciado nº 49 da COPEVID/18 do GNDH do CNPG (em conjunto com a COPEIJ)

O depoimento especial aplica-se aos casos de vítimas
e testemunhas de violência doméstica

Nos casos de crimes praticados em situação de violência doméstica e familiar contra mulher, havendo imprescindibilidade em ouvir crianças e adolescentes como vítimas ou testemunhas, tais depoimentos devem ser tomados na forma da Lei 13.431/2017.

Data da reunião: 06/09/2018.

Acesso em 07/08/20. Fonte: http://www.compromissoeatitude.org.br/enunciados-da-copevid-comissao-nacional-de-enfrentamento-a-violencia-domestica-e-familiar-contra-a-mulher/

Enunciado nº 50 da COPEVID/18 do GNDH do CNPG (em conjunto com a COPEIJ)

Relação íntima de afeto mantida em computadores

Considera-se também relação íntima de afeto, a fim de ensejar a aplicação da Lei Maria da Penha, aquela estabelecida e/ou mantida por meio da rede mundial de computadores.

Data da reunião: 06/09/2018.

Acesso em 07/08/20. Fonte: http://www.compromissoeatitude.org.br/enunciados-da-copevid-comissao-nacional-de-enfrentamento-a-violencia-domestica-e-familiar-contra-a-mulher/

Enunciado nº 51 da COPEVID/18 do GNDH do CNPG (em conjunto com a COPEIJ)

Para atuar como assistente de acusação é indispensável
a habilitação nos termos do CPP

O direito à assistência judiciária da mulher em situação de violência doméstica e familiar, previsto no artigo 27 da Lei Maria da Penha, não confere ao advogado ou ao defensor público os direitos de assistente de acusação, se não houver habilitação segundo o CPP.

Data da reunião: 06/09/2018.

Acesso em 07/08/20. Fonte: http://www.compromissoeatitude.org.br/enunciados-da-copevid-comissao-nacional-de-enfrentamento-a-violencia-domestica-e-familiar-contra-a-mulher/

Enunciado nº 52 da COPEVID/18 do GNDH do CNPG (em conjunto com a COPEIJ)

Controle das casas abrigo

O Ministério Público deverá adotar providências para que as casas abrigo comuniquem o abrigamento/desabrigamento de mulheres em situação de violência doméstica e familiar, no prazo de até 24h, à Promotoria de Justiça com atribuições.

Data da reunião: 06/09/2018.

Acesso em 07/08/20. Fonte: http://www.compromissoeatitude.org.br/enunciados-da-copevid-comissao-nacional-de-enfrentamento-a-violencia-domestica-e-familiar-contra-a-mulher/

Enunciado nº 01 da COPEVID/19 do GNDH do CNPG

Aplicam-se as disposições da Lei 11.340/06 ao crime de descumprimento de medidas protetivas de urgência (artigo 24-A LMP).

Data da reunião: 27 a 29 de março de 2019, Salvador/BA.

Fonte: Ofício circular CNPG/GNDH/BA n º 004/2019.

Salvador/BA, 12 de abril de 2019.

Enunciado nº 02 da COPEVID/19 do GNDH do CNPG

A atribuição para os processos envolvendo crime de descumprimento de medidas protetivas de urgência previsto no art. 24-A da Lei Maria da Penha é das Promotorias de Violência Doméstica e Familiar contra a Mulher e, onde não houver, nas Promotorias Criminais com atribuição cumulativa para processar as causas decorrentes da prática de violência doméstica e familiar contra a mulher.

Data da reunião: 27 a 29 de março de 2019, Salvador/BA.

Fonte: Ofício circular CNPG/GNDH/BA n º 004/2019.

Salvador/BA, 12 de abril de 2019.

Enunciado nº 03 da COPEVID/19 do GNDH do CNPG

Nas hipóteses de tentativas ou mortes de mulheres, recomenda-se que a investigação policial já iniciada como feminicídio, adotando-se a perspectiva de gênero, como o principal enfoque para apuração dos fatos, nos termos das Diretrizes Nacionais Feminicídio.

Data da reunião: 11 a 13 de setembro de 2019, São Luiz/MA.

Acesso em 07/08/20. Fonte: http://www.mprj.mp.br/documents/20184/378251/enunciadosiirogndh2019.pdf

Oitiva do investigado

Enunciado nº 98 das Câmaras de Coordenação e Revisão Criminais e Cíveis Reunidas do MPDFT

Nos inquéritos policiais envolvendo a Lei Maria da Penha, quando a autoridade policial não realizar a oitiva do Imputado, nos termos do art. 12, V, da Lei 11.340/2006 inexiste óbice legal que a Promotoria de Justiça o faça nas dependências do Ministério Público, inclusive através de gravação, com a adoção das cautelas necessárias a respeito do direito constitucional ao silêncio e possibilidade de assistência de defensor, dentre outras garantias constitucional e legalmente previstas.

PA n.08190.017229/19-15

Publicado Diário Eletrônico do MPDFT do dia 03/09/2020.

TRÁFICO DE DROGAS – LEI 11.343/2006

Orientação nº 41 da Câmara de Coordenação e Revisão – Criminal MPF

Assunto: Orienta pela atribuição do local da apreensão da mercadoria quando se tratar de importação irregular da substância controlada (medicamentos) e em casos de tráfico internacional de drogas no âmbito do Ministério Público Federal.

ORIENTAÇÃO aos membros do Ministério Público Federal com atuação na área criminal sob sua coordenação: 1. Considerar a atribuição do local da apreensão em casos de crimes de tráfico internacional de drogas e contra a saúde pública, no perfil de encomendas de até 2 (dois) quilos, nos termos do Enunciado nº 56. 2. Quando se tratar de persecução penal dos crimes de contrabando e descaminho, aplicar o entendimento do Enunciado nº 95 da 2ª CCR, no sentido da atribuição ser do membro do MPF oficiante no local do domicílio do investigado; 3. Proceder ao arquivamento dos procedimentos quanto aos "consumidores"/destinatários pelo reconhecimento da insignificância relativa ao uso; 4. Enfrentar esse tipo de criminalidade organizada, com a utilização de um sistema integrado de apurações, como os já adotados em crimes de fraudes previdenciárias e moeda falsa, o qual permitiria a aglutinação de casos com fornecedores similares, consolidando casos de relevância, visando o combate do envio de substâncias proibidas por meio de cooperação internacional, reprimindo a conduta na origem; 5. Buscar implantação de uma estratégia de inteligência para combater esse modelo de comércio ilícito de drogas e medicamentos, nesse perfil de encomendas de até 2 (dois) quilos, utilizando-se a sistemática do Projeto Prometheus para repressão dos fornecedores, declinando-se dos consumidores.

Autos de referência: PGR-00216984/2020.

Brasília, 8 de junho de 2020. Acesso em 07 de agosto ao sítio eletrônico: http://www.mpf.mp.br/atuacao-tematica/ccr2/orientacoes/documentos/orientacao_41.pdf

ORGANIZAÇÕES CRIMINOSAS – LEI N. 12.850/2013

Enunciado nº 39 (art. 3º-B, §1º, Lei n. 12.850/2013) do GNCCRIM do CNPG

A justificativa de indeferimento sumário de acordo de colaboração premiada mencionada neste dispositivo pode ser sucinta para não expor a investigação em curso.

Acesso em 07/08/20. Fonte: https://www.cnpg.org.br/images/arquivos/gndh/documentos/enunciados/GNCCRIM_Enunciados.pdf

Enunciado nº 40 (art. 3º-B, §1º, Lei n.º 12.850/2013) do GNCCRIM do CNPG

O indeferimento pode se basear em ausência de lastro probatório da colaboração ou na sua desnecessidade para investigação.

Acesso em 07/08/20. Fonte: https://www.cnpg.org.br/images/arquivos/gndh/documentos/enunciados/GNCCRIM_Enunciados.pdf

Enunciado nº 01 do MPSP sobre colaboração premiada

Apresentada proposta de acordo de colaboração premiada subscrita pelo Delegado de Polícia para homologação judicial, pode o Ministério Público, como titular da ação penal (art. 129, I, da CF), depois de ouvido o colaborador na presença de seu defensor: a) ratificar os termos do acordo, em especial quando dele participou desde a origem; b) substituir o acordo por outro; c) recusar o acordo, ressalvada a possiblidade de o juiz, dissentindo, remeter a questão ao Procurador-Geral de Justiça, aplicando, por analogia, o art. 28 do CPP; d) entendendo não existir justa causa para a ação penal, manifestar-se pela rejeição do acordo policial, promovendo o arquivamento da investigação; e) realizar ou requisitar diligências imprescindíveis à análise dos termos do acordo ou da formação da "opinio delicti".

Publicado no Diário Oficial de São Paulo, 21/08/2018.

Enunciado nº 02 do MPSP sobre colaboração premiada

O acordo celebrado pela Autoridade Policial não deve impedir ou restringir, direta ou indiretamente, o direito de ação ou de punir do Estado, ficando vedada a concessão de imunidade processual, perdão judicial, substituição de pena, regime prisional diverso daquele ditado pelo art. 33 do CP ou efeitos de eventual condenação.

Publicado no Diário Oficial de São Paulo, 21/08/2018.

Enunciado nº 04 do MPSP sobre colaboração premiada

A atribuição do Delegado de Polícia para firmar acordo se limita à fase de investigação, com a fiscalização do Ministério Público, sob pena de reclamação. Proposta a ação penal, a Autoridade Policial fica impedida de celebrar acordo de colaboração envolvendo fatos e pessoas constantes da denúncia-crime, sob pena de violação do art. 129, I, da CF.

Publicado no Diário Oficial de São Paulo, 21/08/2018.

Enunciado nº 05 do MPSP sobre colaboração premiada

Acordo celebrado pela Autoridade Policial versando, direta ou indiretamente, sobre matérias extrapenais deve ser recusado pelo Ministério Público.

Publicado no Diário Oficial de São Paulo, 21/08/2018.

Enunciado nº 06 do MPSP sobre colaboração premiada

Na hipótese de homologação judicial da colaboração premiada celebrada pela Autoridade Policial, cabe ao MP ou querelante, como titular da ação penal, após analisar a eficácia da colaboração com base nos resultados obtidos, requerer a concessão parcial ou integral dos benefícios previstos no acordo, ou deixar de requerer sua aplicação.

Publicado no Diário Oficial de São Paulo, 21/08/2018.

Enunciado nº 41 do MPSP sobre o Pacote Anticrime

Nos termos do §3º do artigo 3º-C, da Lei n 12.850/13, no acordo de colaboração premiada, o colaborador pode narrar outros fatos de que tenha conhecimento, ainda que não tenham relação direta com o objeto da investigação, ensejando sua apuração.

Publicado no Diário Oficial de São Paulo, 23/01/2020.

Enunciado nº 42 do MPSP sobre o Pacote Anticrime

O acordo de colaboração premiada homologado nos termos do art. 3º-A da Lei nº 12.850/13 pelo juiz de garantias é negócio jurídico, considerado ato jurídico perfeito e vincula o juiz da instrução e julgamento, salvo se descumpridos seus termos.

Publicado no Diário Oficial de São Paulo, 23/01/2020.

Enunciado nº 43 do MPSP sobre o Pacote Anticrime

Os benefícios da Lei nº 12.850/13 não podem ser concedidos de ofício pelo juiz da instrução e julgamento fora da hipótese de negócio jurídico entre as partes.

Publicado no Diário Oficial de São Paulo, 23/01/2020.

Enunciado nº 03 do MPSP sobre colaboração premiada

Não havendo previsão legal do cabimento de recurso em sentido estrito, da decisão que homologa o acordo policial desafia recurso de apelação, com fundamento no art. 593, II, CPP; se proferida por Tribunal, agravo interno.

Publicado no Diário Oficial de São Paulo, 21/08/2018.

Orientação conjunta nº 01/2018 da 2ª e 5ª Câmaras de Coordenação e Revisão do Ministério Público Federal – ACORDOS DE COLABORAÇÃO PREMIADA

As 2ª e 5ª Câmaras de Coordenação e Revisão do Ministério Público Federal

RESOLVEM expedir a seguinte ORIENTAÇÃO, a ser observada na elaboração e assinatura de acordos de colaboração premiada:

TÍTULO I

DAS ORIENTAÇÕES PROCEDIMENTAIS

CAPÍTULO I

DA DEFINIÇÃO E FINALIDADE

1. O acordo de colaboração premiada é negócio jurídico processual, meio de obtenção de prova, que pressupõe utilidade e interesse públicos, os quais são atendidos desde que advenha um ou mais dos resultados previstos no art. 4º da Lei 12.850/2013 e pode ser celebrado em relação aos crimes previstos no Código Penal e na legislação extravagante.

2. A exclusividade para celebração de acordo de colaboração premiada pelo Ministério Público Federal não impede o auxílio ou a cooperação da Polícia Federal.

CAPÍTULO II

DA INSTAURAÇÃO

3. O procedimento para formalização do acordo de colaboração premiada deverá ser autuado como "Procedimento Administrativo", em caráter confidencial no Sistema Único, ainda que relacionado a outro procedimento judicial ou extrajudicial, observando-se, especialmente e no que couber, o disposto no art. 4º, §§ 7º e 13, da Lei 12.850/2013.

3.1. No caso de não haver prévia investigação ou procedimento administrativo instaurado anteriormente, ou não sendo de conhecimento do investigado sua existência, as unidades do Ministério Público Federal deverão providenciar para que o advogado ou defensor do proponente a colaborador, ou o respectivo pedido escrito, sejam encaminhados ao Procurador-distribuidor ou coordenador da área, consoante as normas internas de cada unidade, para distribuição antecipada do caso, visando identificar o Procurador natural do feito, resguardando-se sempre o caráter confidencial da matéria.

3.2. A instauração e o arquivamento do procedimento administrativo referido no item 3.1, assim como a celebração de acordo de colaboração na forma desta Orientação, deverão ser comunicadas à CCR respectiva, apenas com a indicação de numeração no sistema informatizado de tramitação do MPF, para acompanhamento e registros estatísticos, e sem a informação das partes e do objeto, para garantia do devido sigilo, 4. O recebimento da proposta para formalização de acordo de colaboração demarca o início das negociações e constitui também marco de confidencialidade, configurando violação de sigilo e quebra da confiança e da boa-fé a divulgação de tais tratativas iniciais ou de documento que as formalize, até o levantamento de sigilo por decisão judicial ou nos termos do art. 7º, § 3º, da Lei 12.850/2013.

4.1. A proposta de acordo de colaboração premiada poderá ser sumariamente indeferida, com a devida justificativa, cientificando-se o interessado;

4.2. Caso não haja indeferimento sumário, as partes deverão firmar Termo de Confidencialidade para prosseguimento das tratativas;

4.3. O recebimento de proposta de colaboração para análise ou o Termo de Confidencialidade não implicam, por si sós, a suspensão de medidas específicas de litigância, ressalvado o disposto no item 17;

4.4. Os Termos de recebimento de proposta de colaboração e de confidencialidade serão elaborados pelo Membro do Ministério Público oficiante e assinados por ele, pelo colaborador e advogado, ou defensor público com poderes específicos.

CAPÍTULO III
DA INSTRUÇÃO

5. A proposta de colaboração premiada deve estar instruída com procuração do interessado com poderes específicos para iniciar o procedimento de colaboração e suas tratativas, ou firmada pessoalmente pela parte que pretende a colaboração e seu advogado ou defensor público.

5.1. O Membro deve adotar procedimentos visando assegurar a confidencialidade do acordo de colaboração premiada.

6. A proposta de colaboração é retratável por qualquer das partes até a assinatura do acordo, nos termos do art. 4º, § 10, da Lei 12.850/2013.

7. Os principais atos do procedimento e suas tratativas, incluindo a entrega de documentos e elementos de prova pelo colaborador deverão ser registrados nos autos do "Procedimento Administrativo", mediante atas minimamente descritivas, com as informações sobre data, lugar, participantes e breve sumário dos assuntos tratados, ou, se possível, ser objeto de gravação audiovisual. O Membro do MPF oficiante deve empregar todos os esforços a fim de bem esclarecer ao interessado e ao seu defensor, desde o início do procedimento, suas tratativas e antes de qualquer ato de colaboração, em que consiste o instituto da colaboração premiada, o respectivo procedimento previsto em lei e nesta Orientação Normativa, os benefícios possíveis em abstrato, a necessidade de sigilo e outras informações pertinentes, em ordem a viabilizar o consentimento livre e informado.

9. As negociações devem ser preferencialmente realizadas por mais de um Membro do Ministério Público Federal. Em caso de absoluta impossibilidade, o Membro oficiante adotará outras medidas para preservação da integridade do procedimento de colaboração premiada, especialmente contra riscos ao sigilo, aos elementos probatórios amealhados, à imagem e à pessoa do colaborador, devendo, nesta hipótese, designar servidor da unidade, sob compromisso, para acompanhar diligências e reuniões.

10. Nenhuma tratativa sobre colaboração premiada deve ser realizada sem a presença do advogado constituído ou Defensor Público.

10.1. Em caso de eventual conflito de interesses, ou de colaborador hipossuficiente, o órgão do Ministério Público oficiante deverá solicitar a presença de outro advogado ou a participação de Defensor Público.

11. O acordo de colaboração premiada poderá ser precedido de instrução, quando houver necessidade de identificação ou complementação de seu objeto, dos fatos narrados, sua definição jurídica, relevância, utilidade e interesse público.

12. É possível a realização de diligências investigatórias pelo Ministério Público Federal antes da celebração do acordo de colaboração, visando corroborar as provas e informações apresentadas pelo colaborador, de modo a confirmar seu potencial antes da fixação de benefícios.

12.1. Enquanto existirem fatos dependentes de apuração para a confirmação das propostas, pode-se, por cautela, promover-se o pré-acordo de colaboração, indicado para o registro dos termos negociados.

13. Incumbe à defesa instruir a proposta de colaboração e os anexos com os fatos adequadamente descritos, com todas as suas circunstâncias, indicando as provas e os elementos de corroboração.

13.1. Cada fato típico descrito ou conjunto de fatos típicos intrinsecamente ligados deverá ser apresentado em termo próprio e apartado (anexo) a fim de manter o necessário sigilo sobre cada um deles e possibilitar sua investigação individualizada;

13.2. Os anexos devem conter, no mínimo, os seguintes elementos: a) descrição dos fatos delitivos; b) duração dos fatos e locais de ocorrência; c) identificação de todas as pessoas envolvidas; d) meios de execução do crime; e) eventual produto ou proveito do crime; f) potenciais testemunhas dos fatos e outras provas de corroboração existentes em relação a cada fato e a cada pessoa; g) estimativa dos danos causados;

13.3. Os anexos poderão consistir em termos de autodeclaração assinados pelo colaborador e seu advogado ou Defensor Público;

13.4. No momento de tomada dos depoimentos, cada anexo originará um termo de declarações;

13.5 A colheita dos depoimentos deve ser feita, sempre que possível, com gravação audiovisual e redução a termo dos depoimentos prestados pelo colaborador;

13.6. A gravação audiovisual deve ser realizada separadamente, em relação a cada termo de depoimento do colaborador, visando preservar o sigilo das demais investigações.

14. Desde o início das tratativas, o Membro do Ministério Público Federal deve se preocupar em analisar se os fatos apresentados pelo colaborador estão suficientemente corroborados por outros elementos probatórios, inclusive externos e em poder de terceiros, ou se serão passíveis de corroboração, tendo em vista as técnicas de investigação normalmente desenvolvidas, observando-se o disposto no art. 4º, § 16, da Lei 12.850/2013.

15. Se o Membro oficiante entender que os fatos não estão suficientemente descritos ou com indicação incompleta das provas de corroboração, deverá adotar atos de certificação, incluindo a realização de entrevista do proponente, podendo restituir os anexos à parte interessada para que os complemente.

CAPÍTULO IV

DOS BENEFÍCIOS E DAS CLÁUSULAS16.

A fase de discussão dos eventuais benefícios somente deverá ser iniciada após a definição sobre os fatos delitivos a serem narrados pelo colaborador e a suficiência dos anexos e dos elementos de corroboração.

17. Definidos os fatos que serão objeto do acordo de colaboração premiada, as partes podem estabelecer, consensualmente, a suspensão de medidas específicas de litigância, para evitar a propositura de medidas processuais penais cautelares e assecuratórias, bem como medidas processuais cíveis admitidas pela legislação processual civil em vigor, inclusive as previstas na Lei de Improbidade Administrativa (Lei nº 8.429/1992).

18. Ao propor os benefícios, o Membro do Ministério Público Federal deve considerar parâmetros objetivos, dentre os quais: quantidade de fatos delitivos narrados pelo colaborador; oportunidade da colaboração (ou seja, o momento em que revelou os fatos desconhecidos à investigação); a natureza e credibilidade da descrição dos fatos narrados; a culpabilidade do agente em relação ao fato; os antecedentes criminais; a disposição do agente em cooperar com a investigação e persecução de outros fatos; os interesses da vítima; o potencial probatório da colaboração e outras consequências em caso de condenação; as provas apresentadas pelo colaborador e as linhas de investigação ampliadas.

19. O Membro do Ministério Público Federal não deve se comprometer com benefícios inexequíveis e que dependam da concordância de órgãos não envolvidos na negociação.

20. O benefício de não exercício da ação penal somente deverá ser proposto em situações extraordinárias. Além dos requisitos do art. 4º, § 4º, da Lei 12.850/2013, devem ser considerados os seguintes parâmetros: a) a gravidade da ofensa e a importância do caso para se alcançar efetiva aplicação e observância das leis penais; b) o valor da potencial declaração ou das provas a serem produzidas para a investigação ou para o processo; c) a qualidade do material probatório apresentado e das declarações do colaborador; d) a culpabilidade da pessoa em relação aos outros acusados; e) a possibilidade de processar de maneira eficaz o acusado, sem a concessão do benefício de não exercício da ação penal;

f) reparação integral do dano, se for o caso. 21. O acordo de colaboração premiada, em sua versão final, será firmado com a assinatura do colaborador e seu defensor.

21.1. Deve-se garantir que o colaborador tenha ciência inequívoca sobre os termos do acordo, observado, ainda, o disposto no art. 4º, §§ 14 e 15, da Lei

12.850/2013, especialmente quanto à renúncia ao direito ao silêncio e ao compromisso de dizer a verdade;

21.2. O Membro do Ministério Público Federal oficiante deve verificar pessoalmente se o colaborador compreendeu o que significa a colaboração premiada e todos os termos do acordo, zelando pelo seu consentimento informado e pela conformidade dos anexos com as informações por ele prestadas.

22. No acordo de colaboração premiada, o colaborador deve narrar todos os fatos ilícitos em relação aos quais concorreu.

22.1. É também cabível a celebração de acordo de colaboração ainda que algum dos resultados previstos no art. 4º, I, II, III, IV e V, da Lei 12.850 advenha unicamente em relação a fato(s) diverso(s) daquele(s) para o(s) qual(is) o colaborador tenha concorrido.

23. No caso de os fatos narrados envolverem a atribuição de outros Membros do Ministério Público Federal (atuações em órgãos judiciais diversos), o Membro então oficiante deverá, observada a conveniência e especificidades do caso concreto, alternativamente:

23.1. convidar o(s) Membro(s) com atribuição concorrente para participar das tratativas de formalização do acordo; ou

23.2. submeter o caso à CCR do MPF, de acordo com a temática respectiva, para os fins do art. 62, I e VI, da Lei Complementar nº 75/93; ou

23.3. firmar o acordo e submetê-lo, posteriormente à homologação, aos demais Procuradores naturais, que poderão aceitar e aderir aos respectivos termos, caso em que receberão todas as provas produzidas, ou recusá-los, com a devolução de todas as provas e informações ao colaborador, sob a perspectiva dos princípios da confiança e da boa-fé, que devem reger as tratativas, a pactuação e o compartilhamento da prova;

23.4. encaminhar os autos ao Membro que tiver atribuição concorrente, a fim de que seja analisado o interesse na celebração do acordo de forma integral, não sendo impeditiva à celebração do acordo, no entanto, a recusa ou a falta de interesse, devidamente declaradas, ocasião em que o acordo não contemplará os fatos recusados.

24. O acordo de colaboração deve conter cláusulas que tratem, pelo menos, dos seguintes pontos:

24.1. BASE JURIDICA (Artigo 129, inciso I, da Constituição da República, nos artigos 13 a 15 da Lei n. 9.807/99, no art. 1°, § 5°, da Lei 9.613/98, no art. 26 da Convenção de Palermo, no art. 37 da Convenção de Mérida, artigos 3º, § 2º e § 3º, do Código de Processo Civil, e nos artigos 4° a 8° da Lei 12.850/2013);

24.2. QUALIFICAÇÃO DO COLABORADOR;

24.3. DEMONSTRAÇAO DO INTERESSE PUBLICO: a) oportunidade do acordo; b) efetividade e utilidade do acordo: relativa à capacidade real de contribuição do colaborador para a investigação, por meio do fornecimento de elementos concretos que possam servir de prova; c) explicitação sobre quantos e quais sao os fatos ilícitos e pessoas envolvidas que ainda não sejam de conhecimento do Ministério Público Federal; d) indicação dos meios pelos quais se fará a respectiva prova.

24.4. OBJETO DO ACORDO: a) descrição genérica dos fatos que serão revelados e por quem, visando preservar o sigilo das investigações; a descrição específica deverá ser feita nos anexos individualizados, na forma do item 13; b) deve ser demonstrada a relevância das informações e provas; não basta que os fatos e provas sejam novos; precisam ser aptos a revelar e a desmantelar a forma de cometimento dos ilícitos; c) deve haver previsão sobre como se procederá em caso de revelação de novos fatos, depois de celebrado o acordo (possível aditamento do acordo, com previsão das consequências do aditamento).

24.5. OBRIGAÇOES DO COLABORADOR (mínimas): a) relativas às informações e provas relevantes (formas, prazos, locais etc); b) compromisso de cessar as condutas ilícitas; c) compromisso, durante toda a vigência do acordo de colaboração, de colaborar de forma plena, sem qualquer reserva, com as investigações, portando-se sempre com honestidade, lealdade e boa-fé; d) falar a verdade, incondicionalmente, em todas as investigações (inclusive nos inquéritos policiais e civis, ações civis, procedimentos administrativos disciplinares e tributários), além de ações penais em que doravante venha a ser chamado a depor na condição de testemunha ou interrogado, nos termos do acordo; e) pagamento de valor relativo à antecipação de reparação de danos, ressalvada a prerrogativa de outros órgãos, instituições, entidades ou pessoas de buscarem o ressarcimento que entenderem lhes ser devido; f) pagamento de multa; g) prestar garantias do cumprimento da multa e da antecipação de reparação de danos; h) declarar que as informações prestadas são verdadeiras e precisas, sob pena de rescisão; i) declarar todos os bens que são de sua propriedade, ainda que em nome de terceiros, sob pena de conduta contrária ao dever de boa-fé e rescisão do acordo; j) obrigação de o COLABORADOR adotar conduta processual compatível com a vontade de colaborar (vedação ao *venire contra factum proprium*).

24.6. COMPROMISSOS DO MPF: a) estipular benefícios penais ao colaborador;

b) estabelecer a forma de cumprimento dos benefícios; c) defender perante terceiros a validade e eficácia de todos os termos e condições do acordo.

24.7. ADESAO E COMPARTILHAMENTO DE PROVAS (v. item 39);

24.8. COOPERAÇAO COM AUTORIDADES ESTRANGEIRAS (v. item39);

24.9. RENUNCIA AO EXERCICIO DA GARANTIA CONTRA A AUTOINCRIMINAÇAO E DO DIREITO AO SILENCIO;

24.10. PREVISÃO DE GARANTIA REAL OU FIDEJUSSÓRIA (v. item 30);

24.11. RESCISAO: HIPOTESES E CONSEQUENCIAS: inclusive com previsão de cláusula penal, correção monetária e juros;

24.12. PREVISÃO SOBRE O JUÍZO PERANTE O QUAL SERÁ REQUERIDA A HOMOLOGAÇAO;

24.13. PREVISÃO DA NECESSIDADE DE SIGILO (até decisão judicial em contrário);

24.14. DECLARAÇÃO DE ACEITAÇÃO (pelo advogado e pelo colaborador);

24.15. EFEITOS CIVIS DO ACORDO (v. item35);

25. Os acordos de colaboração deverão sempre prever cláusula de boa-fé e confiança, por meio da qual o colaborador deve declarar se procurou previamente outro órgão ou outra unidade do Ministério Público para tentativa de acordo;

26. O benefício penal previsto no acordo de colaboração premiada poderá ser definido de acordo com as seguintes técnicas:

26.1. preferencialmente, pelo estabelecimento de marcos punitivos máximos, a serem concretizados em apreciação judicial com os seguintes elementos sugeridos, segundo os indicativos legais: a) patamar máximo unificado de pena decorrente do somatório das sentenças condenatórias, o qual, ao ser atingido, levará à suspensão das demais ações e investigações em curso e seus respectivos prazos prescricionais; b) pena que será efetivamente cumprida pela parte em regimes a serem definidos no acordo; c) suspensão do cumprimento da diferença entre o máximo unificado da pena e a pena que será efetivamente cumprida, com possibilidade de retomada do cumprimento do máximo unificado da pena em caso de rescisão ou descumprimento do acordo; ou

26.2. alternativamente, estabelecimento de patamares mínimos e máximos, a serem delimitados por ocasião da sentença, para cumprimento da pena.

27. O acordo pode prever, como indicativo para a resposta penal a ser concretizada em sede judicial, além da pena unificada para o montante de fatos e a pena a ser efetivamente cumprida, eventuais penas restritivas de direito, o regime inicial de cumprimento da pena, a progressão de regimes, a suspensão condicional da pena, a suspensão condicional do processo, a suspensão do prazo prescricional e a aplicação dos institutos da remissão e detração. Em caso da previsão de regimes diferenciados, suas regras devem ser detalhadas no acordo. 27.1. O acordo de colaboração premiada pode também prever o valor da multa penal, o valor ou os bens objeto de perdimento e sua destinação, o valor mínimo da reparação do dano e sua destinação às vítimas dos delitos, quando couber.

28. Em caso de omissão na previsão dos benefícios no termo de acordo de colaboração premiada, serão observadas as disposições do Código Penal e da Lei de Execuções Penais, quanto ao regime de cumprimento da pena.

29. O acordo de colaboração premiada pressupõe que o colaborador cesse o envolvimento com qualquer conduta ilícita, sob pena de rescisão do acordo no caso de continuidade das práticas ilícitas.

30. O acordo de colaboração deve, sempre que possível, prever cláusula de garantia real ou fidejussória para o seu cumprimento, com o devido registro na matrícula, em caso de imóvel, sem prejuízo da pena de ressarcimento.

30.1. Sem prejuízo das garantias, é recomendável a previsão de cláusula penal.

31. O acordo de colaboração deve prever como efeito imediato, após sua homologação, a perda do produto ou proveito da atividade criminosa e a forma de execução dos bens dados como garantia da indenização do dano e do pagamento da multa.

32. Nos crimes perpetrados em benefício ou interesse de pessoa jurídica, o acordo de colaboração premiada poderá prever obrigações acessórias, como a interdição de direitos, adequadas ao caso concreto, a depender da situação societária ou da profissão do colaborador, vedada a imposição de restrições por prazo indeterminado e observada a proporcionalidade.

32.1. Nos casos em que o colaborador for o titular do controle societário de pessoa jurídica envolvida nos atos, é recomendável e podem ser incluídas nos acordos de colaboração, obrigações de governança corporativa e compliance, inclusive nas demais empresas por ele controladas direta ou indiretamente, emissão de relatórios periódicos de atividades, afastamento das atividades empresariais por período certo, assim como o monitoramento e auditorias externas aprovadas pelo Ministério Público Federal, às expensas do colaborador.

33. O acordo de colaboração deve prever a recorribilidade da sentença condenatória ou absolutória somente na parte que extrapolar os limites do acordo, como desdobramento do princípio do *nemo potest venire contra factum proprium.*

34. O acordo pode prever a possibilidade de o Ministério Público Federal, a seu critério, conceder melhor benefício ao colaborador, considerando-se a relevância da colaboração prestada, ainda que tal benefício não tenha sido previsto na proposta inicial (art. 4º, § 2º, da Lei 12.850/2013).

35. O acordo pode prever efeitos cíveis, no âmbito de atribuição do MPF, que devem ser homologados pela competente Câmara de Coordenação e Revisão, observado o princípio do promotor natural. Os efeitos cíveis poderão consistir, dentre outros, em: a) antecipação da reparação dos danos causados à vítima, ainda que parcial; b) compromisso de não propor ações civis públicas de reparação, da lei anticorrupção ou qualquer outra ação com pedido condenatório; c) compromisso de suspender o trâmite processual ou a execução das sentenças condenatórias obtidas em ações de improbidade administrativa, a partir do cumprimento e satisfação dos termos do acordo. d) estipulação de cumprimento voluntário de penalidades previstas na lei de improbidade administrativa ou na lei anticorrupção.

CAPÍTULO V
DO ENCERRAMENTO

36. Se o Juízo deixar de homologar o acordo de colaboração ou discordar dos benefícios concedidos, o Ministério Público Federal defenderá o acordo mediante a propositura das medidas processuais cabíveis.

37. O descumprimento do acordo e a causa da sua rescisão deverão ser levados ao juízo, observado o contraditório e preservada a validade de todas as provas

produzidas até a rescisão, mediante as seguintes alternativas: a) instauração de procedimento administrativo, quando necessário coletar novas evidências sobre as causas de rescisão, que será levado ao juízo em seguida; b) provocação direta do juízo, quando a causa de rescisão for constatada sem a necessidade de novos dados ou evidências.

38. É recomendável a inserção de cláusula com previsão de sanções ao colaborador que omitir informações pontuais, quanto a um elemento probatório ou a agentes diversos, circunstância que pode não ensejar, por si só, a rescisão do acordo, caso fornecida a devida complementação e esclarecimentos, independentemente da aplicação de penalidades pela omissão.

39. As provas decorrentes do acordo de colaboração premiada poderão ser compartilhadas com outros órgãos e autoridades públicas nacionais, para fins cíveis, fiscais e administrativos, e com autoridades públicas estrangeiras, inclusive para fins criminais, com a ressalva de que tais provas não poderão ser utilizadas contra os próprios colaboradores para produzir punições além daquelas pactuadas no acordo. Esta ressalva deve ser expressamente comunicada ao destinatário da prova, com a informação de que se trata de uma limitação intrínseca e subjetiva de validade do uso da prova, nos termos da Nota Técnica nº 01/2017, da 5ª Câmara de Coordenação e Revisão.

40. Na hipótese de não ser celebrado o acordo, ressalvadas linhas de investigação absolutamente independentes, o Ministério Público não poderá se valer das informações ou provas apresentadas pelo colaborador para qualquer outra finalidade.

41. O procedimento encerrado pela frustração das tratativas deve ser arquivado na própria unidade ministerial, cuidando-se de garantir sua confidencialidade e a restituição dos elementos de convicção e prova ao interessado, com certificação formal de tais providências e cientificação à CCR respectiva para efeitos de registros, controle e coordenação.

42. O acordo de colaboração firmado deve ser submetido à homologação judicial após colhidos os depoimentos do colaborador, sem prejuízo do disposto nos itens 12 e 15 (diligências certificatórias).

43. Eventual acordo de colaboração firmado no curso do processo deve ser imediatamente juntado aos autos, em especial antes da audiência de instrução e julgamento. A depender do momento da juntada do acordo de colaboração premiada, o Membro do Ministério Público deve considerar pedir a aplicação do procedimento previsto no art. 384 do CPP, assegurando que os demais acusados possam produzir provas, nos termos do § 4º do referido artigo.

44. Os fatos praticados em concurso de agentes, entre o colaborador e eventual detentor de foro por prerrogativa de função, devem ser encaminhados ao Procurador-Geral da República ou a Procurador Regional da República com atribuição para atuar.

44.1. O órgão ministerial com atribuição para análise do fato, cuja apuração e processamento devam observar a competência do foro por prerrogativa de função, verificará o interesse e utilidade na celebração do acordo de colaboração de forma global.

44.2. Não sendo o caso ou não havendo interesse em celebrar o acordo de colaboração de forma global, relativo a fato sujeito a apuração e processamento com observância de competência do foro por prerrogativa de função, a proposta poderá ser devolvida a outra instância para prosseguimento, em relação a fato(s) de sua alçada de atribuição.

44.3. A recusa ou a falta de interesse de uma instância na celebração de acordo de colaboração não constitui impedimento para outra instância fazê-lo, em relação a fato(s) de sua atribuição.

TÍTULO II

DAS DISPOSIÇÕES FINAIS

45. Caso o proponente ou o colaborador se encontrem presos, é recomendável que fiquem separados de outros colaboradores ou de outros corréus, devendo o Membro oficiante requerer tais providências ao Juízo competente.

46. O Membro do Ministério Público deve zelar pela preservação da integridade física do colaborador preso, podendo requerer que permaneça em local apropriado à condição de colaborador ou em ala segura.

47. Eventuais dúvidas poderão dirimidas pelas CCRs do MPF, de acordo com as temáticas respectivas.

MPF / 5ª Câmara de Coordenação e Revisão – Combate à Corrupção

Brasília, 23 de maio de 2018, http://www.mpf.mp.br/atuacao-tematica/ccr2/orientacoes/documentos/orientacao-conjunta-no-1-2018.pdf

ABUSO DE AUTORIDADE – LEI 13.869/2019

Orientação nº 39 da Câmara de Coordenação e Revisão – Criminal MPF

Assunto: Orienta sobre a aplicação da Lei nº 13.869/2019 (Lei de Abuso de Autoridade) no âmbito do Ministério Público Federal.

ORIENTAÇÃO aos membros do Ministério Público Federal com atuação na área criminal sob sua coordenação: 1. As notícias-crime por abuso de autoridade de membros do Ministério Público Federal devem observar rigorosamente o artigo 18, parágrafo único, da Lei Complementar nº 75/93, impondo-se a qualquer autoridade policial, civil ou militar proceder à sua imediata remessa ao Procurador-Geral da República, a quem incumbe designar membro do Ministério Público Federal para prosseguir na apuração do fato, salvo hipótese de arquivamento liminar. 2. Carece de justa causa, cabendo o arquivamento liminar, a notícia-crime por abuso de autoridade que não apresente, de forma clara e delimitada, elementos concretos de informação mínimos e plausíveis, indicando que o autor do fato agiu com alguma das finalidades específicas previstas no artigo 1º, § 1º, da Lei nº 13.869/19. 3. A notícia-crime por abuso de autoridade desprovida de justa causa, imputando crimes que o comunicante sabe inexistentes, poderá caracterizar o tipo penal da denunciação caluniosa, previsto no artigo 339 do Código Penal, sem prejuízo da respectiva reparação civil. 4. O arquivamento ou a pendência de distribuição, diligências e conclusão formal em procedimento investigativo sobre fatos criminais objeto da Lei nº 13.869/2019 impede o ajuizamento de ação penal privada subsidiária da pública. 5. A prova de inércia e desídia da autoridade responsável pela investigação e pela formação da opinião sobre o fato é requisito essencial da ação penal privada subsidiária da pública, sem o qual ela deve ser rejeitada por ilegitimidade de parte e falta de pressuposto processual da ação penal*.

*AgRg no AREsp 1049105/DF, Rel. Ministro ROGERIO SCHIETTI CRUZ, SEXTA TURMA, julgado em 18/10/2018, DJe 19/11/2018; AgRg na APn 826/DF, Rel. Ministro NAPOLEÃO NUNES MAIA FILHO, CORTE ESPECIAL, julgado em 05/09/2018, DJe 19/09/2018; AgRg no REsp 1477394/DF, Rel. Ministro SEBASTIÃO REIS JÚNIOR, SEXTA TURMA, julgado em 04/02/2016, DJe 23/02/2016.

Autos de referência: PGR-00020371/2020.

Brasília, 22 de janeiro de 2020. Acesso em 07 de agosto ao sítio eletrônico: http://www.mpf.mp.br/atuacao-tematica/ccr2/orientacoes/documentos/orientacao-no-39-sobre-a-lei-de-abuso-de-autoridade

Enunciado nº 32 da Câmara de Coordenação e Revisão do MPT

LEI DE ABUSO DE AUTORIDADE. INALTERABILIDADE DA ATUAÇÃO MINISTERIAL NOS PROCEDIMENTOS ADMINISTRATIVOS. PRESERVAÇÃO DO SIGILO DO DENUNCIANTE.

Todos os tipos penais previstos na Lei n. 13.869/2019 exigem dolo específico para atos que já constituíam infração funcional grave e/ou crimes para o(a) membro(a) do Ministério Público, a exemplo dos praticados com finalidade de prejudicar a outrem, de beneficiar a si mesmo ou a terceiro e motivados por capricho ou satisfação pessoal. Assim, não subsistem fundamentos com base na referida Lei para sustentar promoção de arquivamento de inquérito civil, indeferimento de notícia de fato ou quebra de sigilo do(a) denunciante.

280ª Sessão Ordinária, realizada em 30/06/20 – DOU Seção 1 – 09/07/20 – págs. 213/214.

Enunciado nº 01 (art. 1º) do GNCCRIM do CNPG

Os tipos incriminadores da Lei de Abuso de Autoridade exigem elemento subjetivo diverso do mero dolo, restringindo o alcance da norma.

Acesso em 07/08/20. Fonte: https://www.cnpg.org.br/images/arquivos/documentos_publicos/Enunciados/2019/Enunciados-GNCCRIM-Lei-de-Abuso-de-Autoridade.pdf

Enunciado nº 02 (art. 1º) do GNCCRIM do CNPG

A divergência na interpretação de lei ou na avaliação de fatos e provas, salvo quando teratológica, não configura abuso de autoridade, ficando excluído o dolo.

Acesso em 07/08/20. Fonte: https://www.cnpg.org.br/images/arquivos/documentos_publicos/Enunciados/2019/Enunciados-GNCCRIM-Lei-de-Abuso-de-Autoridade.pdf

Enunciado nº 03 (art. 3º) do GNCCRIM do CNPG

Os crimes da Lei de Abuso de Autoridade são perseguidos mediante ação penal pública incondicionada. A queixa subsidiária pressupõe comprovada inércia do Ministério Público, caracterizada pela inexistência de qualquer manifestação ministerial.

Acesso em 07/08/20. Fonte: https://www.cnpg.org.br/images/arquivos/documentos_publicos/Enunciados/2019/Enunciados-GNCCRIM-Lei-de-Abuso-de-Autoridade.pdf

Enunciado nº 04 (art. 4º) do GNCCRIM do CNPG

O requerimento do ofendido para a reparação dos danos causados pela infração penal dispensa qualquer rigor formal.

Acesso em 07/08/20. Fonte: https://www.cnpg.org.br/images/arquivos/documentos_publicos/Enunciados/2019/Enunciados-GNCCRIM-Lei-de-Abuso-de-Autoridade.pdf

Enunciado nº 05 (art. 9º) do GNCCRIM do CNPG

O sujeito ativo do art. 9º., "caput", da Lei de Abuso de Autoridade, diferentemente do parágrafo único, não alcança somente autoridade judiciária. O verbo nuclear "decretar" tem o sentido de determinar, decidir e ordenar medida de privação da liberdade em manifesta desconformidade com as hipóteses legais.

Acesso em 07/08/20. Fonte: https://www.cnpg.org.br/images/arquivos/documentos_publicos/Enunciados/2019/Enunciados-GNCCRIM-Lei-de-Abuso-de-Autoridade.pdf

Enunciado nº 06 (art. 10) do GNCCRIM do CNPG

Os investigados e réus não podem ser conduzidos coercitivamente à presença da autoridade policial ou judicial para serem interrogados. Outras hipóteses de condução coercitiva, mesmo de investigados ou réus para atos diversos do interrogatório, são possíveis, observando-se as formalidades legais.

Obs. Enunciado de acordo com as ADPFs 395 e 444.

Acesso em 07/08/20. Fonte: https://www.cnpg.org.br/images/arquivos/documentos_publicos/Enunciados/2019/Enunciados-GNCCRIM-Lei-de-Abuso-de-Autoridade.pdf

Enunciado nº 07 (art. 10) do GNCCRIM do CNPG

A condução coercitiva pressupõe motivação e descumprimento de prévia notificação.

Acesso em 07/08/20. Fonte: https://www.cnpg.org.br/images/arquivos/documentos_publicos/Enunciados/2019/Enunciados-GNCCRIM-Lei-de-Abuso-de-Autoridade.pdf

Enunciado nº 08 (art. 12) do GNCCRIM do CNPG

Com o fim de preservar a sua identidade, imagem e dados pessoais, é possível, nas exceções legais, que da nota de culpa não conste o nome do condutor, das testemunhas e das vítimas.

Acesso em 07/08/20. Fonte: https://www.cnpg.org.br/images/arquivos/documentos_publicos/Enunciados/2019/Enunciados-GNCCRIM-Lei-de-Abuso-de-Autoridade.pdf

Enunciado nº 09 (art. 12) do GNCCRIM do CNPG

A execução imediata do alvará de soltura deve ocorrer após o cumprimento dos procedimentos de segurança necessários, incluindo a checagem sobre a existência de outras ordens de prisão e da autenticidade do próprio alvará.

Acesso em 07/08/20. Fonte: https://www.cnpg.org.br/images/arquivos/documentos_publicos/Enunciados/2019/Enunciados-GNCCRIM-Lei-de-Abuso-de-Autoridade.pdf

Enunciado nº 10 (art. 13) do GNCCRIM do CNPG

Constranger o preso ou o detento, mediante violência ou grave ameaça, a produzir prova contra si mesmo ou contra terceiro pode configurar delito de abuso de autoridade (Lei 13.869/19) ou crime de tortura (Lei 9.455/97), a depender das circunstâncias do caso concreto.

Acesso em 07/08/20. Fonte: https://www.cnpg.org.br/images/arquivos/documentos_publicos/Enunciados/2019/Enunciados-GNCCRIM-Lei-de-Abuso-de-Autoridade.pdf

Enunciado nº 11 (art. 18) do GNCCRIM do CNPG

Para efeitos do artigo 18 da Lei de Abuso de Autoridade, compreende-se por repouso noturno o período de 21h00 a 5h00, nos termos do artigo 22, § 1°, III, da mesma Lei.

Acesso em 07/08/20. Fonte: https://www.cnpg.org.br/images/arquivos/documentos_publicos/Enunciados/2019/Enunciados-GNCCRIM-Lei-de-Abuso-de-Autoridade.pdf

Enunciado nº 12 (art. 18) do GNCCRIM do CNPG

Ressalvadas as hipóteses de prisão em flagrante e concordância do interrogado devidamente assistido, o interrogatório extrajudicial do preso iniciado antes, não pode adentrar o período de repouso noturno, devendo ser o ato encerrado e, se necessário, complementado no dia seguinte.

Acesso em 07/08/20. Fonte: https://www.cnpg.org.br/images/arquivos/documentos_publicos/Enunciados/2019/Enunciados-GNCCRIM-Lei-de-Abuso-de-Autoridade.pdf

Enunciado nº 13 (art. 21) do GNCCRIM do CNPG

A violação à regra de separação de custodiados, acompanhada de sofrimento físico ou mental do preso, conforme as circunstâncias do caso, não tipifica o crime do art. 21 da Lei de Abuso de Autoridade, mas o delito de tortura (art. 1º, *caput*, inciso I, da Lei nº 9.455/97), infração penal equiparada a hediondo, sofrendo os consectários da Lei 8.072/1990.

Acesso em 07/08/20. Fonte: https://www.cnpg.org.br/images/arquivos/documentos_publicos/Enunciados/2019/Enunciados-GNCCRIM-Lei-de-Abuso-de-Autoridade.pdf

Enunciado nº 14 (art. 22) do GNCCRIM do CNPG

A elementar "imóvel" do artigo 22 da Lei de Abuso de Autoridade deve ser conceituada nos termos do artigo 79 do Código Civil.

Acesso em 07/08/20. Fonte: https://www.cnpg.org.br/images/arquivos/documentos_publicos/Enunciados/2019/Enunciados-GNCCRIM-Lei-de-Abuso-de-Autoridade.pdf

Enunciado nº 15 (art. 22) do GNCCRIM do CNPG

O mandado de busca e apreensão deverá ser cumprido durante o dia (art. 5º., XI, CF/88). Mesmo havendo luz solar, veda-se seu cumprimento entre 21h00 e 5h00, sob pena de caracterizar abuso de autoridade (art. 22, §1º., inc. III).

Acesso em 07/08/20. Fonte: https://www.cnpg.org.br/images/arquivos/documentos_publicos/Enunciados/2019/Enunciados-GNCCRIM-Lei-de-Abuso-de-Autoridade.pdf

Enunciado nº 16 (art. 25) do GNCCRIM do CNPG

Ressalvadas situações excepcionais pacificadas, o uso da prova derivada da ilícita está abrangido pelo tipo penal incriminador do art. 25 da Lei de Abuso de Autoridade, devendo o agente ter conhecimento inequívoco da sua origem e do nexo de relação entre a prova ilícita e aquela dela derivada.

Acesso em 07/08/20. Fonte: https://www.cnpg.org.br/images/arquivos/documentos_publicos/Enunciados/2019/Enunciados-GNCCRIM-Lei-de-Abuso-de-Autoridade.pdf

Enunciado nº 17 (art. 27) do GNCCRIM do CNPG

A configuração do abuso de autoridade pela deflagração de investigação criminal com base em matéria jornalística, necessariamente, há de ser avaliada a partir dos critérios interpretativos trazidos pela Lei (art. 1º, § 1º) e da flagrante ausência de standard probatório mínimo que a justifique.

Acesso em 07/08/20. Fonte: https://www.cnpg.org.br/images/arquivos/documentos_publicos/Enunciados/2019/Enunciados-GNCCRIM-Lei-de-Abuso-de-Autoridade.pdf

Enunciado nº 18 (art. 28) do GNCCRIM do CNPG

O crime do art. 28 da Lei de Abuso de Autoridade (Divulgar gravação ou trecho de gravação sem relação com a prova que se pretenda produzir, expondo a intimidade ou a vida privada ou ferindo a honra ou a imagem do investigado ou acusado) pressupõe interceptação legal (legítima e lícita), ocorrendo abuso no manuseio do conteúdo obtido com a medida.

Acesso em 07/08/20. Fonte: https://www.cnpg.org.br/images/arquivos/documentos_publicos/Enunciados/2019/Enunciados-GNCCRIM-Lei-de-Abuso-de-Autoridade.pdf

Enunciado nº 19 (art. 29) do GNCCRIM do CNPG

O legislador, na tipificação do crime do art. 29 da Lei de Abuso de Autoridade, optou por restringir o alcance do tipo, pressupondo por parte do agente a finalidade única de prejudicar interesse de investigado. Agindo com a finalidade de beneficiar, pode responder por outro delito, como prevaricação (art. 319 do CP), a depender das circunstâncias do caso concreto.

Acesso em 07/08/20. Fonte: https://www.cnpg.org.br/images/arquivos/documentos_publicos/Enunciados/2019/Enunciados-GNCCRIM-Lei-de-Abuso-de-Autoridade.pdf

Enunciado nº 20 (art. 30) do GNCCRIM do CNPG

O crime do art. 30 da Lei de Abuso de Autoridade deve ser declarado, incidentalmente, inconstitucional. Não apenas em razão da elementar "justa causa" ser expressão vaga e indeterminada, como também porque gera retrocesso na tutela dos bens jurídicos envolvidos, já protegidos pelo art. 339 do CP, punido, inclusive, com pena em dobro.

Acesso em 07/08/20. Fonte: https://www.cnpg.org.br/images/arquivos/documentos_publicos/Enunciados/2019/Enunciados-GNCCRIM-Lei-de-Abuso-de-Autoridade.pdf

Enunciado nº 21 (art. 31) do GNCCRIM do CNPG

A elementar "injustificadamente" deve ser interpretada no sentido de que o excesso de prazo na instrução do procedimento investigatório não resultará de simples operação aritmética, impondo-se considerar a complexidade do feito, atos procrastinatórios não atribuíveis ao presidente da investigação e ao número de pessoas envolvidas na apuração. Todos fatores que, analisados em conjunto ou separadamente, indicam ser, ou não, razoável o prazo para o seu encerramento.

Acesso em 07/08/20. Fonte: https://www.cnpg.org.br/images/arquivos/documentos_publicos/Enunciados/2019/Enunciados-GNCCRIM-Lei-de-Abuso-de-Autoridade.pdf

Enunciado nº 22 (art. 33) do GNCCRIM do CNPG

Quem se utiliza de cargo ou função pública ou invoca a condição de agente público para se eximir de obrigação legal ou para obter vantagem ou privilégio indevido pratica abuso de autoridade (art. 33, parágrafo único) se o comportamento não estiver atrelado à finalidade de contraprestação do agente ou autoridade. Caso contrário, outro será o crime, como corrupção passiva (art. 317 do CP).

Acesso em 07/08/20. Fonte: https://www.cnpg.org.br/images/arquivos/documentos_publicos/Enunciados/2019/Enunciados-GNCCRIM-Lei-de-Abuso-de-Autoridade.pdf

Enunciado nº 23 (art. 36) do GNCCRIM do CNPG

O delito do art. 36 da Lei de Abuso de Autoridade (abusiva indisponibilidade de ativos financeiros) pressupõe, objetivamente, uma ação (decretar) seguida de uma omissão (deixar de corrigir).

Acesso em 07/08/20. Fonte: https://www.cnpg.org.br/images/arquivos/documentos_publicos/Enunciados/2019/Enunciados-GNCCRIM-Lei-de-Abuso-de-Autoridade.pdf

Enunciado nº 24 (art. 39) do GNCCRIM do CNPG

Os crimes de abuso de autoridade com pena máxima superior a dois anos, salvo no caso de foro por prerrogativa de função, são processados pelo rito dos crimes funcionais, observando-se a defesa preliminar do art. 514 do CPP.

Acesso em 07/08/20. Fonte: https://www.cnpg.org.br/images/arquivos/documentos_publicos/Enunciados/2019/Enunciados-GNCCRIM-Lei-de-Abuso-de-Autoridade.pdf

Enunciado nº 25 (art. 39) do GNCCRIM do CNPG

Por ser privativa do servidor público, o particular concorrente no crime de abuso de autoridade não faz jus à preliminar contestação prevista no art. 514 do CPP.

Acesso em 07/08/20. Fonte: https://www.cnpg.org.br/images/arquivos/documentos_publicos/Enunciados/2019/Enunciados-GNCCRIM-Lei-de-Abuso-de-Autoridade.pdf

Enunciado nº 26 (art. 39) do GNCCRIM do CNPG

A inobservância do disposto no artigo 514 do CPP é causa de nulidade relativa, devendo ser alegada no tempo oportuno, comprovando-se o prejuízo, sob pena de preclusão.

Acesso em 07/08/20. Fonte: https://www.cnpg.org.br/images/arquivos/documentos_publicos/Enunciados/2019/Enunciados-GNCCRIM-Lei-de-Abuso-de-Autoridade.pdf

Enunciado nº 27 (art. 39) do GNCCRIM do CNPG

A formalidade do art. 514 do CPP é dispensável quando a denúncia envolver, além do crime funcional, delito de outra natureza, ambos em concurso.

Acesso em 07/08/20. Fonte: https://www.cnpg.org.br/images/arquivos/documentos_publicos/Enunciados/2019/Enunciados-GNCCRIM-Lei-de-Abuso-de-Autoridade.pdf

Enunciado nº 28 (ANPP) do GNCCRIM do CNPG

Crimes de abuso de autoridade, cometidos sem violência ou grave ameaça à pessoa, presentes os pressupostos do art. 18 da Res. 181/17 do CNMP, admitirão o acordo de não persecução penal, salvo se a sua celebração não atender ao que seja necessário e suficiente para a reprovação e prevenção do crime.

Acesso em 07/08/20. Fonte: https://www.cnpg.org.br/images/arquivos/documentos_publicos/Enunciados/2019/Enunciados-GNCCRIM-Lei-de-Abuso-de-Autoridade.pdf

Enunciado nº 29 (Representações indevidas) do GNCCRIM do CNPG

Representações indevidas por abuso de autoridade podem, em tese, caracterizar crime de denunciação caluniosa (CP, art. 339), dano civil indenizável (CC, art. 953) e, caso o reclamante seja agente público, infração disciplinar ou político-administrativa.

Acesso em 07/08/20. Fonte: https://www.cnpg.org.br/images/arquivos/documentos_publicos/Enunciados/2019/Enunciados-GNCCRIM-Lei-de-Abuso-de-Autoridade.pdf

Enunciado nº 30 (art. 256 CPP) do GNCCRIM do CNPG

A representação indevida por abuso de autoridade contra juiz, promotor de Justiça, delegados ou agentes públicos em geral, não enseja, por si só, a suspeição ante a aplicação da regra de que ninguém pode se beneficiar da própria torpeza, nos termos do que disposto, inclusive, no art. 256 do CPP.

Acesso em 07/08/20. Fonte: https://www.cnpg.org.br/images/arquivos/documentos_publicos/Enunciados/2019/Enunciados-GNCCRIM-Lei-de-Abuso-de-Autoridade.pdf

16 – PENAL MILITAR E PROCESSO PENAL MILITAR

Enunciado nº 44 das Câmaras de Coordenação e Revisão Criminais e Cíveis Reunidas do MPDFT

Crime militar não configurado. Indícios de prática de crime comum. Quando o Juiz da Auditoria Militar não se der por incompetente, diante da provocação do Promotor de Justiça, o representante do Ministério Público deve utilizar-se do recurso processual cabível, vedada a simples extração de cópia com a conseqüente remessa a outra Promotoria de Justiça. Nada impede, todavia, que após decidida a questão no âmbito da Justiça Militar, seja extraída cópia do IPM e remetida a outra Promotoria, com atribuição para promover a ação por crime comum.

IPM nº 1999.01.1.030959-9 – Vara da Auditoria Militar; nº 08190.053476/99-32 do MPDFT. Origem IPM 041/99 – PMDF.

Publicado no DJ, Seção 1, de 05/07/2004, p. 108/109.

Enunciado nº 87 das Câmaras de Coordenação e Revisão Criminais Reunidas do MPDFT

A Lei n. 13.491/2017, que alterou o Código Penal Militar, não retroage para alcançar fatos delituosos cometidos por militares antes da sua vigência, quando a alteração da competência implicar em prejuízo ao agente, notadamente a impossibilidade de aplicação de benefícios previstos no Código Penal ou Legislação Penal Especial.

PA n. 08190.058643/17-11.

Publicado no DOU n. 186, Seção 1, de 26/09/2018.

Enunciado nº 16 do MPSP sobre o Pacote Anticrime

A citação mencionada no § 1º do art. 14-A do CPP e no § 1º do art. 16-A do CPPM tem natureza jurídica de notificação, eis que ainda não instaurada a instância processual, aplicando-se apenas ao servidor público quando caracterizada a sua condição jurídica de investigado. Poderá a autoridade policial realizar diligências investigatórias mesmo antes de constituído ou nomeado defensor, exceto as que exijam a participação do investigado ou aquelas das quais este tenha o direito de participar.

Publicado no Diário Oficial de São Paulo, 23/01/2020.

17 – PROCESSO CIVIL

INTERVENÇÃO NO PROCESSO

Enunciado nº 10 das Câmaras de Coordenação e Revisão Criminais e Cíveis Reunidas do MPDFT

Ocorrência de interesse público a justificar a intervenção ministerial nos feitos cíveis – a decisão sobre a ocorrência do interesse público cabe ao próprio Ministério Público e não ao Judiciário. Impossibilidade de fixação *a priori* de todas as causas nas quais ocorre o interesse público. Necessidade de análise do caso concreto. No âmbito do *Parquet*, cabe à Câmara, nos casos de dúvida do Órgão oficiante, determinar a ocorrência do interesse público.

PA nº 08190.000355-7/95, Ata da 4ª Sessão Ordinária.

Publicado no DJ, Seção 1, de 15/07/02, p. 8.

Enunciado nº 12 das Câmaras de Coordenação e Revisão Criminais e Cíveis Reunidas do MPDFT

Na ação de indenização por danos decorrentes de acidente do trabalho, com fundamento no artigo 159 do Código Civil, em litígio interesse patrimonial, individual e disponível do autor, porque ausentes os pressupostos asseguradores de sua legitimidade para integração na relação processual, dispensável a intervenção do Ministério Público.

PA nº 08190.000729/97-86, Ata da 5ª Sessão Ordinária.

Publicado no DJ, Seção 1, de 12/11/02, p. 555/556.

Enunciado nº 17 das Câmaras de Coordenação e Revisão Criminais e Cíveis Reunidas do MPDFT

Nas hipóteses previstas em lei para a intervenção do Ministério Público em conflitos individuais em que se discute direito do consumidor, cabe oficiar o Promotor de Justiça Cível que tem atribuições perante o Juízo processante. Nas ações civis públicas, não propostas pelo Ministério Público, oficiará um dos Promotores de Justiça de defesa dos direitos do consumidor. Fica revogado o enunciado nº 09, deste Conselho Institucional.

PIP nº 08190.009008/03-33.

Publicado no DJ, Seção 1, de 18/11/03, p. 455.

Enunciado nº 14 das Câmaras de Coordenação e Revisão Criminais e Cíveis Reunidas do MPDFT

O comparecimento do Órgão do Ministério Público à audiência, nos processos em que deva intervir, deverá ser antecedido de intimação pessoal e prévia de pelo menos vinte e quatro horas.

PA nº 08190.001075-8/95, Ata da 5ª Sessão Ordinária.

Publicado no DJ, Seção 1, de 12/11/02, p. 555/556.

Enunciado nº 19 das Câmaras de Coordenação e Revisão Cíveis Especializadas Reunidas do MPDFT

INTERVENÇÃO DO MINISTÉRIO PÚBLICO EM AÇÕES POSSESSÓRIAS.

Nas ações possessórias, a intervenção do Ministério Público dar-se-á por suas Promotorias de Justiça Especializadas da Ordem Urbanística - PROURB, do Meio Ambiente - PRODEMA e do Patrimônio Público e Social - PRODEP, ficando ressalvada a atuação das Promotorias de Justiça Cíveis ou da Fazenda Pública nas hipóteses do art. 82, incisos I e III, do Código de Processo Civil (interesses de incapazes e litígios coletivos).

Conflitos nos 08190.014296/04-10, 08190.014297/04-82, 08190.014298/04-45 e 08190.014299/04-16.

Publicado no DJ, Seção 1, de 23/03/04, p. 502.

Enunciado nº 21 das Câmaras de Coordenação e Revisão Criminais e Cíveis Reunidas do MPDFT

INTERVENÇÃO DO MINISTÉRIO PÚBLICO NAS AÇÕES DE DISSOLUÇÃO DE UNIÃO ESTÁVEL, PARTILHAS E ARROLAMENTOS DE BENS QUE TRAMITAM NAS VARAS DE FAMÍLIA.

É legítima a intervenção do Ministério Público do Distrito Federal e Territórios, por suas Promotorias de Justiça de Família, nos arrolamentos de bens preparatórios das ações de dissolução de sociedade de fato decorrente de união estável, bem como nos procedimentos que tenham como objeto a discussão de natureza patrimonial de bens adquiridos na constância do casamento ou da união estável.

PIP 08190.014306/04-71.

Publicado no DJ, Seção 1, de 05/07/2004, p. 108/109.

Enunciado nº 61 da 2ª Câmara de Coordenação e Revisão Cível Especializada

AÇÃO DE SEPARAÇÃO E DIVÓRCIO CONSENSUAIS JUDICIAIS – NECESSIDADE DE INTERVENÇÃO DO MINISTÉRIO PÚBLICO MESMO NÃO HAVENDO FILHOS MENORES OU INCAPAZES

Subsiste a intervenção do Ministério Público nas ações de separação e divórcio consensuais que tramitam judicialmente, quando não há filho menores ou incapazes, mesmo após a edição da Lei 11.441 de janeiro de 2007, que inseriu o art. 1124-A ao Código de Processo Civil, conferindo aos interessados o direito de procederem a ruptura da união conjugal por escritura pública, pois tal dispositivo legal não derrogou o disposto nos arts. 82, inciso II e 1.122, § 1º, do mesmo Estatuto.

Publicado no Diário da Justiça, Seção 1, de 28/06/2007, p. 1484.

Enunciado nº 55 das Câmaras de Coordenação e Revisão Criminais e Cíveis Reunidas do MPDFT

1 – A intervenção do Ministério Público nos processos e procedimentos de interesse de pessoa com idade igual ou superior a 60 (sessenta) anos, não deve ser indiscriminada, devendo se ater tão-somente em casos justificados pelo interesse público, na defesa de interesses sociais e individuais indisponíveis.

2 – A intervenção do Ministério Público em situações individuais deve ocorrer apenas nas hipóteses de indisponibilidade do direito ou em favor do idoso em razão do risco.

3 – Cabe, ainda, ao Ministério Público zelar de forma geral pela celeridade da tramitação dos feitos, sem necessidade de vista em cada um dos procedimentos.

PIP nº 08190.014313/04-37.

Publicado no Diário da Justiça, Seção 1, de 15/07/2005, p. 59.

Enunciado nº 58 da 2ª Câmara de Coordenação e Revisão Cível Especializada

Nos processos de investigação de paternidade, regulados pela Lei nº 8.560/92, na hipótese de insuficiência ou impossibilidade de produção de provas, poderá o Ministério Público, na condição de substituto processual, manifestar-se pela extinção do processo sem julgamento do mérito.

Publicado no Diário da Justiça, Seção 1, de 12/06/2007, p. 1032. Ata da sessão realizada em 1º/06/2007 pela 2ª Câmara de Coordenação e Revisão Cível Especializada.

Enunciado nº 67 das Câmaras de Coordenação e Revisão Criminais e Cíveis Reunidas do MPDFT

A intervenção do Ministério Público na qualidade de fiscal da lei nas ações de alimentos entre partes maiores e capazes é obrigatória, por força do disposto nos artigos 9º e 11º das Lei n. 5478, de 25 de julho de 1968, combinado com o artigo 82, inciso II do Código de Processo Civil.

Ref. PIP 08190.047306/09-71.

Publicado no Diário de Justiça n. 241, de 17 de dezembro de 2009, p. 50.

Enunciado nº 64 das Câmaras de Coordenação e Revisão Criminais e Cíveis Reunidas do MPDFT

Nas ações coletivas ou individuais em que se discutam interesses relacionados à deficiência das pessoas, a intervenção do Ministério Público é obrigatória para garantia dos direitos sociais estabelecidos no art. 2º da Lei Federal n. 7.853-89.

Ref. PIP 08190.041650/06-31.

Publicado no Diário de Justiça n. 129, de 8 de julho de 2008, p. 14.

Enunciado n.º 16/16 do Conselho Superior do Ministério Público do Estado do Maranhão

SAÚDE E EDUCAÇÃO, ATIVIDADE LITISCONSORCIAL.

Nas hipóteses de aplicação, em tese, do art. 45, §§ 1º e 2º do CPC, descabe a atividade litisconsorcial, se já iniciada a intervenção de outro ramo do MP.

Embasamento: I) RE nº 1.254.428 - MG (2011/0094322-5), 3ª Turma, Relator Min, JOÃO OTÁVIO DE NORONHA, un., j. em 02/06/2016.

Publicado no Diário Oficial, Poder Judiciário, Maranhão, 07/07/2017.

COMPETÊNCIA

Enunciado nº 15 da 1ª Câmara de Coordenação e Revisão – Direitos Sociais e Fiscalização de Atos Administrativos em Geral do MPF

Atribuição para atuar em demanda contra órgão público federal com sede em Brasília.

O Distrito Federal não é foro universal para investigação de irregularidades atribuídas a órgão público federal com sede em Brasília, ainda que o dano seja de âmbito nacional ou regional.

Referência: Ata da 278ª Sessão Ordinária realizada em 17/11/2016, publicada no Diário Eletrônico DMPF-e, de 14/12/2016.

IMPEDIMENTO E SUSPEIÇÃO

Enunciado nº 65 das Câmaras de Coordenação e Revisão Criminais e Cíveis Reunidas do MPDFT

Em caso de impedimento de magistrados, o membro do Ministério Público com atribuições no feito, nele permanecerá atuando, independentemente do ofício em que atue o juiz substituto.

Ref. PIP 08190.052731/07-84.

Publicado no Diário de Justiça n. 130, de 04 de julho de 2008, p. 68.

RECURSOS

Enunciado nº 85 das Câmaras de Coordenação e Revisão Cíveis Especializadas Reunidas do MPDFT

O oferecimento de contrarrazões à apelação cível é atribuição do Promotor de Justiça de primeira instância, nos casos em que o Ministério Público atuar como parte no processo.

PA n. 08190.058639/17-36, julgado na Sessão Extraordinária das Câmaras Cíveis Reunidas, de 05/04/2018.

Publicado no DOU n. 69, Seção 1, de 11/04/2018.

Enunciado nº 11 das Câmaras de Coordenação e Revisão Criminais e Cíveis Reunidas do MPDFT

O Procurador de Justiça que atua junto à Câmara Cível deve ofertar parecer em recurso de embargos infringentes opostos pelo Ministério Público, qualquer que seja a posição que este ocupe no processo (parte ou *custos*). A Procuradoria de Justiça junto à Câmara ocupa posição de instância recursal superior em relação àquela junto à Turma.

Nota do autor: o recurso não é mais previsto no CPC/15.

PA nº 08190.001050-2/95, Ata da 4ª Sessão Ordinária.

Publicado no DJ, Seção 1, de 15/07/02, p. 8.

Enunciado nº 16 das Câmaras de Coordenação e Revisão Cíveis Especializadas Reunidas do MPDFT

Os Procuradores de Justiça, nos processos em que o Ministério Público estiver atuando como *custos legis*, somente devem ser intimados do acórdão após a sua publicação no Diário da Justiça e uma vez decorrido o prazo para a interposição do recurso pelas partes (art. 83, I, CPC).

Atas da 16ª Reunião Ordinária da 1ª Câmara Cível, de 27/08/96 e 5ª Sessão Ordinária do Conselho Institucional.

Publicado no DJ, Seção 1, de 12/11/02, p. 555/556.

Enunciado nº 66 das Câmaras de Coordenação e Revisão Criminais e Cíveis Reunidas do MPDFT

A resposta ao agravo de instrumento interposto pelo réu contra decisão proferida em processo no qual o Ministério Público é autor é atribuição da Promotoria de Justiça oficiante nos autos originários.

Ref. PIP 08190.047300/09-95.

Publicado no Diário de Justiça n. 241, de 17 de dezembro de 2009, p. 50.

AÇÕES AUTÔNOMAS DE IMPUGNAÇÃO E RECLAMAÇÃO

Enunciado nº 01 da 1ª Câmara de Coordenação e Revisão – Direitos Sociais e Fiscalização de Atos Administrativos em Geral do MPF

Imprescindibilidade da manifestação do Ministério Público Federal sobre o mérito da causa em Mandado de Segurança.

Ação de Mandado de Segurança. Garantia constitucional. Fiscalização dos atos praticados por autoridade pública. Interesse público. Defesa da ordem jurídica e de direitos constitucionais meta-individuais. Constituição Federal, arts. 127 e 129, II. Lei Complementar Nº 75/93, art. 5º, caput, e inciso VI, c/c Lei Nº 1.533/51, art. 10. Custos Legis. Imprescindibilidade da manifestação do Ministério Público Federal sobre o mérito da causa.

Referência: Ata da 120ª Sessão Extraordinária realizada em 09.10.2012, publicada no DJE, Seção 1, de 17.10.2002, fls. 520-525.

Enunciado nº 05 das Câmaras de Coordenação e Revisão Criminais e Cíveis Reunidas do MPDFT

Em se tratando de mandado de segurança originário e sendo o Ministério Público litisconsorte passivo, caberá ao Procurador-Geral de Justiça receber a citação e oferecer a impugnação, querendo. Ao Procurador de Justiça que oficia na Câmara competente caberá, na função de *custos legis*, ofertar parecer, como, aliás, em todo e qualquer mandado de segurança originário.

PA nº 08190.002998-0/95, Ata da 3ª Sessão Ordinária.

Publicado no DJ, Seção 1, de 17/05/02, p. 541.

Enunciado nº 18 das Câmaras de Coordenação e Revisão Criminais e Cíveis Reunidas do MPDFT

A ação rescisória, ainda que não seja recurso, mas meio autônomo de impugnação de decisão judicial, de competência originária de Tribunal, poderá ser proposta por Promotor de Justiça quando a decisão impugnada for sentença, mas será necessariamente proposta por Procurador de Justiça, quando aquela tratar-se de acórdão.

PIP nº 08190.009004/03-82.

Publicado no DJ, Seção 1, de 18/11/03, p. 455.

Enunciado nº 24 das Câmaras de Coordenação e Revisão Criminais e Cíveis Reunidas do MPDFT

O Promotor de Justiça, dentro de sua esfera de atribuições, tem legitimidade para impetrar habeas corpus e mandado de segurança perante o Tribunal de Justiça, quando o ato atacado emanar de Juiz de primeiro grau de jurisdição. Após a apresentação do pedido, incumbirá ao Órgão do *Parquet* de segunda instância acompanhá-lo, fazer sustentação oral e recorrer, se o caso.

PA nº 08190.001108-8/94.

Publicado no DJ, Seção 1, de 05/07/2004, p. 108/109.

Enunciado nº 86 das Câmaras de Coordenação e Revisão Criminais e Cíveis Reunidas do MPDFT

1º) Os Promotores de Justiça têm legitimidade ativa para ajuizar Reclamação perante o Tribunal; 2º) O membro do Ministério Público de 2º grau não pode desistir de Reclamação proposta por membro do Ministério Público de 1º grau; 3º) O critério para fixação de atribuição, nas Procuradorias de Justiça, é o do momento da distribuição, ressalvados os casos de prevenção.

PA n. 08190.058502/18-62.

Publicado no DOU n. 182, Seção 1, de 20/09/2018.

18 – PROCESSO DO TRABALHO

Enunciado nº 13 da Câmara de Coordenação e Revisão do MPT

MANDADO DE SEGURANÇA CONTRA MEMBRO QUE PRESIDE PROCEDIMENTO INVESTIGATÓRIO. ATUAÇÃO *CUSTOS LEGIS* DO MPT.

Visando a preservação da unidade institucional, a atuação do Ministério Público do Trabalho como *custos legis* em Mandado de segurança impetrado contra Membro do Ministério Público que presida inquérito civil se fará somente mediante visto nos autos do mandado de segurança, exceto na hipótese em que a impetração do *writ* possa objetivamente ocasionar ofensa a prerrogativa do Membro do MPT, oportunidade em que haverá opinativo circunstanciado e encaminhamento de cópias de peças aos órgãos competentes.

49ª Sessão Extraordinária, realizada nos dias 25/2 e 10/3/2015 - DOU Seção 1 - 26/03/15 - págs. 76/77.

Enunciado nº 21 da Câmara de Coordenação e Revisão do MPT

INTERMEDIAÇÃO DE MÃO DE OBRA NA ADMINISTRAÇÃO PÚBLICA. COMPETÊNCIA DA JUSTIÇA DO TRABALHO. A DECISÃO CAUTELAR PROFERIDA PELO STF NA ADI 3.395/DF NÃO EXCLUI DA JUSTIÇA DO TRABALHO A COMPETÊNCIA PARA JULGAR AÇÃO CIVIL PÚBLICA VOLTADA A INIBIR INTERMEDIAÇÃO ILÍCITA DE MÃO DE OBRA NO ÂMBITO DA ADMINISTRAÇÃO PÚBLICA, PARTICULARMENTE NESTAS HIPÓTESES:

I. Intermediação ilícita de mão de obra na administração pública para o exercício de atividades próprias de servidores públicos efetivos;

II. Contratação de cooperativas de trabalho para suprir necessidade de pessoal nos serviços de saúde;

III. Irregularidades trabalhistas na prestação de serviço de saúde por organização social: (i) quando inobservados os princípios do art. 37 da Constituição no exercício das atividades pela OS, especialmente na seleção pública dos empregados da entidade; (ii) quando constatado desvio de finalidade no contrato de gestão com a OS, utilizado apenas para mascarar intermediação de mão de obra e (iii) quando necessário exigir do poder público a fiscalização do cumprimento dos direitos trabalhistas pela OS e/ou a responsabilização subsidiária decorrente da ausência ou má fiscalização contratual.

IV. Exigir que o poder público promova a fiscalização do cumprimento dos direitos trabalhistas, pelas empresas prestadoras de serviços ou contratadas, e/ou o reconhecimento de responsabilidade subsidiária do poder público quando constatada sua culpa "*in vigilando*" por ausência ou má fiscalização contratual, nos termos e limites das decisões proferidas pelo STF na ADC 16/DF e RE 760.931/DF.

251ª Sessão Ordinária, realizada no dia 29/8/17 - DOU Seção 1 - 18/9/17 - págs. 81/82.

Enunciado nº 04 da 2ª Câmara de Coordenação e Revisão – Criminal do MPF

Não pode o Juiz do Trabalho, que não tem jurisdição penal, expedir ordem de prisão, salvo no caso de flagrante delito ocorrido em sua presença, ficando, por isso, descartada a possibilidade de o mesmo requisitar auxílio policial para dar cumprimento a decreto de prisão expedido fora da exceção acima referida.

Aprovado na 268ª Sessão, de 31/05/2004.

Súmula nº 007/1997 do Conselho Superior do Ministério Público do Estado do Pará

DECIDE considerar não ser obrigatória a nomeação de Promotor de Justiça como curador à lide onde não houver Procuradoria do Trabalho (art. 793 da CLT), devendo tal nomeação recair, preferencialmente, na pessoa do defensor público, nas formas das leis vigentes.

Aprovada em 17/06/1997.

19 – PROCESSO PENAL

INVESTIGAÇÃO

Enunciado nº 06 da 2ª Câmara de Coordenação e Revisão – Criminal do MPF

Não cabe à autoridade policial instaurar inquérito para investigar conduta delituosa de membro do Ministério Público da União. Este trabalho investigatório é instaurado, tem curso, e é concluído no âmbito do Ministério Público Federal.

Aprovado na 3ª Sessão de Coordenação, de 31/05/2010.

Orientação nº 04 da Câmara de Coordenação e Revisão – Criminal MPF

Assunto: Orientação sobre tratamento a notícia-crime de conduta prescrita ou sem comprovação de dolo no saque de até três benefícios previdenciários, encaminhada pelo INSS em cumprimento ao item 9.1.2 do Acórdão 2.812/2009 – TCU – Plenário.

ORIENTA os membros do Ministério Público Federal que oficiam na área criminal, respeitada a independência funcional, nos termos do art. 62-I da Lei Complementar nº 75/93: 1. a dispensar liminarmente a instauração de investigação criminal própria ou de inquérito policial e determinar, se assim o entender, o arquivamento das peças de informação que serão encaminhadas em cumprimento ao item 9.1.2 do Acórdão 2.812/2009 – TCU – Plenário em duas situações, assim considerada a jurisprudência da 2ª CCR: i) relativas a fatos já abrangidos pela prescrição da pretensão punitiva, cujo termo inicial é a data do último saque efetuado após o óbito do beneficiário; e ii) quando não houver prova de dolo no saque de até três benefícios previdenciários. Os Coordenadores Criminais deverão dar conhecimento desta Orientação aos Procuradores da República que oficiam na área criminal. Encaminhe-se cópia ao Procurador-Geral da República, ao Corregedor-Geral do Ministério Público Federal e ao Corregedor-Geral da Polícia Federal, para conhecimento.

Aprovada na 73ª Sessão de Coordenação, de 25/11/2013.

Enunciado nº 06 da 7ª Câmara – Controle Externo da Atividade Policial e Sistema Prisional

É dispensável a autuação de procedimento próprio para análise de comunicação de prisão em flagrante (artigo 10 da LC nº 75/93), assim como é desnecessária a remessa para revisão da 7ª Câmara de procedimento porventura autuado para esse fim (artigos 5º e 11 da Resolução CNMP nº 174/2017), sem prejuízo das providências necessárias em caso de constatação de ilicitudes na atuação policial.

Procedimento Administrativo nº 1.00.000.001727/2016-24, aprovação deliberada na 31ª Sessão Ordinária de Coordenação, em 13/09/2017. Precedentes: 1.32.000.000426/2017-51; 1.32.000.000518/2017-31; 1.23.002.000310/2017-19; 1.22.002.000311/2017-55.

Enunciado nº 12 da 2ª Câmara de Coordenação e Revisão – Criminal do MPF

O membro do Ministério Público Federal, no exercício das suas atribuições institucionais, tem legitimidade para realizar atos investigatórios, podendo reduzir a termo depoimentos de ofendidos, testemunhas e convocar pessoas investigadas para prestar esclarecimentos, valendo-se ainda dos demais procedimentos que lhe são conferidos pela Lei Complementar n.º 75/93.

Aprovado na 292ª Sessão, de 07/03/2005.

Enunciado nº 20 das Câmaras de Coordenação e Revisão Criminais e Cíveis Reunidas do MPDFT

REQUISIÇÃO DE PRONTUÁRIO MÉDICO POR MEMBRO DO MINISTÉRIO PÚBLICO.

A requisição do Ministério Público tendo por objeto prontuário médico deverá ser fundamentada e dirigida ao Juiz para o qual se encontra distribuído o inquérito policial, incumbindo-lhe, na hipótese de não acolhimento, a adoção das medidas judiciais cabíveis. Na hipótese de inexistir feito previamente distribuído, a requisição deverá ser distribuída a um dos Juízos competentes para apreciação da futura ação penal.

PIP 08190.014305/04-17.

Publicado no DJ, Seção 1, de 05/07/2004, p. 108/109.

Enunciado nº 14 da 2ª Câmara de Coordenação e Revisão – Criminal do MPF

O membro do Ministério Público Federal deve, na requisição de abertura de investigação criminal, discriminar as diligências a serem executadas, fixando prazo compatível com o número e a complexidade das diligências. Da mesma forma, a manifestação pelo retorno de inquérito à Polícia deve ser fundamentada com a indicação das diligências faltantes a serem realizadas.

Aprovado na 271ª Sessão, de 21/06/2004.

Enunciado nº 52 da 4ª Câmara de Coordenação e Revisão – Meio Ambiente e Patrimônio Cultural do MPF

O membro do Ministério Público Federal deve, na requisição de abertura de investigação criminal, discriminar as diligências a serem executadas, fixando prazo compatível com o número e a complexidade. Da mesma forma, a manifestação pelo retorno de inquérito à Polícia deve ser fundamentada com a indicação das diligências faltantes a serem realizadas.

Recepção do Enunciado nº 14-2ª CCR. 271ª Sessão, de 21.06.2004). Conforme portaria da 4ª CCR nº 05, de 3 de agosto de 2016, republicada em razão de incorreções na publicação do DMPFe, Caderno Extrajudicial nº 146/2016, divulgado em 3 de agosto de 2016, pág. 7.

Enunciado nº 24 da 2ª Câmara de Coordenação e Revisão – Criminal do MPF

A *notitia criminis* anônima é apta a desencadear investigação penal sempre que contiver elementos concretos que apontem para a ocorrência de crime.

Aprovado na Sessão 464ª, de 15/04/2009.

Precedentes:

1.20.000.000811/2004-02; 1.20.000.000683/2004-99; 1.00.000.005000/2008-14; 1.25.000.002301/2008-17; entre outros.

Enunciado nº 54 da 4ª Câmara de Coordenação e Revisão – Meio Ambiente e Patrimônio Cultural do MPF

A *notitia criminis* anônima é apta a desencadear investigação penal sempre que contiver elementos concretos que apontem para a ocorrência de crime.

Recepção do Enunciado nº 24 -2ª CCR. (Sessão 464ª, de 15.04.2009). Conforme portaria da 4ª CCR nº 05, de 3 de agosto de 2016, republicada em razão de incorreções na publicação do DMPFe, Caderno Extrajudicial nº 146/2016, divulgado em 3 de agosto de 2016, pág. 7.

Orientação nº 27 da Câmara de Coordenação e Revisão – Criminal MPF

Assunto: Orienta os membros do Ministério Público Federal a como se proceder nos casos de investigação dos crimes de estelionato na obtenção de seguro desemprego.

ORIENTA os membros que oficiam na área criminal, respeitada a independência funcional, a observarem os seguintes passos nas investigações relativas a crimes de estelionato na obtenção de seguro desemprego: 1. Identificar informação que deu origem à investigação – documentos nos quais são apontados indícios de fraude no benefício (Ex.: Notícia Crime, informação de simulação da demissão; informações de fraudes investigada anteriormente, etc.); 2. Identificar tipo de fraude. Exemplos das mais frequentes na obtenção de seguro desemprego: (a) conluio entre empregador e empregado no sentido de simular a rescisão sem que esta tenha ocorrido, de modo que o empregado continua a trabalhar sem interrupção, exercendo a mesma atividade, mas sem registro na CTPS pelo período de recebimento do SD; (b) fraude em que o trabalhador pede demissão, mas faz acordo com o empregador para simulação da rescisão por iniciativa do empregador; situação em que o empregado poderá receber o seguro-desemprego e levantar o FGTS, o que não ocorre quando ele pede demissão; (c) recebimento de seguro-desemprego pelo trabalhador que havia sido demitido, estava efetivamente desempregado, mas começou a trabalhar e pediu pra que o novo emprego não fosse registrado na CTPS durante o período de recebimento do seguro-desemprego; 3. Verificar se há informação do Ministério do Trabalho e Emprego – TEM indicando datas do recebimento do seguro desemprego. Se houver dados completos do trabalhador é possível, em alguns casos, consultar o último recebimento no site do MTE; 4. Identificar, para verificar o termo inicial da prescrição, a data do último recebimento do benefício, caso se trate de estelionato consumado, ou a data em que requerido o benefício, caso se trate de crime tentado; 5. Atentar para o local em que requerido o benefício (em que agência do MTE ou da Caixa Econômica Federal). Este local define, em regra, a competência para a ação penal; 6. Identificar os elementos existentes nos autos a indicar a fraude na obtenção do benefício (exemplo: empregado com dois vínculos trabalhistas seguidos com a mesma empresa, sendo o intervalo entre eles exatamente o período em que recebeu o seguro-desemprego; depoimentos noticiando conluio entre empregador e empregado para simular a demissão; reclamação trabalhista ajuizada pelo empregado alegando que, apesar de constarem dois vínculos diferentes na CTPS, nunca deixou de trabalhar para aquele empregador); 7. Requisitar as seguintes informações ao MTE a partir da notícia de que houve fraude na obtenção de seguro-desemprego; data e valores em que recebidas parcelas do seguro-desemprego por aquele empregado (se possível, indicar PIS ou CPF para facilitar a consulta), agência em que foi requerido o benefício e documentação apresentada pelo trabalhador quando do requerimento. Esta documentação apresentada para o saque pode ou não ter sido arquivada, a depender dos valores envolvidos, e pode não estar arquivada no MTE, mas na agência da CEF em que foi obtido o benefício. Os Coordenadores Criminais deverão dar conhecimento desta Orientação aos Procuradores da República que oficiam na área criminal.

Brasília, 2 de maio de 2016. Acesso em 07 de agosto ao sítio eletrônico: http://www.mpf.mp.br/atuacao-tematica/ccr2/orientacoes/documentos/orientacoes-compiladas.pdf

Orientação nº 28 da Câmara de Coordenação e Revisão – Criminal MPF

Assunto: Orienta os membros do Ministério Público Federal a como se proceder nos casos de investigação dos crimes de estelionato previdenciário.

ORIENTA os membros que oficiam na área criminal, respeitada a independência funcional, a observarem os seguintes passos nas investigações relativas relativas aos crimes de obtenção fraudulenta de benefício previdenciário: 1. Identificar informação que deu origem à investigação – documentos nos quais são apontados indícios de fraude no benefício (Ex.: Notícia Crime, relatório de auditoria do INSS, relatório de verificação de vínculos, informações de fraudes anteriores já investigadas, etc.); 2. Identificar tipo de fraude: (Ex.: Inserção de vínculos falsos extemporâneos no CNIS através de GFIP, apresentação de documentos ou declarações falsas acostados ao requerimento, beneficiários 'fantasma', saque de benefício após óbito do titular, etc); 3. Identificar, para verificar a prescrição, a data do requerimento do benefício (DER), data de início do benefício (DIB) e a data do último recebimento, caso se trate de estelionato consumado; 4. Atentar para a Agência da Previdência Social na qual houve a concessão do benefício. Este local define, em regra, a competência para a ação penal; 5. Verificar se há nos autos cópia do processo administrativo de concessão do benefício. Em caso negativo, verificar se foi solicitado. Checar se há informação sobre o processo ter sido procurado e não localizado. O fato do processo físico não ter sido localizado pode ser resultado de desorganização, mas muitas vezes decorre da concessão ter sido feita de forma fraudulenta sem que sequer exista fisicamente o processo. Nos casos em que existe processo físico, sua análise, com a verificação da documentação juntada, é importante para permitir a avaliação acerca da participação do servidor, que pode apenas ter sido ludibriado por documentação falsa apresentada; 6. Analisar o dolo/autoria do delito quanto ao beneficiário a partir dos elementos existentes acerca do tipo de fraude empregada para obtenção do benefício; 7. Identificar se há indícios de participação de servidor na concessão indevida do benefício. Ver a tela das matrículas dos servidores que atuaram na concessão. Exemplos de indícios de envolvimento do servidor: tempo curtíssimo decorrido entre a habilitação e a concessão do benefício, não localização do processo físico, inconsistência entre a documentação juntada no processo e os dados inseridos no sistema pelo servidor; servidor não seguiu as cautelas necessárias previstas nas normas internas para o caso; 8. Caso se trate de saque após o óbito do titular do benefício, verificar se o saque se deu em menos de três competências, caso em que incide a Orientação nº 4 da 2ª CCR. No caso de saque pós-óbito que não se enquadre na Orientação nº 4, os esforços devem se direcionar à apuração da autoria do delito, determinando a oitiva de familiares ou procuradores do falecido para identificar quem efetuou os saques; 9. Verificar, caso tenha ocorrido inserção de vínculos falsos no CNIS, se os elementos constantes dos autos (normalmente os relatórios produzidos pelo INSS para confirmação de vínculos) já são suficientes para atestar a falsidade Verificar se já foi ouvido o beneficiário sobre tal vínculo. Checar se foi feito contato com a empresa indicada como empregadora ou seus sócios para confirmar ou afastar o vínculo. No caso de inserção de vínculo extemporâneo no CNIS via GFIP, deve-se buscar a oitiva do administrador da empresa que consta como empregadora e da pessoa que consta como responsável pela remessa da GFIP pela internet, potencial colaborador da fraude. Os Coordenadores Criminais deverão dar conhecimento desta Orientação aos Procuradores da República que oficiam na área criminal.

Orientação aprovada na 113ª Sessão de Coordenação, de 6 de junho de 2016.

Orientação nº 29 da Câmara de Coordenação e Revisão – Criminal MPF

Assunto: Orienta os membros do Ministério Público Federal a como se proceder nos casos de investigação de crimes praticados pela internet, notadamente, nos crimes de publicação/divulgação de pornografia infanto-juvenil (Art. 241-A da Lei 8.069/90) e nos crimes de racismo (art. 20 da lei 7.716/89).

ORIENTA os membros que oficiam na área criminal, respeitada a independência funcional, a observarem os seguintes passos nas investigações relativas aos crimes praticados pela internet: 1. Identificar a informação que deu origem à investigação (Ex.: Notícia Crime, informações encaminhadas pelo próprio serviço de internet, informações decorrentes de investigações anteriores, etc.); 2. Analisar a tipicidade, buscando elementos existentes nos autos para caracterização do crime analisado (Ex.: Verificar se foram publicados ou disponibilizados arquivos contendo efetivamente pornografia infantojuvenil, no caso do delito descrito no artigo 241-A da Lei 8.069/90, ou se houve publicação de conteúdo discriminatório ou preconceituoso em razão da raça, cor, etnia, religião ou procedência nacional ou relacionada à divulgação do nazismo, no caso de crime de racismo – art. 20 da lei 7.716/89); 3. Seguir os passos abaixo listados para identificação dos dados do usuário responsável pela publicação/divulgação do conteúdo ilícito: 3.1. Quebra de sigilo para obtenção dos dados cadastrais do usuário e do IP12 através do qual se deu a conduta ilícita junto ao serviço respectivo (Facebook13, Instagram, site, aplicativo, etc*); 3.2. A partir dos IPs obtidos, realizar pesquisa no site https://www.maxmind.com/en/geoip-demo e verificar o local de onde partiu a publicação do conteúdo ilícito, para fins de competência, e também para verificar a empresa fornecedora do sinal de internet para o usuário**; 3.3. Quebra de sigilo para que a(s) empresa(s) responsável(is) pelo fornecimento do sinal de internet informe(m) os dados cadastrais do usuário dos IPs obtidos nas datas e horários citados. 3.4 Realização de diligência in loco, quando necessário, para verificação do endereço do usuário identificado. 4. Em caso de investigação do delito descrito no art. 241-A da Lei 8.069/90, avaliar a pertinência de realização de busca e apreensão no domicílio do investigado. Caso haja suspeita de que o investigado produz o conteúdo pornográfico além de divulgá-lo, requerer fotografias do local da busca, permitindo eventual identificação do local em alguma das imagens divulgadas ou apreendidas; 5. Se realizada a busca e apreensão, analisar os laudos produzidos a partir da análise do material apreendido para verificar as evidências obtidas quanto ao crime do art. 241-A da Lei 8.069/90 e se eventualmente foram encontrados elementos no que concerne ao crime do art. 241-B da Lei 8.069/90 (armazenamento de material pornográfico infantojuvenil); 6. Analisar as informações obtidas acerca da autoria do delito (houve oitiva do responsável pelos acessos e, se for necessário, das demais pessoas que tinham acesso aos computadores buscando identificar o efetivo responsável pela veiculação do conteúdo ilícito?); 7. Antes de eventual requerimento judicial de obtenção dos dados ou de formalização de pedido de Cooperação Jurídica Internacional, solicitar aos provedores dos serviços usados para as postagens ou trocas de arquivos a preservação dos dados (elementos de prova) até que sejam ultimadas as diligências para sua obtenção. Este pedido de preservação, em regra, deve ser feito por canal específico do serviço destinado às autoridades e pode abranger não apenas as provas da postagem, como o conteúdo de uma página, site, email ou de qualquer outro meio empregado na prática criminosa, além de dados de registro referentes ao acesso realizado àquela página, por exemplo. Os Coordenadores Criminais deverão dar conhecimento desta Orientação aos Procuradores da República que oficiam na área criminal.

Consta da orientação seguinte obs: No caso de serviços de internet, como contas de e-mail e redes sociais, em que o usuário cria o perfil/conta e depois o acessa habitualmente, podem ser requisitados o IP da criação da conta, da data do fato criminoso, e de todos os acessos em determinado período. Deve ser requisitado também eventual telefone celular ou e-mail secundário, solicitando que seja expressamente informado se tais dados foram verificados/validados pelo serviço.

Consta também a seguinte: Outro site que pode ser utilizado para obtenção de tais informações: https://registro.br/cgi-bin/whois/

Orientação aprovada na 113ª Sessão de Coordenação, de 6 de junho de 2016.

Enunciado nº 81 da 2ª Câmara de Coordenação e Revisão – Criminal do MPF

A simples constatação de que o investigado realizou doação a campanha eleitoral quando estava desempregado ou era beneficiário de programa social não demonstra materialidade suficiente da prática de conduta criminosa, sobretudo se o valor doado estiver abaixo de 10% (dez por cento) do limite de isenção do imposto de renda daquele ano ou se for doação estimável em dinheiro (cessão de bem ou serviço prestado).

Aprovado na 176ª Sessão de Coordenação, de 10/02/2020.

Precedentes 2ª CCR:

Processo: JF/PE-0810732-64.2017.4.05.8300, Sessão de Revisão nº 749, de 09/09/2019, unânime.

Processo: 1.15.000.001535/2018-57, Sessão de Revisão nº 747, de 12/08/2019, unânime.

Processo: 1.15.000.002501/2018-80, Sessão de Revisão nº 737, de 25/03/2019, unânime.

Processo: 1.15.000.000882/2018-62, Sessão de Revisão nº 733, de 28/01/2019, unânime.

Processo: 1.15.000.000885/2018-04, Sessão de Revisão nº 731, de 10/12/2018, unânime.

Processo: 1.15.000.000881/2018-18, Sessão de Revisão nº 731, de 10/12/2018, unânime.

Súmula nº 28 da Câmara de Coordenação e Revisão do Ministério Público do Distrito Federal e Territórios

NOTÍCIA DE CRIME. DETERMINAÇÃO DE AUTORIA PREJUDICADA EM RAZÃO DA AUSÊNCIA DE COLABORAÇÃO DA VÍTIMA.

A colaboração e a presença da suposta vítima, via de regra, são imprescindíveis para o esclarecimento da autoria do ilícito noticiado. Esta Súmula não se aplica aos casos previstos na Lei 11.340/2006.

Nova Redação – Sessão Extraordinária das Câmaras Criminais Reunidas, de 18/11/2015 – Ref. PA 08190.031678/15-15.

Enunciado nº 89 das Câmaras de Coordenação e Revisão Criminais Reunidas do MPDFT

As oitivas previstas no art. 8º, §2º da Resolução n. 243/2018/CSMPDFT devem ser realizadas preferencialmente por membro do MPDFT, podendo fazê-lo servidor, independente de formação jurídica mas desde que demonstre conhecimento da matéria específica, inclusive para colheita de declarações das vítimas.

PA n. 08190.058520/18-44.

Publicado no DOU n. 54, Seção 1, de 20/03/2019.

Enunciado nº 83 das Câmaras de Coordenação e Revisão Criminais Reunidas do MPDFT

O Ministério Público, na condição de Órgão legitimado para o exercício da ação penal, nos termos do inciso I, do artigo 129, da Constituição Federal, não está adstrito ao término das investigações policiais, para promover o arquivamento dos autos, ainda que envolvam violência doméstica e familiar contra a mulher, ressalvadas as peculiaridades de cada caso.

PA n. 08190.058606/17-87.

Publicado no DOU, Seção 1, do dia 08 de maio de 2017.

Enunciado nº 5 (art. 14-A, § 1º, CPP) do GNCCRIM do CNPG

Não obstante a terminologia utilizada no § 1º, admite-se qualquer forma efetiva de comunicação do investigado acerca da instauração de procedimento investigatório criminal (pessoal, e-mail, carta, whatsapp, SMS ou qualquer outro meio de comunicação), aplicando-se, analogicamente, o teor do § 4º do artigo 19 da Resolução CNMP nº 181.

Acesso em 07/08/20. Fonte: https://www.cnpg.org.br/images/arquivos/gndh/documentos/enunciados/GNCCRIM_Enunciados.pdf

Enunciado nº 6 (art. 14-A, § 2º, CPP) do GNCCRIM do CNPG

O conhecimento da investigação em curso preconizado no art. 14-A não veda que o presidente da investigação delimite o acesso do investigado ou seu defensor aos elementos de prova relacionados a diligências em andamento e ainda não documentados nos autos, quando houver risco de comprometimento da eficiência, da eficácia ou da finalidade das diligências (art. 9º, §4º, Res. 181/CNMP).

Acesso em 07/08/20. Fonte: https://www.cnpg.org.br/images/arquivos/gndh/documentos/enunciados/GNCCRIM_Enunciados.pdf

Orientação nº 05 da Câmara de Coordenação e Revisão – Criminal MPF

Assunto: Orienta sobre a tramitação simultânea de procedimentos cíveis e criminais.

ORIENTA os membros do Ministério Público Federal que atuam em ofícios mistos, respeitada a independência funcional, nos termos do art. 62, inciso I da Lei Complementar nº 75/93, a instaurar procedimento investigatório criminal – PIC quando houver indícios da prática de crime e a conduzir os dois procedimentos (civil e criminal), cada um com escopo específico e com peculiaridades distintas no que se refere às regras do devido processo legal. Ressalvam-se os casos de verificação de causa extintiva da punibilidade ou de atipicidade da conduta, que poderão ser reconhecidos nos autos do inquérito civil público, sem a necessidade de instauração de PIC, desde que haja, nestes casos, manifestação de arquivamento específica no âmbito criminal, sujeito à revisão interna pela Câmara. Dessa forma, não sendo caso de extinção de punibilidade ou de atipicidade da conduta, somente após a autuação como procedimento investigatório criminal – PIC e a efetiva promoção de arquivamento ou de declínio de atribuições, devidamente fundamentada, é que os autos devem ser remetidos à 2ª Câmara de Coordenação e Revisão, para revisão.

Aprovada na 76ª Sessão de Coordenação, de 17/02/2014.

Orientação nº 36 da Câmara de Coordenação e Revisão – Criminal MPF

Assunto: Orienta os membros do Ministério Público Federal sobre a possibilidade de se arquivar procedimentos instaurados referentes aos benefícios fraudados -"rescaldos" – que lastrearam operações contra fraudes previdenciárias.

ORIENTA os membros do Ministério Público Federal com atuação na área criminal sob sua coordenação a realizar o arquivamento dos chamados "rescaldos" das operações previdenciárias, dispensando-se a instauração de inquérito policial ou de investigação criminal própria ou arquivando os feitos já instaurados, quando a persecução penal/investigação estiver em estágio avançado ou já houver sido ajuizada a ação penal e, após minuciosa análise, ao Procurador da República oficiante restar evidenciado que os fatos: a) não modificam o panorama probatório atual;

b) não são suficientes para um aumento substancial das penas dos investigados na operação originária; c) dizem respeito às condutas dos titulares dos benefícios, salvo quando encerrarem alto grau de reprovabilidade, como a magnitude da lesão; d) nada acrescentam acerca das condutas dos servidores e intermediadores já investigados; e) não apresentam indícios da participação de outros servidores e/ ou intermediadores, além dos já investigados no IPL de origem. Nesses casos, o arquivamento deverá ser comunicado ao INSS, que permanecerá responsável pela adoção das providências administrativas cabíveis, com vistas à quantificação do dano e recuperação dos valores pagos indevidamente. Os Coordenadores Criminais deverão dar conhecimento desta Orientação aos Procuradores da República que oficiam na área criminal.

Aprovada na 156ª Sessão de Coordenação, de 26 de setembro de 2018.

Orientação nº 42 da Câmara de Coordenação e Revisão – Criminal MPF

Revista e Atualizada.

Assunto: Recebimento indevido do auxílio emergencial, criado como medida excepcional de proteção social para o período da pandemia de Covid-19.

ORIENTA os membros com atuação criminal que, ao receberem comunicações sobre fatos envolvendo concessão ou pagamento indevido de auxílio emergencial, adotem, respeitada a independência funcional, as seguintes providências: 1. Observar a possibilidade de indeferimento da instauração, nos termos do § 4º do art. 4º da Resolução nº 174/2017 do CNMP, quando o fato narrado não configurar lesão ou ameaça de lesão aos interesses ou direitos tutelados pelo Ministério Público ou for incompreensível, ou de arquivamento, quando a notícia de fato for desprovida de elementos de prova ou de informação mínimos para o início de uma apuração e o noticiante não atender à intimação para complementá-la, nos termos do art. 4º, III, da Resolução 174/2017 do CNMP; 2. Havendo indícios de ilegalidade na concessão ou no pagamento de auxílio emergencial, remeter a comunicação ou notícia de fato à CEF para que adote as providências cabíveis, mediante procedimento de contestação, quando necessário, envio de achados ao Ministério da Cidadania e, ainda, quando houver fraude bancária, envio à Base Nacional de Fraudes ao Auxílio Emergencial, sem prejuízo das providências de revisão, cancelamento, estorno ou cobrança do recebimento indevido do auxílio; 3. Nos casos indicados no item anterior, informar à Polícia Federal sobre a remessa da notícia de fato à CEF, com a finalidade de possibilitar o acompanhamento das providências acima referidas e o ingresso de informações na Base Nacional de Fraudes ao Auxílio Emergencial; 4. Quando houver indícios de recebimento indevido de auxílio emergencial por funcionário público, informar sobre a remessa da notícia de fato à CEF também ao ente público respectivo (União, Estado ou Município), instando-o a acompanhar o caso e adotar as providências cabíveis, entre elas o desconto em folha de pagamento, quando confirmado o recebimento indevido; 5. Nos casos de especial gravidade constatados no âmbito da EIFAE e enviados às unidades locais da Polícia Federal, considerar a oportunidade em atribuir prioridade à investigação e demais medidas necessárias; 6. A atuação nos casos acima não afasta outras linhas de atuação consideradas relevantes pelos membros; 7. O arquivamento de comunicações, notícias de fato ou procedimentos investigatórios criminais com base nos fundamentos indicados no item 1 ou nas providências dos itens 2 a 4 acima serão feitos na unidade, sem remessa à 2ª CCR, registrando-se apenas no Sistema Único, salvo nos casos de recurso.

Aprovada na 186ª Sessão de Coordenação, de 18 de agosto de 2020.

BAIXA

Enunciado nº 23 das Câmaras de Coordenação e Revisão Criminais e Cíveis Reunidas do MPDFT

Nos pedidos de baixa de inquéritos, formulados pela autoridade policial, analisar a pertinência das diligências faltantes, cuja demora está acarretando o atraso. Somente concordar com a baixa se as diligências forem imprescindíveis ao oferecimento da denúncia e não puderem ser realizadas diretamente pelo próprio Promotor de Justiça, no exercício das suas atribuições legais.

Publicado no DJ, Seção 1, de 05/07/2004, p. 108/109.

Enunciado nº 76 das Câmaras de Coordenação e Revisão Criminais Reunidas do MPDFT

Ainda que os inquéritos policiais venham ao MP com pedido de retorno à Delegacia de Polícia, é obrigação do Promotor de Justiça observar rigorosamente: a) se o inquérito se acha apto a receber a denúncia; b) eventual ocorrência de prescrição da pretensão punitiva; c) se o caso é da atribuição de outra Promotoria de Justiça; d) se o fato investigado envolve apenas ilícito civil; e) se o inquérito demonstra linha de investigação viável após o exaurimento das diligências para apuração do fato e da autoria delitiva.

Publicado no DOU n. 233, Seção 1, de 07 de dezembro de 2015, p.95. PA 08190.020749/14-19, julgado na 36ª Sessão Extraordinária das Câmaras de Coordenação e Revisão Reunidas em Matéria Criminal, em 18/11/2015.

PRORROGAÇÃO

Enunciado nº 07 do MPSP sobre o Pacote Anticrime

Antes da decisão sobre a prorrogação do prazo de duração do inquérito policial, estando o investigado preso, o Ministério Público deverá se manifestar.

Publicado no Diário Oficial de São Paulo, 23/01/2020

DECLÍNIO

Enunciado nº 34 do Conselho Superior do Ministério Público do Estado do Pará

PROCEDIMENTO INVESTIGATÓRIO CRIMINAL. ATRIBUIÇÃO DA PGJ. Não cabe ao CSMP conhecer declínio de atribuição em PIC. O membro do MP deverá submeter a apreciação ao Procurador-Geral de Justiça.

Publicado no DOE 22.11.2019.

Aprovado na 21ª Sessão Ordinária, realizada em 13.11.2019.

Fundamento: aplicação analógica ao art. 28 do CPP e deliberação do CSMP nos autos do PIC n.º 00029-950/2019, na 4ª Sessão Ordinária, realizada em 27.02.2019 (DOE de 1º.03.2019).

CONTROLE EXTERNO DA ATIVIDADE POLICIAL

Súmula nº 19 da Câmara de Coordenação e Revisão do Ministério Público do Distrito Federal e Territórios

NÚCLEO DE INVESTIGAÇÃO CRIMINAL E CONTROLE EXTERNO DA ATIVIDADE POLICIAL. INTERVENÇÃO DESNECESSÁRIA.

Não havendo falta, recusa, omissão nem retardamento injustificado da autoridade policial em dar andamento nas investigações, porque instaurado o respectivo procedimento investigatório para apurar o fato notificado, desnecessária a intervenção do Núcleo de Investigação Criminal e Controle Externo da Atividade Policial.

Editada na 7ª Sessão Extraordinária do Conselho Institucional, realizada em 25/05/04.

Enunciado nº 74 das Câmaras de Coordenação e Revisão Criminais Reunidas do MPDFT

O Promotor de Justiça deve realizar o controle dos inquéritos policiais, objetivando não apenas a atividade policial, bem como a própria Promotoria de Justiça, visando a economia dos recursos públicos e redução da impunidade.

Publicado no DOU n. 233, Seção 1, de 07 de dezembro de 2015, p.95. PA 08190.020749/14-19, julgado na 36ª Sessão Extraordinária das Câmaras de Coordenação e Revisão Reunidas em Matéria Criminal, em 18/11/2015.

FIANÇA

Orientação nº 01 da Câmara de Coordenação e Revisão – Criminal MPF

Assunto: Orienta sobre o controle externo da atividade policial sobre os atos da autoridade policial que concedem ou negam fiança a suspeito de praticar crime de competência federal.

ORIENTA os membros do Ministério Público Federal que oficiam na área criminal, respeitada a independência funcional, nos termos do art. 62, I, da Lei Complementar ne 75/93, a verificarem, nos autos em que autuarem, se os seguintes critérios forma observados pela autoridade policial no ato administrativo de concessão da fiança:

a – se a autoridade competente para conceder a fiança é o Delegado responsável pela lavratura do respectivo auto (artigo 332 do CPP);

b – se a concessão, ou não, da fiança foi feita em até 24 (vinte e quatro) horas, a contar da prisão;

c – se, na concessão da fiança, o Delegado responsável;

c.1 – avaliou se havia motivos que autorizassem a prisão preventiva (artigo 324-IV c/c artigos 312 e 313 do Código de processo Penal), o que impediria a concessão da fiança;

c.2 – analisou, para fixação de sua atribuição, a existência de eventual concurso de crimes, somando-se a pena em caso de concurso material, ou aplicando-se a majorante no patamar máximo em caso de concurso formal ou continuidade delitiva (enunciado de Súmula 81 do STJ). Neste sentido, deve ser considerada a presença de qualificadoras e de causas de aumento, em seu percentual máximo, e de diminuição, em seu percentual mínimo;

d – se, na fixação do valor da fiança o Delegado responsável:

d.1 – observou o valor do salário mínimo em vigor na data da decisão concessiva da fiança, e se a fixou de acordo com a natureza e as circunstâncias da infração, a capacidade econômica do preso, sua vida pregressa, periculosidade, importância provável do custo do processo, dano causado à vítima, e se utilizou os bancos de dados disponíveis para avaliar a existência de bens em nome do imputado, podendo aumentá-la ou diminuí- la (artigo 325, § 1° do CPP), mas não dispensá-la, por que essa atribuição é exclusiva do Juiz, conforme artigo 325, § 1°, I c/c artigo 350 do CPP;

d.2 – em caso de fiança prestada mediante imóvel, pedras, objetos ou metais preciosos, determinou prévia avaliação para concessão de liberdade provisória.

d.3 – em caso de fiança prestada por meio de cheque, determinou que a liberação do preso ficasse condicionada à compensação bancária do cheque;

d.4 – autorizou o recolhimento da fiança na caixa Econômica Federal, mediante guia, em conta judicial vinculada ao respectivo processo, e se juntou o comprovante nos autos e observou as orientações contidas nos itens 134, 135 e 136 da IN 11/2001. Em finais de semana ou feriados, deve ser feito em mãos do escrivão, que deverá recolher o valor em 3 (três) dias à Caixa Econômica Federal. Caso o valor seja de grande monta, o recolhimento poderá ser feito mediante transferência eletrônica ou em depósito pela internet, de tudo certificando-se nos autos;

d.5 – explicitou as conclusões referentes à capacidade econômica do preso, para fins do artigo 325 § 1°, do CPP, alicerçando-as em elementos de prova juntados aos autos, inclusive, se for o caso, de pesquisa de informações patrimoniais contidas em bancos de dados acessados pela Polícia Federal;

e – se o escrivão policial notificou o afiançado, e se a certidão ou termo de fiança contém expressa e claramente:

e.1 – todos os deveres do afiançado:

I – pagar fiança, no valor fixado pela autoridade policial (artigo 321 c/c artigo 325 do CPP);

II – comparecer perante a autoridade policial ou em juízo sempre que intimado, ressalvada a oportuna apresentação de justificativa plausível (artigo 328, primeira parte, do CPP);

III- não mudar a residência sem prévia autorização (artigo 328, primeira parte, do CPP);

IV – não se ausentar por mais de 8 (oito) dias de sua residência, sem comunicar o lugar onde pode ser encontrado (artigo 328, parte final, do CPP);

V – contribuir para o regular andamento do inquérito e da ação penal, não praticando atos que obstruam, agindo com má-fé ou deslealdade (artigo 341, II do CPP);

VI – cumprir outra medida cautelar imposta cumulativamente com a fiança, nos caos em que forme aplicadas, posteriormente, pelo Juiz (artigo 341, III, do CPP);

VII – não praticar nova infração penal dolosa (artigo 341, V, do CPP);

C.2 – a advertência de que , em caso de descumprimento dos deveres de maneira injustificada, o afiançado:

I – poderá perdera a metade do valor da fiança (artigo 343, primeira parte do CPP);

II – poderá ter decretada sua prisão preventiva ou outra medida cautelar pessoal, isolada ou cumulativamente (artigo 343, segunda parte do CPP);

III – não poderá mais prestar fiança naquele feito específico artigo 324, I do CPP);

e.3 – a observação de que a capitulação contida no inquérito policial é provisória, podendo ser alterada pelo Ministério Público Federal no oferecimento da denúncia e, em consequência, poderá haver a necessidade de se complementar o valor da fiança;

c.4 – a informação de que, em caso de absolvição, arquivamento do inquérito policial ou de seu trancamento, os valores pagos a título de fiança serão devolvidos integralmente e devidamente atualizados, conforme artigo 337 do Código de processo Penal;

f – se os termos ou certidões de fiança forma devidamente registrados em livro próprio (artigo 329 do CPP); e,

g – em caso de concessão de fiança, mesmo quando fixada em seu mínimo legal, ou de denegação da fiança, a decisão da maturidade policial deve ser devidamente motivada, de acordo com a natureza e as circunstâncias da infração, a capacidade econômica do preso, sua vida pregressa, periculosidade, a importância provável do custo do processo e dano causado à vítima (artigos 326 e 336 do CPP).

Os Coordenadores Criminais poderão dar conhecimento desta orientação aos Superintendentes Regionais da polícia Federal em cada unidade da Federação.

Cópia desta Orientação n° 1 foi encaminhada aos Coordenadores do Grupo de Controle Externo da Atividade Policial (GCEAP) em cada Estado, para o devido conhecimento.

Brasília 18 de setembro de 2013. Acesso em 07 de agosto ao sítio eletrônico: http://www.mpf.mp.br/atuacao-tematica/ccr2/orientacoes/documentos/orientacoes-compiladas.pdf

JUIZ DAS GARANTIAS

Enunciado nº 06 do MPSP sobre o Pacote Anticrime

Para as audiências públicas e orais previstas nos incisos VI e VII do art. 3ºB do CPP, poderá o juiz das garantias valer-se da videoconferência para assegurar a participação do indiciado ou acusado.

Publicado no Diário Oficial de São Paulo, 23/01/2020.

Enunciado nº 09 do MPSP sobre o Pacote Anticrime

Entende-se por fundamento razoável para o trancamento do inquérito policial, nos termos do inciso IX do art. 3º-B do CPP, tão somente a manifesta atipicidade do fato ou a ocorrência de causa extintiva da punibilidade que impeça o prosseguimento da investigação.

Publicado no Diário Oficial de São Paulo, 23/01/2020.

Enunciado nº 10 do MPSP sobre o Pacote Anticrime

Somente haverá necessidade de decisão do juiz das garantias sobre os meios de obtenção de prova mencionados na alínea "e" do inciso XI do art. 3º-B do CPP quando a lei especificamente assim o exigir.

Publicado no Diário Oficial de São Paulo, 23/01/2020.

Enunciado nº 12 do MPSP sobre o Pacote Anticrime

O prazo de duração do inquérito policial resultante da aplicação do § 2º do art. 3º-B do CPP, estando o imputado preso, não incide no caso de prisão temporária.

Publicado no Diário Oficial de São Paulo, 23/01/2020.

Enunciado nº 11 do MPSP sobre o Pacote Anticrime

A prorrogação prevista no § 2º do art. 3º-B do CPP aplica-se somente à prisão preventiva.

Publicado no Diário Oficial de São Paulo, 23/01/2020.

Enunciado nº 14 do MPSP sobre o Pacote Anticrime

O disposto no caput do art. 3º-D do CPP não é aplicável aos casos em que a denúncia tenha sido oferecida antes da eficácia da Lei n. 13.964/19.

Publicado no Diário Oficial de São Paulo, 23/01/2020.

ARQUIVAMENTO

Orientação conjunta nº 02/2015 da 2ª, 5ª e 7ª Câmaras de Coordenação e Revisão do Ministério Público Federal

As 2ª, 5ª e 7ª Câmaras de Coordenação e Revisão do Ministério Público Federal, reunidas em 16 de dezembro de 2015, estabelecem para os membros do Ministério Público Federal atuantes em ofícios vinculados àquelas Câmaras a seguinte orientação:

É facultado o arquivamento interno, devidamente fundamentado, independentemente de instauração formal de procedimento e de homologação das 2, 5ª e 7ª Câmaras de Coordenação e Revisão, dos expedientes recebidos pelas Salas de Atendimento ao Cidadão, quando do seu conteúdo não se vislumbre, sequer em tese, a ocorrência de crime ou improbidade administrativa, passível de ensejar a atuação institucional do Ministério Público, sem prejuízo de comunicação ao noticiante.

Provimento CMPF nº 1, de 5/11/2015, art. 1º, Diretriz nº 11 – a *contrario sensu*.

Brasília, 16 de dezembro de 2015, http://www.mpf.mp.br/atuacao-tematica/ccr2/orientacoes/documentos/orientacao-conjunta-no-02-2015.pdf

Enunciado nº 47 das Câmaras de Coordenação e Revisão Criminais e Cíveis Reunidas do MPDFT

Distinção entre arquivamento das investigações (art. 28, do Código de Processo Penal) e arquivamento dos autos administrativos.

1. Não há que se confundir arquivamento das investigações, que tem natureza de conclusão, término do procedimento investigatório, com o arquivamento dos autos, que tem natureza meramente burocrático-administrativa.

2. Quando os fatos a serem investigados fugirem da atribuição do Ministério Público local, em vez de se encaminhar cópias à autoridade com atribuição para

promover a apuração, devem ser enviados os originais, permanecendo no MPDFT as cópias, haja vista, muitas vezes, serem os originais imprescindíveis para a realização de provas periciais.

Nova redação – Ref. PA 08190.053772/12-64, julgado em 07/10/2015. Alteração publicada no DOU n. 242, de 18/12/2015.

Enunciado nº 07 da 2ª Câmara de Coordenação e Revisão – Criminal do MPF

O magistrado, quando discordar da motivação apresentada pelo órgão do Ministério Público para o não oferecimento da denúncia, qualquer que seja a fundamentação, deve remeter os autos à 2ª Câmara de Coordenação e Revisão, valendo-se do disposto nos artigos 28, do Código de Processo Penal e 62, IV, da LC 75/93.

Aprovado na 3ª Sessão de Coordenação, de 31/05/2010.

Enunciado nº 09 da 2ª Câmara de Coordenação e Revisão – Criminal do MPF

A promoção de arquivamento feita pelo membro do Ministério Público Federal será submetida à 2ª Câmara de Coordenação e Revisão, que se manifestará no exercício de sua competência revisional.

Aprovado na 3ª Sessão de Coordenação, de 31/05/2010.

Enunciado nº 10 da 2ª Câmara de Coordenação e Revisão – Criminal do MPF

O arquivamento promovido pelo membro do Ministério Público Federal deve ser por ele comunicado ao interessado, antes da remessa dos autos à 2ª Câmara para revisão.

Restaurado com nova redação na 3ª Sessão de Coordenação, de 31/05/2010.

Enunciado nº 19 da 2ª Câmara de Coordenação e Revisão – Criminal do MPF

Suspensa a pretensão punitiva dos crimes tributários, por força do parcelamento do débito, os autos de investigação correspondentes poderão ser arquivados na origem, sendo desarquivados na hipótese do § 1º do art. 83 da Lei nº 9.430/1996, acrescentado pela Lei nº 12.382/11.

Recomendação: As investigações atualmente em curso para acompanhamento dos parcelamentos de débitos tributários poderão ser arquivadas na forma da nova redação do Enunciado nº 19 da 2ª CCR.

Redação alterada na 89ª Sessão de Coordenação, de 10/11/2014.

Enunciado nº 21 da 2ª Câmara de Coordenação e Revisão – Criminal do MPF

É admissível o arquivamento dos autos de investigação ao fundamento de excludente da tipicidade, da ilicitude e da culpabilidade. Porém, em todas as hipóteses, a excludente deve resultar cabalmente provada, ao término de regular investigação. (Referências normativas: Código Penal: arts. 20, caput, 1ª parte, e § 1º, 1ª parte; 21, caput, 2ª parte; 22, 1ª parte; 23. Código de Processo Penal: arts. 28 e 648, I. Resolução CSMPF nº 77/2004, art. 14).

Precedentes:

1.00.000.008087/2004-40; 1.22.002.000238/2003-53; 1.23.001.000085/2003-17; 1.24.000.000336/2004-17; 1.00.000.001360/2005-96; 1.22.003.000444/2004-34; 1.22.002.000211/2003-61.

Enunciado nº 36 da 2ª Câmara de Coordenação e Revisão – Criminal do MPF

Quando o arquivamento da notícia de fato, do procedimento investigatório criminal ou do inquérito policial for promovido com fundamento nas hipóteses previstas na Resolução CNMP nº 174, de 4 de julho de 2017, ou tiver por base entendimento já expresso em enunciado ou orientação da 2ª Câmara, os autos não deverão ser remetidos à 2ªCCR, salvo nos casos de recurso ou quando o membro oficiante julgar necessário, registrando-se apenas no Sistema Único e cientificando-se o interessado por correio eletrônico.

Redação alterada na 149ª Sessão de Coordenação, de 23/04/2018.

Enunciado nº 46 da 2ª Câmara de Coordenação e Revisão – Criminal do MPF

Nos casos em que a abertura do procedimento investigatório criminal se der por representação, o interessado será cientificado formalmente da promoção de arquivamento e da faculdade de apresentar recurso e documentos, no prazo de 10 (dez) dias, contados da juntada da intimação. Após o transcurso desse prazo, com ou sem novas razões, os autos serão remetidos à 2ª CCR para apreciação.

Aprovado na 48ª Sessão de Coordenação, de 22/06/2012.

Enunciado nº 05 da 7ª Câmara – Controle Externo da Atividade Policial e Sistema Prisional

Nos casos em que a abertura do procedimento se der por representação, o representante será notificado da promoção de arquivamento e da faculdade de apresentar recurso e documentos, no prazo de 10 (dez) dias, contados da juntada da ciência. Após o transcurso desse prazo, com ou sem novas razões, os autos serão remetidos à 7ª CCR para apreciação em caso de manutenção da decisão recorrida (Resoluções CSMPF nº 77/04, art. 14, § 1º, e nº 87/10, art. 17, § 1º).

Procedimento Administrativo nº 1.00.000.001727/2016-24, aprovação deliberada na 23ª Sessão Ordinária de Coordenação, em 13/09/2016. Precedentes: Procedimento Preparatório nº 1.30.006.000149/2015-39; Inquérito Civil nº 1.34.001.006289/2013-50; Inquérito Civil nº 1.13.000.000689/2012-19; Procedimento Administrativo nº 1.18.000.000668/2013-90; Notícia de Fato nº 1.27.000.000774/2015-26.

Enunciado nº 57 da 2ª Câmara de Coordenação e Revisão – Criminal do MPF

É desnecessário o envio dos autos à 2ª CCR no caso de decisão ou promoção de arquivamento fundado na existência de outro procedimento investigatório com idêntico objeto (princípio do *ne bis in idem*), o que deverá ser devidamente comprovado nos autos arquivados e remanescentes.

Redação alterada na 149ª Sessão de Coordenação, de 23/04/2018.

Enunciado nº 01 da 7ª Câmara – Controle Externo da Atividade Policial e Sistema Prisional

É desnecessário o envio dos autos à 7ª CCR no caso de decisão ou promoção de arquivamento fundado na existência de outro procedimento investigatório com idêntico objeto (princípio do *ne bis in idem*), bastando a certificação do arquivamento nos autos remanescentes e a comunicação à Câmara por meio do sistema Único.

P.A. nº 1.00.000.018099/2015-05.

Orientação nº 26 da Câmara de Coordenação e Revisão – Criminal MPF

Assunto: Promoção de arquivamento

ORIENTA os membros do Ministério Público Federal com atuação na área criminal sob sua coordenação a observarem, em suas promoções de arquivamento, o seguinte critério, não se aplicando à hipótese a regra do Enunciado nº 36: A antiguidade do fato investigado, o esgotamento das diligências investigatórias razoavelmente exigíveis ou a inexistência de linha investigatória potencialmente idônea, adequadamente sopesados no caso concreto, justificam o arquivamento da investigação, sem prejuízo do disposto no art. 18 do CPP.

Orientação aprovada na 109ª Sessão de Coordenação, de 4 de abril de 2016.

Orientação nº 30 da Câmara de Coordenação e Revisão – Criminal MPF

Assunto: Critérios a serem observados nas promoções de arquivamento referentes aos crimes não considerados prioritários pela 2ª CCR.

ORIENTA os membros do Ministério Público Federal com atuação na área criminal sob sua coordenação a observarem, em suas promoções de arquivamento, os seguintes critérios, não se aplicando à hipótese a regra do Enunciado nº 36: Nos crimes não considerados prioritários pela 2ª CCR, em que se comprove a não reiteração e verificado o mínimo grau de reprovabilidade da conduta, são circunstâncias que autorizam o arquivamento da investigação: a) Delito de bagatela – a demonstração da mínima ofensividade da conduta, associada ao baixo grau de periculosidade social da ação; b) Subsidiariedade do Direito Penal – a verificação de que a aplicação de sanção extrapenal é suficiente para a prevenção e repressão do ilícito; c) Adequação da sanção penal – a concreta e fundamentada ausência de necessidade e utilidade de aplicação da sanção penal, conforme os fins da pena.

Orientação aprovada na 114ª Sessão de Coordenação, de 4 de julho de 2016.

Enunciado nº 60 da 2ª Câmara de Coordenação e Revisão – Criminal do MPF

É cabível o arquivamento de procedimento investigatório referente ao crime de moeda falsa quando a quantidade e o valor das cédulas, o modo que estavam guardadas pelo agente, o modo de introdução ou a tentativa de introdução em circulação, o comportamento do agente ou as demais circunstâncias indicarem ausência de conhecimento da falsidade ou de dolo do agente e sendo inviável ou improvável a produção de prova em sentido contrário, inclusive pelo decurso do tempo.

Aprovado na 108ª Sessão de Coordenação, de 07/03/2016.

Precedentes:

1. 33.000.002156/2015-13; 1. 33.000.000701/2015-37; 1. 33.005.000300/2015-37; 1. 15.002.000341/2015-71; 1. 25.007.000119/2015-82; 1. 15.000.002507/2015-12.

Enunciado nº 68 da 2ª Câmara de Coordenação e Revisão – Criminal do MPF

É cabível o arquivamento de procedimento investigatório em relação a crime de estelionato em detrimento do INSS cometido mediante saques indevidos de benefícios previdenciários após o óbito do segurado quando constatadas(a) a realização de saques por meio de cartão magnético, (b) a inexistência de renovação da senha, (c) a inexistência de procurador ou representante legal cadastrado na data do óbito e (d) a falta de registro visual, cumulativamente, a demonstrar o esgotamento das diligências investigatórias razoavelmente exigíveis ou a inexistência de linha investigatória potencialmente idônea.

Aprovado na 118ª Sessão de Coordenação, de 19/09/2016.

Enunciado nº 71 da 2ª Câmara de Coordenação e Revisão – Criminal do MPF

É cabível o arquivamento de investigação criminal quando, após a colheita de provas, não restarem evidenciados elementos suficientes da autoria delitiva, situação demonstrada com a reunião das seguintes condições: inexistência de suspeitos, de testemunha, de elementos técnicos formadores de convicção (fragmentos papiloscópicos, imagens, vestígios biológicos, etc) e de outras diligências capazes de modificar o panorama probatório atual.

Redação alterada na 176ª Sessão de Coordenação, de 10/02/2020.

Precedentes 2ª CCR:

Processo: 1.30.020.000340/2019-26, Sessão de Revisão nº 755, de 25/11/2019, unânime.

Processo: 00521/2014 DPF/AM, Sessão de Revisão nº 755, de 25/11/2019, unânime.

Processo: 1.14.003.000179/2019-42, Sessão de Revisão nº 750, de 23/09/2019, unânime.

Processo: DPF/ROO-00039/2019, Sessão de Revisão nº 753, de 21/10/2019, unânime.

Processo: 0800450-30.2018.4.05.8300, Sessão de Revisão nº 748, de 26/08/2019, unânime.

Enunciado nº 77 da 2ª Câmara de Coordenação e Revisão – Criminal do MPF

É cabível o arquivamento de procedimento investigatório em relação ao crime de estelionato em detrimento da União, cometido mediante o recebimento indevido de benefício assistencial, quando (a) não haja elementos que possam afastar a presunção de miserabilidade, ainda que a renda familiar per capita supere o limite legal ou (b) não houver comprovação de prestação de informações falsas no momento do requerimento do benefício.

Redação alterada na 179ª Sessão Virtual de Coordenação, de 27/04/2020.

Precedentes 2ª CCR:

Processo: 1.28.000.000839/2019-20, Sessão de Revisão nº 753, de 21/10/2019, unânime.

Processo: 1.15.000.001842/2019-19, Sessão de Revisão nº 747, de 12/08/2019, unânime.

Processo: 1.25.008.000765/2018-82, Sessão de Revisão nº 734, de 11/02/2019, unânime.

Processo: 1.25.008.000358/2018-75, Sessão de Revisão nº 722 de 27/08/2018, unânime.

Enunciado nº 90 da 2ª Câmara de Coordenação e Revisão – Criminal do MPF

É cabível o arquivamento de investigações criminais referentes a condutas que se adéquem ao contrabando de cigarros quando a quantidade apreendida não superar 1.000 (mil) maços, seja pela diminuta reprovabilidade da conduta, seja pela necessidade de se dar efetividade à repressão ao contrabando de vulto. As eventuais reiterações serão analisadas caso a caso.

Aprovado na 177ª Sessão Virtual de Coordenação, de 16/03/2020.

Enunciado nº 92 da 2ª Câmara de Coordenação e Revisão – Criminal do MPF

É desnecessário o envio dos autos à 2ª CCR, para fins de homologação, quando a promoção de arquivamento for fundada na prescrição da pretensão punitiva pela pena máxima abstratamente cominada ao crime (art. 109 do CP) ou na extinção da punibilidade pela morte do agente (art. 107, I, do CP).

Aprovado na 179ª Sessão Virtual de Coordenação, de 27/04/2020.

Precedentes 2ª CCR:

Processo: 1.23.000.002167/2018-92, Sessão de Revisão nº 755, de 25/11/2019, unânime.

Processo: 1.14.008.000047/2014-66, Sessão de Revisão nº 740, de 13/05/2019, unânime.

Processo: 1.25.009.000065/2018-88, Sessão de Revisão nº 721, de 13/08/2018, unânime.

Enunciado nº 33 da 4ª Câmara de Coordenação e Revisão – Meio Ambiente e Patrimônio Cultural do MPF

O arquivamento promovido pelo membro do Ministério Público Federal, em Procedimentos criminais relacionados ao Meio Ambiente e Patrimônio Cultural, deve ser por ele comunicado ao interessado, antes da remessa dos autos à 4ª Câmara para revisão.

Recepção do Enunciado nº 10-2ª CCR. 3ª Sessão de Coordenação, de 31.05.2010. Conforme portaria da 4ª CCR nº 05, de 3 de agosto de 2016, republicada em razão de incorreções na publicação do DMPFe, Caderno Extrajudicial nº 146/2016, divulgado em 3 de agosto de 2016, pág. 7.

Enunciado nº 34 da 4ª Câmara de Coordenação e Revisão – Meio Ambiente e Patrimônio Cultural do MPF

É admissível o arquivamento dos autos de investigação ao fundamento de excludente da tipicidade, da ilicitude e da culpabilidade. Porém, em todas as hipóteses, a excludente deve resultar cabalmente provada, ao término de regular investigação.

Referências normativas: Código Penal: arts. 20, caput, 1ª parte, e § 1º, 1ª parte; 21, caput, 2ª parte; 22, 1ª parte; 23. Código de Processo Penal: arts. 28 e 648, I. Resolução CSMPF nº 77/2004, art. 14.

Recepção do Enunciado nº 21-2ª CCR. Sessão 302ª, de 16.05.2005. Conforme portaria da 4ª CCR nº 05, de 3 de agosto de 2016, republicada em razão de incorreções na publicação do DMPFe, Caderno Extrajudicial nº 146/2016, divulgado em 3 de agosto de 2016, pág. 7.

Enunciado nº 37 da 4ª Câmara de Coordenação e Revisão – Meio Ambiente e Patrimônio Cultural do MPF

Nos casos em que a abertura do procedimento investigatório criminal se der por representação, o interessado será cientificado formalmente da promoção de arquivamento e da faculdade de apresentar recurso e documentos, no prazo de 10 (dez) dias, contados da juntada da intimação. Após o transcurso desse prazo, com ou sem novas razões, os autos serão remetidos à 4ª CCR para apreciação.

Recepção do Enunciado nº 46-2ª CCR. 48ª Sessão de Coordenação, de 22.06.2012. Conforme portaria da 4ª CCR nº 05, de 3 de agosto de 2016, republicada em razão de incorreções na publicação do DMPFe, Caderno Extrajudicial nº 146/2016, divulgado em 3 de agosto de 2016, pág. 7.

Enunciado nº 56 da 4ª Câmara de Coordenação e Revisão – Meio Ambiente e Patrimônio Cultural do MPF

Considerando a unificação das atribuições civil e criminal no âmbito da 4ª CCR, na temática do Meio Ambiente e Patrimônio Cultural, bem como em atenção ao Princípio da Eficiência, as promoções de arquivamento dos feitos criminais deverão demonstrar as ações adotadas no âmbito civil, com vistas à responsabilização do infrator pelo dano causado, ou justificativa razoável para não o fazer.

Conforme portaria da 4ª CCR nº 05, de 3 de agosto de 2016, republicada em razão de incorreções na publicação do DMPFe, Caderno Extrajudicial nº 146/2016, divulgado em 3 de agosto de 2016, pág. 7.

Enunciado nº 36 das Câmaras de Coordenação e Revisão Criminais e Cíveis Reunidas do MPDFT

Cabe ao próprio Promotor de Justiça, com atribuição para atuar no feito, promover o arquivamento de peças de informação, procedimentos investigatórios criminais e demais procedimentos administrativos que versem sobre matéria criminal, instaurados no âmbito do Ministério Público e ainda não jurisdicionados, submetendo o feito à Câmara de Coordenação e Revisão da Ordem Jurídica Criminal, nos termos do inciso V, do artigo 171, da Lei Complementar nº 75/93. (PA nº 08190.061164/97-11).

PA nº 08190.061164/97-11. Nova redação - Ref. PA 08190.053772/12-64, julgado em 07/10/2015. Alteração publicada no DOU n. 242, de 18/12/2015.

Enunciado nº 95 das Câmaras de Coordenação e Revisão Criminais Reunidas do MPDFT

O arquivamento da Notícia de Fato em razão da propositura da ação penal via PJE/NeoGab prescinde de comunicação às Câmaras de Coordenação e Revisão.

PA n. 08190.017226/19-27.

Diário Eletrônico do MPDFT. Edição n.º 1.655, 13/12/2019.

Enunciado nº 04/2020 do Conselho Superior do Ministério Público do Acre

A promoção de arquivamento de Procedimento Investigatório Criminal, nos moldes do art. 28 do Código de Processo Penal; art. 19, § 1°, da Resolução CNMP n. 181/2017; art. 19, § 1°, da Resolução n. 11/2018/CPJ do MPAC (redação alterada pela Resolução n. 040/2019) deve ser apresentada ao juízo competente, não sendo atribuição do Conselho Superior do Ministério Público atuar como instância revisora ou de homologação.

Publicado no DEMPAC, Edição nº 762, de 19/03/2020, P. 03.

Assento nº 03/2016 do Conselho Superior do Ministério Público do Alagoas

O arquivamento, determinado por órgão do Ministério Público de 1º grau, de peças informativas que narrem matéria da natureza criminal, sem intervenção da autoridade judiciária, deverá ser submetido a reexame do Procurador-Geral de Justiça, em face da aplicação analógica do art. 28 do Código de Processo Penal.

Publicado no DOE AL, Edição nº 413, em 06/09/2016, FL 364.

Assento nº 03/2019 do Conselho Superior do Ministério Público do Alagoas

O arquivamento, determinado por órgão do Ministério Público de 1º grau, de peças informativas que narrem matéria da natureza criminal, sem intervenção da autoridade judiciária, deverá ser submetido a reexame do Procurador-Geral de Justiça, em face da aplicação analógica do art. 28 do Código de Processo Penal, cabendo ao Secretário do Conselho Superior fazer a remessa direta dos autos. (Processo PGJ/Al 3635/2017).

Publicado no DOE AL, Edição nº 1023, de 22/02/2019, FL 86.

Assento nº 03/2020 do Conselho Superior do Ministério Público do Alagoas

O arquivamento, determinado por órgão do Ministério Público de 1º grau, de peças informativas que narrem matéria da natureza criminal, sem intervenção da autoridade judiciária, deverá ser submetido a reexame do Procurador-Geral de Justiça, em face da aplicação analógica do art. 28 do Código de Processo Penal, cabendo ao Secretário do Conselho Superior fazer a remessa direta dos autos. (Processo PGJ/Al 3635/2017).

Publicado no DOE AL, Edição nº 138, de 03/03/2020, FL 8.

Assento nº 009/11 do Conselho Superior do Ministério Público do Estado do Amazonas

Em atenção aos Princípios da Obrigatoriedade da Ação Penal e do Promotor Natural, as peças de informações ou Procedimentos de Investigação Criminal, conduzidos no âmbito do Ministério Público, que concluírem pelo arquivamento, devem ser encaminhados ao juízo competente, via setor de distribuição do Tribunal de Justiça do Estado do Conselho Superior do Ministério Público do Estado do Amazonas, na forma do art. 28, do Código de Processo Penal, não sendo atribuição deste Conselho Superior do Ministério Público qualquer análise de mérito ou manifestação final de arquivamento.

Publicado no Diário Oficial, Amazonas, 02/12/2011.

Publicado no Diário Oficial, Amazonas, 26/06/2015, conforme Resolução nº 20/2015, o assento teve seus efeitos modulados, passando a contar de 23/11/2013.

Súmula nº 01/2010 do Conselho Superior do Ministério Público do Estado do Ceará

Comunicação de promoção de arquivamento de procedimento administrativo no âmbito de Promotoria de Justiça – matéria de natureza eminentemente penal – incompetência do Conselho Superior do Ministério Público para exercer o controle sobre o arquivamento de procedimento de natureza penal.

Não compete ao Conselho Superior do Ministério Público exercer as atribuições previstas no art. 9º, §1º, da Lei nº 7.347/85 quando a atuação do órgão do Ministério Público é voltada exclusivamente para o âmbito de incidência do direito penal, caso em que o controle do arquivamento do procedimento investigatório se dá através do Poder Judiciário e, excepcionalmente, com a interveniente cia do Procurador-Geral de Justiça.

Revoga a súmula nº 01/2009.

Publicado no DJ nº 067, 13/04/2010, pág. 238-239.

Súmula nº 05/2017 do Conselho Superior do Ministério Público do Estado do Ceará

Comunicação de arquivamento do Procedimento de Investigação Criminal, será apresentada ao juízo competente, em obediência rigorosa ao art. 28 do CPP – Matéria de natureza processual penal – incompetência do Conselho Superior do Ministério Público para exercer o controle sobre o arquivamento de Procedimento de Investigação Criminal.

Publicado no DJ nº 238, 27/12/2017, págs. 1.

Atenção: vide súmulas nº 22/2019 do CSMP do CE.

Súmula nº 22/2019 do Conselho Superior do Ministério Público do Estado do Ceará

ASSUNTO: PROCEDIMENTO INVESTIGATÓRIO CRIMINAL. PROCEDIMENTO INVESTIGATÓRIO CRIMINAL. ARQUIVAMENTO. INTELIGÊNCIA DO §2º, DO ART. 20, DA RES. 52/2019, DO OECPJ.

Merece homologação por despacho monocrático a promoção de arquivamento de Procedimento Investigatório Criminal – PIC encaminhada ao Conselho Superior do Ministério Público, exceto aqueles que tenham havido adoção de alguma medida judicial e as promoções de arquivamento de Procedimento Investigatório Criminal e de Inquérito Policial amparadas em acordos de não persecução penal, quando deverão, necessariamente, serem apresentados ao juízo competente, nos moldes do art. 28, do CPP, nos termos do §2º, do art. 20, da Resolução nº 52/2019 do OECPJ, ficando cancelada a Súmula nº 05/2017 do CSMP.

Nota do autor: muito embora conste na parte final da súmula que a Súmula nº 05/2017 do CSMP do CE está cancelada, a página oficial do Conselho Superior do Ministério Público do Ceará aponta que ela ainda está em vigor. Consulta realizada em 07/08/2020. http://www.mpce.mp.br/orgaos-colegiados/conselho-superior-do--ministerio-publico/normas-internas-csmp/sumulas/

Publicado no DJ nº 530, 23/04/2019, págs. 07 a 09.

Art. 20, §2º, da Resolução nº 52/2019 do OECPJ: § 2º A decisão de arquivamento de procedimento investigatório criminal em que tenha havido adoção de alguma medida judicial e as promoções de arquivamento de procedimento investigatório criminal e de inquérito policial, amparadas em acordo de não persecução penal, serão necessariamente apresentadas ao juízo competente, nos moldes do art. 28 do Código de Processo Penal.

Enunciado n.º 12/16 do Conselho Superior do Ministério Público do Estado do Maranhão

ARQUIVAMENTO DE PIC. MATÉRIA CRIMINAL, ART.28 DO CPP.

O Promotor de Justiça deve promover o arquivamento de PIC, ou outra investigação de matéria exclusivamente criminal na forma do art. 28 do CPP, sendo desnecessário o exame pelo CSMP.

Publicado no Diário Oficial, Poder Judiciário, Maranhão, 31/10/2016.

Enunciado nº 15 do Conselho Superior do Ministério Público do Estado do Pará

PROCEDIMENTAL. ARQUIVAMENTO DE PIC.

O Promotor de Justiça deve promover o arquivamento de PIC ou outra investigação de matéria exclusivamente criminal na forma do art. 28 do CPP, sendo desnecessário o exame pelo CSMP.

Publicado no DOE 26.06.2019.

Aprovado na 2ª Sessão Extraordinária, realizada em 19.06.2019.

Fundamento: Resolução Conjunta n. º 01/25011-PGJ/CGMP.

Aprovado na 2ª Sessão Extraordinária, realizada em 19.06.2019.

Orientação conjunta nº 01/2015 da 2ª, 5ª e 7ª Câmaras de Coordenação e Revisão do Ministério Público Federal

As 2ª, 5ª e 7ª Câmaras de Coordenação e Revisão do Ministério Público Federal, reunidas em 16 de março de 2015.

ORIENTAM os membros do Ministério Público Federal atuantes em ofícios vinculados às 2ª, 5ª e 7ª Câmaras a submeterem as promoções de arquivamento de inquéritos policiais, de procedimentos investigatórios criminais (PICs) e de notícias de fato ou peças de informação diretamente à Câmara competente, para fins de revisão.

Brasília, 16 de março de 2015. Acesso em 07 de agosto ao sítio eletrônico: http://www.mpf.mp.br/atuacao-tematica/ccr2/orientacoes/documentos/Orientacao%20Conjunta%202a%205a%20e%207a%20CCRs.pdf

Enunciado nº 28 da 5ª Câmara de Coordenação e Revisão – Combate à corrupção do MPF

PROMOÇÃO DE ARQUIVAMENTO E REGISTRO DE OUTRAS MEDIDAS. A promoção de arquivamento de procedimento investigatório criminal deve registrar a existência de medidas no âmbito civil.

Aprovado na 849ª Sessão Ordinária, realizada em 15 de dezembro de 2014.

Enunciado nº 101 das Câmaras de Coordenação e Revisão Criminais e Cíveis Reunidas do MPDFT

A decisão de arquivamento do Inquérito Policial e peças de informação, a cargo do Promotor Natural e devidamente homologada pela Câmara de Coordenação e Revisão não mais se sujeita ao controle judicial, salvo para a baixa de registros e desfazimento de medidas cautelares ordenadas no curso da investigação. O arquivamento, uma vez homologado pelo Colegiado Revisor, deve ser comunicado igualmente à vítima e à autoridade policial instauradora para os fins pertinentes. O desarquivamento do Inquérito Policial e de peças de informação, por ato de autoridade policial ou do Promotor Natural, uma vez observados os pressupostos legais, independe de prévia autorização da Câmara de Coordenação e Revisão.

PA n. 08190.000302/20-62
Publicado Diário Eletrônico do MPDFT do dia 04/11/2020

Enunciado nº 53 das Câmaras de Coordenação e Revisão Criminais e Cíveis Reunidas do MPDFT

PROMOÇÕES DE ARQUIVAMENTO NÃO HOMOLOGADAS PELAS CÂMARAS DE COORDENAÇÃO E REVISÃO. PROCEDIMENTOS.

Deixando a Câmara de Coordenação e Revisão de homologar a promoção de arquivamento, deverá indicar especificadamente as diligências suplementares ou complementares a serem realizadas, remetendo o feito ao Procurador-Geral de Justiça que designará o membro do Ministério Público que passará a atuar no feito, que deverá realizar tais diligências e decidir, ao final, se ajuizará a devida ação ou insistirá na promoção de arquivamento.

PIP nº 08190.009015/03-07. Ata da 9ª Sessão Ordinária. Nova redação dada pela decisão no PA n. 08190.053763/12-73, publicada no DOU n. 109, de 10/06/2014, p. 76.

Enunciado nº 7 (art. 28, CPP) do GNCCRIM do CNPG

Compete exclusivamente ao Ministério Público o arquivamento do inquérito policial ou de quaisquer elementos informativos da mesma natureza. Trata-se de ato composto, constituído de decisão do promotor natural e posterior homologação pela instância de revisão ministerial (Procurador-Geral de Justiça ou órgão delegado). *Enunciado suspenso em razão da medida cautelar concedida nas ADIs 6305, 6300, 6299 e 6298.

Acesso em 07/08/20. Fonte: https://www.cnpg.org.br/images/arquivos/gndh/documentos/enunciados/GNCCRIM_Enunciados.pdf

Enunciado nº 8 (art. 28, CPP) do GNCCRIM do CNPG

A nova redação do artigo 28 do Código de Processo Penal, em harmonia com o princípio acusatório, dispõe que o arquivamento do inquérito policial não se reveste mais de um mero pedido, requerimento ou promoção, mas de verdadeira decisão de não acusar, isto é, o promotor natural decide não proceder à ação penal pública, de acordo com critérios de legalidade e oportunidade, tendo em vista o interesse público e as diretrizes de política criminal definidas pelo próprio Ministério Público. *Enunciado suspenso em razão da medida cautelar concedida nas ADIs 6305, 6300, 6299 e 6298.

Acesso em 07/08/20. Fonte: https://www.cnpg.org.br/images/arquivos/gndh/documentos/enunciados/GNCCRIM_Enunciados.pdf

Enunciado nº 10 (art. 28, CPP – instância revisora) do GNCCRIM do CNPG

Salvo no caso de competência originária do Procurador-Geral (foro por prerrogativa de função), a decisão de arquivamento deverá ser obrigatoriamente submetida à instância de revisão ministerial, para fins de homologação, ainda que não exista recurso da vítima ou de seu representante legal. *Enunciado suspenso em razão da medida cautelar concedida nas ADIs 6305, 6300, 6299 e 6298.

Acesso em 07/08/20. Fonte: https://www.cnpg.org.br/images/arquivos/gndh/documentos/enunciados/GNCCRIM_Enunciados.pdf

Enunciado nº 17 do MPSP sobre o Pacote Anticrime

A instância de revisão ministerial do arquivamento de inquérito policial, termo circunstanciado, procedimento investigatório criminal, peças de informação de natureza criminal e recusa de acordo de não persecução penal é o Procurador-Geral de Justiça.

Publicado no Diário Oficial de São Paulo, 23/01/2020.

Enunciado nº 11 (art. 28, CPP – homologação) do GNCCRIM do CNPG

Ao receber os autos com a decisão de arquivamento, o órgão de revisão ministerial (Procurador-Geral de Justiça ou órgão delegado) poderá homologá-la, ou, em caso de discordância, designar outro membro para continuar as investigações ou oferecer denúncia. *Enunciado suspenso em razão da medida cautelar concedida nas ADIs 6305, 6300, 6299 e 6298.

Acesso em 07/08/20. Fonte: https://www.cnpg.org.br/images/arquivos/gndh/documentos/enunciados/GNCCRIM_Enunciados.pdf

Enunciado nº 12 (art. 28, CPP – enunciados) do GNCCRIM do CNPG

O órgão revisor do Ministério Público poderá constituir jurisprudência própria, em enunciados cujo conteúdo servirá de fundamento para o arquivamento pelos órgãos de execução. *Enunciado suspenso em razão da medida cautelar concedida nas ADIs 6305, 6300, 6299 e 6298.

Acesso em 07/08/20. Fonte: https://www.cnpg.org.br/images/arquivos/gndh/documentos/enunciados/GNCCRIM_Enunciados.pdf

Enunciado nº 13 (art. 28, CPP – prazo) do GNCCRIM do CNPG

Após efetivadas as comunicações formais e tendo transcorrido o prazo de 30 dias sem que exista pedido voluntário de revisão do arquivamento pela vítima (ou seu representante), o órgão de execução encaminhará os autos ao órgão revisor do Ministério Público para fins de homologação. *Enunciado suspenso em razão da medida cautelar concedida nas ADIs 6305, 6300, 6299 e 6298.

Acesso em 07/08/20. Fonte: https://www.cnpg.org.br/images/arquivos/gndh/documentos/enunciados/GNCCRIM_Enunciados.pdf

Enunciado nº 14 (art. 28, CPP – comunicação) do GNCCRIM do CNPG

Ordenado o arquivamento do inquérito policial ou de qualquer elemento de informação, o órgão de execução do Ministério Público comunicará a vítima, o investigado e a autoridade policial, da forma mais célere possível, preferencialmente por meio eletrônico, inclusive por aplicativos de troca de mensagens ou recurso tecnológico similar, na forma de regulamentação própria. Não sendo localizados, a comunicação da vítima e/ou investigado poderá ser por edital no Diário Oficial do Ministério Público, na forma de regulamentação própria.

*Enunciado suspenso em razão da medida cautelar concedida nas ADIs 6305, 6300, 6299 e 6298.

Acesso em 07/08/20. Fonte: https://www.cnpg.org.br/images/arquivos/gndh/documentos/enunciados/GNCCRIM_Enunciados.pdf

Enunciado nº 15 (art. 28, CPP – vítima) do GNCCRIM do CNPG

Se a vítima (ou seu representante legal) não concordar com o arquivamento do inquérito policial ou de outra peça de informação, poderá, no prazo de 30 dias do recebimento da comunicação, submeter a matéria ao órgão revisor do Ministério

Público, com a apresentação das respectivas razões na origem. *Enunciado suspenso em razão da medida cautelar concedida nas ADIs 6305, 6300, 6299 e 6298.

Acesso em 07/08/20. Fonte: https://www.cnpg.org.br/images/arquivos/gndh/documentos/enunciados/GNCCRIM_Enunciados.pdf

Enunciado nº 16 (art. 28, CPP – arquivamento e baixa) do GNCCRIM do CNP

Homologado o arquivamento pelo órgão revisor do Ministério Público, os autos serão remetidos ao juízo competente a fim de (i) comunicar o juízo, bem como (ii) permitir que as partes tenham amplo acesso aos autos acautelados na respectiva secretaria, a teor da norma inserta no art. 3.º-C, § 4.º, do CPP. *Enunciado suspenso em razão da medida cautelar concedida nas ADIs 6305, 6300, 6299 e 6298.

Acesso em 07/08/20. Fonte: https://www.cnpg.org.br/images/arquivos/gndh/documentos/enunciados/GNCCRIM_Enunciados.pdf

Enunciado nº 17 (bens apreendidos vinculados a feitos arquivados) do GNCCRIM do CNPG

Os bens apreendidos vinculados a inquéritos policiais arquivados devem ter a destinação prevista em lei, isto é, sua restituição ao investigado, à vítima ou a terceiros de boa fé; ou a destinação a órgãos de persecução criminal e de segurança pública; ou a alienação antecipada em leilão; ou a entrega em museu público. *Enunciado suspenso em razão da medida cautelar concedida nas ADIs 6305, 6300, 6299 e 6298.

Acesso em 07/08/20. Fonte: https://www.cnpg.org.br/images/arquivos/gndh/documentos/enunciados/GNCCRIM_Enunciados.pdf

Enunciado nº 18 (art. 28, CPP – meios eletrônicos) do GNCCRIM do CNPG

Os atos de comunicação, o pedido de revisão e a submissão dos autos ao órgão revisor para homologação poderão ser realizados por meios eletrônicos, na forma de regulamentação própria. *Enunciado suspenso em razão da medida cautelar concedida nas ADIs 6305, 6300, 6299 e 6298.

Acesso em 07/08/20. Fonte: https://www.cnpg.org.br/images/arquivos/gndh/documentos/enunciados/GNCCRIM_Enunciados.pdf

Orientação conjunta nº 03/2016 da 2ª, 5ª e 7ª Câmaras de Coordenação e Revisão do Ministério Público Federal

As 2ª, 5ª e 7ª Câmaras de Coordenação e Revisão, reunidas em 22 de fevereiro de 2016.

ORIENTAM os Membros do Ministério Público Federal no sentido de que, em caso de arquivamento de inquérito policial homologado por uma das Câmaras com competência criminal, os respectivos autos devem ser encaminhados à Justiça Federal para baixa em seus registros e arquivamento físico, devendo-se oficiar também ao Departamento da Polícia Federal, dando-lhe conhecimento do arquivamento.

Brasília 22 de fevereiro de 2016, file:///E:/00000.%20LIVRO/LIVRO/1.%20 MPF/Orientacao%20Conjunta%20no%203-16%2022.02.16.pdf

DESARQUIVAMENTO

Enunciado nº 49 das Câmaras de Coordenação e Revisão Criminais e Cíveis Reunidas do MPDFT

Desarquivamento de inquérito. Ausência de prova nova. Ficando apurado que o mesmo fato já foi investigado por procedimento que restou arquivado, por decisão judicial ou do próprio Ministério Público, impõe-se o arquivamento do feito se não estiver instruído com novas provas.

PIP nº 08190.059043/99-18.

Publicado no DJ, Seção 1, de 05/07/2004, p. 108/109.

Enunciado nº 9 (art. 28, CPP – desarquivamento) do GNCCRIM do CNPG

Considerando que o arquivamento do inquérito policial ou de quaisquer elementos informativos da mesma natureza não se subordina à apreciação judicial, a decisão não está mais sujeita aos efeitos da coisa julgada formal ou material. *Enunciado suspenso em razão da medida cautelar concedida nas ADIs 6305, 6300, 6299 e 6298.

Acesso em 07/08/20. Fonte: https://www.cnpg.org.br/images/arquivos/gndh/documentos/enunciados/GNCCRIM_Enunciados.pdf

Enunciado nº 18 do MPSP sobre o Pacote Anticrime

O desarquivamento do procedimento investigatório com base em prova nova prescinde de autorização judicial, sendo inoponível óbice da coisa julgada.

Publicado no Diário Oficial de São Paulo, 23/01/2020.

REVISÃO DO ARQUIVAMENTO

Enunciado nº 19 do MPSP sobre o Pacote Anticrime

O direito de provocar a revisão do arquivamento limita-se às pessoas mencionadas nos §§ 1º e 2º do art. 28 do CPP.

Publicado no Diário Oficial de São Paulo, 23/01/2020.

ACORDO DE NÃO PERSECUÇÃO PENAL – ANPP

Orientação nº 40 da Câmara de Coordenação e Revisão – Criminal MPF

Assunto: Orienta sobre os Acordos de Não Persecução Penal feitos de forma virtual.

ORIENTA os membros do Ministério Público Federal, respeitada a independência funcional, a observar, em relação aos acordos de não persecução penal, o que segue. 1. A negociação e a celebração de acordos de não persecução penal poderão ocorrer por meios exclusivamente virtuais (e-carta, e-mail, ligações de voz ou imagem, aplicativos de reuniões ou outras formas de interação virtual). 2. Para facilitar a negociação virtual, o membro do Ministério Público Federal poderá encaminhar a proposta de acordo acompanhada da descrição do(s) fato(s) apurado(s), da materialidade e da autoria, sendo a respectiva confissão formal e circunstanciada por parte do investigado um requisito para a celebração do acordo. 3. A confissão poderá constar em documento escrito devidamente assinado pelo autor do(s) fato(s) e seu procurador, ainda que ocorra negociação virtual oral.

Autos de referência: PGR-00209058/2020.

Brasília, 06 de junho de 2020. Acesso em 07 de agosto ao sítio eletrônico: http://www.mpf.mp.br/atuacao-tematica/ccr2/orientacoes/documentos/orientacao-no-40-orienta_sobre_anpps_virtuais_assinada.pdf

Orientação conjunta nº 03/2018 da 2ª, 4ª e 5ª Câmaras de Coordenação e Revisão

Revisada e ampliada a partir da edição da Lei 13.964/2019

2ª, 4ª e 5ª Câmaras de Coordenação e Revisão

ORIENTAM os membros do Ministério Público Federal, respeitada a independência funcional, a observar, na realização de acordos de não persecução penal, o que segue:

1 Verificando não ser o caso de arquivamento do inquérito policial (IPL), da notícia de fato (NF) ou do procedimento investigatório criminal (PIC), o membro oficiante determinará que os autos sejam instruídos com os antecedentes criminais do investigado a fim de examinar a possibilidade de proposição de acordo de não persecução penal.

1.1 A juntada dos antecedentes criminais poderá ser reservada à iniciativa do investigado mediante intimação para que apresente os documentos indicados pelo MPF em prazo razoável.

1.2 O acordo de não persecução penal não constitui direito subjetivo do investigado, podendo ser proposto pelo membro do MPF conforme as peculiaridades do caso concreto e quando considerado necessário e suficiente para a reprovação e a prevenção da infração penal.

1.3 Em caso de proposta de acordo pelo investigado e de recusa fundamentada do membro do MPF, o investigado poderá requerer a remessa dos autos à Câmara de Coordenação e Revisão correspondente, nos termos do art. 62, IV, da LC no 75/93. O investigado será informado sobre o direito de revisão preferencialmente no mesmo ato em que se comunicar o indeferimento da proposta.

1.4 As tratativas do acordo de não persecução penal, bem como sua efetiva celebração ocorrerão preferencialmente na sede do MPF.

2. Com vistas à formulação da proposta de acordo de não persecução penal, o membro do MPF considerará os seguintes requisitos de cabimento: a) pena mínima abstrata inferior a 4 anos. Para aferição da pena mínima cominada ao delito, deverão ser levadas em consideração as causas de aumento e diminuição aplicáveis ao caso concreto; b) confissão formal e circunstanciada da infração penal, preferencialmente em termo próprio; c) não se tratar de crime cometido com violência ou grave ameaça; d) não ser cabível a transação penal dos Juizados Especiais Criminais (art. 76 da Lei 9099/1996); e) não ser o investigado reincidente ou não existirem elementos que indiquem que ele tenha conduta criminal habitual, reiterada ou profissional, salvo no caso de infrações penais pretéritas insignificantes; f) não ter sido o investigado beneficiado, nos 5 (cinco) anos anteriores ao cometimento da infração, por acordo de não persecução penal, transação penal ou suspensão condicional do processo; g) não se tratar de crime praticado no âmbito de violência doméstica ou familiar, ou praticado contra a mulher por razões relacionadas à condição de sexo feminino; h) ser a celebração do acordo suficiente à reprovação e à prevenção do crime, tendo em vista a culpabilidade, os antecedentes, a conduta social e a personalidade do autor do fato, bem como os motivos e as circunstâncias do crime (artigo 44, inciso III, do Código Penal).

3 Preenchidos os requisitos de cabimento, o membro do MPF poderá propor ao investigado a celebração de acordo de não persecução, tomando as providências necessárias preferencialmente em Procedimento de Acompanhamento (PA) especificamente instaurado para essa finalidade. Nesse caso, caberá a suspensão do inquérito policial, da NF ou do PIC, registrando-se esse evento no Único como diligência pendente.

4 O membro oficiante determinará a notificação do investigado para comparecer na sede do MPF em dia e horário fixados, caso tenha interesse no acordo de não persecução penal, constando expressamente da notificação que o acordo pressupõe a confissão formal e circunstanciada da prática da infração penal, bem como a necessidade de o investigado se fazer acompanhar por advogado ou defensor público.

4.1 Da notificação constará que o investigado poderá informar antecipadamente seu desinteresse no acordo, por meio de mensagem a endereço de e-mail indicado na notificação ou outra forma de comunicação.

4.2 O não comparecimento injustificado na data e no horário fixados poderá ser considerado como desinteresse do investigado no acordo.

5 Para fins de racionalização do serviço, poderá ser acordada com a Defensoria Pública ocasião para negociar diversos acordos em um mesmo dia.

5.1 Não havendo atendimento da Defensoria Pública da União na localidade, o membro poderá gestionar para estabelecer parceria com a Ordem dos Advogados do Brasil, núcleos de prática jurídica de Universidades locais ou Defensorias Públicas estaduais.

5.2 Poderá, ainda, ser solicitada ao juízo a fixação de honorários ao defensor dativo que representou o investigado na audiência de celebração do acordo, o que ocorrerá na respectiva audiência judicial do artigo 28-A, §4º , do Código de Processo Penal.

5.3 Poderá ser utilizada a audiência de custódia para oferecimento da proposta do acordo de não persecução penal, uma vez que esse ato sempre deverá contar com a participação de advogado, constituído ou nomeado pelo juízo. Nesse caso, o membro do MPF tomará as cautelas de praxe, especialmente quanto aos antecedentes, e poderá requerer seja oficiado à Polícia Federal sobre o acordo e a necessidade da remessa dos autos do inquérito policial ao MPF.

6 As unidades do MPF poderão criar Centrais de Acordos de Não Persecução Penal visando à favorecer a concentração, a especialização, a otimização e a eficiência na organização de pautas para a celebração dos acordos.

7 Os acordos de não persecução penal poderão, além disso, ser tratados em conjunto com projetos de justiça restaurativa e mutirões especialmente estabelecidos para essa finalidade.

8 Admite-se o oferecimento de acordos de não persecução penal no curso da ação penal, podendo ser dispensada, nessa hipótese, a instauração de PA, caso a negociação seja realizada nos próprios autos do processo. Nessa hipótese, deverá ser requerido ao juízo o sobrestamento da ação penal.

9 Poderá ser exigido do investigado o preenchimento de formulário de avaliação socioeconômica, no qual constará que eventual informação falsa poderá caracterizar infração penal, bem como motivo para rescisão do acordo.

10 A negociação poderá ser realizada por meio de videoconferência, especialmente quando o investigado ou o defensor residir fora da sede do Ministério Público Federal.

11 Em todos os casos, cabe ao membro oficiante explicar o acordo ao acusado e a seu advogado, apresentando as respectivas cláusulas e deixando claro que o acordo pressupõe a confissão formal e circunstanciada da infração.

12 O acordo de não persecução penal será formalizado por escrito e firmado pelo membro do MPF, pelo investigado e por seu defensor, devendo a confissão ser preferencialmente registrada em meio audiovisual.

13 O acordo conterá as seguintes condições, a serem ajustadas cumulativa ou alternativamente: a) reparar o dano ou restituir a coisa à vítima, salvo impossibilidade de fazê-lo **1**; b) renunciar voluntariamente a bens e direitos indicados pelo MPF como instrumentos, produto ou proveito do crime; c) prestar serviço à comunidade ou a entidades públicas por período correspondente à pena mínima cominada ao delito, diminuída de um a dois terços, em local a ser indicado pelo juízo da execução, na forma do art. 46 do Código Penal **2**; d) pagar prestação pecuniária, a ser estipulada nos termos do art. 45 do Código Penal, a entidade pública ou de interesse social, a ser indicada pelo juízo da execução, que tenham, preferencialmente, como função proteger bens jurídicos iguais ou semelhantes aos aparentemente lesados pelo delito **3**; e) cumprir, por prazo determinado, outra condição estipulada pelo Ministério Público, desde que proporcional e compatível com a infração penal imputada **4**; f) obrigação de manter o endereço, telefone e e-mail atualizados.

14 A impossibilidade econômico-financeira de reparar o dano deverá ser demonstrada pelo interessado com base em documentos, tais como, extratos de conta corrente, conta de luz, imposto de renda ou outros documentos, sem prejuízo de consulta à ASSPA.

15 A reparação do dano não terá, necessariamente, de ser integral, quando aplicada em conjunto com outras condições.

16 Em qualquer caso, constará expressamente do instrumento cláusula contendo data limite para cumprimento do acordo, sob pena do eventual ajuizamento de denúncia.

18 Celebrado o acordo, o ato será cadastrado no Sistema Único **5**, com registro, entre outros elementos, do valor do acordo, e submetido a homologação perante o juiz, que poderá realizar audiência para verificar sua voluntariedade, ouvindo o investigado na presença do seu defensor, bem como sua legalidade.

18.1 Se o juiz considerar inadequadas, insuficientes ou abusivas as condições dispostas no acordo de não persecução penal, caberá sua devolução ao MPF para reformulação das condições, com a concordância do investigado e de seu defensor.

18.2 O juiz poderá recusar a homologação da proposta que não atender aos requisitos legais ou quando não for realizada a adequação a que se refere o § 5º do artigo 28-A do Código de Processo Penal.

18.3 Recusada a homologação, o juiz devolverá os autos ao MPF para a análise da necessidade de complementação das investigações ou o oferecimento da denúncia.

18.4 Contra a decisão que deixar de homologar o acordo de não persecução penal, caberá recurso em sentido estrito, nos termos do art. 581, XXV, do Código de Processo Penal.

19 Após a homologação do acordo, o juiz devolverá os autos ao MPF para que inicie sua execução perante o juízo de execução.

19.1 O membro oficiante poderá também indicar ao juiz da execução entidade onde será cumprida a prestação de serviços ou para a qual será destinada a prestação pecuniária, especialmente no casos de localidades onde não existam entidades cadastradas perante o juízo.

19.2 Também poderá ser solicitado ao juízo da execução a devolução dos autos para que o cumprimento das obrigações pactuadas sejam executadas e fiscalizadas no âmbito do Ministério Público Federal.

20 O membro oficiante determinará a intimação da vítima sobre a homologação do acordo de não persecução penal, bem como de seu descumprimento, preferencialmente por meio eletrônico ou telefone. Quando a vítima for entidade de direito público, a intimação será endereçada a seu órgão de representação judicial.

21 Após o cumprimento das condições acordadas, e sua certificação nos autos pelo serventuário da justiça, o membro oficiante requererá a extinção da punibilidade perante o juízo de execução.

22 O descumprimento do acordo de não persecução penal pelo investigado também poderá ser utilizado pelo Ministério Público como justificativa para o eventual não oferecimento de suspensão condicional do processo.

23 As Câmaras de Coordenação e Revisão do Ministério Público Federal poderão editar enunciados e orientações específicos a respeito do acordo de não persecução penal, conforme suas respectivas áreas de atuação.

1 No caso de dano ambiental a reparação deverá ser integral, salvo comprovada impossibilidade de fazê-lo.

2 O membro do Ministério Público Federal poderá sugerir ao outras entidades não além daquelas cadastradas no juízo da execução.

3 O membro do Ministério Público Federal poderá sugerir ao outras entidades não além daquelas cadastradas no juízo da execução

4 No caso de contrabando, por exemplo, poderá constar cláusula que vede a viagem do investigado para o país de onde trouxe indevidamente a mercadoria. Nos crimes econômicos poderá ser estabelecido o afastamento do acusado da diretoria ou do controle da empresa. Nos crimes praticados contra o Sistema Financeiro Nacional poderá ser estabelecida a proibição do acusado em operar no mercado financeiro por período determinado.

5 Registra-se: petição – propor acordo de não persecução penal.

http://www.mpf.mp.br/atuacao-tematica/ccr2/orientacoes/documentos/orientacao-anpp-versao-10-03-2020-ampliada-e-revisada

Enunciado nº 1 do MPRJ sobre ANPP

Considerando que o acordo a que se refere o art. 28-A do CPP constitui forma de resolução penal pactuada, de natureza pré-processual, sua celebração deve ser firmada exclusivamente pelo Ministério Público, pelo investigado e por seu defensor, devendo ser encaminhado a juízo em fase posterior, para homologação, na forma do § 4º do mencionado artigo 28-A.

Disponibilizado em 31/01/2020 e publicado em 03/02/2020.

Resolução Conjunta GPGJ/CGMP nº 20, de 23 de janeiro de 2020.

Enunciado nº 25 do MPSP sobre o Pacote Anticrime

O Ministério Público somente poderá celebrar acordo de não persecução penal se o investigado estiver acompanhado de defensor.

Publicado no Diário Oficial de São Paulo, 23/01/2020.

Enunciado nº 19 (art. 28-A, caput, CPP) do GNCCRIM do CNPG

O acordo de não persecução penal é faculdade do Ministério Público, que avaliará, inclusive em última análise (§ 14), se o instrumento é necessário e suficiente para a reprovação e prevenção do crime no caso concreto.

Acesso em 07/08/20. Fonte: https://www.cnpg.org.br/images/arquivos/gndh/documentos/enunciados/GNCCRIM_Enunciados.pdf

Enunciado nº 21 do MPSP sobre o Pacote Anticrime

A proposta de acordo de não persecução penal tem natureza de instrumento de política criminal e sua avaliação é discricionária do Ministério Público no tocante à necessidade e suficiência para reprovação e prevenção do crime. Trata-se de prerrogativa institucional do Ministério Público e não direito subjetivo do investigado.

Publicado no Diário Oficial de São Paulo, 23/01/2020.

Enunciado nº 21 (art. 28-A, § 2º, II, CPP) do GNCCRIM do CNPG

Não caberá o acordo de não persecução penal se o investigado for reincidente ou se houver elementos probatórios que indiquem conduta criminal habitual, reiterada ou profissional, exceto se as infrações penais forem delitos de menor potencial ofensivo.

Acesso em 07/08/20. Fonte: https://www.cnpg.org.br/images/arquivos/gndh/documentos/enunciados/GNCCRIM_Enunciados.pdf

Enunciado nº 20 do MPSP sobre o Pacote Anticrime

A expressão "conduta criminosa habitual, reiterada ou profissional", prevista no inciso II do § 2º do art. 28-A do CPP, deve ser entendida como a habitualidade criminosa, a ser verificada no caso concreto.

Publicado no Diário Oficial de São Paulo, 23/01/2020.

Enunciado nº 22 (art. 28-A, § 2º, IV, CPP) do GNCCRIM do CNPG

Veda-se o acordo de não persecução penal aos crimes praticados no âmbito de violência doméstica ou familiar, ou praticados contra a mulher por razões da condição de sexo feminino, bem como aos crimes hediondos e equiparados, pois em relação a estes o acordo não é suficiente para a reprovação e prevenção do crime.

Acesso em 07/08/20. Fonte: https://www.cnpg.org.br/images/arquivos/gndh/documentos/enunciados/GNCCRIM_Enunciados.pdf

Enunciado nº 22 do MPSP sobre o Pacote Anticrime

O acordo de não persecução penal é incompatível com crimes hediondos ou equiparados, uma vez que sua elaboração não atende ao requisito previsto no caput do art. 28-A do CPP, que o restringe a situações em que se mostre necessário e suficiente para a reprovação e prevenção do crime.

Publicado no Diário Oficial de São Paulo, 23/01/2020.

Enunciado nº 2 do MPRJ sobre ANPP

Não sendo caso de arquivamento, a proposta de acordo de não persecução penal somente poderá ser formulada se houver suporte probatório mínimo para deflagração da ação penal, bem como se estiverem presentes os requisitos objetivos e subjetivos previstos nos artigos 2º e 3º da Resolução Conjunta GPGJ/CGMP nº 20, de 23 de janeiro de 2020, além de se mostrar necessária e suficiente para a prevenção e repressão do crime.

Disponibilizado em 31/01/2020 e publicado em 03/02/2020.

Resolução Conjunta GPGJ/CGMP nº 20, de 23 de janeiro de 2020.

Enunciado nº 3 do MPRJ sobre ANPP

A negativa de confissão em sede policial não elide a possibilidade de que o investigado venha a confessar a prática delituosa perante o Ministério Público.

Disponibilizado em 31/01/2020 e publicado em 03/02/2020.

Resolução Conjunta GPGJ/CGMP nº 20, de 23 de janeiro de 2020.

Enunciado nº 23 (art. 28-A, § 2º, CPP) do GNCCRIM do CNPG

É cabível o acordo de não persecução penal nos crimes culposos com resultado violento, uma vez que nos delitos desta natureza a conduta consiste na violação de um dever de cuidado objetivo por negligência, imperícia ou imprudência, cujo resultado é involuntário, não desejado e nem aceito pela agente, apesar de previsível.

Acesso em 07/08/20. Fonte: https://www.cnpg.org.br/images/arquivos/gndh/documentos/enunciados/GNCCRIM_Enunciados.pdf

Enunciado nº 23 do MPSP sobre o Pacote Anticrime

É cabível acordo de não persecução penal em infrações cometidas com violência contra a coisa, devendo-se interpretar a restrição do caput do art. 28- A do CPP como relativa a infrações penais praticadas com grave ameaça ou violência contra a pessoa (*lex minus dixit quam voluit*).

Publicado no Diário Oficial de São Paulo, 23/01/2020.

Enunciado nº 4 do MPRJ sobre ANPP

O membro do Ministério Público deverá requerer a intimação da vítima, pelo juízo, em todas as hipóteses de homologação do acordo de não persecução penal e de seu descumprimento, mesmo que não exista dano a reparar ou bens a restituir, assim como na hipótese de impossibilidade de reparação ou restituição.

Disponibilizado em 31/01/2020 e publicado em 03/02/2020.

Resolução Conjunta GPGJ/CGMP nº 20, de 23 de janeiro de 2020.

Enunciado nº 5 do MPRJ sobre ANPP

Não se aplica o artigo 6º da Resolução Conjunta GPGJ/CGMP nº 20, de 23 de janeiro de 2020, quando a recusa se fundamentar na ausência de qualquer dos requisitos objetivos previstos em seu artigo 2º, ressalvado o disposto no § 1º deste dispositivo.

Disponibilizado em 31/01/2020 e publicado em 03/02/2020.

Resolução Conjunta GPGJ/CGMP nº 20, de 23 de janeiro de 2020.

Nota do autor: Art. 6º – A recusa em propor o acordo de não persecução penal será fundamentada e certificada nos próprios autos do inquérito policial ou peça informativa, com a comprovação da ciência do investigado, que terá, a contar de então, o prazo de 5 (cinco) dias para requerer a remessa dos autos ao Procurador-Geral de Justiça, com vistas ao reexame da decisão.

Enunciado nº 6 do MPRJ sobre ANPP

Diante do risco de ineficácia de medida cautelar, deverá ser avaliada e justificada a importância da ciência indicada no artigo 6º da Resolução Conjunta GPGJ/CGMP nº 20, de 23 de janeiro de 2020.

Disponibilizado em 31/01/2020 e publicado em 03/02/2020.

Resolução Conjunta GPGJ/CGMP nº 20, de 23 de janeiro de 2020.

Enunciado nº 20 (art. 28-A, CPP) do GNCCRIM do CNPG

Cabe acordo de não persecução penal para fatos ocorridos antes da vigência da Lei nº 13.964/2019, desde que não recebida a denúncia.

Acesso em 07/08/20. Fonte: https://www.cnpg.org.br/images/arquivos/gndh/documentos/enunciados/GNCCRIM_Enunciados.pdf

Enunciado nº 98 da 2ª Câmara de Coordenação e Revisão – Criminal do MPF

É cabível o oferecimento de acordo de não persecução penal no curso da ação penal, isto é, antes do trânsito em julgado, desde que preenchidos os requisitos legais, devendo o integrante do MPF oficiante assegurar seja oferecida ao acusado a oportunidade de confessar formal e circunstancialmente a prática da infração penal, nos termos do art. 28-A do CPP, quando se tratar de processos que estavam em curso quando da introdução da Lei nº 13.964/2019, conforme precedentes, podendo o membro oficiante analisar se eventual sentença ou acórdão proferido nos autos configura medida mais adequada e proporcional ao deslinde dos fatos do que a celebração do ANPP. Não é cabível o acordo para processos com sentença ou acórdão após a vigência da Lei nº 13.964/2019, uma vez oferecido o ANPP e recusado pela defesa, quando haverá preclusão.

Alterado na 187ª Sessão Virtual de Coordenação, de 31/08/2020.

Precedentes 2ª CCR:

Processo: JF-RJ-2015.51.01.509192-3-AP, Sessão de Revisão nº 770, de 25/05/2020, unânime.

Processo: 1.29.000.001782/2020-82, Sessão de Revisão nº 770, de 25/05/2020, unânime.

Processo: JF/PR/CUR-IANPP-5011021-84.2020.4.04.7000, Sessão de Revisão nº 770, de 25/05/2020, unânime.

Processo: JF/PR/LON-5007299-39.2020.4.04.7001, Sessão de Revisão nº 770, de 25/05/2020, unânime.

Processo: JFRS/POA-5069978-06.2019.4.04.7100-APN, Sessão de Revisão nº 769, de 11/05/2020, unânime.

Enunciado nº 27 do MPSP sobre o Pacote Anticrime

Caso o juiz não homologue o acordo de não persecução, nos termos do § 5º do art. 28-A do CPP, e devolva os autos ao Ministério Público, caberá ao órgão ministerial reiniciar as negociações com o investigado, oferecer denúncia ou providenciar outras diligências. A concordância do investigado e seu defensor com o juiz na reformulação da proposta de acordo significa sua retratação da adesão.

Publicado no Diário Oficial de São Paulo, 23/01/2020.

Enunciado nº 24 (art. 28-A, §§ 5º, 7º e 8º, CPP) do GNCCRIM do CNPG

A homologação do acordo de não persecução penal, a ser realizada pelo juiz competente, é ato judicial de natureza declaratória, cujo conteúdo analisará apenas a voluntariedade e a legalidade da medida, não cabendo ao magistrado proceder a um juízo quanto ao mérito/conteúdo do acordo, sob pena de afronta ao princípio da imparcialidade, atributo que lhe é indispensável no sistema acusatório.

Acesso em 07/08/20. Fonte: https://www.cnpg.org.br/images/arquivos/gndh/documentos/enunciados/GNCCRIM_Enunciados.pdf

Enunciado nº 26 do MPSP sobre o Pacote Anticrime

Não é obrigatória a participação do membro do Ministério Público na audiência de homologação do acordo de não persecução penal prevista no § 4º do art. 28-A do CPP.

Publicado no Diário Oficial de São Paulo, 23/01/2020.

Enunciado nº 28 do MPSP sobre o Pacote Anticrime

A homologação do acordo de não persecução penal a ser realizada pelo juiz das garantias restringe-se ao juízo de voluntariedade e legalidade da proposta, não abrangendo a análise da necessidade e suficiência para prevenção e reprovação do crime.

Publicado no Diário Oficial de São Paulo, 23/01/2020.

Enunciado nº 25 (art. 28-A, §§ 6º e 12, CPP) do GNCCRIM do CNPG

O acordo de não persecução penal não impõe penas, mas somente estabelece direitos e obrigações de natureza negocial e as medidas acordadas voluntariamente pelas partes não produzirão quaisquer efeitos daí decorrentes, incluindo a reincidência.

Acesso em 07/08/20. Fonte: https://www.cnpg.org.br/images/arquivos/gndh/documentos/enunciados/GNCCRIM_Enunciados.pdf

Enunciado nº 01 do MPSP sobre o Pacote Anticrime

A legitimidade para a execução da pena de multa perante a Vara das Execuções Criminais é privativa do Ministério Público.

Publicado no Diário Oficial de São Paulo, 23/01/2020.

Enunciado nº 26 (art. 28-A, § 10, CPP) do GNCCRIM do CNPG

Deverá constar expressamente no termo de acordo de não persecução penal as consequências para o descumprimento das condições acordadas, bem como o compromisso do investigado em comprovar o cumprimento das condições, independentemente de notificação ou aviso prévio, devendo apresentar, imediatamente e de forma documentada, eventual justificativa para o não cumprimento de qualquer condição, sob pena de imediata rescisão e oferecimento da denúncia em caso de inércia (§ 10).

Acesso em 07/08/20. Fonte: https://www.cnpg.org.br/images/arquivos/gndh/documentos/enunciados/GNCCRIM_Enunciados.pdf

Enunciado nº 27 (art. 28-A, § 10, CPP) do GNCCRIM do CNPG

Havendo descumprimento dos termos do acordo, a denúncia a ser oferecida poderá utilizar como suporte probatório a confissão formal e circunstanciada do investigado (prestada voluntariamente na celebração do acordo).

Acesso em 07/08/20. Fonte: https://www.cnpg.org.br/images/arquivos/gndh/documentos/enunciados/GNCCRIM_Enunciados.pdf

Enunciado nº 24 do MPSP sobre o Pacote Anticrime

Rescindido o acordo de não persecução penal por conduta atribuível ao investigado, sua confissão pode ser utilizada como uns dos elementos para oferta da denúncia.

Publicado no Diário Oficial de São Paulo, 23/01/2020.

Enunciado nº 28 (art. 28-A, § 13, CPP) do GNCCRIM do CNPG

Caberá ao juízo competente para a homologação rescindir o acordo de não persecução penal, a requerimento do Ministério Público, por eventual descumprimento das condições pactuadas, e decretar a extinção da punibilidade em razão do cumprimento integral do acordo de não persecução penal.

Acesso em 07/08/20. Fonte: https://www.cnpg.org.br/images/arquivos/gndh/documentos/enunciados/GNCCRIM_Enunciados.pdf

Enunciado nº 29 do MPSP sobre o Pacote Anticrime

O pedido revisional fundado no §14 do art. 28-A do CPP não terá seguimento nos casos em que a pena mínima prevista para o delito for igual ou superior a 04 (quatro) anos (art. 28-A, caput e § 1º do CPP) ou quando incidir alguma das vedações previstas nos incisos I a IV do § 2º do art. 28-A, do CPP.

Publicado no Diário Oficial de São Paulo, 23/01/2020.

Enunciado nº 29 (art. 28-A, § 1.º, CPP) do GNCCRIM do CNPG

Para aferição da pena mínima cominada ao delito a que se refere o artigo 28-A, serão consideradas as causas de aumento e diminuição aplicáveis ao caso concreto, na linha do que já dispõe os enunciados sumulados nº 243 e nº 723, respectivamente, do Superior Tribunal de Justiça e Supremo Tribunal Federal.

Acesso em 07/08/20. Fonte: https://www.cnpg.org.br/images/arquivos/gndh/documentos/enunciados/GNCCRIM_Enunciados.pdf

Enunciado nº 50 do MPSP sobre o Pacote Anticrime

O âmbito de incidência do acordo de não persecução penal, no tocante ao critério quantitativo da pena, alcança infrações penais com pena mínima inferior a quatro anos, consideradas as causas de aumento e diminuição de pena, nos termos do art. 28-A, §1º, do CPP. Em havendo redutores ou exasperantes em limites variáveis, deve-se tomar como parâmetro, respectivamente, a maior diminuição e o menor aumento, uma vez que o parâmetro é o piso punitivo.

Fonte: http://www.mpsp.mp.br/portal/page/portal/Criminal/Criminal_Juri_Jecrim/Enunciados_CAOCRIM/Enunciados%20PGJ-CGMP%20-%20Lei%20 13.964-19%20(1)-%20alterado.pdf.

Acesso em 04 de setembro de 2020.

Enunciado nº 30 do MPSP sobre o Pacote Anticrime

Aplica-se o artigo 28 do CPP nos casos em que, oferecida a denúncia, o juiz entenda cabível a proposta de acordo de não persecução penal.

Publicado no Diário Oficial de São Paulo, 23/01/2020.

Enunciado nº 51 do MPSP sobre o Pacote Anticrime

O crime de tráfico ilícito de drogas privilegiado ou minorado, previsto no art. 33, §4º, da Lei n.º 11.343/06, embora desprovido de caráter hediondo, não prescinde da análise, no caso concreto, das circunstâncias do fato, de maneira a verificar se estão presentes os requisitos subjetivos exigidos para a formulação do acordo e não persecução penal.

Fonte: http://www.mpsp.mp.br/portal/page/portal/Criminal/Criminal_Juri_Jecrim/Enunciados_CAOCRIM/Enunciados%20PGJ-CGMP%20-%20Lei%20 13.964-19%20(1)-%20alterado.pdf

Acesso em 04 de setembro de 2020.

Orientação conjunta nº 01/2020 da 2ª, 4ª e 5ª Câmaras de Coordenação e Revisão

As 2ª, 4ª e 5ª Câmaras de Coordenação e Revisão do Ministério Público Federal

ORIENTAM que: 1 Os recursos financeiros oriundos de prestações pecuniárias, multas, acordos de não persecução penal, acordos de colaboração premiada, termos de ajustamento de conduta, acordos de não persecução cível, acordos de leniência e acordos judiciais sejam destinados a ações de saúde e atendimento às populações mais vulneráveis, em trabalho integrado com as secretarias de saúde estaduais e municipais.

2 As providências mencionadas no item 1 sejam substituídas, se necessário, pela destinação direta de materiais e equipamentos às instituições de saúde, como forma de assegurar a agilidade e a eficácia requeridas em todas as providências de suporte ao atendimento de saúde neste momento.

3 A destinação de recursos financeiros, materiais e equipamentos às instituições de saúde, conforme previsto nos itens 1 e 2, será sempre fiscalizada pelo Ministério Público Federal. Ocorrendo em procedimento judicial próprio, o MPF terá ciência das seguintes informações: a) a entidade beneficiada; b) o montante repassado; c) a finalidade da destinação; d) o prazo para prestação de contas.

4 As destinações realizadas na forma desta orientação conjunta serão comunicadas à Coordenação Finalística do Giac-Covid-19 por correio eletrônico (ces@cnmp.mp.br) com indicação do valor transferido ou dos bens revertidos **1**.

1 Recomendação Conjunta PRESI-CN nº 1, de 20 de março de 2020.

25 de março de 2020, http://www.mpf.mp.br/atuacao-tematica/ccr2/orientacoes/documentos/orientacao-conjunta-no-1-2020-2a-4a-e-5a-ccr-pdf-pdf.pdf

SUSPENSÃO CONDICIONAL DO PROCESSO E TRANSAÇÃO PENAL

Enunciado nº 27 das Câmaras de Coordenação e Revisão Criminais e Cíveis Reunidas do MPDFT

Caso o Promotor de Justiça deixe de formular a proposta de transação ou suspensão do processo, ou não concorde o Juiz com as razões para a não apresentação da proposta, o feito será submetido ao Procurador-Geral, por aplicação analógica do artigo 28 do Código de Processo Penal.

Processo-Crime nº 43.636/94 da 4ª Vara Criminal de Brasília.

Publicado no DJ, Seção 1, de 05/07/2004, p. 108/109.

Enunciado nº 96 das Câmaras de Coordenação e Revisão Criminais Reunidas do MPDFT

A transação penal, por envolver um acordo entre o órgão acusatório e o autor do fato, visando à imposição de pena de multa ou restritiva de direitos, sem a instauração da *persecutio criminis in iudicio*, pode ser realizada nas dependências do Ministério Público, sem a participação imediata do Juiz, mas com a presença de advogado constituído ou defensor, com o posterior encaminhamento ao Juízo para apreciação e homologação.

PA n. 08190.000316/20-77.

Diário Eletrônico do MPDFT. Edição n.º 1.805, 07/08/2020.

AÇÃO PENAL. JUSTA CAUSA.

Vide: Penal/ Extinção da Punibilidade

Súmula nº 08 da Câmara de Coordenação e Revisão do Ministério Público do Distrito Federal e Territórios

CRIME EM TESE. PRESCRIÇÃO. EXTINÇÃO DA PUNIBILIDADE.

Extinto o direito de punir do Estado pela superveniência da prescrição da pretensão punitiva pela pena abstrata, falece ao Ministério Público justa causa para a persecução penal.

Obs. antiga súmula nº 01 da 1ª Câmara Criminal do MPDFT.

Editada na 7ª Sessão Extraordinária do Conselho Institucional, realizada em 25/05/04.

Enunciado nº 75 das Câmaras de Coordenação e Revisão Criminais Reunidas do MPDFT

O inquérito, como peça de informação, não é imprescindível ao oferecimento da denúncia, que pode ser ofertada com base em boletim de ocorrência, relatório policial, ou ainda, à vista do auto de prisão em flagrante, uma vez presentes indícios de autoria e prova de materialidade.

Publicado no DOU n. 233, Seção 1, de 07 de dezembro de 2015, p.95. PA 08190.020749/14-19, julgado na 36ª Sessão Extraordinária das Câmaras de Coordenação e Revisão Reunidas em Matéria Criminal, em 18/11/2015.

Súmula nº 15 da Câmara de Coordenação e Revisão do Ministério Público do Distrito Federal e Territórios

CRIME EM TESE. FALTA DE PROVAS.

Não encontrados elementos probatórios caracterizadores de crime, não se justifica a deflagração da ação penal.

Nova Redação – 34ª Sessão Extraordinária das Câmaras de Coordenação Criminais Reunidas, realizada em 07/10/2015. Ref. PA 08190.053772/12-64.

Súmula nº 16 da Câmara de Coordenação e Revisão do Ministério Público do Distrito Federal e Territórios

NOTÍCIA DE CRIME. AUTORIA DESCONHECIDA.

Não restando esclarecida a autoria do crime noticiado, apesar das diligências realizadas, resta inviabilizada a deflagração da ação penal. (antiga súmula 09).

Nova Redação – 34ª Sessão Extraordinária das Câmaras de Coordenação Criminais Reunidas, realizada em 07/10/2015. Ref. PA 08190.053772/12-64.

Orientação nº 15 da Câmara de Coordenação e Revisão – Criminal MPF

Assunto: Orienta sobre a necessidade de confirmação, nos crimes tributários, da qualidade de real administrador de pessoas jurídicas e de empresas individuais, sobre a quantificação do produto do crime e sobre o momento de constituição definitiva do crédito.

ORIENTA os membros do Ministério Público Federal com atuação na área criminal sob sua coordenação, respeitada a independência funcional, para que: a) realizem, antes do ajuizamento de denúncia, oitiva das pessoas que constem formalmente como administradores das pessoas jurídicas e empresas como forma de verificar a real qualidade de administrador; b) realizem pesquisa junto a ASSPAD para confirmar a inexistência de procurações passadas pela pessoa jurídica ou empresa a terceiros não administradores (CENSEC) e para confirmar a inexistência de terceiros como detentores de poderes de movimentação das contas bancárias da empresa alvo, como forma de afastar a possibilidade de uso de laranjas; c) realizem pesquisa em fontes abertas (v.g Google), de forma verificar se há provas em reclamação trabalhista ou em procedimento do MPT que já possam de plano indicar quem é o real administrador da pessoa jurídica ou empresa; d) realize pesquisa junto ao Radar (SPPEA) para constatar a evolução do quadro de empregados e, assim, identificar o possível momento de verdadeiro encerramento das atividades financeiras; e) oficie a Procuradoria da Fazenda Nacional para que esta apresente o extrato completo da dívida decorrente do Auto de Infração que deu ensejo a Representação Fiscal para Fins Penais. f) acaso não tenha havido impugnação do lançamento por parte do contribuinte, considere a constituição definitiva do crédito ocorrida no 31° dia após a intimação do contribuinte para impugnar, nos termos do art. 15 do Decreto 70.235/72.

Alteração aprovada na 179ª Sessão de Coordenação, de 27 de abril de 2020.

Orientação nº 17 da Câmara de Coordenação e Revisão – Criminal MPF

Assunto: Orienta sobre a necessidade de os membros do Ministério Público Federal ponderarem, na formação da *opinio delicti*, sobre a utilização dos elementos informativos obtidos em decorrência de medidas cautelares deferidas por juízo incompetente, sem a anuência do titular da ação penal com a atribuição para o caso.

ORIENTA os membros do Ministério Público Federal que oficiam na área criminal, respeitada a independência funcional, nos termos do artigo 62 – I, da Lei Complementar 75/93, a ponderarem, na formação da *opinio delicti*, sobre a utilização dos elementos informativos obtidos em decorrência de medidas cautelares deferidas por juízo incompetente, sem a anuência do titular da ação penal com a atribuição para o caso. Desta forma, o Ministério Público Federal contribui para a eficiência da prestação jurisdicional. Os Coordenadores Criminais poderão dar conhecimento desta orientação aos Procuradores que oficiam na área Criminal em sua unidade.

Brasília, 9 de junho de 2014. Acesso em 07 de agosto ao sítio eletrônico: http://www.mpf.mp.br/atuacao-tematica/ccr2/orientacoes/documentos/orientacoes-compiladas.pdf

ATUAÇÃO DA DEFENSORIA PÚBLICA

Orientação nº 11 da Câmara de Coordenação e Revisão – Criminal MPF

Assunto: Atuação da Defensoria Pública da União restrita às hipóteses de insuficiência de recursos econômico-financeiros do defendido.

ORIENTA os membros do Ministério Público Federal que oficiam em matéria criminal, respeitada a independência funcional, a pugnar pela atuação da Defensoria Pública da União nos estritos casos em que a Constituição Federal permite, somente concordando com tal atuação nas hipóteses em que estiver caracterizada a insuficiência de recursos econômico-financeiros do defendido, nos termos do inciso LXXIV, do artigo 5º da Carta Magna. A garantia da defesa técnica nos casos de abandono ou retirada da defesa constituída, em que o réu não for pobre, deverá ser feita por defensor dativo, a ser remunerado pelo ofendido, observado o disposto no artigo 263, do Código de Processo Penal. Os Coordenadores Criminais deverão dar conhecimento desta orientação aos Procuradores que oficiam na área Criminal em sua unidade.

Aprovada na 82ª Sessão de Coordenação, de 26/05/2014.

AÇÃO PENAL

Súmula nº 12 da Câmara de Coordenação e Revisão do Ministério Público do Distrito Federal e Territórios

FALTA DE REPRESENTAÇÃO.

A renúncia expressa do ofendido ao seu direito de representação impede o exercício da ação penal, pelo Ministério Público, quando aquela for condição imprescindível de procedibilidade.

Editada na 7ª Sessão Extraordinária do Conselho Institucional, realizada em 25/05/04.

Enunciado nº 68 das Câmaras de Coordenação e Revisão Criminais Reunidas do MPDFT

No crime de lesões corporais, em situação de violência doméstica (art. 129, § 9º do CPB), independentemente da extensão e gravidade das lesões, bem como na contravenção de vias de fato (art. 21 da LCP), a ação penal é publica incondicionada.

Publicado no DOU n. 76, Seção 1, de 20 de abril de 2011, p. 187.

Enunciado nº 03 do MPSP sobre o Pacote Anticrime

É dispensável a representação do ofendido no crime de estelionato se oferecida a denúncia antes da eficácia da Lei nº 13.964/19, em respeito ao ato jurídico perfeito.

Publicado no Diário Oficial de São Paulo, São Paulo, 23/01/2020.

Enunciado nº 04 do MPSP sobre o Pacote Anticrime

Conhecida a autoria, é necessária a representação da vítima no crime de estelionato se não oferecida a denúncia até a eficácia da Lei nº 13.964/19, observado o prazo decadencial de seis meses a contar de sua intimação.

Publicado no Diário Oficial de São Paulo, 23/01/2020.

Enunciado nº 33 das Câmaras de Coordenação e Revisão Criminais e Cíveis Reunidas do MPDFT

Cabe exclusivamente ao Promotor de Justiça designado para a Promotoria manifestar-se nos feitos afetos à citada unidade, salvo a hipótese de impedimento ocasional, nos termos do disciplinamento vigente. O Promotor de Justiça, ao se manifestar em ação penal iniciada por denúncia formulada por outro promotor deve abster-se de criticar, extemporaneamente, a capitulação original, sem embargo de, no momento e pelo meio processual adequado, manifestar a sua discordância quanto a peça acusatória. O Coordenador Administrativo não tem atribuição de avocar feitos, só podendo se manifestar em processos ou inquéritos de outra Promotoria se se caracterizar a condição legal de substituto. (PA nº 08190.001147/97-26).

Nova redação – Ref. PA 08190.053772/12-64, julgado em 07/10/2015. Alteração publicada no DOU n. 242, de 18/12/2015.

Enunciado nº 05 da 2ª Câmara de Coordenação e Revisão – Criminal do MPF

O membro do Ministério Público Federal que se manifestou pelo arquivamento do inquérito policial, sendo essa conclusão não acatada pela Câmara Criminal, fica impossibilitado de oficiar na respectiva ação penal que tenha sido iniciada por denúncia de outro membro para tanto designado.

Aprovado da 268ª Sessão, de 31/05/2004.

Enunciado nº 92 das Câmaras de Coordenação e Revisão Criminais Reunidas do MPDFT

O Membro responsável pela promoção de arquivamento de inquérito policial, inquérito parlamentar, procedimento de investigação criminal ou peças de informação de natureza penal, em caso de não homologação pela Câmara de Coordenação e Revisão não poderá atuar na condução da ação penal correspondente.

PA n. 08190.058528/18-56.

Diário Eletrônico do MPDFT. Edição n.º 1.513 dia 17/05/2019.

Enunciado nº 30 da 4ª Câmara de Coordenação e Revisão – Meio Ambiente e Patrimônio Cultural do MPF

O membro do Ministério Público Federal que se manifestou pelo arquivamento do inquérito policial, sendo essa conclusão não acatada pela Câmara, fica impossibilitado de oficiar na respectiva ação penal que tenha sido iniciada por denúncia de outro membro para tanto designado.

Recepção do Enunciado nº 05-2ª CCR. 268ª Sessão, de 31.05.2004. Conforme portaria da 4ª CCR nº 05, de 3 de agosto de 2016, republicada em razão de incorreções na publicação do DMPFe, Caderno Extrajudicial nº 146/2016, divulgado em 3 de agosto de 2016, pág. 7.

Súmula nº 18 da Câmara de Coordenação e Revisão do Ministério Público do Distrito Federal e Territórios

INTERVENÇÃO INJUSTIFICADA DO MINISTÉRIO PÚBLICO.

Não se justifica a intervenção do Ministério Público quando não houver nos autos notícia de crime ou de qualquer outro fato ensejador de sua atuação.

Editada na 7ª Sessão Extraordinária do Conselho Institucional, realizada em 25/05/04.

Enunciado nº 17 da 2ª Câmara de Coordenação e Revisão – Criminal do MPF

Dada sua condição de *custos legis* na ação penal, ao membro do Ministério Público é assegurado o direito a vista dos autos em face de todos os atos processualmente relevantes, para manifestar-se por escrito. A supressão dessa intervenção viola o princípio constitucional do devido processo legal e a cláusula da imprescindibilidade do Ministério Público à função jurisdicional do Estado, legitimando o Membro a interpor a medida judicial cabível.

Aprovado na 284ª Sessão, de 10/11/2004.

Enunciado nº 29 da 4ª Câmara de Coordenação e Revisão – Meio Ambiente e Patrimônio Cultural do MPF

Dada sua condição de *custos legis* na ação penal, ao membro do Ministério Público é assegurado o direito à vista dos autos em face de todos os atos processualmente relevantes, para manifestar-se por escrito. A supressão dessa intervenção viola o princípio constitucional do devido processo legal e a cláusula da imprescindibilidade do Ministério Público à função jurisdicional do Estado, legitimando o Membro a interpor a medida judicial cabível.

Recepção do Enunciado nº 17-2ª CCR. 284ª Sessão, de 10.11.2004. Conforme portaria da 4ª CCR nº 05, de 3 de agosto de 2016, republicada em razão de incorreções na publicação do DMPFe, Caderno Extrajudicial nº 146/2016, divulgado em 3 de agosto de 2016, pág. 7.

Súmula nº 20 da Câmara de Coordenação e Revisão do Ministério Público do Distrito Federal e Territórios

PROCEDIMENTO INVESTIGATÓRIO OU JUDICIAL INSTAURADO.

Restando demonstrado que já foi instaurado procedimento investigatório ou judicial pertinente, caberá ao Promotor de Justiça que atua perante o Juízo, para o qual foi ou vier a ser distribuído o feito, promover o seu acompanhamento e fiscalização, providenciando-se, se for o caso, a juntada de elementos de prova nele ainda não constantes.

Nova Redação – 34ª Sessão Extraordinária das Câmaras de Coordenação Criminais Reunidas, realizada em 07/10/2015. Ref. PA 08190.053772/12-64.

Enunciado nº 79 da 2ª Câmara de Coordenação e Revisão – Criminal do MPF

Vide o Enunciado nº 63

Considerando os efeitos da Súmula Vinculante nº 24 do STF, em regra, o oferecimento de denúncia por crimes contra a ordem tributária (Lei 8.137/1990, art. 1º, incisos I a IV), de apropriação indébita previdenciária (CP, art. 168-A) ou de sonegação de contribuição previdenciária (CP, art. 337-A) depende do término do procedimento administrativo e da consequente constituição definitiva do crédito tributário, indispensável condição de procedibilidade.

Reeditado na 177ª Sessão Virtual de Coordenação, de 16/03/2020.

Precedentes 2ª CCR:

Processo: 1.34.006.000186/2019-21, Sessão de Revisão nº 758, de 16/12/2019, unânime.

Processo: 1.29.002.000221/2019-11, Sessão de Revisão nº 753, de 21/10/2019, unânime.

Processo: 1.22.012.000144/2019-22, Sessão de Revisão nº 747, de 12/08/2019, unânime.

Processo: 1.24.002.000049/2018-92, Sessão de Revisão nº 740, de 13/05/2019, unânime.

Processo: 1.34.021.000092/2017-01, Sessão de Revisão nº 740, de 13/05/2019, unânime.

Processo: 1.22.024.000191/2018-56, Sessão de Revisão nº 734, de 11/02/2019, unânime.

Processo: JF-PPR-0008409-54.2011.4.03.6112-INQ, Sessão de Revisão nº 725, de 26/09/2018, unânime.

Processo: 1.30.001.002476/2019-07, Sessão de Revisão nº 747, de 12/08/2019, unânime.

Processo: 1.33.000.001654/2019-72, Sessão de Revisão nº 749, de 09/09/2019, unânime.

Enunciado nº 30 da 2ª Câmara de Coordenação e Revisão – Criminal do MPF

O processo e julgamento do crime de pesca proibida (art. 34, caput e parágrafo único da Lei n.º 9.605/98) competem à Justiça Federal quando o espécime for proveniente de rio federal, mar territorial, zona econômica exclusiva ou plataforma continental.

Aprovado na 1ª Sessão de Coordenação, de 17/05/2010.

Precedentes:

1.13.000.000480/2009-41; 1.13.000.000469/2009-81; 1.00.000.000221/2009-95; 1.00.000.003522/2009-54; 1.20.000.000815/2006-44; 1.34.012.000594/2008-41; entre outros.

Atual Enunciado nº 46 da 4ª CCR.

Enunciado nº 46 da 4ª Câmara de Coordenação e Revisão – Meio Ambiente e Patrimônio Cultural do MPF

O Ministério Público Federal é parte legítima para a persecução penal relativa ao crime de pesca proibida previsto no art. 34, *caput*, e parágrafo único, da Lei nº 9.605/1998, sendo competente a Justiça Federal para o processo e julgamento, quando o espécime for proveniente de rio federal, mar territorial, zona econômica exclusiva ou plataforma continental, independentemente da extensão do dano. A extensão do dano ambiental e a maior ou menor potencialidade lesiva são elementos que dizem respeito à dosimetria da pena, mas nunca à fixação da competência, cujos critérios estão balizados no ordenamento constitucional.

Redação alterada na RO nº 537, de 19 de setembro de 2018. Precedentes: DPF/DVS/MG-INQ-00086/2017 (CIMPF), 1.11.000.000231/2016-50, e 1.22.003.000503/2017-99.

Recepção do Enunciado nº 30-2ª CCR. (1ª Sessão de Coordenação, de 17.05.2010.

PRAZOS

Enunciado nº 48 das Câmaras de Coordenação e Revisão Criminais e Cíveis Reunidas do MPDFT

Prazo para manifestação pelos órgãos do Ministério Público nas peças de informação com sugestão de promoção, pelo titular da ação penal, de pedidos de prisão temporária ou preventiva e outros. O prazo para o Promotor de Justiça, plantonista ou não, se manifestar em peças de informação com sugestão de promoção de ações penais cautelares, como prisão temporária ou preventiva, e também em pedidos de relaxamento de prisão e pedidos de liberação do adolescente é de até 24 horas, contadas a partir do recebimento das peças de informação ou do requerimento. Nas demais medidas urgentes, incluídos os pedidos de liberdade provisória e revogação de prisão preventiva ou temporária, o prazo para a manifestação do Promotor de Justiça será de até 48 horas, contadas a partir do recebimento das peças de informação ou do requerimento.

Nova redação – Ref. PA 08190.053772/12-64, julgado em 07/10/2015. Alteração publicada no DOU n. 242, de 18/12/2015.

IMPEDIMENTO E SUSPEIÇÃO

Enunciado nº 39 das Câmaras de Coordenação e Revisão Criminais e Cíveis Reunidas do MPDFT

1º) o Promotor de Justiça que exerceu a função de fiscal da lei pode, no mesmo processo, vir a atuar como promotor da ação penal;

2º) o Promotor de Justiça que, temporariamente, exercer a função de procurador de justiça, não pode oficiar no processo em que atuou junto à primeira instância;

3º) o Promotor de Justiça ou o Procurador de Justiça não pode atuar em processo no qual tenha oficiado parente, consangüíneo ou afim em linha reta ou colateral até o terceiro grau ou seu cônjuge;

4º) o membro do Ministério Público deve dar-se por suspeito nas hipóteses dos incisos de I a VI, do artigo 254 do Código de Processo Penal.

PA nº 08190.059952/99-10. Nova redação – Ref. PA 08190.053772/12-64, julgado em 18/11/2015. Alteração publicada no DOU n. 234, de 08/12/2015.

Enunciado nº 65 das Câmaras de Coordenação e Revisão Criminais e Cíveis Reunidas do MPDFT

Em caso de impedimento de magistrados, o membro do Ministério Público com atribuições no feito, nele permanecerá atuando, independentemente do ofício em que atue o juiz substituto.

Ref. PIP 08190.052731/07-84.

Publicado no Diário de Justiça n. 130, de 04 de julho de 2008, p. 68.

"MEIOS PRÓPRIOS"

Enunciado nº 25 das Câmaras de Coordenação e Revisão Criminais e Cíveis Reunidas do MPDFT

Sempre que necessário ao exercício de suas funções institucionais, pode o Membro do MPDFT requisitar e acompanhar diligências, que, no processo penal, devem, em regra, ser cumpridas pela autoridade policial. Assim, se no curso da ação penal, o Promotor requer ao Juiz auxílio policial para a localização de testemunhas cuja oitiva se mostre imprescindível à busca da verdade material, e ele indefere o pedido, ao argumento de que o Órgão do Ministério Público dispõe de meios para providenciar a diligência pretendida, pode (deve!) ele – titular da ação penal – requisitá-la, diretamente, à autoridade policial ou, até mesmo, em caráter excepcional, expedir ele próprio o mandado de intimação, a fim de não ver frustrado o objetivo maior do processo penal.

PA nº 08190.001021-9/95.

Publicado no DJ, Seção 1, de 05/07/2004, p. 108/109.

CAUTELARES

Enunciado nº 31 (art. 282, § 3º, CPP) do GNCCRIM do CNPG

Os dispositivos do § 3º do art. 282 não se aplicam à prisão preventiva, mas apenas às cautelares do art. 319 do CPP.

Acesso em 07/08/20. Fonte: https://www.cnpg.org.br/images/arquivos/gndh/documentos/enunciados/GNCCRIM_Enunciados.pdf

Enunciado nº 33 do MPSP sobre o Pacote Anticrime

Nenhuma medida cautelar pessoal poderá ser decretada de ofício pelo juiz, salvo na hipótese em que ele volte a decretá-la, quando anteriormente a tenha revogado, nos termos dos §§ 2º e 5º do art. 282, e do *caput* do art. 316 do CPP.

Publicado no Diário Oficial de São Paulo, 23/01/2020.

Enunciado nº 34 do MPSP sobre o Pacote Anticrime

O contraditório exigido pelo §3º do art. 282 do CPP prescinde da designação de audiência, salvo no caso de prorrogação de medida cautelar, inclusive prisão provisória.

Publicado no Diário Oficial de São Paulo, 23/01/2020.

AUDIÊNCIA DE CUSTÓDIA E PRISÃO PREVENTIVA

Enunciado nº 32 (art. 310, CPP – audiência de custódia) do GNCCRIM do CNPG

Em razão do veto presidencial ao §1º do art. 3º-B (que proibia a realização do ato por videoconferência), nos casos em que se faça inviável a realização presencial do ato (devidamente fundamentada) faculta-se o uso de meios tecnológicos.

Acesso em 07/08/20. Fonte: https://www.cnpg.org.br/images/arquivos/gndh/documentos/enunciados/GNCCRIM_Enunciados.pdf

Enunciado nº 30 (art. 310, *caput*, e § 4º, CPP) do GNCCRIM do CNPG

A comunicação da prisão deverá ocorrer em até 24 horas da sua realização. Transcorridas 24 horas desse prazo de comunicação, sem a realização da audiência de custódia, sem motivação idônea, a prisão deverá ser relaxada, o que não obstará a decretação da preventiva.

Acesso em 07/08/20. Fonte: https://www.cnpg.org.br/images/arquivos/gndh/documentos/enunciados/GNCCRIM_Enunciados.pdf

Enunciado nº 33 (art. 310, § 4º, CPP) do GNCCRIM do CNPG

Não obstante o relaxamento da prisão em flagrante por transcurso do prazo prevista no §4º do art. 310, pode a autoridade judicial, no mesmo ato, decretar a prisão preventiva se preenchidos os requisitos legais, sanando-se qualquer irregularidade.

Acesso em 07/08/20. Fonte: https://www.cnpg.org.br/images/arquivos/gndh/documentos/enunciados/GNCCRIM_Enunciados.pdf

Enunciado nº 34 (art. 312, § 2º, CPP) do GNCCRIM do CNPG

O § 2º do art. 312 afirma a necessidade de que a decretação da prisão preventiva seja motivada e fundamentada com a demonstração de "receio de perigo gerado pelo estado de liberdade do acusado", que nada mais é do que o perigo concreto que a manutenção da liberdade do suspeito acarreta para a investigação criminal, o processo penal, a efetividade do direito penal ou à ordem pública ou ordem econômica.

Acesso em 07/08/20. Fonte: https://www.cnpg.org.br/images/arquivos/gndh/documentos/enunciados/GNCCRIM_Enunciados.pdf

Enunciado nº 35 do MPSP sobre o Pacote Anticrime

A expressão "perigo gerado pelo estado de liberdade do imputado", contida no caput do art. 312 do CPP, refere-se ao *periculum libertatis*, que se apresenta por meio do risco à ordem pública, à ordem econômica, à instrução criminal ou à futura aplicação da lei penal, que já são requisitos para a decretação da prisão preventiva.

Publicado no Diário Oficial de São Paulo, 23/01/2020.

Enunciado nº 35 (art. 316, parágrafo único, CPP) do GNCCRIM do CNPG

O esgotamento do prazo previsto no parágrafo único do art. 316 não gera direito ao preso de ser posto imediatamente em liberdade, mas direito ao reexame dos pressupostos fáticos da prisão preventiva. A eventual ilegalidade da prisão por transcurso do prazo não é automática, devendo ser avaliada judicialmente.

Acesso em 07/08/20. Fonte: https://www.cnpg.org.br/images/arquivos/gndh/documentos/enunciados/GNCCRIM_Enunciados.pdf

Enunciado nº 36 (art. 316, parágrafo único, CPP) do GNCCRIM do CNPG

Havendo fato novo que justifique a revogação da prisão, cabe às partes levá-lo ao conhecimento do juiz, para que o avalie, em decorrência do sistema acusatório que limita a atividade probatória do juízo.

Acesso em 07/08/20. Fonte: https://www.cnpg.org.br/images/arquivos/gndh/documentos/enunciados/GNCCRIM_Enunciados.pdf

PROVAS

Enunciado nº 62 das Câmaras de Coordenação e Revisão Criminais Reunidas do MPDFT

PERÍCIA EM CRIMES CONTRA A PROPRIEDADE IMATERIAL. POSSIBILIDADE DE REALIZAÇÃO POR AMOSTRAGEM, PARA CONFERIR CELERIDADE AOS EXAMES PERICIAIS.

É possível a realização de perícia por amostragem para a caracterização de crime contra a propriedade imaterial quando excessiva a quantidade de objetos apreendidos. Para tanto, a autoridade policial deve identificar os bens, nos termos do art. 530-C, do CPP, dividi-los em lotes, realizar a perícia por amostragem, devendo a análise recair sobre uma quantidade razoável de unidades constantes de vários lotes diferentes. Em que pese o mandamento previsto no art. 530-D do CPP, o procedimento é possível diante da interpretação extensiva do dispositivo, nos termos do art. 3º, do CPP e 5º, LXXVIII, da Constituição Federal.

Ref. PIP 08190.015450/06-13.

Publicado no Diário de Justiça n. 124, de 01/07/2008, p. 74.

Enunciado nº 05 do MPSP sobre o Pacote Anticrime

O art. 3º-A do CPP não revogou os incisos I e II do art. 156 do mesmo diploma legal, salvo, no caso do inciso I, no que tange à possibilidade de determinar, de ofício, a produção antecipada da prova na fase de investigação.

Publicado no Diário Oficial de São Paulo, 23/01/2020.

Enunciado nº 13 do MPSP sobre o Pacote Anticrime

Os elementos informativos, assim como as provas cautelares, não repetíveis e antecipadas, colhidos na fase de investigação, acompanharão, obrigatoriamente, o processo enviado ao juiz da instrução e julgamento. Caso não sejam enviados, o membro do Ministério Público providenciará sua juntada.

Publicado no Diário Oficial de São Paulo, 23/01/2020.

Enunciado nº 31 do MPSP sobre o Pacote Anticrime

A prova inadmissível a que se refere o § 5º do art. 157 do CPP é apenas a ilícita, isto é, aquela cujo meio de obtenção viola proibição de natureza material ou preceito constitucional, não estando inserida na regra do referido dispositivo a prova ilegítima, assim entendida aquela que desobedeça norma processual infraconstitucional.

Publicado no Diário Oficial de São Paulo, 23/01/2020.

Enunciado nº 32 do MPSP sobre o Pacote Anticrime

O juiz, desembargador ou ministro dos tribunais superiores que conheceu do conteúdo da prova ilícita não poderá proferir a sentença ou o acórdão, salvo se tiver declarado a prova inadmissível, logo ao tomar conhecimento de sua ilicitude, pois nesse caso a imparcialidade do órgão julgador estará preservada.

Publicado no Diário Oficial de São Paulo, 23/01/2020.

CONEXÃO

Orientação nº 18 da Câmara de Coordenação e Revisão – Criminal MPF

Assunto: Orienta sobre a necessidade de privilegiar a economicidade e, sobretudo a eficiência na persecução penal dos delitos objeto do Projeto Tentáculos.

ORIENTA os membros do Ministério Público Federal que oficiam na área criminal, respeitada a independência funcional, nos termos do art. 62, inciso I, da Lei Complementar nº 75/93, a observarem, sempre que possível, a regra da conexão probatória, definida pela prevenção contida no art. 71 do Código Penal, a fim de concentrar a apuração no Juízo em que deflagrada a investigação. Os Coordenadores Criminais deverão dar conhecimento desta orientação aos Procuradores que oficiaram na área Criminal em sua unidade.

Brasília/DF, 9 de junho de 2014. Acesso em 07 de agosto ao sítio eletrônico: http://www.mpf.mp.br/atuacao-tematica/ccr2/orientacoes/documentos/orientacoes-compiladas.pdf

PENA

Orientação nº 35 da Câmara de Coordenação e Revisão – Criminal MPF

Assunto: Orienta sobre atuação nos casos de dúvida sobre a constitucionalidade ou não da alteração realizada pela Lei Federal nº 13.654/2018, no Código Penal.

ORIENTA os membros do Ministério Público Federal com atuação na área Criminal sob sua coordenação a requerer, enquanto houver dúvida sobre a constitucionalidade ou não da alteração legislativa, que sejam consideradas, na fixação da pena-base (art. 59 do CP), as circunstâncias do uso de arma branca.

Aprovada na 152ª Sessão de Coordenação, de 11 de junho de 2018.

Enunciado nº 37 (art. 492, CPP) do GNCCRIM do CNPG

A execução provisória da pena decorrente de condenação pelo Tribunal do Júri é constitucional, fundamentando-se no princípio da soberania dos veredictos (CF, art. 5º, XXXVIII, c).

Acesso em 07/08/20. Fonte: https://www.cnpg.org.br/images/arquivos/gndh/documentos/enunciados/GNCCRIM_Enunciados.pdf

Enunciado nº 02 do MPSP sobre o Pacote Anticrime

Para fins de requerimento da perda de bens e valores, previsto no § 3º do art. 91-A do CP, é suficiente a apresentação, por ocasião da oferta da denúncia, da diferença patrimonial apurada, baseada nas informações disponíveis no caderno investigatório, sem prejuízo de alteração em virtude de novos elementos.

Publicado no Diário Oficial de São Paulo, 23/01/2020.

Orientação nº 32 da Câmara de Coordenação e Revisão – Criminal MPF

Assunto: Orienta sobre pedidos de execução provisória da pena pelos membros do Ministério Público Federal de primeiro grau.

ORIENTA os membros do Ministério Público Federal de primeira instância com atuação na área Criminal sob sua coordenação, respeitada a independência funcional, que adotem as providências necessárias, junto às varas criminais perante as quais atuem, para que, quando da baixa dos autos físicos ao primeiro grau, em decorrência da interposição de recursos especiais/extraordinários, seja, de maneira automática, aberta vista dos autos ao MPF, para requerimento do início e do acompanhamento da execução provisória da pena, caso não tenha sido solicitado nos Tribunais Regionais Federais ou Superior Tribunal de Justiça.

Orientação aprovada na 143ª Sessão de Coordenação, de 11 de dezembro de 2017.

Orientação nº 38 da Câmara de Coordenação e Revisão – Criminal MPF

Assunto: Orienta sobre a execução das multas penais pelos membros do Ministério Público Federal.

ORIENTA os membros do Ministério Público Federal com atuação na área criminal sob sua coordenação, respeitada a independência funcional, para que: a) ao serem intimados acerca do trânsito em julgado da sentença penal condenatória, requeiram a intimação do sentenciado, para que realize o pagamento voluntário da multa fixada; b) ao realizarem audiências admonitórias para o início das execuções de penas restritivas de direitos, estabeleçam junto aos executados o prazo e o modo para o pagamento da multa penal no curso da respectiva execução penal; c) se o condenado não realizar o pagamento da multa penal no modo e no prazo estabelecidos em audiências ou até o fim do prazo para o cumprimento das penas restritivas de direitos, requeiram a remessa da certidão de trânsito em julgado à Procuradoria da Fazenda Nacional, para inscrição da multa na dívida ativa da União e execução fiscal ou promovam a sua cobrança em ação própria, perante o Juízo da execução.

Aprovada na 168ª Sessão de Coordenação, de 24 de junho de 2019.

Orientação nº 02 da Câmara de Coordenação e Revisão – Criminal MPF

Assunto: Orienta sobre a destinação de prestações penais pecuniárias, estabelecidas como pena restritiva de direito pela prática dos crimes de estelionato previdenciário e de sonegação de contribuição previdenciária, a agências do INSS, para melhoria do serviço de atendimento ao segurado.

ORIENTA os membros do Ministério Público Federal que oficiam na área criminal, respeitada a independência funcional, nos termos do art. 62-I da Lei Complementar nº 75/93, a adotarem medidas para que as prestações penais pecuniárias, estabelecidas como pena restritiva de direito em decorrência de condenação pelos crimes de estelionato previdenciário (Código Penal, art. 171-§ 3º) e de sonegação de contribuição previdenciária (Código Penal, art. 337-A), sejam aplicadas na melhoria do serviço de atendimento ao segurado na própria agência da Previdência Social lesada, especialmente na eliminação de filas, na aquisição de bebedouros e de cadeiras para a área de espera e na realização de reparos na sala de atendimento. A efetiva aplicação da prestação pecuniária destinada à agência lesada deve ser acompanhada pelo Procurador da República natural, vez que a execução das penas restritivas de direitos cabe à Justiça Federal, mediante prestação de contas a ser requerida no processo criminal. Os Coordenadores Criminais deverão dar conhecimento desta orientação aos Procuradores da República que oficiam na área criminal em sua unidade, inclusive para manter a PFDC e a 2ª Câmara informadas das medidas adotadas.

Aprovada na 78ª Sessão de Coordenação, de 31/03/2014.

Orientação nº 06 da Câmara de Coordenação e Revisão – Criminal MPF

Assunto: Orienta no sentido de requerer, em caso de crimes contra a fauna, que as multas pecuniárias a pena de prestação de serviço à comunidade sejam revertidas em favor de entidades relacionadas à proteção da fauna.

ORIENTA os membros do Ministério Público Federal que oficiam na área criminal, respeitada a independência funcional, a requererem, nos termos do art. 41-V da Lei nº 8.625/1993, que as prestações pecuniárias ou de serviços sejam revertidas a entidades relacionadas à proteção da fauna, preferencialmente àquelas para as quais os animais oriundos do ato ilícito foram encaminhados para tratamento e reinserção na natureza, notadamente aos Centros de Triagem e Tratamento de Animais Silvestres do Instituto Brasileiro do Meio Ambiente e dos Recursos Naturais renováveis – CETAS/IBAMA. Destaca-se que, em caso de CETAS e/ou demais entidades que atuem na mesma finalidade, se situarem em municípios distantes de onde residir o infrator, ainda assim, é importante que estes sejam beneficiados, sobretudo quando a eles tiverem sido destinados os animais apreendidos, podendo as prestações pecuniárias, por exemplo, serem pagas em parcela única, in natura, (alimentos, produtos veterinários e outros que a entidade necessite), dentro de um prazo estipulado (o que evita, por exemplo, múltiplos deslocamentos intermunicipais), devendo o infrator verificar junto ao CETAS os bens e materiais de que necessita. Os Coordenadores Criminais deverão dar conhecimento desta orientação aos Procuradores que oficiam na área Criminal em sua unidade.

Brasília, 17 de março de 2014. Acesso em 07 de agosto ao sítio eletrônico: http://www.mpf.mp.br/atuacao-tematica/ccr2/orientacoes/documentos/orientacao%20no%2006.pdf.

Orientação conjunta nº 02/2018 da 2ª e 7ª Câmaras de Coordenação e Revisão

2ª e 7ª Câmaras de Coordenação e Revisão

Assunto: Orienta sobre consulta e providências para transferência de condenados para cumprimento de pena em seus países.

ORIENTAM os membros do Ministério Público Federal que oficiam na área criminal, respeitada a independência funcional, sempre que estiverem preenchidos os requisitos dos arts. 103 a 105 da Lei 13.445/2017, a assegurar que o apenado estrangeiro seja consultado sobre seu interesse em ser transferido para cumprimento de pena em seu país de origem e, em caso de resposta afirmativa, a iniciar as providências necessárias à transferência junto à autoridade central, seja o Ministério da Justiça ou a Procuradoria Geral da República, consultando, em caso de dúvidas, o INFORMATIVO nº 7 1 , de julho de 2018, da Secretaria de Cooperação Internacional.

Brasília-DF, 13 julho de 2018, http://www.mpf.mp.br/atuacao-tematica/ccr2/orientacoes/documentos/proposta_de_orientacao_conjunta_2_2018.pdf

RECURSOS

Orientação nº 22 da Câmara de Coordenação e Revisão – Criminal MPF

Assunto: Orienta os membros do Ministério Público Federal sobre o declínio de atribuições em inquérito policial.

ORIENTA os membros que oficiam na área criminal a recorrerem de decisão judicial que nos autos de inquérito policial acolha requerimento de declínio de competência formulado diretamente por autoridade policial. Os Coordenadores

Criminais deverão dar conhecimento desta Orientação aos Procuradores da República que oficiam na área criminal.

Aprovada na 99ª Sessão de Coordenação, de 22 de junho de 2015.

Enunciado nº 08 da 2ª Câmara de Coordenação e Revisão – Criminal do MPF

Se o apelante optar por oferecer as razões na superior instância (CPP, art. 600, §4º), as contrarrazões a cargo do Ministério Público Federal serão oferecidas por membro da Instituição com atribuições próprias ao 2º grau (Procurador Regional da República).

Reeditado na 177ª Sessão Virtual de Coordenação, de 16/03/2020.

Precedentes 2ª CCR:

Processo: 1.00.000.022343/2019-98, 758ª Sessão de Revisão, de 16/12/2019;

Processo: 1.00.000.020900/2019-36, 755ª Sessão de Revisão, de 25/11/2019;

Processo: TRF3-ACR-0008967-81.2009.4.03.6181, Sessão nº 715, de 21/05/2018, unânime.

Processo: 1.00.000.000388/2018/21, 708ª Sessão de Revisão, de 12/03/2018;

CIMPF: Processo: 1.21.002.000185/2018-94, 6ª Sessão Ordinária, realizada em 14/08/2019.

Enunciado nº 97 das Câmaras de Coordenação e Revisão Criminais Reunidas do MPDFT

O Promotor Natural e responsável pela apresentação de contrarrazões, inclusive nos processos em que a Defesa fizer uso da faculdade prevista no §4 do art. 600, do Código de Processo Penal, tendo em vista que a atuação do Procurador de Justiça, na condição exclusiva de custos legis, não supre o oferecimento das razões contrárias ao recurso; revogando-se o Enunciado 72.

PA n. 08190.042304/10-01.

Publicado Diário Eletrônico do MPDFT, Edição n.º 1.810, 17/08/2020.

Enunciado nº 23 da 2ª Câmara de Coordenação e Revisão – Criminal do MPF

É dever funcional do membro do Ministério Público Federal apresentar, fundamentadamente, contrarrazões em apelação, por força do princípio da indisponibilidade da ação penal pública. (art. 129, inc. I, da CF, c/c art. 42 do CPP).

Aprovado na Sessão 445ª, de 07/08/2008.

Enunciado nº 73 das Câmaras de Coordenação e Revisão Cíveis Especializadas Reunidas do MPDFT

O oferecimento de contrarrazões ao recurso interposto pelo réu contra sentença proferida em processo no qual o Ministério Público é autor constitui atribuição da Promotoria de Justiça que propuser a ação ou a que sucedê-la na sua condução.

Ref. PA nº 08190.015387/13-08, Ata da 25ª Sessão Ordinária das Câmaras de Coordenação Reunidas em Matéria Cível.

Publicado no DOU n. 239, Seção 1, de 10 de dezembro de 2014, p.145.

Enunciado nº 53 da 4ª Câmara de Coordenação e Revisão – Meio Ambiente e Patrimônio Cultural do MPF

É dever funcional do membro do Ministério Público Federal apresentar, fundamentadamente, contrarrazões em apelação, por força do princípio da indisponibilidade da ação penal pública.

Recepção do Enunciado nº 23-2ª CCR. (Sessão 445ª, de 07.08.2008). Conforme portaria da 4ª CCR nº 05, de 3 de agosto de 2016, republicada em razão de incorreções na publicação do DMPFe, Caderno Extrajudicial nº 146/2016, divulgado em 3 de agosto de 2016, pág. 7.

Enunciado nº 30 das Câmaras de Coordenação e Revisão Criminais e Cíveis Reunidas do MPDFT

O Promotor de Justiça não poderá desistir de recurso interposto por ele ou por seu antecessor. Todavia, tratando-se de recurso interposto por seu antecessor, poderá o Promotor de Justiça, ao arrazoá-lo, pleitear a manutenção da sentença, se com ela concordar.

PA nº 08190.001028/96-56.

Publicado no DJ, Seção 1, de 05/07/2004, p. 108/109.

Enunciado nº 36 do MPSP sobre o Pacote Anticrime

A expressão "em absolvição" prevista no inciso II do § 5º do art. 492 do CPP viola o princípio constitucional da soberania dos veredictos.

Publicado no Diário Oficial de São Paulo, 23/01/2020.

Orientação nº 33 da Câmara de Coordenação e Revisão – Criminal MPF

Assunto: Orienta sobre a defesa da tese de que o acórdão confirmatório da condenação interrompe o prazo prescricional.

ORIENTA os membros do Ministério Público Federal com atuação na área Criminal sob sua coordenação, respeitada a independência funcional, que sustentem, em todas as instâncias, a tese de que o acórdão confirmatório da condenação de primeira instância, independentemente da manutenção, majoração ou redução da pena imposta, interrompe o curso do prazo prescricional.

Orientação aprovada na 143ª Sessão de Coordenação, de 11 de dezembro de 2017.

AÇÕES AUTÔNOMAS DE IMPUGNAÇÃO

Enunciado nº 18 da 2ª Câmara de Coordenação e Revisão – Criminal do MPF

A atribuição para o ajuizamento de mandado de segurança em matéria criminal é do membro do Ministério Público Federal com ofício no juízo do qual emanou o ato a ser atacado.

Aprovado na 3ª Sessão de Coordenação, de 31/05/2010.

Enunciado nº 40 da 4ª Câmara de Coordenação e Revisão – Meio Ambiente e Patrimônio Cultural do MPF

A atribuição para o ajuizamento de mandado de segurança em matéria criminal é do membro do Ministério Público Federal com ofício no juízo do qual emanou o ato a ser atacado.

Recepção do Enunciado nº 18-2ª CCR. 3ª Sessão de Coordenação, de 31.05.2010. Conforme portaria da 4ª CCR nº 05, de 3 de agosto de 2016, republicada em razão de incorreções na publicação do DMPFe, Caderno Extrajudicial nº 146/2016, divulgado em 3 de agosto de 2016, pág. 7.

Enunciado nº 24 das Câmaras de Coordenação e Revisão Criminais e Cíveis Reunidas

O Promotor de Justiça, dentro de sua esfera de atribuições, tem legitimidade para impetrar habeas corpus e mandado de segurança perante o Tribunal de Justiça, quando o ato atacado emanar de Juiz de primeiro grau de jurisdição. Após a apresentação do pedido, incumbirá ao Órgão do *Parquet* de segunda instância acompanhá-lo, fazer sustentação oral e recorrer, se o caso.

PA nº 08190.001108-8/94.

Publicado no DJ, Seção 1, de 05/07/2004, p. 108/109.

Enunciado nº 52 das Câmaras de Coordenação e Revisão Criminais e Cíveis Reunidas do MPDFT

Na impetração de habeas corpus deverá o Membro do Ministério Público relatar exaustivamente os fatos pertinentes à situação de ilegalidade da prisão cautelar, informando, ainda, todas as diligências por ele adotadas no procedimento em que se verificou a ilegalidade.

PIP nº 08190.009011/03-48.

Publicado no DJ, Seção 1, de 05/07/2004, p. 108/109.

Enunciado nº 08 do MPSP sobre o Pacote Anticrime

O trancamento do inquérito policial previsto no inciso IX do art. 3º-B do CPP tem natureza jurídica de concessão de ordem de habeas corpus, sendo aplicável o disposto no inciso I do art. 574, e no inciso X do art. 581 do mesmo diploma legal.

Publicado no Diário Oficial de São Paulo, 23/01/2020.

20 – DIREITO DO TRABALHO E TUTELA COLETIVA PROCEDIMENTAL (ÁREA TRABALHISTA)

Enunciado nº 04 da Câmara de Coordenação e Revisão do MPT

EMPRESA - SOCIEDADE - ENCERRAMENTO DE ATIVIDADES OU IMPOSSIBILIDADE DE LOCALIZAÇÃO.

Nos inquéritos civis e notícias de fato, nas quais forem comprovados o encerramento de atividades de empresa, sociedade ou entidade investigada ou denunciada, ou tornar-se impossível sua localização, após a exaustão das diligências destinadas a tal fim, caberá ao Relator, por despacho, homologar a promoção de arquivamento, devolvendo o processo à origem, salvo quando houver indício de existência de filial ou for hipótese de sucessão empresarial, o que determinará a remessa dos autos à PTM/Sede onde se localizar aquela, ou mesmo a continuidade da investigação em caso de empresa sucedida, ou, por fim, em virtude da necessidade de continuação dos atos investigatórios contra sócios da unidade extinta quando for o caso de desconsideração da personalidade jurídica.

49ª Sessão Extraordinária, realizada nos dias 25/2 e 10/3/2015 - DOU Seção 1 - 26/03/15 - págs. 76/77.

Enunciado nº 20 da Câmara de Coordenação e Revisão do MPT

ASSÉDIO MORAL. ASSÉDIO SEXUAL. SIGILO DOS DADOS DE DENUNCIANTE E TESTEMUNHAS. SALVAGUARDA DA UTILIDADE DA INVESTIGAÇÃO, DO INTERESSE COLETIVO E DOS DIREITOS DA PERSONALIDADE DOS TRABALHADORES.

1) O sigilo de dados de denunciante, testemunhas e diligências pendentes é medida a ser utilizada pelo Membro oficiante sempre que entender necessária à salvaguarda da investigação, do interesse coletivo ou direitos da personalidade dos trabalhadores envolvidos, especialmente nos casos de assédio moral ou de assédio sexual, nos quais a prova é de difícil constituição.

2) Sempre que possível, nos casos que envolvam assédio moral ou assédio sexual, há de se privilegiar a oitiva de ex-empregados da parte investigada como forma de diminuir o receio da parte hipossuficiente vulnerável na relação de trabalho.

248ª Sessão Ordinária, realizada nos dias 25 e 26/4/17 – DOU Seção 1 – 10/5/17 – págs. 68/76.

Enunciado nº 24 da Câmara de Coordenação e Revisão do MPT

CONTRIBUIÇÃO SINDICAL. ESTIPULAÇÃO EM ASSEMBLEIA GERAL. DESCONTO EM FOLHA. POSSIBILIDADE. DIREITO DE OPOSIÇÃO ASSEGURADO.

A contribuição sindical será fixada pela Assembleia Geral da categoria, registrada em ata, e descontada da folha dos trabalhadores associados ou não ao sindicato, conforme valores estipulados de forma razoável e datas fixadas pela categoria, desde que regularmente convocados e assegurada a ampla participação, sempre garantido o direito de oposição manifestado pelos obreiros, cujo prazo inicia-se a partir da vigência do correspondente Acordo ou Convenção Coletiva de Trabalho.

264ª Sessão Ordinária, realizada em 27/11/18 – DOU Seção 1 – 30/11/18 – págs. 262/263.

Enunciado nº 06 da Câmara de Coordenação e Revisão do MPT

MEIO AMBIENTE DO TRABALHO. IRREGULARIDADES EM EMPRESA DE CONSTRUÇÃO CIVIL. CESSAÇÃO DAS ATIVIDADES APENAS EM DETERMINADO CANTEIRO DE OBRA. NÃO CARACTERIZAÇÃO DE PERDA DE OBJETO.

Quando a denúncia referir-se a descumprimento de normas de saúde e segurança do trabalho em empresa de construção civil, a investigação não perde o objeto mesmo que cessadas as atividades no canteiro-de-obra indicado na representação. A notícia de fato somente deve ser arquivada quando houver prova da inexistência de outras obras na base territorial de atuação do Procurador Oficiante, o que pode ser obtido mediante declaração do CREA, da SRTE, do denunciante, de testemunhas ou qualquer outro meio idôneo de prova.

49ª Sessão Extraordinária, realizada nos dias 25/2 e 10/3/2015 – DOU Seção 1 – 26/03/15 – págs. 76/77.

Enunciado nº 07 da Câmara de Coordenação e Revisão do MPT

DENÚNCIA ANÔNIMA. ATUAÇÃO MINISTERIAL. INCIDÊNCIA DO ART. 2º, §6º, DA RESOLUÇÃO Nº 69/2007 DO CSMPT.

1. Apenas o fato de a denúncia ser anônima não justifica o indeferimento liminar da notícia de fato se esta contiver elementos indiciários mínimos à deflagração da investigação.

2. O anonimato da denúncia, outrossim, não obsta a sua apuração, uma vez que o Ministério Público do Trabalho, na forma da Lei Complementar nº 75/93,

dispõe de instrumentos legais de investigação necessários à perscrutação dos fatos e da sua autoria.

NOVA REDAÇÃO - APROVADA NA 251ª SESSÃO ORDINÁRIA DA CCR/ MPT (realizada no dia 29/8/2017). (DOU Seção 1 - 18/9/17 - págs. 81/82.

Enunciado nº 25 da Câmara de Coordenação e Revisão do MPT

COTAS SOCIAIS. IMPOSSIBILIDADE DE REDUÇÃO OU SUPRESSÃO DA COTA LEGAL POR MEIO DE NEGOCIAÇÃO COLETIVA.

1. PESSOA COM DEFICIÊNCIA. INSERÇÃO NO MERCADO DE TRABALHO.

O art. 93 da Lei nº 8.213/91 não faz qualquer ressalva ao cálculo da cota para contratação de pessoas com deficiência, que deve considerar o número de trabalhadores existentes na empresa. Qualquer interpretação que reduza a incidência dessa previsão constitui discriminação a teor da Constituição Federal (art. 5º), da Convenção dos Direitos da Pessoa com Deficiência da ONU, ratificada pelo país, com status de emenda constitucional e da Lei Brasileira de Inclusão, Lei nº 13.146/2015. Inclusive, o art. 611-B da CLT, inciso XXII, é expresso a respeito, seguindo os princípios dessa legislação.

2. APRENDIZAGEM.

A contratação de aprendizes segue a previsão contida no art. 429 da CLT na proporção de 5% a 15% das funções que demandam aprendizagem em cada estabelecimento da empresa. Para fins do cálculo da cota devem ser consideradas as funções que demandam aprendizagem descritas na Classificação Brasileira de Ocupações, a teor do art. 52, do Decreto nº 9.579/2018, ainda que proibidas a pessoas com idade inferior a 18 anos. Trata-se de direito fundamental do adolescente, do jovem e da pessoa com deficiência, que não pode ser reduzido ou suprimido. A disposição contida no art. 611-B da CLT, inciso XXIV é expressa nesse sentido.

3. Em ambos os casos, em se tratando de procedimento de investigação sobre o cumprimento das respectivas cotas, impõe-se a atuação do Ministério Público do Trabalho para atendimento da obrigação legal. Existindo instrumento coletivo prevendo redução ou supressão do percentual exigido pela lei, será necessário também adotar medidas para inibir a renovação da cláusula contrária a normas de ordem pública, sem prejuízo do ajuizamento de eventual ação anulatória.

266ª Sessão Ordinária, realizada em 26/02/19 - DOU Seção 1 - 14/03/19 - págs. 96/98.

21 – SAÚDE

Enunciado nº 06 da COPEDS/11 do GNDH do CNPG

Compete ao Município assumir diretamente, por sua rede pública, a execução das ações e serviços de saúde de atenção básica (atenção primária), estando vedada a terceirização dos Agentes Comunitários da Saúde e dos Agentes de Combate à Endemia.

Data da reunião, 09/06/2011 – Vitória/ES.

Acesso em 07/08/20. Fonte: http://ejef.tjmg.jus.br/judicializacao-enunciados-copeds/

Enunciado nº 09 da COPEDS/11 do GNDH do CNPG

Na fiscalização da relação estabelecida entre o Poder Público e os entes sociais no Sistema Único de Saúde (SUS), o Ministério Público deve atentar para quatro diferentes etapas importantes: a fiscalização prévia do modelo de participação complementar, que exige lei local e compatibilidade com o sistema constitucional; a outorga da qualificação da entidade social, que deve respeitar os requisitos legais, princípios constitucionais como a isonomia e imparcialidade, e destinar-se a pessoas jurídicas com comprovada experiência na área de saúde; a formalização do ajuste, que deve conter o programa proposto e as metas a serem atingidas em determinados prazos de execução, salários e benefícios dos empregados da entidade, bem como a forma da fiscalização da Administração Direta; e a execução do contrato ou parceria, com a análise da qualidade dos serviços prestados e a comparação entre as metas propostas e os resultados alcançados.

Data da reunião, 09/06/2011 – Vitória/ES.

Acesso em 07/08/20. Fonte: http://ejef.tjmg.jus.br/judicializacao-enunciados-copeds/

Enunciado nº 10 da COPEDS/11 do GNDH do CNPG

Os indicadores do Pacto pela Vida (Portaria MS nº 399/2006) devem ser incorporados nos termos de parceria, nos contratos de gestão e em quaisquer outros instrumentos jurídicos cujo objeto seja a prestação de serviços públicos de saúde.

Data da reunião, 09/06/2011 – Vitória/ES.

Acesso em 07/08/20. Fonte: http://ejef.tjmg.jus.br/judicializacao-enunciados--copeds/

Enunciado nº 11 da COPEDS/11 do GNDH do CNPG

Como responsável pela supervisão dos termos de parceria e dos contratos de gestão, o gestor do Sistema Único de Saúde (SUS) deve fiscalizar rigorosamente o programa de trabalho proposto pela entidade, com as metas e os prazos estabelecidos, exigir a expedição de regulamento para a contratação de obras, serviços e compras pelas Organizações da Sociedade Civil de Interesse Público (OSCIP) e pelas Organizações Sociais (OS) com o emprego de recursos públicos, bem como, acompanhar com atenção os processos seletivos dos serviços continuados e as aquisições realizadas, a fim de garantir a proposta mais vantajosa.

Data da reunião, 09/06/2011 – Vitória/ES.

Acesso em 07/08/20. Fonte: http://ejef.tjmg.jus.br/judicializacao-enunciados--copeds/

Enunciado nº 13 da COPEDS/11 do GNDH do CNPG

Os responsáveis pelas ilegalidades perpetradas envolvendo repasses públicos ao Terceiro Setor estão sujeitos às sanções da Lei de Improbidade Administrativa (Lei nº 8.429/92), nos termos do disposto nos seus arts. 2º e 3º.

Data da reunião, 09/06/2011 – Vitória/ES.

Acesso em 07/08/20. Fonte: http://ejef.tjmg.jus.br/judicializacao-enunciados--copeds/

Enunciado nº 14 da COPEDS/11 do GNDH do CNPG

A atuação eficiente dos Conselhos de Saúde contribui para o êxito no controle da terceirização das ações e serviços de saúde, seja na averiguação do respeito aos princípios e diretrizes do Sistema Único de Saúde (SUS), seja na fiscalização dos convênios, termos de parceria e contratos de gestão, além de configurar legítima forma de controle social, razão pela qual o Ministério Público deve promover medidas para seu fortalecimento e capacitação técnica.

Data da reunião, 09/06/2011 – Vitória/ES.

Acesso em 07/08/20. Fonte: http://ejef.tjmg.jus.br/judicializacao-enunciados--copeds/

Enunciado nº 16 da COPEDS/11 do GNDH do CNPG

O Ministério Público deve priorizar sua atuação coletiva nas questões de saúde pública, sem prejuízo de sua atribuição para as demandas individuais, com fundamento no art. 127, *caput*, da CF/88.

Data da reunião, 07/12/2011 – Belo Horizonte/MG.

Acesso em 07/08/20. Fonte: http://ejef.tjmg.jus.br/judicializacao-enunciados--copeds/

Enunciado nº 17 da COPEDS/11 do GNDH do CNPG

Observará o Ministério Público, nos ajuizamentos de ações envolvendo a Saúde Pública, a divisão de competências no SUS, desde que não constitua óbice para a garantia do direito à saúde.

Data da reunião, 07/12/2011 – Belo Horizonte/MG.

Acesso em 07/08/20. Fonte: http://ejef.tjmg.jus.br/judicializacao-enunciados--copeds/

Enunciado nº 18 da COPEDS/11 do GNDH do CNPG

Deve o Ministério Público observar, como referência, os protocolos clínicos e as diretrizes terapêuticas, RENASES-Relação Nacional das ações e Serviços de Saúde e a RENAME-Relação Nacional de Medicamentos, atentos à MBE-Medicina Baseada em Evidências, e de que a Lei n. 8080 e o Decreto nº 7508/11 organizam ações e serviços no âmbito do SUS, mas não restringem direitos, segundo a diretriz da integralidade do direito à saúde, estabelecida no art. 198, II da Constituição Federal, cujo conteúdo foi explicado pelo STF na STA nº 17.

Data da reunião, 07/12/2011 – Belo Horizonte/MG.

Acesso em 07/08/20. Fonte: http://ejef.tjmg.jus.br/judicializacao-enunciados--copeds/

Enunciado nº 19 da COPEDS/11 do GNDH do CNPG

Nos casos de solicitação de medicamentos e procedimentos não relacionados nas padronizações do Ministério da Saúde, do Estado ou do Município, deve o membro do Ministério Público requisitar que o médico prescritor justifique, fundamentadamente, as prescrições não constantes das listas oficiais (através de laudo com história clínica do paciente, anexando exames de diagnósticos e cópias de estudos baseados em evidências, por exemplo); que justifiquem a prescrição como 1ª escolha, em detrimento dos medicamentos padronizados.

Data da reunião, 07/12/2011 – Belo Horizonte/MG.

Acesso em 07/08/20. Fonte: http://ejef.tjmg.jus.br/judicializacao-enunciados--copeds/

Enunciado nº 20 da COPEDS/11 do GNDH do CNPG

O Ministério Público exigirá da Secretaria Municipal de Saúde a elaboração e atualização da relação municipal de medicamentos da atenção básica – REMUME e o seu índice mensal de cobertura (de abastecimento).

Data da reunião, 07/12/2011 – Belo Horizonte/MG.

Acesso em 07/08/20. Fonte: http://ejef.tjmg.jus.br/judicializacao-enunciados--copeds/

Enunciado nº 21 da COPEDS/11 do GNDH do CNPG

Não devem ser aceitas pelo Ministério Público demandas de saúde que pleiteiem procedimentos e medicamentos experimentais.

Data da reunião, 07/12/2011 – Belo Horizonte/MG.

Acesso em 07/08/20. Fonte: http://ejef.tjmg.jus.br/judicializacao-enunciados--copeds/

Enunciado nº 22 da COPEDS/11 do GNDH do CNPG

O Ministério Público cobrará da Secretaria Estadual de Saúde o índice mensal de cobertura (abastecimento) do componente especializado da assistência farmacêutica.

Data da reunião, 07/12/2011 – Belo Horizonte/MG.

Acesso em 07/08/20. Fonte: http://ejef.tjmg.jus.br/judicializacao-enunciados--copeds/

Enunciado nº 23 da COPEDS/11 do GNDH do CNPG

Deve constituir o acervo mínimo da Promotoria de Justiça com atribuição na esfera da Saúde Pública – SUS: a) lei local atualizada de criação do Conselho de Saúde e do Fundo de Saúde; b) regimento interno atualizado do Conselho de Saúde; c) plano de saúde local em vigor; d) programação anual de saúde local em vigor; d) relatório anual de gestão local do ano anterior, aprovado pelo Conselho de Saúde local; e) REMUME – Relação Municipal de Medicamentos da Atenção Básica em vigor; f) índice mensal de cobertura (de abastecimento) da REMUME; g) Relação Estadual de Medicamentos do componente especializado; h) índice mensal de cobertura (de abastecimento) da relação estadual de medicamentos do componente especializado; i) contrato organizativo de ação pública de saúde – COAPS; j) relatório resumido do 1º semestre e anual do SIOPS – Sistema de Informação de Orçamento Público em Saúde, verificando o percentual investido em saúde pública e o valor, em moeda nacional, por habitante; k) plano de carreiras, cargos e vencimentos do SUS, local; l) lei orçamentária anual de Estado e Município; m) o PDRI – Plano Diretor de Regionalização e Investimento.

Data da reunião, 07/12/2011 – Belo Horizonte/MG.

Acesso em 07/08/20. Fonte: http://ejef.tjmg.jus.br/judicializacao-enunciados--copeds/

Enunciado nº 24 da COPEDS/11 do GNDH do CNPG

Prevendo a Lei Orçamentária Anual – LOA percentual inferior ao previsto na EC 29/2000, o Ministério Público ajuizará ADIn – Ação Direta de Inconstitucionalidade na instância competente.

Data da reunião, 07/12/2011 – Belo Horizonte/MG.

Acesso em 07/08/20. Fonte: http://ejef.tjmg.jus.br/judicializacao-enunciados-coped s/

Enunciado nº 25 da COPEDS/11 do GNDH do CNPG

Caso o ente público invista, em saúde pública, percentual inferior ao previsto na lei orçamentária anual, o Ministério Público adotará providências para a devida compensação nos exercícios subsequentes.

Data da reunião, 07/12/2011 – Belo Horizonte/MG.

Acesso em 07/08/20. Fonte: http://ejef.tjmg.jus.br/judicializacao-enunciados-copeds/

*Há divergências quanto a numeração dos enunciados, pois no sítio eletrônico abaixo. O Enunciado 16 consta como Enunciado 01 e assim sucessivamente até o 25.

https://www2.mppa.mp.br/sistemas/gcsubsites/upload/37/copeds_2012_03_integralidade.pdf

Enunciado nº 01 da COPEDS/13 do GNDH do CNPG

As comunidades terapêuticas não serão consideradas estabelecimentos de saúde mental quando não oferecerem qualquer tipo de atendimento médico ou psicológico, por equipe interprofissional, por não se enquadrarem nas prescrições dos arts. 3º, 8º e 9º da Lei nº 10.216/2001 (Lei Antimanicomial).

Data da reunião, 16/08/2013, realizada na Sede do Ministério Público Federal, em Brasília/DF.

Acesso em 07/08/20. Fonte: https://www2.mppa.mp.br/sistemas/gcsubsites/upload/37/copeds_2013_08_comunidades_terapeuticas.pdf

Enunciado nº 02 da COPEDS/13 do GNDH do CNPG

Os recursos eventualmente repassados pelo poder público às comunidades terapêuticas, que não se enquadrem nos requisitos da Lei 10.216/2001, pelo fato de estas não realizarem ações de saúde tipificadas como tais, pela Lei Complementar 141/2012 e pelo art. 7º da Lei 8.080/1990, não podem integrar o conjunto de rubricas orçamentárias relativas ao Sistema Público de Saúde.

Data da reunião, 16/08/2013, realizada na Sede do Ministério Público Federal, em Brasília/DF.

Acesso em 07/08/20. Fonte: https://www2.mppa.mp.br/sistemas/gcsubsites/upload/37/copeds_2013_08_comunidades_terapeuticas.pdf

Enunciado nº 03 da COPEDS/13 do GNDH do CNPG

A celebração de quaisquer vínculos com as comunidades terapêuticas pelo poder público exige que estas, previamente à celebração, comprovem atender os regulamentos nacionais de vigilância sanitária pertinentes a esse tipo de entidade, representados atualmente pela RDC Nº 029/2011, da Agência Nacional e Vigilância Sanitária (ANVISA) e, eventualmente por normas que a sucedam.

Data da reunião, 16/08/2013, realizada na Sede do Ministério Público Federal, em Brasília/DF.

Acesso em 07/08/20. Fonte: https://www2.mppa.mp.br/sistemas/gcsubsites/upload/37/copeds_2013_08_comunidades_terapeuticas.pdf

Enunciado nº 04 da COPEDS/13 do GNDH do CNPG

Eventuais normas estaduais ou locais que regulamentem os requisitos a serem cumpridos pelas comunidades terapêuticas para o recebimento de repasses financeiros pelo poder público não podem atenuar as exigências das normas nacionais de vigilância sanitária que tratem dessas entidades, em face dos termos do art. 16, inciso III, alínea "d" da Lei nº 8080/90, que concedem à União a competência de estabelecer regras gerais a respeito da matéria.

Data da reunião, 16/08/2013, realizada na Sede do Ministério Público Federal, em Brasília/DF.

Acesso em 07/08/20. Fonte: https://www2.mppa.mp.br/sistemas/gcsubsites/upload/37/copeds_2013_08_comunidades_terapeuticas.pdf

Enunciado aprovado da COPEDS/14 do GNDH do CNPG:

A internação compulsória é medida excepcional na conduta terapêutica do paciente em saúde mental (nos termos da Lei 10.216/2001), após esgotados todos os recursos extra-hospitalares, não necessitando do procedimento de interdição, sendo que sua determinação judicial deve ser amparada em laudo técnico circunstanciado, indicando os motivos que a justificam, expedido por médico no regular exercício de suas atribuições, e não perdurará após o paciente receber alta clínica.

Data da reunião, 12 a 14 de março de 2014 – Florianópolis-SC.

Acesso em 07/08/20. Fonte:https://www2.mppa.mp.br/sistemas/gcsubsites/upload/37/copeds_2014_01_internacao_compulsoria.pdf

http://pfdc.pgr.mpf.mp.br/temas-de-atuacao/saude/COPEDS/ata-da-1a-reuniao-copeds-12a14mar2014

Enunciado nº 01 da COPEDS/14 do GNDH do CNPG

Cabe ao Ministério, no que concerne à diretriz constitucional da participação da comunidade, fiscalizar as composições paritárias dos conselhos de saúde, suas estruturas, funcionamento e verbas de custeio. Para tanto, deverá articular com as administrações públicas, movimentos sociais ligados à saúde e os próprios conselhos o comprimento das disposições da Res. 453 do Conselho Nacional de Saúde com o fito de agregar maior efetividade aos ditames AC 1660/2011 – TCU.

Data da reunião, maio de 2014.

Acesso em 07/08/20. Fonte: https://saude.mppr.mp.br/modules/conteudo/conteudo.php?conteudo=875

Enunciado nº 02 da COPEDS/14 do GNDH do CNPG

O Mistério Público, tendo por base a Política Nacional de Urgências e Emergências (Port. 1600/2011-GM-MS), a Política Nacional de Atenção Hospitalar (Port. 3390/13-GM-MS) e demais normas afins, deverá atuar de maneira articulada com as respectivas gestões, inclusive nas Comissões Intergestores Regionais – CIRS, visando a criação do Plano de Ação Regional, com a otimização de fluxos de urgência e emergência resolutivos, tempestivos e qualificados tecnicamente e contribuindo para a efetivação do direito à saúde, nesta área de cuidado.

Data da reunião, maio de 2014.

Acesso em 07/08/20. Fonte: https://saude.mppr.mp.br/modules/conteudo/conteudo.php?conteudo=875

Enunciado aprovado da COPEDS/16 do GNDH do CNPG:

O Ministério Público possui legitimidade para a adoção de medidas extrajudiciais e judiciais com a finalidade de fazer cumprir a Lei n.º 11.738/08, no que diz respeito ao pagamento do piso salarial nacional ao magistério público, princípio diretamente ligado à educação de qualidade, nos termos do art. 206, VIII da Constituição Federal.

Nota do autor: Ver enunciado nº 01 da COPEDUC aprovado na I Reunião Ordinária do GNDH/2012.

Data da reunião: 15/06/2016 – MPM

Acesso em 07/08/20. Fonte: https://www.cnpg.org.br/images/arquivos/copedsenunciados.pdf

Enunciado aprovado da COPEDS/17 do GNDH do CNPG:

Deve o membro do Ministério Público instar os gestores a incluírem nos seus planos de saúde, programações anuais de saúde e relatórios de gestão os indicadores referentes à tuberculose.

Data da reunião: 16/03/2017, João Pessoa/PB

Acesso em 07/08/20. Fonte: https://www.mpma.mp.br/arquivos/COCOM/MOCOESAPROVADASGNDH2017.pdf

Enunciado nº 01 da COPEDS/18 do GNDH do CNPG

Na fiscalização da relação estabelecida entre o Poder Público e Organizações da Sociedade Civil de Interesse Público (OSCIP)/Organizações Sociais (OS) no Sistema Único de Saúde (SUS), o Ministério Público deve promover a fiscalização por meio de medidas estratégicas preventivas e repressivas, visando averiguar a necessidade de serviços complementares, regularidade do contrato/termo de parceria, capacidade de fiscalização dos custos e metas pelo ente público, sobretudo o fortalecimento do controle interno e auditorias, transparência da gestão privada (contratos, remuneração dos servidores contratados e diretores das OSS/OSCIP).

Acesso em 07/08/20. Fonte: http://www.mpgo.mp.br/portal/arquivos/2019/04/11/14_54_40_329_Enunciados_COPEDS_ap%C3%B3s_II_RO_2018.pdf

Enunciado aprovado na I Reunião Ordinária de 2018 da COPEDS.

Enunciado nº 9 da II Reunião Ordinária da COPEDS - 2011 e enunciado nº 11 da II Reunião Ordinária da COPEDS - 2011.

Enunciado nº 02 da COPEDS/18 do GNDH do CNPG

Os indicadores de Pactuação Nacional devem ser incorporados, quando cabível, nos termos de parceria, nos contratos de gestão e em quaisquer outros instrumentos jurídicos cujo objeto seja a prestação de serviços públicos de saúde.

Acesso em 07/08/20. Fonte: http://www.mpgo.mp.br/portal/arquivos/2019/04/11/14_54_40_329_Enunciados_COPEDS_ap%C3%B3s_II_RO_2018.pdf

Mantido na reunião plenária em Florianópolis/SC.

Enunciado nº 10 da II Reunião Ordinária da COPEDS - 2011.

Enunciado nº 03 da COPEDS/18 do GNDH do CNPG

Os responsáveis pelas ilegalidades perpetradas envolvendo repasses públicos ao Terceiro Setor estão sujeitos às sanções da Lei de Improbidade Administrativa.

Acesso em 07/08/20. Fonte: http://www.mpgo.mp.br/portal/arquivos/2019/04/11/14_54_40_329_Enunciados_COPEDS_ap%C3%B3s_II_RO_2018.pdf

Redação mantida na I Reunião Ordinária da COPEDS/2018.

Enunciado 13 da II Reunião Ordinária da COPEDS/2011.

Enunciado nº 04 da COPEDS/18 do GNDH do CNPG

A atuação eficiente dos Conselhos de Saúde contribui para o êxito no controle da terceirização das ações e serviços de saúde, seja na averiguação do respeito aos princípios e diretrizes do Sistema Único de Saúde (SUS), seja na fiscalização dos convênios, termos de parceria e contratos de gestão, além de configurar legítima forma de controle social, razão pela qual o Ministério Público deve promover medidas para seu fortalecimento e capacitação técnica.

Acesso em 07/08/20. Fonte: http://www.mpgo.mp.br/portal/arquivos/2019/04/11/14_54_40_329_Enunciados_COPEDS_ap%C3%B3s_II_RO_2018.pdf

Redação mantida na I Reunião Ordinária da COPEDS/2018.

Enunciado nº 14 da II Reunião Ordinária da COPEDS/2011.

Enunciado nº 05 da COPEDS/18 do GNDH do CNPG

Diante da gestão de recursos públicos pelas Organizações Sociais que celebram contratos de gestão na área da saúde (OSS), o Ministério Público deve exigir que seja divulgado, em portal da transparência, os contratos firmados, a remuneração dos servidores, inclusive dos membros da diretoria da OSS, dentre outras despesas assumidas na gestão do erário, devendo primar pelo respeito aos princípios da moralidade administrativa e publicidade, e pelo cumprimento da Lei nº 12.527/2011 (artigos 2 c/c art. 7).

Acesso em 07/08/20. Fonte: http://www.mpgo.mp.br/portal/arquivos/2019/04/11/14_54_40_329_Enunciados_COPEDS_ap%C3%B3s_II_RO_2018.pdf

Aprovado na I Reunião Ordinária da COPEDS/2018.

Enunciado nº 06 da COPEDS/18 do GNDH do CNPG

Não pode o Município terceirizar a contratação de Agentes Comunitários de Saúde e dos Agentes de Combate à Endemias, nos termos do art. 2 da Lei nº 11.350/06.

Acesso em 07/08/20. Fonte: http://www.mpgo.mp.br/portal/arquivos/2019/04/11/14_54_40_329_Enunciados_COPEDS_ap%C3%B3s_II_RO_2018.pdf

Aprovada alteração da redação na I Reunião Ordinária da COPEDS/2018.

Enunciado nº 06 da II Reunião Ordinária da COPEDS/2011.

22 – TUTELA COLETIVA E INTERESSES DIFUSOS E COLETIVOS

AÇÃO CIVIL PÚBLICA

Enunciado nº 09 da 5ª Câmara de Coordenação e Revisão – Combate à corrupção do MPF

AÇÃO CIVIL PÚBLICA POR DANOS MORAIS.

É cabível ao Ministério Público Federal o ajuizamento de ação civil pública por danos morais causados ao patrimônio público e social, como base no art. 1º c/c o inciso V da Lei nº 7.347/85.

Aprovado 294ª Sessão Ordinária, realizada em 25 de outubro de 2004.

Súmula nº 04 do Conselho Superior do Ministério Público do Estado do Paraná

O Ministério Público tem legitimidade para propor ações civis públicas perante a justiça comum estadual na defesa de interesse de sociedade de economia mista, sociedades anônimas de capital aberto e outras sociedades comerciais, em razão da participação de patrimônio público no capital da sociedade, podendo, inclusive, instaurar procedimento visando acompanhar o ressarcimento dos danos causados ao patrimônio da sociedade, bem como a omissão do gestor.

De 03 de dezembro de 2013.

Conforme acesso em 07 de agosto de 2020 ao site:https://mppr.mp.br/modules/conteudo/conteudo.php?conteudo=5584

Súmula nº 08 do Conselho Superior do Ministério Público do Estado de São Paulo

Serão propostas perante a Justiça Comum estadual as ações civis públicas em que haja interesses de sociedades de economia mista, sociedades anônimas de capital aberto e outras sociedades comerciais, ainda que delas participe da União como acionista.

Conforme publicação do Diário Oficial de São Paulo em 09/03/2017.

Assento nº 03/2009 do Conselho Superior do Ministério Público do Estado de Sergipe

O Ministério Público está legitimado à defesa de interesses individuais homogêneos que tenham expressão para a coletividade, como: 1) os que digam respeito à saúde ou à segurança das pessoas, ou ao acesso das crianças e adolescentes à educação; 2) aqueles em que haja extraordinária dispersão dos lesados; 3) quando convenha à coletividade o zelo pelo funcionamento de um sistema econômico, social ou jurídico.

Aprovado na 6ª Sessão Ordinária do Conselho Superior do Ministério Público em 17/06/2009.

Assento nº 19/2016 do Conselho Superior do Ministério Público do Estado de Sergipe

É indubitável a legitimidade do Ministério Público para defesa de direito individual indisponível, a exemplo dos ligados à criança e ao adolescente, ao idoso, à saúde e à educação, independentemente da quantidade do titular do direito, sendo facultado aos Órgãos de Execução institucional a utilização de todos os instrumentos de atuação disponíveis para tutela de direitos individuais indisponíveis.

Publicado no DOFe de SE em 02/06/2016.

Súmula nº 07 do Conselho Superior do Ministério Público do Estado de São Paulo

O Ministério Público está legitimado à defesa de interesses ou direitos individuais homogêneos de consumidores ou de outros, entendidos como tais os de origem comum, nos termos do art. 81, III, c/c o art. 82, I, do CDC, aplicáveis estes últimos a toda e qualquer ação civil pública, nos termos do art. 21 da Lei nº 7.347/85 (LACP), que tenham relevância social, podendo esta decorrer, exemplificativamente, da natureza do interesse ou direito pleiteado, da considerável dispersão de lesados, da condição dos lesados, da necessidade de garantia de acesso à Justiça, da conveniência de se evitar inúmeras ações individuais, e/ou de outros motivos relevantes.

Conforme publicação do Diário Oficial de São Paulo em 09/03/2017.

Enunciado nº 10 do Conselho Superior do Ministério Público do Estado do Pará

IMPROBIDADE ADMINISTRATIVA. LEGITIMIDADE DO MINISTÉRIO PÚBLICO. AJUIZAMENTO DE AÇÃO DE RESSARCIMENTO AO ERÁRIO.

O Ministério Público Estadual possui legitimidade para ingressar com ação de ressarcimento de danos ao erário, independentemente da existência de procedimento de apuração de contas, devido à legitimidade disjuntiva de ingresso referente ao ressarcimento, desde que haja elementos suficientes para tal.

Publicado no DOE 26.06.2019.

Aprovado na 2ª Sessão Extraordinária, realizada em 19.06.2019.

Assento nº 20/2017 do Conselho Superior do Ministério Público do Estado de Sergipe

O Ministério Público do Estado de Sergipe tem legitimidade para atuar nas hipóteses de inadimplemento reiterado dos salários de servidores públicos estatutários e de pagamento de remuneração em valor inferior ao salário-mínimo.

Publicado no DOFe de SE em 08/02/2018.

Enunciado de Súmula nº 55 do Conselho Superior do Ministério Público do Estado de Minas Gerais

A ação civil pública é instrumento hábil para a busca da proteção e preservação de bens culturais, materiais ou imateriais, públicos ou privados, independentemente da existência prévia de tombamento, registro ou outro ato análogo, pois os instrumentos de proteção não constituem o valor do bem, que é necessariamente antecedente, mas apenas o declaram, e nenhuma ameaça ou violação a direito pode ser subtraída à apreciação do Poder Judiciário.

Aprovado, por unanimidade, na 9ª Sessão Ordinária/2015, realizada em 15/06/2015 e publicado no Diário Eletrônico do MP em 17/06/2015.

Publicado no Diário Eletrônico do MP em 17/06/2015.

Republicado no Diário Eletrônico do MP em 27/06/2015.

Enunciado nº 21 da 4ª Câmara de Coordenação e Revisão – Meio Ambiente e Patrimônio Cultural do MPF

Notificação do representante.

Visando atender ao princípio da publicidade, o representante deverá ser comunicado quando houver propositura de ação judicial e envio de recomendações.

Adequação da numeração do Enunciado nº 14 – 4ª CCR., de 21 de novembro de 2012. Conforme portaria da 4ª CCR nº 05, de 3 de agosto de 2016, republicada em razão de incorreções na publicação do DMPFe, Caderno Extrajudicial nº 146/2016, divulgado em 3 de agosto de 2016, pág. 7.

Enunciado nº 22 da 4ª Câmara de Coordenação e Revisão – Meio Ambiente e Patrimônio Cultural do MPF

Ações Civis Públicas. Repasse do Custo do Trabalho Técnico-Pericial.

As Ações Civis Públicas relativas a meio ambiente e a patrimônio cultural deverão contemplar, em atenção ao princípio do poluidor-pagador, o repasse ao infrator de todos os custos administrativos, inclusive do trabalho pericial.

Adequação do Enunciado nº 21 – 4ª CCR, de 12 de novembro de 2013. Conforme portaria da 4ª CCR nº 05, de 3 de agosto de 2016, republicada em razão de incorreções na publicação do DMPFe, Caderno Extrajudicial nº 146/2016, divulgado em 3 de agosto de 2016, pág. 7.

Súmula nº 03 do Conselho Superior do Ministério Público do Estado de São Paulo

O Ministério Público tem legitimidade para ajuizar ação civil pública visando à contrapropaganda, a responsabilidade por danos morais difusos e individuais homogêneos de todos os consumidores que adquiriram o produto ou serviço objeto da publicidade.

Fundamento: Nos casos de publicidade enganosa ou abusiva, a legitimidade do Ministério Público abrange a tomada de providências para responsabilização dos eventuais causadores de danos morais difusos (arts. 6º, IV e VI, 37, 38 e 82, I do Código de Defesa do Consumidor; Pt. n.º 5.961/93) e individuais homogêneos de todos os consumidores que adquiriram o produto ou serviço. Na tutela dos interesses difusos do consumidor, o Ministério Público é legitimado também à tomada de providências para obtenção de contrapropaganda, quando necessário (art. 60).

Conforme publicação do Diário Oficial de São Paulo em 09/03/2017.

Súmula nº 22 do Conselho Superior do Ministério Público do Estado de São Paulo

Justifica-se a propositura de ação civil pública de ressarcimento de danos e para impedir a queima da palha de cana-de-açúcar, para fins de colheita, diante da infração ambiental provocada, independentemente de situar-se a área atingida sob linhas de transmissão de energia elétrica, ou estar dentro do perímetro de 1 km de área urbana.

Conforme publicação do Diário Oficial de São Paulo em 09/03/2017.

Súmula nº 45 do Conselho Superior do Ministério Público do Estado de São Paulo

O Ministério Público tem legitimidade para propor ação civil pública visando que o Poder Público forneça tratamento médico ou medicamentos, ainda que só para uma pessoa.

Conforme publicação do Diário Oficial de São Paulo em 09/03/2017.

Enunciado nº 01 da 5ª Câmara de Coordenação e Revisão – Combate à corrupção do MPF

DESISTÊNCIA DE AÇÃO CIVIL PÚBLICA.

A desistência de ação civil pública demanda prévia consulta à Câmara instruída com razões de fato e de direito.

Aprovado na 98ª Sessão Ordinária, realizada em 20 de fevereiro de 1997.

Enunciado nº 31 da 1ª Câmara de Coordenação e Revisão – Direitos Sociais e Fiscalização de Atos Administrativos em Geral do MPF

Não é válida a desistência de ação civil pública sem prévia oitiva da Câmara de Coordenação e Revisão.

Referência: 4ª Sessão Ordinária de Coordenação, realizada em 16.3.2020.

Enunciado nº 02 da 5ª Câmara de Coordenação e Revisão – Combate à corrupção do MPF

ADIANTAMENTO DE DESPESAS.

É cabível recurso contra decisão para adiantamento de custas, honorários e quaisquer outras despesas de atos processuais.

Aprovado na 113ª Sessão Ordinária, realizada em 3 de setembro de 1997.

Enunciado nº 24 da 5ª Câmara de Coordenação e Revisão – Combate à corrupção do MPF

ATUAÇÃO MINISTERIAL NAS AÇÕES POR ATO DE IMPROBIDADE PROPOSTAS POR ENTE NÃO FEDERAL.

Nas ações por ato de improbidade administrativa propostas por entidades não federais por lesão a bens ou interesses federais, se a petição inicial atender aos pressupostos legais e não houver outro defeito processual, deve o Ministério Público Federal ingressar no polo ativo, para garantir a tramitação do feito na Justiça Federal.

Aprovado na 675ª Sessão Ordinária, realizada em 12 de novembro de 2012.

Enunciado nº 8 do Conselho Superior do Ministério Público do Estado do Pará

IMPROBIDADE ADMINISTRATIVA. LEGITIMIDADE CONCORRENTE DISJUNTIVA DO MINISTÉRIO PÚBLICO PARA O AJUIZAMENTO DE AÇÃO CIVIL DE RESPONSABILIZAÇÃO POR ATO DE IMPROBIDADE BEM COMO A RESPECTIVA AÇÃO DE RESSARCIMENTO AO ERÁRIO.

Cabe ao Ministério Público promover a ação civil de improbidade administrativa, incluindo-se a ação para pleitear o ressarcimento do dano causado pelo ato ímprobo, independentemente do ingresso em juízo da Fazenda Pública interessada para fazê-lo.

Aprovado na 2ª Sessão Extraordinária, realizada em 19.06.2019.

Enunciado nº 25 da 5ª Câmara de Coordenação e Revisão – Combate à corrupção do MPF

ATUAÇÃO MINISTERIAL NAS AÇÕES POR ATO DE IMPROBIDADE PROPOSTAS POR ENTE NÃO FEDERAL.

Nas ações por ato de improbidade administrativa propostas por entidades não federais por lesão a bens ou interesses federais, havendo inépcia ou outro defeito processual grave, compete ao Procurador oficiante: a) se sanável o defeito, ingressar no polo ativo; b) se insanável o defeito, manifestar-se como custos legis pela extinção e ajuizar nova ação ou instaurar procedimento administrativo no MPF.

Aprovado na 675ª Sessão Ordinária, realizada em 12 de novembro de 2012.

Enunciado nº 26 da 5ª Câmara de Coordenação e Revisão – Combate à corrupção do MPF

ATUAÇÃO MINISTERIAL NAS AÇÕES CIVIS PÚBLICAS E NAS AÇÕES POPULARES PROPOSTAS POR COLEGITIMADOS.

Nas Ações Civis Públicas propostas por colegitimados e nas Ações Populares, deve haver a intervenção do membro do Ministério Público Federal, de preferência para manifestar-se sobre o mérito da demanda.

Aprovado na 791ª Sessão Ordinária, realizada em 13 de março de 2014.

Súmula nº 10 do Conselho Superior do Ministério Público do Estado de Goiás

ARQUIVAMENTO DE INQUÉRITO CIVIL – NOVAS PROVAS – LEGITIMIDADE DO MESMO REPRESENTANTE DO MINISTÉRIO PÚBLICO PARA PROPOSITURA DA AÇÃO.

O representante do Ministério Público que promoveu arquivamento de inquérito civil é parte legítima para propositura de ação civil pública após o surgimento de novas provas, sendo desnecessária a remessa dos autos ao Conselho Superior do Ministério Público quando ocorrer o ajuizamento da ação.

De 05/06/2013.

Enunciado nº 9 do Conselho Superior do Ministério Público do Estado do Pará

ILEGITIMIDADE DO MINISTÉRIO PÚBLICO PARA EXECUTAR ACÓRDÃO DE CORTE DE CONTAS.

O Ministério Público Estadual não possui legitimidade para ajuizar ação executiva de débito proveniente de acórdão em julgamento de Corte de Conta, porém, é de bom alvitre que o Órgão Ministerial fiscalize a inscrição do débito em dívida ativa da Fazenda Pública prejudicada.

Publicado no DOE 26.06.2019.

Aprovado na 2ª Sessão Extraordinária, realizada em 19.06.2019.

Fundamento: Quanto à execução do Título Executivo Extrajudicial proveniente de acórdão de Corte de Contas, já foi decidido pelo Supremo Tribunal Federal, em tema cuja Repercussão Geral foi reconhecida, que cabe EXCLUSIVAMENTE ao ente beneficiário propor a referida Ação Executiva. (STF; Processo: ARE 823347 RG; Relator (a): Min. Gilmar Mendes; Julgamento: 02/10/2014; Publicação: 28/10/2014).

Assento nº 10 do Conselho Superior do Ministério Público do Estado do Rio Grande do Norte

O procedimento preparatório ou o inquérito civil deverá acompanhar a petição que veicular a medida judicial correspondente, sendo desnecessário o encaminhamento de cópias das referidas peças ao Conselho Superior do Ministério Público para exame.

Aprovado na 7ª Sessão Extraordinária do Conselho Superior do Ministério Público, realizada em 28 de maio de 2013.

23 – TUTELA COLETIVA E PROCEDIMENTO. NOTÍCIA DE FATO, PROCEDIMENTO ADMINISTRATIVO E INQUÉRITO CIVIL. ARQUIVAMENTO. REMESSA AO CSMP

INDEFERIMENTO

Súmula nº 67 do Conselho Superior do Ministério Público do Estado de São Paulo

É hipótese de indeferimento de representação o recebimento de simples notícia genérica que não descreva o fato a ser investigado.

Fundamento: A investigação ministerial deve ter objeto certo, determinado, específico. Para que haja justa causa para instauração de procedimento investigatório, é necessária a especificação do fato a ser investigado, até para que se verifique se ele é lesivo ou gera risco concreto de lesão a interesses transindividuais.

Conforme publicação do Diário Oficial de São Paulo em 09/03/2017.

Súmula nº 68 do Conselho Superior do Ministério Público do Estado de São Paulo

É hipótese de indeferimento de representação a notícia de fatos desacompanhados de quaisquer documentos pertinentes à sua comprovação ou, ao menos, a indicação de suficientes meios de provas para tanto, quando desde logo não se vislumbrarem meios para a apuração dos fatos.

Conforme publicação do Diário Oficial de São Paulo em 09/03/2017.

Enunciado nº 09 da 1ª Câmara de Coordenação e Revisão – Direitos Sociais e Fiscalização de Atos Administrativos em Geral do MPF

Indeferimento de instauração de inquérito civil e direito individual disponível e indeferimento de instauração.

É cabível o indeferimento de instauração de inquérito civil quando a notícia de fato versar sobre direito individual disponível e as peculiaridades da situação concreta inviabilizarem o tratamento coletivo da questão, desde que observado o prazo de 30 dias previsto no art. 5º-A, da Resolução CSMPF nº 87/2006.

Referência: Ata da 19ª Sessão Extraordinária realizada em 16.12.2014, publicada em 03.07.2015.

Enunciado de Súmula nº 58 do Conselho Superior do Ministério Público do Estado de Minas Gerais

A restrita repercussão social do fato, reconhecida com base nas circunstâncias e no contexto do caso analisado, pode fundamentar o arquivamento ou o indeferimento da instauração de inquérito civil ou procedimento preparatório.

Aprovado na 14ª Sessão Ordinária/2019, realizada em 29/07/19 e publicada em; publicação específica em 31/07/19 e 02/08/19.

Enunciado nº 63 da 4ª Câmara de Coordenação e Revisão – Meio Ambiente e Patrimônio Cultural do MPF

Indeferimento de instauração de inquérito civil e direito individual disponível.

Cabe o indeferimento de instauração de inquérito civil quando a notícia de fato versar sobre direito individual disponível e as peculiaridades da situação concreta inviabilizarem o tratamento coletivo da questão, desde que observado o prazo de 30 dias previsto no art. 5º-A da Resolução CSMPF nº 87/2006.

Redação deliberada na 561ª Sessão Ordinária, em 12 de fevereiro de 2020.

Enunciado nº 05 da Câmara de Coordenação e Revisão do MPT

VIOLAÇÃO DE DIREITOS INDIVIDUAIS HOMOGÊNEOS-ATUAÇÃO DO MINISTÉRIO PÚBLICO DO TRABALHO-DISCRICIONARIEDADE DO PROCURADOR OFICIANTE.

Mantém-se, por despacho, o arquivamento da Representação quando a repercussão social da lesão não for significativamente suficiente para caracterizar uma conduta com consequências que reclamem a atuação do Ministério Público do Trabalho em defesa de direitos individuais homogêneos. A atuação do Ministério Público deve ser orientada pela 'conveniência social'. Ressalvados os casos de defesa judicial dos direitos e interesses de incapazes e população indígena.

49ª Sessão Extraordinária, realizada nos dias 25/2 e 10/3/2015 – DOU Seção 1 – 26/03/15 – págs. 76/77.

Enunciado nº 09 da 4ª Câmara de Coordenação e Revisão – Meio Ambiente e Patrimônio Cultural do MPF

Notificação ao representante.

O representante deve ser comunicado quando houver indeferimento de instauração de inquérito civil, promoção de arquivamento, promoção de declínio de atribuição e celebração de TACs.

Adequação do Enunciado nº 14 – 4ª CCR, de 21 de novembro de 2012. Conforme portaria da 4ª CCR nº 05, de 3 de agosto de 2016, republicada em razão de incorreções na publicação do DMPFe, Caderno Extrajudicial nº 146/2016, divulgado em 3 de agosto de 2016, pág. 7.

Enunciado nº 30 do Conselho Superior do Ministério Público do Estado do Pará

PROCEDIMENTOS EXTRAJUDIAIS. NECESSIDADE DE INFORMAR PRAZO DE RECURSO AO CSMP.

O órgão de execução deverá informar à parte interessada o prazo de recurso ao Conselho Superior, quando da intimação de indeferimento de requerimento de instauração de inquérito civil e do arquivamento de Notícia de Fato e Procedimento Administrativo instaurado para apurar fato que enseje a tutela de interesses individuais indisponíveis.

Publicado no DOE 22.11.2019.

Aprovado na 21ª Sessão Ordinária, realizada em 13.11.2019.

Fundamento: art. 5º, § 1º da Resolução n.º 23 e arts. 4º, § 1º e 13 da Resolução n.º 174/2017, ambas do CNMP c/c art. 8º, §§ 6º e 7º, art. 20, §§ 1º e 3º e art. 37, § 3º da Resolução n.º 007/2019-CPJ.

Assento nº 04/2009 do Conselho Superior do Ministério Público do Estado de Sergipe

Em caso de indeferimento de representação para instauração de Inquérito Civil, que deverá ser registrada no Sistema de Controle como "Notícia de Fato", nas hipóteses previstas no Assento nº 02, proceder-se-á ao arquivamento sumário, sendo indispensável o cumprimento do disposto no caput do art. 37 da Resolução nº 02/2008-CPJ.

Nova redação. Publicado no DJ de SE em 04/04/2012.

Enunciado nº 03 da Câmara de Coordenação e Revisão do MPT

INDEFERIMENTO DE INSTAURAÇÃO DE INQUÉRITO CIVIL E PROMOÇÃO DE ARQUIVAMENTO DE INVESTIGAÇÃO. NECESSIDADE DE FUNDAMENTAÇÃO, SOB PENA DE NULIDADE DA DECISÃO. ARTIGO 93, INCISO

IX, DA CRFB/88, ARTIGO 9º DA LEI 7.347/1985 E ARTIGOS 5º, CAPUT E 10, CAPUT, AMBOS DA RESOLUÇÃO 69/CSMPT.

É nula a decisão que indefere a instauração de inquérito civil ou que promove o arquivamento de procedimento preparatório ou de inquérito civil em curso, quando desprovida da necessária fundamentação, devendo, nesse caso, retornarem os autos ao membro oficiante para que promova novo pronunciamento devidamente fundamentado.

NOVA REDAÇÃO – APROVADA NA 239ª SESSÃO ORDINÁRIA DA CCR/MPT (realizada nos dias 24 e 25/5/2016). (DOU Seção 1 – 02/06/16 – págs. 75/83).

Enunciado nº 22 da Câmara de Coordenação e Revisão do MPT

INDEFERIMENTO OU ARQUIVAMENTO LIMINAR DAS NOTÍCIAS DE FATO. REMESSA AO ÓRGÃO REVISIONAL. INTELIGÊNCIA DAS RESOLUÇÕES NºS 69/2007 DO CSMPT E 174/2017 DO CNMP. IDENTIFICAÇÃO DAS LESÕES OU AMEAÇAS DE LESÕES AOS INTERESSES E DIREITOS TUTELÁVEIS PELO MINISTÉRIO PÚBLICO DO TRABALHO. PROPOSIÇÃO DE UMA ATUAÇÃO ESTRATÉGICA ALINHADA COM AS METAS INSTITUCIONAIS. HARMONIA DOS PRINCÍPIOS DA UNIDADE E DA INDEPENDENCIA FUNCIONAL.

1. O membro, ao utilizar o permissivo do indeferimento ou arquivamento liminar de Notícia de Fato, observada a independência funcional, deve verificar a pertinência das metas institucionais ao caso concreto, preservando-se, assim, a unidade institucional, visando um contemporâneo Ministério Público do Trabalho pró ativo e resolutivo;

2. As metas institucionais do Ministério Público do Trabalho são identificadas no planejamento estratégico nacional e nas agendas estratégicas locais, bem como nas orientações, projetos, resultados dos grupos de trabalho e conclusões dos grupos de estudos das Coordenadorias Nacionais Temáticas, e, ainda, nos enunciados e na jurisprudência da Câmara de Coordenação e Revisão;

3. A reforma trabalhista compõe elemento novo, que pode ensejar violações a direitos sociais fundamentais dos trabalhadores. A interpretação e o controle de constitucionalidade ou convencionalidade das novidades introduzidas pela lei 13.467/2017 devem ser também objeto da atividade de coordenação, integração e revisão da CCR, tratando-se de matéria com relevância estratégica no atual cenário jurídico;

4. As Notícias de Fato indeferidas ou arquivadas com fundamento na aplicação e interpretação de dispositivos das leis 13.429/17 e 13.467/17 e nos atos normativos subsequentes, bem como as relativas às metas mencionadas no item 2, não traduzem evidência da inexistência de lesão aos interesses tuteláveis pelo MPT, motivo pelo qual devem ser encaminhadas à Câmara de Coordenação e Revisão para exercício do seu papel uniformizador da atividade finalística.

255ª Sessão Ordinária, realizada em 15/12/17 – DOU Seção 1 – 30/01/18 – págs. 75/76.

Súmula nº 52 do Conselho Superior do Ministério Público do Estado de São Paulo

Caso a matéria veiculada na representação possa ser objeto de mandado de segurança individual, é cabível o seu indeferimento desde que os fatos tratados não tenham projeção subjetiva capaz de causar dano ou ameaça de dano a interesse social. Ressalvam-se questões afetas ao direito da criança ou adolescente, idosos ou pessoas com deficiência que, em face dos regramentos legais específicos, admitem as tutelas individuais.

Conforme publicação do Diário Oficial de São Paulo em 09/03/2017.

Enunciado nº 27/2009 do Conselho Superior do Ministério Público do Estado do Rio de Janeiro

INDEFERIMENTO DE REPRESENTAÇÃO PARA INSTAURAÇÃO DE INQUÉRITO CIVIL PÚBLICO, DE PROCEDIMENTO PREPARATÓRIO OU DE PROCEDIMENTO ADMINISTRATIVO. AUSÊNCIA DE ELEMENTOS MÍNIMOS CAPAZES DE ENSEJAR A INSTAURAÇÃO DE PROCEDIMENTO INVESTIGATÓRIO. NOTIFICAÇÃO DO REPRESENTANTE OU IMPOSSIBILIDADE DE FAZÊ-LO. NÃO INTERPOSIÇÃO DE RECURSO. DESNECESSIDADE DE REMESSA DOS AUTOS AO CONSELHO SUPERIOR. ARQUIVAMENTO DOS AUTOS NO PRÓPRIO ÂMBITO DA PROMOTORIA DE JUSTIÇA REPRESENTADA. NÃO CONHECIMENTO DA PROMOÇÃO.

Impõe-se o indeferimento de plano de representação para instauração de investigação a suposta lesão de direitos transindividuais, em razão da ausência de elementos mínimos capazes à inauguração do procedimento investigatório, se a lesão for a bem de valor insignificante, os fatos já tiverem sido solucionados ou forem objeto de outra investigação ou Ação Civil Pública, bem como se o fato noticiado for incompreensível. Nesta hipótese é imprescindível a notificação do noticiante ou, em havendo impossibilidade de fazê-lo, não houver interposição de recurso. Desnecessidade de remessa dos autos ao Conselho Superior. Arquivamento no próprio âmbito da Promotoria de Justiça representada. Não conhecimento da promoção.

Referência legislativa: Resolução nº 23/2007 do CNMP, art. 5º, caput e § 4º e Resolução GPGJ n.º 2.227/2018, art. 2º, §2º; art. 5º, caput, III, §§ 1º e 2º; art. 27, §§ 1º e 2º; art. 84.

Data da aprovação: 18 de junho de 2009.

Datas das modificações: 26 de novembro de 2009, 16 de outubro de 2014 e 13 de fevereiro de 2020, com vigência após decorridos 60 (sessenta) dias da publicação.

Objeto: Nova redação do Enunciado CSMP nº 27/2009.

Fonte de publicação: Diário Oficial Eletrônico do MPRJ de 13.02.2020.

Súmula nº 02/2013 do Conselho Superior do Ministério Público do Estado do Tocantins

A Constatação de quaisquer das hipóteses previstas no artigo 12, *caput* da Resolução CSMP/TO nº 003/2008, nas peças de informação remetidas por outras promotorias de justiça, é caso de indeferimento *in limine*, que não havendo recurso administrativo da decisão, desobriga remessa ao Conselho Superior.

Aprovada na 139ª Sessão Ordinária em 12/09/2013.

Súmula nº 50 do Conselho Superior do Ministério Público do Estado de São Paulo

É facultado ao membro do Ministério Público submeter o indeferimento de representação a reexame pelo Conselho Superior do Ministério Público, sem prejuízo da necessária notificação do interessado para eventual interposição do recurso.

Conforme publicação do Diário Oficial de São Paulo em 09/03/2017.

DILIGÊNCIAS PRELIMINARES

Enunciado nº 27 da 3ª Câmara de Coordenação e Revisão – Consumidor e Ordem Econômica do MPF

Nos casos em que as circunstâncias dos autos extrajudiciais indicarem dúvida sobre o cunho individual, ou transindividual, dos interesses em discussão, cabe ofício ao órgão competente para saber o número de representações, queixas ou demandas de qualquer espécie contra a representada, no correr de um período razoável para esse fim.

Aprovado na 6ª Sessão Ordinária de 2016, realizada em 31/08/2016.

Enunciado nº 2 do Conselho Superior do Ministério Público do Estado do Pará

PROCEDIMENTAL. DO RECEBIMENTO DE NOTÍCIA FATO. CONSULTA AO SISTEMA SIMP. EVITAR DUPLICIDADE DE PROCEDIMENTOS.

Recebida Notícia de Fato, o Promotor de Justiça deverá, antes de instaurar qualquer procedimento fazer consulta ao Sistema Integrado do Ministério Público-SIMP para evitar a duplicidade de procedimentos acerca do mesmo tema.

Publicado no DOE 26.06.2019.

Aprovado na 2ª Sessão Extraordinária, realizada em 19.06.2019.

Fundamento: art. 4º, inciso I, da Resolução n.º 174/2017-CNMP c/c art. 8º, inciso I, da Resolução n.º 007/2019-CPJ (DOE de 13.06.2019).

Súmula nº 51 do Conselho Superior do Ministério Público do Estado de São Paulo

Antes de decidir pelo recebimento ou rejeição da representação, poderá o membro do Ministério Público determinar ao representante que a complemente, ou adotar providências preliminares, necessárias à formação de seu convencimento acerca da pertinência da notícia, decidindo em seguida sobre a instauração do inquérito civil, procedimento preparatório de inquérito civil ou o indeferimento da representação, no prazo de 30 dias, após eventual complementação, quando for o caso.

Conforme publicação do Diário Oficial de São Paulo em 09/03/2017.

Súmula nº 07 do Conselho Superior do Ministério Público do Estado do Rio de Janeiro

Ao receber notícia de fato, devidamente registrada no Módulo de Gestão de Processos – MGP, o Promotor de Justiça poderá solicitar ao Conselho Tutelar, no prazo de 30 (trinta) dias, prorrogável por até 90 (noventa) dias, informações sobre a apuração dos fatos narrados pelo denunciante e, caso sejam estes confirmados, sobre as medidas protetivas aplicadas pelo órgão às crianças e adolescentes envolvidos, na forma do art. 136, I do ECA, podendo deliberar, ato contínuo, sobre a instauração de procedimento próprio, a propositura de ação judicial ou o arquivamento da notícia de fato.

Aprovada na sessão do dia 05 de outubro de 2017.

Enunciado nº 09 da Câmara de Coordenação e Revisão do MPT

NOTÍCIA DE FATO. INÉPCIA. NOTIFICAÇÃO DO DENUNCIANTE PARA ESCLARECER OS FATOS. NÃO HOMOLOGAÇÃO DO ARQUIVAMENTO QUANDO EXISTENTES INFORMAÇÕES MÍNIMAS PARA A ATUAÇÃO MINISTERIAL.

1. Não se considera inepta a notícia de fato que contenha elementos mínimos para dar ensejo a sua investigação, como a identificação do denunciado e a delimitação do objeto a ser apurado.

2. Constatado que a notícia de fato apresenta esses elementos mínimos à persecução ministerial, a circunstância de o denunciante não ter prestado maiores esclarecimentos sobre os fatos denunciados não impede a deflagração da investigação e não autoriza o arquivamento liminar do feito, uma vez possível ao órgão oficiante diligenciar minimamente, por qualquer meio instrutório, para apurar

a veracidade dos fatos noticiados e avaliar com maior acuidade a viabilidade do prosseguimento do feito.

3. Uma vez verificado que a notícia de fato, apesar dos esforços engendrados pelo órgão oficiante, não ostenta condições ínfimas de prosseguimento, poderá o membro relator da CCR homologar a promoção de arquivamento, devolvendo os autos à origem, desde que inexistente recurso administrativo no feito.

NOVA REDAÇÃO - APROVADA NA 251ª SESSÃO ORDINÁRIA DA CCR/MPT (realizada no dia 29/8/2017). (DOU Seção 1 - 18/9/17 - págs. 81/82).

Súmula nº 26/16 do Conselho Superior do Ministério Público do Estado do Rio Grande do Sul

Nos inquéritos Civis e demais procedimentos investigatórios de cunho urbanístico e ambiental, nas hipóteses onde exigível, caberá ao Órgão do Ministério Público trazer aos autos cópia da(s) licença(s) do empreendimento.

Publicado no DEMP em 04/05/2016, Edição nº 1895, Fl 05.

Data da Sessão: 12-04-2016.

Publicada em 04-05-2016 DEMP.

Assento nº 002/19 do Conselho Superior do Ministério Público do Estado do Amazonas

Art. 1.º – Para fins de aplicação do art. 3.º da Resolução n.º 174, de 04 de julho de 2017, do CNMP, o prazo de 30 (trinta) dias da notícia de fato terá início a contar do seu recebimento pelo órgão de execução:

i – mediante recebimento dos processos físicos na promotoria de justiça, registrado em livro tombo de controle de procedimentos extrajudiciais, devendo a data desse registro constar também nos autos;

ii – mediante a entrada dos procedimentos virtuais na fila da promotoria de justiça, para a qual foi distribuído e registrado pelo sistema.

§1º O vencimento da prorrogação do prazo terá como base a data do recebimento da notícia de fato pelo órgão de execução, independente do dia em que foi proferido o correspondente despacho.

Publicado no Diário Oficial, Ministério Público, Amazonas, 09/04/2019.

Enunciado nº 14/17 do Conselho Superior do Ministério Público do Estado do Mato Grosso do Sul

A representação deve ser registrada como Notícia de Fato e apreciada no prazo de 30 (trinta) dias a contar do recebimento, prorrogável uma vez, fundamentadamente, por até 90 (noventa) dias, dentro dos quais o membro do Ministério Público poderá adotar providências preliminares imprescindíveis para deliberar sobre a instauração do procedimento próprio, sendo vedada a expedição de requisições.

Nota do autor: o fundamento do enunciado consta na 1ª parte.

De 18/09/2017, conforme acesso em 07 de agosto de 2020 ao site: https://www.mpms.mp.br/atos-e-normas.

Enunciado nº 06/14 do Conselho Superior do Ministério Público do Estado do Mato Grosso do Sul

O artigo 8º, §1º, da Lei nº 7.347/85 autoriza a realização de diligências preparatórias no âmbito da Notícia de Fato, prévias à instauração de procedimento, desde que respeitado o prazo máximo de 30 (trinta) dias previsto no artigo 5º da Resolução nº 23/2007 do Conselho Nacional do Ministério Público e no artigo 9º da Resolução nº 15/2007-PGJ.

Depois de superados 30 (trinta) dias do ingresso da Notícia de Fato na Promotoria de Justiça, resta vedada a realização de quaisquer diligências adicionais, cumprindo ao Órgão de Execução arquivar o feito ou instaurar o procedimento cabível, conforme o caso.

Nota do autor: o fundamento do enunciado consta na 1ª parte.

De 24/04/2014, conforme acesso em 07 de agosto de 2020 ao site: https://www.mpms.mp.br/atos-e-normas.

NOTÍCIA DE FATO

Enunciado nº 07/14 do Conselho Superior do Ministério Público do Estado do Mato Grosso do Sul

As Notícias de Fato resolvidas dentro do prazo de 30 dias podem ser arquivadas na Promotoria de Justiça, nos moldes estipulados pelo artigo 5º da Resolução nº 23/2007 do Conselho Nacional do Ministério Público.

As partes interessadas devem ser pessoalmente notificadas desse arquivamento para, querendo, interpor recurso ao Conselho Superior do Ministério Público.

Nota do autor: o fundamento do enunciado consta na 1ª parte.

De 24/04/2014, conforme acesso em 07 de agosto de 2020 ao site: https://www.mpms.mp.br/atos-e-normas.

Assento nº 04/13 do Conselho Superior do Ministério Público do Estado de Goiás

A notícia de fato referente à defesa de direitos individuais indisponíveis deve ter andamento em trinta dias, com seu arquivamento, instauração de procedimento administrativo, mediante portaria, para acompanhamento do caso ou propositura da medida judicial adequada.

Publicado no Diário Oficial, Ministério Público, Goiás, 22/05/2013.

Assento nº 06/13 do Conselho Superior do Ministério Público do Estado de Goiás

Na hipótese de a notícia de fato relativa à defesa de direitos individuais indisponíveis não ser arquivada no prazo de trinta dias, deve ser instaurado, mediante portaria, procedimento administrativo para acompanhamento e resolução do caso.

De 22/05/2013.

Enunciado nº 04/14 do Conselho Superior do Ministério Público do Estado do Mato Grosso do Sul

A Notícia de Fato não é procedimento, ou seja, não se presta à substituição do inquérito civil ou do procedimento preparatório, para fins de investigação ou apuração de violações a direitos difusos, coletivos, individuais homogêneos ou individuais indisponíveis.

Nota do autor: o fundamento do enunciado consta na 1ª parte.

De 24/04/2014, conforme acesso em 07 de agosto de 2020 ao site: https://www.mpms.mp.br/atos-e-normas.

Enunciado nº 05/14 do Conselho Superior do Ministério Público do Estado do Mato Grosso do Sul

As regras procedimentais aplicáveis ao arquivamento da Notícia de Fato, bem como a sua conversão mediante instauração de inquérito civil ou procedimento preparatório, encontram-se regulamentadas nos artigos 7º ao 13 da Resolução nº 15/2007-PGJ e no artigo 5º da Resolução nº 23/2007 do Conselho Nacional do Ministério Público.

Nota do autor: o fundamento do enunciado consta na 1ª parte.

De 24/04/2014, conforme acesso em 07 de agosto de 2020 ao site: https://www.mpms.mp.br/atos-e-normas.

Enunciado n.º 10/16 do Conselho Superior do Ministério Público do Estado do Maranhão

NOTÍCIAS DE FATO, ATOS ADMINISTRATIVOS EXECUTÓRIOS, DE CARÁTER PREPARATÓRIO, ARQUIVAMENTO.

As notícias de fato (art. 3º, I, Ato Regulamentar Conjunto n.º 05/2014, DJ 16/12/2014), e atos administrativos executórios, de caráter preparatório (art. 27, V, da LC 13/91), têm seu arquivamento na forma do art.5º e §§ c/c o §2º, do art.2º, todos da Resolução n.º 23/2007 – CNMP.

Publicado no Diário Oficial, Poder Judiciário, Maranhão, 31/10/2016.

INSTAURAÇÃO E INSTRUÇÃO

Súmula nº 01/2013 do Conselho Superior do Ministério Público do Estado do Tocantins

As peças de informação remetidas por outras promotorias têm natureza de representação, para fins de instauração de inquérito civil ou procedimento preparatório.

Aprovada na 139ª Sessão Ordinária em 12/09/2013.

Enunciado nº 03/13 do Conselho Superior do Ministério Público do Estado do Mato Grosso do Sul

A reparação ou compensação do dano ambiental pode ser averiguada/efetivada no juízo criminal ou pelos órgãos ambientais competentes, dispensando-se a instauração de inquérito civil ou procedimento preparatório, mesmo quando advier de órgão público, quando restar comprovado que o dano ambiental é de menor potencial ofensivo, o qual deve ser analisado tendo por parâmetro o tamanho da área degradada, a repercussão socioeconômica do ato ilícito, eventuais precedentes do Conselho Superior do Ministério Público, dentre outros fatores capazes de revelar a inexistência de gravidade e periodicidade da conduta irregular.

Nota do autor: o fundamento do enunciado consta na 1ª parte.

De 08/03/2013, conforme acesso em 07 de agosto de 2020 ao site: https://www.mpms.mp.br/atos-e-normas.

Enunciado nº 02 da 4ª Câmara de Coordenação e Revisão – Meio Ambiente e Patrimônio Cultural do MPF

Inquéritos Civis e Procedimentos Preparatórios. Portaria de Instauração. Temas/assuntos CNMP.

Nas portarias de instauração de procedimentos preparatórios e inquéritos civis, em matérias ambiental e de patrimônio cultural, devem constar a câmara revisora e o tema objeto de apuração conforme tabela unificada de temas/assuntos do CNMP.

Adequação do Enunciado nº 27 – 4ªCCR, de 11 de fevereiro de 2014. Conforme portaria da 4ª CCR nº 05, de 3 de agosto de 2016, republicada em razão de incorreções na publicação do DMPFe, Caderno Extrajudicial nº 146/2016, divulgado em 3 de agosto de 2016, pág. 7.

Enunciado nº 011 do Conselho Institucional do MPF

Nas portarias de instauração de procedimentos devem constar a câmara revisora e o tema objeto de apuração conforme tabela unificada de temas/assuntos do CNMP.

Referência processual: 1.00.000.018465/2018-07; Precedente: Enunciado nº 2 da 4ª CCR.

Aprovado na 8ª Sessão Ordinária, em 10/10/2018.

Conforme acesso em 07 de agosto de 2020 ao site: http://www.mpf.mp.br/o-mpf/conselho-institucional/documentos-e-publicacoes/enunciados

Enunciado nº 13 do Conselho Superior do Ministério Público do Estado do Pará

PROCEDIMENTAL. DELIMITAÇÃO DO OBJETO DE INVESTIGAÇÃO/ ACOMPANHAMENTO/FISCALIZAÇÃO NA PORTARIA DE INSTAURAÇÃO.

É imprescindível a delimitação do objeto de investigação/ acompanhamento/ fiscalização nas Portarias de Instauração dos Procedimentos Extrajudiciais.

Publicado no DOE 26.06.2019.

Aprovado na 2ª Sessão Extraordinária, realizada em 19.06.2019.

Fundamento: Em atenção aos princípios da eficiência, economicidade processual e segurança jurídica devem ser evitadas a elaboração de portarias por modelos textuais e conceitos jurídicos indeterminados e genéricos que não dizem respeito a fatos determinados. Resolução nº 23/2007 do CNMP: Art. 4º O inquérito civil será instaurado por portaria, numerada em ordem crescente, renovada anualmente, devidamente registrada em livro próprio e autuada, contendo: I – o fundamento legal que autoriza a ação do Ministério Público e a descrição do fato objeto do inquérito civil; Resolução nº 174/2017 do CNMP. Art. 9º. O procedimento administrativo será instaurado por portaria sucinta, com delimitação de seu objeto, aplicando-se, no que couber, o princípio da publicidade dos atos, previsto para o inquérito civil.

Enunciado nº 17 do Conselho Superior do Ministério Público do Estado do Pará

PROCEDIMENTAL. NÃO INSTAURAÇÃO DE PORTARIA PARA PROMOÇÃO DE ARQUIVAMENTO.

É indevida a instauração de portaria para a promoção de arquivamento de procedimentos extrajudiciais, devendo ser realizada por meio de decisão fundamentada.

Publicado no DOE 22.11.2019.

Aprovado na 21ª Sessão Ordinária, realizada em 13.11.2019.

Fundamento: Recomendação N.º 03/2017-MP/CGMP.

Enunciado de Súmula nº 59 do Conselho Superior do Ministério Público do Estado de Minas Gerais

Havendo notícias de irregularidade, a prestação de serviços públicos pode ser acompanhada por meio de Procedimento Administrativo, com subsequente instauração de inquérito civil ou procedimento preparatório se surgirem indícios de omissão injustificada da Administração, voltando-se a atuação, neste caso, para o combate à inércia do órgão público e não para o exercício da atividade negligenciada, ressalvadas as medidas urgentes necessárias para reverter risco concreto advindo da omissão.

Aprovado na 14ª Sessão Ordinária/2019, realizada em 29/07/19 e publicada em; publicação específica em 31/07/19 e 02/08/19.

Assento nº 12 do Conselho Superior do Ministério Público do Estado do Rio Grande do Norte

A aferição do interesse difuso e do interesse individual homogêneo independe de abaixo-assinado.

Aprovado na 7ª Sessão Extraordinária do Conselho Superior do Ministério Público, realizada em 28 de maio de 2013.

Súmula nº 09/01 do Conselho Superior do Ministério Público do Estado do Rio Grande do Sul

O Ministério Público Estadual detém legitimidade para instaurar inquérito civil para apurar ofensa ao meio ambiente do trabalho relativo a servidores públicos municipais e estaduais sob regime estatutário.

Data da Sessão: 24.04.01

Enunciado nº 02/12 do Conselho Superior do Ministério Público do Estado do Mato Grosso do Sul

Os casos de comunicação de infrações que constituam lesões a interesses difusos e coletivos de qualquer ordem, noticiadas por órgãos públicos, deverão ser transformados em procedimentos preparatórios e/ou inquéritos civis.

Nota do autor: o fundamento do enunciado consta na 1ª parte.

De 18/12/2012, conforme acesso em 07 de agosto de 2020 ao site: https://www.mpms.mp.br/atos-e-normas.

Enunciado nº 06 da 5ª Câmara de Coordenação e Revisão – Combate à corrupção do MPF

REMESSA DE DOCUMENTOS PARA PUBLICAÇÃO/REGISTRO.

As Portarias de instauração de PA ou ICP, os Termos de Ajustamento de Condutas, as Recomendações e as Petições iniciais de ações serão encaminhadas para publicação, se for o caso, e registros.

Aprovado na 230ª Sessão Ordinária, realizada em 31 de março de 2003.

Enunciado nº 27 do Conselho Superior do Ministério Público do Estado do Pará

INSTAURAÇÃO DE PROCEDIMENTOS EXTRAJUDIAIS. DESNECESSIDADE DE COMUNICAÇÃO.

É desnecessária a comunicação de instauração de procedimentos extrajudiciais ao Conselho Superior.

Publicado no DOE 22.11.2019.

Aprovado na 21ª Sessão Ordinária, realizada em 13.11.2019.

Enunciado nº 21/19 do Conselho Superior do Ministério Público do Estado do Mato Grosso do Sul

O sigilo dos autos de inquérito civil será determinado pelo membro do Ministério Público responsável pelo procedimento inquisitorial, devendo ser fundamentado qual o comprometimento da investigação pela não decretação da medida, a extensão de sua aplicação, se sobre todo o procedimento ou parte deste, sua classificação e prazo de vigência, nos termos da Lei nº 12.527/2011. Os atos procedimentais que exijam o sigilo das informações por estarem relacionados à honra, à vida privada e à intimidade, ou por serem necessários à manutenção da segurança pública, do Estado ou de autoridade pública, devem tramitar em autos apartados do procedimento principal, atendendo às diretrizes da Súmula Vinculante nº 14 do STF. O sigilo será levantado pelo CSMP quando houver pedido de arquivamento dos autos investigativos, podendo o Conselho mantê-lo mediante ato fundamentado, estipulando o prazo de prorrogação. A publicidade da sessão do CSMP será restringida se o conteúdo das peças de informação sob sigilo forem objeto de fundamentação da decisão do colegiado.

Nota do autor: o fundamento do enunciado consta na 1ª parte.

De 23/01/2019, conforme acesso em 07 de agosto de 2020 ao site: https://www.mpms.mp.br/atos-e-normas.

Enunciado nº 12 da 4ª Câmara de Coordenação e Revisão – Meio Ambiente e Patrimônio Cultural do MPF

Observância da independência entre as esferas cível e criminal na atuação em procedimentos extrajudiciais vinculados à 4ª CCR.

A existência de investigação criminal, em matérias de meio ambiente e patrimônio cultural, não obsta a continuidade dos procedimentos extrajudiciais no âmbito cível, mesmo no caso de transação penal, sendo necessário observar a independência entre as esferas, sem prejuízo de que a solução num feito possa autorizar o arquivamento do outro.

Adequação do Enunciado nº 29 – 4ª CCR, de 18 de dezembro de 2014. Conforme portaria da 4ª CCR nº 05, de 3 de agosto de 2016, republicada em razão de incorreções na publicação do DMPFe, Caderno Extrajudicial nº 146/2016, divulgado em 3 de agosto de 2016, pág. 7.

Enunciado nº 28 da 4ª Câmara de Coordenação e Revisão – Meio Ambiente e Patrimônio Cultural do MPF

O membro do Ministério Público Federal, no exercício das suas atribuições institucionais, tem legitimidade para realizar atos investigatórios, podendo reduzir a termo depoimentos de ofendidos, testemunhas e convocar pessoas investigadas para prestar esclarecimentos, valendo-se ainda dos demais procedimentos que lhe são conferidos pela Lei Complementar n.º 75/93.

Recepção do Enunciado nº 12-2ª CCR. 292ª Sessão, de 07.03.2005. Conforme portaria da 4ª CCR nº 05, de 3 de agosto de 2016, republicada em razão de incorreções na publicação do DMPFe, Caderno Extrajudicial nº 146/2016, divulgado em 3 de agosto de 2016, pág. 7.

Enunciado nº 17 da Câmara de Coordenação e Revisão do MPT

AUDIÊNCIA ADMINISTRATIVA. FORMALIDADE DO ATO. OITIVA DO DENUNCIANTE E TESTEMUNHAS. ATO PRIVATIVO DE PROCURADOR DO TRABALHO.

A oitiva de testemunhas, denunciantes e investigados é providência a cargo do Procurador do Trabalho, a ser realizada, de regra, mediante atendimento de todas as formalidades próprias da audiência administrativa. A determinação à Secretaria de Apoio para inquirir pessoas, pessoalmente ou mediante contato telefônico, é medida que não se presta a produzir prova válida.

49ª Sessão Extraordinária, realizada nos dias 25/2 e 10/3/2015 – DOU Seção 1 – 26/03/15 – págs. 76/77.

Enunciado nº 29 das Câmaras de Coordenação e Revisão Criminais e Cíveis Reunidas do MPDFT

Requisição Ministerial – Prazo de 10 (dez) dias úteis para o atendimento no caso de medidas comuns, prorrogável pelo mesmo tempo por motivo de força maior. Em casos de medidas urgentes, referido prazo poderá ser reduzido, dentro das necessidades do órgão ministerial requisitante, que fundamentará a urgência da requisição, sendo desnecessária a advertência acerca do que dispõe o § 3º do art. 8º da Lei Complementar nº 75/93.

PA 08190.002251-9/95.

Publicado no DJ, Seção 1, de 05/07/2004, p. 108/109.

Súmula nº 03 do Conselho Superior do Ministério Público do Estado do Rio de Janeiro

USO DE PROVA EMPRESTADA. OUTORGA JUDICIAL. LEGALIDADE.

É permitida a utilização de prova emprestada em inquérito civil oriunda da quebra de sigilo em investigação criminal e ações penais, desde que devidamente autorizado pelo Juízo competente.

Referência legislativa: Referência Legislativa: Lei Federal n.º 13.105/2015, art. 372. Referência jurisprudencial: Súmula n.º 591 STJ.

Origem: Processo MPRJ n.º 2014.00546252 com um apenso (nº 2013.00968178).

Data da aprovação: 19 de março de 2015.

Data da modificação: 13 de fevereiro de 2020, com vigência após decorridos 60 (sessenta) dias da publicação.

Objeto: Reformulação da Súmula CSMP nº 03/15.

Fonte de publicação: Diário Oficial Eletrônico do MPRJ de 13.02.2020.

Enunciado nº 001 do Conselho Institucional do MPF

Não caracteriza prescrição ou preclusão a eventual inobservância dos prazos regulamentares na tramitação de procedimentos administrativos e de inquéritos civis públicos.

Referência Normativa: Art. 2°, § 6° da Resolução CNMP n° 23 e art. 4°, § 1° da Resolução CSMPF n° 87; Referência Processual: Processos n os 08120-0.00926/95-11 e 1.00.000.004691/2008-21). – 4ª Sessão Extraordinária – 21.8.2008.

Conforme acesso em 07 de agosto de 2020 ao site: http://www.mpf.mp.br/o--mpf/conselho-institucional/documentos-e-publicacoes/enunciados

Súmula nº 03/2016 do Conselho Superior do Ministério Público do Estado da Bahia

Em se tratando de atos de velamento de Fundações, não há necessidade de instaurar Procedimento Preparatório ou Inquérito Civil para análise de Prestação de Contas, devendo o arquivamento do respectivo expediente, ser feito no âmbito da própria Promotoria de Justiça, quando não houver irregularidade a ser sanada na esfera administrativa ou judicial, sendo desnecessária a remessa ao Conselho Superior do Ministério Público, para fins de homologação.

DUPLICIDADE

Nota do autor: Ver Arquivamento. Parcial. Procedimento mais abrangente.

Enunciado nº 07/11 do Conselho Superior do Ministério Público do Estado do Mato Grosso

A duplicidade de procedimentos acerca do mesmo tema não dá ensejo ao arquivamento de um deles. Se detectada tal circunstância na fase preparatória (PP ou IC), o membro do Ministério Público deve promover o apensamento dos autos, objetivando viabilizar uma decisão uniforme.

De 05/08/2015, Conforme acesso em 07 de agosto de 2020 ao site: https://www.mpmt.mp.br/secao/672.

Assento nº 01/16 do Conselho Superior do Ministério Público do Estado de Santa Catarina

O Conselho Superior do Ministério Público (CSMP) não conhecerá da remessa para homologação de arquivamento de inquérito civil ou outras peças sob a fundamentação de duplicidade, multiplicidade, conexão ou continência de procedimentos. Na hipótese de existência de procedimento versando sobre o mesmo fato de outro(s) em andamento na mesma Promotoria de Justiça, deve-se proceder à unificação, por vinculação no SIG, ao mais abrangente ou de data precedente, para instruir eventual medida judicial ou, em caso de arquivamento, posteriormente submeter o todo da investigação empreendida ao CSMP.

O Conselho Superior do Ministério Público (CSMP) não conhecerá da remessa para homologação de arquivamento de inquérito civil ou outras peças sob a fundamentação de duplicidade, multiplicidade, conexão ou continência de procedimentos. Na hipótese de existência de procedimento versando sobre o mesmo fato de outro(s) em andamento na mesma Promotoria de Justiça, deve-se proceder à unificação, por vinculação no SIG, ao mais abrangente ou de data precedente, para instruir eventual medida judicial ou, em caso de arquivamento, posteriormente submeter o todo da investigação empreendida ao CSMP.

Publicado no Diário Oficial Eletrônico, Ministério Público, 26/04/2016.

Nota do autor: enunciado replicado na parte "Arquivamento. Não cabimento".

Assento nº 17 do Conselho Superior do Ministério Público do Estado do Rio Grande do Norte

Em havendo identidade de objeto(s) e investigado(s), em procedimentos instaurados pelo órgão ministerial, deve ser promovido, perante o próprio órgão, o apensamento dos procedimentos, com a prevalência da numeração do mais antigo, dando-se baixa no registro do mais recente, com a indicação do motivo.

Aprovada alteração de texto do assento na 6ª Sessão Ordinária do Conselho Superior do Ministério Público, realizada em 02 de junho de 2015.

Súmula nº 09/2013 do Conselho Superior do Ministério Público do Estado do Tocantins

O procedimento preparatório e /ou inquérito civil com objeto de investigação mais abrangente, desde que instaurado posteriormente, não enseja o arquivamento do primeiro, que se encontrar na fase inicial ou conclusiva das investigações, mas seu apensamento.

Aprovada na 139ª Sessão Ordinária em 12/09/2013.

Enunciado nº 18/18 do Conselho Superior do Ministério Público do Estado do Mato Grosso do Sul

Em se reconhecendo a duplicidade de procedimentos com o mesmo objeto e as mesmas partes, deve-se promover o arquivamento do procedimento mais recente, trasladando-se os seus elementos probatórios para o mais antigo, aplicando-se subsidiariamente o previsto no Código de Processo Civil, tendo em vista a configuração de fenômeno análogo ao da litispendência.

Nota do autor: o fundamento do enunciado consta na 1ª parte.

De 23/08/2018, conforme acesso em 07 de agosto de 2020 ao site: https://www.mpms.mp.br/atos-e-normas.

Súmula nº 08/2013 do Conselho Superior do Ministério Público do Estado do Tocantins

Se absolutamente idênticos as partes, o conteúdo e o pedido formulados nos procedimentos, impõe-se o arquivamento do segundo, instaurado posteriormente.

Aprovada na 139ª Sessão Ordinária em 12/09/2013.

Enunciado de Súmula nº 39 do Conselho Superior do Ministério Público do Estado de Minas Gerais

A duplicidade de procedimentos acerca do mesmo tema não dá ensejo ao arquivamento de um deles. Se detectada tal circunstância na fase preparatória (PP ou IC), deverá o membro do Ministério Público promover o apensamento dos autos, objetivando viabilizar uma decisão uniforme. Na hipótese de haver sido ajuizada ação civil pública, por qualquer dos legitimados, a providência a ser adotada será a sua juntada ou apensamento ao feito principal.

Reformado na 22ª sessão Ordinária/ 2008, realizada em 10/11/2008 e publicada em 11/12/08. Publicação específica do texto com as respectivas alterações no Diário Oficial: 12/11/2008.

Enunciado nº 1 do Conselho Superior do Ministério Público do Estado do Pará

DUPLICIDADE DE PROCEDIMENTOS. IDENTIFICAÇÃO DACONTINÊNCIA. TRAMITAÇÃO E RESOLUÇÃO CONJUNTA.

A duplicidade de procedimentos acerca do mesmo tema não dá ensejo ao arquivamento de um deles. Identificada a continência, os procedimentos deverão ser reunidos para tramitação e resolução conjunta, tendo atribuição o Promotor de Justiça que presidir o procedimento cujo objeto é o mais amplo, ressalvado o § 2º do art. 19 da Resolução n.º 007/2019-CPJ.

Publicado no DOE 26.06.2019.

Enunciado de Súmula nº 6 do Conselho Superior do Ministério Público do Estado de Minas Gerais

Havendo conexão ou continência entre fatos diversos, convém sejam objeto de um único procedimento investigatório.

Aprovado, por maioria de votos, na 8ª Sessão Ordinária/ 1996, realizada em 30/05/96 e publicada em 21/08/96; publicação específica no Diário Oficial: 31/05/96. Republicações em: 04/02/2000, 04/09/2001 e 03/02/2004.

Assento nº 08 do Conselho Superior do Ministério Público do Estado do Rio Grande do Norte

O membro do Ministério Público deverá instaurar um único procedimento preparatório ou inquérito civil quando, apesar da diversidade de partes, a matéria objeto de investigação for a mesma, salvo possibilidade, devidamente justificada, de prejuízo à instrução dos referidos procedimentos extrajudiciais.

Aprovado na 7ª Sessão Ordinária do Conselho Superior do Ministério Público, realizada em 07 de julho de 2010.

PRORROGAÇÃO

Assento nº 002/18 do Conselho Superior do Ministério Público do Estado do Amazonas

Não se considera como diligência válida, a fundamentar comunicação de prorrogação de prazo de inquérito civil, prevista no art. 37, *caput*, da resolução nº 006/2015-CSMP: (1) a pendência de elaboração de promoção de pedido de arquivamento; (2) a pendência de elaboração de petição inicial da ação judicial cabível.

Publicado no Diário Oficial, Ministério Público, Amazonas, 21/06/2018.

Enunciado nº 91 das Câmaras de Coordenação e Revisão Criminais e Cíveis Reunidas do MPDFT

Na prorrogação do prazo para a conclusão do procedimento administrativo é necessário que a decisão seja proferida mediante a explicitação dos motivos que levam à necessidade de prorrogação. Inteligência das Resoluções 174/CNMP/2017 e 78/2007/CSMPDFT e do Ato Deliberativo n. 01/2018.

PA n. 08190.017212/19-12.

Diário Eletrônico do MPDFT. Edição n.º 1.513 dia 17/05/2019.

Enunciado nº 02/2019 do Conselho Superior do Ministério Público do Estado do Piauí

Inquérito Civil – PRORROGAÇÃO DO PRAZO.

Na prorrogação do prazo para a conclusão do Inquérito Civil é imprescindível que a decisão seja proferida mediante a explicitação dos motivos que levam a sua necessidade.

Aprovado na 1322ª sessão ordinária do CSMP em 06.12.2019.

Assento nº 02/10 do Conselho Superior do Ministério Público do Estado de Goiás

Para fins do artigo 23, da Resolução n. 009/2010 (regulamenta o inquérito civil no âmbito do Ministério Público do Estado de Goiás), a cientificação do Conselho Superior do Ministério Público acerca da prorrogação dos prazos de conclusão de inquéritos civis será feita por ofício que deverá conter a identificação do processo, a data de instauração e as eventuais prorrogações já efetuadas, inclusive as respectivas datas, não sendo necessário o encaminhamento do procedimento ao colegiado.

Publicado no Diário Oficial, Ministério Público, Goiás, 08/09/2010.

Assento nº 03/11 do Conselho Superior do Ministério Público do Estado de Goiás

Para fins do artigo 23, § 2º, da Resolução n. 009/2010-CPJ (regulamenta o inquérito civil no âmbito do Ministério Público do Estado de Goiás), alterada pela Resolução n. 018/2011-CPJ, é necessário o encaminhamento dos autos do inquérito civil, para a devida análise do pedido, nos termos regimentais.

Publicado no Diário Oficial, Ministério Público, Goiás, 10/11/2011.

Assento nº 19/20 do Conselho Superior do Ministério Público do Estado de Goiás

Para o cumprimento do disposto no artigo 31 da Resolução CPJ nº 09/2018, os despachos de prorrogação de prazo de inquéritos civis públicos deverão ser concretamente fundamentados em circunstâncias do caso investigado e, eventualmente, nas condições de trabalho da unidade ministerial, demonstrando-se a real imprescindibilidade da realização ou conclusão de diligências, especificando-se, quando possível, cada uma delas, sendo inadmissível a fundamentação baseada em mera repetição de texto normativo. (Autos: 2020.0015.7531).

Publicado no Diário Oficial, Goiás, 17/07/2020.

Assento nº 22 do Conselho Superior do Ministério Público do Estado do Rio Grande do Norte

O expediente de comunicação de prorrogação de prazo de conclusão de inquérito civil ao Conselho Superior do Ministério Público informará o tipo e o número do procedimento, seu objeto de investigação ou apuração, a quantidade ordinal da prorrogação e o motivo do ato, especificando a pendência das diligências ou outros atos instrutórios a serem realizados.

Aprovada alteração de texto do assento na 3ª Sessão Ordinária do Conselho Superior do Ministério Público, realizada em 03 de março de 2020.

Sumula nº 20/08 do Conselho Superior do Ministério Público do Estado do Rio Grande do Sul

Prorrogação de Inquérito Civil

Na comunicação prevista no artigo 14, parágrafo único, do Provimento nº 26/2008, que poderá ser feita inclusive por meio eletrônico, deverá ser indicado o motivo que ensejou a prorrogação, sendo desnecessária a juntada de cópia da decisão.

Publicado no DEMP/RS em 16/09/2008, Edição nº 033, FL 12.

Enunciado nº 28 do Conselho Superior do Ministério Público do Estado do Pará

PROCEDIMENTOS EXTRAJUDIAIS. DESNECESSIDADE DE ENVIO DE COMUNICAÇÃO DA PRORROGAÇÃO DE PRAZO.

É desnecessário o envio ao Conselho Superior de comunicação da prorrogação de prazo de Notícia de Fato e Procedimento Administrativo.

Publicado no DOE 22.11.2019.

Aprovado na 21ª Sessão Ordinária, realizada em 13.11.2019.

Fundamento: de acordo com as normas vigentes, apenas as prorrogações de procedimento preparatório e inquérito civil devem ser comunicadas ao Conselho Superior, nos termos do art. 9º da Resolução n.º 23, do CNMP c/c arts. 16 e 23 da Resolução n.º 007/2019-CPJ.

SUSPENSÃO

Enunciado de Súmula nº 2 do Conselho Superior do Ministério Público do Estado de Minas Gerais

A suspensão do Inquérito Civil ou do procedimento preparatório de que trata o enunciado nº 1, é ato do Promotor de Justiça que o preside, não dependendo de apreciação do Conselho Superior do Ministério Público. Cumpre, entretanto, ao órgão promovente da suspensão registrar no Sistema Único de Inquéritos Civis e Procedimentos Preparatórios – SRU, o prazo da mesma.

Reformado na 22ª sessão Ordinária/ 2008, realizada em 10/11/2008 e publicada em 11/12/08. Publicação específica do texto com as respectivas alterações no Diário Oficial: 12/11/2008.

CONVERSÃO DO PROCEDIMENTO

Enunciado nº 90 das Câmaras de Coordenação e Revisão Criminais e Cíveis Reunidas do MPDFT

A conversão de Procedimento Administrativo em Inquérito Civil Público não compreende a reprodução de cópia do procedimento original, bastando a transmutação do feito precedente em ICP por Portaria, com as devidas alterações no sistema e capa dos autos.

PA n. 08190.017207/19-82.

Diário Eletrônico do MPDFT. Edição n.º 1.513, dia 17/05/2019.

Enunciado nº 05/14 do Conselho Superior do Ministério Público do Estado do Mato Grosso do Sul

As regras procedimentais aplicáveis ao arquivamento da Notícia de Fato, bem como a sua conversão mediante instauração de inquérito civil ou procedimento preparatório, encontram-se regulamentadas nos artigos 7º ao 13 da Resolução nº 15/2007-PGJ e no artigo 5º da Resolução nº 23/2007 do Conselho Nacional do Ministério Público.

Nota do autor: o fundamento do enunciado consta na 1ª parte.

De 24/04/2014, conforme acesso em 07 de agosto de 2020 ao site: https://www.mpms.mp.br/atos-e-normas.

Enunciado nº 11/2015 do Conselho Superior do Ministério Público do Estado da Paraíba

MANIFESTAÇÃO ANÔNIMA – INDICAÇÃO DE ELEMENTOS PARA A INVESTIGAÇÃO- AUSÊNCIA DE EXAURIMENTO – CONVERSÃO EM DILIGÊNCIA

Será convertido em diligência inquérito civil público ou procedimento preparatório instaurado com base em manifestação anônima que contenha dados mínimos sobre os autores e os fatos que permitam o início das investigações, quando, sem que tenham sido efetivadas diligências ou estas não contemplarem exaustivamente todos os elementos indiciários presentes na manifestação, se concluir pela inviabilização das investigações em razão do anonimato. Inteligência do art. 1o, § 3o e 2o da Resolução CPJ no 04/2013.

*Este texto não substitui o consignado na ata da 43ª Sessão Ordinária do CSMP de 2015.

Publicado no Diário Oficial Eletrônico, Ministério Público, Paraíba, 04/11/2015.

Súmula nº 05/2013 do Conselho Superior do Ministério Público do Estado do Tocantins

A conversão do procedimento preparatório ou do inquérito civil público em ação civil pública leva à impossibilidade de seu reexame e arquivamento pelo Conselho Superior.

Aprovada na 139ª Sessão Ordinária em 12/09/2013.

TAC

Enunciado nº 23 do Conselho Superior do Ministério Público do Estado do Pará

TERMO DE AJUSTAMENTO DE CONDUTA. DESNECESSIDADE DE INSTAURAÇÃO DE OUTRO PA.

Celebrado o TAC nos autos de procedimento administrativo instaurado nos termos do art. 8º da Resolução n.º 174/2017-CNMP, é desnecessária a instauração de novo procedimento administrativo com o fim de acompanhar o cumprimento das cláusulas de termo de ajustamento de conduta celebrado naqueles autos.

Publicado no DOE 22.11.2019.

Aprovado na 21ª Sessão Ordinária, realizada em 13.11.2019.

Fundamento: Resolução n.º 63, de 1º.12.2010, do CNMP (Taxonomia do Conselho Nacional do Ministério Público), Recomendação Conjunta n.º 03/2014-MP/PGJ/CGMP e art. 8º da Resolução n.º 174/2017-CNMP.

Enunciado de Súmula nº 5 do Conselho Superior do Ministério Público do Estado de Minas Gerais

O acordo firmado entre o autor dos fatos e os órgãos de fiscalização não impossibilita e nem substitui o Termo de Compromisso de Ajustamento de Conduta. Este tem força executiva (art. 5º, § 6º da Lei 7.347/85 e 585, II, do CPC), o que torna mais seguro o escopo da atuação ministerial.

Reformado na 21ª Sessão Ordinária/ 2004, realizada em 13/12/04 e publicada em 16/02/2005.

Súmula nº 01/13 do Conselho Superior do Ministério Público do Estado de Santa Catarina

Possibilidade de celebração de Termo de Ajustamento de Conduta com a finalidade de impedir a comercialização de qualquer produto ou serviço em desacordo com as normas expedidas pelos órgãos oficiais competentes.

É possível a celebração de Termo de Ajustamento de Conduta com a finalidade de impedir a comercialização de qualquer produto ou serviço em desacordo com as normas expedidas pelos órgãos oficiais competentes ou se normas específicas não existirem, pela Associação Brasileira de Normas Técnicas (ABNT) ou por outra entidade credenciada pelo Conselho Nacional de Metrologia, Normalização e Qualidade Industrial (CONMETRO), especialmente se relacionadas à qualidade dos produtos ou serviços e à proteção da vida, da saúde e da segurança do consumidor.

Publicado no Diário Oficial Eletrônico, Ministério Público, 24/06/2013.

Enunciado nº 16 da 4ª Câmara de Coordenação e Revisão – Meio Ambiente e Patrimônio Cultural do MPF

Termo de Ajustamento de Conduta. Inviabilidade de assinatura.

Não devem ser firmados Termos de Ajustamento de Conduta que violem dispositivo legal, a exemplo dos que visam a regularizar intervenções em Área de Preservação Permanente.

Adequação do Enunciado nº 1 – 4ª CCR, de 15 de dezembro de 2005. Conforme portaria da 4ª CCR nº 05, de 3 de agosto de 2016, republicada em razão de incorreções na publicação do DMPFe, Caderno Extrajudicial nº 146/2016, divulgado em 3 de agosto de 2016, pág. 7.

Enunciado de Súmula nº 51 do Conselho Superior do Ministério Público do Estado de Minas Gerais

A Lei Federal 12.651, promulgada em 25 de maio de 2012, revogou expressamente a Lei 4.771/1965 (com suas alterações específicas) e instituiu um novo Código Florestal, cujo texto reformulou, *in pejus*, o regime jurídico de proteção das reservas legais no País. No entanto, o advento do novo marco legal não retira a validade, tampouco altera a eficácia, dos Termos de Ajustamento de Conduta (TACs) celebrados na vigência da lei anterior (Lei 4.771/1965).

Aprovado, por unanimidade, na 9ª Sessão Ordinária/2015, realizada em 15/06/2015 e publicado no Diário Eletrônico do MP em 17/06/2015.

Republicado no Diário Eletrônico do MP em 27/06/2015.

Enunciado nº 23 da 4ª Câmara de Coordenação e Revisão – Meio Ambiente e Patrimônio Cultural do MPF

Termos de Ajustamento de Conduta. Valores Significativos. Audiência Púbica.

Termos de Ajustamento de Conduta que envolvam valores monetários, ambientais ou sociais significativos devem ser precedidos de audiência pública.

Precedente: Procedimento Administrativo nº 1.00.000.009776/2016-62.

Adequação do Enunciado nº 22 – 4ª CCR, de 12 de novembro de 2013. Conforme portaria da 4ª CCR nº 05, de 3 de agosto de 2016, republicada em razão de incorreções na publicação do DMPFe, Caderno Extrajudicial nº 146/2016, divulgado em 3 de agosto de 2016, pág. 7.

Enunciado nº 24 da 4ª Câmara de Coordenação e Revisão – Meio Ambiente e Patrimônio Cultural do MPF

Termos de Ajustamento de Conduta ou Acordos Judiciais. Valores Monetários. FDD – Fundo de Defesa de Direitos Difusos. Remessa Não Obrigatória.

Os valores oriundos de termos de ajustamento de conduta ou de acordos judiciais não estão sujeitos à remessa obrigatória ao Fundo Federal de Defesa dos Direitos Difusos (FDD), à luz do art. 13 e §§ da Lei da Ação Civil Pública (Lei Nº 7.347/85). Constitui alternativa à remessa, a execução de projetos no local do dano pelo sistema da CAIXA ECONÔMICA FEDERAL, do FUNBIO, sem prejuízo de outros.

Adequação do Enunciado nº 23 – 4ª CCR, de janeiro de 2013. Conforme portaria da 4ª CCR nº 05, de 3 de agosto de 2016, republicada em razão de incorreções na publicação do DMPFe, Caderno Extrajudicial nº 146/2016, divulgado em 3 de agosto de 2016, pág. 7.

Enunciado nº 19/18 do Conselho Superior do Ministério Público do Estado do Mato Grosso do Sul

É prescindível o cadastro individual de Companhia ou Batalhão da Polícia Militar Ambiental do Estado como entidade beneficiária de termo de ajustamento de conduta, pois a Polícia Militar abrange todas as unidades operacionais de Mato Grosso do Sul.

Nota do autor: o fundamento do enunciado consta na 1ª parte.

De 18/09/2018, conforme acesso em 07 de agosto de 2020 ao site: https://www.mpms.mp.br/atos-e-normas.

Enunciado nº 12/17 do Conselho Superior do Ministério Público do Estado do Mato Grosso do Sul

Homologa-se o Termo de Ajustamento de Conduta desde que as entidades públicas ou privadas destinatárias de bens ou valores sejam previamente cadastradas no Ministério Público Estadual e tenham, preferencialmente, afinidade com a defesa do interesse lesado.

Nota do autor: o fundamento do enunciado consta na 1ª parte.

De 18/08/2017, conforme acesso em 07 de agosto de 2020 ao site: https://www.mpms.mp.br/atos-e-normas.

Enunciado nº 26 da 4ª Câmara de Coordenação e Revisão – Meio Ambiente e Patrimônio Cultural do MPF

Termos de Ajustamento de Conduta ou Acordos Judiciais. Contratos de Repasse. Vedação de Gestão pelo MPF.

O Ministério Público Federal não pode figurar como gestor nos contratos de repasse de valores provenientes de termos de ajustamento de conduta ou acordos judiciais, nos termos do Enunciado 24-4ª CCR.

Adequação do Enunciado nº 25 – 4ª CCR, de 16 de fevereiro de 2016. Conforme portaria da 4ª CCR nº 05, de 3 de agosto de 2016, republicada em razão de incorreções na publicação do DMPFe, Caderno Extrajudicial nº 146/2016, divulgado em 3 de agosto de 2016, pág. 7.

Enunciado nº 27 da 4ª Câmara de Coordenação e Revisão – Meio Ambiente e Patrimônio Cultural do MPF

Termos de Ajustamento de Conduta ou Acordos Judiciais. Seleção de Projetos.

Na seleção de projetos a serem beneficiados por valores provenientes de termos de ajustamento de conduta ou acordos judiciais, deverão ser prestigiados aqueles que mais se relacionem com a natureza e local do dano, que deu origem aos recursos, além da qualidade técnica do projeto, sendo conveniente que se busque contrapartida dos entes proponentes.

Adequação do Enunciado nº 26 – 4ª CCR, de 12 de novembro de 2013. Conforme portaria da 4ª CCR nº 05, de 3 de agosto de 2016, republicada em razão de incorreções na publicação do DMPFe, Caderno Extrajudicial nº 146/2016, divulgado em 3 de agosto de 2016, pág. 7.

Enunciado nº 25 da 4ª Câmara de Coordenação e Revisão – Meio Ambiente e Patrimônio Cultural do MPF

Acordos.

Os acordos deverão prever a vinculação dos empreendedores à sua execução, eis que a obrigação desses é de resultado.

Adequação do Enunciado nº 24 – 4ª CCR, de 12 de novembro de 2013. Conforme portaria da 4ª CCR nº 05, de 3 de agosto de 2016, republicada em razão de incorreções na publicação do DMPFe, Caderno Extrajudicial nº 146/2016, divulgado em 3 de agosto de 2016, pág. 7.

Enunciado nº 02/11 do Conselho Superior do Ministério Público do Estado do Mato Grosso

É fundamental que no ajuste seja descrito com clareza a situação lesiva, o reconhecimento do dever de recompor o conteúdo da obrigação.

De 05/08/2015, conforme acesso em 07 de agosto de 2020 ao site: https://www.mpmt.mp.br/secao/672.

Enunciado nº 06 das Câmaras de Coordenação e Revisão Criminais e Cíveis Reunidas do MPDFT

O termo de ajustamento de conduta de que trata o artigo 5º, parágrafo 6º, da Lei nº 7.347, de 24 de julho de 1985, deverá explicitar as obrigações pactuadas, de modo que resultem certas as obrigações, quanto à sua existência, e determinadas, quanto ao seu objeto.

PA nº 08190.061290/96-87, Ata da 3ª Sessão Ordinária.

Publicado no DJ, Seção 1, de 17/05/02, p. 541.

Súmula nº 02 do Conselho Superior do Ministério Público do Estado do Piauí

O termo de ajustamento de conduta previsto no art. 5º, § 6º, da Lei nº 7.347/85, no inquérito civil e nos procedimentos preparatórios, que deverão explicitar as obrigações pactuadas, de modo que resultem certas as obrigações, quanto à sua existência e determinadas, quanto ao seu objeto, com cláusula penal em caso de descumprimento, cabendo ao membro do Ministério Público fazer o devido acompanhamento.

Aprovada na 3ª Sessão extraordinária em 23/10/2017.

Assento nº 01/13 do Conselho Superior do Ministério Público do Estado de Santa Catarina

Estabelece critérios para a estipulação de medidas compensatórias e multas por descumprimento de cláusulas em compromissos de ajustamento de conduta firmados pelo Ministério Público.

Art. 1º A estipulação de medidas compensatórias em compromissos de ajustamento de conduta firmados pelo Ministério Público obedecerá aos critérios estabelecidos neste Assento.

Art. 2º Consideram-se medidas compensatórias para fins deste Assento as seguintes modalidades:

a) medida de compensação restauratória: corresponde à restituição de um bem jurídico a uma condição não degradada que deve ser o mais próximo possível da sua condição original;

b) medida de compensação recuperatória: compreende a restituição de um bem jurídico a uma condição não degradada que pode ser diferente de sua condição original;

c) medida de compensação mitigatória: corresponde à adoção de providências que visem à redução dos efeitos dos danos e/ou a sua prevenção; e

d) medida de compensação indenizatória: corresponde ao ressarcimento do dano mediante o pagamento de certa quantia em dinheiro.

Art. 3º As medidas de compensação previstas nas alíneas a, b e d do artigo anterior, poderão ser aplicadas isolada ou cumulativamente.

Parágrafo único – A medida prevista na alínea c do artigo anterior, necessariamente será aplicada cumulativamente com outra daquelas nele previstas.

Art. 4º A reparação do dano obedecerá, prioritariamente, a seguinte ordem, mediante o cumprimento de obrigação de fazer, consistente na:

I – restauração do dano in natura, no próprio local e em favor do mesmo bem jurídico lesado;

II – recuperação do dano in natura, no próprio local e/ou em favor do mesmo bem jurídico lesado;

III – recuperação do dano in natura, porém substituindo o bem lesado por outro funcionalmente equivalente; e

IV – substituição da reparação in natura por indenização pecuniária.

Art. 5º Não sendo, as medidas indicadas no artigo anterior, suficientes para a reparação dos danos, poderão ser estabelecidas medidas de compensação mitigatórias, obedecido o disposto no parágrafo único do art. 3º.

Parágrafo único. As medidas previstas no caput poderão estar condicionadas à aplicação, pelo causador do dano, de determinado valor pecuniário, necessariamente vinculado a projeto que vise à redução dos efeitos dos danos e/ou prevenção.

Art. 6º Para a estipulação de medidas de compensação indenizatórias, em ajustamentos de conduta, devem ser utilizados os seguintes critérios:

I – apenas nas situações em que seja inviável a restauração ou a recuperação do bem jurídico lesado ou a sua substituição por outro funcionalmente equivalente, é possível a aplicação de indenização por perdas e danos; e

II – quando a restauração ou a recuperação do dano in natura for parcial ou resultar caracterizada a ocorrência concomitante de danos patrimoniais e/ou extrapatrimoniais derivados do ilícito, inclusive na modalidade intercorrente, é admissível a cumulação com indenização pecuniária ou com outras espécies de medidas de compensação previstas neste Assento.

Art. 7º As medidas de compensação indenizatórias, estabelecidas em moeda nacional, deverão ser revertidas em favor do Fundo para Reconstituição de Bens Lesados, conforme previsto no art. 13 da Lei n. 7.347/85 e na Lei n. 15.694/2011, ou, havendo pertinência temática, em favor do Fundo para a Infância e Adolescência (FIA) instituído por lei estadual.

§ 1º Os valores monetários decorrentes de medidas compensatórias indenizatórias e de multas pelo descumprimento de cláusulas estabelecidas em ajustamentos de conduta poderão ser destinados, até o limite de 50% (cinquenta por cento), em favor de fundo municipal relativo ao local onde o dano tenha ocorrido, desde que em regular funcionamento e instituído por lei municipal, destinado à proteção do bem ou interesse lesado ou, na hipótese de inexistir fundo municipal específico, em favor de fundo municipal que atenda aos comandos antes mencionados, destinado à reconstituição de bens lesados de natureza metaindividual, ou, ainda, havendo pertinência temática, até 100% (cem por cento), em favor do Fundo para a Infância e Adolescência (FIA) instituído por lei municipal.

Art. 8º A estipulação de medidas de compensação indenizatórias poderão ser fixadas, sempre que possível e necessário, por meio de laudo técnico elaborado por profissional devidamente habilitado.

Parágrafo único. Sem prejuízo de outros, deverão ser considerados os seguintes aspectos na estipulação de medidas compensatórias:

a extensão do dano;

as consequências do dano na sociedade, incluindo atividades culturais, econômicas, agrícolas, de pesca, de turismo, de recreação etc.;

a. a abrangência de pessoas afetadas;

b. o nível de reversibilidade do dano;

c. a depreciação do bem lesado;

d. os custos para a reparação do dano;

e. a identificação do estado anterior do bem lesado;

f. o tempo de exposição do bem à conduta lesiva;

g. a importância do bem lesado à comunidade atingida;

h. as vantagens, ainda que não patrimoniais, obtidas pelo infrator;

i. os custos públicos decorrentes das iniciativas apuratórias da infração e mitigatórias dos seus efeitos danosos;

j. as medidas adotadas pelo infrator para eliminar ou minimizar os efeitos danosos decorrentes da infração;

k. o grau de culpabilidade; e

l. as condições econômicas e sociais do infrator.

Art. 9º As medidas de compensação indenizatórias estabelecidas em termos de ajustamento de conduta e executadas em face de convênios, protocolos de intenção e termos de cooperação técnica não serão afetadas pelo disposto no presente Assento.

Art. 10. Os bens e recursos financeiros derivados de medidas compensatórias decorrentes de danos a direitos metaindividuais não podem ser revertidos em favor do Ministério Público.

Art. 11. Revogam-se as disposições em contrário, especialmente o Assento n. 001/CSMP/2006.

Florianópolis, 19 de junho de 2013.

Redação alterada na Sessão do dia 17/5/2017[2]

Redação alterada na Sessão do dia 3/10/2018[3]

1 Alterações aprovadas pelo eg. Conselho Superior do Ministério Público em sessão realizada em 20 de janeiro de 2016.

2 Alterações aprovadas pelo eg. Conselho Superior do Ministério Público em sessão realizada em 17 de maio de 2017.

3 Alterações aprovadas pelo eg. Conselho Superior do Ministério Público em sessão realizada em 3 de outubro de 2018.

Publicado no Diário Oficial Eletrônico, Ministério Público, 18/10/2018.

Assento nº 07 do Conselho Superior do Ministério Público do Estado do Rio Grande do Norte

Ao firmar Termo de Ajustamento de Conduta, o membro do Ministério Público deverá observar os requisitos do art. 43, da Resolução nº 002/2008 – CPJ; analisando, ainda, quando se tratar de pessoa jurídica de direito privado, se a identificação e a representação estão pertinentes, de forma a viabilizar a exequibilidade do título.

Aprovado na 6ª Sessão Ordinária do Conselho Superior do Ministério Público, realizada em 1º de junho de 2010.

Enunciado de Súmula nº 7 do Conselho Superior do Ministério Público do Estado de Minas Gerais

O compromisso de Ajustamento de Conduta, firmado entre o Ministério Público e o infrator dos direitos difusos e coletivos, além de prever a plena reparação de todos os danos constatados, deve exigir indenização por vantagens indevidas eventualmente auferidas pelo infrator com o produto do ilícito, tais como apropriação de material lenhoso no desmatamento ou de qualquer matéria-prima ilegalmente extraída.

Aprovado na 17ª Sessão Ordinária/ 1996, realizada em 29/10/96 e publicada em 12/12/96; publicação específica no Diário Oficial: 31/10/96. Republicações em: 04/02/2000, 04/09/2001 e 03/02/2004.

Enunciado nº 11 da Câmara de Coordenação e Revisão do MPT

EXECUÇÃO DE TAC/ACP.

No processo de execução de TAC ou ACP o Procurador oficiante, no exercício de sua independência funcional e de acordo com seu juízo de conveniência e oportunidade, poderá renegociar prazos e condições de cumprimento das obrigações principais, bem como o valor da multa respectiva, inclusive para dispensá-la parcial ou integralmente, quando o interesse público assim o exigir e a medida se revelar oportuna e compatível com as metas do Ministério Público do Trabalho.

49ª Sessão Extraordinária, realizada nos dias 25/2 e 10/3/2015 - DOU Seção 1 - 26/03/15 - págs. 76/77.

Assento nº 05/14 do Conselho Superior do Ministério Público do Estado do Estado do Mato Grosso

Na ocorrência de infração ao art. 46 da Lei nº 9.605/98, o valor da prévia composição do dano ambiental a que alude o art. 27 da mesma lei, a ser estipulada em Termo de Ajustamento de Conduta, deverá ser estabelecido pelo Promotor de Justiça, em decisão fundamentada, observando-se os seguintes critérios:

1) tipo de madeira (em toros ou serrada) adquirida, exposta a venda, transportada etc;

2) o valor da madeira apreendida, obtido a partir de avaliação comercial;

3) a condição econômico-financeira do autor do fato;

4) antecedentes específicos do autor do fato;

5) possibilidade de "delação premiada" em caso de indicação do local de onde a madeira foi extraída de forma irregular (desde que não seja o autor da extração);

6) outros critérios a serem observados pelo Promotor de Justiça.

A multa (astreinte) pelo descumprimento das obrigações assumidas deverá ser fixada no mínimo em 50% do valor previsto para a composição do dano ou no mesmo percentual em relação à indenização pelo dano ambiental difuso. Cópia do TAC deverá ser encaminhada ao Promotor de Justiça que oficia perante o juizado especial criminal para efeito de eventual transação penal.

De 05/08/2015, Conforme acesso em 07 de agosto de 2020 ao site: https://www.mpmt.mp.br/secao/673.

Enunciado nº 01/11 do Conselho Superior do Ministério Público do Estado do Mato Grosso

Ao firmar o termo de ajustamento de conduta com pessoa jurídica, o Promotor de Justiça deve exigir o contrato social atualizado da empresa, conferindo se o compromissário tem poderes para ajustar condutas em nome da empresa.

De 05/08/2015, Conforme acesso em 07 de agosto de 2020 ao site: https://www.mpmt.mp.br/secao/672.

Assento nº 10/2010 do Conselho Superior do Ministério Público do Estado de Sergipe

Para que ganhe eficácia de título extrajudicial, o compromisso de ajustamento de conduta precisa ser assinado por aquele que está na posição de quem assume obrigação com vistas a reparar o dano causado, ou afastar o risco de dano existente. Na hipótese do ajustante ser pessoa jurídica, aquele que detenha poder de decisão.

Publicado no DJ de SE em 13/08/2010.

Enunciado de Súmula nº 15 do Conselho Superior do Ministério Público do Estado de Minas Gerais

Na elaboração de compromisso de ajustamento de conduta, firmado perante o Ministério Público, deve haver expressa previsão de cláusula relativa à aplicação de pena pecuniária diária, em caso de descumprimento dos termos e prazos acertados.

Aprovado na 21ª Sessão Ordinária/ 1999, realizada em 13/12/99 e publicada em 26/02/2000; publicação específica no Diário Oficial: 04/02/2000. Republicações em: 04/09/2001 e 03/02/2004.

Enunciado nº 03/11 do Conselho Superior do Ministério Público do Estado do Mato Grosso

É importante a menção no termo de ajustamento, da natureza não-compensatória da multa estabelecida como penalidade, que não obsta a execução específica da obrigação assumida e descumprida – e, por evidência, tampouco afasta as responsabilidades administrativa e criminal aplicáveis.

De 05/08/2015, Conforme acesso em 07 de agosto de 2020 ao site: https://www.mpmt.mp.br/secao/672.

Enunciado nº 04/11 do Conselho Superior do Ministério Público do Estado do Mato Grosso

No ajuste de obrigações com o Poder Público o compromitente deve observar todas as regras relacionadas às formas de contratação do setor, cuidando de levantar no Inquérito Civil ou Procedimento Preparatório, origem do termo, os custos relativos à obrigação proposta e exigindo do compromissário a definição das fontes de recursos, a previsão orçamentária devida e o cronograma de desembolso necessários ao cumprimento do pactuado.

De 05/08/2015, Conforme acesso em 07 de agosto de 2020 ao site: https://www.mpmt.mp.br/secao/672.

Enunciado nº 05/11 do Conselho Superior do Ministério Público do Estado do Mato Grosso

O Compromisso de Ajustamento de Conduta ou a Notificação Recomendatória expedida pelo Ministério Público de forma singular ou genérica, devem sempre ser precedidos de Procedimento Preparatório ou Inquérito Civil onde reste esclarecido o dano que se pretende recuperar.

De 05/08/2015, Conforme acesso em 07 de agosto de 2020 ao site: https://www.mpmt.mp.br/secao/672.

Enunciado de Súmula nº 17 do Conselho Superior do Ministério Público do Estado de Minas Gerais

O Compromisso de Ajustamento de Conduta, firmado entre o Ministério Público e o autor dos fatos, deve sempre ser precedido de Procedimento Administrativo ou Inquérito Civil Público, agindo ulteriormente o Curador, nos termos dos enunciados nºs. 01 e 02 do Conselho Superior do Ministério Público.

Reformado na 21ª Sessão Ordinária/ 2004, realizada em 13/12/04 e publicada em 16/02/2005.

Enunciado nº 24 do Conselho Superior do Ministério Público do Estado do Pará

TERMO DE AJUSTAMENTO DE CONDUTA. ENVIO DE TAC E EXTRATO PARA FISCALIZAÇÃO. OBSERVAR PRAZO DE ENVIO DOS RELATÓRIOS SEMESTRAIS.

O órgão de execução deverá encaminhar ao Conselho Superior cópia integral do TAC, devidamente assinado, bem como seu extrato para fins de fiscalização. Devendo também observar os prazos para envio de relatórios semestrais ao CSMP, sob pena de envio do expediente à Corregedoria-Geral do Ministério Público.

Publicado no DOE 22.11.2019.

Aprovado na 21ª Sessão Ordinária, realizada em 13.11.2019.

Fundamento: arts. 4º e 7º da Resolução 002/2018-CSMP.

Assento nº 003/08 do Conselho Superior do Ministério Público do Estado do Amazonas

Em caso de celebração de compromisso de ajustamento de conduta, oriundo de inquérito civil ou procedimento preliminar, condicionado seu cumprimento, ao decurso de tempo, o órgão ministerial encaminhará cópias do respectivo compromisso e dos autos originários, ao Conselho Superior, para fins de acompanhamento, ficando, desde logo, o órgão ministerial celebrante, autorizado a executá-lo, em caso de descumprimento, com posterior comunicação ao Conselho Superior.

Publicado no Diário Oficial, Amazonas, 29/07/2008.

Enunciado nº 25 do Conselho Superior do Ministério Público do Estado do Pará

TERMO DE AJUSTAMENTO DE CONDUTA. HOMOLOGAÇÃO JUDICIAL.

É desnecessário o envio ao Conselho Superior de cópia de TAC e extrato submetido à homologação judicial.

Publicado no DOE 22.11.2019.

Aprovado na 21ª Sessão Ordinária, realizada em 13.11.2019.

Fundamento: art. 6º, § 1º da Resolução 179/2017-CNMP.

Enunciado de Súmula nº 23 do Conselho Superior do Ministério Público do Estado de Minas Gerais

Não será apreciado pelo Conselho Superior do Ministério Público o Compromisso de Ajustamento de Conduta promovido no curso de Ação Civil Pública ou Coletiva.

Aprovado na 19ª Sessão Ordinária/ 2002, realizada em 11/11/2002 e publicada em 29/11/2002; publicação específica no Diário Oficial de 15/11/2002. Republicado em 03/02/2004.

Súmula nº 30 da Câmara de Coordenação e Revisão do Ministério Público do Distrito Federal e Territórios

Quando a promoção de arquivamento de PIP ou ICP fundar-se em Termo de Ajustamento de Conduta – TAC firmado pelo investigado, o Promotor de Justiça, desde logo, deverá informar à Câmara de Coordenação e Revisão os dados do Procedimento Interno a ser utilizado para acompanhamento da execução do TAC, salvo no caso de cumprimento imediato das condições pelo investigado.

08190.047297/09-82, julgado na 17ª Sessão do Conselho Institucional, realizada em 09/06/2009.

Súmula nº 24/12 do Conselho Superior do Ministério Público do Estado do Rio Grande do Sul

Os membros do Ministério Público, com atuação na defesa comunitária, não poderão servir de móvel à cobrança de Alvará que autorize os Planos de Proteção e Combate Contra Incêndio – PPCI, tampouco de multas impostas nas autuações do Corpo de Bombeiros, quando firmarem, com as partes, o Termo de Ajustamento de Conduta ou nas investigações realizadas em Inquérito Civil Público.

Retificação: Data da Sessão: 02-10-2012.

Publicada em 10-10-2012.

Publicado no DEMP em 29/08/2012, Edição nº 1008, Fl 03.

Enunciado nº 26 do Conselho Superior do Ministério Público do Estado do Pará

PROCEDIMENTAL. TERMO DE AJUSTAMENTO DE CONDUTA. CADASTRO NO SIMP. PUBLICAÇÃO PORTAL DIREITOS COLETIVOS CNMP.

Os Termos de Ajustamento de Conduta devem ser anexados aos documentos do Sistema Integrado do Ministério Público-SIMP, no procedimento que foi tomado o compromisso, bem como proceder com a seguinte movimentação taxonômica: "ATO FINALÍSTICO – TERMO DE AJUSTAMENTO DE CONDUTA" (código 99920067)", para fins de publicação no Portal de Direitos Coletivos do Conselho Nacional do Ministério Público.

Publicado no DOE 22.11.2019.

Aprovado na 21ª Sessão Ordinária, realizada em 13.11.2019.

Fundamento: art. 6º da Resolução 002/2018-CSMP.

RECOMENDAÇÕES

Assento nº 004/08 do Conselho Superior do Ministério Público do Estado do Amazonas

As recomendações endereçadas ao chefe do executivo estadual, assim como às outras autoridades relacionadas ao art. 4º, §4º, da Lei Complementar nº 011/93, devem ser remetidas por meio do Procurador-Geral de Justiça, à semelhança do procedimento estabelecido às notificações e às requisições, devendo as mesmas estar embasadas e amparadas, não somente na legislação, doutrina e jurisprudência pátrias, a fim de que possam satisfazer o desígnio ao qual se propõe, mas também em substratos fáticos, como um processo administrativo, um inquérito civil ou uma audiência pública.

Publicado no Diário Oficial, Amazonas, 01/09/2008.

Enunciado nº 05/11 do Conselho Superior do Ministério Público do Estado do Mato Grosso

O Compromisso de Ajustamento de Conduta ou a Notificação Recomendatória expedida pelo Ministério Público de forma singular ou genérica, devem sempre ser precedidos de Procedimento Preparatório ou Inquérito Civil onde reste esclarecido o dano que se pretende recuperar.

De 05/08/2015, Conforme acesso em 07 de agosto de 2020 ao site: https://www.mpmt.mp.br/secao/672.

ARQUIVAMENTO

Enunciado nº 06 do CNMP

Dispõe sobre a impossibilidade de revisão e desconstituição dos atos relativos à atividade-fim do Ministério Público.

Os atos relativos à atividade-fim do Ministério Público são insuscetíveis de revisão ou desconstituição pelo Conselho Nacional do Ministério Público. Os atos praticados em sede de inquérito civil público, procedimento preparatório ou procedimento administrativo investigatório dizem respeito à atividade finalística, não podendo ser revistos ou desconstituídos pelo Conselho Nacional do Ministério Público, pois, embora possuam natureza administrativa, não se confundem com aqueles referidos no art. 130-A, § 2º, inciso II, CF, os quais se referem à gestão administrativa e financeira da Instituição.

Publicação: Diário da Justiça, Seção Única, edição de 18/05/2009.

Categoria: Enunciados.

Status: Vigente.

Situação: Não consta revogação expressa.

Enunciado nº 03 das Câmaras de Coordenação e Revisão Criminais e Cíveis Reunidas do MPDFT

A promoção de arquivamento de inquérito civil público, procedimento de investigação preliminar ou peças informativas deverá conter relatório pormenorizado dos atos incidentes e ocorrências registradas nos autos e a menção fundamentada dos motivos de fato e de direito nos quais o Promotor de Justiça baseia sua decisão.

Representação nº 1295-PRODECON, Ata da 3ª Sessão Ordinária.

Publicado no DJ, Seção 1, de 17/05/02, p. 541.

Enunciado n.º 04/04 do Conselho Superior do Ministério Público do Estado do Maranhão

PROMOÇÃO DE ARQUIVAMENTO DE INQUÉRITO CIVIL. RELATÓRIO. OBRIGATORIEDADE.

O arquivamento do inquérito civil ou peças de informação, bem como o indeferimento de representação que contenha peças de informação, alusivos à defesa de interesses difusos, coletivos ou individuais homogêneos, deve ser feito, obrigatoriamente, através de manifestação fundamentada, constando, inclusive, o relatório circunstanciado, pois só assim sujeita-se a homologação ou não, do Conselho Superior.

Publicado no Diário Oficial, Poder Judiciário,13/01/2014.

Enunciado nº 31/2011 do Conselho Superior do Ministério Público do Estado do Rio de Janeiro

AUSÊNCIA, DEFICIÊNCIA DE FUNDAMENTAÇÃO OU DECISÃO CITRA PETITA. HIPÓTESE DE NÃO CONHECIMENTO DA PROMOÇÃO DE ARQUIVAMENTO.

A promoção de arquivamento de Inquérito Civil, Procedimento Preparatório ou outro Procedimento, sem fundamentação ou que esta não contemple a totalidade dos itens contidos na notícia, ou ainda com erro material sobre o mérito da investigação, torna inviável o controle por parte do Conselho Superior do Ministério Público, devendo os autos retornar ao órgão de execução, para a devida complementação ou adequação da promoção de arquivamento.

Referência legislativa: Lei Federal n.º 8.625/1993, art. 43, III; Lei Complementar n.º 106/2003, art. 118, III e Resolução CNMP n.º 23/2007, art. 5º.

Data da aprovação: 25 de maio de 2011.

Data da modificação: 13 de fevereiro de 2020, com vigência após decorridos 60 (sessenta) dias da publicação.

Objeto: Nova Redação do Enunciado CSMP n.º 31/2011.

Fonte de publicação: Diário Oficial Eletrônico do MPRJ de 13.02.2020.

Enunciado nº 64/2020 do Conselho Superior do Ministério Público do Estado do Rio de Janeiro

PROMOÇÃO DE ARQUIVAMENTO POR FALTA DE JUSTA CAUSA. CABIMENTO DA HOMOLOGAÇÃO DO ARQUIVAMENTO.

A inexistência de prova idônea, produzida no curso da investigação, a ratificar a notícia que ensejou a instauração de inquérito civil público ou procedimento preparatório, traduz hipótese de falta de justa causa e o arquivamento deve ser homologado.

Referência legislativa: Constituição Federal de 1988, art. 37, '*caput*'; Lei Federal n.º 7.437/1985, art. 9º; Resolução CNMP n.º 23/2007, art. 10 e Resolução GPGJ n.º 2.227/2018, art. 27.

Data da aprovação: 13 de fevereiro de 2020, com vigência após decorridos 60 (sessenta) dias da publicação.

Objeto: Unificação dos Enunciados CSMP n.º 05 e 11.

Fonte de publicação: Diário Oficial Eletrônico do MPRJ de 13.02.2020.

Assento nº 04 do Conselho Superior do Ministério Público do Estado do Rio Grande do Norte

As peças de informação que contenham simples comunicação de Internamento Psiquiátrico Involuntário (IPI) devem ser registradas e após a constatação de ausência de lesão a direito difuso, coletivo e individual homogêneo, arquivadas, dispensando-se a homologação pelo Conselho Superior do Ministério Público.

Aprovado na 11ª Sessão Extraordinária do Conselho Superior do Ministério Público, realizada em 25 de abril de 2006.

ARQUIVAMENTO. PARCIAL. PROCEDIMENTO MAIS ABRANGENTE.

Enunciado nº 13 da 4ª Câmara de Coordenação e Revisão – Meio Ambiente e Patrimônio Cultural do MPF

Arquivamento de procedimento extrajudicial específico com fundamento na existência de procedimento mais abrangente sobre o tema. Impossibilidade.

Considerando a indisponibilidade do direito ambiental, a instauração de procedimento extrajudicial com objeto mais abrangente, por si só, não justifica o arquivamento de procedimentos extrajudiciais específicos, devendo-se distinguir irregularidades pontuais de políticas públicas em matéria ambiental.

Adequação do Enunciado nº 31 – 4ª CCR, de 10 de março de 2015. Conforme portaria da 4ª CCR nº 05, de 3 de agosto de 2016, republicada em razão de incorreções na publicação do DMPFe, Caderno Extrajudicial nº 146/2016, divulgado em 3 de agosto de 2016, pág. 7.

Enunciado nº 51/2015 do Conselho Superior do Ministério Público do Estado do Rio de Janeiro

DUPLICIDADE. PROCEDIMENTO COM OBJETO IDÊNTICO OU MAIS AMPLO.

A promoção de arquivamento formulada em procedimento preparatório, administrativo ou inquérito civil, onde venha a ser constatada a hipótese de duplicidade total de objeto ou mesmo continência, poderá ser homologada, registrada nos autos a ciência ao noticiante e informadas à Promotoria de Justiça que preside os autos principais as diligências que, porventura, não sejam comuns, para instruir aquele procedimento.

Referência legislativa: Resolução GPGJ n.º 2.227/2018, art. 27, §3º; art. 84.

Data da aprovação: 14 de maio de 2015.

Data da modificação: 13 de fevereiro de 2020, com vigência após decorridos 60 (sessenta) dias da publicação.

Objeto: Nova Redação do Enunciado CSMP nº 51/2015.

Fonte de publicação: Diário Oficial Eletrônico do MPRJ de 13.02.2020.

Enunciado nº 23 da Câmara de Coordenação e Revisão do MPT

RITO PROCEDIMENTAL NOS CASOS EM QUE SE VERIFICA A SOLUÇÃO DE APENAS ALGUNS DOS TEMAS OBJETO DE UM PROCEDIMENTO – ARQUIVAMENTO PARCIAL PROPOSTO PELO ÓRGÃO DE ORIGEM E HOMOLOGAÇÃO PARCIAL PELA CCR NAS HIPÓTESES DE O ARQUIVAMENTO TER SIDO TOTAL OU PARCIAL. PRAZO PARA DESARQUIVAMENTO POSTERIOR DOS TEMAS HOMOLOGADOS.

1. Os casos de arquivamento parcial do procedimento, mesmo quando não tenha havido desmembramento do feito, poderão ser submetidos à apreciação da Câmara de Coordenação e Revisão, cuja análise ficará restrita ao(s) tema(s) arquivado(s).

2. Nos casos de arquivamento integral do procedimento, a Câmara de Coordenação e Revisão apreciará toda a matéria submetida ao controle revisional, mesmo quando decidir pela homologação parcial, devolvendo os temas não homologados para continuidade dos atos institucionais.

3. Da data da publicação da decisão revisional inicia-se o prazo de seis meses para desarquivamento e instauração de novo inquérito civil contemplando os temas homologados (art. 12 da Resolução CSMPT 069/07 e Enunciado nº 18 da Câmara de Coordenação e Revisão).

264ª Sessão Ordinária, realizada em 27/11/18 - DOU Seção 1 - 30/11/18 - págs. 262/263.

Assento nº 16 do Conselho Superior do Ministério Público do Estado do Rio Grande do Norte

O encaminhamento ao Conselho Superior do Ministério Público de decisão de arquivamento parcial, fora da hipótese prevista no art. 34, da Resolução nº 002/2008, enseja a sua não homologação e retorno dos autos à Promotoria de Justiça de origem para o prosseguimento do feito até o esclarecimento da integralidade do(s) objeto(s) investigado(s).

Aprovado na 5ª Sessão Ordinária do Conselho Superior do Ministério Público, realizada em 05 de maio de 2015.

Súmula nº 08/2019 do Conselho Superior do Ministério Público do Estado do Ceará

ASSUNTO: PROCEDIMENTO. PROCEDIMENTO EXTRAJUDICIAL. DUPLICIDADE. PROCEDIMENTO COM OBJETO IDÊNTICO OU MAIS AMPLO. INTELIGÊNCIA DO ART. 12, III, DA RES. OECPJ 036/2016.

Merece homologação por despacho monocrático a promoção de arquivamento de procedimento extrajudicial quando constatada a existência de outro cujo objeto seja idêntico ou mais amplo, desde que o procedimento principal esteja devidamente instruído.

Publicado no DJ nº 530, 23/04/2019, págs. 07 a 09.

Enunciado nº 20/18 do Conselho Superior do Ministério Público do Estado do Mato Grosso do Sul

Haverá continência na hipótese de tramitação simultânea, em uma única Promotoria de Justiça ou em Promotorias de Justiça distintas, de mais de um inquérito civil ou procedimento preparatório que tenham sido instaurados em face da mesma parte requerida e contenham identidade de causa de pedir, mas o objeto de um dos feitos, por ser mais amplo, abranja o dos demais.

Identificada a continência, os procedimentos deverão ser reunidos para tramitação e resolução conjunta, tendo atribuição o Promotor de Justiça que presidir o procedimento cujo objeto é o mais amplo.

Nota do autor: o fundamento do enunciado consta na 1ª parte.

De 12/09/2018, conforme acesso em 07 de agosto de 2020 ao site: https://www.mpms.mp.br/atos-e-normas.

ARQUIVAMENTO. ENTENDIMENTO CONSOLIDADO

Enunciado nº 25 da 1ª Câmara de Coordenação e Revisão – Direitos Sociais e Fiscalização de Atos Administrativos em Geral do MPF

Arquivamento com base em enunciado da 1ª CCR

Quando a promoção de arquivamento estiver fundada em enunciado da 1ª CCR, fica dispensada a remessa dos autos para homologação, bastando o correto preenchimento da providência e do objetivo no Sistema Único.

Referência: Ata da 51ª Sessão Extraordinária realizada em 20.6.2018 publicada em 10.7.2018.

Enunciado nº 33 da 5ª Câmara de Coordenação e Revisão – Combate à corrupção do MPF

PROMOÇÃO DE ARQUIVAMENTO COM BASE EM ENUNCIADO. DESNECESSIDADE DE ENCAMINHAMENTO DOS AUTOS.

Quando o arquivamento de procedimento preparatório, inquérito civil ou procedimento administrativo criminal tiver por base entendimento já expresso em enunciado da 5ª Câmara, os autos não precisam ser remetidos a esta Câmara de Coordenação e Revisão, que deverá ser comunicada por meio do Sistema Único.

Aprovado na 947ª Sessão Ordinária, realizada em 23 de março de 2017.

ARQUIVAMENTO. (DES)NECESSIDADE DE REMESSA

Súmula nº 03/2013 do Conselho Superior do Ministério Público do Estado do Tocantins

Realizada alguma diligência investigatória no bojo de notícia de fato, eventual encerramento do procedimento deve ser feito por promoção de arquivamento, com posterior remessa dos autos ao Conselho Superior, para reexame obrigatório. Não se compreende como diligência investigatória aquela tomada de forma preliminar, com o simples objetivo de aferir a viabilidade e a justa causa para a deflagração de investigação cível ou criminal.

Revisão da Súmula nº 003/2013 aprovada, à unanimidade, na 161ª Sessão Ordinária do CSMP – TO, ocorrida em 18/11/2015.

Súmula nº 11/2016 do Conselho Superior do Ministério Público do Estado do Tocantins

O arquivamento de notícia de fato originária de acórdão ou parecer prévio do Tribunal de Contas deve ser submetido ao controle do Conselho Superior do Ministério Público, ainda que não realizadas diligências investigatórias pelo órgão de execução.

Aprovada na 171ª Sessão Ordinária em 20/09/2016.

Enunciado nº 008 do Conselho Institucional do MPF

Nas hipóteses de arquivamento da notícia de fato, do procedimento investigatório criminal ou do inquérito policial, a questão deverá ser submetida à respectiva Câmara de Coordenação e Revisão ou à Procuradoria Federal dos Direitos do Cidadão nos autos originais em que suscitado para homologação, salvo se fundado nas hipóteses previstas na Resolução CNMP nº 174, de 4 de julho de 2017, ou se tiver por base entendimento já expresso em enunciado ou orientação do respectivo Órgão de Revisão, casos em que os autos deverão ser arquivados diretamente, independentemente de homologação, exceto nos casos de recurso ou quando o membro oficiante julgar necessário.

Referência processual: 1.00.000.018465/2018-07; Precedentes: Enunciado nº 27 da 1ª CCR, Enunciado nº 36 da 2ª CCR.

Aprovado na 8ª Sessão Ordinária, em 10/10/2018.

Conforme acesso em 07 de agosto de 2020 ao site: http://www.mpf.mp.br/o-mpf/conselho-institucional/documentos-e-publicacoes/enunciados

Enunciado n° 27 da 1ª Câmara de Coordenação e Revisão – Direitos Sociais e Fiscalização de Atos Administrativos em Geral do MPF

Quando a promoção de arquivamento na notícia de fato ou no procedimento administrativo estiver fundada nas hipóteses previstas na Resolução CNMP nº 174, de 4 de julho de 2017, fica dispensada a remessa dos autos para homologação da 1ª CCR, salvo em caso de recurso, bastando o correto preenchimento da providência e do objetivo no Sistema Único.

Referência: Ata da 4ª Sessão Ordinária de Coordenação, realizada em 6.8.2018.

Assento nº 05/13 do Conselho Superior do Ministério Público do Estado de Goiás

O arquivamento da notícia de fato referente à defesa de direitos individuais indisponíveis, quando manifesta a improcedência da demanda ou em função da existência de procedimento com idêntico objeto ou, ainda, por sua solução extrajudicial em trinta dias, deve se dar na própria Promotoria de Justiça, não havendo necessidade de remessa dos autos ao Conselho Superior do Ministério Público para deliberação acerca do arquivamento.

De 22/05/2013.

Assento nº 07/13 do Conselho Superior do Ministério Público do Estado de Goiás

O procedimento administrativo que verse sobre direitos individuais indisponíveis deverá ser arquivado na própria Promotoria de Justiça, após a cientificação do interessado, não havendo necessidade de remessa dos autos ao Conselho Superior do Ministério Público para revisão do arquivamento, salvo a hipótese de recurso, admitida a reconsideração.

De 22/05/2013.

Súmula nº 08 do Conselho Superior do Ministério Público do Estado do Rio de Janeiro

PROCEDIMENTO ADMINISTRATIVO. PROMOÇÃO DE ARQUIVAMENTO. COMUNICAÇÃO AO CSMP. INSTRUMENTALIDADE.

Após o arquivamento do Procedimento Administrativo, é suficiente, para fim de comunicação, a expedição de ofício ao Conselho Superior do Ministério Público, instruído com cópia da respectiva promoção, da portaria que instaurou o procedimento e, se for o caso, do documento que formou a *opinio* do oficiante, sem a necessidade de remessa dos autos.

Referência legislativa: Lei Federal n.º 8.625/1993, art. 27, parágrafo único, II; art. 30; Lei Complementar n.º 106/2003, art. 41, II, "a"; Resolução CNMP n.º 174/17, art. 8º, I, II e IV; art. 12 e Resolução GPGJ n.º 2.227/18, arts. 32, 33, 36 e 37.

Data de aprovação: 05 de outubro de 2017.

Data da modificação: 13 de fevereiro de 2020, com vigência após decorridos 60 (sessenta) dias da publicação.

Objeto: Reformulação da Súmula CSMP n.º 08.

Fonte de publicação: Diário Oficial Eletrônico do MPRJ de 13.02.2020.

Súmula nº 09 do Conselho Superior do Ministério Público do Estado do Rio de Janeiro

ARQUIVAMENTO DOS AUTOS PRINCIPAIS. PROCEDIMENTO ADMINISTRATIVO.

Na forma das normas regulamentares pertinentes, após arquivamento do Procedimento Administrativo pela Promotoria de Justiça, não havendo recurso interposto pelo noticiante, comprovada regular ciência da promoção de arquivamento ou em razão da impossibilidade de cientificá-lo, os autos serão arquivados no âmbito do órgão de execução, sem remessa ou comunicação ao Conselho Superior do Ministério Público.

Referência legislativa: Lei Federal n.º 8.625/1993, art. 27, parágrafo único, II; Lei Complementar n.º 106/2003, art. 41, II, "a"; Resolução CNMP n.º 174/2017, art. 8º, III e Resolução GPGJ n.º 2.227/2018, art. 32, III; art.33 e art. 36.

Data da aprovação: 05 de outubro de 2017.

Data da modificação: 13 de fevereiro de 2020, com vigência após decorridos 60 (sessenta) dias da publicação.

Objeto: Reformulação da Súmula CSMP n.º 09.

Fonte de publicação: Diário Oficial Eletrônico do MPRJ de 13.02.2020.

Súmula nº 10 do Conselho Superior do Ministério Público do Estado do Rio de Janeiro

PROCESSO ELETRÔNICO. ARQUIVAMENTO FÍSICO DO PROCEDIMENTO INSTRUTÓRIO NA PROMOTORIA DE ORIGEM. DESNECESSÁRIA REMESSA AO CSMP.

Os procedimentos administrativos, preparatórios ou inquéritos civis públicos que sirvam à propositura de ações judiciais distribuídas na forma eletrônica, de acordo com a lei de regência, devem ser mantidos no arquivo físico do próprio órgão de execução, sendo desnecessária a sua remessa ao Conselho Superior do Ministério Público.

Referência legislativa: Lei Federal n.º 11.149/2006.

Data de aprovação: 22 de fevereiro de 2018.

Data da modificação: 13 de fevereiro de 2020, com vigência após decorridos 60 (sessenta) dias da publicação.

Objeto: Reformulação da Súmula CSMP nº 10.

Fonte de publicação: Diário Oficial Eletrônico do MPRJ de 13.02.2020.

Enunciado nº 01/12 do Conselho Superior do Ministério Público do Conselho Superior do Ministério Público do Estado do Amapá

NOTÍCIA DE FATO E PROCEDIMENTO ADMINISTRATIVO – ARQUIVAMENTO – REMESSA AO CONSELHO SUPERIOR – DESNECESSIDADE.

1) Não há regramento determinando a remessa de procedimentos instaurados como Notícia de Fato ou Procedimento Administrativo, assim como procedimentos

tombados com denominação diversa, mas de mesma natureza, ao Conselho Superior do Ministério Público, sendo desnecessária tal medida.

2) Procedimentos da espécie devem ser arquivados na Promotoria de Justiça de origem.

Publicado no DOE AP em 29/11/2012, Edição nº 190, Página 05.

Assento nº 18 do Conselho Superior do Ministério Público do Estado do Rio Grande do Norte

Os autos da notícia de fato devem ser arquivados na Promotoria de origem, sem necessidade de remessa e apreciação da decisão de indeferimento pelo Conselho Superior do Ministério Público, salvo se houver recurso da parte interessada.

Aprovado na 6ª Sessão Ordinária do Conselho Superior do Ministério Público, realizada em 02 de junho de 2015.

Assento nº 008/11 do Conselho Superior do Ministério Público do Estado do Amazonas

NOVA REDAÇÃO DADA PELA RESOLUÇÃO 014/12

As peças de informação, distribuições, procedimentos preparatórios e inquéritos civis, uma vez transformados em ação judicial (cível ou criminal) não necessitam ser encaminhados ao Conselho Superior do Ministério Público para homologação de arquivamento, sendo suficiente que o titular da promotoria encaminhe ao CSMP cópia da respectiva ação contendo o recebimento pelo Cartório Judicial.

Resolução aprovada, 10/02/2012.

Súmula nº 03 do Conselho Superior do Ministério Público do Estado do Piauí

Em caso de judicialização de todo o objeto dos procedimentos preparatórios e inquéritos civis é desnecessária a remessa dos autos para arquivamento pelo Conselho Superior do Ministério Público, devendo, todavia, ser informado, via ofício, com cópia da inicial.

Aprovada na 3ª Sessão extraordinária em 23/10/2017.

Súmula nº 06/2018 do Conselho Superior do Ministério Público do Estado do Ceará

Tratando-se de inquérito civil público ou procedimento preparatório, após a devida instrução administrativa do feito e sendo proposta ação civil pública, a qual abranja todos os fatos investigados nos procedimentos extrajudiciais citados, o órgão de execução somente deverá comunicar ao CSMP, mediante processo eletrônico, o ajuizamento da ação civil pública, não havendo necessidade de encaminhamento de cópia do procedimento extrajudicial para fins de homologação do arquivamento pelo CSMP, devendo os autos respectivos seguirem com a exordial da ação civil pública e ser dada a respectiva baixa no sistema informatizado do órgão de execução respectivo.

Publicado no DJ nº 395, 30/08/2018, págs. 1 e 2.

Assento nº 003/19 do Conselho Superior do Ministério Público do Estado do Amazonas

A hipótese de ação civil proposta pelo *parquet* federal não dispensa o envio do inquérito civil ao Conselho Superior do Ministério Público, para verificação se o direito e os fatos investigados estão abrangidos na demanda ajuizada.

Publicado no Diário Oficial Eletrônico, Amazonas, 02/12/2019.

Assento nº 05 do Conselho Superior do Ministério Público do Estado do Rio Grande do Norte

As peças de informação que contenham providências provenientes de investigação mais aprofundada face a comunicação de Internamento Psiquiátrico Involuntário (IPI) e/ou fiscalização das instituições de saúde mental quando arquivadas devem ser remetidas ao Conselho Superior do Ministério Público para reexame e homologação.

Aprovado na 11ª Sessão Extraordinária do Conselho Superior do Ministério Público, realizada em 25 de abril de 2006.

ARQUIVAMENTO. (NÃO) SUBMISSÃO/SUJEIÇÃO AO CONSELHO SUPERIOR

Súmula nº 57 do Conselho Superior do Ministério Público do Estado de São Paulo

É desnecessária a homologação, por este Conselho Superior, dos arquivamentos dos PAF – Procedimentos Administrativos de Fiscalização e dos PAA – Procedimentos Administrativos de Acompanhamento, instituídos por força do Ato Normativo nº 934/15-PGJ-CPJ-CGMP, de 15 de outubro de 2015.

Conforme publicação do Diário Oficial de São Paulo em 09/03/2017.

Súmula nº 24 do Conselho Superior do Ministério Público do Estado de São Paulo

Sujeita-se à homologação do Conselho a promoção de arquivamento lançada por membro do Ministério Público diante do recebimento de inquérito realizado pelo Banco Central (art. 49, Lei nº 6.024/74), devendo, nesse caso, ser extraídas cópias integrais dos autos recebidos, autuando-se como peças de informação e remetendo-se ao colegiado com as razões de arquivamento.

Conforme publicação do Diário Oficial de São Paulo em 09/03/2017.

Súmula nº 13 do Conselho Superior do Ministério Público do Estado de Goiás

O prazo de três dias para a remessa do inquérito civil ou do procedimento preparatório, juntamente com a promoção de arquivamento, será contado a partir da comprovação da efetiva cientificação dos interessados ou da afixação do aviso de promoção de arquivamento no placar do órgão do Ministério Público.

De 05/06/2013.

Súmula nº 06/2013 do Conselho Superior do Ministério Público do Estado do Tocantins

ECA – somente o arquivamento de procedimento administrativo, aquele previsto no art. 201, VI, da Lei nº 8.069/90 contendo matéria que, em tese, demandaria o ajuizamento de ação civil pública, assim definidas no art. 208 da referida lei, enseja a remessa obrigatória ao Conselho Superior do Ministério Público para homologação ou rejeição da promoção.

Aprovada na 139ª Sessão Ordinária em 12/09/2013.

Enunciado nº 57 das Câmaras de Coordenação e Revisão Criminais e Cíveis Reunidas do MPDFT

O Promotor de Justiça, nas ações que tratam sobre direito de visita dos avós, pode mediar o acordo, devendo enviar os autos às Câmaras de Coordenação e Revisão do MPDFT para análise e eventual arquivamento.

PIP no 08190.064236/04-20.

Publicado no Diário da Justiça, Seção 1, de 05/12/2005, p. 613.

Assento nº 02/2009 do Conselho Superior do Ministério Público do Estado de Sergipe

Salvo o caso de interposição de recurso ou de celebração de termos de ajustamento de conduta, não há necessidade de homologação, pelo Conselho Superior do Ministério Público, da promoção de arquivamento de notícia de fato instaurada pelas promotorias de justiça nos seguintes casos: a) indeferimento de instauração de inquérito civil por não se tratar de fato que se subsuma entre as atribuições do Ministério Público; b) se o fato já tiver sido objeto de outra investigação ou de ação civil pública; c) se o fato, de cunho individual e sem relevância social, já se encontrar solucionado.

Nova redação. Publicado no DJ de SE em 06/07/2012.

Súmula nº 04/2016 do Conselho Superior do Ministério Público do Estado da Bahia

Não se submete ao controle do Conselho Superior do Ministério Público o arquivamento dos procedimentos administrativos instaurados para acompanhar o cumprimento de compromisso de ajustamento de conduta ou de decisão judicial.

Publicada no DPJ de 07/12/2016.

Enunciado nº 30/2010 do Conselho Superior do Ministério Público do Estado do Rio de Janeiro

PROCEDIMENTOS ADMINISTRATIVOS ELEITORAIS. FALTA DE COMPETÊNCIA REVISORA DO CONSELHO SUPERIOR.

O arquivamento das peças de informação e/ou procedimentos administrativos eleitorais não está inserido na competência revisora do Conselho Superior do Ministério Público.

Referência legislativa: Resolução GPGJ nº 2.331, de 05 de março de 2020, art. 8º.

Data da aprovação: 04 de outubro de 2010.

Data da modificação: 13 de fevereiro de 2020 (sem produção de efeitos, em virtude da vacatio legis) e 24 de setembro de 2020.

Objeto: Nova Redação do Enunciado CSMP n.º 30/2010.

Fonte de publicação: Diário Oficial Eletrônico do MPRJ de 13.02.2020 e de 25.09.2020.

Súmula nº 05/2016 do Conselho Superior do Ministério Público do Estado da Bahia

Não se submete ao controle do Conselho Superior do Ministério Público o arquivamento dos procedimentos administrativos instaurados para acompanhar e fiscalizar políticas públicas e instituições, em atuação ordinária decorrente da lei ou por inciativa do próprio órgão de Execução, ausente qualquer notícia de irregularidade.

Publicada no DPJ de 07/12/2016.

Enunciado nº 54/2016 do Conselho Superior do Ministério Público do Estado do Rio de Janeiro

TRANSPLANTE INTERVIVOS. DESNECESSIDADE DE REMESSA DOS AUTOS AO CONSELHO SUPERIOR. ARQUIVAMENTO DOS AUTOS NO PRÓPRIO ÂMBITO DA PROMOTORIA DE JUSTIÇA REPRESENTADA. NÃO CONHECIMENTO DA PROMOÇÃO DE ARQUIVAMENTO.

Não se conhece da promoção de arquivamento de peças de informação ou procedimento administrativo versando sobre a comunicação da realização de transplante intervivos, cujo arquivamento não está sujeito ao controle deste E. Conselho Superior, por ausência de interesse coletivo.

Referência legislativa: Regimento Interno do CSMP, art. 52; Lei Federal n.º 7.347/1985, art. 1º; Lei Federal nº 9.434/1997 e Decreto n.º 9.175/2017, art. 56.

Data da aprovação: 02 de junho de 2016.

Data da modificação: 13 de fevereiro de 2020, com vigência após decorridos 60 (sessenta) dias da publicação.

Objeto: Nova redação do Enunciado CSMP nº 54.

Fonte de publicação: Diário Oficial Eletrônico do MPRJ de 13.02.2020.

Enunciado nº 17/17 do Conselho Superior do Ministério Público do Estado do Mato Grosso do Sul

Não se conhece da promoção de arquivamento quando o procedimento preparatório ou o inquérito civil instruir a ação judicial proposta pelo órgão de execução. Fica ressalvada a hipótese em que figuram no procedimento vários investigados ou diversos fatos lesivos e a ação judicial deixar de incluir qualquer um deles. Nesse caso, se o Promotor de Justiça promover o arquivamento parcial com relação à parte excluída, deverá encaminhar o procedimento ao Conselho Superior do Ministério Público para homologação.

Nota do autor: o fundamento do enunciado consta na 1ª parte.

De 21/11/2017, conforme acesso em 07 de agosto de 2020 ao site: https://www.mpms.mp.br/atos-e-normas.

Súmula nº 79 do Conselho Superior do Ministério Público do Estado de São Paulo

NÃO SE CONHECE de promoção de arquivamento que tenha por objetivo apenas informar o cumprimento de compromisso de ajustamento de conduta celebrado pelo Ministério Público e já homologado pelo Conselho.

Conforme publicação do Diário Oficial de São Paulo em 09/03/2017.

Assento nº 11 do Conselho Superior do Ministério Público do Estado do Rio Grande do Norte

O Conselho Superior do Ministério Público não conhecerá da promoção de arquivamento de procedimento preparatório ou inquérito civil quando a matéria for exclusivamente penal ou eleitoral.

Aprovado na 7ª Sessão Extraordinária do Conselho Superior do Ministério Público, realizada em 28 de maio de 2013.

Assento nº 09 do Conselho Superior do Ministério Público do Estado do Rio Grande do Norte

O Conselho Superior do Ministério Público não conhecerá da promoção de arquivamento de procedimento preparatório ou de inquérito civil quando o objeto já se encontrar, integralmente, judicializado.

Aprovado na 7ª Sessão Extraordinária do Conselho Superior do Ministério Público, realizada em 28 de maio de 2013.

Súmula nº 06/2016 do Conselho Superior do Ministério Público do Estado da Bahia

Não se submete ao controle do Conselho Superior do Ministério Público o arquivamento dos procedimentos administrativos instaurados para apurar fato que enseje a tutela de interesse individual indisponível, cujo titular seja identificável e o objeto divisível e que, em tese, não esteja sujeito à ação civil pública.

Publicada no DPJ de 07/12/2016.

Enunciado de Súmula nº 16 do Conselho Superior do Ministério Público do Estado de Minas Gerais

As peças de informação registradas no SRU pelo órgão de execução do Ministério Público, no exercício da atribuição de atendimento ao público (arts. 32, II, da Lei 8.625/93, e 74, II, da Lei Complementar nº 34/94), não se submetem a arquivamento homologado pelo Conselho Superior do Ministério Público, nos casos relativos à verificação de eventual lesão a interesse individual cujo titular seja identificável e o objeto divisível. Observar-se-á o disposto no art. 7º da Resolução Conjunta PGJ/CGMP n.º 03/2007.

Reformado na 22ª sessão Ordinária/ 2008, realizada em 10/11/2008 e publicada em 11/12/08. Publicação específica do texto com as respectivas alterações no Diário Oficial: 12/11/2008.

Publicado no Diário Oficial: 12/11/2008.

ARQUIVAMENTO. QUESTÃO JUDICIALIZADA.

Enunciado n.º 11/16 do Conselho Superior do Ministério Público do Estado do Maranhão

INVESTIGAÇÃO MINISTERIAL, QUE RESULTOU EM AÇÃO JUDICIAL. DESNECESSIDADE DE HOMOLOGAÇÃO PELO CSMP.

Havendo processo judicial que abranja todo o objeto da investigação ministerial civil descabe pedido de homologação do respectivo arquivamento pelo CSMP, sendo facultativo o envio de cópia ao colegiado para ciência.

Publicado no Diário Oficial, Poder Judiciário, Maranhão, 31/10/2016.

Enunciado nº 02 da 3ª Câmara de Coordenação e Revisão – Consumidor e Ordem Econômica do MPF

Quando houver sido ajuizada Ação Civil Pública, cujo objeto tenha esgotado o Procedimento Administrativo instaurado pela Procuradoria da República nos Estados ou nos Municípios, deve ser homologado o pedido de arquivamento por perda do objeto do respectivo Procedimento Administrativo.

Sem a indicação da data de aprovação no sítio eletrônico: http://www.mpf.mp.br/atuacao-tematica/ccr3/sessoes/enunciados-1. Consulta realizada em 07/08/2020.

Súmula nº 61 do Conselho Superior do Ministério Público do Estado de São Paulo

Se os mesmos fatos noticiados ao Ministério Público já foram objeto de ação popular em andamento, poderá ser promovido o arquivamento do inquérito civil se os pedidos de invalidação de ato lesivo e consequente ressarcimento forem os únicos pedidos possíveis, no caso concreto, de ser formulados em eventual ação civil pública ministerial.

Conforme publicação do Diário Oficial de São Paulo em 09/03/2017.

Enunciado nº 09/2015 do Conselho Superior do Ministério Público do Estado da Paraíba

DANOS AOS INTERESSES OU DIREITOS DIFUSOS, COLETIVOS E INDIVIDUAIS HOMOGÊNEOSAJUIZAMENTO DE AÇÃO CONTEMPLANDO O OBJETO DA INVESTIGAÇÃO DO MP- PERDA DE INTERESSE PROCEDIMENTAL

Deve ser homologada, por perda do interesse procedimental, a promoção de arquivamento de inquérito civil ou de procedimento preparatório instaurado para apurar notícia de lesão a interesses ou direitos difusos, coletivos e individuais indisponíveis ou homogêneos se, no curso da investigação, ficar comprovado o ajuizamento de ação civil pública ou de outra medida judicial pelo Ministério Público ou por terceiros legitimados, cujo pedido contemple integralmente o direito tutelado objeto da portaria de instauração.

*Este texto não substitui o consignado na ata da 43ª Sessão Ordinária do CSMP de 2015.

Publicado no Diário Oficial Eletrônico, Ministério Público, Paraíba, 04/11/2015.

Enunciado nº 18/2007 do Conselho Superior do Ministério Público do Estado do Rio de Janeiro

AJUIZAMENTO DE AÇÃO JUDICIAL INDEPENDENTE CONTEMPLANDO A TOTALIDADE DO OBJETO DA INVESTIGAÇÃO DO MP. PERDA DO INTERESSE PROCEDIMENTAL.

O ajuizamento de ação civil pública, de ação popular, de ação de improbidade ou de outra medida judicial pelo Ministério Público ou por terceiros legitimados, cujo pedido contemple a totalidade do objeto da portaria de instauração ou dos elementos que vierem a surgir no curso das investigações, acarreta a perda do interesse procedimental, devendo ser promovido o arquivamento do inquérito civil ou de outro procedimento. Hipótese de homologação de arquivamento.

Referência legislativa: Resolução n.º 2.227/2018, art. 27 e Lei 8.429/1992, art. 17§1º.

Data da aprovação: 17 de dezembro de 2007.

Data da modificação: 13 de fevereiro de 2020, com vigência após decorridos 60 (sessenta) dias da publicação.

Objeto: Nova Redação do Enunciado CSMP n.º 18/2007.

Fonte de publicação: Diário Oficial Eletrônico do MPRJ de 13.02.2020.

Súmula nº 04 da Câmara de Coordenação e Revisão do Ministério Público do Distrito Federal e Territórios

O ajuizamento de ação civil pública pelo MPDFT ou de outra ação coletiva ou individual por legitimados concorrentes é causa de arquivamento dos autos de investigação preliminar ou do inquérito civil público.

Editada na 1ª Sessão Ordinária do Conselho Institucional, realizada em 25/10/00.

Súmula nº 07 da Câmara de Coordenação e Revisão do Ministério Público do Distrito Federal e Territórios

O ajuizamento de ação de investigação de paternidade por iniciativa do interessado impõe que se arquive o procedimento de que trata a Lei nº 8.560/92.

Editada na 1ª Sessão Ordinária do Conselho Institucional, realizada em 25/10/00.

Enunciado de Súmula nº 3 do Conselho Superior do Ministério Público do Estado de Minas Gerais

O arquivamento do procedimento de averiguação oficiosa de paternidade, instituído pela Lei nº 8.560/92, não está sujeito à revisão pelo Conselho Superior do Ministério Público. Sendo o referido expediente, na forma da Lei, originário do juízo, ainda que complementado pelo Promotor de Justiça, deve ser restituído ao órgão de origem no caso de não ser intentada a investigatória de paternidade pelo *Parquet*.

Aprovado na 2ª Sessão Ordinária/ 1996, realizada em 29/02/96 e publicada em 12/03/96; -publicação específica no Diário Oficial: 23/03/96. Republicações em: 04/02/2000, 04/09/2001 e 03/02/2004.

Enunciado nº 06 da 1ª Câmara de Coordenação e Revisão – Direitos Sociais e Fiscalização de Atos Administrativos em Geral do MPF

Questão judicializada

Cabível a homologação do arquivamento quando o objeto do procedimento ou do inquérito civil, inclusive sob a perspectiva territorial, esteja sob apreciação do Poder Judiciário e, nas ações em trâmite na Justiça Federal, atue o Ministério Público Federal como (co)autor ou interveniente (Ref. IC n. 1.26.002.000109/2011-26, PP n. 1.34.010.000629/2014-19).

Referência: Ata da 19ª Sessão Extraordinária realizada em 16.12.2014, publicada em 03.07.2015.

Enunciado nº 11 da 4ª Câmara de Coordenação e Revisão – Meio Ambiente e Patrimônio Cultural do MPF

Promoção de arquivamento fundamentada na judicialização do feito. Necessária a juntada de cópia da petição inicial.

A promoção de arquivamento fundada na judicialização do feito deve ser instruída com cópia da respectiva petição inicial, de forma a se comprovar que o objeto do procedimento foi integralmente abordado.

Adequação do Enunciado nº 17 - 4ªCCR, de 12 de março de 2013. Conforme portaria da 4ª CCR nº 05, de 3 de agosto de 2016, republicada em razão de incorreções na publicação do DMPFe, Caderno Extrajudicial nº 146/2016, divulgado em 3 de agosto de 2016, pág. 7.

Enunciado nº 18 do Conselho Superior do Ministério Público do Estado do Pará

PROMOÇÃO DE ARQUIVAMENTO. AJUIZAMENTO DE AÇÃO. DESNECESSIDADE DE HOMOLOGAÇÃO PELO CSMP.

O procedimento preparatório e o inquérito civil que tenham como fundamento de arquivamento a existência de ação judicial com o mesmo objeto, independentemente do momento de seu ajuizamento e do sujeito ativo ser o Ministério Público Estadual ou não, serão arquivados no âmbito do órgão de execução, sem a necessidade de revisão pelo Conselho Superior.

Publicado no DOE 22.11.2019.

Aprovado na 21ª Sessão Ordinária, realizada em 13.11.2019.

Fundamento: Súmula n.º 02/2017-CSMP e art. 21, § 12 da Resolução n.º 007/2019-CPJ.

Enunciado nº 13 da 5ª Câmara de Coordenação e Revisão – Combate à corrupção do MPF

ARQUIVAMENTO DE PROCEDIMENTOS ADMINISTRATIVOS POR AJUIZAMENTO DE AÇÃO.

Proposta ação penal e/ou ação de improbidade administrativa, é desnecessária a remessa do Procedimento Administrativo correlato à 5ª CCR, com vistas à homologação do seu arquivamento, exceto quando restar matéria ou imputação não incluída na pretensão deduzida no processo judicial. Referência: L.C. 75/93, art. 62, IV, e 6º, XX; L. 7.347/85, art. 9º.

Aprovado na 914ª Sessão Ordinária, realizada em 1 de junho de 2016.

ARQUIVAMENTO. DIREITO INDIVIDUAL DISPONÍVEL.

Enunciado nº 03 da 3ª Câmara de Coordenação e Revisão – Consumidor e Ordem Econômica do MPF

Quando, pelo exame da representação ou dos documentos presentes nos autos, restar inequívoco que a matéria objeto do feito é uma hipótese de lesão ou ameaça a direito individual disponível e não homogêneo, deve ser homologado o pedido de arquivamento, com fundamento na ilegitimidade da atuação do Ministério Público no caso sob análise.

Sem a indicação da data de aprovação no sítio eletrônico: http://www.mpf.mp.br/atuacao-tematica/ccr3/sessoes/enunciados-1.Consulta realizada em 07/08/2020.

Enunciado nº 15/2007 do Conselho Superior do Ministério Público do Estado do Rio de Janeiro

DEFICIENTE. LESÃO A DIREITO INDIVIDUAL. FALTA DE ATRIBUIÇÃO DAS PROMOTORIAS ESPECIALIZADAS.

Caberá homologação da promoção de arquivamento de procedimento instaurado para apurar notícia de violação a direitos, se, no curso da investigação, ficar comprovado que a lesão atingiu apenas direito individual e não direitos difusos ou coletivos.

Referência legislativa: Constituição Federal, arts. 127 e 129, II e III; Lei Federal n.º 7.347/1985, arts. 1º e 21; Lei Federal n.º 8.625/1993, art. 25, inciso IV, "a"; Lei Complementar n.º 106/2003, art. 34, VI, "a"; Lei Federal n.º 8.069/1990, art. 201, V; Lei Federal n.º 8078/1990, arts. 5º, II; 51, §4º; 81, I, II e III; 201, V; Lei Federal n.º 7.853/1989, art. 3º, caput; Lei Federal no 10.741/2003, art. 74, I; Lei n.º 9.615/1998, arts. 1-A e 3º; Resolução GPGJ n.º 1.284/2005, art. 5º, "a" e Resolução GPGJ nº 2.157/2017, art. 3º, II.

Data da aprovação: 05 de setembro de 2007. Data da modificação: 13 de fevereiro de 2020, com vigência após decorridos 60 (sessenta) dias da publicação.

Objeto: Nova Redação do Enunciado CSMP n.º 15/2007.

Fonte de publicação: Diário Oficial Eletrônico do MPRJ de 13.02.2020.

ARQUIVAMENTO. RECOMENDAÇÃO E TAC

Súmula nº 01 da Câmara de Coordenação e Revisão do Ministério Público do Distrito Federal e Territórios

O atendimento, pelo investigado, às exigências do Poder Público ou o seu compromisso de ajustamento de conduta perante o MPDFT é causa de arquivamento dos autos de investigação preliminar ou do inquérito civil público.

Editada na 1ª Sessão Ordinária do Conselho Institucional, realizada em 25/10/00.

Súmula nº 02 da Câmara de Coordenação e Revisão do Ministério Público do Distrito Federal e Territórios

A composição entre os interessados, envolvendo relação de consumo, implica a perda do objeto do procedimento investigatório e impõe o seu arquivamento.

Editada na 1ª Sessão Ordinária do Conselho Institucional, realizada em 25/10/00.

Assento nº 06/2010 do Conselho Superior do Ministério Público do Estado de Sergipe

Só será homologada a promoção de arquivamento de inquérito civil, procedimento preparatório ao inquérito civil ou peças de informação, em decorrência de compromisso de ajustamento de conduta, se deste constar a admissão por parte daquele que se ajusta ao regramento legal, da ocorrência do dano, risco de dano, ou desconformidade com a ordem jurídica.

Publicado no DJ de SE em 13/08/2010.

Assento nº 07/2010 do Conselho Superior do Ministério Público do Estado de Sergipe

Só será homologada a promoção de arquivamento de inquérito civil, procedimento preparatório ao inquérito civil ou peças de informação, em decorrência de compromisso de ajustamento de conduta, se deste constar que seu não cumprimento sujeitará o infrator a suportar a execução do título executivo extrajudicial ali formado, devendo a obrigação ser certa quanto à sua existência, determinada quanto ao seu objeto, e exigível o cumprimento da obrigação.

Publicado no DJ de SE em 13/08/2010.

Enunciado nº 08/11 do Conselho Superior do Ministério Público do Estado do Mato Grosso

Só será homologada a promoção de arquivamento de Inquérito Civil, em decorrência de Compromisso de Ajustamento, se deste constar que seu não cumprimento sujeitará o infrator a suportar a execução do título executivo extrajudicial ali formado, devendo a obrigação ser certa quanto à sua existência, e determinada, quanto ao seu objeto.

De 05/08/2015, conforme acesso em 07 de agosto de 2020 ao site: https://www.mpmt.mp.br/secao/672.

Súmula nº 09 do Conselho Superior do Ministério Público do Estado de São Paulo

SOMENTE SE HOMOLOGA arquivamento fundado em termo de ajustamento de conduta se as obrigações forem certas quanto à sua existência e determinadas quanto ao seu objeto, de modo a possibilitar sua execução em caso de descumprimento, devendo constar cláusula expressa que consigne a natureza de título executivo extrajudicial.

Conforme publicação do Diário Oficial de São Paulo em 09/03/2017.

Enunciado nº 04 da 3ª Câmara de Coordenação e Revisão – Consumidor e Ordem Econômica do MPF

Quando houver nos autos Recomendação e/ou Compromisso de Ajustamento de Conduta devidamente cumpridos pelas partes, deve ser homologado o arquivamento por perda do objeto.

Sem a indicação da data de aprovação no sítio eletrônico: http://www.mpf.mp.br/atuacao-tematica/ccr3/sessoes/enunciados-1. Consulta realizada em 07/08/2020.

Enunciado de Súmula nº 1 do Conselho Superior do Ministério Público do Estado de Minas Gerais

O Compromisso de Ajustamento de conduta, firmado entre o Ministério Público e o autor dos fatos, põe termo ou suspende o Inquérito Civil ou o procedimento preparatório. Dá-se o primeiro caso quando, eficazmente, o acordo se cumpre de imediato, sendo desnecessário tempo para o seu adimplemento. Na segunda hipótese, deve-se aguardar o prazo nele estipulado para o pleno cumprimento das cláusulas pactuadas, quando então, mediante perícia de constatação, verificar-se-á a implementação e a eficácia ou não das medidas reparatórias. Se restarem cumpridas e eficazes, arquiva-se o inquérito, remetendo-o, após relatório, ao Conselho Superior do Ministério Público. Se não, promovem-se as medidas necessárias. (novo acordo ou ação civil pública).

Aprovado na 1ª Sessão Ordinária/ 2015, realizada em 02/02/2015, à unanimidade, pela suspensão da vigência do atual texto do Enunciado de Súmula nº 1, repristinado o texto imediatamente anterior, então publicado no Diário Oficial de 12/11/2008, até a efetivação de seu aprimoramento. Publicações específicas de avisos dando ciência desta deliberação: 04 e 06/02/2015.

Súmula nº 10/2013 do Conselho Superior do Ministério Público do Estado do Tocantins

É caso de arquivamento do inquérito civil e do procedimento instaurados quando, expedida recomendação, houver seu integral atendimento.

Aprovada na 139ª Sessão Ordinária em 12/09/2013.

Enunciado nº 08/2015 do Conselho Superior do Ministério Público do Estado da Paraíba

DANOS A INTERESSES OU DIREITOS DIFUSOS, COLETIVOS E INDIVIDUAIS HOMOGÊNEOS EXPEDIÇÃO DE RECOMENDAÇÃO CONTEMPLANDO O OBJETO DA INVESTIGAÇÃO DO MP- ACATAMENTOCOMPROVAÇÃO- PERDA DE INTERESSE PROCEDIMENTAL

Deve ser homologada, por perda de interesse procedimental, a promoção de arquivamento de inquérito civil ou procedimento preparatório instaurado para apurar notícia de lesão a interesses ou direitos difusos, coletivos e/ou individuais homogêneos se, no curso da investigação, for expedida Recomendação que contemple integralmente o direito a ser tutelado objeto da portaria de instauração e esteja comprovado o seu acatamento pelo órgão ou pessoa a quem ela foi destinada.

*Este texto não substitui o consignado na ata da 43ª Sessão Ordinária do CSMP de 2015.

Publicado no Diário Oficial Eletrônico, Ministério Público, Paraíba, 04/11/2015.

Enunciado nº 16 da Câmara de Coordenação e Revisão do MPT

NOTIFICAÇÃO RECOMENDATÓRIA. NECESSÁRIA AVERIGUAÇÃO DO ATENDIMENTO DOS SEUS TERMOS.

A mera expedição de Notificação Recomendatória, sem quaisquer subsídios posteriores que indiquem a regularidade da empresa denunciada, não serve como fundamento para arquivamento da investigação. Necessidade de complementação investigatória a fim de averiguar seu atendimento.

49ª Sessão Extraordinária, realizada nos dias 25/2 e 10/3/2015 – DOU Seção 1 – 26/03/15 – págs. 76/77.

Enunciado nº 02/16 do Conselho Superior do Ministério Público do Conselho Superior do Ministério Público do Estado do Amapá

PROCEDIMENTO ADMINISTRATIVO INSTAURADO PARA ACOMPANHAMENTO DE TERMOS DE AJUSTAMENTO DE CONDUTA. REMESSA AO CONSELHO SUPERIOR DO MINISTÉRIO PÚBLICO. OBRIGATORIEDADE.

1) É obrigatória a remessa dos Procedimentos Administrativos instaurados para acompanhamento dos Termos de Ajustamento de Conduta ao Conselho Superior do Ministério Público, para análise da promoção de arquivamento.

2) Os Procedimentos Administrativos dessa natureza devem ser arquivados somente após a homologação do Egrégio Conselho Superior do Ministério Público.

Publicado no DOE AP em 13/05/2016, Edição nº 085, Página 03.

Enunciado nº 10 da Câmara de Coordenação e Revisão do MPT

CELEBRAÇÃO DE TAC. NÃO CONHECIMENTO DA REMESSA.

Não se conhece da remessa de procedimento encerrado em virtude de celebração de Termo de Ajustamento de Conduta entre o Ministério Público do Trabalho e o Denunciado.

49ª Sessão Extraordinária, realizada nos dias 25/2 e 10/3/2015 - DOU Seção 1 - 26/03/15 - págs. 76/77.

Assento nº 002/08 do Conselho Superior do Ministério Público do Estado do Amazonas

Quando o compromisso de ajustamento tiver a característica de ajuste preliminar, que não dispense o prosseguimento de diligências para uma solução definitiva, salientado pelo órgão do Ministério Público que o celebrou, o Conselho Superior homologará somente o compromisso, autorizando o prosseguimento das investigações.

Publicado no Diário Oficial, Amazonas, 29/07/2008.

Súmula nº 20 do Conselho Superior do Ministério Público do Estado de São Paulo

Quando o compromisso de ajustamento tiver a característica de ajuste preliminar, que não dispense o prosseguimento de diligências para uma solução definitiva, salientado pelo órgão do Ministério Público que o celebrou, o Conselho Superior homologará somente o compromisso, autorizando o prosseguimento das investigações.

Conforme publicação do Diário Oficial de São Paulo em 09/03/2017.

Assento nº 08/2010 do Conselho Superior do Ministério Público do Estado de Sergipe

Só será homologada a promoção de arquivamento de inquérito civil, procedimento preparatório ao inquérito civil ou peças de informação, em face a tomada de compromisso de ajustamento, se o seu objeto abarcar todas as medidas necessárias à correção dos danos causados, ou o integral afastamento dos riscos existentes ao bem difuso ou coletivo.

Publicado no DJ de SE em 13/08/2010.

Súmula nº 04 do Conselho Superior do Ministério Público do Estado de São Paulo

HOMOLOGA-SE arquivamento fundado em compromisso de ajustamento de conduta celebrado pelo MP ou por qualquer colegitimado, desde que suficiente e adequado à defesa dos interesses transindividuais tutelados e que contenha todos os requisitos de título executivo extrajudicial, cabendo ao órgão ministerial fiscalizar seu efetivo cumprimento quando por ele celebrado ou quando houver indícios de omissão do órgão colegitimado que o celebrou.

Conforme publicação do Diário Oficial de São Paulo em 09/03/2017.

Súmula nº 02/2006 do Conselho Superior do Ministério Público do Estado do Ceará

Os Termos de Ajustamento de Conduta – TACs firmados pelos Promotores de Justiça em suas funções ministeriais não carecem de homologação pelo Conselho Superior do Ministério Público. Somente merecem atenção homologatória os pedidos de arquivamento de Inquérito Civil Público ou Peças de Informações que envolvam interesses difusos.

Publicado no DJ nº 076, 26/04/06, pág. 149-150.

Súmula nº 80 do Conselho Superior do Ministério Público do Estado de São Paulo

Em atenção à Súmula nº 12 deste Colegiado, eventual composição extrajudicial prévia à propositura de ação civil pública com base na Lei 8.429/92, deverá contar com antecedente apreciação pelo CSMP.

Súmula nº 12: Sujeita-se à homologação do Conselho Superior qualquer promoção de arquivamento de inquérito civil ou de peças de informação, bem como o indeferimento de representação, que contenha peças de informação, alusivos à defesa de interesses difusos, coletivos ou individuais homogêneos.

Publicado no Diário Oficial de São Paulo, 07/11/2019.

Enunciado nº 05/2015 do Conselho Superior do Ministério Público do Estado da Paraíba

DANOS A INTERESSES OU DIREITOS DIFUSOS, COLETIVOS E/OU INDIVIDUAIS HOMOGÊNEOS. CELEBRAÇÃO DE TAC. TÍTULO EXECUTIVO EXTRAJUDICIAL. DESNECESSIDADE DE ACP

Deve ser homologada a promoção de arquivamento de inquérito civil ou procedimento preparatório instaurado para apurar notícia de lesão a interesses ou direitos difusos, coletivos e/ou individuais homogêneos se, no curso da investigação, for celebrado um termo de ajustamento de conduta com o investigado para cumprimento da legislação específica, para prevenir, cessar, reparar e/ou compensar os danos causados, assinalados prazos para o cumprimento das cláusulas e fixadas multas pelo descumprimento, o qual tem força de título executivo extrajudicial, nos termos do artigo 5o, § 6o, da Lei no 7.347/85, tornado desnecessário o ajuizamento de ação civil pública pelo Ministério Público. Em casos que se faça necessário e não tendo sido determinado pelo membro remetente, o CSMP determinará a abertura de PA para acompanhamento do cumprimento do TAC, nos termos do art. 22, §§ 3o e 4o da Resolução CPJ 04/2013.

*Este texto não substitui o consignado na ata da 43ª Sessão Ordinária do CSMP de 2015.

Publicado no Diário Oficial Eletrônico, Ministério Público, Paraíba, 04/11/2015.

Súmula nº 23 do Conselho Superior do Ministério Público do Estado de São Paulo

NÃO SE HOMOLOGA promoção de arquivamento fundada em termo de ajustamento de conduta se a multa fixada na hipótese de descumprimento da obrigação de fazer ou não fazer tiver natureza compensatória, ao invés de cominatória, pois mais interessa o cumprimento da obrigação pelo próprio devedor que o correspondente econômico.

Conforme publicação do Diário Oficial de São Paulo em 09/03/2017.

Súmula nº 58 do Conselho Superior do Ministério Público do Estado de São Paulo

SOMENTE SE HOMOLOGA promoção de arquivamento fundada em Termo de Ajustamento de Conduta desde que indenizações e multas, cominatórias e/ou compensatórias, sejam obrigatoriamente destinadas para os fundos de proteção de direitos transindividuais legalmente previstos.

Conforme publicação do Diário Oficial de São Paulo em 09/03/2017.

Súmula nº 29/20 do Conselho Superior do Ministério Público do Estado do Rio Grande do Sul

As indenizações pecuniárias referentes a danos, direitos ou interesses difusos e coletivos de que trata o artigo 41 do Provimento n.° 71/2017-PGJ, quando não destinados ao Fundo de Reconstituição de Bens Lesados ou aos demais fundos municipais e estaduais previstos em lei que tenham o mesmo escopo do fundo previsto no artigo 13 da Lei n.° 7.347/85, só deverão ser satisfeitos ou exigidos após a homologação do Termo de Ajustamento de Conduta pelo Conselho Superior do Ministério Público.

Data da Sessão: 15-09-2020.

Publicada em 24-09-2020 DEMP

Assento nº 02/05 do Conselho Superior do Ministério Público do Estado de Santa Catarina

Não será homologada a promoção de arquivamento do inquérito civil ou do procedimento administrativo preliminar decorrente de compromisso de ajustamento de conduta.

Não será homologada a promoção de arquivamento do inquérito civil ou do procedimento administrativo preliminar decorrente de compromisso de ajustamento de conduta, sem o atendimento, quando for o caso, à Nota Técnica n. 1/2003, do Centro de Apoio Operacional do Consumidor (Aprovado na sessão do Conselho Superior do Ministério Público realizada no dia 4 de abril de 2005).

Aprovado na sessão do Conselho Superior do Ministério Público realizada no dia 4 de abril de 2005.

NOTA TÉCNICA 01/2003

Referência: Art. 54, VI, da LC 197/2000.

Assunto: Ajustamento de conduta – Segurança – Termo de Cooperação Técnica MP e Corpo de Bombeiro.

O Centro de Apoio Operacional do Consumidor, no exercício da atribuição prevista no art. 54, VI, da Lei Complementar Estadual n. 197/2000, e

Considerando que o E. Conselho Superior do Ministério Público tem demonstrado preocupação com os ajustamentos de conduta que fixam prazos para execução das obras e melhorias destinadas à segurança dos consumidores, sem suspensão das atividades e a concordância expressa do representante do Corpo de Bombeiros;

Considerando que o mesmo Conselho Superior já deixou de homologar arquivamento de procedimento administrativo relacionado à matéria;

Considerando a possibilidade de ocorrência de eventual sinistro dentro do prazo previsto para execução dos compromissos ajustados;

Considerando, por fim, que esta matéria é de competência do Corpo de Bombeiros;

RESOLVE:

Remeter aos Promotores de Defesa do Consumidor as seguintes sugestões de atuação na celebração de ajustamentos de conduta relacionados às condições de segurança de estabelecimentos comerciais.

ALTERNATIVA 1

Prazos de execução das obras e melhorias integrando o ajuste

1.1 inclusão de cláusula demonstrando a concordância expressa do Corpo de Bombeiros com o prazo convencionado pelas partes;

1.2 que o Termo de Ajuste também seja subscrito por um representante daquela Corporação;

1.3 que seja incluída cláusula prevendo a apresentação de projeto técnico visando atender às normas de segurança aplicáveis a cada caso, assinado por engenheiro, com a respectiva ART.

ALTERNATIVA 2

Prazos para execução das obras e melhorias não integrando o ajuste

Além da observância do consignado nos itens 1.1/1.3, acrescenta-se:

2.1 que seja ajustado apenas a apresentação de um projeto de segurança preventivo ao Corpo de Bombeiros, firmado por engenheiro, com ART, contemplando a solução para todos os problemas apontados no relatório de vistoria, incluindo cronograma de execução das obras e melhorias necessárias;

2.2 inclusão de cláusula atribuindo ao Corpo de Bombeiros a análise técnica do aludido projeto, facultando a esse a apresentação das mudanças e adequações necessárias, comprometendo-se o fornecedor a acatar todas as solicitações do órgão.

Remeta-se, para conhecimento, por e-mail, cópia do presente aos integrantes do E. Conselho Superior do Ministério Público e Promotores do Consumidor.

Publicado no Diário Oficial Eletrônico, Ministério Público, 04/04/2005.

Súmula nº 01/15 do Conselho Superior do Ministério Público do Estado de Santa Catarina

Para efeito de aplicação do Assento 002/CSMP/2005, o corpo de bombeiros mencionado na Nota Técnica 01/2003 – CCO, trata-se exclusivamente do corpo de bombeiros militar.

Para efeito de aplicação do Assento 002/CSMP/2005, o corpo de bombeiros mencionado na Nota Técnica 01/2003 – CCO, trata-se exclusivamente do corpo de bombeiros militar.

Publicado no Diário Oficial Eletrônico, Ministério Público, 16/04/2015

NOTA TÉCNICA 01/2003

Referência: Art. 54, VI, da LC 197/2000.

Assunto: Ajustamento de conduta – Segurança – Termo de Cooperação Técnica MP e Corpo de Bombeiro.

O Centro de Apoio Operacional do Consumidor, no exercício da atribuição prevista no art. 54, VI, da Lei Complementar Estadual n. 197/2000, e

Considerando que o E. Conselho Superior do Ministério Público tem demonstrado preocupação com os ajustamentos de conduta que fixam prazos para execução das obras e melhorias destinadas à segurança dos consumidores, sem suspensão das atividades e a concordância expressa do representante do Corpo de Bombeiros;

Considerando que o mesmo Conselho Superior já deixou de homologar arquivamento de procedimento administrativo relacionado à matéria;

Considerando a possibilidade de ocorrência de eventual sinistro dentro do prazo previsto para execução dos compromissos ajustados;

Considerando, por fim, que esta matéria é de competência do Corpo de Bombeiros;

RESOLVE:

Remeter aos Promotores de Defesa do Consumidor as seguintes sugestões de atuação na celebração de ajustamentos de conduta relacionados às condições de segurança de estabelecimentos comerciais.

ALTERNATIVA 1

Prazos de execução das obras e melhorias integrando o ajuste

1.1 inclusão de cláusula demonstrando a concordância expressa do Corpo de Bombeiros com o prazo convencionado pelas partes;

1.2 que o Termo de Ajuste também seja subscrito por um representante daquela Corporação;

1.3 que seja incluída cláusula prevendo a apresentação de projeto técnico visando atender às normas de segurança aplicáveis a cada caso, assinado por engenheiro, com a respectiva ART.

ALTERNATIVA 2

Prazos para execução das obras e melhorias não integrando o ajuste

Além da observância do consignado nos itens 1.1/1.3, acrescenta-se:

2.1 que seja ajustado apenas a apresentação de um projeto de segurança preventivo ao Corpo de Bombeiros, firmado por engenheiro, com ART, contemplando a solução para todos os problemas apontados no relatório de vistoria, incluindo cronograma de execução das obras e melhorias necessárias;

2.2 inclusão de cláusula atribuindo ao Corpo de Bombeiros a análise técnica do aludido projeto, facultando a esse a apresentação das mudanças e adequações necessárias, comprometendo-se o fornecedor a acatar todas as solicitações do órgão.

Remeta-se, para conhecimento, por e-mail, cópia do presente aos integrantes do E. Conselho Superior do Ministério Público e Promotores do Consumidor.

Assento nº 02/05 do Conselho Superior do Ministério Público do Estado de Santa Catarina

Não será homologada a promoção de arquivamento do inquérito civil ou do procedimento administrativo preliminar decorrente de compromisso de ajustamento de conduta, sem o atendimento, quando for o caso, à Nota Técnica n. 1/2003, do Centro de Apoio Operacional do Consumidor (Aprovado na sessão do Conselho Superior do Ministério Público realizada no dia 4 de abril de 2005).

Aprovado na sessão do Conselho Superior do Ministério Público realizada no dia 4 de abril de 2005.

Súmula nº 75 do Conselho Superior do Ministério Público do Estado de São Paulo

O Conselho Superior não homologará Termos de Ajustamento de Conduta que importem ingerência no exercício de função legislativa ou que pressuponham exclusivamente aprovação de lei futura.

Conforme publicação do Diário Oficial de São Paulo em 09/03/2017.

Enunciado nº 16/2007 do Conselho Superior do Ministério Público do Estado do Rio de Janeiro

DANOS A INTERESSES OU DIREITOS DIFUSOS, COLETIVOS E/OU INDIVIDUAIS HOMOGÊNEOS. CELEBRAÇÃO DE TERMO DE AJUSTAMENTO DE CONDUTA. TÍTULO EXECUTIVO EXTRAJUDICIAL. DESNECESSIDADE DE AÇÃO CIVIL PÚBLICA.

Caberá homologação da promoção de arquivamento de inquérito civil ou de outro procedimento instaurado para apurar notícia de lesão a interesses ou direitos difusos, coletivos e/ou individuais homogêneos se, no curso da investigação, for celebrado termo de ajustamento de conduta com o investigado para cumprimento da legislação específica.

Referência legislativa: Lei Federal n.º 7.347/1985, art. 5º, § 6º; Lei Federal nº 9.605/1998, artigo 79-A e §1º; Resolução CNMP n.º 179/2017; Resolução GPGJ n.º 2.227/2018, arts. 32, I; 36; 37; 48; 50 e Deliberação CSMP nº 71/2019.

Data da aprovação: 05 de setembro de 2007.

Data da modificação: 13 de fevereiro de 2020, com vigência após decorridos 60 (sessenta) dias da publicação.

Objeto: Nova Redação do Enunciado CSMP n.º 16/2007.

Fonte de publicação: Diário Oficial Eletrônico do MPRJ de 13.02.2020.

Súmula nº 07 do Conselho Superior do Ministério Público do Estado do Paraná

Tratando-se de procedimento investigatório civil no bojo do qual o Ministério Público tenha celebrado Termo de Ajustamento de Conduta (TAC), cujo objeto refira-se, exclusivamente, à prestação de obrigação de não fazer, o Conselho Superior poderá conhecer da promoção de arquivamento desses autos e homologá-la.

De 02 de agosto de 2016.

Conforme acesso em 07 de agosto de 2020 ao site:https://mppr.mp.br/modules/conteudo/conteudo.php?conteudo=5584

Súmula nº 01 do Conselho Superior do Ministério Público do Estado do Paraná

O Termo de Ajustamento de Conduta será autuado em apenso ao Inquérito Civil e ambos aguardarão na Promotoria de Justiça o cumprimento, sendo remetidos ao Conselho Superior do Ministério Público somente após cumpridas todas as condições e/ou termos acordados.

De 30 de outubro de 2012.

Conforme acesso em 07 de agosto de 2020 ao site:https://mppr.mp.br/modules/conteudo/conteudo.php?conteudo=5584

Enunciado nº 09/16 (nº 09/19) do Conselho Superior do Ministério Público do Estado do Mato Grosso do Sul

Celebrado termo de ajustamento de conduta, o órgão de execução deverá, depois de promover o arquivamento com a remessa dos autos ao Conselho Superior do Ministério Público, no prazo legal, instaurar procedimento administrativo para o acompanhamento e fiscalização do cumprimento do termo de ajustamento de conduta. O órgão de execução fará constar expressamente nas razões da promoção de arquivamento o número de registro no sistema SAJMP do procedimento administrativo em que fiscalizará e acompanhará o cumprimento do termo de ajustamento de conduta.

Nota do autor: trata-se do enunciado nº 09 de 2016, que sofreu alteração em 2019 e, assim, ganhou nova numeração: 09/19

Nota do autor: o fundamento do enunciado consta na 1ª parte.

Revisado na sessão 05 de novembro de 2019.

Assento nº 09/2010 do Conselho Superior do Ministério Público do Estado de Sergipe

Homologada pelo Conselho Superior a promoção de arquivamento de inquérito civil, procedimento preparatório ou de peças de informação, em decorrência de compromisso de ajustamento, incumbirá ao Órgão do Ministério que o celebrou, fiscalizar o seu efetivo cumprimento, do qual lançará certidão nos autos, comunicando ao CSMP e à Coordenadoria Geral, no prazo de 03 (três) dias.

Nova redação. Publicado no DJ de SE em 04/04/2012.

Enunciado nº 22 do Conselho Superior do Ministério Público do Estado do Pará

TERMO DE AJUSTAMENTO DE CONDUTA. FISCALIZAÇÃO NOS PRÓPRIOS AUTOS OU INSTAURAÇÃO DE PA.

Celebrado o TAC nos autos de inquérito civil ou de procedimento preparatório, o membro poderá, nos próprios autos do procedimento já existente, acompanhar a execução do TAC. Poderá também arquivar o procedimento investigativo e instaurar um procedimento administrativo, especificamente, para fins de acompanhamento do cumprimento das cláusulas do TAC, devendo juntar a respectiva portaria nos autos do procedimento arquivado.

Publicado no DOE 22.11.2019.

Aprovado na 21ª Sessão Ordinária, realizada em 13.11.2019.

Fundamento: art. 10 da Resolução n.º 179/2017-CNMP e art. 8º da Resolução 002/2018- CSMP.

Enunciado nº 22/20 do Conselho Superior do Ministério Público do Estado do Mato Grosso do Sul

Os Termos de Ajustamento de Conduta em geral ou o Acordo de Leniência celebrados em autos de inquérito civil ou procedimento preparatório devem instruir os autos por ocasião da remessa da promoção de arquivamento, sendo desnecessário o envio em separado ao Conselho Superior do Ministério Público.

Nota do autor: o fundamento do enunciado consta na 1ª parte.

De 04/06/2020, conforme acesso em 07 de agosto de 2020 ao site: https://www.mpms.mp.br/atos-e-normas.

Enunciado nº 23/20 do Conselho Superior do Ministério Público do Estado do Mato Grosso do Sul

O Termo de Ajustamento de Conduta ou Acordo de Leniência que versem sobre ato de improbidade administrativa, celebrados na fase judicial e levados à homologação judicial, devem ser remetidos ao Conselho Superior do Ministério Público, exclusivamente para registro, por meio de ofício (Protocolo Unificado), instruído com: a) uma via do inteiro teor do Termo de Ajustamento de Conduta ou do Acordo de Leniência celebrados durante a fase judicial; b) a cópia da sentença homologatória; e, c) a respectiva certidão do trânsito em julgado.

Nota do autor: o fundamento do enunciado consta na 1ª parte.

De 04/06/2020, conforme acesso em 07 de agosto de 2020 ao site: https://www.mpms.mp.br/atos-e-normas.

Súmula nº 08 do Conselho Superior do Ministério Público do Estado do Paraná

Se for reconhecido pelo Órgão de Execução o esgotamento das possibilidades jurídicas de aplicação das sanções previstas no art. 12 da Lei de Improbidade Administrativa no curso do procedimento preparatório ou inquérito civil, e remanescendo prejuízo ao erário comprovado, poderá o agente ministerial celebrar Termo de Ajustamento de Conduta visando à reparação do dano ao erário, submetendo a promoção de arquivamento com cópia do TAC ao Conselho Superior, devendo desentranhar dos autos o TAC, que instruirá procedimento administrativo próprio com a finalidade de acompanhar o cumprimento integral do avençado. Do Conselho Superior do Ministério Público do Estado do Paraná.

De 02 de agosto de 2016.

Conforme acesso em 07 de agosto de 2020 ao site:https://mppr.mp.br/modules/conteudo/conteudo.php?conteudo=5584

ARQUIVAMENTO. NÃO CABIMENTO.

Enunciado nº 60 da 4ª Câmara de Coordenação e Revisão – Meio Ambiente e Patrimônio Cultural do MPF

Desmatamento em assentamentos do INCRA. Arquivamento.

Não é cabível o arquivamento de procedimento instaurado para apurar eventual desmatamento de floresta nativa em assentamentos do INCRA sem autorização do órgão ambiental competente, quando pela dimensão da área desmatada ficar evidenciado que seu uso não é para subsistência e houver nos autos indícios de autoria e materialidade suficientes ao oferecimento de denúncia ou à propositura de ação civil pública, visando a reparação do dano ambiental provocado.

Deliberado na 545ª Sessão Ordinária, em 20 de fevereiro de 2019. Precedentes: 1.20.004.000041/2017-74, 1.23.007.000017/2017-01 e 1.20.002.000170/2015-11.

Enunciado nº 08 da Câmara de Coordenação e Revisão do MPT

INVESTIGAÇÃO REPETIDA.

Por decisão monocrática do Relator, não se conhece da remessa quando o fundamento do arquivamento for a existência de investigação repetida, hipótese em que os autos devem ser remetidos ao Procurador Oficiante no procedimento com idêntico objeto.

49ª Sessão Extraordinária, realizada nos dias 25/2 e 10/3/2015 - DOU Seção 1 - 26/03/15 - págs. 76/77.

Súmula nº 12/02 do Conselho Superior do Ministério Público do Estado do Rio Grande do Sul

O Conselho Superior do Ministério Público somente aprecia promoção de arquivamento em feitos (inquérito civil ou peças de informação) pertinentes aos interesses metaindividuais (difusos, coletivos, individuais homogêneos), individuais indisponíveis, como os relativos à defesa do patrimônio público e da moralidade administrativa do Estado e de Município, de suas administrações indiretas ou fundacionais ou entidades privadas de que participem, ou relativos às questões das minorias sociais (hipossuficientes) e às vítimas de preconceitos, que possam ter fundamento para a propositura de ação civil pública.

Data da Sessão: 21.02.2002

{Referências: CF/88, art. 129, III (MP); CF, art. 216 e § 1º (Patrimônio Cultural latu sensu); CF, art. 230 (idosos); CF, art. 232 (Comunidades indígenas); Lei nº 6.766 (Loteamentos); Lei nº 6.938 e outras complementares - Lei nº 9.605 (Meio Ambiente); Lei nº 7.347 (LACP); Lei nº 7.853 (Portadores de deficiência física); Lei nº 7.913 (Mercado de valores mobiliários); Lei nº 8.069 (ECA); Lei nº 8.079 (Consumidores); Lei nº 8.429 (Improbidade administrativa); Lei nº 8.625 (LOMPE); Lei nº 8.842 (idoso); Lei nº 8.884 (Ordem econômica); Lei nº 8.974 (Patrimônio genérico); Lei nº 9.433 (Recursos hídricos); Lei nº 10.257 (Política urbana - Estatuto da Cidade); Decreto nº 1.948 (idoso); Provimento nº 06/96}.

Súmula nº 38 do Conselho Superior do Ministério Público do Estado de São Paulo

Não há necessidade de homologação pelo Conselho Superior dos procedimentos ou peças quando neles não houver notícia de lesão ou risco concreto de lesão a interesses difusos, coletivos ou individuais homogêneos.

Conforme publicação do Diário Oficial de São Paulo em 09/03/2017.

ARQUIVAMENTO. (DES)NECESSIDADE DE ADOTAR NOVAS MEDIDAS.

Enunciado nº 08 da 5ª Câmara de Coordenação e Revisão – Combate à corrupção do MPF

ARQUIVAMENTO. RESSARCIMENTO. ACÓRDÃO DO TCU.

Promovido o arquivamento de ICP ou PIC por ausência de infração ou por prescrição, o órgão do MPF fica dispensado de adotar medidas ressarcitórias quando o fato investigado também for objeto de acórdão condenatório do TCU.

Aprovado 872ª Sessão Ordinária, realizada em 30 de junho de 2015.

Súmula nº 03 da Câmara de Coordenação e Revisão do Ministério Público do Distrito Federal e Territórios

A desativação da empresa investigada ou o encerramento das suas atividades inviabiliza o procedimento investigatório, determinando o respectivo arquivamento.

Editada na 1ª Sessão Ordinária do Conselho Institucional, realizada em 25/10/00.

Enunciado nº 36/2012 do Conselho Superior do Ministério Público do Estado do Rio de Janeiro

CONSUMIDOR. ENCERRAMENTO DAS ATIVIDADES DE ESTABELECIMENTO.

Caberá homologação da promoção de arquivamento do procedimento preparatório ou do inquérito civil instaurado para apurar reclamações sobre o fornecimento de produtos ou de serviços por parte de estabelecimento, se, no curso da investigação ocorrer o encerramento das atividades do referido estabelecimento, e desde que inexistam outras medidas a serem tomadas no âmbito da proteção aos direitos dos consumidores.

Referência legislativa: Art. 6º, VI, e art. 56, IX e X, da Lei 8.078/90.

Data da aprovação: 19 de abril de 2012.

Data da modificação: 13 de fevereiro de 2020, com vigência após decorridos 60 (sessenta) dias da publicação.

Objeto: Reformulação do Enunciado CSMP nº 36/2012.

Fonte de publicação: Diário Oficial Eletrônico do MPRJ de 13.02.2020.

Enunciado de Súmula nº 37 do Conselho Superior do Ministério Público do Estado de Minas Gerais

Antes de promover o arquivamento de inquérito civil ou procedimento preparatório relativo a direito ambiental que envolva propriedade ou posse rural, deverá o membro do Ministério Público verificar o cumprimento da legislação relativa à reserva legal (averbação ou registro da propriedade no Cadastro Ambiental Rural – CAR), ainda que não seja esta a causa de instauração do procedimento.

Reformado na 12ª sessão Ordinária/2018, realizada em 17/07/18 e publicado em 01/08/18.

Enunciado nº 55 da 4ª Câmara de Coordenação e Revisão – Meio Ambiente e Patrimônio Cultural do MPF

Feito cível. Promoção de arquivamento de procedimento cível. Necessidade de se demonstrar as ações adotadas no âmbito criminal com vistas à responsabilização do infrator.

Considerando a unificação das atribuições civil e criminal no âmbito da 4ª CCR, na temática do Meio Ambiente e Patrimônio Cultural, bem como em atenção ao Princípio da Eficiência, as promoções de arquivamento dos feitos cíveis deverão demonstrar as ações adotadas no âmbito criminal, com vistas à responsabilização do infrator pelo fato investigado, ou justificativa razoável para não o fazer.

Conforme portaria da 4ª CCR nº 05, de 3 de agosto de 2016, republicada em razão de incorreções na publicação do DMPFe, Caderno Extrajudicial nº 146/2016, divulgado em 3 de agosto de 2016, pág. 7.

Súmula nº 001/2011 do Conselho Superior do Ministério Público do Estado do Pará

DECIDE que se o dano tiver sido reparado e, simultaneamente, não houver base para a propositura de qualquer ação civil pública, o caso é de arquivamento do inquérito civil ou das peças de informação, ressalvados, obrigatoriamente, eventuais aspectos penais.

Aprovada em 29/06/2011.

Enunciado nº 04 da 5ª Câmara de Coordenação e Revisão – Combate à corrupção do MPF

PROMOÇÃO DE ARQUIVAMENTO E REGISTRO DE OUTRAS MEDIDAS. A promoção de arquivamento de procedimento administrativo ou inquérito civil público deve registrar a existência de medidas no âmbito penal.

Aprovado na 849ª Sessão Ordinária, realizada em 15 de dezembro de 2014.

Súmula nº 05 do Conselho Superior do Ministério Público do Estado de São Paulo

Reparado o dano ambiental e não havendo base para a propositura de ação civil pública, o inquérito civil pode ser arquivado, sem prejuízo das eventuais providências penais que o caso comporte.

Conforme publicação do Diário Oficial de São Paulo em 09/03/2017.

Enunciado nº 14 do Conselho Superior do Ministério Público do Estado do Pará

PROCEDIMENTAL. PROMOÇÃO DE ARQUIVAMENTO. SANEAMENTO DE IRREGULARIDADES FORMAIS ANTES DO ENCAMINHAMENTO AO EGRÉGIO CONSELHO SUPERIOR DO MINISTÉRIO PÚBLICO

Antes do encaminhamento dos autos para análise de arquivamento perante o Conselho Superior do Ministério Público, o membro presidente dos autos deve sanar as irregularidades formais dos autos e determinar a completa e correta numeração das páginas do procedimento, assim como, a cientificação do arquivamento às partes interessadas, nos termos da Resolução n.º 007/2019-CPJ.

Publicado no DOE 26.06.2019.

Aprovado na 2ª Sessão Extraordinária, realizada em 19.06.2019.

Fundamento: Visar a celeridade processual e economicidade, com base na Portaria n.º 6091/2015, republicada no DOE de 05.06.2019, que estabelece medidas de contenção, redução, racionalização, contingenciamento e monitoramento de despesas.

Enunciado nº 10/15 do Conselho Superior do Ministério Público do Estado do Mato Grosso

Nas Promoções de Arquivamento de Procedimento Preparatório ou de Inquérito Civil, em face da informação que a demanda foi solucionada pelo demandado, após a sua instauração, deve ser registrado o movimento "SOLUÇÃO ADMINISTRATIVA (código 921984) no SIMP" e, em seguida, o movimento "ARQUIVAMENTO – com remessa ao Conselho Superior do Ministério Público/Câmara – Integral sem TAC" (código 920090).

De 05/08/2015, Conforme acesso em 07 de agosto de 2020 ao site: https://www.mpmt.mp.br/secao/672.

ARQUIVAMENTO. DEPENDENTE DE PROVIDÊNCIAS EXTERNAS.

Enunciado nº 27 da 5ª Câmara de Coordenação e Revisão – Combate à corrupção do MPF

ARQUIVAMENTO DE INQUÉRITO CIVIL OU PROCEDIMENTO ADMINISTRATIVO. PROCEDIMENTO DE ACOMPANHAMENTO.

O arquivamento de inquérito civil ou procedimento administrativo fica subordinado à instauração de procedimento administrativo de acompanhamento, quando ainda não houver elementos para a formação da convicção do órgão do Ministério Público Federal, ante a pendência de providência administrativa externa diversa de inquérito policial (v.g. análise de prestação de contas).

Aprovado na 847ª Sessão Ordinária, realizada em 24 de novembro de 2014.

Súmula nº 002/2016 do Conselho Superior do Ministério Público do Estado do Pará

DECIDE, à unanimidade, que: É vedado ao Conselho Superior homologar a promoção de arquivamento de procedimentos em que houver fato de repercussão no âmbito criminal, infracional, eleitoral e outras áreas, se o membro do Ministério Público não comprovar ter procedido a investigação ou o encaminhamento de cópia do respectivo procedimento ao órgão de execução com atribuições.

Aprovada em 25/08/2016.

Enunciado nº 23 da 5ª Câmara de Coordenação e Revisão – Combate à corrupção do MPF

PROMOÇÃO DE ARQUIVAMENTO POR PRESCRIÇÃO QUANDO INVESTIGADO PREFEITO MUNICIPAL OU GOVERNADOR DE ESTADO.

A promoção de arquivamento, de procedimento administrativo ou inquérito civil público, em que apurada eventual improbidade administrativa atribuída a prefeito municipal ou governador de Estado, em razão de prescrição, deve registrar a ocorrência ou não de reeleição.

Aprovado na 655ª Sessão Ordinária, realizada em 17 de setembro de 2012.

Enunciado nº 7 do Conselho Superior do Ministério Público do Estado do Pará

IMPROBIDADE ADMINISTRATIVA. TERMO INICIAL DO PRAZO PRESCRICIONAL. REELEIÇÃO DE AGENTES POLÍTICOS.

No caso de agentes políticos reeleitos, o termo inicial do prazo prescricional nas ações de improbidade administrativa deve ser contado a partir do término do último mandato.

Publicado no DOE 26.06.2019.

Aprovado na 2ª Sessão Extraordinária, realizada em 19.06.2019.

ARQUIVAMENTO. MÉRITO. TEMA DE DIREITO COLETIVO *LATO SENSU*

Súmula nº 01 do Conselho Superior do Ministério Público do Estado de São Paulo

HOMOLOGA-SE promoção de arquivamento quando o objeto investigado já tenha sido apreciado em ação popular julgada improcedente em virtude da validade do ato impugnado.

Conforme publicação do Diário Oficial de São Paulo em 09/03/2017.

IDOSO. CRIANÇA. ADOLESCENTE

Enunciado nº 13/2015 do Conselho Superior do Ministério Público do Estado da Paraíba

IDOSO. CESSAÇÃO DA SITUAÇÃO DE RISCO- PERDA DE INTERESSE PROCEDIMENTAL

Deve ser homologada por perda de interesse procedimental, a promoção de arquivamento de procedimento instaurado para apurar notícia de risco a idoso se, no curso da investigação, ficar comprovada a cessação do risco ou a adoção pelo Ministério Público das medidas cabíveis previstas no Estatuto do Idoso para a proteção do ancião.

Publicado no Diário Oficial Eletrônico, Ministério Público, Paraíba, 11/12/2015.

Enunciado nº 32/2012 do Conselho Superior do Ministério Público do Estado do Rio de Janeiro

IDOSO. AUSÊNCIA DO REQUISITO ETÁRIO.

Merece homologação a promoção de arquivamento de procedimento administrativo instaurado para tutelar direitos de idoso se, no curso da investigação, ficar comprovada a ausência do requisito etário (idade inferior a 60 anos) do suposto idoso.

Publicado no Diário Oficial de 04/05/2012 (p. 2).

Súmula nº 10/2019 do Conselho Superior do Ministério Público do Estado do Ceará

ASSUNTO: IDOSO, INFÂNCIA E JUVENTUDE OU PESSOA COM DEFICIÊNCIA. IDOSO, INFÂNCIA E JUVENTUDE OU PESSOA COM DEFICIÊNCIA. APURAÇÃO DAS CONDIÇÕES DE FUNCIONAMENTO DE ABRIGO. REGULARIZAÇÃO OU ENCERRAMENTO DAS ATIVIDADES.

Merece homologação por despacho monocrático a promoção de arquivamento de procedimento extrajudicial instaurado para apurar as condições de funcionamento de abrigo destinado a idoso, a deficiente, à criança ou a adolescente se, no curso das investigações, ficar comprovada a regularização dos serviços prestados ou o encerramento definitivo das atividades dos estabelecimentos.

Publicado no DJ nº 530, 23/04/2019, págs. 07 a 09.

Enunciado nº 29/2010 do Conselho Superior do Ministério Público do Estado do Rio de Janeiro

IDOSO, DEFICIENTE, INFÂNCIA E JUVENTUDE. APURAÇÃO DAS CONDIÇÕES DE FUNCIONAMENTO DE ABRIGO. REGULARIZAÇÃO OU ENCERRAMENTO DAS ATIVIDADES.

Merece homologação a promoção de arquivamento de procedimento administrativo instaurado para apurar as condições de funcionamento de abrigo destinado a idoso, a deficiente, à criança ou a adolescente se, no curso das investigações, ficar comprovada a regularização dos serviços prestados ou o encerramento definitivo das atividades dos estabelecimentos.

Publicado no Diário Oficial de 05/05/2010 (p. 2).

Súmula nº 11/2019 do Conselho Superior do Ministério Público do Estado do Ceará

ASSUNTO: IDOSO, INFÂNCIA E JUVENTUDE OU PESSOA COM DEFICIÊNCIA. IDOSO, INFÂNCIA E JUVENTUDE OU PESSOA COM DEFICIÊNCIA. MUDANÇA DE DOMICÍLIO PARA OUTRO ESTADO. AUSÊNCIA DE ATRIBUIÇÃO DO MINISTÉRIO PÚBLICO DO ESTADO DO CEARÁ.

Merece homologação por despacho monocrático a promoção de arquivamento de procedimento extrajudicial instaurado para apurar notícia de situação de risco vivenciada por idoso, criança e/ou adolescente ou pessoa com deficiência se, no curso das investigações, ficar constatada a mudança de domicílio para outro Estado da Federação do Brasil, dos tutelados pelas Leis Federais nºs 10.741/03, 8.069/90 e 7.853/89, comunicando-se o fato ao Ministério Público competente.

Publicado no DJ nº 530, 23/04/2019, págs. 07 a 09.

Enunciado nº 06/2015 do Conselho Superior do Ministério Público do Estado da Paraíba

INFÂNCIA E JUVENTUDE. CESSAÇÃO DA SITUAÇÃO DE RISCO – PERDA DE INTERESSE PROCEDIMENTAL

Deve ser homologada por perda de interesse procedimental, a promoção de arquivamento de procedimento instaurado para apurar notícia de risco a criança e/ou adolescente se, no curso da investigação, ficar comprovada a cessação do risco ou a adoção pelo Ministério Público das medidas protetivas previstas no ECA.

*Este texto não substitui o consignado na ata da 43ª Sessão Ordinária do CSMP de 2015.

Publicado no Diário Oficial Eletrônico, Ministério Público, Paraíba, 04/11/2015.

Enunciado nº 48/2014 do Conselho Superior do Ministério Público do Estado do Rio de Janeiro

IDOSO, INFÂNCIA E JUVENTUDE OU PESSOA COM DEFICIÊNCIA. MUDANÇA DE DOMICÍLIO PARA OUTRO ESTADO. AUSÊNCIA DE ATRIBUIÇÃO DO MINISTÉRIO PÚBLICO DO ESTADO DO RIO DE JANEIRO.

Merece homologação a promoção de arquivamento de procedimento administrativo instaurado para apurar notícia de situação de risco vivenciada por idoso, criança e/ou adolescente ou pessoa com deficiência se, no curso das investigações, ficar constatada a mudança de domicílio para outro Estado da Federação do Brasil, dos tutelados pelas Leis Federais nºs 10.741/03, 8.069/90 e 7.853/89, comunicando-se o fato ao Ministério Público competente.

Aprovado na sessão de 13 de novembro de 2014.

Súmula nº 12/2019 do Conselho Superior do Ministério Público do Estado do Ceará

ASSUNTO: IDOSO, INFÂNCIA E JUVENTUDE OU PESSOA COM DEFICIÊNCIA. IDOSO, INFÂNCIA E JUVENTUDE OU PESSOA COM DEFICIÊNCIA. FALECIMENTO.

Inexistindo nos autos de inquérito civil ou procedimento preparatório instaurado pelo Ministério Público indícios de crime praticado em detrimento de idoso, criança, adolescente ou deficiente, o seu falecimento por causas naturais encerra a investigação, devendo ser homologado por despacho monocrático o arquivamento promovido pelo Promotor de Justiça.

Publicado no DJ nº 530, 23/04/2019, págs. 07 a 09.

Enunciado nº 01/2007 do Conselho Superior do Ministério Público do Estado do Rio de Janeiro

IDOSO, CRIANÇA, ADOLESCENTE OU PESSOA COM DEFICIÊNCIA. FALECIMENTO

Caberá homologação da promoção de arquivamento se inexistirem nos autos de inquérito civil ou de procedimento preparatório indícios de crime praticado em detrimento de idoso, criança, adolescente ou pessoa com deficiência, cujo falecimento por causas naturais encerra a investigação.

Referência legislativa: Lei nº 7853/89, Lei nº 8069/90, Lei nº 10.741/03.

Data da aprovação: 02 de maio de 2007.

Datas das modificações: 29 de abril de 2010 e 13 de fevereiro de 2020, com vigência após decorridos 60 (sessenta) dias da publicação.

Objeto: Atualização de expressões.

Fonte de publicação: Diário Oficial Eletrônico do MPRJ de 13.02.2020.

Enunciado nº 07/2015 do Conselho Superior do Ministério Público do Estado da Paraíba

IDOSO – SITUAÇÃO DE RISCO – FALECIMENTO – PERDA DE OBJETO

Deve ser homologada por perda de objeto, a promoção de arquivamento de procedimento instaurado para apurar notícia de risco a idoso se, no curso da investigação, ficar comprovado o seu óbito e o caso não comportar medidas outras de responsabilização, inclusive de ordem criminal.

*Este texto não substitui o consignado na ata da 43ª Sessão Ordinária do CSMP de 2015.

Publicado no Diário Oficial Eletrônico, Ministério Público, Paraíba, 04/11/2015.

Súmula nº 34 da Câmara de Coordenação e Revisão do Ministério Público do Distrito Federal e Territórios

Constatado o falecimento do interessado, com certidão de óbito acostada aos autos, o arquivamento do feito é a medida que se impõe, em razão da perda do objeto.

Ata da 55ª Sessão Ordinária da 4ª Câmara Cível Especializada, do dia 20/10/2016.

Súmula nº 13/2019 do Conselho Superior do Ministério Público do Estado do Ceará

ASSUNTO: IDOSO, INFÂNCIA E JUVENTUDE OU PESSOA COM DEFICIÊNCIA. IDOSO, INFÂNCIA E JUVENTUDE OU PESSOA COM DEFICIÊNCIA. SITUAÇÃO DE RISCO. IMPOSSIBILIDADE DE LOCALIZAÇÃO E/OU IDENTIFICAÇÃO DAS VÍTIMAS.

Merece homologação por despacho monocrático promoção de arquivamento de procedimento extrajudicial instaurado para apurar notícia de risco a idoso, deficiente, à criança ou a adolescente se, no curso das investigações, após esgotadas todas as diligências, ficar comprovada a impossibilidade de localização e/ou identificação das vítimas das violações aos direitos previstos nas Leis Federais nºs. 10.741/03, 8.069/90 e 7.853/89.

Publicado no DJ nº 530, 23/04/2019, págs. 07 a 09.

Súmula nº 14/2019 do Conselho Superior do Ministério Público do Estado do Ceará

ASSUNTO: IDOSO, INFÂNCIA E JUVENTUDE OU PESSOA COM DEFICIÊNCIA. IDOSO, INFÂNCIA E JUVENTUDE OU PESSOA COM DEFICIÊNCIA. PERDA DO OBJETO OU DO INTERESSE PROCEDIMENTAL.

Merece homologação por despacho monocrático a promoção de arquivamento de procedimento administrativo instaurado a fim de fiscalizar ou acompanhar a implementação de programas de políticas públicas federais, estaduais ou municipais voltados ao atendimento do público infantojuvenil/idoso/deficiente se, no curso do procedimento, restar demonstrada a efetiva implementação ou a adoção de todas as medidas cabíveis, com a desnecessidade do acompanhamento.

Publicado no DJ nº 530, 23/04/2019, págs. 07 a 09.

Enunciado nº 43/2013 do Conselho Superior do Ministério Público do Estado do Rio de Janeiro

IDOSO. DEFICIENTE. ACESSIBILIDADE.

Merece homologação a promoção de arquivamento de procedimento administrativo instaurado a fim de apurar notícia de desrespeito às normas de acessibilidade existentes se, no curso da investigação, ficar comprovada a regularização das instalações físicas dos estabelecimentos investigados ou o encerramento de suas atividades.

Publicado no Diário Oficial de 11/11/2013 (p. 5).

Súmula nº 15/2019 do Conselho Superior do Ministério Público do Estado do Ceará

ASSUNTO: IDOSO, INFÂNCIA E JUVENTUDE OU PESSOA COM DEFICIÊNCIA. IDOSO, INFÂNCIA E JUVENTUDE OU PESSOA COM DEFICIÊNCIA. LESÃO A DIREITO INDIVIDUAL. FALTA DE ATRIBUIÇÃO DAS PROMOTORIAS ESPECIALIZADAS:

Merece homologação por despacho monocrático a promoção de arquivamento de procedimento extrajudicial para apurar notícia de violação a direitos do público infantojuvenil/idoso/deficiente se, no curso da investigação, ficar comprovado que a lesão atingiu apenas direito individual disponível e não direitos difusos ou coletivos, falecendo, portanto atribuição às Promotorias de Justiça do Idoso, Infância e Juventude ou Pessoa com Deficiência.

Publicado no DJ nº 530, 23/04/2019, págs. 07 a 09.

Súmula nº 19 do Conselho Superior do Ministério Público do Estado de São Paulo

Não há necessidade de homologação pelo Conselho Superior de todos os procedimentos instaurados com base no art. 201, V e VI, do Estatuto da Criança e do Adolescente, mas somente daqueles que contenham matéria a qual, em tese, trate de lesão ou ameaça de lesão a interesses difusos, coletivos ou individuais homogêneos relativos à proteção de crianças e adolescentes.

Conforme publicação do Diário Oficial de São Paulo em 09/03/2017.

Enunciado nº 04/2007 do Conselho Superior do Ministério Público do Estado do Rio de Janeiro

INFÂNCIA E JUVENTUDE. MAIORIDADE.

Alcançada a maioridade civil, cessa a atribuição do Ministério Público para postular medida protetiva prevista no ECA, merecendo homologação a promoção de arquivamento do procedimento instaurado para tanto.

Aprovado na sessão de 02 de maio de 2007.

Súmula nº 17/2019 do Conselho Superior do Ministério Público do Estado do Ceará

ASSUNTO: IDOSO, INFÂNCIA E JUVENTUDE OU PESSOA COM DEFICIÊNCIA. INFÂNCIA E JUVENTUDE. MAIORIDADE.

Merece homologação por despacho monocrático promoção de arquivamento de procedimento extrajudicial fundado na maioridade civil do adolescente, quando cessa a atribuição do Ministério Público para postular medida protetiva prevista no ECA.

Publicado no DJ nº 530, 23/04/2019, págs. 07 a 09.

Súmula nº 16/2019 do Conselho Superior do Ministério Público do Estado do Ceará

ASSUNTO: IDOSO, INFÂNCIA E JUVENTUDE OU PESSOA COM DEFICIÊNCIA. INFÂNCIA. TUTELA INDIVIDUAL. ATUAÇÃO DO CONSELHO TUTELAR.

Merece homologação por despacho monocrático promoção de arquivamento de procedimento extrajudicial instaurado para apurar notícia de violação de direitos da criança, quando esta trouxer fatos que, no âmbito do sistema de Garantia de Direitos da Criança e do Adolescente, exigem, inicialmente, a atuação precípua do Conselho Tutelar, desde que comprovada a efetiva fiscalização, mediante relatório pelo Ministério Público, da atuação do referido órgão no caso concreto.

Publicado no DJ nº 530, 23/04/2019, págs. 07 a 09.

Súmula nº 35 da Câmara de Coordenação e Revisão do Ministério Público do Distrito Federal e Territórios

Constatada a inexistência de elementos mínimos para propositura de ação judicial em procedimento cujo acompanhamento cabe ao Conselho Tutelar, pode o Ministério Público determinar de plano o seu arquivamento.

Ata da 91ª Sessão Ordinária da 5ª Câmara Cível Especializada, do dia 25/01/2018.

Enunciado nº 42/2013 do Conselho Superior do Ministério Público do Estado do Rio de Janeiro

INFÂNCIA. TUTELA INDIVIDUAL. ATUAÇÃO DO CONSELHO TUTELAR.

Merece homologação a promoção de arquivamento de procedimento administrativo instaurado para apurar notícia de violação de direitos de criança ou adolescente, quando esta trouxer fatos que, no âmbito do sistema de Garantia de Direitos da Criança e do Adolescente, exigem, inicialmente, a atuação precípua do Conselho Tutelar, desde que comprovada a efetiva fiscalização, pelo Ministério Público, da atuação do referido órgão no caso concreto.

Aprovado na sessão de 29 de agosto de 2013.

Enunciado nº 49/2014 do Conselho Superior do Ministério Público do Estado do Rio de Janeiro

CONSELHOS MUNICIPAIS, TUTELARES E OUTROS PREVISTOS NA LEGISLAÇÃO AFETA ÀS AGÊNCIAS REGULADORAS. APURAÇÃO DAREGULARIDADE DA CRIAÇÃO E FUNCIONAMENTO.

Caberá homologação da promoção de arquivamento de procedimento instaurado a fim de verificar a criação, implantação e/ou funcionamento dos Conselhos Municipais, Tutelares e outros que protejam os direitos difusos, coletivos e/ou individuais homogêneos se, no curso da investigação, restar demonstrado o funcionamento regular dos referidos Conselhos.

Referência legislativa: Constituição Federal de 1988, art. 129, II; Resolução CNMP n.º 174/2017, art. 8º, II; Resolução GPGJ n.º 2.227/18, art. 32, II e Resolução GPGJ n.º 2.091/2017, art. 8º, III.

Data da aprovação: 13 de novembro de 2014.

Data da modificação: 13 de fevereiro de 2020, com vigência após decorridos 60 (sessenta) dias da publicação.

Objeto: Nova Redação do Enunciado CSMP nº 49.

Fonte de publicação: Diário Oficial Eletrônico do MPRJ de 13.02.2020.

Súmula nº 18/2019 do Conselho Superior do Ministério Público do Estado do Ceará

ASSUNTO: IDOSO, INFÂNCIA E JUVENTUDE OU PESSOA COM DEFICIÊNCIA. INFÂNCIA E JUVENTUDE. ACOMPANHAMENTO E FISCALIZAÇÃO DO PROCESSO DE ELEIÇÃO DOS MEMBROS DOS CONSELHOS TUTELARES.

Merece homologação por despacho monocrático a promoção de arquivamento do procedimento extrajudicial, cuja finalidade seja o acompanhamento e a fiscalização do processo de eleição de Membros dos Conselheiros Tutelares, na forma da Resolução CONANDA nº 139, de 17 de março de 2010, se, no curso da investigação, não restarem comprovadas irregularidades ou, tendo sido apuradas falhas, desde que estas sejam sanadas.

Publicado no DJ nº 530, 23/04/2019, págs. 07 a 09.

Enunciado nº 61/2020 do Conselho Superior do Ministério Público do Estado do Rio de Janeiro

CRIANÇA E ADOLESCENTE. CONSELHO TUTELAR. FISCALIZAÇÃO DO PROCESSO ELEITORAL E ATUAÇÃO DOS CONSELHEIROS TUTELARES.

Caberá homologação da promoção de arquivamento de procedimento que tenha por finalidade o acompanhamento e fiscalização do processo eleitoral dos Conselhos Tutelares, bem como aqueles para apurar eventual falta funcional dos Conselheiros Tutelares, se, no curso das investigações, não tiverem sido comprovadas as irregularidades ou os fatos imputados. Em casos em que as irregularidades no processo eleitoral tiverem sido sanadas e às faltas funcionais dos Conselheiros Tutelares forem aplicadas as medidas e ou sanções administrativas pertinentes, também deve ser homologada a promoção de arquivamento.

Referência legislativa: Lei nº 8069/90.

Data da aprovação: 13 de fevereiro de 2020, com vigência após decorridos 60 (sessenta) dias da publicação.

Objeto: Unificação dos Enunciados CSMP nº 33 e 39.

Fonte de publicação: Diário Oficial Eletrônico do MPRJ de 13.02.2020.

AMBIENTAL

Enunciado nº 03/2007 do Conselho Superior do Ministério Público do Estado do Rio de Janeiro

MEIO AMBIENTE. REGENERAÇÃO NATURAL TOTAL.

Caberá homologação da promoção de arquivamento do procedimento preparatório ou do inquérito civil instaurado para apurar o dano ambiental quando ocorrer a regeneração natural de toda a área degradada, com o encerramento da atividade nociva ao meio-ambiente.

Referência legislativa: Art. 225, § 3º, da Constituição Federal. Art. 48 e art. 70, da Lei 9.605/98.

Data da aprovação: 02 de maio de 2007.

Data da modificação: 13 de fevereiro de 2020, com vigência após decorridos 60 (sessenta) dias da publicação.

Objeto: Reformulação do Enunciado CSMP nº 03/2007.

Fonte de publicação: Diário Oficial Eletrônico do MPRJ de 13.02.2020.

Enunciado nº 11/17 do Conselho Superior do Ministério Público do Estado do Mato Grosso do Sul

Homologa-se a promoção de arquivamento de procedimento instaurado para apurar regularidade ambiental em várias propriedades rurais que coletivamente estejam contempladas em projeto ambiental, desde que haja comprovação, para cada propriedade, da apresentação do Cadastro Ambiental Rural (CAR), e, quando necessário, do Termo de Compromisso Administrativo (TCA – artigo 59, § 3º, do Código

Florestal) e do Projeto de Recuperação de Área Degradada e Alterada (PRADA) ao órgão competente. Verificando-se a existência de propriedade rural que não atenda à legislação ambiental, deve o órgão de execução desmembrar o procedimento ou ajuizar Ação Civil Pública, registrando-se nos autos essas informações.

Nota do autor: o fundamento do enunciado consta na 1ª parte.

De 07/07/2017, conforme acesso em 07 de agosto de 2020 ao site: https://www.mpms.mp.br/atos-e-normas.

Súmula nº 29 do Conselho Superior do Ministério Público do Estado de São Paulo

O Conselho Superior homologará arquivamento de inquéritos civis ou assemelhados que tenham por objeto a supressão de vegetação em área rural praticada de forma não continuada, em extensão não superior a 0,10 ha., desde que não haja impacto significativo ao meio ambiente.

Conforme publicação do Diário Oficial de São Paulo em 09/03/2017.

Enunciado nº 10/17 do Conselho Superior do Ministério Público do Estado do Mato Grosso do Sul

Não se homologa a promoção de arquivamento nos casos em que houver dano ambiental, ainda que apresentados Cadastro Ambiental Rural (CAR) e Projeto de Recuperação de Área Degradada e Alterada (PRADA), salvo se houver celebração de Termo de Ajustamento de Conduta prevendo reparação ou indenização do dano ambiental, além de medidas pertinentes na esfera penal, quando cabíveis.

Nota do autor: o fundamento do enunciado consta na 1ª parte.

De 07/07/2017, conforme acesso em 07 de agosto de 2020 ao site: https://www.mpms.mp.br/atos-e-normas.

Súmula nº 01/19 do Conselho Superior do Ministério Público do Estado de Santa Catarina

Não será homologada a promoção de arquivamento de Inquéritos Civis ou Procedimentos Preparatórios quando for constatado ausência de especialização, à margem da matrícula imobiliária, da Reserva Legal do imóvel rural inserido em área urbana, salvo se a propriedade estiver inscrita no Cadastro Ambiental Rural (CAR) ou se a urbanização ocorreu em período anterior a 20 de julho de 1989, nesta hipótese, desde que não subsista a destinação rural do imóvel, observada, em todos os casos, a mitigação estabelecida pelo art. 67, da Lei 12.651/2012 (Código Florestal).

Não será homologada a promoção de arquivamento de Inquéritos Civis ou Procedimentos Preparatórios quando for constatado ausência de especialização, à margem da matrícula imobiliária, da Reserva Legal do imóvel rural inserido em área urbana, salvo se a propriedade estiver inscrita no Cadastro Ambiental Rural (CAR) ou se a urbanização ocorreu em período anterior a 20 de julho de 1989, nesta hipótese, desde que não subsista a destinação rural do imóvel, observada, em todos os casos, a mitigação estabelecida pelo art. 67, da Lei 12.651/2012 (Código Florestal).

Publicado no Diário Oficial Eletrônico, Ministério Público, 25/06/2019.

Súmula nº 02/19 do Conselho Superior do Ministério Público do Estado de Santa Catarina

Não será homologada a promoção de arquivamento de Inquéritos Civis ou de Procedimentos Preparatórios que versarem sobre o registro de imóvel no Cadastro Ambiental Rural (CAR) quando, informada área com vegetação nativa para destinação à reserva ambiental inferior ao mínimo legal, não houver a devida averiguação de que a propriedade efetivamente não possuía, em data próxima a 22 de julho de 2008, área de vegetação suficiente para a implantação de reserva legal ou a devida composição do dano, quando for o caso.

Não será homologada a promoção de arquivamento de Inquéritos Civis ou de Procedimentos Preparatórios que versarem sobre o registro de imóvel no Cadastro Ambiental Rural (CAR) quando, informada área com vegetação nativa para destinação à reserva ambiental inferior ao mínimo legal, não houver a devida averiguação de que a propriedade efetivamente não possuía, em data próxima a 22 de julho de 2008, área de vegetação suficiente para a implantação de reserva legal ou a devida composição do dano, quando for o caso.

Publicado no Diário Oficial Eletrônico, Ministério Público, 25/06/2019.

Súmula nº 19/2019 do Conselho Superior do Ministério Público do Estado do Ceará

ASSUNTO: MEIO AMBIENTE. MEIO AMBIENTE. POLUIÇÃO DE QUALQUER NATUREZA. CESSAÇÃO DE ATIVIDADES NOCIVAS.

Merece homologação por despacho monocrático o arquivamento do procedimento extrajudicial que conclui pela cessação das atividades poluidoras.

Publicado no DJ nº 530, 23/04/2019, págs. 07 a 09.

Enunciado nº 10/2007 do Conselho Superior do Ministério Público do Estado do Rio de Janeiro

MEIO AMBIENTE. POLUIÇÃO ATMOSFÉRICA. CESSAÇÃO DAS EMISSÕES ILEGAIS.

Caberá homologação da promoção de arquivamento do procedimento preparatório ou do inquérito civil que apure poluição atmosférica, se ficar comprovada nos autos a cessação das emissões no ar de gases, partículas e/ou radiações acima dos limites legais permitidos para a atividade poluidora.

Referência legislativa: art. 54, § 2º, II e V e art. 70 da Lei 9.605/98.

Data da aprovação: 29 de maio de 2007.

Data da modificação: 13 de fevereiro de 2020, com vigência após decorridos 60 (sessenta) dias da publicação.

Objeto: Reformulação do Enunciado CSMP nº 10/2007.

Fonte de publicação: Diário Oficial Eletrônico do MPRJ de 13.02.2020.

Enunciado nº 62/2020 do Conselho Superior do Ministério Público do Estado do Rio de Janeiro

MEIO AMBIENTE E CONSUMIDOR. CESSAÇÃO DA ATIVIDADE NOCIVA.

Caberá homologação da promoção de arquivamento do procedimento preparatório ou do inquérito civil instaurado que concluir pela cessação das atividades nocivas e que tenham sido tomadas medidas para a efetiva reparação dos danos causados, incluindo a aplicação das medidas compensatórias previstas na legislação, quando cabíveis.

Referência legislativa: Art. 225, § 3º, da Constituição Federal. Art. 6º, VI, da Lei 8.078/90 e art. 70, da Lei 9.605/98. Art. 14, §1º, da Lei 6.938/81. Art. 261, §2º, da Constituição do Estado do Rio de Janeiro.

Data da aprovação: 13 de fevereiro de 2020, com vigência após decorridos 60 (sessenta) dias da publicação.

Objeto: Unificação dos Enunciados CSMP nºs 02 e 37.

Fonte de publicação: Diário Oficial Eletrônico do MPRJ de 13.02.2020.

Enunciado nº 20/2008 do Conselho Superior do Ministério Público do Estado do Rio de Janeiro

MEIO AMBIENTE. POLUIÇÃO SONORA. VIZINHO LIMÍTROFE.

Caberá homologação da promoção de arquivamento do procedimento preparatório ou do inquérito civil instaurado para apurar notícia de poluição sonora se, no curso da investigação, restar comprovado que os impactos provocados pela propagação do ruído se restringem ao vizinho limítrofe, cujo conflito será solvido pelo direito de vizinhança.

Referência legislativa: art.1.277, do Código Civil. REsp 1051306/MG, Rel. p/ Acórdão Ministro Herman Benjamin, Segunda Turma, julgado em 16/10/2008, DJe 10/09/2010.

Data da aprovação: 29 de outubro de 2009.

Data da modificação: 13 de fevereiro de 2020, com vigência após decorridos 60 (sessenta) dias da publicação.

Objeto: Reformulação do Enunciado nº 20/2008.

Fonte de publicação: Diário Oficial Eletrônico do MPRJ de 13.02.2020.

Súmula nº 06 do Conselho Superior do Ministério Público do Estado de São Paulo

NÃO SE HOMOLOGA arquivamento fundado no caráter individual de perturbação de vizinhança, quando desta resulte poluição ambiental, ainda que exclusivamente sonora ou do ar, haja vista existência de interesses difusos e individuais homogêneos envolvidos na matéria.

Conforme publicação do Diário Oficial de São Paulo em 09/03/2017.

Enunciado nº 04/2019 do Conselho Superior do Ministério Público do Estado do Piauí

Inquérito Civil – Procedimento Preparatório. MEIO AMBIENTE. CESSAÇÃO DAS ATIVIDADES NOCIVAS. INEXISTÊNCIA DE DANO AMBIENTAL. REGENERAÇÃO NATURAL TOTAL. PERDA DO OBJETO.

Merece homologação, a promoção de arquivamento do inquérito civil ou do procedimento preparatório:

I – se a notícia de dano ao meio ambiente não é ratificada por meio de prova idônea, produzida no curso da investigação;

II – que conclui pela cessação das atividades poluidoras geradoras de ruídos;

III – se ficar comprovada nos autos a cessação das emissões no ar de gases, partículas e/ou radiações acima dos limites legais permitidos para a atividade poluidora.

Aprovado na 1322ª sessão ordinária do CSMP em 06.12.2019.

Enunciado nº 04/2015 do Conselho Superior do Ministério Público do Estado da Paraíba

MEIO AMBIENTE. POLUIÇÃO AMBIENTAL. CESSAÇÃO DAS ATIVIDADES NOCIVAS- PERDA DE INTERESSE PROCEDIMENTAL

Deve ser homologada a promoção de arquivamento por perda de interesse procedimental, do inquérito civil ou procedimento preparatório instaurado para apurar poluição sonora, se no curso das investigações se conclui pela cessação da atividade poluidora, em razão da resolução administrativa da questão.

*Este texto não substitui o consignado na ata da 43ª Sessão Ordinária do CSMP de 2015.

Publicado no Diário Oficial Eletrônico, Ministério Público, Paraíba, 04/11/2015.

Súmula nº 18 do Conselho Superior do Ministério Público do Estado de São Paulo

HOMOLOGA-SE a promoção de arquivamento em relação ao investigado cuja conduta não apresentar comprovado nexo causal com o resultado danoso em matéria ambiental ou cuja responsabilidade não decorrer de obrigação "*propter rem*", ressalvada a hipótese de eventual responsabilidade do Poder Público pela reparação integral do dano ambiental por omissão no dever de fiscalização.

Conforme publicação do Diário Oficial de São Paulo em 09/03/2017.

Súmula nº 20/2019 do Conselho Superior do Ministério Público do Estado do Ceará

ASSUNTO: MEIO AMBIENTE. MEIO AMBIENTE. DANO AMBIENTAL. COMPROVAÇÃO DE REPARAÇÃO DO DANO. AUSÊNCIA DE ELEMENTOS PARA PROPOSITURA DE AÇÃO CIVIL PUBLICA E DE PERSECUÇÃO CRIMINAL.

Merece homologação por despacho monocrático o arquivamento do procedimento extrajudicial quando reparado o dano ambiental e não havendo base para a propositura de Ação Civil Pública e/ou Ação Penal.

Publicado no DJ nº 530, 23/04/2019, págs. 07 a 09.

Enunciado nº 19/2008 do Conselho Superior do Ministério Público do Estado do Rio de Janeiro

MEIO AMBIENTE. FAUNA. APREENSÃO DE ANIMAIS SILVESTRES PELOS ÓRGÃOS AMBIENTAIS.

Caberá homologação da promoção de arquivamento do procedimento preparatório ou do inquérito civil instaurado para apurar notícia de danos ambientais pela criação e/ou comercialização ilegais de animais silvestres, sem autorização dos órgãos ambientais ou em desacordo com ela se, no curso da investigação, ficar comprovado o encaminhamento dos espécimes apreendidos para instituição adequada ou sua libertação no seu habitat natural, com a adoção das providências administrativas e policiais cabíveis para reparação dos danos e punição dos infratores, tornando desnecessário o ajuizamento de ação civil pública pelo Ministério Público.

Referência legislativa: Art. 225, §1º, VII, da Constituição Federal. Art. 25, §1º, art. 29, §1º, III e art. 72, IV, da Lei 9.605/98. Art. 261, IV, da Constituição do Estado do Rio de Janeiro.

Data da aprovação: 27 de março de 2008.

Data da modificação: 13 de fevereiro de 2020, com vigência após decorridos 60 (sessenta) dias da publicação.

Objeto: Reformulação do Enunciado nº 19/2008.

Fonte de publicação: Diário Oficial Eletrônico do MPRJ de 13.02.2020.

Enunciado nº 25/2008 do Conselho Superior do Ministério Público do Estado do Rio de Janeiro

MEIO AMBIENTE. POLUIÇÃO HÍDRICA. CESSAÇÃO DA CONTAMINAÇÃO DAS ÁGUAS.

Caberá homologação da promoção de arquivamento do procedimento preparatório ou do inquérito civil instaurado para apurar poluição hídrica pelo lançamento em recurso hídrico de efluentes líquidos e/ou dejetos provenientes de unidade ou conjuntos residenciais, comerciais, de serviços, agropecuários ou industriais, se ficar comprovado, no curso da investigação, a instalação de fossa, sumidouro, Estações de Tratamento de Água (ETA) ou de Esgotos (ETE), emissário submarino ou de outro equipamento antipoluição, de acordo com os padrões de qualidade ambiental para cada poluente que assegure a cessação da contaminação das águas.

Referência legislativa: Art. 54, § 2º, III e V e art. 70 da Lei. 9.605/98. Art. 261, VI, da Constituição do Estado do Rio de Janeiro.

Data da aprovação: 12 de novembro de 2008.

Data da modificação: 13 de fevereiro de 2020, com vigência após decorridos 60 (sessenta) dias da publicação.

Objeto: Reformulação do Enunciado CSMP nº 25/2008.

Fonte de publicação: Diário Oficial Eletrônico do MPRJ de 13.02.2020.

Enunciado nº 26/2008 do Conselho Superior do Ministério Público do Estado do Rio de Janeiro

MEIO AMBIENTE. POLUIÇÃO DO SOLO. DESCONTAMINAÇÃO DA ÁREA.

Caberá homologação da promoção de arquivamento do procedimento preparatório ou do inquérito civil instaurado para apurar poluição do solo pelo despejo a céu aberto de resíduos provenientes de unidade ou conjuntos residenciais, comerciais, de serviços, agropecuários ou industriais, se ficar comprovado, no curso da investigação, a descontaminação do solo e a instalação de usinas de reciclagem e/ou de compostagem de lixo, incineradores, aterros sanitário e industrial ou de outro equipamento antipoluição de acordo com os padrões de qualidade ambiental para cada poluente.

Referência legislativa: Art. 54, § 2º, V, e art. 70 da Lei 9.605/98.

Data da aprovação: 12 de novembro de 2008.

Data da modificação: 13 de fevereiro de 2020, com vigência após decorridos 60 (sessenta) dias da publicação.

Objeto: Reformulação do Enunciado CSMP nº 26/2008.

Fonte de publicação: Diário Oficial Eletrônico do MPRJ de 13.02.2020.

POLÍTICAS PÚBLICAS

Enunciado nº 65/2020 do Conselho Superior do Ministério Público do Estado do Rio de Janeiro

REMOÇÃO DE IRREGULARIDADES OU ADEQUAÇÃO À LEGISLAÇÃO ESPECIAL. PERDA DO OBJETO OU DO INTERESSE PROCEDIMENTAL. HIPÓTESE DE ARQUIVAMENTO.

É hipótese de arquivamento do Inquérito civil ou de procedimento administrativo instaurado para fiscalizar, investigar ou acompanhar a implementação de políticas públicas ou de programas voltados à tutela coletiva de direito difuso, coletivo, individual indisponível ou homogêneo, se, no curso do procedimento, restar demonstrado o encerramento das atividades, a adoção de todas as medidas cabíveis para remoção das irregularidades originalmente verificadas ou a efetiva implementação de medidas neste sentido com ou sem a necessidade do acompanhamento.

Referência legislativa: Constituição Federal de 1988, art. 129, II e IX; Lei Federal nº 7.347/1985, art. 1º; Resolução CNMP n.º 174/2017, art. 8º, II e Resolução GPGJ n.º 2.227/2018, art. 32, II.

Data da aprovação: 13 de fevereiro de 2020, com vigência após decorridos 60 (sessenta) dias da publicação.

Objeto: Unificação dos Enunciados CSMP nºs 52 e 53.

Fonte de publicação: Diário Oficial Eletrônico do MPRJ de 13.02.2020.

Súmula nº 16/2017 do Conselho Superior do Ministério Público do Estado do Tocantins

Não é dever do órgão do Ministério Público instaurar inquérito civil público ou procedimento preparatório para mero acompanhamento da criação ou execução de programas ou políticas públicas, quando não houve notícia concreta de dano ou risco de lesão a interesses difusos, coletivos ou individuais homogêneos.

Aprovada na 175ª Sessão Ordinária em 14/02/2017.

Súmula nº 76 do Conselho Superior do Ministério Público do Estado de São Paulo

Não serão homologadas promoções de arquivamento fundadas somente na remessa de representação à E. Procuradoria-Geral de Justiça para propositura de ADIN, quando a situação ilícita subsistir no caso concreto, devendo ser tomadas, nesse caso, as medidas necessárias para afastamento da irregularidade.

Conforme publicação do Diário Oficial de São Paulo em 09/03/2017.

PATRIMÔNIO CULTURAL

Enunciado nº 24/2008 do Conselho Superior do Ministério Público do Estado do Rio de Janeiro

PATRIMÔNIO CULTURAL. INEXISTÊNCIA DE DANOS AOS BENS PROTEGIDOS ADMINISTRATIVA, LEGAL E/OU JUDICIALMENTE.

Caberá homologação da promoção de arquivamento de procedimento preparatório ou inquérito civil instaurado para apurar danos ao patrimônio cultural, se ficar comprovada nos autos a inexistência de prejuízos ao bem ou ao conjunto de bens protegidos por atos administrativos, por legislação específica e/ou por decisão judicial, devido ao seu valor histórico, paisagístico, artístico, arqueológico, paleontológico, ecológico ou científico.

Referência legislativa: Art. 62 ao art. 65 da Lei 9605/98. Art. 73 da Constituição Estadual.

Data da aprovação: 28 de agosto de 2008.

Data da modificação: 13 de fevereiro de 2020, com vigência após decorridos 60 (sessenta) dias da publicação.

Objeto: Reformulação do Enunciado CSMP nº 24/2008.

Fonte de publicação: Diário Oficial Eletrônico do MPRJ de 13.02.2020.

URBANÍSTICO

Enunciado nº 22/2008 do Conselho Superior do Ministério Público do Estado do Rio de Janeiro

MEIO AMBIENTE/URBANISMO. OBRA OU ESTABELECIMENTO SEM AUTORIZAÇÃO DOS ÓRGÃOS COMPETENTES E/OU EM DESACORDO COM O ZONEAMENTO URBANO. ENCERRAMENTO OU REGULARIZAÇÃO DAS ATIVIDADES ILEGAIS.

Caberá homologação da promoção de arquivamento do procedimento preparatório ou do inquérito civil instaurado para apurar danos ao meio ambiente artificial se ficar comprovado, no curso da investigação, o encerramento ou a regularização das atividades da obra ou do estabelecimento sem autorização dos órgãos competentes e/ou em desacordo com o zoneamento urbano do local.

Referência legislativa: Art. 225, §1º, IV, da Constituição Federal. Art. 60 e art. 70 da Lei 9.605/98. Art. 358, VIII, da Constituição do Estado do Rio de Janeiro.

Data da aprovação: 12 de agosto de 2008.

Datas das modificações: 16 de outubro de 2014 e 13 de fevereiro de 2020, com vigência após decorridos 60 (sessenta) dias da publicação.

Objeto: Reformulação do Enunciado CSMP nº 22/2008.

Fonte de publicação: Diário Oficial Eletrônico do MPRJ de 13.02.2020.

Enunciado nº 50/2015 do Conselho Superior do Ministério Público do Estado do Rio de Janeiro

CONSUMIDOR E MEIO AMBIENTE/URBANISMO. ATUAÇÃO EFETIVA DO PODER PÚBLICO.

Caberá homologação da promoção de arquivamento do procedimento preparatório ou do inquérito civil instaurado para apurar danos aos consumidores, ao meio ambiente natural ou artificial se, no curso da investigação, ficar evidenciada a atuação efetiva do poder público, tendente a solucionar a questão.

Referência legislativa: Art. 5º, XXXII, art. 23, VI e art. 225, § 1º, I, da Constituição Federal. Art. 73, VI, art. 234, V e art. 261, § 2º, da Constituição do Estadual do Rio de Janeiro.

Data da aprovação: 14 de maio de 2015.

Datas das modificações: 16 de junho de 2016 e 13 de fevereiro de 2020, com vigência após decorridos 60 (sessenta) dias da publicação.

Objeto: Reformulação do Enunciado CSMP nº 50.

Fonte de publicação: Diário Oficial Eletrônico do MPRJ de 13.02.2020.

Nota do autor: conforme preconiza o próprio enunciado, o tema abrange direito do consumidor e meio ambiente. O enunciado se restringiu ao direito urbanístico para evitarmos repetições desnecessárias.

Súmula nº 41 do Conselho Superior do Ministério Público do Estado de São Paulo

HOMOLOGA-SE promoção de arquivamento de expedientes que tenham por objeto o desmembramento ou desdobro não continuados, quando, ausente dano ambiental, não se exijam novas obras de infraestrutura ou criação de novos equipamentos urbanos para atender à necessidade de moradores.

Conforme publicação do Diário Oficial de São Paulo em 09/03/2017.

Súmula nº 42 do Conselho Superior do Ministério Público do Estado de São Paulo

HOMOLOGA-SE promoção de arquivamento de expedientes que tenham como objeto parcelamento de solo implantado de fato, completamente consolidado quando, cumulativamente: (a) estiver provido da infraestrutura prevista em lei, que ofereça condições de habitabilidade; (b) for possível a regularização dominial dos lotes; (c) não se verificar no caso concreto ocorrência de dano ambiental; e (d) se houver equipamentos comunitários suficientes para atender a população local, ainda que instalados no entorno da área objeto da regularização.

Conforme publicação do Diário Oficial de São Paulo em 09/03/2017.

Súmula nº 02/18 do Conselho Superior do Ministério Público do Estado de Santa Catarina

Não será homologada a promoção de arquivamento promovida em Inquéritos Civis ou em Procedimentos Preparatórios que tenham por objeto o atendimento às normas de segurança e prevenção de incêndio em edificações quando, detectadas pendências verificadas em vistoria do Corpo de Bombeiros, não haja plano de regularização determinado pelo Corpo de Bombeiros, detalhando as obrigações e os prazos de atendimento, ou Termo de Compromisso de Ajustamento de Conduta celebrado com o responsável e com a anuência do Corpo de Bombeiros. Prevalência do Princípio da Segurança e da Precaução.

Não será homologada a promoção de arquivamento promovida em Inquéritos Civis ou em Procedimentos Preparatórios que tenham por objeto o atendimento às normas de segurança e prevenção de incêndio em edificações quando, detectadas pendências verificadas em vistoria do Corpo de Bombeiros, não haja plano de regularização determinado pelo Corpo de Bombeiros, detalhando as obrigações e os prazos de atendimento, ou Termo de Compromisso de Ajustamento de Conduta celebrado com o responsável e com a anuência do Corpo de Bombeiros. Prevalência do Princípio da Segurança e da Precaução.

Nova redação aprovada, por unanimidade, em sessão do dia 3 de julho de 2019.

Publicado no Diário Oficial Eletrônico, Ministério Público, 11/07/2019.

SAÚDE

Enunciado nº 40/2012 do Conselho Superior do Ministério Público do Estado do Rio de Janeiro

DIREITO À SAÚDE.

Caberá homologação da promoção de arquivamento de Inquérito Civil ou de outro procedimento instaurado para verificar a regularidade do funcionamento de unidade hospitalar, pública ou privada, se, no curso das investigações, restar constatada a regularização da deficiência inicialmente apontada ou ainda se a hipótese versar sobre direito individual, bem como se for constatado o encerramento de suas atividades.

Data da aprovação: 27 de setembro de 2012.

Datas das modificações: 31 de outubro de 2013 e 13 de fevereiro de 2020, com vigência após decorridos 60 (sessenta) dias da publicação.

Objeto: Atualização de expressões.

Fonte de publicação: Diário Oficial Eletrônico do MPRJ de 13.02.2020.

EDUCAÇÃO

Súmula nº 09/2019 do Conselho Superior do Ministério Público do Estado do Ceará

ASSUNTO: EDUCAÇÃO. DIREITO À EDUCAÇÃO, REGULARIDADE DE FUNCIONAMENTO DE UNIDADE DE ENSINO.

Merece homologação por despacho monocrático a promoção de arquivamento de procedimento extrajudicial instaurado para verificar a regularidade quanto ao funcionamento de unidade de ensino de qualquer natureza, no âmbito deste Estado, caso, no transcurso da investigação constate-se a efetiva adequação do referido estabelecimento educacional às exigências das autoridades competentes ou o encerramento de suas atividades, nos termos das normas definidoras das Diretrizes e Bases da Educação e, quando a hipótese corresponda à temática de interesse individual.

Publicado no DJ nº 530, 23/04/2019, págs. 07 a 09.

Enunciado nº 28/2009 do Conselho Superior do Ministério Público do Estado do Rio de Janeiro

DIREITO À EDUCAÇÃO.

Merece homologação a promoção de arquivamento de Inquérito Civil ou de procedimento instaurado para verificar a regularidade quanto ao funcionamento de unidade de ensino de qualquer natureza, no âmbito deste Estado, caso, no transcurso da investigação constate-se a efetiva adequação do referido estabelecimento educacional às exigências das autoridades competentes ou o encerramento de suas atividades, nos termos das normas definidoras das Diretrizes e Bases da Educação e, quando a hipótese corresponda à temática de interesse individual (Resolução nº 1664, de 17 de junho de 2011).

Aprovado na sessão de 26 de novembro de 2009. Redação alterada nas sessões de 26 de julho de 2012 e de 31 de outubro de 2013.

CONSUMIDOR

Enunciado nº 07 das Câmaras de Coordenação e Revisão Criminais e Cíveis Reunidas do MPDFT

Nos feitos que envolvem direito do consumidor, é salutar a prática adotada pela Promotoria de Justiça de Defesa dos Direitos do Consumidor de realizar audiência com a finalidade de consultar os interessados sobre a conveniência de, naquele caso, propor-se ação civil pública, ato que deverá ser comprovado por termo nos autos. Verificando o Promotor que a maioria dos consumidores mostra-se contrária à propositura da ação, porque os efeitos da condenação não atendem aos seus interesses, é legítima a determinação de arquivamento do procedimento de investigação preliminar ou do inquérito civil.

Atas da 13ª Sessão Ordinária da 1ª Câmara Cível e 3ª Sessão Ordinária do Conselho Institucional.

Publicado no DJ, Seção 1, de 17/05/02, p. 541.

Enunciado nº 07/2007 do Conselho Superior do Ministério Público do Estado do Rio de Janeiro

CONSUMIDOR. INTERESSE INDIVIDUAL DISPONÍVEL. AUSÊNCIA DE LEGITIMIDADE DO MINISTÉRIO PÚBLICO.

Caberá homologação da promoção de arquivamento do procedimento preparatório ou do inquérito civil instaurado em virtude de notícia de lesão a direitos consumeristas se, no curso da investigação, ficar evidenciada lesão de caráter meramente individual e disponível a consumidor, após consulta às bases de dados institucionais ou outras cabíveis, acerca da multiplicidade de notícias do mesmo teor.

Referência legislativa: Art. 5º, §1º e art. 27 da Resolução GPGJ nº 2.227/18. Súmula 601 do STJ. Art. 81, da Lei 8.078/90.

Data da aprovação: 02 de maio de 2007.

Data da modificação: 13 de fevereiro de 2020, com vigência após decorridos 60 (sessenta) dias da publicação.

Objeto: Reformulação do Enunciado CSMP nº 07/2007.

Fonte de publicação: Diário Oficial Eletrônico do MPRJ de 13.02.2020.

Enunciado nº 13/2007 do Conselho Superior do Ministério Público do Estado do Rio de Janeiro

CONSUMIDOR: REGULARIZAÇÃO DOS PRODUTOS E/OU SERVIÇOS.

Caberá homologação da promoção de arquivamento do procedimento preparatório ou do inquérito civil instaurado para apurar notícia de lesão aos direitos dos consumidores se, no curso da investigação, ficar comprovada a regularização dos produtos e/ou serviços pelos fornecedores e que tenham sido tomadas medidas para a efetiva indenização dos eventuais danos coletivos, quando for a hipótese.

Referência legislativa: Art. 6º, VI e art. 14 da Lei 8.078/90.

Data da aprovação: 26 de junho de 2007.

Data da modificação: 13 de fevereiro de 2020, com vigência após decorridos 60 (sessenta) dias da publicação.

Objeto: Reformulação do Enunciado CSMP nº 13/2007.

Fonte de publicação: Diário Oficial Eletrônico do MPRJ de 13.02.2020.

Súmula nº 02 do Conselho Superior do Ministério Público do Estado de São Paulo

NÃO SE HOMOLOGA promoção de arquivamento em matéria de propaganda enganosa por alegação de interesse individual do consumidor, haja vista o caráter difuso do interesse, que abrange todos os que tiveram acesso à publicidade.

Fundamento: A propaganda enganosa prejudica não só aqueles que efetivamente adquiriram o produto (interesses individuais homogêneos) como pessoas indeterminadas e indetermináveis que tiveram acesso à publicidade (interesses difusos), tenham ou não adquirido o produto, mas que têm direito à informação correta sobre ele (arts. 6º, IV, 30-41, e 81, parágrafo único, I e III, da Lei nº 8.078/90; Pt. n.º 5.961/93 e Pt. nº 51.148/10).

Conforme publicação do Diário Oficial de São Paulo em 09/03/2017.

Súmula nº 59 do Conselho Superior do Ministério Público do Estado de São Paulo

NÃO SE HOMOLOGA o termo de ajustamento de conduta que possibilite a inserção de "cláusula de tolerância" em contratos de adesão para aquisição de bens imóveis.

Conforme publicação do Diário Oficial de São Paulo em 09/03/2017.

Súmula nº 01/14 do Conselho Superior do Ministério Público do Estado de Santa Catarina

Homologação da promoção de arquivamento de inquérito civil ou procedimento preparatório quando for permitida qualquer publicidade de casas de shows eróticos e outras congêneres.

Não será homologada promoção de arquivamento de inquérito civil ou procedimento preparatório quando for permitida qualquer publicidade de casas de shows eróticos e outras congêneres, especialmente de empreendimentos que se dedicam à apresentação de shows de striptease. Publicidade que se mostra atentatória à moral e aos bons costumes, o que a caracteriza como abusiva, vedada pelo código de defesa do consumidor, nos termos dos arts. 6º, vi, 37, §2º, e 67.

Publicado no Diário Oficial Eletrônico, Ministério Público, 25/08/2014.

ADMINISTRATIVO E IMPROBIDADE

Súmula nº 28 do Conselho Superior do Ministério Público do Estado de São Paulo

HOMOLOGA-SE arquivamento de procedimentos cujo objeto seja apuração de improbidade administrativa praticada por servidor que não exerça cargo ou função de confiança e que esteja situado na base da hierarquia administrativa, desde que comprovada a adoção de medidas adequadas à hipótese, inclusive ressarcitórias, já que eventual omissão dolosa constitui ato de improbidade.

Conforme publicação do Diário Oficial de São Paulo em 09/03/2017.

Súmula nº 31 do Conselho Superior do Ministério Público do Estado de São Paulo

HOMOLOGA-SE arquivamento de procedimentos que tenham por objeto apurar a continuação da prestação de serviços ao Poder Público após aposentadoria voluntária do servidor, se não houver, de plano, indícios de que os serviços não foram efetivamente prestados ou outra circunstância relevante que demande investigação.

Conforme publicação do Diário Oficial de São Paulo em 09/03/2017.

Enunciado nº 46/2014 do Conselho Superior do Ministério Público do Estado do Rio de Janeiro

APURAÇÃO DE ATO DE IMPROBIDADE ADMINISTRATIVA. ACUMULAÇÃO REMUNERADA DE CARGOS. SERVIDOR PÚBLICO OU DETENTOR DE MANDATO ELETIVO – VEREADOR.

Caberá homologação da promoção de arquivamento de inquérito civil ou de procedimento preparatório, caso não comprovada a ilicitude na acumulação remunerada de cargos por servidor público ou detentor de mandato eletivo (vereador) ou restando sanada eventual irregularidade e não existindo dano ao erário.

Referência legislativa: Constituição Federal de 1988, artigo 37, XVI, alíneas "a", "b" e "c", e artigo 38, III.

Data da aprovação: 13 de novembro de 2014.

Datas das modificações: 14 de maio de 2015 e 13 de fevereiro de 2020, com vigência após decorridos 60 (sessenta) dias da publicação.

Objeto: Reformulação do Enunciado CSMP nº 46/2014.

Fonte de publicação: Diário Oficial Eletrônico do MPRJ de 13.02.2020.

Súmula nº 71 do Conselho Superior do Ministério Público do Estado de São Paulo

O Conselho HOMOLOGARÁ promoções de arquivamento que tratem de cumulação irregular de cargos quando, ausentes indícios suficientes de elemento subjetivo de ato de improbidade ou de prejuízos concretos à prestação do serviço público, a situação houver sido regularizada e não subsistir dano ao erário a ser ressarcido.

Conforme publicação do Diário Oficial de São Paulo em 09/03/2017.

Súmula nº 78 do Conselho Superior do Ministério Público do Estado de São Paulo

HOMOLOGA-SE promoção de arquivamento de expedientes que tratem de nepotismo quando não se verificar afronta à Súmula Vinculante nº 13 ou nas hipóteses em que o próprio STF admitir exceção à aplicabilidade daquela súmula, desde que não incidentes normas especiais mais restritivas à hipótese.

Conforme publicação do Diário Oficial de São Paulo em 09/03/2017.

Súmula nº 69 do Conselho Superior do Ministério Público do Estado de São Paulo

O Conselho HOMOLOGARÁ promoções de arquivamento que tratem de desvio de função de servidores quando, cumulativamente: (a) estejam ausentes indícios suficientes de elemento subjetivo de ato de improbidade; (b) a situação tenha sido regularizada, e (c) não subsista dano ao erário decorrente do desvio.

Conforme publicação do Diário Oficial de São Paulo em 09/03/2017.

Súmula nº 70 do Conselho Superior do Ministério Público do Estado de São Paulo

O Conselho HOMOLOGARÁ promoções de arquivamento que tratem de irregularidades no acesso à informação quando, embora com justificável atraso, essas tenham sido prestadas ou quando fundada a impossibilidade de fazê-lo.

Conforme publicação do Diário Oficial de São Paulo em 09/03/2017.

Súmula nº 66 do Conselho Superior do Ministério Público do Estado de São Paulo

HOMOLOGA-SE promoção de arquivamento de expedientes em que haja notícia de falhas meramente formais em procedimentos licitatórios, sem indícios concretos de que tenham ensejado restrição da competitividade do certame, direcionamento da contratação ou danos ao erário passíveis de apuração.

Conforme publicação do Diário Oficial de São Paulo em 09/03/2017.

Súmula nº 73 do Conselho Superior do Ministério Público do Estado de São Paulo

Somente se HOMOLOGAM promoções de arquivamento que tratem da contratação de escritórios de advocacia mediante inexigibilidade licitatória quando a contratação se referir à atuação em caso concreto específico e excepcional (singularidade), diante da comprovada especialidade do escritório na matéria, a impedir qualquer competitividade com outros escritórios.

Conforme publicação do Diário Oficial de São Paulo em 09/03/2017.

Súmula nº 74 do Conselho Superior do Ministério Público do Estado de São Paulo

Não se HOMOLOGAM promoções de arquivamento fundadas em contratação de escritórios de advocacia, ainda que mediante procedimento licitatório ou dispensa pelo valor, quando houver evidências de que há, nos quadros da administração, cargos ou empregos cujas atribuições já abranjam o objeto do contrato, e inexistente situação excepcional que impeça os agentes públicos de desempenharem as atividades, no caso concreto.

Conforme publicação do Diário Oficial de São Paulo em 09/03/2017.

Súmula nº 01/18 do Conselho Superior do Ministério Público do Estado de Santa Catarina

Não será homologada a promoção de arquivamento que considerou como de cláusula uniforme o contrato celebrado entre Pessoa Jurídica de Direito Público e empresa que tenha como proprietários, controladores ou diretores, Deputados e Senadores, mediante licitação ou dispensa, para fins da exceção prevista no art. 54, I, "a", da Constituição Federal ou no art. 43, I, "a", da Constituição Estadual.

Não será homologada a promoção de arquivamento que considerou como de cláusula uniforme o contrato celebrado entre Pessoa Jurídica de Direito Público e empresa que tenha como proprietários, controladores ou diretores, Deputados e Senadores, mediante licitação ou dispensa, para fins da exceção prevista no art. 54, I, "a", da Constituição Federal ou no art. 43, I, "a", da Constituição Estadual.

Publicado no Diário Oficial Eletrônico, Ministério Público, 15/02/2018.

Súmula nº 72 do Conselho Superior do Ministério Público do Estado de São Paulo

O Conselho HOMOLOGARÁ promoções de arquivamento que tratem de descumprimento de contrato ou convênio celebrado com a Administração Pública quando esta já houver tomado as providências necessárias diante do inadimplemento, desde que ausentes elementos caracterizadores de ato de improbidade.

Conforme publicação do Diário Oficial de São Paulo em 09/03/2017.

Súmula nº 65 do Conselho Superior do Ministério Público do Estado de São Paulo

HOMOLOGA-SE promoção de arquivamento referente à contratação não reiterada de servidores temporários quando, não se revestindo a falha de elemento subjetivo de ato de improbidade, os contratos já tenham se encerrado e não haja indícios de que os serviços não tenham sido prestados.

Conforme publicação do Diário Oficial de São Paulo em 09/03/2017.

Súmula nº 64 do Conselho Superior do Ministério Público do Estado de São Paulo

O Conselho HOMOLOGARÁ promoções de arquivamento que tratem de irregularidades em concursos públicos, quando não houver elementos concretos mínimos que apontem para ocorrência de fraude na disputa e as irregularidades não tenham sido suficientes para quebra de competitividade do certame ou a causar danos ao erário.

Conforme publicação do Diário Oficial de São Paulo em 09/03/2017.

Enunciado nº 3 do Conselho Superior do Ministério Público do Estado do Pará

IMPROBIDADE ADMINISTRATIVA. INSUFICIÊNCIA DE PROVAS DE ATOS DE IMPROBIDADE ADMINISTRATIVA E AUSÊNCIA OU IMPOSSIBILIDADE DE COMPROVAÇÃO DE DANOS AO ERÁRIO.

Merece homologação a promoção de arquivamento de inquérito civil ou de procedimento preparatório para apurar improbidade administrativa se, no curso da investigação, restar comprovada a insuficiência de provas da prática de atos de improbidade tipificados nos artigos 9º, 10 e 11 da Lei Federal nº. 8.429/92 e a ausência ou impossibilidade de comprovação de danos ao erário.

Publicado no DOE 26.06.2019.

Aprovado na 2ª Sessão Extraordinária, realizada em 19.06.2019.

Enunciado nº 63/2020 do Conselho Superior do Ministério Público do Estado do Rio de Janeiro

APURAÇÃO DE ATO IMPROBIDADE ADMINISTRATIVA. PRESCRIÇÃO. INSUFICIÊNCIA OU INEXISTÊNCIA DE PROVAS. NÃO COMPROVAÇÃO OU IMPOSSIBILIDADE DE DEMONSTRAÇÃO DE DANO AO ERÁRIO.

Caberá homologação da promoção de arquivamento do procedimento preparatório ou do inquérito civil se, no curso da investigação, ficar comprovada: a prescrição, a insuficiência ou a inexistência de provas da prática de atos de improbidade administrativa e a ausência de dano ao erário ou a impossibilidade de sua demonstração.

Referência legislativa: Lei Federal 8.429/92, artigos 9º, 10, 11 e 23.

Data da aprovação: 13 de fevereiro de 2020, com vigência após decorridos 60 (sessenta) dias da publicação.

Objeto: Unificação dos Enunciados CSMP nºs 12/2007 e 21/2007.

Fonte de publicação: Diário Oficial Eletrônico do MPRJ de 13.02.2020.

Súmula nº 35 do Conselho Superior do Ministério Público do Estado de São Paulo

Em matéria de improbidade administrativa, quando pela natureza e circunstâncias do fato ou pela condição dos responsáveis o interesse social não apontar para a necessidade de pronta e imediata intervenção Ministerial, o Órgão do Ministério Público poderá, inicialmente, provocar a iniciativa do Poder Público colegitimado zelando pela observância do prazo prescricional e, sendo proposta a ação, intervindo nos autos respectivos como fiscal da lei, nada obstando que, em havendo omissão, venha a atuar posteriormente, inclusive contra a omissão, se for o caso. A promoção de arquivamento será lançada após a comprovação de que medidas suficientes foram tomadas pelo órgão colegitimado.

Conforme publicação do Diário Oficial de São Paulo em 09/03/2017.

Enunciado nº 55/2016 do Conselho Superior do Ministério Público do Estado do Rio de Janeiro

CONDUTA ADMINISTRATIVA COM A COMPROVAÇÃO DE DANO AO ERÁRIO DE IMPORTÂNCIA MÍNIMA QUE NÃO CAUSA IMPACTO MONETÁRIO DIRETO AOS COFRES PÚBLICOS. HOMOLOGAÇÃO DA PROMOÇÃO DE ARQUIVAMENTO COM COMUNICAÇÃO AO COLEGITIMADO PARA PROPOSITURA DA AÇÃO DE RESSARCIMENTO.

Comprovada conduta administrativa que importou em dano ao erário destituído de repercussão econômica e impacto monetário aos cofres públicos, por não ser de valor superior ao equivalente a 10 (dez) salários-mínimos, caberá a homologação do arquivamento do procedimento preparatório ou inquérito civil pelo Conselho Superior do Ministério Público. Dever de remessa de cópias pela Promotoria Justiça de origem ao colegitimado, a fim de possibilitar a propositura da ação de ressarcimento.

Referência legislativa: Constituição Federal de 1988, §5º, art. 37; Lei nº 8.429/92, art. 5º; Lei Federal nº 8.666/23, arts. 23, II e 24, II; Decreto nº 9.412, de 18 de junho de 2018 (ou art. 20 Lei 10.522/2002) Data da aprovação: 29 de junho de 2016.

Data da modificação: 13 de fevereiro de 2020, com vigência após decorridos 60 (sessenta) dias da publicação.

Objeto: Reformulação do Enunciado CSMP nº 55/2016, com ajustamento aos julgamentos do STJ sobre a matéria e à similitude das Súmulas do CSMP/SP.

Precedentes, informativos e repositórios jurisprudenciais: RE 115331/RJ – Rio de Janeiro, Primeira Turma. Repercussão geral: (RE) 852475, com repercussão geral. Pleno. Tese: "São imprescritíveis as ações de ressarcimento ao erário fundadas na prática de ato doloso tipificado na Lei de Improbidade Administrativa". Fonte de publicação:

Diário Oficial Eletrônico do MPRJ de 13.02.2020.

Enunciado nº 56/2016 do Conselho Superior do Ministério Público do Estado do Rio de Janeiro

IMPROBIDADE ADMINISTRATIVA. CONSTATAÇÃO DE IRREGULARIDADE MERAMENTE FORMAL QUE NÃO FOI MEIO PARA A PRÁTICA DE ATO DE IMPROBIDADE ADMINISTRATIVA. NÃO COMPROVAÇÃO OU IMPOSSIBILIDADE DE DEMONSTRAÇÃO DE DANO AO ERÁRIO.

Caberá homologação da decisão de arquivamento do procedimento preparatório ou do inquérito civil, quando for constatada a inexistência ou a incorreção de livros ou controles; contabilidade ou tesouraria deficientes; o inadequado controle de bens, ou da dívida ativa ou passiva, desde que regularizadas; e que não tenham sido meios para a prática de atos de improbidade. Ausente, em qualquer caso, o dano ao erário, ou havendo, já for objeto de persecução pela própria Administração Pública.

Referência legislativa: Lei nº 8.429/92, arts. 9º e 10.

Data da aprovação: 29 de junho de 2016.

Data da modificação: 13 de fevereiro de 2020, com vigência após decorridos 60 (sessenta) dias da publicação.

Objeto: Reformulação do Enunciado CSMP nº 56.

Precedentes, informativos e repositórios jurisprudenciais: EREsp. 479.812. AgRg no REsp 1065588.

Fonte de publicação: Diário Oficial Eletrônico do MPRJ de 13.02.2020.

Enunciado nº 4 do Conselho Superior do Ministério Público do Estado do Pará

IMPROBIDADE ADMINISTRATIVA. PRESCRIÇÃO.

Merece homologação a promoção de arquivamento de inquérito civil ou de procedimento preparatório para apurar improbidade administrativa se, no curso da investigação, ficar comprovada a prescrição da ação, regulada pelo art. 23, incisos I, II e III da Lei nº. 8.429/92, ressalvados os casos em que haja comprovação de prática dolosa que cause danos ao erário, que é imprescritível e demanda o prosseguimento do feito.

Publicado no DOE 26.06.2019.

Aprovado na 2ª Sessão Extraordinária, realizada em 19.06.2019.

Fundamento: art. 37, § 5º da CF. RE/STF 852.475.

Súmula nº 11/01 do Conselho Superior do Ministério Público do Estado do Rio Grande do Sul

O membro do Ministério Público, ao promover o arquivamento de feito sobre improbidade administrativa, por motivo de prescrição, em que o fato tenha gerado prejuízo ao erário, nos termos do art. 23, da Lei nº 8.429, deve se manifestar, ainda, sobre a ação civil para o ressarcimento do dano produzido ao erário, nos termos do art. 37, § 5º, da CF/88.

Data da Sessão: 05.11.01.

Enunciado nº 5 do Conselho Superior do Ministério Público do Estado do Pará

IMPROBIDADE ADMIINISTRATIVA. FUNDAMENTO DE PEÇA DE ARQUIVAMENTO DEVE SER DEMONSTRADO NO CASO CONCRETO.

Quando o fundamento do arquivamento do inquérito civil ou procedimento preparatório de investigação de ato de improbidade administrativa estiver pautado em prescrição, deve estar especificamente demonstrada no caso concreto dos autos.

Publicado no DOE 26.06.2019.

Aprovado na 2ª Sessão Extraordinária, realizada em 19.06.2019.

Fundamento: Deve-se comprovar por meio de documento, tais como: decreto de exoneração; ato de rescisão de contrato temporário; publicação no Diário Oficial do Estado do término do Mandato; se servidor efetivo, apontar a lei específica para faltas disciplinares puníveis com demissão a bem do serviço público.

Enunciado nº 6 do Conselho Superior do Ministério Público do Estado do Pará

IMPROBIDADE ADMINISTRATIVA. CONTAGEM DE PRESCRIÇÃO.

A contagem prescricional dos atos de improbidade administrativa deve observar o disposto no art. 23 da lei 8429/92, não existindo contagem prescricional da data dos fatos quando digam respeito a exercício de mandato, função de confiança ou cargo em comissão.

Publicado no DOE 26.06.2019.

Aprovado na 2ª Sessão Extraordinária, realizada em 19.06.2019.

Súmula nº 06 do Conselho Superior do Ministério Público do Estado do Rio de Janeiro

IMPROBIDADE ADMINISTRATIVA. PRESCRIÇÃO. TERMO A QUO DO PRAZO.

O termo inicial do prazo prescricional a que se refere o art. 23, I, da Lei nº 8429/92, na hipótese de exercício de cargos continuados, é o primeiro dia após o término do último mandato eletivo, de cargo em comissão ou de função de confiança.

Referência legislativa: Constituição Federal de 1988, art. 37, §4º. Lei Federal nº 8.429/1992, art. 23, I.

Data de aprovação: 28 de julho de 2016.

Data da modificação: 13 de fevereiro de 2020, com vigência após decorridos 60 (sessenta) dias da publicação.

Objeto: Reformulação da Súmula CSMP n.º 06.

Fonte de publicação: Diário Oficial Eletrônico do MPRJ de 13.02.2020.

Enunciado nº 10/2015 do Conselho Superior do Ministério Público do Estado da Paraíba

IMPROBIDADE. PRESCRIÇÃO E AUSÊNCIA DE DANO AO ERÁRIO

Deve ser homologada a promoção de arquivamento de inquérito civil ou de procedimento preparatório instaurado para apurar improbidade administrativa se, no curso da investigação, ficarem comprovadas a prescrição da ação, regulada pelo artigo 23, incisos I e II da Lei Federal 8.429/92, e a ausência de danos ao erário. Havendo indícios de que a prescrição se deu por inércia da atuação ministerial, cópia dos autos deve ser encaminhada para a Corregedoria-Geral para os fins devidos.

*Este texto não substitui o consignado na ata da 43ª Sessão Ordinária do CSMP de 2015.

Publicado no Diário Oficial Eletrônico, Ministério Público, Paraíba, 04/11/2015.

Súmula nº 21/2019 do Conselho Superior do Ministério Público do Estado do Ceará

ASSUNTO: IMPROBIDADE ADMINISTRATIVA. IMPROBIDADE ADMINISTRATIVA, PRESCRIÇÃO E AUSÊNCIA OU IMPOSSIBILIDADE DE COMPROVAÇÃO DE DANO AO ERÁRIO:

Merece homologação por despacho monocrático o arquivamento do procedimento extrajudicial que analisou os efeitos da improbidade em seu tríplice aspecto: criminal, civil e administrativo. Observando igualmente os prazos prescricionais decorrentes de interpretação sistemática, com resolução da pena pecuniária aplicada, ausência ou impossibilidade de comprovação de danos ao erário e inocorrência da prática de crime.

Publicado no DJ nº 530, 23/04/2019, págs. 07 a 09.

Súmula nº 07/2013 do Conselho Superior do Ministério Público do Estado do Tocantins

O Conselho Superior homologará promoção de arquivamento de inquérito civil ou de procedimento preparatório, instaurados para apurar improbidade administrativa, se, no curso da investigação, ficarem comprovadas a prescrição da ação, regulada pelo artigo 23, incisos I e II da Lei Federal nº 8.429/92, e a ausência de dano ao erário.

Aprovada na 139ª Sessão Ordinária em 12/09/2013.

Súmula nº 36 da Câmara de Coordenação e Revisão do Ministério Público do Distrito Federal e Territórios

Verificada a ocorrência de prescrição quinquenal quanto ao ato de improbidade administrativa (art. 23 da Lei 8.429/92) no que tange às sanções previstas no art. 12 da Lei 8.429/92, e na hipótese de eventual dano ao erário a ser judicializado pelo órgão distrital competente, o arquivamento do feito é medida que se impõe.

Ata da 79ª Sessão Ordinária da 1ª Câmara Cível Especializada, do dia 06/02/2018.

CIVIL

Súmula nº 05 da Câmara de Coordenação e Revisão do Ministério Público do Distrito Federal e Territórios

No procedimento investigatório de paternidade, regulado pela Lei nº 8.560/92, a impossibilidade de obtenção de elementos necessários ao ajuizamento da ação determina o arquivamento dos autos.

Editada na 1ª Sessão Ordinária do Conselho Institucional, realizada em 25/10/00.

Súmula nº 06 da Câmara de Coordenação e Revisão do Ministério Público do Distrito Federal e Territórios

O reconhecimento da paternidade, espontâneo ou mediante decisão judicial, impõe o arquivamento do procedimento investigatório regulado pela Lei nº 8.560/92.

Editada na 1ª Sessão Ordinária do Conselho Institucional, realizada em 25/10/00.

Enunciado nº 45/2013 do Conselho Superior do Ministério Público do Estado do Rio de Janeiro

DESNECESSIDADE DE REMESSA DOS AUTOS AO CONSELHO SUPERIOR. ARQUIVAMENTO DOS AUTOS NO PRÓPRIO ÂMBITO DA PROMOTORIA DE JUSTIÇA REPRESENTADA. NÃO CONHECIMENTO DA PROMOÇÃO DE ARQUIVAMENTO.

Os arquivamentos dos procedimentos administrativos preparatórios para propositura de ações de investigação de paternidade, instaurados em razão do advento da Lei Estadual nº 6.381/2013, do projeto "Em Nome do Pai" ou de outra demanda individual podem ser efetivados no âmbito das Promotorias, sem necessidade de encaminhamento ao Conselho Superior.

Referência legislativa: Lei Estadual n.º 6.381/2013; Regimento Interno do CSMP, art. 52; Resolução CNMP n.º 174/2017, art. 8º, III e Resolução GPGJ n.º 2.227/18, art. 32, III; art. 38. (Referência legislativa acrescentada)

Data da aprovação: 19 de dezembro de 2013.

Data da modificação: 13 de fevereiro de 2020, com vigência após decorridos 60 (sessenta) dias da publicação.

Objeto: Inclusão de referências legislativas.

Fonte de publicação: Diário Oficial Eletrônico do MPRJ de 13.02.2020.

Súmula nº 33 da Câmara de Coordenação e Revisão do Ministério Público do Distrito Federal e Territórios

Constatada a maioridade do interessado, ser-lhe-á fornecida cópia integral dos autos, bem como orientado que procure a Defensoria Pública, após o que o procedimento será arquivado.

PA n. 08190.039607/15-61 e 08190.185102/14-41 – 77ª Sessão Ordinária da 5ª Câmara Cível Especializada, do dia 02/06/2016.

Enunciado nº 41/2013 do Conselho Superior do Ministério Público do Estado do Rio de Janeiro

INFÂNCIA E JUVENTUDE. TUTELA INDIVIDUAL. DISPUTA DE GUARDA. VARA DE FAMÍLIA.

Merece homologação a promoção de arquivamento de procedimento administrativo instaurado para apurar notícia de descumprimento dos deveres inerentes ao poder familiar, formulada por um dos genitores ou responsável em face do outro, se ficar comprovada a existência de processo judicial em curso em Vara de Família, referente a questões envolvendo o poder familiar, tais como ações de guarda, suspensão e destituição do poder familiar, entre outras, desde que a Promotoria de Justiça em atuação na Vara de Família tenha sido comunicada.

Aprovado na sessão de 29 de agosto de 2013.

Enunciado nº 34/2012 do Conselho Superior do Ministério Público do Estado do Rio de Janeiro

DEFICIENTE. SAÚDE MENTAL. COMPROVAÇÃO DA CAPACIDADE CIVIL.

Merece homologação a promoção de arquivamento de procedimento administrativo instaurado para apurar a notícia de vulnerabilidade de pessoa, decorrente de suposta enfermidade mental se, no curso da investigação, restar comprovada a inexistência da referida patologia, evidenciando-se, na hipótese, a desnecessidade de propositura de ação de interdição.

Publicado no Diário Oficial de 04/05/2012 (p. 2).

Enunciado nº 38/2012 do Conselho Superior do Ministério Público do Estado do Rio de Janeiro

DROGADIÇÃO.

Caberá homologação da promoção de arquivamento lançada em procedimento administrativo instaurado para apurar a situação de risco social de pessoa com drogadição se, concluída a investigação, restar evidenciada a desnecessidade de internação compulsória em estabelecimento apropriado, a requerimento do Ministério Público.

Data da aprovação: 10 de julho de 2012.

Data da modificação: 13 de fevereiro de 2020, com vigência após decorridos 60 (sessenta) dias da publicação.

Objeto: Correção de equívocos da redação.

Fonte de publicação: Diário Oficial Eletrônico do MPRJ de 13.02.2020.

Súmula nº 32 da Câmara de Coordenação e Revisão do Ministério Público do Distrito Federal e Territórios

Comprovada a averbação da ata no Registro da entidade, exaurem-se as atribuições da Promotoria de Justiça de Fundações e Entidades de Interesse Social. O arquivamento impõe-se ao Procedimento Administrativo.

Sessão Ordinária da 5ª Câmara Cível Especializada, de 29/10/2015.

Súmula nº 54 do Conselho Superior do Ministério Público do Estado de São Paulo

Não há necessidade de homologação pelo Conselho Superior do arquivamento de procedimentos de caráter não investigatório instaurados para a fiscalização rotineira e periódica de contas prestadas por entidades fundacionais, quando inexistente denúncia, notícia ou suspeita da existência de qualquer irregularidade a ser objeto de apuração por meio de inquérito civil ou de seu procedimento preparatório.

Conforme publicação do Diário Oficial de São Paulo em 09/03/2017.

SERVIÇOS PÚBLICOS

Enunciado nº 03/2019 do Conselho Superior do Ministério Público do Estado do Piauí

Inquérito Civil – Procedimento Preparatório. RECLAMAÇÃO DE USUÁRIO CONTRA ÓRGÃO PÚBLICO OU CONCESSIONÁRIA. REGULARIZAÇÃO DOS SERVIÇOS PÚBLICOS.

Merece homologação, a promoção de arquivamento de inquérito civil ou de procedimento preparatório instaurado para fins de apurar reclamação de cidadão contra órgão público ou concessionária, se ficar comprovada nos autos a regularização da prestação dos serviços públicos pela entidade responsável.

Aprovado na 1322ª sessão ordinária do CSMP em 06.12.2019.

Enunciado nº 23/2008 do Conselho Superior do Ministério Público do Estado do Rio de Janeiro

CIDADANIA. RECLAMAÇÃO CONTRA ÓRGÃO PÚBLICO OU CONCESSIONÁRIA. REGULARIZAÇÃO DOS SERVIÇOS PÚBLICOS.

Caberá homologação da promoção de arquivamento do procedimento preparatório ou do inquérito civil instaurado para apurar reclamação contra órgão público ou concessionária de serviço público, se ficar comprovada, no curso da investigação, a regularização da prestação dos serviços públicos pela entidade responsável.

Referência legislativa: Art. 30, V e art. 37, § 3º, I, da Constituição Federal. Lei 13.460/2017.

Data da aprovação: 12 de agosto de 2008.

Data da modificação: 13 de fevereiro de 2020, com vigência após decorridos 60 (sessenta) dias da publicação.

Objeto: Reformulação do Enunciado CSMP nº 23/2008.

Fonte de publicação: Diário Oficial Eletrônico do MPRJ de 13.02.2020.

Súmula nº 32 do Conselho Superior do Ministério Público do Estado de São Paulo

HOMOLOGA-SE arquivamento quando, noticiadas irregularidades que constituam apenas infração administrativa ou que admitam pronta solução pela via administrativa, não houver, cumulativamente: a) indícios de omissão da Administração e b) notícia de dano ou risco concreto de dano ao interesse transindividual.

Conforme publicação do Diário Oficial de São Paulo em 09/03/2017.

Súmula nº 33 do Conselho Superior do Ministério Público do Estado de São Paulo

HOMOLOGA-SE o arquivamento de procedimentos que tenham por objeto apurar irregularidades meramente formais praticadas no âmbito da Administração Pública, caso não existam indícios de que tais falhas, por ação ou omissão, tenham sido meios para a prática de ato de improbidade administrativa.

Conforme publicação do Diário Oficial de São Paulo em 09/03/2017.

Súmula nº 36 do Conselho Superior do Ministério Público do Estado de São Paulo

HOMOLOGA-SE promoção de arquivamento fundado na suficiência das medidas administrativas adotadas visando à cessação e reparação integral dos danos ou eliminação do risco concreto de lesão a interesses transindividuais.

Conforme publicação do Diário Oficial de São Paulo em 09/03/2017.

Súmula nº 34 do Conselho Superior do Ministério Público do Estado de São Paulo

O Conselho Superior homologará arquivamento de inquéritos civis ou assemelhados cujo objeto autorize apenas a propositura de ação de reparação de danos ao erário, nos termos do art. 5º da Lei nº 8.429/92, quando, cumulativamente (1) o prejuízo não alcançar expressão econômica relevante, assim entendido aquele que não seja superior ao previsto no art. 20 da Lei Federal nº 10.522/02; (2) houver prova de que o órgão do Ministério Público tenha comunicado o colegitimado para a propositura da ação de ressarcimento, transmitindo os elementos de prova necessários a tal finalidade.

Conforme publicação do Diário Oficial de São Paulo em 09/03/2017.

PRESTAÇÃO DE CONTAS

Súmula nº 31 da Câmara de Coordenação e Revisão do Ministério Público do Distrito Federal e Territórios

No procedimento instaurado para análise da prestação anual de contas de entidade de interesse social submetida à fiscalização do Ministério Público, impõe-se o arquivamento do feito quando as contas forem consideradas corretas.

Ata da 48ª Sessão Ordinária da 5ª Câmara Cível Especializada, de 05/07/2012.

CONSELHOS PROFISSIONAIS

Enunciado nº 01/12 do Conselho Superior do Ministério Público do Estado do Mato Grosso do Sul

O Conselho Superior do Ministério Público homologará o arquivamento de inquérito civil ou procedimento preparatório que tenha por objeto representação de Conselhos de Fiscalização Profissional, se fundamentada em descumprimento de norma legal do qual não decorra perigo concreto aos interesses difusos, coletivos ou individuais homogêneos.

Nota do autor: o fundamento do enunciado consta na 1ª parte.

De 18/06/2012, conforme acesso em 07 de agosto de 2020 ao site: https://www.mpms.mp.br/atos-e-normas.

Enunciado nº 57/2016 do Conselho Superior do Ministério Público do Estado do Rio de Janeiro

IMPROBIDADE ADMINISTRATIVA. SERVIDOR PÚBLICO. VENCIMENTOS E VANTAGENS PECUNIÁRIAS INSUFICIENTES. DIREITO INDIVIDUAL HOMOGÊNEO DISPONÍVEL.

Comprovada que a notícia de insuficiência de vencimentos e vantagens pecuniárias de servidores públicos caracteriza, em tese, lesão a direitos individuais homogêneos disponíveis, defensáveis por associações e sindicatos constituídos com esta finalidade, caberá homologação da decisão de arquivamento do procedimento preparatório ou do inquérito civil. Questão que deve ser solucionada pelos próprios interessados no âmbito do direito privado.

Referência legislativa: Lei nº 8.078/1990, artigo 81, parágrafo único, incisos I, II e III.

Data da aprovação: 28 de julho de 2016.

Data da modificação: 13 de fevereiro de 2020, com vigência após decorridos 60 (sessenta) dias da publicação.

Objeto: Reformulação do Enunciado CSMP nº 57/2016.

Precedentes, informativos e repositórios jurisprudenciais: ARE 965524/SP – SÃO PAULO REsp 1599060/RS.

Fonte de publicação: Diário Oficial Eletrônico do MPRJ de 13.02.2020.

Súmula nº 26 do Conselho Superior do Ministério Público do Estado de São Paulo

HOMOLOGA-SE promoção de arquivamento que tenha por objeto notícia trazida por Conselho Profissional, quando do descumprimento da norma não decorra perigo concreto a interesse transindividual.

Conforme publicação do Diário Oficial de São Paulo em 09/03/2017.

ARQUIVAMENTO. CERTIFICAÇÕES E CIÊNCIA DOS INTERESSADOS

Enunciado nº 01/2019 do Conselho Superior do Ministério Público do Acre

Sem prejuízo da publicação no órgão oficial, inexistindo, nas hipóteses previstas em lei, a ciência da parte interessada nos autos do procedimento investigatório cível em que veiculada promoção de arquivamento, caberá à Secretaria dos Órgãos Colegiados, antes da distribuição ao relator, providenciar sua imediata devolução à unidade ministerial de origem para o fim de cumprir a imposição normativa, sem o que, torna-se inviável o trânsito da pretensão homologatória no âmbito do Conselho Superior do Ministério Público.

Publicado no DEMPAC, Edição nº 532, de 17/04/2019, fl. 08.

Enunciado nº 30 do Conselho Superior do Ministério Público do Estado do Pará

PROCEDIMENTOS EXTRAJUDIAIS. NECESSIDADE DE INFORMAR PRAZO DE RECURSO AO CSMP.

O órgão de execução deverá informar à parte interessada o prazo de recurso ao Conselho Superior, quando da intimação de indeferimento de requerimento de instauração de inquérito civil e do arquivamento de Notícia de Fato e Procedimento Administrativo instaurado para apurar fato que enseje a tutela de interesses individuais indisponíveis.

Publicado no DOE 22.11.2019.

Aprovado na 21ª Sessão Ordinária, realizada em 13.11.2019.

Fundamento: art. 5º, § 1º da Resolução n.º 23 e arts. 4º, § 1º e 13 da Resolução n.º 174/2017, ambas do CNMP c/c art. 8º, §§ 6º e 7º, art. 20, §§ 1º e 3º e art. 37, § 3º da Resolução n.º 007/2019-CPJ.

Enunciado nº 31 do Conselho Superior do Ministério Público do Estado do Pará

PROCEDIMENTOS EXTRAJUDIAIS. NECESSIDADE DE ANEXAR CÓPIA DA PROMOÇÃO DE ARQUIVAMENTO. DATA DE CIENTIFICAÇÃO.

A comunicação de arquivamento à parte interessada deverá conter cópia da promoção de arquivamento e a data da cientificação das partes deve estar expressa nos autos, para fins de aferir a tempestividade de eventual interposição de recursos previstos no Enunciado 30.

Publicado no DOE 22.11.2019.

Aprovado na 21ª Sessão Ordinária, realizada em 13.11.2019.

Fundamento: art. 5º, § 1º da Resolução n.º 23 e arts. 4º, § 1º e 13 da Resolução n.º 174/2017, ambas do CNMP c/c art. 8º, §§ 6º e 7º, art. 20, §§ 1º e 3º e art. 37, § 3º da Resolução n.º 007/2019-CPJ.

Enunciado nº 12 da Câmara de Coordenação e Revisão do MPT

INDEFERIMENTO LIMINAR E PROMOÇÃO DE ARQUIVAMENTO. NOTIFICAÇÃO DAS PARTES (RESOLUÇÃO nº 69/2007-CSMPT, Arts. 5º, *caput* e 10, § 1º).

1) Os interessados devem ser cientificados pessoalmente por AR ou por correio eletrônico dos indeferimentos liminares ou dos arquivamentos. Neste último caso, recomenda-se solicitar aviso de confirmação de leitura. Caso não localizados, a cientificação dos interessados dar-se-á por termo fixado no quadro de avisos da Regional ou Procuradoria do Trabalho no Município, com cópia nos autos.

2) Entende-se por interessados aqueles que têm legitimidade e interesse efetivo para recorrer da promoção de arquivamento ou do indeferimento liminar da instauração de inquérito civil, independentemente de serem parte no procedimento.

3) Há necessidade de notificação dos membros do Ministério Público, bem como da autoridade pública judiciária, administrativa ou legislativa que tenha comunicado a irregularidade.

4) É dispensável a comunicação de irregularidades/ilegalidades ao sindicato que não é parte no procedimento, pois embora detenha o dever legal de defender os direitos e interesses coletivos ou individuais da categoria que representa, não age de forma vinculada como o agente público, tendo em vista se constituir em entidade da esfera privada.

5) A fundamentação para que o denunciado seja notificado da proposta de arquivamento ou do indeferimento liminar da instauração de inquérito civil é a

materialização dos princípios do contraditório e da ampla defesa, além de seu direito à informação.

49ª Sessão Extraordinária, realizada nos dias 25/2 e 10/3/2015 - DOU Seção 1 - 26/03/15 - págs. 76/77.

Enunciado nº 60/2019 do Conselho Superior do Ministério Público do Estado do Rio de Janeiro

ENCAMINHAMENTO DOS PROCEDIMENTOS SUBMETIDOS AO EXAME DO CONSELHO SUPERIOR. REGULAMENTAÇÃO DA CONTAGEM DO PRAZO E CUMPRIMENTO DOS REQUISITOS.

Quando do indeferimento de plano da representação, arquivamento de inquérito civil e procedimento administrativo, a Promotoria de Justiça deverá:

1. Cientificar os interessados;

2. Lavrar termo de afixação de sua decisão na secretaria do órgão de execução;

3. Juntar o comprovante da cientificação e/ou o termo respectivo aos autos do procedimento;

4. Certificar, quando for o caso, que decorreu in albis o prazo para a interposição do competente recurso, atentando-se para as regras impostas pelo Código de Processo Civil;

5. Encaminhar os autos, quando for o caso, ao Conselho Superior do Ministério Público, no tríduo legal, observando-se as regras de contagem previstas no Código de Processo Civil.

Referência legislativa: Lei 7.347/85, Código de Processo Civil, Resolução MPRJ/GPGJ nº 2.227/18. Data da aprovação: 27 de junho de 2019, 7ª Sessão Extraordinária do CSMP.

Data da modificação: 26 de setembro de 2019, 10ª Reunião Extraordinária do CSMP.

Fonte de publicação: Diário Oficial Eletrônico do MPRJ de 27 de junho de 2019 e de 26 de setembro de 2019.

Enunciado nº 01/2019 do Conselho Superior do Ministério Público do Estado do Piauí

Inquérito Civil – Procedimento Preparatório. CIENTIFICAÇÃO DOS INTERESSADOS. ART. 10 § 1º, DA RESOLUÇÃO CNMP Nº 23/2007.

I – Antes da remessa dos autos ao Conselho Superior do Ministério Público, a Promotoria de Justiça de origem deverá dar ciência às partes interessadas, quais sejam, a noticiante e a investigada, acerca da promoção de arquivamento do inquérito civil ou do procedimento preparatório, para, querendo, apresentar recurso com as respectivas razões.

II – A notificação dos interessados será pessoal, preferencialmente, por meio eletrônico, ou por carta com aviso de recebimento, acompanhada de certidão de confirmação de recebimento lavrada por oficial do Ministério Público. Quando não localizados os que devem ser cientificados, deverá ser expedido edital, publicado no Diário Oficial Eletrônico do Ministério Público, ou afixado no órgão do Ministério Público, *ex vi* do Art. 10, § 1º da Resolução CNMP Nº 23/2007.

Aprovado na 1322ª sessão ordinária do CSMP em 06.12.2019.

Enunciado de Súmula nº 13 do Conselho Superior do Ministério Público do Estado de Minas Gerais

I – Ao propor o arquivamento de inquérito civil ou do procedimento preparatório, antes da remessa dos autos ao Conselho Superior do Ministério Público, o Promotor de Justiça deverá dar ciência de sua decisão à parte interessada, tanto a que levou o fato ao conhecimento do Promotor de Justiça, quanto a que foi investigada.

II – A notificação dos interessados poderá ser pessoal, por carta com aviso de recebimento ou por meio eletrônico, sempre acompanhada de certidão de confirmação de recebimento lavrada por oficial do Ministério Público. Quando não localizados os que devem ser cientificados, deverá ser expedido edital, publicado no Diário Oficial Eletrônico do Ministério Público, ou afixado no órgão do Ministério Público. (Art. 10, § 1º da Resol. nº 23 do CNMP).

III – A notificação da decisão deverá explicitar que os interessados poderão, no prazo de dez dias, apresentar razões escritas de eventual inconformismo, acompanhadas ou não de documentos, para exame do Conselho Superior do Ministério Público quando da apreciação da promoção de arquivamento.

Reformado na 22ª sessão Ordinária/ 2008, realizada em 10/11/2008 e publicada em 11/12/08. Publicação específica do texto com as respectivas alterações no Diário Oficial: 12/11/2008. Reformado na 18ª Sessão Ordinária/2014, realizada em 29/09/2014 – publicação específica correspondente: 02/10/2014.

Súmula nº 14 do Conselho Superior do Ministério Público do Estado de Goiás

Impossibilitada, justificadamente, a cientificação pessoal dos interessados, adotar-se-á a publicação de aviso por meio de afixação do respectivo termo no placar do órgão do Ministério Público.

De 05/06/2013.

Assento nº 23 do Conselho Superior do Ministério Público do Estado do Rio Grande do Norte

Os autos do inquérito civil ou do procedimento preparatório, juntamente com a promoção de arquivamento, deverão ser remetidos ao Conselho Superior do Ministério Público (CSMP), no prazo de três dias, sob pena de falta grave, contado da juntada aos autos da efetiva comprovação da cientificação pessoal dos interessados, caso estes tenham provocado a instauração do procedimento extrajudicial. Na hipótese de os interessados não serem localizados no endereço por eles indicado, nos termos do art. 72, 'a', da Lei Complementar Estadual nº 141/1996, ou o inquérito civil ou o procedimento preparatório tenham sido instaurados de ofício, o prazo de três dias para remessa do feito ao CSMP contar-se-á a partir da juntada aos autos de documento comprobatório de publicação do aviso de arquivamento dos autos na imprensa oficial ou da lavratura de termo de afixação de aviso no órgão do Ministério Público.

Aprovado na 11ª Sessão Ordinária do Conselho Superior do Ministério Público, realizada em 1º de novembro de 2016.

Assento nº 01/14 do Conselho Superior do Ministério Público do Estado de Santa Catarina

Tendo sido promovido o arquivamento do Inquérito Civil ou do Procedimento Preparatório e havendo a necessidade de publicar a cientificação dos interessados pela via editalícia, o prazo de 3 (três) dias para a remessa ao Conselho Superior do Ministério Público contará a partir do vencimento do prazo da publicação, realizada em mural ou no Diário Oficial Eletrônico.

Tendo sido promovido o arquivamento do Inquérito Civil ou do Procedimento Preparatório e havendo a necessidade de publicar a cientificação dos interessados pela via editalícia, o prazo de 3 (três) dias para a remessa ao Conselho Superior do Ministério Público contará a partir do vencimento do prazo da publicação, realizada em mural ou no Diário Oficial Eletrônico.

Publicado no Diário Oficial Eletrônico, Ministério Público, 22/09/2014.

Súmula nº 60 do Conselho Superior do Ministério Público do Estado de São Paulo

Os indeferimentos de representação e os recursos contra a instauração de inquérito civil somente devem ser encaminhados para o Conselho Superior do Ministério Público, mantida a decisão eventualmente recorrida, depois de certificado nos autos: a) o decurso do prazo de interposição de recurso para todos os representantes ou interessados; ou b) a impossibilidade de intimação do representante nos endereços ou outros meios de contato por ele fornecidos na hipótese de indeferimento de representação.

REUNIÃO DE 14/03/17, AVISO Nº 60/17 DE 23/03/17.

Conforme publicação do Diário Oficial de São Paulo em 09/03/2017.

ARQUIVAMENTO. RECUSA PELO CSMP

Enunciado nº 32 do Conselho Superior do Ministério Público do Estado do Pará

ATRIBUIÇÃO DE OUTRO DE MINISTÉRIO PÚBLICO. PRINCÍPIO DA INSTRUMENTALIDADE DAS FORMAS.

Quando o membro encaminhar os autos de investigação para homologação de arquivamento e o CSMP entender que não se trata de atribuição deste Ministério Público Estadual, poderá receber a promoção de arquivamento como declínio de atribuição e determinar o envio dos autos a outro Ministério Público, dando ciência ao PJ de origem.

Publicado no DOE 22.11.2019.

Aprovado na 21ª Sessão Ordinária, realizada em 13.11.2019.

Fundamento: Princípio da celeridade, economia processual e da instrumentalidade das formas.

Enunciado nº 013 do Conselho Institucional do MPF

Em caso de não homologação de promoção de arquivamento, a Câmara de Coordenação e Revisão ou a Procuradoria Federal dos Direitos do Cidadão fundamentarão os motivos do retorno dos autos à origem e indicarão as diligências a serem realizadas, nos termos do art. 18, inciso I, da Resolução CSMPF nº 87/2010.

Referência processual: 1.00.000.018465/2018-07; Precedente: Enunciado nº 14 da 2ª CCR, Enunciado nº 52 da 4ª CCR.

Aprovado na 8ª Sessão Ordinária, em 10/10/2018.

Conforme acesso em 07 de agosto de 2020 ao site: http://www.mpf.mp.br/o-mpf/conselho-institucional/documentos-e-publicacoes/enunciados

Enunciado n.º 23/19 do Conselho Superior do Ministério Público do Estado do Maranhão

Não homologado o declínio de atribuições ou o arquivamento, pelo Conselho Superior do Ministério Público, os autos retornam à Promotoria de Justiça de origem para prosseguimento das investigações e demais providências.

Publicado no Diário Eletrônico, Ministério Público, Maranhão, 10/10/2019.

Enunciado nº 12/2015 do Conselho Superior do Ministério Público do Estado da Paraíba

MEIO AMBIENTE – CRIAÇÃO DE ANIMAIS DA FAUNA SILVESTRES EM CATIVEIRO- AUSÊNCIA DE INVESTIGAÇÃO SOBRE AS CIRCUNSTÂNCIAS DO FATO- INAPLICABILIDADE DO PRINCÍPIO DA INSIGNIFICÂNCIA

Será convertido em diligência procedimento instaurado para apurar dano ambiental constituído em criação de animais silvestres em cativeiro, quando, sem se esgotarem todas as diligências visando apurar as circunstâncias em que se deu a apreensão, o perfil do possível infrator e a probabilidade de serem os animais espécies em extinção, se concluir pela aplicação do princípio da insignificância.

*Este texto não substitui o consignado na ata da 43ª Sessão Ordinária do CSMP de 2015.

Publicado no Diário Oficial Eletrônico, Ministério Público, Paraíba, 04/11/2015.

Enunciado de Súmula nº 25 do Conselho Superior do Ministério Público do Estado de Minas Gerais

Rejeitada a promoção de arquivamento de Inquérito Civil ou outro procedimento administrativo por insuficiência probatória, o membro do Ministério Público deverá, sem prejuízo da coleta de informações complementares vislumbradas, cumprir as diligências apontadas em deliberação singular ou colegiada do Conselho Superior do Ministério Público, no prazo de 30 (trinta) dias, elaborando relatório suplementar não sendo o caso de aforamento de Ação Civil Pública, que deverá ser comunicada ao Conselho Superior do Ministério Público, ou informando acerca da necessidade de prorrogação do prazo para o cumprimento da diligência.

Reformado na 21ª Sessão Ordinária/ 2004, realizada em 13/12/2004 e publicada em 16/02/2005.

Enunciado nº 06/11 do Conselho Superior do Ministério Público do Estado do Mato Grosso

Rejeitada a promoção de arquivamento de Inquérito Civil ou outro Procedimento Preparatório por insuficiência probatória, o membro do Ministério Público deve, sem prejuízo da coleta de simples informações complementares, cumprir as diligências apontadas em deliberação singular ou colegiada do Conselho Superior do Ministério Público, no prazo de 30 (trinta) dias.

De 05/08/2015, Conforme acesso em 07 de agosto de 2020 ao site: https://www.mpmt.mp.br/secao/672.

Enunciado nº 65 da 4ª Câmara de Coordenação e Revisão – Meio Ambiente e Patrimônio Cultural do MPF

Promoção de arquivamento. Realização de diligências necessárias.

Quando, em análise de promoção de arquivamento, a 4ª CCR determinar diligências imprescindíveis à sua decisão, os autos serão devolvidos ao membro que promoveu o arquivamento para cumprimento das diligências. Em havendo recusa fundamentada (art. 18, I, Resolução 87/2010 CSMPF), estes deverão ser remetidos ao Procurador chefe da unidade, para redistribuição.

Redação deliberada na 561ª Sessão Ordinária, em 12 de fevereiro de 2020.

Súmula nº 04 do Conselho Superior do Ministério Público do Estado do Rio de Janeiro

INDEPENDÊNCIA FUNCIONAL.

A deliberação do Conselho Superior do Ministério Público, em razão da não homologação da promoção de arquivamento, no sentido de ser ajuizada ação civil pública, não obsta que o designado, no exercício de sua independência funcional, deixe de ajuizá-la, em pronunciamento fundamentado.

Referência legislativa: Lei Federal n.º 7.347/1985, art. 9º, § 4º; Lei Estadual n.º 106/2003, art. 34; Resolução CNMP n.º 23/2007, art. 10, §4º, I; art. 11 e Resolução GPGJ n.º 2.227/2018, art. 28, II, e §2º.

Data da aprovação: 26 de março de 2015.

Data da modificação: 13 de fevereiro de 2020, com vigência após decorridos 60 (sessenta) dias da publicação.

Objeto: Reformulação da Súmula CSMP nº 04/15.

Fonte de publicação: Diário Oficial Eletrônico do MPRJ de 13.02.2020.

Assento nº 13 do Conselho Superior do Ministério Público do Estado do Rio Grande do Norte

Deixando o Conselho Superior do Ministério Público de homologar a promoção de arquivamento, poderá determinar diligência que se mostre imprescindível a sua decisão, especificando-a e designando o membro do Ministério Público que irá atuar, devendo recair em outro, quando importar em violação à independência funcional do responsável pelo arquivamento.

Aprovado na 5ª Sessão Extraordinária do Conselho Superior do Ministério Público, realizada em 27 de novembro de 2014.

Súmula nº 05 do Conselho Superior do Ministério Público do Estado do Paraná

Convertido o julgamento em diligência, reabre-se ao Promotor de Justiça que tinha promovido o arquivamento do inquérito civil ou das peças de informação, ou ao membro do Ministério Público que lhe houver sucedido, a oportunidade de reapreciar o caso, em respeito à independência funcional, podendo manter sua posição favorável ao arquivamento ou propor a ação civil pública, como lhe pareça mais adequado. Neste último caso, imprescindível a comunicação do ajuizamento da ação por ofício ao Conselho e o registro no sistema PRO-MP.

De 07 de abril de 2014.

Conforme acesso em 07 de agosto de 2020 ao site:https://mppr.mp.br/modules/conteudo/conteudo.php?conteudo=5584

Súmula nº 17 do Conselho Superior do Ministério Público do Estado de São Paulo

Convertido o julgamento em diligência, reabre-se ao Promotor de Justiça que proferiu a decisão de arquivamento ou indeferimento a oportunidade de reapreciar os elementos dos autos, podendo manter sua posição favorável ao arquivamento, mediante nova decisão fundamentada e remessa ao Conselho Superior, ou propor ação civil pública, caso em que bastará a comunicação ao colegiado, por ofício, acerca do ajuizamento da ação.

Conforme publicação do Diário Oficial de São Paulo em 09/03/2017.

Súmula nº 13/2017 do Conselho Superior do Ministério Público do Estado do Tocantins

Convertido o julgamento em diligência, reabre-se ao Promotor de Justiça que promoveu o arquivamento do inquérito civil público ou do procedimento preparatório a oportunidade de reapreciar o caso, podendo manter sua posição favorável ao arquivamento ou propor a ação civil pública, como lhe pareça mais adequado; nesse último caso, desnecessária a remessa dos autos ao Conselho Superior, bastando comunicar, por ofício, o ajuizamento da ação.

Aprovada na 175ª Sessão Ordinária em 14/02/2017.

Enunciado nº 11 do Conselho Superior do Ministério Público do Estado do Pará

PROCEDIMENTAL. CONVERSÃO DO JULGAMENTO EM DILIGÊNCIAS.

Convertido o julgamento em diligência, reabre-se ao Promotor de Justiça que tinha promovido o arquivamento do inquérito civil ou do procedimento preparatório a oportunidade de reapreciar o caso, podendo manter sua posição favorável ao arquivamento ou propor a ação civil pública, como lhe pareça mais adequado. Neste último caso, desnecessária a remessa dos autos ao Conselho Superior, bastando comunicar o ajuizamento da ação por ofício.

Publicado no DOE 26.06.2019.

Aprovado na 2ª Sessão Extraordinária, realizada em 19.06.2019.

Fundamento: art. 27, § 3º, inciso I, da Resolução n.º 007/2019-CPJ.

Enunciado de Súmula nº 19 do Conselho Superior do Ministério Público do Estado de Minas Gerais

Convertido o julgamento em diligência, após o cumprimento da mesma, reabre-se ao Promotor de Justiça que tinha promovido o arquivamento do inquérito civil ou das peças de informação a oportunidade de reapreciar o caso, pelo prazo de 30 (trinta) dias, podendo manter sua posição favorável ao arquivamento ou propor a ação civil pública, como lhe pareça mais adequado. No último caso, deve-se comunicar o ajuizamento da ação ao Conselho Superior. Caso não seja possível o cumprimento das diligências no prazo estabelecido, o Promotor de Justiça deverá informar ao Conselho Superior do Ministério Público acerca da necessidade de prorrogação do referido prazo.

Reformado na 21ª Sessão Ordinária/ 2004, realizada em 13/12/04 e publicada em 16/02/2005.

Assento nº 14 do Conselho Superior do Ministério Público do Estado do Rio Grande do Norte

Deixando o Conselho Superior do Ministério Público de homologar a promoção de arquivamento, poderá deliberar pelo prosseguimento do inquérito civil ou do procedimento preparatório, indicando os fundamentos de fato e de direito de sua decisão e designando outro membro do Ministério Público para atuar.

Aprovado na 5ª Sessão Extraordinária do Conselho Superior do Ministério Público, realizada em 27 de novembro de 2014.

Súmula nº 01/94 do Conselho Superior do Ministério Público do Estado do Rio Grande do Sul

Não ofende o princípio da independência funcional a baixa de expedientes à origem para a realização de diligências ou investigações especificadas, tendo em vista formar o convencimento do Colegiado. O desatendimento constitui infração disciplinar. Referência: artigo 24, § 2º, "a", do Regimento Interno do Conselho Superior do Ministério Público.

Fonte: página oficial do MPRS: https://www.mprs.mp.br/orgaoscolegiados/sumulas/ acesso 07/08/2020.

Enunciado nº 19 da Câmara de Coordenação e Revisão do MPT

PROMOÇÃO DE ARQUIVAMENTO NÃO HOMOLOGADA PELA CCR. REDISTRIBUIÇÃO DO FEITO. ATUAÇÃO POR DELEGAÇÃO. ARQUIVAMENTO DE PLANO INDEVIDO.

O membro do Ministério Público que for designado para prosseguir nas diligências investigatórias não age por atribuições próprias, mas por delegação da Câmara, não podendo, desta forma, furtar-se ao prosseguimento da investigação ou à adoção das providências cabíveis.

49ª Sessão Extraordinária, realizada nos dias 25/2 e 10/3/2015 - DOU Seção 1 - 26/03/15 - págs. 76/77.

Enunciado de Súmula nº 24 do Conselho Superior do Ministério Público do Estado de Minas Gerais

Rejeitada a promoção de arquivamento de Inquérito Civil ou do procedimento preparatório, o membro do Ministério Público designado para a realização de diligências, prosseguimento do inquérito civil ou do procedimento preparatório ou aforamento de Ação Civil Pública age por delegação do Conselho Superior do Ministério Público, exercendo, nesta condição, a *opinio actio*, do Colegiado.

Reformado na 22ª sessão Ordinária/ 2008, realizada em 10/11/2008 e publicada em 11/12/08. Publicação específica do texto com as respectivas alterações no Diário Oficial: 12/11/2008.

Assento nº 17/2015 do Conselho Superior do Ministério Público do Estado de Sergipe

Em caso de rejeição da promoção de arquivamento pelo Conselho Superior e, por consequência, de designação de outro membro do Ministério Público para propor ação judicial ou prosseguir nas investigações, ficará o(a) promotor(a) de justiça vinculado(a) ao procedimento preparatório ou inquérito civil para o qual foi designado(a) a atuar, independentemente da promotoria de justiça onde estiver exercendo as sua atribuições, até deliberação ulterior do procurador-geral de justiça em sentido contrário.

Publicado no DJ de SE em 11/06/2015.

Súmula nº 03/94 do Conselho Superior do Ministério Público do Estado do Rio Grande do Sul

As designações feitas nos termos do art. 28, do Código de Processo Penal, e do art. 9º, § 4º, da Lei nº 7.347/85, não ofendem o princípio da independência funcional, incorrendo o designado, em caso de descumprimento, em falta disciplinar, ressalvadas as hipóteses de suspeição e impedimento suscitadas na forma da lei.

Fonte: página oficial do MPRS: https://www.mprs.mp.br/orgaoscolegiados/sumulas/ acesso 07/08/2020.

Assento nº 21 do Conselho Superior do Ministério Público do Estado do Rio Grande do Norte

Não homologada a promoção de arquivamento, devidamente fundamentadas as diligências extrajudiciais ou as medidas judiciais a serem adotadas ao caso, o Conselho Superior designará desde logo, com base na tabela semestral de substituições automáticas, o membro do Ministério Público que executará a decisão, ficando este obrigado a executá-la nos termos em que fora deliberado, ressalvada a possibilidade de alegar e comunicar suspeição ou impedimento ou comprovado prévio posicionamento contrário, ou de efetuar novo juízo de valor nos autos, desde que, por fato novo ou argumento determinante surgidos durante a instrução, não analisados pelo Conselho quando de sua decisão, convencer-se de que não mais se sustenta a tese inicial.

Aprovado na 3ª Sessão Ordinária do Conselho Superior do Ministério Público, realizada em 1º de março de 2016.

Enunciado nº 12 do Conselho Superior do Ministério Público do Estado do Pará

PROCEDIMENTAL. DILIGÊNCIAS REQUERIDAS PELO ÓRGÃO COLEGIADO. MANDATO ENCERRADO. CONSELHEIROS EM NOVOS MANDATOS.

O Conselho Superior do Ministério Público não homologará promoção de arquivamento de procedimentos cujas diligências requeridas pelo Colegiado não foram cumpridas, a menos que haja superveniência de fatos e/ou novos documentos, com as devidas razões de arquivamento do presidente dos autos, ainda que tais diligências tenham sido requeridas por Conselheiros com mandatos encerrados.

Publicado no DOE 26.06.2019.

Aprovado na 2ª Sessão Extraordinária, realizada em 19.06.2019.

Fundamento: Se, em virtude da conversão do julgamento em diligência, surgirem novas provas, o mesmo membro do Ministério Público que tinha promovido o arquivamento do inquérito civil não estará impedido de reapreciar o inquérito civil, podendo tanto propor a ACP, se estiver convencido de seu cabimento, como insistir no arquivamento, em caso contrário.

Súmula nº 001/11 do Conselho Superior do Ministério Público do Estado do Amazonas

PEDIDO DE ARQUIVAMENTO DE INQUÉRITO CIVIL E/OU PROCEDIMENTO ADMINISTRATIVO EM MATÉRIA DE FATO, COM FUNDAMENTO NA FALTA DE PROVAS NOS AUTOS MAS SEM DILIGÊNCIAS NECESSÁRIAS À AQUISIÇÃO DAS PROVAS. INOCORRÊNCIA IMPLÍCITA DE JUÍZO DE MÉRITO PELO PROMOTOR DE JUSTIÇA. POSSIBILIDADE DE DETERMINAÇÃO DE DILIGÊNCIAS PELO CONSELHO SUPERIOR AO MESMO ÓRGÃO REQUERENTE DO ARQUIVAMENTO, SEM VIOLAR PRINCÍPIO DA INDEPENDÊNCIA FUNCIONAL.

Nota do autor: caixa alta no original.

Publicado no Diário Oficial, Amazonas, 17/05/2011.

Enunciado nº 20 do Conselho Superior do Ministério Público do Estado do Pará

NOTÍCIA DE FATO E PROCEDIMENTO ADMINISTRATIVO. CORRETAMENTE DENOMINADOS. ERRONEAMENTE ENCAMINHADOS AO CSMP. DECISÃO MONOCRÁTICA.

Não merece conhecimento a promoção de arquivamento de notícia de fato e procedimento administrativo, quando corretamente denominados e equivocadamente submetidos a revisão do E. CSMP, podendo o Relator decidir monocraticamente pela devolução dos autos para arquivamento no âmbito da Promotoria de Justiça de origem, ressalvado o art. 37 da Resolução n.º 007/2019-CPJ.

Publicado no DOE 22.11.2019.

Aprovado na 21ª Sessão Ordinária, realizada em 13.11.2019.

Fundamento: art. 12, da Resolução n.º 174/2017-CNMP e art. 36 da Resolução n.º 007/2019- CPJ.

RECURSO CONTRA PROMOÇÃO DE INDEFERIMENTO/ ARQUIVAMENTO

Súmula nº 04/2013 do Conselho Superior do Ministério Público do Estado do Tocantins

O Órgão de Execução que remeteu as peças de informação deve ser comunicado da decisão de arquivamento, bem como intimado o (s) interessado (s) que terá oportunidade de interpor recurso no prazo de dez dias.

Aprovada na 139ª Sessão Ordinária em 12/09/2013.

Súmula nº 21/09 do Conselho Superior do Ministério Público do Estado do Rio Grande do Sul

O prazo para interposição do recurso de que trata o artigo 7º, §1º, do Provimento nº 26/2008-PGJ, conta-se, nos casos em que a ciência se der por via postal, a partir da data do termo de juntada aos autos do Aviso de Recebimento.

Publicado no DEMP/RS em 11/09/2009, Edição nº 276, Fl 4.

Enunciado nº 30 da 1ª Câmara de Coordenação e Revisão – Direitos Sociais e Fiscalização de Atos Administrativos em Geral do MPF

Quando o representante interpuser recurso em face da promoção de arquivamento, o membro oficiante, antes da remessa à Câmara, deverá decidir sobre a manutenção da decisão ou exercer juízo de retratação.

Referência: Ata da 6ª Sessão Ordinária de Coordenação, realizada em 3.9.2018.

Enunciado nº 012 do Conselho Institucional do MPF

Quando houver recurso em face da promoção de arquivamento, o membro oficiante, antes da remessa à Câmara, deverá decidir sobre a manutenção da decisão ou exercer juízo de retratação.

Referência processual: 1.00.000.018465/2018-07; Precedente: Enunciado nº 30 da 1ª CCR.

Aprovado na 8ª Sessão Ordinária, em 10/10/2018.

Conforme acesso em 07 de agosto de 2020 ao site: http://www.mpf.mp.br/o-mpf/conselho-institucional/documentos-e-publicacoes/enunciados

Enunciado nº 10 da 4ª Câmara de Coordenação e Revisão – Meio Ambiente e Patrimônio Cultural do MPF

Arquivamento. Recurso. Necessidade de Manifestação do Procurador Natural.

Quando o representante interpuser recurso em face da promoção de arquivamento, o Membro oficiante deverá manifestar-se acerca do seu teor, decidindo, antes da remessa à Câmara, sobre a manutenção da decisão ou exercendo juízo de retratação.

Redação alterada na 561ª Sessão Ordinária, em 12 de fevereiro de 2020.

Adequação do Enunciado nº 15 – 4ª CCR, de 21 de novembro de 2012.

Enunciado nº 66 da 4ª Câmara de Coordenação e Revisão – Meio Ambiente e Patrimônio Cultural do MPF

Arquivamento. Resolução CNMP nº 174/2017. Notícia de Fato. Indeferimento de instauração.

É necessária a autuação das peças de informação, antes da remessa à Câmara, sempre que houver recurso contra o indeferimento de instauração de Notícia de Fato em razão da narrativa ser incompreensível ou não configurar lesão ou ameaça de lesão aos interesses ou direitos tutelados pelo Ministério Público.(Art. 4º, § 4º da Resolução CNMP nº 174/2017.)

Redação deliberada na 561ª Sessão Ordinária, em 12 de fevereiro de 2020.

Súmula nº 62 do Conselho Superior do Ministério Público do Estado de São Paulo

Em matéria de interesses transindividuais, a representação civil que não der ensejo à instauração de procedimento investigatório está sujeita a indeferimento, ainda que anônima ou acompanhada de peças de informação, devendo ser cientificado aquele que a elaborou, quando possível, para fins de eventual recurso. Na hipótese de vir a representação acompanhada de peças de informação, após certificado nos autos o decurso do prazo recursal ou a impossibilidade de cientificação de seu autor, os autos deverão ser remetidos para o CSMP, no prazo de 3 dias.

Conforme publicação do Diário Oficial de São Paulo em 09/03/2017.

Súmula nº 63 do Conselho Superior do Ministério Público do Estado de São Paulo

A representação será considerada acompanhada de 'peças de informação', para fins de remessa obrigatória de seu indeferimento ao CSMP, quando o teor dessas peças for suficiente, por si só, para comunicar fato lesivo ou que enseje risco concreto de lesão a interesses transindividuais, independentemente do teor da representação civil.

Conforme publicação do Diário Oficial de São Paulo em 09/03/2017.

Súmula n° 08/2019 do Conselho Superior do Ministério Público do Estado da Bahia

O prazo de remessa dos autos, com a promoção de arquivamento, ao Conselho Superior do Ministério Público do Estado do Conselho Superior do Ministério Público do Estado da Bahia, previsto no artigo 81, parágrafo 1º, da Lei Complementar n° 11/96, contar-se-á do transcurso do prazo para interposição do recurso dos interessados ou do prazo para o exercício do juízo de retratação, na hipótese de interposição de recurso voluntário contra a decisão de promoção de arquivamento do Inquérito Civil, da Notícia de Fato ou do Procedimento Administrativo Preparatório, após as devidas certificações.

Revisão da Súmula nº 002/2007 (publicada pela Resolução nº 047/2007).

Aprovada na Sessão Ordinária de 19 de fevereiro de 2019.

Súmula nº 04/2013 do Conselho Superior do Ministério Público do Estado do Ceará

O prazo para remessa dos autos com a promoção de arquivamento a que se refere o art. 13, §1º, da Resolução CGJ nº 007/2010, tem como termo inicial a data da última juntada de instrumento utilizado para cientificação dos interessados.

Publicado no DJ nº 238, 27/12/2017, págs. 1.

Súmula nº 81 do Conselho Superior do Ministério Público do Estado de São Paulo

Os prazos para interposição dos recursos contra indeferimento de representação e contra a instauração de inquérito civil são contados de forma contínua, não se interrompendo aos domingos ou feriados.

Fundamento: Uniformização do entendimento deste Colegiado quanto à contagem dos prazos dos recursos contra indeferimento de representação e contra a instauração de inquérito civil, que devem ser contados de forma contínua, nos termos da previsão contida na Lei Estadual 10.177/98 e na Lei Federal 9.784/99, que regulam o processo administrativo no âmbito das Administrações Públicas Estadual e Federal, respectivamente, afastando-se, assim, a aplicação subsidiária do Código de Processo Civil, conforme expressa disposição do artigo 15 do CPC.

Publicado no Diário Oficial de São Paulo, 21/10/2020.

Enunciado nº 08/14 do Conselho Superior do Ministério Público do Estado do Mato Grosso do Sul

As Notícias de Fato arquivadas serão remetidas para análise do Conselho Superior do Ministério Público apenas nos casos em que houver recurso de qualquer dos interessados, arquivando-se na Promotoria de Justiça as Notícias de Fato extintas em que não houver recurso.

Nota do autor: o fundamento do enunciado consta na 1ª parte.

De 24/04/2014, conforme acesso em 07 de agosto de 2020 ao site: https://www.mpms.mp.br/atos-e-normas.

Assento nº 04/13 do Conselho Superior do Ministério Público do Estado do Estado do Mato Grosso

Na interpretação dos §§ 1º a 3º do art. 7º da Resolução nº 10/2007-CSMP, entende-se que, em caso de indeferimento do pedido de instauração de inquérito civil, havendo interposição de recurso, o órgão de execução deve notificar o(s) interessado(s) para, querendo, no prazo de 10 (dez) dias, apresentar contrarrazões e, com ou sem estas, exercer juízo de reconsideração. Mantido o indeferimento, o procedimento deve ser encaminhado em 03 (três) dias ao CSMP para apreciação.

De 05/08/2015, conforme acesso em 07 de agosto de 2020 ao site: https://www.mpmt.mp.br/secao/673.

Enunciado nº 007 do Conselho Institucional do MPF

Nos casos em que a abertura do procedimento se der por representação, o representante será notificado da promoção de arquivamento e da faculdade de apresentar recurso e documentos, no prazo de 10 (dez) dias, contados da juntada da ciência. Após o transcurso desse prazo, com ou sem novas razões, os autos serão remetidos à respectiva Câmara de Coordenação e Revisão para apreciação em caso de manutenção da decisão recorrida, nos termos das Resoluções CSMPF nº77/2004, art. 14, § 1º e nº 87/2010, art. 17, § 1º.

Referência processual: 1.00.000.018465/2018-07; Precedentes: Enunciado nº 46 da 2ª CCR, Enunciado nº 5 da 7ª CCR.

Aprovado na 8ª Sessão Ordinária, em 10/10/2018.

Conforme acesso em 07 de agosto de 2020 ao site: http://www.mpf.mp.br/o-mpf/conselho-institucional/documentos-e-publicacoes/enunciados

REVISÃO DE ARQUIVAMENTO

Enunciado nº 05 da 5ª Câmara de Coordenação e Revisão – Combate à corrupção do MPF

AUTOS NECESSÁRIOS PARA ACOMPANHAMENTO.

Não é cabível revisão de promoção de arquivamento quando os autos do PA ou ICP respaldaram integralmente a propositura de ação civil pública. Havendo necessidade de preservação dos autos para eventual consulta ou acompanhamento da respectiva ação é cabível a homologação do arquivamento físico e os autos devolvidos à origem.

Aprovado na 224ª Sessão Ordinária, realizada em 12 de fevereiro de 2003.

Assento nº 04/2016 do Conselho Superior do Ministério Público do Alagoas

Para efeito de reexame, pelo Conselho Superior do Ministério Público, do arquivamento de inquérito civil ou peças informativas, em virtude da aplicação do art. 169 do Regimento Interno, mister se faz a remessa na íntegra dos autos originais, ou de cópia autenticada, nesta última hipótese no caso de imperiosa e justificada necessidade.

Publicado no DOE AL, Edição nº 413, em 06/09/2016, FL 364.

Assento nº 04/2019 do Conselho Superior do Ministério Público do Alagoas

Para efeito de reexame, pelo Conselho Superior do Ministério Público, do arquivamento de inquérito civil ou peças informativas, em virtude da aplicação do art. 169 do Regimento Interno, mister se faz a remessa na íntegra dos autos originais, ou de cópia autenticada, nesta última hipótese no caso de imperiosa e justificada necessidade.

Publicado no DOE AL, Edição nº 1023, de 22/02/2019, FL 86.

DESARQUIVAMENTO

Súmula nº 77 do Conselho Superior do Ministério Público do Estado de São Paulo

Se após a homologação do arquivamento chegarem ao conhecimento do Promotor de Justiça peças de informação que se traduzam em mera repetição dos fatos já submetidos à análise do Colegiado, bastará que as peças sejam juntadas aos autos arquivados, consignando-se tal circunstância em despacho que justificará a desnecessidade de seu desarquivamento.

Conforme publicação do Diário Oficial de São Paulo em 09/03/2017.

Enunciado nº 58/2016 do Conselho Superior do Ministério Público do Estado do Rio de Janeiro

CRIANÇA, ADOLESCENTE, IDOSO E PESSOA COM DEFICIÊNCIA. PEDIDO DE DESARQUIVAMENTO DE INQUÉRITO CIVIL OU PROCEDIMENTO PREPARATÓRIO. PROVA NOVA. POSSIBILIDADE DE ADOÇÃO IME-

DIATA DE MEDIDAS DE CARÁTER DE URGÊNCIA PELA PROMOTORIA DE JUSTIÇA.

O pedido de desarquivamento de Inquérito Civil, ou de Procedimento Preparatório, em virtude do surgimento de prova nova, não inibe a adoção, pela Promotoria de Justiça oficiante, de medidas de caráter urgente, visando salvaguardar direito de criança, adolescente, idoso e pessoa com deficiência em situação de risco atual ou iminente, comunicando-se imediatamente a medida ao Conselho Superior do Ministério Público.

Referência legislativa: Lei nº 7853/89, Lei nº 8069/90, Lei nº 10741/03.

Data da aprovação: 20 de outubro de 2016.

Data da modificação: 13 de fevereiro de 2020, com vigência após decorridos 60 (sessenta) dias da publicação.

Objeto: Reescrito para atualização e correção de termos.

Fonte de publicação: Diário Oficial Eletrônico do MPRJ de 13.02.2020.

24 – CONSELHO SUPERIOR

ATRIBUIÇÕES E ENTENDIMENTOS

Assento nº 01/2009 do Conselho Superior do Ministério Público do Estado de Sergipe

Sujeita-se à homologação do Conselho Superior do Ministério Público qualquer promoção de arquivamento de Inquérito Civil ou de Peças de Informação, alusivos à defesa de interesses difusos, coletivos ou individuais homogêneos.

Aprovado na 6ª Sessão Ordinária do Conselho Superior do Ministério Público em 17/06/2009.

Súmula nº 12 do Conselho Superior do Ministério Público do Estado de São Paulo

Sujeita-se à homologação do Conselho Superior qualquer promoção de arquivamento de inquérito civil ou de peças de informação, bem como o indeferimento de representação, que contenha peças de informação, alusivos à defesa de interesses difusos, coletivos ou individuais homogêneos.

Conforme publicação do Diário Oficial de São Paulo em 09/03/2017.

Súmula nº 07/2017 do Conselho Superior do Ministério Público do Estado da Bahia

Não é atribuição do Conselho Superior, homologar promoção de arquivamento de notícia de fatos e de procedimentos administrativos que resultaram na apuração de conduta típica penal, ou outras que não tenham por objeto específico a investigação cível, devendo as peças de informação e/ou procedimento ser encaminhados à Promotoria competente para adoção das providências cabíveis.

Publicado no Diário de Justiça Eletrônico, Bahia, 19/04/2017.

Súmula nº 002/1998 do Conselho Superior do Ministério Público do Estado do Pará

DECIDE por unanimidade que não é atribuição do Conselho homologar promoção de arquivamento pelo Promotor de Justiça, em matéria de natureza criminal.

Aprovada em 19/05/1998.

Súmula nº 10/20 do Conselho Superior do Ministério Público do Estado do Espírito Santo

Não cabe controle por parte do Conselho Superior do Ministério Público da decisão de arquivamento de investigação criminal no que se refere a questões fáticas e/ou jurídicas já submetidas a controle judicial, sem novas provas.

Publicada no DIMPES em 10.11.2020.

Súmula nº 003/1998 do Conselho Superior do Ministério Público do Estado do Pará

DECIDE por unanimidade que não é atribuição do Conselho homologar o arquivamento de representação, notícia crime, peças de informação, conclusão de comissão parlamentar de inquérito ou inquérito policial, nas hipóteses de atribuição originária do Procurador-Geral de Justiça.

Aprovada em 19/05/1998.

Assento nº 16/2015 do Conselho Superior do Ministério Público do Estado de Sergipe

O Conselho Superior do Ministério Público não possui atribuição para homologar o arquivamento de procedimento administrativo, cujo objeto tenha exclusiva natureza criminal.

Publicado no DJ de SE em 09/02/2015.

Enunciado n.º 19/17 do Conselho Superior do Ministério Público do Estado do Maranhão

Não se aplica ao Procedimento Investigatório Criminal o art.9º-A da Resolução CNMP 23, acrescentado pela Resolução CNMP 29, eis que o dispositivo se refere apenas a Procedimentos Administrativos de natureza não-penal, descabendo submeter ao Eg.CSMP a declinação de atribuição em matéria criminal.

Publicado no Diário Eletrônico, Ministério Público, Maranhão, 20/07/2017.

Súmula nº 008/1997 do Conselho Superior do Ministério Público do Estado do Pará

REGULADA pela Lei nº 8.625/1993 (Art. 15, inciso I) e pela LCE nº 57/2006 (Art. 26, inciso I)

DECIDE que é atribuição do Conselho escolher a lista sêxtupla para indicação do membro do Ministério Público a ocupar o cargo de Desembargador no Tribunal de Justiça do Estado, no quinto constitucional.

Aprovada em 17/06/1997.

Súmula nº 12/2017 do Conselho Superior do Ministério Público do Estado do Tocantins

O Conselho Superior não tem atuação consultiva em matéria de defesa dos interesses difusos, coletivos e individuais homogêneos, exceto quando em matéria procedimental, como nas questões referentes à tramitação do inquérito civil ou das peças de informação.

Aprovada na 175ª Sessão Ordinária em 14/02/2017.

Súmula nº 11 do Conselho Superior do Ministério Público do Estado de São Paulo

O Conselho Superior não tem atuação consultiva em matéria de defesa de interesses difusos, coletivos e individuais homogêneos, exceto em matéria procedimental, como nas questões referentes à tramitação do inquérito civil ou das peças de informação.

Conforme publicação do Diário Oficial de São Paulo em 09/03/2017.

Enunciado nº 05 do CNMP

Disciplina a formulação de consultas ao Conselho Nacional do Ministério Público.

As consultas dirigidas ao Conselho Nacional do Ministério Público devem: a) ter pertinência temática com as finalidades do Conselho; b) ser formuladas em tese, não sendo admitidas consultas emergentes de questões administrativas concretas, decorrentes de interesse individual ou de matérias sub judice; c) ser de interesse institucional, não sendo permitidas, também, as consultas de caráter puramente acadêmico; e d) observar os requisitos do artigo 19, inciso XXI e parágrafos do Regimento Interno.

O Secretário-Geral do Conselho Nacional do Ministério Público determinará o arquivamento de plano das consultas que não preencherem os requisitos do presente enunciado e comunicará as partes da decisão.

Publicação: Diário da Justiça, Seção Única, edição de 12/11/2008.

Categoria: Enunciados.

Status: Vigente.

Situação: Não consta revogação expressa.

Súmula nº 002/2017 do Conselho Superior do Ministério Público do Estado do Pará

DECIDE, à unanimidade, que não é competência do Conselho Superior do Ministério Público rever procedimentos extrajudiciais que tenham sido objeto de ação ajuizada.

Aprovada em 08/03/2017.

Súmula nº 25 do Conselho Superior do Ministério Público do Estado de São Paulo

Não há intervenção do Conselho Superior do Ministério Público quando a transação for promovida pelo Promotor de Justiça no curso de ação civil pública ou coletiva.

Conforme publicação do Diário Oficial de São Paulo em 09/03/2017.

Assento nº 15/2015 do Conselho Superior do Ministério Público do Estado de Sergipe

Caberá aos membros do Conselho Superior aferir, por ocasião da apreciação das decisões de arquivamento de inquéritos civis ou procedimentos preparatórios que tenham por objeto decisões do tribunal de contas do Estado de Sergipe, se a pessoa jurídica lesada promoveu a execução das sanções patrimoniais devidamente corrigidas e atualizadas.

Publicado no DJ de SE em 09/02/2015.

Súmula nº 14/2017 do Conselho Superior do Ministério Público do Estado do Tocantins

A promoção de arquivamento lançada em procedimento pura e tipicamente eleitoral não está inserida na atribuição revisora do Conselho Superior do Ministério Público.

Aprovada na 175ª Sessão Ordinária em 14/02/2017.

Súmula nº 43 do Conselho Superior do Ministério Público do Estado de São Paulo

NÃO HÁ NECESSIDADE de remessa ao Conselho Superior do Ministério Público de promoções de arquivamento lançadas em procedimentos que tratem de matéria eleitoral, enquanto não sobrevier lei que preveja a possibilidade de revisão dos arquivamentos realizados.

Conforme publicação do Diário Oficial de São Paulo em 09/03/2017.

Súmula nº 55 do Conselho Superior do Ministério Público do Estado de São Paulo

O Conselho Superior conhecerá, por seu pleno, de pedidos de uniformização de entendimento sempre que identificada, entre decisões de suas turmas julgadoras, discrepância, incompatibilidade ou contraditoriedade. Em tais casos, o Promotor de Justiça interessado deverá formular o pedido instruindo-o com cópias das peças necessárias à delimitação do tema, incluídas as decisões tidas por inconciliáveis, expondo as razões de fato e de direito que o levam a concluir pela necessidade de uniformização.

Conforme publicação do Diário Oficial de São Paulo em 09/03/2017.

Enunciado nº 02 do Conselho Superior do Ministério Público Federal

A norma do inciso XIII, do artigo 57, LC 75/93, por ser de conteúdo excepcional, prevalece sobre a do artigo 76 da mesma legislação, que é de preceito comum, desde que caracterizada situação de excepcionalidade.

27ª Sessão Extraordinária de 28.03.1994 (Processo nº 08100-1.00050/94-23).

Enunciado nº 08 do Conselho Superior do Ministério Público Federal

Nas hipóteses de lotação provisória, não se aplica o inciso XII do artigo 57 da LC 75/93, portanto, não compete ao Conselho Superior opinar a respeito de lotação provisória em outra Unidade para frequentar cursos, mas cabe ao Procurador-Geral da República decidir sem a oitiva do colegiado.

5ª Sessão Ordinária de 2.6.2015 (Processos nº 1.00.000.000289/2015-04 e nº 1.00.001.000267/2014-45).

Assento nº 002/11 do Conselho Superior do Ministério Público do Estado do Amazonas

O conselheiro suplente fica vinculado à relatança dos processos a seu cargo, ficando impedido de votar o conselheiro substituído.

Publicado no Diário Oficial, Amazonas, 08/08/2011.

Assento nº 004/11 do Conselho Superior do Ministério Público do Estado do Amazonas

A distribuição mensal de processos por conselheiro não deve ultrapassar vinte por sessão.

Publicado no Diário Oficial, 25/08/2011.

Assento nº 001/19 do Conselho Superior do Ministério Público do Estado do Amazonas

Os pedidos de reconsideração de decisões do Conselho Superior do Ministério Público serão distribuídos, por dependência, à relatoria originária.

Publicado no Diário Oficial, Ministério Público, Amazonas, 12/03/2019.

Enunciado de Súmula nº 29 do Conselho Superior do Ministério Público do Estado de Minas Gerais

Ao analisar a promoção de arquivamento de peças de informação, procedimentos preparatórios ou inquéritos civis, se houver insuficiência de elementos de convicção mínimos para a formação da *opinio actio*, o membro do Conselho Superior do Ministério Público poderá, após relatório, invocar, *per relationem*, como fundamento de sua decisão, a motivação exposta pelo Promotor de Justiça.

Reformado na 4ª Sessão Ordinária/ 2008, realizada em 03/03/2008 e publicada em 03/04/2008; publicação específica em 08/03/08.

Assento nº 15 do Conselho Superior do Ministério Público do Estado do Rio Grande do Norte

O relator poderá, antes de pautar o processo para julgamento, baixar os autos em diligência, para que a Promotoria de Justiça de origem, no prazo de 30 (trinta) dias úteis, preste esclarecimento de fato e/ou proceda à juntada de documento imprescindível à emissão do voto, especificando-o. O prazo para cumprimento das diligências poderá ser prorrogado por igual período, devendo o membro ministerial comunicar o fato ao Conselho Superior do Ministério Público, justificando os motivos para tanto.

Aprovada alteração de texto do assento na 9ª Sessão Ordinária do Conselho Superior do Ministério Público, realizada em 06 de setembro de 2016.

Assento nº 05/2009 do Conselho Superior do Ministério Público do Estado de Sergipe

O Conselheiro Relator disporá de atribuição para, monocraticamente, determinar o cumprimento de providência de natureza ordinatória, pela Secretaria do Conselho ou pela Promotoria de origem. O Conselheiro Relator também poderá, de forma monocrática, aplicar o entendimento do Conselho Superior do Ministério Público do Estado de Sergipe, consolidado em seus respectivos assentos, para determinar a devolução dos autos com o fim de arquivar na Promotoria de origem, quando se tratar de caso passível de arquivamento sumário (Assento nº 02).

Nova redação. Publicado no DJ de SE em 04/04/2012.

Assento nº 13/2014 do Conselho Superior do Ministério Público do Estado de Sergipe

A providência de mero expediente, destituída de apreciação de mérito e destinada a promover a regularização formal do procedimento, poderá ser determinada monocraticamente e de ofício, pelo conselheiro relator, e endereçada à Secretaria do Conselho Superior do Ministério Público.

Publicado no DJ de SE em 05/09/2014.

Assento nº 24 do Conselho Superior do Ministério Público do Estado do Rio Grande do Norte

Distribuído, no âmbito do Conselho Superior do Ministério Público, processo extrajudicial instaurado para apurar fato que enseje a tutela de interesse individual, o relator, monocraticamente, devolverá os autos ao órgão ministerial de origem para providências pertinentes, exceto se houver recurso da parte interessada.

Aprovado na 8ª Sessão Ordinária do Conselho Superior do Ministério Público, realizada em 06 de agosto de 2019.

Assento nº 25 do Conselho Superior do Ministério Público do Estado do Rio Grande do Norte

Distribuído, no âmbito do Conselho Superior do Ministério Público, arquivamento em notícia de fato sem interposição de recurso administrativo, o relator poderá, monocraticamente, devolver os autos ao órgão ministerial de origem, para providências pertinentes. A mesma situação se aplica na hipótese de decisão de declínio de atribuição em notícia de fato, sem interposição de recurso.

Aprovado na 9ª Sessão Ordinária do Conselho Superior do Ministério Público, realizada em 03 de setembro de 2019.

Assento nº 26 do Conselho Superior do Ministério Público do Estado do Rio Grande do Norte

Distribuído, no âmbito do Conselho Superior do Ministério Público, arquivamento em procedimento administrativo sem interposição de recurso administrativo, o relator poderá, monocraticamente, devolver os autos ao órgão ministerial de origem para providências pertinentes. A mesma situação se aplica na hipótese de decisão de declínio de atribuição em procedimento administrativo, sem interposição de recurso.

Aprovado na 12ª Sessão Ordinária do Conselho Superior do Ministério Público, realizada em 03 de dezembro de 2019.

Enunciado de Súmula nº 56 do Conselho Superior do Ministério Público do Estado de Minas Gerais

Serão submetidos à apreciação plenária os procedimentos que estejam instruídos com decisão proferida pela Central de Apoio Técnico – CEAT, inadmitindo o pedido de apoio técnico, quando o Conselheiro-Relator rejeitar o arquivamento, ou converter o julgamento em diligência que guarde pertinência com a prova pericial indeferida.

Aprovado, por unanimidade, na 6ª Sessão Ordinária/2017, realizada em 03/04/2017 e publicado no Diário Eletrônico do MP em 19/04/17.

Publicado no Diário Eletrônico do MP em 19/04/17.

Enunciado nº 19 do Conselho Superior do Ministério Público do Estado do Pará

PROCEDIMENTOS EXTRAJUDICIAIS. DECISÃO MONOCRÁTICA. ENUNCIADOS E SÚMULAS DO CSMP.

O Relator poderá decidir monocraticamente em casos de assuntos previstos em súmulas e enunciados do CSMP.

Publicado no DOE 22.11.2019.

Aprovado na 21ª Sessão Ordinária, realizada em 13.11.2019.

Fundamento: art. 36, § 5º do Regimento Interno do Conselho Superior.

Assento nº 05-A/2012 do Conselho Superior do Ministério Público do Estado de Sergipe

Quando verificar que a Promoção de Arquivamento de Procedimento Preparatório se amolda a uma das hipóteses previstas no Assento nº 02 CSMP, o Conselheiro Relator poderá proceder monocraticamente à sua homologação, remetendo-a, todavia, à apreciação pelo Plenário do Conselho sempre que discordar da Promotoria de origem.

Publicado no DJ de SE em 04/04/2012.

Assento nº 02/2009 do Conselho Superior do Ministério Público do Estado de Sergipe:

Salvo o caso de interposição de recurso ou de celebração de termos de ajustamento de conduta, não há necessidade de homologação, pelo Conselho Superior do Ministério Público, da promoção de arquivamento de notícia de fato instaurada pelas promotorias de justiça nos seguintes casos: a) indeferimento de instauração de inquérito civil por não se tratar de fato que se subsuma entre as atribuições do Ministério Público; b) se o fato já tiver sido objeto de outra investigação ou de ação civil pública; c) se o fato, de cunho individual e sem relevância social, já se encontrar solucionado.

Nova redação. Publicado no DJ de SE em 06/07/2012.

Enunciado nº 10 do CNMP

Dispõe sobre o cabimento do recurso de embargos de declaração nos procedimentos de competência do Conselho Nacional do Ministério Público.

Não são cabíveis embargos de declaração com a simples finalidade de promover a rediscussão do caso, não havendo demonstração de omissão, contradição, obscuridade ou erro material na decisão embargada.

Publicação: Diário Eletrônico do CNMP, Caderno Processual, p. 4, edição de 02/05/2016.

Categoria: Enunciados.

Status: Vigente.

Situação: Não consta revogação expressa.

Assento nº 18/2015 do Conselho Superior do Ministério Público do Estado de Sergipe

A convocação dos suplentes para participar das sessões do Conselho Superior somente poderá ser feita nos casos de afastamentos ou ausências superiores a 30 (trinta) dias do conselheiro eleito.

Publicado no DOFe de SE em 27/11/2015.

Enunciado nº 04 do Conselho Superior do Ministério Público Federal

Só deverão ser encaminhados pelo Corregedor-Geral do Ministério Público Federal, ao Conselho Superior do Ministério Público Federal, os relatórios das Sindicâncias e Correições determinadas pelo Colegiado.

45ª Sessão Extraordinária de 13.09.1994 (Processo nº 08100-1.00173/94-73).

ARQUIVAMENTO. HOMOLOGAÇÃO

Enunciado nº 14 da Câmara de Coordenação e Revisão do MPT

PROMOÇÃO DE ARQUIVAMENTO. HOMOLOGAÇÃO.

É desnecessária a fundamentação pelo órgão de revisão quando, após formado o juízo valorativo pertinente, decidir pela homologação da promoção de arquivamento.

49ª Sessão Extraordinária, realizada nos dias 25/2 e 10/3/2015 - DOU Seção 1 - 26/03/15 - págs. 76/77.

Enunciado nº 09/11 do Conselho Superior do Ministério Público do Estado do Mato Grosso

Não há necessidade de homologação pelo Conselho Superior de todos os procedimentos administrativos instaurados com base no art. 201, VI, do Estatuto da Criança e do Adolescente, mas somente daqueles que contenham matéria que, em tese, podem ser objeto de Ação Civil Pública.

De 05/08/2015, conforme acesso em 07 de agosto de 2020 ao site: https://www.mpmt.mp.br/secao/672.

ARQUIVAMENTO. RECURSO

Enunciado nº 18 da Câmara de Coordenação e Revisão do MPT

CONFLITO NEGATIVO DE ATRIBUIÇÕES. DENÚNCIA COM OBJETO IDÊNTICO A INVESTIGAÇÃO ANTERIORMENTE ARQUIVADA. LIMITE TEMPORAL DE SEIS MESES. TERMO INICIAL DA CONTAGEM DO PRAZO DO ART. 12, DA RES. 69/CSMPT.

Considera-se o marco inicial para contagem do prazo previsto no *caput* do artigo 12 da Resolução 69/CSMPT a data da publicação da deliberação desta Câmara, homologando o arquivamento promovido, eis que este somente se aperfeiçoa com a homologação do colegiado com atribuição para tanto.

49ª Sessão Extraordinária, realizada nos dias 25/2 e 10/3/2015 - DOU Seção 1 - 26/03/15 - págs. 76/77.

EDITORA *Jus*PODIVM
www.editorajuspodivm.com.br